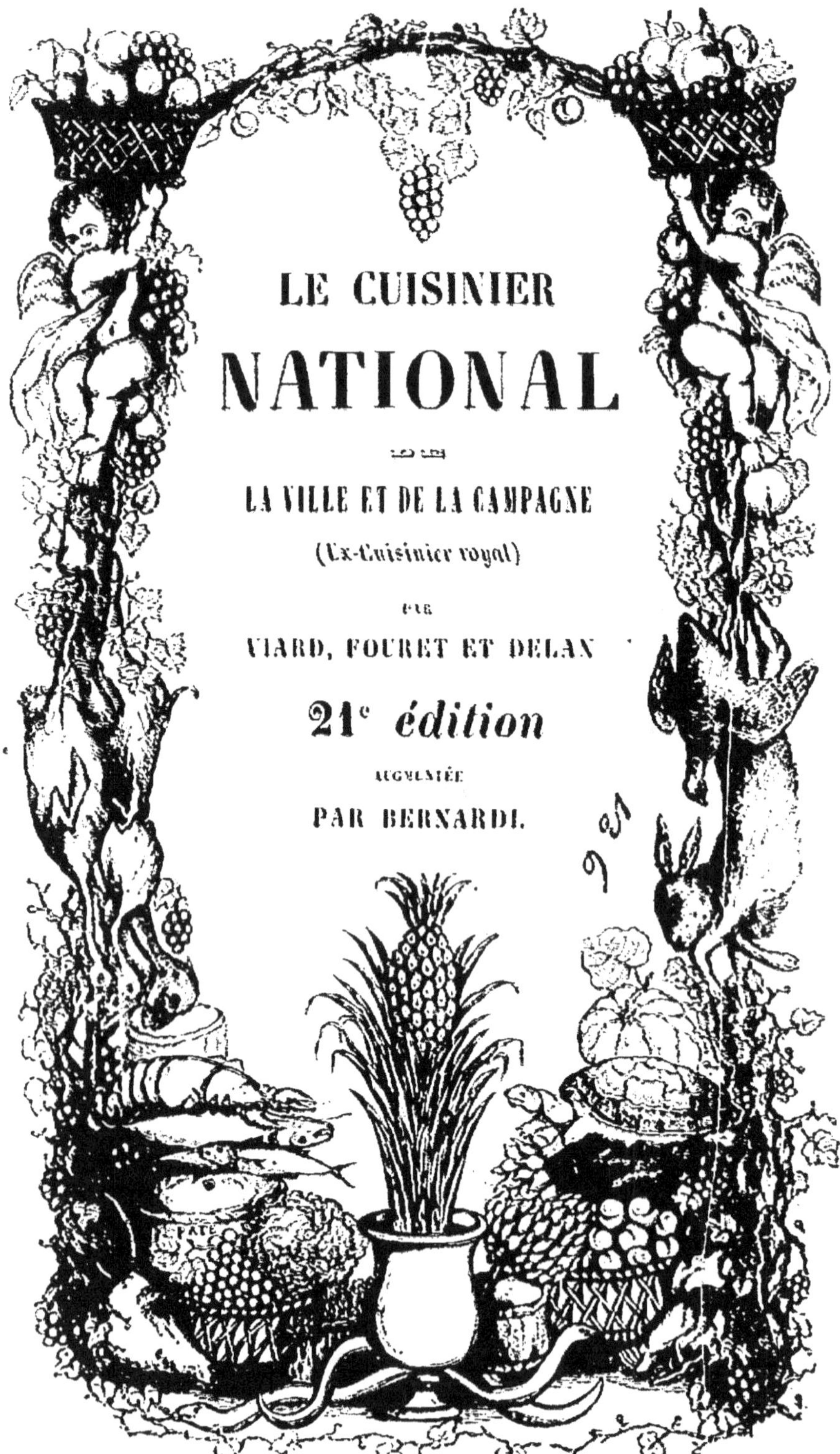
LE CUISINIER
NATIONAL
LA VILLE ET DE LA CAMPAGNE
(Ex-Cuisinier royal)
PAR
VIARD, FOURET ET DELAN
21e édition
AUGMENTÉE
PAR BERNARDI.

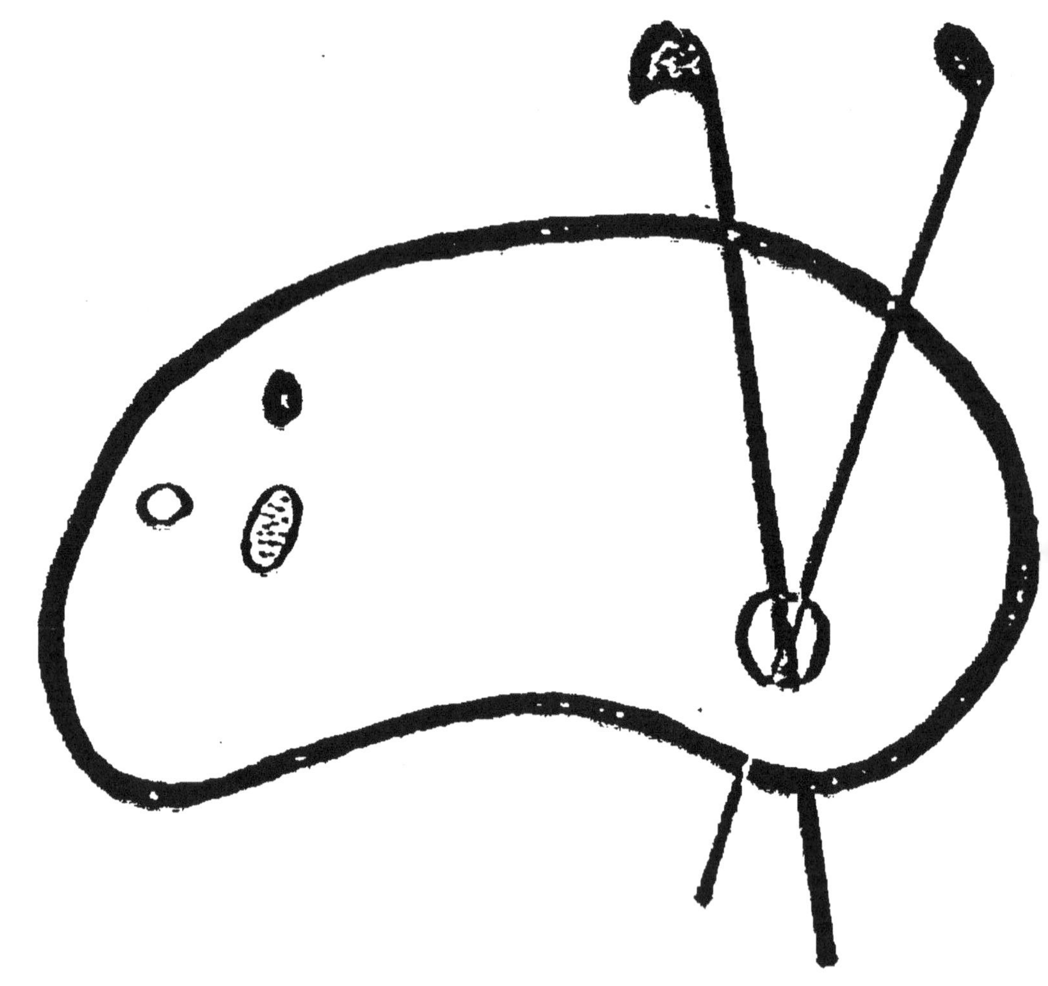

FIN D'UNE SERIE DE DOCUMENTS
EN COULEUR

LE CUISINIER NATIONAL.

POTAGES.

AU NATUREL,

Ayez soin, quand les croûtes seront préparées, de les mettre dans la soupière, d'y verser assez de bouillon pour les faire tremper; puis, au moment de servir votre potage, vous y reverserez du bouillon en assez grande quantité pour que votre pain baigne. Si vous voulez, vous ajouterez des légumes dessus. Il faut éviter de faire bouillir le bouillon avec le pain, parce que cela ôte la qualité du bouillon.

AUX PETITS OIGNONS BLANCS.

Vous préparez le potage comme le précédent, et vous prenez, selon la grandeur du potage à faire, des petits oignons au nombre de soixante, plus ou moins, que vous aurez soin d'éplucher sans les écorcher ni les découronner; vous les ferez blanchir, puis les mettrez dans du bouillon avec un petit morceau de sucre : vous tâcherez qu'il y en ait en assez grande quantité pour que votre pain baigne entièrement dans votre soupière.

AUX CAROTTES NOUVELLES.

Ayez des carottes : les rouges sont les meilleures; coupez-les en petits bâtons ayant un pouce de long; qu'elles soient tournées toutes de la même longueur et de la même grosseur; vous les ferez blanchir, et les mettrez dans du bouillon, en les faisant bouillir jusqu'à ce qu'elles soient cuites; au moment de servir, vous les verserez dans votre soupière, où vous aurez mis tremper votre pain comme au potage au pain.

AUX NAVETS.

Vous préparez les navets comme on l'a enseigné ci-dessus pour les carottes : vous les sauterez dans le beurre jusqu'à ce qu'ils soient un peu revenus; vous les mettrez dans une passoire pour les égoutter, et disposerez votre potage comme celui ci-dessus.

AUX POIREAUX.

Ayez des poireaux que vous coupez de la longueur d'un pouce; vous les lavez et les coupez en filets; vous les passez dans du beurre jusqu'à ce qu'ils soient blonds; vous les mouillez avec du bouillon, puis vous les laissez mijoter trois quarts d'heure, et les apprêtez de même que le potage au pain. L'on peut aussi employer des poireaux entiers, c'est-à-dire les couper tous d'un pouce de long, dela même grosseur, et les faire blanchir, puis les laisser cuire à grands bouillons, comme les petits oignons, et votre potage comme celui au pain.

A LA POINTE D'ASPERGES.

Vous préparez un potage ordinaire; vous prenez les pointes d'asperges, auxquelles vous enlevez les feuilles jusqu'au bouton; vous les coupez à huit ou dix lignes de longueur; vous les faites blanchir légèrement; vous les jetez dix minutes dans du bouillon disposé pour votre potage, et vous les faites bouillir au moment de le tremper: vous prendrez garde de les conserver vertes et un peu fermes

AUX PETITS POIS.

Vous les ferez blanchir légèrement; puis vous les jetterez dans la moitié de bouillon de ce qu'il faut pour votre potage, et les ferez bouillir une demi-heure, selon la qualité des pois; vous ajouterez un petit morceau de sucre, et tremperez votre potage comme celui au pain.

AUX LAITUES ENTIÈRES.

Vous épluchez les laitues, en ayant bien soin qu'elles ne soient pas découronnées, c'est-à-dire que les feuilles tiennent bien avec le cœur; vous les faites blanchir après les avoir bien lavées; vous les jetez dans une eau bouillante, dans laquelle vous mettez une poignée de sel, selon la quantité d'eau; quand elles ont bouilli une demi-heure, vous les rafraîchissez dans un seau d'eau fraîche, puis vous les pressez bien; vous les ficelez pour qu'elles ne s'écartent pas; vous mettez au fond de votre casserole des tranches de veau, puis des bardes de lard; vous mettez vos laitues dessus, les couvrez de lard, et vous coupez des tranches d'oignons et de carottes; vous garnissez vos laitues; vous mouillez avec du bouillon; vous les faites cuire à petit feu pendant une heure, jusqu'à ce qu'elles soient bien cuites.

Ou bien, après les avoir blanchies, vous les mettez dans votre casserole, et vous les faites cuire avec du bouillon et de la graisse de marmite; quand elles sont cuites, vous trempez votre potage au pain avec du bon bouillon, puis vous égouttez vos laitues, et vous les arrangez sur votre potage.

AUX LAITUES ÉMINCÉES.

Vous épluchez vos laitues jusqu'au jaune, les lavez, puis vous les coupez bien minces, c'est-à-dire de manière à ce que cela forme des filets; puis vous passez vos laitues dans du beurre jusqu'à ce qu'elles soient bien fondues; puis vous les mouillez avec votre bouillon; vous les faites cuire pendant une heure, et vous trempez votre potage au pain comme de coutume. Le potage à la chicorée se fait de même.

AUX ROMAINES.

Quelques personnes aiment ce potage, qui est de fantaisie. On apprête les romaines de même que les laitues entières; quand elles sont cuites, on les coupe en deux ou trois, selon la longueur de la romaine, et l'on prépare son potage comme celui aux laitues. (*Voyez* Potage aux laitues.)

AUX MENUES HERBES.

Vous prenez deux laitues, une poignée d'oseille, du cerfeuil; après avoir épluché et lavé le tout, vous concassez vos feuilles de laitues, dont on rejette les cotons; on concasse aussi l'oseille et le cerfeuil; on prend du derrière de la marmite du bouillon que l'on passe au tamis; on fait fondre ses herbes, puis on les mouille avec du bouillon, pour qu'elles puissent cuire: lorsqu'elles sont cuites, vous trempez votre potage au pain avec du bon bouillon, et vous disposez vos herbes sur votre potage.

JULIENNE.

Ce potage est composé de carottes, navets, poireaux, oignons, céleri, laitue, oseille, cerfeuil: ces racines seront coupées en filets de la grosseur d'une demi-ligne, et de huit ou dix lignes de long environ; les oignons seront coupés en deux, puis en tranches, pour qu'ils forment des demi-cercles; les poireaux et céleri en filets, ainsi que les laitues et oseille émincées. Il faut passer les racines au beurre jusqu'à ce qu'elles soient un peu revenues, puis y mettre les laitues, herbes, cerfeuil; que le tout soit bien revenu; il faut mouiller avec du bouillon, faire bouillir à petit feu pendant une heure au plus, jusqu'à ce que cela soit cuit; puis vous préparerez votre pain, et verserez votre julienne dessus.

FAUBONNE.

Ces légumes sont les mêmes que pour la julienne, excepté qu'il faut les couper en dés, concasser l'oseille et la laitue; passer de même les racines au beurre, puis les poireaux et herbes, le tout ensemble; mouiller avec du bouillon assez pour votre potage; tremper toujours comme un potage au pain.

AUX CHOUX.

Vous ferez blanchir une demi-heure, dans l'eau bouillante, deux choux, qu'il faut couper en quatre (plus ou moins, comme ils seront gros); puis vous les rafraîchirez, puis les égoutterez, vous les ficellerez; vous mettrez dans le fond de votre casserole des tranches de veau, que vous couvrirez de lard; vous y mettrez vos choux, les couvrirez de lard; puis vous mettrez dessus deux carottes, deux oignons, deux clous de girofle: vos choux cuits, vous tremperez votre potage comme celui au pain, c'est-à-dire avec du bouillon; puis vous égoutterez vos choux, et les mettrez sur votre potage; vous passerez le fond de la cuisson de vos choux, le dégraisserez et le verserez dans votre potage. Autrement, après avoir fait blanchir les choux, les avoir pressés et ficelés, vous les mettrez dans votre casserole, avec carottes, oignons; vous les mouillerez avec le gras du bouillon, les ferez mijoter deux heures, plus ou moins, selon la qualité du chou, jusqu'à ce qu'il soit cuit.

A LA PURÉE DE RACINE.

Vous émincerez vos carottes, au nombre de trente ou quarante, selon leur grosseur; vous prendrez un quarteron de beurre, vous les passerez en les tournant de temps en temps, pour qu'elles ne s'attachent pas; puis, quand elles auront été trois quarts d'heure ou une heure sur le feu, vous les mouillerez avec du bouillon; vous y ajouterez un petit morceau de sucre gros comme la moitié d'un œuf, et les laisserez cuire pendant deux heures à petit feu; puis vous les passerez dans un tamis: s'il n'y avait pas assez de leur bouillon, que votre purée fût trop épaisse, vous la mouillerez avec du bouillon de pot; vos croûtes seront comme pour le potage au pain; vous les tremperez avec du bouillon clair, pour qu'elles s'humectent plus facilement, puis vous verserez votre purée dessus; vous ferez attention à ce qu'elle soit peu liée, afin que votre potage ne soit pas trop épais: avant de la mettre dedans, vous aurez soin de jeter du bouillon pour l'éclaircir; vous le ferez bouillir, pour pouvoir l'écumer et le dégraisser.

PRINTANIER A L'ALLEMANDE.

Épluchez pourpier, oseille, laitue, cerfeuil, une bonne poignée de chaque; hachez ces quatre sortes d'herbes très-menues; ajoutez un litre de pois fins, posez le tout dans une casserole convenable; mouillez vos herbes avec de bon bouillon, donnez deux heures de cuisson, ajoutez un peu de sel si le cas l'exige; faites crever trois quarterons de riz, avec de l'eau, un peu de sel et un peu de beurre; faites en sorte qu'il ne soit pas en pâte; servez-le en pain et à part. (D.) (1).

A LA PURÉE DE NAVETS.

Elle se fait de même que la purée de carottes, excepté qu'il faut que la purée ait une couleur blonde; il ne faut pas, en les clarifiant, les faire trop réduire, parce que cela rend la purée âcre.

NAVETS GLACÉS.

Ayez-en une douzaine de la même grosseur; vous les tournerez, et mettrez dans votre casserole gros comme un œuf de beurre, vos navets par-dessus, une once de sucre, un peu de sel, et de l'eau à moitié des navets; vous les mettrez sur un feu un peu vif; quand ils seront cuits, vous les ferez tomber à glace d'une belle couleur.

A LA CRÉCY.

Émincez six grosses carottes, quatre gros navets, six gros oignons, trois pieds de céleri, quatre poireaux (plus, si votre potage est fort); mettez dans votre casserole un morceau de beurre, un morceau de sucre gros comme la moitié d'un œuf, avec vos légumes, que vous passerez à blanc, c'est-à-dire ne pas les laisser prendre couleur en les faisant revenir sur le feu; quand vous verrez qu'ils voudront prendre couleur, vous les mouillerez avec du bouillon, et les ferez mijoter deux heures sur le feu: vous les passerez ensuite à l'étamine, puis vous clarifierez votre purée; tâchez qu'elle ne soit pas trop épaisse; trempez après votre pain avec du bouillon.

AUX CONCOMBRES.

Coupez des concombres en petits ovales, faites-les blanchir pen-

(1) Tous les articles portant (D.) sont de M. Délan.

dant dix minutes, laissez-les refroidir et égoutter; vous mettrez des bardes de lard dans le fond de la casserole; vous y mettrez des concombres, les recouvrirez de lard, et y joindrez des carottes, oignons, gros poivre, deux clous de girofle; vous les ferez cuire une demi-heure, et préparerez votre potage comme celui au pain; vous mettrez les concombres dessus; vous passerez dans un tamis de soie le fond, que vous dégraisserez et verserez sur votre potage.

Autrement : après avoir blanchi vos concombres, vous les mettrez cuire dans le bouillon pendant trois quarts d'heure; vous les verserez ensuite sur le pain de votre potage.

LANGUEDOCIEN.

Coupez des racines tel qu'il est indiqué pour julienne; mettez une demi-livre de bonne huile d'olive dans une poêle; faites frire à demi toutes vos racines; égouttez-les ensuite; ayez de la purée d'un demi-litre de pois verts; mettez le tout ensemble; ajoutez du bouillon; donnez deux heures de cuisson; à défaut de bouillon, faites-le au maigre. Seulement, au moment de servir, ajoutez un demi-verre de bonne huile. Ce potage ne doit pas être trop épais; tranchez des croûtes de pain en filets très-minces, tels que vos racines. Je ne recommande pas l'assaisonnement; cela va sans dire. (D.)

CROUTES AU POT.

Vous aurez des croûtes de pain auxquelles il n'y aura pas beaucoup de mie; vous les émincerez, vous les mettrez dans un plat creux; vous y verserez du bouillon et de la graisse du pot, vous les mettrez sur le feu jusqu'à ce qu'elles soient gratinées; puis vous prendrez trois entames de pain, dont vous ôterez la mie; vous les tremperez dans la graisse du bouillon; vous les assaisonnerez d'un peu de sel et gros poivre, et les mettrez droites sur votre gratin : au moment de servir, vous en égoutterez la graisse, pour que le potage soit à sec; vous mettrez du bouillon dans un vase, pour que chaque personne en verse à volonté sur son assiette, où l'on a mis du pain et du gratin.

A LA KUSEL.

Vous prendrez trente carottes, trente navets, trente petits oignons, vingt poireaux, tous de la même grosseur, ayant un pouce de haut; dix têtes de céleri de même longueur, six laitues entières (plus ou moins, comme votre potage sera grand); vous les ferez blanchir et les mettrez cuire dans du bouillon; vous ferez cuire les laitues à part, entre deux bardes de lard : vous verserez le tout dans une soupière, sans y mettre de pain.

A LA CONDÉ.

Faites cuire un litron (plus ou moins, comme votre potage est grand) de haricots rouges avec du bouillon; vous y mettrez deux carottes, deux oignons, un peu de graisse de pot, deux clous de girofle; quand ils seront cuits, vous les passerez au tamis; vous ferez une purée claire, et la verserez sur des croûtes qui ont été passées dans du beurre, c'est-à-dire frites.

A LA PURÉE DE LENTILLES.

Un litron de lentilles à la reine suffit pour faire un potage; s'il était très-fort, il en faudrait davantage; vous les faites cuire avec du bouillon, deux carottes, deux oignons, deux clous de girofle; quand vos lentilles sont cuites, vous les passerez à l'étamine; vous en composez une purée claire, que vous faites bouillir pour la dégraisser: vous la versez sur vos croûtes un moment avant de servir, afin que le pain ait le temps de tremper.

A LA PURÉE DE POIS NOUVEAUX.

Il faut deux litrons et demi de gros pois, que vous mettrez dans de l'eau froide; vous y mettrez un quarteron de beurre, que vous mêlerez avec vos pois en les maniant; après vous les égoutterez dans une passoire; vous les mettrez dans une casserole, et vous y ajouterez une petite poignée de persil et quelques queues de ciboule; vous mettrez vos pois sur un feu qui ne soit pas trop ardent, et les remuerez de temps en temps: quand ils seront restés une demi-heure sur le feu, vous les mettrez dans un mortier; quand ils sont bien pilés, vous les passez à l'étamine; vous les mouillez avec du bouillon froid, afin que votre purée passe facilement; tâchez qu'elle soit claire comme pour un potage; vous la ferez chauffer. En cas qu'elle ne soit pas assez verte, vous y ajouterez du vert (*voyez* Vert), et la verserez sur vos croûtes, dix minutes avant de servir, afin qu'elles soient trempées.

A LA PURÉE DE HARICOTS BLANCS.

Vous préparez votre purée de haricots de la même manière que celle de lentilles; vous la tiendrez claire et ne la ferez pas trop bouillir; vous y ajouterez, au moment de la verser sur vos croûtes, un morceau de bon beurre, que vous ferez fondre en tournant votre purée autant qu'il sera nécessaire. Avant de servir votre potage, voyez s'il est assez assaisonné.

A LA D'ARTOIS.

Passez les croûtons dans le beurre, c'est-à-dire faites-les frire jusqu'à ce qu'ils soient blonds; il est agréable qu'ils soient de forme ronde ou ovale, ou bien en gros dés; il faut qu'ils soient faits avec la mie de pain: on peut leur donner la forme que l'on veut. Vous faites une purée verte (*voyez* Purée de pois nouveaux); vous mouillez avec du bouillon jusqu'à ce qu'elle soit assez claire pour votre potage: vous y ferez fondre un morceau de bon beurre au moment de la servir, et vous la verserez en même temps sur vos croûtons; ayez soin que votre purée soit d'un bon sel.

A LA CHANTILLY.

Vous aurez des croûtons (comme dans l'article précédent), mais carrés; vous verserez une purée de lentilles à la reine (*voy.* Purée de potage); vous la clarifierez, la tiendrez assez claire, et vous y mettrez un morceau de beurre gros comme un œuf; vous aurez bien soin de le faire fondre sans le mettre sur le feu; ne négligez pas le bon sel, et ne versez votre purée qu'au moment de la servir.

POTAGES.

A LA PURÉE DE MARRONS.

Vous ferez cuire vos marrons comme il est expliqué pour la garbure, et, après qu'ils seront cuits, vous en garderez vingt-quatre entiers, et vous pilerez le reste ; vous mettrez tremper dans du bouillon un morceau de mie de pain tendre, pesant un quarteron, que vous pilerez avec vos marrons ; quand le tout sera bien écrasé, vous le délaierez avec du bouillon chaud, puis vous le passerez à l'étamine : vous mettrez votre purée sur le feu, en observant de la tenir assez claire pour que votre potage ne soit pas trop épais ; vous la verserez sur des croûtons passés dans le bourre au moment de servir, et vous y mettrez vos vingt-quatre marrons. Tâchez que votre potage soit de bon sel. L'on peut aussi faire ce potage au maigre, au lieu de bouillon gras.

AU RIZ.

Prenez une demi-livre de riz bien épluché ; lavez-le quatre ou cinq fois dans de l'eau tiède en le frottant bien, puis à l'eau froide ; vous mouillez à grands bouillons, afin que votre riz ne se mette pas en bouillie ; faites-le bouillir pendant deux heures à petit feu ; tâchez que votre bouillon ne soit pas trop salé, à cause de la réduction ; pour qu'il acquière une belle couleur, vous y mettez deux cuillerées de blond de veau, ou une cuillerée de jus. Le riz de la Caroline est le meilleur pour la cuisine.

AU RIZ A LA PURÉE.

Il faudra moins mettre de mouillement dans votre riz, afin qu'on puisse y ajouter de la purée ce qu'on jugera à propos ; quand votre riz sera bien cuit, vous y verserez votre purée au moment de servir : vous aurez eu soin de bien dégraisser votre potage, et de le tenir d'un bon sel. (*Voy.* Potage à la purée.)

AU VERMICELLE.

Tâchez que votre vermicelle ne sente pas le vieux, et qu'il n'ait aucun goût ; le meilleur est celui d'Italie. Vous aurez de bon bouillon que vous aurez passé au tamis de soie, suffisamment pour votre potage ; vous le ferez bouillir ; lorsqu'il bouillira, vous y mettrez votre vermicelle, de manière qu'il ne soit pas en paquet ; lorsqu'il aura bouilli une demi-heure, il faudra le retirer du feu, afin qu'il ne soit pas trop crevé, et que votre potage soit bien net : une demi-livre suffit pour huit ou dix personnes ; il ne faut pas qu'il soit épais.

A LA SEMOULE.

Passez du bouillon au tamis de soie dans une casserole ; quand il bouillira, vous prendrez de la semoule que vous verserez dans votre bouillon tout bouillant ; vous aurez soin de le tourner avec une grande cuillère, afin que votre semoule ne s'attache pas, ni ne forme des grumeaux : après une demi-heure vous la retirez du feu : elle se trouve assez cuite. Ayez soin de dégraisser votre potage ; en cas qu'il soit trop pâle, vous le colorerez avec du blond de veau, ou ce que vous aurez, pour qu'il ait une belle couleur ; tâchez qu'il soit d'un bon goût et d'un bon sel.

POTAGES.

AUX LAZAGNES (1).

Ce potage n'est pas généralement aimé : il est de fantaisie. Il faut avoir de bon bouillon comme pour les autres potages à pâte : quand votre bouillon sera dans votre casserole, et qu'il bouillira, vous y mettrez une demi-livre de lazagnes (plus ou moins, comme votre potage devra être grand), que vous ferez bouillir pendant trois quarts d'heure, ou un peu plus, jusqu'à ce que vos lazagnes soient assez crevées, mais ne le soient pas trop, car votre potage ne serait pas distingué, et il se tournerait en pâte; au moment de les verser dans votre soupière, vous y ajoutez un peu de gros poivre. L'on peut aussi les faire blanchir dans de l'eau où l'on met un peu de sel; il faut qu'elles ne bouillent pas longtemps; puis on les met dans le bouillon.

DE NOUILLES.

Ayez un demi-litron de farine; vous y mettez quatre jaunes d'œufs, un peu de sel et un peu d'eau; vous mêlerez le tout ensemble, et pétrirez jusqu'à ce que votre pâte soit bien assemblée, et que vous puissiez l'abaisser avec un rouleau; quand votre pâte sera bien mince, vous la couperez en filets, que vous aurez soin de poudrer de farine, afin qu'ils ne se collent pas ensemble; puis vous aurez du bon bouillon (comme pour les autres potages à pâtes), et vous y jetterez votre pâte émincée quand il sera bouillant : une demi-heure suffit pour que votre pâte soit assez cuite. Dégraissez bien votre potage; mettez-y un peu de gros poivre un instant avant de le mettre dans la soupière. On fait aussi cette pâte avec des blancs seuls : on met dedans un peu de muscade et un peu de gros poivre, selon le goût.

A LA XAVIER.

Ayez trois quarts de litron de farine que vous délaierez avec six jaunes d'œufs et deux œufs entiers, un peu de sel et de bouillon (suffisamment pour que votre détrempe soit assez liquide, et qu'elle puisse passer à travers une cuillère percée); vous y mettrez une cuillerée de persil haché bien fin, que vous mêlerez avec votre pâte, puis un quart de muscade râpée et une pincée de gros poivre; quand le tout est bien mêlé, vous mettez aux trois quarts d'une casserole de bon bouillon; quand il bout, prenez une cuillère percée dans laquelle vous verserez votre appareil, que vous faites tomber dans votre bouillon; vous aurez soin qu'il bouille toujours afin que votre pâte prenne; vous aurez soin aussi d'écumer votre potage, pour qu'il soit net. L'on peut faire aussi ce potage maigre. (*Voy.* Bouillon maigre.) Ce potage n'a pas besoin de bouillir plus d'un quart d'heure.

AUX QUENÈFES.

Vous ferez la même détrempe que pour le potage à la Xavier, à l'exception du persil (selon la grandeur de votre potage); vous la ferez assez épaisse, pour qu'en en mettant les trois quarts d'une cuillerée à bouche, vous puissiez faire couler la pâte avec le doigt,

(1) Espèce de pâte en ruban.

et que, tombant dans votre bouillon bouillant, cela forme une boule ronde, longue ou ovale; vous laisserez cuire votre potage une demi-heure; vous aurez soin de le dégraisser, et qu'il soit d'un bon sel. Il peut se faire au maigre.

A LA DESCLIGNAC.

Vous aurez quinze jaunes d'œufs que vous délaierez avec une pinte de bon bouillon, que vous passerez plusieurs fois à travers une étamine; vous mettrez votre appareil dans un moule ou un vase, afin que vous puissiez le faire prendre au bain-marie; lorsque cela sera bien pris, vous verserez du bouillon chaud dans votre soupière; puis, avec une écumoire, vous prendrez de vos œufs (pris au bain-marie), de manière que cela forme des soupes que vous mettez dans votre soupière: il faut que votre potage en soit bien garni.

A LA GEAUFRET.

Vous ferez cuire dix ou douze pommes de terre rouges dans les cendres chaudes; quand elles seront cuites, vous les éplucherez; vous en ôterez tout le rissolé, et même tout ce qu'il y a de dur, pour n'en prendre que le farineux, que vous pilerez à sec; vous y joindrez quatre blancs de volaille, et gros comme deux œufs de beurre, que vous pilerez bien ensemble; quand le tout sera bien mêlé et sans grumeaux, vous y joindrez six ou huit jaunes d'œufs crus, que vous pilerez avec vos pommes de terre et vos filets, à plusieurs reprises, et un peu de muscade et de gros poivre; quand le tout sera bien amalgamé, si votre pâte était trop épaisse, vous y joindriez un peu de crême double, au point que vous puissiez coucher votre pâte à la cuillère (comme des quenelles), ou la rouler comme des boulettes; puis vous les ferez pocher dans du beurre, ou dans une eau de sel où vous joindrez un peu de beurre; après qu'elles auront été pochées, c'est-à-dire cuites une demi-heure dans de l'eau bouillante, vous les égoutterez, vous mettrez de bon bouillon dans votre soupière, et vous y mettrez vos quenelles. Ayez soin que le tout soit d'un bon sel.

A LA POLACRE.

Quand vos pommes de terre seront cuites à l'eau, vous les couperez par tranches comme des sous; vous ferez bouillir de bon bouillon, dans lequel vous mettrez une poignée de fenouil haché, et laisserez bouillir le tout un quart d'heure; puis vous verserez votre bouillon sur les pommes de terre que vous aurez mises dans votre soupière. Vous aurez soin qu'il y ait assez de pommes de terre pour tenir lieu de pain.

AUX ŒUFS POCHÉS.

Vous ferez pocher des œufs; quand ils seront pochés, rafraîchis et parés, de manière à ce qu'ils soient propres à mettre dans votre soupière, vous aurez de très-bon bouillon que vous verserez sur les œufs (qui seront dans votre soupière); dix minutes avant de servir, vous joindrez à votre bouillon un peu de gros poivre. (Pour la manière de pocher vos œufs, voy. Œufs pochés.)

BOUILLON MAIGRE.

Vous mettrez dans une marmite de cuivre ou casserole vingt carottes coupées en lames, autant de navets, d'oignons, quatre ou cinq pieds de céleri, quatre laitues entières, une poignée de cerfeuil lié avec de la ficelle, un chou coupé en filets, quelques panais aussi coupés; vous mettrez une livre de beurre; vous verserez une pinte d'eau sur vos légumes, que vous ferez bouillir jusqu'à ce qu'il n'y ait plus d'eau dans votre marmite et que vos légumes frissonnent un peu avec le beurre; puis vous remplirez votre marmite d'eau, dans laquelle vous mettrez deux litrons de pois, quatre clous de girofle, du sel et du poivre assez pour que votre bouillon soit d'un bon assaisonnement. Quand votre marmite aura bouilli trois ou quatre heures, vous passerez votre bouillon au tamis de soie. Avec ce bouillon, vous pouvez faire en maigre presque tous les potages ci-dessus.

Je n'ai pas parlé de bien ratisser et laver les légumes; cela s'entend sans le dire.

SOUPE A L'OIGNON.

Vos oignons épluchés, vous les coupez en deux, puis vous coupez la tête et la queue, pour éviter l'âcreté de l'oignon. Avant de mettre vos oignons coupés en lames dans votre casserole, vous y faites fondre un quarteron de beurre (plus ou moins, comme la soupe sera grande); vous ferez frire ou roussir votre oignon, jusqu'à ce qu'il soit bien blond; vous mettrez de l'eau assez pour votre potage, assaisonné de sel et de poivre fin, et le laisserez bouillir un quart d'heure. Versez votre bouillon sur le pain, et servez votre potage.

POTAGE AUX HERBES MAIGRES.

Prenez une poignée d'oseille que vous couperez en filets, deux laitues coupées de même, une forte pincée de cerfeuil coupé aussi; vous passerez le tout avec un morceau de beurre; quand le tout sera bien fondu, vous le mouillerez avec de l'eau, sel, gros poivre : faites bouillir le tout une demi-heure; vous y ajouterez une liaison de trois œufs au moment de servir.

A LA CHICORÉE A L'EAU.

Vous émincerez quatre ou cinq chicorées frisées; vous aurez soin d'y mettre le moins de cotons possible; vous passerez votre chicorée émincée dans un morceau de beurre; quand votre chicorée sera bien passée, il ne faut pas la laisser roussir; vous mouillerez votre chicorée avec de l'eau; quand votre chicorée aura bouilli trois quarts d'heure, au moment de servir votre potage, auquel vous aurez mis du sel, du gros poivre et un peu de muscade, vous le lierez avec une liaison de trois œufs, et vous le verserez sur votre pain au moment de servir.

POTAGE AUX CHOUX MAIGRES.

Vous émincerez la moitié d'un chou; vous éviterez d'y mettre les gros cotons; vous le passerez avec un bon morceau de beurre (selon la quantité du chou); quand il sera bien passé, qu'il commencera à blondir, vous mouillerez votre chou avec de l'eau; vous y mettrez du sel, du gros poivre, et laisserez bouillir votre potage trois quarts d'heure ou une heure, jusqu'à ce que votre chou soit cuit. Au moment de servir, versez votre potage sur votre pain.

AUX POIREAUX.

Vous couperez vos poireaux à un pouce de long, puis vous les couperez en filets; vous les passerez avec un morceau de beurre; quand vos poireaux seront frits, de façon à ce qu'ils soient un peu blonds, vous mouillerez votre potage avec de l'eau; vous y ajouterez un peu de cannelle, du sel, du gros poivre, et laisserez bouillir le tout une demi-heure au moment de servir, vous verserez votre bouillon sur votre pain.

AU RIZ AUX OIGNONS.

Vous couperez des oignons en dés (en n'y mettant ni la tête ni la queue); vous passerez votre oignon dans un bon morceau de beurre; vous le laisserez frire jusqu'à ce qu'il soit plus que blond; alors vous le mouillerez avec de l'eau, ce qu'il en faut pour votre potage; vous l'assaisonnerez de sel, de poivre fin; vous mettrez un quarteron de riz (ou plus, selon la grandeur de votre potage) dans votre bouillon où est votre oignon, et vous le laisserez bouillir une heure et demie. Si l'on voulait éviter de trouver de l'oignon, vous le laisserez cuire: au bout d'une demi-heure, vous passerez votre bouillon au tamis, et vous y ferez crever votre riz.

AU VERMICELLE AUX OIGNONS.

Vous coupez vos oignons en filets très-fins, et faites votre potage comme celui au riz, excepté qu'il ne faut faire bouillir votre vermicelle qu'une demi-heure.

AU RIZ FAUBONNE A L'EAU.

Quatre carottes, quatre navets, six poireaux, six oignons, un peu de racine de persil; il faut couper ces racines en petits dés; vous passerez le tout dans un bon morceau de beurre; quand vos légumes seront bien passés, vous les mouillerez avec de l'eau, ce qu'il faut pour votre potage; mettez un quarteron de riz (ou plus, si votre potage est grand); faites bouillir votre potage une heure et demie; quand votre riz et vos légumes sont cuits, mettez sel et gros poivre pour l'assaisonnement; ayez soin que sur votre potage il n'y ait pas trop de beurre, et jamais d'écume.

VERMICELLE A LA JARDINIÈRE.

Il faut couper les racines en petits filets au lieu de dés; faites cuire vos légumes avant d'y mettre votre vermicelle; puis, vos légumes cuits, vous mettez votre vermicelle dans votre bouillon, que vous avez soin d'écumer de temps en temps, afin que votre vermicelle ne se pelote pas; le sel qu'il faut, et du gros poivre: voilà son assaisonnement.

AU PAIN.

Ce potage peut se servir au pain; vos légumes cuits, vous versez votre bouillon sur le pain; au moment de servir, ayez toujours soin d'écumer et de dégraisser votre potage. (*Voyez* Faubonne.)

PANADE.

Ayez de la mie de pain tendre; le mollet est le meilleur. Vous le mettez dans un petit pot de terre ou autre vase, avec de l'eau, du sel, un peu de gros poivre, gros comme la moitié d'un œuf de beurre (plus ou moins, selon que la panade doit être forte); vous faites mijoter le tout ensemble pendant une heure; au moment de servir votre panade, vous mettez une liaison de deux ou trois œufs (selon la quantité de la panade). Ayez soin que votre panade ne bouille pas quand votre liaison sera dedans.

AU RIZ MAIGRE A LA PURÉE DE POIS VERTS.

Après avoir lavé votre riz à quatre ou cinq eaux tièdes, vous le mouillez avec du bouillon maigre, vous le faites bouillir une heure et demie; quand votre riz sera cuit, une heure et demie avant de servir votre potage, vous y mettrez votre purée; vous veillerez à ce que votre purée lie votre potage, et à ce qu'il ne soit pas trop épais ni trop clair.

PURÉE DE POIS SECS.

Après avoir lavé vos pois à plusieurs eaux, vous les mettrez dans une marmite, vous les mouillerez avec du bouillon maigre, ou de l'eau, si vous n'avez pas de bouillon; si c'est de l'eau, vous mettrez dans vos pois secs trois carottes, trois oignons, dont un piqué de deux clous de girofle, deux pieds de céleri, un quarteron de beurre et du sel: ce qu'il en faut pour que ce soit d'un bon goût; vous ferez cuire le tout ensemble; vos pois étant cuits, vous ôterez les légumes et passerez les pois dans une étamine: tâchez que votre purée soit épaisse quand vous l'employez, pour que vous puissiez l'amalgamer avec votre potage, et le rendre liquide à votre gré, si ce sont des pois nouveaux, vous les passerez avec un morceau de beurre: vous mettrez dans vos pois une poignée de feuilles de persil, un peu de queues de ciboule, un peu de sel (selon la quantité de pois), et sauterez le tout sur le feu; quand vos pois, persil et ciboule sont un peu revenus, vous couvrez votre casserole, et la laissez suer pendant une demi-heure, en les remuant de temps en temps; quand vos pois fléchissent sous le doigt, vous les pilez dans un mortier, et passez votre purée à travers une étamine; en cas que vous ne trouviez pas votre purée assez verte en la mettant dans votre potage, vous y joindrez une cuillerée de vert. (*Voyez* Vert.)

PURÉE DE LENTILLES AU MAIGRE.

Vous ferez votre purée de lentilles de même que celle des pois secs, et vous pourrez en mettre dans votre potage après que votre riz ou votre vermicelle sera cuit.

POTAGE AU PAIN ET A LA PURÉE MAIGRE.

Vous mettez de la purée dans un bouillon maigre, que vous faites bouillir ensemble, mais pas trop longtemps, de crainte que votre potage ne prenne de l'âcreté; vous dégraisserez votre potage, et le verserez sur votre pain un demi-quart d'heure avant de servir.

POTAGES.

A LA VIENNET.

Vous couperez des lames de mie de pain de l'épaisseur de trois ou quatre lignes; puis vous en formerez des carrés, des ovales ou des ronds un peu plus grands qu'un petit écu; telle forme que vous donniez à votre mie de pain, ayez soin que votre croûton ait toujours la même épaisseur et la même grandeur : il en faut vingt ou trente (selon la grandeur de votre potage); quand vos croûtons de mie sont taillés, ayez un quarteron de beurre que vous mettez dans votre casserole avec vos mies, et mettez-les sur un feu ardent; vous aurez soin de toujours sauter vos croûtons jusqu'à ce qu'ils soient bien blonds; alors vous les retirerez de votre casserole, et les mettrez égoutter sur un linge blanc; après vous les mettrez dans vos soupières; dix minutes avant de servir, vous verserez sur vos croûtons une purée claire et bouillante, soit purée de navets, de carottes, de lentilles ou de pois, celle que vous jugerez à propos; ayez soin de mettre dans votre purée de légumes un petit morceau de sucre pour en détruire l'âcreté; ce potage peut se faire au gras comme au maigre.

POTAGE AU POTIRON.

Coupez une quantité de potiron en gros dés, que vous mettrez dans une casserole avec un peu d'eau; vous ferez bouillir jusqu'à ce que votre potiron soit cuit; alors vous le mettrez dans un tamis ou une passoire jusqu'à ce qu'il soit égoutté; lorsqu'il sera sec, passez-le à l'étamine, mettez la purée dans une casserole, et mouillez avec une quantité de lait suffisante, pour que votre potage ne soit pas trop épais; mettez un quarteron de beurre, ou plus, si le potage est grand; vous ferez roussir des morceaux de pain dans le beurre, comme l'on fait pour des épinards; donnez-leur la forme que vous voudrez; tâchez que votre potage soit d'un bon sel.

A LA BOURGEOISE.

Vous ferez cuire le potiron comme ci-dessus, le passerez à travers la passoire; mettez-y moitié eau et moitié lait, et le beurre que vous jugerez à propos; lorsqu'il aura bouilli, vous le verserez sur du pain coupé en tranches : tâchez qu'il soit d'un bon sel.

AU LAIT.

Faites bouillir votre lait; après qu'il a bouilli, assaisonnez votre lait de sucre ou de sel, comme vous jugerez à propos; au moment de servir, versez votre lait sur votre pain.

AU LAIT LIÉ.

Quand votre lait aura bouilli, mettez votre sucre, une petite pincée de sel; au moment de servir votre soupe, vous mettrez dans votre lait chaud une liaison de quatre œufs (pour une pinte de lait), et vous le mettrez sur le feu; vous le remuerez bien avec une cuillère de bois; quand vous verrez votre lait s'épaissir et s'attacher à votre cuillère, vous retirerez votre lait du feu (tâchez qu'il ne bouille pas, parce qu'il caillerait), et vous le verserez sur votre pain.

On choisit, pour ce potage, de la croûte de dessus bien émincée : le pain mollet est le meilleur.

A LA MONACO.

Vous couperez des mies de pain en petits carrés-longs de trois lignes d'épaisseur, deux pouces et demi de long et un pouce et demi de large; vous poudrerez vos mies de sucre bien fin, et les ferez griller sur un feu doux, afin qu'elles ne prennent pas trop de couleur; vous en mettrez ce qu'il faut dans votre soupière pour que votre potage ne soit pas trop épais: au moment de servir, vous verserez votre lait lié sur votre pain: (*Voyez* le potage précédent.)

Ce potage se fait sans être lié.

A LA DÉTILLER.

Coupez votre pain comme pour le potage précédent; vous passerez vos mies dans du beurre, comme il est expliqué au potage des croûtons, vous mettrez le nombre de croûtons qu'il faut pour que votre potage ne soit pas trop épais; au moment de servir, versez votre lait lié sur vos croûtons; tâchez que votre lait ne soit ni trop ni trop peu sucré; mettez-y cinq ou six grains de sel.

A LA FÉCULE DE POMME DE TERRE ET AUX OIGNONS.

Coupez en dés deux beaux oignons, faites-les jaunir dans du bon beurre; faites bouillir une pinte et demie de bon lait; lorsque votre lait sera bouillant, versez vos oignons dedans, laissez-les cuire pendant une demi-heure, prenez six onces de fécule de pommes de terre, mettez-la dans une terrine, délayez-la avec une chopine de crême bien douce, versez ensuite cette préparation dans votre lait; surtout que ceci soit fait avec précaution, car vous ne feriez rien de bien, toute votre farine se mettrait en grumeaux; ajoutez un peu de sel et une cuillerée à bouche de sucre fin. (*D.*)

RIZ AU LAIT.

Après avoir lavé un quarteron de riz (ou plus, selon comme votre potage est grand), vous avez votre lait bouillant; vous y mettez votre riz; vous le faites bouillir à petit feu une heure et demie, et vous tâchez qu'il y ait assez de lait pour que votre riz crève à l'aise, et qu'il ne soit pas en pâte; votre riz crevé, prêt à servir, vous mettrez le sucre qu'il faut pour que votre potage soit bon; vous y mettrez un peu de sel, c'est-à-dire cinq ou six grains: ayez soin de ne pas couvrir tout-à-fait le vase dans lequel votre riz cuit, parce que le lait tournerait.

RIZ AU LAIT D'AMANDES.

Vous déroberez vos amandes, c'est-à-dire vous les mettrez dans une casserole avec de l'eau que vous ferez presque bouillir; vous verrez si la peau de l'amande s'en va; quand vos amandes seront mondées, que la peau sera enlevée, vous les mêlerez dans de l'eau fraîche; une demi-livre d'amandes douces, six amandes amères suffisent pour un potage de deux pintes de lait; vous pilez vos amandes dans un mortier; quand elles sont bien pilées, vous les mettez dans une casserole; vous les mouillez avec un demi-setier de lait, puis vous les mettez dans une serviette fine, et les pressez jusqu'à ce que tout le lait en soit sorti; vous versez ce lait dans votre potage au moment de le servir; servez-le bien chaud et d'un bon sucre, avec un peu de miel.

VERMICELLE AU LAIT.

Quand votre lait bout, vous mettez votre vermicelle dedans; ayez bien soin de dépeloter votre vermicelle; quand il est dans votre lait, il faut le remuer de temps en temps, afin qu'il ne se mette pas en pâte; que votre potage soit d'un bon sucre; une demi-heure suffit pour que votre vermicelle soit crevé.

VERMICELLE AU LAIT D'AMANDES.

Vous ferez votre vermicelle comme le précédent; au moment de le servir, vous y verserez un lait d'amandes. (*Voyez* Potage au riz.) Que votre potage soit bien chaud, d'un bon sucre, avec un peu de sel.

A LA SEMOULE AU LAIT.

Quand votre lait bout, vous semez votre semoule dedans, et vous remuez de temps en temps votre potage, afin qu'il ne s'attache pas ni ne se pelote; ayez soin qu'il ne soit pas trop épais, et qu'il soit d'un bon sucre, avec très-peu de sel.

AUX GRENOUILLES.

Vous coupez la tête de la grenouille; vous tirez le corps de sa peau, en observant d'ôter les boyaux; il faut que les cuisses et le rein, que vous ferez dégorger, soient bien propres; il en faut une cinquantaine; vous les mettez dans une casserole avec un bon morceau de beurre, du sel, du gros poivre, un peu de muscade; vous sautez vos grenouilles sur le feu; quand elles ont été sur un bon feu pendant dix minutes, vous les mettez ensuite sur un feu plus doux pendant une demi-heure pour qu'elles achèvent de cuire; il faut les égoutter et les mettre cuites dans un mortier; vous ajouterez une mie de pain tendre pesant un quarteron, vous la trempez dans du lait ou dans du bouillon, vous pilez le tout ensemble; quand vous l'avez pilé un quart d'heure, et que vos grenouilles sont bien en pâte, vous les mettez dans une casserole, et vous les délayez avec le jus qu'elles ont rendu; vous passez le tout dans une étamine; si cela n'était pas assez liquide, vous prendriez du bouillon que vous destinez pour votre potage; passez votre purée pour la rendre liquide, et mettez-la sur un feu doux; tâchez qu'elle ne bouille pas: vous aurez des croûtes que vous préparerez comme pour le potage au pain; vous ferez bouillir un peu de bouillon que vous verserez sur vos croûtes un quart d'heure avant de servir, et, au moment de servir votre potage, vous verserez votre purée de grenouilles sur votre pain: tâchez que votre soupe ne soit ni trop épaisse ni trop claire. Ce potage se fait au gras comme au maigre. (*Voyez* Bouillon maigre.)

BISQUE.

Vous prendrez cinquante écrevisses que vous laverez à huit ou dix eaux; vous les mettrez dans une casserole, en y ajoutant du sel, du gros poivre, un peu de muscade râpée et un quarteron de beurre; vous les mettrez sur un feu un peu ardent; vous les sauterez ou les remuerez avec une cuillère pendant un quart d'heure. Quand vos écrevisses seront cuites, vous les laisserez égoutter, et vous en retirerez les chairs que vous pilerez. Il faut faire crever du riz pendant un quart d'heure dans du bouillon et de l'eau; vous l'égoutterez et le mettrez dans le mortier avec vos chairs d'écrevisses; quand le tout sera bien pilé, vous le mettrez dans une casserole, et le délaierez avec un peu de bouillon de potage que vous passerez à l'étamine; lorsque votre purée sera faite, vous la délaierez avec du bouillon pour qu'elle ne soit pas trop épaisse ni trop claire, ensuite vous pilerez les coquilles d'écrevisses; quand elles le seront bien, vous y mettrez du jus, ou le beurre dans lequel vos écrevisses ont été cuites, et vous passerez cette purée dans une étamine. Elle devra alors avoir une couleur rouge. Vous la mettrez dans une casserole, sur un feu doux : tâchez que ni l'une ni l'autre purée ne bouillent, mais qu'elles soient bien chaudes; vous aurez des croûtes de dessus le pain, que vous mettrez dans votre soupière, et vous verserez un peu de bouillon extrêmement chaud sur votre pain avant de servir; puis, au moment de servir, vous verserez votre première purée sur votre pain; et quant à celle de coquilles, vous la verserez sur votre potage avec une grande cuillère, afin qu'il ait une belle couleur. On fait ce potage au gras comme au maigre. (*Voyez* Bouillon maigre.)

AUTRE MANIÈRE DE BISQUE.

Ayez cinquante écrevisses; quand elles sont bien lavées, il faut les piler crues; quand elles seront bien broyées, ayez un quarteron et demi de beurre, que vous mettrez dans une casserole avec vos écrevisses; employez du sel, du gros poivre, un peu de muscade, une mie de pain tendre trois fois grosse comme un œuf: mettez vos écrevisses sur un feu assez ardent pour qu'elles puissent cuire pendant une demi-heure; ensuite vous passerez en purée vos écrevisses à travers une étamine; quand votre purée sera passée, vous la mettrez dans une casserole sur un feu doux; tâchez qu'elle ne bouille pas, et qu'elle ne soit pas trop épaisse; vous préparerez ensuite vos croûtes comme pour le potage précédent. Ce potage se fait au gras comme au maigre. (*Voyez* Bouillon maigre.)

A LA PURÉE DE GIBIER.

Vous mettrez dans une marmite de moyenne grandeur trois livres de tranches de bœuf, quatre vieilles perdrix, deux livres de jarets de veau, un faisan, des carottes, des oignons, quatre pieds de céleri, trois clous de girofle, un petit bouquet de fenouil. Vous prendrez le bouillon pour votre potage. Vous ferez cuire trois perdreaux à la broche; vous les pilerez à froid dans le mortier, avec une mie de pain trois fois grosse comme un œuf, qui sera trempée dans du bouillon; vous mouillerez vos perdreaux pilés avec du bouillon; lorsque vos perdreaux seront bien pilés, vous les passerez à l'étamine; quand votre purée sera passée, vous y mettrez du bouillon, pour qu'elle ne soit ni trop épaisse ni trop claire; posez-la sur un feu doux : il ne faut pas qu'elle bouille ; vous ferez tremper vos croûtons avec du bouillon comme le potage au pain.

A LA REINE.

Vous mettrez trois ou quatre poulets à la broche ; quand ils seront cuits, vous les laisserez refroidir ; vous enlèverez les chairs, que vous pilerez avec deux grandes cuillerées de riz qui n'aura cuit qu'un quart d'heure dans de l'eau bouillante. Quand vos blancs de volaille et votre riz seront pilés ensemble, vous délaierez votre purée avec un bon consommé, et vous la passerez à l'étamine Lorsque votre purée sera passée, mouillez-la avec du consommé, pour qu'elle ne soit ni trop claire ni trop épaisse ; vous préparerez vos croûtes (comme pour le potage au pain), et, un quart d'heure avant de servir, vous les mouillerez avec du consommé bouillant. Dans votre consommé vous mettrez vos débris de volailles, et les laisserez mijoter sur un petit feu pendant deux heures ; après, vous passerez votre bouillon à travers une serviette fine ou un tamis de soie ; tâchez que votre bouillon ne soit pas trop ambré, c'est-à-dire qu'il n'ait pas trop de couleur ; versez votre purée au moment de servir ; que votre potage soit bien chaud, et qu'il soit d'un bon sel. Ce potage se fait aussi au riz, que l'on fait crever, comme de coutume, à court bouillon, pour qu'on puisse le mélanger avec la purée.

A LA REINE, FAÇON HOLLANDAISE

Concassez quatre livres d'os de cuisse de veau ; faites-les cuire dans une petite marmite avec oignons et carottes et peu de sel ; cette cuisson achevée, passez-la à travers une serviette ; découpez deux poulets bien blancs comme pour fricassée ; prenez de votre bouillon de veau pour les braiser ; lavez une demi-livre de riz, faites-le cuire avec votre bouillon ; sa cuisson achevée, ainsi que celle de vos poulets, mettez ces deux sortes de choses ensemble dans votre soupière ; passez à travers d'une serviette le fond de vos poulets, et versez-le dans la soupière, afin que votre potage ne soit pas trop épais, et qu'il soit d'un bon goût. (D.)

GARBURE AUX OIGNONS.

Vous aurez une quarantaine de gros oignons que vous couperez en deux, de la tête à l'autre extrémité ; puis vous coupez la moitié en quatre ou cinq parties jusqu'à ce que cela forme la moitié d'un cercle ; vous aurez soin de n'y pas mettre la tête ni la queue ; quand tous vos oignons seront ainsi coupés, vous prendrez une demi-livre de beurre ou plus, selon ce qu'auront produit vos oignons ; vous les ferez frire dans le beurre assez pour qu'ils soient bien blonds ; puis vous prendrez du pain coupé en tranches très-minces ; vous faites un lit de pain et un lit d'oignons ; vous mettez sur chaque lit un peu de gros poivre jusqu'à ce que votre plat soit au comble ; vous l'arroserez avec du bouillon, et le ferez mijoter assez pour que le gratin se forme, sans le laisser brûler : cela donnerait de l'âcreté ; il faut que votre potage soit presque sec. Vous mettrez du bouillon dans un vase, et le servirez, pour que les personnes en mettent sur leur assiette : vous ferez attention au sel, à cause de la réduction.

On peut aussi faire la purée à l'eau, on n'aurait qu'à faire un bouillon comme pour la soupe à l'oignon.

A LA RAIETTE.

Coupez en dés six belles carottes, autant de navets de bonne qualité, quatre poireaux coupés en liards; posez ces trois choses dans une casserole, ajoutez un quarteron de beurre, faites tomber vos racines sur glace, mouillez ensuite avec du bouillon ; donnez deux heures de cuisson un quart d'heure avant de servir, ajoutez deux fortes cuillerées d'oseille en purée ; goûtez votre potage s'il est d'un bon sel. Vous pouvez également le faire au maigre, avec cette différence d'y ajouter au moment un fort quarteron de bon beurre. Je recommande ce potage comme étant très-salutaire (D.)

GARBURE AUX LAITUES.

Faites blanchir des laitues au nombre de trente, pendant une demi-heure; vous ferez en sorte qu'elles restent entières, vous les laisserez refroidir, les presserez, les ficellerez, et mettrez dans le fond d'une casserole des tranches de veau, des bardes de lard ; vous y mettrez vos laitues, puis les recouvrirez de lard, avec deux ou trois carottes, trois oignons, deux clous de girofle. Vous les mouillerez avec du bouillon, les ferez mijoter une heure et demie jusqu'à ce qu'elles soient cuites; puis vous les égoutterez, les couperez en tranches dans leur longueur, vous mettrez un lit de pain émincé dans votre plat, un lit de laitue jusqu'à ce qu'il soit au comble; vous y mettrez du bouillon de vos laitues, sans le dégraisser, mais après l'avoir passé au tamis de soie; vous mettrez votre plat sur le feu, afin que cela mijote jusqu'à ce que cela soit d'un gratin blond; épargnez le sel, à cause de la réduction; à chaque lit, vous y mettrez un peu de gros poivre.

On peut faire cuire les laitues seulement avec du bouillon et de la graisse de pot, deux oignons, deux ou trois carottes, deux clous de girofle; vous aurez soin, avant de servir, de dégraisser votre garbure. Servez du bouillon dans un vase.

GARBURE AUX CHOUX.

La garbure aux choux se fait de même que celle aux laitues; au lieu de gros poivre, des personnes préfèrent le poivre fin : cela tient au goût. Ménagez l'assaisonnement, parce que les choux sont sujets à prendre de l'âcreté; ne dégraissez pas trop vos choux; servez un pot de bouillon pour les personnes qui en veulent prendre sur leur assiette.

GARBURE A LA VILLEROY.

Prenez vingt carottes, vingt navets, douze oignons, six pieds de céleri, douze poireaux, six laitues, une poignée de cerfeuil (plus ou moins, selon que la garbure sera forte); vous couperez vos racines en dés de moyenne grandeur, et vous concasserez les herbes. Passez d'abord vos carottes dans trois quarterons de bon beurre; quand elles seront un peu frites, vous mettrez vos navets, que vous laisferez frire avec vos carottes; après cela, mettez vos poireaux, vos oignons; quand le tout sera revenu, vous y mettrez vos herbes, que vous remuerez avec tous vos légumes; quand elles seront bien fondues, vous mouillerez le tout avec du bouillon; vous n'en mettrez pas beaucoup, parce qu'il serait inutile; vous laisserez bouillir vos légumes jusqu'à ce qu'ils soient cuits; vous y joindrez un morceau de sucre gros comme la moitié d'un œuf, puis vous y ferez un lit de pain, un lit de légumes; sur chaque vous mettrez un peu de gros poivre jusqu'à ce que votre plat soit au comble; vous le mouillerez avec le bouillon de vos racines, sans le dégraisser; vous le ferez mijoter jusqu'à ce qu'il soit gratiné; ménagez le sel, à cause de la réduction.

L'on peut faire cette garbure en maigre, c'est-à-dire mouille ses légumes, en l'assaisonnant de sel et de poivre.

GARBURE A LA POLIGNAC.

Les marrons de Lyon ne valent rien pour le potage. Ayez (selon la grandeur du potage) vingt ou trente marrons de Limoges, ou d'Auvergne, à leur défaut; ôtez leur première écorce, puis mettez-les dans l'eau; laissez-les sur le feu jusqu'à ce que l'eau frémisse; retirez-en pour voir si la peau se lève (comme si c'étaient des amandes); après les avoir épluchés de manière qu'il ne reste pas du tout de seconde peau, vous mettrez au fond d'une casserole des tranches de veau, des bardes de lard, deux feuilles de laurier, trois clous de girofle, six carottes, six oignons, un bouquet de feuilles vertes de céleri; vous y mettrez vos marrons, que vous assaisonnerez de gros poivre; vous recouvrirez vos marrons de bardes de lard; vous les mouillerez avec du bouillon, les laisserez mijoter trois quarts d'heure, ou une heure environ, jusqu'à ce qu'ils soient cuits; puis vous les égouttez, les coupez en deux; vous mettez dans votre plat un lit de pain, un lit de marrons, jusqu'à ce que votre plat soit au comble; vous formerez plusieurs cordons de marrons sur votre garbure; vous passerez le bouillon dans lequel ils ont cuit; vous arroserez votre garbure, et la laisserez bouillir jusqu'à ce qu'elle soit gratinée. Vous servirez un pot de bouillon.

L'on pourrait aussi ne faire cuire les marrons que dans le bouillon, avec carottes, oignons, girofle, laurier et gros poivre.

GARBURE AU HAMEAU DE CHANTILLY.

Vous mettez dans une moyenne marmite trois livres de tranche, un jarret de veau entier, deux perdrix, deux pigeons de volière; vous aurez bien soin que vos viandes soient bien ficelées, pour qu'elles restent bien entières; vous remplirez votre marmite de bon bouillon ou consommé; vous ferez écumer votre marmite, ensuite vous la garnirez de légumes, comme carottes, navets, oignons, poireaux, deux pieds de céleri, deux clous de girofle. Quand vos viandes seront bien cuites, au moment de servir, vous les dresserez sur un grand plat creux; vous mettrez autour de vos viandes des carottes, des navets, des oignons, des poireaux par compartiments, c'est-à-dire que vos légumes ne soient pas mêlés; les carottes ensemble, les navets de même, ainsi que les autres; vous tournerez quarante ou cinquante carottes en rond de deux pouces de long, un peu grosses, et toutes de la même longueur et de la même grosseur; autant de navets, d'oignons, de poireaux moyens de même grosseur et bien épluchés, c'est-à-dire que quand ils seront cuits, ils se conservent bien entiers; vous les faites cuire après dans un bouillon qui n'est pas celui de votre marmite; vous ajouterez dedans vos carottes, navets, oignons, et à chacune des cuissons un petit morceau de sucre pour en détruire l'âcreté. Vos légumes cuits, vous les mettrez autour de vos viandes, ce qui fait potage; à côté vous servirez un pot de bouillon (de votre marmite) que vous aurez passé à travers une serviette fine ou un tamis de soie, afin que votre bouillon soit bien clair. Avec ce potage il ne faut pas de pain; tâchez qu'il soit d'un bon sel. On ne sert pas le bœuf.

CHAPON AU RIZ.

Après avoir vidé et épluché un chapon, vous troussez les pattes en dedans, puis vous le flambez légèrement; vous le bridez avec une grosse aiguille comme un matelas; vous assujettissez les cuisses et les pattes, afin qu'elles ne s'écartent pas en cuisant; vous mettez votre chapon dans une casserole; vous la remplissez de bouillon, vous faites écumer votre volaille, puis vous y mettez deux carottes, deux oignons, deux clous de girofle, une demi-livre de riz, qui sera lavé à cinq ou six eaux; vous faites bouillir le tout à petit feu pendant deux heures; vous débridez votre volaille et la mettez dans votre soupière, et vous versez votre riz par-dessus; vous n'y mettez pas les carottes ni les oignons. Que votre potage soit d'un bon sel; ajoutez-y un peu de gros poivre.

A LA GRIMOD DE LA REYNIÈRE.

Dans une moyenne marmite vous mettez un chapon bien troussé, comme pour le potage au riz, deux pigeons, un morceau de tranche de trois livres, le tout bien ficelé, pour que vos viandes aient bonne mine; vous remplissez cette marmite de bon bouillon, vous la ferez écumer; ensuite vous la garnirez de carottes, navets, oignons, céleri, poireaux, deux clous de girofle. Au moment de servir, vous mettez votre chapon et les deux pigeons dans un plat creux, avec des laitues entières autour du plat (*voy.* Laitues pour potage), de petits oignons, des carottes coupées en gros dés, des navets de même; de ces trois sortes de légumes en grande quantité, et cuits comme pour le potage du Hameau (*voy.* ce potage). Quand vos légumes seront cuits, vous les dresserez sur votre chapon, de manière qu'ils forment buisson; vous passerez le bouillon de votre marmite à travers une serviette fine ou un tamis de soie; vous servirez à côté de votre plat un pot plein de bouillon bien chaud et d'un bon sel.

POTAGE EN TORTUE.

Prenez six livres de tranche de bœuf, deux livres de parure de veau, une poule ou parure de volaille, que vous mettez dans une marmite mouillée avec moitié consommé et moitié blond de veau, deux carottes, un oignon piqué de deux clous de girofle. Quand tout est cuit en consommé, vous le passez à la serviette; vous préparez dans une autre marmite la moitié d'une tête de veau, bien dégorgée et blanchie, que vous coupez et parez par morceaux de la grandeur d'un sou; vous enveloppez dans un linge douze petits piments enragés, un peu de macis de muscade; faites-la cuire en la mouillant avec votre consommé et une bouteille de vin de Madère sec. Quand votre tête a bouilli pendant trois heures, vous y joignez trente champignons entiers, deux gorges de riz de veau, coupées en liards, égales à votre tête et champignons, quinze crêtes de coqs, trente rognons, trente quenelles de volailles moulées avec des cuillères à café; quand le tout est cuit, vous dégraissez votre potage, qui doit être clair et foncé en couleur; vous mettez dans votre soupière deux œufs pochés; parez, et versez votre potage dessus vos œufs. Dans le cas où votre potage ne serait pas assez corsé, ou assez fort en piment, vous y joindriez un morceau de glace de volaille et un beurre de piment. (*Voy.* Beurre de piment. (F.) (1)

POTAGE A LA TORTUE (2).

Vos morceaux bien nettoyés, coupez-les par parties grosses comme des noix, prenez un des morceaux charnus que j'ai désignés plus haut, coupez-le de même que vos membranes; faites dégorger le tout à plusieurs eaux; vous aurez d'avance marqué un consommé composé de bœuf, veau et mouton (quatre livres de chaque), assaisonné de sel, girofle, carottes et oignons, un peu de laurier et thym; votre consommé parfaitement cuit, passez-le à la serviette, et mouillez votre préparation convenablement; donnez quatre heures de cuisson sur un fourneau modéré; vous aurez des quenelles de volaille que vous séparerez en trois parties dans un tiers; incorporez quatre filets d'anchois dans le second, de la civette hachée, et dans le dernier du persil; de même vous donnerez à vos quenelles la forme d'œufs de pigeons: pochez-les dans du consommé. Une demi-heure avant de servir, videz une bouteille de vin de Madère dans votre potage, ajoutez du poivre de Cayenne, égouttez vos quenelles, ne les mettez dans votre soupière qu'après avoir versé votre soupe; goûtez si c'est d'un bon assaisonnement. (D.).

POTAGE RUSSE.

Filet de bœuf, noix de veau, jambon maigre de Bayonne, graisse de bœuf (une livre de chaque); coupez le tout en dés, en ayant soin d'en extraire toutes les parties nerveuses; mettez le tout dans une marmite convenable; ajoutez quatre onces de beurre, sel, poivre, muscade, une demi-bouteille de Madère; faites partir sur un feu modéré cette préparation tombée sur glace, mouillez de suite avec d'excellent bouillon, donnez quatre heures de cuisson; au moment de servir, ajoutez une bonne pincée de fenouil haché : vous aurez préparé cinquante petits oignons et autant de petites carottes en petits bouchons; passez ces deux légumes au beurre; mouillez-

(1) Tous les articles portant (F.) sont de M. Fouret.

(2) *Voyez* Préparation de la tortue.

les ensuite avec un peu de jus, faites tomber sur glace au moment de servir; réunissez-les à votre potage et servez. (Assurez-vous de l'assaisonnement.) (D.)

JUS D'ÉTOUFFADE.

Vous prenez une noix de bœuf, que vous piquez de gros lard-ambon, quelques gousses d'ail et clous de girofle; vous mettez six gros oignons dans une casserole un peu épaisse, avec votre noix, six petits piments enragés et un peu de muscade; mouillez-la avec une demi-bouteille de vin de Madère et du consommé; faites-la ouillir à grand feu jusqu'à ce qu'elle soit sur glace; placez votre casserole sur un fourneau doux, entourée de cendres rouges; laissez-la jusqu'à ce que votre glace soit noire sans être amère ni brûlée: vous mouillerez votre étouffade avec du bouillon; joignez-y quelques patures de veau et de volaille: quand votre bœuf sera cuit, vous passerez votre jus à la serviette, le ferez dégraisser sur le bord d'un fourneau, et vous y joindrez trois cuillerées à pot d'espagnole; vous le ferez réduire et dégraisser. (F.)

MACARONI A LA NAPOLITAINE.

Vous prenez deux livres de macaroni, que vous faites cuire à l'eau de sel une demi-heure avant de servir; quand le macaroni est cuit, vous l'égouttez dans une passoire. Vous avez trois quarts de livre de fromage parmesan râpé; vous dresserez votre macaroni dans une soupière à potage, ou sur un grand plat ovale, et qui sert pour relevé, avec la noix de bœuf glacée dessus. Vous placez un lit de macaroni, un lit de fromage, que vous arrosez avec le jus de votre étouffade; quand le tout est ainsi préparé, vous faites fondre une demi-livre de beurre fin, que vous arrosez sur votre dernier lit. Servir chaudement. (F.)

POTAGE AU MACARONI.

Vous prenez une demi-livre de macaroni, que vous cassez en petits morceaux; faites-le blanchir et égoutter, et faites-le cuire dans le même consommé du potage en tortue; versez-le dans votre soupière, et servez avec du parmesan râpé à part. (F.)

LAZAGNES.

C'est la même pâte que celle des nouilles; elles se préparent de même, avec la différence que vous les coupez plus larges: cette pâte est meilleure et plus délicate que celle qu'on achète chez les marchands; il faut avoir soin de ne pas la laisser trop cuire. (F.)

TIMBALES DE MACARONI, DE NOUILLES ET LAZAGNES.

Elles se préparent de même que le macaroni à la napolitaine, à l'exception que vous sautez votre macaroni avec les garnitures suivantes:

Vous coupez en gros filets deux blancs de volaille rôtie ou sautée, un quarteron de langues à l'écarlate, vingt champignons, six truffes, une gorge de riz de veau, crêtes et rognons de coqs, à volonté, le tout cuit à point: ayez un quarteron de beurre; maniez le tout ensemble, et versez dans votre timbale, qui sera foncée avec de la pâte brisée, ou rognures de feuilletage; recouvrez avec la même pâte; faites prendre couleur au four. Vous pouvez faire une croûte de timbale, et verser votre appareil un moment bien chaud, et la renverser sur votre plat. (F.)

RIZ A LA TURQUE.

Vous prenez une livre de riz que vous lavez à plusieurs eaux; faites-le blanchir à grande eau, égoutter, et mettez-le dans une casserole; le faire crever avec du bon consommé, le mouiller très-peu; faites cuire votre riz à moitié, et vous y joindrez un peu de safran en poudre, quatre petits piments en poudre, un morceau de beurre fin, de la moelle de bœuf fondue, un peu de glace de volaille; vous maniez le tout ensemble, et servez dans une soupière, ou sur un plat, avec du consommé clarifié à part. (F.)

POTAGE A LA PURÉE DE TOMATES.

Vous prenez trente tomates bien mûres; vous les coupez en deux, pressez les pepins et le jus qui se trouvent dans l'intérieur de vos tomates; émincez une livre de maigre de jambon salé, quatre gros oignons, un bon bouquet de persil : mettez le tout dans une casserole avec un quarteron de beurre fin; faites fondre vos tomates très-doucement, afin que votre jambon ait le temps de laisser son goût; mettez une demi-livre de croûte de pain à potage, faites bouillir dedans votre purée pour lui donner du corps; le tout bien cuit, vous passerez votre purée à l'étamine, et la mettrez dans une casserole propre; mouillez-la avec de bon consommé, faites-la partir sur un fourneau; aussitôt qu'elle commence à bouillir, vous la placez sur le coin de votre fourneau, la laissez dégraisser pendant une demi-heure; vous y ajoutez un peu de sucre. Cette purée se sert ordinairement avec des pâtes de nouille blanchies et cuites dans de bon consommé ou macaroni cassé, ainsi que du riz cuit de même. (F.)

POTAGE A L'ALLEMANDE.

Faites bouillir un litre de bon bouillon dans une casserole, préparez dans une terrine trois jaunes d'œufs, avec une cuillerée et demie à bouche de fécule de pomme de terre, une de fromage parmesan râpé, et une pincée de gros poivre; mêlez le tout ensemble, en y ajoutant un œuf entier et un peu de crème double; que votre appareil soit assez liquide pour pouvoir passer au travers d'une passoire; faites-le passer rapidement dans votre bouillon bouillant; cinq minutes de cuisson suffisent : versez votre potage dans votre soupière, et servez du fromage râpé à part. (F.)

POTAGE A LA PURÉE DE COUCOUDRELLES.

Vous prenez trente coucoudrelles, ou petites citrouilles vertes de la grosseur d'un œuf; vous ratissez un peu le vert de dessus comme à une carotte : émincez-les, faites-les fondre de même que les tomates passées en purée, dégraissées ou travaillées. Vous les servez avec des pâtes comme ci-dessus. (F.)

RABIOLES.

Vous prenez une livre de farine, que vous placez sur une table de marbre, ou une table bien unie ; vous la détrempez œufs frais ; vous commencez par mettre vos œufs au milieu tre farine, en maniant continuellement jusqu'à ce que vous ayez obtenu une pâte ferme et liée ; alors vous l'abaissez avec un rouleau, le plus long possible ; vous en formez une abaisse mince comme du papier, en y saupoudrant le moins de farine possible ; ayez une farce disposée, que vous placez par petites parties égales. Vous mouillez votre pâte ; repliez-la en deux pour qu'elle forme une espèce d'enveloppe ; vous appuyez à l'entour, afin que les deux parties puissent coller ensemble : coupez-les par carrés de la grandeur d'un pouce ; placez-les au fur et à mesure sur des plats ou couvercles de casseroles. Au moment de servir votre potage, vous faites blanchir vos rabioles dans du grand bouillon. Quand elles sont toutes montées sur le bouillon, et qu'elles ont bouilli cinq minutes, vous les égouttez ; vous mettez dans votre soupière une cuillerée à pot de jus d'étouffade, un lit de rabioles, un lit de fromage parmesan râpé, du beurre fin fondu, et recouvrez avec du jus afin qu'elles baignent un peu. Servez le tout le plus chaudement possible.

La farce dont vous vous servez pour les rabioles se fait de quenelles de volailles, auxquelles vous joignez un peu de parmesan râpé, un peu de bourrache blanchie et hachée, un peu de lait cuit ou de fromage à la crème. Mêlez le tout ensemble avec un peu de muscade et de cannelle, ainsi que deux jaunes d'œufs et gros poivre ou mignonette. (F.)

AUTRE MANIÈRE DE SERVIR LES RABIOLES.

Les rabioles se font aussi blanchir et cuire dans le même consommé que le potage en tortue, et se servent avec leur bouillon et du parmesan râpé à part. (F.)

TAILLARINE, OU NOUILLES A L'ITALIENNE.

C'est la même pâte que pour les rabioles ; quand votre pâte est abaissée, bien mince, vous la laissez sécher un peu, posée sur une serviette, ou linge blanc, jusqu'à ce qu'elle puisse se plier et ne pas se coller ensemble ; lorsqu'elle est un peu sèche, vous la roulez et coupez le plus fin possible ; à mesure que vous coupez vos nouilles, levez-les légèrement avec la pointe de votre couteau, étendez-les sur votre table, laissez-les sécher jusqu'au moment de vous en servir. Vous faites bouillir du même consommé que pour le potage en tortue, vous jetez vos nouilles dans votre bouillon ; laissez-les bouillir dix minutes ; aussitôt que vos nouilles sont montées sur le bouillon, c'est une preuve qu'elles sont cuites ; mettez-les dans votre soupière. Servez du fromage parmesan râpé à part. (F.)

AUTRE MANIÈRE DE SERVIR LES NOUILLES.

Vous les faites cuire dans un grand bouillon, et les égouttez. Mettez dans votre soupière une cuillerée à pot de jus d'étouffade, un lit de nouilles, un lit de fromage, de même qu'aux rabioles : vous pouvez vous en servir de même pour relevé, en plaçant vos nouilles sur un plat, et votre noix de bœuf dessus, bien glacée. (F.)

POTAGE PRINTANIER, OU CHIFFONNADE.

Vous coupez avec un coupe-racine, ou tournez à la main, une vingtaine de petites carottes nouvelles, autant de navets, petits oignons, poireaux; vous faites blanchir vos racines; rafraîchissez-les, mettez-les dans une marmite; mouillez avec du bon consommé; faites cuire vos racines, en observant de mettre vos petits oignons en dernier; vous y joindrez un demi-litre de petits pois; de la laitue, de l'oseille et de la romaine, déchirées de la grandeur d'un sou, en y joignant de petites fèves blanchies en pointes d'asperges et haricots verts coupés de la même longueur, haricots blancs cuits, et concombres. Vous mettrez le tout bouillir avec vos racines, et y joindrez un peu de sucre; au dernier bouillon une pincée de cerfeuil haché. Vous servirez votre potage avec ou sans croûtes, laissant réduire tous vos légumes à glace. Servez-les dans une purée de pois nouveaux, ou avec de bon consommé. (F.)

OILLE A L'ESPAGNOLE.

Vous prenez dix livres de culotte de bœuf paré et ficelé, un tendon de veau, une poitrine de mouton, un combien de jambon dessalé, un poulet normand, deux pigeons, deux cailles, deux vieilles perdrix troussées en poules piquées, un canard, une livre de petit lard, un saucisson cru, huit saucisses, avec du piment rouge dedans; vous parez le tout bien ficelé, placé dans une braisière avec deux litres de garbances, ou pois espagnols, que vous faites tremper, de la veille, dans de l'eau tiède; vous mouillez le tout avec du grand bouillon; faites-le bouillir, y ajoutant six piments enragés, quatre clous de girofle, un peu de muscade, et un peu de macis que vous enveloppez dans un petit linge blanc: laissez cuire le tout jusqu'à parfaite cuisson, en retirant les pois les plus tendres.

Vous prenez quatre choux, dix laitues, une trentaine de carottes, que vous tournez le plus également possible, autant de navets; faites-les blanchir, marquez-les dans une casserole bien couverte de bardes de lard, et mouillez avec le dégraissis de votre braisière; préparez douze culs d'artichauts bien tournés et bien ronds, que vous ferez cuire dans un blanc; vingt-quatre oignons glacés; vous remplirez un plein verre de petites carottes en olives, autant de navets. Faites-les blanchir, faites-les cuire avec du consommé et un peu de sucre; vous prenez la même quantité de petits haricots verts coupés en losange, petites fèves, concombres, petits pois, le tout blanchi, et chaque article à part.

Vous égouttez vos viandes et vos légumes, passez le bouillon de votre braisière; faites-le dégraisser et clarifier, passez-le à la serviette et tenez-le bouillant.

Vous pressez vos choux et laitues, les placez sur un grand plat dans cet ordre: un morceau de chou, une carotte, une laitue, un navet jusqu'à ce que vous ayez formé le cercle de votre plat; dans le puits vous mettez vos garbances. Placez vos viandes par ordre sur le milieu de votre plat, et vos douze culs d'artichauts sur le bord des légumes, à distance égale. Mettez un oignon glacé entre.

Vous avez vos petits légumes bien chauds, que vous sautez un moment, avec un peu de glace et de beurre; placez-les par bouquets, dans vos culs d'artichauts; glacez toutes vos viandes. Servir chaudement avec le consommé clarifié à part. (F.)

AUTRE MANIÈRE DE SERVIR L'OILLE A L'ESPAGNOLE POUR RELEVÉ.

Quand toutes vos viandes sont cuites à propos, vous passez votre consommé, et le faites travailler avec quatre cuillerées à pot de grande espagnole. Faites dégraisser et réduire votre sauce, et ajoutez-y une bouteille de vin de Madère. Vous passez votre sauce à l'étamine ou au bain-marie; au moment de vous en servir, ajoutez-y un beurre de piment; dressez votre oille comme ci-dessus; saucez. Servir le plus chaud possible. (F.)

GARBURE DE GIROMON.

Prenez un giromon bien mûr, retirez-en la peau, épluchez-le bien dans l'intérieur, coupez-le en lames égales, faites-les blanchir environ un quart d'heure dans de l'eau bouillante avec un peu de sel: égouttez votre giromon dans une passoire, parez tous vos morceaux de manière à ce qu'ils soient bien égaux; mettez ces parures dans une casserole, avec un morceau de beurre, du sel, de la muscade et un peu de mie de pain; mouillez avec un peu de crême; mettez le tout sur le feu, en ayant soin de le remuer avec une cuillère, afin de ne pas laisser attacher votre panade; ayez une livr de pain de seigle, que vous couperez par tranches, comme vos giromons; mettez la moitié de votre panade dans un plat creux rangez en couronne votre pain et vos giromons, et couvrez votre couronne du restant de votre panade; mettez votre plat sur de la cendre chaude, gratinez, et ayez soin d'arroser votre garbure avec de la crême bouillante et du beurre frais. Servez avec de la crême chaude à part. (F.)

GARBURE AU POTIRON.

Suivez le même procédé que ci-dessus. (F.)

POTAGE A LA PROVENÇALE.

Mettez dans une casserole une demi-livre de bonne huile d'olive, avec trois oignons émincés, deux gousses d'ail, un peu de laurier, et une poignée de persil en branches; faites frire le tout légèrement sur un fourneau. Mouillez votre potage avec un litre d'eau assaisonnée de sel, poivre et muscade. Faites cuire dedans un merlan, une sole et un petit cailletot ou turbot. Votre poisson étant cuit, égouttez-le sur un plat. Passez votre bouillon à travers un tamis; faites-le bouillir; mettez dedans une pincée de feuilles de fenouil hachées; versez votre bouillon dans une soupière, avec des croûtons frits dans l'huile. Servez. (F.)

POTAGE MAIGRE AU BEURRE.

Suivez le même procédé que pour le potage à la provençale; au lieu d'huile, mettez du beurre. (F.)

POTAGE AUX QUENELLES DE VOLAILLES.

Vous prenez les quatre filets de deux poules, que vous hachez e.

pilez, vous les passez au tamis à quenelles; vous faites une panade avec un petit pain à café que vous mouillerez avec un peu de lait; faites-la dessécher sur le feu comme de la pâte à choux, en y joignant deux jaunes d'œufs et un peu de beurre. Lorsqu'elle ne colle plus au doigt, vous la faites refroidir. Pilez le tout ensemble, avec un quarteron de beurre fin, assaisonné de sel, d'épices et muscade, un peu de fromage parmesan râpé, et un peu de gros poivre. Mêlez bien le tout ensemble, mouillez avec trois œufs entiers. Vous moulez vos quenelles avec des cuillères à café. Placez-les sur les couvercles de casseroles beurrés. Vous préparez du même consommé que le potage en tortue, dans lequel vous avez fait cuire vos carcasses de poules; votre consommé bien clarifié, faites-le bouillir, et faites pocher vos quenelles dedans au moment de servir, votre potage sera versé dans la soupière avec du fromage de Parme râpé à part. (F.)

POTAGE AUX CONCOMBRES LIÉS.

Vous prenez deux concombres, auxquels vous retirez la peau; fendez-les en quatre; retirez les grains; coupez-les en liards; tournez-les le plus également possible; mettez-les dans une casserole avec un peu de sel, pour leur faire jéter leur eau. Passez-les sur un linge blanc; mettez-les dans une casserole avec un petit morceau de beurre; sautez-les légèrement, sans leur faire prendre de couleur; vous y mettrez une bonne poignée d'oseille émincée et une pincée de cerfeuil. Mouillez votre potage avec de bon bouillon. Laissez-le bouillir un bon quart d'heure; au moment de servir, vous liez votre potage avec une liaison de trois jaunes d'œufs et un peu de crème réduite; vous la versez sur le pain de votre potage que vous avez coupé de la même grandeur que vos concombres. (F.)

POTAGE AU LAURIER D'AMANDE.

Ce potage se mange après les huîtres. Vous prenez une chopin. de lait, que vous faites bouillir avec deux feuilles de laurier d'amande. Vous avez des croûtons de mie de pain ronds, glacés au four de campagne; mettez vos croûtons dans une soupière avec un peu de sucre, fleur d'orange, sel et deux jaunes d'œufs, et versez votre lait bouillant en remuant votre potage, afin que les jaune; d'œufs ne tournent pas. (F.)

POTAGE AU CÉLERI.

Vous prenez deux bottes de céleri, que vous coupez en dés bien égaux, que vous lavez à plusieurs eaux, et faites blanchir. Égouttez et faites rafraîchir. Faites cuire votre céleri avec du bon consommé et un peu de sucre. Quand votre céleri est cuit, vous le versez dans une purée de pois ou de lentilles (*voyez Purée*) au lieu de croûtons. (F.)

GARBURE A LA BÉARNAISE.

Prenez quatre choux, douze laitues, que vous faites blanchir; vous les marquez dans une braisière avec un bon morceau de petit lard, que vous ciselez jusqu'à la couenne, sans la couper; un combien de jambon bien dessalé, un saucisson sans ail, et deux cuisses d'oie marinées. Vous faites cuire le tout ensemble, en mouillant votre braise avec de bon bouillon sans sel; ajoutez-y un bon bouquet de persil et quelques racines, deux oignons piqués de deux clous de girofle. Quand le tout est bien cuit, vous égouttez vos viandes et vos légumes à part. Passez votre fond au tamis; dégraissez-le, et faites-le clarifier; vous avez du pain de seigle, vous en prenez la mie, que vous coupez le plus mince possible. Vous dressez en couronne, sur un plat creux, et qui puisse aller sur le feu, vos choux, laitues, petit lard et mie de pain trempée dans votre dégraissis; vous avez une purée de pois verts que vous mettez dans le puits de votre garbure; posez au milieu votre combien de jambon et cuisses d'oie; coupez votre saucisson par tranches, et placez-le sur les bords. Mettez votre plat sur un fourneau doux; gratinez; servez avec votre fond bouillant et clarifié à part. (F.)

POTAGE A LA PURÉE D'OSEILLE.

Mettez fondre deux bonnes poignées d'oseille, avec deux laitues; égouttez-les dans une passoire. Mettez cuire un litre de pois nouveaux; vos pois étant cuits, mêlez-les avec votre oseille. Passez cette purée à l'étamine; mettez-la dans une casserole; mouillez-la avec un litre de bon bouillon; faites-la bouillir; ajoutez-y un demi-litre de pois fins, quelques pointes d'asperges, un quarteron de beurre frais; vos pois étant cuits, ajoutez, au moment de servir votre potage, une pincée de cerfeuil haché. Versez votre potage dans une soupière avec des croûtons coupés en dés. (*voyez* Croûtons.) Servez. (F.)

CHAPON EN PILAU.

Vous troussez un chapon, les pattes en dedans, et le bridez, le marquez dans une casserole mouillée avec de bon consommé, couverte d'une barde de lard: faites-le cuire aux trois quarts; vous aurez une demi-livre de riz bien lavé, que vous joindrez à votre chapon; vous le laisserez jusqu'à ce que le grain ne se délaie pas. Vous égoutterez votre chapon, le dresserez sur un plat. Vous joindrez à votre riz pour quatre sous de safran en poudre, un bon curre de piment, et le dresserez autour de votre chapon. (F.)

RIZ A LA CRÉOLE.

Vous prenez deux bons poulets, que vous découpez comme pour fricasser; vous les passez au beurre, assaisonné d'un bon bouquet garni de deux clous de girofle, dix petits piments enragés, bien écrasés ou pilés, de quatre sous de safran. Vous mouillerez vos poulets avec de bon bouillon, en y ajoutant trente oignons, que vous avez émincés le plus également possible, en observant de retirer les bouts des oignons et le cœur. Faites frire votre oignon bien blond, égouttez-le et mettez-le cuire avec vos poulets; faites bouillir le tout à grand feu. Vous lavez une livre de riz à six eaux, afin qu'il ne sente pas la poussière; vous le faites blanchir; jetez cette première eau; vous faites cuire votre riz dans de l'eau; que votre riz soit à peine crevé· vous servez vos poulets dans une terrine, et votre riz dans ne autre, en observant de ne pas dégraisser les poulets; que la sauce soit un peu longue, sans être liée. (F.)

RIZ A L'ITALIENNE.

Vous préparerez une livre de riz bien lavé; vous râperez une demi-livre de lard et un chou de Milan, que vous émincerez, et ferez suer avec votre lard assaisonné de persil haché, ail, poivre et sel, quelques graines de fenouil; quand votre chou a été étouffé pendant trois quarts d'heure, vous mettez votre riz dedans, avec très-peu de mouillement, afin que votre riz soit à peine couvert; vous le laisserez cuire ainsi un quart d'heure, et le servirez avec du fromage parmesan. (F.)

AUTRE MANIÈRE.

Vous préparerez une livre de riz comme ci-dessus, le ferez cuire un quart d'heure avec une cuillerée à pot de bouillon et un quarteron de beurre; vous aurez préparé d'avance une liaison de quatre jaunes d'œufs, dans laquelle vous mettrez deux onces de fromage de Parme râpé, et un peu de gros poivre; vous lierez votre riz, et le servirez ainsi pour potage. (F.)

LAIT DE POULE.

Vous ferez bouillir un demi-setier d'eau; vous préparerez deux jaunes d'œufs bien frais, avec une once de sucre en poudre, et un peu d'eau de fleur d'orange, un peu de sel; vous mêlerez le tout ensemble jusqu'à ce que les jaunes d'œufs blanchissent; alors vous verserez votre eau bouillante sur vos jaunes, en la remuant un peu vite. Buvez le plus chaud possible. (F.)

SAGOU.

Le sagou est une pâte qui vient des Indes.

Vous préparerez deux onces de sagou; vous le ferez tremper dès la veille; vous l'égoutterez dans une passoire, et le ferez bouillir pendant trois quarts d'heure dans de bon consommé; quand il formera gelée, il sera assez cuit. (F.)

AUTRE CROUTE AU POT.

Vous prendrez deux pains à café; chapelez-les; vous lèverez la croûte, formerez des ronds égaux, et les parerez; vous les mettrez dans une casserole avec une cuillerée de bon consommé; vous mettrez mijoter sur le feu les croûtons, vous les ferez frire dans du dégraissis de consommé un peu nourri, afin qu'ils prennent de la nourriture; vous mettrez votre panade dans une casserole d'argent ou un plat profond, et vos croûtons arrangés dessus; vous les mouillerez avec un peu de dégraissis de consommé, et les ferez gratiner un bon quart d'heure. Au moment de servir, vous casserez six œufs frais sur votre croûte au pot, et les ferez prendre comme les œufs sur le plat : vous servirez avec un bol de consommé clarifié. (F.)

ORGE PERLÉ.

Vous prendrez une demi-livre d'orge perlé, le laverez et le ferez tremper la veille pour le lendemain; vous le ferez blanchir, et le ferez crever dans de bon consommé pendant une heure. (F.)

BLÉ MONDÉ.

Se prépare de même que l'orge perlé. (F.)

BOUILLON DE POULET.

Ayez un bon poulet commun, videz-le, ôtez-en la peau et flambez les pattes; liez-le avec une ficelle, mettez-le dans une marmite avec deux pintes et demi d'eau; ajoutez-y une once des quatre semences froides; après les avoir concassées à moitié, vous les mettrez dans un petit linge blanc pour en faire un petit paquet bien lié; faites cuire le tout à petit feu jusqu'à ce qu'il soit réduit à deux pintes ou à peu près. (F.)

SOUPE AU LAPIN OU AU CHASSEUR.

Lavez un bon chou, coupez-le en quatre; placez-le dans une marmite de fer, telle que celles dont on se sert en campagne; ajoutez de l'eau convenablement et un morceau de lard; mettez deux carottes, deux oignons, un bouquet de persil, dans lequel vous ajoutez une feuille de laurier et une pincée de thym; si votre lapin, que vous coupez en cinq morceaux, est vieux, mettez-le de suite; dans le cas contraire, ne le mettez que lorsque votre soupe est cuite à moitié; donnez deux heures et demie de cuisson (assaisonnez de sel et de poivre).

Cette soupe est très-confortable en campagne; car, après l'avoir mangée, il reste encore de quoi achever son repas avec les choux, le lard et le lapin. Vous pourrez vous servir d'un lapin privé à défaut d'autre; mais ceux de garenne valent mieux, quand même ils seraient un peu avancés. (D.)

MONT-FRIGOUL, OU SÉMOULE ITALIENNE.

Prenez une demi-livre de fleur de farine, autant de farine de blé de Turquie; mettez le tout sur une table bien propre, avec un quarteron de fromage parmesan râpé, un morceau de lait cuit (*voyez* Lait cuit); mêlez le tout ensemble avec quatre œufs bien frais, et que votre pâte soit bien ferme; coupez-la par morceaux; saupoudrez-la d'un peu de farine. Hachez-la avec des couteaux à hacher jusqu'à ce qu'elle soit aussi fine que la semoule. Passez cette pâte à travers une passoire; mettez-la sécher sur une feuille de papier. Au moment de vous en servir, versez-la dans de bon bouillon bouillant, et remuez-la avec une cuillère, afin qu'elle ne s'attache pas ensemble; deux minutes de cuisson suffisent. Versez votre potage dans une soupière. Servez avec du fromage râpé à part. (F).

BOUILLON DE POULET PECTORAL.

Prenez un poulet comme ci-dessus, une même quantité d'eau deux onces d'orge mondé, autant de riz; mettez le tout ensemble dans une marmite; joignez-y deux onces de miel de Narbonne; écumez le tout; faites cuire pendant trois heures ce bouillon jusqu'à ce qu'il soit réduit aux deux tiers.

BOUILLON DE VEAU RAFRAÎCHISSANT.

Coupez en dés une demi-livre de rouelle de veau, que vous metgrez bouillir avec trois pintes d'eau, deux ou trois laitues, et une poignée de cerfeuil; faites bouillir le tout, et, si vous le jugez convenable, ajoutez-y un peu de chicorée sauvage. Passez ce bouillon au tamis de soie. (F.)

BOUILLON DE MOU DE VEAU.

Prenez la moitié d'un lobe de mou de veau; coupez-le en petits dés, après l'avoir fait dégorger; mettez-le dans une marmite de terre, avec trois pintes d'eau, six ou huit navets émincés, deux ou trois pieds de cerfeuil cernés, et une douzaine de jujubes; faites partir ce bouillon, écumez-le, laissez-le réduire à deux pintes, et passez au tamis de soie. (F.)

POTAGE AU SAGOU.

Une demi-livre suffit; lavez-le comme du riz; mettez-le dans une casserole avec deux bouteilles de vin de Bordeaux (blanc ou rouge), une demi-livre de sucre, un peu de cannelle en poudre et de la muscade; délayez le tout ensemble. Faites partir cette préparation sur un fourneau; faites-lui subir deux heures de cuisson à feu doux; votre potage doit être moins compacte qu'une crési, faites des croûtons tels que pour les potages à la purée, avec cette différence de les faire colorer au four, au lieu de les faire frire dans du beurre; glacez-les ensuite avec du sucre fin; versez votre soupe dessus. Ce potage est recherché par les Allemands. (D.

SAGOU A L'ESPAGNOLE.

Sagou, nom d'une espèce de pâte végétale et alimentaire, qu'on prépare aux Indes, avec de la moelle de palmier, particulièrement avec celle de sagou, ou sagoutier. Vous laverez le sagou comme le riz, le ferez cuire dans deux consommés de volaille jusqu'à ce qu'il forme une gelée; vous aurez préparé une purée de gibier, que vous tiendrez bouillante au bain-marie. Au moment de servir vous mêlerez votre sagou avec votre purée; si votre potage est trop épais, vous le mouillerez avec un peu de consommé de volaille et glace de gibier. (F.)

POTAGE AUX CHOUX-FLEURS.

Vous prenez deux têtes de choux-fleurs bien cuites, les égouttez et les pressez même un peu; vous prenez un peu de béchamel maigre bien réduit, que vous liez avec six jaunes d'œufs, un quart de beurre fin, sel et gros poivre, un peu de muscade; vous mêlez vos choux-fleurs avec votre béchamel, les laissez refroidir, puis les moulez de la grosseur d'un œuf de pigeon dans de la farine, les faites frire dans du beurre clarifié, les égouttez, les mettez dans votre soupière, et versez dessus du même consommé que pour le potage en tortue. Servir du fromage râpé à part. (F.)

POTAGE AU MOUTON OU A L'ANGLAISE.

Prenez quatre livres de gigot, ou d'épaule de bon mouton, que vous ficelez; mettez-le dans une marmite, avec une botte de navets, quatre gros oignons, quatre pieds de céleri, deux clous de girofle, un peu de gingembre; mouillez le tout avec du bon bouillon, faites écumer votre marmite et laissez-la mijoter auprès du feu pendant trois heures; au moment de servir, dégraissez bien votre bouillon, servez-le dans une soupière, avec la viande et les légumes ensemble; si le bouillon se trouve chargé d'écume, passez-le à travers un tamis.

Les Anglais se servent beaucoup de ce bouillon quand ils sont malades. (F.)

GARBURE AU FROMAGE.

Faites blanchir deux choux verts pendant un quart d'heure; mettez-les rafraîchir dans l'eau, égouttez-les, pressez-les, coupez-les en deux, assaisonnez-les de sel, poivre et muscade, mettez-les dans une casserole ou marmite, avec deux livres de bœuf, une tranche de jambon et deux vieilles perdrix, une carotte, deux oignons et un bouquet assaisonné. Mouillez vos choux avec du bouillon, sans le dégraisser; faites-les cuire pendant deux heures. Égouttez vos choux, coupez des tranches de pain, des tranches de fromage de Gruyère, rangez-les par lits dans un plat creux, arrosez-les avec votre bouillon; mettez votre plat mijoter sur de la cendre chaude afin d'obtenir un gratin. Servez avec du bouillon dans une soupière à part. (F.)

POTAGE AU POISSON.

Prenez deux merlans, un carrelet et un morceau d'anguille de mer; videz et lavez bien votre poisson, que vous couperez par morceaux, et laissez-le bien égoutter sur un linge blanc; faites chauffer dans une casserole un quarteron d'huile d'olive, mettez dedans une pincée de persil haché, autant d'oignons, une gousse d'ail pilée, une demi-feuille de laurier, une pincée de graines de fenouil et de sel. Mouillez le tout avec un demi-litre d'eau; faites-le bouillir; quand il aura fait un bouillon, jetez votre poisson dedans: dix minutes de cuisson suffisent; coupez des tranches de pain dans une soupière; versez votre bouillon dessus, et servez votre poisson à part. (F.)

POTAGES DE TOUTE ESPÈCE DE COQUILLAGES.

Prenez une quantité de coquillages, comme huîtres, moules, et faites-les ouvrir. Pour des huîtres, il en faut au moins huit douzaines; faites-leur jeter un bouillon avec leur même eau; égouttez vos huîtres sur un linge blanc; mettez dans une casserole un morceau de bon beurre, avec deux oignons émincés; faites cuire votre oignon légèrement dans votre beurre; quand il sera cuit, ajoutez-y une pincée de farine; mouillez votre potage avec l'eau dans laquelle vous avez fait blanchir vos huîtres; faites-le bouillir; au moment de servir votre potage, ajoutez-y vos huîtres, avec des croûtons passés au beurre: vous pouvez lier votre potage avec trois jaunes d'œufs. (F.)

A la Provençale, vous vous servirez d'huile au lieu de beurre; vous y ajouterez un peu d'ail. (F.)

GRANDES SAUCES.

ASPIC.

Prenez un fort jarret de veau, un jarret de jambon, un fort morceau de tranche de bœuf (si les jarrets ne faisaient pas la gelée assez forte, on peut y ajouter deux pieds de veau blanchis, ou quelques couennes de lard grattées et blanchies). Mêlez le tout dans une marmite avec une pinte de grand bouillon; faites-le suer à blanc sur un fourneau. Lorsqu'il est réduit à glace, sans être attaché, vous mouillez avec de grand bouillon; faites-le bouillir et bien écumer. Mettez ensuite deux oignons, deux carottes, du sel, un bouquet de persil et de ciboule assaisonné de quatre clous de girofle, deux feuilles de laurier, une gousse d'ail. Faites cuire le tout à petit feu pendant sept heures; ensuite passez le consommé; lorsqu'il est refroidi, vous prenez quatre œufs que vous cassez dans une casserole; vous y mettez le consommé et le jus de deux citrons, avec une cuillerée de vinaigre d'estragon, et vous battez sur le feu avec un fouet, jusqu'à ce que ce soit près de bouillir; et lorsque cela bout, vous mettez votre casserole à un petit feu dessus et dessous pendant une demi-heure. Ensuite vous passez dans une serviette double et mouillée : si votre gelée n'est pas assez claire, vous la clarifiez une seconde fois.

Vous mettez quatre à cinq lignes de cette gelée dans un moule à aspic; vous la décorez avec des truffes, des blancs d'œufs, des branches de persil, etc., suivant que vous avez de goût. Vous remettez une ligne de gelée dessus sans être prise, et avec précaution, pour qu'elle ne dérange pas votre décoration; ensuite vous mettez, soit des cervelles de veau, soit des blancs de volaille, ou des ris de veau, ou des crêtes de coqs, des rognons, des foies gras ou de gibier : dans ce cas on met cuire, dans la gelée, du même gibier en place de poule. Il faut avoir soin de ranger la gelée dans l'aspic également et à plat : sans cela elle se fendrait en la renversant. Vous remplissez votre moule à la glace jusqu'à ce qu'elle soit prise à pouvoir se renverser sans s'affaisser. Pour le renverser, vous trempez votre moule un instant dans l'eau chaude; vous mettez votre plat dessus, et vous retournez votre moule avec le plat, et levez le moule.

Cet aspic se sert aussi chaud, sous différentes entrées. On peut aussi faire des œufs en aspic, pour entremets, dans de petits moules propres à contenir un œuf poché, avec de la gelée : on en met sept à huit, renversés sur un plat.

GRAND BOUILLON.

La culotte, la pièce d'aloyau, la poitrine, la noix et la sous-noix, sont les cinq pièces qui conviennent le mieux pour les grands services: mettez une de ces cinq pièces, désossée, bien troussée et bien ficelée, dans une grande marmite que vous remplissez presque d'eau, si vous pouvez; vous la mettez à la crémaillère, en ayant soin de laisser former une croûte d'écume; lorsqu'elle bout, vous l'écumez; vous prendrez de l'eau froide que vous mettez dans la marmite, pour faire jeter une autre écume que vous ôtez ensuite. Vous rafraîssez votre marmite à trois ou quatre fois; puis vous l'assaisonnez de sel. Vous la descendez de la crémaillère, vous faites un lit de cendre; vous la mettez dessus, en garnissant a marmite, selon sa grandeur, de carottes, navets, poireaux, oignons, quatre ou cinq pieds de céleri, quatre ou cinq clous de girofle; quand votre pièce de bœuf est cuite, vous passez votre bouillon au travers d'une serviette fine, ou d'un tamis de soie.

Ce bouillon n'est bon qu'à mouiller des cuissons, l'empotage, le consommé et les essences de gibier.

BOUILLON ET POTAGE A LA MINUTE.

Ayez une demi-livre de viande, que vous hachez; lorsqu'elle l'est aux trois quarts, vous y ajoutez une moyenne carotte, un moyen oignon, un navet, un peu de céleri, la moitié d'un clou de girofle, le tout coupé en petits dés, que vous mettez avec la viande; vous finissez de hacher le tout ensemble; lorsque vous avez fini de hacher, vous le mettrez dans une casserole, vous versez une bouteille et demie d'eau par-dessus, un peu de sel; vous mettez sur le feu jusqu'à ce que cela bouille: vous avez soin de l'écumer, et le laissez bouillir une demi-heure; vous le retirez et le passez au tamis. S'il vous plaît d'avoir un potage au riz ou au vermicelle, vous mettez l'une de ces deux choses dans un petit sac de toile, vous le mettez avec la viande et l'eau froide; le potage fini, vous déliez le sac, vous versez le riz ou le vermicelle dans une soupière, et le bouillon par-dessus: une demi-heure suffit pour avoir un excellent potage.

Si vous passez quelques fines herbes dans un peu de beurre, un peu de farine que vous mouillez avec un peu de bouillon, que votre sauce soit un peu épaisse, vous pouvez y mettre le hachis, un peu de sel et de poivre, des œufs pochés dessus: vous aurez en très-peu de temps un potage et un hachis.

EMPOTAGE.

Vous mettez dans une marmite ou casserole (selon la quantité d'empotage) trois ou quatre livres de tranche de bœuf, deux quasis et un jarret de veau, quatre vieilles poules; vous mouillez cette quantité de viande de deux fortes cuillerées à pot de bouillon; vous mettez votre marmite sur un fourneau, et faites bouillir le tout jusqu'à ce qu'il soit réduit; vous avez soin que votre empotage ne soit pas trop coloré; pour cela il faut bien prendre garde que votre suage n'attache trop; faites-le d'un beau blond; ensuite vous remplissez votre marmite de grand bouillon, et la garnissez de légumes, tels que carottes, navets, oignons; vous n'y mettez point de sel, puisque votre grand bouillon est assaisonné. Laissez votre marmite trois heures et demie au feu; vos viandes cuites, vous passez le bouillon de votre potage à travers une serviette fine ou un tamis. Tâchez que votre bouillon soit bien clair; vous vous en servirez pour mouiller tous vos potages.

BLOND DE VEAU.

Vous mettez dans une casserole ronde deux quasis et deux jarrets de veau, quatre carottes et quatre oignons, que vous mouillez avec deux cuillerées à pot de grand bouillon; vous posez votre casserole sur un bon fourneau ; quand le bouillon qui est dans votre casserole est réduit, vous le mettez sur un feu doux, afin que votre veau ait le temps de suer, et que la glace qui est dans votre casserole ne s'attache pas trop vite; quand la glace du fond de votre casserole est de belle couleur, vous la remplissez de grand bouillon : ayez bien soin de l'écumer, afin que votre blond ne soit pas trouble; n'y mettez point de sel, puisque votre grand bouillon est assaisonné.

JUS.

Vous mettez dans une casserole trois livres de tranche, deux lapins, c'est-à-dire les cuisses et le râble (point la poitrine ni la tête); un jarret de veau, cinq carottes, six oignons, deux clous de girofle, deux feuilles de laurier, un bouquet de persil et de ciboule; vous mettez deux cuillerées à pot de bouillon dans votre casserole, que vous placez sur un bon feu; quand le bouillon sera réduit, vous étoufferez votre fourneau, et vous y mettrez votre casserole, afin que votre viande jette son jus, et qu'il s'attache tout doucement, il faut que la glace qui est au fond de votre casserole soit presque noire; quand elle est à ce point, vous tirez votre casserole du feu, et restez dix minutes sans la mouiller; vous la remplirez avec du grand bouillon ou de l'eau, mais en moins grande quantité; faites ensuite mijoter votre jus pendant trois heures sur le feu; qu'il soit bien écumé et assaisonné : si vous mouillez les viandes cuites avec de l'eau, vous passez votre jus à travers un tamis de crin.

On peut aussi en faire avec des débris de viande. Vous coupez des tranches d'oignons que vous mettez au fond de votre casserole, votre viande par-dessus (et l'assaisonnement du jus ci-dessus); vous mettez deux ou trois verres d'eau; vous la faites réduire comme le jus : lorsque le fond de votre casserole est à peu près noir, vous la remplissez presque d'eau, selon la quantité de viande; vous y mettez le sel qu'il faut, et laissez bouillir votre jus pendant deux heures : après, vous le passez au tamis de crin.

CONSOMMÉ.

Prenez huit ou dix livres de tranche de bœuf, huit vieilles poules, deux quasis, quatre jarrets de veau; mettez votre viande dans votre marmite; vous la remplissez de grand bouillon; vous la faites écumer; vous avez soin de rafraîchir trois ou quatre fois votre bouillon pour bien faire monter votre écume; après, vous faites bouillir tout doucement votre consommé; vous garnissez votre marmite de carottes, navets, oignons, trois clous de girofle; lorsque vos viandes sont cuites, vous passez votre consommé à travers une serviette fine ou un tamis de soie, afin que votre consommé soit bien clair : n'y mettez point de sel si vous le mouillez avec du grand bouillon.

BOUILLON DE SANTÉ.

Dans une marmite de terre, mettez trois livres de tranche, deux livres de jarret de veau, une poule, quatre pintes d'eau, cinq carottes, trois navets, quatre gros oignons, trois clous de girofle, une laitue blanchie dans laquelle vous mettez une pincée de cerfeuil; faites bien mijoter le tout jusqu'à ce que les viandes soient cuites; passez le bouillon au tamis de soie; vous pouvez faire avec ce bouillon toutes sortes d'excellentes soupes et potages.

ESSENCE DE GIBIER.

Ayez quatre lapins, quatre perdrix, deux quasis de veau, deux livres de tranche; vous mettez ces viandes dans une marmite; vous y jettez une bouteille de vin blanc, vous faites bouillir le tout jusqu'à ce que cela soit tombé à la glace : lorsque vous voyez qu'il n'y a plus de jus dans votre marmite, vous n'attendez pas que le fond ait pris couleur pour la remplir, vous mettrez moitié grand bouillon, moitié consommé; vous tâchez qu'il n'y ait pas beaucoup de mouillement : garnissez votre marmite de huit carottes, dix oignons, trois clous de girofle, un peu de thym, un peu de basilic, un peu de serpolet; faites bouillir votre marmite tout doucement; lorsque vos viandes sont cuites, passez votre essence de gibier à travers une serviette fine : vous avez soin de bien écumer votre marmite, et de n'y point mettre de sel, puisque votre grand bouillon est assaisonné.

ESSENCE DE LÉGUMES.

Mettez trois livres de tranche dans votre marmite, un jarret de veau, une poule, trente ou quarante carottes, autant de navets, autant d'oignons, cinq ou six pieds de céleri, deux laitues blanchies, un bouquet de cerfeuil, quatre clous de girofle; mouillez vos racines et votre viande avec du grand bouillon; faites écumer votre marmite, afin que votre essence soit bien claire; lorsque vos viandes seront cuites, vous passez votre essence à travers une serviette fine; tâchez qu'elle soit bien claire, et qu'elle ne soit pas en grande quantité : il ne faut point de sel, puisque votre grand bouillon est assaisonné.

GLACE DE VEAU.

Vous coupez un cuissot de veau en quatre morceaux, ajoutez-y trois poules, beaucoup de légumes entiers; vous faites écumer le tout dans une casserole, que vous remplissez de consommé : après vous les mettrez sur un feu doux, pour que cela mijote trois ou quatre heures jusqu'à ce que votre viande soit cuite; puis vous passez votre glace à travers une serviette fine, afin qu'elle soit claire: l'on peut aussi en tirer avec des parures ou des débris de viandes, que vous mettez dans une casserole avec beaucoup de légumes, du bouillon ou de l'eau, que vous faites écumer avec votre viande; vous faites mijoter jusqu'à ce que vos viandes soient cuites; quand votre mouillement est passé à la serviette, vous mettez votre glace dans une casserole sur un fourneau ardent, et la faites réduire jusqu'à ce qu'elle devienne épaisse comme une sauce : il faut éviter les viandes noires, comme gibier, mouton, bœuf, parce que votre glace serait brune : point de sel dans la glace, parce que la réduction produit seule l'assaisonnement.

GLACE DE RACINES.

Vous mettez aux trois quarts d'une casserole des légumes, comme carottes, navets, oignons, quatre ou cinq clous de girofle, selon la quantité, plus des deux derniers légumes que de carottes; vous y mettez du veau si vous voulez, et mouillez le tout avec du bouillon ou de l'eau : vous faites cuire vos légumes à petit feu, et employez e même procédé qu'à la glace ci-dessus.

GLACE DE CUISSON.

Vous passez le fond de vos cuissons, c'est-à-dire le mouillement qu'elles auront produit, à travers une serviette fine ou un tamis de soie; vous avez soin qu'il soit bien clair; puis vous le faites réduire dans une casserole, à grand feu : quand votre mouillement devient épais comme une sauce, c'est-à-dire que votre glace tient à la cuillère, vous la mettez dans une petite casserole, et l'exposez au bain-marie ou sur des cendres chaudes, pour pouvoir vous en servir au moment du service, et vous y ajoutez un petit morceau de beurre frais, pour en corriger le sel.

GRANDE SAUCE.

Prenez des dessous de la noix du cuissot de veau, au nombre de quatre (ou un selon la quantité de sauce que vous voulez); vous les mettez dans une grande casserole, avec deux cuillerées à pot de consommé; vous les faites suer sur un feu un peu ardent; ayez bien soin d'ôter l'écume le plus qu'il est possible; ayez aussi soin d'essuyer avec un torchon blanc ce qui s'attache autour de l'intérieur de votre casserole, afin que votre sauce ne soit point trouble : quand le consommé est réduit, vous piquez votre sous-noix avec votre couteau, pour en faire sortir le jus; puis vous mettez votre casserole sur un feu doux, afin que votre viande et votre glace s'attachent tout doucement; quand la glace qui est au fond de votre casserole est blonde, vous tirez votre casserole du feu : vous la laissez couverte; puis, dix minutes après, vous la remplissez de grand bouillon, où vous mettez quatre ou cinq grosses carottes tournées, et trois gros oignons : vous laissez mijoter votre sous-noix pendant deux heures; pendant ce temps vous avez pris les quatre noix que vous mettez dans une grande casserole avec quatre ou cinq carottes tournées, quatre ou cinq oignons, dont un piqué de deux clous de girofle; vous y mettez deux fortes cuillerées à pot de consommé; vous mettez la casserole où sont vos noix sur un feu un peu ardent, afin que le mouillement se réduise et tombe à la glace; quand vous voyez que votre glace est plus que blonde, vous transvasez le mouillement de vos sous-noix qui ont bouilli deux heures, et le versez sur vos noix; vous les laissez détacher tout doucement; puis vous les faites partir, c'est-à-dire bouillir : vous faites un roux (*voy.* Roux), et le délayez avec le mouillement qui est dans votre casserole : quand votre roux est bien délayé, vous le versez sur vos noix de veau, où vous ajoutez quelques champignons, un bouquet de persil, de ciboule, et deux feuilles de laurier; vous avez soin d'écumer lorsque cela a commencé à bouillir: vous l'écumez encore lorsque vous liez votre sauce avec le roux: tâchez que votre sauce ne soit ni trop claire ni trop liée; si elle était trop liée, il faudrait y ajouter du mouillement; si elle ne l'était pas assez, il faudrait délayer un peu de roux, et le mettre dans votre sauce: quand votre sauce a bouilli une heure et demie, vous la dégraissez, c'est-à-dire, vous ôtez la graisse qui se trouve sur le derrière de votre sauce; et, quand votre viande est cuite, vous passez votre sauce à travers une étamine.

Il y en a qui laissent cuire tout à fait leur viande avant de lier la sauce: par conséquent ils mettent tout leur mouillement dans leur roux, sans y mettre la viande, et laissent bouillir leur sauce seulement une heure, pour le dégraisser.

SAUCE BRUNE.

Quand on n'a pas de grand bouillon de consommé, mais qu'on a un peu de viande, l'on marque une grande sauce comme on peut. Ayez une ou deux livres de tranche (selon la grandeur de la sauce), deux ou trois livres de veau, des parures de volailles, ce que vous aurez; mettez quelques carottes, quelques oignons; mettez le tout dans une casserole; mettez une cuillerée à pot d'eau; vous mettez vos viandes sur un feu un peu ardent; quand il n'y a presque plus de mouillement dans votre casserole, vous la mettez sur un feu doux, pour que la glace qui est au fond de votre casserole se colore sans brûler; quand elle est d'un blond foncé, et que votre glace est brune, vous la mouillez avec de l'eau, si vous n'avez pas de bouillon; puis vous y mettez un fort bouquet de persil et de ciboule, deux feuilles de laurier, deux clous de girofle, des champignons, si vous en avez, et vous laissez cuire votre viande, que vous avez bien écumée et salée, pendant trois heures; après, vous passez le jus de votre viande à travers un tamis de soie; vous faites un roux et le délaiez avec votre mouillement, et laissez bouillir votre sauce pendant une heure à petit feu; vous la dégraissez, et puis vous la passez à travers l'étamine, ou un tamis de crin, faute d'étamine: tâchez que votre sauce ne soit ni trop pâle, ni trop brune, ni trop claire, ni trop liée, et qu'elle soit de bon goût et d'un bon sel.

GRANDE ESPAGNOLE.

Ayez deux noix de veau, un faisan ou quatre perdrix, la moitié d'une noix de jambon, quatre ou cinq grosses carottes, cinq oignons, dont un piqué de cinq clous de girofle; vous mettez le tout dans une casserole; vous mouillez vos viandes avec une bouteille de vin blanc de Madère sec, une cuillerée à pot de gelée; vous mettez votre casserole sur un grand feu: quand votre mouillement est réduit, vous le mettez sur un feu doux; lorsque votre glace est plus que blonde, vous retirez votre casserole du feu, et la laissez dix minutes dehors, pour que la glace puisse bien se détacher; vous faites suer des sous-noix, comme pour la grande sauce (*voy.* Grande Sauce), et vous prenez ce mouillement pour mouiller votre espagnole; quand elle est bien écumée, vous avez un roux que vous délaiez avec le mouillement, et vous le verserez sur votre viande. Vous y mettez deux ou trois feuilles de laurier, un peu de thym, des champignons, un bouquet de persil et de ciboule, et quelques échalotes; quand votre sauce bout, vous la mettez sur le coin d'un fourneau, pour qu'elle bouille tout doucement pendant deux ou trois heures jusqu'à ce que vos viandes soient cuites. Ayez toujours bien soin, lorsque vous faites suer et bouillir, de bien essuyer auparavant l'intérieur de votre casserole, pour éviter que vos sauces ne soient trop troubles : ayez soin que votre sauce ne soit ni trop brune, ni trop pâle, ni trop claire, ni trop liée, et qu'elle soit d'un sel doux.

VELOUTÉ.

Ayez deux ou trois sous-noix de cuissot de veau, deux poules, quatre carottes, quatre oignons, dont un piqué de deux clous de girofle, un fort bouquet de persil et ciboule, et mettez le tout dans une casserole; vous y mettez une cuillerée à pot de consommé; vous placez votre casserole sur un feu ardent; vous avez bien soin d'écumer vos viandes et d'essuyer l'intérieur de votre casserole, afin que votre sauce ne soit point trouble; lorsque vous voyez que votre mouillement est diminué, et qu'il fait de grosses bulles en bouillant, vous mouillez votre suage avec du consommé; vous avez soin qu'il soit bien clair, et qu'il n'ait point de couleur brune : quand vous avez rempli votre casserole de consommé, ayez l'attention de l'écumer; lorsqu'il bout, vous le mettez sur le coin du fourneau; vous faites un roux blanc (*voy.* Roux blanc), dans lequel vous mettez une vingtaine de champignons, sautés à froid dans de l'eau et du citron, et que vous remuez dans votre roux chaud; puis vous délaiez votre roux blanc avec le mouillement de votre velouté. Après ce procédé, vous le versez sur vos viandes, vous faites bouillir votre sauce sur le coin du fourneau; vous l'écumez bien; au bout d'une heure et demie vous la dégraissez; lorsque votre viande est cuite, vous passez votre sauce à l'étamine: tâchez que votre velouté soit le plus blanc possible

AUTRE VELOUTÉ.

Faute d'avoir tout ce qu'il faut pour faire du velouté, on se sert de ce que l'on a: des parures de veau, soit collet, poitrine, épaule, quasis, jarret, parures de côtelettes, débris de volailles; vous en mettez trois ou quatre livres dans une casserole avec quelques carottes, oignons, bouquet de persil et ciboule, trois feuilles de laurier, trois clous de girofle; vous mettez une cuillerée à pot d'eau, faute de bouillon; vous posez votre casserole où sera votre viande, sur un feu un peu ardent; écumez bien votre mouillement, et, lorsqu'il sera réduit, évitez qu'il ne s'attache; vous remplissez presque votre casserole d'eau, si vous n'avez pas de bouillon; vous y mettez le sel qui convient: vous faites bouillir votre sauce, ensuite vous l'écumez, puis vous la mettez sur le bord du fourneau, afin qu'elle se mijote pendant deux heures : quand votre viande est cuite, vous passez ce mouillement à travers un tamis de soie; vous faites un roux blanc; quand il est à son point, vous y mettez des champignons, ou des parures de champignons, que vous remuez pendant dix minutes dans votre roux blanc; puis vous y versez le mouillement dans lequel a cuit votre viande; ayez soin de délayer votre roux petit à petit, pour qu'il ne se mette pas en grumeaux; quand vous avez tout mis, vous faites bouillir votre velouté, vous l'écumez et vous le mettez sur le bord du fourneau, pour qu'il mijote pendant une heure et demie : vous le dégraissez et le passez à travers une étamine : ayez soin d'éviter la couleur dans votre velouté : le plus blanc est le plus beau.

ROUX BLOND.

Laissez fondre une livre de beurre dans une casserole; mettez-y un litron de farine, plus si votre beurre peut en boire davantage, c'est-à-dire que votre farine liée avec le beurre soit plus épaisse que si c'était une bouillie bien mate; s'il était trop clair, vous remettriez de la farine; vous placez votre beurre, votre farine sur un fourneau un peu ardent; vous tournez jusqu'à ce que votre roux soit un peu blond; vous avez un feu doux sur lequel vous mettrez de la cendre; vous y placez votre roux, et le faites aller à petit feu jusqu'à ce qu'il soit un peu blond : ayez bien soin de prendre de la farine de froment : l'ancienne est la meilleure : celle de seigle ne lie pas bien. Vous vous servez de ce roux pour lier toutes les sauces indiquées.

ROUX BLANC.

Préparez du beurre et de la farine comme pour le roux précédent; vous le mettez sur un fourneau qui ne soit pas trop fort; vous le tournez, sans le quitter, jusqu'à ce qu'il soit bien chaud; ne le laissez pas prendre de couleur : plus il est blanc, plus il est beau : vous vous en servez pour lier votre velouté et d'autres sauces. Faites attention de ne prendre que de la farine de froment, parce que la farine de seigle n'est pas bonne pour lier.

BÉCHAMEL.

Prenez huit cuillerées à pot de velouté; mettez-les dans une casserole; emploiez trois cuillerées à pot de consommé, vous ferez réduire à grand feu, et toujours en tournant votre sauce, ces onze cuillerées à cinq seulement; faites trois pintes de crême que vous mettez sur un fourneau, et que vous ferez réduire à moitié : il faut bien tourner votre crême avec une cuillère de bois, et gratter le fond de la casserole pour qu'elle ne s'attache pas, et ne prenne pas le goût du gratin : votre velouté et votre crême réduits, mêlez le tout ensemble, et le faitez bouillir à grand feu; tournez toujours votre sauce, afin qu'elle ne s'attache pas; après avoir tourné votre béchamel trois quarts d'heure ou une heure, si votre sauce se trouve assez liée, vous la passez à l'étamine.

Il faut qu'elle soit d'un blanc jaune : pour faire cette sauce, il faut que le velouté soit le plus blanc possible.

PETITE BÉCHAMEL.

Vous prendrez environ une livre de veau et une demi-livre de jambon, que vous couperez en dés; ajoutez-y quelques carottes, quelques petits oignons, trois clous de girofle, deux feuilles de laurier, un peu de basilic, une demi-livre de beurre; vous mettrez le tout dans une casserole, et le ferez revenir : prenez garde que votre viande ne prenne couleur, remuez-la avec une cuillère; quand votre viande sera bien revenue, vous mettrez cinq cuillerées à bouche de farine de froment, que vous remuerez; lorsque votre farine sera bien mêlée avec le beurre et la viande, vous mouillerez avec deux pintes de lait; vous aurez soin de toujours tourner votre sauce, afin qu'elle ne s'attache pas : il faut que cette sauce bouille, sur un feu un peu ardent, une heure et demie; en cas qu'elle se réduise trop, il faudrait y mettre du bouillon; cette sauce doit être liée comme une bouillie lorsqu'on veut la servir : si elle est trop épaisse, vous y ajouterez un peu de lait, de crême, ou du bouillon ; ne salez pas trop cette sauce, à cause du jambon, et parce qu'il faut la laisser réduire : la sauce faite, passez-la à l'étamine.

ITALIENNE.

Vous mettrez dans une casserole une cuillerée à bouche de persil haché, la moitié d'une cuillerée d'échalotes, autant de champignons hachés bien fin, une demi-bouteille de vin blanc, gros comme un œuf de beurre; vous ferez bouillir le tout jusqu'à ce que cela soit bien réduit; quand il n'y aura plus de mouillement dans votre casserole, vous y mettrez deux cuillerées à pot de velouté, une de consommé, et vous ferez bouillir votre sauce sur un feu un peu ardent; vous aurez soin de l'écumer et de la dégraisser; lorsque vous voyez qu'elle est réduite à son point, c'est-à-dire qu'elle est épaisse comme un bouillon clair, vous la retirez du feu, et la déposez dans une autre casserole, en la tenant chaude au bain-marie.

ESPAGNOLE TRAVAILLÉE.

Il faut pour que cette sauce soit d'un goût exquis, la travailler. Prenez cinq cuillerées à pot d'espagnole, trois autres de consommé, et une poignée de champignons; en cas que votre espagnole ne soit pas assez colorée, vous y mettrez du blond de veau; vous ferez bouillir votre sauce à un feu un peu ardent; vous aurez soin de l'écumer et de la dégraisser, afin que votre sauce soit de belle couleur, et non louche; lorsque votre sauce, après avoir été réduite, est liée comme une bouillie claire, vous la passerez à l'étamine, et la mettez dans une casserole, en la tenant chaude au bain-marie, pour vous en servir en cas de besoin.

AUTRE ESPAGNOLE TRAVAILLÉE.

Vous travaillerez cette sauce comme la précédente; vous y ajouterez les trois quarts d'une bouteille de vin blanc (ou plus, selon la quantité de sauce); tâchez qu'elle soit d'un bon sel.

VELOUTÉ TRAVAILLÉ.

Vous travaillerez votre velouté comme votre espagnole; vous le faites réduire, dégraisser et écumer de même; tâchez que votre velouté se conserve bien blanc; pour cela, il faut éviter que votre consommé ait de la couleur; vous y mettrez de même des champignons; vous le passerez à l'étamine; après cela, vous le tiendrez chaud au bain-marie.

SAUCE ROMAINE.

Prenez une livre de veau, coupez-la en dés; une demi-livre de chair de jambon, que vous coupez de même, deux cuisses de poule, trois ou quatre carottes, quatre oignons, deux feuilles de laurier, trois clous de girofle, un peu de basilic, une demi-livre de beurre et un peu de sel; mettez le tout dans une casserole et sur un feu un peu ardent; quand votre viande sera un peu revenue, vous pilerez douze jaunes d'œufs durs; quand ils seront bien pilés, vous les mettrez dans la casserole où est votre viande; vous remuerez vos jaunes avec votre viande, lorsque votre beurre sera chaud; vous ne mettrez votre casserole sur le feu que quand vous y aurez mis du mouillement : vos jaunes bien remués, vous y verserez une pinte de crème petit à petit, pour que vos jaunes se délaient bien : vous ferez bouillir le tout à un feu un peu ardent; ayez bien soin de toujours tourner votre sauce, afin qu'elle ne se mette pas en grumeaux; si elle était trop liée, vous y mettriez de la crème ou du lait; quand elle aura bouilli une heure et demie, vous la passerez à l'étamine, et vous vous en servirez pour les choses indiquées.

PETITES SAUCES.

SAUCE HACHÉE.

Vous jetterez dans une casserole une pincée de persil haché, une pincée d'échalotes, une cuillerée de champignons, le tout haché, un demi-verre de vinaigre, un peu de gros poivre; vous mettez votre casserole sur le feu, et vous ferez réduire votre vinaigre jusqu'à ce qu'il n'y en ait presque plus; alors vous prendrez quatre cuillerées à dégraisser d'espagnole, autant de bouillon; vous ferez réduire et dégraisser votre sauce; quand elle sera à son point, vous y mettrez une cuillerée de câpres hachées, deux ou trois cornichons aussi hachés; vous changerez votre sauce de casserole et vous la mettrez au bain-marie; au moment de servir, vous y mettez un ou deux anchois pilés et maniés avec du beurre que vous aurez soin de vanner dans votre sauce.

A LA BOURGEOISE.

A défaut d'espagnole, on peut faire cette sauce avec un petit roux : vous y jetterez vos fines herbes, et les mouillerez avec un peu de bouillon, un filet de vinaigre. Vous ferez comme dans la précédente: observez qu'elle soit d'un bon sel.

SAUCE POIVRADE.

Vous mettez dans une casserole une grosse pincée de persil en feuilles, quelques ciboules, deux feuilles de laurier, un peu de thym, une forte pincée de poivre fin, plein un verre de vinaigre, un peu de beurre : vous ferez réduire votre vinaigre et assaisonnement jusqu'à ce qu'il en reste peu dans la casserole; alors vous verserez deux cuillerées à pot de grande espagnole, et une seule de bouillon : vous ferez réduire cette sauce à son point, et vous la passerez à l'étamine sans la fouler.

A LA BOURGEOISE.

Faute de sauce espagnole, on peut se servir d'un roux : quand il est fait, vous y mettez des tranches de carottes et d'oignons, du persil en feuilles, deux feuilles de laurier, un peu de thym et quelques ciboules; vous passez tout cela dans votre roux; quand vos légumes sont bien frits avec votre roux, vous les mouillez avec du bouillon et un demi-verre de vinaigre : il faut que votre sauce soit un peu claire pour que vos légumes puissent cuire; quand cette sauce aura bouilli une heure et demie, vous la dégraisserez et la passerez à l'étamine : il faut que le vinaigre et le poivre fin y dominent.

SAUCE PIQUANTE.

Mettez dans votre casserole un poisson de vinaigre, deux gousses de petit piment enragé, une pincée de poivre fin, une feuille de laurier, un peu de thym : faites réduire à moitié ce qui est dans votre casserole; alors vous y verserez trois cuillerées à dégraisser d'espagnole et deux de bouillon; vous ferez réduire votre sauce assez pour qu'elle soit comme une bouillie claire; vous y mettrez le sel nécessaire pour qu'elle soit de bon goût.

A LA BOURGEOISE.

On peut aussi faire un petit roux faute de sauce : vous le mouillerez avec du bouillon, vous y mettrez tout ce qui est dans la précédente sauce, et vous la ferez réduire jusqu'à ce qu'elle soit assez épaisse pour la servir.

SAUCE BLANCHE.

Mettez dans une casserole un quarteron de beurre, une demi-cuillerée à bouche de farine, du sel, du gros poivre; vous pétrissez le tout ensemble avec une cuillère de bois; vous verserez une cuillerée à bouche de vinaigre et un peu d'eau (il vaut mieux la mouiller de nouveau si elle est trop épaisse); vous poserez votre sauce sur le feu, et vous la tournerez jusqu'à ce qu'elle soit liée; ne la laissez pas bouillir, afin qu'elle ne sente pas la colle.

SAUCE A LA PORTUGAISE.

Mettez dans votre casserole un quarteron de beurre, deux jaunes d'œufs crus, une cuillerée à bouche de jus de citron, du gros poivre, du sel, ce qu'il en faut pour que votre sauce soit de bon goût; mettez-la sur un feu qui ne soit pas trop ardent; ayez bien soin de la tourner et de ne pas la quitter, parce que votre sauce caillerait; quand elle sera un peu chaude, vous la vannerez, c'est-à-dire vous prendrez de la sauce dans votre cuillère, et vous la laisserez retomber dans votre casserole; vous la remuerez avec force, pour que votre beurre se lie avec les jaunes; ayez soin de ne faire cette sauce qu'au moment. En cas qu'elle soit trop liée, vous y mettrez un peu d'eau.

SAUCE HOLLANDAISE.

Prenez du velouté réduit, dans lequel vous mettrez du gros poivre, un filet de vinaigre d'estragon; vous tiendrez votre sauce chaude: au moment de la servir, vous y mettrez gros comme la moitié d'un œuf de beurre fin, que vous ferez fondre dans votre sauce qui est chaude; puis vous prendrez un peu de vert d'épinards, que vous délaierez dans votre sauce au moment de servir (*voy.* Vert d'épinards).

On peut faire cette sauce sans velouté : vous ferez un petit roux blanc, que vous mouillerez avec un peu de fond de cuisson; comme cuisson de volaille, de noix de veau, de tendon de veau, etc. Il faut que votre mouillement ne soit pas coloré : quand votre sauce est réduite et de bon goût, vous y mettez les mêmes choses que ci-dessus.

AUTRE SAUCE HOLLANDAISE.

Mettez dans une casserole un quart [illegible] de beurre, une petite cuillerée de farine, deux jaunes d'œufs; vous maniez le tout ensemble jusqu'à ce que les trois choses soient bien mêlées; du sel, du gros poivre, deux jus de citron, le quart d'un verre d'eau; lorsque vous en aurez besoin, vous la mettrez sur le feu; vous tournerez cette sauce avec soin, de peur qu'elle ne caillebotte; il faut qu'elle soit un peu épaisse, afin qu'elle masque ou le poisson ou les légumes : faites qu'elle soit d'un bon sel.

SAUCE ALLEMANDE.

Vous prendrez du velouté travaillé; vous y mettrez deux ou trois jaunes d'œufs, selon la quantité de sauce dont vous aurez besoin. Après l'avoir liée, vous y jetterez gros comme la moitié d'un œuf de beurre fin; votre beurre étant fondu, en remuant votre sauce, vous la passerez à l'étamine pour éviter qu'on n'y trouve des germes; vous tiendrez votre sauce au bain-marie; vous y mettrez un peu de gros poivre : faites attention qu'elle soit d'un bon sel.

A LA BOURGEOISE.

Faute de velouté, vous pourrez faire cette même sauce en passant un peu de veau coupé en dés dans une casserole avec un peu de beurre, trois ou quatre petits oignons, quelques morceaux de carottes, une feuille de laurier, deux clous de girofle; lorsque le tout est revenu, vous y mettez une cuillerée à bouche de farine, que vous remuez avec ce qui est dans votre casserole; puis vous mouillez avec du bouillon et vous tournez votre sauce jusqu'à ce qu'elle bouille; votre viande cuite, vous passez votre sauce à l'étamine et vous la liez comme celle ci-dessus. Vous vous en servirez pour les choses indiquées.

SAUCE INDIENNE.

Vous mettrez dans une casserole gros comme la moitié d'un œuf de beurre, trois gousses de petit piment enragé bien écrasé, plein un dé de poudre de safran de l'Inde, ou *terra-merita*; vous ferez chauffer votre beurre jusqu'à ce qu'il soit un peu frit; vous mettrez ensuite quatre cuillerées à dégraisser de la sauce précédente, veloutée sans être liée, deux cuillerées de bouillon; vous ferez réduire, vous dégraisserez votre sauce; vous la mettrez dans une autre casserole, et la tiendrez chaude au bain-marie; au moment de servir, vous y jetterez gros comme un œuf de beurre, que vous remuerez bien avec votre sauce : vous pouvez la lier aussi : elle sera bonne avec beaucoup de choses.

SAUCE A LA GRIMOD.

(*Voy.* la sauce à la Portugaise.) Dans cette sauce, vous râperez un peu de muscade, trois gousses de petit piment enragé bien écrasé, plein un dé de poudre de safran de l'Inde, que vous mettrez en faisant votre sauce : vous vous en servirez pour les choses indiquées.

SAUCE AU BEURRE D'ANCHOIS.

Vous aurez de la sauce espagnole bien réduite, dans laquelle vous mettrez, au moment de servir, gros comme la moitié d'un œuf de beurre d'anchois (*voy.* Beurre d'anchois), et du jus de citron, pour détruire le sel que pourrait produire le beurre; vous aurez soin, en mettant celui d'anchois dans votre sauce qui sera plus chaude, de la bien tourner avec une cuillère, afin que votre beurre se lie bien avec votre sauce.

Faute d'espagnole, vous feriez une sauce brune, et vous y mettriez votre beurre d'anchois. Cette sauce peut se faire au maigre (*voy.* Beurre d'anchois).

SAUCE AU BEURRE ET A L'AIL.

Prenez du velouté travaillé ce qu'il faut pour saucer; au moment de servir, vous mettrez gros comme la moitié d'une noix de beurre à l'ail, que vous remuerez dans votre sauce; vous y ajouterez gros comme la moitié d'un œuf de beurre fin, pour lui donner du moelleux.

A LA BOURGEOISE.

Vous pouvez, faute de velouté, faire un peu de sauce avec des débris de veau ou avec un fond de cuisson, où vous mettrez, au moment de servir, du beurre à l'ail, selon la quantité de sauce ; mais il faut que l'ail domine.

On peut aussi en faire à la sauce brune : elle peut de même se faire au maigre (*voy.* Beurre à l'ail).

SAUCE AU BEURRE D'ÉCREVISSES.

Ayez du velouté travaillé ce qu'il faut pour saucer; au moment de servir, vous mettrez gros comme un œuf de beurre d'écrevisses dans votre velouté bien chaud ; vous remuez bien votre sauce où est votre beurre, pour qu'il se lie avec elle; en cas que votre sauce n'ait pas assez de couleur, vous y mettrez un peu de beurre d'écrevisses. Cette sauce se fait aussi au maigre : alors vous prendriez du velouté maigre (*voy.* Velouté maigre, et Beurre d'écrevisses).

SAUCE AU FUMET DE GIBIER.

Vous mettez dans une casserole des perdrix ou lapereaux de garenne, trois ou quatre (selon la quantité de sauce que vous avez); vous mettez deux carottes, trois ou quatre oignons, deux clous de girofle, deux feuilles de laurier, un peu de thym; vous mouillez le tout avec une demi-bouteille de vin blanc; vous faites réduire le vin qui est avec votre gibier jusqu'à ce qu'il soit à la glace, et vous le mouillez avec de l'essence de gibier, si vous en avez; sans cela vous mouillerez avec du consommé. Lorsque votre gibier est cuit, vous passez cette essence à travers une serviette, et vous vous en servez pour travailler; six ou huit cuillerées à dégraisser d'espagnole, ou autre sauce convenable, si vous n'en avez pas : quand votre sauce est réduite et dégraissée à son point, vous la passez à l'étamine, et la mettez dans une casserole au bain-marie.

A LA BOURGEOISE.

On peut aussi se servir des débris du gibier pour cette sauce : si l'on n'a pas d'espagnole ni d'essence, on mouillera de même les débris du gibier avec du vin blanc qu'on ferait tomber à la glace, ou avec du bouillon; on en mettrait dans une sauce brune que l'on ferait réduire, et l'on s'en servirait : votre sauce doit être d'un bon sel et d'un bon goût.

SAUCE SUPRÊME.

Mettez une cuillerée à dégraisser de velouté dans une casserole, plein quatre cuillères à dégraisser d'essence de volaille; quand cette sauce est réduite à moitié, au moment de vous en servir, mettez-y une cuillerée à café de persil haché bien fin, que vous aurez fait blanchir, et un peu de beurre bien frais, un peu de gros poivre, et la moitié d'un citron; vannez bien le tout dans votre sauce, sans la faire bouillir : versez-la sur l'objet que vous servirez. Voyez qu'elle soit d'un bon sel.

SAUCE TOMATE A L'ITALIENNE.

Coupez cinq ou six oignons que vous mettrez dans une casserole, un peu de thym, un peu de laurier, douze ou quinze pommes d'amour ou tomates; prenez du bouillon du derrière de la marmite, ou un bon morceau de beurre que vous mettrez dans vos tomates, du sel, cinq ou six gousses de petit piment enragé, un peu de poudre de safran d'Inde, ou *terra-merita*, un verre de bouillon : vous mettrez vos tomates sur le feu; vous aurez soin de remuer de temps en temps, parce que cette sauce est susceptible de s'attacher; quand vous verrez que ce qui est dans votre casserole sera un peu épais, vous passerez cette sauce à l'étamine comme une purée : ne la faites pas trop claire.

SAUCE TOMATE FRANÇAISE.

Vous mettez quinze ou vingt tomates dans une casserole avec un peu de bouillon, du sel, du gros poivre; vous les ferez cuire et réduire; quand vos tomates sont épaisses, vous les passez comme une purée dans une étamine; après cela, si votre sauce était trop claire, vous la mettriez dans une casserole, et vous la feriez réduire; vous en verserez quatre ou cinq cuillerées à bouche dans un peu de velouté: au moment de servir, vous y mettez gros comme un œuf de beurre, que vous ferez fondre dans votre sauce; avant de la servir, voyez si elle est assaisonnée et de bon goût. Vous vous en servirez pour les choses indiqués.

SAUCE TOMATE A LA BOURGEOISE.

Coupez dix à douze tomates en quatre, mettez-les dans une casserole, quatre ou cinq oignons coupés en tranches, une pincée de persil, un peu de thym, un clou de girofle, un quarteron de beurre; vous ferez bouillir le tout ensemble; prenez garde que cela ne s'attache; après avoir bouilli trois quarts d'heures, vous passerez votre sauce à travers un tamis de crin. Voyez qu'elle soit d'un bon sel. Cette sauce est bonne avec la viande, le poisson et les légumes.

SAUCE A LA D'ORLÉANS.

Vous mettez dans une casserole trois ou quatre petites cuillerées de vinaigre, un peu de poivre fin, un peu d'échalote, gros comme la moitié d'un œuf de beurre: vous ferez réduire le tout, et vous verserez quatre ou cinq cuillerées à dégraisser de sauce brune travaillée. Au moment de servir, vous mettez dans votre sauce quatre ou cinq cornichons coupés en dés, trois blancs d'œufs durs coupés de même, quatre ou cinq anchois que vous partagerez en deux pour ôter l'arête; puis vous couperez vos moitiés en petits carrés; une carotte cuite, coupées en dés de la même grosseur que vous avez coupé vos cornichons, une cuillerée de câpres entières: au moment de servir, vous mettrez tout cela dans votre sauce, et vous la poserez sur le feu un instant: il ne faut pas qu'elle bouille.

A LA BOURGEOISE.

Vous pouvez aussi faire cette sauce avec un petit roux, que vous mouillerez avec un fond de cuisson ou du bouillon; vous assaisonnerez votre sauce comme la précédente, et vous y mettrez les mêmes choses.

SAUCE AUX TRUFFES.

Vous hachez bien fin deux ou trois truffes, que vous faites revenir légèrement dans de l'huile, ou du beurre (cela tient au goût); vous mettez dans vos truffes quatre ou cinq cuillerées à dégraisser de velouté, une cuillerée de consommé; vous ferez bouillir votre sauce un quart d'heure à petit feu, puis vous la dégraisserez, et vous la mettrez dans une petite casserole, que vous tiendrez au bain-marie.

Si vous n'avez pas de velouté, vous vous servirez d'un peu de farine pour passer vos truffes: passez cinq ou six cuillerées de bouillon, un peu de gros poivre, un peu de quatre épices : vous faites mijoter votre sauce, et vous vous en servez pour les choses indiquées.

SAUCE RAVIGOTE HACHÉE.

Vous hachez un peu de cerfeuil, de civette, de pimprenelle et d'estragon ; il faut que ce dernier domine : quand ces fines herbes sont bien hachées, vous avez du velouté où vous mettez deux cuillerées à bouche de vinaigre, un peu de gros poivre ; vous tenez votre sauce bien chaude ; au moment de servir, vous y jetez votre ravigote hachée, avec un petit morceau de beurre fin ; vous remuerez votre sauce pour faire fondre le beurre ; vous mêlez les fines herbes, en ayant soin que cette sauce soit d'un bon sel.

A défaut de velouté, on peut faire un roux blanc, que l'on mouille avec du bouillon ; on lui donne bon goût et on l'apprête de même que cette sauce.

SAUCE A LA CRÈME.

Mettez un quarteron de beurre dans une casserole, plein une cuillère à bouche de farine, une cuillerée à café de persil haché, autant de ciboule, que vous laverez après l'avoir hachée ; une pincée de sel, un peu de gros poivre, une muscade râpée ; mettez tous vos ingrédients avec le beurre, versez-y un moyen verre de crème ou de lait : mettez votre sauce sur le feu, tournez-la lorsqu'elle bouillira ; si elle était trop épaisse, vous y mettriez de la crème. Il faut que cette sauce bouille un quart d'heure, en la tournant toujours, et servez-vous-en pour ce dont vous aurez besoin. Elle est bonne pour le turbot, le cabillaud, la morue, les pommes de terre, etc.

SAUCE A L'AURORE.

Ayez dans une casserole du velouté travaillé, dans lequel vous mettrez deux cuillerées à bouche de jus de citron, du gros poivre, un peu de muscade râpée : votre sauce marquée, vous avez quatre jaunes d'œufs durs, que vous passez à sec à travers une passoire ; cela forme une espèce de vermicelle. Au moment de servir, vous mettez vos jaunes dans votre sauce qui est bien chaude ; prenez garde de ne la pas laisser bouillir quand les jaunes y seront, et qu'elle soit d'un bon sel.

MAÎTRE-D'HÔTEL FROIDE.

Vous mettez un quarteron de beurre dans une casserole, un peu de persil et d'échalote hachés bien fin, du sel, du gros poivre, un jus de citron ; vous pétrissez le tout ensemble avec une cuillère de bois ; au moment de servir, vous versez votre maître-d'hôtel dessus, dessous, ou dedans les viandes ou poissons : on peut aussi y mettre une ravigote hachée en place de persil.

MAÎTRE-D'HÔTEL LIÉE.

Mettez dans votre casserole un quarteron de beurre, plein une cuillère à café de farine, persil et ciboule hachés bien fin, sel gros poivre ; vous ajoutez deux cuillerées à dégraisser d'eau ; vous mettrez votre sauce sur le feu au moment de servir ; vous la tournerez comme une sauce blanche; si elle était trop liée vous y mettriez un jus de citron avec un peu d'eau; il faut que cette sauce soit épaisse comme une sauce blanche; on peut, au lieu de persil et de ciboule, y mettre une ravigote hachée bien fin.

SAUCE PLUCHE.

Vous mettrez dans une casserole quatre ou cinq cuillerées à dégraisser de velouté, un demi-verre de vin blanc, du gros poivre, un peu de racine de persil coupée en petits filets que vous mettez cuire dans votre sauce; quand elle sera assez réduite, vous aurez des feuilles de persil concassées, c'est-à-dire que l'on brise la feuille en quatre ou cinq morceaux, que vous ferez blanchir dans une eau de sel; quand votre pincée de persil sera blanchie, vous la rafraîchirez à l'eau froide, et, au moment de servir, vous mettrez votre persil blanchi dans votre sauce.

RÉMOLADE VERTE.

Ayez une petite poignée de cerfeuil, la moitié de pimprenelle, d'estragon, de petite civette: vous ferez blanchir ces herbes que l'on appelle *Ravigote;* quand elles seront bien pressées, vous les pilerez, ensuite vous y mettrez du sel, du gros poivre, plein un verre de moutarde: vous pilerez encore le tout ensemble, puis vous y mettrez la moitié d'un verre d'huile que vous amalgamerez avec votre ravigote et moutarde; le tout bien délayé, vous y mettrez deux ou trois jaunes d'œufs crus, et quatre ou cinq cuillerées à bouche de vinaigre; vous mettrez le tout ensemble, et vous le passerez à l'étamine, comme si c'était une purée: il faut que votre rémolade soit un peu épaisse; en cas qu'elle ne soit pas assez verte, vous y mettez un peu de vert d'épinards (*voy.* Vert d'épinards).

RÉMOLADE.

Vous remplirez un verre de moutarde que vous mettrez dans un vase, afin de pouvoir le délayer; vous hacherez un peu d'échalote, un peu de ravigote, que vous mettrez dans votre moutarde; vous y jetterez six ou sept cuillerées d'huile, trois ou quatre de vinaigre, du sel, gros poivre; vous délaierez le tout ensemble: vous y mettrez deux jaunes d'œufs crus que vous remuerez avec votre rémolade; ayez soin de bien la tourner, afin que votre sauce soit bien liée: il faut qu'elle soit un peu épaisse.

RÉMOLADE INDIENNE.

Vous pilerez dix jaunes d'œufs durs; quand ils seront bien pilés, vous mouillerez vos jaunes avec huit cuillerées à bouche d'huile, que vous mettrez l'une après l'autre, en pilant toujours vos jaunes d'œufs; dix gousses de petit piment, une cuillerée à café de poudre de safran d'Inde, ou *terra-merita*, du sel, du gros poivre; vous prendrez ensuite quatre ou cinq cuillerées de vinaigre, vous amalgamerez le tout le mieux possible, et vous passerez cette sauce à l'étamine comme une purée; il faut qu'elle soit un peu épaisse; vous la mettrez dans une saucière.

RAVIGOTE A L'HUILE

Vous hacherez une ravigote que vous mettrez dans une casserole avec du sel, du gros poivre, une cuillerée à dégraisser de velouté froid; vous remuez votre sauce avec votre ravigote; vous y mettez deux cuillerées à dégraisser d'huile, que vous mêlez bien avec votre sauce pour qu'elle soit liée; vous mettrez quatre ou cinq cuillerées à bouche de vinaigre; il faut que votre sauce soit bien remuée au moment de la mettre sur votre salade de viande ou de poisson.

SAUCE DE KARI.

Vous mettrez un demi-quarteron de beurre dans une casserole; plein une cuillère à café de safran de l'Inde en poudre, ou *terra merita*, cinq petites gousses de piment enragé, haché ou écrasé; vous ferez chauffer votre beurre jusqu'à ce qu'il frémisse; quand il sera bien chaud, vous mettrez cinq cuillerées à dégraisser de velouté; vous remuerez bien votre sauce, et vous vous en servirez sans en ôter la graisse et sans la passer à l'étamine; vous y joindrez un peu de muscade râpée: votre sauce doit être bien chaude.

SAUCE BRUNE MAIGRE.

Vous mettez dans le fond de votre casserole un morceau de beurre, quatre ou cinq grosses carottes coupées en lames, cinq ou six gros oignons partagés en tranches, deux ou trois racines de persil, trois feuilles de laurier, une pincée de thym, trois clous de girofle, deux moyennes carpes coupées en morceaux, deux brochets de moyenne grosseur aussi coupés, du sel et du poivre; vous mouillerez avec une demi-bouteille de vin blanc et un peu de bouillon maigre: vous laisserez attacher votre réduction au fond de votre casserole jusqu'à ce qu'elle ait assez de couleur, c'est-à-dire que le fond de votre casserole soit brun; vous la mouillerez avec du bouillon maigre si vous en avez; sans cela vous mettrez une demi-bouteille de vin blanc dans votre casserole pour détacher, et vous la remplirez d'eau; vous y ajouterez un gros bouquet de persil et de ciboules, et deux ou trois poignées de champignons; vous laisserez bouillir un heure et demie ce qui est dans votre casserole: après, vous passerez le mouillement au tamis de soie; après cela vous faites un roux blond; quand il est à son point, vous versez le jus de votre poisson dessus; ayez soin de bien délayer votre roux en le mouillant, pour éviter les grumeaux; vous laisserez bouillir une heure votre sauce, que vous écumerez et dégraisserez; après, vous la passerez à l'étamine.

VELOUTÉ MAIGRE.

Vous marquerez votre poisson et vos légumes comme pour la sauce brune; vous les mettrez dans votre casserole; vous ferez le velouté, mais vous ne le laisserez pas prendre couleur: au moment où vous verrez qu'il n'y aura plus de mouillement dans votre casserole, vous userez du même procédé qu'à la précédente. Quand votre poisson aura bouilli une heure et demie, vous passerez votre mouillement au tamis de soie, vous ferez un roux blanc; lorsqu'il sera à son point, vous y mettrez deux poignées de champignons que vous remuerez dans votre roux blanc; vous y verserez le jus de votre poisson, et vous le tournerez bien pour éviter les grumeaux; vous laisserez bouillir votre velouté une heure; vous l'écumerez et vous dégraisserez, puis vous le passerez à l'étamine : qu'il ne soit pas trop épais, ni trop clair, et que votre sauce soit d'un bon sel.

JUS MAIGRE.

Marquez le jus comme dans la sauce précédente. Vous le ferez attacher jusqu'à ce qu'il soit presque noir; vous vous servirez des mêmes ingrédients que pour les autres sauces, et le même mouillement. Quand votre jus aura bouilli une heure et demie, vous le passerez au tamis de soie et vous vous en servirez pour ce dont vous aurez besoin.

BLOND MAIGRE.

Le blond se fait de même que le jus, excepté qu'il ne faut pas qu'il ait beaucoup de couleur.

DE TOUTES LES SAUCES.

Avec toutes les sauces maigres précédentes, on peut marquer toutes les petites sauces expliquées en gras : au lieu de sauce brune grasse, servez-vous de la maigre; au lieu de velouté gras, servez-vous du maigre : ainsi de suite.

SAUCE A LA PLUCHE.

(*Voy.* Pluche grasse.) Si vous n'avez pas de sauce, vous ferez un roux blanc que vous mouillerez avec le court-bouillon dans lequel aura cuit votre poisson; vous y mettrez le même assaisonnement et les mêmes ingrédients.

FAUTE DE SAUCE.

Vous ferez un roux foncé ou un roux blanc que vous mouillerez avec la cuisson de votre poisson; vous le ferez réduire et le passerez à l'étamine; si l'assaisonnement n'est pas trop salé, ni d'un goût trop fort, vous ferez par ce moyen une sauce liée, sauce verte, sauce au beurre d'écrevisses, sauce ravigote, etc.

BEURRE D'ANCHOIS.

Ayez cinq ou six anchois, qu'il faut bien laver; vous en lèverez les chairs, vous les pilerez bien; après vous les passerez sans y mettre de mouillement, à travers un tamis de crin : puis vous prendrez les chairs, et les amalgamerez avec autant de beurre, et vous vous en servirez pour les choses indiquées.

BEURRE D'ÉCREVISSES.

Vous ferez cuire des écrevisses comme pour entremets; vous en ôterez les chairs : vous mettrez les coquilles sur un plat pour les faire sécher soit au four, soit sur un fourneau; lorsqu'elles seront bien sèches, vous les pilerez jusqu'à ce qu'elles soient bien en poudre. Sur cinquante écrevisses, vous mettrez trois quarterons de beurre, et pilerez le tout ensemble; après vous le mettrez dans une casserole sur un feu doux pendant un bon quart d'heure; ensuite vous mettrez votre beurre dans une étamine que vous aurez mise sur une casserole où il y aura de l'eau froide; vous ferez sortir tout le beurre en tordant votre étamine; et, le suc étant tombé sur l'eau qui est dans votre casserole, vous la laisserez figer, puis vous vous en servirez pour les choses indiquées.

BEURRE A L'AIL.

Vous pilerez six gousses d'ail dans un mortier; lorsqu'elles le seront, vous passerez, en foulant avec une cuillère de bois, à travers un tamis de soie; vous ramasserez ce qui a passé à travers, vous le remettrez dans le mortier avec deux onces de beurre; vous pilerez le tout ensemble jusqu'à ce qu'il soit bien amalgamé, et vous vous en servirez pour les choses indiquées.

VERT D'ÉPINARDS.

Vous ferez blanchir une poignée d'épinards, dans laquelle vous mettrez une pincée de persil, quelques queues de ciboules; lorsque le tout sera bien blanchi, vous le rafraîchirez, le presserez bien dans vos mains, le pilerez, et le passerez à travers l'étamine: en cas qu'il soit trop épais, vous le mouillerez avec du bouillon froid; vous vous en servirez pour les choses indiquées.

VERT D'OFFICE.

Ayez des feuilles d'épinards; après les avoir lavées, vous les mettrez dans un mortier, vous les pilerez, puis vous les mettrez dans un torchon ou dans vos mains, pour en extraire le jus, que vous mettez dans une tourtière, et la mettrez sur le feu; quand cela aura jeté quelques bouillons, qu'il sera caillebotté, vous le mettrez dans un tamis, et lorsqu'il sera bien égoutté, vous vous en servirez pour ce que vous jugerez à propos.

PURÉE D'OIGNONS BRUNE.

Vous éplucherez trente ou quarante oignons, selon leur grosseur; vous les couperez en deux de la tête à la queue; vous ôterez ces deux extrémités, pour éviter que votre purée soit âcre: vous mettrez un quarteron et demi de beurre dans votre casserole; vous couperez vos oignons par tranches formant demi-cercle; vous les mettrez dans votre beurre; vous passerez vos ognons jusqu'à ce qu'ils soient blonds; vous y mettrez deux cuillerées à dégraisser d'espagnole, une cuillerée à part de bouillon; vous ferez réduire votre purée; quand elle est assez épaissie, vous la passez à l'étamine. Ne la faites plus bouillir, pour éviter qu'elle ne prenne de l'âcreté; vous la tiendrez chaude au bain-marie.

A LA BOURGEOISE.

Si vous n'avez pas de sauce, vous mettrez une cuillerée à bouche de farine; lorsque votre ognon sera blond, vous y mettrez du bouillon, un morceau de sucre gros comme une noix; quand votre purée sera réduite, vous la passerez à l'étamine.

SAUCE ROBERT.

Coupez huit ou dix gros oignons en gros dés, mettez un quarteron de beurre dans une casserole, les oignons par-dessus; mettez-la sur un bon feu, afin que cela ne languisse pas; quand vos oignons seront blonds, vous mettrez trois cuillerées à dégraisser de sauce espagnole, deux cuillerées de bouillon; vous ferez réduire et dégraisser votre sauce; lorsqu'elle sera un peu épaissie, vous la retirerez du feu; au moment de vous en servir, vous y ajouterez une cuillerée de moutarde, et ne la laisserez pas bouillir.

A LA BOURGEOISE.

Au lieu de sauce espagnole, vous mettrez avec vos oignons une cuillerée de farine, un verre de bouillon ou d'eau, du sel, du poivre : quand votre sauce sera cuite, et que vous voudrez vous en servir, mettez-y la moutarde.

SOUBISE.

Vous préparerez votre oignon comme pour la purée précédente; vous le passerez sur un feu doux, afin qu'il ne prenne pas couleur: quand il sera bien fondu, vous y mettrez quatre cuillerées à dégraisser de velouté, une pinte de crème et gros comme une noix de sucre; vous ferez réduire votre purée à grand feu, en la tournant toujours; quand elle sera épaissie, vous la passez à l'étamine : tâchez qu'elle ait un bon sel.

A LA BOURGEOISE.

Si vous n'avez pas de velouté, vous mettez une cuillerée de farine, de la crème, du sel, du gros poivre : vous finirez votre purée comme celle ci-dessus; mettez-la au bain marie ou à un feu doux, pour qu'elle ne bouille pas.

PURÉE DE POIS VERTS.

Vous aurez un litron et demi de pois verts; vous les ferez baigner dans l'eau; vous y mettrez un quarteron de beurre, avec lequel vous manierez vos pois; vous jetterez l'eau et vous égoutterez vos pois dans une passoire : ensuite vous les mettrez dans une casserole, sur un fourneau qui ne soit pas trop ardent; vous mettez dans vos pois une poignée de feuilles de persil et un peu de vert de queue de ciboule; vous sautez vos pois pendant un quart d'heure; ensuite vous mettez un peu de sel dedans, une demi-cuillerée à pot de consommé ou de bouillon: faites-les bouillir sur un feu moins ardent, en couvrant votre casserole de son couvercle. Après que vos pois auront été trois quarts d'heure au feu, vous les mettrez dans un mortier pour les piler: vous les passerez à l'étamine; servez-vous de consommé froid ou de bouillon pour les passer; quand votre purée sera passée, vous la déposerez dans une casserole : si elle n'était pas assez verte, vous y joindriez un vert d'épinards; mais cette purée doit être assez verte par elle-même; vous la ferez chauffer au moment de vous en servir, afin qu'elle ne se jaunisse pas vous l'emploierez pour les choses indiquées.

PUREE DE POIS SECS.

Vous aurez un litron de pois secs que vous laverez; vous les mettrez dans une petite marmite, en y joignant une livre de petit lard, que vous aurez fait blanchir, une livre et demie de tranche de bœuf, deux carottes, trois oignons, dont un piqué de deux clous de girofle; vous remplirez votre marmite presqu'en entier de bouillon; quand vos pois seront cuits, vous les jetterez dans une étamine, vous les mettrez à sec, et vous en ôterez le lard, les légumes et le bœuf; vous passerez vos pois à l'étamine, vous les mouillerez petit à petit avec le bouillon dans lequel ils auront cuit; vous tâcherez que votre purée soit épaisse, parce qu'il est plus facile de l'éclaircir que de la rendre épaisse; vous la verserez dans une casserole; vous y mettrez trois ou quatre cuillerées à dégraisser de velouté; en cas qu'elle soit trop épaisse, vous y mettrez un peu du mouillement dans lequel les pois auront cuit; vous la ferez bouillir; vous l'écumerez et la dégraisserez; quand votre purée sera assez épaissie, vous la changerez de casserole; vous verrez si elle est de bon goût et de bon sel: au moment de servir vous la verdirez avec un vert d'épinards (voy. Vert d'épinards.) Vous vous en servirez pour les choses indiquées.

PURÉE DE LENTILLES.

Ayez un litron et demi de lentilles à la reine, ou bien d'autres; vous les marquerez comme les pois ci-dessus: quand elles seront cuites, vous en ôterez les légumes, le lard et le bœuf; vous les passerez à l'étamine; lorsque vous en aurez exprimé le bouillon, vous mettrez votre purée dans une casserole, avec trois ou quatre cuillerées à dégraisser d'espagnole; vous verserez plus de mouillement dans cette purée que dans celle de pois, parce qu'il faut qu'elle bouille long-temps pour qu'elle rougisse; ayez bien soin de l'écumer et de la dégraisser; prenez garde qu'elle ne soit pas trop salée, parce qu'en réduisant elle prendrait de l'âcreté: après qu'elle sera réduite, vous la mettrez dans une autre casserole pour vous en servir au moment et pour les choses indiquées.

PURÉE DE RACINES POUR ENTRÉES.

Quand vos carottes sont propres, vous les coupez en lames; vous mettez dans une casserole une demi-livre de beurre: trente carottes suffisent pour une purée; vous y mettrez sept ou huit oignons dont vous ôterez la tête et la queue; vous les couperez en quatre formant le cercle: quand votre beurre sera fondu, vous y mettrez vos racines; vous les remuerez afin qu'elles ne s'attachent pas: quand vous verrez que vos racines seront un peu fondues, vous les mouillerez avec du bon bouillon; vous y mettrez un morceau de sucre gros comme une noix; vous laisserez mijoter votre purée pendant trois heures; vous tâterez avec les deux doigts si vos racines s'écrasent facilement; vous retirerez votre purée du feu pour la mettre dans votre étamine; vous ôterez le mouillement; vous écraserez ensuite vos racines; vous les passerez à l'étamine; vous les mouillerez de temps en temps, pour les passer plus aisément: il ne faut pas que votre purée soit trop claire, ni qu'elle bouille trop long temps, si vous voulez qu'elle ne prenne pas d'âcreté; quand votre purée sera dans la casserole, vous y mettrez quatre cuillerées à dégraisser de velouté: s'il vous reste un peu de mouillement de vos racines, vous le verserez dans votre purée; ensuite vous la ferez réduire en l'écumant et la dégraissant jusqu'à ce qu'elle soit assez épaisse pour masquer vos entrées.

PURÉE DE NAVETS.

Ayez une douzaine de gros navets, vous les couperez en tranches; mettez un quarteron de beurre dans une casserole, vos navets par-dessus; vous mettez votre casserole sur un feu un peu ardent; vous aurez soin de les retourner souvent avec une cuillère de bois; quand ils seront blonds, vous y mettrez une cuillerée à pot de velouté, et plein une cuillère à pot de blond de veau; vous ferez réduire le tout jusqu'à ce que vous voyiez qu'il soit bien lié; vous aurez soin de la dégraisser, et la passerez à l'étamine: vous la déposerez dans une casserole pour vous en servir au besoin.

A LA BOURGEOISE.

Quand vos navets seront blonds, vous y mettrez une forte cuillerée à bouche de farine, que vous mêlerez avec vos navets, et plein deux cuillerées à pot de bouillon; mêlez le tout ensemble; faites-le bouillir jusqu'à ce que cela soit épais; ajoutez-y un petit morceau de sucre, et passez votre purée à l'étamine ou au tamis; vous mettrez votre purée dans une casserole, vous la ferez bouillir et l'écumerez; et vous vous en servirez pour ce dont vous aurez besoin.

PURÉE DE CARDONS.

Vous ferez cuire vos cardons dans un blanc (*voy.* Cardons); vous les couperez en petits morceaux; vous aurez plein trois cuillères à dégraisser de velouté, six cuillerées de consommé; vous mettrez vos cardons avec cette sauce; faites-la réduire avec vos cardons; quand ils seront réduits en pâte, vous les passerez à l'étamine: vous tiendrez votre purée la plus épaisse possible; en cas qu'elle le soit trop, vous l'allongerez avec de la crème réduite; vous y ajouterez gros comme une noix de glace; ne faites pas bouillir votre purée; vous la tiendrez chaude au bain-marie.

PURÉE DE CHAMPIGNONS.

Vous aurez des champignons très-blancs; vous couperez le bout terreux de la queue; vous les laverez: mettez un peu d'eau dans une casserole, et exprimez-y le jus d'un citron; vous les sauterez dedans; vous les égoutterez; vous les hacherez le plus fin possible; vous les mettrez dans un linge blanc, puis vous les presserez bien fort: vous prendrez un morceau de beurre que vous mettrez dans une casserole; vous y verserez un jus de citron; vous y mettrez vos champignons hachés, vous les passerez jusqu'à ce que votre beurre tourne en huile; vous y mettrez six cuillerées à dégraisser de grand velouté, autant de consommé; vous ferez réduire jusqu'à ce que votre purée soit assez épaisse: vous ajouterez un peu de gros poivre; changez ensuite votre purée de casserole

A LA BOURGEOISE.

Faute de velouté, mettez une cuillerée à bouche de farine, et vous verserez du bouillon en place de consommé.

CHAMPIGNONS BLANCS POUR GALANTINE.

Tournez vos champignons, mettez-les à mesure dans de l'eau où vous aurez mis un jus de citron; quand vous les aurez tournés, vous mettrez un bon morceau de beurre dans une casserole, un jus de citron et vos champignons; vous les mettrez sur le feu; quand ils auront bouilli cinq minutes, vous les déposerez dans un vase de faïence, et vous vous en servirez quand vous en aurez besoin.

PURÉE D'OSEILLE GRASSE.

Ayez de l'oseille selon la quantité de purée que vous voudrez faire; il faut y mettre trois ou quatre cœurs de laitues, une poignée de cerfeuil, le tout bien épluché; vous les hacherez bien, les presserez pour en extraire le jus; mettez un bon morceau de beurre dans votre casserole, des champignons hachés, des échalotes et du persil, que vous passerez dans votre beurre; vous mettrez l'oseille par-dessus vos fines herbes, et les ferez cuire; quand elles seront à leur point, vous y mettrez quatre cuillerées à dégraisser de velouté, ou plus, selon la quantité de purée. (*Voy.* Velouté.)

A LA BOURGEOISE.

Si vous n'avez pas de velouté, mettez plein une cuillère à bouche de farine; mouillez votre purée avec du bouillon, un peu de sel, du poivre; faites-la réduire; quand elle le sera assez, vous y mettez cinq ou six jaunes d'œufs; vous la passerez à l'étamine, et la déposerez dans une casserole, pour vous en servir pour les choses indiquées.

PURÉE D'OSEILLE MAIGRE.

Préparez votre oseille assaisonnée, et faites-la cuire comme la précédente: quand elle est bien passée au beurre, vous avez six jaunes d'œufs, dans lesquels vous mettez deux cuillerées à bouche de farine, que vous mêlerez avec de la crème si vous en avez, ou bien trois verres de lait: vous mettrez cet appareil dans votre oseille. Quand elle sera fondue, vous la ferez réduire sur un fourneau un peu ardent en la tournant continuellement avec une cuillère de bois; quand votre purée sera assez réduite, vous la passerez à l'étamine, et vous la tiendrez chaude pour vous en servir.

PURÉE DE CHICORÉE.

Votre chicorée blanchie, hachée, comme il est dit à l'article *Chicorée*, vous la passerez au beurre, un peu de gros poivre; vous y ajouterez une petite cuillerée à pot de velouté, un peu de crème, une idée de sucre, pour en ôter l'âcreté. Vous la tournerez jusqu'à ce qu'elle soit bien liée, et la passerez à l'étamine; vous la déposerez dans une casserole pour vous en servir aux choses indiquées.

PURÉE DE HARICOTS POUR ENTRÉE.

Vous ferez cuire un litron de haricots blancs dans de l'eau, du sel, et du beurre; vous mettrez une demi-livre de beurre dans une casserole; vous éplucherez une douzaine d'oignons; vous en couperez la tête et la queue; vous amincirez vos oignons; vous les mettrez avec votre beurre, q • vous passerez sur un feu un peu ardent quand vos oignons seront blonds, vous y mettrez quatre cuillerées à dégraisser d'espagnole et un verre de bouillon; vous ferez mijoter vos oignons une demi-heure ou trois quarts d'heure : vous y mettrez vos haricots cuits, lorsque votre sauce sera bien réduite; vous remuerez bien vos haricots avec votre sauce : quand votre mélange sera fait, vous les passerez à l'étamine; si votre purée était trop épaisse, vous la mouilleriez avec un peu de consommé ou de bouillon : votre purée passée, ne la faites plus bouillir, afin d'éviter l'âcreté; vous la tiendrez chaude au bain-marie ou sur un fourneau doux; en cas que vous n'ayez pas d'espagnole, vous mettrez une cuillerée à bouche de farine avec vos oignons; vous la remuerez, et vous mouillerez votre purée avec du bouillon, ou quelque fond de cuisson, si vous en avez, et vous ferez votre purée comme il est expliqué.

SAUCE ROBERT.

Vous partagerez en deux douze oignons dont vous couperez les têtes et les queues : vous les couperez en petits dés; vous mettrez un bon morceau de beurre dans une casserole avec vos oignons; vous mettrez votre casserole sur un feu ardent : quand vos oignons seront blonds, si vous n'avez pas de sauce, vous prendrez une cuillerée à bouche de farine, que vous mettrez avec vos oignons; vous verserez une cuillerée à pot de bouillon, une à dégraisser de vinaigre, du sel, du poivre; vous ferez réduire votre sauce jusqu'à ce qu'elle soit assez épaisse pour masquer; au moment de servir, vous y mettrez deux cuillerées à bouche de moutarde; vous vous en servirez pour les choses indiquées.

GARNITURE.

Ayez des crêtes que vous mettrez dégorger dans de l'eau tiède; lorsqu'elles seront dégorgées, ayez de l'eau plus que chaude, mais pas bouillante, de manière que vous puissiez y tenir le doigt; mettez vos crêtes dans cette eau; vous les remuerez et en retirerez une pour essayer si la pellicule se détache; alors vous retirerez vos crêtes, vous les mettrez dans un torchon avec une poignée de sel; vous les frotterez bien, puis vous les prendrez une à une, afin de vous assurer si la pellicule est entièrement détachée; alors vous les mettrez une seconde fois dégorger dans de l'eau fraîche, et une heure après vous les ferez cuire dans un blanc (*voy.* Blanc). Les rognons de coqs, après avoir été dégorgés, doivent être seulement pochés dans un blanc, c'est-à-dire y bouillir une demi-heure; les foies doivent être aussi dégorgés et blanchis dans une eau qui frémisse, afin de ne pas les durcir; lorsque vous les verrez un peu fermes, vous les rafraîchirez, les passerez, et les laisserez égoutter.

GARNITURE AU RAGOUT.

Mettez dans une casserole crêtes, rognons de coqs, foie gras, ris d'agneau, quenelles, truffes, champignons; vous mettrez par-dessus de l'espagnole travaillée : si vous voulez que votre ragoût soit blanc, vous lierez avec trois ou quatre jaunes d'œufs la quantité de velouté qu'il faudra pour saucer vos garnitures; et vous vous en servirez pour les choses indiquées.

POÊLÉE.

Ayez deux livres de veau, deux livres de lard; coupez l'un et l'autre en gros dés; deux grosses carottes, trois oignons coupés aussi en dés; une livre de beurre, le jus de trois ou quatre citrons, quatre clous de girofle, un peu de basilic, deux feuilles de laurier concassées, un peu de thym, du sel, du poivre; mettez le tout dans une casserole et sur un bon feu; quand cela sera réduit, vous y ajouterez une cuillerée à pot de derrière de marmite; et lorsque cela sera à moitié cuit, vous le retirerez et le mettrez dans une terrine, pour vous en servir dans les choses indiquées.

BLANC.

Vous mettrez une livre de lard râpé, une livre de graisse, une demi-livre de beurre, deux citrons coupés en tranches, en ôtant le blanc, deux feuilles de laurier, deux clous de girofle, quatre carottes coupées en dés, quatre oignons, une petite cuillerée à pot d'eau; vous ferez bouillir le tout jusqu'à ce qu'il soit réduit: vous aurez soin de tourner votre blanc, et de ne pas le laisser attacher : quand il n'y aura plus de mouillement, et que votre graisse sera fondue, vous le mouillerez avec de l'eau; vous y mettrez du sel clarifié, vous le ferez bouillir, vous l'écumerez et vous en servirez pour les choses indiquées.

FARCE CUITE.

Vous coupez en petits dés des blancs de volaille crus; vous mettez un petit morceau de beurre dans une casserole avec vos blancs de volaille, un peu de sel, de gros poivre, et un peu de muscade râpée; vous les passerez à petit feu pendant dix minutes; vous égoutterez vos blancs et vous les laisserez refroidir; vous mettrez un morceau de mie de pain dans la même casserole avec du bouillon, un peu de persil haché bien fin; vous la remuerez avec une cuillère de bois, en la foulant et réduisant en panade : quand votre bouillon sera réduit, et que votre mie sera bien mitonnée, vous la mettrez refroidir; vous aurez une tétine de veau cuite et froide; au défaut, vous vous servirez de beurre; vous pilerez vos blancs de volaille; quand ils seront bien pilés, vous les passerez au tamis à quenelles, et les mettrez de côté; vous pilerez de même votre mie, vous la passerez au tamis, et la mettrez à part; vous pilerez votre tétine, la passerez au tamis, et la mettrez de côté : vous ferez trois portions égales de blancs, de mie de pain et de tétine; vous pilerez le tout ensemble. Quand vous l'aurez pilé trois quarts d'heure, vous y mettrez cinq ou six jaunes d'œufs, selon la quantité de farce; vous pilerez vos jaunes avec votre farce, à mesure que vous en mettrez; votre farce faite, vous la retirerez du mortier, pour la mettre dans une terrine; vous vous en servirez pour les cas de besoin; soit en viande de boucherie, volaille ou gibier, vous vous servirez du même procédé : vous emploierez aussi cette farce pour les gratins.

QUENELLE DE VOLAILLE.

Prenez quatre blancs de volaille ; vous râperez les chairs avec le couteau, de manière à ce qu'il ne reste ni peau ni nerfs ; vous les pilerez, les passerez à travers un tamis à quenelle, puis vous les poserez sur une assiette ; vous tremperez une mie de pain mollet dans du lait ; quand elle sera bien trempée, vous la presserez bien dans vos mains ou dans un torchon neuf, pour en extraire le lait, puis vous la mettrez dans le mortier, et la pilerez à force de bras ; vous mettrez égale quantité de pain que de chair de volaille ; vous mettrez autant de beurre que de pain, et vous pilerez ensemble jusqu'à ce qu'on ne reconnaisse plus le beurre ; alors vous y mettrez la chair de volaille ; pilez le tout jusqu'à ce que le mélange soit parfait ; vous y ajouterez quatre jaunes d'œufs, un de plus, si votre quenelle était trop épaisse ; vous y mettrez sel, gros poivre, une idée de muscade ; quand le tout sera bien pilé, vous fouetterez deux blancs d'œufs que vous mêlerez avec votre appareil ; avant de retirer votre quenelle du mortier, faites-en pocher un peu, afin de voir si elle est d'un bon sel : servez-vous-en pour les choses indiquées.

MARINADE CUITE.

Vous mettrez un morceau de beurre dans une casserole ; vous couperez trois carottes en tranches, quatre oignons coupés de la même manière, deux feuilles de laurier, un peu de thym, deux clous de girofle ; vous mettrez votre casserole sur le feu ; vous passerez vos racines ; après cela, vous y mettrez du persil en branches, quelques ciboules ; vous les passerez avec vos légumes ; vous y mettrez deux cuillerées à café de farine, que vous mêlerez avec votre beurre ; vous mettrez un verre de vinaigre et deux verres de bouillon, du sel, du poivre ; vous ferez mijoter votre marinade pendant trois quarts d'heure ; vous la passerez au tamis de crin, et vous vous en servirez en cas de besoin : si vous avez de la sauce, vous en mettrez dedans, en place de farine.

PATE A FRIRE.

Vous mettrez un litron de farine dans une terrine, six jaunes d'œufs, deux cuillerées à bouche d'huile, ou gros comme un œuf de beurre, que vous ferez tiédir, pour qu'il se mêle avec la pâte ; vous y mettrez du sel, du poivre, un verre de bière ; vous délaierez votre pâte de manière qu'il n'y ait pas de grumeaux : vous remettrez du beurre, si votre pâte est trop épaisse : ayez soin cependant qu'elle ne soit pas trop claire ; il faut qu'elle file en tombant de la cuillère ; vous fouetterez deux blancs d'œufs comme pour un biscuit, et les mêlerez avec votre pâte : vous vous en servirez au besoin. Vous pouvez mouiller votre pâte avec du vin blanc ou du lait.

FINES HERBES A PAPILLOTES.

Vous râperez une demi-livre de lard; vous mettrez six cuillerées d'huile, un quarteron de beurre dans une casserole; vous y verserez quatre cuillerées à bouche de champignons bien hachés, les quels vous passerez dans votre casserole sur le feu. Quand vos champignons seront bien saisis, vous y mettrez deux cuillerées d'échalotes bien hachées; vous les passerez avec vos champignons; puis vous mettrez deux cuillerées à bouche de persil bien haché; vous passerez le tout ensemble. Après cela, vous mettrez du sel, du gros poivre, un peu d'épices; vous transposerez vos fines herbes dans une terrine: vous vous en servirez en cas de nécessité.

PETITS OIGNONS GLACÉS.

Vous éplucherez vos petits oignons bien correctement, c'est-à-dire sans trop couper la tête ni la queue, et sans les écorcher. Vous beurrerez le fond de votre casserole, et vous placerez la tête de vos petits oignons sur le cul; mettez-y gros comme une noix de sucre, du bouillon ou de l'eau, jusqu'à la queue des petits oignons; vous les mettrez au feu ardent. Quand le mouillement sera aux trois quarts réduit, vous les ferez aller à petit feu, et vous les ferez tomber à glace: vous vous en servirez lorsqu'il sera nécessaire.

OIGNONS GLACÉS.

Vous aurez douze ou quinze gros oignons, tous de la même grosseur, les éplucherez, les préparerez et les ferez cuire comme les petits oignons. (*Voyez* Petits Oignons.)

ROCAMBOLES.

Remplissez un grand verre de rocamboles que vous aurez épluchées; vous les mettrez dans de l'eau bouillante; vous les retirerez quand elles commenceront à s'écraser sous les doigts, et les mettrez dans l'eau fraîche; quand elles seront froides, vous les égoutterez, vous ferez réduire du velouté, les mettrez dedans. Vous pouvez lier votre velouté. (*Voyez* Velouté.)

PETITES RACINES.

Ayez vingt carottes, selon la quantité que vous en voudrez; vous les tournerez en petits bâtons ou d'autre manière; tâchez que vos petites racines soient toutes de la même grosseur, de la même grandeur, afin qu'elles cuisent toutes également; vous les mettrez dans l'eau bouillante, et les laisserez bouillir cinq minutes; vous les mettrez dans l'eau fraîche; au bout d'un moment, vous les retirerez: vous les ferez cuire dans un velouté ou dans une espagnole. (*Voyez* Velouté ou Espagnole.) Vous vous en servirez pour les choses indiquées.

A LA BOURGEOISE.

Si vous n'avez pas de sauce, vous ferez un roux léger, que vous mouillerez avec du bouillon ou un fond de cuisson: lorsque votre sauce bouillira, vous y mettrez vos petites racines et un petit morceau de sucre: lorsqu'elles seront cuites, vous les dégraisserez.

PETITES SAUCES.

RAGOUT DE NAVETS.

Vous tournerez vos navets de même que ci-dessus; vous ne les ferez pas blanchir, vous les sauterez dans du beurre, sur un fourneau ardent; quand ils auront une égale couleur blonde, vous y mettrez du velouté et du blond de veau, et les ferez cuire: vous mettrez un petit morceau de sucre. Quand ils seront cuits, vous les dégraisserez et vous vous en servirez pour les choses indiquées.

A LA BOURGEOISE.

Si vous n'avez point de sauce, quand vos navets seront bien blonds, vous mettrez deux cuillerées à café de farine, et un morceau de sucre plus ou moins gros (selon la quantité de navets), et vous les mouillerez avec du bouillon: que la sauce soit un peu longue, pour pouvoir la faire réduire. Il faut que vos navets cuits soient un peu fermes.

CONCOMBRES.

Ayez quatre concombres; vous les couperez en petits morceaux ronds plus grands qu'un petit écu, épais de six ou huit lignes; vous les mettrez dans un torchon blanc; vous le tordrez pour faire sortir l'eau des concombres; quand ils auront été bien pressés, vous les ôterez du torchon; vous mettez un bon morceau de beurre dans une casserole; vous y jetez vos concombres, et les tenez sur un feu bien ardent; ayez soin de toujours les sauter, afin qu'ils ne s'attachent pas; quand ils auront une belle couleur, vous y mettrez trois cuillerées à dégraisser de velouté et deux blonds de veau; vous les laisserez cuire très-peu de temps; vous les retirerez de la sauce, que vous ferez réduire.

A LA BOURGEOISE.

Si vous n'avez pas de sauce, vous y mettez une demi-cuillerée de farine; vous les mouillerez avec du bouillon ou un fond de cuisson: ne les faites pas trop cuire: dégraissez votre sauce et faites-la réduire.

CONCOMBRES A LA CRÈME.

Vous couperez vos concombres comme les précédents; vous ne les presserez point; vous les ferez blanchir dans une eau de sel; quand ils fléchiront sous le doigt, vous les rafraîchirez; il faudra les égoutter sur un linge blanc afin qu'il n'y ait point d'eau. Vous mettrez un quarteron de beurre dans une casserole, trois cuillerées à café de farine, du sel, du gros poivre, un peu de muscade râpée; vous mêlerez le tout ensemble; vous y ajouterez la moitié d'un verre de crème, vous la mettrez sur le feu; tournez-la toujours jusqu'à ce qu'elle ait jeté un bouillon. Si elle est trop épaisse, vous y remettrez un peu de crème; il faut que votre sauce soit bien liée; vous mettrez vos concombres dedans; vous les tiendrez bien chauds, sans les faire bouillir: servez-vous-en pour les choses indiquées.

BEURRE NOIR.

Mettez dans une casserole un demi-verre de vinaigre, du sel, du poivre; vous ferez jeter quelques bouillons. Vous mettrez une demi-livre de beurre dans une casserole; vous ferez chauffer votre beurre jusqu'à ce qu'il soit presque noir; alors vous le laisserez reposer, et vous le verserez sur votre vinaigre; tenez-le chaud : vous vous en servirez pour les choses indiquées.

CONSOMMÉ DE VOLAILLE.

Vous disposez dans une marmite tous les débris de volailles et parures de vos entrées, tant crues que rôties, avec deux livres de veau, un bouquet garni, un oignon piqué de deux clous de girofle, et une carotte; mouillez avec du bon consommé (*voy.* Consommé ordinaire). Faites cuire vos viandes; quand elles sont cuites, vous passez votre consommé au tamis de soie; mettez-le dans une casserole de manière qu'elle soit pleine à ras bords; placez-la sur le coin d'un fourneau; faites dégraisser votre consommé; à mesure qu'il commence à bouillir, vous le clarifiez avec trois blancs d'œufs et un peu d'eau fraîche, le passez à la serviette, le faites réduire à demi-glace, c'est-à-dire qu'il soit un peu épais comme du sirop. Servir aux choses indiquées. (F.)

AUTRE MANIÈRE DE TRAVAILLER LES PETITES SAUCES AVEC UNE MIREPOIS.

Vous prenez deux livres de veau, une demi-livre de maigre de jambon, des débris de volaille; vous coupez le tout en gros dés; mettez un morceau de beurre dans une casserole avec votre veau et jambon, ainsi que des parures de champignons, une douzaine d'échalotes épluchées, un bouquet garni, une gousse d'ail, une feuille de laurier, deux clous de girofle; vous faites revenir le tout ensemble jusqu'à ce qu'il ne reste aucun mouillement. Vous retirez votre casserole de dessus le feu; vous prenez une autre casserole, dans laquelle vous en mettez la moitié : l'une servira pour votre velouté, et l'autre pour votre espagnole; vous mettez dans chacune de ces casseroles six grandes cuillerées à pot d'espagnole; mouillez avec du blond de veau.

De même, pour votre velouté, mouillez avec du bon consommé sans sel; vous faites partir vos deux casseroles sur un fourneau ardent, en observant de le tourner jusqu'à ce qu'elles bouillent. Quand elles commenceront à bouillir, vous les placez sur le coin de votre fourneau, en observant que vos casseroles soient bien pleines; vous les remplirez à mesure, jusqu'à ce que vos sauces soient bien dégraissées; alors faites-les réduire, et passez-les à l'étamine ou au bain-marie.

Vous vous servez de cette même mirepois pour toutes vos petites sauces généralement, claires ou liées. (F.)

SAUCE AU BEURRE.

Vous prenez une cuillerée de farine que vous assaisonnez de sel, gros poivre, deux clous de girofle et muscade; vous délayez le tout avec de l'eau et gros comme une noix de beurre; faites-la prendre au feu, en observant de toujours la tourner, et de la tenir plutôt claire qu'épaisse; la laisser bouillir aussi un bon quart d'heure; la retirer du feu; la remplir avec une bonne livre de beurre fin; en ajoutant votre beurre peu à peu, ayez soin de tourner votre sauce, afin qu'elle ne tourne pas en huile; vous y ajoutez un peu de vinaigre, la passez à l'étamine ou au bain-marie. Cette sauce est très-bonne pour le poisson et les légumes cuits à l'eau. (F.)

SAUCE HOLLANDAISE AU VINAIGRE.

Vous mettrez six jaunes d'œuf dans une petite casserole, avec un demi-verre de vinaigre, sel, gros poivre, petits piments enragés, muscade, et gros comme un œuf de beurre; vous faites prendre votre sauce sur la cendre chaude ou au bain-marie, en tournant continuellement; quand vos sauces commencent à prendre et à devenir épaisses, vous y mettez peu à peu une bonne livre de beurre fin, et tournez avec soin votre sauce, pour qu'elle ne tourne pas en huile; passez-la à l'étamine: on s'en sert pour poisson et légumes cuits à l'eau. (F.)

FUMET DE GIBIER, SAUCE CLAIRE.

Vous vous servez du même procédé que pour l'essence de gibier, et vous pouvez faire votre fumet avec les débris de vos lapereaux et perdreaux, pour des entrées de filet (*voy.* Essence de gibier). Quand votre essence est passée, vous la mettez dans une casserole, la faites bouillir, la mettez sur le coin de votre fourneau, en y ajoutant un demi-verre d'eau fraiche pour la faire écumer et dégraisser; vous enlevez avec soin toutes les graisses, et écumez avec une cuillère; faites réduire votre essence jusqu'à demi-glace, c'est-à-dire jusqu'à ce qu'elle soit comme du sirop. Vous vous en servirez pour toutes les entrées de gibier panées, grillées, entrée de broche, etc. (F.)

SAUCE A LA MATELOTE.

On se sert ordinairement, pour composer cette sauce, de tous les dégraissis des autres petites sauces; si vous n'en avez point, vous vous servez de grande espagnole; vous mettez vos dégraissis dans une casserole mouillée avec la cuisson de poisson que vous avez disposée pour entrées ou relevées, et deux cuillerées à pot de blond de veau; vous faites bouillir votre sauce, et la placez sur le coin de votre fourneau; l'écumer et dégraisser, enlever la graisse et l'écume avec soin; la faire réduire à grand feu; la passer à l'étamine ou au bain-marie, avec les petits oignons et champignons qui auront été cuits avec le poisson. Au moment de servir, vous y ajouterez le beurre, deux anchois, avec un bon morceau de beurre fin; vous vannerez le tout ensemble; saucez votre poisson ou vos cervelles. (F.)

BEURRE DE MONTPELLIER.

Prenez les jaunes de douze œufs durs, que vous mettez dans un mortier avec un verre de ravigote blanche, six anchois; lavez et épluchez une bonne poignée de câpres, six cornichons, sel, gros poivre; vous pilez le tout ensemble jusqu'à ce que cela forme une pâte; vous y ajoutez deux jaunes d'œufs crus; vous les broyez avec le pilon, en y versant peu à peu une livre et demie d'huile d'olive et un peu de vinaigre; quand le tout est bien pris et ferme comme du beurre nouveau, vous le passez à l'étamine comme une purée; si votre beurre n'est pas assez vert, vous pourrez y joindre un vert d'épinards. On se sert du beurre de Montpellier pour une grande partie des entrées froides : on peut y mettre un peu d'ail, suivant les goûts. (F.)

MAGNONNAISE.

Cette sauce se fait prendre de bien des manières, avec des jaunes d'œufs crus, avec de la gelée, avec de la glace de veau ou de cervelle de veau. La manière la plus usitée est de mettre un jaune d'œuf cru dans une petite terrine, avec un peu de sel et un jus de citron: vous prenez une cuillère de bois, vous tournez en laissant tomber un filet d'huile et remuant continuellement; à mesure que votre sauce devient épaisse, vous y ajoutez un peu de vinaigre; vous y mettez aussi une livre de bonne huile : vous servirez votre sauce d'un bon sel; vous la servirez blanche ou verte, en y ajoutant un vert de ravigote ou vert d'épinards.

Cette sauce se sert pour les entrées froides de poisson, ou salade de légumes cuits à l'eau de sel. (F.)

VERT DE RAVIGOTE.

Vous prenez et épluchez une bonne poignée d'estragon, deux de cerfeuil, de la pimprenelle, de la petite ciboulette, du cresson de santé, du cresson alenois, un peu de feuilles de persil et de céleri; vous lavez bien toutes ces herbes, les faites blanchir à grand feu et grande eau, dans un poêlon de cuivre rouge, sans être étamé, s'il est possible; les laisser bouillir un bon quart d'heure; égoutter et rafraîchir à grande eau, presser comme les épinards, hacher votre ravigote, la mettre dans un mortier, la piler et y ajouter un peu d'allemande froide (*voy.* Allemande); la piler jusqu'à ce qu'elle forme une pâte, la passer au tamis de soie avec une cuillère de bois, ou à l'étamine : vous vous en servirez aux choses indiquées. (F.)

SAUCE BIGARADE.

Vous prenez deux bigarades, ou citrons, ou oranges; levez la peau le plus mince possible; retirez avec beaucoup de soin le blanc qui reste entre la bigarade et sa peau; vous émincez votre zeste le plus fin possible; le jeter dans l'eau bouillante, lui faire jeter un bouillon, le rafraîchir au moment de vous en servir : vous l'égouttez, le mettez dans une demi-glace ou fumet de gibier, pour servir aux choses indiquées. (F.)

SAUCE AUX HUÎTRES.

Vous prenez trois douzaines d'huîtres que vous faites blanchir; au premier bouillon, vous retirez vos huîtres; les égoutter, les mettre dans une casserole avec un peu de sauce au beurre et persil haché et blanchi; elle se prépare de même avec de l'espagnole réduite, en y ajoutant un quarteron de beurre au moment de la servir; on se sert de cette sauce pour le poisson. (F.)

SAUCE AUX HOMARDS.

Vous prenez des œufs de homards que vous pilez; mettre gros comme un œuf de beurre; passer au tamis de soie; vous coupez de la chair de homard en gros dés, la mettez dans une casserole avec un peu de sauce au beurre, un peu de poivre de Cayenne et beurre de homard; vannez le tout ensemble; servir cette sauce pour les poissons. (F.)

BÉCHAMEL MAIGRE.

Vous prenez une cuillère de bois pleine de farine, un peu de sel et muscade; la délayez avec une pinte de lait ou crème; mettez-y gros comme un œuf de beurre; faites prendre votre sauce; ayez soin de la tourner, afin qu'elle ne sente pas le gratin; la laisser bouillir pendant un quart d'heure, la retirer du feu, y ajouter une livre de beurre fin, ayant soin de la remuer peu à peu, afin qu'elle ne tourne pas en huile : vous vous servez de cette sauce pour les poissons, légumes à gratin. (F.)

ASPIC CLAIR.

Vous mettez dans une pe[illegible]e casserole un peu de mirepois (voy Petites Sauces), un bon verre de vinaigre, une pincée de poivre en grains, une poignée d'estragon; vous faites bouillir jusqu'à ce qu'il soit à glace; vous mouillez avec deux cuillerées à pot de consommé de volailles : faites cuire votre viande; faites-la dégraisser sur le coin d'un fourneau; faites clarifier avec un œuf et un peu d'eau fraiche, et passez à la serviette double ; mettre votre aspic dans un petit bain-marie; vous en servir avec des feuilles d'estragon coupées en losanges et blanchies. Cette sauce se sert pour volailles, pour la friture de poisson, ou orvi. (F.)

PROVENÇALE CHAUDE.

Mettez dans une petite casserole deux jaunes d'œufs crus avec une cuillerée à café d'allemande, un peu d'ail pilé, du piment enragé en poudre, deux jus de citron; faites prendre votre sauce au bain-marie, au-dessus de la cendre chaude, ayant soin de la tourner jusqu'à ce qu'elle prenne une forme de corps; vous la retirez du feu, en y ajoutant de l'huile d'olive, en remuant peu à peu, afin qu'elle ne tourne pas; vous pouvez servir cette sauce naturelle, ou y ajouter soit ravigote, ou vert de ravigote, vert d'épinards, persil blanchi, selon l'usage que vous voulez en faire; on peut s'en servir pour les entrées de poisson ou volailles. (F.)

BRETONNE.

Vous prenez douze gros oignons que vous coupez en deux; coupez les deux extrémités à germes; les ciseler bien mince, les mettre dans une casserole avec un quarteron de beurre, un peu de laurier, ail et thym, sel et poivre; passez votre oignon au feu jusqu'à ce qu'il ait une couleur jaune un peu foncée; le placer dessous un fourneau entouré de cendres chaudes, et feu dessus, jusqu'à ce qu'il soit bien cuit; vous le remettez au feu, en ajoutant un peu de sucre, un peu de vinaigre; faire réduire le tout à glace avec un peu de sauce tomate; vous mettrez une grande cuillerée à pot de haricots blancs que vous arroserez, vous passerez le tout à l'étamine; mettez votre purée dans une casserole avec des haricots blancs nouveaux; faites-la mijoter; au moment, vous y ajoutez un quarteron de beurre fin; vous servez en purée pour entrées, et pour relevées avec les haricots. (F.)

NIVERNAISE.

Vous prenez trente carottes, que vous tournez en olives; il faut les faire blanchir et bouillir pendant cinq minutes; les égoutter, rafraîchir, les marquer dans une casserole, les mouiller avec du consommé de racine ou du bon consommé; les faire bouillir jusqu'à ce que vos carottes soient cuites et réduites, et que la réduction les enveloppe de son sirop; disposer de même les autres racines, quand on veut faire une macédoine et en servir aux choses indiquées. (F.)

PATES A FRIRE A L'ITALIENNE.

Prenez deux bonnes cuillerées de farine, mettez-les dans une terrine avec un peu de sel et gros poivre; vous mettez quatre jaunes d'œufs; vous délayez votre pâte avec un peu de lait; quand elle est assez molle et bien battue, mettez-y une once d'huile d'olive que vous mêlez avec vivacité jusqu'à ce que votre pâte soit bien veloutée; vous vous en servirez aux choses indiquées. (F.)

SAUCE AUX OLIVES FARCIES.

Vous prenez une demi-livre d'olives farcies, vous les jetez dans l'eau bouillante, et les retirez de suite; les égoutter et les mettre dans une espagnole réduite au bain-marie; au moment de servir, vous y ajouterez deux bonnes cuillerées d'huile d'olives; quant aux olives ordinaires, vous en retirerez le noyau, comme il est expliqué au canard aux olives (*voy.* cet article); vous le finissez de même avec de l'huile. (F.)

SAUCE A L'HUILE.

Vous prenez trois citrons auxquels vous enlevez tout le blanc; vous coupez ce qui enveloppe le jus, et en faites des tranches les plus égales possible; mettez-les dans une terrine, avec du sel, du gros poivre, un piment enragé en poudre, une poignée de persil haché, de l'estragon, un peu d'ail, un peu de vinaigre et d'huile: mêlez le tout ensemble, saucez sur les poissons grillés ou volailles. (F.)

CHICORÉE AU JUS.

Faites blanchir votre chicorée tout entière, comme il est expliqué à la chicorée d'entre-mets. Quand vos chicorées sont bien égouttées, fendez-les par le milieu, placez-les sur la table; assaisonnez-les de sel, poivre et muscade; les ficeler par deux ensemble, les mettre dans une casserole que vous aurez disposée, avec des bardes à l'entour, les couvrir de lard, y mettre un morceau de veau et côtelettes de mouton ou bœuf, deux oignons, deux clous de girofle, deux carottes, un bouquet garni; mouillez avec un dégraissis de consommé: faites cuire vos chicorées, et entretenez un feu ordinaire dessus et dessous pendant trois heures; les égoutter, les presser dans un linge blanc, et les trousser toutes de la même grosseur; les dresser en couronne sur le plat, pour servir aux entrées indiquées. (F.)

PURÉE DE MARRONS.

Vous prenez quarante marrons, vous enlevez la première peau; les mettre dans une sauteuse avec un peu de beurre, les faire sauter sur le feu jusqu'à ce que la seconde peau se défasse d'elle-même; les éplucher, les marquer dans une marmite avec du consommé, les faire cuire pendant une heure et demie, les passer à l'étamine, ayant soin que cette purée soit un peu épaisse; si cependant elle l'était trop, vous la mouilleriez avec un peu de crème : au moment de servir, vous ajouterez un bon morceau de beurre fin. (F.)

PURÉE AUX POMMES DE TERRE.

Vous prenez douze pommes de terre crues, vous en enlevez la peau; les laver et les émincer; mettre vos pommes de terre dans une casserole avec un verre d'eau, un peu de beurre, sel et muscade; vous les faites bouillir et cuire sous un fourneau, avec du feu dessus et dessous, pendant environ une demi-heure; vos pommes de terre étant cuites, vous les maniez avec une cuillère de bois; les remettre au feu, les faire réduire en les mouillant avec de la crème réduite, un bon morceau de beurre pour finir, et un peu de sucre. (F.)

SAUCE GENEVOISE.

Vous prenez une bouteille de vin de Bordeaux, ou de gros vin chargé en couleur, que vous mettez dans une casserole avec un peu d'oignon, du persil, échalotte, ail, laurier, thym, et des épluchures de champignons; faites réduire le tout au quart; mettez une cuillerée à pot d'espagnole, et mouillez avec le fond du poisson que vous aurez disposé pour votre service; faites travailler votre sauce, comme celle à la matelote réduite; passez-la à l'étamine; vous finirez votre sauce avec un beurre de deux anchois, un bon quarteron de beurre fin; ayez soin que votre sauce se trouve bien liée, pour qu'elle puisse marquer. Servez de cette sauce pour le poisson d'eau douce et le saumon. (F.)

SAUCE GÉNOISE.

Vous mettez dans une casserole quatre cornichons hachés, une poignée de câpres, du raisin de caisse, un peu de raisin de Corinthe, un peu de piment enragé, un peu de muscade, poivre, persil et échalotte hachés, un bon verre de vinaigre, une demi-once de sucre, gros comme une noix de glace; vous faites réduire le tout en glace, vous le mouillez avec deux cuillerées d'espagnole ou tomate, un peu de consommé ou blond de veau; vous vous servirez de cette sauce pour la volaille grillée ou rôtie. (F.)

AUTRE SAUCE GÉNOISE.

Vous ne mettez pas de sucre dedans; et quand elle est arrivée au point de glace, vous mettez de la sauce au beurre en place d'espagnole, et le beurre de deux anchois pour la finir.

Vous vous servez de cette sauce pour le poisson et les légumes cuits à l'eau de sel. (F.)

DEMI-GLACE DE VOLAILLE.

Vous mettez dans une marmite six livres de tranche de bœuf quatre livres de veau, six vieilles poules, et tous les débris des volailles dont vous vous serez servi pour vos entrées, soit crues, soit rôties; vous remplirez votre marmite avec de bon bouillon, la ferez bouillir et écumer, la garnirez de deux carottes, deux oignons, deux clous de girofle, un bouquet assaisonné, et un peu de pelure de champignons. Quand vos viandes sont cuites, vous passez votre consommé au tamis, le faites dégraisser et clarifier avec deux œufs, le passez à la serviette, et le laissez réduire jusqu'à ce qu'il soit comme du sirop, en observant de l'écumer: le mettre au bain-marie, pour vous en servir aux articles indiqués. (F.)

SAUCE ET RAGOUT A LA FINANCIÈRE.

Vous prenez vingt-quatre gros champignons, autant de truffes tournées en boules, que vous mettez dans une casserole, avec une demi-bouteille de vin de Madère sec, deux petits piments enragés, un peu de tomate, une once de glace de veau; faites réduire le tout à glace; mouillez-les de suite avec quatre cuillerées à pot d'espagnole: travaillez deux cuillerées de blond de veau, faites bouillir votre sauce, faites-la dégraisser et réduire sur le bord d'un fourneau; passez votre sauce à l'étamine: mettez vos champignons et vos truffes dans une casserole propre, versez votre sauce dessus; vous ajouterez à votre ragoût vingt-quatre belles crêtes et rognons de coqs, vingt-quatre quenelles moulées à la cuillère, douze ris d'agneaux ou ris de veau; coupez-les en lames, ou laissez-les entiers, selon que le cas l'exigera. (F.)

RAGOUT A LA TOULOUSE.

Vous prenez toutes les mêmes fournitures que pour le ragoût à la financière, que vous mettez dans une casserole avec une demi-glace de volaille; vous faites bouillir le tout ensemble, à l'exception des quenelles, que vous faites chauffer à part; vous mettez une cuillerée à pot d'allemande; mettez votre ragoût au bain-marie, sans le faire bouillir: si votre sauce se trouvait trop épaisse, vous la relâcheriez avec un peu de consommé de volailles. (*Voyez* Allemande.) (F.)

RAGOUTS DE NAVETS VIERGES.

Vous tournez quarante navets en boules de la même grosseur; faites-les blanchir dans de l'eau bouillante et un peu de sel; les rafraîchir, et les mettre cuire dans du bon consommé et un peu de sucre; quand ils sont cuits, vous mettez une bonne cuillerée d'allemande, et finissez avec un peu de beurre fin au bain-marie. (F.)

OIGNONS FARCIS.

Vous prenez vingt-quatre gros oignons que vous épluchez, en faisant attention de ne pas écorcher la tête de l'oignon, ni la première peau; faites blanchir vos oignons et rafraîchir comme les navets; les égoutter sur un linge blanc, retirer l'intérieur de l'oignon avec un vide-pomme, sans offenser la première peau; vous les remplirez de quenelles, vous les mettrez dans une casserole plate, afin que vos oignons soient sur un même lit; couvrez vos oignons de lard; mouillez-les avec un peu d'eau, de sel et de sucre, faites-les partir à grand feu dessus; quand ils sont cuits, vous faites réduire leur fond, et les servez pour garnitures de grosses pièces. (F.)

SAUCE ESCALOPE DE LIÈVRE, OU LAPIN AU SANG.

Vous prenez les débris des levrauts que vous avez; levez vos filets, coupez-les par morceaux; mettez-les dans une casserole avec un morceau de beurre, une demi-livre de petit lard; assaisonnez de sel, poivre, muscade, deux clous de girofle, un oignon, une carotte, un bouquet garni de deux feuilles de laurier, thym et ail; vous faites revenir le tout ensemble à grand feu, le mouillez avec une bouteille de vin rouge, ou plus, selon la quantité, deux cuillerées à pot de grande espagnole, une cuillerée de consommé; vous faites partir votre sauce, et laissez mijoter pendant deux heures au coin d'un fourneau; quand vos viandes sont cuites, vous passez votre sauce à l'étamine dans une autre casserole, la mouillez avec une cuilleré à pot de blond de veau, la faites dégraisser sur le coin d'un fourneau jusqu'à ce qu'elle ait sa graisse et son écume; vous la faites réduire jusqu'à ce qu'elle soit épaisse; vous avez le sang de votre lièvre que vous avez conservé, vous le versez dans votre sauce avec un petit morceau de beurre, et remuez le tout ensemble, afin que votre sang ne caille pas; passez votre sauce à l'étamine, mettez-la au bain-marie, pour vous en servir aux choses indiquées. (F.)

POMMES DE TERRE FRITES POUR GARNITURE.

Vous tournez quarante pommes de terre à cru, soit en boules ou de leur longueur naturelle, selon la garniture que vous en voulez faire; quand elles sont tournées, vous les lavez, les égouttez sur un linge blanc; vous faites clarifier une livre de beurre fin, que vous versez sur vos pommes de terre, que vous aurez placées dans un sautoir, en observant que vos pommes de terre soient toutes sur un même lit; faites-les partir à grand feu, couvrez-les d'un plafond ou couvercle; les placer ensuite sur un feu doux avec du feu dessus, ayant soin de remuer de temps en temps jusqu'à ce qu'elles prennent une couleur d'or; quand elles sont cuites et bien sèches, vous les faites égoutter, et les sautez dans une casserole avec un peu de beurre frais et un peu de glace de veau: il faut observer de faire cuire vos pommes de terre seulement au moment. (F.)

CULS D'ARTICHAUTS POUR GARNITURE.

Vous prenez la quantité qui vous est nécessaire; vous observerez seulement qu'ils soient garnis en chair; vous retirez toutes les feuilles vertes de vos artichauts jusqu'à ce qu'il ne reste que celles qui tiennent le foin; alors vous enlèverez le plus vert avec un couteau; à la seconde fois, vous tournez votre cul d'artichaut en le plaçant dans la main gauche, et votre couteau de la droite, en tournant continuellement votre artichaut contre le taillant du couteau, jusqu'à ce qu'il soit rond et sans écorchures; vous le froit citron et le mettez dans l'eau; vous le faites blanchir à l'eau bouillante avec sel et vinaigre blanc; aussitôt que le foin peut se retirer, vous le rafraîchissez; retirez tout le foin et les feuilles, tournez les bords, marquez-les dans une casserole entre deux bardes de lard, le jus de deux citrons, un quarteron de beurre, sel et bouquet assaisonné; mouillez moitié vin blanc et eau, faites-les bouillir, et placez-les dessous un fourneau entre deux feux; au bout d'une heure et demie, ils seront cuits; vous les égoutterez, pour vous en servir, soit entiers, soit coupés, pour toutes autres garnitures. (F.)

RAGOUT CHIPOLATA.

Vous tournerez en olives vingt-quatre morceaux de carottes, autant de navets, oignons et marrons; vous faites blanchir vos racines, les faites cuire dans du consommé, avec un peu de sucre; vous prenez douze petites saucisses que vous faites cuire à l'eau avec douze morceaux de petit lard; vous mettez toutes vos garnitures dans une casserole avec vingt champignons, une cuillerée à pot d'espagnole; travaillez et relâchez votre espagnole avec le fond de l'entrée destinée pour les grosses pièces que vous aurez préparées: servir le plus chaudement possible. (F.)

RAGOUT A LA PROVIDENCE.

Vous prenez vingt petits morceaux de petit lard bien salé, autant de saucisses à chipolata, que vous ferez cuire comme ci-dessus; vous mettez le tout dans une casserole avec vingt champignons; vous tournez autant de marrons et quenelles; moulez, de la grosseur des saucisses, douze truffes que vous tournez en boules, et faites cuire dans un verre de vin de Madère, avec un peu de glace, crêtes et rognons de coqs. Vous versez sur vos garnitures un jus d'étouffade clarifié, réduit à demi-glace, ou le fond de votre entrée ou de grosses pièces, bien dégraissé et clarifié. Faites chauffer votre ragoût pour en servir aux choses indiquées. Vous pouvez y ajouter trente olives tournées et blanchies. (F.)

WAS TRÉFICHE.

Vous tournez un peu de persil concassé et blanchi (*voyez* Sauce Pluche), du rouge de carottes le plus mince possible, et le ciselez très-fin, une même quantité de racines de persil, et autant de zestes de bigarades ou citrons ciselés de même que les carottes; vous faites blanchir le tout ensemble pendant cinq minutes, et les rafraîchissez; vous mettez ces ingrédiens dans une casserole avec un peu de cuisson de poisson (*voyez* Cuisson de Perches, article Poisson); au moment de servir, vous verserez dessus de la sauce au beurre ou de la hollandaise au vinaigre; remuez le tout ensemble, masquez votre poisson avec votre sauce. (F.)

SAUCE AUX ÉCHALOTTES.

Vous hachez six échalottes le plus fin possible, les lavez dans le coin d'une serviette; vous mettez vos échalottes dans une casserole avec du gros poivre et un verre de vinaigre; vous faites réduire cette sauce jusqu'à ce qu'elle soit à glace; vous la mouillerez avec un bon jus et un peu de glace de cuisson. (F.)

MACÉDOINE DE LÉGUMES.

Vous tournez autant de carottes et navets, ou coupez avec un coupe-racine ce qui vous est nécessaire; faites blanchir vos racines, faites-les cuire avec un peu de consommé; faites réduire à glace.

Vous ferez blanchir au moment tous les légumes verts, tels que petits pois, petites fèves, haricots verts coupés en losange, haricots blancs, choux-fleurs, culs d'artichauts, champignons tournés, concombres, pointes d'asperges et petits oignons: vous observerez que vos racines soient de la même grosseur et en même quantité. Un quart d'heure avant de servir, vous faites chauffer tous vos légumes, vous les mettez égoutter sur un linge blanc; vous préparez dans une casserole une bonne allemande réduite, à laquelle vous aurez eu soin d'ajouter votre glace de racines; alors vous tiendrez votre allemande bien bouillante et bien réduite, vous mettez vos légumes et racines dans votre sauce avec un peu de sucre et un peu de beurre fin; mêlez le tout ensemble jusqu'à ce que vos légumes se tiennent et se trouvent enveloppés avec leur sauce; vous vous servez de cette garniture pour les relevées de potages, entrées, pâtes, entremets; vous pouvez aussi vous servir de purée de pois verts, bien réduite, en place d'allemande. (F.)

JARDINIÈRE.

La jardinière est le même composé que la macédoine, avec la différence de la sauce; vous mettez vos légumes dans une espagnole bien réduite, ou une demi-glace de racines; vous vous en servez pour le même service que pour faire de la macédoine. (F.)

AUTRE SAUCE AURORE.

Vous prenez deux cuillerées de sauce tomate, avec autant d'allemande; vous la faites réduire, la retirez du feu; mettez-y peu à peu une demi-livre de beurre fin; travaillez-la avec une cuillère, afin qu'elle soit d'un beau velouté. (F.)

GARNITURE A LA FLAMANDE.

Vous tournez trente grosses carottes, autant de navets en gros bâtonnets de la longueur de deux pouces et demi; faites blanchir et cuire vos racines dans du consommé et un peu de sucre; vous prendrez trente laitues braisées aux choux (*voy.* Laitues), que vous égoutterez, presserez et trousserez; vous les dresserez autour de votre plat, en couronne, en mettant une laitue, une carotte et un navet entre chaque viande que vous aurez préparée; vous aurez trente oignons glacés, pour poser sur le rebord de vos carottes et laitues; quand votre relevée ou entrée est dressée, vous la masquez avec une grosse nivernaise bien réduite à glace, vous allongerez votre sauce avec un peu d'espagnole réduite. (F.)

BEURRE DE HOMARD.

Prenez les œufs qui se trouvent dans l'intérieur ou sous la queue d'un homard; pilez-les bien avec un morceau de beurre fin de la grosseur d'un œuf; passez-les à travers un tamis de soie; ramassez votre beurre, qui se trouvera d'un beau rouge, sur une assiette; servez-vous-en aux articles indiqués. (F.)

SAUCE A L'ORANGE OU AU CITRON.

En cas que vous n'ayez pas de bigarade, prenez le zeste d'un citron ou d'une orange, retirez-en bien le blanc, il porterait à l'amertume; ciselez-le en petits filets; faites-le blanchir et rafraîchir dans de l'eau fraîche; servez au besoin comme de la bigarade. (F.)

MANIÈRE DE PRÉPARER LA CHOUCROUTE.

Prenez cinquante choux bien blancs et d'un bon naturel; épluchez-les bien, émincez-les avec un outil qui est disposé à ce sujet chez toutes les personnes qui ont l'habitude de la faire elles-mêmes; défoncez un quart à bière, ou à vinaigre, ou à vin; faites-le bien nettoyer; placez votre tonneau debout, sur un chantier; percez votre tonneau à trois ou quatre pouces du fond, pour laisser couler la saumure; vous arrangez vos choux par lit de sel et de choux, et une demi-livre de graine de genièvre, que vous semez dans l'intérieur: quand vos choux sont ainsi préparés, vous les couvrez d'une toile neuve et du fond de votre tonneau, que vous chargez avec des pierres ou autre chose de lourd. Laissez couler votre saumure jusqu'à ce qu'elle sorte claire : quinze jours suffisent. Au bout de ce temps, bouchez le trou du bas; remplissez votre tonneau de nouvelle saumure : j'observe que deux livres de sel marin peuvent suffire pour cinquante livres de choux. Au bout de vingt jours, vous pouvez vous servir de votre choucroute, comme il va vous être indiqué.

Les carottes, les navets, se conservent de même que la choucroute, en suivant le même procédé. (F.)

MANIÈRE DE FAIRE CUIRE LA CHOUCROUTE.

Lavez quatre livres de choucroûte à plusieurs eaux, mettez-la dans une casserole avec un morceau de petit lard de poitrine, un saucisson cru et quelques saucisses que vous mettez au dernier moment de la cuisson; mouillez-la avec du bouillon et dégraissis de braisier; laissez-la cuire pendant six heures, à petit feu; égouttez-la dans une passoire; dressez-la sur un plat avec votre saucisson, lard et saucisses : dressez dessus (F.)

SAUCE AUX MOULES OU AUTRES COQUILLAGES.

Vous prenez une quantité de moules ou autres coquillages que vous grattez et lavez à plusieurs eaux : mettez-les dans une casserole avec un peu de persil et d'ail; vous les faites bouillir; aussitôt qu'elles sont ouvertes, vous les retirez, les séparez de leurs coquilles, les laissez déposer l'eau; avec cette eau marquez une sauce au beurre, en faisant attention au sel; vous la faites de même avec l'espagnole réduite, en la remplissant de beurre et remuant avec attention, afin qu'elle ne tourne pas en huile; vous joindrez vos chairs au moment de servir, et saucez les choses indiquées : servez le plus chaudement possible. (F.)

PURÉE DE HOMARD.

Prenez un homard bien frais, cassez-le, retirez-en les chairs blanches de la queue et des pattes, coupez ces chairs en petits dés, bien proprement; mettez-les sur une assiette à part; les parures, les chairs et œufs qui se trouvent dans l'intérieur de la coquille, pilez-les bien, avec un morceau de beurre fin, passez-les à travers un tamis ou une étamine; ce qu'il en passera, mettez-le dans une casserole, chauffez au bain-marie, avec vos chairs coupées en dés. Cet appareil sert à garnir des petits vol-au-vent, petits pâtés, casseroles au riz ou coquilles: on peut même en faire des croquettes, en ajoutant une béchamel réduite.

SAUCE AU VIN DE MADÈRE.

Vous prenez une demi-cuillerée à bouche de farine, avec du citron vert confit que vous coupez en petits dés; vous délayez votre farine avec un verre de vin de Madère et un peu de consommé, et gros comme une noix de beurre, sel et muscade; vous faites prendre votre sauce sur un fourneau ardent, la laissez bouillir un quart d'heure; vous la retirez, et remplissez avec un quarteron de beurre, en la remuant, pour qu'elle ne tourne pas : vous vous servez de cette sauce pour le plum-poudding. (F.)

GARNITURE DE TOMATES.

Vous prenez trente tomates bien rondes et bien égales que vous coupez par le milieu; en presser le jus et les pepins, les morceaux du côté de la fleur; vous faites attention de ne pas trop les écraser; les placer sur un plafond et sur un même lit; garnissez vos tomates de champignons hachés, échalottes, persil et un peu d'ail et jambon; vous ferez cuire le tout ensemble, en y joignant un peu de mie de pain, deux jaunes d'œufs, sel et muscade, un peu de beurre de piment et d'anchois; pilez le tout ensemble, en y mettant peu à peu de l'huile; vous passez votre farce à travers un tamis à quenelles; garnissez vos tomates, panez-les avec de la mie de pain et un peu de fromage de Parme; les arroser avec un peu d'huile, les faire cuire à four chaud : vous vous servez de vos tomates pour garnir une culotte de bœuf ou autres entrées qui seront indiquées. (F.)

BEURRE DE PIMENT, ET AUTRES.

Il est nécessaire, en cas d'un besoin urgent, de se procurer d'avance toutes ces petites minuties en préparant vos beurres; d'ailleurs, cette précaution doit présenter un coup d'œil plus agréable. Vous prenez du piment en poudre, que vous maniez avec gros comme une noix de beurre; vous l'emploierez au moment de servir. Il en est de même pour les beurres de persil (que vous faites blanchir), ravigotes, estragons, pluches, échalottes, was tréfiche, vert d'épinards, vert de ravigote, etc. (F.)

GARNITURE DE RAIFORT, OU CRAMP.

Vous prenez de la racine de cramp, vous en enlevez la première peau; lavez votre racine à plusieurs eaux; vous la râpez sur une râpe afin que cela forme une espèce de vermicelle; vous en mettez autour des viandes bouillies ou rôties, comme vous mettez du persil embranché autour du pied de bœuf. (F.)

PERSIL HACHÉ. COMPOSITION D'ASSIETTE.

Vous prendrez du persil bien épluché, bien lavé et bien égoutté; vous le ciselerez et hacherez bien fin, en faisant attention de ne pas le piler; quand il sera aux trois quarts haché, vous le mettrez dans le coin d'un linge, verserez de l'eau dessus, le laverez, le presserez, afin qu'il ne reste pas de jus; vous le reposez sur la table, et finirez de le hacher. Vous vous servirez du même procédé pour les échalottes, champignons : vous placerez ces fines herbes sur un plat, chacune séparément, pour vous en servir au besoin.

Les oignons coupés en petits ou gros dés, les laver de même et les presser aussi fin pour en extraire l'âcreté; les parures de truffes hachées seulement. (F.)

BOUQUET GARNI.

Vous éplucherez trois ou quatre ciboules avec leurs queues, et des queues de persil que vous placerez sur vos ciboules, un quart de feuille de laurier, une gousse d'ail, un peu de thym, deux clous de girofle; vous envelopperez le tout avec vos ciboules, en commençant par les têtes et finissant par les queues; liez votre bouquet assez solidement avec de la ficelle, afin qu'il ne se défasse pas. (F.)

POIVRE DE CAYENNE.

Ayez une demi-livre de gros piments ou poivre-longs; choisissez-les d'un beau rouge, épais de peau; faites-les sécher à l'ombre; lorsqu'ils seront secs, déchiquetez-les, supprimez-en les queues, mettez-les avec leurs graines et une pincée de sel dans un mortier de fonte : vous vous servirez d'un pilon de fer pour piler, et ayez bien soin de couvrir votre mortier d'une peau fermée bien hermétiquement. (F.)

POIVRE KARI.

Ayez un quarteron de piment enragé, deux onces de safran en racine, ou crocus de l'Inde, deux onces de racine de rhubarbe; vous pilerez d'abord votre piment dans un mortier, comme ci-dessus; quand votre poivre sera réduit en poudre, vous le passerez au tambour dans le tamis de crin; pilez le safran et passez-le de même, ainsi que la rhubarbe, que vous aurez choisie nouvelle et lourde; le tout passé, mélangez-le, ajoutez-y une demi-once en poudre et un peu de sel fin : mélangez bien le tout, et servez-vous-en aux articles indiqués. (F.)

GARNITURES DE FOIES GRAS.

Ayez six foies gras, vous en supprimez les cœurs et les amers, parez-les bien où l'amer a posé, et prenez garde de le crever; faites égorger vos foies comme les rognons de coqs, et blanchir légèrement; mettez-les cuire entre deux bardes de lard, mouillez-les avec une mirepois bien nourrie : leur cuisson faite, mettez-les au rang de vos garnitures. (F.)

RAGOUT DE LAITANCES DE CARPES.

Ayez une douzaine de laitances, détachez-les des boyaux, mettez-les dégorger dans l'eau fraîche jusqu'à ce qu'elles ne rendent plus de sang; faites bouillir de l'eau avec un peu de sel et vinaigre; jetez vos laitances dans cette eau, et leur laissez faire un bouillon retirez-les du feu, égouttez-les, ayez dans une casserole deux cuillerées d'allemande, autant de velouté, que vous ferez bouillir; vous remplirez votre sauce de beurre, comme la sauce au beurre; mettez vos laitances dans votre sauce, finissez avec un jus de citron. On peut joindre les langues de carpes aux laitances; on pourrait même faire un ragoût de langues de carpes seulement. Il y en a des exemples, mais il en faut un si grand nombre que nous ne le mentionnons ici que pour mémoire. (F.)

OBSERVATION SUR LES CHAMPIGNONS.

On sait que les champignons désignés par les botanistes sous le nom d'*agaric succulent*, sont les champignons qui s'emploient dans les ragoûts; ils viennent sur couches, et sont à peu près les seuls que l'on puisse manger sans danger, à moins qu'on n'en fasse excès; je n'en excepte point les sceptes et les oronges, dont on fait une grande consommation à Bordeaux. Le seul moyen que je connaisse pour les employer et les manger sans danger, est de les séparer avec une pièce de métal, comme par exemple une pièce de six liards; lorsqu'on en a coupé et supprimé les parties feuilletées, ainsi que les queues qui se trouvent au-dessous de la tête des champignons, s'ils conservent leur blancheur au moins une heure, et ne changent point de couleur, on peut les employer. (F.)

BRULE-SAUCE.

Prenez la mie d'un pain mollet d'une demi-livre, ou de la mie d'un pain blanc; faites-la dessécher avec du lait, laissez-la cuire environ trois quarts d'heure, et ne lui donnez que la consistance d'une bouillie épaisse; ajoutez-y vingt grains de poivre noir, du sel en suffisante quantité; en finissant votre sauce avec gros comme un œuf de beurre fin, servez-la dans une saucière à côté de vos bécasses ou perdreaux. (F.)

KET-CHOP, OU SOYAC.

Ayez douze maniveaux de champignons; épluchez-les, lavez-les, émincez-les le plus possible; ayez une terrine d'office neuve; faites un lit de champignons de l'épaisseur d'un travers de doigt, saupoudrez-le légèrement de sel fin, ainsi de suite, lit par lit, jusqu'à ce que vos champignons soient employés; ajoutez-y une poignée de brou de noix. (Au sujet du brou, ayez-en dans la saison, mettez-le dans un pot de terre, salez-le, couvrez-le bien et servez-vous-en au besoin.) Cela fait, couvrez votre terrine d'un linge blanc, fixez ce linge avec une ficelle, et recouvrez votre terrin avec un plat quelconque. Laissez quatre ou cinq jours vos champignons se fondre, tirez-en le jus au clair, et exprimez-en le marc, à force de bras, au travers d'un torchon neuf; mettez ce jus dans une casserole, faites-le réduire, ajoutez-y deux feuilles de laurier; vous prendrez une livre de glace de veau ou autre; mettez avec ce jus des champignons, ajoutez-y quatre ou cinq anchois pilés, une cuillerée à café de poivre de Cayenne; faites réduire le tout presque à demi-glace; ôtez-en les feuilles de laurier, et laissez-le refroidir; ensuite mettez-le dans une bouteille neuve bien bouchée, et servez-le avec le poisson. (F.)

VERJUS, ET LA MANIÈRE DE LE FAIRE POUR LE CONSERVER.

Prenez du verjus avant qu'il commence à mûrir; séparez les grains de la grappe, ôtez-en les queues, mettez les grains dans un mortier, avec un peu de sel; pilez-les, exprimez-en le jus à travers un linge, à force de bras, ou sous une presse; ayez une chausse de futaine, ou deux, si la quantité de verjus que vous voulez faire l'exige; mouillez cette chausse, enduisez-la de farine du côté plucheux de la futaine; suspendez-la de manière qu'elle soit ouverte; versez votre verjus en plusieurs fois, jusqu'à ce qu'il devienne limpide comme de l'eau de roche; vous aurez auparavant rincé des bouteilles, ou vous en aurez des neuves, pour qu'elles n'aient aucun mauvais goût; vous les soufrerez en agissant ainsi, ayez un bouchon qui puisse aller à toutes les bouteilles, passez dedans un fil de fer, arrêtez-le sur le haut du bouchon, et faites-lui faire un crochet à l'autre extrémité; il faut que ce fil de fer ne passe pas la moitié de la bouteille; mettez au crochet un morceau de mèche soufrée comme celle qu'on emploie pour mécher les tonneaux; allumez-la, mettez-la dans les bouteilles, l'une après l'autre; lorsque vous apercevez que la bouteille est remplie de la vapeur, ôtez-en la mèche et bouchez-la, comme les autres; au bout d'un instant, videz-y votre verjus, et bouchez bien vos bouteilles que vous mettrez debout dans la cave; et, quand vous voudrez vous en servir, supprimez la pellicule qui doit s'être formée dans le goulot : vous pourrez employer ce verjus en place de citron; vous pourrez vous en servir aussi pour les liqueurs fraîches et le punch, en y ajoutant un peu d'esprit de citron ou du zeste de citron. Ce verjus est bon à obvier aux inconvénients de chutes : il suffit, à cet effet, d'en prendre un verre lorsque l'accident vient d'arriver. (F.)

LA DURCELLE.

Ayez des champignons, hachez et lavez, pressez-les dans le coin d'une serviette; persil, échalottes; lavez et pressez de même, et truffes dans la saison, le tout par quart; mettez-les dans une casserole avec un quarteron de beurre, autant de lard râpé; passez ces fines herbes sur le feu, avec une demi-bouteille de vin blanc; assaisonnez de sel, poivre, épices, muscade, une feuille de laurier et un peu d'ail; laissez-les réduire à glace, ayant soin de les remuer; ajoutez-y quatre cuillerées d'allemande réduite, déposez-la dans une terrine, et servez-vous-en pour tout ce que vous voudrez mettre en papillote. (F.)

SALPICONS.

Les salpicons sont composés de toutes sortes de viandes et de légumes, comme truffes, champignons et culs d'artichauts; vous mettez de tous une égale proportion; il faut, pour les bien faire, que les viandes que vous employez soient cuites à part, ainsi que les légumes, afin que ces ingrédients se trouvent d'une égale cuisson, selon leur qualité. (F.)

SALPICON ORDINAIRE.

Il se compose de gorge de ris de veau, de foies gras ou demi-gras, de jambon ou langue à l'écarlate, de champignons et de truffes; coupez tout cela en petits dés et d'égale grosseur; au moment de servir, ayez de l'espagnole bien réduite, la quantité qu'il vous faut pour vos chairs; jetez-les dedans, mettez-les sur le feu, remuez-les sans les laisser bouillir, et servez : on fait de même ce salpicon avec des quenelles ou du godiveau, des blancs de volailles cuites à la broche, du gibier, des crêtes et des rognons de coqs, et des culs d'artichauts; cela dépend de ce que l'on a et de la saison où l'on se trouve. (F.)

SAUCE A LA DIABLE.

Hachez six grosses échalottes bien fin, lavez-les et pressez-les dans le coin d'une serviette, mettez-les dans une casserole avec un bon verre de vinaigre, une gousse d'ail, une feuille de laurier et des morceaux de glace de veau; faites réduire le tout ensemble jusqu'à concurrence de demi-glace; mouillez avec un peu de bon jus, finissez avec un beurre de piment et une cuillerée d'huile d'olive : servez-vous-en aux choses indiquées. (F.)

SAUCE AU FENOUIL.

Ayez quelques branches de fenouil vert, épluchez-les comme du persil, hachez-les très-fin, faites-les blanchir, rafraîchissez-les, jetez-les sur un tamis, mettez dans une casserole deux cuillerées de velouté, autant de sauces au beurre; faites-les chauffer; ayez soin de les vanner à l'instant de servir; maniez votre fenouil avec un morceau de beurre, jetez-le dans votre sauce, mêlez-le bien, mettez-y le sel convenable et gros poivre, et peu de muscade. (F.)

SAUCE A L'ANGLAISE AUX GROSEILLES A MAQUEREAUX.

Prenez vos deux mains pleines de groseilles à maquereaux à moitié mûres, ouvrez-les en deux, ôtez-en les pepins, faites-les blanchir dans de l'eau avec un peu de sel, comme vous feriez blanchir des haricots verts; égouttez-les, jetez-les dans une sauce comme celle indiquée ci-dessus, avec fenouil ou sans fenouil : cette sauce sert à manger, en place de celle de maître-d'hôtel, des maquereaux bouillis. (F.)

CASSEROLE AU RIZ.

Prenez deux livres de riz (plus ou moins, selon la grandeur du plat que vous voulez servir); épluchez-le, lavez-le, faites-le blanchir, mettez-le dans une casserole, mouillez-le avec du derrière de la marmite; observez qu'on doit peu le mouiller, et qu'on doit le faire aller très-doucement; faites en sorte qu'il soit bien nourri, c'est-à-dire qu'il soit bien gras; salez-le convenablement; sa cuisson achevée, faites un bouchon de mie de pain de la grandeur du fond de votre plat; dressez autour de votre riz comme vous feriez pour un pâté; soudez bien votre riz sur le plat, couvrez votre pain aussi; donnez à tout une forme agréable avec un morceau de carotte; formez votre couvercle pour pouvoir l'enlever facilement; faites-lui prendre couleur dans un four très-chaud; lorsque vous serez près de servir, levez votre couvercle avec soin, mettez-le sur un couvercle de casserole, videz votre casserole au riz, remplissez-la d'un ragoût tel que vous jugerez à propos, remettez son couvercle et servez.

Nota. — Avant de dresser votre casserole au riz, votre riz étant cuit de manière à ce que les grains se tiennent ensemble, retirez votre riz du feu, mouillez-le d'un verre d'eau, remettez-le à grand feu, maniez-le de sorte qu'il prenne du corps jusqu'à ce que la graisse ressorte; dégraissez-le, maniez-le jusqu'à ce qu'il soit à moitié froid, et dressez-le comme il est indiqué ci-dessus: quand votre casserole au riz est prête à servir, vous pouvez mettre un cordon d'œufs mollets sur le bord, avec un filet mignon de volaille, décoré de truffes, à cheval entre chaque œuf, et servez. (F.)

BORDS DE PLATS.

Prenez du pain de pâte ferme rassis, levez-en la mie par tranches de l'épaisseur d'une lame de couteau; formez de cette mie de petits losanges, des X, des croissants, enfin toutes les formes que vous voudrez; cela fait, mettez chauffer de l'huile dans une casserole, et passez-y ces croûtons; faites-en de roux et de blancs, en leur faisant plus ou moins subir l'action du feu; quand ces croûtons seront bien secs, égouttez-les, faites des caisses de papier blanc, et mettez-les séparément, selon leur forme et leur couleur; lorsque vous voudrez vous en servir pour des bords de plats, percez un œuf par la pointe, faites-en tomber une partie du blanc sur un couvercle, battez ce blanc avec la lame de votre couteau; incorporez-y une petite pincée de farine, faites chauffer légèrement votre plat, trempez dans l'œuf un des côtés de vos croûtons, et posez-les sur le bord de ce plat, ainsi de suite, jusqu'à ce que votre bord soit formé; gardez-vous de faire chauffer votre plat plus qu'il ne faut, de crainte que votre bord ne puisse tenir. (F.)

CAISSE DE PAIN, OU CROUSTADE.

Prenez un pain de pâte ferme, retirez-en la croûte, coupez-en en rond de la hauteur de quatre doigts et de la grandeur de votre plat; parez-le bien rond, cannelez le tour de votre pain bien également du côté qui est disposé pour former le couvercle, faites-y une incision à un demi-pouce du bord, faites prendre une belle couleur à votre caisse dans du beurre clarifié; étant d'une belle couleur et bien sèche, égouttez-la, videz-la : servez-vous-en pour des légumes ou toute autre chose que vous voudrez. Procédez de même pour toutes les petites croustades en caisse, croûtons et cœurs en losanges, et pour servir autour des légumes. (F.)

RAGOUT DE MORILLES.

La morille est une sorte de champignon, et s'accommode de même; prenez des morilles, proportionnellement au ragoût que vous voulez faire; épluchez-en les queues pour en ôter la terre, fendez les grosses en deux ou trois, lavez-les, mettez-les dans un vase avec de l'eau tiède, pour qu'elles dégorgent, et que le sable qu'elles sont sujettes à contenir tombe au fond du vase; retirez-les de cette eau; faites-les blanchir, égouttez-les, mettez-les dans une casserole avec un morceau de beurre et un jus de citron, passez-les, mouillez-les avec de la sauce rousse ou blanche, comme il est énoncé pour les ragoûts de champignons, et finissez de même. (F.

RAGOUT DE MOUSSERONS.

Le mousseron est encore de la famille des champignons, et vient sous la mousse; il s'accommode comme les morilles, soit qu'il soit sec ou frais; il faut le faire dégorger dans l'eau, pour en extraire le sable, et le faire blanchir de même que la morille. (F.)

TRUFFES A LA PIÉMONTAISE.

Émincez des truffes le plus mince possible; mettez de l'huile sur un plat d'argent; mettez un lit de truffes, sel et gros poivre, et fromage parmesan râpé, ainsi de suite; mettez votre plat sur de la cendre chaude, et un four de campagne dessus, un quart d'heure suffit pour leur cuisson, et servez. (F.)

CHAIR A PATÉ A LA CIBOULETTE.

Prenez un quarteron de rouelle de veau, autant de filet de bœuf, et une livre de graisse de rognons de bœuf bien sec; hachez le veau et le bœuf ensemble le plus menu possible (servez-vous pour cela de couteau à hacher); hachez de même votre graisse de bœuf, mêlez le tout ensemble, et continuez de la hacher; assaisonnez-le de sel, poivre et épices; quand le tout sera bien mêlé, mettez-y deux œufs entiers, l'un après l'autre, et continuez de hacher; lorsque vos œufs seront bien mêlés, mouillez votre chair avec une goutte d'eau fraîche ou un peu de glace, et continuez de la mouiller peu à peu, jusqu'à ce qu'elle soit à la consistance d'une farce; ayez toujours soin de la relever avec le couteau, afin que la graisse se mêle parfaitement; finissez-la avec du persil et de la ciboule hachés très-fin; mêlez bien le tout, relevez-la et mettez-la dans un vase, pour vous en servir soit pour petits pâtés ou pâtés à la ciboulette (F.)

GRATIN.

Prenez une demi-livre de rouelle de veau; coupez-la en petits dés, mettez-la dans une casserole avec un morceau de beurre, un peu de fines herbes hachées, telles que champignons, persil, échalottes; mettez-y un peu de sel, poivre et épices; passez le tout en remuant avec une cuillère de bois; faites cuire cette chair environ un quart d'heure, égouttez-en le beurre, hachez-la le plus fin possible, mettez-la dans le mortier; prenez quinze foies de volailles ou de gibier, desquels vous aurez ôté l'amer et la partie du foie où il porte; faites-les dégorger et blanchir à moitié; rafraîchissez-les, égouttez-les, mettez-les dans le mortier avec votre veau; pilez le tout, joignez-y autant de panade qu'il y a de chair (*voyez* l'article Panade); vous aurez fait cuire des tétines de veau dans la marmite, et les aurez laissées refroidir; parez-les en supprimant toutes leurs peaux; mettez par tiers autant de tétine que de chair et de panade (si vous n'avez pas de tétine, employez du beurre); assaisonnez de sel et d'épices votre gratin; mettez-y, en le pilant, trois œufs entiers, l'un après l'autre, et trois jaunes; le tout bien pilé; ramassez-le dans une terrine, et servez-vous-en au besoin.

Remarque. — On peut faire ce gratin en n'employant pour toute chair que des foies crus, et, au lieu de veau, de la volaille ou du gibier. (F.)

DU BOEUF

Le bœuf est plus ou moins bon, selon le pays d'où il vient; les chairs foncées et bien couvertes de graisse sont les meilleures. Comme on se sert habituellement de ce que l'on a, je ne m'étendrai pas en observations pour vous prouver que le bœuf dont vous vous servez est de bonne ou mauvaise qualité; qu'il soit cuit à propos et bien assaisonné. La culotte est, en général, la partie préférée: la pièce d'aloyau, la noix, la sous-noix, la culotte, la côte couverte, la poitrine, voilà les morceaux choisis pour faire des relevés ou pièces de bœuf.

LA CULOTTE.

Pour faire une belle relevée, il faut prendre une culotte de bœuf de vingt-cinq à trente livres; faites attention qu'elle soit un peu plus longue que carrée; ayez soin de la désosser; en la ficelant, donnez-lui une forme ronde au-dessus, c'est-à-dire qu'il faut que votre pièce, posée sur votre plat, ait une forme bombée dans son carré long. Dans les grandes tables, la pièce de bœuf se sert avec du persil alentour; pour les petits ordinaires, on y met quelquefois de petits pâtés, quelquefois des choucroûtes, ou bien du lard des racines, des choux, des oignons glacés, etc.

GARNITURE DE LA PIÈCE DE BŒUF.

Ayez deux choux que vous ferez blanchir et cuire comme il est expliqué pour le potage; vous tournerez huit ou dix grosses carottes que vous ferez blanchir, et que vous mettrez dans une casserole, où vous verserez cinq à six cuillerées à dégraisser de sauce brune; vous y mettrez autant de consommé, et vous ferez cuire vos carottes à petit feu; vous tournerez de même des navets, vous les ferez blanchir, et les laisserez cuire avec vos carottes : on pourrait aussi mettre ces légumes dans une cuisson, ou les faire cuire avec les choux. Vous ferez blanchir votre petit lard, et vous le mettrez cuire avec vos choux : si vous voulez y mettre des oignons glacés (*voyez* Oignons glacés), vous vous servirez, pour saucer votre pièce de bœuf, de la sauce dans laquelle vos légumes ont cuit : vous pouvez verser votre sauce dessus si elle n'est pas glacée.

DE LA PIÈCE D'ALOYAU.

Vous prenez la pièce d'aloyau tout entière; vous ôtez le filet mignon, duquel vous faites une entrée; désossez votre pièce, vous la ficelez; tâchez qu'elle ait une belle forme. Vous pouvez mettre la pièce de bœuf la veille, pour pouvoir vous servir du bouillon pour les sauces ou bien à un autre usage. Le lendemain, vous parez votre pièce, vous la mettez dans un linge blanc de lessive, vous y semez un peu de sel, du gros poivre; ficelez votre linge; ensuite vous mettez votre bœuf dans une braisière, avec un peu de bouillon et de dégraissis de marmite : vous faites chauffer votre pièce. Au moment de servir, vous la développez, vous glissez un couvercle dessous, et le posez sur votre plat. Cette pièce peut se garnir.

LA SOUS-NOIX.

Cette pièce est propre à faire de bon bouillon; mais elle n'est guère recherchée pour le service, parce qu'elle est sèche.

NOIX DE BOEUF.

Vous faites lever la noix dans toute sa grandeur; tâchez qu'elle soit bien couverte. Comme la viande en est sèche, vous prendrez de la graisse de rognon, et vous piquerez l'intérieur de votre noix avec de gros lardons de graisse; vous la ficellerez, et la servirez avec des oignons glacés ou autres garnitures. On peut servir cette pièce de bœuf en surprise. Vous la faites cuire la veille. Le lendemain vous la parez à froid; vous faites un creux dans votre noix, pour qu'il puisse contenir un ragoût; vous prendrez la viande que vous aurez ôtée de votre noix; vous conservez le dessus de votre viande de noix pour masquer votre ragoût; vous couperez en gros dés la viande que vous aurez prise dans votre noix; vous la mettrez dans une sauce espagnole que vous aurez bien fait réduire; vous ferez réchauffer votre noix de même que la pièce d'aloyau. Au moment de servir, vous y mettrez votre ragoût, et vous le couvrirez du dessus de votre viande; vous glacerez votre noix, et vous mettrez une sauce réduite dessous.

LE PALERON.

On se sert peu de cette pièce; elle n'est pas couverte, et elle conserve mal son entier, à cause de ses os et de ses nerfs.

POITRINE DE BOEUF.

Vous coupez une poitrine de la grandeur que vous jugez à propos; vous la désossez presque jusqu'aux tendons; vous donnez une forme de carré long à votre pièce, vous la ficelez et la rendez bien potelée; vous la faites cuire et la servez avec du persil ou avec des légumes : on peut aussi la mettre à la Sainte-Menehould. Vous la feriez un peu moins cuire que si vous la serviez au naturel, et vous auriez soin de la faire cuire la veille, pour pouvoir mieux la parer et la paner; vous l'assaisonnerez de sel fin et de gros poivre; vous la tremperez dans du beurre; ou avec un doroir, vous la beurrerez : il faut que votre beurre ne soit pas trop chaud. Après vous y ferez tenir votre mie de pain le plus que vous pourrez par-dessus, avec votre pinceau que vous tremperez dans le beurre, et vous le laissez égoutter dessus votre pièce de bœuf; vous y sèmerez de la mie de pain, afin que cela fasse croûte. Avant de servir, vous laisserez votre pièce de bœuf prendre couleur au four, et vous la ferez chauffer assez. Vous mettrez dessous votre pièce une espagnole travaillée et claire, un peu de gros poivre seulement.

DES CÔTES COUVERTES.

Vous ne désossez pas cette pièce tout-à-fait; il faut en abattre le chapelet, qui est composé des os anguleux des côtes; il faut aussi couper un peu des côtes : après en avoir désossé une partie, vous roulez votre pièce de bœuf; vous lui faites prendre une belle forme; vous la ficelez et la faites cuire : servez à l'entour ce que vous voulez en légumes.

BŒUF A LA MODE A LA BOURGEOISE.

Ayez le morceau de bœuf que vous pourrez, le meilleur du côté de la cuisse; vous le piquerez de gros lard, vous le mettrez dans une casserole ou terrine, avec deux carottes, quatre oignons, dont un piqué de deux clous de girofle, un bouquet de persil et de ciboule, un pied de veau, deux feuilles de laurier, une branche de thym, du sel, du poivre, quatre verres d'eau; vous laisserez bouillir le tout trois ou quatre heures, selon la grosseur de la viande; vous le servirez sur le plat, et les légumes à l'entour : voyez qu'il soit d'un bon sel.

BŒUF BOUILLI A LA POÊLE A LA BOURGEOISE.

Coupez cinq ou six oignons en tranches; mettez dans votre poêle un morceau de beurre, faites-le chauffer, mettez les oignons par-dessus, faites-les roussir; lorsqu'ils le seront assez, mettez une pincée de farine, du sel, du poivre, un filet de vinaigre, un demi-verre de bouillon ou d'eau; remuez la sauce dans la poêle, mettez-y votre bouilli coupé en tranches; sautez-le dans la poêle jusqu'à ce qu'il soit chaud : voyez s'il est d'un bon sel.

BŒUF BOUILLI FRIT A LA BOURGEOISE.

Mettez dans une casserole un morceau de beurre, des fines herbes; passez-les légèrement; mettez-y une cuillerée à bouche de farine, les trois quarts d'un verre de bouillon ou d'eau, du sel, du poivre, un peu de muscade; faites bouillir votre sauce; qu'elle soit un peu épaisse; vous la verserez sur le bouilli que vous avez haché, en y joignant un peu de graisse de bœuf cuite; vous remuerez bien votre hachis; il faut qu'il ait beaucoup de consistance; s'il était trop liquide, vous y mettriez du pain émietté, ce qu'on appelle de la mie de pain; vous ferez des boulettes de votre hachis, vous les tremperez dans la farine à plusieurs fois, et vous les ferez frire, soit au sain-doux, soit à l'huile, au beurre fondu, ou à la graisse.

BŒUF BOUILLI A LA BOURGEOISE.

Quand il reste du bouilli, il faut le couper en tranches, l'arranger sur le plat, semer par-dessus du sel, du poivre, du persil, de la ciboule hachés, un verre de bouillon ou d'eau, un peu de chapelure de pain; faites-le mijoter un quart d'heure.

MIROTON DE BŒUF BOUILLI A LA BOURGEOISE.

Épluchez sept ou huit gros oignons, coupez-les en tranches, mettez un morceau de beurre ou de graisse de pot dans une casserole, vos oignons par-dessus; mettez-la sur un feu un peu ardent, tournez bien votre oignon; quand il sera roux, mettez-y une cuillerée à bouche de farine, que vous remuerez avec l'oignon; mettez-y un verre de bouillon ou d'eau; remuez jusqu'à ce que cela bouille; mettez du sel, du poivre, un filet de vinaigre, si vous voulez : quand votre sauce aura bouilli un quart d'heure, vous la verserez sur le plat où vous aurez arrangé les tranches de votre bouilli; vous mettrez le plat sur le feu, afin que cela mijote pendant une demi-heure.

BŒUF BOUILLI EN MATELOTE A LA BOURGEOISE.

Épluchez des petits oignons que vous mettrez dans une poêle avec un peu de beurre; faites-les roussir sur un feu qui ne soit pas trop ardent; quand ils le seront, mettez une cuillerée à bouche de farine; sautez-la avec vos oignons; mettez un verre de vin rouge, un demi-verre de bouillon, quelques champignons (si vous en avez), du sel, du poivre, une feuille de laurier, un peu de thym; achevez de cuire votre ragoût; quand il le sera, vous le verserez sur les tranches de bouilli que vous aurez mises sur le plat; faites-le mijoter une demi-heure, pour que le bouilli se pénètre de la sauce.

BŒUF BOUILLI A LA POULETTE, A LA BOURGEOISE.

Mettez un morceau de beurre dans une casserole, du persil et de la ciboule hachés; faites-les revenir sur le feu; mettez-y une cuillerée à bouche de farine, remuez le tout ensemble; versez un verre de bouillon ou d'eau dessus les fines herbes, tournez bien jusqu'à ce que cela bouille; mettez du sel, du poivre et un peu de muscade; quand votre sauce aura bouilli cinq ou six minutes, vous y mettrez votre bouilli, que vous aurez coupé en petites tranches, sautez-le dans votre sauce : au moment de vous mettre à table vous y mettrez une liaison de trois jaunes d'œufs.

PALAIS DE BŒUF.

Vous faites bien dégorger vos palais, puis vous les faites blanchir jusqu'à ce que vous puissiez enlever une seconde peau qui tient au palais : quand vous voyez que vous pouvez l'ôter en ratissant avec le couteau, vous les mettez à l'eau froide; alors vous grattez vos palais jusqu'à ce qu'ils soient bien nets : lorsqu'ils sont propres, vous les parez, c'est-à-dire en extrayez les chairs noires, et gardez vos palais avec la chair qui est bonne à servir : quand ils seront en cet état, vous les mettrez dans un blanc (*voyez* Blanc); vous les laisserez cuire quatre ou cinq heures, plus ou moins, selon la dureté des palais; vous verrez s'ils sont cuits, en les tâtant avec les doigts; vous les pressez : si vous voyez que la chair obéisse, vous les retirez du feu pour les mettre dans un vase, et vous en servir au besoin.

PALAIS A LA BÉCHAMEL.

Ayez des palais de bœuf cuits dans un blanc, et coupés en petits carrés, c'est-à-dire de la grandeur d'un petit écu; ayez une sauce béchamel (*voyez* Béchamel); vous les faites sauter dans votre sauce; tâchez qu'elle ne soit ni trop claire, ni trop liée; un peu de gros poivre : servez-la bien chaude.

PALAIS A L'ALLEMANDE.

Quand vos palais sont cuits dans un blanc, vous les égouttez, et les coupez comme pour la béchamel. Ayez du velouté bien réduit (*voyez* Velouté); vous le liez avec deux jaunes d'œufs; votre sauce liée, vous la passez à l'étamine, et la mettez sur vos palais qui sont dans une casserole, et un peu de persil haché bien fin, que vous avez fait blanchir; sautez vos palais dans votre sauce, et servez-les bien chauds.

PALAIS DE BŒUF AU BEURRE D'ANCHOIS.

Vos palais cuits, vous les égouttez et les coupez en morceaux ronds pas trop grands; vous faites réduire une espagnole; quand votre sauce est à son point, vous la passez à l'étamine : que votre sauce soit bouillante. Au moment de la servir, vous y mettrez gros comme la moitié d'un œuf de beurre d'anchois (*voyez* Beurre d'anchois); vous aurez soin de le remuer dans votre sauce, vous y mettrez vos palais, et vous les ferez sauter; vous ne poserez pas votre ragoût sur le feu, afin que votre sauce ne bouille pas; cependant servez bien chaud.

PALAIS DE BŒUF A LA LYONNAISE.

Quand vos palais de bœuf sont cuits, vous les coupez en morceaux ronds ou carrés; vous les mettez dans une purée brune d'oignons (*voyez* Purée d'Oignons); il faut que votre ragoût ne bouille pas, mais qu'il soit bien chaud.

CROQUETTES DE PALAIS DE BŒUF.

Vos palais cuits dans un blanc, vous les égouttez et les coupez en petits dés : ayez un velouté bien plus réduit que pour une sauce (*voyez* Velouté), que vous liez avec deux ou trois jaunes d'œufs; vous mettez un petit morceau de beurre pour y donner du moelleux; vous jetez vos palais coupés en petits dés dans votre sauce, vous remuez le tout ensemble : tâchez qu'il n'y ait pas trop de sauce; vous en prenez avec une cuillère, et vous faites trente petits tas sur un plafond; vous les laissez refroidir, pour que ce soit plus maniable; puis avec vos mains vous faites prendre à ces petits tas la forme que vous voulez, soit en poires, soit en ronds ou ovales, etc. Vous les mettez d'abord dans la mie de pain; après vous les passez à l'œuf, c'est-à-dire après la première panerie, vous les mettez dans des œufs battus et assaisonnés d'un peu de sel et de gros poivre. Quand vos croquettes sont trempées, vous les mettez dans la mie de pain. Au moment de servir, vous les faites frire : il faut que votre friture soit bien chaude, vous mettez dessus du persil frit.

ATTÉREAUX DE PALAIS DE BŒUF.

Quand vos palais de bœuf sont cuits dans un blanc, vous les coupez en carrés portant dix lignes en tout sens; vous les mettez dans une sauce à atelet (*voyez* Sauce à Atelet); vous les sautez dedans, et les laissez refroidir; ayez une tétine de veau que vous aurez fait cuire dans la marmite, et qui sera froide; vous en couperez de même des petits carrés bien minces de la grandeur de vos palais; vous mettrez un morceau de palais, un de tétine, ainsi de suite, que vous embrocherez de manière que votre atelet soit bien régulier; en cas qu'il ne le soit pas, vous remplirez les vides avec de la même sauce : vous mettrez vos atelets d'abord dans la mie de pain, puis vous la panerez à l'anglaise (*voyez* Anglaise pour paner); vous aurez bien soin que vos atelets aient leurs quatre carrés, et qu'ils soient bien unis : mettez-les sur le gril avec un feu doux; vous pouvez ne faire griller que trois côtés, et colorer le quatrième avec le four de campagne ou la pelle à glacer : on sert les atelets avec un jus clair, une espagnole claire, une italienne, ou bien sans sauce.

PALAIS AU GRATIN.

Vos palais cuits dans un blanc, vous les coupez en bandes longues, de quinze lignes de large. Ayez une farce cuite (*voyez* Farce cuite), que vous étendrez sur le dessous de vos palais, c'est-à-dire du côté où il n'y a pas de saillant; vous y mettrez une bande de tétine bien cuite et bien mince, un peu de farce par-dessus : vous roulez votre bande, que vous mettez autour de l'intérieur du plat où vous avez mis de la farce. Dans le fond, vous en formez un cordon qui fait le turban; votre plat garni, vous couvrez vos palais de lard, de manière que la chaleur du four ou four de campagne ne rôtisse pas vos palais; quand ils ont été un quart d'heure ou environ une demi-heure au four, il faut en extraire la graisse; vous verserez une italienne dans le milieu; on peut aussi mettre entre chaque morceau de palais de bœuf une partie d'une langue à l'écarlate, qui formerait une crête : on nommerait ces palais à la Saint-Garat.

PAUPIETTES DE PALAIS DE BŒUF.

Vous préparez vos palais comme les précédents; vous couperez vos bandes plus larges, afin que votre rouleau soit un peu long, à peu près comme une croquette; vous mettrez de la sauce à atelet à l'entour, c'est-à-dire pour barbouiller votre paupiette; vous la panerez à l'œuf, et vous la ferez frire comme des croquettes; vous y mettrez du persil à l'entour et dessus, point de sauce dessous.

CERVELLES DE BŒUF AU BEURRE NOIR.

Épluchez vos cervelles, c'est-à-dire ôtez le sang caillé, la petite peau et les fibres qui renferment la cervelle; vous les mettrez dégorger dans de l'eau tiède pendant deux heures; après, vous les ferez cuire entre des bardes de lard, deux feuilles de laurier, des tranches d'oignons, des carottes, un bouquet de persil et ciboules, un verre de vin blanc et du bouillon; après qu'elles ont mijoté une demi-heure au feu, égouttez-les, mettez du beurre noir dessous (*voyez* Beurre noir), et du persil frit dans le milieu.

A LA BOURGEOISE.

On peut aussi faire cuire ces cervelles avec des carottes, oignons, thym, laurier, persil, ciboule, un filet de vinaigre, du sel et de l'eau.

CERVELLES DE BŒUF EN MATELOTE.

Vous marquerez vos cervelles comme les précédentes; en place d'eau et de vinaigre, vous les mouillerez avec du vin rouge ou blanc; quand elles seront cuites, vous passerez au tamis de soie le mouillement dans lequel elles auront cuit; vous passerez de petits oignons bien épluchés, que vous sauterez dans le beurre jusqu'à ce qu'ils soient blonds; vous les poudrerez avec environ une cuillerée de farine, vous les mouillerez avec le vin dans lequel vos cervelles ont cuit, vous y mettrez quelques champignons; quand votre ragoût sera cuit, vous égoutterez vos cervelles, et vous les dresserez sur votre plat; vous verserez votre ragoût dessus : tâchez qu'il soit d'un bon sel.

CERVELLES A LA SAUCE PIQUANTE.

Vous ferez cuire vos cervelles comme celles au beurre noir; vous les égoutterez, et les mettrez sur le plat; vous les arroserez d'une sauce piquante. (*Voyez* Sauce piquante.)

CERVELLES DE BŒUF EN MARINADE.

Après avoir préparé vos cervelles, c'est-à-dire les avoir épluchées, blanchies, vous les ferez cuire dans une marinade (*voyez* Marinade); vous ferez une pâte à frire (*voyez* Pâte à frire), et vous mettrez vos cervelles dedans. Au moment de servir, vous les ferez frire; tâchez que votre friture ne soit pas trop chaude. Vous mettrez du persil frit. Lorsque vos cervelles seront cuites, vous les couperez en morceaux, vous les assaisonnerez de sel, de poivre, et vous y mettrez assez de vinaigre pour qu'elles baignent dedans; vous les égoutterez; vous les mettrez dans votre pâte, et les ferez frire.

LANGUE DE BŒUF AUX CORNICHONS.

Ayez une langue de bœuf, que vous ferez dégorger, puis vous la ferez blanchir pendant une demi-heure; vous la mettrez rafraîchir: après qu'elle sera froide, vous la parerez; vous aurez de gros lardons, que vous assaisonnerez avec du sel, du gros poivre, quatre épices, du persil et des ciboules blanches hachés bien fin; vous piquez votre langue avec les lardons assaisonnés; vous la faites cuire dans une casserole dans laquelle vous mettez quelques bardes de lard, quelques tranches de veau et de bœuf, des carottes, des oignons, du thym, du laurier, trois clous de girofle; vous mouillez votre cuisson avec du bouillon, laissez réduire votre langue à petit feu pendant quatre ou cinq heures (plus ou moins, selon que la langue sera dure). Au moment de servir, vous la parerez, et vous ôterez la peau de dessus; vous la couperez dans le milieu de sa longueur, pas assez pour qu'elle se sépare tout-à-fait; que votre langue coupée forme un cœur sur le plat: vous aurez une sauce piquante (*voyez* Sauce piquante) dans laquelle vous mettrez quelques cornichons coupés en liards, ou de ces cornichons coupés, que vous arrangerez en miroton sur les bords de la langue, ou autrement. Vous versez votre sauce dessus la langue et vous la servez.

A LA BOURGEOISE.

Autrement, après avoir préparé votre langue comme il est dit ci-dessus, vous y mettrez du lard pour la faire cuire, des carottes, des oignons, thym, laurier, trois clous de girofle, et vous mouillerez avec de l'eau; vous assaisonnerez votre cuisson de sel, mais pas trop, pour que vous puissiez vous servir du mouillement dans lequel aura cuit votre langue. Pour faire la sauce, vous ferez un petit roux brun que vous mouillerez avec le jus dans lequel a cuit votre langue; vous y mettrez un filet de vinaigre, du gros poivre: vous ferez votre sauce un peu longue, pour la faire réduire, afin qu'elle prenne un bon goût. Au moment de servir, vous mettrez votre langue sur le plat, et vous la masquerez de votre sauce, dans laquelle vous avez mis des cornichons: tâchez que votre sauce soit d'un bon sel et de bon goût.

LANGUE DE BŒUF, SAUCE HACHÉE.

Vous faites cuire la langue comme la première, vous la préparez de même; vous la masquez d'une sauce hachée (*voyez* Sauce hachée). Si vous n'en aviez pas, vous feriez un petit roux dans lequel vous mettriez vos ciboules ou échalottes; hachez votre persil; après, vous humecterez votre roux avec le mouillement dans lequel a cuit votre langue, et un filet de vinaigre, un peu de gros poivre; que votre sauce soit un peu longue, pour pouvoir la faire réduire; vous y mettrez des câpres hachées; lorsqu'elle sera prête à être versée sur votre langue, vous y mettrez deux ou trois cornichons coupés en petit, gros comme le quart d'un œuf de beurre d'anchois (*voyez* Beurre d'Anchois), que vous ferez fondre dans votre sauce; vous masquerez votre langue avec cette sauce: tâchez qu'elle soit d'un bon sel.

LANGUE DE BOEUF AUX ÉPINARDS.

Faites cuire la langue comme celle dite aux cornichons; vous la coupez en tranches, de manière que vous puissiez la dresser en miroton, et la glacez; quand vous aurez de la langue coupée, faites un cordon autour du plat. Vous aurez des épinards que vous aurez passés en beurre, et mouillés avec de l'espagnole ou du consommé; vous les verserez dans le milieu de votre plat.

Ou bien vous arrangerez votre morceau de langue sur vos épinards. On peut aussi y mettre la langue entière: on aura soin de la glacer. Faute de sauce, vous passeriez vos épinards dans le beurre, vous y mettriez un peu de gros poivre; quand ils seront bien revenus, vous y jetterez une bonne pincée de farine que vous mêlez avec vos épinards, puis vous les mouillez avec le jus de votre langue, que vous passez au tamis de soie, et que vous avez bien soin de dégraisser; il faut mouiller vos épinards de manière qu'ils soient un peu liquides, pour que vous puissiez les faire réduire, qu'ils deviennent un peu épais, et prennent du goût. N'y mettez point de sel, parce que le mouillement est assaisonné.

LANGUE DE BŒUF EN MATELOTE.

Vous préparez la langue comme celle dite aux cornichons, excepté que vous ne la piquerez pas; vous la faites cuire dans le même assaisonnement; vous y mettez une bouteille de vin blanc: quand votre langue est cuite, vous passez le mouillement dans lequel elle était dans un tamis de soie. Vous avez de petits oignons que vous sautez dans le beurre jusqu'à ce qu'ils soient roux; vous les poudrez d'une cuillerée de farine, et les mouillez avec le jus de votre cuisson, que vous avez dégraissé; vous y mettez un peu de gros poivre et des champignons: quand vos oignons sont cuits, il faut les ôter: si votre sauce est trop claire pour pouvoir la réduire, vous couperez votre langue en morceaux; votre sauce réduite, vous la mettrez dessus avec vos oignons, vos champignons, et vous ferez mijoter un quart d'heure votre ragoût; vous aurez soin de le dégraisser, et qu'il soit d'un bon sel.

LANGUE DE BŒUF AUX CHAMPIGNONS

Vous préparez la langue comme celle aux cornichons; vous tournez des champignons; vous les faites sauter dans du beurre et un jus de citron; vous y mettez quatre cuillerées à dégraisser d'espagnole, trois ou quatre cuillerées de consommé; vous ferez réduire la sauce dans laquelle sont vos champignons; vous coupez votre langue en deux, vous la posez sur votre plat, et vous versez votre ragoût de champignons dessus.

A LA BOURGEOISE.

Autrement, vous mouillez vos champignons avec le mouillement dans lequel a cuit votre langue; vous le passez au tamis de soie; ayez soin de le dégraisser. En cas que votre sauce soit claire, vous la faites réduire; si elle était trop salée, vous y mettriez un jus de citron au moment de servir.

Vous préparez la langue comme celle aux cornichons; vous la coupez en tranches pour la dresser en miroton: vous mettez dans le milieu de votre cordon de langue une purée de champignons (*voyez* Purée de Champignons) : vous aurez soin de glacer votre langue, soit entière ou en morceaux.

LANGUE DE BŒUF EN HOCHEPOT.

Vous préparerez la langue, et vous la ferez cuire comme celle aux cornichons ; vous la couperez en tranches, et la dresserez en miroton autour du plat ; vous aurez des carottes tournées en petits bâtons, que vous ferez blanchir ; vous les rafraîchirez et les égoutterez ; vous les mettrez dans une casserole ; vous y jetterez trois cuillerées à dégraisser d'espagnole et cinq de consommé, un petit morceau de sucre ; vous les ferez cuire : au moment de servir, vous dresserez votre langue et la glacerez, et vous mettrez vos petites racines dans le milieu ; vous ferez autour de votre plat un cordon de petits oignons glacés. (*Voyez* Oignons glacés.)

A LA BOURGEOISE.

Autrement, si vous n'avez ni sauce ni consommé, après avoir blanchi vos petites racines, vous les sautez dans une casserole avec un petit morceau de beurre, vous les poudrez avec une demi-cuillerée à bouche de farine ; vous passez au tamis de soie le mouillement de votre langue, avec lequel vous mouillez vos petites racines ; il faut que votre sauce soit longue, pour pouvoir la réduire. En faisant cuire vos petites racines, ayez soin de les bien dégraisser : vous y mettrez un peu de gros poivre.

LANGUE A L'ECARLATE.

Ayez une langue de bœuf, pilez deux onces de salpêtre ; vous la frotterez bien partout avec votre salpêtre pilé : vous la mettrez dans une terrine avec du thym, du laurier, du basilic, du poivre en grains ; vous mettrez deux fortes poignées de sel dans l'eau bouillante : quand votre sel sera fondu, et que votre eau sera froide, vous la verserez sur votre langue, et vous la laisserez dans la saumure cinq ou six jours au plus. Si vous avez le temps, avant de la faire cuire, vous la mettrez dégorger deux heures, vous la ferez blanchir, vous la poserez dans une braisière, avec un quart de la saumure, du thym, du laurier, du basilic, du poivre en grains, deux carottes, deux oignons, trois clous de girofle, deux pintes d'eau, du sel ; vous la ferez mijoter pendant deux heures, et la retirerez du feu : laissez-la refroidir dans son assaisonnement.

LANGUE DE BŒUF EN CARTOUCHES.

Vous préparerez votre langue comme celle aux cornichons : quand elle est cuite et froide, vous la coupez en petits carrés longs de quatre pouces, sur huit ou dix lignes de carré ; vous arrangerez vos morceaux sur un plat, et vous verserez dessus une sauce à papillotes (*voyez* Sauce à Papillotes). Quand elle est refroidie, vous prenez un morceau de langue, vous l'entourez de sauce, et le couvrez d'une barde de lard très-mince ; vous avez un carré de papier huilé dans lequel vous enveloppez votre morceau de langue, de manière que cela ait la forme d'une cartouche ; vous la faites griller sur un feu doux : vous la dressez sur le plat, en bûche ou en pile. Il ne faut pas de sauce. Vous aurez bien soin de fermer votre papier hermétiquement, afin que la sauce ne s'en aille pas.

LANGUE DE BŒUF EN PAPILLOTES.

Quand la langue est cuite comme les précédentes, vous la coupez en morceaux en forme de côtelettes; vous arrangez vos morceaux sur un plat, et vous versez dessus une sauce à papillotes (*voy.* Sauce à Papillotes). Quand votre sauce est froide, vous en arrosez les morceaux de langue; vous y mettez une barde de lard bien mince dessus et dessous; vous avez un carré double de papier huilé; vous enveloppez votre morceau de langue dans votre papier, et vous le plissez tout autour des bords, le plus serré possible, afin que votre sauce ne s'en aille pas étant sur le gril. Il faut un feu doux pour griller ces papillotes: vous les dressez autour du plat, et mettez un jus clair dessous.

LANGUE DE BŒUF EN ATELET.

Quand la langue est cuite comme celle aux cornichons, vous la laissez refroidir, puis vous la coupez en petits carrés minces; vous mettez vos morceaux sur un plat; vous faites réduire de la sauce italienne (*voy.* Sauce italienne). Quand elle est bien réduite, vous y mettez une liaison courte de deux ou trois jaunes d'œufs; vous avez bien soin de remuer votre sauce, afin qu'elle ne tourne pas. Quand votre sauce est liée, vous la versez sur vos petits morceaux de langue, et vous la laissez refroidir; faites en sorte que votre langue soit bien couverte de sauce. Après cela, vous prenez chacun de ces petits morceaux que vous embrochez avec un atelet; ayez bien soin que vos petits morceaux soient barbouillés de sauce, qu'ils soient tous de la même mesure, afin que votre atelet présente un carré long avec ses quatre angles. En cas qu'il y ait quelques vides, vous les remplirez de votre sauce, en unissant bien votre atelet; vous le trempez dans le beurre tiède, vous le mettez dans la mie de pain; après, vous le jetez dans des œufs battus, dans lesquels vous avez mis un peu de beurre, du sel et du gros poivre. Vous le panez, en lui conservant toujours sa forme carrée; puis vous le faites griller de trois côtés; faites prendre couleur au quatrième avec le four de campagne ou la pelle à glace. Faute de sauce italienne, servez-vous de sauce hachée (*voy.* Sauce hachée).

QUEUE DE BŒUF BRAISÉE EN HOCHEPOT.

Vous coupez une queue de bœuf en morceaux, de joint en joint; vous la faites dégorger pendant deux heures. Après, vous la faites blanchir pendant une demi-heure; vous la mettez à l'eau froide; vous l'égouttez, vous la parez; puis vous mettez des bardes de lard dans le fond d'une casserole, quelques morceaux de veau ou de bœuf, la couvrez pareillement avec votre lard, et vous y mettez trois ou quatre carottes, quatre ou cinq oignons, dont un piqué de trois clous de girofle, un peu de thym, deux feuilles de laurier: vous mouillez avec du bouillon, et vous faites bouillir votre queue; vous la mettez ensuite sur un petit feu allant doucement pendant deux ou trois heures, selon que votre queue est dure; quand elle est cuite, vous mettez vos morceaux dans le milieu du plat; vous dressez un cordon de laitues à l'entour (*voy.* Laitue braisée); vous mettez des carottes en petits bâtons (*voy.* Petites Carottes), que vous verserez sur votre queue pour la masquer, et vous glacerez vos laitues.

A LA BOURGEOISE.

Autrement, vous pouvez mettre cuire votre queue dans une casserole avec de l'eau et l'assaisonnement dit ci-dessus, du sel, et les superficies de vos carottes, qui auront été râtissées avant de les tourner; vous pouvez aussi mouiller vos petites racines avec le mouillement dans lequel aura cuit votre queue.

QUEUE DE BŒUF AUX CHOUX.

Vous préparez cette queue comme la précédente; vous mettez à l'entour des choux braisés (*voy.* Choux braisés pour Entrée), et un morceau de lard qui aura cuit avec vos choux et de grosses carottes; entourez votre sauce avec de l'espagnole.

A LA BOURGEOISE.

Autrement, vous pourriez mettre vos choux et votre lard cuire avec votre queue, quelques grosses carottes; donnez un bon sel à vos choux; faites-les blanchir, et ficelez-les avant de les mettre dans votre cuisson, pour pouvoir les retirer entiers; vous verserez sur votre queue une sauce liée, ou bien vous la servirez avec un peu du fond de votre cuisson.

QUEUE DE BŒUF A LA SAINTE-MENEHOULD.

Quand la queue de bœuf sera cuite, comme celle dite hochepot, vous l'assaisonnez d'un peu de sel, de gros poivre; vous la tremperez dans le beurre tiède, et la mettrez dans la mie de pain; vous la panerez deux fois; vous lui ferez prendre couleur au four ou sur le gril.

QUEUE DE BŒUF AUX NAVETS.

Vous ferez cuire la queue de bœuf braisée; vous aurez des navets en petits bâtons (*voy.* Petits Navets), que vous verserez sur votre queue de bœuf, pour qu'elle sente le navet; vous mettrez dans la cuisson la superficie de vos petits bâtons de navets. Si vous n'avez pas de sauce pour vos navets, vous vous servirez du mouillemen de votre cuisson pour cuire vos navets.

QUEUE DE BŒUF A LA SAUCE TOMATE.

Vous ferez braiser votre queue de bœuf; vous la dresserez sur votre plat, et vous la masquerez avec une sauce tomate. (*Voyez* Sauce tomate indienne.)

QUEUE DE BŒUF AUX CHAMPIGNONS.

Quand la queue de bœuf est cuite dans une braise, vous la dressez sur un plat; vous la masquez avec un ragoût de champignons (*voy.* Champignons pour Entrée). Vous pouvez, faute de sauce, sauter vos champignons dans un morceau de beurre gros comme un œuf; quand vous voyez que votre beurre tourne en huile, vous y mettez une cuillerée à bouche de farine; vous la mêlez avec votre beurre et vos champignons; vous les mouillez avec le mouillement dans lequel aura cuit votre queue; tâchez que votre ragoût soit de bon sel; vous y mettrez un peu de gros poivre.

QUEUE DE BŒUF A LA PURÉE DE LENTILLES.

Vous ferez braiser la queue de bœuf; quand elle sera cuite, vous l'égoutterez et la dresserez sur votre plat; vous la masquerez avec une purée de lentilles. (*Voy.* Purée de Lentilles pour Entrée.)

QUEUE DE BŒUF A LA PURÉE DE POIS VERTS.

Vous ferez braiser la queue de bœuf; quand elle est cuite, vous l'égouttez, la dressez sur le plat, et vous la masquez avec une purée de pois verts. (*Voy.* Purée de Pois verts pour Entrée.)

QUEUE DE BŒUF A LA PURÉE D'OIGNONS.

Vous faites braiser une queue de bœuf, vous l'égouttez, la dressez sur le plat, et vous la masquez d'une purée d'oignons. (*Voy.* Purée d'Oignons pour Entrée.)

QUEUE DE BŒUF A LA PURÉE DE RACINES.

Quand votre queue est cuite dans une braise, vous l'égouttez et la dressez sur votre plat, et vous la masquez d'une purée de racines. (*Voy.* Purée de Racines pour Entrée.)

QUEUE DE BŒUF AUX OIGNONS GLACÉS.

Vous faites cuire une queue de bœuf dans une braise; vous l'égouttez, vous la dressez sur votre plat en pyramide, et vous mettez des oignons glacés à l'entour. (*Voy.* Oignons glacés.) Vous mettez une espagnole travaillée pour sauce. (*Voy.* Sauce espagnole.)

A LA BOURGEOISE.

Faute d'espagnole, vous faites un roux léger que vous mouillez avec le mouillement que vous passez au tamis de soie, dans lequel a cuit votre queue; faites votre sauce claire, pour pouvoir la faire réduire; qu'elle soit de bon goût et d'un bon sel; vous y mettrez un peu de gros poivre, et vous saucerez votre queue avec: ayez soin de la dégraisser.

ENTRE-CÔTE AU JUS.

Vous prenez la côte de bœuf qui se trouve sous le paleron; vous la parez de manière qu'il ne reste que l'os de la côte, que vous décharnez au bout; il faut la battre, afin de l'amortir; vous trempez votre côte dans de l'huile ou du beurre; vous l'assaisonnez de sel et de gros poivre; vous la faites griller à feu doux, afin que votre côte ne brûle pas et cuise tout doucement; il faut une demi-heure si votre côte n'est pas très-épaisse; si elle l'est, il faut trois quarts d'heure ou une heure, afin que la chaleur puisse bien pénétrer: quand elle est cuite, vous mettez un jus clair dessous.

ENTRE-CÔTE GRILLÉE, SAUCE AUX CORNICHONS.

Vous préparez une côte comme celle au jus; quand elle est

cuite, ayez une sauce piquante, dans laquelle vous jetez vos cornichons, au moment de servir, si vous n'en avez pas, vous pouvez marquer une sauce avec de l'eau, du sel, du poivre fin, des échalottes hachées, un peu de chapelure de pain, un peu de vinaigre; vous faites bouillir le tout ensemble : au moment de verser votre sauce, vous mettrez vos cornichons.

ENTRE-CÔTE GRILLÉE, SAUCE PIQUANTE.

Vous préparez une côte, et la faites cuire comme celle au jus; vous versez dessus une sauce piquante. (*Voyez* Sauce piquante.)

ENTRE-CÔTE GRILLÉE, SAUCE AU BEURRE D'ANCHOIS.

Préparez et faites cuire une côte comme celle au jus. Vous aurez une sauce espagnole travaillée qui soit un peu claire; au moment de saucer, vous mettrez dans votre sauce, qui sera bien chaude, gros comme un œuf de beurre d'anchois, que vous remuerez bien dans votre sauce jusqu'à ce qu'il soit bien fondu, sans mettre votre sauce sur le feu, ou du moins sans la faire bouillir; versez-la sur votre côte. (*Voyez* Espagnole travaillée et Beurre d'Anchois.)

A LA BOURGEOISE.

Faute de sauce, faites un roux léger que vous mouillez avec du bouillon assaisonné, et mettez-y votre beurre d'anchois.

ENTRE-CÔTE GRILLÉE, SAUCE HACHÉE.

Préparez et faites cuire une côte comme celle au jus; vous la saucerez avec une sauce hachée. (*Voyez* Sauce hachée.)

CÔTE DE BŒUF BRAISÉE.

Vous parerez bien une côte; vous décharnerez le bout de l'os; vous la piquerez de gros lardons qui seront assaisonnés de quatre épices, de sel, de poivre; vous mettrez dans le fond de votre casserole des bardes de lard; par-dessus vos bardes, des tranches de veau et de bœuf, quatorze carottes, cinq gros oignons, dont un piqué de trois clous de girofle, deux feuilles de laurier, un peu de thym, un bouquet de persil, de ciboule. Vous ficellerez, arrangerez votre côte dans cette braise; vous la couvrirez de lard, et vous y mettrez vos garnitures de légumes dessus; vous y mettrez deux cuillerées à pot de bouillon; vous ferez bouillir votre côte braisée, puis vous la mettrez sur un petit feu, afin que cela mijote doucement pendant trois heures, moins si votre côte est tendre. Quand elle est cuite, vous l'égouttez et vous la déficelez; vous passez un peu de fond de votre cuisson au tamis de soie; vous le dégraissez et le faites réduire : vous glacez votre côte, et vous versez votre fond réduit dessous.

CÔTE DE BŒUF AUX OIGNONS GLACÉS.

Vous parerez et braiserez une côte de bœuf; quand elle sera cuite, vous la déficellerez, vous l'égoutterez et vous la dresserez sur votre plat; tâchez qu'elle ait bonne mine, qu'elle soit bien entière : vous mettrez des oignons glacés à l'entour, et une sauce espagnole claire, que vous aurez travaillée avec un peu de mouillement de votre côte: que votre sauce soit bien dégraissée, et passez à l'étamine.

CÔTE DE BŒUF, SAUCE TOMATE A L'ITALIENNE.

Parez et faites cuire une côte dans une braise; vous l'égouttez, vous la dressez sur le plat, vous la glacez, et vous mettez dessous une sauce tomate indienne. (*Voyez* Sauce tomate à l'italienne.)

CÔTE DE BŒUF AUX PETITES RACINES.

Quand vous aurez paré et braisé une côte, vous l'égoutterez, vous la glacerez et vous la mettrez sur votre plat; vous y joindrez à l'entour de petites racines (*voyez* Petites Racines). Vous pourrez faire blanchir des carottes tournées en petits bâtons, faire un petit roux léger que vous mouillerez avec le fond dans lequel aura cuit votre côte: quand votre sauce aura bouilli, vous y mettrez vos petites racines; vous y joindrez un petit morceau de sucre, un peu de gros poivre; vous ferez votre sauce un peu longue, pour pouvoir la faire réduire, afin qu'elle prenne du goût; vous dégraisserez vos petites racines et les servirez autour de votre côte.

CÔTE DE BŒUF AUX CONCOMBRES.

Vous préparerez une côte, et vous la ferez cuire comme celle braisée; vous mettez des concombres en morceaux dessous, ou en quartiers à l'entour; alors vous les glaceriez, et vous mettriez une sauce espagnole réduite dessous. (*Voyez* Sauce espagnole; *voyez* Concombres.)

A LA BOURGEOISE.

Si vous n'avez pas de sauce, passez le fond de votre cuisson; faites un roux léger; vous mouillez avec votre fond; que votre sauce soit longue, pour pouvoir la faire réduire; vous mettrez vos morceaux de concombres dans votre sauce, qui doit être très-liée, parce que le concombre jette toujours de l'eau, malgré qu'il soit bien égoutté. Pour vos quartiers, vous les ferez cuire dans un peu de fond et dégrais de votre côte; une demi-heure suffit pour les cuire. (*Voyez* la manière de préparer vos concombres, à ceux qui sont pour Entrées.)

CÔTE DE BŒUF A LA ROCAMBOLE.

Vous préparez une côte comme pour cuire à la braise; vous y ajoutez un peu d'ail; vous mettez une demi-bouteille de vin blanc dans le mouillement; quand elle est cuite, vous l'égouttez, vous la glacez et la mettez sur vos rocamboles. (*Voyez* Rocamboles.)

A LA BOURGEOISE.

Si vous n'avez pas de sauce, vous faites un roux léger; vous le mouillez avec le fond de votre côte, que vous avez passé au tamis de soie; mettez beaucoup de mouillement avec votre roux, pour qu'il puisse se réduire, afin que votre sauce prenne du goût; il faut qu'elle soit très-liée; vous éplucherez plein un verre de rocamboles, que vous ferez blanchir jusqu'à ce qu'elles s'écrasent en les pressant sous les doigts; il faut qu'elles restent un peu fermes;

vous les mettez dans votre sauce, que vous tiendrez chaude au bain-marie; vous y mettrez un peu de gros poivre.

CÔTE DE BŒUF AU VIN DE MALAGA.

Préparez une côte comme pour cuire à la braise; vous épicerez un peu plus vos lardons, vous mettrez une demi-bouteille de vin de Malaga et la valeur d'une demi-bouteille de bouillon; vous ferez cuire votre côte; après cela, vous passerez le mouillement au tamis de soie; ayez soin qu'il n'y ait point de graisse; vous faites réduire tout votre mouillement de manière à ce qu'il n'en reste qu'un verre pour mettre sous votre côte; ayez soin de ne pas beaucoup saler votre cuisson, pour que votre sauce réduite ne soit pas âcre.

CÔTE DE BŒUF AUX CHOUX.

Vous préparez une côte, et vous la faites cuire comme celle cuite à la braise; vous l'égouttez, vous la glacez, vous dressez des choux (*voyez* Choux et Espagnole), du petit lard à l'entour; vous la saucez avec une espagnole réduite.

A LA BOURGEOISE.

Autrement, vous parez votre côte, la piquez de gros lardons; vous la ficelez; vous la mettez dans une casserole avec quatre carottes, quatre oignons, dont un piqué de trois clous de girofle, deux feuilles de laurier, un peu de thym; vous les rafraîchissez, vous les ficelez, et vous les faites cuire avec votre côte; vous faites blanchir votre petit lard pendant un quart d'heure, et vous le mettez dans le fond avec votre côte, et vos clous par-dessus. Si vous mouillez avec de l'eau, vous mettez du sel, du poivre; après cela, vous faites mijoter le tout deux heures; il faut que cela bouille toujours; vous mettez les choux et le lard autour de la côte, sur le plat. Si vous n'avez pas de sauce, vous prenez un peu de mouillement que vous versez sur votre côte : ayez soin de ne pas trop saler, à cause du petit lard, et que les choux ne soient pas âcres.

CÔTE DE BŒUF A LA BONNE FEMME.

Parez une côte, piquez-la de gros lardons épicés; mettez un morceau de beurre dans votre casserole, gros comme deux œufs; vous le faites fondre, puis vous mettez votre côte assaisonnée de sel et de gros poivre; vous posez votre casserole sur un feu un peu ardent, vous retournez votre côte deux ou trois fois; quand elle est bien chaude, vous la mettez sur un feu doux, et vous mettez aussi du feu sur le couvercle de votre casserole; quand elle y aura été une heure et demie, elle sera cuite : vous vous servez du fond pour sauce.

CÔTE DE BŒUF AUX LAITUES.

Parez et faites cuire une côte comme celle à la braise; vous l'égouttez, vous la glacez et vous la mettez sur le plat avec des laitues glacées à l'entour; vous mettez pour sauce une espagnole réduite. (*Voyez* Laitues pour Entrées, et Espagnole.)

A LA BOURGEOISE.

Si vous n'avez pas de quoi marquer une braise, vous faites cuire votre côte avec des carottes, oignons, thym, laurier, girofle, bouquet de persil et ciboule, un peu de bouillon; si vous n'employez que de l'eau, vous mettez alors du sel, du gros poivre: vous prenez le fond de votre côte pour cuire vos laitues, que vous aurez préparées; vous les faites blanchir, les rafraîchissez et les pressez pour en faire sortir l'eau; cela fait, vous les mettez dans une casserole avec le mouillement dans lequel a cuit votre côte; une heure suffit pour cuire vos laitues.

CÔTE DE BŒUF A LA PROVENÇALE.

Parez et faites cuire une côte comme celle à la bonne femme: en place de beurre, mettez de l'huile pour la faire cuire; quand elle est cuite, vous la mettez sur votre plat; vous avez vingt gros oignons que vous coupez par le milieu de la tête jusqu'à la queue, puis vous coupez en tranches vos moitiés d'oignons de manière à ce qu'elles forment des demi-cercles: vous mettez dans votre casserole un quarteron et demi d'huile que vous faites bien chauffer; vous mettez vos oignons frire dedans: quand ils sont bien blonds, vous versez dedans un verre de vinaigre, un peu de bouillon, du sel, du poivre; vous masquez votre côte avec vos oignons: il ne faut pas dégraisser.

CÔTE DE BŒUF A LA PURÉE D'OIGNONS.

Parez une côte, faites-la cuire comme celle dite à la braise; quand elle est cuite, vous l'égouttez, vous la dressez sur le plat, et vous la masquez d'une purée d'oignons brune. (*Voyez* Purée d'Oignons.)

FILET D'ALOYAU BRAISÉ.

Quand vous aurez levé le filet mignon de votre aloyau, vous en ôterez toute la graisse, puis vous couchez votre filet sur la table du côté où est la peau; faites en sorte, avec votre main, que les chairs posent bien sur la table; vous prenez un grand couteau qui coupe bien; vous mettez le tranchant entre la peau et la viande, si bien qu'en faisant aller et venir votre couteau comme si vous leviez une barde de lard, vous séparez la peau d'avec le filet, et il se trouve bien uni et paré. En cas qu'il reste de la peau, il faudrait l'enlever en glissant le tranchant de votre couteau le plus près possible de la peau, pour éviter que votre filet ait des creux. Quand il est bien paré, vous avez de gros lardons dans lesquels vous mettez un peu de thym, un peu de laurier pilé ou haché bien fin, un peu de quatre épices, et un peu de sel et de poivre; vous piquez votre filet, et le ficelez en lui faisant prendre la forme que vous voulez; vous mettez dans le fond de votre casserole des bardes de lard, des tranches de veau et de bœuf, quatre ou six oignons, dont un piqué de trois clous de girofle, deux feuilles de laurier, un peu de thym, un bouquet de persil et ciboule; vous mettez votre filet dans votre casserole, où est marquée votre braise; vous le couvrez de lard, et vous mettez quelques morceaux de viande à l'entour; vous y versez deux cuillerées à pot de bouillon, fort peu de sel; vous faites bouillir votre braise, et puis vous le mettez sur un feu doux, pour le faire mijoter pendant deux heures et demie; vous prenez le mouillement dans lequel a cuit votre filet, vous le passez au tamis de soie, vous le faites réduire. Quand votre filet est égoutté, vous le déficelez et le glacez; vous le dressez sur votre plat, et vous y versez le mouillement réduit.

A LA BOURGEOISE.

Si vous n'avez pas tout ce qu'il faut pour braiser votre filet, vous le parez et le piquez de gros lard. Vous mettez vos parures dans le fond de votre casserole, vous ficelez votre filet, vous le mettez sur vos parures, vous mêlez vos carottes, oignons, bouquet d'aromates, deux cuillerées de bouillon. Si vous n'en avez pas, vous y mettez de l'eau, du sel, en petite quantité, afin que vous puissiez vous servir du mouillement pour ce que vous aurez à faire; quand il sera cuit, vous le servirez comme ci-dessus : tâchez que votre filet ait bonne mine et bon assaisonnement.

FILET D'ALOYAU AUX CONCOMBRES.

Parez votre filet d'aloyau; faites-le cuire comme celui dit à la braise; vous l'égouttez et le glacez; vous mettez dessous des concombres. (*Voyez* Concombres.)

A LA BOURGEOISE.

En cas que vous n'ayez pas de sauce pour vos concombres, vous vous servirez du mouillement de votre aloyau; vous ferez un petit roux que vous mouillerez avec le jus dans lequel aura cuit votre filet; vous le passerez au tamis de soie; vous aurez soin de faire votre sauce un peu longue, pour pouvoir la faire réduire; vous la dégraisserez et la passerez à l'étamine, et vous la verserez sur votre filet, ou bien vous mettez vos concombres cuire dedans, etc. Que votre sauce soit de bon sel; vous y mettrez un peu de gros poivre.

FILET D'ALOYAU AUX OIGNONS GLACÉS.

Parez un filet d'aloyau; faites-le cuire comme celui dit à la braise; vous l'égouttez, vous le glacez : mettez-le sur votre plat avec des oignons glacés à l'entour, et une sauce espagnole travaillée. (*Voyez* Espagnole.)

A LA BOURGEOISE.

Faute de sauce, vous ferez un roux léger, que vous mouillerez avec le jus dans lequel aura cuit votre filet d'aloyau; vous y mettrez des oignons glacés. (*Voyez* Oignons glacés.)

FILET D'ALOYAU AUX LAITUES.

Parez un filet d'aloyau comme celui dit à la braise; vous l'égouttez et le glacez; vous y mettrez une sauce espagnole (*voyez* Sauce espagnole); vous y apprêtez un cordon de laitues à l'entour (*Voyez* Laitues pour Entrée.)

A LA BOURGEOISE.

Si vous n'avez pas de quoi faire cuire vos laitues, faites cuire votre filet d'aloyau d'avance; vous vous servirez du fond pour vos laitues; vous tiendrez votre filet chaud : une heure suffit pour faire cuire vos laitues; vous mettrez sur votre filet une sauce liée.

FILET D'ALOYAU A LA MONGLAS.

Il faut que ce filet soit cuit de la veille; parez et faites cuire votre filet comme celui dit à la braise. Quand il sera froid, vous ferez un trou ovale dedans; vous couperez en dés la viande que vous avez ôtée de votre filet, c'est-à-dire ni petit ni gros; vous ferez réduire une sauce espagnole avec un peu de mouillement de votre filet. Quand votre sauce sera bien réduite, vous mettrez vos petits morceaux de viande dedans, et vous la tiendrez chaude au bain-marie : au moment de servir, vous ferez réchauffer votre filet; vous l'égoutterez et vous le glacerez; vous le poserez sur le plat; vous mettrez votre petit ragoût dedans; vous aurez une espagnole claire que vous mettrez dessus. (*Voyez* Sauce espagnole.)

A LA BOURGEOISE.

Faute de sauce, vous ferez un roux léger que vous arroserez avec le mouillement dans lequel a cuit votre filet d'aloyau; faites bien réduire votre sauce, afin qu'elle prenne bon goût.

FILET D'ALOYAU AU VIN DE MALAGA.

Parez un filet comme les précédents; vous le piquerez de gros lardons dans lesquels vous mettrez des épices, un peu de thym, deux feuilles de laurier haché ou pilé, un peu de sel fin; quand votre filet sera piqué, vous le ficellerez; vous mettrez dans le fond d'une casserole des bardes de lard, deux tranches de veau, deux tranches de bœuf; des légumes, tels que carottes, oignons, un bouquet garni. Vous mettrez votre filet dans la casserole, vous le garnirez de bardes de lard, et y mettrez une demi-bouteille de vin de Malaga, ou trois quarts de bouteille, selon comme votre filet sera gros, une demi-cuillerée à pot de bouillon; vous ferez bouillir votre filet; lorsqu'il aura jeté quelques bouillons, vous le mettrez mijoter doucement sur un petit feu pendant deux heures et demie. Quand il sera cuit, vous passerez le mouillement dans un tamis de soie; vous mettrez trois cuillerées à dégraisser de grande espagnole, et vous verserez dans votre sauce le mouillement que vous avez passé dans un tamis de soie; vous la ferez réduire à glace, c'est-à-dire que cela ne produise de jus que pour saucer votre filet; on peut se passer de sauce, en faisant réduire l'entier de la sauce; ayez assez de quoi saucer votre filet, vous l'égouttez et le ficelez; vous le glacez, et vous versez votre réduction dessus.

A LA BOURGEOISE.

On peut faire cuire ce filet en le mettant entre des bardes de lard, des racines mouillées avec le vin de Malaga et un peu de bouillon.

FILET D'ALOYAU AUX CORNICHONS.

Vous parez un filet comme celui dit à la braise; vous le piquez de lard fin, vous le mettez à la broche; puis vous le couchez sur votre atelet, de manière à ce qu'il ne soit pas trop long, afin que votre plat d'entrée puisse le contenir : vous préparez ensuite vos cornichons en petits bâtons; vous aurez six cuillerées à dégraisser de grande espagnole, dans laquelle vous mettrez trois cuillerées à bouche de vinaigre, un peu de sel, de poivre fin, assez pour qu'il domine; vous y joindrez huit cuillerées à dégraisser de consommé; vous ferez réduire le tout à moitié; vous écumerez et dégraisserez votre sauce; quand elle sera réduite, vous la passerez à l'étamine, vous y mettrez vos cornichons; vous tiendrez cette sauce chaude sans la faire bouillir. Quand votre filet aura été une heure et demie à la broche, vous le poserez sur votre plat, avec votre sauce dessous.

A LA BOURGEOISE.

Faute d'espagnole, vous ferez un roux léger, que vous mouillerez avec un fond ou du bouillon; vous l'assaisonnez comme la précédente; vous y mettez vos cornichons coupés en liards, du sel, du poivre fin : voilà tout ce qu'il faut.

FILET DE BOEUF A LA CONTI.

Piquez un filet comme le précédent; vous le piquerez de gros lard par-dessous; vous le briderez de manière qu'il forme le colimaçon; vous beurrerez le fond de votre casserole, vous y mettrez votre filet, quatre carottes, cinq oignons, deux feuilles de laurier, un bouquet de persil et de ciboule, trois clous de girofle; vous mettrez avec votre filet une cuillerée à pot de gelée ou de bouillon, une feuille de papier beurré coupée en rond; vous ferez bouillir votre filet; quand il aura jeté quelques bouillons, vous le mettrez sur un feu doux, vous en mettrez aussi sur le couvercle de votre casserole; vous y regarderez de temps en temps, en veillant à ce que votre filet prenne une belle couleur : il faut deux heures pour le cuire; il faut aussi que le mouillement tombe à la glace, afin que votre filet soit glacé en le retirant; vous ôterez vos racines de votre casserole, ainsi que la graisse; vous mettrez dans votre casserole quatre cuillerées d'espagnole et une de consommé (*voyez* Espagnole et Consommé), et vous détacherez la glace de votre filet : vous passerez votre sauce à l'étamine, et vous la verserez sous votre filet.

A LA BOURGEOISE.

En cas que vous n'ayez pas de sauce, vous glacez votre filet avec la glace qui est dans votre casserole; vous y mettez une cuillerée à café de farine, que vous délaierez avec votre glace; vous mettez aussi un verre de bouillon; vous faites bouillir votre sauce.

et vous la passez à l'étamine; vous en arrosez votre filet : tâchez que votre sauce soit d'un bon sel.

FILET DE BOEUF, SAUCE TOMATE.

Parez et piquez un filet comme celui dit *à la Conti;* vous le ferez cuire de même; vous mettrez une sauce tomate dessus (*voyez* Sauce tomate). Celle indienne est la meilleure; vous pourrez aussi la braiser; cela tient du goût.

SAUTÉ DE FILET DE BOEUF.

Vous coupez un filet de bœuf en quatre dans sa longueur; vous coupez vos morceaux en viande courte, de l'épaisseur de trois lignes : vous les aplatissez; vous les faites ronds, et de la grandeur d'un écu de 6 francs, ou un peu plus; vous avez soin, en les arrondissant, de ne pas laisser de peau dure : il faut que vos morceaux soient à peu près tous de la même grandeur; vous les arrangez à plat dans un sautoir, ou bien quelque chose qui puisse le remplacer; quand tous vos morceaux sont aplatis, parés, arrangés dans votre sautoir, vous les assaisonnez de sel et de gros poivre; vous faites fondre un bon morceau de beurre que vous versez dessus; au moment de servir, vous mettez votre sautoir sur un fourneau ardent : quand ils sont raidis d'un côté, vous les faites raidir de l'autre; vous tâtez avec les doigts si votre morceau est cuit; s'il est trop mou, vous le laissez encore; quand vos morceaux sont cuits, vous les dressez autour du plat, en mettant les plus petits dans le milieu; vous pouvez arroser votre sauté avec une sauce espagnole bien travaillée et bien corsée; vous pouvez y mettre une sauce piquante, une sauce tomate, ou un beurre d'anchois. (*Voyez* la sauce que vous voulez.)

A LA BOURGEOISE.

Si vous n'avez pas de sauce, vous faites un petit roux dans lequel vous mettez les parures de votre sauté, une carotte coupée en petits dés, deux oignons, un clou de girofle, une feuille de laurier; vous passez le tout dans votre roux, que vous mouillez avec un peu de fond ou un peu de bouillon : vous faites cuire et réduire cette sauce pendant trois quarts d'heure : vous la passez à l'étamine; vous y mettez un peu de poivre, des cornichons, un filet de vinaigre; en un mot, vous donnez le goût que vous voulez à votre sauce; vous pouvez y mettre du même beurre d'anchois, ou la servir tout simplement · tâchez qu'elle soit d'un bon sel et d'un bon goût.

SAUTÉ DE FILET DE BOEUF A LA BOURGEOISE.

Si vous avez du filet de bœuf ou autre morceau, vous le coupez de l'épaisseur de quatre ou cinq lignes; vous faites fondre un morceau de beurre sur un plafond ou dans une poêle, vous étendez les morceaux dessus, après les avoir assaisonnés; vous les mettez sur un feu un peu ardent; vous les retournez : quand ils sont raidis d'un côté, vous les faites raidir de l'autre; posez votre doigt dessus; si la viande est ferme, retirez-la; vous laissez votre poêle sur le feu jusqu'à ce que votre beurre crie; vous n'en laissez que ce qu'il faut : vous mettez une cuillerée à bouche de farine, que vous remuez dans votre poêle; vous y mettez un verre d'eau, et plus, si votre sauce est trop épaisse : qu'elle soit d'un bon sel.

BIFTECK DE FILET DE BOEUF.

Vous couperez un filet sur son plein, c'est-à-dire que votre morceau, épais de six lignes, forme le rond; vous le battrez, vous en ôterez les tours, et vous ne laisserez pas de peau. Tâchez que votre bifteck soit un peu gras. Quand votre morceau sera paré, vous l'assaisonnerez de sel et de gros poivre; vous le tremperez dans du beurre tiède : vous le ferez griller; au moment de servir, vous mettrez dessous une maître-d'hôtel, une sauce piquante, une espagnole réduite, une sauce au beurre d'anchois, une sauce tomate ou un jus clair; cela tient au goût. On joint avec ces sauces ou des cornichons, ou des pommes de terre que vous épluchez, et sautez dans du beurre jusqu'à ce qu'ils soient blonds : vous les poudrez de sel, et les mettez autour de votre bifteck; vous aurez soin que votre bifteck aille à grand feu : il faut qu'il soit cuit vert, c'est-à-dire qu'il soit saignant.

FILET DE BOEUF A LA BROCHE.

Vous lèverez un filet de dessus votre pièce d'aloyau; vous le laisserez couvert de graisse, c'est-à-dire vous parerez la graisse, et en laisserez épais de trois doigts tout le long du filet; vous ciselerez la superficie de la graisse, afin que la chaleur pénètre mieux votre filet; vous passerez un gros et long atelet le long de votre filet; vous le reploierez un peu sur lui, pour qu'il ne soit pas trop long; vous assujettirez votre filet sur la broche. Une heure et demie suffit pour le cuire, selon l'ardeur du feu et la grosseur du filet; quand il sera cuit, servez une sauce piquante dessous, ou dans une saucière : une sauce tomate convient aussi. Ce filet se sert pour rôti.

PIÈCE D'ALOYAU.

Vous prendrez une pièce d'aloyau entière, c'est-à-dire depuis le gros bout du filet mignon jusqu'à la première côte; vous la faites lever le plus carrément possible, et sans ôter la graisse qui est sur le filet mignon; vous aurez soin d'en enlever la superficie, et d'en laisser trois doigts d'épais, pour que votre filet mignon soit bien couvert; vous embrocherez votre pièce de manière qu'elle ne tourne pas; pour cela, il faut passer la broche le long des os tenant au filet, assujettir votre viande par de petits atelets, et faire en sorte qu'il n'y ait pas plus de viande d'un côté que de l'autre. Si votre pièce n'était pas embrochée bien juste, vous mettriez un gros atelet sur le filet dur, et vous l'attacheriez à chaque bout de la ficelle, en la serrant le plus possible : c'est le filet mignon qui est en vue. On sert cet aloyau pour relever de grosses pièces; on sert aussi une sauce piquante, avec beaucoup de cornichons dessous.

Cette pièce est excellente étouffée dans une braisière, cuite sans mouiller, feu dessus, feu dessous.

ALOYAU A LA GODARD.

Vous prenez un aloyau de trente livres bien couvert, et coupé carrément; vous le désossez, c'est-à-dire lui retirez la grosse chaîne et les bouts des fausses côtes. Piquez vos chairs maigres avec du lard, jambon et langues à l'écarlate; troussez votre aloyau, le filet mignon en dessus, bien couvert de sa graisse, et le ficelez. Vous le mettez dans une braisière avec quatre carottes, autant d'oignons, quelques clous de girofle, ail et laurier; votre aloyau doit être bien couvert de bardes de lard et de débris de viande. Vous salez de manière à pouvoir vous servir de votre fond; mouillez votre braisière avec une bouteille de vin de Madère et quelques bons dégraissis. Vous faites bouillir et placez votre braisière de manière à ce qu'elle bouille pendant six heures; vous aurez soin de bien l'entourer de cendres chaudes et d'entretenir un bon feu dessus. Quand votre aloyau sera cuit, vous l'égoutterez et le laisserez refroidir sous une presse, afin qu'il prenne une belle forme. Vous passerez votre fond au tamis et le ferez dégraisser au coin d'un fourneau; le faire clarifier avec deux blancs d'œufs, passer à la serviette et réduire à demi-glace. Vous parez votre aloyau, le mettez sur une feuille dans une braisière; prenez la moitié de votre fond et une cuillerée de consommé; faites mijoter votre aloyau pendant deux heures, ayant soin de l'arroser avec son fond, et mettez beaucoup de feu sur le couvercle de la braisière, afin qu'il prenne une belle couleur.

Vous égouttez votre aloyau, le placez sur un grand plat, le garnissez de quatre pigeons innocents, quatre beaux ris de veau piqués, huit grosses quenelles mouillées à la cuillère, huit belles écrevisses et six petits atelets de volaille, ou autre chose que vous faites frire, que vous piquez dans le bout de votre aloyau. Vous saucez votre aloyau avec une bonne financière, dans laquelle vous aurez mis la moitié de votre demi-glace (*voyez* Ragoût à la Financière); vous glacez tout ce qui est nécessaire à glace et servez chaudement. (Relevée.) (F.)

FILET DE BŒUF SAUTÉ AUX CHAMPIGNONS.

Prenez la moitié d'un bon filet de bœuf, coupez-le en bifteck: placez vos filets sur du beurre fondu dans un sautoir; assaisonnez de sel et gros poivre. Au moment de servir, mettez votre sautoir sur un fourneau un peu ardent; quand vos filets seront ridés et auront pris un peu de couleur, retournez-les, et faites-leur prendre une couleur égale; dressez vos filets sur un plat; mettez dans votre sautoir environ deux maniveaux de champignons, que vous avez lavés et épluchés d'avance; faites cuire vos champignons avec le fond dans lequel ont cuit vos filets; ajoutez-y gros comme une noix de glace, une cuillerée d'espagnole, un jus de citron et un peu de beurre fin; mêlez le tout ensemble; masquez-en vos filets, et servez. (F.)

FILET DE BŒUF SAUTÉ AUX TRUFFES.

Le filet de bœuf sauté aux truffes se prépare de même que celui aux champignons; en place de champignons, servez-vous de truffes. (F.)

FILET DE BŒUF SAUTÉ A LA PROVENÇALE.

Servez-vous du même procédé que pour les filets sautés aux champignons; au lieu de beurre, servez-vous d'huile; ajoutez un peu d'ail. (F.)

FILET MIGNON D'ALOYAU A LA GODARD.

Le filet de bœuf se prépare de même que l'aloyau: la seule différence est la cuisson; au lieu de six heures, en deux il peut être cuit; vous le mettez sous presse, le parez, le faites glacer et le servez de même que l'aloyau. (F.)

FILET DE BŒUF AU VIN DE MADÈRE.

Vous piquez un filet de bœuf comme pour rôt, et le piquez de moyen lard en dedans. Marquez-le dans une casserole avec quelques racines et un bouquet assaisonné; mouillez-le avec un verre de vin de Madère et un peu d'eau-de-vie; faites-le cuire et glacer comme une noix de veau.

Quand votre filet est cuit, vous passez votre fond, le faites dégraisser et réduire avec un peu d'espagnole: vous dressez votre filet avec une garniture à la flamande (*voyez* Garniture), et le saucez avec votre fond réduit. (F.)

NOIX DE BŒUF A L'ÉTOUFFADE.

Vous piquez votre noix de bœuf avec du lard et du jambon, l faites cuire et braiser comme l'aloyau. Au lieu de mouiller avec du vin de Madère, vous la mouillez avec une bouteille de vin blanc et un verre d'eau-de-vie. Quand elle est cuite, vous passez votre fond, le faites clarifier: faites mijoter votre noix comme l'aloyau; quand elle est bien glacée, vous servez avec son fond réduit à demi-glace. (F.)

CÔTE DE BŒUF A L'ÉTOUFFADE.

Se prépare de même que la noix de bœuf. (F.)

FAÇON DE BŒUF D'HAMBOURG.

Placez dans une barrique la quantité de viande que vous jugerez à propos; pour cinquante à soixante livres, vous ferez une saumure de seize à dix-huit livres de sel, une bonne poignée de foin, thym, laurier, deux livres de salpêtre, six clous de girofle; faites bouillir le tout pendant dix minutes; ayez soin que votre saumure remplisse bien votre tonneau; ne la versez sur votre viande que lorsque vous l'aurez passée à la serviette et qu'elle sera refroidie; remettez le fond à votre barrique; cerclez-la hermétiquement; placez-la dans un endroit frais; au bout de quinze jours, vous pourrez vous en servir au besoin. Si vous voulez la faire fumer, laissez-la quinze jours de plus; au bout de ce temps, égouttez-la, pendez-la ensuite dans la cheminée; ayez une boîte de bon foin; mettez-y le feu, produisez beaucoup de fumée en jetant un peu d'eau sur le foin, laissez sécher deux ou trois jours; pendez ensuite os morceaux dans un endroit sec. (Pour sa cuisson, *voyez* Bœuf 'Hambourg. (D.)

CULOTTE DE BŒUF, NOIX ET POITRINE, FAÇON D'HAMBOURG.

Vous prenez une culotte de bœuf sans être trop grasse, la désossez et parez. Vous frottez toutes les chairs maigres avec une livre de salpêtre; ensuite vous placez dans un vase qui puisse être clos exactement votre pièce de bœuf, avec laurier, thym, ail, clous de girofle, coriandre; vous couvrez de sel votre pièce, et bouchez votre vase de manière que l'air n'y pénètre pas. Au bout de neuf ou quinze jours, vous retirez votre bœuf du vase, le lavez à plusieurs eaux, et le faites cuire, enveloppé d'un linge blanc, dans une marmite, avec de l'eau et quelques racines. Au bout de huit heures de cuisson, vous l'égouttez, le faites refroidir, et vous en servez comme du jambon. (F.)

ROSBIF A L'ANGLAISE.

Le rosbif à l'anglaise n'est pas ce que beaucoup de personnes prétendent.

Vous prenez quatre ou six côtes couvertes, vous dégarnissez le bout de l'os de la côte; vous couchez votre rosbif sur broche, et le faites tourner à feu égal et bon pendant trois heures; vous vous assurez si votre viande ne dessèche pas. Les Anglais aiment la viande cuite à point, au lieu que les Italiens et les Espagnols mangent les viandes desséchées et même brûlées: vous servez votre rosbif avec des pommes de terre cuites à l'eau ou frites entières. (F.)

PIÈCES BOUILLIES A L'ANGLAISE.

Vous prenez une bonne culotte de bœuf, que vous désossez et parez : faites-la ensuite saler au sel marin pendant quatre jours, et cuire après dans l'eau avec quelques racines; servez cette pièce de bœuf un peu ferme de cuisson, chaude ou froide. (F.)

ROL PINCE, METS HOLLANDAIS.

Prenez six livres de viande de bœuf; celle des côtes découvertes est la meilleure; ayez soin qu'elle soit bien marbrée, faites en sorte qu'il y ait autant de gras que de maigre. Hachez le tout ensemble, à peu près comme une farce à pâtés. Assaisonnez de sel, poivre, épices, muscade.

Vous vous serez procuré de la panse de bœuf bien nettoyée, coupez-la en morceaux carrés de la grandeur de huit pouces, ou à peu près; remplissez-en l'intérieur de votre farce, rapprochez les extrémités de l'enveloppe, et cousez-les avec une grosse aiguille à coudre.

Tous vos morceaux préparés ainsi, ayez un chaudron bien étamé, faites bouillir de l'eau avec une bonne poignée de sel, un litre de vinaigre; faites bouillir vos morceaux pendant une heure (vous aurez un grand pot en grès); égouttez vos morceaux sur un linge blanc, versez du vinaigre ce qu'il en faut pour les couvrir, ne couvrez votre pot que lorsque le tout sera bien refroidi; vous pourrez vous en servir au bout de quinze jours. Si vous n'en faites pas l'emploi en totalité, laissez-les toujours dans le vinaigre; seulement après ce temps il faut les mettre dans de l'eau tiède une heure, afin que le vinaigre soit absorbé. (D.)

CUISSON DES ROL PINCE.

Prenez ce qu'il vous faut de morceaux, coupez-les en tranches telles que des biftecks; posez-les dans un plat à sauter où vous aurez mis du beurre, donnez cinq minutes de cuisson à feu vif, en ayant soin de les retourner de temps en temps; vous aurez préparé autant de tranches de belles pommes de rainettes, faites-les frire comme les morceaux ci-dessus; dressez ce hors-d'œuvre en couronne, en posant alternativement un morcean de chaque sorte: servez le plus chaud possible. (D.)

ALOYAU A LA BRETONNE.

Vous mettez à la broche un aloyau, le faites rôtir, le servez avec une bretonne dessous (*voyez* Bretonne). Vous pouvez vous servir d'un aloyau braisé, en le faisant réchauffer dans un bon fond: les desserts de l'aloyau à la Godard peuvent vous servir. (F.)

SNIT MICH, OU TARTINE DE PAIN A L'ANGLAISE.

Prenez un pain rassis de pâte ferme; coupez-le par le milieu, étalez du beurre frais dessus, le moins que vous pourrez; coupez douze tartines le plus mince possible, mettez-en six sur un linge blanc, émincez soit du maigre de veau rôti, soit du filet de bœuf, rosbif, jambon cuit, langue à l'écarlate, volaille rôtie et gibier; rangez ces lames de viande sur vos six tartines, poudrez-y un peu de sel blanc; recouvrez vos viandes avec les six autres tartines, et coupez-les en petits carrés de la grosseur d'une bouchée; servez-les sur une assiette. (F.)

MORCEAUX D'ALOYAU OU AUTRES A LA CUISINIÈRE.

Vous prenez un morceau de bœuf bien couvert, vous le piquez de gros lard, l'assaisonnez avec sel, poivre, épices; ficelez votre pièce de bœuf, et marquez-la dans une casserole avec un morceau de petit lard, douze carottes tournées en gros bâtonnets, autant de navets et oignons: ajoutez sel, poivre, deux clous de girofle, muscade. Mouillez votre braisière avec un verre de vin blanc et de l'eau. Faites cuire le tout ensemble pendant quatre heures, à petit feu, et bien couvert. Quand votre viande est cuite, vous mettez douze pommes de terre épluchées à cru, et de la grosseur de vos carottes, que vous faites cuire dans votre fond, ce qui n'exige qu'un instant. Vous égouttez votre bœuf sur un plat, et rangez vos légumes à l'entour sans les écraser. Vous dégraissez votre fond, le faites réduire à moitié et le versez sur votre bœuf. (F.)

BIFTECK SAUTÉ AU VIN DE MADÈRE.

Vous retirez les peaux et les nerfs d'un filet, vous le coupez en *escalopes égales* d'un demi-quart. Vous aplatissez et parez en forme ronde : vous faites fondre du beurre dans un sautoir ; placez vos biftecks dessus, et les poudrez de sel et gros poivre ; au moment de servir, vous les faites sauter ; quand ils sont bien raides des deux côtés, vous les dressez en couronne sur un plat, égouttez votre beurre du sautoir, et conservez le fond ; mettez dans votre sautoir un bon verre de vin de Madère, faites-le réduire dans un peu de glace de veau et un peu d'espagnole au moment de jaunir. Mettez un peu de beurre de piment. Si votre sauce se trouvait nébuleuse, vous la passeriez à l'étamine. (F.)

BIFTECK DANS SA GLACE.

Cette entrée se prépare de même que le filet au vin de Madère, avec la différence que l'on ne met point de vin de Madère dans la sauce. (F.)

BIFTECK SAUTÉ AUX OLIVES.

Vous préparez vos filets sur un sautoir, comme les filets sautés au vin de Madère. Quand ils sont cuits, vous les sautez avec un morceau de graisse et de beurre fin : dressez-les sur votre plat, en couronne au milieu ; mettez-y un ragoût d'olives. (*Voyez* Olives farcies.) (F.)

COQUILLES DE PALAIS DE BOEUF.

Prenez deux palais de bœuf bien cuits (*voyez* Palais de Bœuf), émincez-les en forme de macaroni, mettez-les dans une casserole avec un morceau de beurre et une pincée de gros poivre, ajoutez-y une once de fromage parmesan râpé, sautez-les bien jusqu'à ce qu'ils fassent le même effet que le macaroni ; versez-les par portion égale dans six coquilles, poudrez dessous un peu de fromage râpé et un peu de mie de pain ; arrosez-les avec un peu de beurre fondu ; faites-leur prendre couleur au four ; dressez vos coquilles sur un plat, et servez.

Les coquilles de gras-double se préparent de même que celles de palais de bœuf. (F.)

BIFTECK GRILLÉ A L'ANGLAISE.

Vous coupez vos filets comme ci-dessus, les poudrez de sel et gros poivre, les trempez dans le beurre fondu, ensuite dans la mie de pain : dressez-les sur votre plat, avec une maître-d'hôtel dessous. (*Voyez* Maître-d'Hôtel.) (F.)

FILET DE BOEUF PIQUÉ EN FORME DE CHEVREUIL.

Vous prenez un beau filet de bœuf, que vous coupez en six morceaux d'égale longueur, de manière à ce qu'ils forment un filet de chevreuil. Vous aplatissez vos filets et les parez bien ; vous les faites mariner au vinaigre. Couchez-les sur broche, en forme de demi-cercle, ou sautez dans la même forme ; quand ils sont cuits, vous les sautez dans la glace ; dressez-les en couronne sur votre plat, ayant soin de les glacer et saucer avec une bonne poivrade. (F.)

FILET DE BOEUF A LA POLONAISE.

Vous prenez un filet de bœuf que vous parez de tous ses nerfs et peaux; vous émincez votre filet le plus qu'il est possible; vous émincez de même l'oignon, en assez grande quantité pour qu'il forme le même volume que votre filet; vous émincez de l'écorce de citron, comme pour la sauce bigarade : le tout ainsi préparé, vous foncez une casserole de beurre; mettez un lit d'oignons, ensuite un lit de filet, et entre chaque lit, beurre, sel, poivre, muscade, cannelle, citron, et un peu de mie de pain ou chapelure Faites cuire le tout ensemble sans le remuer, au four, comme un pâté. Au bout de trois heures de cuisson, vous retirez votre casserole du four : maniez le tout ensemble; dressez-le en rocher sur un plat, et le masquez avec de l'espagnole réduite. (F.)

CÔTE DE BOEUF A LA GELÉE.

Vous prenez deux belles côtes d'égale longueur; vous piquez vos côtes en gros lard, jambon ou langue à l'écarlate : entourez-les de bardes de lard, et enveloppez vos côtes chacune dans un linge blanc : les contenant toujours dans leur forme, vous les mettrez dans une braisière, avec deux pieds de veau, jarret de veau, pattes de volaille, quelques couennes de lard bien grattées et bien lavées, des débris de veau ou de bœuf et de volaille. Vous assaisonnerez votre braisière de sel, poivre, quatre clous de girofle, oignons, carottes, laurier, ail, thym, un bon bouquet de persil; vous la mouillerez avec une bouteille de vin blanc, un verre d'eau-de-vie et du grand bouillon; vous ferez partir votre braisière; vous la placerez de manière qu'elle bouille pendant cinq heures, bien doucement et bien étouffée. Quand vos côtes seront cuites, vous les égoutterez et les mettrez sous presse pour refroidir; vous passerez votre fond au tamis, le ferez dégraisser sur le coin d'un fourneau, l'écumerez jusqu'à ce qu'il ne fasse plus de peau. Vous prendrez quatre blancs d'œufs que vous battrez avec un verre d'eau fraiche; vous le verserez dans votre fond, en le remuant un peu fort. Vous faites réduire votre gelée jusqu'à ce qu'elle soit à son point; alors vous la passez à la serviette double, et la faites prendre à la glace dans un moule ou casserole. Vous déballez vos côtes, les parez en leur laissant une belle forme; vous les glacerez et les placerez sur un grand plat ovale, les deux os des côtes dans le milieu du plat; vous décorerez vos côtes avec de la gelée, et sur le bord de votre plat vous placerez de beaux croûtons de gelée. Servir froid. (Relevée.) (F.)

HACHIS DE FILET DE BOEUF.

Vous prenez du filet rôti, vous en retirez le lard et la graisse vous ne gardez seulement que la chair; vous hachez cette viande rôtie jusqu'à ce qu'elle soit fine comme de la mie de pain; vous aurez une bonne espagnole réduite et bien bouillante; vous mettrez vos viandes hachées dedans; vous mettrez le tout ensemble, en y ajoutant, au moment de servir, un morceau de beurre fin. Vous servez votre hachis avec des œufs mollets à l'entour, ou bien avec des croûtons. (F.)

DOLPETTES A L'ITALIENNE.

Elles se préparent de même que le hachis. Quand vos chairs seront dans l'espagnole, vous y ajouterez un peu de mie de pain et un peu de fromage parmesan râpé, du gros poivre et deux œufs; vous laisserez refroidir votre appareil; quand il sera froid, vous le moulerez en grosses boules; vous le panerez à l'œuf, avec un peu de fromage parmesan dans la mie de pain; vous les ferez frire dans du beurre clarifié ou de la friture; vous les égoutterez, et ferez mijoter dans de la sauce tomate; vous les dresserez sur votre plat glacé, avec sauce tomate dessous. (F.)

COQUILLES DE PALAIS DE BŒUF.

Vous coupez vos palais en gros dés, autant de champignons, les mettez dans une allemande bien réduite, avec un peu de beurre, de persil, un jus de citron; vous mettrez votre appareil dans vos coquilles, les panerez avec de la mie de pain et un peu de parmesan râpé, un peu de beurre fondu dessus : faites prendre couleur à vos coquilles au four, ou four de campagne. (F.)

COQUILLES DE CERVELLES DE BŒUF.

Les coquilles de cervelle se préparent de même que celles de palais de bœuf. (*Voyez* Palais de Bœuf.) (F.)

CRÉPINETTES DE PALAIS DE BŒUF.

Quand vos palais sont cuits, vous les mettez sous presse pour leur faire prendre une forme; vous les parerez de la longueur du doigt; vous couperez une douzaine d'oignons en dés, les ferez blanchir et rafraîchir, cuire à blanc avec un morceau de beurre, sel, poivre, ail, laurier et muscade. Votre oignon étant cuit, vous mettrez deux cuillerées à pot de velouté, ferez réduire votre oignon, afin qu'il forme une pâte; et, le liant avec quatre jaunes d'œuf, vous ferez refroidir votre oignon, et envelopperez vos palais dans la sauce, de manière qu'ils forment un ovale long; en les couvrant d'une crépinette de cochon, vous les placerez sur un plat profond, et ferez prendre couleur au four : vous les dresserez en couronne sur votre plat. Servez avec un jus clair, à sauce tomate. (F.)

CERVELLES EN CRÉPINETTES.

Vous préparez votre entrée par demi-cervelle, avec le même ppareil que le palais de bœuf. Servez de même. (F.)

CERVELLES EN SAUCE AURORE.

Vous prenez quatre cervelles bien épluchées, blanchies et cuites dans une marinade au vin blanc. Quand elles sont cuites, vous en faites seize morceaux, en fendant vos demi-cervelles par moitié : dressez-les en couronne sur un plat. Sauce aurore. (*Voyez* Sauce aurore.) (F.)

CERVELLES AU SOLEIL.

Quand vos cervelles sont cuites comme ci-dessus, vous les coupez par moitié, les placez sur un plafond, les saucez et masquez avec une allemande bien réduite, dans laquelle vous aurez mis un peu de fond de votre marinade et un peu de fines herbes à papillottes. Quand vos cervelles seront froides, vous les panerez par deux fois à l'œuf, et les ferez frire. Au moment de servir, vous les dresserez en couronne sur un plat. Saucez d'un aspic clair. (F.)

CERVELLES A LA POULETTE.

Vos cervelles dressées comme celles à l'aurore, vous les saucerez avec de l'allemande réduite que vous ferez bouillir, au moment de servir, avec un peu de champignons; vous y mettrez un beurre de persil, et quart de beurre fin, que vous remuerez avec votre allemande, afin qu'elle ne tourne pas en huile; bon jus de citron et gros poivre. Servez très-chaud. (F.)

CERVELLES DE BŒUF A LA MAGNONNAISE.

Vous prenez quatre belles cervelles, que vous épluchez et faites dégorger dans l'eau; faites-les blanchir avec de l'eau, du vinaigre et du sel; vous mettrez rafraîchir et cuire dans une marinade des nouelles avec du vin blanc (*voyez* Marinade). Vos cervelles cuites, vous les égouttez et les laissez refroidir; coupez-les par la moitié; parez-les d'une forme égale; dressez-les en couronne sur un plat; saucez-les avec une sauce magnonnaise, verte ou blanche (*voyez* Magnonnaise), avec de beaux croûtons de gelée sur le bord du plat. (F.)

ÉMINCÉ DE PALAIS DE BŒUF A L'OIGNON.

Vous émincez vingt gros oignons, après avoir retiré les deux bouts et le cœur : vous observerez que votre oignon soit bien égal; vous le ferez frire jusqu'à ce qu'il ait la couleur de paille; vous l'égoutterez sur un linge blanc, le mettrez dans une casserole avec deux cuillerées de consommé, un peu de sucre et de beurre, le ferez mijoter ainsi une heure, jusqu'à ce qu'il soit réduit à glace: vous y ajouterez deux cuillerées à ragoût d'espagnole bien réduite, et vos palais de bœuf, que vous couperez en liards très-minces. Servir très-chaud, avec des croûtons ou flourons. (F.)

ÉMINCÉ DE PALAIS DE BŒUF AUX CHAMPIGNONS.

Vous émincez quatre maniveaux de champignons que vous faites cuire avec du beurre, sel et citron; vous les faites réduire à glace; vous y mettez deux cuillerées d'allemande, ou du velouté bien réduit, et lié avec deux jaunes d'œufs; vous mettrez vos palais comme ci-dessus; faire bien chauffer le tout ensemble, le dresser sur un plat avec des croûtons, fleurons, ou dans une casserole au riz. (F.)

PALAIS DE BŒUF A L'ITALIENNE.

Vous coupez vos palais de bœuf en liards: mettez-les dans une casserole avec un verre de vin blanc, des champignons, du persil, des échalottes hachées bien fin; vous faites ensuite réduire le tout à glace; vous y ajouterez deux demi-cuillerées d'espagnole et un peu de glace. Dressez et servez de même que les langues de bœuf. (*Voyez ci-dessus.*) (F.)

CROMESQUIS DE PALAIS DE BOEUF.

Vous coupez en petits dés quatre palais de bœuf, un gorgé de ris de veau, douze gros champignons, et quatre truffes, dans la saison; vous faites réduire de l'allemande avec vos champignons et truffes. Quand votre sauce est réduite jusqu'à ce qu'elle forme une pâte, vous mettez dedans vos palais à ris, gros comme une noix de beurre fin et un peu de muscade; vous maniez le tout ensemble, le laissez refroidir, le moulez en forme longue, grosse comme le petit doigt. Vous aurez de la tétine cuite dans le moment, et refroidie; vous la couperez le plus mince possible, comme des bardes de lard, et toutes de même grandeur; vous placerez votre chair sur chaque morceau de tétine, de manière à ce qu'ils soient enveloppés au moment de servir; vous tremperez vos cromesquis dans une pâte à frire, et les ferez frire comme une marinade; vous les dresserez sur un plat avec un joli bouquet de persil frit. (F.)

CROMESQUIS DE CERVELLES DE BOEUF ET D'AMOURETTES.

Les cromesquis de cervelles de bœuf et d'amourettes se péparent de même que celles de palais de bœuf. (*Voyez ci-dessus.*) (F.)

CÔTES DE BOEUF A LA MILANAISE.

Vous prenez une côte préparée comme au vin de Madère; quand elle est bien parée, bien glacée et réchauffée dans son fond, vous avez du macaroni blanchi; quand il est cuit, vous l'égouttez dans une passoire et le sautez dans le fond de votre côte de bœuf, avec du fromage de Parme, gros poivre et beurre. Vous dressez votre macaroni sur votre plat, et placez votre côte dessus bien glacée; servez chaudement. (F.)

CÔTES DE BOEUF COUVERTES, AUX EPINARDS OU A LA CHICORÉE.

Vous prendrez quatre belles côtes de bœuf couvertes; vous couperez les os de la chaîne et le bout des côtes; vous les ferez cuire à la broche, comme le rosbif à l'anglaise : vous servez vos côtes sur des épinards ou de la chicorée. (F.)

RELEVÉE DE QUEUES DE BOEUF A LA FLAMANDE.

Vous faites braiser deux belles queues de bœuf, coupées par nœuds, dans un même fond que l'aloyau au vin de Madère; quand vos queues de bœuf sont cuites, vous les égouttez. Dégraissez votre fond, passez-le à la serviette et faites-le réduire à demi-glace. Vos queues étant bien préparées, vous les faites mijoter pendant une heure dans leur demi-glace, jusqu'à ce qu'elles aient bien pris leur glace. Vous dresserez vos queues sur un grand plat ovale, avec un joli cordon de laitues à l'entour. (*Voyez* la Garniture flamande.) (F.)

PLUNK FINK, OU PINSONS PLUMÉS.

Ayez une livre ou deux de viande de bœuf d'Hambourg cuite, coupez-la en dés, ayez la même quantité de carottes et autant d'ognons coupés de même; faites cuire ces deux sortes de racines ensemble, avec une cuillerée de bouillon; vos racines presque cuites, ajoutez votre viande, versez un demi-verre de vinaigre, trois cuillerées de sucre en poudre; faites réduire cette préparation, afin que tout votre fond puisse tenir sur le plat sans répandre. (En place de bœuf d'Hambourg, vous pouvez prendre du jambon ou de la langue à l'écarlate.) Cette entrée n'est pas distinguée, mais je la trouve très-bonne. (D.)

AMOURETTES DE BŒUF EN MARINADE.

Vous préparerez vos amourettes comme les cervelles, et les ferez cuire de même; quand elles seront cuites, vous les ferez égoutter, les couperez toutes de même longueur, et les ferez frire en pâte. (F.)

HUILE DE PIEDS, MUFLES ET OREILLES DE BŒUF.

Vous prendrez la quantité de pieds, de mufles et d'oreilles de bœuf dont vous aurez besoin; vous désosserez vos pieds, et les laisserez dégorger pendant vingt-quatre heures dans une eau courante; vous mettrez vos issues dans une grande marmite, avec de l'eau, et ferez bouillir le tout pendant deux fois vingt-quatre heures, à petit feu, et bien couvert. Vous remplirez votre marmite avec de l'eau fraîche; vous enlèverez votre huile avec une cuillère, la mettrez dans votre vase rempli d'eau, et la laisserez refroidir ainsi pendant deux jours. Vous enlèverez votre huile dans des vases propres, et vous vous en servirez pour frire : on peut se servir de la colle et la réduire. (F.)

PALAIS DE BŒUF AUX FINES HERBES.

Vous préparez vos palais de bœuf en liards, et la même quantité de tétines de veau; vous aurez de fines herbes à papillotes, que vous mêlerez avec un peu de farce et quenelle; vous maniez le tout ensemble avec deux jaunes d'œufs; vous mettez un peu de cette farce sur un plat d'argent ou casserole, et rangez un morceau de palais et un de tétine, un lit de farce en forme de pyramide; vous poudrez de chapelure votre gratin, et mettez un peu de beurre fondu. Mouillez avec un verre de vin blanc; faites-lui prendre couleur et gratin au four de campagne : servez avec votre entrée un peu d'italienne ou d'espagnole réduite. (F.)

ROGNONS DE BŒUF A LA CHAPSAL.

Beurrez un plat à sauter, émincez votre rognon en escalopes, posez vos morceaux de manière qu'il n'y en ait qu'un d'épaisseur; assaisonnez de sel, poivre et muscade; faites partir sur un fourneau modéré; retournez vos escalopes afin qu'elles soient cui-

fées également; incorporez une cuillerée de farine dans le même volume de beurre et à froid; séparez cette préparation en plusieurs parties; en les posant sur votre rognon, agitez le tout ensemble; versez un demi-verre de vin blanc et un quart d'eau-de-vie; ajoutez une petite poignée de persil haché; remuez votre casserole, et servez. (D.)

ROGNONS DE BŒUF SAUTÉS.

Vous préparez un rognon de bœuf en l'éminçant, comme pour des rognons au vin de Champagne : vous mettrez un morceau de beurre dans une poêle avec vos rognons, et persil haché, échalottes, champignons, sel et poivre, un peu de muscade. Vous ferez sauter vos rognons à grand feu, afin qu'ils ne jettent pas leur jus; vous les liez avec une pincée de farine, et les mouillez avec un demi-verre de vin blanc, deux cuillerées d'espagnole; vous les retirez du feu sans les laisser bouillir; vous les liez avec un morceau de beurre fin et un jus de citron : servir chaudement, avec des croûtons de pain à l'entour. (F.)

GRAS-DOUBLE A LA PROVENÇALE.

Vous prendrez le plus épais du gras-double; quand il sera lavé et blanchi, vous le gratterez et le laverez à plusieurs eaux; vous le ferez cuire avec une livre de lard râpé, deux carottes, deux oignons, dont un piqué de quatre clous de girofle, laurier, thym, ail, gros poivre, persil, et deux petits piments enragés : vous le mouillerez avec une bouteille de vin blanc et une cuillerée de dégraissis de consommé; vous ferez cuire votre gras-double pendant huit heures, à petit feu; vous le laisserez refroidir dans son fond, vous le ferez réchauffer et égoutter : vous le couperez en filets égaux.

Vous avez préparé d'avance douze oignons coupés en filet, que vous faites frire dans de l'huile, avec un peu d'ail et persil haché : vous égouttez la moitié de votre huile, et faites bouillir votre gras-double avec vos oignons et un peu du fond de la cuisson. Les servir le plus chaudement possible, après avoir mis dessous des croûtons et croûtes de pain chapelés, que vous avez trempés dans de l'huile, poudrés de sel et gros poivre, et séchés sur le gril. (F.)

GRAS-DOUBLE A LA MILANAISE.

Vous couperez votre gras-double en filets, et le ferez cuire comme ci-dessus, avec cette différence de l'oignon frit dans l'huile : quand votre gras-double sera cuit et bien réduit, vous aurez une soupière dans laquelle vous mettrez des croûtons de pain dans le fond, un lit de gras-double, un de fromage de Parme râpé, et ainsi de suite. Il est nécessaire de le faire gratiner. (F.)

GRAS-DOUBLE EN CAISSE OU EN GRATIN.

Ayez une caisse ronde de la grandeur d'un plat d'entrée; faites-la frire dans l'huile; mettez-la égoutter; placez-la sur une gouttière ou sur un plat d'argent; mettez dans le fond de votre caisse des fines herbes cuites (*voyez* Durcelle), avec un peu de farce cuite, ou quenelle; dressez votre gras-double dessus votre gratin; mettez un lit de fines herbes et un lit de gras-double; coupez en ronds de la grandeur d'une pièce de 5 francs; recouvrez votre caisse de fines herbes; panez-la avec de la mie de pain; dressez-la avec du beurre fondu; faites-la gratiner et prendre couleur au four. Au moment de servir, arrosez-la d'une espagnole réduite, et servez. (F.)

GRAS-DOUBLE A LA POULETTE.

Prenez un morceau de gras-double bien cuit; coupez-le de la forme d'un sou; mettez-le dans une casserole, avec un morceau de beurre, des champignons tournés, du persil haché, sel, poivre et muscade; étant bien bouillant, liez-le avec trois jaunes d'œufs et un jus de citron; dressez-le dans un plat, avec des croûtons à l'entour, et servez. (*Voyez* Croûtons.) (F.)

GRAS-DOUBLE A LA LYONNAISE.

Préparez du gras-double comme ci-dessus; vous couperez une douzaine de gros oignons en filets; faites-les frire dans de bonne friture: quand votre oignon est jaune, mettez-le égoutter dans une passoire; mettez votre oignon dans une casserolle avec vos morceaux de gras-double; faites-le mijoter jusqu'au moment de servir: servez avec des croûtons comme ci-dessus. (F.)

ATTÉREAUX DE GRAS-DOUBLE.

Prenez un morceau de gras-double cuit comme à l'article Gras-double à la Provençale; coupez-le par petits carrés d'égale grandeur, autant de morceaux de poitrine de petit salé, autant de champignons; enfilez vos morceaux de gras-double, lard et champignons, dans six atelets; posez vos atelets sur un grand plat; versez dessus une sauce à atelets (*voyez* cet article); laissez-les refroidir; quand ils seront froids, garnissez bien vos atelets de sauce; passez deux fois à l'œuf, et faites-les frire; dressez-les sur un plat; saucez-les d'une sauce tomate. (*Voyez* Sauce tomate.)

GRAS-DOUBLE A LA LYONNAISE, PURÉE D'OIGNONS.

Vous couperez en filets du gras-double cuit comme il est indiqué à son article; mettez-le dans une purée d'oignons brune (*voyez* Purée d'Oignons); faites chauffer votre ragoût au bain-marie: servez-le avec des croûtons à l'entour. (F.)

GRAS-DOUBLE EN CRÉPINETTE.

Prenez du gras-double cuit, coupez-le en petits dés avec autant de champignons, une demi-livre de lard; râpez un peu de mie de pain, deux jaunes d'œufs; mettez le tout ensemble; assaisonnez de sel, poivre, muscade, épices et un peu d'ail; mettez cet appareil dans une crépinette de cochon, par portion égale de la grosseur d'un œuf; aplatissez-les comme des saucisses plates, mettez-les griller au moment de servir: servez-les sur un plat avec une sauce tomate dessous.

Le gras-double se mange aussi assaisonné de sel et poivre trempé dans l'huile, pané, grillé. (F.)

LANGUE DE BOEUF FOURRÉE.

Faites dégorger autant de langues que vous en aurez besoin; vous aurez eu soin de faire tremper pendant quelques heures de vos boyaux de bœuf bien grattés et bien lavés dans de l'eau, avec les herbes aromatiques; mettez vos langues dans les boyaux, liez-en les deux extrémités; ayez une saumure assez considérable, mettez deux onces de sel de nitre ou salpêtre, macis, gingembre girofle, laurier, thym, genièvre et coriandre; laissez tremper ces langues pendant douze jours; retirez-les, faites-les sécher à la cheminée; pendant qu'elles sèchent, brûlez-y des herbes aromatiques : faites-les avec un quart de leur saumure et de l'eau. (F.)

LANGUE DE BOEUF AU PARMESAN.

Faites cuire une langue de bœuf dans une bonne braise; quand elle sera cuite, laissez-la refroidir; coupez-la par lames très-minces; mettez du parmesan râpé au fond d'un plat creux, couvrez votre parmesan de vos tranches de langue et de fromage; arrosez chaque lit d'un peu d'espagnole réduite, et finissez par un lit de fromage que vous arroserez d'un peu de beurre fondu : mettez votre langue prendre couleur au four de campagne, et servez. (F.)

MANIÈRE DE PRÉPARER LA TÉTINE DE VACHE.

Prenez une belle tétine de vache, lavez-la bien, laissez-la dégorger deux heures; faites-la blanchir, laissez-la refroidir, parez-la, et mettez-la cuire dans un bon fond et bien assaisonné. Laissez-la refroidir. (F.)

MANIÈRE DE S'EN SERVIR.

Vous vous servirez du même procédé que pour le gras-double. (*Voyez* ces articles.) (F.)

DU VEAU.

Le veau de deux mois est le meilleur; celui de Pontoise est le préféré; il n'a pas la chair très-blanche quand elle est crue, mais elle est fine, et elle blanchit en cuisant : c'est un manger délicieux. Les veaux noirs ne valent rien pour les issues.

TÊTE DE VEAU AU NATUREL.

Vous prenez une tête de veau échaudée; vous la désossez jusqu'aux yeux; vous en ôtez les mâchoires inférieures, et vous coupez la mâchoire supérieure jusqu'à l'œil; vous mettez dégorger votre tête pendant deux ou trois heures; vous faites bouillir de l'eau dans un grand chaudron, et vous mettez la tête dedans : vous avez bien soin de l'enfoncer dans l'eau bouillante pour qu'elle ne noircisse pas : vous écumez bien votre eau, afin qu'elle ne salisse pas votre tête. Quand elle a bouilli une demi-heure, vous l'ôtez du chaudron, et la mettez dans un baquet d'eau froide; vous l'y laissez une demi-heure, afin qu'elle refroidisse; après cela, vous la retirez de votre baquet, et vous l'essuyez bien; vous flambez votre tête au-dessus d'un fourneau bien ardent, pour en brûler quelques poils qui y seraient encore; vous l'essuyez, vous en ôtez la langue, les peaux blanches et dures qui sont dans l'intérieur de la bouche; vous rassemblez les peaux, vous ficelez la tête de manière qu'elle paraisse entière; vous la frottez de citron et vous la couvrez d'une barde de lard; puis vous la mettez cuire dans un blanc avec la langue (*voyez* Blanc). Quand votre tête est dans votre blanc, vous la faites bouillir, vous l'écumez, vous y mettez un rond de papier beurré et vous la faites bouillir tout doucement. Trois heures suffisent pour la cuire: d'ailleurs, vous la pressez avec le doigt; si la chair fléchit, c'est que votre tête est cuite: alors, au moment de servir, vous la retirez de votre blanc; vous l'égouttez, vous la dressez sur le plat; vous coupez la peau qui est sur le crâne avec la pointe de votre couteau; vous ouvrez le crâne en le séparant en deux; vous ôtez les deux os qui couvrent la cervelle, et vous la laissez à découvert; vous dépouillez la langue d'une peau dure qui la renferme, vous la fendez en deux de son long; vous la poudrez de sel fin, de gros poivre; vous la trempez dans le beurre; vous la faites griller; vous la mettez sur le mufle de la tête; vous poudrez votre tête de persil bien fin, et la servez avec un huilier, ou bien vous faites chauffer du vinaigre dans une casserole avec du sel, du poivre fin, de la ciboule ou des échalottes, et vous mettez cette sauce dans une saucière. Cette tête se sert pour relever le potage

TÊTE DE VEAU A LA DÉTILLER.

Ayez une tête de veau bien blanche; vous la désossez tout entière; vous la mettez dégorger comme la précédente; vous la faites blanchir de même, vous retirez la cervelle qui reste dans le crâne; vous la faites dégorger; vous enlevez les fibres et la première peau qui la couvrent; vous la faites blanchir dans de l'eau bouillante, et un filet de vinaigre après: vous avez un petit blanc dans lequel vous la faites cuire. Trois quarts d'heure de cuisson suffisent. Votre tête de veau étant bien refroidie, vous la sortez de l'eau, vous l'essuyez bien, vous la flambez comme la précédente, vous la coupez par morceaux, vous laissez les yeux entiers, et les oreilles de même; vous ficelez ces morceaux et les faites cuire comme précédemment. Quand votre tête est cuite, au moment de la servir, vous la sortez du blanc; vous l'égouttez et la déficelez; vous dressez vos morceaux sur le plat, vous séparez la cervelle, et vous la mettez aux deux extrémités; vous détachez la langue, vous la coupez en petits carrés gros comme des dés à jouer, et vous la mettez dans la sauce. Vous prendrez une faible cuillerée à pot d'espagnol, dans laquelle vous mettrez une demi-bouteille de vin de Chablis, dix gousses de petit piment enragé bien écrasé, six cuillerées à dégraisser de consommé: vous ferez réduire votre sauce à moitié; quand elle sera réduite, vous y mettrez des cornichons tournés en petits bâtons, votre langue en dés et des champignons; vous verserez ce composé sur votre tête.

TÊTE DE VEAU A LA TORTUE.

Vous préparerez une tête en morceaux comme la précédente; vous aurez un linge fin et bien blanc de lessive, que vous laverez dans de l'eau propre; vous l'étendrez sur la table, vous y mettrez des bardes de lard, vous prendrez les morceaux de cette tête, vous les ficellerez, vous les poserez sur vos bardes, et vous les recouvrirez ensuite de bardes de lard; vous envelopperez ces morceaux avec le linge, vous ficellerez les deux bouts; vous mettrez cette tête ainsi enveloppée dans une braisière ou casserole, et vous placerez une poêle par-dessus (*voyez* Poêle). Vous y mettrez une bouteille de vin de Madère sec; vous ferez bouillir votre cuisson : quand elle aura jeté quelques bouillons, vous la ferez mijoter : vous mettrez du feu sur votre couvercle, et vous ferez aller votre tête tout doucement. Trois heures de cuisson suffisent : d'ailleurs vous la sonderez avec une lardoire. Si les morceaux étaient trop fermes, vous la feriez cuire davantage : au moment de servir, vous prendrez les deux bouts de votre linge, vous le retirerez de la casserole, vous le déficellerez, vous égoutterez vos morceaux et votre cervelle qui sont dedans : vous les dresserez sur le plat, et vous y verserez le ragoût qui suit.

NOIX DE TORTUE (1).

Parez-la comme une noix de veau; piquez-la de même; employez le même procédé, variez ses garnitures : il faut autant de temps pour sa cuisson que pour les fricandeaux. (D.)

RAGOUT DE TÊTE DE VEAU A LA TORTUE.

Vous prendrez quatre cuillerées à pot ou plus (il faut que cette sauce soit longue) de sauce grande espagnole, que vous mettrez dans une casserole; vous y verserez une bouteille de vin de Madère sec, trois cuillerées à pot de consommé, dix gousses de petit piment enragé bien écrasé : vous ferez réduire votre sauce à moitié, et quand elle sera fine, vous mettrez des quenelles de veau, la langue coupée en morceaux, des crêtes et rognons de coqs, de petites noix de veau, des ris de veau en morceaux, et d'autres garnitures cuites : vous pourrez joindre à cela huit ou dix jaunes d'œufs, douze extrémités d'œufs, c'est-à-dire le blanc, dont vous couperez le bout formant une petite cuvette, des cornichons tournés en bâtons, des champignons tournés, des écrevisses, des graines de capucines confites au vinaigre : vous aurez soin que ce ragoût soit bien chaud, mais qu'il ne bouille pas; vous le verserez sur la tête bien dressée en pyramide. Il faut que ce ragoût soit d'un bon sel. Si vous n'avez pas de sauce, vous ferez un roux un peu fort, afin que votre sauce soit un peu longue; vous le mouillerez avec un peu de mouillement de quelque cuisson et du vin de Madère;

(1) *Voyez* Préparation de la tortue.

vous pourriez aussi prendre le mouillement dans lequel aura cuit votre tête : au défaut d'autre chose, vous mettrez dans votre ragoût les garnitures que vous aurez, mais toujours des cornichons, des œufs durs, des quenelles et du piment. Si vous n'avez pas de poêle pour faire cuire votre tête, vous mettrez un morceau de beurre dans une casserole, du lard râpé, des tranches de citron sans écorce, sans blancs ni pepins, trois carottes, quatre oignons, trois clous de girofle, trois feuilles de laurier et du thym; vous passerez tout cela avec votre beurre : quand le tout sera un peu frit, vous mettrez votre bouteille de Madère sec, avec un peu de bouillon; vous ferez bouillir, vous écumerez, vous jetterez du sel, du gros poivre, et vous verserez cet assaisonnement sur votre tête de veau, que vous aurez préparée dans votre linge, comme il est dit à la tête de veau à la tortue, et vous la ferez cuire.

TÊTE DE VEAU FRITE.

Quand une tête de veau est cuite au naturel, ou autrement, vous la coupez par morceaux moyens; vous la mettez dans un vase, vous versez une marinade dessus (*voyez* Marinade). Ayez soin que tous vos morceaux soient trempés dans l'assaisonnement. Vous faites une pâte à frire; vous égouttez vos morceaux de tête, et les mettez dans votre pâte : il ne faut pas que votre friture soit très-chaude pour recevoir vos morceaux de tête.

TÊTE DE VEAU A LA POULETTE.

Vous passerez de fines herbes dans du beurre; vous y mettrez un peu de farine; vous mouillerez avec du bouillon, un peu de sel et un peu de gros poivre; vous ferez bouillir votre sauce un quart d'heure; vous mettrez vos morceaux de tête dedans; vous la ferez mijoter un instant, afin qu'elle soit chaude : au moment de servir vous mêlerez une liaison de deux ou trois œufs, selon que votre ragoût sera grand; vous tournerez votre ragoût jusqu'à ce ce qu'il soit lié; ne le laissez pas bouillir avec votre liaison dedans, parce qu'il tournerait : au moment de servir, vous y verserez un jus de citron ou un filet de vinaigre.

TÊTE DE VEAU FARCIE.

Vous désossez une tête de veau tout entière; tâchez de ne point la crever, c'est-à-dire que votre tête n'ait aucun trou occasionné par le couteau; vous aurez attention que les yeux tiennent après la tête : quand elle sera désossée, vous la ferez dégorger à l'eau froide; vous la ferez blanchir de manière que votre tête ait la même forme que si elle avait ses os; vous la mettrez dans l'eau froide; vous l'essuierez, puis vous la flamberez, vous ferez du godiveau (*voyez* Godiveau). Quand il sera aux trois quarts mouillé, vous y mettrez deux cuillerées à dégraisser de velouté réduit, vous mettrez dans cette farce un peu plus de quatre épices, de persil et d'échalotte hachés que de coutume, vous remplirez votre tête de ce godiveau, en lui faisant prendre sa forme première avec une aiguille à brider et de la ficelle; vous la couvrez de manière qu'elle conserve sa forme. Quand votre tête sera toute préparée, vous la frotterez de citron; vous aurez un linge bien blanc et fin, sur lequel vous mettrez des bardes de lard; vous y poserez votre tête, et vous la couvrirez de bardes; vous l'envelopperez, vous lierez les deux bouts de votre linge: après vous ficellerez votre tête comme si c'était une pièce de bœuf, afin qu'en cuisant elle ne se déforme pas; vous la mettrez dans une braisière; vous poserez par-dessus une poêle (*voyez* Poêle) que vous aurez mouillée avec deux bouteilles de vin de Chablis; vous ferez mijoter votre tête trois heures avec du feu dessus et dessous; vous la tâterez avec le doigt; si les chairs sont encore trop fermes, vous la ferez aller un peu plus longtemps; quand elle sera cuite, vous la retirerez de votre braisière, en prenant les deux bouts de votre linge; vous la déficellerez, vous la laisserez égoutter sur un couvercle que vous glisserez dessous; vous la mettrez sur votre plat, et vous y verserez le ragoût qui suit. En cas que vous n'ayez pas de poêle pour faire cuire votre tête, vous aurez un bon morceau de beurre et du lard râpé, quatre carottes, cinq oignons, trois clous de girofle, trois feuilles de laurier, un peu de thym, les tranches de deux citrons, excepté le blanc et les pepins; vous passerez tout cet assaisonnement: quand vous verrez que cela aura un peu frit, vous les mouillerez avec deux bouteilles de vin blanc de Chablis; vous y mettrez du sel, du gros poivre; vous ferez bouillir votre assaisonnement, vous l'écumerez, et vous le verserez sur votre tête, que vous aurez préparée comme ci-dessus.

RAGOUT POUR LA TÊTE FARCIE.

Vous mettrez quatre cuillerées à pot de grande espagnole, que vous verserez dans une casserole; vous y mettrez une bouteille de vin blanc de Chablis, deux cuillerées à pot de consommé; vous ferez réduire le tout à moitié: votre sauce doit être bien liée; vous la passerez à l'étamine dans une autre casserole, où vous aurez mis des boulettes de godiveau poché (*voyez* Godiveau poché), des culs d'artichauts cuits dans un blanc (*voyez* Culs d'Artichauts), des champignons, des ris de veau cuits en morceaux et des écrevisses; vous tiendrez ce ragoût chaud sans le faire bouillir: au moment de servir, vous verserez ce ragoût sur la tête de veau farcie.

A LA BOURGEOISE.

Si vous n'avez pas de sauce pour ce ragoût, vous ferez un roux un peu fort, parce qu'il faut que votre sauce soit longue; vous le mouillerez avec un fond de cuisson, si vous en avez; sans cela vous passeriez au tamis de soie le mouillement dans lequel a cuit votre tête; vous le dégraissez bien, et vous mouillez votre roux avec; vous y ajoutez une demi-bouteille de vin blanc de Chablis, une cuillerée à pot de bon bouillon; vous faites réduire votre sauce jusqu'à ce qu'elle soit assez liée; vous la dégraissez; vous la passez à l'étamine dans la casserole où est le ragoût préparé, vous y ajouterez un peu de gros poivre; vous tiendrez votre ragoût chaud sans le faire bouillir.

PIEDS DE VEAU.

Les pieds de veau se font cuire de même que la tête; on les mange au naturel, à la poulette, en marinade, en ragoût aux champignons, etc. (*Voyez* Tête de veau.)

FRAISE DE VEAU.

Vous faites bien dégorger une fraise dans de l'eau froide; vous la mettez dans un chaudron plein d'eau bouillante; quand elle a bouilli un bon quart d'heure, vous la mettez dans l'eau froide: lorsqu'elle est tout à fait refroidie dans ce liquide, vous la ficelez, et vous la mettez cuire dans un blanc (*voyez* Blanc); autrement, vous pouvez la mettre cuire avec de l'eau, deux carottes, trois oignons, deux clous de girofle, deux feuilles de laurier, un peu de thym, un bouquet de persil et de ciboule, plus un verre de vinaigre, du sel: deux heures suffisent pour cuire votre fraise. La sauce qui convient le mieux est du vinaigre, que l'on fait bouillir avec du sel et du poivre fin: il faut que l'assaisonnement soit fort, parce que la fraise est très-fade par elle-même.

LANGUE DE VEAU A LA SAUCE PIQUANTE.

Huit langues de veau suffisent pour faire une entrée. Vous les mettrez dégorger, ensuite vous les faites blanchir un bon quart d'heure; vous les rafraîchissez, vous les parez; vous les piquez de moyens lardons que vous avez bien assaisonnés; vous mettez cuire vos langues dans une braise ou fond de cuisson, ou bien avec quelques carottes, des oignons, des clous de girofle, du thym, du laurier, de tout cela modérément, et une cuillerée à pot de bouillon. Trois heures sont suffisantes pour cuire vos langues. Vous ôtez la peau de dessus vos langues; vous les glacez, vous les dressez autour du plat, en mettant un croûton ovale entre; versez une sauce piquante sur vos langues. (*Voyez* Sauce piquante.)

OREILLES DE VEAU A L'ITALIENNE.

Vous faites dégorger huit oreilles de veau échaudées; vous les faites blanchir, vous les rafraîchissez, vous les flambez, vous les essuyez, vous ciselez le bout de l'oreille, c'est-à-dire coupez le bout jusqu'au milieu; vous mettez dans le fond d'une casserole des bardes de lard, vous y mettez vos oreilles, vous les couvrez aussi de bardes, vous versez une poêlée par-dessus, et vous couvrez le dedans de votre casserole d'un papier beurré; vous les ferez mijoter pendant deux heures et demie, vous les égoutterez, vous les dresserez sur votre plat, et vous les saucerez avec une italienne.

Si vous n'avez pas de poêle, vous les mettrez entre deux bardes de lard, et vous marquerez un blanc court (*voyez* Blanc), que vous verserez dessus, et vous les ferez cuire.

OREILLES DE VEAU FARCIES.

Vous préparerez des oreilles, et les ferez cuire comme les précédentes; vous mettrez dedans une farce cuite (*voyez* Farce cuite); vous unirez bien votre farce, vous panerez vos oreilles à l'œuf, et vous les ferez frire; vous mettrez un jus clair dessous.

OREILLES DE VEAU EN MARINADE.

Vous préparerez des oreilles comme celles dites à l'italienne, et vous les ferez cuire dans un blanc; quand elles seront cuites, vous les égoutterez; vous les couperez en long, en deux, trois ou quatre morceaux, comme vous jugerez à propos; un quart d'heure avant de servir, vous verserez dessous une marinade (*voyez* Marinade); vous les égoutterez; vous les mettrez dans une pâte à frire (*voyez* Pâte à frire); vous les mettrez dans une friture qui ne soit pas trop chaude: quand elles auront une belle couleur, vous les retirerez; vous les égoutterez sur un linge blanc; vous les dresserez sur votre plat; ensuite vous ferez frire une poignée de persil, que vous mettrez en pyramide.

OREILLES DE VEAU EN RAGOUT AUX CHAMPIGNONS.

Préparez et faites cuire des oreilles comme celles dites à l'italienne; quand elles seront cuites, vous les égoutterez et vous les dresserez sur le plat; vous mettrez dessus un ragoût de champignons, vous les tournerez, vous les sauterez dans le beurre; vous y mettrez quatre cuillerées à dégraisser de velouté, autant de consommé, vous ferez réduire votre sauce à moitié; au moment de servir, vous liez votre ragoût avec deux jaunes d'œufs, et vous le versez sur les oreilles que vous avez posées sur votre plat.

CERVELLES DE VEAU POÊLÉES.

Vous aurez trois cervelles; elles suffisent pour une entrée; vous levez une peau très-mince qui enveloppe la cervelle; vous ôtez les fibres qui sont dans les autres; après les avoir bien épluchées, vous les mettez dégorger deux heures; vous remplissez ensuite une casserole d'eau bouillante, dans laquelle vous mettez une poignée de sel et un demi-verre de vinaigre; vous mettez vos cervelles blanchir un quart d'heure à l'eau bouillante; vous les retirez ensuite pour les mettre à l'eau froide; vous étendrez dans le fond d'une casserole des bardes de lard, et vous poserez vos cervelles dessus; vous les couvrirez aussi de lard; vous verserez par-dessus de la poêle suffisamment pour qu'elles cuisent.

A LA BOURGEOISE.

Si vous n'avez pas de poêle, vous ferez cuire vos cervelles entre des bardes de lard, des tranches de citron, ou bien un demi-verre de vinaigre, des carottes, des oignons, deux clous de girofle, deux feuilles de laurier, un peu de thym, un bouquet de persil et de ciboule; vous les mouillerez avec du bouillon, si vous en avez, ou bien une eau de sel.

CERVELLES DE VEAU, SAUCE HOLLANDAISE.

Vous préparez et faites cuire des cervelles comme celles dites poêlées. Au moment de servir vous les égouttez, en les conservant toujours entières, et les mettez dans votre plat, le plus petit bout dans le milieu; vous placez une belle écrevisse entre; vous avez du velouté réduit dans lequel vous mettez un filet de vinaigre d'estragon; vous prenez une ravigote blanchie passée à l'étamine, que vous mettez dans votre sauce au moment de servir : en cas que votre sauce ne soit pas assez verte, vous y mettrez un peu de vert d'épinards.

Si vous n'avez pas de velouté, vous faites un petit roux blanc, que vous mouillez avec du bouillon; vous mettez un filet de vinaigre d'estragon, du gros poivre; vous faites réduire votre sauce; au moment de la servir, vous y mettez un peu de ravigote hachée, avec un peu de vert d'épinard pour verdir votre sauce : tâchez qu'elle soit de bon sel et de bon goût.

CERVELLES DE VEAU A LA MAITRE D'HOTEL LIÉE.

Préparez et faites cuire des cervelles comme celles dites poêlées; vous les égouttez, vous les dressez sur votre plat; vous aurez un quarteron de beurre fin dans une casserole; vous y mettrez les trois quarts d'une cuillerée à bouche de farine, une ravigote hachée; vous pétrirez le tout ensemble avec une cuillère de bois; vous y mettrez du sel, du gros poivre, un filet de vinaigre d'estragon, et un peu d'eau; vous poserez votre casserole sur le feu, et vous tournerez votre sauce: il faut qu'elle soit assez liée pour masquer vos cervelles.

CERVELLES DE VEAU EN MATELOTE

Vous préparez des cervelles comme celles dites poêlées; vous les faites cuire entre des bardes de lard, deux carottes, trois oignons coupés en tranches, deux feuilles de laurier, un bouquet de persil et de ciboule; vous mouillez vos cervelles avec du vin blanc ; vous les faites cuire pendant trois quarts d'heure; quand vos cervelles sont cuites, au moment de servir, vous les égouttez et vous les dressez sur un plat; vous aurez de petits oignons bien épluchés que vous sautez dans le beurre jusqu'à ce qu'ils soient blonds; vous les changez de casserole; vous avez un petit roux que vous mouillez avec du vin blanc, un peu de jus, et vous versez votre sauce sur vos oignons; vous y mettrez des champignons, un bouquet garni; vous faites cuire le tout ensemble, vous écumez et dégraissez votre ragoût; quand il est cuit vous le versez sur vos cervelles. Il ne faut pas que votre sauce soit ni trop épaisse, ni trop claire : ayez soin qu'elle soit d'un bon sel.

CERVELLES DE VEAU AU BEURRE NOIR.

Préparez et faites cuire des cervelles comme celles dites poêlées; quand elles sont cuites, au moment de servir, vous les égouttez et vous les dressez sur le plat; vous les saucez avec du beurre noir. Mettez un bouquet de persil frit dans le milieu de vos cervelles. (*Voyez* Beurre noir.)

CERVELLES DE VEAU FRITES.

Préparez et faites cuire vos cervelles comme celles dites poêlées; après qu'elles sont cuites, vous les coupez en six morceaux, vous les mettez dans un vase avec du sel fin, un peu de poivre, assez de vinaigre pour que les morceaux prennent le goût; au moment de les servir, vous les égouttez, et vous les mettez dans une pâte à frire qui ne soit pas trop chaude; après qu'ils sont frits, vous les égouttez sur un linge blanc, et vous dressez vos morceaux sur le plat; vous mettez en pyramide un bouquet de persil frit. (*Voyez* Pâte à frire.)

CERVELLES DE VEAU A LA SAUCE TOMATE.

Préparez et faites cuire des cervelles comme celles dites poêlées; au moment du service, vous les égoutterez, vous les dresserez sur le plat, vous y mettrez une sauce tomate. (*Voyez* Sauce tomate.)

CERVELLES DE VEAU AU BEURRE D'ÉCREVISSES.

Préparez et faites cuire des cervelles comme celles dites poêlées. Au moment de servir, vous les égouttez, et vous les dressez sur le plat; ayez quatre cuillerées à dégraisser de velouté réduit, dans lequel vous mettrez gros comme un petit œuf de beurre d'écrevisses; vous remuerez bien votre sauce, pour que votre beurre fonde et se lie avec votre sauce, que vous ne ferez pas bouillir: quand votre beurre sera dedans, vous y mettrez un peu de gros poivre, et vous verserez votre sauce sur vos cervelles.

CERVELLES DE VEAU EN ASPIC.

Vous préparez et faites cuire des cervelles comme celles dites poêlées; vous mettez dans le fond d'un moule de l'aspic tiède de l'épaisseur de sept ou huit lignes; quand votre aspic est froide et congelée, vous coupez vos cervelles en quatre morceaux, et vous les arrangerez de manière que cela forme un transparent, et qu'elles soient posées sur votre gelée, pour que cela fasse votre dessin; vous avez de l'aspic presque froide que vous versez dessus, de manière que vos cervelles se trouvent bien renfermées dans la gelée; vous mettez votre moule à la glace, pour faire congeler votre aspic: quand elle est bien prise, au moment de servir, vous faites bien chauffer un torchon, avec lequel vous frottez le moule jusqu'à ce que vous voyiez votre aspic se détacher, ou bien vous trempez le moule dans l'eau tiède: ne l'y laissez pas trop longtemps, de crainte que votre gelée ne fonde trop; vous mettez votre plat sur le moule, et vous le renversez; en cas que votre aspic ne se détache pas, vous mettrez un linge chaud sur votre moule, et vous frotterez à l'entour avec ce même linge chaud; levez votre moule tout doucement: prenez garde de blesser votre aspic; en cas qu'il y ait de la gelée fondue dans le plat, vous prendriez un chalumeau de paille, et vous la humerez : vous mettrez un instant votre plat sur la glace. (*Voyez* Aspic.)

QUEUES DE VEAU EN TERRINE.

Il faut sept ou huit queues de veau pour faire un ragoût composant une terrine. Vous coupez vos queues dans les nœuds : il n'y a que depuis le gros bout jusqu'au milieu de la queue qui forme quatre ou cinq morceaux ; vous les sautez dans un bon morceau de beurre, sans les laisser roussir, parce qu'il faut que ce ragoût soit blanc ; quand votre viande sera bien revenue dans votre beurre, vous y mettrez quatre cuillerées à bouche de farine que vous mêlerez avec votre beurre et vos queues ; ensuite vous mettrez quatre cuillerées à pot de consommé ; vous tournerez votre ragoût jusqu'à ce qu'il bouille ; vous aurez soin de bien l'écumer ; vous y mettrez un maniveau de champignons tournés, un bouquet de persil et de ciboule ; vous ferez cuire votre ragoût, et le dégraisserez quand il sera cuit aux trois quarts ; et lorsque votre ragoût le sera tout à fait, vous retirerez vos morceaux de queue avec une cuillère percée, de même que vos champignons, et vous les mettrez dans une autre casserole ; vous verserez dans la sauce de vos queues une cuillerée à pot de velouté (*voyez* Velouté) ; vous ferez réduire cette sauce ; quand vous verrez qu'elle sera assez réduite et bien liée, vous la passerez à l'étamine, sur votre ragoût ; vous ferez pocher des quenelles de veau que vous égoutterez au moment de servir, et que vous mettrez dans votre terrine ; vous y mêlerez aussi de petites noix d'épaules de veau, des ris de veau en morceaux, que vous sauterez dans le beurre ; quand ils seront cuits, vous les égoutterez et vous les mettrez dans votre terrine ; vous mettrez dans votre ragoût de queues une liaison de cinq jaunes d'œufs ; vous les remuerez tout doucement sur le fourneau, jusqu'à ce que votre ragoût soit lié : prenez garde qu'il ne bouille, de crainte qu'il ne tourne ; vous le verserez dans votre terrine sur vos garnitures, que vous aurez eu soin de tenir chaudes : il faut que votre ragoût soit long, pour que toutes les garnitures baignent dedans.

RIS DE VEAU GLACÉS.

Les ris de veau les plus blancs, les plus charnus, les plus ronds, sont les meilleurs ; il faut les mettre dégorger dans l'eau tiède ; quand ils le sont bien, vous les faites blanchir dans de l'eau presque bouillante ; quand vous voyez qu'ils redressent un peu, vous les retirez, les mettez dans l'eau froide, puis vous les mettez égoutter sur un linge, et les piquez (*voyez* la manière de piquer) ; après, vous foncez une casserole de bardes de lard, quelques tranches de veau, un peu de carottes, deux oignons, deux clous de girofle, deux feuilles de laurier ; mettez les ris de veau sur votre assaisonnement, une demi-cuillerée de bouillon ; qu'il n'y ait que la moitié du ris de veau de mouillée ; un rond de papier beurré par-dessus, feu dessus, feu dessous; trois quarts d'heure suffisent pour les cuire; prenez garde à la couleur; servez purée de chicorée, cardons, tomates, etc., et ce que vous jugerez à propos.

SAUTÉ DE RIS DE VEAU.

Vous préparez les ris comme les précédents, excepté qu'il faut les faire blanchir davantage, jusqu'à ce qu'ils soient un peu fermes; après qu'ils sont rafraîchis et égouttés, vous les coupez en tranches dessus leur épaisseur, de quatre lignes d'épais; vous faites clarifier du beurre, et le mettez sur un sautoir ou plafond; assaisonnez de sel et gros poivre les tranches de ris, et les mettez sur le beurre clarifié; au moment de servir, vous les mettrez sur un fourneau ardent; quand vous voyez que le morceau est un peu ferme, vous le retournez; il faut très-peu de temps pour les cuire; vous les égouttez, les dressez sur le plat, puis les saucez d'une italienne ou d'un ragoût de concombres, une espagnole demi-liée, de ce que vous jugerez à propos.

ATTÉREAUX DE RIS DE VEAU.

Quand les ris de veau sont cuits comme les précédents, on les coupe en carrés longs tous égaux; vous les mettez dans une sauce à attéreaux. (*Voyez* cette sauce.) Vous avez une tétine de veau cuite dans la marmite; vous enfilez d'abord un morceau de ris, puis une frange bien mince de tétine, jusqu'à ce que votre atelet soit garni; vous remplissez les vides de la sauce, puis vous les passez à l'œuf, les grillez; au moment de servir, mettez une sauce italienne ou tomate.

RIS DE VEAU EN CAISSE.

Faites une caisse de papier que vous huilerez; ayez de moyens ris de veau que vous blanchirez comme ceux pour piquer; vous les finirez de cuire dans une sauce à papillotes; lorsqu'ils le seront, vous les laisserez refroidir, puis vous les mettrez dans vos caisses: trois suffisent pour une entrée; vous mettez une cuillerée d'espagnole dans la sauce à atelet; vous la mêlerez bien, et la verserez sur les ris; puis vous mettrez de la mie de pain dessus avec un pinceau de plume que vous tremperez dans le beurre, et que vous égoutterez dessus; vous y mettrez encore un peu de mie de pain et un peu de beurre; il faut que la mie ait été passée à la passoire. Une demi-heure avant de servir, vous mettrez les caisses au four, ou au four de campagne, ou sur le gril; vous ferez prendre couleur avec la pelle rouge.

RIS DE VEAU EN GARNITURE.

Quelquefois l'on prend les gorges; vous les préparez comme ceux dits glacés; vous mettez deux bardes de lard dans le fond d'une casserole, les ris dessus, une autre barde de lard par-dessus; faites clarifier du beurre dans une poêle, et versez-le sur les ris, carottes, oignons, un peu de laurier, deux clous de girofle, du sel et du bouillon; que les ris baignent; vous les faites cuire trois quarts d'heure, vous les retirez du feu, et vous les coupez en morceaux pour vous en servir.

QUEUES DE VEAU AU BLANC.

Vous préparez des queues comme les précédentes; vous les passez au beurre, et y mettez de même de la farine; vous mouillez avec de l'eau; vous y mettez un bouquet de persil et de ciboule, deux feuilles de laurier, des champignons, du sel et un peu de gros poivre; vous l'écumez; quand il est aux trois quarts cuit, vous le dégraissez, vous y mettez de petits oignons bien épluchés, et de la même grosseur; ne les laissez pas trop cuire, pour qu'ils ne se mettent pas en bouillie : au moment de servir, vous y mêlerez une liaison de quatre jaunes d'œufs (plus ou moins, selon que votre ragoût est fort) : tâchez qu'il soit d'un bon sel. Ce ragoût peut se faire brun comme blanc; on le colore avec un roux.

ÉPAULE DE VEAU.

Le plus communément on fait rôtir de l'épaule de veau; il faut l'embrocher sous le manche, et faire passer la broche dans la palette : deux heures et demie suffisent pour la faire cuire.

ÉPAULE DE VEAU EN GALANTINE.

Ayez une épaule de veau bien couverte; il ne faut pas que le dessus soit offensé; vous la désossez entièrement; vous enlevez une partie de la chair, avec laquelle vous faites votre farce, si vous n'avez pas de rouelle de veau : pour une livre de chair, vous mettez une livre de lard que vous hachez; quand votre farce est bien hachée, vous en étendez l'épaisseur d'un pouce sur votre épaule; vous couchez des lardons et des morceaux de langue à l'écarlate, des truffes, si vous en avez: quelques personnes mettent de l'omelette faite avec du vert d'épinards. Mettez, si vous voulez, des carottes aussi coupées en lardons. Pour marbrer votre galantine, vous recouvrez tous les ingrédients de farce, et vous mettez encore des lardons, des truffes, etc., encore un lit de farce. Quand vous l'avez toute employée, vous roulez votre épaule en long, vous réunissez bien vos chairs, vous la ficelez et la couvrez de lard, vous l'enveloppez bien serrée dans un canevas ou un linge bien blanc; vous la ficelez encore une fois, afin qu'en cuisant elle conserve une belle forme; vous la mettez dans une braisière où vous couchez quelques bardes de lard, quelques tranches de veau; deux pieds de veau blanchis, les os de votre épaule, six carottes, huit ou dix oignons, dont un piqué de quatre clous de girofle, quatre feuilles de laurier, un peu de thym, un fort bouquet de persil et ciboule; vous mouillez avec du bouillon; si vous n'en avez pas, vous employez de l'eau et du sel, vous faites bouillir votre cuisson pendant trois heures; vous sondez si votre épaule est cuite; vous la retirez; vous en faites bien sortir tout le liquide en la pressant, et vous la laissez refroidir; vous passez votre gelée à travers une serviette fine, et vous mettez deux œufs entiers dans une casserole; vous les battez bien, vous versez dessus votre gelée, en mêlant bien vos œufs avec votre gelée; vous y mettez un peu de gros poivre, un peu de quatre épices, une feuille de laurier, un peu de thym, une petite poignée de feuilles de persil: vous mêlez le tout ensemble et le faites bouillir. Quand cela commencera, vous placerez votre casserole sur le bord du fourneau; vous mettrez du feu sur un couvercle, et la couvrirez; vous la laisserez une demi-heure: il faut que cela bouille tout doucement; vous aurez une serviette fine, et vous passerez votre gelée à travers; il ne faudra pas presser votre serviette; faites seulement promener votre gelée dedans; vous laisserez refroidir votre gelée quand elle sera congelée, vous parerez et glacerez votre galantine, et vous mettrez de la gelée à l'entour. Vous aurez soin d'avoir mis dans votre farce du sel, du gros poivre, un peu de quatre épices et du persil haché bien fin: quand vous serez prêt à l'employer, vous mettrez quatre jaunes d'œufs, que vous amalgamerez avec votre farce.

ÉPAULE DE VEAU AUX PETITES RACINES.

Vous désossez une épaule de veau comme pour une galantine, vous la piquez intérieurement avec du lard coupé en lardons, assaisonnez avec du sel fin, du gros poivre, du persil haché bien fin, deux feuilles de laurier, un peu de thym bien haché, un peu de quatre épices: quand votre épaule est bien piquée, vous la roulez en long, vous la ficelez de même que la galantine, et vous mettez dans le fond d'une braisière des bardes de lard, quelques tranches de veau, et les os de votre épaule, puis votre épaule bien ficelée; vous la couvrez de lard; vous y mettez six carottes, sept ou huit oignons, deux feuilles de laurier, trois clous de girofle, un bouquet de persil et de ciboule; vous mouillez votre épaule avec du bouillon, vous la couvrez d'un papier beurré, vous la faites bouillir, et vous la posez ensuite sur un feu doux; vous en mettez aussi sur le couvercle de votre braisière: trois heures suffisent pour qu'elle soit cuite. Au moment de servir, vous l'égouttez, la déficelez, la glacez et la mettez sur un plat long: vous avez beaucoup de petites racines tournées en olives ou en petits bâtons: il faut qu'elles soient bien cuites dans une sauce brune (*voyez* Petites Racines); vous les dressez autour de votre épaule. Ceci ne peut servir que pour relevée.

A LA BOURGEOISE.

Si vous n'avez ni lard ni veau pour la faire cuire, vous la mettrez simplement avec les os, les légumes et les aromates; vous la mouillerez avec de l'eau, faute de bouillon; vous y mettez du sel. Si vous n'avez pas de sauce pour vos petites racines, vous ferez un roux léger que vous mouillerez avec le mouillement dans lequel a cuit votre épaule, et vous y mettrez vos petites racines, après les avoir blanchies avec un petit morceau de sucre, pour en ôter l'âcreté : on peut aussi mettre des laitues autour de cette épaule, une purée de champignons, etc.

POITRINE DE VEAU

La poitrine de veau est un excellent manger; il y aurait trop à dire s'il fallait décrire toutes les manières de l'accommoder.

POITRINE DE VEAU GLACÉE.

Vous coupez une poitrine le plus carrément possible; vous la désossez jusqu'à deux doigts des tendrons; vous assujettissez les chairs avec une aiguille à brider, de manière que votre poitrine soit bien potelée par-dessus; vous avez soin de couper les os tendres qui tiennent au dehors les tendrons; vous mettrez dans votre casserole votre poitrine du côté des tendrons, avec une cuillerée à pot de gelée; vous couvrez votre poitrine de bardes de lard et d'un papier beurré; vous la faites bouillir, et puis vous la mettez sur un feu doux; vous en mettez aussi sur le couvercle : deux heures et demie de cuisson suffisent. En cas que vous n'ayez pas de gelée pour mouiller votre poitrine, vous y mettez trois ou quatre carottes, quatre oignons, deux feuilles de laurier, deux clous de girofle, une cuillerée à pot de bouillon : si vous n'en avez pas, servez-vous d'eau avec un peu de sel, un bouquet de persil et de ciboule. Quand votre poitrine sera aux trois quarts cuite, vous retirerez vos légumes, et vous ferez tomber à glace votre mouillement : quand votre poitrine sera cuite, et que la glace sera au fond de votre casserole, vous retournerez votre poitrine, afin que le dessus se glace. Au moment de servir, vous débriderez votre poitrine; vous la dresserez sur un plat; vous mettrez dans votre glace deux cuillerées à dégraisser de grande espagnole, une cuillerée de bouillon; vous détacherez votre glace sur le feu, et vous mettrez cette sauce sous votre poitrine.

A LA BOURGEOISE.

Si vous n'avez pas de sauce, vous ôtez la graisse qui est avec votre glace; vous y mettez un peu de farine, un peu de bouillon ou d'eau; vous la détachez sur le feu, en tournant avec une cuillère de bois; vous y ajoutez un peu de gros poivre et de sel, si votre sauce est trop douce; vous versez ensuite cette sauce sous votre poitrine.

POITRINE DE VEAU AUX LAITUES.

Parez une poitrine comme la précédente; vous la briderez de même, vous mettrez des bardes de lard dans le fond de votre casserole, des carottes coupées en tranches, des oignons, deux feuilles de laurier, un bouquet de persil et de ciboule, la parure de votre poitrine; vous la couvrirez de lard, vous la mouillerez avec du bouillon et un peu de sel; faites-la cuire à petit feu pendant deux heures et demie : au moment de servir, vous l'égoutterez, la débriderez, la glacerez et la dégraisserez sur votre plat : mettez aussi à l'entour un cordon de laitues que vous glacerez (*voyez* Laitues). Vous aurez une sauce espagnole travaillée que vous mettrez dessous.

A LA BOURGEOISE.

Si vous n'avez pas de sauce, vous ferez un roux léger que vous mouillerez avec le mouillement dans lequel aura cuit votre poitrine; vous ferez la sauce longue, pour pouvoir la faire réduire; vous y mettrez un peu de gros poivre.

POITRINE DE VEAU A LA PURÉE DE CHAMPIGNONS.

Vous préparerez, briderez et ferez cuire une poitrine comme celle dite à la glace; vous mettrez dessous une purée de champignons dans laquelle, au moment de servir, vous mêlerez un jaune d'œuf que vous remuerez avec votre purée.

POITRINE DE VEAU AUX OIGNONS GLACÉS.

Parez et bridez une poitrine comme celle dite à la glace; vous mettez dans le fond de votre casserole des bardes de lard; vous coupez en tranches des oignons que vous mettez dans le fond de votre casserole; vous y placez votre poitrine, vous la couvrez de lard; vous remettez par-dessus des oignons coupés, deux feuilles de laurier, un peu de thym, la moitié d'une cuillerée à pot de consommé, une pincée de gros poivre; vous faites cuire votre poitrine avec du feu dessous et dessus pendant deux heures et demie; quand elle est cuite, vous l'égouttez, vous la glacez avec la glace de vos oignons, et vous la mettez sur le plat avec des oignons glacés à l'entour (*voyez* Oignons glacés); vous versez dans votre glace d'oignons deux cuillerées à dégraisser d'espagnole travaillée, une cuillerée de consommé; vous détachez votre glace avec votre sauce, et vous la mettez sous votre poitrine : ayez soin que tout soit bien chaud quand vous servirez.

POITRINE DE VEAU FARCIE.

Vous coupez le bout des os des côtes qui se trouvent dans votre poitrine, vous faites une incision entre la chair de dessus et celle des côtes; vous y introduisez la farce qui suit. Vous aurez trois quarterons de rouelle de veau, que vous hacherez; vous ajouterez une livre de tétine que vous hacherez aussi avec votre veau, qui est déjà haché; vous mêlerez le tout ensemble, et vous y mettrez du persil haché bien fin, des échalottes hachées de même, du sel, du gros poivre; vous râperez dessus un peu de muscade; vous mettrez trois jaunes d'œufs crus; vous hacherez encore votre chair pour amalgamer le tout ensemble; vous prendrez cette farce, et vous la mettrez dans l'intérieur de votre poitrine, autant qu'il en pourra tenir; vous coudrez avec une aiguille à brider et de la ficelle les chairs qui contiennent votre farce, afin qu'en cuisant elle ne sorte pas : quand votre poitrine sera bridée, vous mettrez des bardes de lard dans votre braisière, vous y placerez votre poitrine, que vous aurez eu soin de ficeler; vous la couvrirez de bardes de lard, vous y mettrez une poêle pour la faire cuire : en cas qu'il n'y ait pas assez de mouillement, vous y ajouterez un peu de bouillon; lorsque votre poitrine aura cuit pendant trois heures, au moment de servir vous l'égoutterez; vous ôterez les ficelles qui la contiennent et vous la glacerez; vous la mettrez sur le plat; vous vous servirez pour sauce d'une espagnole réduite, dans laquelle vous mettrez gros comme une noix de glace et la valeur de la moitié d'un œuf de beurre fin, que vous ferez fondre dans votre sauce bouillante; quand vous l'y mettrez avec la cuillère, vous remuerez bien votre sauce, et vous la verserez dessus. En cas que vous n'ayez pas de tétine de veau pour faire votre farce, servez-vous de lard, de graisse de rognons de veau, ou de celle de rognons de bœuf.

A LA BOURGEOISE.

Si vous n'avez pas de poêle, vous mettez des carottes, des oignons, un bouquet de persil et de ciboule, deux feuilles de laurier, du thym, trois clous de girofle: couvrez votre poitrine de lard, mouillez avec du bouillon: si vous n'en avez pas, mettez-y de l'eau et du sel pour remplacer la sauce: vous ferez un roux léger que vous arroserez avec le mouillement dans lequel aura cuit votre poitrine; vous ferez votre sauce longue, pour pouvoir la faire réduire, et, pour qu'elle prenne du goût, vous y mettrez un peu de gros poivre.

TENDRONS DE VEAU POÊLÉS.

Ayez une poitrine de veau; vous enlevez les chairs qui couvrent les tendrons. Lorsque les tendrons sont découverts, vous les coupez très-près des os des côtes; quand ils sont séparés des côtes, vous coupez les os tendres qui sont rouges et qui tiennent à vos tendrons: après avoir séparé de votre poitrine les tendrons, vous les coupez en huîtres, c'est-à-dire en forme plate et longue, ou en morceaux épais formant le carré, ou vous les laissez entiers: alors il faudrait deux poitrines, parce que vous feriez prendre à chacune une forme de demi-cercle, pour que les deux formassent un rond sur votre plat, et dans lequel vous pourriez mettre ce que vous jugeriez nécessaire. Vous ferez dégorger vos tendrons, vous les ferez blanchir; vous les parerez, pour qu'ils aient une forme propre et égale; vous mettez dans une casserole des bardes de lard; vous placerez dessus vos tendrons, et vous les recouvrirez de bardes; vous verserez une poêle par dessus (*voyez* Poêle). Il faut que vos tendrons cuisent quatre heures avant de les retirer de votre cuisson; faites attention si la lardoire entre facilement dans vos tendrons.

A LA BOURGEOISE.

Si vous n'avez pas de poêle, vous mettrez du lard dans le fond de votre casserole; vous poserez dessus vos tendrons, et vous les couvrirez de lard; vous mettrez ensuite les parures et les os des côtes de votre poitrine dessus, avec deux ou trois carottes, quatre oignons, un bouquet de persil et de ciboule, deux feuilles de laurier, deux clous de girofle, un peu de thym; vous mouillerez vos tendrons avec du bouillon ou de l'eau : alors vous y mettrez la quantité de sel qui convient.

TENDRONS DE VEAU A LA JARDINIÈRE.

Préparez et faites cuire les tendrons comme ceux dits à la poêle; au moment de servir, vous les égouttez, vous les dressez en couronne, vous les glacez, et vous mettez un cordon de laitues à l'entour (*voyez* Laitues pour entrée); et dans le milieu de vos tendrons, vous mettez des racines tournées en petit bâton ou en olive, que vous dresserez en pyramide (*voyez* Ragoût de petites racines.)

A LA BOURGEOISE.

Si vous n'avez pas de sauce pour vos petites racines, faites un roux léger que vous mouillerez avec le mouillement dans lequel ont cuit vos tendrons; vous tournerez vos racines en petits bâtons; vous les ferez blanchir et les mettrez cuire dans votre sauce, vous y ajouterez un petit morceau de sucre et un peu de gros poivre; vous ferez cuire vos laitues entre deux bardes de lard, des racines, et vous mouillerez avec du bouillon.

TENDRONS DE VEAU AUX TOMATES.

Vous préparez des tendrons entiers formant demi-cercle, c'est-à-dire les tendrons de deux poitrines que vous ne couperez pas : vous les ferez cuire comme ceux dits à la poêle : au moment de servir, vous les égoutterez, les glacerez et les dresserez sur le plat : cela doit figurer le bord d'une tourte : vous verserez dans le milieu une sauce tomate (*voyez* Sauce tomate).

TENDRONS DE VEAU A LA PURÉE DE CHAMPIGNONS.

Vous préparez les tendrons comme les précédents : au moment de servir, égouttez-les, glacez-les, et mettez dans le milieu une purée de champignons (*voyez* Purée de Champignons).

TENDRONS DE VEAU AUX POINTES D'ASPERGES.

Vous préparez les tendrons comme ceux dits poêlés; il faut que vos tendrons soient entiers, afin que cela forme le puits : au moment de servir vous les égoutterez, les glacerez, et les dresserez sur le plat; vous aurez des pointes d'asperges, dont vous ôterez les feuilles jusqu'au bouton; vous les couperez de la longueur de huit ou dix lignes; vous les ferez blanchir dans une eau de sel jusqu'à ce qu'elles soient aux trois quarts cuites; vous les égoutterez et les mettrez dans de l'eau froide, afin qu'elles conservent leur vert; vous prendrez du velouté réduit, et vous mettrez vos asperges dedans; vous aurez soin de les bien égoutter, vous leur ferez jeter deux ou trois bouillons dans votre velouté : au moment de servir, vous lierez votre ragoût avec deux jaunes d'œufs : au même instant, vous y mettrez gros comme la moitié d'un œuf de beurre; vous verserez votre ragoût lié dans le milieu de vos tendrons.

A LA BOURGEOISE.

Si vous n'avez pas de velouté, quand vos asperges seront blanchies, vous mettrez dans une casserole un demi-quarteron de beurre; vous sauterez vos asperges dedans; quand vous verrez qu'elles sont chaudes, vous y mettrez une demi-cuillerée à bouche de farine; vous sauterez le tout ensemble, pour que la farine se mêle avec les asperges et le beurre. Vous prendrez du mouillement de vos tendrons, que vous passerez au tamis de soie, et vous mouillerez vos pointes d'asperges; il faut que la sauce soit courte, parce qu'il est nécessaire qu'elle ne jette que trois ou quatre bouillons; après vous y mettrez une liaison de deux jaunes d'œufs, et vous verserez votre ragoût dans le milieu de vos tendrons; tâchez qu'elle soit de bon sel; joignez-y un peu de gros poivre.

TENDRONS DE VEAU EN CHARTREUSE.

Préparez et coupez les tendrons en huîtres; faites-les cuire comme ceux dits à la poêle; vous tournerez des carottes, des navets, au nombre de trente de chaque façon, de la même grosseur et de la même longueur : faites attention que le rond soit de la grandeur d'un liard; vous ferez cuire dans un consommé vos carottes à part, vos navets de même; vous ferez cuire quarante petits oignons, tous de la même grosseur et bien épluchés; ayez soin qu'ils ne soient pas trop cuits, afin qu'ils restent bien entiers; vous ferez cuire aussi vingt laitues (*voyez* Laitues) : quand vos racines seront cuites, vous les couperez en liards; vous les dresserez en miroton; vous ferez dans le fond de votre moule, que vous aurez beurré, un cordon de carottes, un de navets, un de petits oignons, un de haricots verts, de petits pois, que vous ferez blanchir à l'eau de sel, pour les conserver verts; vous les arrangerez en perles dans votre moule: quand le fond sera bien décoré, vous mettrez vos carottes et navets en bâtons à l'entour; ayez attention que cela soit régulier, afin que votre chartreuse ait un joli coup d'œil dans le fond; par-dessus votre décoration vous égoutterez vos laitues, vous les couperez en deux, et vous les mettrez dans votre moule, de manière que votre décoration ait un corps solide qui la tienne. Quand vous aurez bien mis des laitues dans l'intérieur de votre moule, vous égoutterez vos tendrons, et vous les mettrez par-dessus vos laitues; vous tâcherez de les placer de manière à ce qu'il n'y ait pas de vide dans votre moule: dix à douze tendrons suffisent, ou moins, si votre moule est petit; vous le remplirez avec ces laitues et le reste de vos légumes. Il faut que votre moule soit rempli à comble, afin que, le renversant sur le plat, vos racines soient bien soutenues dans l'intérieur. Vous prendrez le mouillement dans lequel auront cuit vos racines, vous le clarifierez, vous le passerez dans un linge fin, et vous le ferez réduire; vous y mettrez la moitié d'une cuillerée à dégraisser d'espagnole réduite, et gros comme une noix de belle glace. Au moment de servir, vous verserez votre chartreuse sur votre plat; et, en cas qu'il y ait un peu d'eau, vous l'aspirerez avec un chalumeau de paille, vous verserez ensuite votre réduction sur votre sauce. Il y a plusieurs manières de tourner les racines pour décorer les chartreuses, mais j'ai cru que celle-ci était la plus facile à décrire et à comprendre.

TENDRONS DE VEAU AU BLANC.

Vous coupez les tendrons, soit en huîtres, soit d'une autre manière; vous les faites blanchir, et les mettez dans l'eau froide. Quand ils sont froids, vous les parez; vous mettez un quarteron de beurre dans une casserole; vous sautez vos tendrons dedans; quand ils sont bien revenus dans votre beurre, vous versez dessus une cuillerée et demie à bouche de farine; vous sautez le tout dans une casserole, pour que votre farine se mêle avec votre beurre; vous mouillez beaucoup vos tendrons avec du bouillon; vous y mettez un peu de gros poivre, des champignons, un bouquet garni; quand vos tendrons auront bouilli pendant deux heures, vous y mettrez de petits oignons bien épluchés, et tous de la même grosseur : lorsque vos oignons seront cuits, si la sauce est trop longue, vous sauterez vos tendrons, vos petits oignons, vos champignons, que vous mettrez dans une casserole, et vous ferez réduire votre sauce jusqu'à ce que vous voyez qu'il en reste assez pour saucer vos tendrons; vous la passerez à l'étamine par dessus vos tendrons; vous la tiendrez chaude au bain-marie; au moment de servir, vous les lierez avec une liaison de trois jaunes d'œufs; vous dresserez ensuite vos tendrons sur le plat, vos oignons et champignons par-dessus.

TENDRONS DE VEAU AU SOLEIL.

Préparez et faites cuire les tendrons comme ceux dits au blanc; vous les liez, et les mettez sur un plafond; vous les couvrez de votre sauce que vous laissez refroidir : il faut qu'elle soit de bon assaisonnement : quand ils sont froids, vous les panez avec de la mie de pain; après, vous les trempez dans l'œuf (*voyez* OEuf pour paner); vous les panez une seconde fois. Au moment de servir, vous les faites frire; ayez soin que votre farine ne soit pas trop chaude, vous mettrez du persil frit dessus.

TENDRONS DE VEAU EN TERRINE.

Vous préparez les tendrons comme ceux dits au blanc : après y avoir mis votre farine, vous les mouillez avec du consommé; vous jetez une cuillerée à pot de velouté : vous mettez vos champignons, un bouquet garni, un peu de gros poivre; vous y ferez cuire vos tendrons pendant trois heures : il faut que votre sauce soit longue, parce qu'il y aura dans votre terrine des garnitures, qui sont de petites noix de veau, des crêtes et des rognons de coq, des riz de veau sautés; douze quenelles de volaille, le tout cuit à part. Au moment de servir, vous égouttez vos garnitures, que vous mettez dans votre terrine, vous y placez vos tendrons, vos champignons; vous liez votre sauce avec cinq ou six jaunes d'œufs, selon que votre sauce est longue : vous la passez à l'étamine au-dessus de vos tendrons.

KARI DE TENDRONS DE VEAU A L'INDIENNE.

Vous coupez et préparez les tendrons comme ceux dits au blanc; vous mettez, pour les tendrons d'une poitrine de veau, trois quarterons de beurre, une cuillerée de safran d'Inde, ou *curcuma* en poudre, dix gousses de petit piment enragé, une livre de petit lard coupé en carré plat, deux feuilles de laurier; vous sautez vos tendrons avec votre beurre et votre piment : quand ils sont bien revenus, vous y mettez quatre cuillerées à bouche de farine, que vous mêlez avec vos tendrons et votre beurre; quand votre farine est bien mêlée, vous mouillez vos tendrons avec du bouillon : il faut qu'il y ait beaucoup de sauce; vous y mettez des champignons, deux clous de girofle piqués dans un oignon, que vous aurez soin de retirer quand votre kari sera cuit : lorsque votre ragoût sera à moitié cuit, vous y mettrez des culs d'artichaut tournés et aux trois quarts cuits, vous y mettrez aussi des petits oignons. Il ne faut pas dégraisser ce ragoût, à cause de sa force. Il faut un pain de riz ; vous aurez une livre et demie de riz, que vous laverez à cinq ou six eaux tièdes, vous aurez dans un chaudron de l'eau que vous ferez bouillir; vous y mettrez blanchir votre riz pendant dix minutes, vous l'égoutterez sur un tamis de grain; vous beurrerez une casserole de la grandeur qu'il faut pour contenir votre riz ; vous la mettez sur un fourneau doux, avec du feu sur le couvercle et à l'entour, afin que votre riz sèche, se forme en pain et prenne couleur; au moment de servir, vous versez votre ragoût dans un vase creux, par exemple une soupière, un saladier, etc.; vous renversez votre pain de riz, que vous mettez sur une assiette à côté de votre kari, parce que l'on met du riz sur l'assiette où l'on sert du kari.

A LA BOURGEOISE.

Si vous n'avez pas de bouillon pour mouiller votre kari, vous le mouillez avec de l'eau : alors vous y mettez du sel, du gros poivre, un peu de muscade râpée. Il faut que votre kari soit bien jaune : ne mettez rien dans le riz.

KARI A LA FRANÇAISE.

Vous préparerez les tendrons, et ferez le kari de même que le précédent : au moment de servir, vous retirez la viande et les garnitures de votre kari : vous aurez soin qu'il soit très-gras et la sauce bien liée et longue; vous ferez une liaison de cinq ou six jaunes d'œufs, selon la quantité de sauce : vous lierez votre sauce en la mettant sur le feu; vous ne cesserez pas de la tourner, en ne la laissant pas bouillir; quand vous verrez votre sauce tenir à votre cuillère, vous la passerez à l'étamine au-dessus de votre kari : il faut que la viande et les garnitures baignent dans la sauce, et que le piment domine; faites ce ragoût d'un bon sel. Si votre sauce était trop courte, vous y ajouteriez du velouté (voy. Velouté).

RAGOUT DE VEAU A LA BOURGEOISE.

Mettez un morceau de beurre dans une casserole; faites-le fondre; mettez deux cuillerées de farine que vous faites roussir; puis vous y mettrez votre morceau de veau, que vous remuerez avec le roux jusqu'à ce qu'il soit ferme: ayez de l'eau chaude que vous verserez sur le ragoût; remuez-le jusqu'à ce qu'il bouille: alors vous mettrez du sel, du poivre, deux feuilles de laurier, un peu de thym; laissez-le bouillir une heure; puis vous y mettrez soit pois, oignons, champignons, carottes, ou morilles, ce qu'il vous plaira. Si le ragoût est blanc, vous y mettrez une liaison de quatre jaunes d'œufs (ou plus si votre ragoût est grand): prenez garde au sel.

TENDRONS DE VEAU EN MARINADE.

Vous coupez les tendrons en huîtres; vous mettez des bardes de lard dans le fond de votre casserole, vos tendrons par dessus: vous les couvrirez de lard, puis vous les mouillerez avec une marinade claire (*voy.* Marinade claire). Vous les ferez cuire pendant deux heures et demie: au moment de servir vous égoutterez vos tendrons et puis vous les mettrez dans une pâte à frire (*voy.* Pâte à frire). Ayez soin que votre friture ne soit pas trop chaude. Vous mettrez sur vos tendrons frits une petite poignée de persil frit.

TENDRONS DE VEAU AUX PETITS POIS.

Vous préparez les tendrons comme ceux dits au blanc; quand ils seront à moitié cuits, vous y mettrez vos pois fins, et gros comme la moitié d'une noix de sucre. Au moment de servir vous y mettrez une liaison de trois œufs. Si vous voulez que votre ragoût soit brun, vous ferez un roux; vous passerez vos tendrons; quand ils seront bien passés, vous les mouillerez avec du bouillon.

A LA BOURGEOISE.

Si vous n'avez pas de bouillon, vous mettrez de l'eau, un bouquet de persil et de ciboule, une feuille de laurier, du sel, du gros poivre; vos tendrons à moitié cuits, vous y mettrez vos pois, et gros comme la moitié d'une noix de sucre; quand votre ragoût sera fini, ayez soin de le dégraisser: voyez s'il est d'un bon sel.

CÔTELETTES DE VEAU SAUTÉES.

Sept côtelettes suffisent pour faire une entrée; vous coupez vos côtelettes de côte en côte; il faut qu'elles soient toutes de la même épaisseur; vous les parez de manière qu'elles soient rondes du gros bout de la chair, et effilées du côté de l'os; vous appropriez le bout de la grandeur d'un demi-pouce; vous mettez sur votre sautoir ou tourtière du sel, du gros poivre; vous y placez vos côtelettes, avec du sel fin dessus, un peu de gros poivre. Si vous voulez les sauter aux fines herbes, vous mettrez dessus du persil haché bien fin et de l'échalotte aussi hachée bien fin; vous ferez fondre une demi-livre de beurre fin, que vous verserez sur vos côtelettes au moment de servir; vous les mettrez sur un feu ardent; quand elles seront cuites d'un côté, vous les retournerez de l'autre: évitez que votre feu brunisse vos côtelettes. Vous poserez le doigt sur la chair: si vous sentez que la viande soit encore molle c'est qu'elle ne serait pas assez cuite; il faudrait les retourner, et les ôter de dessus le feu ardent, pour qu'elles cuisent plus doucement: quand elles seront cuites, vous les dresserez en couronne sur le plat; vous ôtez le beurre qui est dans votre sautoir ou tourtière; vous y mettez quatre cuillerées à dégraisser d'espagnole et un peu de glace. Vous détachez la glace qu'ont produite vos côtelettes, et vous mettez votre sauce dans votre plat.

A LA BOURGEOISE.

Si vous n'avez pas de sauce, vous laissez un peu de beurre; vous mettez un peu de farine que vous remuez avec votre fond; vous y mettrez un peu de bouillon, un peu de fines herbes; vous faites jeter un bouillon, vous saucez vos côtelettes. Voyez si elles sont d'un bon sel.

CÔTELETTES DE VEAU A LA DREUX.

Parez les côtelettes comme les précédentes: vous avez des lardons assaisonnés de sel, de poivre, d'épices; vous faites aussi des lardons de jambon; vous piquez vos côtelettes avec un lardon de lard, un peu de jambon: faites attention que vos lardons soient symétriquement placés; vous mettez raidir vos côtelettes dans une casserole avec du beurre; vous les retirez, vous les parez le plus proprement possible, pour qu'elles aient une forme agréable; vous mettez dans le fond d'une casserole des bardes de lard, quelques tranches de veau, des racines coupées en lames, deux clous de girofle, une feuille de laurier, un bouquet de persil et ciboule; vous mettez vos côtelettes dans votre casserole, et les couvrez de lard et d'un rond de papier beurré, vous ajoutez une cuillereé à pot de consommé; vous les faites mijoter pendant une heure et demie. Au moment de servir, vous les égoutterez, et les glacerez avec une belle glace; vous les dresserez sur votre plat. Vous pouvez servir dessous une sauce espagnole, des concombres, une purée d'oignons blancs, une sauce tomate, etc. (*Voyez* toutes ces sauces.) On peut aussi faire cuire ces côtelettes en y mettant deux ou trois carottes, trois ou quatre oignons, une feuille de laurier; vous beurrerez le fond de votre casserole; vous y mettrez vos côtelettes avec cet assaisonnement; vous verserez une cuillereé à pot de gelée, de consommé ou de bouillon; vous ferez aller votre cuisson à petit feu. Un quart d'heure avant que vos côtelettes soient cuites, vous les ferez aller à grand feu, pour qu'elles tombent à la glace, c'est-à-dire pour que le mouillement réduise, et qu'elles se glacent d'elles-mêmes; vous les mettrez sur la cendre chaude: au moment de servir, vous les retirez, pour les dresser sur le plat.

A LA BOURGEOISE.

Si vous n'avez pas de sauce pour mettre avec votre glace, vous

vous servirez d'un peu de farine, que vous remuerez et mouillerez avec un peu de bouillon, pour détacher votre glace, où vous avez mis de la farine. Faites jeter un bouillon, et saucez vos côtelettes.

CÔTELETTES DE VEAU PIQUÉES, GLACÉES.

Vous prenez les côtelettes les plus rapprochées du rognon; vous les parez le mieux possible; vous ne les aplatissez pas trop, pour qu'elles conservent leur épaisseur: vous les piquez de lard fin (*voyez* Manière de piquer). Quand elles sont piquées, vous mettez du lard dans le fond d'une casserole, quelques tranches de veau, quelques carottes et oignons, une feuille de laurier, deux clous de girofle; vous mettez vos côtelettes sur cet assaisonnement: vous avez soin que le piqué ne se trouve point masqué, afin qu'en cuisant elles puissent se glacer; vous mettez un rond de papier beurré par-dessus, et une cuillerée à pot de consommé ou de bouillon: vous posez votre casserole sur le feu; quand le dedans bout, vous lui mettez son couvercle, sur lequel vous avez du feu peu ardent; vous posez ensuite votre casserole sur un feu doux, mais qui fasse toujours bouillir: il faut une heure et demie pour faire cuire vos côtelettes; au moment de servir, vous les égouttez sur un couvercle de casserole; vous les glacez, et servez dessous concombres, chicorée, sauce tomate, purée d'oseille, purée de champignons, épinards, sauce espagnole ou sauté de champignons, etc., à votre choix.

WIL CÔTELETTE.

Ayez une sous-noix de veau, coupez ce morceau de l'épaisseur d'un filet de poulet, en petit, au nombre de douze; posez-les ensuite dans une casserole à sauter, que vous aurez beurrée d'avance; ayez autant de morceaux de jambon cru, que vous coupez de même que le veau. Faites sauter votre première opération sur un feu assez vif; relevez de suite les filets, placez votre jambon dans le même beurre, qui est dans votre casserole; ne faites pas trop rissoler, dressez votre entrée, en ayant soin de mettre un morceau alternativement de chaque; retirez votre beurre, ajoutez une demi-cuillerée de bouillon pour détacher la glace qui est au fond de votre casserole; servez au milieu une purée de navets cuits à l'eau, assaisonnez de sel, poivre et muscade; versez votre fond sur votre purée. (D.)

A LA BOURGEOISE.

On peut aussi mettre ces côtelettes dans une casserole beurrée et mouiller avec de la gelée, du consommé ou du bouillon, et l'assaisonnement ci-dessus.

CÔTELETTES DE VEAU EN LORGNETTE.

Vous avez des côtelettes que vous parez; vous les aplatissez, vous les piquez de part en part avec des lardons moyens, que vous assaisonnez de sel fin, de gros poivre, de quatre épices; vous les faites raidir dans une casserole avec du beurre; vous les parez;

vous avez une langue à l'écarlate : prenez un coupe-pâte de la grandeur d'un petit écu; vous coupez sept ronds de langue qui seront épais de trois lignes; ayez de gros oignons bien épluchés, vous les couperez de manière à ce qu'ils soient aussi épais que vos ronds de langue; vous ôterez l'intérieur de vos oignons, et vous mettrez en place votre rond de langue; vous en ferez autant que vous avez de côtelettes, et vous en mettrez dessus de manière que cela se tienne en forme de lorgnette : quand vos côtelettes seront préparées, vous les ferez cuire comme celles dites à la Drue (*voyez* Côtelettes à la Drue). Au moment de servir, vous les égouttez, vous glacez le tour de la côtelette et le morceau de langue sans toucher à l'oignon; vous les dressez sur votre plat, vous prenez le fond de vos côtelettes, que vous faites réduire avec un peu d'espagnole, ou, faute de sauce, faites un petit roux que vous mouillerez avec votre fond que vous ferez réduire. Voyez s'il est d'un bon goût.

CÔTELETTES DE VEAU A LA SINGARA.

Vous coupez et parez les côtelettes comme les précédentes, vous avez de la langue à l'écarlate que vous coupez en moyens lardons; vous râpez un peu de lard que vous faites tiédir, et vous sautez vos lardons dedans : vous y mettez un peu de muscade râpée, un peu de poivre fin : vous laissez refroidir vos lardons, et vous piquez vos côtelettes d'outre en outre; vous mettez un morceau de beurre dans une grande casserole, et vous faites raidir vos côtelettes, pour les parer plus correctement; vous mettez dans votre casserole des bardes de lard, les parures de votre langue, un peu de basilic, quelques tranches de jambon; vous mettez vos côtelettes sur cet assaisonnement; vous les couvrirez de lard; vous mettrez par-dessus deux ou trois carottes coupées en lames, ou quatre oignons coupés en tranches, deux verres de consommé ou de bouillon; vous ferez aller vos côtelettes à petit feu pendant deux heures; vous mettrez du feu sur le couvercle. Au moment de servir, vous les égouttez et les glacez; vous passez au tamis de soie le mouillement dans lequel ont cuit vos côtelettes; vous aurez trois cuillerées à dégraisser de grande espagnole, que vous mettrez dans une casserole; vous y ajouterez quatre cuillerées à dégraisser du mouillement de vos côtelettes; vous ferez ensuite réduire votre sauce à moitié : vous dresserez vos côtelettes sur le plat, et vous y mettrez la sauce réduite.

A LA BOURGEOISE.

Si vous n'avez pas de sauce, faites un roux léger que vous mouillerez avec le fond que vous venez de passer au tamis de soie; mettez-y deux cuillerées de jus pour lui donner couleur, et vous la ferez réduire à un tiers : tâchez que votre sauce ne soit pas trop salée; vous y mettez un peu de gros poivre : vous pouvez servir sous ces côtelettes un sauté de champignons, de la chicorée, une sauce tomate, des concombres. (*Voyez* à l'article que vous choisirez.)

CÔTELETTES DE VEAU EN PAPILLOTTES.

Vous coupez et parez les côtelettes comme celles dites sautées; vous avez un bon morceau de beurre que vous mettez fondre dans une casserolle, vous y posez vos côtelettes, vous les assaisonnez de sel, un peu de gros poivre; vous les faites presque cuire dans du beurre; après, vous les mettez sur un plat, et vous y versez le beurre dans lequel elles ont cuit; vous mettez aussi des fines herbes à papillottes (*voyez* Fines Herbes à Papillottes.) Vous laisserez refroidir vos côtelettes; après, vous couperez un carré de papier assez grand pour contenir à l'aise vos côtelettes; vous l'huilez, c'est-à-dire vous versez un peu d'huile dessus, et vous le barbouillez: quand votre papier sera préparé, vous aurez une barde de lard bien mince que vous mettrez dessus, puis votre côtelette, avec des fines herbes de chaque côté, vous la recouvrirez d'une mince barde de lard; vous ploierez votre papier par-dessus votre côtelette; vous rognerez les angles de votre papier, vous le plisserez de manière que votre assaisonnement ne puisse pas sortir étant sur le gril: il faut que les plis de votre papier soient le plus près possible de la chair de votre côtelette. Vous aurez soin de ficeler les bouts où vous terminerez les plis de votre papier, qui doivent se trouver au bout de l'os, afin que ni le jus, ni le beurre ne puissent sortir. Un quart d'heure avant de servir, vous mettez vos côtelettes sur le gril: ayez soin que le feu soit doux, afin que le papier ne soit pas brûlé, et que vos côtelettes cuisent; vous les dresserez en couronnes, et mettrez un jus clair dessous.

CÔTELETTES GRILLÉES, PANÉES.

Vous coupez les côtelettes, et vous les parez comme les précédentes; vous les assaisonnerez avec un peu de sel et de gros poivre; vous ferez tiédir un bon morceau de beurre; vous tremperez dedans chaque côtelette: sortant du beurre, vous les mettrez dans un vase où sera votre mie de pain; vous les remuerez dedans, les en sortirez pour les poser sur la table, où vous mettrez de la mie de pain: après cela, vous leur donnerez la forme avec la main; vous les rendez rondes par le gros bout le plus possible; vous les déposez sur un plafond. Une demi-heure avant de servir, vous les mettez sur le gril, que vous posez sur un feu doux, pour que votre mie de pain ne prenne pas trop de couleur; quand elles sont cuites, vous les dressez en couronnes: vous mettez un jus clair dessous.

CARRÉ DE VEAU.

Vous parez votre carré de manière qu'il n'y ait pas d'os le long de votre filet; vous y passerez de petits atelets depuis le bout de la côte jusqu'au gros filet: embrochez-le avec un gros atelet, et couchez-le sur la broche, afin que votre filet n'ait pas un trou de broche.

CARRÉ DE VEAU PIQUÉ, GLACÉ AUX CONCOMBRES.

Ayez un carré de veau entier, depuis la côte près du rognon jusqu'à la deuxième près du collier; vous le parez et le coupez le plus proprement possible: vous ôtez les os qui sont sous le filet usqu'au bout de la côte du chapelet; vous en découvrez le filet, c est-à-dire que vous levez les peaux qui le couvrent; vous enlevez les nerfs qui sont dessus, en introduisant votre couteau entre le nerf et la chair, de manière que votre filet soit bien découvert, et qu'il n'y reste aucune peau: alors vous le piquerez de lard fin (*voyez* Manière de piquer); vous assujettirez les peaux qui couvrent les côtes avec une aiguille à brider et de la ficelle: lorsque votre carré est piqué et bridé, vous mettez dans une petite braisière des bardes de lard, des tranches de veau, deux ou trois carottes, quatre oignons, deux feuilles de laurier, un bouquet de persil et de ciboule, deux clous de girofle; vous placerez votre carré par-dessus cet assaisonnement, de manière que votre filet piqué puisse recevoir la chaleur du feu qui sera sur le couvercle de votre braisière; vous couvrirez de bardes de lard les peaux qui couvrent les côtes; vous aurez une feuille de papier pliée en double et beurrée, que vous mettrez sur votre carré; vous mettrez deux cuillerées à pot de consommé ou de bouillon, avec un peu de sel; vous ferez aller à petit feu pendant trois heures. Vous aurez soin de mettre du feu sur le couvercle, pour faire glacer votre filet. Au moment de servir, vous égoutterez votre carré; vous le débridez, c'est-à-dire vous ôtez la ficelle que vous y avez mise; vous le glacez, vous mettez dessous concombres, chicorée, épinards, purée d'oseille, sauce espagnole, sauce tomate, ou purée de champignons, etc. (*Voyez* l'article que vous choisirez.)

CUISSE DE VEAU MARINÉE, GROSSE PIÈCE DE RELEVÉE.

Prenez un moyen cuissot de veau, bien blanc, retirez la jambe au gros joint; ayez une terrine assez grande pour contenir ce volume; versez dessus trois litres de vinaigre, une poignée de sel, poivre, thym, laurier et échalottes; laissez mariner pendant quatre à cinq jours, en ayant soin chaque jour de retourner votre cuisse afin qu'elle marine également.

Avant de la mettre sur broche, piquez toute la surface qui est à l'opposé de la noix; surtout ayez du lard qui ne soit pas cassant; car vous auriez beaucoup de peine, attendu que cette partie est un peu dure; donnez quatre heures de cuisson, en ayant soin d'envelopper votre cuisse d'une triple épaisseur de papier. Cette pièce bien rendue fait un beau relevé; vous coulez dessous une bonne espagnole ou une demi-glace. (*Voyez* ces articles.) (D.)

Vous pouvez également faire l'emploi du carré de veau ainsi que de la longe, en ayant égard que ses morceaux étant plus petits il ne faut pas les laisser mariner aussi longtemps.

CARRÉ DE VEAU A LA CRÈME.

Vous avez un carré de veau comme le précédent; vous ôtez les os et les nerfs qui sont sous le filet; vous le mettez dégorger dans du lait pendant vingt-quatre heures: au moment de l'embrocher, vous le sortez du lait, vous l'essuyez, vous le poudrez de sel fin, dans lequel vous avez mis un peu de muscade râpée; vous l'embrochez avec un gros atelet que vous couchez sur la broche. Deux heures et demie avant de servir, vous le mettez au feu: au lieu de l'arroser avec de la graisse de la lèchefrite, vous avez une sauce béchamel, avec laquelle vous l'arrosez. (*Voyez* Sauce béchamel.) Au moment de servir, vous le sortez de la broche; vous avez réservé de la sauce béchamel, dans laquelle vous mettez gros comme une noix de glace, un peu de gros poivre, un peu de muscade; vous versez cette sauce dessous : il ne faut pas qu'elle soit trop épaisse.

LONGE DE VEAU A LA BROCHE.

Si c'est pour faire une grosse relevée de potage ou autre grosse pièce, vous la coupez à la deuxième côtelette jusqu'au point du jarret; vous levez la noix et le quasi, afin que votre pièce ait à peu près partout la même cuisson; vous l'assujettissez avec de petits atelets qui prennent depuis le flanc jusqu'aux filets, et vous passez la broche de la côte au gros bout, près du jarret.

LONGE DE VEAU ÉTOUFFÉE.

La longe de veau n'est bonne qu'à la broche, ou étouffée dans son entier; vous la désossez de manière que vous puissiez lui donner une forme de carré long, vous l'assaisonnez de sel et de gros poivre dans son intérieur; vous la ficelez, vous la mettez dans une braisière sans mouillement, seulement avec trois quarterons de beurre: vous la mettez sur le feu; quand elle est bien échauffée, vous couvrez votre braisière, et vous la laissez cuire à petit feu, en la retournant de temps en temps. Trois heures et demie suffisent pour cuire une moyenne longe. On peut la servir pour relevée de potage, en la glaçant, en mettant une sauce à la glace dessous pour une grosse pièce, en la laissant refroidir et la décorant d'une gelée.

QUASI DE VEAU.

Pour la grande cuisine, on ne se sert du quasi que pour le consommé, le blond de veau ou l'empotage; on peut mettre du beurre dans une casserole, le faire cuire comme la longe, y mettre des carottes, des oignons, un peu de laurier, deux verres de bouillon, le faire mijoter pendant deux heures, et le servir avec des légumes; on peut aussi le mettre à la broche.

ROND DE CUISSE DE VEAU A LA HOLLANDAISE.

Coupez ce morceau dans l'épaisseur et la plus belle partie de la cuisse; donnez au moins six pouces d'épaisseur; retirez l'os qui se trouve au milieu; ayez une langue à l'écarlate; faites de gros lardons et piquez. Dans toute l'épaisseur, passez des atelets en croix afin de lui donner une forme ovale ou ronde; assujettissez-la avec de la ficelle tout à l'entour; mettez ce morceau dans une braisière, mouillez légèrement avec du consommé; ajoutez un peu de sel, laurier, thym, un oignon, deux clous de girofle, muscade et une carotte. Donnez quatre heures de cuisson; vous pouvez garnir ce relevé avec de belle laitue; un quart d'heure avant de servir faites tomber sur glace, retirez-le de suite, posez-le sur un plat, tenez-le chaud, dégraissez votre fond, ajoutez quatre cuillerées à ragoût de consommé et deux d'espagnole, exposez le tout sur le fourneau; après quelques bouillons, passez votre essence à l'étamine et saucez au moment de servir (*ajoutez un jus de citron*), et glacez la surface. (D.)

FRICANDEAU A LA BOURGEOISE.

Ayez un morceau de veau, le plus charnu que vous pourrez; vous taillerez de petits lardons le mieux possible; vous les mettrez sur la partie de la viande découverte, c'est-à-dire qu'il n'y ait pas de peau, vous beurrerez le fond de votre casserole, vous y mettrez le veau de manière que vos lardons soient par-dessus; mettez quatre carottes, quatre gros oignons, un bouquet de persil et de ciboule, deux feuilles de laurier, un peu de thym, deux clous de girofle, deux verres d'eau, du sel, un peu de poivre: si le morceau pèse trois ou quatre livres, vous le ferez bouillir pendant trois heures, davantage s'il est plus gros. Lorsque le fricandeau sera avancé de cuire, vous le ferez bouillir plus fort, afin de réduire; au moment de servir, vous retirerez les carottes, les oignons; vous ferez attacher le fond, et vous glacerez la viande avec; vous ôterez la graisse qui est dans le fond de votre casserole: vous en laisserez un peu, vous mettrez une cuillerée à bouche de farine que vous délaierez avec votre glace, et y mettrez un verre d'eau; tournez bien cette sauce, et vous la verserez sur le fricandeau; vous pouvez mettre oseille, chicorée, sauce tomate ou épinards, ce que vous jugerez à propos.

NOIX DE VEAU A LA BOURGEOISE.

Vous lèverez votre noix de veau bien entière, vous la mettrez dans un linge blanc: vous la battrez avec un couperet, vous la piquerez avec du gros lard: vous assaisonnerez vos lardons avec du sel fin, du poivre, des quatre épices, du persil et de la ciboule hachés très-fin, un peu de thym et de laurier aussi hachés, que vous mêlerez bien avec vos lardons; il faut que votre noix soit beaucoup piquée: vous aurez soin de conserver votre noix couverte de sa tétine. Ayez soin que les lardons ne percent pas la peau de dessus; vous l'assujettissez avec une aiguille à brider et de la ficelle que vous mettez à l'entour, afin que les peaux qui recouvrent votre noix ne rebroussent pas, et qu'étant cuite elle se trouve bien couverte; vous beurrerez le fond de votre casserole, vous y mettrez votre noix de veau; vous mettrez aussi à l'entour quatre ou cinq carottes que vous tournerez en gros bâtons, quatre gros oignons, deux feuilles de laurier, deux verres de bouillon; vous couvrirez votre noix d'un rond de papier beurré; quand votre noix bouillira, vous la mettrez sur un feu doux pendant deux heures: vous mettez un peu de feu sur le couvercle de votre casserole. Au moment de servir, vous égoutterez votre noix; vous la débriderez; vous mettrez dessous le fond, que vous ferez réduire à moitié, et les légumes qui ont cuit avec votre noix: vous la glacerez, si vous avez de la glace, vous pouvez servir avec cette noix, en la glaçant, une sauce à glace; une sauce tomate, de la chicorée, une purée d'oseille, des laitues, une purée de champignons, etc.

NOIX DE VEAU A LA CONTI.

Vous levez votre noix bien entière et bien couverte; vous la battez comme la précédente; vous parez la chair qui est sous la tétine, sans toucher à la tétine: vous piquez de lard fin la chair de votre noix qui paraît (*Voyez* Manière de piquer.) Quand votre noix sera piquée de lard fin, vous la piquerez de gros lard par-dessous: vous assaisonnerez les lardons de sel, de gros poivre: quand votre noix sera piquée, vous la briderez comme la précédente, vous la mettrez dans une casserole, vous la couvrirez d'un papier beurré; vous y mettrez trois carottes tournées en gros bâtons, quatre gros oignons, dont un piqué de deux clous de girofle, deux feuilles de laurier, un bouquet de persil et ciboule, une cuillerée à pot de gelée. Si vous n'avez pas de gelée, mettez-y du consommé ou du bouillon: vous ferez aller votre noix à petit feu pendant deux heures, feu dessus, feu dessous; quand elle sera aux trois quarts cuite, vous retirerez vos légumes, et vous la ferez tomber à glace, c'est-à-dire que vous la mettrez sur un feu ardent, et que vous ferez réduire le mouillement de votre noix jusqu'à ce qu'il soit à glace. Au moment de servir, vous retirerez votre noix de votre casserole, vous la débriderez, vous la glacerez avec ce qui est dans votre casserole; vous mettrez trois cuillerées à dégraisser de grande espagnole dans votre casserole, de laquelle vous aurez ôté la graisse, et détacherez la glace; vous mettrez cette sauce sous votre noix; en cas que vous n'ayez pas de sauce, vous y mettriez un peu de farine que vous détacheriez avec un peu de bouillon.

NOIX DE VEAU PIQUÉE, GLACÉE.

Vous aurez une belle noix de veau tout entière; vous la battez comme la précédente, vous levez les peaux et la tétine qui couvrent votre noix, vous couchez le beau côté de votre viande sur la table, et avec un couteau qui coupe bien, vous le glissez entre le dessus nerveux et la chair, comme si vous vouliez lever une barde: il ne faut pas faire mordre votre couteau trop du côté de la chair, afin d'en moins perdre, et que votre noix soit bien unie. S'il restait quelques peaux à votre noix, vous les ôteriez le plus légèrement possible, et de manière qu'on ne voie pas de coups de couteau; votre noix bien parée, vous la piquerez de lard fin (*voyez* Manière de piquer); vous mettez dans une casserole des bardes de lard, quelques tranches de veau, deux ou trois carottes, quatre oignons, dont un piqué de deux clous de girofle, une feuille de laurier, un bouquet de persil et de ciboule; vous poserez votre noix dans votre casserole, de manière qu'elle bombe dans le milieu; vous la couvrirez d'un papier double, beurré, vous mettrez une cuillerée à pot de consommé, vous ferez bouillir votre noix. Quand elle aura jeté quelques bouillons, vous la mettrez sur un feu doux, avec du feu sur le couvercle; vous la ferez aller pendant deux heures. Au moment de servir, vous l'égoutterez, la glacerez, et vous mettrez dessus de la chicorée, de la crème, des concombres, une sauce à la glace, une sauce tomate, ou ce que vous jugerez à propos. (*Voyez* l'article que vous choisirez.)

NOIX DE VEAU EN BALLOTINE.

Vous aurez une noix de veau que vous laisserez couverte de sa tétine, ou que vous découvrirez; c'est à volonté. Vous larderez de gros lard votre noix comme celle dite à la bourgeoise, et ferez le même assaisonnement dans les lardons; vous mettrez une demi-livre de beurre dans une casserole, vous y placerez votre noix, vous la ferez revenir sur le feu pendant trois quarts d'heure, sans lui faire prendre couleur; vous la poudrerez de sel et de gros poivre; après, vous la retirerez de votre casserole, vous la mettrez sur un plat. En cas qu'il y ait du jus dans votre casserole avec votre beurre, vous le feriez réduire jusqu'à ce que votre beurre soit en huile; vous y mettrez un quarteron de lard râpé, un quarteron d'huile; vous y mettrez aussi une cuillerée à bouche d'échalottes hachées bien fin; vous les laisserez frire un peu dans le beurre: après, vous y mettrez une [illegible]zaine de champignons hachés bien fin, que vous passerez avec votre beurre et une cuillerée à bouche de persil. Quand tout sera bien revenu ensemble, vous y mettrez un peu de muscade râpée et un peu de gros poivre; vous verserez les fines herbes sur votre noix de veau. Quand elle sera froide, vous huilerez six feuilles de papier: vous envelopperez votre dessus et votre dessous d'une mince barde de lard, et vous l'envelopperez d'une feuille de papier, de manière que votre assaisonnement ne s'en aille pas; puis vous la recouvrirez d'une autre, ainsi de suite, jusqu'à ce que vos six feuilles soient employées. Ayez soin que votre noix soit hermétiquement renfermée, que votre ballot ait une belle forme, et que vos plis soient bien faits: vous ficellerez votre ballot comme on ficelle une pièce de bœuf, afin qu'étant sur le gril le papier ne se déploie pas. Une heure avant de servir, vous mettrez votre noix sur le gril, à un feu très-doux; prenez garde que votre papier ne brûle, et que votre assaisonnement ne sorte de votre papier; quand votre noix sera grillée, vous ôterez seulement la ficelle, et vous servirez votre noix dans le papier. La sauce se trouve dedans. En cas que la première feuille ait trop de couleur, il faudra l'ôter.

NOIX DE VEAU EN SURPRISE.

Ayez une belle noix de veau, que vous préparerez comme celle dite à la Conti; quand elle est piquée de gros lard et de lard fin, vous placez des bardes de lard dans le fond de votre casserole ou braisière; vous mettez des tranches de veau, deux carottes, quatre oignons, dont un piqué de deux clous de girofle, une feuille de laurier, un bouquet de persil et ciboule, un peu de sel; vous mettez votre noix de veau dans votre casserole, vous couvrez seulement votre tétine de bardes de lard; vous beurrez un rond double de papier, et vous faites cuire votre noix avec du feu dessus et dessous; quand elle est cuite, vous la laissez refroidir; après cela, vous faites un trou ovale, vous enlevez les chairs, vous laissez assez de fond pour que votre noix puisse contenir un ragoût sans qu'il fuie: vous coupez la viande que vous avez prise de votre noix, en petits dés, à l'exception du dessus, que vous conservez pour masquer votre ragoût, de manière qu'on ne s'aperçoive pas que la noix est entamée; vous couperez aussi en petits dés des champignons que vous mettrez avec votre viande dans une sauce béchamel (*voyez* Béchamel.) Vous ferez chauffer votre noix de veau; au moment de servir, vous l'égoutterez et la glacerez; vous mettrez votre petit ragoût dans le vide de votre noix; vous le couvrirez du dessus que vous avez conservé, de manière qu'on ne voie pas que votre noix ait été entamée: il faut qu'elle soit glacée, et vous mettez dessous une sauce espagnole travaillée. (*Voyez* Sauce espagnole travaillée.)

SAUTÉ DE NOIX DE VEAU.

Ayez une noix de veau; vous ôtez la peau de dessus, vous la coupez d'abord en morceaux longs, après en morceaux minces; il faut qu'ils soient un peu plus grands qu'un petit écu, et épais d'une ligne et demie; vous battrez chaque petit morceau avec le dos de votre couteau, et vous les arrangerez dans votre sautoir; lorsqu'ils seront bien arrondis, et que votre noix sera coupée, parée, arrangée, vous ferez tiédir trois quarterons de beurre que vous verserez sur vos morceaux de veau, que vous aurez assaisonnés avec du sel fin et du gros poivre, un peu de persil et ciboule bien hachés. Un instant avant de servir, vous mettez votre sautoir sur un feu ardent; quand ils seront un peu échauffés d'un côté, vous les retournerez: il faut, pour ainsi dire, qu'ils ne fassent qu'apercevoir le feu. Quand votre sauté est cuit, vous le retirez de dedans le beurre, et vous le mettez dans une casserole: vous faites réduire un peu plus de velouté que de coutume, vous y mettez le jus qu'a jeté votre sauté; vous mêlez une liaison de deux œufs: quand votre sauce est liée, vous la passez à l'étamine au-dessus de votre sauté; vous le remuez pour qu'il prenne sauce, et vous le dressez sur le plat. Assurez-vous, avant de le servir, s'il est de bon goût.

NOIX DE VEAU EN ASPIC.

Vous ferez une noix de veau piquée et glacée la veille de votre dîner (*voyez* Noix de veau piquée et glacée); vous mettrez dans votre moule de l'aspic fondu de l'épaisseur d'un pouce; quand l'aspic qui est dans votre moule sera bien congelé, vous couperez votre noix par tranches toutes de la même épaisseur et de la même grandeur; vous dresserez vos morceaux en couronne, c'est-à-dire les uns sur les autres, jusqu'à ce que votre rond soit complet : il faut qu'il y ait un demi-pouce de distance de la viande à votre moule; vous aurez un petit ragoût froid de crêtes et de rognons de coqs, qui sera dans une sauce béchamel que vous mettrez dans le milieu de la viande; vous mettrez le moule dans la glace ou au froid, pour que la gelée se raffermisse; vous remplirez le moule d'aspic fondu, mais froid, et vous le laisserez se congeler; vous mettrez le moule au froid; et, au moment de servir, vous le mettrez tremper dans de l'eau plus que tiède, et le retirerez tout de suite; si l'eau est un peu chaude, vous essuierez votre moule en mettant votre plat dessus et le renversant; si votre aspic ne se détachait pas, vous feriez chauffer un linge, et vous vous en serviriez pour frotter votre moule : vous l'enlèverez tout doucement. S'il y avait de la gelée fondue dans votre plat, vous l'aspireriez avec un chalumeau de paille. Si votre aspic était renversé un peu de temps avant de servir, il faudrait le tenir au froid. (*Voyez* Aspic.)

DESSOUS DE NOIX DE VEAU. GODIVEAU.

Le dessous de la noix peut servir à faire du godiveau. (*Voyez* Godiveau.) On peut le mettre à la broche pour faire une blanquette : on peut aussi le faire tenir à la longe pour faire une relevée.

GODIVEAU.

Ayez une livre de noix de veau dont vous retirerez les nerfs et les peaux; vous hacherez bien fin la viande, et vous la pilerez; vous aurez deux livres de graisse dont vous ôterez la peau; vous la hacherez bien; puis vous mettrez le veau pilé dedans; vous hacherez de nouveau le tout ensemble, jusqu'à ce que cela soit bien mêlé : du sel, du gros poivre, trois œufs en trois fois différentes; vous mettrez le tout dans un mortier, s'il est assez grand; vous pilerez fort votre godiveau, vous y remettrez deux œufs, toujours en pilant; quand vous verrez que l'on ne distinguera plus la viande avec la graisse, vous y verserez un peu d'eau, toujours en pilant, jusqu'à ce qu'il soit à moitié mou; alors vous en prendrez de quoi faire une boulette que vous ferez cuire dans de l'eau, pour vous assurer s'il est d'un bon sel. Lorsque vous l'emploierez, vous pouvez y ajouter un peu de fines herbes, comme persil et ciboule; la graisse la plus sèche et la plus farineuse est la meilleure; et si, dans l'été, vous pouvez y mettre un peu de glace (eau congelée) en place d'eau, le godiveau n'en serait que plus beau.

BLANQUETTE DE VEAU AUX CHAMPIGNONS

Vous mettez le dessous de noix de veau à la broche; quand il est cuit, vous le laissez refroidir; vous l'émincez, vous battez les morceaux avec la lame de votre couteau, vous en coupez les angles; vous arrondissez vos morceaux le mieux possible: tâchez qu'ils soient égaux; vous les mettez dans une casserole à mesure qu'ils sont coupés et parés : il ne faut mettre que le blanc, et ôter tout ce qui a la couleur de la broche. Vous aurez des champignons que vous tournerez; vous les couperez épais d'une ligne, en formant le rond; vous les sauterez dans le beurre; quand ils seront sautés, vous les mettrez avec la viande de votre blanquette; vous verserez, dans le beurre où ils auront cuit, quatre cuillerées à dégraisser de velouté (*voyez* Velouté), ou plus, si votre blanquette est forte, et trois cuillerées de consommé; vous dégraisserez votre sauce, vous la ferez réduire, et la passerez à l'étamine sur votre blanquette : vous la tiendrez chaudement sans qu'elle bouille. Au moment de servir, vous y mettrez une liaison de deux œufs (ou plus, si votre blanquette est forte), un peu de gros poivre; vous remuez doucement votre blanquette sur le bord du fourneau; quand votre liaison y sera, et que vous verrez que votre sauce sera liée, vous la retirerez en la tournant toujours; voyez si elle est de bon sel et de bon goût. Alors vous la dresserez en pyramide: tâchez qu'il n'y ait pas trop de sauce.

A LA BOURGEOISE.

Si vous n'avez pas de velouté, vous mettrez un peu de farine avec vos champignons, et vous mouillerez avec du bouillon: faites la sauce longue, pour pouvoir la laisser réduire : quand vous verrez que votre sauce sera assez épaisse, vous mettrez votre blanquette dedans; ne la laissez pas bouillir; mettez-y un peu de gros poivre, un peu de muscade râpée; liez votre blanquette; au moment de servir, vous y mettrez un jus de citron: voyez si elle est d'un bon sel. Mouillez vos champignons avec de l'eau.

BLANQUETTE A LA BOURGEOISE.

Mettez un morceau de beurre dans une casserole; ajoutez-y des champignons, si vous en avez; vous passerez dans votre beurre du persil et de la ciboule hachés; vous y mettez un peu de farine; vous mouillez avec un peu de bouillon, un peu de sel, du poivre, un peu de muscade râpée; vous mettez votre veau émincé dans votre sauce : vous la tenez chaudement; au moment de manger, vous y mettrez une liaison de trois œufs (ou plus, selon que votre blanquette est forte); quand elle sera liée, vous y mettrez un peu de verjus ou un filet de vinaigre.

FOIE DE VEAU ÉTOUFFÉ.

Ayez un foie de veau (les plus blonds sont les meilleurs); vous le piquez de gros lardons, vous l'assaisonnez avec des quatre épices, du persil et de la ciboule hachés, du poivre, du sel; quand votre foie est piqué, vous mettez des bardes de lard dans une braisière ou casserole; vous mettez votre foie avec quatre carottes, quatre oignons, dont un piqué de trois clous de girofle, trois feuilles de laurier, un peu de thym, un bouquet de persil et ciboule, du sel: vous mouillerez votre foie avec une bouteille de vin blanc, vous le couvrirez de bardes de lard et d'un rond de papier, vous le mettrez sur un fourneau: quand il bouillira, vous le poserez sur un autre étouffé, avec du feu sur le couvercle; vous le laisserez mijoter pendant deux heures, et vous pourrez le servir. Vous mettrez quatre cuillerées à dégraisser de poivrade; vous passerez le mouillement de votre foie, vous en mettrez quatre cuillerées; vous ferez réduire votre sauce à moitié, et vous la verserez sur votre foie.

A LA BOURGEOISE.

Si vous n'avez pas de sauce, vous ferez un petit roux; vous passerez au tamis de soie le mouillement dans lequel aura cuit votre foie; vous en mouillerez votre roux. Il faut que votre sauce soit longue, pour pouvoir la faire réduire à moitié; vous la dégraisserez, et vous la mettrez sous votre foie.

FOIE DE VEAU PIQUÉ A LA BROCHE.

Vous aurez un foie bien blond, vous le piquerez de gros lardons bien assaisonnés, comme le précédent; ayez soin que votre foie ne soit pas endommagé; vous le piquerez de lard fin (*voyez* Manière de piquer); vous passerez des brochettes dans le travers du foie; vous l'embrocherez, et vous mettrez un gros atelet au-dessous de votre foie pour l'assujettir; vous lierez les deux bouts de votre atelet à la broche; vous ferez en sorte que votre foie ne vacille pas; vous laisserez votre foie une heure et demie au feu, cela suffit pour le cuire. Au moment de servir, vous débrocherez votre foie, pour le mettre sur le plat avec une sauce piquante dessous. (*Voyez* Sauce piquante.)

SAUTÉ DE FOIE DE VEAU.

Vous coupez le foie par le milieu sur sa longueur, puis vous le taillez en travers par morceaux, épais de deux ou trois lignes; vous en coupez les angles, et vous donnez à votre morceau de foie la forme d'un crouton de matelotte, de manière que votre morceau soit ovale et pointu d'un côté. Vos morceaux préparés, vous les assaisonnez de sel, de gros poivre, un peu d'épices, de fines herbes, si vous voulez; mettez dans votre sautoir ou tourtière une demi-livre de beurre que vous faites tiédir; vous arrangez vos morceaux dans votre sautoir; au moment de servir, vous le mettez sur un feu ardent; quand vos morceaux sont raidis d'un côté, vous les retournez de l'autre: vous posez le doigt sur votre morceau; lorsqu'il est un peu ferme, vous retirez votre foie de dessus le feu; vous déposez votre sauté dans une casserole, vous ôtez le beurre de votre sautoir : vous y mettez un verre de vin de Champagne et quatre cuillerées à dégraisser d'espagnole travaillée (*voyez* Espagnole travaillée); vous ferez réduire cette sauce à moitié, et vous la passerez à l'étamine au dessus de votre sauté; tenez-le chaud sans le faire bouillir; quand vous le servez, vous dressez vos morceaux en couronne, et vous versez votre sauce dessus.

A LA BOURGEOISE.

Si vous n'avez pas d'espagnole, vous mettez une cuillerée à bouche de farine dans votre sautoir, où sera le beurre de votre sauté; quand votre farine sera délayée, vous y mettrez deux verres de vin blanc, et un peu de bouillon si votre sauce est trop épaisse; vous l'assaisonnerez de sel et de poivre; quand elle sera un peu réduite, vous la verserez sur votre foie.

FOIE DE VEAU A LA POÊLE.

Vous coupez et vous assaisonnez votre foie comme le précédent; vous mettez un bon morceau de beurre dans la poêle; quand il est fondu, vous y mettez votre foie; il faut que votre feu soit ardent : vous remuez votre foie dans la poêle; quand vos morceaux sont fermes sous le doigt, vous y mettez quatre cuillerées à bouche de farine, que vous mêlez avec votre foie; vous y versez une demi-bouteille de vin blanc; vous remuez bien votre foie, pour que votre sauce se lie : dans le cas où elle serait trop épaisse, vous y mettriez un peu de bouillon ou d'eau; vous ne laisserez pas bouillir votre foie : vous le servez aussitôt qu'il veut bouillir; vous goûtez s'il est de bon sel, avant de le servir.

MOU DE VEAU A LA POULETTE.

Vous coupez le mou en morceaux carrés de la grosseur d'un gros oignon; vous le mettez dégorger; ensuite vous le faites blanchir pendant un quart d'heure, en l'enfonçant bien dans l'eau, pour qu'il ne noircisse pas; vous le jetez dans l'eau froide, après quoi vous l'égouttez; vous mettez fondre une demi-livre de beurre dans une casserole; vous y placez votre mou; vous le faites revenir pendant un quart d'heure, vous y versez deux cuillerées à bouche de farine; vous remuez bien votre mou, pour la mêler; vous le mouillez avec beaucoup de bouillon, afin de le faire réduire; ensuite vous y mettez deux feuilles de laurier, un bouquet de persil et ciboule, une poignée de champignons, un peu de sel, un peu de gros poivre. Quand votre mou sera cuit aux trois quarts et réduit, vous y mettrez de petits oignons bien épluchés : lorsque le ragoût sera cuit entièrement, tenez-le chaudement. Au moment de servir, vous ferez une liaison de trois jaunes d'œufs, dans laquelle vous mettrez un peu de muscade râpée. Quand votre liaison est mise dans votre mou, vous le mettez sur le feu en le remuant toujours; tâchez qu'il ne bouille pas, afin que votre liaison ne tourne pas : assurez-vous si l'assaisonnement est bon. Ayez soin de dégraisser votre ragoût avant de le lier.

MOU DE VEAU AU ROUX.

Vous coupez et préparez votre mou comme celui dit *au blanc*; avec votre beurre vous faites un roux, et vous faites revenir votre mou; vous le mouillez avec du bouillon ou de l'eau; vous y mettez le même assaisonnement que dans le précédent; lorsqu'il est aux trois quarts cuit, vous mettez vos oignons avec un peu de muscade râpée. Quand il est près d'être cuit, vous le dégraissez. Au moment de servir, voyez si ce ragoût est bien assaisonné.

TÊTE DE VEAU AU PUITS-CERTAIN.

Vous désosserez une tête de veau entière; vous laisserez les yeux après la carcasse et la cervelle; vous ferez bien dégorger la tête et la carcasse; vous aurez soin d'en retirer le bout du mufle, les deux os des bajoues et le cornet de la langue; vous ferez blanchir votre tête en la mettant au feu à l'eau froide; au premier bouillon vous la mettrez rafraîchir, vous l'égoutterez, vous la couperez par morceaux parés en rond de la grandeur d'un écu de six francs; les deux oreilles et la langue seront conservées entières; vous frotterez tous les morceaux avec du citron, et les ferez cuire dans un blanc (*voyez* Blanc), avec la carcasse enveloppée d'un linge blanc; votre tête étant cuite, vous égoutterez la carcasse et la langue, vous les placerez sur un plafond, vous ouvrirez la tête, et nettoierez la cervelle; vous farcirez le dedans avec des quenelles de veau dans lesquelles vous aurez mêlé des champignons, des ris de veau, et truffes coupées en dés. Vous arrangerez votre farce de manière qu'elle forme une tête de veau; vous l'envelopperez d'une crépinette de cochon, et lui ferez prendre couleur au four; étant cuite à fond et conservée chaude, vous l'égoutterez, vous la placerez sur un grand plat ovale, et vous arrangerez vos morceaux de tête et oreilles à l'entour; vous saucerez votre relevée avec une bonne financière, et mettrez des écrevisses piquées sur la tête : un beurre de piment dans votre sauce au moment de servir. (*Voyez* Financière, et Beurre de piment.) (F.)

TÊTE DE VEAU EN MATELOTTE.

Faites blanchir une demi-tête de veau; mettez-la rafraîchir dans de l'eau; égouttez-la; flambez-la, coupez-la par morceaux égaux; parez tous vos morceaux en forme ronde; faites cuire votre tête de veau dans une bonne marinade; mouillez avec une bouteille de vin rouge, et mettez un bon assaisonnement : au moment de servir, égouttez votre tête de veau, dressez-la sur un plat; saucez-la d'un ragoût à la matelotte (*voyez* Ragoût à Matelotte); garnissez votre entrée de six belles écrevisses, six croûtons et un ris de veau piqué au milieu; glacez et servez le plus chaudement possible. (F.)

OREILLES DE VEAU, SAUCE RAVIGOTE.

Prenez six ou huit oreilles de veau; vous les égoutterez, gratterez le dedans de ces oreilles, et les ciselerez de manière qu'elles forment la palmette; vous les dresserez sur votre plat; vous ferez réduire un demi-verre de vinaigre avec un peu de gros poivre; quand il sera réduit à glace, vous mettrez dans votre casserole une cuillerée d'allemande, un peu de velouté et un peu de glace; vous ferez bouillir votre sauce : au moment de servir, vous y ajouterez un beurre de ravigote ou autre. (*Voyez* Beurre de Ravigote.) (F.)

CERVELLES DE VEAU A LA PROVENÇALE.

Les cervelles de veau à la provençale se préparent de la même manière que les cervelles de bœuf en magnonnaise froide, avec la différence que l'on y ajoute un peu d'ail et des olives tournées dans le décor. (*Voyez* Cervelles de bœuf.) (F.)

COQUILLES DE CERVELLES DE VEAU.

Vous prenez des cervelles que vous coupez en douze morceaux; vous mettez dans une casserole des champignons tournés, des truffes sautées avec un demi-verre de vin blanc. Vous ferez réduire le tout à glace, vous mettrez deux cuillerées d'allemande et une de velouté; vous ferez bouillir votre sauce; ajoutez-y un beurre de persil et de jus de citron; jetez vos morceaux de cervelle dedans, mêlez le tout ensemble, distribuez également vos cervelles dans vos coquilles, panez vos coquilles avec la mie de pain et un peu de fromage de Parme râpé, un peu de beurre fondu dessus; faites-leur prendre couleur au four de campagne. (F.)

CRÉPINETTES DE CERVELLES DE VEAU.

Vous préparez douze demi-cervelles de veau cuites; vous aurez douze gros oignons coupés en dés, et vous les ferez blanchir et cuire à blanc avec un morceau de beurre, sel, ail, poivre, laurier et muscade; quand votre oignon sera cuit, vous mettrez deux cuillerées à pot de velouté, que vous ferez réduire jusqu'à ce que cela forme une pâte; vous lierez votre sauce avec quatre jaunes d'œufs et un morceau de beurre; vous envelopperez vos demi-cervelles avec cette sauce, et vous les recouvrez d'une crêpe de porc frais, en leur donnant la forme d'une crépinette. Servez sauce aspic claire. (F.)

CROMESQUIS DE CERVELLES DE VEAU.

Les cromesquis de cervelles de veau se préparent de la même manière que celles de bœuf. (*Voy.* Cervelles de bœuf.) (F.)

QUEUES DE VEAU EN MACÉDOINE.

Vous prenez huit belles queues de veau avec leur peau, les échauderez, les dégorgerez et blanchirez; vous couperez vos queues de deux nœuds en deux nœuds, les ferez cuire dans une marinade mouillée avec du vin blanc et un verre de vin de Madère ; quand vos queues seront cuites, et que vous serez prêt à servir, vous les égoutterez, les dresserez sur le milieu de votre plat, autour duquel vous mettrez un cordon de ris de veau à la flamande et des ciguons glacés ; vous masquerez vos grumes d'une belle macédoine bien soignée. (*Voy.* Macédoine.) (F.)

CASSOLETTES AU BEURRE, GARNIES DE RIS DE VEAU.

Vous prendrez un morceau de beurre que vous modèlerez dans un coupe-pâte à cœur ; vous en ferez huit de la même forme, et un rond ; vous tremperez vos morceaux de beurre dans une omelette bien battue, et les panerez à deux fois ; à la seconde, vous y ajouterez un peu de fromage de Parme ; vous appuierez avec la lame de votre couteau dessus la mie de pain, et vous formerez sur l'un des deux bouts une petite ouverture ; vous ferez frire vos croustades à grande friture et d'une belle couleur, vous lèverez les petites ouvertures, et vous laisserez égoutter le beurre qui sera dans l'intérieur de vos croustades ; vous dresserez vos cassolettes sur un plat, et les garnirez de ris de veau à l'allemande. (*Voy.* Ris de veau à l'allemande.) (F.)

CASSOLETTES DE RIZ, GARNIES DE RIS DE VEAU.

Vous laverez une livre de riz avec tous les soins ordinaires ; vous le mouillerez avec une chopine d'eau et une livre de graisse de la marmite, un peu de sel blanc ; vous les ferez partir et les ferez aller à petit feu, en observant de mettre du feu dessus pendant une demi-heure : quand votre riz sera crevé, vous le retirerez et y ajouterez un demi-verre d'eau fraîche, et le mettrez à grand feu, ayant soin de le manier, pour qu'il ne s'attache pas au fond ; vous le retournerez jusqu'à ce qu'il rende sa graisse ; alors vous le retirerez du feu ; vous le manierez et dégraisserez jusqu'à ce qu'il soit assez froid pour que vous puissiez les modeler en forme de cœur, comme les cassolettes au beurre ; vous leur ferez prendre couleur au four en les arrosant avec leur dégraissis ; à défaut de dégraissis de marmite, vous vous servirez de beurre ; vous les garnirez de ris de veau à l'espagnole. (*Voyez* Ris à l'Espagnole.) (F.)

CARRÉ DE VEAU, ENTRÉE DE BROCHE.

Prenez un carré de veau coupé depuis la dernière côte du côté du rognon, de la longueur de sept côtelettes ; coupez les côtes très-courtes ; coupez le chapelet le plus près des côtes que vous pourrez, sans endommager le filet ; parez votre filet, piquez-le, mettez-le dans un plat mariner avec de l'huile, tranches d'oignons, persil, et assaisonné de sel et de poivre ; couchez-le sur la broche, enveloppez-le bien de papier beurré, ficelez-le, faites-le cuire ; quand il sera aux trois quarts cuit, retirez le papier, glacez-le avec une glace légère jusqu'à ce qu'il ait obtenu une belle couleur ;

débrochez-le; dressez-le sur un plat; servez-le avec une sauce tomate. (F.)

COQUILLES DE RIS DE VEAU.

Vous couperez des gorges de ris de veau en liards et champignons; vous ferez bouillir deux cuillerées à ragoût d'allemande, et gros comme une noisette de glace; vous mettrez des ris de veau et champignons dans votre appareil, avec du beurre, du persil et du jus de citron; vous disposerez votre appareil dans vos coquilles; vous les panerez avec de la mie de pain et un peu de fromage de Parme râpé, un peu de beurre fondu dessus; faites prendre couleur au four de campagne. (F.)

TENDRONS DE VEAU A LA MILANAISE.

Vous couperez vos tendrons de veau par escalopes, comme il est expliqué à l'article Tendrons; vous les mettrez sous presse, refroidirez, et les parerez en forme ronde et égale; vous les placerez sur un sautoir avec une demi-glace, ou le fond de vos tendrons bien réduit, que vous tiendrez chaud, en faisant attention que la glace enveloppe les tendrons; vous servirez du macaroni dessous à la napolitaine. (*Voyez* Macaroni.) Vous dresserez vos tendrons en couronne dessus votre macaroni, et bien glacé. Cette entrée se sert dans une casserole d'argent, ou on fait un bord de plat avec du pain trempé dans de l'œuf et du fromage râpé. (F.)

TENDRONS DE VEAU EN MAGNONNAISE.

Vous disposerez vos tendrons de veau comme ci-dessus, et les laisserez refroidir dans leur glace, les dresserez en couronne sur un plat froid, les masquerez d'une magnonnaise froide. (*Voyez* Magnonnaise.) Vous décorerez votre entrée avec des anchois, des cornichons, des câpres, de la betterave, des feuilles d'estragon blanchies, enfin, selon le goût de l'ouvrier; vous terminerez votre plat par un joli tour de croûton de gelée. Servir froid. (F.)

TENDRONS DE VEAU A LA PROVENÇALE.

Vous préparerez vos tendrons comme ci-dessus dans leur glace; vous les dresserez sur un plat en couronne; vous les masquerez avec de l'oignon que vous avez coupé en filets, et que vous ferez cuire dans l'huile, avec un peu d'ail; vous égoutterez votre oignon, vous le ferez mijoter avec un verre de vinaigre, un peu de piment et une cuillerée d'espagnole. (F.)

CÔTELETTES DE VEAU, A LA BELLEVUE.

Vous couperez six belles côtelettes de veau à côtes, vous les piquerez avec de la tétine de veau, des truffes, et de la langue à l'écarlate; vous foncerez une casserole de bardes de lard; vous couvrirez vos côtelettes de même; vous les assaisonnerez de sel, poivre, deux carottes, deux oignons, dont un piqué de deux clous de girofle, un bouquet assaisonné. Vous mouillerez vos côtelettes avec un verre de vin de Madère et une cuillerée de consommé; vous ferez partir vos côtelettes, les ferez cuire pendant une heure; quand elles seront cuites, vous les égoutterez sous presse, et les laisserez refroidir à fond; vous parerez vos côtelettes, les glacerez et les dresserez sur un plat, le filet en dessus, et les décorerez avec des blancs d'œufs, des truffes et des cornichons; vous terminerez votre entrée par un bord de gelée, et dans le puits de vos côtelettes vous mettrez une sauce magnonnaise verte. (*Voyez* Magnonnaise verte.) (F.)

ASPIC DE TENDRONS DE VEAU.

Vous parerez douze morceaux de tendrons de veau les plus petits possible; vous ferez prendre un peu de gelée dans un moule à cylindre, et arrangerez vos tendrons sur votre gelée; vous remplirez votre moule de gelée, et le ferez prendre à la glace; au moment de servir, vous renverserez votre aspic sur un plat; vous mettrez dans le puits de votre aspic une sauce magnonnaise verte. (*Voyez* Magnonnaise verte.) (F.)

CÔTELETTES DE VEAU A LA MILANAISE.

Vous couperez six belles côtelettes de veau à côtes; vous les parerez, et les placerez dans un sautoir avec du beurre fondu, sel, poivre, une gousse d'ail, deux échalottes; vous ferez sauter vos côtelettes; quand elles seront saisies des deux côtés, vous les placerez sous un fourneau, avec du feu dessus, les laisserez cuire ainsi un quart d'heure; vous les retirerez du feu, égoutterez, et dégraisserez votre fond; vous ferez fondre un morceau de glace dans votre sautoir, et un peu de sauce tomate; vous ferez réduire votre glace, ferez mijoter vos côtelettes dans cette glace: servez-les comme les tendrons de veau, avec du macaroni dessous. (*Voyez* Tendrons de Veau.) (F.)

CÔTELETTES DE VEAU EN CRÉPINETTES.

Vous prendrez huit fausses côtelettes de veau; vous les piquerez de lard et de truffes; vous les ferez poêler, et refroidir sous presse; vous les parerez, et les envelopperez du même appareil que les palais de bœuf en crépinettes, et recouvertes de leurs crépinettes; vous les placerez sur un plafond, et les ferez chauffer et prendre couleur au four de campagne, et les dresserez sur un plat; saucez. Sauce tomate ou aspic chaude. (*Voyez* Sauce tomate ou Aspic. (F.)

POITRINE DE VEAU A L'ANGLAISE.

Parez une poitrine de veau du côté des tendrons, jusqu'au vif du côté des côtes; faites une incision entre les côtes et la peau, assez profonde pour qu'elle puisse contenir une farce ainsi composée : prenez une livre de graisse de rognon de veau, retirez-en les peaux, mettez-la sur une table propre, avec une livre de mie de pain; une bonne poignée de persil haché, quatre feuilles de petite sauge: hachez le tout ensemble très-fin, ajoutez-y trois œufs entiers, assaisonnés de sel, poivre et muscade; mettez le tout dans l'intérieur de votre poitrine; cousez-la de manière que la farce ne se perde pas en cuisant; faites-la cuire à la broche; dressez-la sur un plat, avec un bon jus dessous et de la marmelade de pomme à part.

CARRÉ DE VEAU A LA GELÉE.

Vous prendrez un carré de veau de la longueur des six plus belles côtelettes couvertes de leurs panoufes; vous en retirerez les os du côté du dos jusqu'aux nœuds des côtelettes; vous laisserez vos côtes de la longueur de trois pouces, couperez et parerez bien carrément; vous piquerez votre carré de lardons, de tétine de veau, de langues à l'écarlate et de truffes bien noires; vous l'envelopperez de bardes de lard, et les ficellerez; vous marquerez votre carré de veau dans une casserole, avec des parures de veau et de volaille, un bouquet garni, deux carottes, deux oignons piqués, deux clous de girofle; vous mouillerez votre braise d'un verre d'eau-de-vie, un demi-verre de vin de Madère, et deux cuillerées à pot de gelée; vous ferez bouillir votre braisière, vous l'écumerez, la couvrirez d'un papier beurré et d'un couvercle fermant votre casserole; vous la placerez dessous votre fourneau, à feu égal et modéré, pendant deux heures et demie; vous ajouterez votre carré de veau, le mettrez sous presse: quand il sera froid, vous le parerez à fond, et le glacerez avec de la glace un peu épaisse et bien blonde; vous le placerez sur le plat dont vous devez vous servir; vous le décorerez avec de la gelée et un joli croûton de gelée autour du plat: vous servirez de la même sauce magnonnaise. (*Voyez* Magnonnaise.) (F.)

LONGE DE VEAU A LA GELÉE.

La préparer de même que le carré de veau. (*Voyez* Carré de Veau à la gelée.) (F.)

NOIX DE VEAU A LA BELLEVUE.

Se prépare de même que le carré de veau à la gelée. Vous choisirez pour cela une noix d'un veau femelle qui ait une belle tétine, que vous laisserez attachée à votre noix de veau froide; vous parerez votre tétine en forme de diadème que vous décorerez avec des cornichons, câpres et vert de ravigote, et vous finirez votre entrée comme pour le carré de veau à la gelée. (*Voyez* Carré de Veau à la Gelée.) (F.)

LONGE DE VEAU A LA FLAMANDE.

Vous désosserez une longe de veau, vous la piquerez de gros lard, et la préparerez comme le carré de veau à la gelée; quand votre longe de veau sera cuite, vous la mettrez sous presse; vous passerez votre fond au tamis de soie, et le dégraisserez à fond; le ferez réduire aux trois quarts; vous mettrez chauffer votre longe de veau dans son fond, la ferez glacer en mettant du feu sur le couvercle de votre casserole, et l'arrosant de temps en temps de son fond, vous dresserez votre longe de veau sur un plat garni d'une bordure de laitue et carottes. (*Voyez* Garniture à la Flamande.) (F.)

LONGE DE VEAU A L'ANGLAISE.

Retirez toute la graisse du rognon d'une longe de veau, et servez-vous du même procédé que pour la poitrine de veau à l'anglaise. (F.)

FILET DE VEAU PIQUÉ.

Vous couperez une noix de veau en six filets, vous les piquerez, les ferez cuire comme une noix piquée (*voyez* Veau), les servirez avec de la chicorée, de l'oseille, de la purée de champignons, etc. (F.)

QUENELLES DE NOIX DE VEAU.

Vous prendrez une demi-livre de maigre de veau, de laquelle vous aurez retiré toutes les peaux; vous le hacherez, pilerez, et le passerez au tamis à quenelles; vous pilerez une livre de tétine de veau; vous mettrez trois quarterons de beurre fin avec un quarteron et demi de panade; vous prendrez la mie d'un pain mollet et chaud, que vous ferez tremper avec un demi-verre de lait, un peu de beurre; vous ferez dessécher votre panade sur le feu, comme la pâte aux choux, jusqu'à ce qu'elle ne s'attache plus aux doigts; vous la ferez refroidir; vous mettrez le tout dans le mortier, assaisonné de sel, poivre et muscade; vous pilerez le tout ensemble: quand tout sera bien pilé, vous y ajouterez six œufs entiers; vous moulerez vos quenelles de la manière dont vous aurez besoin, et les ferez blanchir à l'eau de sel. (F.)

BLANQUETTE DE VEAU A LA PÉRIGUEUX.

Vous prendrez le maigre d'une longe de veau rôti; vous en enlèverez toutes les peaux; vous ne garderez que la chair, et sans nerfs, la couperez en liards, avec une vingtaine de champignons et une douzaine de truffes crues, que vous sauterez dans du beurre avec un peu de vin blanc et un peu de glace de volaille; vous ferez bouillir quatre cuillerées d'allemande avec vos truffes et champignons; au moment de servir, vous mettrez votre veau dans votre sauce, et le tiendrez bien chaud, sans le laisser bouillir: vous servirez votre entrée sur un plat avec des quenelles frites à l'entour. (F.)

COQUILLES DE BLANQUETTE DE VEAU AUX CHAMPIGNONS.

Les coquilles de veau se préparent de même que ci-dessus, à l'exception des truffes; quand votre blanquette sera dans sa sauce, vous y ajouterez un peu de beurre fin; vous remplirez vos coquilles, les panerez avec de la mie de pain, un peu de fromage parmesan et du beurre fondu; leur faire prendre couleur au four. (F.)

COQUILLES DE RIS DE VEAU.

Prenez quatre gorges de ris de veau, faites-les dégorger et blanchir; coupez-les par escalopes; mettez fondre un morceau de beurre dans un plat sauté; rangez vos escalopes avec un maniveau de champignons tournés; un jus de citron, du sel, du poivre, un quart de feuille de laurier et un peu d'ail; faites cuire vos ris de veau pendant un quart d'heure; retirez l'ail et le laurier, ajoutez-y quatre cuillerées de velouté; faites bouillir le tout ensemble; ayez une liaison de trois jaunes d'œufs, que vous mêlez avec votre ragoût; mettez cet appareil dans sept coquilles, panez vos coquilles, arrosez-les de beurre fondu; faites-leur prendre couleur au four; dressez-les sur un plat, et servez. (F.)

JARRETS DE VEAU GLACÉS.

Ayez quatre jarrets de veau, que vous couperez à la première jointure du cuissot et au milieu de l'os du jarret; cernez les chairs autour des os; ficelez vos quatre jarrets; marquez-les dans une casserole avec des carottes tournées de la longueur de deux pouces, autant de navets de la même longueur, et de moyens oignons, un bouquet garni, deux clous de girofle, et un peu de sel; vous mouillerez vos jarrets avec du consommé ou du bon bouillon; faites-les cuire comme une noix de veau: quand ils seront cuits, vous les égoutterez, ainsi que les légumes; vous dresserez vos jarrets sur un plat, et vos légumes à l'entour; vous passerez votre fond à la serviette, le ferez réduire à demi-glace et saucerez: glacez votre entrée. (F.)

FOIE DE VEAU A L'ITALIENNE.

Ayez un foie de veau bien blond, coupez-le par lames de l'épaisseur d'un travers de doigt, parez-les toutes de la même grandeur, en leur donnant la forme d'un cœur; farinez-les; mettez environ un quarteron de bonne huile dans un sautoir, placez vos lames de foie les unes près des autres, poudrez-les de sel fin et de gros poivre; posez votre sautoir sur un bon feu: faites raidir votre foie; retournez-le avec la pointe du couteau; quand il sera revenu des deux côtés, et que vous le jugerez cuit, ce dont vous pourrez vous assurer en coupant un morceau, égouttez-le, parez-le, et dressez-le en couronnes sur votre plat; saucez-le avec une bonne italienne rousse ou sauce tomate. (*Voyez* Italienne.) (F.)

GATEAU DE FOIE DE VEAU FROID.

Vous aurez un foie de veau bien blond, vous le pilerez; passez-le au tamis à quenelles; mettez autant de lard pilé et passé au tamis que de foie de veau; et le quart de jambon cuit, haché et pilé, mettez le tout dans une terrine, avec de la tétine de veau cuite et bien refroidie; coupez en gros dés autant de langues à l'écarlate, de truffes noires et champignons; mettez le tout ensemble, avec huit œufs assaisonnés de sel, poivre et muscade (*Voyez* Épices indiquées), un verre d'eau-de-vie; quand le tout sera bien mêlé ensemble, vous aurez préparé un moule ou une casserole garnie de bardes de lard bien minces; mettez votre appareil dans votre casserole, recouvrez-le de bardes de lard et d'un rond de papier beurré. Faites cuire votre gâteau au four pendant trois heures, à feu modéré; vous le laisserez refroidir pour le démouler. Vous ferez chauffer votre moule et le renverserez, retirerez les bardes de lard, le parerez à fond, et le glacerez avec de la glace de veau chaude; placez-le sur un plat; décorez-le avec du joli croûton de gelée dessus et autour du plat. Entrée froide, ou relevée d'entremets. (F.)

GATEAU DE FOIE CHAUD.

Vous préparerez votre foie de veau comme ci-dessus: quand il sera passé au tamis, vous aurez autant de tétine de veau que vous aurez pilée et passée, et que vous mettrez dans une terrine de terre, avec de l'oignon coupé en gros dés, que vous aurez fait blanchir et cuire avec un peu de beurre et du consommé; quand votre oignon sera cuit et froid, mêlez-le avec votre foie, des champignons, des truffes et de la tétine de veau, le tout coupé en petits dés, et huit œufs que vous mettrez l'un après l'autre; quand votre appareil sera bien battu, vous aurez préparé un moule-cylindre ou autre, bien essuyé et beurré; mettez votre foie dans le moule, couvrez-le d'un rond de papier beurré, faites-le cuire au bain-marie pendant deux heures, sans le laisser bouillir, avec beaucoup de feu dessus, de la cendre chaude dessous. Au moment de servir, vous renversez votre gâteau sur son plat: égouttez-en bien l'eau, glacez-le; saucez-le avec une poivrade réduite: vous pouvez aussi mettre des contis à cheval sur votre pain, et entre des queues d'écrevisses. (*Voyez* Conti.) (F.)

FOIE DE VEAU FRIT A L'ITALIENNE.

Coupez des lames de foie de veau bien minces, assaisonnées de sel et gros poivre; cassez deux œufs dans une assiette, avec une cuillerée d'huile; battez le tout ensemble; trempez vos lames de foie à mesure, et ensuite dans la farine; mettez frire vos lames de foie dans de la bonne huile bien chaude, et d'une couleur bien jaune; égouttez-les, dressez-les sur un plat; servez avec une sauce tomate bien chaude. (F.)

ATTÉREAUX DE FOIE DE VEAU A L'ITALIENNE.

Coupez du foie bien blanc par petits morceaux carrés, faites autant de morceaux de lard; enfilez un morceau de foie, un morceau de lard, jusqu'à ce que vos atelets soient garnis; assaisonnez-les de sel et poivre; trempez-les dans l'huile et panez-les; faites-les cuire sur le gril, dressez-les, et servez. (F.)

SAUCISSES DE FOIE DE VEAU.

Prenez une livre de bon foie de veau, autant de lard gras, retirez toutes les peaux du foie, hachez-le bien menu avec votre lard; assaisonnez de sel, poivre, épices et muscade; ajoutez-y une demi-livre de mie de pain, le tout bien mêlé ensemble; mettez votre chair par partie, gros comme un œuf, dans de la crépinette de porc frais; aplatissez-les comme des saucisses ordinaires, faites-les griller au moment de servir; dressez-les sur un plat; saucez-les d'une sauce piquante, et servez. (F.)

AMOURETTES DE VEAU.

Ce qu'on appelle amourettes est seulement la moelle allongée des quadrupèdes; celles de veau sont préférées pour leur délicatesse. On emploie celles de bœuf, de mouton, comme on pourrait employer toutes celles des animaux à quatre pieds. Voici la manière de les approprier et de les accommoder. Ayez des amourettes, mettez-les dans de l'eau, ôtez-en les peaux qui les enveloppent, changez-les d'eau, laissez-les dégorger, coupez-les par morceaux d'égale longueur; faites-les blanchir comme les cervelles, et mettez-les dans une marinade; lorsque vous voudrez vous en servir, égouttez-les, servez-vous-en comme des cervelles. (*Voyez* Cervelles et Amourettes de Bœuf.) (F.)

ROGNONS DE VEAU SAUTÉS.

Ayez quatre rognons de veau, supprimez-en les peaux et la graisse de l'intérieur, émincez-les; mettez dans une casserole plate gros comme un œuf de beurre fin avec vos rognons; assaisonnez-les de sel, poivre, muscade, champignons cuits, persil haché et échalotes; faites-les aller à feu d'enfer, afin qu'ils ne rendent pas leurs eaux; mettez-y une pincée de farine et un verre de vin blanc réduit à moitié, deux cuillerées d'espagnole réduite; remuez-les sur le feu jusqu'à ce qu'ils soient près de bouillir; vous les finirez avec un morceau de beurre fin et un jus de citron, en les remuant avec force, afin qu'ils ne tournent pas en huile. (F.)

AUTRE MANIÈRE DE FAIRE CUIRE LES ROGNONS DE VEAU.

Prenez deux rognons de veau garnis de leur graisse; vous les ferez cuire à la broche ou au four; quand ils seront cuits, vous vous en servirez pour des omelettes, ou tourtes, ou rognons. (*Voyez* l'article Pâtisserie.) (F.)

LANGUES DE VEAU.

Ces langues s'accommodent comme celles de bœuf. (*Voyez* article Langues de Bœuf.) (F.)

MUSETTE D'ÉPAULE DE VEAU.

Ayez une épaule de veau désossée de même que pour la galantine; vous la piquerez de petit lard et langues à l'écarlate; assaisonnez d'épices, poivre et sel; troussez-la en forme de ballon, en lui laissant la tête de l'os de l'épaule rentrée en dedans du corps de l'épaule, en sorte qu'elle forme une tête de tortue bien ficelée et bien arrêtée; vous marquez votre épaule dans une casserole bien couverte de bardes de lard, quatre carottes, six oignons, thym, laurier, un bouquet garni, et quatre clous de girofle; vous ferez braiser votre épaule bien entourée de feu; quand elle sera cuite, égouttez-la; dégraissez le fond, passez-le à siroutte; faites-le réduire à demi-glace, mettez votre épaule dans une casserole avec cette demi-glace, faites-la mijoter jusqu'au moment de servir, et glacez-la en mettant du feu sur le couvercle, et l'arrosant à plusieurs fois; égouttez-la, et la placez sur un plat rond ou ovale, avec une garniture à la flamande. (*Voyez* Garniture à la flamande.) (F.)

FILETS MIGNONS DE VEAU BIGARRÉS.

Ayez six filets de veau piqués en trois, et les trois autres en Conti, soit avec des truffes, ou avec de la langue à l'écarlate. Les trois filets piqués, vous les marquez sur une tourtière beurrée avec un peu de glace de gelée; faites-les partir sur un fourneau; quand ils sont partis, mettez-les sur de la cendre chaude et un four de campagne un peu chaud dessus, de façon que votre lard puisse cuire et prendre couleur; quand vos filets ont atteint une belle couleur, mettez-les dans une demi-glace; quant à vos trois filets à la Conti, vous les ferez sauter dans du beurre; quand ils seront cuits, mettez-les dans la demi-glace avec les autres: vous aurez soin de donner à vos filets la forme d'un J, tous du même côté; dressez-les sur un ragoût à la financière, en chicorée, etc. (F.)

ESCALOPES DE FILETS MIGNONS DE VEAU.

Ayez six filets mignons de veau; coupez-les en escalopes, c'est-à-dire coupez-les en biaisant de l'épaisseur de quatre lignes; ensuite aplatissez-les légèrement sur la table, mouillez le couperet avec un peu d'eau, ainsi que la table; parez chaque morceau en lui donnant la forme d'un écu. Vous aurez fait fondre et clarifier du beurre que vous aurez tiré à clair dans un sautoir; rangez-y vos escalopes de manière qu'elles se touchent sans être les unes sur les autres. Faites-les sauter sur un fourneau ordinaire; quand elles seront raidies d'un côté, retournez-les de l'autre avec la pointe d'un couteau, pour qu'elles raidissent de même: égouttez le beurre; mettez un peu de gelée avec un peu de glace; faites glacer vos escalopes; lorsque vous verrez qu'elles s'enveloppent de glace, dressez-les en couronne autour de votre plat; mettez au milieu un ragoût à la financière ou Toulouse. (*Voyez* Ragoût à la Financière, ou Ragoût à la Toulouse.) (F.)

CARRÉ DE VEAU EN PAPILLOTES.

Prenez un carré de veau bien couvert de sa panoufe; dégarnissez-le de ses os, comme il est expliqué article Carré de Veau; coupez les os plus courts que la panoufe, en ployant la peau de dessous du carré; piquez-le de lard et de langue à l'écarlate; vous marquez votre carré dans une casserole avec une demi-livre de beurre, des champignons hachés, du persil, des échalotes et des truffes hachées et assaisonnées de sel, poivre, muscade, ail, laurier et thym; faites-le cuire pendant une heure, bien entouré de feu; retirez-le du feu, mettez une demi-bouteille de vin blanc et un verre d'eau-de-vie dans vos fines herbes; faites-le réduire à glace; ainsi réduit, vous y ajoutez une bonne cuillerée d'allemande et un quarteron de beurre. Versez votre sauce sur votre carré de veau, et le laissez refroidir; vous envelopperez votre carré de vos fines herbes et de bardes de lard bien minces; vous le poserez sur une feuille de papier huilé, en forme de carré long; vous mettrez de même jusqu'à huit feuilles de papier, en observant que votre papillote garde une belle forme; alors vous arrêterez vos feuilles de papier avec de la ficelle; une heure avant de servir, vous mettrez votre carré sur le gril, à feu très-doux; vous retirerez seulement la ficelle: servez ainsi avec une espagnole réduite à part. (F.)

TENDRONS DE VEAU EN CASSEROLE AU RIZ.

Prenez une livre et demie de riz, épluchez-le; lavez-le dans plusieurs eaux; mettez-le dans une casserole un peu grande, mouillée avec du derrière de la marmite ou de l'eau, du sel et une demi-livre de beurre: la valeur d'une bouteille d'eau suffit pour cuire votre riz; faites-le partir; placez-le sur un fourneau modéré; laissez-le cuire une demi-heure, retirez-le du feu; maniez-le avec une cuillère de bois, remettez-le sur un fourneau ardent, avec un verre d'eau, jusqu'à ce qu'il ressuie sa graisse; quand il aura bien du corps, qu'il se liera ensemble, et qu'il ne tiendra plus au dos, vous le retirerez et le laisserez refroidir, en le maniant toujours et le rafraîchissant d'un peu d'eau fraîche; quand il sera froid au point que vous puissiez y endurer les mains, vous placerez la moitié de votre riz sur un plat d'entrée; vous dresserez sur votre riz douze morceaux de tendrons de veau en couronne; vous couvrirez vos tendrons de veau du restant de votre riz, en lui donnant la forme d'un pâté; pour arriver à lui donner cette forme, vous mouillerez vos mains dans l'eau fraîche; par ce moyen, modelez votre riz; quand il sera bien lié et bien égal, vous le cannellerez avec une carotte coupée en forme de coin: faites-lui prendre couleur à four chaud; quand votre casserole sera bien chaude, vous la retirerez du four; levez le couvercle, et saucez-la d'un ragoût à la Toulouse. (*Voyez* Ragoût à la Toulouse.) (F.)

RIS DE VEAU A L'ALLEMANDE.

Faites dégorger quatre gorges de ris de veau; quand elles seront bien dégorgées, faites-les blanchir et rafraîchir; coupez-les en escalopes, faites-les cuire dans une demi-glace de veau et un peu de beurre fin: un quart d'heure suffit; vous avez une allemande bien réduite, bien liée et bien bouillante; mettez votre ris de veau dedans, avec des champignons et des truffes coupés en liards et sautés; mettez le tout ensemble, et finisssz avec deux pains de beurre et du jus de citron. Le ragoût sert à garnir une casserole au riz comme ci-dessus. (F.)

RIS DE VEAU A L'ESPAGNOLE.

Préparez vos gorges de ris de veau comme ci-dessus; au lieu d'allemande, servez-vous d'espagnole réduite, et servez-vous-en pour garniture de casserole au riz, vol-au-vent et pâté chaud. (F.)

RIS DE VEAU A L'ANGLAISE.

Ayez trois beaux ris de veau et trois gorges, que vous faites dégorger, blanchir et cuire dans une demi-glace : une demi-heure suffit; laissez-les refroidir dans leur fond; égouttez-les; vous avez préparé quatre jaunes d'œufs battus avec un quarteron de beurre fondu, de manière à ce que cela forme une pommade; vous trempez vos ris de veau dedans, et ensuite dans de la mie de pain fraîche faite; vous les panerez ainsi à deux fois; faites-leur prendre couleur au four ou sur le gril; servez avec une demi-glace. (F.)

RIS DE VEAU EN BIGARRURE.

Ayez trois beaux ris de veau piqués et glacés, et trois gorges panées comme ci-dessus; vous les entremêlez sur le plat : sauce tomate. (F.)

RIS DE VEAU A LA SAINT-CLOUD.

Ayez six ris de veau comme ci-dessus; quand ils seront blanchis et rafraîchis, vous les piquerez de cinq gros clous de girofle chacun; mettez-les dans une casserole avec un morceau de glace, un peu de beurre, une cuillerée à ragoût de consommé de volaille; faites-les cuire à glace, à grand feu dessus : un quart d'heure suffit. Vous dresserez vos ris de veau en couronne sur le plat; dessous, un ragoût à la financière, ou allemande, ou demi-glace, ou sauce tomate. (F.)

RIS DE VEAU A LA MARENGO.

Prenez six gorges de ris de veau blanchies comme ci-dessus; coupez-les en escalopes de l'épaisseur d'un demi-pouce; placez-les sur un sautoir, avec un quarteron d'huile d'olive, sel, poivre, muscade; faites sauter vos escalopes, feu dessus et dessous : un quart d'heure suffit; égouttez votre huile; ajoutez vingt champignons, six truffes coupées en liards, un peu de persil haché, et un beurre d'ail; gros comme une noix de glace, deux cuillerées d'espagnole réduite, et une cuillerée de sauce tomate; faites bouillir le tout, et servez chaudement. (F.)

ATELETS DE RIS DE VEAU A LA GELÉE.

Ayez quatre ris de veau bien dégorgés et blanchis; faites-les cuire dans du beurre, du citron et un peu de consommé; étant cuits, faites-les refroidir; coupez-les en escalopes; arrondissez-les avec un coupe-pâte, autant de truffes cuites, et langue à l'écarlate; vous aurez six moules cannelés en cuivre étamé; faites prendre de la gelée au quart de vos moules; la gelée prise, vous entremêlerez vos ris de veau, truffes et langue à l'écarlate en biais; vous remplirez vos moules et les ferez prendre à la glace; au moment de servir, passez vos moules à l'eau chaude; démoulez-les sur un plat, trois de front, et les trois autres dessus. (F.)

RIS DE VEAU AU GRATIN.

Ayez six gorges de veau cuites comme ci-dessus; coupez-les en escalopes; vous prendrez gros comme un œuf de farce à quenelles et deux fois autant de durcelle (*voyez* Durcelle). Vous mêlerez le tout ensemble; foncez votre plat de la moitié de vos fines herbes, rangez vos ris de veau dessus en couronne, en mettant de la farce entre chaque morceau de ris de veau; votre entrée dressée, poudrez-la de chapelure de pain; arrosez-la de beurre fondu; mouillez votre gratin d'un verre de vin blanc; faites partir sur un petit fourneau; couvrez-le d'un four de campagne chaud : un quart d'heure suffit pour la faire gratiner; glacez et arrosez d'un peu d'espagnole réduite. (F.)

RIS DE VEAU EN PAPILLOTES.

Ayez six gorges de ris de veau comme ci-dessus; coupez-les par le milieu dans leur longueur; placez-les sur un plat, avec une bonne durcelle dessus (*voyez* Durcelle). Laissez-les refroidir; prenez des bardes de lard qui ont servi au rôt, ou du jambon cuit coupé bien mince; enveloppez vos morceaux de ris de veau de fines herbes et de vos lames de jambon, et formez-les en papillotes : un quart d'heure avant de servir, faites-leur prendre couleur sur le gril. (F.)

CÔTELETTES DE VEAU A L'ÉCARLATE.

Ayez sept belles côtelettes de veau; vous les ferez sauter (*voyez* Côtelettes sautées). Vous aurez sept morceaux de langue à l'écarlate coupés en poire; placez-en un morceau entre chaque côtelette glacée, et sauce tomate. (F.)

PETITES NOIX D'ÉPAULE DE VEAU.

Ayez quinze petites noix d'épaule de veau; parez-les; retirez-en toutes les peaux; embrochez-les dans trois petits atelets; faites-les mariner avec un peu d'huile, sel, poivre, un oignon coupé en tranches, et persil; une demi-heure avant de servir, couchez-les sur broche : faites-les rôtir à grand feu; glacez-les sur broche; débrochez, et servez sur de la purée à volonté, ou une aspic claire. (*Voyez* à leurs articles.) (F.)

NOIX DE VEAU A LA GENDARME.

Ayez une noix de veau bien couverte de sa panoufe; piquez-la de gros lard et langue à l'écarlate; mettez votre noix dans une terrine avec un oignon coupé en tranches, persil, laurier, ail, thym, etc., et assaisonnez de sel, poivre et huile; faites-la mariner pendant douze heures; vous l'embrochez avec son assaisonnement; enveloppez de trois feuilles de papier beurré; lorsqu'elle est cuite, retirez le papier, et faites-lui prendre couleur, en la glaçant avec une glace légère à plusieurs reprises, et servez avec une sauce-poivrade, ou avec un beurre de piment. (F.)

RIS DE VEAU EN CRÉPINETTES.

Prenez six gorges de ris de veau comme pour le ris de veau en papillotes et enveloppez-les d'oignons et de crépinettes; préparez comme pour les cervelles en crépinettes. (*Voyez* à son article.) (F.)

PIEDS DE VEAU FARCIS FRITS.

Prenez trois pieds de veau; désossez-les, faites-les dégorger, blanchir et cuire dans un blanc (*voyez* Blanc). Vos pieds cuits, mettez-les égoutter sur un linge blanc, retirez-en tous les os; vous aurez préparé une farce cuite (*voyez* Farce cuite), dans laquelle vous aurez mis beaucoup de fines herbes cuites; coupez vos pieds de veau par la moitié; mettez à la place des os de la farce bien étalée avec la lame d'un couteau; panez-les deux fois à l'œuf; faites frire au moment: dressez-les sur un plat; servez avec une sauce tomate. (F.)

MOUTON.

Les meilleurs moutons et les plus estimés sont ceux du pré salé et ceux des Ardennes: quoique fort petits, ils sont d'une chair tendre et d'un goût excellent. Les moutons bien nourris, dont la chair est noire, sont les meilleurs; les aromates conviennent assez au mouton bouilli.

LANGUES DE MOUTON BRAISÉES.

Il faut quinze langues de mouton pour faire une entrée. Vous faites dégorger vos langues, vous avez bien soin de les frotter et de les laver pour ôter le sang caillé qui est après; vous les faites blanchir pendant un quart d'heure et demi; vous les rafraîchissez, vous les égouttez, les essuyez et coupez le cornet; vous pouvez les piquer avec de moyens lardons assaisonnés; vous mettez dans une casserole des bardes de lard, quatre carottes coupées en morceaux, quatre oignons, dont un piqué de deux clous de girofle, quelques tranches de veau, deux feuilles de laurier, un peu de thym, un bouquet de persil et ciboule; vous mettrez vos langues sur cet assaisonnement; vous les couvrirez de bardes de lard; vous les mouillerez avec du bouillon; vous les ferez mijoter pendant cinq heures.

A LA BOURGEOISE.

Si vous n'avez ni veau, ni bouillon, vous les arrangerez comme on vient de le dire; vous les mouillerez alors avec de l'eau; vous y mettrez du sel: ayez soin que votre mouillement ne soit pas trop long pour que vos langues prennent du goût.

LANGUES DE MOUTON AUX NAVETS.

Vous préparez vos langues, et vous les faites cuire comme il est dit ci-dessus : au moment de servir, vous les égouttez, vous les arrangez autour du plat, vous les masquez avec vos navets. (*Voyez* Navets pour entrée.

LANGUES DE MOUTON AUX PETITES RACINES.

Vous préparez et faites cuire vos langues comme celles dites braisées: au moment de servir, vous les égouttez, vous les arrangez autour du plat, et vous versez vos petites racines en buisson dans le milieu. (*Voyez* Petites racines.)

A LA BOURGEOISE.

Si vous n'avez pas de sauce pour vos petites racines, vous ferez un roux léger que vous mouillerez avec le mouillement dans lequel ont cuit vos langues; vous mettrez vos racines cuire dedans, vous y jetterez un petit morceau de sucre.

LANGUES DE MOUTON AU GRATIN.

Vous préparez et vous faites cuire vos langues comme celles dites braisées; vous mettrez dans le fond de votre plat une farce de quenelle de volailles ou de godiveau, à laquelle vous ajoutez un peu de velouté; vous placez vos langues dessus, afin qu'elles soient assises sur le gratin; vous pouvez les arranger de différentes manières. Vous les couvrez de bardes de lard; vous mettez votre plat sur un feu qui ne soit pas trop ardent, afin que votre gratin ne brûle pas; vous posez le four de campagne dessus : ayez soin qu'il ne soit pas trop chaud. Quand vous verrez que votre gratin sera cuit, vous mettrez, à l'instant de servir, une sauce italienne : vous aurez soin d'ôter la graisse qui est dans votre plat et les bardes qui couvrent vos langues.

LANGUES DE MOUTON EN ATELET.

Vous préparez et faites cuire vos langues comme celles dites braisées; vous les couperez en morceaux carrés épais de deux lignes; vous ferez réduire une sauce hachée. Pour qu'elle soit épaisse, étant réduite, vous mettrez un jaune d'œuf cru que vous mêlerez avec votre sauce qui sera presque bouillante : vous mettrez vos morceaux de langues avec votre sauce; vous remuerez bien le tout, afin que vos morceaux prennent de la sauce; vous les poserez sur un plat pour refroidir. Vous aurez une tétine de veau cuite ou du petit lard que vous couperez en carrés, de la même grandeur que ceux de vos langues; vous mettrez un morceau de langue, un morceau de tétine, ainsi de suite jusqu'au bout de l'atelet. Quand il sera plein, vous verserez la sauce dessus : avec le couteau vous l'unirez sur les quatre carrés; vous tremperez votre atelet dans du beurre, vous le mettrez dans la mie de pain; après, vous le tremperez dans l'œuf battu, vous le panerez encore une fois. Vous aurez soin que vos quatre carrés soient bien unis, et vos quatre angles bien formés. Vos atelets finis, un quart d'heure et demi avant de servir, vous les mettrez sur le gril, à feu doux; vous les tournerez de trois côtés; et au quatrième, vous leur ferez prendre couleur au four de campagne, ou avec une pelle rouge à glacer: au moment de servir, vous les mettrez sur le plat; vous verserez dessous une sauce italienne. (*Voyez* Sauce italienne.)

LANGUES DE MOUTON EN PAPILLOTES.

Préparez et faites cuire les langues comme celles dites braisées; quand elles seront cuites, vous les couperez en deux dans leur longueur; vous les mettrez sur un plat; vous verserez par-dessus des fines herbes pour papillotes (*voyez* Fines herbes pour papillotes). Vous aurez des carrés de papier huilé; quand vos langues, assaisonnées de fines herbes, sont froides, vous posez sur votre papier un petit morceau de barde de lard, votre moitié de langue par-dessous; vous y mettez aussi un peu de fines herbes, avec une petite barde. Vous pliez votre papier de manière que votre langue se trouve enfermée; vous coupez les angles de votre papier et vous le plissez de sorte que vos fines herbes ne puissent pas sortir; vous ficelez le bout de votre papillote. Un quart d'heure avant de servir, vous les mettez sur le gril, à feu doux, afin que votre papier ne brûle pas. Au moment de servir, vous les dresserez en couronne et vous mettrez dessous un jus clair.

LANGUES DE MOUTON EN CARTOUCHES.

Préparez les langues comme celles dites braisées; quand elles sont froides, vous les coupez de trois pouces et demi de long sur six lignes d'épaisseur: que le morceau soit carré; vous les mettrez sur un plat; vous ferez une sauce à papillotes, dans laquelle vous mettrez une cuillerée d'espagnole; vous verserez cette sauce sur les morceaux de langue; quand ils seront froids, vous couperez du papier de la grandeur pour contenir un morceau de langue, et vous étendrez de l'huile dessus; puis à chaque morceau vous y mettrez un morceau de langue et le roulerez; vous le fermerez de même qu'une cartouche; il faut qu'elle soit bien roulée, pour que l'assaisonnement n'en sorte pas; au moment de servir, vous les mettrez sur le gril; ayez bien soin qu'elles ne prennent pas trop de couleur; vous les dresserez sur un plat comme des cartouches, vous verserez dessous un jus clair.

LANGUES DE MOUTON, SAUCE TOMATE.

Vous préparez et faites cuire vos langues comme celles dites braisées. Au moment de servir, vous les égouttez, les dressez autour du plat: vous les masquez d'une sauce tomate. (*Voyez* Sauce tomate.)

CERVELLES DE MOUTON.

On arrange les cervelles de mouton comme celles de veau. (*Voyez* Cervelles de veau.)

COUS DE MOUTONS A LA SAINTE-MENEHOULD.

Deux cous suffisent pour faire une entrée; vous en coupez le bout saigneux; vous les ficelez; vous les faites cuire entre des bardes de lard, en ajoutant trois carottes, quatre oignons, un bouquet de persil et ciboule, deux feuilles de laurier, un peu de thym, deux clous de girofle, quelques parures de mouton ou de veau; vous les mouillez avec du bouillon ou de l'eau; alors vous y mettez du sel : il faut que vos cous mijotent pendant quatre heures; quand ils sont cuits, vous les assaisonnez d'un peu de sel fin, du gros poivre; vous les trempez dans du beurre tiède; vous les mettez dans la mie de pain : ayez soin qu'il y en ait partout. Une heure avant de servir, vous les mettez sur le gril à petit feu : vous le retournez de trois côtés; vous faites prendre couleur au quatrième avec le four de campagne. Au moment de servir, vous les dresserez sur le plat; vous mettrez un jus clair dessous.

COUS DE MOUTON AUX PETITES RACINES.

Vous aurez deux cous de mouton; vous couperez le bout saigneux, vous les ficellerez; vous mettrez des bardes de lard dans une casserole; des parures de viande, quatre carottes, cinq oignons, dont un piqué de trois clous de girofle, deux feuilles de laurier, un peu de thym, un bouquet de persil et de ciboule. Vous mettrez vos cous avec cet assaisonnement; vous les couvrirez de bardes de lard; vous les mouillerez avec du bouillon ou de l'eau; alors vous ajouterez le sel; quand vos cous bouilliront, vous les mettrez sur un petit feu pendant quatre heures. Au moment de servir, vous les égoutterez, vous les dresserez sur votre plat; vous verserez vos petites racines par-dessus, (*voyez* Petites racines). On peut aussi, en place de racines, y mettre des navets tournés en petits bâtons (*Voyez* Navets pour entrée.)

A LA BOURGEOISE.

Si vous n'avez pas de sauce pour vos racines, vous faites un roux léger que vous mouillez avec le mouillement dans lequel auront cuit vos cous; vous préparez vos petites racines comme celles dites pour entrée.

COUS DE MOUTON A LA PURÉE DE LENTILLES.

Vous préparez et vous faites cuire les cous comme les précédents. Au moment de servir, vous les égouttez et les déficelez; vous les dressez sur le plat, vous les masquez avec une purée de lentilles (*voyez* Purée de lentilles). Vous pouvez les mettre à la purée de pois, de navets, de haricots, etc.

ÉPAULE DE MOUTON AUX OIGNONS GLACÉS.

Vous avez une épaule de mouton bien couverte; vous la désossez jusqu'à la moitié du manche; vous piquez l'intérieur de votre épaule avec des lardons assaisonnés; vous y mettez un peu de sel, de poivre; quand elle est piquée, vous la troussez en ballon ou en long; vous la bridez de manière qu'elle conserve la forme que vous voulez lui donner; après, vous la ficelez, vous mettez des bardes de lard dans une braisière; vous y placez votre épaule, vous y mettrez trois ou quatre carottes, cinq oignons, dont un piqué de deux clous de girofle, deux feuilles de laurier, un peu de thym, les os de votre épaule, avec quelques morceaux, si vous en avez; vous mouillerez avec du bouillon ou de l'eau; alors vous mettrez du sel; vous ferez mijoter votre épaule pendant trois heures et demie. Au moment de servir, vous égoutterez votre épaule, vous la débriderez et la déficellerez; vous la glacerez, la dresserez sur le plat; vous mettrez ensuite à l'entour des oignons glacés (*voyez* Oignons glacés). Vous emploierez pour sauce une espagnole réduite.

A LA BOURGEOISE.

Si vous n'avez pas de sauce, vous ferez un roux léger avec le mouillement dans lequel vous aurez fait cuire votre épaule. Ayez soin que votre sauce soit assez longue pour la faire réduire; voyez si elle est de bon sel. Vous pouvez servir autour de cette épaule des laitues, des petits navets, des petites racines, une purée de lentilles, des pois. (*Voyez* à l'article dont vous vous servirez.)

HARICOT DE POITRINE DE MOUTON.

Vous couperez la poitrine en morceaux de la forme que vous jugez à propos; vous mettrez dans le fond de votre casserole des tranches rondes d'oignons; vous arrangerez vos morceaux de poitrine par-dessus; vous y mettrez deux carottes, deux feuilles de laurier, un peu de thym, avec un grand verre de bouillon; vous ferez bouillir votre viande jusqu'à ce que votre mouillement soit tombé à glace un peu brune; vous y mettrez deux cuillerées à pot de bouillon ou d'eau; alors vous y ajouterez du sel; vous ferez mijoter votre poitrine pendant deux heures; quand elle sera cuite, vous passerez votre mouillement au tamis de soie; vous mettez vos morceaux de poitrine, dont vous ôtez les os des côtes; vous tournez des navets en petits bâtons que vous mettez dans une casserole, et que vous faites sauter dans le beurre jusqu'à ce qu'ils aient une couleur blonde; vous saupoudrerez d'une cuillerée à bouche de farine, et les remuerez; vous verserez dans vos navets le mouillement dans lequel a cuit votre poitrine; vous y mettrez un petit morceau de sucre. Quand vos navets seront cuits, si la sauce est trop longue, vous les retirerez et vous les mettrez sur votre viande; alors vous ferez réduire votre sauce à son point; vous aurez soin de la dégraisser, et vous la passerez à l'étamine sur votre poitrine et vos navets; vous ferez ensuite mijoter votre ragoût pendant une demi-heure pour qu'il prenne du goût.

HARICOT DE MOUTON A LA BOURGEOISE.

Vous coupez votre mouton en morceaux, soit côtes, épaule ou poitrine; vous faites un roux avec du beurre et de la farine; quand il est blond, vous y faites revenir votre viande pendant un quart d'heure; vous la mouillez avec de l'eau chaude; vous tournez bien votre viande jusqu'à ce que votre ragoût bouille; vous l'écumez, vous y mettez du sel, du poivre, un bouquet de persil et ciboule, auxquels vous ajoutez une feuille de laurier, un peu de thym, un oignon piqué de deux clous de girofle; vous tournez des navets que vous faites roussir dans le beurre, dans une casserole ou poêle: prenez garde que les navets ne noircissent; quand ils seront blonds, vous les égoutterez, et vous les mettrez dans votre ragoût: quand il sera cuit aux trois quarts, vous y mettrez un petit morceau de sucre. Vous dégraisserez bien votre ragoût avant de le servir; vous ôterez le bouquet et l'oignon: assurez-vous s'il est d'un bon sel.

POITRINE DE MOUTON EN CARBONNADES.

Vous couperez l'os rouge qui tient aux tendrons: vous partagerez votre poitrine en morceaux formant le croûton de matelote, c'est à-dire un ovale pointu; vous mettrez dans une casserole des bardes de lard, vous y ajouterez quelques tranches de jambon, vos carbonnades par-dessus; vous les couvrirez de lard, vous mettrez deux carottes coupées en tranches, quatre oignons aussi coupés, deux feuilles de laurier, un peu de thym; vous y verserez une cuillerée à pot de bouillon; ajoutez un rond de papier beurré vous le ferez mijoter feu dessus feu dessous pendant trois heures. Au moment de servir, vous les égoutterez, vous les glacerez, et vous mettrez dessus de la chicorée ou des épinards, de l'oseille une sauce tomate; une purée d'oignons blanche, etc. (*Voyez* l'article qui vous convient.)

POITRINE DE MOUTON A LA SAINTE-MENEHOULD.

Vous ferez cuire une poitrine entière de la même manière que vos carbonnades, excepté que vous n'y mettrez pas de jambon. Quand la poitrine sera cuite, vous en ôterez les os des côtes; vous mettrez dessus un peu de sel, un peu de poivre: vous la tremperez dans du beurre tiède, vous la panerez le mieux possible; ensuite vous la mettrez sur le gril à un feu doux. Avec un plumeau, vous égoutterez du beurre sur l'étendue de la poitrine, vous y sèmerez de la mie de pain; vous aurez un four de campagne bien chaud, pour faire prendre couleur à votre poitrine: quand elle sera bien blonde, vous la mettrez sur un plat avec un jus clair dessous.

POITRINE DE MOUTON AUX PETITES RACINES.

Vous préparez et faites cuire une poitrine comme celle dite en carbonnade : quand vos morceaux sont cuits, au moment de servir vous les égouttez, vous les glacez ; vous les dressez en couronne, et vous mettez dans le milieu un ragoût de racines. (*Voyez* Petites Racines.)

A LA BOURGEOISE.

Si vous n'avez pas de sauce pour vos petites racines, vous ferez un roux léger ; vous l'arroserez avec le mouillement dans lequel aura cuit la poitrine, et vous y mettrez vos petites racines tournées.

SELLE DE MOUTON BRAISÉE.

Vous avez la moitié d'une selle, qui est depuis la première côte jusqu'au gigot ; vous la désossez, vous l'assaisonnez de sel, de poivre dans l'intérieur ; vous la roulez de manière qu'elle présente un carré long ; vous la ficelez, vous mettez dans une casserole des bardes de lard, puis votre selle, trois carottes, quatre oignons, deux clous de girofle, une feuille de laurier, un peu de thym, un bouquet de persil et ciboule ; vous couvrez votre selle de bardes de lard ; vous mettez les parures de votre selle : ajoutez une cuillerée à pot de bouillon, un rond de papier beurré : vous mettez votre selle au feu deux heures et demie, feu dessus et dessous. Au moment de servir, vous l'égouttez et la déficelez : vous enlevez la peau de dessus, vous la glacez ; vous servez dessous ce que vous voulez, comme chicorée, épinards, une purée de cardes, une purée de champignons ; vous pouvez mettre des laitues à l'entour, une sauce dessous, des oignons glacés (*voyez* l'article qui vous convient) ; ou bien la servir à l'anglaise, c'est-à-dire quand vous aurez ôté la peau, au lieu de la glacer, vous y sèmerez du persil bien fin, et un jus clair dessous.

SELLE DE MOUTON PANÉE A L'ANGLAISE.

Vous préparerez votre selle, et vous la ferez cuire comme celle dite braisée. Quand elle sera cuite, vous l'assaisonnerez de sel, de gros poivre ; vous la tremperez dans le beurre ; vous la mettrez dans de la mie de pain ; vous ferez tiédir un morceau de beurre gros comme la moitié d'un œuf ; vous casserez trois œufs que vous mêlerez avec votre beurre ; vous mettrez un peu de sel. Vous tremperez votre selle dans vos œufs de manière qu'il y en ait partout ; vous la poserez dans votre mie de pain ; vous ferez prendre une belle forme à votre selle : trois quarts d'heure avant de servir, vous la mettrez sur le gril, et un four de campagne bien chaud par-dessus pour lui faire prendre couleur : au moment de servir, vous la dresserez sur votre plat ; vous mettez un jus clair dessous. Si votre selle était froide, vous auriez plus de facilité pour la paner.

SELLE DE MOUTON POUR RELEVÉE.

Vous coupez le mouton dans son entier depuis le défaut

l'épaule jusqu'au gigot; vous désossez les côtes jusqu'à l'épine. il faut que votre selle soit parfaitement bien couverte de sa graisse et de sa peau; vous assaisonnez l'intérieur de sel, de gros poivre et d'aromates pilés; vous y mettrez, pour la remplir, les chairs d'un gigot, sans y laisser les peaux. Vous donnerez la forme première à votre selle, en roulant chaque côté des flancs, et en renfermant les chairs qui sont dans l'intérieur, de manière qu'elle soit arrondie bien également; vous la ficellerez, pour qu'elle ne perde pas sa belle forme: vous mettrez des bardes de lard dans le fond de votre braisière; vous y placerez votre selle. Si vous voulez, vous la ferez cuire dans une poêle, pour qu'elle soit bien blanche, ou bien vous y mettrez les os de votre gigot ou de vos côtes, six carottes, six oignons, trois clous de girofle, quatre feuilles de laurier, un peu de thym, un fort bouquet de persil et ciboule; vous la mouillerez avec du bouillon, ou, si vous n'en avez pas, avec de l'eau: alors vous mettrez du sel. Vous couvrirez votre selle de bardes de lard et d'un papier beurré; vous la ferez mijoter pendant cinq heures, feu dessus et dessous. Au moment de servir, vous l'égoutterez, la déficellerez et vous ôterez la peau de dessus. Ayez soin que le gras soit à nu: vous y mettrez du persil haché bien fin, un jus clair dessous, ou vous la glacerez. Vous mettrez, si vous voulez, des oignons glacés ou des navets à l'entour, de grosses carottes, des pommes de terre, ou une sauce tomate. (*Voyez* les articles que vous préférerez.)

SELLE DE MOUTON A L'ANGLAISE.

Vous aurez une selle comme la précédente, que vous désosserez, garnirez, assaisonnerez, ficellerez, et que vous ferez cuire de même que la précédente. Il faut qu'elle soit cuite la veille, pour pouvoir la paner plus facilement. Vous enlevez la peau de dessus, vous la parez, vous l'assaisonnez de sel, de gros poivre; vous la beurrez avec un pinceau de plume; vous la panez, vous la laissez refroidir: vous mettez tiédir un quarteron de beurre dans un vase; vous y cassez dix œufs que vous assaisonnez de sel et de gros poivre; vous les battez avec du beurre; vous en barbouillez votre selle partout, et vous la panez tout entière. Quand elle est panée, vous faites tiédir du beurre, vous trempez votre pinceau dedans, et vous l'égouttez sur votre selle, de manière que le dessus en reçoive seulement des gouttes: vous semez de la mie de pain, de façon que le dessus en soit bien garni; une heure avant de servir, vous ferez prendre couleur à votre selle sur un plafond dans un grand four; qu'il ne soit pas trop chaud, pour que votre selle ait belle couleur. Au moment de servir, qu'elle soit bien chaude: vous glissez un couvercle de casserole sur votre selle, et vous la posez sur le plat; vous mettez un jus clair dessous.

MOUTON.

GIGOT DE MOUTON DE SEPT HEURES.

Vous avez un gigot de mouton que vous désossez jusqu'à la moitié du manche; vous l'assaisonnez de lardons, de sel, de gros poivre, de thym et de laurier pilés, et vous piquez le dedans de votre gigot: ne faites pas sortir vos lardons par dessous. Quand il est bien piqué, vous lui faites prendre sa forme première; vous le ficelez de manière qu'on ne s'aperçoive pas qu'on l'ait désossé: vous mettez ensuite des bardes de lard dans le fond de votre braisière, quelques tranches de jambon, les os concassés, quelques tranches de mouton, quatre carottes, six oignons, trois feuilles de laurier, un peu de thym, trois clous de girofle, un bouquet de persil et de ciboule, une cuillerée à pot de bouillon: vous mettez tout cela dessus votre gigot, que vous couvrez de lard, et un papier beurré pour le recouvrir. Vous mettez cuire votre gigot pendant sept heures, s'il est fort, et vous le ferez aller à petit feu: vous en mettrez aussi sur le couvercle de la braisière. Au moment de servir, vous l'égoutterez, vous le déficellerez, vous le glacerez, et vous le servirez avec le mouillement réduit dans lequel il aura cuit.

GIGOT DE MOUTON A L'EAU A L'ANGLAISE.

Choisissez le gigot le plus rond possible, du poids d'environ quatre livres; faites-le bouillir dans un chaudron plein d'eau: au bout de deux heures retirez-le, si vous voulez le manger comme les Anglais; mettez dans l'eau des carottes ou des navets: les carottes se servent comme elles sortent de l'eau; les navets se foulent dans une casserole: on y met un peu de beurre, un peu de crême et on place cette espèce de purée sous le gigot: il n'est point d'usage de mettre de sel ni de poivre; en met qui veut.

GIGOT DE MOUTON A L'EAU.

Ayez un gigot de mouton bien entier; vous en désossez le quasi jusqu'à l'os de la cuisse; vous piquez l'intérieur de votre gigot avec de gros lardons assaisonnés de sel, poivre et épices; vous aurez soin qu'ils ne ressortent pas par-dessus, c'est-à-dire qu'il y ait un côté qui ne soit pas touché par la lardoire: vous le ficellerez, vous mettrez quelques bardes de lard par-dessus, quatre carottes, six oignons, dont un piqué de quatre clous de girofle, quatre feuilles de laurier, un peu de thym; vous mouillerez votre gigot avec de l'eau, vous y mettrez du sel: il faut qu'il baigne dans l'eau: vous le ferez bouillir pendant trois heures. Au moment de servir, vous le déficellerez, vous le servirez avec un peu de mouillement dans lequel il a cuit, et que vous passerez à l'étamine: ayez soin de goûter s'il est de bon sel et d'un bon goût. Vous pouvez servir à l'entour des pommes de terre tournées et cuites à blanc avec le gigot. On peut aussi servir une sauce tomate.

GIGOT A LA BOURGEOISE.

Vous avez un gigot que vous préparez comme celui dit à l'eau; vous le mettez dans une braisière, avec douze carottes, douze oignons, deux feuilles de laurier, deux clous de girofle, douze pommes de terre , un bouquet de persil et ciboule, une cuillerée à pot de bouillon ou d'eau. Alors vous y ajouterez du sel, une livre de petit lard que vous coupez en six morceaux; vous en ôterez le dessus et le dessous; vous le ferez mijoter pendant trois heures et demie, en le retournant de temps en temps : ayez soin que le feu aille toujours. Au moment de servir, vous déficellerez votre gigot, vous le dresserez sur le plat avec vos légumes à l'entour. Si votre mouillement est trop long, vous le ferez réduire et vous le mettrez sous votre gigot : tâchez qu'il ait une belle couleur, ou bien il faut le glacer.

ÉMINCÉ DE GIGOT A LA CHICORÉE.

Quand le gigot est cuit à la broche et qu'il est froid, vous enlevez les chairs que vous émincez; vous les déposez dans une casserole; vous faites blanchir des cœurs de chicorée (*voyez* la manière de faire blanchir votre chicorée); quand elle est bien pressée et que l'eau en est bien sortie, vous la hachez; vous la passez avec un morceau de beurre; ensuite vous y mettez trois cuillerées à dégraisser de sauce espagnole et trois ou quatre de consommé, un peu de gros poivre, un peu de sel. Vous faites réduire votre chicorée : quand vous verrez qu'elle est un peu épaisse, vous la verserez sur votre émincé ; vous mêlerez le tout ensemble, et vous le tiendrez chaud sans le faire bouillir. Au moment de servir, vous le dresserez en buisson; vous mettrez à l'entour des croûtons taillés en bouchons et frits dans le beurre : vous verserez de la sauce espagnole par-dessus, mais fort peu.

A LA BOURGEOISE.

Si vous n'avez pas de sauce pour votre chicorée, vous la passerez dans le beurre, vous y mettrez un peu de sel, un peu de gros poivre; quand elle sera bien revenue, vous verserez dessus une cuillerée à bouche de farine, que vous mêlerez bien avec votre chicorée; vous la mouillerez avec du bouillon : si elle était trop claire, vous la feriez réduire : mais il faut qu'elle soit plus liquide que pour un entremets; vous la verserez sur votre émincé. Voyez si elle est d'un bon sel.

ÉMINCÉ DE GIGOT DE MOUTON AUX OIGNONS.

Vous émincerez la chair du gigot comme précédemment; vous couperez douze gros oignons par moitié, vous en ôterez la tête et la queue; vous les couperez par tranches formant demi-cercle; vous en ôterez le cœur; vous mettrez un morceau de beurre de la grosseur de deux œufs; vous passerez vos oignons sur un feu un peu ardent. Quand vos oignons seront blonds vous y mettrez trois cuillerées à dégraisser d'espagnole (*voyez* Sauce espagnole). Vous y verserez trois cuillerées de consommé, un peu de gros poivre, un peu de sel; vous ferez réduire votre oignon jusqu'à ce qu'il soit un peu épais; vous le verserez sur votre émincé : vous le sauterez pour qu'il se mêle avec votre oignon : vous le tiendrez chaud sans e faire bouillir; vous le dresserez au moment de servir, et vous mettrez des croûtons comme aux précédents.

A LA BOURGEOISE.

Si vous n'avez pas de sauce, vous mettrez une demi-cuillerée à bouche de farine, que vous mêlerez avec votre beurre et votre oignon; vous mouillerez avec du bouillon et de l'eau; vous y mettrez du sel, un peu de gros poivre. Quand vous serez près de mettre votre oignon avec votre émincé, vous y verserez un filet de vinaigre.

ÉMINCÉ DE MOUTON AUX CONCOMBRES.

Vous émincez la chair du gigot, comme ci-dessus; vous y mettez des concombres que vous coupez en ronds de la grandeur d'un petit écu, épais de huit lignes, vous les mettez dans un linge, vous les pressez pour en faire sortir l'eau; vous jetez un bon morceau de beurre dans une casserole que vous posez sur un fourneau bien ardent : quand votre beurre est chaud, vous mettez vos concombres, que vous sautez à tout moment, afin qu'ils prennent couleur; quand ils sont d'une couleur blonde, vous les égouttez, vous mettez trois cuillerées à dégraisser d'espagnole (*voyez* Espagnole travaillée); vous mêlez vos concombres dedans, vous les faites réduire. Quand ils sont un peu épais, vous les mettez sur votre émincé avec un peu de sel, de gros poivre, de muscade râpée; vous le tenez chaud. Au moment de servir, vous dressez votre émincé sur votre plat avec des croûtons à l'entour, comme au précédent.

A LA BOURGEOISE.

Si vous n'avez pas de sauce, vous laissez un peu de beurre avec vos concombres; vous y mettez presque une cuillerée à bouche de farine, que vous remuez avec eux : vous les mouillez avec du bouillon, du sel, du gros poivre, un filet de vinaigre. Quand vos concombres sont assez réduits, vous les mettez avec votre émincé.

ÉMINCÉ DE MOUTON A L'ANGLAISE.

On émince la viande d'un gigot un peu épaisse; on la met dan une casserole; on la saupoudre de farine que l'on mêle avec la viande; on met un peu de bouillon ou d'eau; l'on fait chauffer l'émincé jusqu'à ce qu'il soit prêt à bouillir, un peu de poivre, un peu de sel, et l'on sert.

ÉMINCÉ DE MOUTON AUX CORNICHONS AU BEURRE D'ANCHOIS.

Vous émincez votre chair comme dans les émincés précédents;

vous faites réduire six cuillerées à dégraisser d'espagnole : quand elle est réduite d'un tiers, vous y mettez gros comme la moitié d'un œuf de beurre d'anchois; vous remuez votre sauce, pour que votre beurre fonde; vous le versez sur votre émincé, que vous tenez chaud sans le faire bouillir; vous y mettez huit ou dix cornichons que vous coupez en liards et que vous mêlez avec votre émincé. Au moment de servir, vous les dresserez sur un plat avec des croûtons à l'entour, comme il est dit dans les précédents.

A LA BOURGEOISE.

Si vous n'avez point de sauce, vous faites un petit roux, que vous mouillez avec quelque fond de cuisson ou du bouillon. Quand votre sauce est bien réduite, vous l'assaisonnez de sel, de gros poivre : lorsqu'elle est à son point, vous y mettrez votre beurre d'anchois, vos cornichons et vous verserez votre sauce sur votre émincé; vous tenez votre émincé chaud sans qu'il bouille. Au moment de servir, vous le sautez bien dans votre casserole, de crainte que le beurre ne tourne en huile; vous le dressez sur votre plat et vous mettez des croûtons à l'entour.

HACHIS DE MOUTON AUX ŒUFS POCHÉS.

Vous mettez un gigot de mouton à la broche : quand il est froid, vous enlevez des chairs ce qu'il faut pour votre hachis; vous en ôtez les nerfs et les peaux; vous hachez votre viande bien fin; vous la mettez dans une casserole; vous aurez quatre cuillerées d'espagnole réduite, que vous ferez encore réduire d'un quart; vous les verserez sur votre hachis; vous y mêlerez votre sauce; vous le tiendrez chaud seulement. Au moment de servir, vous le verserez sur le plat; vous mettrez à l'entour des croûtons en bouchons : servez des œufs pochés dessus. (*Voyez* Œufs pochés.)

HACHIS DE MOUTON AUX FINES HERBES.

Vous préparez votre hachis comme il est dit précédemment; vous mettrez un morceau de beurre de la grosseur de deux œufs, une cuillerée à bouche d'échalotes bien hachées; vous les passerez dans votre beurre, sans les laisser roussir; vous y ajouterez quatre cuillerées à bouche de champignons hachés bien fin; vous les passerez avec vos échalotes : après cela, vous y mettrez une cuillerée à bouche de persil aussi bien haché; vous remuerez encore le tout sur le feu : si vous n'avez pas de sauce, prenez une cuillerée à bouche de farine; vous la mêlez bien avec vos fines herbes; vous versez ensuite deux verres de bouillon : en cas que votre sauce soit trop claire, vous la ferez réduire jusqu'à ce qu'elle soit un peu épaisse, vous la verserez sur votre hachis, vous y mettrez un peu de gros poivre, un peu de muscade râpée; vous mêlerez bien votre sauce avec votre viande hachée : au moment de servir, voyez si elle est d'un bon sel et disposez des croûtons à l'entour.

HACHIS A LA BOURGEOISE.

S'il vous reste du gigot rôti, vous en levez les chairs, vous en ôtez les nerfs et les peaux, vous hachez votre viande, vous la mettez dans une casserole; vous avez une autre casserole dans laquelle vous jetez un quarteron de beurre avec six oignons coupés en dés, que vous faites frire jusqu'à ce qu'ils soient blonds; vous y mettez une cuillerée à bouche de farine, vous la remuez un instant sur le feu avec vos oignons, vous versez deux verre de bouillon; vous y joignez un peu de gros poivre.

A LA BOURGEOISE.

Si vous n'avez pas de bouillon, vous mouillez vos oignons avec de l'eau et du sel; vous faites réduire votre sauce jusqu'à ce qu'elle soit un peu épaisse; vous la mettez sur votre hachis, vous y râpez un peu de muscade; vous le mêlez avec votre sauce que vous tenez chaude, sans la faire bouillir; avant de le servir, voyez s'il est d'un bon sel.

HACHIS AUX CHAMPIGNONS.

Quand votre viande sera hachée comme il est dit ci-dessus, vous hacherez bien fin une vingtaine de champignons; ensuite vous les presserez dans un linge; vous mettrez dans une casserole un quarteron de beurre avec vos champignons; vous les passerez sur le feu jusqu'à ce que le beurre tourne en huile; alors vous y ajouterez quatre cuillerées à dégraisser d'espagnole réduite et trois cuillerées de consommé; vous ferez réduire votre sauce à moitié; vous la verserez sur votre viande, vous la mêlerez; vous tiendrez votre hachis bien chaud, mais sans bouillir : si vous n'avez pas de sauce, vous mettrez une cuillerée à bouche de farine, que vous remuerez un instant sur le feu avec vos champignons; vous y mettrez aussi trois verres de bouillon, un peu de sel, un peu de gros poivre, une feuille de laurier : vous faites réduire le tout à moitié; vous verserez votre sauce sur votre viande; voyez si votre hachis est d'un bon sel; vous le servirez avec des croûtons à l'entour : vous pouvez aussi servir dessous des œufs pochés. (*Voyez* Œufs pochés.)

QUEUES DE MOUTON BRAISÉES.

Ayez sept queues de mouton, toutes de la même grosseur et de la même longueur; vous mettez dans une casserole des bardes de lard; quelques tranches de mouton, quatre carottes, quatre oignons, dont un piqué de deux clous de girofle, deux feuilles de laurier, un peu de thym; vous couvrez vos queues de bardes de lard, avec une cuillerée à pot de bouillon : vous les faites mijoter pendant quatre heures : au moment de servir, vous les sortez soigneusement de votre braise; vous les égouttez, vous les glacez, vous servez dessus une espagnole réduite. (*Voyez* Sauce réduite.)

QUEUES DE MOUTON A LA PURÉE D'OSEILLE.

Vous préparez les queues et les faites cuire comme celles dites braisées: au moment de servir, vous les égouttez, les glacez et vous les mettez sur une purée d'oseille. (*Voyez* Purée d'oseille.)

QUEUES DE MOUTON A LA CHICORÉE.

Vous préparez et faites cuire vos queues comme celle dites braisées; au moment de servir, vous les égouttez, vous les glacez et vous les mettez sur la chicorée. (*Voyez* Chicorée.)

A LA BOURGEOISE.

Si vous n'avez pas de sauce pour faire cuire votre chicorée, vous mettrez un morceau de beurre dans une casserole; vous hachez votre chicorée, vous la mettez avec votre beurre, vous la passez sur le feu pendant dix minutes; vous y mettez une bonne pincée de farine, que vous mêlez avec votre chicorée; vous passez du fond dans lequel ont cuit vos queues; vous en ôtez la graisse, et mouillez avec cela votre chicorée; vous y mettez un peu de gros poivre; vous faites réduire votre chicorée jusqu'à ce qu'elle soit assez épaisse; assurez vous si elle est d'un bon sel; vous l'arrangez sur le plat, et vos queues glacées dessus.

QUEUES DE MOUTON AUX PURÉES.

Vous préparez et faites cuire les queues comme celles dites à la braise: au moment de servir, vous les égouttez et les dressez sur le plat; vous les masquez d'une purée de lentilles, de pois verts, de haricots ou d'une sauce tomate. (*Voyez* l'article que vous voulez.)

A LA BOURGEOISE.

Si vous n avez ni viande ni lard pour cuire vos queues, vous les faites cuire avec l'assaisonnement expliqué pour la braise: vous leur donnez un bon sel: on peut servir ces queues en terrine. Au lieu de sept, il en faut douze.

QUEUES DE MOUTON PANÉES A L'ANGLAISE.

Vous préparez et faites cuire vos queues de mouton comme celles à la braise: quand elles sont cuites, vous les égouttez, les assaisonnez de sel, de gros poivre; vous faites tiédir un morceau de beurre, vous trempez vos queues dedans, vous les mettez dans la mie de pain, vous cassez quatre œufs avec votre beurre, vous battez le tout ensemble; vous trempez vos queues dans vos œufs: tâchez qu'elles en prennent partout; vous les mettez dans la mie de pain, de manière qu'elles soient exactement panées, bien unies, et qu'elles aient bien leur forme: une demi-heure avant de servir, vous les mettez sur le gril à un feu très-doux; vous les couvrez d'un four de campagne très-chaud pour leur faire prendre couleur: au moment de servir, vous les dressez sur un plat, avec un jus clair dessous.

RAGOUT DE QUEUES DE MOUTON.

Quand vos queues seront cuites comme celles dites à la braise, vous aurez soin de les conserver un peu fermes, pour qu'elles ne se cassent pas dans votre ragoût : vous les couperez en deux, vous les mettrez dans une casserole, avec des ris de veau sautés, deux culs d'artichauts coupés en quatre, ou bien des marrons, quelques quenelles de veau; vous tournerez un maniveau de champignons, que vous sauterez dans le beurre; vous les égoutterez, vous mettrez avec vos champignons une cuillerée à pot d'espagnole, la moitié d'une de consommé : vous ferez réduire votre sauce d'un tiers et la verserez sur votre ragoût.

A LA BOURGEOISE.

Si vous n'avez pas de sauce, vous mettez avec vos champignons deux cuillerées à bouche de farine; vous la mouillerez avec du bouillon, vous y ajouterez un peu de jus pour donner couleur; vous la ferez réduire jusqu'à ce qu'elle soit assez liée pour votre ragoût; vous pouvez servir dans une terrine, dans une casserole d'argent, ou dans un pâté chaud.

COTELETTES DE MOUTON SAUTÉES.

Vous coupez les côtelettes depuis la troisième côte, près du collet, jus qu'à la dernière, de l'épaisseur d'un pouce; vous les parez, c'est-à-dire vous en ôtez les peaux et les os, excepté l'os de la côte; vous lui donnez une forme ronde du côté du filet vous appropriez le bout de l'os du côté de la poitrine, afin qu'on puisse prendre la côtelette avec les doigts sans toucher a la viande; vous battez le filet de votre côtelette avec un couperet; vous la parez encore une fois pour ôter les chairs qui excédent des autres; vous les mettez dans votre sautoir; vous les assaisonnez, vous versez du beurre tiède dessus : au moment de servir, vous placez votre sautoir sur un feu ardent; vous laissez raidir vos côtelettes d'un côté, vous les retournez de l'autre : cinq minutes suffisent pour les cuire; vous posez le doigt dessus, si vos côtelettes sont fermes, retirez-les du feu, vous les dresserez en couronne; vous pouvez, un instant avant qu'elles soient cuites, mettre de la glace avec vos côtelettes; vous servirez aussi dessous une sauce liée, dans laquelle vous mettrez un morceau de glace, ou bien un jus clair; et dans le milieu de vos côtelettes de petites racines tournées. (*Voy.* Petites Racines tournées.)

CÔTELETTES DE MOUTON GRILLÉES, PANÉES.

Vous parez les côtelettes comme celles dites sautées; vous faites tiédir un morceau de beurre; vous les mettez dedans après les avoir assaisonnées de sel, de gros poivre; quand elles ont du beurre partout, vous les saupoudrez de mie de pain; vous avez soin qu'elles prennent exactement; vous leur donnez une forme agréable; vous les déposez sur un couvercle de casserole, en y semant de la mie de pain dessus et dessous : un quart d'heure avant de servir, vous les mettez sur le gril, sur un feu un peu chaud : prenez garde que vos côtelettes ne cuisent trop et que votre mie de pain ne brûle; vous les dressez en couronne, avec un jus clair dessous.

COTELETTES AUX CONCOMBRES.

Vous coupez les côtelettes un peu épaisses pour qu'elles ne soient pas trop minces après les avoir battues; vous les piquez de moyens lardons assaisonnés de sel, poivre, un peu d'épices; vous mettez un morceau de beurre que vous laissez fondre dans une casserole, vous y faites raidir vos côtelettes, vous achevez de les parer; vous mettez des bardes de lard dans une casserole, quelques tranches de veau, deux carottes coupées en tranches, trois oignons, deux clous de girofle, une feuille de laurier, un peu de thym; vous placez vos côtelettes sur cet assaisonnement; vous les couvrez de lard, vous versez une cuillerée à pot de bouillon; vous faites mijoter vos côtelettes pendant deux heures : au moment de servir, vous les égouttez, les glacez, et les dressez en couronne sur le plat; vous mettez dans le milieu des concombres à la crème, ou d'autres.

Vous pouvez les poser à nu dans la casserole où vous les avez fait raidir; vous les mouillerez avec un peu de gelée, ou bien vous y mettrez un assaisonnement en carottes, oignons, etc.; vous les mouillerez avec du bouillon.

COTELETTES A LA SOUBISE.

Vous couperez les côtelettes, vous les parerez et les ferez cuire comme celles dites aux concombres : au moment de servir, vous les égoutterez, les glacerez, les dresserez en couronne et vous mettrez dans le milieu une purée d'oignons blanche. (*Voyez* Purée d'Oignons blanche.)

COTELETTES AUX NAVETS.

Vous couperez et parerez les côtelettes, et vous les ferez cuire comme celles dites aux concombres; vous les couvrirez de tranches de navets et de bardes de lard; vous les ferez mijoter pendant deux heures : au moment de servir, vous les égoutterez, les glacerez et les dresserez en couronne sur le plat; vous placerez vos navets dans le milieu. (*Voyez* Ragoût de Navets pour Entrée.)

COTELETTES AUX PETITES RACINES.

Vous couperez les côtelettes, vous les parerez et les ferez cuire comme celles dites aux navets; vous les couvrirez de tranches de carottes : au moment de servir, vous les égoutterez, les glacerez et vous les dresserez en couronne; vous mettrez les carottes dans le milieu. (*Voyez* Petites Racines pour Entrée.)

A LA BOURGEOISE.

Si vous n'avez pas de sauce pour vos petites racines, vous ferez un roux léger que vous arroserez avec le mouillement dans lequel vos côtelettes ont cuit; vous y mettrez vos racines avec un petit morceau de sucre; vous les ferez réduire.

COTELETTES AUX LAITUES.

Coupez les côtelettes, parez-les et faites-les cuire comme celles dites aux concombres: au moment de servir, vous les égouttez, les glacez et les dressez en couronne, une laitue entre chacune, c'est-à-dire une côtelette, une laitue glacée, ainsi de suite, jusqu'à ce que votre couronne soit formée; vous mettez une espagnole réduite pour sauce. (*Voyez* Espagnole et Laitues pour Entrée.)

CÔTELETTES A L'ÉCARLATE.

Coupez les côtelettes, parez-les comme les précédentes; vous les piquez d'un lardon de langue à l'écarlate, d'un lardon de lard, c'est-à-dire plusieurs lardons dans la même côtelette, moitié l'un, moitié l'autre : ayez soin que vos lardons soient assaisonnés de sel, poivre, épices: quand vos côtelettes sont bien piquées, vous mettez des bardes de lard dans une casserole, quelques tranches de veau; vous les placez dessus avec deux carottes, deux oignons, deux clous de girofle, une feuille de laurier, un peu de thym; vous couvrez vos côtelettes de bardes de lard et d'un rond de papier beurré, une cuillerée à pot de bouillon: vous les faites mijoter pendant deux heures, feu dessus et dessous: au moment de les servir, égouttez-les, glacez-les et dressez-les en couronne, en mettant un morceau de langue à l'écarlate glacée entre chaque côtelette; vous coupez vos morceaux de langue comme un croûton de salmis: il faut que votre morceau de langue soit chaud et qu'il couvre la chair de votre côtelette: vous employez pour sauce une espagnole réduite. (*Voyez* Sauce espagnole réduite.)

CARBONNADES AUX CONCOMBRES.

Depuis la dernière côtelette jusqu'au gigot, reste la selle; vous la coupez en morceaux de six doigts; vous ôtez les os qui se trouvent sous le filet; vous assaisonnez le dessus de vos carbonnades de sel et de gros poivre; vous les ficelez de manière qu'elles aient une forme carré-long; vous mettez des bardes de lard dans le fond de votre casserole, quelques tranches de veau; vous placez vos carbonnades par-dessus, avec deux carottes, deux oignons, une feuille de laurier, un peu de thym; vous les couvrez de bardes de lard et d'un rond de papier beurré, une petite cuillerée à pot de bouillon; vous les faites mijoter pendant deux heures et demie; au moment de servir, vous les égouttez, vous enlevez la première peau de dessus; vous les glacez et vous mettez des concombres à la crème sur le plat et vos carbonnades par-dessus. (*Voyez* Concombres à la crème.)

CARBONNADES A LA JARDINIÈRE.

Préparez et faites cuire vos carbonnades comme les précédentes : au moment de servir, vous les égouttez, vous enlevez la peau qui couvre la graisse ; glacez-les et dressez-les autour du plat : une laitue glacée, une carbonnade, ainsi de suite ; vous mettez dans le milieu de petites racines tournées en bâtons. (*Voyez* Petites Racines et Laitues pour Entrée.)

A LA BOURGEOISE.

Si vous n'avez pas de sauce pour vos petites racines, vous ferez un roux léger que vous arroserez avec le mouillement dans lequel ont cuit vos carbonnades, et vous mettrez vos racines tournées dedans, avec un petit morceau de sucre.

CARBONNADES A LA PURÉE DE CHAMPIGNONS.

Vous parez et faites cuire vos carbonnades comme celles dites aux concombres : au moment de servir, vous les égouttez, vous ôtez la première peau qui se trouve dessus, vous les glacez et vous les mettez sur une purée de champignons. (*Voyez* Purée de Champignons.)

CARBONNADES PANÉES A L'ANGLAISE.

Vous préparez et vous faites cuire vos carbonnades comme les précédentes ; quand elles sont cuites, vous les égouttez, vous les poudrez de sel fin, de poivre : vous les trempez dans du beurre tiède ; vous les mettez dans de la mie de pain : quand elles sont panées, vous les laissez refroidir : vous cassez quatre œufs que vous mêlez dans le beurre restant ; vous y trempez vos carbonnades, que vous remettez ensuite dans la mie de pain : il faut bien faire attention qu'il y en ait partout ; vous les posez sur un couvercle de casserole ; vous les arrosez de beurre tiède avec un pinceau de plumes ; vous y semez de la mie de pain ; vous soufflez le dessus, pour qu'il n'y en ait pas trop ; une demi-heure avant de servir, vous les mettez sur le gril à un feu doux ; vous les couvrez avec un four de campagne bien chaud, pour leur faire prendre couleur par-dessus : au moment de servir, vous les dressez sur le plat, avec un jus clair dessous ; vous pouvez y verser une sauce tomate.

PIEDS DE MOUTON AU BLANC.

Ayez des pieds de mouton échaudés ; vous les désossez jusqu'à la jointure ; faites-les blanchir, rafraîchissez-les ; vous les flambez, vous ôtez le saut de mouton qui se trouve dans le fourchu des pieds, qui est un petit amas de poils ; vous les essuyez bien, et vous les mettez cuire dans un blanc (*voyez* Blanc) ; vous les laissez mijoter sur le feu pendant quatre heures ; tâtez-les pour voir s'ils sont cuits ; si la chair fléchit sous les doigts, vous les retirez pour les égoutter ; parez les extrémités, de sorte que vos pieds soient bien entiers et bien propres; vous les mettez dans une casserole; vous versez six cuillerées à dégraisser de velouté, quatre de consommé, que vous faites réduire presque à moitié; un instant avant de servir, vous mettez une liaison de deux jaunes d'œufs dans votre sauce, avec un peu de muscade; quand elle est liée, vous la passez à l'étamine par-dessus vos pieds; vous les tenez chaudement sans les faire bouillir; vous y mettez un peu de gros poivre.

A LA BOURGEOISE.

Si vous n'avez pas de velouté, mettez dans une casserole un morceau de beurre de la grosseur de deux œufs, un peu de ciboule ou d'échalottes hachées bien fin, que vous ferez revenir dans votre beurre; joignez-y une bonne pincée de persil haché bien fin: vous les remuerez avec votre beurre chaud; vous mettrez une cuillerée à bouche de farine, vous remuerez le tout ensemble, une petite cuillerée à pot de bouillon, un peu de gros poivre, un peu de muscade; vous joindrez une liaison de deux œufs dans votre sauce: quand elle aura un peu bouilli, vous y mettrez un jus de citron: voyez si votre sauce est de bon sel.

PIEDS DE MOUTON A LA PURÉE D'OIGNONS.

Préparez et faites cuire les pieds de mouton comme ceux dits au blanc; vous en parez douze que vous mettez dans une casserole; vous avez une purée d'oignons chaude et un peu claire, que vous versez sur vos pieds; vous les tenez chauds, sans les faire bouillir: au moment du service, vous les dressez sur le plat et vous les masquez de votre purée. (*Voyez* Purée d'oignons brune.)

PIEDS DE MOUTON A LA PROVENÇALE.

Préparez et faites cuire les pieds de mouton comme ceux dits au blanc; égouttez-les, parez-les et posez-les dans une casserole; vous partagez douze oignons par moitié, vous les coupez de l'épaisseur d'une ligne, de manière que votre oignon forme un demi-cercle; vous en ôterez la tête, la queue et le cœur, de sorte qu'il ne reste que des demi-cercles; vous mettrez une demi-livre d'huile dans une casserole; vous la poserez sur un feu ardent; quand votre huile sera bien chaude, vous y jetterez vos oignons, que vous remuerez avec un manche de cuillère de bois: quand vos oignons seront blonds, vous les retirerez de dessus le feu; vous ôterez un peu d'huile, vous mettrez du sel, du poivre, de la muscade râpée, le jus de trois ou quatre citrons, deux cuillerées à bouche de bouillon; vous ferez seulement jeter un bouillon; vous verserez cette sauce sur vos pieds de mouton, vous les tiendrez chauds sans les faire bouillir: au moment de servir, vous dresserez vos pieds de mouton sur votre plat et les masquerez de vos oignons; si vous n'avez pas de jus de citron, servez-vous de vinaigre.

PIEDS DE MOUTON A LA SAUCE TOMATE.

Préparez et faites cuire les pieds de mouton comme ceux dits au blanc : au moment de servir, vous les égouttez et les dressez chauds sur le plat; vous les masquez d'une sauce tomate (*Voyez* Sauce Tomate.)

PIEDS DE MOUTON FARCIS.

Après avoir désossé les pieds de mouton, vous les remplissez de farce à quenelles de volaille, dans laquelle vous mettez des fines herbes, un peu de sel, parce qu'en cuisant elle perdra son assaisonnement; un peu de gros poivre, un peu de muscade râpée; si vous n'avez pas de farce à quenelle, vous y mettrez du godiveau, avec l'assaisonnement expliqué : vos pieds de mouton remplis, vous coudrez le bout avec une aiguille et du fil, pour que la farce n'en sorte pas; vous les ferez blanchir, vous les rafraîchirez; vous les égoutterez, les essuierez, vous les flamberez, vous ôterez le poil qui se trouve dans la fourche du pied; vous mettrez dans une casserole une demi-livre de lard râpé, une demi-livre de graisse de bœuf, une demi-livre de rouelle de veau coupée en dés, un morceau de beurre de la grosseur de deux œufs, deux citrons coupés en tranches, sans y mettre de blanc, deux carottes coupées en dés, deux oignons, deux clous de girofle, deux feuilles de laurier, du thym; vous passerez le tout ensemble sur le feu : quand cela sera un peu revenu, vous mettrez du sel et une cuillerée à pot d'eau; quand votre blanc bouillira, vous arrangerez vos douze ou quinze pieds de mouton dans une casserole et vous verserez votre blanc dessus; vous les couvrirez d'un double papier beurré, afin qu'il ne noircisse pas; vous les ferez mijoter à très-petit feu pendant quatre heures; au bout de ce temps, vous les tâterez pour voir s'ils sont cuits : au moment du service, vous les égoutterez, vous couperez les deux extrémités; vous ôterez le fil, vous les dresserez sur le plat; vous les masquerez avec un velouté réduit, dans lequel vous mettrez une liaison de deux œufs, un peu de gros poivre, un peu de muscade râpée et le jus d'un citron : voyez si votre sauce est de bon sel. On peut servir ces pieds à différentes sauces, comme celle tomate, sauce espagnole, à la purée d'oignons, à la provençale. (*Voyez* l'article que vous choisirez.)

PIEDS DE MOUTON EN MARINADE

Préparez et faites cuire les pieds de mouton comme ceux dits au blanc; quand ils sont cuits, égouttez-les, parez-les et mettez-les ensuite dans une marinade : si vous n'avez pas de marinade, vous les assaisonnerez avec un peu de sel, de poivre; vous les arrosez de vinaigre de manière qu'ils en reçoivent tous. Au moment de servir, vous les égouttez et les mettez dans une pâte à frire; vous les posez dans une friture chaude; faites attention qu'ils aient une belle couleur; vous les égouttez, vous les dressez sur le plat; servez du persil frit dessus. (*Voyez* Marinade et Pâte à frire.)

LANGUES DE MOUTON A LA NIVERNAISE.

Ayez douze langues de mouton braisées (*voyez* Langue de Bœuf); quand elles seront cuites, placez-les sur un plafond, toutes du même côté; placez dessus un couvercle de casserole avec un poids; qu'il soit assez pesant pour qu'elles prennent une belle forme; étant froides, parez-les à fond; placez-les sur un sautoir avec une demi-glace; faites-les chauffer au moment de servir, de manière que la glace enveloppe les langues; dressez-les en couronne sur votre plat, avec un tour de laitues et une carotte tournée en cœur entre chaque laitue, et vous versez vos petites racines tournées en olives et réduites à glace dans le milieu. (F.)

LANGUES DE MOUTON EN CRÉPINETTES.

Ayez douze langues de mouton préparées comme ci-dessus; enveloppez vos langues d'oignons, préparés comme les palais de bœuf en crépinettes (*voyez* Palais de Bœuf en Crépinettes). Quand vos langues auront obtenu une couleur bien jaune, glacez-les, dressez-les en couronne sur votre plat; saucez d'une aspic ou sauce tomate. (F.)

LANGUES DE MOUTON AUX FINES HERBES.

Ayez douze langues de mouton comme ci-dessus: placez sur votre plat une durcelle bien réduite; placez vos langues dessus, en mettant le bout des langues au milieu du plat et le gros des langues sur le bord. Poudrez-les de chapelure de pain sec et beurre fondu, mouillez d'un verre de vin blanc. Placez votre plat sur un petit fourneau doux, et couvrez-les d'un four de campagne chaud; laissez le tout réduire à glace; arrosez-les d'une espagnole réduite: servez.(F.)

ÉMINCÉS DE LANGUES DE MOUTON.

Ayez douze langues de mouton préparées comme celles braisées, ou désertes, etc.; émincez-les et servez-les comme il est expliqué aux articles Emincés de mouton, Chicorée, Oignons, Concombres, etc. (F.)

MUSETTE D'ÉPAULES DE MOUTON.

Ayez deux épaules de mouton, désossez-les jusqu'à la troisième jointure; cassez l'os au tiers du manche de l'épaule; vous aurez eu soin, en les désossant, de ne pas écorcher les peaux qui approchent les os; piquez-les de lard et de langue à l'écarlate; ayez une livre de chair à saucisses, que vous diviserez dans les deux épaules; passez avec une aiguille à brider une ficelle autour de la peau de chaque épaule, comme si vous faisiez un bouton d'étoffe : donnez-leur la forme d'un ballon, en repoussant le bout du manche de l'épaule en dedans, de manière qu'elle forme la tête d'une musette; faites-les braiser; quand elles seront cuites, égouttez-les; passez votre fond au tamis de soie; faites-le réduire à demi-glace; mettez vos deux épaules dans cette glace; faites-les-y chauffer et rouler dedans : au moment de servir, ajoutez-les; débridez-les, dressez-les sur votre plat avec des racines ou une nivernaise. (*Voyez* Nivernaise.) (F.)

ROSBIF DE MOUTON A LA BROCHE.

Prenez le derrière d'un mouton, coupez-le à la première ou seconde côte; cassez les deux os des cuisses; battez les deux gigots à plusieurs fois avec le plat du couperet; rompez les côtes du côté du flanchet; roulez les deux flancs et passez un atelet dans chaque, pour donner au rosbif une belle forme; dégraissez peu les rognons; enfoncez un petit atelet dans la moelle; allongez, couchez votre rosbif sur le feu; attachez bien le petit atelet d'un bout, et les deux jarrets de l'autre; passez un atelet dans les deux noix du gigot; mettez un autre grand atelet qui se croise sur celui qui est passé entre les deux noix; attachez-le fortement, pour que le rosbif ne tourne pas; enveloppez le tout de papier beurré, faites-le cuire pendant deux heures et demie, et même trois heures; servez-le avec du jus dessous, ou des haricots à la bretonne. (*Voyez* Haricots à la Bretonne.) (F.)

ROSBIF DE MOUTON A LA FLAMANDE.

Ayez comme ci-dessus un rosbif; sans offenser les peaux, piquez les chairs de lard et de langues à l'écarlate; roulez les deux flancs de votre rosbif, ficelez-le, couvrez-le de bardes de lard; faites-le braiser; quand il sera cuit, égouttez-le, mettez-le sous presse; ayant pris une belle forme, parez-le et mettez-le chaud dans son fond, comme les épaules de mouton en musette : dressez votre rosbif avec une garniture de légumes à la flamande. (*Voyez* Flamande.) (F.)

FILETS MIGNONS DE MOUTON SAUTÉS.

Levez les filets mignons de douze carrés de mouton, ce qui vous fera douze filets; levez les peaux, parez-les, ciselez-les légèrement, battez-les de même et placez-les sur un sautoir avec du beurre clarifié; faites-les sauter sur un fourneau vif; quand ils seront assez raidis, égouttez-en le beurre et ajoutez-y un morceau de glace; faites fondre votre glace de manière que vos filets en soient enveloppés, dressez-les sur votre plat en couronne; mettez dans votre sautoir deux cuillerées d'espagnole réduite; faites-la bouillir, un jus de citron, et saucez. (F.)

FILETS DE MOUTON EN CHEVREUIL.

Levez douze filets de mouton comme ci-dessus; levez-en les peaux, parez-les et piquez-les de lard fin; quand ils seront piqués, mettez-les dans une marinade, c'est-à-dire faites bouillir du vinaigre, oignons, poivre, sel, thym, laurier, ail, et jetez cela sur vos filets; vous les laisserez ainsi pendant vingt-quatre heures, vous les égoutterez sur un linge blanc: embrochez-les sur des atelets en forme de croissant; faites-les cuire à grand feu: glacez-les, dressez-les sur votre plat en couronne; sauce poivrade ou tomate. (F.)

FILETS DE MOUTON A LA MAÎTRE-D'HÔTEL.

Ayez douze filets de mouton comme pour les filets sautés; panez-les à l'anglaise; faites-les griller d'une bonne couleur; servez-les avec une maître-d'hôtel froide. (*Voyez* leurs articles.) (F.)

ESCALOPES DE FILETS MIGNONS DE MOUTON.

Ayez douze filets mignons comme ci-dessus; coupez-les en escalopes de quatre lignes; placez vos escalopes sur un sautoir avec du beurre clarifié: un moment avant de servir, faites sauter vos escalopes; quand elles sont assez raidies, égouttez-en le beurre, mettez-y un morceau de glace, des champignons tournés et de l'espagnole réduite; faites-les chauffer avec des croquettes à l'entour. (F.)

POLPETTES DE MOUTON.

Ayez de la chair maigre de mouton rôti; retirez-en toutes les peaux, hachez votre chair avec un peu de lard râpé et de la tétine de veau blanchie; hachez le tout ensemble; assaisonnez de sel, poivre et muscade, et un peu de champignons et persil haché; mêlez le tout avec trois œufs; faites douze ou quinze boules, panez-les à l'œuf deux fois; aplatissez un peu vos boules, et faites-les frire dans du beurre clarifié: quand elles auront une belle couleur, égouttez-les, dressez-les sur votre plat, saucez-les d'une sauce tomate ou demi-glace. (F.)

QUEUES DE MOUTON PANÉES ET FRITES.

Ayez douze queues de mouton cuites dans une braise; faites une sauce à atelets (*voyez* cette sauce); trempez vos queues dans cette sauce, et laissez refroidir; entourez vos queues de sauce, en ayant soin de conserver leurs formes; roulez-les dans la mie de pain, un peu de fromage de Parme râpé; faites-en une petite omelette assaisonnée de sel, trempez-y vos queues, et panez-les; faites-les frire d'une belle couleur, dressez-les sur un plat en buisson de persil frit, le gros bout en bas et la pointe en haut. Servez. (F.)

QUEUES DE MOUTON EN HOCHEPOT.

Prenez six belles queues de mouton, faites-les cuire dans un fond de braise, avec une livre de petit lard coupé en gros dés, ayez des légumes tournés, tels que navets, carottes, racines de céleri, et petits oignons; faites blanchir ces légumes séparément, faites-les cuire à part avec du consommé et un peu de sucre; ayez soin que chaque légume soit cuit à son point, et il faut que leur mouillement tombe à glace; mettez dans une casserole quatre cuillerées d'espagnole réduite, jetez-y tous vos légumes, ainsi que le petit lard; faites revenir à courte sauce, égouttez vos queues, faites-les glacer au four de campagne, dressez vos légumes sur un plat, posez vos queues dessus, et glacez. (F.)

TERRINE DE QUEUES DE MOUTON A LA CHIPOLATA.

Prenez six queues de mouton, six ailerons de dindon, une livre de petit lard coupé en gros dés; désossez vos ailerons de dindon à moitié, flambez-les, épluchez et parez; faites-les cuire dans un bon fond, avec un demi-cent de marrons, des carottes tournées, des navets et de petits oignons à demi-cuisson; ajoutez-y vingt-quatre petites saucisses dites chipolata, avec autant de champignons; égouttez vos queues, ailerons, et toutes vos garnitures, que vous dressez dans une terrine; dégraissez votre cuisson, passez-la à travers une serviette, faites-la réduire, versez-la dans votre terrine: servez chaudement. (F.)

CÔTELETTES DE MOUTON A LA FINANCIÈRE.

Prenez dix côtelettes de mouton, parez-les et mettez-les dans un plat à sauter, comme il est indiqué à l'article Côtelettes de Mouton à la minute: au moment de servir, vous les ferez sauter; vos côtelettes cuites, égouttez-en le beurre; mettez avec vos côtelettes un morceau de glace et une cuillerée de consommé; faites-les bouillir un instant; dressez vos côtelettes sur un plat en couronne au milieu; mettez-y un bon ragoût à la financière; glacez vos côtelettes, et servez. (F.)

CÔTELETTES DE MOUTON EN CRÉPINETTES.

Ayez douze côtelettes de mouton piquées et braisées comme pour la soubise: mettez-les refroidir sous presse; parez-les, enveloppez-les d'oignons préparés comme pour les palais de bœuf en crépinettes (*voyez* Palais de Bœuf); préparez vos côtelettes de même, en leur laissant la forme de côtelettes; faites-les cuire de même; servez chaudement, avec une demi-glace. Vous pouvez aussi vous servir de poitrine braisée, coupée en cœur, ou formée de côtelettes. (F.)

PIEDS DE MOUTON A LA POULETTE.

Quand vos pieds de mouton seront cuits, comme il est indiqué à l'article Pieds de Mouton, égouttez-les; mettez-les dans une casserole avec un maniveau de champignons cuits, un quarteron de beurre fin, trois jaunes d'œufs, sel, poivre et persil haché; remuez bien le tout ensemble, afin que cela se lie bien et ne tourne pas: quand votre sauce est bien liée, ajoutez-y un jus de citron; servez chaudement, sans les laisser bouillir. (F.)

ROGNONS À LA BROCHETTE.

Ayez douze rognons de mouton, mouillez-les, fendez-les légèrement à l'opposé du nerf; ôtez-en les peaux qui les enveloppent, achevez de les fendre sans les séparer; passez à travers, de quatre en quatre, une brochette de bois, en sorte qu'ils ne puissent se refermer; trempez-les dans du beurre fondu, panez-les, faites-les griller, en ayant soin de les retourner à propos: quand ils seront cuits, retirez-en les brochettes, et dressez-les sur un plat; mettez dans chaque rognon environ la moitié d'une noix de maître-d'hôtel froide (*voyez* Maître-d'Hôtel froide.) Faites chauffer votre plat, exprimez dessus un jus de citron. (F.)

ROGNONS DE MOUTON AU VIN DE CHAMPAGNE.

Ayez douze rognons; supprimez, comme ci-dessus, les peaux, et émincez-les; mettez dans une casserole un morceau de beurre de la grosseur d'un œuf, avec vos rognons assaisonnés de sel, poivre, muscade, persil haché et champignons; faites-les sauter à grand feu; lorsqu'ils seront raidis, mettez-y une demi-cuillerée à bouche de farine et un verre de vin blanc, que vous avez fait bouillir avec deux cuillerées d'espagnole réduite; remuez-les sur le feu sans les laisser bouillir: au moment de servir, mettez-y un morceau de beurre fin de la grosseur d'une noix et un jus de citron, et servez avec des croûtons à l'entour. (F.)

ROGNONS DE MOUTON SAUTÉS.

Ayez douze rognons de mouton; retirez les peaux comme ci-dessus, fendez vos rognons en deux, posez vos moitiés sur un sautoir, avec du beurre fondu, sel et poivre; faites-les aller à grand feu: quand ils seront assez raidis d'un côté, retournez-les et faites-les cuire de même; dressez vos rognons sur un plat, avec autant de croûtons de pain passés au beurre; mettez dans votre sautoir un morceau de graisse, deux cuillerées d'espagnole réduite; faites bouillir votre sauce; finissez-la avec un morceau de beurre fin de la grossour d'un œuf et jus de citron: saucez vos rognons. Servez. (F.)

ANIMELLES DE MOUTON.

Ayez six paires d'animelles, supprimez-en les peaux, coupez-les en six morceaux, marinez-les dans du citron, sel, poivre et persil en branche; égouttez un quart d'heure avant de servir, farinez-les, faites-les frire à deux fois, afin qu'elles soient bien croquantes, et servez-les avec une aspic à demi-glace. (F.)

AMOURETTES DE MOUTON.

Le procédé pour les amourettes de mouton est comme pour celles de veau ou de bœuf. (F.)

CERVELLES DE MOUTON.

Ces cervelles, moins délicates que celles de veau, s'apprêtent de même, et l'on s'en sert au besoin en place de celles de veau. (F.)

NOIX DE MOUTON EN PAPILLOTES.

Ayez deux noix de gigot de mouton rôti; parez-les, mettez-les dans une durcelle bien remplie de beurre fin, garnissez une feuille de papier huilé de bardes de lard, de rôt, ou de bardes levées bien minces; posez vos deux noix dessus; enveloppez-les de votre durcelle ou fines herbes, et des bardes de lard; pliez votre feuille de papier en forme de carré long, redoublez de même six feuilles de papier huilé et serrez-les avec une ficelle; faites griller votre papillote: une heure suffit. Servez-la avec une italienne à part. (F.)

OREILLES DE MOUTON.

Ces oreilles se préparent de même que les oreilles d'agneau. (*Voyez* Oreilles d'agneau.) (F.)

CARRÉ DE MOUTON PIQUÉ DE PERSIL.

Ayez trois carrés de mouton, supprimez-en l'échine, parez-en les filets, piquez-les de persil; prenez une lardoire, avec trois branches de persil bien vert; vous piquez droit dans les filets de vos carrés sur trois: quand ils seront piqués, faites-les mariner avec de l'huile, sel et poivre; passez un atelet au travers, posez-les sur broche, et faites-les cuire une demi-heure, ayant soin de les arroser avec de l'huile; dressez-les sur le plat, le persil en dessus; servez-les avec une aspic claire. (F.)

CARRÉS DE MOUTON PIQUÉS.

Parez trois carrés de mouton comme ci-dessus; piquez-les de lard fin, faites-les mariner, couchez-les sur broche comme ci-dessus, faites-les cuire: trois quarts d'heure suffisent; dressez-les sur le plat, le lard en dessus; glacez-les; sauce poivrade.

CARRÉS DE MOUTON EN FRICANDEAU.

Prenez deux carrés de mouton, supprimez-en l'échine, parez-en les filets; piquez les filets comme un fricandeau; foncez une casserole des débris de vos carrés et de quelques parures de veau, deux carottes, deux oignons et un bouquet assaisonné; posez vos carrés dessus, mouillez-les d'une cuillerée à pot de consommé, couvrez-les d'un papier beurré, faites-les cuire comme un fricandeau; leur cuisson faite, égouttez-les, mettez-les sous presse; ayant une belle forme, parez-les, levez la peau qui couvre les côtes; faites glacer vos carrés en les mettant sur un plafond avec leur fond, que vous aurez passé à la serviette, dégraissé, et fait réduire à demi-glace au four de campagne: ayez soin de les arroser de temps en temps: servez-les sur une purée d'oseille ou chicorée. (F.)

CÔTELETTES DE MOUTON A LA MAINTENON.

Ayez douze côtelettes de mouton braisées comme pour la soubise; placez-les dans une durcelle, et mettez-les en papillotes comme les côtelettes de veau. (*Voyez* Côtelettes de Veau.) (F.)

QUARTIER DE MOUTON EN CHEVREUIL.

Prenez un quartier de mouton mortifié, dégraissez-le bien, battez-le, et lavez-en la première peau; piquez-le comme la noix de veau; mettez-le dans un plat de terre, assaisonné de sel, poivre, une poignée de graine de genièvre, et une pincée de mélilot; versez dessus une forte marinade, dans laquelle vous aurez mis du vinaigre rouge en plus grande quantité que dans celle indiquée à l'article Marinade. Laissez mariner votre quartier six jours; égouttez-le, mettez-le à la broche, et servez-le avec une bonne sauce poivrade. (*Voyez* Poivrade.) (F.)

ROUCHIS DE MOUTON.

Prenez un quartier de mouton de devant; commencez par désosser la poitrine et les os des côtes, sans altérer les entre-côtes; ce que vous exécuterez en glissant la pointe de votre couteau le long des côtes; cela fait, levez les côtes du côté de la poitrine, et désossez-les jusqu'à l'échine, que vous supprimerez, ainsi que le collet, de manière qu'il ne reste que les os de l'épaule; passez quelques atelets dans le filet, pour lui donner du soutien et la forme convenable; embrochez votre rouchis comme une épaule de mouton, faites-le cuire, et servez-le sur des haricots à la bretonne, ou de la chicorée, des épinards, etc. (F.)

GIGOT DE MOUTON A LA GASÇONNE.

Ayez un gigot bien mortifié; piquez-le d'une douzaine de gousses d'ail et d'une douzaine d'anchois en filets; mettez-le à la broche, faites-le cuire; servez-le avec un ragoût d'ail préparé ainsi : Épluchez de l'ail la quantité d'une livre, faites-le blanchir à plusieurs bouillons; quand il sera presque cuit, égouttez-le, mettez-le dans une casserole avec cinq cuillerées d'espagnole réduite, un morceau de beurre, un peu de jus; faites-le réduire, et servez-le sous votre gigot, en place de haricot. (F.)

AGNEAU.

Les agneaux de deux mois et demi, bien nourris, sont les meilleurs. L'agneau n'est bon que du 21 décembre au commencement d'avril : pour qu'ils soient excellents, il faut qu'ils n'aient pas mangé, et qu'ils soient nourris du lait de leur mère. Afin de les engraisser, on leur donne plusieurs nourrices : il faut les choisir d'une chair blanche, et les rognons bien couverts de graisse. Lorsqu'on en fait l'achat au marché, il faut leur pincer le bas de la poitrine pour juger si elle est épaisse. L'on fait peu de cas des métis et des mérinos pour le service de la cuisine; leur chair est moins succulente; il est facile de les reconnaître à leur laine, qui est infiniment plus fine et plus frisée que celle des agneaux ordinaires. (F.)

TÊTE D'AGNEAU.

Vous désossez la tête d'agneau jusqu'à l'œil, vous en ôtez la mâchoire inférieure : coupez-la jusqu'à l'œil, faites-la dégorger et blanchir un bon quart d'heure; vous la rafraîchissez, vous l'essuyez, la flambez, la couvrez d'une barde de lard; ensuite vous la mettez cuire dans un blanc (*voyez* Blanc). Deux heures suffisent pour qu'elle soit cuite : au moment de servir, il faut l'égoutter et la déficeler avant de la disposer sur votre plat : on la mange au naturel, ou avec un ragoût mêlé, ou une pascaline, qui est composée du foie, du mou, des pieds, des ris, de champignons, le tout au blanc.

OREILLES D'AGNEAU FARCIES.

Vous ferez dégorger et blanchir douze oreilles d'agneau; vous les rafraîchirez, essuierez, flamberez, et les ferez cuire dans un petit blanc (*voyez* Blanc) pendant une heure et demie; vous les égouttez; remplissez-les d'une farce cuite (*voyez* Farce cuite) Vous les trempez dans du beurre tiède, puis dans de la mie de pain; après, vous casserez quatre œufs dans le reste de votre beurre; vous y mettrez du sel, du gros poivre; vous battrez le tout ensemble; trempez-y vos oreilles: vous leur ferez prendre de l'œuf partout; remettez-les dans la mie de pain, de manière qu'elles en soient masquées; posez-les sur un plafond: au moment de servir, vous mettez votre friture sur le feu : lorsqu'elle est chaude, vous y jetez vos oreilles; ayez attention que votre friture ne soit pas trop chaude : quand elles ont belle couleur, vous les sortez, et vous les égouttez sur un linge blanc; vous faites frire du persil; dressez vos oreilles; mettez-les par-dessus.

PIEDS D'AGNEAU A LA POULETTE.

Quand les pieds sont échaudés, vous les désossez, c'est-à-dire vous ôtez le gros os jusqu'à la jointure; ayez soin de ne pas couper ou déchirer la peau; vous les mettrez dégorger; vous les ferez blanchir, vous les rafraîchirez, vous les égoutterez, les essuierez et les flamberez: vous ôterez le poil qui se trouve dans la fourche du pied, vous les ferez cuire dans un blanc (*voyez* Blanc); laissez-les mijoter pendant deux heures; tâtez-les; s'ils ne sont pas assez cuits, faites-les bouillir une demi-heure de plus: vous les égoutterez, vous les parerez, vous les mettez dans une casserole; versez-y quatre cuillerées à dégraisser de velouté travaillé (*voyez* Velouté travaillé), joignez-y un peu de persil haché bien fin: vous mettrez dans votre sauce une liaison d'un œuf; quand votre sauce sera liée vous la verserez sur vos pieds d'agneau, que vous remuerez bien dans votre sauce : au moment de servir, vous y mettrez un peu de citron, un peu de gros poivre, et vous dresserez vos pieds sur votre plat : voyez s'ils sont d'un bon sel.

PIEDS D'AGNEAU FARCIS.

Vous désossez les pieds d'agneau comme les précédents ; avant de les faire blanchir, vous les remplissez d'une farce de quenelles de volaille, dans laquelle vous mettez un peu de muscade râpée, un peu de fines herbes : quand vos pieds seront bien remplis, vous coudrez le bout avec une aiguille et du gros fil, afin que votre farce ne sorte pas ; vous les faites blanchir pendant cinq minutes à l'eau bouillante ; vous les rafraîchissez, et vous les flambez, en ôtant le poil qui est dans la fourche du pied : vous faites un blanc court, c'est-à-dire qu'il y ait peu de mouillement (*voyez* Blanc) ; versez-le sur vos pieds d'agneau qui sont dans votre casserole, et faites-les mijoter pendant deux heures : au moment de servir, vous les égouttez, vous les parez, et les dressez sur le plat ; masquez-les d'une sauce hollandaise verte. (*Voyez* Sauce hollandaise.)

PIEDS D'AGNEAU EN CARTOUCHE.

Quand les pieds sont cuits dans votre blanc, vous les parez ; vous arrangez aussi des fines herbes à papillotes (*voyez* Fines Herbes à Papillotes) ; vous mettez vos pieds d'agneau dans vos fines herbes chaudes, vous leur faites jeter deux ou trois coups de feu, vous y pressez un citron entier, vous les laissez refroidir sur un plat : après cela, coupez des carrés longs de papier assez grands pour qu'ils puissent envelopper vos pieds ; vous huilez votre papier ; quand vos pieds sont froids, vous introduisez de vos fines herbes dans le vide et autour du pied, vous l'enveloppez d'une barde de lard très-mince, vous le roulez dans votre papier, de manière que cela forme cartouche ; ayez bien soin d'en clore les bouts, afin qu'étant sur le gril, l'assaisonnement ne s'en aille pas : une demi-heure avant de servir, vous les mettrez sur le gril à un feu bien doux ; le papier doit avoir une belle couleur : vous les servirez à sec ou bien sur un jus clair.

PIEDS D'AGNEAU EN MARINADE.

Qand les pieds seront cuits dans un blanc, vous mettrez une marinade dessus (*voyez* Marinade) ; et si vous n'en avez pas, un peu de sel fin, du poivre, un demi-verre de vinaigre : un moment avant de servir, vous les égoutterez, vous les mettrez dans une pâte à frire. Lorsque vos pieds ont pris de la pâte partout, vous les mettez dans une friture qui ne soit pas trop chaude ; quand ils auront une belle couleur, vous les retirerez de votre friture ; laissez-les égoutter sur un linge blanc : dressez-les sur votre plat avec une poignée de persil frit par-dessus.

ÉPAULE D'AGNEAU A LA POLONAISE.

Vous désossez deux épaules de mouton entièrement, sans y laisser un seul os, vous les assaisonnez dans l'intérieur de sel, de gros poivre, d'un peu d'aromates pilés; vous ramassez les chairs avec une aiguille à brider et de la ficelle : donnez à vos épaules la forme d'un petit ballon; vous en piquez le dessous de lard fin (*voyez* Manière de piquer); vous laissez à l'entour la largeur de deux doigts qui ne le soit pas. Mettez des bardes de lard dans une casserole quelques tranches de veau; placez dessus vos deux épaules; vous y joignez quatre carottes, quatre oignons, deux feuilles de laurier, un peu de thym, une cuillerée à pot de bouillon et un rond de papier dessus; vous faites mijoter pendant deux heures, feu dessus et dessous, de manière que votre lard prenne une belle couleur : au moment de servir, vous les égouttez, vous les débridez et les glacez; vous avez des truffes que vous coupez en petit lardons; avec une brochette vous faites des trous au pied de la piqûre, et vous disposez des lardons de truffes à l'entour; vous hachez des truffes que vous passez dans un petit morceau de beurre; vous mettez quatre cuillerées à dégraisser de velouté travaillé : vous dressez vos épaules sur votre plat, et vous versez votre sauce dessous.

ÉPAULE D'AGNEAU AUX CONCOMBRES.

Vous désossez les épaules d'agneau jusqu'au manche; vous les piquez dans l'intérieur de moyens lardons assaisonnés de quatre épices, de sel et de gros poivre; arrangez-les de manière qu'elles aient une forme longue; vous les ficelez, vous les couvrez de bardes de lard; vous les faites cuire comme les précédentes : au moment de servir, vous les égouttez, déficelez, glacez, préparez des concombres à la crème sur votre plat; vous mettez dessus vos épaules glacées : vous pouvez les servir à la chicorée, à la sauce tomate, à la purée de champignons, etc. (*Voyez* l'article que vous choisissez.)

CÔTELETTES D'AGNEAU SAUTÉES.

Vous coupez et parez les côtelettes d'agneau comme celles de mouton; vous les assaisonnez : après les avoir bien parées, posez-les dans un sautoir ou une tourtière; ajoutez par-dessus assez de beurre fondu pour qu'elles baignent dedans : au moment de servir, vous les mettez sur un feu ardent; lorsque le beurre les a bien chauffées d'un côté, vous les retournez de l'autre : quand vous sentez qu'elles sont fermes sous le doigt, vous ôtez le beurre, et vous y mettez un bon morceau de glace; remuez-les dans votre glace fondue; dressez-les en couronne; versez dans votre sautoir deux cuillerées à dégraisser d'espagnole travaillée (*voyez* Espagnole travaillée), et une cuillerée de consommé; vous remuez votre sauce pour détacher votre glace; vous la passez à l'étamine, et la versez sur vos côtelettes.

CÔTELETTES D'AGNEAU A LA CONSTANCE.

Coupez et parez dix-huit côtelettes d'agneau comme les précédentes; vous les assaisonnez seulement de gros poivre; vous les mettez dans votre sautoir un morceau de glace de la grosseur d'un œuf, une cuillerée à dégraisser d'espagnole, deux cuillerées semblables de consommé. Une demi-heure avant de servir, vous mettez vos côtelettes sur un feu un peu ardent; vous aurez soin de les remuer, et prendrez garde qu'elles ne s'attachent : quand votre mouillement sera réduit de manière qu'il forme une glace, au moment de servir, vous dresserez vos côtelettes en couronne; faites attention qu'elles aient de la glace dans laquelle elles ont cuit; vous mettez dans l'intérieur de votre couronne un ragoût de crêtes et de foies gras; quand vos crêtes seront cuites dans un blanc, et que vos foies gras seront cuits, ainsi que vos rognons, vous aurez une béchamel parfaite; vous y réunirez votre garniture, vous y ajouterez quelques champignons tournés, vous sauterez bien le tout dans votre béchamel : mettez votre ragoût au milieu de vos côtelettes; ayez soin que vos garnitures soient bien égouttées, et qu'elles ne portent point d'eau dans votre béchamel. (*Voyez* Béchamel et Garnitures.)

CÔTELETTES D'AGNEAU EN LORGNETTE.

Préparez dix côtelettes d'agneau comme celles dites sautées, et sautez-les de même; vous ôtez le beurre du sautoir; vous y mettez deux cuillerées à dégraisser de béchamel; vous remuez vos côtelettes dedans; vous avez fait blanchir à fond des cercles d'oignons dans du consommé; vous avez coupé de la langue à l'écarlate avec un coupe-pâte, de la même grandeur que l'intérieur de vos cercles d'oignons, afin qu'ils puissent entrer dedans : au moment de servir, vous mettez dans les cercles les ronds de langue, vous les posez sur les côtelettes, et les dressez autour de l'intérieur du palais, dans lequel vous avez collé un croûton rond, où vous posez l'os de la côtelette, et vous saucez avec la béchamel qui est dans votre sautoir : dix suffisent pour une entrée.

CÔTELETTES A LA SAUCE A ATELETS.

Vous préparez vos côtelettes d'agneau comme les précédentes; vous les assaisonnez de sel, de gros poivre; vous les mettez dans votre sautoir avec du beurre tiède que vous versez dessus; vous les mettez sur un feu ordinaire; quand vos côtelettes sont réduites des deux côtés, vous les égouttez et vous les laissez refroidir; vous les parez de nouveau; barbouillez-les d'une sauce à atelets (*voyez* sauce à Atelets); vous les trempez dans de la mie de pain; ensuite dans du beurre tiède; puis vous les panez encore une fois, vous les posez sur la table pour leur faire prendre une forme agréable, en les arrondissant par le bout et les unissant, mettez-les sur un plafond : un quart d'heure avant de servir, vous les mettez sur le gril à un feu très-doux; quand elles ont pris couleur d'un côté, retournez-les de l'autre : au moment de servir, dressez-les en couronne, et mettez-y une italienne. (*Voyez* Italienne.)

RIS D'AGNEAU.

Les ris d'agneau se préparent de même que les ris de veau; si l'on veut faire autrement, on peut beurrer le fond d'une casserole, les arranger dedans, y mettre deux cuillerées de gelée, un rond de papier beurré, feu dessus et dessous: une demi-heure suffit pour les cuire; servez dessus une purée de volaille, de chicorée, sauce tomate, ou une espagnole. (*Voyez* ces articles.)

ÉPIGRAMME D'AGNEAU.

Vous prenez le quartier de devant de l'agneau, ou les deux quartiers, si vous voulez que votre entrée soit forte; vous en levez les épaules; vous coupez les poitrines de manière que vos côtelettes ne soient pas endommagées: vous ferez cuire vos poitrines de même qu'il est expliqué pour les épaules d'agneau aux concombres; quand elles seront cuites, vous les mettrez entre deux couvercles, pour qu'elles prennent une forme unie; laissez-les refroidir; ensuite vous les couperez en morceaux ovales de la grandeur d'un croûton pointu d'un côté, vous laisserez passer un petit os de la poitrine: vous les barbouillerez avec une sauce aux atelets, si vous en avez, ou bien vous les assaisonnerez d'un peu de sel et [illegible] gros poivre; vous les tremperez dans du beurre tiède; mettez-l[illegible]s de la mie de pain, et faites-leur prendre une belle forme: il faut que vos morceaux soient un peu plus gros que vos côtelettes; posez-les sur une tourtière; vous pouvez aussi paner vos tendrons à l'anglaise, et les faire frire: coupez et parez vos côtelettes, assaisonnez-les d'un peu de sel, un peu de gros poivre; vous les mettrez dan votre sautoir avec du beurre tiède par-dessus, pour vous en servir. Vous prendrez vos épaules qui ont été à la broche, vous lèverez la chair, que vous émincerez pour faire une blanquette (*voyez* Blanquette d'Agneau); tâchez qu'il n'y ait ni peau, ni nerfs: quand votre blanquette sera marquée, vous la tiendrez chaude au bain-marie. Au moment de servir, vous ferez griller à feu doux vos tendrons de poitrine; vous sauterez vos côtelettes, vous les glacerez; vous dresserez en couronne vos tendrons, et vos côtelettes; un tendron, une côtelette alternativement, ainsi de suite: quand votre couronne sera formée, vous mettrez votre blanquette dans le milieu.

POITRINES D'AGNEAU A LA SAINTE-MENEHOULD.

Vous avez deux poitrines d'agneau; vous mettez des bardes, quelques tranches de veau, si vous en avez, deux carottes, deux oignons, deux clous de girofle, deux feuilles de laurier, un peu de thym, une cuillerée à pot de bouillon: quand elles ont mijoté pendant deux heures, vous les retirez, déficelez, égouttez; vous les saupoudrez d'un peu de sel, un peu de gros poivre; vous laissez vos poitrines refroidir entre deux couvercles; ensuite vous en ôtez les os, vous les parez, vous les trempez dans du beurre tiède; puis vous les mettez dans de la mie de pain; vous leur donnerez une belle forme; posez-les sur un plafond ou couvercle; vous égoutterez sur vos poitrines un petit pinceau de plumes que vous tremperez dans du beurre; vous sèmerez de la mie de pain par-dessus; soufflez, pour qu'il n'en reste pas trop : un quart d'heure avant de servir, vous les mettrez sur le gril à feu doux; vous les recouvrez d'un four de campagne bien chaud, pour faire prendre couleur à vos poitrines; vous les dressez sur un plat avec un jus clair dessous.

BLANQUETTE D'AGNEAU.

Mettez un gigot d'agneau à la broche; quand il sera cuit et froid, vous lèverez les chairs, vous en ôterez les nerfs et les peaux; vous émincerez votre viande; vous la battrez avec le manche du couteau : il faut que vos morceaux soient d'égale épaisseur et grandeur. Vous coupez les angles de vos morceaux émincés, vous les arrondissez le mieux possible : quand toute votre chair de gigot est marquée, vous la mettez dans une casserole; vous sautez des champignons émincés, et vous les joignez à votre viande : versez dans votre blanquette quatre cuillerées à dégraisser de velouté travaillé, un peu de gros poivre. Un instant avant de servir, vous mettez votre blanquette au feu, avec une liaison de deux jaunes d'œuf : vous la servez avec des croûtons à l'entour.

A LA BOURGEOISE.

Si vous n'avez pas de sauce, vous passez vos champignons émincés dans du beurre; lorsque vous voyez qu'il commence à tourner en huile, vous y mettez une cuillerée à bouche de farine (ou plus, selon la quantité de sauce dont vous avez besoin); vous la mêlez avec vos champignons, vous y versez une cuillerée à pot de bouillon, une feuille de laurier, un petit bouquet de persil et ciboule; vous faites réduire votre sauce jusqu'à ce qu'elle soit assez épaisse pour votre blanquette; alors vous ôtez vos champignons pour les mettre avec votre émincé, et vous passez votre sauce à l'étamine au-dessus de votre viande. Un instant avant de servir, vous ferez chauffer votre blanquette; vous ferez une liaison de deux jaunes d'œuf; vous remuerez bien votre ragoût, pour qu'il se lie et ne tourne pas : voyez s'il est de bon sel; mettez-y un jus de citron si vous voulez.

CROQUETTES D'AGNEAU.

Vous ferez cuire à la broche un gigot ou bien d'autre chair d'agneau, si vous en avez : il est nécessaire qu'elle ait été rôtie; vous laisserez refroidir votre gigot, vous en prendrez les chairs; ôtez-en les peaux et les nerfs, coupez votre viande en petits dés, selon la quantité de croquettes que vous voulez faire; vous prenez un peu de gras de l'agneau, que vous coupez aussi en petits dés, et que vous mêlez avec votre viande; si vous n'en avez pas, vous prendrez de la tétine de veau cuite; vous y mettrez des champignons cuits et coupés en petits dés; ajoutez un peu de muscade râpée et un peu de gros poivre; vous prenez six cuillerées à dégraisser de velouté, quatre cuillerées de gelée, que vous mettez avec votre velouté; vous ferez réduire votre sauce plus qu'à moitié; il faut qu'elle soit un peu épaisse: quand elle sera réduite, vous ferez une liaison de trois jaunes d'œufs; vous remuerez votre sauce sur le feu, sans la quitter, afin que votre liaison ne tourne pas: quand votre sauce sera liée, vous y jetterez un morceau de beurre gros comme un œuf; faites-le fondre en tournant bien votre sauce: voyez si elle est d'un bon sel. Vous la passez à l'étamine au-dessus de votre viande, que vous remuerez bien quand votre sauce y sera; vous laisserez refroidir votre ragoût; ensuite vous le remuerez, et vous en mettrez une cuillerée à bouche que vous ferez couler avec votre doigt sur un plafond, et successivement jusqu'à ce qu'il ne vous en reste plus, de manière que vous ayez dix-huit ou vingt tas. Si votre ragoût n'était pas assez froid, vous le laisseriez encore refroidir pour qu'il soit maniable; alors vous prenez vos tas au fur et à mesure dans vos mains; vous mettez de la mie de pain sur la table, et vous les mettez dessus; vous leur donnez la forme que vous voulez, soit en poire, soit en boule, soit en forme ovale ou longue; et quand vous les avez bien roulés dans la mie de pain, vous cassez trois œufs entiers, plus deux jaunes, ce qui fait cinq œufs, un peu de sel fin, un peu de gros poivre; vous battez vos œufs comme pour une omelette; vous trempez vos croquettes dedans, de manière qu'il y ait de l'œuf partout; vous les mettez dans la mie de pain; vous faites en sorte que vos croquettes soient bien panées, parce qu'elles couleraient dans la friture; vous les laisserez sur un plafond : un instant avant de servir, vous mettrez votre friture sur le feu; quand elle sera bien chaude, vous y mettrez vos croquettes; lorsqu'elles auront pris couleur, vous les retirerez, et vous les égoutterez sur un linge blanc; vous les dresserez en pyramide; faites frire un peu de persil que vous sèmerez dessus : si vous n'avez pas de sauce, vous couperez des champignons en petits dés, vous les passerez dans un petit morceau de beurre plus gros qu'un œuf; quand ils seront revenus, vous y mettrez un peu de ciboule hachée bien fin; vous la ferez revenir un instant, et verserez une cuillerée à bouche de farine, que vous mêlerez à votre beurre et à vos champignons; joignez-y une cuillerée à pot de bouillon, une feuille de laurier; vous ferez réduire votre sauce jusqu'à ce qu'elle soit un peu épaisse; vous ôterez la feuille de laurier, vous y mettrez une liaison de quatre œufs : il faut que cette sauce soit très-liée, pour que vos croquettes ne crèvent pas; ajoutez un morceau de beurre gros comme un œuf; versez votre sauce sur vos croquettes : quand elle sera bien liée, vous pourrez y mettre, si vous voulez, un peu de persil bien haché.

ROSBIF.

Vous coupez votre agneau jusqu'à la seconde côtelette du flanc, ce qui fait la moitié de l'agneau, les deux cuisses tenant ensemble; vous piquez la selle et une partie des cuisses de lard fin (*voyez* la Manière de piquer); donnez une forme bien arrondie à votre selle, que vous mettrez à la broche en l'assujettissant avec des brochettes ou de petits atelets; ayez soin aussi d'assujettir vos dernières côtes à la broche avec une aiguille à brider, afin que votre rosbif ne prenne pas une mauvaise forme et ne tourne pas: deux heures suffisent pour le cuire; on peut servir le rosbif sans le piquer: il faudrait avoir soin de le couvrir de bardes de lard; on peut aussi s'en passer.

CERVELLES D'AGNEAU.

Ces cervelles, plus délicates que celles de mouton, se préparent de même que celles de veau. (F.)

CERVELLES D'AGNEAU EN MAGNONNAISE.

Ayez huit cervelles d'agneau préparées et cuites comme celles de veau, et bien conservées entières; égouttez-les après leur cuisson sur un linge blanc; dressez-les sur votre plat, avec un croûton de langue à l'écarlate; coupez en crêtes de coqs entre chaque cervelle, et décorez avec des œufs et des cornichons au milieu de vos cervelles, une magnonnaise bien ferme, avec un verre de ravigote et un joli tour de croûtons de gelée autour de votre plat; servez froid. Elles se servent chaudes comme celles de veau. (*Voyez* article Cervelles de veau.) (F.)

LANGUES D'AGNEAU.

Ces langues, plus délicates que celles de mouton, se préparent de la même manière. (*Voyez* Langues de mouton.)

LANGUES D'AGNEAU EN CRÉPINETTES.

Prenez douze langues d'agneau, retirez-en les cornets, mettez-les dans un vase rempli d'eau pour les faire dégorger; faites-les blanchir et cuire dans une poêle (*voyez* Poêle, article Cuisson); vos langues étant cuites, retirez-en les peaux: égouttez-les sur un plat, toutes placées du même côté, couvrez-les d'un couvercle de casserole, avec un poids dessus, pour leur donner une forme égale; étant refroidies, parez-les en forme de côtelettes, fendez-les en deux, de manière que les deux morceaux tiennent ensemble. Vous aurez préparé des champignons comme il va vous être indiqué: Prenez vingt-quatre beaux champignons, épluchez-les et lavez-les bien dans plusieurs eaux, hachez-les bien fin, avec un peu de persil et échalotes, sel, gros poivre et muscade; mettez un quarteron de beurre dans une casserole avec vos champignons, et un verre de vin blanc; faites cuire vos champignons jusqu'à ce qu'il n'y ait presque plus de mouillement; ajoutez-y un peu de mie de pain; versez cet appareil sur vos langues; laissez le tout refroidir ensemble; procurez-vous de la crépinette de porc frais, que vous ferez tremper dans de l'eau tiède, étendez-la sur un linge blanc; enveloppez-en chacune des langues avec leur assaisonnement ; six minutes avant de servir, faites-les griller d'une belle couleur; dressez-les sur un plat en couronne; servez, saucez d'une sauce-tomate ou sauce-poivrade. (F.)

LANGUES D'AGNEAU AU PARMESAN.

Faites cuire douze langues d'agneau comme il est indiqué à l'article Langues d'agneau en crépinettes; laissez-les refroidir, coupez-les en deux. Mettez dans un plat un peu de sauce espagnole, avec du fromage de Parmesan râpé, beurre et gros poivre; dressez vos morceaux de langue sur votre plat, arrosez-les de fromage et d'espagnole; fouettez un blanc d'œuf à moitié, étalez-le sur les langues, poudrez dessus moitié mie de pain et moitié fromage râpé; arrosez le tout d'un peu de beurre fondu, mettez-les au four, ou sous un four de campagne; faites-leur prendre une belle couleur, et servez. (F.)

LANGUES D'AGNEAU EN MATELOTE.

Ayez des langues d'agneau, faites-les cuire dans une braise, mouillez avec du vin blanc; quand elles seront bien cuites, égouttez-les, retirez-en les peaux, dressez-les sur un plat, marquez-les d'une sauce à matelote. (*Voyez* Sauce à matelote.) (F.)

PIEDS D'AGNEAU A LA SAUCE ROBERT.

Préparez les pieds d'agneau comme il est indiqué à l'article Pieds à la poulette; étant cuits, égouttez-les, mettez-les dans une sauce Robert (*voyez* Sauce Robert); faites-les mijoter, finissez-les avec un peu de moutarde : qu'ils soient d'un bon goût, et servez. (F.)

PIEDS D'AGNEAU A LA RAVIGOTE.

Préparez vos pieds d'agneau comme il est indiqué à l'article ci-dessus; servez-vous d'une ravigote froide, au lieu de sauce Robert. (*Voyez* Sauce ravigote.) (F).

OREILLES D'AGNEAU A LA SAUCE RAVIGOTE.

Prenez dix-huit oreilles d'agneau, faites-les cuire dans un blanc; au moment de servir, égouttez-les, ciselez-les, dressez-les sur un plat, saucez-les d'une ravigote froide ou chaude (*voyez* Sauce ravigote); servez. (F.)

POITRINE D'AGNEAU EN CRÉPINETTES.

Faites cuire deux poitrines d'agneau dans une bonne braise, leur cuisson faite, mettez-les sous presse; étant refroidies, coupez-les en cœur, d'une forme très-égale; prenez douze gros oignons, coupez-les en deux; supprimez-en la pointe et le cœur, coupez-les en rouelles bien égales, mettez-les dans une casserole, avec un quarteron de beurre; faites-les cuire. (F.)

RISSOLES D'AGNEAU.

Prenez des chairs d'agneau rôti, retirez-en les peaux et les nerfs, coupez ces chairs en petits dés, le plus fin possible, avec quelques champignons et six truffes coupés de même : ayez une sauce tomate bien réduite, que vous mêlerez avec les chairs d'agneau, etc.; mettez cet appareil refroidir sur un plat de terre, prenez des rognures de feuillage, abaissez-les bien mince, mouillez votre pâte avec de l'eau, mettez gros comme une noix de votre appareil sur cette pâte; recouvrez-la bien, et formez-en une espèce de croissant; faites-en de même trente ou quarante que vous placerez à mesure sur un couvercle de casserole fariné; piquez-les toutes avec la pointe du couteau, faites-les frire : au moment de servir, dressez-les sur un plat avec un bouquet de persil frit. (F.)

VOL-AU-VENT, OU CASSEROLE AU RIZ, GARNIE D'UNE BLANQUETTE D'AGNEAU A LA PÉRIGUEUX. (Quant au Vol-au-Vent, etc., *voyez* PATISSERIE.)

Faites rôtir trois épaules d'agneau, et laissez-les refroidir; vous en lèverez toutes les chairs maigres; émincez-les de l'épaisseur d'un sou et bien rondes, ajoutez-y une douzaine de champignons tournés, six belles truffes coupées en lames, cuites dans un peu de beurre, et un demi-verre de vin de Champagne : mettez six cuillerées d'allemande, avec vos truffes et champignons (*voyez* Sauce allemande); faites chauffer votre sauce avec beaucoup de soin, en la tournant avec une cuillère de bois, pour qu'elle ne s'attache point au fond de la casserole : quand elle est près de bouillir, versez dedans vos émincés d'oignons, garnissez-en votre vol-au-vent, et servez. (F.)

BLANQUETTE D'AGNEAU AUX PETITS POIS.

Émincez votre agneau comme il est indiqué à l'article Blanquette d'agneau; mettez cet émincé dans une allemande bien réduite, avec un morceau de glace de volaille, des petits pois nouveaux blanchis à l'anglaise (*voyez* cet article); ajoutez-y un pain de beurre frais; dressez votre blanquette sur un plat ou dans une casserole d'argent, avec des croquettes d'agneau pour servir de bordure. (*Voyez* Croquettes d'agneau.)

Vous pouvez vous servir de blanquettes ou émincés d'agneau pour garnir toutes sortes de pâtisseries, comme petit vol-au-vent à la bouchée, cassolette de riz, croustade, etc. (F.)

TENDRONS D'AGNEAU A LA VILLEROY.

Ayez deux poitrines d'agneau, faites-les braiser; quand elles seront cuites, mettez-les entre deux couvercles pour les aplatir; lorsqu'elles seront froides, coupez-les en cœur; faites-en cinq morceaux de chaque poitrine, bien parés, et les peaux bien levées; trempez-les dans de l'allemande, laissez-les refroidir; panez-les ensuite, trempez-les dans une omelette, et panez-les une seconde fois; donnez-leur une belle forme, faites-les frire : au moment de servir, dressez-les sur votre plat en couronne avec une aspic claire et corsée. (*Voyez* Aspic.) (F.)

FOIE D'AGNEAU OU FRESSURES.

Ayez deux fressures d'agneau, coupez le mou en gros dés, faites-les frire dans du beurre clarifié à petit feu, afin qu'ils puissent cuire à fond; émincez votre foie en petites lames, faites-les seulement raidir ensemble; égouttez-en la moitié de votre beurre, ajoutez-y un peu de persil haché, et champignons, sel, poivre et un jus de citron. Servez chaudement. (F.)

A LA PROVENÇALE.

Vous les sauterez à l'huile, avec de l'oignon passé et un peu d'ail. (F.)

AGNEAU ENTIER RÔTI.

Ayez un agneau entier, désossez le collet jusqu'au renfoncement des deux épaules, cassez vos poitrines par le milieu, et bridez vos épaules assujetties à une grosse brochette de bois; quant à vos deux gigots, vous casserez les os au milieu des noix, et croiserez les deux manches des gigots; couchez votre agneau sur broche, en traversant la broche dans le milieu du corps de l'agneau, avec un fort atelet bien assujetti avec de la ficelle, sur le ventre de votre agneau; vous attacherez votre agneau avec une aiguille à brider et double ficelle, tant à la broche qu'à l'atelet, au défaut des deux épaules, et au bout des filets; couvrez-le de bardes de lard et de papier beurré; faites-le tourner pendant deux heures, retirez-en le papier; faites-lui prendre une belle couleur; servez-le comme grosse relevée, avec du jus dessous. (F.

PASCALINE D'AGNEAU.

Ayez quatre têtes d'agneau échaudées, bien dégorgées et blanchies, désossez les mâchoires et coupez les bouts de nez; ayez aussi les pieds échaudés, blanchis et flambés; faites cuire le tout dans un blanc (*voyez* Blanc). Vos têtes et vos pieds cuits, égouttez-les, dressez les quatre têtes sur votre plat, sautez vos pieds avec du beurre fin, quatre jaunes d'œufs, persil haché et des champignons tournés, poivre et sel; liez bien le tout ensemble, ajoutez-y un jus de citron, et saucez vos têtes; vous aurez préparé vos fressures et fait frire comme la fressure d'agneau (*voyez* Fressure d'Agneau): vous en faites une bordure autour de votre plat, et servez. (F.)

CÔTELETTES D'AGNEAU A LA TOULOUSE.

Ayez quinze côtelettes d'agneau bien parées, mettez-les sur un sautoir avec du beurre fondu et clarifié: au moment de servir, faites-les sauter; quand elles seront raidies des deux côtés, égouttez-en le beurre, et ajoutez-y un morceau de glace, de manière que vos côtelettes soient bien enveloppées; dressez-les sur votre plat en couronne, et dans le milieu mettez une bonne toulouse (*voyez* Ragoût à la Toulouse); glacez, et servez. (F.)

CÔTELETTES OU POITRINE D'AGNEAU A LA MARÉCHALE.

Ayez deux poitrines d'agneau : faites-les braiser dans un bon fond; quand elles seront cuites, mettez-les égoutter et sous presse entre deux couvercles, avec un poids dessus; quand elles seront froides, coupez-les et parez-les en cœur, en laissant un bout d'os comme à une côtelette; trempez-les dans une allemande, et panez; prenez quatre jaunes d'œufs, battez-les bien avec deux onces de beurre, trempez vos tendrons dedans, panez-les jusqu'à trois fois, et faites-leur prendre une belle forme; faites prendre couleur sur le gril un instant avant de servir. Les côtelettes se préparent de même, mais il ne faut pas les faire braiser; les paner seulement à cru, et les faire griller : servez de même avec une demi-glace. (F.)

TENDRONS D'AGNEAU AUX POINTES D'ASPERGES.

Faites cuire vos tendrons d'agneau comme ci-dessus; quand ils seront froids, parez-les de même; rangez vos tendrons sur un sautoir, avec un morceau de glace et une cuillerée de consommé; faites-les mijoter jusqu'à ce qu'ils s'enveloppent de leur glace; ayez une botte d'asperges dites aux petits pois, et n'en employez que de tendres; lavez-les, faites-les blanchir à l'eau bouillante, où vous aurez mis une pincée de sel, écumez-les, faites-les bouillir pendant dix minutes; rafraîchissez-les; égouttez-les sur un tamis, sautez-les dans une casserole, avec un peu de beurre et d'allemande, et un peu de sucre : dressez vos tendrons en couronne sur le plat, et vos pointes d'asperges au milieu. Glacez, et servez. (F.)

QUARTIER DE DEVANT D'AGNEAU A LA BROCHE.

Ayez un quartier d'agneau, couvrez-le de bardes de lard, du défaut de l'épaule à l'extrémité de la poitrine : passez un grand atelet entre les côtes et l'épaule, attachez-en les deux bouts sur la broche, faites-le cuire, et lorsqu'il le sera, dressez-le sur le plat; levez légèrement l'épaule du côté de la poitrine, et mettez, sans qu'on le puisse voir, une maître-d'hôtel crue entre cette épaule et les côtes, et servez avec une aspic claire. (*Voyez* Aspic.) (F.)

CÔTELETTES D'AGNEAU EN ASPIC.

Ayez seize belles côtelettes d'agneau bien parées; piquez-les de moyens lardons de tétine de veau; *idem* de truffes bien noires et langues à l'écarlate : foncez une casserole ou sautoir de bardes de lard, placez vos côtelettes dessus, et recouvrez-les de bardes de lard; mouillez-les avec du dégraissis de consommé, et mettez une carotte, deux oignons piqués de deux clous de girofle, et un bouquet assaisonné. (*Voyez* Bœuf.) Faites-les cuire feu dessous et dessus; quand elles seront cuites, égouttez-les, mettez-les sous presse entre deux couvercles, laissez-les refroidir; alors parez-les à fond, c'est-à-dire que les lardons paraissent en leur entier; ayez un moule-aspic, dans lequel vous avez mis prendre de la gelée; vous rangez vos côtelettes en couronne en mettant un croûton de langue à l'écarlate entre chaque côtelette; faites prendre le tout avec deux ou trois cuillerées de gelée ; quand vous verrez que vos côtelettes se tiendront à la gelée, vous en remplirez votre moule; frappez-le de glace; démoulez votre aspic au moment de servir sur le plat, et mettez dans le puits une blanquette d'agneau, avec des truffes coupées en lames froides, que vous aurez préparées d'avance. (F.)

CÔTELETTES ET POITRINE D'AGNEAU A LA PROVENÇALE.

Ayez deux poitrines d'agneau crues, coupez-les en douze morceaux égaux, parez-les en cœur, placez-les sur un sautoir avec de l'huile, sel, gros poivre et un peu d'ail; faites-les cuire tout doucement, feu dessus et dessous, de manière qu'ils aient une couleur bien jaune; dressez-les sur un plat en couronne; ayez une douzaine de gros oignons, coupez-les en anneaux; faites-les frire dans l'huile bien jaune, et dressez-les dans le puits de vos poitrines. Servez avec un jus de citron: il se fond de l'huile, et vos poitrines sont cuites. (F.)

CÔTELETTES D'AGNEAU A LA MILANAISE.

Ayez douze côtelettes d'agneau, parez-les à fond, trempez-les dans un peu d'allemande, passez-les avec moitié mie de pain et moitié fromage parmesan; à la seconde fois, trempez vos côtelettes dans une omelette; donnez-leur une belle forme, et faites-les frire sur un plat dans du beurre clarifié: quand elles seront cuites et de belle couleur, dressez-les sur un plat avec du macaroni ou une sauce tomate. (F.)

AGNEAU EN GALANTINE.

Ayez un agneau entier, désossez-le en prenant garde de faire aucun trou à la peau; faites une farce cuite, de volailles ou de veau (*voyez* Farce cuite); étendez la peau de votre agneau sur un linge blanc; mettez-y de cette farce de l'épaisseur d'un doigt, garnissez-la de grands lardons de lard, et entre ces lardons placez des filets de truffes dans toute la longueur; des filets de langues à l'écarlate, des filets de pistaches, des filets d'amandes douces, des filets de tétine de veau au quart cuits; couvrez-les tous d'une même épaisseur de farce, et continuez ainsi jusqu'à ce que votre agneau soit plein, sans être trop tendu: cousez le cou et le ventre de votre agneau, et lui donnez le plus possible sa première forme; emballez-le dans une étamine neuve ou serviette que vous coudrez; attachez les deux bouts, marquez une braise avec les os et les débris de votre agneau, quelques lames de jambon cru, deux jarrets de veau, quatre pieds de veau, ail, laurier, sel, carottes, oignons, dont un piqué de quatre clous de girofle, et bouquet assaisonné; mouillez-le avec du dégraissis de consommé et une bouteille de vin blanc: faites-le partir, retirez-le sur le bord du fourneau, faites-le cuire doucement pendant trois heures, laissez-le refroidir dans son fond, retirez-le; ensuite le déballer, en retirer tous les filets, le dresser sur le plat; glacez-le avec une glace un peu épaisse, afin que votre gelée puisse tenir: vous aurez fait fondre votre fond de braise bien dégraissé, passé à la serviette et clarifié comme il est indiqué à l'article Aspic; faites un cordon de gelée autour de votre agneau. (F.)

COQUILLES DE GORGES D'AGNEAU.

Faites dégorger vos gorges d'agneau comme celles de veau; faites-les blanchir, faites-les cuire dans une casserole, avec un peu de beurre et un jus de citron; laissez-les refroidir, coupez-les en lames comme pour une blanquette, autant de champignons tournés et un peu de truffes; faites bouillir un peu d'allemande avec un morceau de glace de volaille de la grosseur d'une noix et une cuillerée de consommé; mettez le tout ensemble; finissez avec un peu de beurre fin et jus de citron; mettez cet appareil dans vos coquilles, panez-les avec un peu de mie de pain et fromage de Parme; mettez un peu de beurre dessus, faites-leur prendre couleur au four de campagne; servez chaudement.

Vous pouvez vous en servir pour faire des croquettes, cromesquis, et toute autre garniture d'entrée quelconque. (F.)

CROMESQUI D'AGNEAU.

Cette entrée se prépare de même que les croquettes (*voyez* article Croquettes d'Agneau); la différence est que, quand votre appareil est refroidi, vous les moulez un peu plus petit; enveloppez-les d'une barde bien mince de tétine de veau, après les avoir fait cuire sans les paner: au moment de vous en servir, trempez-les dans une pâte à frire, et faites-les frire d'une belle couleur: servez avec un bouquet de persil frit au milieu. (F.)

COCHON.

Il faut éviter de manger du cochon ladre, c'est un manger malsain; sa chair est parsemée de glandes blanches ou roses; la digestion s'en fait mal: c'est pour cela qu'on emploie peu de cochon dans la cuisine, et qu'à table on lui fait fort peu de fête quand on en sert.

BOUDIN.

Vous coupez en dés trente ou quarante oignons, selon la quantité de boudin; vous en ôtez la tête et la queue, et vous les faites fondre à blanc, en les passant sur le feu avec du saindoux ou du beurre; quand il est bien fondu, vous y mettez trois ou quatre livres de panne coupée aussi en dés; vous les mettez dans quatre pintes de sang avec quatre oignons; vous y joignez du persil et de la ciboule, des épices, du sel, du gros poivre, une pinte de crème: vous mêlez le tout ensemble de manière que votre panne ne reste pas en pelote; ayez les boyaux que vous aurez lavés, et vous entonnerez votre mélange dans vos boyaux; évitez qu'il y ait de l'air renfermé; quand votre boyau est plein, vous le ficelez par le bout; de la grandeur que vous voulez; vous aurez un chaudron plein d'eau, dont la chaleur sera à ne pas y tenir le doigt; vous y mettrez votre boudin; ne laissez pas bouillir l'eau, pour éviter que le boudin ne crève; vous le tâtez, vous le retirez quand il commence à être ferme, et lorsqu'en le piquant il ne sort plus de sang; ensuite vous ciselez votre boudin, et le faites griller.

BOUDIN BLANC.

Vous coupez des oignons en très-petits dés; vous les faites cuire comme les précédents, vous y mettez de la panne pilée que vous mêlez avec vos oignons; joignez-y de la mie de pain, que vous avez fait dessécher dans du lait; prenez les chairs d'une volaille cuite à la broche que vous hachez et que vous pilez avec votre mie de pain, autant de mie de pain que de volaille et de panne; mettez-y une chopine de bonne crème; vous délayez votre volaille, vous y mettez six jaunes d'œufs, du sel, vos épices; vous mêlez le tout ensemble, vous le versez dans vos boyaux; faites-les cuire dans du lait coupé; vous ne les laissez pas bouillir pour éviter que votre boudin ne crève: quand il sera froid, vous le piquerez, vous le ferez griller sur une feuille de papier huilé, que vous mettrez sur le gril à un feu doux; vous servez ce boudin pour hors-d'œuvre. Pour cette manière de faire du boudin, servez-vous de lièvre, lapereau, faisan, perdrix, veau ou cochon.

SAUCISSES.

Vous prendrez la chair du cochon qui est très-peu nerveuse; vous mettrez une livre de lard pour une livre de chair, que vous hacherez un peu fin; vous y joindrez du persil, de la ciboule, un peu d'aromates pilés, et un peu d'épices, du sel, du poivre: mêlez bien le tout ensemble, et vous mettrez votre chair dans les boyaux: on peut verser dedans un verre de vin de Champagne, du Rhin, de Madère, de Malvoisie, ou de Constance; cela tient au goût.

ANDOUILLES.

Vous faites nettoyer et laver les boyaux les plus charnus du cochon; quand ils sont bien propres, vous les faites dégorger pendant douze heures; vous les faites égoutter, vous les essuyez bien, vous les placez dans une terrine; assaisonnez-les de sel, de poivre, d'aromates pilés, d'épices; vous les laissez avec cet assaisonnement pendant deux heures; vous les mettez dans des boyaux que vous liez par le bout, et vous les posez dans le fond du saloir; quand vous voulez les manger, vous les faites cuire dans du bouillon, avec des racines, un bouquet de persil et ciboule, un peu de thym, du laurier; vous les laissez refroidir dans leur cuisson; vous les ciselez, et vous les mettez sur le gril: servez-les pour hors-d'œuvre.

HURE DE COCHON.

Vous désossez la tête en entier; vous prenez des débris de chair de porc frais, gras et maigre, que vous mettez avec votre tête; vous l'assaisonnez de sel, de poivre en grains, d'aromates pilés, de quatre épices; de persil et ciboule hachés; ensuite laissez-la dans un vase pendant huit ou dix jours : quand elle a bien pris son assaisonnement, vous l'égouttez, vous rassemblez tous vos morceaux en long dans votre tête, comme la langue, les filets, les morceaux de lard que vous coupez en long; vous les arrangerez de manière à ce que votre tête se trouve remplie, et reprenne sa forme première : avec une aiguille à brider et de la ficelle, vous coudrez l'ouverture par où vous l'avez désossée, et vous la ficellerez de manière qu'en cuisant elle ne se déforme pas; vous l'envelopperez dans un linge blanc que vous ficellerez par les deux bouts, puis vous la mettrez dans la braisière avec les os de votre tête, quelques couennes, huit feuilles de laurier, sept ou huit branches de thym, du basilic, un fort bouquet de persil et ciboule, six clous de girofle, une forte poignée de sel, et quelques débris de cochon, si vous en avez, ou autre viande; vous mouillerez votre hure avec de l'eau jusqu'à ce qu'elle baigne; vous la ferez mijoter huit ou dix heures à petit feu; vous la sonderez auparavant, pour savoir si elle est cuite, et si votre lardoire a de la peine à entrer, c'est qu'elle ne l'est pas : quand vous l'ôterez de dessus le feu, vous la laisserez deux heures dans son assaisonnement, puis vous la ressuierez avec un autre linge blanc; vous la presserez avec vos deux mains, toujours en lui conservant sa forme, mais seulement pour en extraire le liquide qui y serait resté; laissez-la refroidir dans son linge : quand elle sera bien froide, vous la développerez, vous l'approprierez, vous la mettrez sur une serviette pliée et sur un plat; vous aurez soin d'ôter les ficelles qui sont après. On peut aussi hacher les viandes qui sont dedans; mais la hure est plus généralement estimée de cette manière; les morceaux sont plus entiers, l'intérieur plus marbré.

OREILLES DE COCHON.

On fait cuire les oreilles de cochon dans un assaisonnement comme celui de la hure; quand elles sont froides, on les coupe en petits filets que l'on dépose dans douze casseroles; vous coupez ensuite douze gros oignons par moitié; vous ôtez la tête et la queue; coupez-les en demi-cercle, et passez-les dans un bon morceau de beurre quand ils sont bien blonds.

A LA BOURGEOISE.

Si vous n'avez pas de sauce, vous employez une cuillerée de farine que vous remuez avec vos oignons; vous y ajoutez un demi-verre de vinaigre, un verre de bouillon, du sel, du gros poivre; vous laissez jeter quelques bouillons à vos oignons; vous les mettez sur votre émincé d'oreilles de cochon; vous sauterez le tout ensemble, et vous le tiendrez chaud sans le faire bouillir : au moment de servir, vous dresserez votre ragoût sur le plat, avec des croûtons à l'entour.

OREILLES DE COCHON A LA PURÉE DE LENTILLES.

Vous mettrez un litron de lentilles dans votre casserole; vous y placez les oreilles, après les avoir bien flambées et bien nettoyées; vous joignez à vos lentilles deux carottes, trois oignons, dont un piqué de deux clous de girofle, deux feuilles de laurier, du sel, si vos oreilles ne sortent pas de la saumure; vous faites cuire le tout ensemble; quand les oreilles sont cuites, vous les retirez, vous les mettez dans une casserole avec un peu de bouillon, pour les tenir chaudes; vous mettez vos lentilles dans une étamine, vous en ôtez le bouillon, vous le foulez avec une cuillère de bois, et vous passez votre purée à travers l'étamine; vous y ajoutez un peu de bouillon si elle est trop sèche; ensuite vous la mettez sur le feu, vous la faites réduire si elle est trop claire: voyez si elle est de bon sel. Au moment de servir, vous égouttez vos oreilles, vous les dressez sur le plat, vous les masquez de votre purée: on peut aussi les mettre à la purée de pois, de haricots, d'oignons, sauce tomate, etc. (*voyez* l'article que vous préférez). Servez-les avec des lentilles entières, si vous voulez.

PIEDS DE COCHON A LA SAINTE-MENEHOULD.

Vous entortillez les moitiés de pieds de cochon avec du ruban de fil large, de manière qu'en cuisant ils ne puissent pas se défaire; vous les mettez dans une casserole avec du thym, du laurier, des carottes, des oignons, des clous de girofle, un bouquet de persil et ciboule, un peu de saumure, une demi-bouteille de vin blanc, deux fortes cuillerées de bouillon ou d'eau: il faut beaucoup de mouillement, parce qu'il est nécessaire qu'ils restent longtemps au feu; vous y joignez quelques débris de viande, si vous en avez: ensuite vous les faites mijoter pendant vingt-quatre heures sans discontinuer; laissez-les refroidir dans leur cuisson; vous les développez soigneusement, et vous les laissez jusqu'au lendemain. Lorsque vous voulez les apprêter, trempez-les dans du beurre tiède, assaisonnez-les de gros poivre; vous les mettez dans de la mie de pain, et leur en faites prendre le plus possible: posez-les ensuite sur le gril à un feu doux, et vous les servirez sans sauce.

PIEDS DE COCHON AUX TRUFFES.

Préparez les moitiés de pieds, et faites-les cuire dans le même assaisonnement que ceux dits à la Sainte-Menehould; vous les laisserez mijoter pendant huit heures; vous les retirerez de votre cuisson lorsqu'ils seront à moitié froids; vous développerez vos pieds, vous en ôterez les os, vous ferez une farce avec des blancs de volailles cuites à la broche; hachez et pilez de la mie de pain; desséchez dans du bouillon, sur le feu, de la tétine de veau, autant de pain que de volaille, autant de tétine qu'il y a de pain et de volaille, le tout bien pilé; vous y mêlez trois ou quatre jaunes d'œufs, des truffes hachées, un peu de quatre épices, du sel, du gros poivre, un peu de crème ; quand votre farce est finie, vous y mettez des truffes coupées en tranches; vous employez votre farce dans l'intérieur du pied à la place des os; vous couvrez cette farce avec de la toilette de cochon ou de veau; vous avez soin de conserver la forme de vos pieds, vous les trempez dans le beurre tiède, et vous les panez; un quart d'heure et demi avant de servir, vous les mettez sur le gril à un feu doux; ayez attention qu'ils soient grillés des deux côtés; vous les dressez sur le plat, sans sauce: si vous n'avez pas de volaille, vous vous servez d'une chair, telle que veau, lapereau, faisan, etc.

FOIE DE COCHON EN FROMAGÉ.

Sur trois livres de foie, vous mettez deux livres de lard, une demi-livre de panne; vous hachez le tout ensemble; vous y ajoutez du persil et de la ciboule hachés, du sel, du poivre, des aromates pilés, des quatre épices; quand le tout est bien haché, vous étendez dans votre casserole une toilette de cochon, ou des bardes de lard bien minces, de manière que votre foie ne tienne pas à la casserole ; mettez-y l'épaisseur de trois doigts de votre farce et des lardons assaisonnés; vous remettez encore de la farce l'épaisseur de trois doigts, puis des lardons, ainsi de suite jusqu'à ce que votre casserole ou votre moule soit plein; vous les couvrirez de bardes de lard, et vous les mettrez au four; trois heures suffisent pour le cuire: laissez-le refroidir dans votre moule pour le retirer; vous le ferez chauffer, après qu'il en est sorti; vous pouvez le décorer de saindoux et de gelée.

CARRÉ DE PORC FRAIS EN COURONNE POUR RELEVER.

Prenez deux carrés qui vous feront douze côtelettes, rien que les plus belles; enlevez les os de l'échine jusqu'au ras des côtes; faites en sorte que vos deux carrés soient coupés d'égale longueur et de même en hauteur; posez-les ensuite sur une plaque d'office à rebords et bien étamée ; donnez-leur une forme ronde ou ovale, selon votre plat; vous devez poser vos carrés de manière que vos filets soient en dedans, et les côtes en dehors; liez les quatre extrémités avec de la ficelle; vous aurez une bonne farce à saucisse; ajoutez dedans quatre œufs entiers et un peu de mie de pain; mêlez le tout ensemble; garnissez l'intérieur de votre couronne; donnez une heure et demie de cuisson (au four); vous aurez préparé à cet effet quarante à cinquante petits oignons que vous aurez fait colorer dans la poêle; faites-les cuire ensuite dans un verre de vin blanc; faites-les tomber sur glace; au moment de servir, enlevez vos carrés avec un couvercle de casserole ; posez-les ensuite sur votre plat; ajoutez vos oignons au milieu; versez une bonne sauce Robert sur vos oignons, et glacez l'extérieur. (*Voyez* Sauce Robert). (D).

CÔTELETTES DE COCHON.

Coupez et parez les côtelettes de cochon comme si c'étaient des ôtelettes de veau : vous laissez dessus un demi-pouce de gras; platissez-les pour leur donner une belle forme ; vous les faites griller, et vous servez dessous une sauce Robert, une sauce tomate, ou une sauce aux cornichons. (*Voyez* la sauce que vous préférez).

ÉCHINE DE COCHON.

Vous coupez votre morceau bien carrément; vous laissez partout l'épaisseur d'un doigt de graisse; votre carré doit être bien couvert; vous ciselez le dessus, c'est-à-dire le gras qui le couvre; vous l'embrochez : deux heures avant de servir, vous le mettez au feu; servez-le pour rôt ou pour entrée, avec une sauce Robert, une sauce tômate ou une sauce piquante. (*Voyez* la sauce que vous préférez.)

GROSSE PIÈCE.

Vous coupez votre quartier de cochon jusqu'à la première côte près le rognon; qu'il soit coupé bien carrément, couvert de sa couenne, que vous ciselez en losanges : vous passez de petits atelets dans les flancs; faites-les joindre jusqu'au filet pour lui conserver sa forme; vous le mettez à la broche quatre heures avant de servir, parce que votre cuisson est fort épaisse, et que le cochon demande à être bien cuit.

FILETS MIGNONS.

Vous levez les filets mignons dans toute leur longueur; parez-les, piquez-les de lard fin (*voyez* la manière de piquer); vous les laissez en long, ou vous les mettez en gimblettes, c'est-à-dire vous leur donnez une forme ronde, et les piquez par-dessus; mettez des bardes de lard dans une casserole, quelques tranches de veau, deux carottes, trois oignons, deux clous de girofle, un bouquet de persil et de ciboule, deux feuilles de laurier, et vos filets dessus l'assaisonnement; vous les couvrirez ensuite d'un double rond de papier beurré; vous ajoutez une petite cuillerée à pot de bouillon ; vous la posez sur le feu une heure avant de servir, vous mettez du feu sur le couvercle, pour les faire glacer : au moment de les manger, égouttez-les, glacez-les; vous pouvez servir dessous de la chicorée, des concombres, une purée de champignons, une sauce tomate, une sauce piquante. (*Voyez* l'article que vous choisirez.)

QUEUES DE COCHON A LA PURÉE.

Vous aurez six queues de cochon, auxquelles vous laisserez leur couenne; vous les couperez de huit pouces de long par le plus gros bout; vous les nettoierez et les flamberez : faites-les cuire avec vos lentilles, avec deux carottes, deux oignons, deux clous de girofle, une feuille de laurier; vous arroserez vos lentilles avec du bouillon ou de l'eau; alors vous mettrez du sel : quand vos queues seront cuites, vous les mettrez dans une casserole avec un peu de bouillon; vous passerez vos lentilles à l'étamine ; vous déposerez votre purée dans une casserole; vous la faites réduire, si elle est trop claire: au moment de servir, vous dressez vos queues de cochon sur le plat, vous les masquez avec votre purée. On peut faire cuire les queues à part, et servir des purées pour entrée, comme celles de pois, lentilles, haricots, purée de racines, d'oignons, etc.

ROGNONS DE COCHON AU VIN DE CHAMPAGNE.

Vous émincerez les rognons, vous mettrez un morceau de beurre dans une casserole que vous poserez sur un feu ardent; vous y mettrez votre rognon émincé, avec du sel, du poivre, un peu de muscade râpée, du persil et de l'échalote, le tout haché bien fin; vous sauterez votre émincé à tout moment, afin qu'il ne s'attache pas; lorsque votre rognon sera raidi, vous ajouterez une cuillerée à bouche de farine, que vous remuerez avec votre émincé; vous y verserez un verre de vin de Champagne; vous retournerez votre ragoût sans le laisser bouillir.

Ce ragoût peut se mouiller à l'eau, au bouillon, ou au vin blanc quelconque: voyez qu'il soit d'un bon sel.

COCHON DE LAIT.

Quand votre cochon de lait est tué, ayez une chaudronnée d'eau chaude où vous pourrez endurer le doigt; vous y mettrez votre cochon; vous le frotterez avec la main: si la soie s'en va, vous le retirez de l'eau, vous le frottez fort; vous le trempez un instant, et toujours vous enlevez les soies; quand il n'en reste plus, vous le faites dégorger pendant vingt-quatre heures; si c'est pour le mettre à la broche, vous le pendrez et vous le laisserez sécher.

COCHON DE LAIT FARCI.

Échaudez votre cochon; flambez-le et désossez-le jusqu'à la tête que vous laisserez entière : ayez un foie de veau bien blond que vous hacherez; vous mettrez une livre de lard pour une livre de foie; vous y mêlerez un peu de sauge, un peu des quatre épices, un peu d'aromates pilés, du sel, du gros poivre: quand le tout sera bien haché, vous en remplirez le corps de votre cochon; vous aurez de gros lardons que vous mettrez entourés de farce dans les membres et le long de l'échine du dos de votre cochon; vous le garnirez bien de cette farce: cousez la peau du ventre de manière qu'il ait sa première forme; enveloppez-le d'un linge blanc de lessive, et frottez-le de citron; vous mettrez dans votre serviette un peu de sauge, quatre feuilles de laurier; vous couvrez le dos de lard, et vous enveloppez le tout de linge blanc, dont vous ficelez les deux bouts; vous marquez une poêle, que vous mouillez avec moitié de bon vin blanc, moitié de bouillon, que vous versez sur le cochon que vous tenez dans une braisière; faites-le mijoter pendant trois heures et demie à petit feu; qu'il bouille à peine : quand il sera cuit, retirez-le, et laissez-le une heure dans sa cuisson; vous le sortez et vous le posez avec ménagement; tâchez de lui conserver sa forme; laissez-le refroidir tout-à-fait :

vous le développez, vous l'appropriez, vous mettez une serviette sur un plat, et vous dressez dessus votre cochon de lait.

HURE DE COCHON A LA MANIÈRE DE TROYES

Coupez votre hure jusqu'à la moitié des épaules, c'est-à-dire plus longue qu'on ne la coupe ordinairement; flambez-la de manière à ce qu'il n'y reste aucune soie; lavez-la bien, épluchez-la de nouveau, ratissez-la, et désossez-la; prenez garde d'y faire aucun trou, surtout à la couenne de dessus le nez: étendez la chair qui provient des parties charnues dans les parties de votre hure où il n'y en a pas, afin que les chairs soient égales partout; salez toutes ces chairs avec du sel marin et une once de sel de nitre; mettez votre hure dans un grand vase de terre, avec thym, laurier, ail, girofle, petite sauge, gros poivre, graine de genièvre et coriandre; couvrez votre terrine d'un linge blanc, et mettez dessus un autre vase qui la couvre le mieux possible; laissez-la prendre le sel pendant huit jours; ensuite égouttez-la bien, garnissez-la avec des oreilles de cochon, langues, lardons de jambon, truffes, cornichons, le tout coupé par filets en mariné de la même salaison que la hure; vous la briderez comme il est indiqué à la hure de cochon, et la ferez cuire de même.

Nota. Vous pouvez de même garnir votre hure de chair à saucisse, en mettant dans votre chair du lard bien ferme, coupé en gros dés, des langues à l'écarlate, des truffes, des pistaches et du jambon. (F.)

JAMBON AU NATUREL.

Ayez un bon jambon de Bayonne; parez-le, c'est-à-dire levez le dessus de la chair, et, sur les bords du lard, ce qui pourrait être jaune; ôtez l'os du quasi; coupez le bout du jarret, et mettez votre jambon tremper, après l'avoir sondé avec une lardoire dans la noix, ce qui décidera à le laisser dessaler plus ou moins de temps; étant dessalé à son point, enveloppez-le dans un linge blanc; arrangez-le dans une marmite ou braisière proportionnée à sa grosseur; mouillez-le avec de l'eau; ajoutez quelques carottes, oignons, quatre clous de girofle, laurier, thym, basilic, ail, et un bouquet de persil; faites-le partir et cuire ensuite à petit feu, quatre ou cinq heures: lorsque vous soupçonnez qu'il est cuit, sondez-le avec la lardoire; si elle s'enfonce facilement, c'est que sa cuisson est faite; dénouez-le; retirez l'os du milieu; renouez votre linge, et placez votre jambon sur un plat de terre d'une forme un peu profonde, et laissez-le refroidir ainsi; étant froid, coupez-en la couenne en demi-cercle autour du manche; levez la couenne du côté du gras; parez-le, et passez-le avec de la chapelure passée au tamis; mettez une serviette sur un plat, dressez-le dessus avec une papillote au bout du manche. (F.)

JAMBON GLACÉ.

jambon est préparé de même que ci-dessus: quand il est

cuit et préparé, on le fait glacer au four, en faisant premièrement sécher le gras, ensuite le glaçant avec une glace légère à plusieurs fois. (F.)

JAMBON AUX ÉPINARDS.

Quand votre jambon est cuit comme au naturel, et qu'il est paré, mettez-le sur une feuille ou sur un couvercle de casserole dont la queue sera recourbée; placez-le dans une casserole assez grande pour que votre jambon puisse y entrer facilement; faites-le mijoter pendant deux heures, avec une marinade ainsi composée: Prenez deux carottes, deux oignons, ail, laurier, thym et persil, le tout émincé et passé dans une casserole avec un morceau de beurre; mouillez-le avec une bouteille de vin blanc et une cuillerée de consommé; quand vos racines seront à moitié cuites, passez-en le fond au tamis sur votre jambon; couvrez votre casserole d'un grand couvercle, avec du feu dessus, et faites glacer votre jambon comme il est indiqué ci-dessus: au moment de servir, ayez des épinards blanchis, bien verts; passez-les au beurre, où vous aurez mis un peu de sel, muscade et mignonette: mouillez-les avec deux cuillerées d'espagnole réduite, et une du fond de votre jambon; dressez vos épinards sur un grand plat; égouttez votre jambon, et faites-le glisser sur les épinards; mettez une papillote au manche, et servez bien glacé. (F.)

JAMBON A LA PORTE-MAILLOT.

Il se prépare de même que le jambon aux épinards; au lieu d'épinards, ayez une garniture de laitues, carottes nouvelles tournées, oignons glacés, petits pois et haricots verts blanchis. (*Voyez* Garniture à la Flamande). (F.)

DU LARD.

MANIÈRE DE PRÉPARER LE LARD.

Levez le lard de votre cochon, en y laissant le moins de chair possible; frottez-le de sel fin séché, pilé et passé au tamis; mettez lard contre lard et l'un sur l'autre; posez-le sur une planche dans une cave fraîche, sans être trop humide; remettez du sel autour de vos pièces, et posez une planche dessus; chargez cette planche d'un poids assez fort; laissez ce lard se faire un mois et demi; cela fait, accrochez-le, et laissez-le sécher dans un lieu aéré, sans être humide. Qu'il soit ferme et sec, afin de pouvoir vous en servir pour piquer. (F.)

MANIÈRE DE LE TAILLER POUR PIQUER.

Vous couperez en travers, c'est-à-dire dans le large, du lard en tranches de douze, quinze ou seize lignes, selon l'emploi que vous en voulez faire; tâchez que la bande soit toujours de la même largeur: vous y voyez deux sortes de lard; celui qui est très-gras et sans consistance; l'autre, qui est celui près de la couenne, et séparé par une petite veine; il est plus ferme et moins sujet à fondre à la cuisson il se casse moins aussi: lorsque la superficie du lard est levée, et qu'il ne reste plus que le plus ferme, vous coupez les petits lardons avec un couteau très-mince ou tranche-lard : il faut que votre couteau entre jusque près de la couenne, perpendiculairement et toujours à la même distance. Dès que le morceau sera tout coupé comme il est dit, vous rendrez vos petites bandes uniformes, et vous mettrez le tranchant en biais sur l'angle de votre petite bande, et avec le talon du tranche-lard, vous foulez en le retirant toujours à vous également, en sorte qu'en tranchant votre lardon, il soit bien carré et bien égal partout; vous mettrez votre première bande sur un couvercle, et en coupant les autres, faites en sorte qu'ils soient de la même épaisseur et de la même largeur, en un mot, qu'ils soient parfaitement uniformes.

MANIÈRE DE PIQUER.

La viande doit être bien parée, sans peau ni nerfs. Si ce sont des viandes parées et entières, comme volaille, gibier, il faut les dépouiller ou les plumer, et les faire revenir légèrement, afin que la chair ne se casse pas. Supposez une noix de veau : si vous la laissez couverte de sa tétine, vous parez le côté de la chair, afin qu'elle soit bien unie; faites entrer votre lardoire de manière que l'on voie les deux extrémités des lardons : qu'ils soient bien couverts, afin qu'ils marquent dessus votre viande. Dès que le premier lardon est posé, il faut que tous les autres soient de même; observez entre eux la même distance; faites absolument de même en piquant le second rang, afin que vos lardons ne se trouvent pas raccourcis; mettez-les entre deux, de manière qu'ils croisent le premier rang; afin de ne pas s'en écarter, vous formez avec la lardoire, en l'appuyant sur la chair, une raie droite, et vous la suivez : votre second rang posé, vos lardons doivent être correctement croisés; vous continuerez de suite les autres rangs jusqu'à la fin.

PETIT SALÉ.

Prenez des poitrines de cochon, coupez-les par morceaux, frottez-les de sel fin, comme les pièces de lard; vous y ajouterez un peu de salpêtre; vous les arrangerez les unes sur les autres dans un pot. Ayez soin de les bien fouler, pour éviter qu'elles ne prennent le goût d'évent; pour prévenir cet inconvénient, bouchez les vides de sel, recouvrez le vase d'un linge blanc, et fermez-le le plus hermétiquement possible. Au bout de huit ou dix jours, vous pouvez vous en servir, soit pour mettre aux choux ou à la purée, soit pour tout ce dont vous aurez besoin. (F.)

SAINDOUX.

Quand vous voudrez faire du saindoux, ayez de la panne bien blanche : la plus épaisse est celle que vous devez préférer; supprimez-en les peaux, battez-la bien avec un morceau de bois, mettez-la dans une marmite ou casserole, avec un peu d'eau; faites-la aller à petit feu et bouillir longtemps, pour qu'elle soit bien cuite, et que le saindoux se conserve; vous serez assuré qu'elle sera bien cuite, lorsque les cordons se briseront facilement: laissez-la refroidir. Lorsqu'elle ne sera plus que tiède, passez-la au travers d'un tamis, et, si vous voulez la conserver, mettez-la dans un endroit frais. (F.)

SAINDOUX A SOCLE.

Ayez trois livres de suif de rognons de mouton bien blancs; retirez-en les peaux; hachez cette graisse bien fine; faites-la fondre comme ci-dessus. Quand elle sera fondue et aux trois quarts cuite, ajoutez-y six livres de saindoux que vous ferez fondre ensemble; passez-le dans un linge neuf sur une grande terrine; laissez-le refroidir en le fouettant avec un fouet à blancs d'œufs; quand il aura pris un peu de corps, retirez votre fouet, et battez avec deux spatules; ajoutez-y un peu de bleu de Prusse broyé, et deux jus de citron. Vous vous servirez de ce saindoux pour modeler un socle, afin de servir sous une galantine, un jambon, etc. Vous pouvez en faire de couleur de vert d'épinards, de carmin ou de cochenille, safran, etc. (F.)

MANIÈRE DE FAIRE LE JAMBON.

Selon la quantité de jambon que vous voulez avoir, faites une saumure plus ou moins considérable; mettez dans le vaisseau où vous voulez mariner vos jambons, toutes sortes d'herbes odoriférantes, comme sauge, basilic, thym, laurier, baume, et grains de genièvre, du sel en suffisante quantité, et un peu de salpêtre; ajoutez à ces ingrédients de la lie de vin, la meilleure possible; mettez autant d'eau que de lie, et laissez le tout infuser plusieurs jours.

Vous passez à clair votre saumure; exprimez bien les herbes, jetez un peu d'eau sur votre marc, afin de faire fondre entièrement votre sel; exprimez vos herbes une seconde fois; arrangez vos jambons dans votre vase, ainsi que les épaules; versez dessus votre saumure; laissez-les ainsi pendant un mois; ensuite retirez-les, égouttez-les, mettez-les fumer; lorsqu'ils seront bien secs et bien fumés, vous les conserverez en les frottant avec moitié vin et moitié vinaigre; vous les laisserez sécher afin que les mouches ne les gâtent pas. (F.)

LANGUES DE PORC FUMÉES OU FOURRÉES.

Prenez des langues de porc, ôtez-en une partie du cornet, échaudez-les, pour leur ôter la première peau; mettez-les dans un vase; serrez-les bien l'une contre l'autre, en les salant avec du sel et un peu de salpêtre: joignez-y du basilic, du laurier, du thym et du genièvre; posez dessus quelque chose de lourd, pour les presser l'une contre l'autre; couvrez le pot comme il est indiqué au petit lard; mettez-le de même dans un endroit frais, pendant huit jours. Au bout de ce temps, retirez les langues de la saumure; faites-les égoutter; emballez-les dans des boyaux de cochon, de bœuf ou de veau, nouez-en les deux bouts, faites-les fumer, et lorsque vous voudrez vous en servir, vous les mettrez cuire dans de l'eau avec un peu de vin, un bouquet de persil, des ciboules, quelques oignons, du thym, du laurier et du basilic: laissez-les refroidir, et servez-les. (F.)

COCHON DE LAIT A L'ANGLAISE.

Vous procéderez en tout comme pour le cochon de lait, avec cette différence que vous remplirez de la farce ci-après indiquée.

Prenez le foie du cochon, ôtez-en l'amer; hachez-le, pilez-le; mettez dans de la crême ou du bouillon autant de mie de pain desséchée que vous avez de foie, autant de beurre et de tétine que vous avez de pain: pilez le tout ensemble avec un peu de fines herbes passées au beurre, avec une pincée de petite sauge et de menthe poivrée bien hachée; ajoutez deux œufs entiers et trois jaunes; mêlez bien le tout; remplissez-en le corps de votre cochon, mettez-le à la broche, arrosez-le d'huile. Il est inutile de faire observer qu'il faut plus de cuisson. Servez-le avec une poivrade ou brède sauce. (*Voyez* Brède sauce). (F.)

JAMBON A LA BROCHE, OU AU VIN DE MADÈRE.

Ayez un jambon de Westphalie ou de Bayonne; parez-le, arrondissez-le, retirez l'os du quasi; cernez la couenne autour du manche; mettez le jambon sur le gril du côté de la couenne, jusqu'à ce que vous puissiez l'enlever facilement; mettez-le dessaler, si vous croyez que cela soit nécessaire: vous pouvez vous en assurer en le sondant; mettez-le dans un vase de terre avec des tranches d'oignons et de carottes, du thym, laurier et coriandre; versez une bouteille de vin de Madère sec ou Xérès; couvrez-le d'un linge blanc, et fermez-le le plus hermétiquement possible; laissez-le mariner pendant vingt-quatre heures dans cet assaisonnement; couchez-le sur broche; faites-le tourner à feu égal pendant quatre heures. Vous aurez soin d'envelopper votre jambon de six doubles de gros papier bien enduit avec de la colle, afin qu'il soit bien étouffé dans sa papillote. Au bout de trois heures de cuisson, vous ferez un petit trou à la papillote, et, avec un entonnoir, vous mettrez votre vin de Madère, et reboucherez le trou avec de la farine délayée et du papier. En retirant votre jambon, ayez soin de ne pas perdre son jus que vous incorporerez dans une espagnole réduite. Servez votre jambon bien glacé. (F.)

JAMBON MARINÉ ET DEMI-SEL (1).

Coupez l'os de la jambe et retirez celui du quasi; posez votre jambon dans une terrine convenable, assaisonnez-le de deux livres de sel et deux onces de salpêtre; ajoutez thym, laurier, girofle, deux bouteilles de vin blanc; retournez-le tous les jours, une fois seulement; laissez-le se pénétrer pendant sept à huit

(1) La selle et le carré s'apprêtent de même, ayant égard à ce que les morceaux, étant plus petits, doivent rester moins longtemps dans la marinade.

jours : avant de le mettre en cuisson, enlevez la couenne, ensuite enveloppez-le d'une triple épaisseur de papier huilé, soit à la broche ou au four; donnez trois heures et demie de cuisson.

Vous pouvez servir une bonne sauce Robert ou une bonne espagnole réduite au vin de Madère. (*Voyez* ces deux sauces). (D.)

ÉMINCÉ DE COCHON A L'OIGNON.

Ayez une échine de cochon rôtie; étant froide, émincez-la en petits filets, en observant de retirer les peaux et les nerfs; ayez quinze gros oignons, coupez-les en deux, retirez-en les cœurs, ciselez-les en demi-anneaux; faites frire bien blond; égouttez-les bien; mettez-les cuire dans deux cuillerées de consommé; quand le tout sera réduit à glace, ajoutez-y quatre cuillerées d'espagnole bien réduite, et votre émincé; laissez chauffer au bain-marie jusqu'au moment de servir; finissez avec deux pains de beurre : servez avec des croûtons à l'entour. (F.)

ÉMINCÉ, SAUCE POIVRADE.

Ayez une échine rôtie, émincez-la en escalopes bien égales; vous avez préparé par avance une sauce poivrade bien réduite; mettez vos escalopes dans votre sauce. Finissez comme ci-dessus avec deux pains de beurre. (F.)

ÉCHINE DE COCHON.

Prenez une échine de cochon; parez-la comme vous feriez d'un carré de veau; ôtez-en l'arête jusqu'au joint des côtes; mettez-la sur un plat, avec un peu de sel fin; faites-la cuire à la broche; servez-la avec une sauce poivrade dessous. (*Voyez* cette sauce.) (F.)

SAUCISSONS DE BOLOGNE.

Ayez les deux jambons et les deux épaules d'un cochon; levez-en les chairs, sans y laisser de gras de toutes vos chairs maigres ratissez-les avec un couteau, et retirez-en avec soin tous les nerfs; quand vos chairs sont ainsi préparées de sel, poivre en grains, coriandre, girofle, cannelle, muscade et laurier, vous aurez du lard gras, fait et sain, que vous couperez en gros dés; mêlez le tout ensemble; mettez vos chairs dans des boyaux de bœuf, liez-les aux deux bouts; mettez-les dans un vase avec du salpêtre; couvrez-les bien; laissez-les ainsi pendant huit jours; retirez-les; mettez-les égoutter; ficelez-les entre deux morceaux de bois comme une carotte de tabac; mettez-les sécher et fumer; quand ils seront secs, déficelez-les et frottez-les avec de l'huile et de la cendre de sarment mêlées ensemble; pendez-les dans un endroit sec, et servez-vous-en.

SAUCISSONS A L'AIL.

Prenez deux livres de chair de porc frais, une livre de lard gras : hachez votre chair, assaisonnez-la de sel, poivre, épices, muscade et un peu d'ail; mettez cet appareil dans des boyaux bien propres; ficelez-les de la longueur que vous voudrez; mettez-les fumer pendant six jours; mettez-les cuire dans une marmite avec de l'eau assaisonnée de sel, carottes, oignons, thym, laurier, basilic et coriandre : deux heures de cuisson suffisent; laissez-les refroidir dans leur cuisson. (F.)

COU-DE-GIN DE MODÈNE.

Servez-vous de toutes les couennes et des nerfs qui ont servi à faire vos saucissons : il faut avoir soin, en retirant les chairs des deux jambons, de ne pas endommager les couennes qui les couvrent, et de laisser même les pieds, en ayant soin d'en retirer les os; coupez toutes vos autres couennes et nerfs en gros dés, et assaisonnez le tout comme les saucissons : remplissez vos couennes de jambon de toutes ces chairs; cousez-les par les bouts; mettez-les au sel pendant huit jours; mettez-les fumer et sécher; quand vous voudrez vous en servir, vous les ferez dessaler pendant vingt-quatre heures; faites-les cuire à grande eau pendant six heures. Servez sur une serviette comme relevée. (F.)

CÔTELETTES DE COCHON A LA MILANAISE.

Ayez six belles côtelettes de porc frais bien parées; panez-les au fromage et à la mie de pain, comme il est indiqué aux côtelettes de veau à la milanaise (*voyez* Côtelettes de veau à la milanaise), et servez avec du macaroni ou une sauce tomate. (F.)

CÔTELETTES DE COCHON EN CRÉPINETTES.

Prenez six belles côtelettes de cochon, parez-les de même que des côtelettes de veau (*voyez* Côtelettes de veau sautées); faites-les sauter de même; étant cuites, égouttez-les, mettez-les en presse jusqu'à ce qu'elles soient refroidies; parez-les : vous aurez préparé de l'oignon comme pour les côtelettes de mouton en crépinettes (*voyez* cet article); vous entourerez bien chaque côtelette; enveloppez-les de crépine; faites griller au moment de servir : servez avec une sauce poivrade. (F.)

ÉPAULE DE COCHON DE LAIT A LA TARTARE.

Quand il vous restera une épaule de cochon de lait de desserte, vous la parerez proprement; mettez-la mariner avec sel, gros poivre, huile fine et un jus de citron; faites-la griller à feu d'enfer; au moment de servir, servez avec une sauce tartare dessous. (*Voyez* Sauce rémolade.) (F.)

FOIE DE COCHON SAUTÉ.

Émincez un morceau de foie de cochon en lames d'égale épaisseur; mettez fondre un morceau de beurre dans un plat à sauté; placez vos lames de foie sur le beurre; assaisonnez-les de sel, gros poivre, une gousse d'ail et une feuille de laurier; faites-les cuire à grand feu : quand elles seront fermes d'un côté, retournez-les; leur cuisson faite, égouttez votre foie sur un plat; retirez le beurre de votre plat à sauté; mettez-y en place trois cuillerées de sauce poivrade, échalotes et persil hachés; faites bouillir votre sauce à grand feu; finissez avec un morceau de beurre: saucez votre foie, et servez. (F.)

COCHON DE LAIT EN FORME DE MARCASSIN.

Prenez un cochon de lait des plus forts et d'une couleur noire préparez-le de la même manière qu'il est indiqué à l'article Marcassin au sanglier; faites-le mariner de même: vous ajouterez seulement, dans la marinade, de la petite sauge, du mélilot, de l'absinthe et de la coriandre; laissez-le mariner six jours; faites-le cuire, et servez-le avec une bonne sauce poivrade. (F.)

QUEUE DE COCHON A LA VILLEROY.

Préparez huit queues de cochon comme il est indiqué à l'article Queues de cochon à la purée; faites-les cuire dans une bonne poêle (*voyez* article Cuisson); quand elles seront cuites, laissez-les refroidir, parez-les d'égale longueur, panez-les à l'œuf; faites-les frire: au moment de servir, dressez-les sur un plat, avec un bouquet de persil frit. (F.)

FILETS MIGNONS EN ENTRÉE DE BROCHE.

Ayez trois filets mignons de cochon; parez-les, piquez-les, faites-les mariner au vinaigre pendant vingt-quatre heures; égouttez-les bien, couchez-les sur un atelet en forme de serpent, mettez-les à la broche: quand ils seront cuits, glacez-les, et servez-les avec une poivrade. (F.)

ESCALOPES DE FILETS MIGNONS.

Ayez deux filets mignons de cochon, que vous parez et coupez par lames comme de petits biftecks; arrondissez-les bien, placez-les sur un sautoir avec du beurre fondu, sel et mignonnette: un moment avant de servir, faites sauter vos escalopes, retournez-les; dressez vos escalopes en couronne sur un plat; mettez gros comme une noix de glace dans votre sautoir, deux cuillerées d'espagnole, deux de consommé et autant de poivrade; faites réduire le tout ensemble, et finissez avec deux pains de beurre et jus de citron, saucez vos escalopes; servez. (F.)

GATEAU D'OREILLES DE COCHON.

Ayez quinze ou dix-huit oreilles de cochon; flambez-les, nettoyez-en le dedans, en y introduisant un fer presque rouge: cela fait, lavez bien vos oreilles, grattez-les bien, coupez-les par la moitié, mettez-les dans un vase de terre avec quelques couennes de lard, si vous en avez; versez dessus une eau de sel froide et tirée à clair; mettez-y graine de genièvre, coriandre, laurier, girofle, ail, thym, basilic, petite sauge, et une demi-once de salpêtre; couvrez cette terrine d'un linge blanc, et mettez dessus un autre vase qui la couvre le mieux possible; laissez-les se mariner huit à dix jours. Ensuite égouttez-les, mettez-les cuire dans une braisière avec de l'eau, une bouteille de vin blanc et un verre d'eau-de-vie; faites-les cuire ainsi pendant cinq heures: étant plus que cuites, laissez-les refroidir aux trois quarts dans leur fond; égouttez-les;

rangez vos oreilles par lits dans un moule bien étamé, avec quelques lardons de langue à l'écarlate; emplissez ainsi votre moule; placez sur votre moule un couvercle ou ustensile qui entre dans le moule, avec une forte charge dessus, et posée bien également; laissez-les refroidir, démoulez-les, et servez-les avec de la gelée. (F.)

OREILLES ET PIEDS DE COCHON A LA CHOISI.

Ayez quatre oreilles ou quatre pieds de cochon, flambez-les et nettoyez-les bien; ratissez-les et lavez-les à plusieurs eaux; faites-les blanchir et cuire dans une braise (*voyez* Poêle, à son article); lorsqu'elles seront cuites, laissez-les refroidir dans leur fond; égouttez les oreilles, coupez-les par filets bien égaux; coupez aussi quelques gros oignons en filets; mettez-les dans une casserole avec un morceau de beurre; faites cuire votre oignon; lorsqu'il est cuit, ajoutez-y trois cuillerées d'espagnole; laissez mijoter votre oignon : au moment de servir, jetez-y les oreilles émincées, avec un peu de moutarde, et servez. (F.)

BOUDIN D'ÉCREVISSES.

Ayez un demi-cent de petites écrevisses; lavez-les bien à plusieurs eaux, faites-les cuire avec de l'eau : leur cuisson faite, laissez-les refroidir, épluchez-les, c'est-à-dire ôtez-en la chair des queues et les petites pattes, et supprimez le dedans du corps; faites-en sécher toutes les coquilles; pilez-les, faites un beurre (*voyez* Beurre d'écrevisses); coupez les queues en dés, mettez-les dans une casserole avec les œufs que vous avez retirés de vos écrevisses en les épluchant; ajoutez-y des blancs de volaille bien hachés, une panade à la crême très-desséchée, quelques oignons cuits sous la cendre, quelques foies gras coupés en dés, de la panne *idem;* mêlez-y votre beurre d'écrevisses, quelques cuillerées de velouté et jaunes d'œufs, des épices et du sel; mêlez bien le tout ensemble, entonnez-le dans les boyaux, liez comme le boudin blanc et faites cuire de même. Servez. (F.)

BOUDIN DE LAPEREAU.

Faites cuire un lapereau de garenne à la broche; levez-en les chairs, supprimez-en la peau et les nerfs; hachez ces chairs très-fin, joignez-y le foie, ayant eu soin d'en ôter le fiel; concassez les carcasses, mettez-les dans une casserole, mouillez-les avec un peu de consommé, faites-les bouillir pour en tirer le fumet, avec lequel vous ferez une panade; pilez vos chairs et votre panade ensemble : ajoutez-y un tiers de tétine de veau ou de beurre en sus; mettez-y des oignons cuits dans du consommé et hachés très-menu, six jaunes d'œufs, un peu de panne coupée en dés et de la crême réduite, sel, épices, muscade; et procédez, pour finir, comme pour le boudin blanc. (F.)

BOUDIN DE FAISAN.

Faites cuire un faisan à la broche, levez-en les chairs, supprimez-en la peau et les nerfs; hachez ces chairs très-menu; concassez les os, dont vous ferez le même usage que ci-dessus; faites cuire six gros oignons dans du bouillon; assaisonnez-les de sel, poivre, girofle, muscade, un peu de basilic et de persil: ces oignons cuits et glacés, hachez-les très-menu, incorporez-y vos chairs hachées, mêlez-y votre mie de pain desséchée; pilez le tout; délayez-le avec de la crême réduite; joignez-y six jaunes d'œufs frais et crus, et trois quarterons de panne coupée en dés, du sel et des épices; mettez cet appareil dans des boyaux. (*Voyez* Boudin blanc.) (F.)

SAUCISSES AUX TRUFFES.

Prenez deux livres de chair maigre, la moins nerveuse, avec une livre de lard gras et un quarteron de truffes; vous hacherez le tout ensemble assez menu; ajoutez-y sel, poivre, épices, aromates pilés et un peu de muscade; mouillez un peu votre farce avec un petit verre d'eau-de-vie ou de vin de Madère, etc.; vous mettrez votre chair dans des boyaux, ou vous les envelopperez de crépines, comme les saucisses plates. (F.)

CERVELAS FUMÉS.

Selon la quantité de cervelas que vous voulez faire, hachez de la chair de porc frais, entre-lardée avec un quart de lard en sus; assaisonnez de sel, poivre, épices, muscade, coriandre et anis, mettez cet appareil dans les boyaux préparés à cet effet, selon la grosseur que vous voulez donner à vos cervelas; ficelez-en les deux bouts, et pendez-les à la cheminée pour les faire fumer; trois jours après, faites-les cuire dans de l'eau pendant trois heures, avec un peu de sel, une gousse d'ail, thym, laurier, basilic et un bouquet de persil; laissez-les refroidir; servez-les sur une serviette. (F.)

ANDOUILLES A LA BÉCHAMEL.

Mettez un morceau de beurre dans une casserole, avec une tranche de jambon, trois échalotes, du persil, une gousse d'ail, du thym, du basilic et du laurier; posez votre casserole sur un feu doux, et laissez suer pendant environ un quart d'heure; mouillez-la avec une chopine de crême; faites-la bouillir et réduire à moitié; passez-la au tamis; mettez-y une bonne poignée de mie de pain, faites-la bouillir de nouveau jusqu'à ce que le pain ait bu le ait; ensuite coupez en filets de la poitrine de porc frais, de la panne, du petit lard et une fraise de veau; mêlez ces filets avec votre mie de pain et six jaunes d'œufs crus, du sel, du poivre, de l'épice et de la muscade; remplissez des boyaux de cette composition; et, ayant fermé vos andouilles, faites-les cuire avec moitié lait, moitié bouillon et bouquet assaisonné: procédez comme il est dit aux Andouilles de cochon. (F.)

ANDOUILLES DE BŒUF.

Prenez chez le charcutier des robes d'andouilles, faites-leur passer le goût de boyaux, comme il est expliqué pour celles de cochon; faites cuire aux trois quarts, dans de l'eau, du gras-double et des palais de bœuf; ensuite coupez-les en filets et mettez-y de l'oignon coupé de même, que vous aurez presque fait cuire dans du beurre; mêlez le tout ensemble, en y ajoutant six jaunes d'œufs crus, du sel, du poivre, de l'épice et de la muscade; entonnez cet appareil dans vos boyaux, ficelez-en les deux bouts, et après que vos andouilles sont faites, mettez-les cuire dans du bouillon gras, où vous aurez mis une demi-bouteille de vin blanc, un bouquet assaisonné, girofle, poivre, sel, carottes et oignons; laissez-les refroidir dans leur assaisonnement, et, pour les servir, procédez comme il est dit pour les andouilles de cochon.

Vous pouvez vous servir de langues de bœuf et de couennes à moitié cuites. (F.)

ANDOUILLES DE FRAISES DE VEAU AUX TRUFFES.

Prenez une fraise de veau, faites-la blanchir et cuire; ensuite laissez-la refroidir; ayez une tétine ou deux, selon la grosseur; faites-les cuire comme la fraise; coupez le tout en filets; mettez-les dans une terrine avec des champignons hachés, des échalotes, du persil et des truffes; mettez ces fines herbes dans une casserole avec un morceau de beurre; passez-les et mouillez-les avec un verre de vin de Madère; lorsque cela sera réduit à moitié, mettez-y cinq cuillerées de velouté; faites-le réduire de nouveau comme une sauce aux fines herbes; mettez-y votre fraise, votre tétine et six jaunes d'œufs crus, le tout assaisonné de sel, poivre, épices, muscade et truffes en lames; mettez-les dans les boyaux que vous avez préparés à cet effet, ayant toujours soin qu'ils ne soient pas trop pleins; liez-les par les deux bouts, mettez-les deux minutes dans l'eau bouillante, retirez-les et mettez-les sous presse; faites-leur prendre une belle forme; marquez-les dans une casserolle entre deux bardes de lard et quelques lames de veau et jambon; mouillez avec un verre de vin de Madère, une bouteille de vin blanc, une cuillerée à pot de consommé; mettez-y un bouquet assaisonné, carottes, oignons, sel, poivre, thym, laurier et ail; faites-les cuire doucement pendant deux heures, afin qu'elles ne crèvent pas; laissez-les refroidir dans leur assaisonnement, pour qu'elles prennent du goût; parez-les, et faites-les griller comme des andouilles ordinaires. (F.)

CRÉPINETTES DE FOIES DE COCHON.

Selon la qualité des crépinettes que vous voulez faire, hachez du foie de cochon avec une fois et demie autant de gras; assaisonnez-les de sel, poivre, épices et aromates secs; enveloppez-les de crépinettes de cochon; aplatissez-les, faites-les cuire sur le gril à feu modéré. (F.)

BOUDIN DE FOIES GRAS.

Ayez deux beaux foies gras de Strasbourg, hachez-les; faites cuire six oignons dans du consommé; hachez-les ensuite, et mêlez-les avec vos foies; ajoutez-y une demi-livre de panne blanche coupée en petits dés, un demi-setier de crême double, une chopine de sang de veau que vous aurez soin de manier, comme il est dit au Boudin noir; assaisonnez le tout de sel fin, d'épices, et posez-le sur un feu doux pour le faire tiédir, en le remuant toujours, afin que le sang ne s'attache point au fond. Cela fait, entonnez-les dans les boyaux, faites-les cuire dans du bouillon, et procédez comme pour les autres. (F.)

CERVELLES DE COCHON EN CRÉPINETTES.

Au lieu de vous servir de foies, servez-vous de cervelles de cochon, et procédez en tout comme pour les crépinettes de foies. (F.)

MARCASSIN.

Ayez un jeune sanglier, dépouillez-le jusqu'aux épaules; coupez la peau, en sorte que la tête forme une tête d'oursin; troussez les pattes comme à un cochon de lait; parez-les, piquez les sous-noix. Faites-le mariner pendant vingt-quatre heures au vinaigre; assaisonnez de thym, basilic, laurier, sauge, ail, coriandre, sel, genièvre en grains, girofle, poivre, oignon et persil; couchez-le sur la broche; enveloppez la tête de trois doubles de papier beurré; faites-le rôtir pendant trois heures; sa cuisson faite, débrochez-le, servez sur un grand plat; saucez d'une bonne poivrade.

Nota. Au lieu de retirer la peau, vous pouvez l'échauder, comme un cochon de lait, jusqu'aux épaules, et le mettre à la broche, comme il est indiqué ci-dessus; servez avec du jus, sans le faire mariner. (F.)

MOYEN DE DONNER AU COCHON DOMESTIQUE LE GOUT ET L'APPARENCE DU SANGLIER.

Si c'est pour servir entier, vous emploierez des cochons noirs troussés comme ci-dessus. Si c'est pour détailler, ayez des chairs de cochon, comme côtelettes, filets, etc.; mettez-les dans la marinade indiquée à l'article Marcassin. Ajoutez à cette marinade du mélilot, quelques branches de baume ou de menthe, et du brou de noix (au sujet du brou de noix, ayez-en de la saison, mettez-le dans un pot de terre, salez-le, couvrez-le bien, et servez-vous-en au besoin); laissez le tout mariner huit jours; votre cochon prendra la couleur et le goût du sanglier. Pour bien réussir en cela, il faut choisir un jeune animal qui ne soit pas trop gras: vous pourrez vous assurez qu'il est jeune et tendre en pinçant et tirant sa couenne, si elle se déchire facilement. (F.)

DU SANGLIER.

HURE DE SANGLIER.

Vous vous servirez, pour arranger votre hure, du même procédé que celui indiqué pour la hure de cochon; vous aurez bien soin d'en griller les soies et de bien la laver, ratisser, etc.

CÔTELETTES DE SANGLIER SAUTÉES.

Vous coupez et parez vos côtelettes de sanglier comme celles de veau; vous les mettez dans votre sautoir ou tourtière; vous les assaisonnez de sel, gros poivre; vous faites tiédir du beurre que vous versez dessus; vous les posez sur un feu ardent. Quand elles sont raides d'un côté, vous les tournez de l'autre; lorsqu'elles sont fermes, vous les dressez en couronne sur votre plat; vous mettez dans une casserole quatre cuillerées à dégraisser d'espagnole, un verre de vin blanc que vous versez dans votre sautoir. Pour détacher la glace qu'ont produite vos côtelettes, vous mettrez ce vin dans votre sauce que vous ferez réduire à moitié; vous passerez votre sauce à l'étamine, et vous la verserez sur vos côtelettes. Si vous n'en avez pas, vous prendrez une cuillerée à bouche de farine que vous mêlerez dans votre sautoir, un verre de vin blanc, du sel, du poivre, un peu des quatre épices; vous ferez jeter deux ou trois bouillons à votre sauce que vous mettrez sur vos côtelettes.

FILET DE SANGLIER PIQUÉ, GLACÉ.

Vous parerez votre filet de sanglier comme un filet d'aloyau; vous le ferez mariner pendant quarante-huit heures et plus, si vous voulez; vous lui donnerez la forme que vous voudrez; mettez du lard dans une casserole, quelques tranches de sanglier, du thym, un peu de sauge, quatre feuilles de laurier, des carottes, des oignons; posez votre filet sur cet assaisonnement, couvrez-le d'un papier beurré, mettez un verre de vin blanc, un verre de bouillon, un peu de sel; vous le faites cuire à feu dessus et dessous pendant deux heures; au moment de servir, vous l'égouttez et le glacez; dressez-le sur le plat; vous servez une sauce piquante dessous; si vous n'avez pas de sauce, vous faites un roux léger : vous versez le mouillement dans lequel a cuit votre filet : vous faites réduire votre sauce à moitié; voyez si elle est d'un bon sel, et mettez-la sur votre filet.

CUISSE DE SANGLIER.

Vous brûlez bien les soies qui sont après la cuisse de sanglier, vous la nettoyez le mieux possible, vous la désossez jusqu'à la jointure du manche, vous la piquez de gros lardons assaisonnés d'aromates pilés, d'un peu de sauge, des quatre épices, du sel, du gros poivre; quand elle sera bien piquée, vous garnirez une terrine ou un baquet avec beaucoup de sel, du poivre fin, du poivre en grains, du genièvre, du thym, du laurier, du basilic, des oignons coupés en tranches, du persil en branches, de la ciboule entière; vous laisserez mariner votre cuisse quatre ou cinq jours si vous avez le temps de l'attendre; lorsque vous voudrez la faire cuire, vous ôterez de l'intérieur de votre cuisse les aromates qui y seront, vous l'envelopperez dans un linge blanc, vous la ficellerez comme une pièce de bœuf; vous la mettrez dans une braisière, avec la saumure dans laquelle elle a mariné, six bouteilles de vin blanc, autant d'eau, six carottes, six oignons, quatre clous de girofle, un fort bouquet de persil et ciboule, du sel; si vous croyez que la saumure ne suffise pas pour lui donner un bon sel, vous la ferez mijoter pendant six heures; vous la sondez, pour vous assurer si elle est cuite, sinon vous la faites aller une heure de plus; après cela, vous la laisserez une demi-heure dans sa cuisson, et vous la retirerez : vous la laisserez dans sa couenne; si vous voulez, vous la couvrirez de chapelure, ou, si votre cuisse est grasse, vous ôterez la couenne, vous la laisserez à blanc; glacez-la : tâchez qu'elle ait une belle forme.

BOUDIN DE SANGLIER.

Aussitôt que le sanglier est tué, les chasseurs doivent avoir soin de le saigner, manier le sang avec un peu d'acide, comme vinaigre, citron ou verjus, et le mettre dans des bouteilles pour le porter au logis. L'on procède de même que pour le boudin noir. (*Voyez* Boudin noir. (F.)

JAMBONS DE SANGLIER.

Préparez ces jambons comme ceux de cochon. (*Voyez* la manière de préparer le jambon, à son article.)

DU GIBIER.

DU CERF.

Le cerf et la biche, le faon et le daim, s'emploient comme le chevreuil; mais on en fait peu d'usage.

DU CHEVREUIL.

C'est une chair noire qui porte un goût sauvage, et on ne l'emploie guère que marinée; il ne se sert qu'avec des sauces très-relevées.

FILETS DE CHEVREUIL.

Vous levez deux filets de votre chevreuil; vous les parez comme il est expliqué au filet de bœuf : alors vous les piquez, et les mettez dans une terrine avec deux verres de vinaigre, du sel, du poivre fin, quatre feuilles de laurier, six clous de girofle, six ou huit branches de thym, quatre oignons coupés en tranches, une petite poignée de persil en branches, quelques ciboules entières; vous les laissez mariner quarante-huit heures, et plus, si vous en avez le temps. Lorsque vous voudrez vous en servir, vous les retirerez de votre marinade; vous aurez soin de les approprier : vous étendrez des bardes de lard dans une casserole, quelques tranches de chevreuil, trois carottes, trois oignons, deux clous de girofle, deux feuilles de laurier, un peu de thym; vous arrangerez vos filets en colimaçons, ou autrement, sur votre assaisonnement; couvrez-les d'un papier beurré; vous verserez dessus une demi-bouteille de vin blanc, autant de bouillon, un peu de sel, vous les ferez mijoter, feu dessus et dessous, pendant une heure; au moment de servir, vous les égoutterez, vous ôterez la ficelle ou les brochettes, s'il y en a; vous les glacerez, vous les dresserez sur votre plat; servez une sauce piquante dessous. Si vous n'en avez pas, vous ferez un roux léger, que vous arroserez avec le mouillement dans lequel ont cuit vos filets; vous y mettrez, pour que votre sauce ait une belle couleur, un peu de jus, trois cuillerées à bouche de vinaigre, du sel, du poivre fin; vous ferez réduire votre sauce à moitié, afin qu'elle prenne du goût; vous pouvez mettre ces mêmes filets à la broche, si vous ne voulez pas les braiser.

CÔTELETTES DE CHEVREUIL BRAISÉES.

Coupez et parez vos côtelettes comme celles de mouton; vous les assaisonnez de sel, poivre fin; vous les mettez dans votre sautoir; versez dessus du beurre tiède: au moment de servir, vous les mettez sur un feu ardent; quand elles sont raidies d'un côté, vous les tournez de l'autre; vous les laissez un instant sur le feu; lorsqu'elles résistent sous le doigt, vous les retirez; vous avez une sauce piquante. Au moment de servir, vous égouttez vos côtelettes; vous les trempez dans votre sauce, et vous les dressez en couronne; vous versez votre sauce dessous. Si vous n'en avez point, vous ôtez un peu de beurre de votre sautoir, vous versez quatre cuillerées à bouche de vinaigre dans votre sautoir: vous le faites réduire: quand il est tout-à-fait réduit, vous y jetez une cuillerée à bouche de farine, vous la mêlez avec votre beurre; vous y ajoutez une petite cuillerée à pot de bouillon, un peu de sel, poivre fin, un filet de vinaigre, une feuille de laurier; vous faites réduire un peu votre sauce, vous la passez à l'étamine, et vous vous en servez pour vos côtelettes.

QUARTIER DE CHEVREUIL.

Vous parez votre filet et le cuissot de chevreuil, vous le piquez de lard fin, vous le laissez mariner comme les filets de chevreuil; il peut rester huit jours dans la marinade. Lorsque vous voulez vous en servir, vous le sortez de la marinade, et vous le mettez à la broche: deux heures suffisent pour le faire cuire. Au moment de servir, vous ôtez les brochettes et les ficelles qui sont après; vous appropriez le manche, que vous enveloppez d'un morceau de papier; vous le mettez sur un plat de rôt, vous servez une saucière avec une sauce piquante. (*Voyez* Sauce piquante.)

MANIÈRE DE PRÉPARER UN CHEVREUIL.

Ayez un chevreuil, dépouillez-le avec soin; vous n'avez presque pas besoin de vous servir de couteau: aussitôt que vous avez jour entre la chair et la peau, introduisez dans l'ouverture votre poing, ainsi que le font les bouchers en dépouillant un mouton; cela fait, ôtez bien tous les poils qui ont pu se détacher de la peau, et qui se colleraient sur les chairs; fendez-les en deux, comme si c'était un mouton: pour y réussir, accrochez-le par une jambe de derrière, fendez l'os du quasi au milieu de la moelle allongée; introduisez dans la naissance de cette moelle un atelet de fer qui vous servira de guide, ayant soin de l'enfoncer, à mesure que vous partagez votre pièce, jusqu'au cou; séparez le cou du corps. Coupez vos quartiers de derrière jusqu'à la première côte, c'est-à-dire que tout le filet mignon reste sur le quartier; levez ensuite vos épaules comme celles de mouton, et séparez la poitrine du carré. (F.)

FILETS DE CHEVREUIL SAUTÉS, A LA MINUTE.

Prenez un gigot de chevreuil, levez-en la noix et la sous-noix, coupez-en douze ou quatorze petits filets que vous parerez bien également; piquez-les d'une seconde, ou bout à bout, plutôt que croisés; mettez-les mariner comme il est indiqué à l'article Filet de chevreuil. Au moment de vous en servir, égouttez-les bien sur un linge blanc; mettez fondre dans un sautoir un morceau de beurre; mettez vos filets dessus, du côté du lard; faites-les cuire à feu ardent, retournez-les et faites cuire de même le côté non piqué; glacez votre lard avec une demi-glace, que vous ferez prendre au four de campagne très-chaud; égouttez vos filets, dressez-les sur un plat en couronne, avec des croûtons de pain en cœur entre chaque filet. Sauce poivrade.

CÔTELETTES DE CHEVREUIL A LA MINUTE, OU SAUTÉES.

Levez ces côtelettes comme celles de mouton; parez-les de même, sans leur laisser aucune peau; mettez-les sur un sautoir avec un peu de bonne huile, sel, poivre, ail et laurier. Un instant avant de servir, faites sauter vos côtelettes: leur cuisson faite, égouttez-en l'huile, le laurier et l'ail; mettez-y un morceau de glace de gibier; sautez vos côtelettes dedans, dressez-les en couronne sur un plat; ayez une bonne poivrade que vous mettez bouillir dans votre sautoir: ayez soin que votre sauce soit un peu épaisse, et finissez avec un peu d'huile d'olive : saucez et servez. (F.)

ÉPAULE DE CHEVREUIL.

Levez les chairs de ces épaules par petits filets; ôtez-en la peau et les nerfs; piquez ces petits filets; faites-les mariner comme le quartier de chevreuil; faites-les cuire à la broche, ou sauter comme les côtelettes; servez-les avec une sauce poivrade. (F.)

CIVET DE CHEVREUIL.

Prenez les poitrines d'un chevreuil; coupez-les par morceaux, ainsi que le collet (comme il est indiqué à l'article Haricot de mouton); passez du petit lard dans un morceau de beurre; ensuite égouttez-le, et faites un roux léger avec ce même beurre; passez vos chairs avec le petit lard jusqu'à ce qu'elles soient bien raidies; alors mouillez-les avec une bouteille de vin rouge et une chopine d'eau; assaisonnez ce civet d'un bouquet composé de thym, de laurier, ail, sel et poivre; remuez-le souvent, pour qu'il ne s'attache pas; mettez-y de petits oignons passés dans le beurre avec des champignons; dégraissez-le; sa cuisson faite, si sa sauce est trop longue, faites-la réduire à son degré; qu'il soit d'un bon goût : servez avec des croûtons de croûte de pain coupés en cœur. (F.)

CERVELLES DE CHEVREUIL EN MARINADE.

Levez vos cervelles de chevreuil comme les cervelles de veau ou de mouton; épluchez-les, faites-les dégorger; faites-les cuire dans une marinade. Égouttez-les, et faites-les frire comme il est indiqué aux cervelles de veau. (*Voyez* cet article.) (F.)

CARRÉS DE CHEVREUIL A LA BROCHE.

Ayez deux carrés de chevreuil; supprimez-en l'échine; parez-en les filets; piquez-les, mettez-les mariner comme les filets de chevreuil; vous couchez sur broche vos deux carrés, en assujettissant vos filets avec de petits atelets, et les côtes les unes sur les autres, en sorte que cela forme un carré long; étant cuits, dressez-les sur un plat : sauce poivrade. (F.)

ÉMINCÉ DE CHEVREUIL.

Ayez du chevreuil rôti, levez-en toutes les chairs, retirez-en toutes les peaux et nerfs; émincez vos chairs comme une pièce de six liards. Vous aurez préparé une bonne poivrade bien réduite, mettez vos chairs dedans, sans les laisser bouillir; servez chaudement, et finissez avec un pain de beurre; dressez votre émincé sur un plat avec des croûtons en bouchons, entourés et masqués avec un peu de glace. (F.)

ÉMINCÉ DE CHEVREUIL A L'OIGNON.

Les chairs se préparent de même, et l'oignon se prépare comme à l'émincé de cochon. (*Voyez* cet article.)

ESCALOPES DE CHEVREUIL.

Levez les chairs de deux épaules de chevreuil, ôtez-en les peaux et les nerfs; coupez ces petits filets par escalopes; aplatissez-les avec le manche du couteau, arrondissez-les tous d'égale grandeur. Placez-les sur un sautoir avec du beurre fondu; assaisonnez de sel et gros poivre, un peu d'ail et laurier; un moment avant de servir vous placez vos escalopes sur un fourneau un peu ardent; retournez-les quand ils résisteront sous le doigt; ajoutez-y le beurre, trois cuillerées de poivrade réduite, un peu de glace de gibier; liez bien le tout ensemble, remuez avec force : servez avec des croûtons à l'entour. (F.)

CRÉPINETTES DE CHEVREUIL.

Ayez des chairs de chevreuil rôti, retirez-en les peaux et les nerfs; coupez vos chairs en petits dés, avec autant de champignons, un quart de truffes et de tétine de veau cuite; mettez le tout dans une bonne espagnole bien réduite; ajoutez-y deux pains de beurre : laissez refroidir votre appareil; faites quinze à dix-huit tas égaux, que vous envelopperez dans de la crépinette de cochon;

donnez-leur une forme ovale, placez-les sur un plafond beurré, et un quart d'heure avant de servir, faites-leur prendre couleur au four; glacez-les, dressez-les sur un plat; saucez d'une aspic claire ou sauce tomate (*voyez* à leurs articles); vous pouvez vous servir d'oignons en place de champignons et de truffes que vous couperez en dés, et ferez cuire à part. (F.)

HACHIS DE CHEVREUIL.

Ayez des chairs de chevreuil rôti; retirez les peaux et les nerfs, hachez-les bien avec des fines herbes cuites (*voyez* Fines herbes); mettez le tout dans une poivrade bien réduite, avec deux pains de beurre : servez chaudement, sans le laisser bouillir, avec des croûtons de pain à l'entour. (F.)

SAUCISSES DE CHEVREUIL.

Prenez deux livres de chair de chevreuil, retirez-en les peaux et les nerfs; ajoutez une livre de lard gras; hachez le tout ensemble bien fin; assaisonnez de sel, poivre, épices, muscade, et un peu d'aromates pilés; enveloppez cette chair de crépines, de la grosseur d'un œuf, aplatissez-les; faites-les griller : au moment de servir, dressez-les sur un plat, servez-les avec une sauce piquante.

Aux truffes, vous vous servirez du même procédé. (F.)

DU DAIN.

Le daim et le cerf ont entre eux beaucoup de ressemblance, quoique le premier soit plus petit. On ne fait pas grand cas de sa chair en ce pays-ci; cependant je soutiens que c'est à tort, et qu'un jeune daim bien gras ne le cède pas au chevreuil pour la qualité, dès qu'il sera apprêté de même, excepté néanmoins pendant le temps du rut. La femelle et sa chevrette sont aussi bonnes que le daim et le chevreuil. La manière de procéder à leur égard et pour le daim, relativement au service, étant la même que celle énoncée à l'article du Chevreuil, j'indiquerai seulement comment le daim se prépare en Angleterre. (F.)

HANCHE DE VENAISON.

Ayez un quartier de daim couvert de graisse, tel que peut l'être un gigot de mouton; désossez-en le quasi, battez-le bien; poudrez-le de sel; faites une pâte avec trois livres de farine, dans laquelle vous mettrez une demi-once de sel, six œufs entiers, et un peu d'eau seulement, pour que votre pâte soit extrêmement ferme; enveloppez-la dans un linge blanc et humide; laissez-la reposer une heure; après, abaissez-la bien également, en lui donnant l'épaisseur d'une pièce de six livres; embrochez votre venaison; enveloppez-la entièrement de votre abaisse de pâte : pour cela elle doit être d'un seul morceau; soudez-la en mouillant les bords et les joignant l'un sur l'autre; cela fait, enveloppez le tout de fort papier beurré et bien ficelé; ainsi préparée, faites-la cuire à feu bien égal environ trois heures; la cuisson faite, ôtez-en le papier, faites prendre une belle couleur à la pâte; après l'avoir débrochée, servez-la en y joignant une saucière de gelée de groseilles, qu'on appelle en anglais *corinthe gelee*. (F.)

DU LIÈVRE.

Le lièvre des montagnes vaut mieux que celui de la plaine. L'hiver est le temps où ils sont meilleurs. On distingue le levraut d'avec le lièvre par un petit saillant que l'on sent à la première jointure près de la patte de devant.

LIÈVRE EN CIVET.

Vous ferez un roux où il y ait plus de beurre qu'on n'y en met ordinairement; quand il sera aux trois quarts frit, vous y ajouterez des morceaux de petit lard que vous ferez revenir un instant dans votre roux à grand feu, puis votre lièvre coupé en morceaux; et quand ils seront revenus, vous y verserez une bouteille de vin blanc ou rouge, cela tient au goût, ou bien un verre de vinaigre; vous finissez de mouiller votre civet avec du bouillon, si vous en avez, ou bien de l'eau; alors vous y mettez le sel, en prenant garde que votre petit lard doit donner du sel à votre ragoût; vous ajoutez du poivre, deux feuilles de laurier, un bouquet de persil et ciboule, des champignons; il faut que votre ragoût soit baigné, c'est-à-dire que votre viande nage dans la sauce; vous faites aller à grand feu, pour que votre mouillement réduise aux trois quarts; vous aurez des petits oignons bien épluchés, tous égaux, que vous sauterez dans du beurre à feu chaud; quand ils seront bien blonds, que votre civet sera presque cuit, vous les mettrez dedans; au bout d'un quart d'heure et demi, vous retirerez votre civet du feu; goûtez s'il est d'un bon sel: vous le tiendrez sur la cendre chaude jusqu'au moment de servir.

CIVET DE LIÈVRE A L'ALLEMANDE.

Préparez votre lièvre comme il est dit à l'article *Civet*. Lorsque vous l'aurez singé de farine, ajoutez à votre vin rouge un demi-verre de vinaigre, deux cuillerées de sucre en poudre et autant de câpres; donnez la même cuisson, ménagez le sel et le poivre: entourez votre entrée de belles croûtes de pain coupées en cœur et frites au beurre. (D.)

SAUTÉ DE FILETS DE LIÈVRE, OU LEVRAUT.

Dix filets suffisent pour faire un sauté; vous les coupez par tranches plates, vous les aplatissez avec la lame du couteau; parez-les en coupant les angles et les arrondissant le mieux possible; quand votre morceau est paré, vous le mettez dans le sautoir, ou sur une tourtière creuse, successivement jusqu'à la fin de vos filets; vous les assaisonnez de sel fin, de gros poivre, un peu de muscade râpée; vous y ajouterez du beurre tiède par-dessus; au moment de servir, vous mettrez votre sautoir sur un feu ardent; vous aurez soin de le mouvoir pour détacher vos morceaux de filet; quand ils seront raidis d'un côté, vous les retournerez de l'autre: il ne faut qu'un instant pour que votre sauté soit cuit;

alors vous le mettrez dans une casserole; vous ôterez le beurre qui est dans votre sautoir, sans ôter le jus de vos filets; vous y verserez un verre de vin blanc, pour détacher ce qui est après le sautoir; vous y mettrez quatre cuillerées à dégraisser d'espagnole (*voyez* Espagnole); vous ferez réduire le tout à moitié, et vous passerez votre sauce à travers une étamine sur votre sauté; vous aurez soin d'égoutter le jus du filet, pour que votre sauce ne se trouve pas trop claire, car il faut que votre sauce tienne à votre sauté; si vous n'avez pas de sauce, vous ferez chauffer le beurre qui est dans votre sautoir; s'il y en a trop, il faut en ôter moitié: lorsque vous verrez que ce qui est dans le fond du sautoir commence à s'attacher, vous y mettrez une cuillerée à bouche de farine, que vous mêlerez avec votre beurre; ajoutez un verre de vin blanc, un verre de bouillon, une feuille de laurier; un peu de thym: vous ferez réduire le tout à moitié, et vous passerez votre sauce à l'étamine sur votre sauté; avant de la passer, voyez si elle est de bon sel. On pourrait aussi faire un roux léger dans lequel on passerait les peaux du ventre du lièvre, mouillées comme je viens de le dire, et assaisonnées de même.

FILET DE LIÈVRE PIQUÉ.

Quand votre lièvre est dépouillé, vous enfoncez votre couteau le long de l'épine du dos, depuis l'épaule jusqu'à la cuisse, en détachant le filet; vous coulez vos doigts entre les os et le filet, vous le détachez de manière que le gros bout du filet tienne encore à la cuisse; ensuite, vous mettez le tranchant de votre couteau du côté du tendre filet, et votre filet, afin qu'il vienne rejoindre votre pouce sans couper la peau: alors vous faites comme si vous tiriez le filet à vous; la peau nerveuse reste, et votre filet se trouve détaché et paré à la fois; s'il restait encore de la peau, vous l'ôteriez légèrement en parant votre filet; vous le piquez de lard fin: vous lui donnez la forme que vous voulez, soit longue, soit ronde, ou autrement; vous mettez des bardes de lard dans une casserole, quelques tranches de carottes, d'oignons, un peu de thym, de laurier; vous arrangerez vos filets sur cet assaisonnement; trois quarts d'heure suffisent pour les cuire; vous mettez une cuillerée à pot de consommé ou de bouillon, un rond de papier beurré: vous les posez sur un feu doux; mettez-en aussi sur le couvercle, pour que vos filets glacent; au moment de servir, vous les égouttez et les glacez. On peut servir dessous des concombres à la crême, un sauté de champignons au fumé de gibier, une purée de champignons, une poivrade ou sauce piquante. (*Voyez* l'article que vous préférez.)

FILETS DE LIÈVRE MARINÉS, SAUTÉS.

Vous levez, parez et piquez vos filets comme les précédents; vous les mettez dans une terrine avec du sel, du poivre, deux feuilles de laurier, du thym, du persil en branches, de la ciboule entière, un grand verre de vinaigre; vous pouvez les laisser jusqu'à huit jours dans la marinade : le jour que vous voulez les servir ôtez-les, appropriez-les et égouttez-les ; vous leur donnez la forme que vous voulez ; mettez-les dans votre sautoir ; vous les arrosez de beurre tiède, de manière qu'ils nagent dedans ; au moment du service, vous mettez votre sautoir sur un feu ardent, afin que vos filets ne suent pas : quand ils seront raidis d'un côté, vous les retournerez ; lorsque vous sentirez qu'ils sont fermes sous le doigt, vous les retirerez ; égouttez-les, et dressez-les sur votre plat : vous servez une poivrade dessous. (*Voyez* Poivrade.)

A LA BOURGEOISE.

Si vous n'avez pas de sauce, vous faites chauffer votre beurre jusqu'à ce que ce qui est dans le sautoir s'attache ; vous ôtez les trois quarts du beurre ; vous y mettez une petite cuillerée à bouche de farine, que vous remuez avec votre beurre : ajoutez-y une partie des herbes qui sont dans votre marinade, une cuillerée à pot de bouillon, la moitié du vinaigre dans lequel ont mariné vos filets ; assez de poivre pour qu'il domine : vous faites réduire votre sauce à moitié (ou plus, si elle se trouve trop longue) ; vous la passez à l'étamine dans une autre casserole : voyez si elle est d'un bon sel ; mettez-la sous vos filets.

LIÈVRE A LA SAINT-DENIS.

Quand vous avez dépouillé votre lièvre, videz-le, et faites-lui au ventre un trou le plus petit possible ; vous lui coupez la tête ; vous assaisonnez de moyens lardons pour piquer les filets et les cuisses ; vous les mettez mariner pendant deux ou trois jours avec du sel, du poivre fin, du persil en branches, du thym, du laurier, des ciboules entières, deux oignons coupés en tranches : quand vous voulez vous en servir, vous hachez le foie bien fin ; mettez aussi gros de lard que de foie, que vous hacherez ensemble ; joignez-y un peu de sel, un peu d'aromates pilés, un peu de gros poivre ; vous joindrez à cette farce deux fois autant de farce à quenelle, que vous mêlerez ensemble ; ajoutez trois jaunes d'œufs, le tout bien mêlé ; vous les mettez dans le corps du lièvre ; vous coudrez les peaux du ventre, afin que la farce n'en sorte pas : vous placerez des bardes de lard dans une braisière, et votre lièvre dessus ; vous le couvrirez de bardes de lard ; vous mettrez à l'entour quelques tranches de veau, deux carottes coupées en tranches ; trois oignons, un bouquet de persil et de ciboule, du thym, du laurier, des clous de girofle, une bouteille de vin blanc, un peu de sel ; vous ferez mijoter votre lièvre pendant deux heures, ou plus, s'il est dur ; au moment de servir, vous l'égoutterez, vous le glacerez, vous ferez réduire le mouillement dans lequel a cuit votre lièvre ; quand il sera presque à glace, vous y verserez deux cuillerées à dégraisser d'espagnole (*voyez* Espagnole) ; vous poserez votre lièvre sur un plat, et votre sauce dessous ; en cas qu'elle soit trop assaisonnée, vous y mettriez un morceau de beurre de la grosseur d'un œuf ; et un jus de citron.

A LA BOURGEOISE.

Si vous n'avez pas d'espagnole, vous ferez un roux léger, que vous tremperez avec le mouillement dans lequel aura cuit votre lièvre; il faut que votre sauce soit fort longue, afin de pouvoir la faire réduire à plus de moitié; au moment de servir, vous la passerez à l'étamine : voyez si elle est d'un bon sel. Vous pouvez envelopper ce lièvre de bardes de lard, de papier beurré, et le mettrez à la broche : vous servirez dessous une poivrade. (*Voyez* Poivrade.)

LEVRAUT A LA MINUTE.

Vous dépouillerez un jeune levraut; vous le couperez en morceaux, vous ferez fondre un quarteron de beurre, et vous mettrez les morceaux dedans, avec du sel, du poivre; vous mettrez la casserole sur un grand feu; vous remuerez les morceaux de levraut; lorsqu'ils seront fermes, et qu'ils résisteront sous le doigt, vous y mettrez des fines herbes; en sautant le levraut, mettez-y deux cuillerées à bouche de farine, un verre de vin blanc, un peu de bouillon ou d'eau; au premier bouillon, retirez-le du feu; il est bon à manger : voyez s'il est d'un bon sel.

LIÈVRE EN DAUBE.

Quand votre lièvre sera dépouillé et vidé, vous le piquerez de moyens lardons bien assaisonnés d'aromates pilés, de sel, de poivre; lorsque les cuisses et les filets seront piqués, vous mettrez dans une braisière ou daubière quelques bardes de lard, votre lièvre dessus, un jarret de veau coupé en morceaux, que vous placerez à l'entour; vous le couvrirez de bardes de lard; vous ajouterez un bouquet de persil et de ciboule, trois feuilles de laurier, un bouquet de thym, trois carottes, quatre oignons, trois clous de girofle : vous le mouillerez avec du bouillon.

A LA BOURGEOISE.

Si vous n'aviez pas de bouillon, vous emploieriez de l'eau, du sel, du poivre; vous le ferez mijoter pendant deux heures, selon la qualité du lièvre. Au moment de servir, vous l'égoutterez, le glacerez, et ferez réduire aux trois quarts le mouillement dans lequel il aura cuit; vous le passez au tamis de soie; servez-le dessous.

BOUDIN DE LIÈVRE.

Vous levez seulement les filets, vous en ôtez les nerfs, vous pilez votre viande; après cela, vous la passez au tamis à quenelles ensuite ramassez-la bien, faites-en une boule; vous aurez une tétine de veau cuite que vous hacherez, que vous pilerez et passerez au tamis à quenelles; vous mettrez de la mie de pain bien tendre trempée dans du bouillon, que vous passerez bien dans un linge neuf pour en extraire le bouillon : pilez-la et passez-la au tamis à quenelles; mettez votre mie, votre tétine et votre chair, toutes trois à part; vous prendrez autant de mie de pain que de chair de filet, et autant de tétine que de ces deux; faute de tétine, vous prenez du beurre autant que de mie de pain et de chair, c'est-à-dire deux fois autant que de chair; vous pilerez le tout ensemble; quand votre farce sera bien pilée, vous y mettrez un peu d'aromate en poudre, un peu de quatre épices, du sel, du gros poivre, de l'échalote hachée bien menu, un peu de persil bien haché, vous pilerez bien votre farce : vous y mettrez trois ou quatre jaunes d'œufs et un blanc; selon la quantité de farce que vous avez et jusqu'à ce qu'elle soit un peu molle, de manière à être maniable; votre farce finie, vous pouvez, en mettant de la farine sur la table, prendre votre farce, la rouler comme un bout de boudin, et la faire pocher dans l'eau bouillante comme des quenelles (*voyez* Quenelles); trempez-la dans du beurre, panez-la; un quart d'heure avant de servir, vous la faites griller à un feu doux, en posant un four de campagne bien chaud par-dessus, pour lui faire prendre couleur; vous le servez sur votre plat à sec; vous pouvez le servir sortant d'être poché, et le glaçant avec un fumé de gibier dessous.

PAIN DE LIÈVRE.

Vous préparez une farce comme la précédente; vous pilez bien votre foie; vous le passez au tamis à quenelles; quand il est bien passé, vous le ramassez sans en perdre, vous le mettez dans votre farce; vous en remplissez à peu près le moule, de la grandeur que vous voulez que soit votre pain; vous arrangez dans le fond et à l'entour de votre moule des bardes de lard bien minces, puis votre farce dedans; vous avez de l'eau bouillante dans une casserole, vous y mettrez votre moule; tâchez que l'eau n'aille pas par-dessus, qu'il s'en faille d'un doigt; vous ferez mijoter votre eau : mettez des bardes de lard sur votre pain de lièvre et un couvercle à votre casserole avec du feu dessus : vous tâterez votre pain au bout d'une heure; vous verrez s'il est cuit. Au moment de servir, vous le sortez du moule; glacez-le; servez un fumé de gibier pour y placer des rognons de lièvre sautés avec du vin de Champagne, ou des filets mignons : cela ne peut se faire que dans un grand emploi de gibier.

LIÈVRE RÔTI A L'ALLEMANDE.

Préparez-le comme il est dit à l'article pour rôt; lorsque vous l'aurez fait raidir sur le fourneau, enlevez les peaux qui se trouvent sur les filets et sur les cuisses, ce qui vous donnera beaucoup plus de facilité pour les piquer; faites-le rôtir à la broche; dix minutes avant de servir mêlez une cuillerée de farine avec autant de sucre en poudre; arrosez bien votre lièvre avec du beurre fondu ; panez-le de suite avec votre farine et votre sucre; faites-lui faire encore quelques tours, et servez.

Mettez deux cuillerées d'espagnole dans une casserole, une demi-livre de gelée de groseilles; faites partir sur le feu; passez à l'étamine, et servez. (D.)

LIÈVRE A LA BROCHE.

Quand votre lièvre sera dépouillé et vidé, vous le ferez revenir sur un fourneau ardent : il faut que les chairs soient un peu fermes, pour que la lardoire entre avec beaucoup plus de facilité; quand vous l'ôterez de dessus le fourneau, vous tremperez votre main dans son sang, et vous la passerez sur le dos et les cuisses; vous le piquez depuis le cou jusqu'au bout des cuisses; vous laisserez une distance d'un pouce entre les reins et les cuisses : une heure de broche suffit pour cuire votre lièvre : assez ordinairement on le sert avec une sauce que l'on tient dans une saucière. Pilez le foie cru avec le dos de votre couteau; passez un petit morceau de beurre, un peu d'échalotes, du persil en branches, un peu de thym, du laurier : vous mettez les trois quarts d'une cuillerée à bouche de farine, que vous faites revenir avec votre assaisonnement; ajoutez un verre de vin blanc et deux verres de bouillon; vous tournez votre sauce jusqu'à ce qu'elle bouille; mettez du sel, du poivre, assez pour qu'il domine; vous ferez réduire votre sauce à plus de moitié : quand elle sera réduite, vous la passerez à l'étamine en la foulant légèrement; vous servirez votre sauce dans une saucière à côté de votre plat de rôt. On peut mettre aussi un lièvre à la broche sans le piquer; vous le parerez depuis le cou jusqu'aux cuisses.

LEVRAUT EN CAISSE.

Ayez un fort levraut ou deux petits; coupez-les comme pour un civet; mettez dans une casserole un quarteron de beurre, deux onces de lard râpé, douze échalotes hachées, autant de gros champignons, ou parure, et persil haché; assaisonnez de sel, poivre, épice, muscade, d'une gousse d'ail pilée, et d'une feuille de laurier; mouillez le tout d'une demi-bouteille de vin blanc; faites réduire vos fines herbes jusqu'à ce que le beurre ressorte; alors mettez vos morceaux de lièvre dedans; faites cuire feu dessus et dessous une demi-heure; retirez votre lièvre sur un plat de terre: faites réduire vos fines herbes avec deux cuillerées d'espagnole réduite; versez-les sur votre lièvre; laissez-le refroidir; quand il sera froid, vous huilerez six feuilles de papier; la première sera couverte de minces bardes de lard; vous placerez votre lièvre dessus en forme carrée, ainsi que vos fines herbes; vous recouvrirez de bardes de lard, et vous l'envelopperez d'une feuille de papier, de manière que votre assaisonnement ne s'en aille pas; puis vous la recouvrirez d'une autre, ainsi de suite jusqu'à ce que vos six feuilles soient employées. Ayez soin que votre caisse soit hermétiquement fermée, et d'une forme bien carrée; vous ficelez votre caisse comme une pièce de bœuf, afin qu'étant sur le gril, le papier ne se déploie pas. Une heure avant de servir, mettez-la sur le gril à feu doux; prenez garde que votre papier ne brûle, et que votre assaisonnement n'en sorte; dressez votre caisse sur un plat; retirez la ficelle et la première feuille; faites à votre caisse une petite ouverture carrée, et saucez votre levraut d'une espagnole réduite : cette caisse de levraut est très-commode pour les parties de campagne et de chasse. (F.)

CUISSES DE LEVRAUTS EN PAPILLOTES.

Ayez huit cuisses de levrauts, que vous piquerez de moyens lardons; faites-les cuire comme il est indiqué à l'article Levraut en Caisse, avec des fines herbes; vos cuisses étant cuites, laissez-les refroidir; mettez-les en papillotes comme les côtelettes de veau. (*Voyez* article Côtelettes de veau en papilotes.) (F.)

ESCALOPES DE LEVRAUTS AU SANG.

Ayez deux levrauts, dépouillez-les, videz-les, conservez-en le sang; levez-en les filets, ainsi que les mignons : parez-les, mettez-les sur un sautoir avec du beurre fondu, une gousse d'ail et une feuille de laurier, sel et poivre; faites cuire vos filets un peu verts : quand ils seront assez cuits, mettez-les refroidir; quand ils seront froids, coupez-les en escalopes de la même grosseur; mettez-les dans une casserole, avec une quinzaine de champignons tournés et cuits; cassez les os de la tête et tous les débris de vos levrauts; mettez dans une casserole un demi-quarteron de beurre; faites un petit roux; jetez vos débris dedans, avec quelques lames de jambon et quelques parures de veau, deux oignons piqués de clous de girofle, deux carottes, un bouquet assaisonné; mouillez le tout d'une bouteille de vin rouge et de bouillon; faites bouillir votre sauce comme celle d'un civet; vos débris étant cuits, passez votre sauce à l'étamine; mettez-la dans une casserole avec une cuillerée de blond de veau ou de jus; faites-la dégraisser et réduire, en sorte qu'elle enveloppe vos escalopes; liez votre sauce avec le sang de vos levrauts et un pain de beurre; passez-la sur vos escalopes; tenez ces dernières au bain-marie sans les laisser bouillir. Au moment de servir, dressez-les sur un plat avec des croûtons farcis de foie et coupés en losange. (F.)

FILETS DE LEVRAUTS BIGARRÉS.

Ayez huit filets de levrauts bien parés; panez les quatre inférieurs, et les quatre autres; bigarez-les avec des blancs de volaille coupés en demi-cercles, c'est-à-dire en ciselant vos filets à distance égale; vous y mettrez un demi-cercle de blanc de volaille; il faut en garnir ainsi les trois quarts de vos filets, leur donner à tous les huit la forme d'un J, tous du même côté; faites griller les quatre panés et les quatre autres; faites-les sauter dans du beurre. Dressez vos filets en couronne, un pané et l'autre bigarré, ainsi de suite, avec une purée de champignons au milieu; glacez et servez. (F.)

FILETS DE LEVRAUTS EN SERPENT.

Levez les trois filets de trois levrauts, parez-les comme il est indiqué à l'article Filets piqués. Formez avec le gros bout du filet une espèce de tête de serpent, piquez le reste d'une deuxième : foncez une casserole de bardes de lard; arrangez-y vos filets en les faisant serpenter; mouillez-les d'une bonne marinade cuite au vin blanc; couvrez vos filets d'un papier beurré; faites-les cuire un quart d'heure, feu dessus et dessous; leur cuisson faite, égouttez-les, glacez-les, dressez-les sur une purée de gibier, arrosez-les de même d'un bon fumé, et servez.

LIÈVRE A L'ANGLAISE.

Ayez un levraut tendre, dépouillez-le sans lui couper les pattes; au contraire, dépouillez-les toutes les quatre le mieux possible; laissez-lui ses ongles, et, pour qu'il reste dans son entier, échaudez-lui les oreilles comme on échaude celle d'un cochon de lait; faites-lui, pour le vider, une petite ouverture; retirez-lui les poumons et le sang; passez votre doigt entre les quasis; prenez le foie, ôtez l'amer, hachez-le très-menu; faites une panade un peu desséchée avec de la crème; pilez-la avec votre foie; mettez autant de beurre qu'il y a de panade, quatre jaunes d'œufs crus, sel, poivre épices; coupez un gros oignon en petit dés, passez-le dans du beurre, faites cuire à blanc; mettez-le refroidir, et joignez cet oignon à votre farce; ajoutez-y une pincée de petite sauge en poudre; remplissez-en le corps de votre levraut; cousez-le; cassez-lui les os des cuisses, et ramenez-lui les pattes de derrière sous le ventre, où vous les fixerez; donnez l'attitude aux pattes de devant, ainsi qu'à la tête de votre lièvre, comme s'il était au gîte: mettez-le à la broche, en lui conservant cette position; bardez-le, enveloppez-le de papier beurré, faites-le cuire environ cinq quarts d'heure; avant de le retirer du feu, ôtez le papier: si c'est pour servir à des Anglais, supprimez-en le lard, et servez-le avec une saucière remplie de gelée de groseille. (F.)

FILETS DE LEVRAUTS A LA PROVENÇALE.

Levez les filets de deux levrauts, parez-les, retirez-en les nerfs: piquez-les de filets d'anchois dessalé et de lard; versez de l'huile dans une casserole, mettez-y une demi-gousse d'ail, un peu d'échalote hachée, un peu de sel et de gros poivre; passez vos filets dans cette casserole, mettez-les au feu: lorsqu'ils seront cuits, égouttez-les chaudement; mettez dans votre casserole deux cuillerées d'espagnole, autant de consommé, une cuillerée à bouche de vinaigre à l'estragon, faites réduire votre sauce; dégraissez-la, passez-la à l'étamine, remettez-la sur le feu, dégraissez-la de nouveau; goûtez si elle est est d'un bon goût, versez-la dans le fond du plat, et servez dessus vos filets glacés. (F.)

CÔTELETTES DE LEVRAUTS.

Prenez les filets de trois beaux levrauts; supprimez-en les peaux et les nerfs; coupez-les par morceaux de l'épaisseur d'une petite côtelette de mouton; aplatissez vos morceaux, parez-les, en leur donnant la forme d'une côtelette; ôtez les côtes de la carcasse de votre lièvre; faites-le bouillir jusqu'à ce que les chairs s'en détachent facilement; nettoyez ces os, coupez-les convenablement pour en former vos côtelettes, en enfonçant un d'eux dans chacun de ces morceaux qui forment vos côtelettes de levrauts; assaisonnez-les de sel et de gros poivre, panez-les à l'anglaise. (*Voyez* Paner à l'Anglaise.) Faites-les griller un quart d'heure avant de servir. Servez avec une aspic claire, ou sauce tomate, ou sauce à la diable. (*Voyez* à leurs articles.) (F.)

FILETS DE LEVRAUTS FARCIS, FRITS.

Ayez six filets de levrauts ; faites de chaque filet trois morceaux égaux et coupez votre filet en deux, en fendant le gros bout en deux, ce qui vous fera dix-huit morceaux ; vous aurez préparé avec vos parures une farce comme il est indiqué au boudin de levrauts. (*Voyez* cet article.) Fendez vos morceaux de filets en deux, sans en séparer les morceaux ; battez-les avec le manche de votre couteau ; assaisonnez-les de sel et de gros poivre ; étendez votre farce dessus, et donnez-leur une forme ronde de la longueur du doigt ; panez-les à deux fois, dont la dernière à l'œuf. Au moment de servir, faites-les frire, égouttez-les, dressez-les sur un plat ; saucez d'une aspic claire (F.)

REINS DE LEVRAUTS A LA TARTARE.

Ayez deux jeunes levrauts, dépouillez-les et videz-les ; retirez-en les poumons et le sang ; coupez les côtes et les peaux du ventre ; formez-en deux tronçons égaux depuis les épaules jusqu'aux cuisses ; mettez-les revenir dans une casserole avec un morceau de beurre, du sel et du poivre, une gousse d'ail, une feuille de laurier. Quand ils seront à moitié cuits, mettez-les refroidir sous presse ; étant froids, panez-les, faites-les griller. Servez avec une tartare. (*Voyez* Ta[illegible]re.) (F.)

CUISSES DE LIÈVRE, SAUCE POIVRADE.

Ayez quatre culottes de levrauts ; mettez-les à la broche. Quand elles seront cuites, mettez-les refroidir ; parez vos cuisses, en retirant tous les os des quasis, et leur donnez une forme ronde, en grattant le bout de l'os de la cuisse : placez-les sur une sauteuse ; faites-les che[illegible]r dans une demi-glace, sans les laisser bouillir ; dressez-le sur votre plat ; mettez dans votre plat à sauter trois cuillerées de poivrade. Faites-la réduire ; finissez avec un pain de beurre et saucez. (F.)

EMINCÉ DE LIÈVRE AUX CHAMPIGNONS.

Ayez six cuisses de levrauts rôties froides ; retirez-en les peaux et les nerfs ; émincez vos chairs le plus mince possible. Ayez vingt champignons que vous émincerez de même. Mettez dans une casserole un morceau de beurre fin, vos champignons et une demi-bouteille de vin blanc ; faites réduire le tout à glace ; ajoutez-y quatre cuillerées d'espagnole réduite ; faites-le encore réduire ; mettez votre émincé dedans, sans le laisser bouillir, un jus de citron ; servez avec des croûtons à l'entour. (F.)

QUENELLES DE LEVRAUTS.

Vous suivez le même procédé qui est indiqué à l'article Quenelles de Lapereau ou de Volaille. (*Voyez* leurs articles.) (F.)

DU LAPIN.

Il y a deux sortes de lapin, le lapin domestique, et le lapin sauvage, que l'on appelle lapin de garenne. Il est meilleur sur les hauteurs, surtout dans les endroits où il croît du genièvre, du serpolet, du thym, et autres aromates : les chairs ont un meilleur parfum et sont plus délicates : l'autre a la chair assez bonne; mais il faut éviter de forcer sa nourriture en choux. Ce dernier lapin n'est pas très-bon fraîchement tué; il le faut un peu mortifier, et aromatiser sa cuisson.

LAPIN EN GIBELOTTE.

Quand votre lapin est dépouillé et vidé, vous le coupez en morceaux de la même grosseur, pour que les uns ne soient pas plus durs à cuire que les autres; vous mettrez un quarteron de beurre dans une casserole, deux cuillerées à bouche de farine; vous ferez un roux : quand il sera bien blond, vous y mettrez revenir les morceaux de votre lapin; ajoutez-y une demi-bouteille de vin blanc, environ une bouteille de bouillon; vous remuerez bien votre ragoût jusqu'à ce qu'il bouille; mettez-y des champignons, du petit lard que vous ferez revenir à part dans une casserole dans laquelle il y aura un peu de thym, une feuille de laurier, un bouquet de persil et de ciboule; vous ferez aller votre ragoût à grand feu, pour que votre mouillement réduise; il faut un peu de sel, un peu de gros poivre : quand il sera aux trois quarts cuit, vous ajouterez, si vous voulez, des tronçons d'anguille, de petits oigons bien épluchés, au nombre de trente, que vous sauterez dans du beurre sur un fourneau un peu ardent; quand ils seront bien blonds, vous les mettrez en même temps que l'anguille : ayez soin de dégraisser votre ragoût; que votre sauce ne soit ni trop ni trop peu liée : voyez si elle est d'un bon sel, retirez votre bouquet et servez votre ragoût.

LAPEREAU AU BLANC.

Dépouillez votre lapereau et videz-le; vous le couperez en morceaux comme le précédent; vous en ôterez le foie, le mou; vous essuierez bien les morceaux, pour qu'il n'y ait pas de sang; autrement il faudrait le faire blanchir, et cela lui fait perdre de son goût; vous prenez un quarteron de beurre dans une casserole; faites-le tiédir, et mettez votre lapereau dedans; vous le ferez revenir au feu ardent; quand vous verrez que tous vos morceaux seront raidis, vous y mettrez deux cuillerées à bouche de farine, que vous mêlerez avec votre beurre et votre lapin; ajoutez quatre cuillerées à pot de bouillon; vous remuerez bien votre ragoût jusqu'à ce qu'il bouille; vous y mettrez des champignons que vous avez sautés dans de l'eau et du citron, un bouquet de persil et de ciboule, une feuille de laurier, un peu de thym, un peu de gros poivre, environ une demi-livre de lard que vous couperez en petits morceaux, et que vous ferez blanchir; faites aller votre ragoût à grand feu, pour que votre mouillement réduise; quand il sera aux trois quarts cuit, dégraissez-le, et jetez-y vingt-quatre petits oignons bien épluchés et de la même grosseur; quand votre ragoût est cuit et réduit, dégraissez-le et mettez-y une liaison de trois ou quatre jaunes d'œufs, selon la grandeur de votre ragoût; vous pourrez le mouiller avec de l'eau; alors vous y mettrez du sel; servez-le bien chaud.

LAPEREAU A LA MINUTE.

Après avoir dépouillé et vidé votre lapereau, vous le couperez en morceaux; vous aurez soin d'ôter le mou; vous les essuierez bien, pour qu'il n'y reste pas de sang; mettez environ un quarteron de beurre dans votre casserole; quand il sera un peu chaud, vous y mettrez votre lapereau avec un peu d'aromates pilés, du sel, du gros poivre; un peu de muscade râpée; vous y mettrez un peu de persil et d'échalotes hachés bien menu; vous le laisserez encore trois ou quatre minutes sur le feu; vous pouvez le servir sortant de la casserole; voyez s'il est d'un bon sel; dix minutes, ou au plus un quart d'heure, suffisent pour cuire votre lapereau.

LAPEREAU SAUTÉ AU VIN DE CHAMPAGNE.

Vous préparez et faites cuire votre lapereau comme les précédents; vous y mettez le même assaisonnement; vous versez une petite cuillerée à bouche de farine, que vous mêlez avec votre lapereau, sans le poser sur le feu; mettez aussi un verre de vin de Champagne; posez ensuite votre casserole sur le feu; vous le remuez, pour que votre ragoût se lie sans bouillir; quand vous verrez votre sauce liée, vous servirez votre ragoût; il ne faut le faire qu'au moment de servir; voyez s'il est d'un bon sel.

CUISSES DE LAPIN A LA PURÉE DE LENTILLES.

Vous prenez des cuisses de lapin; huit suffisent pour une entrée; vous les désossez, c'est-à-dire vous retirez l'os jusqu'au point de l'avant-cuisse; tâchez de ne point couper le dessus; vous piquerez l'intérieur de vos cuisses avec de moyens lardons assaisonnés d'aromates, de sel et de poivre; comme la cuisse, en général, est fort sèche, il faut y mettre beaucoup de lardons; quand elles seront piquées, vous les jetterez deux minutes dans l'eau bouillante: vous les retirerez, vous les parerez, et vous mettrez dans une casserole des bardes de lard, quelques tranches de veau, deux carottes, deux oignons, une feuille de laurier, un peu de thym; vous les mettrez sur cet assaisonnement; vous les couvrirez de bardes de lard, d'un rond de papier beurré; versez une petite cuillerée à pot de bouillon avec un peu de derrière de marmite; vous les ferez mijoter pendant deux heures (plus ou moins, selon que votre lapin est tendre); au moment de servir, vous les égoutterez: vous les dresserez sur un plat, et vous les masquerez avec une purée de lentilles. (*Voyez* Purée de Lentilles). On peut servir ces cuisses dans une terrine.

CUISSES DE LAPEREAU EN CHIPOLATA.

Vous désosserez les cuisses comme les précédentes; vous les jetterez dans de l'eau bouillante pendant deux minutes; ensuite retirez-les et parez-les; mettez un quarteron de beurre dans une casserole, placez-y vos cuisses; vous les faites revenir pendant dix minutes; vous verserez ensuite une cuillerée et demie de farine, que vous mêlerez avec votre beurre; ajoutez deux cuillerées à pot de bouillon passé au tamis de soie; vous tournez votre ragoût jusqu'à ce qu'il bouille; mettez-y des champignons sautés dans de l'eau et du jus de citron pour éviter qu'ils noircissent, une feuille de laurier, un bouquet de persil et de ciboule; vous ferez aller votre ragoût à grand feu, afin qu'il réduise; vous y mettrez du petit lard que vous aurez fait blanchir; quand votre ragoût sera aux trois quarts cuit, vous ajouterez vingt petits oignons que vous ferez blanchir; vous pouvez aussi y mettre quinze marrons qui ne soient pas de Lyon; vous joignez six saucisses que vous lierez par le milieu avec une ficelle, pour qu'elles ne soient pas trop longues; tenez-les dans l'eau bouillante pendant cinq minutes; après les avoir rafraîchies, vous les mettrez dans votre ragoût: ayez soin de bien le dégraisser; quand il sera cuit, vous ferez une liaison de quatre jaunes d'œufs; dressez ensuite vos cuisses sur votre plat, et vos ingrédiens par-dessus; que votre ragoût soit d'un bon sel; vous pouvez servir ce ragoût dans une terrine pour servir de flanc.

CUISSES DE LAPEREAU AU SOLEIL.

Après avoir désossé les cuisses, vous les lardez de très-près de moyens lardons assaisonnés de sel, de poivre et d'aromates pilés; prenez du beurre dans une casserole, faites-le tiédir, et mettez vos cuisses dedans; vous les poserez sur un fourneau ardent; vous les sauterez pendant dix minutes; vous y mettrez une cuillerée à bouche de farine, une cuillerée à pot de bouillon, deux à dégraisser de velouté, une feuille de laurier, quelques champignons, une demi-bouteille de vin blanc, un bouquet de persil et de ciboule; vous ferez aller à grand feu, pour faire réduire votre mouillement; ayez soin de dégraisser votre ragoût: quand il sera cuit et réduit, vous ferez une liaison de cinq jaunes d'œufs et un petit morceau de beurre fin; vous posez vos deux cuisses sur un plafond pour refroidir; vous les arrosez de leur sauce; quand elles sont froides, vous parerez l'os de l'avant-cuisse. Vous les imbiberez bien de leur sauce, et vous les mettrez dans la mie de pain les unes après les autres, vous les placerez sur un plafond, vous casserez cinq œufs entiers; jetez dedans un peu de sel fin et un peu de gros poivre; vous battrez vos œufs comme pour une omelette; trempez vos cuisses dedans; tâchez qu'elles en prennent partout; roulez-les dans de la mie de pain; vous leur donnez une forme agréable, vous les mettez sur un plafond. Au moment de servir, vous faites chauffer votre friture: quand elle est chaude, vous mettez vos cuisses dedans; dès qu'elles ont une belle couleur, vous les retirez et les laissez égoutter sur un linge blanc; ensuite vous faites frire votre persil. Dressez vos cuisses en couronne, et mettez votre persil frit dans le milieu.

CUISSES DE LAPEREAU EN PAPILLOTES.

Vous désossez les cuisses jusqu'au joint de l'avant-cuisse; vous les piquez de moyens lardons assaisonnés d'aromates pilés, de sel et de poivre; vous mettez dix cuisses dans une casserole avec un quarteron de beurre : laissez sur le feu pendant une demi-heure; vous y jetterez du sel, du gros poivre, des fines herbes préparées. (*Voyez* Fines Herbes à Papillotes.) Vous ferez mijoter le tout ensemble pendant dix minutes; vous poserez vos cuisses sur un plat, avec leur assaisonnement par dessus; vous les laisserez refroidir; préparez du papier pour vos papillotes (*voyez* Côtelettes en Papillotes); mettez une mince barde de lard dessus et dessous votre cuisse, avec un peu de son assaisonnement; vous plierez le papier de manière que le beurre ne sorte pas, vous en ficellerez le bout : une demi-heure avant de servir, vous les mettrez sur le gril à un feu doux : ayez soin de les retourner lorsqu'un côté aura de la couleur; au moment de servir vous les dresserez en couronne sur votre plat avec un jus clair dessous ou sans sauce.

CUISSES DE LAPEREAU A LA CHICORÉE.

Vous désossez les cuisses jusqu'au joint, comme les précédentes; piquez-les de lard fin, assaisonnez-les en dedans; vous mettrez un morceau de petit lard à la place de l'os; avec une aiguille et du fil vous rapprochez les chairs et les assujettissez; vous mettez dans une casserole des bardes de lard, quelques tranches de veau, deux carottes, trois oignons, deux feuilles de laurier, un peu de thym, vos cuisses par-dessus l'assaisonnement; vous le couvrirez d'un rond de papier beurré; versez-y une cuillerée à pot de bouillon; faites-les mijoter pendant une heure et demie (ou plus, selon la qualité de votre lapin); vous aurez soin de mettre du feu dessus votre couvercle : au moment de servir, vous égoutterez vos cuisses; débridez-les et glacez-les; vous poserez votre chicorée sur votre plat, et vos cuisses par-dessus; vous pouvez servir dessous des concombres à la crème, un sauté de champignons, une sauce tomate, un fumé de gibier ou une sauce à glace. (*Voyez* l'article que vous préférez.)

FILET DE LAPEREAU EN COURONNE.

Il faut douze filets pour faire une entrée; vous lèverez vos filets de la même manière qu'il est expliqué aux filets de lièvre; vous les piquerez de lard fin; quand ils seront piqués, vous les replierez sur eux en formant le rond, pour qu'ils se tiennent dans leurs formes; vous mettrez dans le milieu de chaque filet un oignon de la grosseur nécessaire pour en remplir le vide; vous l'assujettirez avec de petites brochettes; mettez des bardes de lard dans une casserole, quelques tranches de veau, deux carottes coupées en tranches, trois oignons, un peu de thym et de laurier; vous posez vos filets sur cet assaisonnement; ajoutez une petite cuillerée à pot de bouillon; couvrez-les d'un rond de papier beurré; vous les ferez mijoter feu dessus et dessous pendant trois quarts d'heure : au moment de servir vous les égoutterez et les glacerez; dressez-les ensuite en couronne, et vous servirez une sauce à glace dessous: vous pouvez, faute de lard ou de veau, mettre quatre cuillerées à dégraisser de gelée, et vous ferez cuire vos filets avec feu dessus et dessous un peu ardent; faites tomber ensuite votre mouillement à glace: vous vous en servirez pour glacer vos filets.

FILETS DE LAPEREAUX AUX CONCOMBRES.

Vous préparez et faites cuire vos filets comme les précédents; vous les égouttez et les glacez; dressez-les en couronne: vous mettez vos concombres à la crème dans le milieu; vous pouvez aussi y ajouter de la chicorée, une purée de cardes, une purée de champignons, ou une sauce tomate. (*Voyez* l'article qui vous convient le mieux.

FILETS DE LAPEREAUX A LA POLIGNAC

Vous levez, parez et piquez six filets; vous les faites cuire comme les précédents; vous en avez six autres bien parés, que vous ciselez à distance égale; c'est-à-dire qu'avec le tranchant d'un couteau vous faites une incision dans votre filet; vous y mettez un demi-croissant de truffes; il faut en garnir ainsi tout le long de votre filet: vous préparez vos six filets de même, vous leur donnez la forme des autres; ceux piqués doivent être glacés, ceux aux truffes sont sautés dans du beurre: au moment du service, vous les égouttez, vous les dressez ensuite en couronne, un croûton glacé et un rond entre; vous placez dans le milieu un sauté de truffes dans un fumé de gibier. (*Voyez* le Sauté et le Fumé.)

SAUTÉ DE FILETS DE LAPEREAUX AUX TRUFFES

Vous levez dix ou douze filets de lapereaux; vous en ôtez la peau nerveuse: coupez-les en tranches rondes, toutes à peu près égales, avec la lame d'un couteau; vous aplatissez ces tranches: vous en coupez les angles, en leur donnant une forme ronde ou ovale; vous placez ensuite un morceau dans votre sautoir ou tourtière, ainsi de suite pour tous vos filets: quand ils sont tous parés, arrangés, vous avez des truffes que vous épluchez et parez; vous les coupez en tranches aussi égales: vous les mettez sur les filets jusqu'à ce qu'ils en soient couverts; vous faites tiédir trois quarterons de beurre que vous versez dessus: au moment de servir, vous mettez votre sauté sur un feu ardent; quand vos morceaux sont raidis d'un côté; vous les retournez légèrement avec une cuillère; vous placez votre sautoir de manière que votre beurre se sépare du sauté; quand il est égoutté, vous le mettez à l'instant de servir dans un velouté réduit, et vous le dressez sur le plat; vous mettez aussi un tour de croûtons. (*Voyez* Tour de croûtons.)

SAUTÉ DE FILETS DE LAPEREAU A LA PÉRIGUEUX.

Levez et parez dix filets; vous en ôterez la peau nerveuse; vous couperez vos morceaux d'un pouce et demi de long; vous ferez une incision à distance égale, dans laquelle vous mettrez un demi-cercle de truffes; qu'il y ait six morceaux de truffes dans chacun de vos filets. Il faut faire attention qu'elle entre un peu avant dans la chair : quand vos filets seront ainsi appréiés, vous mettrez vos morceaux dans votre sautoir; vous les assaisonnerez de sel et de gros poivre; vous ferez tiédir trois quarterons de beurre, dans lequel vous râperez un peu de muscade, et vous le verserez sur vos filets : au moment du service, posez votre sautoir sur un fourneau ardent; lorsque vos filets sont raidis d'un côté, vous les retournez de l'autre : ne les laissez qu'un instant. Voyez, en posant le doigt dessus, si votre morceau résiste, il est cuit; vous pencherez votre sautoir pour que le beurre aille dans la pente; avec une cuillère vous mettrez vos filets sur le haut; quand ils seront égouttés, vous les poserez dans une casserole; versez-y un velouté travaillé avec du fumé de lapin; liez votre sauce avec des jaunes d'œufs, et un morceau de beurre gros comme la moitié d'un œuf, que vous ferez fondre en liant votre sauce; vous la passerez à l'étamine sur vos filets; vous les remuerez et les dresserez tout de suite sur votre plat, pour que votre sauce ne lâche pas : voyez si elle est d'un bon sel, et mettez des croûtons autour du plat.

SAUTÉ DE FILETS DE LAPEREAUX À LA REINE.

Vous levez et parez vos filets; ayez soin d'ôter la peau nerveuse; vous les couperez en morceaux d'un pouce et demi, tous de la même longueur; vous les arrangerez dans votre sautoir; joignez-y du sel, du gros poivre; poudrez-les de persil haché bien fin, et de la ciboule qui ait été lavée après avoir été hachée; ensuite faites tiédir du beurre que vous verserez sur vos morceaux de filets; au moment de servir, vous mettez votre sautoir sur un feu ardent; quand vos filets sont cuits d'un côté, vous les retournez de l'autre; vous posez les doigts dessus; s'ils ne sont point mous, vos filets sont cuits; vous avez un velouté travaillé à l'essence de gibier, dans lequel, au moment de servir, vous mettez vos filets, avec un morceau de beurre gros comme la moitié d'un œuf; vous agitez le tout ensemble, et le servez sur votre plat avec des croûtons à l'entour. (*Voy.* Velouté et Fumé de Gibier.)

FILETS DE LAPEREAUX EN CARTOUCHES.

Levez et parez vos filets; mettez ensuite dans une casserole un morceau de lard râpé gros comme un œuf, et un morceau de beurre gros comme deux œufs, quatre cuillerées à bouche de bonne huile; vous ferez chauffer le tout et vous y verserez trois cuillerées à bouche de champignons hachés bien fin et bien pressés dans un linge : vous les ferez revenir pendant quinze minutes dans le lard, le beurre et l'huile; vous y mettrez ensuite une cuillerée d'échalotes aussi bien hachées et lavées; pour en éviter l'âcreté, faites-les revenir un instant; après, vous y mettrez une cuillerée de persil bien fin et lavé; vous remuerez le tout ensemble sur le feu; vous couperez vos filets en deux, et vous les verserez dans cet assaisonnement avec du sel, gros poivre, un peu d'aromates pilés; vous les laisserez raidir;

après, vous les mettrez refroidir sur un plat; coupez des papiers de manière que chacun puisse envelopper en entier un morceau de filet; vous graisserez d'un peu d'huile chaque morceau de papier, et vous l'étendrez; ayez une barde de lard bien fine que vous mettrez dessus, puis un morceau de filet avec son assaisonnement: vous l'envelopperez dans votre papier, de manière que cela forme une cartouche; ensuite vous fermerez bien votre papier par les deux bouts, pour éviter que l'assaisonnement n'en sorte: un moment avant de servir, vous les poserez sur le gril, à un feu un peu chaud. Ne les quittez pas, de crainte qu'ils ne prennent trop couleur: il faut les retourner souvent: vous les dresserez comme un paquet de cartouche; servez-les à sec, ou avec un jus clair dessous.

SAUTÉ DE FILETS DE LAPEREAUX AUX CHAMPIGNONS.

Vous levez et parez vos filets; vous les émincez et les parez comme il est dit (*voyez* Sauté de Filets aux Truffes); arrangez-les dans votre sautoir; saupoudrez avec un peu de sel, un peu de gros poivre, un peu de persil haché bien fin et lavé; mettez-y environ trois quarterons de beurre que vous ferez tiédir; vous tournez des champignons que vous émincez; vous les sautez dans du beurre, vous les mettez dans du velouté travaillé à l'essence de gibier: si vous n'en avez pas, vous verserez une cuillerée à bouche de farine dans votre beurre et vos champignons, vous remuerez le tout ensemble; ajoutez une cuillerée à pot de bouillon passé au tamis de soie, une feuille de laurier; vous ferez réduire votre sauce; au moment de servir, vous posez votre sautoir sur un feu ardent; vous faites raidir vos filets, vous les retournez, en ne les laissant qu'un instant sur le feu; vous les mettez avec votre sauté de champignons; ajoutez-y une liaison de deux jaunes d'œufs; il ne faut pas que votre sauce soit trop épaisse ni trop claire.

QUENELLES DE LAPIN.

Vous levez les filets de vos lapins, et vous prenez les cuisses; vous énervez les chairs, c'est-à-dire vous séparez les chairs des nerfs avec la pointe de votre couteau; vous pilez bien votre chair, ensuite vous la passez au tamis à quenelles, vous les rassemblez pour en faire un tas; vous mettez de la mie de pain tendre trempée dans du lait, du bouillon ou de l'eau chaude: quand elle est bien trempée, vous la mettez dans un linge blanc et neuf; vous la pressez le plus fort possible, afin qu'il ne reste pas de liquide dans votre mie; pilez-la bien, et la passez au tamis, de même que votre viande; assemblez et mettez votre tas à part: si votre beurre est trop ferme, vous le pilerez, afin qu'il ne fasse pas de grumeaux; vous arrangerez les trois portions égales, c'est-à-dire qu'il y ait autant de pain que de viande et de beurre; vous pilerez vos trois corps ensemble; ensuite vous y mettrez du sel, du gros poivre, un peu de muscade râpée, une petite pincée d'aromates pilés; vous pilerez encore votre farce, car elle ne saurait trop l'être; vous y jetterez de temps en temps un jaune d'œuf, jusqu'à la concurrence de cinq; vous en mettrez deux entiers, des trois autres les blancs seulement: si votre farce était encore trop épaisse, vous y ajouteriez la moitié d'un œuf, ou un œuf tout entier: lorsqu'elle sera à son point, vous ferez une boulette que vous mettrez dans la marmite, pour voir si elle est d'un bon goût; vous fouetterez vos trois blancs d'œufs que vous avez tenus jusqu'à ce qu'ils se tiennent debout, c'est-à-dire comme un fromage à la crême fouetté; vous les mettrez dans votre farce, et vous les mêlerez avec une cuillère de bois, sans vous servir du pilon: alors vous l'ôterez de votre mortier, et vous vous en servirez au besoin.

QUENELLES DE LAPIN A L'ESSENCE DE GIBIER.

Vous avez une cuillère à bouche que vous remplissez de farce, vous trempez votre couteau dans l'eau bouillante: unissez votre farce avec la lame de votre couteau, en lui donnant une forme bombée; vous enlevez la farce qui est dans votre cuillère, avec une autre cuillère que vous trempez aussi dans l'eau bouillante, et vous la mettez dans une grande casserole beurrée successivement; préparez-en autant que vous en avez besoin; lorsque le fond de votre casserole est plein, vous mettez un rond de papier beurré sur vos quenelles. Trois quarts d'heure avant de servir, vous versez doucement dans votre casserole une eau de sel bouillante; faites-la bouillir tout doucement, afin que vos quenelles pochent, mais ne crèvent pas: au moment de servir, vous les égouttez sur un linge blanc, vous les glacez, si vous voulez; mais c'est inutile, puisque vous les marquez avec votre fumé de gibier. Si vous n'avez pas de fumé de fait, vous en marquerez un avec les débris de lapin; vous verserez dans une casserole quatre cuillerées à dégraisser d'espagnole, six cuillerées de fumé de gibier, un demi-verre de vin blanc; vous ferez réduire le tout à un tiers; écumez bien votre sauce, passez-la à l'étamine, saucez et masquez-en vos quenelles: vous pouvez, au lieu de coucher vos quenelles à la cuillère, si vous le préférez, prendre un peu de farine dont vous poudrerez la table; vous mettrez de votre farce dessus, vous saupoudrerez votre farce de farine: roulez-la en ovales un peu longs; vous mettrez vos quenelles, comme il est dit, dans la casserole, et vous les ferez pocher de même.

BOUDIN DE LAPIN A LA SAINTE-MENEHOULD.

Vous répandrez de la farine sur une table bien propre; vous y mettrez de la farce de quenelles de lapin (*voyez* Farce à quenelles), en volume assez gros pour que cela puisse représenter un bout de boudin; vous la roulerez dans la farine, et vous la mettrez dans le fond d'une casserole beurrée; vous en ferez autant de morceaux que vous jugerez à propos, mais trois ou quatre suffisent; vous les ferez pocher de même que les quenelles précédentes: quand ils seront pochés, vous les laisserez refroidir, vous les parerez; donnez-leur une forme carrée, longue et plate, épaisse de quinze lignes; vous les barbouillerez d'une sauce à atelets, si vous en avez, ou d'une autre qui soit liée; vous les tremperez dans la mie de pain, et puis après dans le beurre tiède; vous les panerez une seconde fois: il faut leur donner une forme agréable. Une demi-heure avant de servir, vous les mettrez sur le gril, à un feu bien doux; vous poserez un four de campagne bien chaud par-dessus, pour leur faire prendre couleur; au moment de servir, vous les dresserez sur le plat, et vous les saucerez avec un velouté réduit, ou fumé de gibier, ou une espagnole. Si vous voulez faire du boudin, (*voyez* l'article Boudin de cochon.)

PAIN DE LAPIN A LA SAINT-URSIN.

Vous remplirez de farce à quenelles un moule évidé, que vous beurrerez; vous le ferez mijoter au bain-marie: quand la farce qui est dans votre moule sera cuite, au moment de servir, vous la renverserez sur votre plat; vous aurez bien soin qu'il n'y ait pas d'eau; vous mettrez dans le vide de votre pain des cervelles de lapin, des filets mignons et rognons de lapin sautés; vous aurez une sauce espagnole travaillée avec du fumé de gibier et un demi-verre de vin de Champagne: quand votre sauce sera bien réduite, vous la verserez sur les garnitures qui sont dans votre pain, et vous en glacerez l'extérieur: on peut aussi mettre dedans une autre garniture, comme des petites noix de veau, des crêtes, etc.

CROQUETTES DE QUENELLES DE LAPIN.

Vous faites vos quenelles, et les pochez comme il est dit à l'article des quenelles de lapin; vous les mettez sur un plat, vous les laisserez égoutter; vous ferez réduire du velouté avec du fumé de gibier: quand il sera bien réduit, vous ferez une liaison de trois jaunes d'œufs; vous verserez votre sauce sur vos quenelles; vous les laisserez refroidir; barbouillez-les bien de sauce, placez-les dans la mie de pain; vous casserez quatre œufs dans lesquels vous mettrez un peu de sel, un peu de gros poivre; vous les battrez comme pour faire une omelette: vous trempez vos quenelles dedans; tâchez qu'il y ait de l'œuf partout; vous les tremperez dans la mie de pain: donnez-leur une forme agréable. Une demi-heure avant de servir, vous mettrez votre friture sur le feu: quand elle sera bien chaude, vous y placerez vos croquettes; lorsqu'elles auront belle couleur, vous les retirerez, vous les égoutterez sur un linge blanc: faire frire du persil en feuilles, que vous mettrez par-dessus vos croquettes.

TERRINE DE QUENELLES DE LAPIN A LA REYNIÈRE.

Vous ferez votre farce un peu plus serrée que la précédente, c'est-à-dire que vous mettrez un sixième de beurre de moins dans la farce; vous les pocherez comme à la cuillère, de même que les précédentes; égouttez-les, coupez en petits lardons huit ou dix truffes; vous les mettrez dans vos quenelles, à pareille distance et de même grosseur; vous en placerez quatre rangs sur la même quenelle; lorsqu'elles seront piquées, vous les mettrez dans une casserole avec des rognons et des crêtes de coq, deux petites noix de veau, des ris d'agneau, des truffes; versez ensuite dans une casserole deux cuillerées à pot de velouté, une pareille cuillerée de fumé de gibier, une demi-bouteille de vin de Madère sec, un maniveau de champignons tournés et sautés dans un jus de citron et de l'eau; vous ferez réduire votre sauce à moitié, et vous ôterez vos champignons pour les mettre avec votre garniture; vous ferez une liaison avec quatre jaunes d'œufs, et un morceau de beurre gros comme un œuf; vous la tournerez ensuite sur le feu pour la lier; ne la laissez pas bouillir, de crainte qu'elle ne tourne; vous la passerez à l'étamine au-dessus de vos garnitures; il est nécessaire qu'elles soient chaudes; servez ce ragoût dans une terrine; vous pouvez employer une escalope en place de velouté; vous travaillerez de même votre sauce; vous ferez cuire vos truffes dans votre sauce; voyez si elle est d'un bon sel.

CROQUETTES DE LAPEREAUX.

Vous mettrez trois lapereaux à la broche; vous enlèverez les filets et le gros des cuisses; coupez ensuite vos chairs en petits dés; vous ôterez les nerfs et les peaux de dessus; vous les mettrez dans une casserole; ayez une petite cuillerée à pot de béchamel, que vous ferez réduire à peu près à moitié; après cela, vous y jetterez un morceau de beurre gros comme un œuf, que vous ferez fondre dans votre sauce sans la poser sur le feu; vous la passerez à l'étamine sur votre chair de lapin; ajoutez-y un peu de gros poivre, un peu de sel, un peu de muscade râpée; vous mêlerez bien votre viande avec la sauce: cela doit être un peu épais; lorsque ce sera froid, vous ferez, avec une cuillère à bouche, des petits tas un peu moins gros qu'un œuf; vous donnerez à vos croquettes la forme que vous voudrez, soit d'œuf, soit de poire, ou de bâton arrondi par les deux bouts; vous les roulerez dans la mie de pain; après, vous les tremperez dans des œufs battus avec un peu de sel et de gros poivre; vous mettrez bien de l'œuf partout sur vos croquettes; vous les remettrez dans la mie de pain; ayez bien soin qu'elles en prennent partout, afin qu'elles ne viennent pas à crever: au moment de servir, vous les mettrez dans une friture un peu chaude; quand elles auront une belle couleur, retirez-les, égouttez-les sur un linge blanc; faites frire une poignée de persil, que vous verserez par-dessus vos croquettes, ou à l'entour.

A LA BOURGEOISE.

Si vous n'avez pas de béchamel, vous ferez réduire du velouté dans lequel vous mettrez une liaison de trois œufs.

HACHIS DE LAPEREAUX.

Mettez quatre lapereaux à la broche; quand ils seront cuits et froids, vous lèverez les filets et le gras des cuisses; vous en ôterez les nerfs et les peaux, vous hacherez toute votre viande; qu'elle ne soit ni trop menue ni trop grosse; ensuite vous la mettrez dans une casserole avec deux ou trois cuillerées à dégraisser de béchamel chaude que vous mêlerez avec votre hachis; il ne faut pas qu'il soit trop clair; vous le tiendrez chaud au bain-marie, vous collerez des croûtons autour du plat: au moment de servir, vous y verserez votre hachis; vous pouvez placer des œufs pochés à l'entour, et des petits filets piqués, glacés, entre vos œufs.

A LA BOURGEOISE.

Si vous n'avez pas de béchamel, vous ferez réduire du velouté, dans lequel vous mettrez une liaison de trois jaunes d'œufs.

CHIPOLATA A LA MINUTE.

Ayez un lapereau, dépouillez-le et videz-le; vous le couperez en morceaux; vous ferez fondre un quarteron de beurre dans une casserole, les morceaux par-dessus, vous mettrez la casserole sur un feu ardent, du sel, du poivre, un peu de thym; vous remuerez le tout: quand les morceaux résisteront sous le doigt, vous les retirerez de la casserole; vous y mettrez six saucisses; vous les ferez cuire dans la même casserole, avec le fond du lapin; quand elles seront cuites, vous les retirerez, vous y mettrez des champignons que vous sauterez toujours dans la même casserole; quand le mouillement qu'ils auront jeté sera réduit, vous y mettrez une cuillerée à bouche de farine; quand elle sera mêlée avec les champignons, vous y mettrez un verre de vin blanc, un demi-verre de bouillon ou d'eau; lorsque les champignons et le mouillement bouilliront, vous y mettrez douze marrons grillés, les saucisses et le lapereau; au premier bouillon, retirez-le du feu, et dressez votre chipolata.

KARI DE LAPEREAUX.

Vous coupez deux lapereaux en morceaux égaux: vous mettez dans une casserole trois quarterons de beurre, une livre de petit lard coupé en petits morceaux carrés plats, que vous faites revenir dans du beurre; deux cuillerées à café de safran d'Inde, ou *curcuma*; dix gousses de petit piment enragé, que vous pilerez avec un peu de sel, deux feuilles de laurier, deux clous de girofle: quand tout cet assaisonnement sera bien revenu dans votre beurre, vous y mettrez vos morceaux de lapereaux, que vous essuierez bien, pour qu'il n'y ait pas de sang; ôtez les poumons; vous ferez bien revenir votre lapereau; lorsque vos morceaux seront fermes, vous mettrez trois cuillerées à bouche de farine et de sel; vous mêlerez bien le tout ensemble; arrosez-le avec du bouillon ou bien de l'eau: il faut qu'il y ait beaucoup de mouillement, pour qu'il aille à grand feu, et qu'il réduise: il faut des champignons; quand il sera aux trois quarts cuit, vous y ajouterez des petits oignons, des culs d'artichauts, si vous en avez, des aubergines. Dans l'Inde, on y met toutes sortes de légumes, haricots verts, choux-fleurs, tomates, concombres etc. Quand votre kari sera cuit, il faut qu'il baigne dans la sauce et dans le gras; par conséquent il ne faut pas le dégraisser: on peut le servir dans cet état. Si vous voulez, vous retirerez votre viande et vos garnitures, que vous mettrez dans le vase creux où vous devez le servir; vous ferez dans votre sauce une liaison de cinq ou six œufs; vous la remuerez sur le feu sans la laisser bouillir, parce qu'elle tournerait: lorsqu'elle sera liée, vous la passerez à l'étamine sur votre ragoût; voyez si elle est bien pimentée et assez assaisonnée; vous servirez un pain de riz à l'eau (*voyez* Kari de Veau), à côté du vase où est votre kari, parce que la même personne sert des deux en même temps.

LAPIN EN GALANTINE.

Vous désossez votre lapin, excepté la tête; vous ôtez le gros de la chair des cuisses, afin de pouvoir y mettre de la farce; piquez les chairs de moyens lardons assaisonnés; vous hachez les chairs des cuisses et les filets de deux autres lapins; vous prenez autant de lard que de chairs; hachez le tout ensemble; ajoutez du sel, du gros poivre, un peu d'aromates pilés, des truffes hachées: votre farce faite, vous étendez votre lapin, vous l'assaisonnez; mettez-y un lit de farce, et dessus des lardons de langue à l'écarlate, des morceaux de truffes, des lardons, encore un lit de farce, et ainsi de suite. Votre lapin bien rempli, vous lui donnerez sa forme première, vous le couvrirez de bardes de lard, vous le ficellerez et le mettrez dans un linge blanc que vous ficellerez encore; placez des bardes de lard dans une braisière, puis votre lapin, un jarret de veau coupé en morceaux; avec les débris de vos lapins, deux carottes, trois oignons, dont un piqué de deux clous de girofle, deux feuilles de laurier et un peu de thym; un bouquet de persil et ciboule, une demi-bouteille de vin blanc, une cuillerée à pot de bouillon, un peu de sel; vous ferez mijoter votre lapin pendant deux heures à un très-petit feu; quand il sera cuit, vous retirerez votre braisière du feu; une demi-heure après vous ôterez aussi votre lapin: prenez bien garde de ne pas le rompre; vous le laisserez refroidir dans son linge; servez-le glacé ou à la chapelure.

A LA BOURGEOISE.

Si vous avez besoin de gelée pour le décorer, vous passerez le fond de votre cuisson à travers une serviette, vous le clarifierez comme l'aspic (*voyez* Aspic); vous laisserez refroidir votre gelée; servez-la avec votre lapin. Quelques personnes mettent dans leur galantine des amandes, des pistaches, des carottes, du vert d'épinards: ce n'est pas la méthode reçue.

LAPEREAU A LA BROCHE.

On peut piquer le lapereau, ou l[illegible]rder; cela tient au goût.

LAPEREAUX EN CAISSE.

Vous ne vous servez que de petits lapereaux pour mettre en

caisse; la chair est extraordinairement tendre; il ne faut qu'un coup de feu pour les cuire; dépouillez-les, videz-les et coupez-les en morceaux égaux. Vous mettez dans une casserole gros comme un œuf de lard râpé, deux fois autant de beurre, deux cuillerées d'huile; vous essuierez bien vos morceaux de lapin pour ôter le sang; faites fondre ensuite votre beurre, et mettez votre lapin dedans; vous le faites bien revenir; vous ajoutez des champignons hachés, de l'échalote, du persil haché bien menu, du sel, du gros poivre, un peu d'aromates pilés, un peu de muscade râpée; vous remuerez le tout ensemble sur le feu; quand votre lapereau aura passé dix minutes sur le feu, vous prendrez une caisse de papier double, que vous barbouillerez d'huile; vous arrangerez ensuite dans le fond une barde de lard bien mince, vos morceaux de lapereau avec tout son assaisonnement, et une mince barde par-dessus: au moment de servir, vous mettrez votre caisse sur le gril, à un feu doux; vous poserez un four de campagne chaud par-dessus: lorsque vous le servirez, versez un peu d'italienne dans votre caisse, ou bien, avant de le mettre au feu, vous le masquerez de mie de pain, à laquelle vous ferez prendre couleur avec le four.

LAPEREAUX A LA BOURGUIGNONNE.

Ayez quatre jeunes lapereaux de deux mois, coupez-les par morceaux; mettez dans une casserole un quarteron de beurre, faites-le fondre, mettez vos lapereaux dedans, ayant eu soin d'en éponger le sang; assaisonnez-les de sel, poivre et muscade, ail et laurier; mettez votre casserole sur un fourneau ardent; mettez un couvercle dessus, avec beaucoup de feu; un quart d'heure suffit pour leur cuisson; mouillez-les d'une cuillerée de velouté et d'un verre de vin blanc; faites réduire votre sauce, ajoutez-y vingt champignons tournés; liez la sauce avec trois jaunes d'œufs, un beurre de persil et un jus de citron; dressez sur un plat; ayez soin que votre sauce ne soit pas tournée. (*Voyez* Beurre de persil.) (F.)

LAPEREAUX A L'ANGLAISE.

Prenez deux lapereaux, dépouillez-les, videz-les, échaudez les oreilles et les pattes. Mettez dans le ventre de vos lapereaux une farce composée de mie de pain trempée dans du lait, du persil haché, un peu de graisse de bœuf assaisonnée de sel, poivre et petite sauge; faites-les cuire dans une casserole entre deux bardes de lard; mouillez d'un verre de vin blanc, lorsqu'ils sont cuits; servez-les sur un plat, avec une purée d'oignons. (*Voyez* Purée d'oignons.) (F.)

ATTÉREAUX DE LAPEREAUX.

Ayez des chairs de lapereaux rôtis; retirez-en les nerfs et les peaux; coupez les chairs de la grandeur d'un sou, avec autant de champignons et de petit lard cuit, coupés de même grandeur; ayez une sauce à atelets (*voyez* Sauce à Atelets); trempez-les tous dans cette sauce. Ayez six atelets d'argent, embrochez vos chairs de lapereaux, petit lard et champignons, et des truffes, dans la saison, en observant de mettre un morceau de chaque; faites-les tous les six de la même longueur; panez-les à l'anglaise avec du beurre fondu et trois jaunes d'œufs bien battus ensemble; donnez-leur une forme bien carrée ou bien ronde; mettez-les griller un quart d'heure avant de servir; dressez-les, et servez-les avec une aspic claire. (F.)

CUISSES DE LAPEREAUX PANÉES, GRILLÉES.

Ayez douze cuisses de lapereaux; désossez-les jusqu'au joint de l'avant-cuisse; battez-les bien et passez-les au beurre fondu ou à l'huile; assaisonnez de sel et gros poivre; faites-les griller à petit feu; une demi-heure suffit pour leur cuisson; dressez-les en couronne sur un plat; saucez de sauce à échalotes ou sauce à la diable. (*Voyez* à l'article Sauce.) (F.)

ESCALOPES DE LAPEREAUX.

Levez les filets de quatre lapereaux, retirez-en les peaux nerveuses, mettez-les sur un sautoir avec un morceau de beurre; assaisonnez de sel; faites cuire vos filets un peu verts, laissez-les refroidir, coupez-les en lames le plus également possible; parez-les en rond ou en ovale, mettez-les dans une casserole; retirez le beurre de leur cuisson; faites réduire le fond avec du fumé de gibier et deux cuillerées d'allemande; passez votre sauce sur vos escalopes; tenez-les chaudes au bain-marie : si vous servez votre entrée aux pois, faites-les blanchir comme à l'anglaise; étant blanchis, égouttez-les; mettez-les dans vos escalopes avec un peu de sucre et de beurre fin; ils se servent de même aux concombres. Au moment de servir, vous dressez vos escalopes sur un plat, croûtonnés, ou les filets mignons bigarrés à l'entour. (*Voyez* les renvois chacun à leur article.) (F.)

REINS DE LAPEREAUX A LA TARTARE.

Prenez quatre jeunes lapereaux, préparez-les de même qu'il est indiqué à l'article Levraut à la Tartare. (*Voyez* Levraut à la Tartare.) (F.)

CROMESQUIS DE LAPEREAUX.

Les cromesquis se préparent de même que les croquettes (*voyez* Croquettes); au lieu de les paner, vous les enveloppez dans une barde de tétine de veau cuite, bien mince et bien égale. Au moment de servir, trempez-les dans une pâte à frire (*voyez* Pâte à frire); faites-les frire, dressez-les, et servez-les avec un bouquet de persil frit. (F.)

COQUILLES DE LAPEREAUX.

Ayez des chairs de lapereaux rôtis, retirez-en les nerfs et les peaux; émincez vos chairs en liards, le plus proprement possible; mettez-y autant de champignons coupés de même; jettez le tout dans une casserole; ayez une espagnole réduite avec un peu de fumé de gibier; versez cette sauce sur votre émincé, maniez-le avec deux pains de beurre; emplissez vos coquilles, panez-les, enduisez-les de beurre fondu, avec une plume ou un morceau de papier. Placez vos coquilles sur le gril, et faites-leur prendre couleur au four de campagne : servez. (F.)

FRITOT DE LAPEREAUX.

Ayez quatre jeunes lapereaux, coupez-les comme pour une gibelotte; mettez-les mariner dans une terrine avec du citron ou vinaigre, un oignon coupé en tranches, persil en branches, ail, thym, laurier, sel et gros poivre; une demi-heure avant de servir, égouttez vos morceaux de lapereaux sur un linge blanc, épongez-les bien, farinez-les et faites-les frire; dressez vos lapereaux sur un plat, en buisson, avec des œufs frits à l'entour; glacez, et sauce ou poivrade. (*Voyez* Sauce tomate.) (F.)

LAPEREAUX A LA MARENGO.

Ayez quatre jeunes lapereaux, dépouillez-les, videz-les, coupez-les par morceaux comme ci-dessus; épongez-en le sang; mettez-les dans une casserole avec de l'huile, sel, gros poivre, une gousse d'ail, une demi-feuille de laurier et muscade; faites cuire vos lapereaux, feu dessus et dessous, un peu vite, afin qu'ils soient saisis; un quart d'heure suffit pour leur cuisson; retirez-les du feu, égouttez la moitié de l'huile, ajoutez-y vingt champignons, quelques lames de truffes et une pincée de persil haché; retirez l'ail et le laurier; mouillez de deux cuillerées de sauce tomate et un morceau de glace de gibier; faites bouillir le tout un instant; un peu d'huile pour finir, avec un jus de citron. Dressez-les sur un plat, en buisson : servez. (F.)

MARINADE DE LAPEREAUX.

Ayez deux lapereaux cuits à la broche; laissez-les refroidir, coupez-les par membres, parez-les proprement, faites-les mariner (*voyez* Marinade); lorsqu'ils le seront suffisamment, égouttez-les, mettez-les dans une pâte à frire, faites-les frire; qu'ils soient d'une belle couleur, et servez un bouquet de persil frit. (F.)

MAGNONNAISE DE LAPEREAUX.

Ayez deux lapereaux rôtis; préparez-les comme ci-dessus; au lieu de les mettre dans la marinade, sautez-les dans une terrine, avec sel, poivre, vinaigre, huile et ravigote hachée; dressez vos membres de lapereaux sur un plat, mettez un cordon de gelée autour de votre plat; saucez d'une sauce magnonnaise (*voyez* Sauce magnonnaise); décorez-la avec des œufs durs, des filets d'anchois, des cornichons, des câpres et des feuilles d'estragon. (F.)

SALADE DE LAPEREAUX.

Ayez deux lapereaux rôtis; préparez-les comme pour la magnonnaise dressez vos membres sur un plat; faites un cordon de cœurs de laitues et d'œufs durs; décorez avec des filets d'anchois, cornichons, betteraves, câpres et ravigote hachée: servez avec un huilier. (F.)

CAISSE DE LAPEREAUX.

Ayez deux lapereaux; préparez-les de même que pour la caisse de levrauts. (*Voyez* à son article.) (F.)

TURBAN DE FILETS DE LAPEREAUX.

Ayez dix filets de lapereaux; retirez les peaux nerveuses et parez-les; piquez-en cinq, et bigarrez les cinq autres de truffes; ayez une bonne farce à quenelles; ayez un rond de mie de pain fendu en quatre morceaux, sans être séparés: garnissez-le de bardes de lard; posez-le sur le milieu de votre plat; mettez à l'entour votre farce à quenelles; arrangez-la bien avec la lame de votre couteau; ensuite placez vos filets dessus la farce, un piqué et l'autre bigarré, ainsi de suite, en observant de mettre le gros bout par en bas, en rentrant le petit bout entre le pain et la farce; couvrez vos filets de bardes de lard bien minces; enveloppez le tout de fort papier beurré; ficelez-le à l'entour, mettez-le au four doux, afin que rien ne prenne couleur: trois quarts d'heure suffisent pour la cuisson; retirez le papier, dégraissez-le bien; glacez vos filets piqués; servez avec une financière dans le milieu. (*Voyez* Financière.) (F.)

CÔTELETTES DE LAPEREAUX.

Servez-vous en tout du même procédé que pour les côtelettes de levrauts. (*Voyez* Côtelettes de levrauts.) (F.)

PURÉE DE LAPEREAUX.

Ayez dix cuisses de lapereaux rôtis; retirez-en les peaux et les nerfs, hachez-en les chairs, pilez-les, mouillez-les avec de l'espagnole réduite et du fumé de gibier; étant bien pilées, retirez votre purée dans une casserole, faites-la chauffer, passez-la à l'étamine, au moment de servir, sans la laisser bouillir; mettez deux pains de beurre avec un morceau de glace dedans; servez-la sur un plat avec un cordon de croquettes à l'entour, ou dans une casserole à riz. (*Voyez* Croquettes et Casserole au riz, à leurs articles.)

SOUFFLÉ DE LAPEREAUX.

Ayez une purée de lapereaux, faite comme celle indiquée ci-dessus, un peu plus épaisse; mettez dedans six jaunes d'œufs, fouettez les blancs, mettez-les tous ensemble légèrement; mettez cet appareil dans une casserole d'argent beurrée, ou dans de petites caisses rondes; faites-le cuire au four, ou sous un four de campagne; sondez s'il est cuit, et servez-le de suite. (F.)

SALPICON DE CHAIRS DE LAPEREAUX.

Ayez deux lapereaux rôtis; laissez-les refroidir, levez-en les chairs, retirez-en les peaux et les nerfs, coupez vos chairs en gros dés, autant de champignons, moitié truffes, tétine de veau cuite et langue à l'écarlate, ou maigre de jambon; mettez cet appareil dans une espagnole réduite, ou fumé de gibier : servez-vous-en pour garnir des petits pâtés, casseroles au riz ou coquilles. (F.)

FILETS DE LAPEREAU A LA MARÉCHALE.

Ayez douze filets de lapereaux; retirez-en les peaux nerveuses; battez-les avec le manche du couteau; assaisonnez-les de sel et gros poivre; panez-les à l'anglaise (*voyez* Paner à l'Anglaise). Donnez-leur la forme d'un J, tous du même côté; faites-les griller; au moment de servir, dressez-les en couronne, avec une demi-glace dessous. (F.)

FILETS DE LAPEREAUX A LA MILANAISE.

Ayez douze filets de lapereaux préparés comme ci-dessus; trempez-les dans l'allemande, panez-les avec moitié de pain et moitié de parmesan râpé; panez-les une seconde fois, en les trempant dans une omelette; assaisonnez de sel et de gros poivre; donnez-leur une belle forme; faites frire dans du beurre clarifié sur un sautoir; dressez-les en couronne : servez avec une sauce tomate. (F.)

FILETS DE LAPEREAUX EN ENTRÉE DE BROCHE.

Levez les filets de quatre bons lapereaux, coupez-les à peu près de la longueur du pouce; faites-les mariner dans de l'huile, avec des truffes fraîches et hachées, du persil assaisonné de sel et gros poivre; enfilez ces morceaux de filets dans des atelets d'argent, avec leur assaisonnement; enveloppez-les de bardes de lard, couvrez-les de papier, mettez-les à la broche, faites-les cuire environ un quart d'heure; déballez-les, ôtez-en le lard, et servez-les avec une italienne rousse et un jus de citron. (F.)

TIMBALE DE LAPEREAUX.

Prenez deux jeunes lapereaux, dépouillez-les, videz-les, coupez-les par morceaux, passez-les dans une casserole avec du beurre, sel, poivre, épices, persil, échalotes, truffes, champignons hachés et un peu d'aromates pilés; faites-les cuire de même à moitié. Mettez-les refroidir; beurrez un moule ou une casserole, décorez-en l'intérieur avec de la pâte à dresser (*voyez* Pâte à dresser); abaissez un morceau de cette même pâte, mouillez votre décoré, et foncez-en votre moule; ensuite, prenez de la quenelle de lapereau ou du godiveau, roulez-en des petites quenelles dans la farine, garnissez-en le fond de votre timbale; remplissez le vide avec les membres de vos lapereaux, quelques champignons et truffes entières; mouillez les bords de votre pâte, couvrez votre timbale d'une seconde abaisse de pâte; mettez-la au four environ une heure et demie. Lorsqu'elle sera cuite, et d'une bonne couleur, renversez-la sur un plat; ouvrez-en un couvercle de la grandeur convenable, et saucez d'une bonne espagnole réduite. (F.)

CONSERVE DE LAPEREAUX.

Désossez une douzaine de lapereaux, piquez-les de jambon cru, de lard et de langue à l'écarlate; assaisonnez-les de sel, poivre et épices; roulez-les comme un saucisson, ficelez-les de même; mettez-les cuire dans une casserole, avec sel, poivre, ail, thym, laurier, et de la bonne huile d'olive; faites-les cuire ainsi, feu dessus et dessous; une heure de cuisson suffit : égouttez-les, mettez-les refroidir; coupez-les par morceaux comme du thon; mettez-les dans des pots de faïence avec de l'huile, pour vous en servir comme hors-d'œuvre. (F.)

SAUCISSES DE LAPEREAU.

Servez-vous du même procédé qui est indiqué à l'article Saucisses de chevreuil. (*Voyez* cet article) (F.)

DU FAISAN.

Le faisan est un animal gros comme un coq, dont la chair est excellente et bien saine; pour la bonifier, il faut le laisser mortifier quelques jours, pour qu'il prenne un bon fumé.

FAISAN A L'ÉTOUFFADE.

Votre faisan plumé et vidé, vous le flambez; vous faites rentrer les cuisses en dedans; bridez-le, piquez-le de moyens lardons que vous assaisonnez de sel et de gros poivre, un peu des quatre épices; vous en lardez l'estomac et les cuisses, vous le couvrez d'une barde de lard et le ficelez : mettez dans votre casserole des bardes de lard et votre faisan dessus; vous marquerez une poêle, que vous mouillerez avec moitié vin blanc, moitié bouillon : vous ferez mijoter pendant deux heures : au moment de servir, vous l'égouttez : débridez-le et dressez-le sur votre plat; vous servirez dessous une essence de gibier. (*Voyez* Poêle et Essence de gibier.)

FAISAN AUX CHOUX.

Vous préparez votre faisan comme le précédent; vous mettez des bardes de lard dans une casserole avec votre faisan, une livre de petit lard, un cervelas de moyenne grosseur, quatre carottes, quatre oignons, deux clous de girofle, deux feuilles de laurier, quelques tranches de veau; faites blanchir vos choux ; il faut les ficeler et les mettre cuire avec votre faisan; vous le mouillerez avec du bouillon : ajoutez un peu de gros poivre, et point de sel, à cause du bouillon et du lard : vous le ferez mijoter pendant deux heures. Au moment de servir, vous égoutterez vos choux; vous mettrez votre faisan dans le milieu de votre plat, vos choux, votre petit lard et votre cervelas à l'entour : vous verserez dessus et à l'entour une sauce au fumé de gibier; on pourrait faire cuire le faisan à part, mais il ne serait pas aux choux, et le chou n'aurait pas le goût du faisan.

A LA BOURGEOISE.

On peut aussi, après avoir lardé le faisan, le mettre dans une casserole avec un morceau de petit lard, quatre carottes, quatre oignons, les aromates du précédent et les choux, que l'on ne ferait pas blanchir. Lorsque le tout sera cuit, on le servira avec le fond de sa cuisson : ce mouillement servira de sauce.

FAISAN A LA PURÉE DE LENTILLES.

Videz, troussez et lardez votre faisan comme celui dit étouffé; vous le ferez cuire de même; au moment de servir, vous l'égoutterez, le débriderez et le dresserez sur votre plat; masquez-le d'une purée de lentilles (voyez Purée de lentilles); vous passerez le mouillement dans lequel aura cuit votre faisan, et vous le mettrez dans votre purée : faites-la réduire, pour qu'elle ait le goût de fumé de gibier.

FILET DE FAISAN A LA CHEVALIÈRE.

Vous levez huit filets de faisan, vous mettez à part les filets mignons, que vous sauterez et que vous arrangerez dans le milieu; parez vos filets et piquez-les de lard fin; prenez dans une casserole des bardes de lard, les débris de vos faisans, quelques tranches de veau, deux carottes, quatre oignons, deux feuilles de laurier, deux clous de girofle; vous arrangerez bien vos filets pour qu'ils conservent une belle forme; vous mettrez dessus un rond de papier beurré, un verre de vin blanc et deux verres de consommé, un peu de sel : il ne faut pas qu'il y ait du mouillement par-dessus vos filets, mais bien jusqu'à la piqûre; mettez-les au feu une heure avant de servir; quand ils bouilliront, vous les poserez sur un feu doux, et beaucoup de feu sur le couvercle, pour qu'ils se glacent. Au moment de servir, vous les égoutterez : glacez-les, passez au tamis de soie le mouillement dans lequel ils ont cuit; faites-le réduire presque à glace, versez dessus trois cuillerées à dégraisser d'espagnole, que vous faites bouillir avec votre réduction; vous la passez à l'étamine, et vous dressez vos filets à plat sur des croûtons passés au beurre et épais de trois lignes; versez votre sauce dessous : vous pouvez aussi arranger sur une tourtière des bardes de lard, et vos filets, avec un verre de vin blanc, du sel, un peu de gros poivre, un peu d'aromates, un rond de papier beurré, et les mettre au four, ou sous le four de campagne. (Voyez Sauce espagnole.)

FILETS DE FAISAN AUX TRUFFES.

Vous lèverez, vous parerez et piquerez vos filets; faites-les cuire comme les précédents; ôtez le nerf du filet mignon : vous couperez un rond mince de truffes, que vous partagerez en deux; vous ferez six incisions dans votre petit filet à égale distance, et vous y mettrez votre demi-cercle de truffes; lorque vos filets mignons seront tous garnis, vous leur ferez prendre une forme demi-ronde; vous les placerez sur une tourtière, entre deux bardes de lard, avec un peu de sel et de gros poivre. Au moment de servir, vous les poserez sur un fourneau, et le four de campagne bien chaud par-dessus, ou vous les sauterez au beurre : égouttez vos grands filets; glacez-les; mettez sur votre plat un sauté de truffes (voyez Sauté de truffes), et vos filets par-dessus : dans le milieu, vous arrangerez vos petits filets garnis de truffes.

SAUTÉ DE FILETS DE FAISAN.

Vous levez huit filets de faisan que vous parez; c'est-à-dire que si le côté sur lequel était la peau est encore couvert d'une peau nerveuse, vous placerez ce côté-là sur la table, et vous glisserez votre couteau entre cette peau et la chair, de manière qu'il n'en reste pas : vous parerez le tour de vos filets, afin qu'il soit correct; vous les mettrez dans votre sautoir avec un peu de sel, de gros poivre; vous ôterez les nerfs des filets mignons, et vous les arrangerez de même; vous ferez tiédir environ trois quarterons de beurre que vous verserez dessus. Au moment de servir, vous mettrez vos filets sur un feu ardent; lorsqu'ils seront raidis d'un côté, vous les retournerez de l'autre ; vous ne les laisserez qu'un instant; vous poserez le doigt dessus; si la chair résiste, vous les retirerez; dressez-les en couronne, un filet, un croûton glacé, ainsi de suite ; vous placerez vos filets mignons dans le milieu, vous mettrez pour sauce une espagnole, travaillée avec un fumé de gibier. Si vous n'en avez pas, vous ôterez le beurre qui est dans le sautoir, vous y laisserez le jus qu'auront donné vos filets, et vous mettrez votre sauce dedans; faites jeter cinq ou six bouillons; versez-la ensuite sur vos filets : vous pouvez mettre un sauté de truffes dans le milieu, par-dessus vos filets mignons.

SAUTÉ DE FILETS DE FAISAN AUX TRUFFES.

Vous levez vos filets, vous ôtez la peau nerveuse; coupez vos filets en deux dans leur longueur; vous émincez vos morceaux épais de deux lignes; donnez-leur une forme agréable, mettez-les dans votre sautoir ou tourtière avec du sel, du gros poivre, un peu de muscade râpée; vous faites tiédir du beurre, et vous le versez dessus : ôtez le nerf des filets mignons, et mettez-les avec votre sauté; vous épluchez ensuite vos truffes, vous les coupez en rond de l'épaisseur d'une ligne et demie; arrangez vos ronds de truffes sur vos filets. Au moment de servir, vous posez votre sauté sur le feu, vous retournez vos filets; lorsqu'ils sont raidis d'un côté, vous les retournez de l'autre; laissez-les encore un instant au feu, penchez votre sautoir, et tenez votre sauté sur la hauteur, pour que le beurre s'en sépare. Prenez du velouté réduit, avec un fumé de gibier, vous faites une liaison de deux jaunes d'œuf. Si vous voulez, vous sauterez votre sauté dans votre sauce, et vous le dresserez tout de suite, pour que votre sauce ne se lâche pas : vous mettrez des croûtons autour de votre plat.

FILETS DE FAISAN A LA SAINTE-MENEHOULD.

Levez les filets, assaisonnez-les de sel et de poivre; faites tiédir du beurre; vous les tremperez dedans, puis vous les mettrez dans de la mie de pain, les uns après les autres : tâchez que la mie prenne partout les filets. Vous les poserez sur un gril au moment de servir, vous les mettrez sur un feu doux : prenez garde à la couleur; vous les dresserez en couronne sur le plat, et vous y mettrez une sauce au fumé de gibier, une sauce tomate ou une italienne. (*Voyez* ces Sauces.)

CUISSES DE FAISAN A LA PURÉE DE LENTILLES.

Après avoir tiré les filets d'un faisan, il faut employer les cuisses; vous les lèverez dessus les reins, vous prendrez de la peau le plus possible : désossez-les jusqu'à la jointure; vous y mettrez gros comme la moitié d'un œuf de petit lard pilé, que vous assaisonnez de sel et de gros poivre, un peu d'aromates pilés. Vous rassemblerez les chairs avec une aiguille et du fil, vous les coudrez de manière que vos cuisses forment le rond par le gros bout; vous mettez des bardes de lard dans une casserole, vous y placerez vos cuisses, des bardes de lard par-dessus, deux carottes, quatre oignons coupés en tranches, deux feuilles de laurier, deux clous de girofle, quelques branches de [illegible], une cuillerée à pot de bouillon; vous ferez mijoter vos cuisses pendant une heure et demie. Au moment de servir, égouttez-les, débridez-les, et vous les dresserez en couronne, une cuisse, un croûton glacé à peu près de la largeur de la cuisse, votre purée dans le milieu. Si vous voulez les arranger autrement, vous les masquerez avec votre purée (voyez Purée de lentilles); vous pouvez les mettre cuire entre deux bardes de lard et l'assaisonnement : vous les mouillez avec du bouillon.

FAISAN A LA PÉRIGUEUX.

Vous viderez et flamberez votre faisan, vous casserez les deux os de l'estomac : il faut qu'il soit vidé par la poche, pour ne pas endommager le croupion; vous aurez une livre et demie de truffes, que vous nettoierez et éplucherez, c'est-à-dire que vous enlèverez légèrement le dessus de vos truffes, que vous mettrez à part; vous les hacherez bien menu : placez ensuite dans une casserole une demi-livre de lard râpé, un quarteron de beurre, un quarteron d'huile, que vous ferez chauffer; vous y mettrez vos truffes coupées en morceaux gros comme une noix; vous les ferez revenir : ajoutez un peu de sel, un peu de gros poivre, un peu des quatre épices. Quand les truffes auront bouilli dans votre lard pendant cinq minutes, vous y jetterez vos parures hachées; vous les laisserez refroidir, et vous mettrez le tout, par la poche, dans le corps du faisan : arrangez une barde de lard bien mince sur l'endroit par où sont entrées vos truffes, et remettez la peau par-dessus; vous trousserez les pattes comme à une poularde poêlée; vous les briderez bien : assujettissez la peau de la poche, pour que les truffes ne sortent pas en cuisant. Vous mettez ensuite des bardes de lard dans une casserole, votre faisan par-dessus; vous les couvrirez bien de bardes, vous marquerez une poêle sans citron, que vous verserez dessus; couvrez-le d'un rond de papier beurré; vous le ferez mijoter une heure. Au moment de servir vous égoutterez votre faisan, vous le débriderez : ayez bien soin de ne pas le crever; vous le dresserez sur votre plat, vous hacherez deux truffes que vous passerez dans du beurre; vous ajouterez trois cuillerées à dégraisser d'espagnole, trois de fumé de gibier, ou bien du mouillement dans lequel a cuit votre faisan; vous ferez réduire votre sauce à moitié; dégraissez-la et versez-la sur votre faisan. (*Voyez* Poêle.)

QUENELLE DE FAISAN.

Vous levez les chairs de l'estomac du faisan, et vous faites votre quenelle comme celle dite de volaille. (*Voyez* Quenelle.)

SALMIS DE FAISANS.

Faites cuire deux jeunes faisans à la broche; laissez-les refroidir, dépecez-les par les membres, parez-les proprement; supprimez-en les peaux, arrangez-les dans une casserole; mettez dans une casserole vos débris, avec un bon verre de vin blanc; ajoutez-y quatre échalotes, un zeste de bigarade, une demi-gousse d'ail, une demi-feuille de laurier, quatre cuillerées d'espagnole travaillée, gros comme une noix de glace, une cuillerée de consommé; faites réduire le tout ensemble; passez votre sauce à l'étamine sur vos membres de faisans. Si votre sauce n'est pas assez longue, ajoutez-y un peu d'espagnole réduite : faites chauffer votre salmis au bain-marie, sans le laisser bouillir, au moment de servir, dressez vos membres sur un plat, en mettant les inférieurs les premiers, conséquemment vos ailes et vos cuisses à l'entour, le tout entremêlé de croûtons en cœur passés au beurre; exprimez dans votre sauce un jus de bigarade; saucez et servez. (F.)

AUTRE SALMIS A LA PROVENÇALE.

Préparez vos membres comme il est marqué ci-dessus; mettez dans une casserole vos débris avec un peu d'huile d'olive, un bon verre de vin de Bordeaux, une gousse d'ail, une feuille de laurier, un zeste de bigarade, une cuillerée de consommé; faites réduire le tout ensemble; quand cela sera aux trois quarts réduit, passez à l'étamine votre sauce, joignez-y une cuillerée d'espagnole, gros comme une noix de gruau, un peu de champignons, de truffes, échalotes et persil hachés; versez votre sauce sur vos membres de faisans; faites chauffer au bain-marie. Au moment de servir, ajoutez-y un peu d'huile d'olive et un jus de bigarade; dressez-le comme il est indiqué ci-dessus, avec des croûtons passés à l'huile. (F.)

SOUFFLÉ DE FAISAN.

Pour procéder à ce sujet, *voyez* Soufflé de perdreau et de volail ou de lapereau, à leur article. (F.)

CROQUETTES DE FAISAN.

S'il vous reste un faisan de desserte, ou des membres de faisan, vous pouvez en faire des croquettes. (*Voyez* Croquettes de lapereau, à son article.) (F.)

MAGNONNAISE DE FAISAN.

Pour procéder à l'égard de cette magnonnaise, *voyez* Magnonnaise de lapereau, ou Salade. (F.)

BOUDINS DE FAISAN A LA RICHELIEU.

Levez les chairs d'un faisan, pilez-les, passez-les au tamis à quenelles; faites cuire dans la cendre douze grosses pommes de terre, épluchez-les, et faites attention qu'il n'y reste ni cendre ni gravier; pilez-les, mettez autant de pommes de terre que de chair; pilez le tout ensemble; ajoutez autant de beurre que les deux autres portions; assaisonnez de sel, poivre, épices et muscade; pilez le tout ensemble; mettez-y à mesure cinq œufs entiers; retirez votre farce du mortier, poudrez un bout de table de farine, mettez-la dessus par parties, roulez-la de manière à en former de gros boudins; posez-les sur un couvercle; pochez-les comme le boudin de lapereau; égouttez-les sur un linge blanc, laissez-les refroidir; panez-les à l'anglaise, c'est-à-dire avec deux jaunes d'œufs battus, un peu de beurre fondu et un peu de sel. Au moment de servir, faites-les griller, et servez-les avec un fumé fait avec la carcasse de votre faisan. (*Voyez* Fumé de gibier.) (F.)

FAISAN A LA CHOUCROUTE.

Ayez un gros faisan, plumez-le, videz-le, troussez-le en poule et flambez-le; assaisonnez-le en dedans de sel, poivre, épices, persil et ciboule; piquez-le de gros lard; ficelez-le, lavez et passez de la choucroûte en suffisante quantité pour en faire un bon plat, mettez-la cuire avec un morceau de petit lard et un cervelas; nourrissez-la avec quelque fond ou dessus de graisse; faites-la cuire pendant un quart d'heure sur un feu doux; après, retirez votre petit lard et le cervelas, mettez-y au milieu votre faisan; faites-le cuire environ une heure et demie, et lorsqu'il sera cuit, débridez-le, dressez-le sur un plat; égouttez votre choucroûte dans une passoire, garnissez-en votre faisan; coupez votre cervelas en tranches, ôtez-en la peau, faites-en une bordure autour de la choucroute, en entremêlant de petit lard coupé en lames et de quelques saucisses: servez. (F.)

CUISSES DE FAISAN EN PAPILLOTES.

Ayez huit cuisses de faisans rôtis; coupez-en les pattes, parez-les; ayez des fines herbes préparées comme pour les côtelettes de veau en papillotes (*voyez* Fines herbes à l'article Sauce); mettez en papillotes de même : placez-les sur le gril un quart d'heure avant de servir. (F.)

GALANTINE DE FAISAN.

Ayez un gros et vieux faisan; plumez-le, videz-le, flambez-le désossez-le en le fendant par le dos, étendez-le sur un linge blanc; couvrez les chairs d'une farce cuite de gibier (*voyez* article Farce); faites de gros lardons; assaisonnez de sel, poivre, épices, muscade et aromates pilés, de tétine de veau cuite, de langue à l'écarlate, de truffes, si c'est la saison; posez sur votre farce ces lardons de distance en distance, et entremêlez-les, pour que votre pièce soit bien marbrée; mettez les filets de deux lapereaux fendus en deux; recouvrez ces lardons d'un lit de farce, et continuez de remettre ainsi farce et lardons jusqu'à ce que votre faisan soit rempli; rapprochez les peaux, cousez-les, tâchez de donner à votre faisan sa forme première; entourez-le de bardes de lard, enveloppez-le d'un morceau d'étamine neuve, cousez cette étamine, attachez-en les deux bouts avec de la ficelle; foncez une braisière avec quelques carottes, oignons, deux clous de girofle, deux feuilles de laurier, ail, un quarteron de jambon, deux jarrets de veau et carcasse de gibier; posez votre faisan sur ce fond, couvrez-le de bardes de lard; mouillez d'une bouteille de vin blanc et de bouillon : il faut qu'il baigne dans son assaisonnement; couvrez-le de papier, faites-le partir : après lui avoir mis son couvercle, posez-le sur la paillasse, avec feu dessus et dessous; laissez-le cuire trois heures : sa cuisson faite, retirez-le du feu, laissez-le dans son assaisonnement une heure; retirez-le, pressez-le légèrement, aplatissez-lui l'estomac autant que possible, afin d'avoir la facilité de le garnir de gelée; passez le fond de votre galantine au travers d'une serviette, mettez votre gelée au feu; ayez soin de l'écumer et de dégraisser à fond. Au moment qu'elle sera pour bouillir, ajoutez-y un verre de vin blanc, et écumez-la de nouveau; laissez-la réduire un quart; ayez quatre œufs entiers, cassez-les avec leurs coquilles, battez-les avec de l'eau fraîche : retirez votre gelée du feu, versez-la sur vos œufs, en remuant toujours jusqu'à ce que cela devienne blanc comme du lait; pressez deux jus de citron dedans; placez votre gelée sur le bord du fourneau, et laissez-la clarifier d'elle-même; faites-la bouillir petit à petit, et laissez réduire encore d'un bon quart; passez-la dans une serviette, comme il est indiqué à l'article Grande Aspic; laissez votre gelée se refroidir; déballez votre galantine, ratissez le gras qui est à l'entour; faites chauffer au four de campagne, glacez-la comme un jambon, pour que la gelée tienne; dressez-la sur une serviette, garnissez-la de gelée à votre volonté, et servez. (F.)

CUISSES DE FAISAN EN BALLOTINE.

Quand vous lèverez vos filets de faisan, vous aurez soin de ne pas écorcher les peaux des cuisses, et de les tenir les plus grandes possible : fendez votre peau au milieu de chaque rein, et levez-en les cuisses; désossez-les tout entières, coupez les ongles des pattes, et la patte à sa jointure, et renfoncez la patte dans la cuisse, en rebroussant la peau du pilon de la cuisse : étendez vos cuisses sur un linge blanc; assaisonnez vos chairs de sel, poivre et épices; posez sur les chairs un peu de farce cuite, comme il est indiqué au Faisan en galantine. Cousez les peaux de ces cuisses, donnez-leur la forme d'une côtelette; foncez une casserole de bardes de lard, posez vos cuisses dessus, recouvrez-les de lard; mouillez-les d'une demi-bouteille de vin blanc et de bouillon : assaisonnez de sel, poivre, une carrotte, un oignon, un clou de girofle, ail et laurier: une heure suffit pour leur cuisson; mettez-les entre deux couvercles de casserole, et quelque chose de pesant dessus; laissez-les refroidir, parez-les, piquez sept clous de truffes dessus chaque cuisse; mettez-les chauffer dans une demi-glace; dressez-les sur un plat en couronne, avec une purée de champignons au milieu on peut les servir de même à la gelée. Servez. (F.)

FILETS DE FAISANS BIGARRÉS.

Prenez trois jeunes faisans, levez-en les filets, ôtez-en les mignons; levez la peau de vos gros filets, et cela en les posant sur la table, et faisant couler votre couteau comme si vous leviez une barde de lard; prenez garde d'endommager les chairs : battez-les légèrement avec le manche de votre couteau, et parez-les; faites fondre du beurre dans un sautoir, placez-y trois de vos plus beaux filets; les trois autres, panez-les à l'anglaise; assaisonnez de sel et gros poivre; préparez vos six petits filets; piquez-en trois, et les trois autres bigarrez-les de truffes; mettez-les sur une tourtière avec un peu de beurre fondu et un peu de glace; donnez-leur la forme d'un demi-cercle, et couvrez-les d'un rond de papier: vous aurez levé les cuisses de vos faisans, et les aurez fait cuire à la broche; lorsqu'elles seront froides, vous en supprimerez les peaux et les nerfs; vous hacherez les chairs fort menu, et les mettrez dans une casserole que vous couvrirez : vous aurez fait un fumé de vos carcasses, comme il est indiqué au fumé de lapereau (*voyez* l'article Sauce). Sa cuisson faite, passez-le au travers d'une serviette, faites-le réduire; ajoutez-y trois cuillerées d'espagnole travaillée : faites réduire le tout ensemble à demi-glace, et réservez-en un peu pour glacer votre entrée : sautez vos trois filets; faites griller les trois autres; retournez-les; assurez-vous s'ils sont cuits; dressez-les en couronne, avec un témoin de langue à l'écarlate coupé en cœur; mettez votre hachis et quelques truffes hachées dans votre sauce avec un pain de beurre : faites-le chauffer sans le laisser bouillir, versez-le dans le milieu de vos filets; vous aurez fait sauter au même instant vos petits filets dans le beurre; leur cuisson faite, glacez-les, et faites-en une seconde couronne sur votre hachis, que vous aurez masqué avec ce que vous aviez conservé de votre sauce, et servez. (F.)

SAUCISSES DE FAISAN.

Prenez une livre de chair de faisan, retirez-en les peaux et les nerfs, et servez-vous en tout du même procédé que pour les saucisses de chevreuil. (*Voyez* à son article.) (F.)

PURÉE DE FAISAN.

(*Voyez* Purée de gibier.)

HACHIS DE FAISAN.

(*Voyez* Hachis de perdreau.)

ESCALOPES DE FAISANS.

Levez les filets de trois faisans, enlevez-en les peaux, coupez-les en filets d'égale grosseur, formez-en des escalopes, comme il est indiqué à l'article Escalopes de lapereaux; faites fondre du beurre dans un sautoir, arrangez-y vos escalopes, assaisonnez de sel et gros poivre, arrosez-les de beurre fondu; faites un fumé du restant de vos chairs et carcasses, comme il est indiqué à l'article Fumé de lapereaux; ajoutez-y trois cuillerées à ragoût d'espagnole; faites réduire le tout à demi-glace; faites sauter vos escalopes, égouttez-en le beurre, mettez dedans votre réduction, sautez-les, et finissez-les avec un pain de beurre; goûtez si elles sont d'un bon goût; dressez-les, et servez avec des croquettes à l'entour. (F.)

COQS ET POULES DE BRUYÈRES.

Ils se préparent comme le faisan. (*Voyez* ces articles.) (F.)

PINTADES.

Les jeunes se préparent de même que les perdreaux rouges. (*Voyez* cet article.) (F.)

DE LA PERDRIX.

La perdrix rouge est plus estimée et meilleure que la grise: l'une habite plus volontiers les montagnes, et l'autre la plaine; la première a un très-beau plumage et la chair d'un blanc jaune; l'autre a la chair d'un gris noir, selon son âge. La différence qu'il y a entre le perdreau et la perdrix, c'est que la dernière grande plume de l'aile du perdreau est pointue, et que celle de la perdrix est ronde.

PERDRIX A L'ÉTOUFFADE.

Vous avez trois vieilles perdrix que vous plumez et videz, vous les flambez légèrement; piquez-les de moyens lardons que vous assaisonnez de sel, gros poivre, d'aromates pilés; vous troussez les pattes comme celles d'une poularde poêlée; donnez-leur une belle forme, bridez-les; vous mettrez ensuite dans une casserole des bardes de lard, vos perdrix, puis quelques tranches de veau, deux carottes, deux oignons, deux clous de girofle, un bouquet de persil et ciboule, une feuille de laurier, un peu de thym; vous les couvrirez de bardes de lard, vous mettrez un rond de papier beurré, un verre de vin blanc, un verre de bouillon, un peu de sel; vous ferez mijoter vos perdrix pendant une heure et demie, selon qu'elles sont dures. Au moment de servir, égouttez-les, bridez-les; vous mettrez trois cuillerées à dégraisser d'espagnole, et trois de fumé de gibier; vous ferez réduire le tout à moitié, et vous saucerez vos perdrix.

A LA BOURGEOISE.

Si vous n'avez pas de sauce, vous ferez un roux léger que vous arroserez avec le mouillement dans lequel vos perdrix ont cuit;

vous le passerez au tamis de soie: vous ferez réduire votre sauce à moitié, afin qu'elle prenne du goût; dégraissez-la et passez-la à l'étamine : vous la verserez sur vos perdrix.

PERDRIX AUX CHOUX.

Vous préparez vos perdrix comme celles étouffées; vous mettez dans une casserole, avec vos perdrix, des bardes de lard, une livre de petit lard que vous aurez fait blanchir et bien nettoyé, un gros cervelas ou un morceau de jambon, quelques tranches de veau; vous couvrez vos perdrix de bardes de lard; vous ajouterez quatre carottes, quatre oignons, deux clous de girofle, deux feuilles de laurier; vous ferez blanchir vos choux; ficelez-les; vous les presserez; mettez-les par-dessus vos perdrix; vous les couvrirez de bardes de lard, un rond de papier beurré, deux cuillerées à pot de bouillon : vous les ferez mijoter pendant deux heures. Au moment de servir, égouttez-les, débridez-les; vous les dressez ensuite sur votre plat; égouttez vos choux, pressez-les pour les sécher: vous les dressez autour de vos perdrix; vous coupez votre lard en morceaux, et vous les posez de distance à autre sur vos choux, avec vos cervelas. Vous mettez dessous une sauce espagnole.

Vous pouvez vous servir pour sauce du mouillement dans lequel auront cuit vos perdrix.

PERDREAUX AUX TRUFFES.

Vous prenez trois forts perdreaux que vous videz par l'estomac, vous les flambez légèrement; prenez bien garde de les endommager; râpez ou pilez une livre de lard que vous placerez dans une casserole; mettez-y de moyennes truffes coupées en quatre; vous avez soin d'arrondir vos morceaux, que vous hachez et que vous passez au feu; jetez-y un peu de sel, un peu de gros poivre, des quatre épices. Au moment où vous les faites mijoter avec votre lard, vous y jetez des hachures de truffes; après dix minutes, retirez-les de dessus le feu, et laissez-les refroidir; ensuite vous les mettez dans vos perdreaux; bridez-les, en leur donnant une forme bien ronde; arrangez des bardes de lard dans une casserole, et vos perdreaux par-dessus; vous les couvrez de bardes; vous faites une poêle où vous n'employez pas de citron; vous la mettez sur vos perdreaux; faites-les mijoter pendant une heure et demie. Au moment de servir, vous les égouttez, les débridez, et les dressez sur un plat : hachez ensuite deux truffes; vous les passez dans un peu de beurre; vous mettez trois cuillerées à dégraisser d'espagnole, trois de fumé de gibier; vous ferez réduire votre sauce à moitié : dégraissez-la, et servez-la sous vos perdreaux.

A LA BOURGEOISE.

Si vous n'avez pas de sauce, vous passerez vos truffes hachées, vous y mettrez une demi-cuillerée à bouche de farine; vous passerez au tamis de soie le mouillement dans lequel auront cuit vos perdreaux, vous ferez réduire votre mouillement à moitié : dégraissez-la et servez-la sous vos perdreaux. On peut aussi les mettre à la broche.

PERDREAUX A L'ESPAGNOLE.

Plumez et videz trois perdreaux qui soient de même grosseur; vous les flamberez légèrement; vous les trousserez et les briderez de même qu'une poularde poêlée; vous mettrez dans une casserole un quarteron de beurre, le jus d'un citron, un peu de gros poivre, une tranche de jambon; vous poserez vos perdreaux sur un feu un peu chaud, vous les ferez revenir tout doucement, pour qu'ils ne prennent pas couleur: quand ils seront bien revenus, vous mettre six cuillerées à dégraisser d'espagnole, une demi-bouteille de vin blanc, une feuille de laurier, un bouquet de persil et de ciboule, un clou de girofle; vous ferez mijoter vos perdreaux pendent trois quarts d'heure; vous les retirerez quand ils seront cuits, vous les placerez dans une casserole; dégraissez la sauce, et faites-la réduire à moitié; vous la passerez à l'étamine sur vos perdreaux. Au moment de servir, débridez-les et dressez-les sur votre plat; servez la sauce dessous.

A LA BOURGEOISE.

Si vous n'avez pas d'espagnole, vous laisserez vos perdreaux dans leur beurre; vous ferez un roux léger que vous mouillerez avec du bouillon et une demi-bouteille de vin blanc, que vous verserez sur vos perdreaux avec l'assaisonnement. Quand vous ferez réduire votre sauce, dégraissez-la le plus possible, faites-la réduire jusqu'à ce qu'elle soit assez liée pour servir de sauce: voyez s'il elle est d'un bon sel. On peut servir un petit ragoût avec ces perdreaux, c'est-à-dire mettre des garnitures avec leur sauce.

PERDREAUX POÊLÉS.

Vous aurez trois perdreaux bien frais, de même grosseur, qui ne soient pas écorchés sur l'estomac, ni meurtris; vous les viderez par la poche; c'est-à-dire qu'il faut faire sortir par là les boyaux, le gésier et le foie, pour éviter de faire des incisions ailleurs; vous les flamberez légèrement, quand ils seront bien épluchés; vous manierez trois quarterons de beurre avec un peu de sel, le jus d'un citron, un peu de gros poivre, un peu d'aromates pilés, le tout bien mêlé; vous remplissez vos perdreaux de ce beurre, vous les bridez et les troussez comme une poularde poêlée; vous placez ensuite des bardes de lard dans une casserole, vos perdreaux par-dessus; vous les couvrez de tranches de citron et de bardes de lard; vous versez une poêle dessus (*Voyez* Poêle). Vous les faites mijoter pendant une bonne demi-heure, vous les égouttez. Au moment de servir, débridez-les, dressez-les sur votre plat; vous mettez une belle écrevisse entre chaque perdreau, trois cuillerées à dégraisser d'espagnole, et trois d'essence de gibier, que vous ferez réduire à moitié, et que vous verserez sous vos perdreaux.

A LA BOURGEOISE.

Si vous n'avez pas de sauce, ni de fumé de gibier, vous ferez un roux léger; vous passerez au tamis de soie le mouillement dans lequel auront cuit vos perdreaux; vous l'arroserez; vous y mettrez un demi-verre de vin blanc. Si votre sauce est bien longue, faites-la réduire jusqu'à ce qu'elle soit assez liée pour saucer vos perdreaux; ayez soin de la dégraisser et de la passer à l'étamine; voyez si elle est d'une bon sel.

FILETS DE PERDREAUX AUX BIGARADES.

Vous mettez huit perdreaux à la broche, trois quarts d'heure avant de servir; quand il sont cuits un peu verts, c'est-à-dire dans leur jus, vous les ôtez de la broche : vous levez correctement les filets, vous dressez sur le plat un croûton glacé qui ait à peu près la même forme que vos filets, mais plate; vous mettrez dans une casserole quatre cuillerées à dégraisser d'espagnole travaillée, un peu de gros poivre, le jus d'une bigarade, avec un peu de zeste de l'écorce : vous ferez jeter un bouillon à votre sauce, et vous la verserez sur vos filets.

A LA BOURGEOISE.

Si vous n'avez pas de sauce, vous ferez un roux léger, vous concasserez quelques reins de vos perdreaux, vous les mettrez dans votre roux; mouillez-les avec du bouillon, un demi-verre de vin blanc, une feuille de laurier; vous le ferez réduire à moitié, vous le dégraisserez et le passerez à l'étamine; vous y presserez vos bigarades, comme il est expliqué.

SAUTÉ DE FILETS DE PERDREAUX.

Vous aurez six perdreaux de même grosseur; vous en levez les filets, vous les parez, vous en ôtez la peau nerveuse; vous les mettez du côté de la peau sur la table; vous glissez la lame du couteau entre cette peau et la chair, d'une extrémité à l'autre, en tenant toujours votre tranchant enclin du côté de la peau, pour ne pas trop enlever de chair; posez ensuite vos filets dans votre sautoir ou tourtière; vous les assaisonnez de sel et de gros poivre; vous faites tiédir trois quarterons de beurre que vous versez dessus : dix minutes avant de servir, vous les mettez sur un feu ardent; quand ils sont raidis d'un côté, vous les retournez de l'autre; ne les laissez qu'un instant; vous penchez votre sautoir, pour que votre beurre se sépare de vos filets; dressez-les en couronne sur votre plat, un croûton glacé entre chaque filet; vous employez pour sauce une espagnole travaillée à l'essence de gibier.

A LA BOURGEOISE.

Si vous n'avez pas de sauce ni de fumé, vous ferez attacher le jus qu'auront jeté vos filets dans votre sautoir; quand le fond sera blond, vous ôterez la moitié du beurre; vous y verserez une cuillerée à bouche de farine, que vous y mêlerez; ajoutez-y un verre de bouillon, un peu de jus, un demi-verre de vin blanc, vous ferez jeter quelques bouillons à votre sauce, vous la passerez à l'étamine; joignez-y un peu de gros poivre, un jus de citron; voyez si elle est d'un bon sel : mettez-la sous vos filets.

SAUTÉ DE FILETS DE PERDREAUX AUX TRUFFES.

Vous préparez vos filets comme les précédents. Quand ils sont arrangés dans votre sautoir, vous épluchez vos truffes; coupez-les en forme ronde et de l'épaisseur d'une ligne et demie; vous les arrangez sur vos filets avec un peu de sel, un peu de gros poivre. Au moment du service, vous les sautez sur un feu ardent; égouttez-les et dressez-les en couronne, un croûton glacé entre chaque filet; vous mettez vos truffes dans la même sauce que la précédente; vous les sautez dedans et vous les mettez dans le milieu de vos filets.

PERDREAUX A LA MONGLAS.

Après avoir vidé et flambé vos perdreaux, vous les trousserez comme une poularde poêlée; vous les mettrez à la broche. Quand ils sont cuits, vous les laisserez refroidir; vous en lèverez les estomacs de manière que le reste du corps forme un puits ovale; vous couperez en petits dés vos chairs, que vous passerez dans une casserole; vous partagerez deux ou trois truffes aussi en petits dés; vous aurez une vingtaine de champignons que vous couperez en petit dés; vous les mèlerez avec vos truffes et votre viande de perdreau; vous verserez six cuillerées à dégraisser d'espagnole, six de fumé de gibier; vous ferez réduire le tout à un tiers; vous le passerez à l'étamine au-dessus de votre ragoût. Tenez vos perdreaux chauds dans une casserole. Au moment de servir, vous les débriderez; vous mettrez votre ragoût dans vos perdreaux, une espagnole travaillée dessous (*voyez* Sauce espagnole).

A LA BOURGEOISE.

Si vous n'avez pas de sauce, vous concasserez vos débris de perdreaux; vous ferez un roux léger; vous les mettrez dedans avec un demi-verre de vin blanc, deux verres de bouillon, une feuille de laurier, un peu de gros poivre; vous la ferez réduire jusqu'à ce qu'elle soit assez liée pour votre ragoût. Voyez si elle est d'un bon sel; vous la passerez à l'étamine.

SALMIS DE PERDREAUX.

Vous mettrez quatre perdreaux à la broche; vous les laisserez refroidir si vous en avez le temps; vous lèverez les membres le mieux possible; mettez-les dans une casserole; vous concasserez les débris avec le couteau; vous mettrez dans une autre casserole six cuillerées à dégraisser d'espagnole, vos débris de perdreaux, six échalotes, un verre de vin blanc, une pincée de feuilles de persil, une feuille de laurier, une bonne pincée de gros poivre, très-peu de sel, un verre de bouillon. Vous ferez aller à grand feu votre sauce. Quand elle sera réduite à plus de moitié, vous la passerez à l'étamine au-dessus de vos membres de perdreaux; vous les tiendrez chauds dans leur sauce, sans les faire bouillir. Au moment du service, dressez sur vos membres de perdreaux des croûtons que vous tremperez dans la sauce.

A LA BOURGEOISE.

Si vous n'avez pas d'espagnole, vous ferez un roux léger; vous passerez vos débris; mettez dedans des échalotes et du persil; vous y verserez un verre de vin blanc, deux de bouillon, du sel, du gros poivre, une feuille de laurier; vous ferez réduire votre sauce à moitié; vous la passerez à l'étamine au-dessus des membres de perdreaux. Au moment de servir, vous y mettrez le jus d'un citron entier: voyez si elle est d'un bon sel.

SALMIS DE TABLE A L'ESPRIT-DE-VIN.

A table, lorqu'on veut manger un salmis, vous dépecez vos perdreaux, vous les mettez sur un plat d'argent que vous posez sur un réchaud à l'esprit-de-vin; vous ajoutez du sel, du gros poivre, un verre de vin blanc, les jus de deux citrons, avec un peu de zeste de l'écorce, un peu d'échalote hachée qu'on fait venir de la cuisine, un peu d'ail pilé, si on l'aime, un peu de croûte de pain râpée que vous semez sur votre salmis; vous le laisserez mijoter dix minutes, et vous en servez: il faut que le sel, le gros poivre y dominent.

MANSELLE DE PERDREAUX.

Vous mettez à la broche quatre perdreaux et vous les dépecez comme pour le salmis de perdreaux; vous placez vos débris dans un mortier, avec six échalotes, une pincée de persil, du gros poivre, une feuille de laurier; vous pilez le tout ensemble; vous versez dans une casserole quatre cuillerées à dégraisser d'espagnole, un demi-verre de vin blanc, vos débris pilés, un peu de muscade râpée, un demi-verre de bouillon; vous ferez réduire le tout à moitié, vous passerez votre sauce en la foulant dans l'étamine; vous la mettez sur vos membres de perdreaux, que vous tiendrez chauds sans les faire bouillir.

A LA BOURGEOISE.

Si vous n'avez point de sauce, vous ferez un roux; vous y ajouterez vos débris pilés, un verre de vin blanc, deux verres de bouillon, un clou de girofle; vous ferez réduire votre sauce; vous la dégraisserez et la passerez à l'étamine voyez si elle est d'un bon sel.

HACHIS DE PERDREAUX.

Vous mettez huit perdreaux à la broche: quand ils sont cuits, vous les laissez refroidir; vous levez les filets, vous les hachez; mettez-les dans une casserole. Vous faites un roux léger, vous y mettez les foies et les poumons de vos perdreaux, une feuille de laurier, un clou de girofle, trois échalotes, un peu de sauge; vous faites revenir le tout avec votre roux; vous y versez deux grands verres de bouillon; vous laissez réduire votre sauce à moitié; passez-la à l'étamine sans la fouler; vous en mettez dans votre hachis jusqu'à ce qu'il soit épais et lié; vous le tiendrez chaud sans le faire bouillir. Au moment de servir, arrangez des croûtons autour de votre plat et mettez-y votre hachis. Vous ajouterez à l'entour des œufs à cinq minutes, ou des œufs pochés; entre chaque œuf vous placerez un croûton rond frit dans l'huile. (*Voyez* Œufs pochés.)

PURÉE DE PERDREAUX.

Préparez vos chairs comme il est dit à la purée de volaille, à l'exception d'y mettre, en place de la béchamel ou du velouté, une espagnole travaillée au fumé de gibier, et vous en servez pour les choses indiquées.

SOUFFLÉ DE PERDREAUX.

Préparez les chairs comme il est dit au soufflé de volaille, et, en place de velouté, faites réduire de l'espagnole avec un peu de vin de Champagne blanc ou autre, et vous la mettrez dans des chairs pilées, en place d'autre sauce. (*Voyez* Soufflé de volaille.)

PERDREAU A LA SAINT-LAURENT.

Videz votre perdreau et flambez-le; coupez les pattes et troussez les cuisses en dedans, sans faire un grand trou, près le croupion; vous écartez votre perdreau et le battez sur l'estomac, de manière que votre perdreau ait une plus grande surface; vous le poudrez de sel, de gros poivre; vous mettez le côté de l'estomac dans une casserole où il y aura de l'huile, vous le faites revenir sur le feu, vous le retournez de l'autre côté, pour qu'il revienne de même. Une demi-heure avant de servir, vous le mettez sur le gril à un feu un peu chaud. Vous prenez deux cuillerées à dégraisser d'espagnole, le jus d'un citron et demi; vous zestez un peu d'écorce que vous mettez dans votre sauce, un peu de sel, de gros poivre; vous ne faites jeter qu'un bouillon à votre sauce; mettez ensuite votre perdreau sur le plat et votre sauce par-dessus.

A LA BOURGEOISE.

Si vous n'avez ni sauce, ni citron, vous chapellerez très-menu un peu de croûte brune de pain; vous hacherez sept ou huit échalotes; un peu de poivre, du sel, un demi-verre d'eau, six cuillerées à bouche de vinaigre; quatre autres d'huile; vous ferez jeter deux ou trois bouillons à votre sauce et vous la verserez sur votre perdreau.

PERDREAU A LA TARTARE.

Vous viderez, flamberez, trousserez et fendrez votre perdreau comme les précédents; vous ferez tiédir du beurre dans une casserole, vous y tremperez votre perdreau de manière qu'il ait du beurre partout, vous le poudrerez de sel, de gros poivre; vous le mettrez dans de la mie de pain, pour qu'il soit bien pané partout. Une bonne demi-heure avant de servir, vous poserez votre perdreau sur le gril à un feu doux, et, lorsque vous servirez, mettez sur votre plat une rémolade, ou sauce à la tartare, et votre perdreau par-dessus. Si on veut, on peut servir dessous un jus clair, ou une sauce piquante.

PERDREAU SAUTÉ.

Vous préparez votre perdreau comme celui à la tartare; vous mettez un bon morceau de beurre dans une casserole; vous y posez votre perdreau du côté de l'estomac, vingt minutes avant de servir; vous faites aller à feu ardent; vous y jetez du sel, du poivre; vous le retournez quand vous sentez qu'il est ferme sous votre doigt; vous le retirerez du feu et le mettrez sur le plat avec une sauce espagnole réduite, dans laquelle vous pressez une moitié de citron.

A LA BOURGEOISE.

Si vous n'avez ni sauce, ni citron, vous ôtez les trois quarts de beurre de votre casserole; vous y ajoutez un peu de farine, un demi-verre de vin blanc, autant de bouillon, du sel, du poivre; vous ferez jeter quelques bouillons à votre sauce et vous la mettrez sous votre perdreau.

PERDREAU EN PAPILLOTES.

Lorsque votre perdreau est vidé et flambé, vous le coupez en deux, du cou au croupion, et vous séparez les morceaux; vous mettez du beurre dans une casserole; laissez vos morceaux de perdreau revenir pendant sept ou huit minutes; qu'ils soient presque cuits; vous les laissez refroidir sur un plat; ajoutez des fines herbes à papillotes par-dessus (*voyez* Fines Herbes à Papillotes). Quand votre perdreau sera froid, vous couperez un carré de papier assez grand pour qu'il puisse contenir la moitié de votre perdreau; vous étendrez de l'huile sur votre papier, vous y mettrez une barde de lard bien mince, votre autre moitié par-dessus, avec de vos fines herbes, et une barde bien mince pour la couvrir; vous pliez votre papier par-dessus; plissez-le en forme de papillote. Une demi-heure avant de servir, vous mettrez vos papillotes sur le gril à un feu très-doux; vous les dressez en couronne sur votre plat, avec un jus clair dessous.

PURÉE DE PERDREAUX.

Vous ferez cuire huit ou dix perdreaux à la broche, selon la quantité de purée dont vous aurez besoin; vous laisserez refroidir. Quand ils seront cuits, vous enlèverez les chairs de l'estomac; pilez-les dans un mortier; après ce procédé, vous aurez une sauce de velouté travaillée au fumé de gibier; vous en mettrez six ou huit cuillerées à dégraisser dans votre mortier, pour rendre votre purée liquide; vous la passerez ensuite à l'étamine, sans la mettre sur le feu; vous la foulerez bien avec une cuillère de bois; quand votre purée sera bien passée, vous la tiendrez chaude sans la faire bouillir; vous y ajouterez du sel, du poivre, un morceau de beurre gros comme un œuf, et vous l'emploierez comme vous voudrez soit dans le potage, soit dans des croûtons en pain, etc.

PAIN DE PERDREAUX.

Vous ferez une purée comme la précédente; vous ajouterez dans le mortier dix à douze jaunes d'œufs crus; vous passez votre purée à l'étamine : quand elle sera passée, vous aurez un moule qui sera vide dans le milieu. Si vous voulez y mettre un petit ragoût, vous le beurrerez et vous mettrez votre purée dedans; vous poserez votre moule dans un bain-marie, vous le laisserez mijoter pendant trois quarts d'heure. Au moment de servir, vous renverserez votre pain sur votre plat, vous le mouillerez avec une sauce blonde de fumé de gibier bien corsée.

PERDREAUX AU CHARBON.

Ayez cinq jeunes perdreaux, videz-les, flambez-les légèrement; faites les pattes, coupez vos perdreaux en deux; rentrez en dedans, faites repasser par un trou entre les reins et le croupion, de manière que la patte serve d'os de côtelette : battez-les légèrement, assaisonnez-les de sel et gros poivre; faites fondre du beurre, trempez vos demi-perdreaux dedans et panez-les avec des truffes hachées : faites-les griller un quart d'heure avant de servir; dressez-les, saucez-les d'une demi-glace, avec un jus de citron dedans. (F.)

MAGNONNAISE DE PERDREAUX.

Faites cuire trois perdreaux à la broche, laissez refroidir; coupez-les par membres, parez-les; mettez-les dans un vase avec sel, gros poivre, un peu d'huile et de vinaigre, et un peu de ravigote hachée : dressez sur un plat vos perdreaux, en mettant les reins au fond, rangeant vos membres à l'entour et les trois estomacs dessus; garnissez votre plat d'un cordon de gelée; saucez vos perdreaux d'une sauce magnonnaise ou provençale (*voyez* l'article Sauce magnonnaise); décorez-la avec du filet d'anchois, des cornichons, des œufs durs et des câpres. Servez. (F.)

FILETS DE PERDREAUX A LA MONGLAS.

Ayez six perdreaux de la même grosseur; vous en levez les filets; levez-en la peau nerveuse, en vous servant du même moyen qui est indiqué aux filets de perdreaux : faites un décor en damier avec des petits carrés de truffes coupés bien également; mettez du beurre fondu sur un sautoir, placez vos filets dessus du côté des truffes : quand ils sont rangés dessus et qu'ils ne se touchent pas, couvrez-les d'un rond de papier beurré; faites sauter vos filets mignons; laissez-les refroidir, coupez-les en petites escalopes, avec autant de truffes et de champignons; faites réduire quatre cuillerées de velouté et deux d'espagnole avec du fumé de gibier; faites réduire le tout ensemble; étant réduit aux trois quarts, passez votre sauce à l'étamine sur votre petit ragoût et tenez-les chauds au bain-marie. Au moment de servir, faites sauter vos filets sur la cendre chaude; ne les retournez que quand ils seront bien pris; quand ils seront cuits un peu vert, mettez-les dans une demi-glace un peu serrée, dressez vos filets en couronne, avec des croûtons de pain coupés en cœur; passez un beurre entre chaque filet et le milieu de vos filets; versez-y votre petit ragoût et glacez vos filets. Servez. (F.)

PERDREAUX EN ENTRÉE DE BROCHE.

Prenez trois perdreaux, videz-les, flambez-les sans les raidir, bridez-les en poules; embrochez-les sur un atelet, couvrez-leur l'estomac de tranches de citron, desquels vous aurez ôté les pepins et la peau; couvrez-les de bardes de lard; enveloppez-les de papier; fixez les bouts de votre papier sur l'atelet avec de la ficelle attachée sur la broche; faites cuire trois quarts d'heure vos perdreaux, déballez-les au moment de servir; égouttez-les, dressez-les en chevrettes sur votre plat; saucez-les avec un jus clair, dans lequel vous aurez mis une pincée de grois poivre: exprimez le jus d'une ou deux bigarades et servez. (F.)

PERDREAUX GRILLÉS ET PANÉS.

Ayez cinq perdreaux, videz-les, flambez-les légèrement, coupez-les en deux, parez-les comme les perdreaux au charbon; trempez-les dans du beurre fondu et panez-les à deux fois. Un quart d'heure avant de servir, faites-les griller; dressez-les avec une sauce à la diable. (F.)

PERDREAUX A L'ANGLAISE.

Faites une farce avec les foies de trois perdreaux, un peu de beurre, du gros poivre en suffisante quantité; farcissez-en vos perdreaux, mettez-les à la broche sans les barder; enveloppez-les, et faites-les cuire aux trois quarts; ensuite, mettez-les dans une casserole; après les avoir retirés, levez les membres sans les séparer du corps, et mettez-leur entre chaque membre un peu de beurre manié avec de la mie de pain, de l'échalote, du persil, de la ciboule hachée, du sel, du gros poivre, un peu de muscade. Mouillez vos perdreaux avec un bon verre de vin de Champagne et deux cuillerées de consommé; faites-les bouillir doucement jusqu'à parfaite cuisson, sans les couvrir, afin que la sauce puisse se réduire: finissez avec le jus de deux bigarades et un peu de leur zeste râpé, et servez. (F).

SALMIS DE PERDREAUX CHAUD, FROID.

Ce salmis se prépare de même que le salmis de perdreaux (*voyez à son article*): au lieu de passer votre sauce sur vos perdreaux, passez-la dans une autre casserole et joignez-y trois cuillerées de gelée; faites réduire votre sauce, passez-la à l'étamine dans un vase et laissez-la refroidir: votre sauce étant froide, trempez vos membres dans votre sauce; commencez par les reins; dressez sur un plat de service les membres à l'entour, et les trois ou quatre estomacs dessus, et finissez de sauter votre salmis: décorez votre plat d'un joli cordon de gelée, et servez. (F.)

PERDREAUX EN BIGARRURE.

Prenez six perdreaux rouges et procédez en tout comme aux faisans bigarrés. (*Voyez* cet article.)

SALMIS DE CHASSEUR.

Faites cuire deux ou trois perdreaux à la broche et coupez-les par membres; vous aurez mis dans une casserole trois cuillerées à bouche d'huile, un demi-verre de vin rouge, un peu de sel, un peu de gros poivre, un jus de citron et un peu de zeste; sautez vos membres de perdreaux dans cette sauce, dressez-les, saucez-les et servez. (F.)

PERDREAUX EN SURPRISE.

Ayez trois perdreaux rouges bien frais; habillez-les, désossez-les entièrement par les reins, excepté le dernier os de la cuisse; laissez leurs pattes, étendez-les sur un linge blanc; assaisonnez les chairs de sel et gros poivre; couvrez-les d'une légère couche de farce cuite, faite de perdreaux. Vous aurez fait et laissé refroidir un salpicon composé de gorges de ris de veau, de truffes, de champignons, et de crêtes et de rognons de coqs, le tout coupé en petits dés et par portions égales. (*Voyez* Manière de faire le Salpicon.) Remplissez les corps de vos perdreaux de ce salpicon, pour les faire dodus; cousez-les et donnez-leur alors leur première forme; bridez-leur les pattes en dehors; mettez-les dans une casserole et faites raidir l'estomac dans un peu de beurre; laissez-les refroidir et piquez-leur l'estomac d'une deuxième; concassez leurs débris; mettez-les dans une casserole avec une lame de jambon, deux oignons, un clou de girofle, une carotte, un bouquet assaisonné et un peu de macis; joignez à cela un verre de vin de Madère, une cuillerée de consommé et un peu de lard râpé; posez vos perdreaux dans une casserole et couvrez-les d'un double rond de papier beurré: une demi-heure avant de servir, faites-les partir, couvrez-les, faites-les avec feu dessous et dessus; ayez soin que leurs estomacs prennent couleur, comme si vous les faisiez cuire à la broche; égouttez-les, glacez-les légèrement, dressez-les, saucez-les d'un fumé de gibier, ou passez leur fond; dégraissez-les, faites réduire à demi-glace. (F.)

CÔTELETTES DE PERDREAUX.

Ayez six perdreaux, levez-en les filets; supprimez les peaux nerveuses, battez-les légèrement avec le manche de votre couteau; prenez l'os le plus faible des ailerons de vos perdreaux, ratissez-le, enfoncez-le suffisamment dans la pointe de chaque filet, afin qu'il y tienne; faites fondre du beurre dans un sautoir en suffisante quantité; posez-y vos filets; poudrez-les d'un peu de sel, faites-les raidir légèrement, égouttez-les; laissez refroidir un peu votre beurre; lorsqu'il sera tiède, mettez-y deux jaunes d'œufs pour le lier; trempez-y vos côtelettes, panez-les; posez-les sur un gril propre; mettez-les sur une cendre rouge; faites-leur prendre une belle couleur des deux côtés; dressez-les en couronne : servez dessous un fumé clair et réduit, ou une sauce à la diable. (*Voyez* à leurs articles.) (F.)

FILETS DE PERDREAUX A LA SINGARA.

Levez les filets de trois perdreaux, parez-les; faites fondre du beurre dans un sautoir, mettez et retournez vos filets dans ce beurre, couvrez-les d'un rond de papier; ayez une belle langue à l'écarlate, qui ne soit pas trop salée, et dont vous aurez coupé six morceaux donnez-leur la grandeur et la forme de vos filets, mettez-les chauffer dans un vase plat avec du bouillon ; prenez les parures et le tendre, exceptez les peaux de cette langue; hachez-les bien fin; prenez trois cuillerées d'espagnole, avec le fumé de vos carcasses; faites-le réduire à demi-glace; sautez vos filets; dressez-les en couronnes, avec un morceau de langue entre chaque; saucez-les avec une partie de votre sauce, mettez votre hachis dans le reste de votre sauce : incorporez bien le tout avec un morceau de beurre fin : mettez votre hachis dans le puits de vos filets, et servez. (F.)

ESCALOPES DE PERDREAUX.

Ayez huit filets de perdreaux; coupez-les en escalopes, ainsi que les filets mignons : posez-les sur un sautoir avec du beurre fondu; poudrez du sel dessus : au moment de servir, faites-les sauter et raidir, égouttez vos filets, retirez votre beurre; mettez dans votre sautoir trois cuillerées de fumé de gibier, deux cuillerées d'allemande; faites bouillir le tout ensemble; mettez vos escalopes dedans avec des truffes coupées en lames, ou de beaux champignons tournés. Finissez avec un morceau de beurre fin et un jus de citron; dressez-les sur un plat, avec des croquettes de gibier à l'entour : glacez et servez. (*Voyez* Allemande, à son article.) (F.)

CROUSTADES AU BEURRE A LA PURÉE DE PERDREAUX.

(*Voyez* article Cassolette de Ris de Veau.) Ayez neuf de ces cassolettes; au moment de servir, emplissez de purée de perdreaux; mettez à cheval dessus un filet mignon décoré de truffes et coupé en crêtes de coq : glacez et servez. (F.)

DE LA CAILLE.

La caille est un excellent oiseau : elle est plus grosse et plus charnue que la grive : les plus grasses sont celles que l'on prend sur la fin de l'été et dans l'automne. Elle quitte notre pays dès que le froid vient. On en tient en cage pour les engraisser; mais leur qualité est moins bonne, excepté pour le rôti : plus la caille est fraîche, meilleure elle est.

CAILLE AU FUMÉ DE GIBIER.

Vous ôtez les os de l'estomac de votre caille par l'intérieur, sans endommager l'extérieur. Après l'avoir vidée par la poche, vous la flambez légèrement : vous levez les filets d'autres cailles, que vous

18

assaisonnez d'un peu de sel, de gros poivre; un peu de persil haché bien fin, un quarteron de beurre, le jus d'un citron; vous en mettrez deux par chaque caille : il en faut huit pour une entrée; vous les troussez et les pelotez le mieux possible; vous les bridez, afin qu'elles conservent leur forme en cuisant : vous mettez dans une casserole un bon morceau de beurre, le jus d'un citron, une feuille de laurier; vous les faites raidir un instant dans votre beurre; vous placerez des bardes de lard dans une casserole, vos cailles par-dessus; vous les couvrez encore de bardes, vous mettez par-dessus vos cailles une poêle mouillée avec du vin blanc : vous les tenez au feu une bonne demi-heure. Avant de servir, et au moment de le faire, vous les égouttez, les débridez et les dressez sur votre plat; vous mettez une sauce espagnole travaillée avec du fumé de gibier. (*Voyez* Poêle, Espagnole, et Fumé de Gibier.)

A LA BOURGEOISE.

Si vous n'avez point de sauce, faites un roux léger; vous passerez au tamis de soie le mouillement dans lequel auront cuit vos cailles, vous en arroserez votre roux; ajoutez-y une cuillerée à dégraisser de jus; vous faites réduire votre sauce à moitié; vous la dégraissez, et la passez à l'étamine, puis vous la versez sur vos cailles. Si votre sauce avait trop de sel, vous y joindriez le jus de la moitié d'un citron, et gros comme une noix de beurre frais, que vous feriez fondre en le tournant dans votre sauce, sans la mettre sur le feu : si les filets sont trop difficiles à avoir pour pouvoir en mettre en assez grande quantité dans l'intérieur de vos cailles, vous en hacherez les foies, que vous joindrez avec un peu de farce.

CAILLES A L'ESPAGNOLE.

Vous aurez huit cailles bien fraîches, que vous videz par la poche, pour éviter une grande incision près le croupion; vous maniez un morceau de beurre, dans lequel vous mettez un jus de citron, du sel, du gros poivre; vous en mettez dans le corps de vos cailles autant qu'il en peut tenir; vous assujettissez les cuisses avec une aiguille et du gros fil, vous laissez les pattes libres; vous leur donnez une forme agréable en les bridant; vous arrangez des bardes de lard dans une casserole, vos cailles par-dessus; couvrez-les aussi de bardes, et mettez une poêle mouillée avec moitié vin blanc, moitié bouillon; une bonne demi-heure avant de servir, vous les mettez au feu; en les retirant, vous les égouttez et vous les débridez; ayez des croûtons de la grandeur de vos cailles; et posez-les dessus; vous faites une sauce espagnole un peu claire, sous laquelle vous jetez gros comme la moitié d'une noix de glace.

CAILLES AU CHASSEUR.

Videz et flambez vos cailles, mettez un morceau de beurre dans une casserole, vos cailles dedans, une feuille de laurier, du sel, du poivre, un peu de fines herbes, si vous en avez; placez vos cailles sur un feu ardent; vous les sautez à chaque instant: lorsqu'elles vous résistent sous le doigt, vous prenez une cuillerée à bouche de farine, que vous mêlez avec vos cailles; un demi-verre de vin blanc, un peu de bouillon : quand votre sauce sera liée, retirez vos cailles du feu; il ne faut pas qu'elles bouillent; vous les dressez ensuite sur le plat: voyez si elles sont d'un bon sel.

CAILLES AUX TRUFFES.

Videz vos cailles par la poche; vous les flambez légèrement; épluchez vos truffes, coupez-les en gros dés, râpez un peu de lard, que vous mettez dans une casserole avec autant de beurre, du sel, du poivre, des quatre épices, un peu de persil; vous hachez une truffe que vous mêlez avec le reste; vous passez le tout sur le feu pendant sept ou huit minutes; laissez-le refroidir; vous le mettez dans le corps de vos cailles; quand elles seront bien remplies, vous les trousserez et les briderez; vous leur donnerez une forme agréable, vous arrangerez des bardes de lard dans une casserole, et vos cailles dessus; vous les couvrirez de bardes de lard; vous couperez des petits morceaux de veau en dés, une carotte, sept ou huit petits oignons, un clou de girofle, la moitié d'une feuille de laurier; ajoutez-y vos épluchures de truffes, un bon morceau de beurre; vous mettrez le tout dans une casserole : passez votre assaisonnement pendant un bon quart d'heure sur un feu modéré: lorsque votre assaisonnement sera bien revenu, vous y mettrez un verre de vin blanc, autant de bouillon; vous ferez jeter deux ou trois bouillons; et lorsque vous mettrez vos cailles au feu, vous verserez cet assaisonnement dessus: une bonne demi-heure suffit pour les cuire. Au moment de servir, vous les égouttez, les débridez et les dressez sur un plat: dans le milieu, vous mettez un sauté de truffes que vous arrangez dans une espagnole réduite. (*Voyez* Sauce Espagnole réduite.)

CAILLES AU GRATIN.

Vous désosserez dix cailles bien fraîches; vous mettrez les foies à part, et vous les pilerez avec le dos du couteau: vous aurez une farce cuite (*voyez* Farce cuite), dans laquelle vous mettrez vos foies pilés, avec un peu de gros poivre, très-peu de sel, un peu d'aromates pilés; vous mêlerez le tout ensemble, vous remplirez vos cailles de cette farce; vous leur donnerez leur forme première; vous les assujettirez avec une aiguille et du fil; vous verserez dans le reste de votre farce une cuillerée à dégraisser de velouté, que vous mêlerez bien avec; vous l'étendrez sur votre plat; posez-la un instant sur le feu; ensuite vous arrangerez vos dix cailles, vous les couvrirez de bardes de lard. Une bonne demi-heure avant de servir, vous les mettez sur une chevrette, avec un feu ardent dessous; vous les couvrirez d'un four de campagne bien chaud: au moment de servir vous en ôterez la graisse, et vous les saucerez avec une italienne. (*Voyez* Sauce italienne.) Si vous avez un grand four chaud, elles cuiront encore mieux : l'on peut aussi les mettre au gratin sans les désosser.

SAUTÉ DE FILETS DE CAILLES.

Vous prenez les filets de douze cailles, que vous parez et arrangez dans un sautoir; vous faites tiédir un morceau de beurre, que vous versez sur vos filets : au moment de servir, vous les mettez sur un feu ardent; quatre ou cinq minutes suffisent pour les cuire; égouttez-les et dressez-les en couronnes sur votre plat, avec un croûton glacé entre chaque filet; vous en faites le tour du plat, puis vous en garnissez l'intérieur. Si vous le servez pour hors-d'œuvre, six cailles suffisent; vous les saucez avec une espagnole claire, dans laquelle vous mettez gros comme la moitié d'une noix de glace. (*Voyez* Sauce espagnole.)

CAILLES AU LAURIER.

Ayez huit cailles, épluchez-les, videz-les et flambez-les légèrement; faites une petite farce avec leurs foies, et quelques foies de volaille, du lard râpé, une feuille de laurier hachée très-fin, et un peu d'échalotes hachées, assaisonnées de sel, poivre et muscade; farcissez vos cailles; embrochez-les sur un atelet, en les enveloppant de lard et de papier beurré; faites-les cuire à la broche, et servez-les avec une sauce ainsi composée : coupez deux tranches de jambon et quelques parures de veau, faites-les suer; lorsqu'elles commenceront à s'attacher, mouillez-les avec un verre de bon vin blanc, deux cuillerées de consommé, autant d'espagnole réduite; mettez-y une demi-gousse d'ail et une feuille de laurier; faites bouillir et réduire le tout à consistance de sauce, et passez-la à l'étamine. Durant la cuisson de vos cailles, faites blanchir huit feuilles de laurier; la cuisson de vos cailles étant achevée, retirez le lard; dressez-les, mettez entre chacune une feuille de laurier; ajoutez à votre sauce un jus de citron et un beurre de piment : panez-la bien; saucez, et servez. (F.)

CAILLES AUX POIS.

Videz, flambez et retroussez huit cailles; foncez une casserole d'une lame de jambon et veau, d'un bouquet assaisonné une carotte et un oignon piqué de deux clous de girofle; mettez vos cailles dessus; mouillez-les d'un fond de poêle; couvrez-les de bardes de lard et d'un rond de papier; ensuite faites-les partir et cuire, avec feu dessus et dessous; leur cuisson faite, égouttez-les, dressez-les, et masquez-les d'un ragoût de pois au lard ou au jambon. (*Voyez* Ragoût de Pois au Lard ou au Jambon.) (F.)

CAILLES AUX LAITUES.

Préparez huit cailles comme il est indiqué ci-dessus; leur cuisson faite, égouttez-les, dressez-les en couronne, en les entremêlant de laitues (*voyez* Laitues); mettez au milieu des carottes tournées, ou nivernaises. (*Voyez* Nivernaise, article Sauce.) Glacez vos cailles et vos laitues, et saucez-les d'une espagnole réduite avec gros comme le pouce de glace dedans, et servez. (F.)

CAILLES EN CROUSTADE.

Prenez huit cailles, désossez-les, remplissez-les d'un gratin fait avec leurs foies et quelques-uns de volaille. (*Voyez* Gratin, article Farce.) Cousez vos cailles, marquez-les comme il est indiqué à l'article précédent. Dans la cuisson, mettez un verre de vin de Madère; leur cuisson faite, égouttez-les; vous aurez préparé des croustades en mie de pain, sept en forme de cœur, et une ronde, et cernées à l'entour à deux lignes du bord; faites-les frire dans du beurre clarifié, d'une couleur bien jaune; videz-les; retirez-les, filez vos cailles, mettez-les dans vos croustades, dressez-les et saucez-les d'une bonne sauce à la financière. (*Voyez* Sauce à la Financière.) Servez. (F.)

CAILLES A L'ANGLAISE

Ayez huit cailles, retroussez-les en poules, flambez-les, marquez-les dans une casserole entre quelques bardes de lard, avec une cervelle de veau séparée en deux, une douzaine de petites saucisses, dites chipolata, un bouquet; assaisonnez de sel et de poivre: mouillez le tout avec un bon verre de vin de Madère, et autant de consommé; couvrez vos cailles de bardes de lard et d'un rond de papier, et faites-les cuire; égouttez-les ainsi que la cervelle; ôtez la peau de vos saucisses, rangez-les au milieu de votre plat: mettez vos cailles à l'entour; posez vos cervelles sur vos saucisses; masquez-les d'un ragoût à la Toulouse (*voyez* l'article Ragoût mêlé à la Toulouse), et servez. (F.)

CAILLES A LA FINANCIÈRE.

Ayez huit cailles, marquez-les comme il est indiqué ci-dessus; ne vous servez pas de saucisses ni de cervelles: la cuisson de vos cailles faite, égouttez-les, dressez les croupions sur le milieu du plat, avec une crête de langues à l'écarlate entre chaque caille; masquez vos cailles d'un beau ragoût à la financière. (*Voyez* Ragoût à la Financière.) (F.)

CAILLES EN CAISSE.

Ayez huit cailles; désossez-en les reins seulement; remplissez-les d'une farce composée de foies, quelques foies de volaille, et de fines herbes cuites (*voyez* à l'article Durcelle); ayez une caisse ronde, que vous avez plissée; huilez-la, faites-la chauffer et sécher sur le gril; mettez dans le fond de votre caisse des fines herbes, rangez vos cailles dessus, poudrez-les d'un peu de sel et gros poivre; couvrez-les de bardes de lard, avec un rond de papier beurré; mettez une feuille de papier huilé sur le gril, et votre caisse dessus, à un feu très-doux, et couvert d'un four de campagne; laissez cuire ainsi vos cailles: une heure suffit pour leur cuisson; dressez votre caisse sur un plat, retirez-en le lard;

glacez vos cailles; saucez-les d'une italienne rousse (*voyez* Italienne rousse), et servez. (F.)

CAILLES EN PAPILLOTES.

Ayez huit cailles rôties, ou des cailles de desserte; coupez-les en deux, mettez-les dans une durcelle, étant froides; enveloppez chaque morceau de caille d'une lame de jambon cuite, d'un côté, et de l'autre d'un morceau de barde de lard rôti; mettez-le en papillotes comme les côtelettes de veau: un quart d'heure avant de servir, faites-les griller d'une belle couleur. (F.)

CAILLES EN PRUNES.

Ayez neuf cailles bien fraîches; retirez la poche; flambez-les légèrement; désossez-les en commençant par le dos; lorsqu'elles sont désossées, vous prenez les foies, que vous pilez avec le dos du couteau; vous les mettez avec de la farce fine et un peu d'aromates pilés; vous en remplissez vos cailles; mais avant, vous faites passer dans le milieu du corps une patte, dont vous avez coupé le gros bout, afin que cela représente la queue d'une prune: lorsque le corps est rempli de farce, vous rapprochez les peaux avec une aiguille, et vous les assujettissez: mettez-les dans une casserole avec du beurre fondu, un jus de citron, un demi-verre de vin de Madère: couvrez de bardes de lard et d'un rond de papier: une demi-heure avant de servir, faites-les mijoter feu dessus et dessous; au moment de servir, égouttez-les, retirez-les vite, arrangez-les sur le plat comme des prunes dans un compotier: saucez-les avec une demi-glace réduite, avec de l'espagnole, et servez. (F.)

CAILLES AU RIZ.

Ayez huit belles cailles, videz-les, troussez-les en poules; flambez-les, mettez-les cuire dans du bon consommé, avec un quarteron de riz bien lavé, et douze petites saucisses; le tout étant cuit, égouttez vos cailles et saucisses; retirez la peau des saucisses, maniez votre riz avec deux cuillerées de velouté réduit et deux pains de beurre; dressez votre riz sur le plat, et vos cailles dessus, en mettant entre chaque caille une saucisse; glacez le tout, saucez d'une légère espagnole, et servez.

Les cailles au macaroni se dressent de même; il faut se servir de macaroni préparé à l'étouffade. (*Voyez* Macaroni à la napolitaine.) (F.)

CAILLES A LA MILANAISE.

Ayez huit cailles, que vous videz par la poche; maniez un morceau de beurre avec du sel, du poivre et un jus de citron; mettez-en dans le corps de vos cailles tant qu'il peut en tenir; vous bridez les cuisses, et laissez les pattes libres; trempez vos cailles dans de l'allemande; panez-les avec moitié mie de pain et fromage de Parme râpé, trempez-les dans une omelette, et panez-les une seconde fois; faites-les cuire bien doucement dans du beurre clarifié, dressez-les, et servez-les avec une sauce tomate à glace dessus. (F.)

PATÉ CHAUD DE CAILLES EN CAISSE.

Dressez une croûte de pâté avec de la pâte à dresser (*voyez* article Pâtisserie), de la grandeur d'un plat d'entrée; vous aurez préparé huit cailles, comme il est indiqué à l'article Cailles en caisse; faites-les cuire à moitié dans une casserole, avec un morceau de beurre et des fines herbes, ou durcelle (*voyez* Durcelle); faites refroidir vos cailles: ayez une farce cuite, mettez-y vos foies de cailles et vos fines herbes; mettez de cette farce dans le fond de votre croûte; mettez-en aussi dans le corps de vos cailles; rangez-les dans votre pâté; garnissez-le de farce tout à l'entour et dans le milieu; assaisonnez-le de sel et poivre; couvrez vos cailles de bardes de lard; mouillez les bords de votre pâté avec de l'eau; couvrez-le d'une abaisse de pâte bien mince; finissez-le, dorez-le avec un œuf battu; pincez-le ou décorez-le; faites-le cuire au four: cinq quarts d'heure suffisent pour sa cuisson; dressez votre pâté sur un plat: levez le couvercle, retirez-en le lard; dégraissez votre pâté; saucez-le d'une bonne financière, et servez. (*Voyez* article Financière.) (F.)

PETITS PATÉS CHAUDS EN CAISSE.

Préparez huit cailles comme il est indiqué ci-dessus, ainsi que la farce; dressez huit croustades en pâte à dresser, dont sept en forme de cœur et de grandeur à ce qu'une caille puisse y entrer facilement avec sa garniture de farce; faites la huitième ronde, pour que vous puissiez la placer sur la pointe du cœur; mettez une caille dans chacune de ces croustades; couvrez-les d'une barde de lard, et finissez-les comme le pâté ci-dessus; faites-les cuire au four: une heure suffit pour leur cuisson; levez leurs couvercles, retirez le lard, dressez-les, saucez-les d'une bonne sauce financière, et servez. (*Voyez* articles Pâtisserie et sauce Financière.) (F.)

DE LA BÉCASSE.

La bécasse est un gibier volatile très-estimé: la fin de l'hiver est le temps où elles sont le plus grasses, et les meilleures se prennent dans les temps de brouillard. Il y en a de plusieurs espèces; la bécasse, la bécassine, la moyenne bécassine et le bécasseau: il faut cuire ce gibier un peu vert, c'est-à-dire qu'il soit rouge.

SALMIS DE BÉCASSES.

Vous mettez trois bécasses à la broche: quand elles sont froides, vous levez les membres le plus correctement possible; vous les parez et les mettez dans une casserole; concassez vos débris dans un mortier, et jetez-y une pincée de persil en feuilles, six échalotes, un peu de laurier, une gousse d'ail, si vous l'aimez, du gros poivre: vous donnez quelques coups de pilon sur ces débris, vous mettez un morceau de beurre dans une casserole, et la posez sur le feu : vous y mettez vos débris pilés ; faites-les revenir pendant dix minutes ; versez-y un verre de vin blanc, six cuillerées à dégraisser d'esgagnole, trois cuillerées de consommé ; vous ferez réduire le tout presque à moitié : ayez soin que votre sauce soit bien pilée ; vous la passerez à l'étamine en la foulant, puis vous la mettrez sur vos membres de bécasses, que vous tiendrez chauds sans les faire bouillir : au moment de servir, vous dresserez vos membres, et vous arrangerez des croûtes entre, dessous et dessus à votre volonté.

A LA BOURGEOISE.

Si vous n'avez point de sauce, vous ferez un roux léger, et vous y mettrez vos débris pilés, que vous passerez dedans ; vous y verserez un verre de vin blanc, deux verres de bouillon, un clou de girofle, du sel ; vous ferez réduire votre sauce à moitié, et vous la passerez comme il est dit ci-dessus.

SALMIS DE TABLE A L'ESPRIT-DE-VIN.

Lorsque vos bécasses sont sur la table, vous les dépecez, et les laissez sur le plat, que vous mettez sur un réchaud à l'esprit-de-vin ; ajoutez du sel, du poivre, une cuillerée à bouche d'échalotes hachées, les trois quarts d'un verre de vin blanc, le jus de trois citrons, du beurre gros comme la moitié d'un œuf ; vous saupoudrez votre salmis de chapelure de pain ; vous le laissez mijoter dix minutes, en le retournant de temps en temps : voyez si votre sauce est de bon sel, et distribuez vos morceaux.

SALMIS DE CHASSEUR.

Vous mettez vos bécasses à la broche ; vous les dépecez, vous placez les membres dans une casserole ; hachez le foie et l'intérieur de la bécasse, que vous mettez avec vos membres, de la ciboule ou de l'échalote hachée, deux verres de vin blanc, du sel, du poivre fin, quelques croûtes de pain ; vous faites jeter deux ou trois bouillons à votre salmis, et vous le servez.

BÉCASSINES A LA MINUTE.

Troussez vos bécassines, flambez-les ; vous les épluchez, ensuite vous mettez vos bécassines dans une casserole sur un feu ardent, avec un bon morceau de beurre, des échalotes hachées, un peu de muscade râpée, du sel, du gros poivre ; quand vous les avez sautées sept à huit minutes, vous y mettez le jus de deux citrons, un demi-verre de vin blanc, un peu de chapelure de pain ; vous les laissez sur le feu jusqu'à ce que votre sauce ait jeté un bouillon : après cela, vous les retirez de dessus le feu, et vous les servez.

SAUTÉ DE FILETS DE BÉCASSES.

Vous levez les filets de six bécasses, vous les parez et vous les mettez dans votre sautoir ou tourtière ; vous faites tiédir un bon morceau de beurre, et vous le versez dessus ; vous y ajoutez du sel, du gros poivre, un peu de romarin en poudre. Au moment de servir, vous mettez vos filets sur un feu ardent; lorsqu'ils ont cuit d'un côté, vous les retournez : ne les laissez qu'un instant au feu : il ne faut pas qu'ils soient trop cuits; vous les égouttez et vous les dressez en couronne, un croûton entre; faites suer les débris de vos bécasses avec un demi-verre de vin blanc, une feuille de laurier, un clou de girofle, et laissez tomber votre suage à glace; lorsqu'il est réduit, vous y mettez un demi-verre de vin blanc, un verre de bouillon, six cuillerées à dégraisser d'espagnole; vous faites réduire le tout à moitié. Passez votre sauce à l'étamine, et versez-la sur vos filets.

A LA BOURGEOISE.

Si vous n'avez pas de sauce, vous mettez avec votre suage un verre de vin blanc, trois verres de bouillon, vous laissez mijoter votre suage ; ajoutez-y du sel, du gros poivre; vous ferez réduire votre sauce ; vous la dégraisserez, et la passerez à l'étamine; lorsque vous la servirez, vous y mettrez le jus d'un citron. Voyez si elle est d'un bon sel.

FILETS DE BÉCASSES EN CANAPÉS.

Vous levez les filets de quatre bécasses, vous les parez; arrangez-les dans votre sautoir ; vous les assaisonnez de sel et de gros poivre ; vous faites tiédir un morceau de beurre, vous le versez sur vos filets; vous prenez l'intérieur de vos bécasses, excepté le gésier; vous mettez un morceau de lard cuit de la grosseur d'un œuf, un peu de persil et d'échalotes bien hachés, un peu d'aromates pilés, du sel, du gros poivre; vous hachez le tout ensemble avec votre couteau. Quand votre farce sera finie, vous ferez des croûtons un peu plus grands et de la même forme que vos filets; ils seront épais d'un demi-pouce : avant de les passer ou de les faire jaunir dans le beurre, vous ferez une incision à une ligne du bord en dedans, tout à l'entour; quand votre croûton sera passé, vous le creuserez de manière qu'il puisse contenir de la farce; alors dans chaque croûton vous en mettrez à comble, afin que vous puissiez y placer votre filet; tous vos croûtons remplis, un bon quart d'heure avant de servir, vous les mettez dans le four, ou sur un gril à un feu doux, et un four de campagne assez chaud pour pouvoir cuire vos canapés; alors vous sauterez vos filets, vous dresserez à plat vos croûtons, et vous poserez un filet sur chaque croûton; vous y mettrez la même sauce que la précédente; vous y ajouterez gros comme une noix de glace. Au défaut de la première, servez-vous de celle qui suit.

SAUTÉ DE FILETS DE BÉCASSES A LA PROVENÇALE.

Préparez vos filets comme les précédens; vous les assaisonnez de sel, de poivre, des quatre épices; vous les couvrez d'huile, vous y mettez une gousse d'ail pilé; versez de l'huile dans une casserole, avec vos débris de bécasses; vous les faites revenir dedans, avec une pincée de persil en feuilles, une gousse d'ail, deux clous de girofle, six échalotes, une feuille de laurier; quand vos débris seront bien revenus, vous y mettrez une cuillerée à bouche de farine, vous les mouillerez avec un verre de vin blanc, trois verres de bouillon; vous ferez réduire votre sauce à moitié; dégraissez-la et passez-la à l'étamine. Au moment de servir, vous sauterez vos filets, et vous les dresserez en couronne, un croûton glacé entre chaque; vous mettrez le jus d'un citron dans votre sauce, avec un peu de zeste; vous la verserez sur vos filets.

CROUTONS DE PURÉE DE BÉCASSES.

Vous mettrez trois ou quatre bécasses à la broche; quand elles seront cuites, vous les laisserez refroidir; vous enlèverez les chairs et l'intérieur de vos bécasses, vous les mettrez dans le mortier avec du lard gras cuit, de la grosseur d'un œuf et demi, un peu d'aromates pilés, puis vos débris dans une autre casserole, avec un verre de vin blanc, un peu de persil en feuilles, une feuille de laurier, un clou de girofle, deux verres de bouillon, six cuillerées à bouche de velouté; vous ferez réduire cette sauce à moitié; vous la passerez à l'étamine, en la foulant un peu; lorsqu'elle sera froide, vous pilerez les chairs de vos bécasses, et vous y verserez cette sauce. Si votre purée passait difficilement, vous la mouilleriez avec un peu de consommé; vous la mettrez ensuite dans une casserole: ayez attention de la tenir chaude, sans bouillir, ou au bain-marie; vous ferez des croûtons ovales pointus, épais d'un bon pouce et demi; avant de leur donner couleur dans le beurre, vous ferez une incision à une ligne du bord en dedans, et tout à l'entour; vous mettrez vos croûtons dans le beurre; quand ils auront couleur, vous les égoutterez et les viderez, c'est-à-dire vous ôterez la mie de l'intérieur de votre croûton: au moment de servir, vous mettrez votre purée dedans.

BÉCASSES RÔTIES A L'ANGLAISE.

Videz vos bécasses par le dos, retirez-en tous les intestins, supprimez-en le gésier; hachez-les, mettez-y du lard râpé, à peu près moitié du volume des intestins, un peu de persil et d'échalotes hachés, ainsi que du sel et du gros poivre; farcissez de cela vos bécasses ou bécassines; recouvrez-les; bardez-les; passez-leur un atelet entre les cuisses; fixez-les des deux côtés sur la broche; faites-les cuire environ une demi-heure, et arrosez-les, ayant mis dessous trois rôties de pain pour recevoir leur graisse et ce qui peut leur tomber du corps: au moment de servir, retirez vos rôties; parez-les, mettez-les sur un plat, et servez-les avec une brède-sauce. (*Voyez* à l'article Brède-Sauce.) (F.)

SOUFFLÉ DE BÉCASSES.

Voyez à ce sujet le Soufflé de perdreaux, le procédé en général étant le même. (F.)

HACHIS DE BÉCASSES EN CROUSTADES.

Faites cuire trois bécasses à la broche, ou des membres de bécasses de desserte, levez-en les chairs, retirez-en les peaux et les nerfs, hachez les chairs le plus fin possible; ôtez le gésier du corps de vos bécasses : pilez-en les débris, ainsi que les intestins, versez dans une casserole un bon verre de vin de Champagne avec trois échalotes; lorsque ce vin aura jeté quelques bouillons, mettez-y quatre cuillerées d'espagnole réduite, gros comme une noix de glace de gibier; faites-les bouillir; retirez vos carcasses du mortier, mettez-les dans votre sauce, délayez-les sans les laisser bouillir; passez-les à l'étamine comme une purée; ramassez le tout; mettez dans une casserole votre purée, et tenez-la chaudement au bain-marie; faites d'égale grosseur et longueur neuf croûtons en cœur et un rond, le tout de l'épaisseur de trois travers de doigt; faites-les frire dans du beurre clarifié; qu'ils soient d'une belle couleur : vous leur aurez fait, avant de les faire frire, une petite incision convenable à leur forme; videz-les comme vous feriez d'un pâté chaud; mettez votre hachis dans votre sauce, mêlez bien le tout ensemble, avec deux pains de beurre; remplissez-en vos croustades, dressez-les la pointe en dedans, le rond sur les pointes; mettez sur chaque un œuf frais poché ou mollet; vous pouvez servir ce même hachis dans des casseroles au ris ou au beurre. (*Voyez* à leurs articles.) (F.)

DU PLUVIER ET DU VANNEAU.

Le pluvier et le vanneau se mettent communément à la broche, comme les bécasses; ils ne se vident point; le pluvier est plus délicat que le vanneau : cependant on en fait différentes entrées, telles que les suivantes. (F.)

PLUVIERS AU GRATIN.

Videz, flambez, épluchez quatre pluviers; faites une farce de leurs intestins, comme celle indiquée aux bécasses (*voyez* articles Bécasse à l'anglaise); remplissez-en leurs corps, mettez au fond d'un plat d'entrée l'épaisseur d'un travers de doigt de gratin (*voyez* Gratin, article Farce); arrangez dessus vos quatre pluviers; remplissez de ce gratin les vides qui peuvent se trouver entre eux; relevez-en la farce à l'entour, ayant soin de n'en point garnir les estomacs, que vous couvrirez de bardes de lard; mettez-les cuire au feu, ou sous un four de campagne, avec un feu modéré dessous, et un peu plus ardent dessus : leur cuisson faite, dégraissez-les, et saucez-les avec une italienne rousse. (*Voyez* à l'article sauce.) (F.)

PLUVIERS A LA PÉRIGUEUX.

Ayez quatre pluviers, videz-les, flambez-les, épluchez-les, mettez-les dans une casserole, avec une douzaine de belles truffes entières, dont vous aurez ôté la peau, un bouquet assaisonné, un peu de basilic, sel et poivre; faites revenir le tout dans du beurre, et mouillez-le avec un verre de vin de Champagne, six cuillerées d'espagnole réduite ; faites cuire ainsi vos pluviers, et dégraissez-les ; leur cuisson faite, mettez-les, ainsi que les truffes, dans une casserole; passez la sauce à l'étamine; dressez vos pluviers sur un plat ; mettez dessus vos truffes en rocher; faites réduire votre sauce, ajoutez-y un jus de citron et servez. (F.)

PLUVIERS EN ENTRÉE DE BROCHE.

Flambez quatre pluviers, videz-les par le dos; faites une farce de leurs intestins, comme il est indiqué aux bécasses à l'anglaise; remplissez-les de cette farce; cousez-leur le dos, embrochez-les sur un atelet, enveloppez-les de bardes de lard; couvrez-les de papier, fixez votre atelet sur la broche; faites-les cuire; leur cuisson faite, déballez-les, dressez-les sur votre plat; masquez-les d'un ragoût de truffes (*voyez* Ragoût de truffes); servez. (F.)

DE LA SARCELLE.

La sarcelle est plus petite que le canard, et lui ressemble; sa chair est plus délicate. Il ne faut pas la confondre avec le rouge-gorge, oiseau de rivière qui a la plume et la gorge rouges; il est plus gros.

SARCELLES EN ENTRÉE DE BROCHE.

Vous plumez et videz vos sarcelles, vous les flambez légèrement; nettoyez-les avec attention, pour qu'il n'y reste pas de duvet ni de tuyau; vous les troussez et les fixez avec une aiguille à brider et de la ficelle; vous hachez un peu d'écorce de citron, que vous mêlez avec un morceau de beurre, du sel, du gros poivre, et du jus de citron; vous mettez ce beurre assaisonné dans le corps de vos sarcelles, vous leur donnez une forme agréable; vous les mettez à la broche; couvrez-les de tranches de citron, vous les enveloppez de bardes de lard et de papier beurré, que vous saupoudrez de sel; vous ficelez bien votre papier, pour qu'il puisse contenir votre assaisonnement, lorsqu'elles seront en broche : trois quarts d'heure avant de servir, vous les mettez au feu; au moment de servir, débridez-les, égouttez-les, c'est-à-dire faites sortir le beurre qu'elles ont dans le corps, et ôtez les tranches de citron qui sont dessus vous les dresserez sur votre plat, vous verserez trois cuillerées à dégraisser d'espagnole travaillée, une cuillerée de consommé, un morceau de glace gros comme une noix, le zeste d'un quart de citron, un peu de gros poivre; vous ferez jeter un bouillon à votre sauce, et vous la mettrez sur vos sarcelles. (*Voyez* Espagnole travaillée.)

SAUTÉ DE FILETS DE SARCELLES A LA VIARD.

Prenez les filets de cinq sarcelles; vous en ôtez les nerfs qui se trouvent sur le côté de la peau; vous les coupez en aiguillettes, c'est-à-dire vous coupez le filet en quatre ou cinq dans son long, toutes de la même grosseur, vous les placez dans un sautoir, vous les assaisonnez de sel, de gros poivre, une petite pincée d'aromates pilés : faites tiédir ensuite un morceau de beurre, et versez-le dessus : vous ferez suer vos débris avec un verre de vin blanc : quand ils seront tombés à glace, vous y mettrez une cuillerée à pot de consommé ; vous ferez mijoter pendant une heure, et vous passerez votre suage au tamis de soie ; vous mettrez dans une casserole quatre cuillerées à dégraisser d'espagnole, vous y joindrez votre suage, et vous la laisserez réduire à moitié ; vous la passerez à l'étamine, vous y ajouterez un peu de zeste de bigarade et le jus de la bigarade, et gros comme une noix de glace ; vous ferez bien chauffer votre sauce sans la faire bouillir : au moment du service mettez votre sautoir sur un fourneau ardent : quand vos filets sont raidis de tous côtés, et que vous les jugez cuits, vous penchez votre sautoir, et mettez vos filets sur la hauteur, pour que vous ne preniez pas de beurre avec la cuillère ; vous les mettez sur le plat en forme de buisson, et vous les arrosez de votre sauce.

A LA BOURGEOISE.

Si vous n'avez ni sauce, ni le temps d'en faire, vous laissez réduire à glace le jus de vos filets ; vous ôtez les trois quarts du beurre de votre sautoir ; versez une cuillerée à bouche de farine, que vous mêlez avec votre beurre ; vous mettez un verre de bouillon, un peu de sel, un peu de gros poivre ; faites ensuite jeter quelques bouillons à votre sauce, vous la passez à l'étamine, vous pressez un citron : si vous n'avez pas de bigarade, vous y mettez un peu de zeste et de glace, si vous en avez : vous tiendrez votre sauce chaude sans la faire bouillir, et vous la verserez sur vos aiguillettes.

SARCELLES A LA BATELIÈRE.

Vous levez les cuisses, les filets et le croupion de vos sarcelles ; vous coupez vos filets en trois dans leur longueur, et de la même grosseur ; vous mettez un bon morceau de beurre avec vos morceaux de sarcelles, des échalotes hachées, du persil, du sel, du gros poivre, un peu de muscade râpée, dans une casserole que vous tenez sur un feu ardent ; vous sautez ce qui est dans votre casserole pendant dix à douze minutes ; vous tâtez si vos morceaux sont bien raidis ; ensuite, prenez une cuillerée à bouche de farine, que vous mêlez avec votre ragoût ; vous y mettez un verre de vin blanc ; remuez un instant votre ragoût jusqu'à ce qu'il ait jeté un bouillon : si votre sauce était trop liée, vous y ajouteriez un demi-verre de vin blanc. Sitôt que votre ragoût aura jeté un bouillon, vous le retirerez du feu, pour le manger de suite. Si vous êtes à la ville, quand vos sarcelles seront assez sautées, vous y mettrez la moitié d'une cuillerée de farine, le jus de deux citrons, un peu de son zeste, et trois ou quatre cuillerées à dégraisser de bouillon ; vous tournerez votre ragoût sur le feu, quand il sera lié : voyez s'il est de bon sel, et servez-le.

DE LA GRIVE.

L'automne est le temps où l'on fait le plus usage de la grive, et celui où elle est meilleure : elle est à peu près grosse comme un merle ; on la mange plus communément à la broche.

GRIVES EN PRUNES.

Prenez douze grives, ou plus, bien fraîches ; vous les plumez soigneusement pour conserver leur peau entière ; vous les flambez légèrement, vous les désossez en commençant par le dos. Lorsqu'elles sont bien désossées, vous prenez les foies, que vous pilez avec le dos du couteau ; vous les mêlez avec de la farce fine, un peu d'aromates pilés, du gros poivre ; vous en remplissez votre grive ; mais avant, vous faites passer dans le milieu du corps une patte, dont vous avez coupé le gros bout, afin que cela représente la queue d'une prune. Lorsque le corps est rempli de farce, vous rapprochez les chairs avec une aiguille, et vous les assujettissez ; mettez ensuite vos grives dans une casserole avec du sel, du gros poivre ; vous faites tiédir un morceau de beurre, vous le versez sur vos grives ; une demi-heure avant de servir, vous les faites mijoter dans le beurre : au moment de servir, vous les égouttez, vous en ôtez les fils qui les tiennent : arrangez-les sur le plat comme des prunes dans un compotier, saucez-les avec une italienne. (*Voyez* Sauce italienne.)

A LA BOURGEOISE.

Si vous n'en avez pas, faites attacher le jus que vos grives ont rendu ; ôtez les trois quarts du beurre ; vous y mettrez un peu de persil, des échalotes hachées, que vous passerez un instant dans votre beurre ; ajoutez-y une demi-cuillerée à bouche de farine, la moitié d'un verre de vin blanc, autant de bouillon ; vous ferez jeter quelques bouillons à votre sauce ; vous la dégraisserez ; voyez si elle est bien liée, et d'un bon sel ; servez-vous-en pour vos grives.

GRIVES AU GRATIN.

Vous préparerez vos grives comme les précédentes ; vous aurez assez de farce pour en couvrir le fond du plat ; versez dans votre farce une cuillerée à dégraisser de velouté, vous mêlerez bien ; vous la mettrez ensuite sur votre plat que vous placerez sur un feu doux, pour assujettir votre farce ; alors vous y arrangez vos grives, que vous aurez raidies dans le beurre, sans y mettre de pâte ; quand vous aurez ôté le fil qui tenait les chairs, vous les mettrez sur votre farce ; couvrez-les de bardes de lard et d'un rond de papier beurré ; vous les arrangerez dans le gratin un quart d'heure avant de servir ; si vous n'avez pas de four, vous les tiendrez sur un fourneau doux, avec un four de campagne bien chaud : au moment de servir, vous ôtez avec une mie de pain tendre tout le gras qui se trouve dans votre plat ; vous les saucez avec une italienne. (*Voyez* Italienne.)

GRIVES A LA FLAMANDE.

Épluchez et retroussez ces grives, sans les vider ; mettez-les dans une casserole avec un morceau de beurre et une pincée de graines de genièvre, poudrez-les de sel, sautez-les, faites-leur prendre couleur; couvrez votre casserole; mettez un peu de feu dessous et dessus; faites-les cuire un peu vertes, et servez-les avec leur assaisonnement. (F.)

GRIVES, A L'ANGLAISE.

Épluchez et retournez vos grives sans les vider; embrochez-les sur un atelet; fixez votre atelet sur broche; enveloppez vos grives de papier; mettez un morceau de lard, au bout d'un atelet enveloppé d'un morceau de papier; faites prendre le feu à votre lard, et, pendant qu'il brûle, faites-le dégoutter sur vos grives, auxquelles vous aurez retiré le papier; poudrez-les de sel et de mie de pain; donnez-leur une belle couleur; dressez-les, et servez-les avec une sauce à la diable, et une brède-sauce à part. (*Voyez* Brède-Sauce.) (F.)

CANARD SAUVAGE.

Le rouge de rivière est plus petit que le canard sauvage, et lui ressemble beaucoup par la forme; il est d'une chair plus délicate. Après lui viennent les pilets, les moiletons, les macreuses, qui leur sont bien inférieurs en qualité. Tous ces oiseaux s'apprêtent comme le canard sauvage. La macreuse et le pilet, considérés comme chairs de poisson, se servent les jours maigres, avec des sauces maigres. (F.)

CANARDS SAUVAGES ET SARCELLES A LA BROCHE.

Choisissez deux canards sauvages; qu'ils soient gras; voyez s'ils ont les pattes fines, d'une belle couleur, et non desséchées; pour juger s'ils sont vieux tués, ouvrez-leur le bec, et flairez s'ils ne sentent pas un mauvais goût; tâtez-leur le croupion et le ventre, s'ils sont fermes et pesants, c'est une preuve qu'ils sont gras et frais; s'ils ont toutes ces qualités, prenez-les. J'ai remarqué que les femelles étaient plus délicates à manger que les mâles, quoiqu'en général les mâles se vendent plus cher. Plumez deux de ces canards, ôtez-en le duvet, coupez-en les ailes bien près du corps; supprimez-en les cous, videz-les; flambez-les, épluchez-les, retroussez-leur les pattes; bridez-les, et frottez-les avec leurs foies; mettez-les à la broche; faites-les cuire verts; débrochez-les, dressez-les, et servez-les avec des citrons entiers. (F.)

FILETS DE CANARDS SAUVAGES A L'ORANGE.

Levez quatre estomacs de canards; laissez la peau dessus; mettez-les mariner avec de l'huile, sel, gros poivre, un oignon et du persil en branches; une heure avant de servir, embrochez-les sur un atelet, et couchez-les sur broche; faites-les cuire : une demi-heure suffit pour leur cuisson; débrochez-les; levez-en les filets; parez-les, en leur laissant la peau; mettez-les à mesure dans une demi-glace un peu serrée; tenez-les chauds sans les laisser bouillir : au moment de servir, dressez-les sur un plat en couronne, et servez dessous une sauce à l'orange. (*Voyez* à l'article de cette sauce.) (F.)

SALMIS DE CANARDS SAUVAGES.

Faites cuire deux canards à la broche ; lorsqu'ils seront froids, levez-les par membres, parez-les, pilez-les en parure, passez-les à l'étamine, et procédez en tout comme il est indiqué à l'article Mancelle de Perdreaux. (*Voyez* cet article.) (F.)

SALMIS DE CANARDS SAUVAGES AU CHASSEUR.

Faites cuire à la broche deux de ces canards; leur cuisson faite, coupez les estomacs en aiguillettes, levez-en les cuisses, séparez la carcasse en plusieurs morceaux, mettez-y sel et gros poivre, arrosez-les de quatre cuillerées d'huile d'olive et demi-verre de vin de Bordeaux; coupez deux citrons, exprimez-en le jus dessus, remuez bien tout ensemble, et servez. (F.)

ESCALOPES DE FILETS DE CANARDS SAUVAGES.

Levez les filets de trois canards ; retirez les peaux et les nerfs, fendez chaque filet en deux, coupez-les en escalopes; battez-les avec le manche de votre couteau, parez-les en rond, placez-les sur un sautoir avec quatre cuillerées d'huile d'olive, poudrez-les de sel et de gros poivre; mettez un papier huilé dessus. Au moment de servir, faites sauter vos escalopes; quand elles sont raidies d'un côté, retournez-les, égouttez l'huile, mettez vos escalopes dans une bonne poivrade réduite, de manière que la sauce masque le morceau; ajoutez-y un peu d'huile et un peu de citron; dressez avec des croûtons, passez à l'huile, et servez. (F.)

DE LA MAUVIETTE.

La mauviette est un oiseau des champs très-connu sous le nom d'alouette. Le temps où elles sont meilleures est vers la fin de l'automne, et dans l'hiver; elles sont alors plus délicates et plus grasses.

MAUVIETTES AUX FINES HERBES.

Plumez, troussez et flambez vos mauviettes : vous mettez un bon morceau de beurre dans une casserole, avec quinze ou dix-huit mauviettes, du sel, du gros poivre, un peu d'aromates pilés; vous les posez sur un feu ardent. Lorsque vous les avez sautées dans votre beurre pendant sept ou huit minutes, vous y mettez une cuillerée à bouche de persil haché bien fin, autant d'échalotes hachées de même, des champignons aussi hachés; vous les sautez avec des fines herbes pendant sept ou huit minutes, versez-y deux cuillerées à dégraisser d'espagnole, une cuillerée de bouillon; vous les remuerez dans leur sauce sur le feu; au premier bouillon retirez-les, et servez-les.

A LA BOURGEOISE.

Si vous n'avez pas de sauce, vous y suppléerez par une cuillerée à bouche de farine, que vous mêlerez bien avec vos oiseaux, un demi-verre de vin blanc, autant de bouillon; faites jeter à votre sauce un bouillon seulement: voyez si votre ragoût est d'un bon sel.

MAUVIETTES EN CHIPOLATA A LA MINUTE.

Vous aurez des marrons grillés, champignons, saucisses longues, que vous lierez par moitié, du petit lard que vous couperez en tranches; vous mettrez du beurre dans une casserole; vous y mettrez les tranches de petit lard, que vous ferez revenir, puis vos saucisses; l'un et l'autre cuits, vous y mettrez huit ou dix mauviettes; quand elles seront fermes, qu'elles résisteront sous le doigt, vous les retirerez; vous ôterez la moitié du beurre qui est dans la casserole; vous y mettrez les champignons; quand ils auront jeté quelques bouillons, vous y mettrez une cuillerée à bouche de farine, que vous mêlerez avec les champignons; vous y verserez un verre de vin blanc, un demi-verre d'eau, du sel très-peu a cause du lard, un peu de poivre; quand cela aura jeté quelques bouillons, vous y mettrez les saucisses, le lard, les mauviettes, les marrons; au premier bouillon, retirez de dessus le feu; et servez.

MAUVIETTES EN CROUSTADES.

Vous désossez douze mauviettes; vous en prenez l'intérieur, excepté le gésier; vous hachez, et vous mettez ce hachis sur un plat d'argent, avec autant de farce cuite, un peu de sel et du gros poivre, un peu de fines herbes, une barde de lard par-dessus; posez-la ensuite sur un fourneau doux, et le four de campagne par-dessus. Lorsque votre farce sera cuite, vous la mettrez dans une casserole; versez dedans deux cuillerées à dégraisser de velouté, que vous mêlerez bien avec votre farce; vous en mettrez dans l'intérieur de vos mauviettes; vous leur donnerez la forme d'une petite boule ou d'un ovale; si vous voulez, vous les coudrez avec du fil, pour qu'elles ne perdent pas leur forme; mettez un morceau de beurre dans une casserole; vous le ferez tiédir, vous y mettrez vos mauviettes, avec un peu de sel et du gros poivre, un peu des quatre épices; vous les tiendrez sur un feu doux pendant sept ou huit minutes; lorsqu'elles seront bien raidies, vous les égoutterez, avec des croûtons faits avec de la mie de pain, épais d'un pouce et demi; vous y ferez une incision en dedans de son plat, à une ligne du bord; vous les passerez dans le beurre: lorsqu'ils auront belle couleur, vous les en retirerez, les laisserez égoutter sur un linge blanc; vous en ôterez le milieu, vous mettrez dedans un peu de votre farce et votre mauviette, à laquelle vous aurez ôté le fil; vous laisserez un peu de vide par-dessus votre farce, pour y mettre un peu de sauce: quinze minutes avant de servir, vous posez vos croûtons garnis de mauviettes sur une tourtière, et les mettez au four, ou sous un four de campagne qui ne soit pas trop chaud. Au moment de servir, dressez vos croûtons sur un plat, et dans chaque vous dresserez un peu de sauce italienne. (*Voyez* Sauce italienne.)

CÔTELETTES DE MAUVIETTES.

Vous lèverez la chair de l'estomac de vos mauviettes, vous y passerez un bout de patte, en lui coupant un gros bout, comme si c'était une côtelette; vous aurez soin d'aplatir chaque morceau de l'estomac, pour qu'il prenne plus de surface; arrangez vos côtelettes sur un plat d'argent; assaisonnez-les de sel, gros poivre; faites tiédir un morceau de beurre, et versez-le pardessus. Au moment du service, vous les mettez sur un feu ardent; sitôt qu'elles ont reçu un peu de chaleur, vous les retournez: après qu'elles ont resté un instant sur le feu, retirez-les; vous penchez votre plat, et vous retirez vos côtelettes sur la hauteur, pour que votre beurre se sépare de vos côtelettes; vous les dressez en couronne; saucez-les avec un peu d'espagnole dans laquelle vous mettrez un morceau de glace gros comme la moitié d'une noix. (*Voyez* Espagnole.)

SAUTÉ DE FILETS DE MAUVIETTES AUX TRUFFES.

Ayez quatre douzaines de mauviettes, levez-en les filets, retirez-en les peaux nerveuses, faites fondre du beurre dans un sautoir; rangez-y ces filets comme des escalopes, et mettez dessus des truffes coupées en liards; retirez les intestins à part, ôtez-en le gésier, pilez-les avec le dos du couteau, mêlez-les avec un peu de farce fine; vous aurez fait des croûtons en losange et creux en dedans; passez-les au beurre, videz-les, remplissez-les de cette farce, et faites-les mijoter au four doux: au moment de servir, faites raidir vos filets, égouttez-les, mettez-les dans une espagnole bien réduite, avec un morceau de glace de gibier; ajoutez un pain de beurre, dressez-les sur un plat avec vos croûtons à l'entour; glacez-les, et servez. (F.)

CAISSE DE MAUVIETTES.

Ayez trois douzaines de mauviettes bien fraîches; coupez les têtes et les pattes; fendez-les par le dos, retirez-en les intestins, supprimez-en les gésiers, pilez le reste avec le dos du couteau, mettez-les dans vos fines herbes: procédez en tout comme pour la caisse de cailles. (*Voyez* cet article.) (F.)

MAUVIETTES EN CERISES.

Ayez trois douzaines de mauviettes que vous désosserez, que vous préparerez en tout comme les grives en prunes. (*Voyez* Grives en prunes.) (F.)

VOLAILLE.

DU CANARD.

Il y a plusieurs sortes de canards : celui de basse-cour et le sauvage sont les plus connus, et ceux dont on fait le plus d'usage. Le canard que l'on nourrit est employé plus volontiers pour entrée, et le sauvage pour rôti. L'endroit où l'on fait les meilleurs élèves est Rouen. Il n'y a rien au-dessus des canetons de ce pays.

CANARD POÊLÉ ; SAUCE BIGARADE.

Quand vous avez plumé, vidé et flambé votre canard, vous lui troussez les pattes en dedans des cuisses ; vous le bridez avec de la ficelle ; vous lui rentrez le croupion dans le corps pour le raccourcir ; vous l'assujettissez avec l'aiguille à brider et de la ficelle ; vous donnez à votre canard une forme ronde et raccourcie ; vous lui frottez l'estomac avec un jus de citron ; vous mettez des bardes de lard dans votre casserole, votre canard dessus ; vous le couvrez de bardes, vous mettez une poêle pour le cuire. (*Voyez* Poêle.) Une heure avant de servir, vous le mettez au feu : faites-le mijoter jusqu'au moment de servir ; vous l'égouttez, le débridez, et le dressez ensuite sur le plat ; vous mettrez trois cuillerées à dégraisser d'espagnole travaillée, un peu de gros poivre, le jus d'une bigarade, avec un peu de son zeste ; vous placerez cette sauce au feu ; au premier bouillon, vous la verserez sous votre canard : faute de bigarade, servez-vous de citron. (*Voyez* Sauce espagnole travaillée.)

CANARD A LA PURÉE DE LENTILLES.

Vous préparez votre canard comme celui dit à la poêle ; vous mettez des bardes de lard dans le fond d'une casserole, votre canard dessus, quelques tranches de rouelle de veau, deux carottes, trois oignons, deux clous de girofle, une feuille de laurier, un peu de thym, un bouquet de persil et ciboule ; vous couvrez votre canard de bardes ; vous versez une cuillerée à pot de bouillon. Si votre canard est tendre, trois quarts d'heure suffisent pour le cuire ; s'il est dur, laissez-le davantage au feu : au moment de servir, vous l'égouttez, le débridez, et le dressez sur le plat ; vous le masquez, si vous voulez, d'une purée de lentilles. Si votre canard est bien blanc et bien potelé, vous mettez la purée dessous. (*Voyez* Purée de lentilles.) Vous pouvez aussi le servir à la purée de navets ou de pois.

CANARD AUX NAVETS.

Vous faites cuire votre canard comme le précédent ; vous mettez dans la cuisson cinq ou six navets coupés en tranches ; au moment de servir, vous l'égouttez, le débridez et le dressez ; vous mettez dans votre ragoût des petits navets dessous ou dessus votre canard. (*Voyez* Navets pour entrée.)

A LA BOURGEOISE.

Quand votre canard est vidé, flambé, troussé, vous faites un roux; dès qu'il est bien blond, vous mettez votre canard dedans, vous le faites revenir: lorsque les chairs sont fermes partout vous versez deux cuillerées à pot de bouillon, si vous en avez; faute de bouillon, de l'eau, du sel, du poivre, une feuille de laurier; tournez votre canard avec son mouillement jusqu'à ce qu'il bouille; vous y ajouterez un bouquet de persil et de ciboule; vous le ferez aller à grand feu: quand votre canard sera aux trois quarts cuit, vous y mettrez des navets, tous de la même grosseur, que vous aurez tournés; vous les sauterez dans du beurre; lorsqu'ils seront bien blonds, vous les laisserez égoutter; réunissez-les à votre canard; vous le ferez aller à petit feu, vous le dégraisserez, vous y mettrez un petit morceau de sucre: au moment de servir, vous le débriderez, et vous verserez votre ragoût de navets par-dessus. Voyez s'il est de bon sel.

CANARD A LA PURÉE DE NAVETS.

Faites cuire un canard comme celui dit poêlé; vous le débridez, l'égouttez, le dressez sur le plat, et le masquez d'une purée de navets. (*Voyez* Purée de navets.)

CANARD AUX OLIVES.

Troussez et faites cuire votre canard comme celui dit à la poêle; vous tournez vos olives, c'est-à-dire vous enlevez la chair de dessus son noyau en tire-bouchon; vous la conservez entière, pour qu'elle reprenne sa première forme; vous leur faites jeter un bouillon dans l'eau, si vous voulez, ou bien vous les mettez dans une casserole, avec quatre cuillerées à dégraisser d'espagnole, deux fois autant de consommé ou bouillon, un peu de gros poivre; vous ferez cuire vos olives sur un feu ardent: quand la sauce sera réduite à un tiers, vous les retirerez du feu: tenez-les chaudes au bain-marie.

A LA BOURGEOISE.

Si vous n'avez pas de sauce, vous ferez un roux léger, que vous arroserez avec le mouillement où aura cuit votre canard; vous le passerez au tamis de soie; en cas que votre sauce ne soit pas assez longue, vous y mettez du bouillon: au moment de servir, vous égoutterez votre canard; débridez-le, dressez-le sur votre plat, et versez ensuite votre ragoût d'olives dessus.

CANARD EN AIGUILLETTES.

Troussez, bridez et faites cuire votre canard comme celui dit à la poêle; quand il sera aux trois quarts cuit, au moment de servir, vous l'égouttez, le débridez; servez-le sur votre plat; faites-lui huit ciselures sur l'estomac, quatre de chaque côté; vous hachez très-menu une cuillerée à bouche d'échalotes, que vous mettez dans une casserole, avec du blond de veau, deux cuillerées à dégraisser, du gros poivre, un peu de muscade râpée, un peu de sel; vous ferez jeter quelques bouillons à vos échalotes; vous les retirerez du feu; pressez le jus de deux citrons dans votre sauce; vous la versez sur les incisions de votre canard. On peut mettre son canard en entrée de broche, ou tout simplement à la broche.

FILETS DE CANARDS A L'ORANGE.

Levez les estomacs de quatre canards; faites-les mariner comme il est indiqué à l'article Filets de canards sauvages (*voyez* cet article), et procédez en tout de même. (F.)

CUISSES DE CANARDS EN MACÉDOINE.

Prenez les huit cuisses des canards que vous avez; levez les estomacs, levez les cuisses avec leurs peaux, désossez-les, posez-les sur un linge blanc; assaisonnez-les de sel et de gros poivre; mettez sur les chairs un peu de farce fine; cousez les cuisses en forme de ballon; coupez les pattes au-dessus de la jointure; faites poêler les cuisses : leur cuisson faite, mettez-les refroidir entre deux couvercles; retirez les fils; parez-les, mettez-les chauffer dans une demi-glace, dressez-les sur un plat en couronne, glacez-les; mettez au milieu une macédoine. (*Voyez* article Macédoine.) (F.)

CANETON AUX PETITS POIS.

Préparez et faites cuire le caneton comme il est indiqué à l'article Canard poêlé, et masquez-le d'un ragoût de petits pois au lard. (*Voyez* Petits pois au lard.) (F.)

EN HARICOT VIERGE.

Apprêtez et faites cuire ce caneton comme les précédents, et masquez-le d'un haricot vierge (*Voyez* Haricot vierge, article Petite sauce.) (F.)

AU BEURRE D'ÉCREVISSES.

Faites poêler votre caneton comme il est indiqué ci-dessus, et masquez-le d'une sauce au beurre d'écrevisses. (*Voyez* Sauce au beurre d'écrevisses. (F.)

AU VERT-PRÉ.

Ce caneton se prépare de même que les précédents; masquez-le avec une sauce ravigote verte. (*Voyez* Sauce ravigote et Vert de ravigote, à leurs articles.) (F.)

AUX PETITES RACINES.

Opérez également pour celui-ci comme pour les précédents masquez-le de petites racines. (*Voyez* l'article Ragoût aux petites Racines.) (F.)

AUX CONCOMBRES.

Préparez et faites cuire ce canard comme les précédents, et masquez-le de concombres. (*Voyez* Ragoût aux concombres.) (F.)

AUX PETITS OIGNONS.

Préparez ce caneton comme les précédents; faites-le cuire de même, et masquez-le de petits oignons. (*Voyez* Ragoût aux petits oignons.) (F.)

EN MACÉDOINE.

(*Voyez* l'article Cuisses de caneton en macédoine, et procédez de même.) (F.)

AU VERJUS.

Préparez ce caneton comme le précédent; faites-le cuire de même; ayez du verjus, si c'est la saison; ôtez-en les queues, faites-le blanchir et égouttez-le; mettez trois cuillerées d'espagnole réduite dans une casserole; ajoutez-y votre verjus, et gros comme une noix de glace de veau; faites réduire votre ragoût; finissez avec un pain de beurre; goûtez s'il est d'un bon goût: masquez-en votre canard et servez. (F.)

A LA PURÉE VERTE.

Préparez ce canard comme le précédent; faites-le cuire de même; et masquez-le d'une purée de pois. (*Voyez* Purée de pois verts.) (F.)

CANARDS A LA CHOUCROUTE.

Prenez un ou deux canards, videz-les, flambez-les; refaites-leur les pattes; coupez-en les bouts et les ailes bien près du corps, ainsi que le cou; épluchez-les, retroussez-les en poules, les pattes en dedans; vous aurez préparé deux livres de choucroûte, c'est-à-dire vous la laverez et la marquerez dans une casserole, avec du petit lard, un cervelas et des saucisses; mouillez-la avec le dégraissis de quelque bon fond; faites-la cuire ainsi pendant trois heures; retirez-en votre lard, cervelas et saucisses; placez-y vos deux canards; faites-les mijoter pendant une heure: leur cuisson terminée, égouttez-les, ainsi que votre choucroûte; dressez-les sur un plat, rangez la choucroûte à l'entour, et placez sur la choucroûte le lard coupé par lames, les saucisses, ainsi que le cervelas, auquel vous aurez retiré la peau, et servez. (F.)

CANARDS AUX CHOUX.

Préparez vos canards comme il est indiqué à l'article précédent; vous aurez fait blanchir des choux que vous aurez préparés comme il est indiqué à l'article intitulé Choux pour garniture (*voyez* cet article); faites cuire vos canards dans vos choux avec un morceau de petit lard, un cervelas et six saucisses; leur cuisson faite, égouttez vos canards, dressez-les sur un plat; égouttez vos choux, pressez-les; faites-en un cordon autour de vos canards; rangez sur vos choux votre petit lard et le cervelas avec des racines tournées; glacez, saucez d'une espagnole réduite, et servez.

DU DINDON.

Le dindon a une chair blanche et très-bonne quand il n'a pas souffert. Il y aurait trop à dire s'il fallait décrire tous les mets qu'on peut faire avec cette volaille; les meilleures sont les jeunes et les gras.

DINDON EN DAUBE.

Quand le dindon est vieux, c'est assez l'usage de le manger en daube. Vous le plumez et le videz, coupez-lui les pattes et troussez les cuisses en dedans; vous les assujettissez avec de la ficelle et une aiguille à brider; vous le flambez, l'épluchez et l'assaisonnez de gros lardons, de sel, de poivre, des quatre épices et de fines herbes: si vous voulez, vous piquez l'estomac et les cuisses de votre dindon le plus menu possible; vous mettez des bardes de lard dans une braisière, votre dindon par-dessus, deux jarrets de veau, les pattes du dindon, quatre carottes, six oignons, trois clous de girofle, deux feuilles de laurier, du thym, un bouquet de persil et de ciboule; vous couvrez votre dindon de bardes, d'un morceau de papier beurré; mouillez-le avec quatre cuillerées à pot de bouillon, plus si le dindon est gros, un peu de sel; vous le faites mijoter pendant trois heures et demie; quand il est cuit, vous retirez votre braisière du feu; n'ôtez votre dindon qu'une demi-heure après, afin qu'il ne se hâle pas; vous passerez votre mouillement à travers une serviette fine; vous le ferez réduire d'un quart, ou plus s'il est trop long; cassez ensuite un œuf dans une casserole; vous le battrez bien, et vous verserez la gelée dessus; vous la fouetterez bien avec votre œuf: voyez si elle est de bon goût; si elle en manquait, vous y mettriez un peu d'aromates, quelques feuilles de persil, quelques queues de ciboules; vous la tiendrez sur le feu, en la mouvant avec force, jusqu'à ce qu'elle soit prête à bouillir; quand elle aura jeté ses premiers bouillons, vous la placerez sur le bord du fourneau, avec un couvercle et du feu dessus; laissez-la mijoter une demi-heure: après, vous la passerez soigneusement à travers une serviette fine, et vous la laisserez refroidir pour la servir autour de la daube; pour plus d'économie, on met un pied de veau dans sa daube, en place de jarret de veau.

GALANTINE DE DINDON.

Vous flamberez votre dindon; ayez soin qu'il ait une bonne chair et qu'il soit bien nourri; vous commencerez à le désosser par le dos; prenez garde de gâter l'estomac; quand il sera désossé entièrement, et que les nerfs et les cuisses seront ôtés, vous lèverez une partie des chairs de l'estomac, à un demi-pouce près de la peau; vous ferez de même aux cuisses; mettez avec les chairs que vous avez coupées du dessus de votre dindon, celles de deux ou trois poules, ou simplement du veau ou autre viande: cela est à volonté. Si vous avez deux livres de viande, vous y mettrez deux livres de lard, le plus gras possible; vous hachez le tout ensemble; joignez-y du sel, du poivre, des quatre épices, des fines herbes. Si vous voulez, lorsque votre sauce est hachée bien menu, vous assaisonnez de moyens lardons avec des aromates pilés, du sel, du poivre, et vous lardez les chairs de votre dindon; vous faites ensuite un lit de farce épais d'un pouce, que vous aplanissez bien également; vous mettez sur ce lit de farce des truffes coupées en long, de la langue à l'écarlate, des lardons de lard, des filets mignons de votre dindon, des volailles et des foies gras, si vous en avez : vous remettez un lit de farce, et, de même qu'au premier lit, des truffes, de la langue, des lardons, etc. : vous ferez la même cérémonie jusqu'à ce que vous n'ayez plus de farce; votre farce employée, vous roulez votre dindon de manière qu'il contienne toute la farce, sans qu'il s'en échappe d'aucun côté; avec une aiguille à brider et de la ficelle, vous cousez les chairs comme elles étaient dans leur forme première; vous donnez une forme longue à votre galantine; vous la couvrez de bardes de lard, un peu de sel; vous l'enveloppez dans un canevas avec quatre ou cinq feuilles de laurier; vous liez vos deux bouts, et vous ficelez votre galantine par-dessus le canevas, pour qu'elle conserve sa forme; mettez des bardes de lard dans une braisière, votre galantine par-dessus ; ajoutez-y des jarrets de veau, six carottes, six oignons, un fort bouquet de persil et de ciboule, les débris de votre dindon, quatre feuilles de laurier, un peu de thym, trois clous de girofle, trois cuillerées à pot de bouillon, plus si votre pièce est forte; vous la mettrez au feu, et la ferez mijoter pendant trois heures; lorsqu'elle sera cuite, vous la retirerez; vous ne retirez votre galantine qu'une demi-heure après; en la sortant de votre cuisson, vous la presserez pour en extraire le jus, et la conserverez dans son canevas jusqu'à ce qu'elle soit froide; vous passerez votre mouillement à travers une serviette fine; cassez un œuf entier, ou deux, si le jus est long; vous le battrez avec votre gelée : goûtez si elle est de bon goût, et vous la mettrez sur le feu, en la remuant toujours jusqu'à ce qu'elle bouille; alors vous la tiendrez sur le bord du fourneau; couvrez-la, et entretenez un feu ardent sur le couvercle; lorsque votre gelée aura mijoté pendant une demi-heure, vous la passerez à travers une serviette fine; laissez-la refroidir, pour en faire l'usage que vous jugerez à propos. Il y a des personnes qui font des omelettes vertes; elles mettent des pistaches, des carottes, etc., dans leur galantine pour varier les couleurs; mais ce n'est pas le goût général, et elle est plus susceptible de se gâter.

AILERONS DE DINDONS EN HARICOTS.

Vous prenez dix ailerons de jeunes dindons; vous les échaudez, les flambez, les parez, les désossez; mettez-les ensuite dans une casserole avec des bardes de lard dessus et dessous; posez une poêle par-dessus, et faites-les mijoter une heure et demie, ou plus, si vos ailerons sont vieux : au moment du service, vous les égouttez et les dressez en couronne; mettez des petits navets dans le milieu de votre ragoût. (*Voyez* Petits navets pour Entrée.)

A LA BOURGEOISE.

Autrement, vous ferez un roux léger, vous sauterez vos ailerons dedans; arrosez-les avec du bouillon à grand mouillement, pour les faire aller à grand feu; vous y mettrez ensuite un bouquet de persil et ciboule garni; ayez soin d'écumer, de dégraisser votre ragoût; quand vos ailerons seront aux trois quarts cuits, vous y mettrez vos navets, que vous aurez tournés en petits bâtons de la même grosseur; faites-les roussir dans le beurre au moment de servir; voyez si votre ragoût est d'un bon sel.

AILERONS EN HARICOT VIERGE.

Vous préparerez les ailerons comme les précédents; vous les ferez cuire dans une poêle, comme il est dit; tournez les navets en petits bâtons, en olives ou autrement, tous de même grandeur et de même grosseur; vous les sauterez dans du beurre à blanc, c'est-à-dire de ne pas les laisser prendre couleur; au bout d'un quart d'heure vous y verserez huit cuillerées à dégraisser de velouté; si vous n'en avez pas, vous y mettrez une cuillerée à bouche de farine, que vous mêlerez avec votre beurre et vos navets; ajoutez-y une cuillerée à pot de bouillon, un peu de gros poivre, une feuille de laurier; vous les ferez aller à grand feu; vous les écumerez et les dégraisserez : lorsque vos navets seront cuits, vous égoutterez vos ailerons; dressez-les en couronne; vous mettrez dans vos navets une liaison de deux jaunes d'œufs et vous les mettrez dans le milieu de vos ailerons.

AILERONS A LA CHICORÉE.

Échaudez ces ailerons, flambez-les; vous les désossez; vous les piquez de lard fin (*voyez* la manière de piquer); vous mettez des bardes dans le fond d'une casserole, quelques tranches de veau, deux carottes coupées en tranches, deux oignons, un clou de girofle, une feuille de laurier, et vos ailerons par-dessus cet assaisonnement, un rond de papier beurré, une cuillerée à pot de consommé ou de bouillon : vous les ferez mijoter pendant une heure, feu dessus et dessous; faites attention que vos ailerons ne prennent pas trop de couleur : au moment de servir, vous les égouttez; placez-les, et mettez de la chicorée sur le plat, vos ailerons par-dessus, ou bien vous les dressez en couronne, et votre chicorée dans le milieu. (*Voyez* Chicorée pour Entrée.)

AILERONS EN CHIPOLATA.

Échaudez, flambez et désossez vos ailerons; vous les parez, vous mettez un morceau de beurre dans une casserole avec vos ailerons; vous les sautez sur le feu d'un fourneau ardent; lorsqu'ils sont revenus dans votre beurre, vous y mettez une cuillerée à bouche de farine, deux cuillerées à pot de bouillon, une feuille de laurier, du gros poivre; vous ferez aller vos ailerons à grand feu : ayez soin d'écumer; vous ferez blanchir du petit lard que vous couperez en carrés plats, pour ajouter à vos ailerons; joignez-y aussi des champignons les plus blancs possible, un bouquet de persil et ciboule; lorsque votre ragoût sera aux trois quarts cuit, vous y mettrez vingt-quatre petits oignons bien épluchés et de la même grosseur, des marrons que vous aurez mondés, des saucisses longues que vous lierez par le milieu, et que vous ferez blanchir : dégraissez votre ragoût, et mettez ces ingrédients dedans : quand il sera cuit, et au moment de servir, dressez vos ailerons sur votre plat; ôtez le bouquet et la feuille de laurier de votre ragoût : voyez s'il est de bon sel, et mettez-y une liaison de deux jaunes d'œufs; vous le versez sur vos ailerons.

AILERONS AU SOLEIL.

Vous sauterez vos douze ailerons dans le beurre comme pour la chipolata; vous y mettrez huit cuillerées à dégraisser de velouté, la moitié d'une cuillerée à pot de bouillon, une feuille de laurier, du gros poivre, un clou de girofle, un bouquet de persil et ciboule; vous ferez bouillir vos ailerons, vous les écumerez; aux trois quarts cuits, vous les dégraisserez; ensuite, lorsqu'ils seront cuits, vous ferez réduire votre sauce de manière qu'elle soit bien liée, retirez le bouquet, la feuille et le clou de girofle; vous mettrez dans votre ragoût une liaison de trois jaunes d'œufs, avec un morceau de beurre de la grosseur de la moitié d'un œuf; quand il sera lié, vous placerez vos ailerons, pour refroidir, sur une tourtière ou un plat, et leur sauce par-dessus; après cela, vous les barbouillerez bien de leur sauce, et les mettrez dans la mie de pain; après, vous les poserez dans une omelette de cinq œufs crus; vous les panerez une seconde fois également, pour que la sauce ne coule pas dans la friture; donnez une belle forme à vos ailerons : au moment de servir, vous les faites frire; quand ils sont bien blonds, vous les égouttez sur un linge blanc, vous les dressez sur le plat, avec du persil frit dans le milieu.

BLANQUETTE DE DINDON.

Lorsque votre dindon est cuit à la broche, et qu'il est froid, vous enlevez les chairs de l'estomac, vous les émincez, les aplatissez avec la lame du couteau; vous en coupez les angles, et vous parez le mieux possible votre blanc; ainsi arrangés, vous les mettez dans une casserole, vous tournez les champignons, vous les coupez en liards; mettez-les dans de l'eau et du citron, pour les conserver blancs; quand vous en avez une quantité suffisante pour votre blanquette, mettez un petit morceau de beurre dans une casserole, un peu de jus de citron, et vos champignons dedans; vous les sautez sur le feu; quand ils n'ont plus d'eau, et que le beurre est en huile; vous y mettez six cuillerées à dégraisser de velouté, autant de consommé; faites réduire le tout à moitié; ayez soin d'écumer et de dégraisser votre sauce, et vous la verserez sur le blanc de votre dindon, qui est dans une petite casserole : au moment de servir, vous posez votre blanquette sur le feu, avec une liaison d'un jaune d'œuf ou deux, selon que votre blanquette est forte, et un morceau de beurre de la grosseur d'une noix : voyez si elle est d'un bon sel.

HACHIS DE DINDON.

Prenez le blanc d'un dindon qui a été cuit à la broche; vous en ôterez les peaux et les nerfs; vous les couperez en petits dés; puis vous les hacherez avec des couteaux à hacher; quand le blanc sera bien fin, vous mettrez le hachis dans une casserole, vous ferez chauffer de la béchamel : si vous n'en avez pas, vous lierez avec du velouté.

A LA BOURGEOISE.

Si vous n'avez pas de sauce, vous mettrez quelques débris du dindon dans une casserole, avec un peu de bouillon; vous le ferez bouillir une demi-heure, vous ferez un roux blanc, où vous verserez l'essence du dindon; vous ferez jeter quelques bouillons à votre sauce, vous la dégraisserez, puis vous y mettrez une liaison de trois œufs; vous versez la sauce sur le hachis, et le tenez chaudemen sans qu'il bouille.

CAPILOTADE DE DINDON.

(*Voyez* Capilotade de volaille.)

QUENELLES DE DINDON.

Vous prenez les chairs de l'estomac du dindon, et vous vous servez du même procédé que pour faire des quenelles. (*Voyez* Quenelles.)

CROQUETTES DE DINDON.

Quand votre dindon est cuit à la broche, vous le laissez refroidir; vous enlevez les blancs, vous les préparez de même que pour les croquettes de volaille. (*Voyez* Croquettes de volaille.)

CUISSES DE DINDON, SAUCE ROBERT.

Levez les cuisses d'un dindon cuit à la broche; vous les ciselez avec votre couteau; assaisonnez-les de sel, de poivre: vous les mettez sur le gril à un feu doux; quand elles sont grillées vous servez une sauce Robert dessus. (*Voyez* Sauce Robert.)

AILERONS DE DINDON A LA MAITRE-D'HÔTEL.

Ayez dix ailerons cuits comme il est indiqué à l'article Ailerons en Haricots; mettez-les refroidir, parez-les, panez-les au beurre fondu. Au moment de servir, faites-les griller, et dressez-les avec une maître-d'hôtel dessous et servez. (*Voyez* Maître-d'hôtel.) (F.)

AILERONS AUX TRUFFES.

Ayez dix ailerons, comme il est indiqué ci-dessus; quand ils seront parés, mettez-les chauffer dans une demi-glace, dressez-les, masquez-les d'un ragoût de truffes, et servez. (*Voyez* Ragoût aux Truffes.) (F.)

AILERONS DE DINDON FARCIS, A LA MARÉCHAL.

Ayez dix ailerons bien dégorgés; désossez-les jusqu'à la première jointure; garnissez le dedans d'une farce cuite; cousez les deux bouts de la peau de chaque aileron; faites-les cuire comme il est indiqué aux articles précédents; faites-les refroidir entre deux couvercles; parez-les, panez-les à l'anglaise; faites griller au moment de servir, et servez-les avec une demi-glace dessous. (F.)

AILERONS DE DINDON AUX OLIVES.

Préparez dix ailerons comme il est indiqué. (*Voyez* Ailerons aux Truffes.) Dressez-les, et masquez-les d'un ragoût aux olives. (*Voyez* Ragoût aux Olives.) (F.)

AILERONS AUX PETITS POIS.

Procédez en tout comme à l'article précédent; dressez-les et masquez-les de petits pois au lard. (*Voyez* Petits Pois au Lard.) (F.)

DINDE AUX TRUFFES A LA BROCHE.

Ayez une poule d'Inde grasse et blanche; épluchez-la, videz-la par la poche; prenez garde d'en crever l'amer et d'offenser les intestins; si cela vous arrivait, lavez-la en lui passant de l'eau dans le corps; ayez trois ou quatre livres de truffes, épluchez-les avec soin, supprimez-en les musquées; pilez une livre de lard gras, mettez-le dans une casserole sur la cendre chaude, laissez-le fondre; mettez vos truffes dedans, coupées en quatre; assaisonnez-les de sel, poivre, épices, muscade, d'une feuille de laurier et d'un peu de thym; laissez-les mijoter une demi-heure. Après, retirez vos truffes du feu, remuez-les bien, laissez-les presque refroidir, remplissez-en le corps de votre dinde jusqu'au jabot, cousez-en les peaux, afin d'y contenir les truffes; bridez-la, bardez-la, et laissez-la se parfumer quatre ou cinq jours, si la saison vous le permet. Au bout de ce temps, mettez-la à la broche; enveloppez-la de fort papier beurré, faites-la cuire environ deux heures: sa cuisson achevée, déballez-la, faites-lui prendre une belle couleur, et servez-la avec une sauce à la Périgueux. (*Voyez* Sauce aux truffes hachées.) (F.)

DINDE A LA PROVIDENCE.

Ayez une poule d'Inde, préparez-la comme il est indiqué ci-dessus, remplissez-la d'une garniture. Ainsi préparée, ayez vingt morceaux de petit lard, que vous faites dessaler et blanchir, vingt saucisses à la chipolata, vingt gros champignons, vingt truffes, trente marrons; ayez aussi trente petites quenelles de la grosseur de vos saucisses, que vous faites pocher; faites cuire votre petit lard et vos saucisses; mettez la moitié de cette garniture dans le corps de votre dinde; troussez-la et bridez-la comme pour entrée; masquez dans une braisière avec quelques tranches de veau, deux lames de jambon, deux oignons, deux clous de girofle, un bouquet assaisonné; couvrez votre dinde de bardes de lard et d'un papier beurré; mouillez-la d'un verre de vin de Madère et de bon consommé; faites cuire votre dinde pendant deux heures à petit feu : sa cuisson faite, passez-en le fond au tamis de soie, dégraissez-le, et faites-le clarifier et réduire à moitié, passez-le à la serviette: mettez chauffer l'autre moitié de votre garniture; ajoutez une douzaine de belles crêtes et de rognons de coqs dans une partie de votre fond : égouttez votre dinde : débridez la ; dressez-la sur un grand plat, rangez vos garnitures à l'entour, versez votre consommé dessus, et servez comme relevé de potage. (F.)

DINDE A LA FLAMANDE.

Ayez une poule d'Inde grasse et blanche, videz-la, flambez-la, troussez-la en poule, les pattes en dedans ; bridez-la, couvrez-la de bardes de lard, faites-la cuire dans une poêle. Sa cuisson faite, débridez-la, dressez-la sur un grand plat, mettez à l'entour une garniture de laitue, et masquez-la d'une flamande. (*Voyez* Garniture à la Flamande et l'article Petite Sauce.) Servez-la comme relevé de potage. (F.)

DINDON EN SURPRISE.

Ayez un fort dindon ; videz-le, flambez-le, bridez-le comme pour rôt ; faites-le cuire à la broche. Sa cuisson faite, laissez-le refroidir levez-en l'estomac ; faites un puits que vous remplirez d'un salpicon (*voyez* Salpicon). Couvrez votre salpicon d'une farce à quenelles ; donnez une forme bien ronde à l'estomac de votre dindon : panez-le avec de la mie de pain et du fromage de Parmesan ; faites-le chauffer et prendre couleur au four, dressez-le sur un grand plat, saucez-le d'une espagnole réduite : servez-le comme relevé de potage. (F.)

DINDONNEAU A L'ESTRAGON.

Ayez un jeune dindonneau bien gros et blanc, videz-le, flambez-le légèrement, retroussez les pattes en dehors, comme pour entrée ; faites-le poêler ; une demi-heure suffit pour sa cuisson ; égouttez-le, débridez-le ; dressez-le sur un plat ; décorez-le avec des feuilles d'estragon coupées en losange : saucez avec une aspic à l'estragon, et servez. (*Voyez* Aspic à l'estragon.) (F.)

DINDONNEAU AU BEURRE D'ÉCREVISSES.

Préparez et faites cuire un jeune dindonneau, comme il est indiqué à l'article précédent. Au moment de servir, égouttez-le, débridez-le, dressez-le sur un plat, masquez-le avec une sauce au beurre d'écrevisses (*voyez* Sauce au Beurre d'Écrevisses), et servez. (F.)

DINDONNEAU A LA RÉGENCE.

Ayez un jeune dindonneau bien en chair, videz-le, troussez-le, comme pour entrée, flambez-le, et faites-le un peu revenir ; piquez-le d'une rosette sur l'estomac, mettez-le dans une casserole ; couvrez-lui les pattes avec des bardes de lard, assaisonnez-le avec une carotte, un oignon, deux clous de girofle, un bouquet bien assaisonné, sel et poivre ; mouillez avec un peu de consommé ; que le piqué ne baigne pas dans l'assaisonnement : faites-le partir, placez-le sur la paillasse, avec beaucoup de feu sur le couvercle ; faites prendre couleur au lard, et glacez-le ; sa cuisson étant faite, égouttez-le, débridez-le, dressez-le sur le plat, mettez dessous un beau ragoût à la financière, avec quatre belles écrevisses, et servez glacé. (*Voyez* Financière.) (F.)

DINDONNEAU PEAU DE GORET.

Ayez un jeune dindonneau, préparez-le comme pour entrée; trois quarts d'heure avant de servir, mettez-le à la broche; ayez soin de l'arroser avec de l'huile, comme un cochon de lait : faites-lui prendre une belle couleur, poudrez-le de sel fin; débrochez-le, dressez-le sur son plat, saucez-le d'une sauce à la Diable, et servez. (*Voyez* Sauce à la Diable.) (F.)

DINDONNEAU EN FORME DE TORTUE.

Ayez un jeune dindonneau, retirez-lui la poche; flambez-le légèrement; désossez-le en le fendant par le dos; laissez-lui les pattes et les ailerons; faites attention de ne point lui crever la peau; étendez-le sur un linge blanc; poudrez la chair de sel et de gros poivre, et mettez-y de la farce cuite l'épaisseur du doigt; remplissez le corps d'un salpicon; recousez les peaux, arrêtez-lui les pattes et les ailerons en dessous; donnez une forme bien rebondie à votre estomac; foncez une casserole de bardes de lard, placez votre dindonneau dessus, citronnez-le, et couvrez-le de bardes de lard et d'un rond de papier; mouillez-le avec un verre de vin de Madère et du bon consommé; faites-le mijoter pendant une heure; égouttez-le; débridez-le, mettez-le sur un plat; faites-lui les pattes de la tortue avec six pattes d'écrevisses que vous enfoncez sur les côtés de votre dindonneau : formez-en la tête avec celle d'une grosse écrevisse, et la queue de même sur l'estomac; piquez en quadrille de gros clous de truffes bien noirs; saucez votre dindonneau avec une sauce financière, dans laquelle vous aurez mis un beurre de piment. Servez. (F.)

DINDE A LA GODARD.

Ayez une forte dinde bien grasse et bien blanche; videz-la, flambez-la légèrement, retroussez-la en poule; faites-la revenir, piquez-la d'une rosette sur l'estomac, faites-la cuire comme un fricandeau, dans un bon fond, et faites glacer le lard; sa cuisson faite, égouttez-la, débridez-la, dressez-la sur un grand plat; mettez à l'entour la même garniture qu'à l'aloyau à la Godard (*voyez* Aloyau à la Godard); saucez-la d'une sauce de ragoût à la financière, et servez comme relevé de potage. (F.)

DINDONNEAU A LA MAGNONNAISE.

Ayez un jeune dindonneau rôti et froid, coupez-le par membres, levez-en les peaux, et parez les morceaux; mettez-les mariner dans un vase, avec un peu d'huile, de vinaigre à l'estragon, du sel du gros poivre, et un peu de ravigote hachée. Dressez vos membres de dindonneau sur un plat, en commençant par les inférieurs garnissez le tour de votre plat d'un cordon de gelée : saucez avec une sauce magnonnaise ou provençale, décorez-la avec des œufs durs, des filets d'anchois, des cornichons et des câpres. Servez. (F.)

DINDONNEAU EN SALADE.

Procédez de même qu'à l'article précédent : au lieu d'un cordon de gelée, faites un cordon de cœurs de laitue ou autre salade, selon la saison; décorez-la de même avec des filets d'anchois, des cornichons, des câpres, des olives tournées, et servez avec une huissière. (F.)

ATTÉREAUX DE DINDON.

Ayez un estomac de dindon cuit à la broche, coupez-le en ames d'un pouce carré; ayez de gros champignons, que vous fendrez en deux, des truffes que vous couperez en lames, et du petit lard cuit, que vous couperez de même; mettez le tout dans une sauce à atelet. (*Voyez* Sauce à Atelet). Embrochez vos morceaux sur six petits atelets d'argent par parties égales; enveloppez-les bien de leur sauce, panez-les à l'œuf, faites-les frire : au moment de servir, dressez-les en chevrettes; saucez-les d'une demi-glace. Servez. (F.)

POULARDE ET CHAPON.

La poularde et le chapon de sept ou huit mois sont les meilleurs; leur chair n'en est que plus succulente. Les poulardes les plus estimées sont celles du Mans et du pays de Caux : plus vieilles d'un an, elles ont souvent pondu; alors elles ont le derrière rouge et très-fendu. Le chapon a la chair rougeâtre et l'ergot long; alors les chairs de l'un et de l'autre ne sont propres qu'à faire des quenelles et du bouillon.

CHAPON POÊLÉ.

Lorsque votre chapon est plumé et flambé très-légèrement, vous l'épluchez et le videz; vous couchez les pattes sur les cuisses, vous les bridez, c'est-à-dire, vous prenez une aiguille à brider et de la ficelle, vous la passez de travers en travers, pour aller joindre l'autre cuisse; vous repassez encore l'aiguille, en mettant la patte et l'os de la cuisse entre votre ficelle; vous serrez bien par ce moyen votre nœud, et vous faites bomber l'estomac : vos pattes se trouvent assujetties, et ne se dérangent pas en cuisant; vous mettez des bardes de lard dans une casserole, votre chapon par-dessus; vous le couvrez de tranches bien minces de citron, et vous le recouvrez de bardes de lard, et une poêle par-dessus (*voyez* Poêle) : une petite heure suffit pour le cuire.

À LA BOURGEOISE.

Si vous n'avez pas de poêle, vous y mettrez quelques carottes, oignons, thym, laurier, un bouquet de persil, et vous la mouillez avec du bouillon; vous servez pour sauce sous votre chapon du consommé, du jus clair, une aspic chaude, un beurre d'écrevisses, une sauce tomate, un suprême, un velouté lié, un sauté de champignons, des rocamboles, un ragoût de crêtes et rognons. (*Voyez* l'article que vous préférez.)

POULARDE A LA SINGARA.

Quand elle est flambée, vidée, vous avez des lardons de lard gras; vous en faites aussi avec de la langue à l'écarlate : vous les assaisonnez de sel et de poivre, des quatre épices; remuez-les bien dans votre assaisonnement; vous ôtez intérieurement les os de l'estomac de votre poularde, vous lui coupez les pattes, et vous troussez les cuisses en dedans; vous la piquez correctement d'un lardon de lard, d'un lardon de langue : que votre lardoire passe de l'estomac aux reins; vos lardons doivent former un ovale; mettez-les à pareilles distances. Vous bridez votre poularde en faisant bomber l'estomac; donnez-lui une forme agréable; mettez ensuite dans une casserole des bardes de lard, plusieurs tranches de veau, quelques carottes coupées en tranches, quatre oignons, dont un piqué de deux clous de girofle, un bouquet de persil et de ciboule, une feuille de laurier, un peu de thym; vous frottez de jus de citron plusieurs bardes dont vous couvrirez votre poularde, et vous la mettrez sur votre assaisonnement, avec un rond de papier beurré pour la couvrir; versez aussi une cuillerée à pot de bouillon et un peu de sel; vous la mettrez au feu une heure avant de servir, et qu'elle mijotte; vous prendrez gros comme un œuf du plus rouge de la langue dont vous vous êtes servi; vous le pilerez jusqu'à ce qu'il soit pulvérisé : vous y mettrez un morceau de beurre gros comme la moitié d'un œuf, un peu de gros poivre, un peu de muscade râpée; repilez tout cela; vous le mettrez dans une casserole, délayez-le avec une cuillerée à dégraisser de velouté; vous ferez chauffer votre purée, sans la faire bouillir; pour qu'elle se délaie, vous y verserez deux cuillerées de consommé, dans lequel vous aurez fait fondre un morceau de glace gros comme la moitié d'une noix; quand votre purée sera bien délayée, vous la passerez à l'étamine en la foulant : il faut que cette purée représente une sauce, et non une purée : il faut donc qu'elle soit claire; vous la tiendrez chaude au bain-marie : au moment de servir, égouttez votre poularde, débridez-la; vous la dresserez sur votre plat; et vous mettrez votre sauce dessous; ayez soin qu'elle soit bien rouge et d'un bon sel.

POULARDE EN PETIT DEUIL.

Flambez, épluchez et videz votre poularde; vous lui coupez les pattes, et vous troussez les cuisses en dedans; vous la bridez de manière à lui faire sortir l'estomac, vous le couvrez de tranches de citron et de bardes de lard; vous mettez des bardes de lard dans une casserole, votre poularde par-dessus; ajoutez-y une poêle; vous la faites cuire aux trois quarts, et vous la retirez du feu; pour bien faire, il faudrait qu'elle fût froide; avec un petit morceau de bois, vous lui faites des trous sur l'estomac à distance égale, et dans chaque trou vous mettez un petit lardon de truffes; tâchez qu'ils soient bien correctement mis; et que cela forme un ovale de toute la grandeur de l'estomac. Votre pièce piquée, vous la couvrez de lard; mettez-la dans une casserole, et passez au tamis de soie le fond dans lequel elle a cuit; une heure avant de servir, vous la mettez mijoter : au moment de servir, vous l'égouttez et la débridez; dressez-là sur votre plat; vous hachez une truffe: passez-la avec un petit morceau de beurre, joignez-y trois ou quatre cuillerées à dégraisser de velouté, une de consommé, très-peu de sel, un peu de gros poivre; vous faites jeter quelques bouillons à votre sauce; vous la mettez sous votre poularde.

POULARDE AUX MOULES.

Vous trousserez et ferez cuire votre poularde comme celle dite poêlée : vous ratisserez vos moules, vous les laverez à plusieurs eaux et vous les mettrez dans une casserole sur un feu ardent, pour les détacher; ne les laissez pas bouillir, pour qu'elles ne se racornissent pas; mettez-les à sec dans une casserole, passez un peu de persil et ciboule dans un petit morceau de beurre; vous y mettrez quatre cuillerées à dégraisser de béchamel (*voyez* Béchamel), et si vous n'en avez pas, du velouté, une cuillerée de consommé, un peu de muscade râpée; vous ferez jeter quelques bouillons à votre sauce, et vous la verserez sur vos moules; au moment de servir, vous égoutterez votre poularde; vous la débriderez; dressez-la sur votre plat; ajoutez dans vos moules une liaison de trois jaunes d'œufs; si c'est du velouté, vous les mettrez sur le feu pour les lier; ne les laissez pas bouillir : vous masquerez votre poularde.

A LA BOURGEOISE.

Autrement, si vous n'avez pas de veloute, mettez un peu de farine dans vos fines herbes et votre beurre; vous les mouillerez avec du bouillon et vous ferez de même qu'il est marqué ci-dessus.

POULARDE AUX HUITRES.

Vous poserez votre poularde comme il est dit au chapon; vous aurez des huîtres, vous leur ferez jeter un bouillon dans leur eau; vous les égoutterez, vous en ôterez les tours, ce qu'on appelle les ébarber; vous les mettrez dans une casserole, et vous mettrez par-dessus du gros poivre et quatre cuillerées à dégraisser de velouté; au moment de servir, débridez votre poularde, égouttez-la, dressez-la sur le plat; vous lierez la sauce aux huîtres, et la verserez sur la poularde.

A LA BOURGEOISE.

Vous trousserez votre volaille comme il est dit au chapon; trois quarts d'heure avant le dîner, vous la mettrez cuire dans de l'eau et du sel; vous mettrez un quarteron de beurre dans une casserole; une cuillerée à bouche de farine, du gros poivre; vous mouillerez votre sauce aux huîtres avec l'eau qui vient des huîtres; au moment où vous voudrez servir, vous mettrez une liaison de trois œufs dans votre sauce; il faut la tourner avec soin, de crainte qu'elle ne caillebotte : vous pouvez vous passer de la lier avec des œufs; vous égouttez votre poularde, et versez la sauce dessus : cette poularde est très-bonne, quoique très-simple.

POULARDE AU RIZ.

Après avoir flambé votre poularde, vous la désossez entièrement par le dos : prenez garde de lui gâter l'estomac; vous faites bouillir dans du bouillon, pendant dix minutes, une demi-livre de riz bien lavé et bien épluché; vous le laissez égoutter sur un tamis de crin; prenez un quarteron de beurre dans une casserole; vous le faites tiédir, vous y mettez votre riz; vous râpez un peu de muscade, un peu de sel, un peu de gros poivre, et vous mêlez le tout ensemble; ajoutez-y quatre jaunes d'œufs, que vous mélangez bien avec votre riz; vous le laissez refroidir, vous en remplissez votre poularde autant qu'elle peut en tenir, vous lui cousez le dos et lui donnez sa forme première : vous lui frottez ensuite l'estomac avec un jus de citron; couvrez-le de bardes de lard, et ficelez-le; vous mettrez aussi des bardes de lard dans une casserole avec votre poularde, et une poêle dans laquelle il n'y aura point de citron; vous la poserez sur le feu une heure avant de servir; vous aurez une demi-livre de riz propre, que vous mettrez dans une casserole avec trois fois autant de consommé : c'est-à-dire que si la demi-livre de riz tient dans un verre, il en faut trois de consommé ou de bouillon; faites mijoter votre riz pendant trois quarts d'heure; vous l'égoutterez sur un tamis de crin; prenez quatre cuillerées à dégraisser d'espagnole bien réduite, que vous mêlerez avec votre riz; vous y ajouterez un morceau de beurre gros comme un œuf; au moment de servir vous égoutterez votre poularde, vous ôterez le fil qui la tient; posez-la sur le plat, faites un cordon de votre riz bien chaud, et vous verserez sous votre poularde une espagnole claire, dans laquelle vous mettrez un morceau de glace gros comme la moitié d'une noix.

A LA BOURGEOISE.

Si vous n'avez pas de sauce, vous ferez un roux léger; vous passerez au tamis de soie le mouillement dans lequel aura cuit votre poularde, et vous en arroserez votre roux; ensuite faites-le réduire, et servez-vous-en en place d'espagnole : voyez si elle est d'un bon sel.

POULARDE EN CAMPINE.

Ayez une belle poularde, flambez-la, et videz-la par l'estomac, vous ôtez les os du bréchet, vous coupez les pattes, et vous troussez les cuisses en dedans; coupez-lui les ailes, vous mettez dans une casserole une demi-livre de lard râpé, autant de beurre, quatre cuillerées à dégraisser d'huile, et vous mettez votre poularde sur un feu doux pendant trois quarts d'heure : il n'est pas nécessaire qu'elle prenne couleur; vous la retirerez; ensuite vous mettrez dans votre casserole deux cuillerées à bouche d'échalotes hachées bien menu, que vous ferez revenir un instant avec six cuillerées de champignons hachés également bien menu, deux cuillerées de persil haché, un peu des quatre épices, du sel, du gros poivre: quand le tout sera revenu pendant dix minutes, vous le verserez sur votre poularde, en la laissant refroidir; vous huilerez six grandes feuilles de papier; vous mettrez sur la première, où sera votre poularde, une très-mince barde de lard, avec la moitié des fines herbes que vous lui arrangerez dans le corps, et le reste dessus et dessous, avec une très-mince barde: vous envelopperez votre pièce le plus hermétiquement possible, et vous mettrez successivement les autres feuilles huilées: tâchez que votre campine ait une belle forme; vous la ficellerez par-dessus le papier, vous la tiendrez au four chaud pendant une heure, ou sur le gril à un feu doux, ou au four de campagne bien chaud pendant trois quarts d'heure; au moment de servir, vous la déficellerez; ôtez la première et la seconde feuille, si elles ont trop de couleur, et servez-la dans les autres papiers.

POULARDE AUX TRUFFES.

Après avoir flambé et vidé la poularde par l'estomac, vous ôtez les os du bréchet; vous la remplissez de truffes que vous passez dans un bon morceau de beurre assaisonné de sel, de gros poivre, des quatre épices; vous arrangerez tout cela dans le corps de votre poularde; vous la troussez comme pour entrée; frottez-lui l'estomac d'un jus de citron; vous le couvrez de bardes de lard: vous en placez deux ou trois dans une casserole, votre poularde par-dessus; vous coupez en gros dés environ une livre et demie de rouelle de veau, quatre oignons, trois carottes coupées en morceaux, deux feuilles de laurier, deux clous de girofle, une demi-livre de beurre, toutes les parures de vos truffes; mettez le tout dans une casserole sur un feu ardent, passez-le pendant dix minutes, et y versez une cuillerée à pot de bouillon; vous versez cet assaisonnement sur votre poularde; une heure avant de servir, vous la mettez au feu, avec du feu sur le couvercle. Au moment de servir, vous l'égouttez et la débridez, vous la dressez sur votre plat; pour sauce, vous hachez trois truffes, que vous passez dans du beurre: vous y ajoutez six cuillerées à dégraisser d'espagnole, trois cuillerées de consommé; vous mettez dans votre sauce douze truffes; faites-la réduire d'un tiers, dégraissez-la et mettez-la sous votre poularde: voyez si elle est de bon sel.

A LA BOURGEOISE.

Si vous n'avez pas d'espagnole, vous ferez un roux léger qui vous arroserez avec du mouillement où aura cuit votre poularde; vous la ferez réduire et vous la dégraisserez; servez-vous-en pour sauce: lorsqu'elle servira pour rôt, vous la préparerez de même. (*Voyez* Dinde aux Truffes.)

POULARDE A LA REINE.

Lorsque votre poularde sera cuite dans une poêle, vous la laisserez refroidir; vous enlèverez les chairs de l'estomac en forme de trou ovale de la longueur de votre pièce; avec les chairs vous ferez une farce cuite (*voyez* Farce cuite); vous remplirez votre poularde, et vous lui donnerez sa forme première; enveloppez le tour de votre volaille avec des bardes de lard que vous assujettissez avec de petites chevilles de bois; vous la mettrez sur une tourtière au four, ou bien vous placerez votre tourtière sur un feu doux, et le four de campagne un peu chaud par-dessus pendant une heure : au moment de servir, vous ôterez les bardes qui entourent votre poularde; vous la dresserez sur votre plat; vous ajouterez dessous un velouté réduit, dans lequel vous mettrez une liaison d'un jaune d'œuf, et un morceau de beurre gros comme la moitié d'un œuf, un peu de gros poivre : voyez si votre sauce est d'un bon sel.

GALANTINE DE POULARDE.

Votre poularde désossée, vous vous servirez du même procédé que pour celui de la galantine de dindon. (*Voyez* Dindon en Galantine.)

POULARDE A LA CHEVALIÈRE.

Vous flambez, videz, et vous ôtez l'os de l'estomac de votre poularde; maniez du beurre, du sel, du gros poivre, un peu d'épices; vous en remplirez votre poularde, vous la briderez comme pour entrée; vous lui ferez bomber l'estomac le plus possible; vous la piquerez de lard fin, d'une seconde, ou d'un bout-à-bout bien garni; arrangez des bardes de lard dans le fond d'une casserole ovale; vous y mettrez votre poularde, et à l'entour quelques tranches de veau, trois carottes, trois oignons, deux clous de girofle, une feuille de laurier, un peu de thym, un bouquet de persil et ciboule, une cuillerée à pot de grand bouillon, une feuille de papier beurré par-dessus; vous la mettrez au feu une heure avant de servir; vous poserez un feu ardent sur le couvercle; prenez garde que votre feu ne glace trop votre pièce : au moment de servir, vous égouttez votre poularde, débridez-la et dressez-la sur votre plat; vous servirez dessous un ragoût de crêtes et de rognons de coqs. (*Voyez* ce ragoût.)

POULARDE EN BIGARRURE.

Il faut, pour faire cette entrée, deux belles poulardes, dont l'estomac soit bien en chairs; vous les flambez légèrement, vous enlevez les quatre filets avec les ailes, le plus correctement possible; levez les quatre cuisses, en leur conservant presque toute la peau; vous piquez vos quatre filets de lard fin, vous les parez, et vous couvrez vos ailerons de manière qu'on ne les voie pas, afin qu'ils aient de l'apparence, et que vos filets soient plus élevés; vous les mettez dans une casserole avec des bardes de lard, des tranches de veau, deux oignons coupés aussi en tranches; deux carottes de même, deux clous de girofle, une feuille de laurier, un peu de thym, un bouquet de persil et ciboule, et vos filets pardessus cet assaisonnement, une feuille de papier beurrée, une petite cuillerée à pot de gelée; vous désossez vos quatre cuisses entièrement, vous hachez quatre truffes que vous passez dans du beurre, un peu de sel, un peu de gros poivre, un peu des quatre épices; lorsque vos truffes seront froides, vous en farcirez les quatre cuisses; rassemblez les chairs avec une aiguille et du fil, de manière que vos cuisses forment un rond plat par le gros bout; vous couperez une patte aux trois quarts, et vous la mettrez dans la cuisse, de sorte qu'on voie les serres; prenez ensuite dans une casserole un morceau de beurre, un jus de citron, du sel, du poivre; mettez-la sur le feu, avec vos cuisses dedans; vous le ferez raidir, ensuite vous les couvrirez de bardes, et vous placerez une poêle par-dessus (*voyez* Poêle); laissez-les cuire et refroidir: vous en piquerez deux d'outre en outre, avec des truffes en petits lardons bien égaux et à la même distance; vous piquerez les deux autres de langues à l'écarlate, de même que celles aux truffes; mettez-les dans une casserole, avec le fond dans lequel elles ont cuit, et que vous avez passé au tamis de soie; vous ôterez les nerfs des filets mignons, et vous y mettrez des truffes, comme il est dit aux filets de lapereaux (*voyez* ces filets); vous les mettrez dans un plat d'argent, avec du beurre tiède et un peu de sel; trois quarts d'heure avant de servir, vous mettrez vos filets de volaille au feu; placez-en sur le couvercle; vous tiendrez vos cuisses chaudes : au moment de servir, égouttez vos filets, glacez-les, égouttez aussi vos cuisses, que vous laisserez bien blanches; vous sauterez vos filets mignons; vous placerez sur votre plat une cuisse entre chaque filet, et dans le milieu vos filets mignons, arrangés en rosette; vous emploierez pour sauce une espagnole travaillée à l'essence de volailles; vous pourrez y mettre une sauce tomate, dans laquelle vous ajouterez un morceau de glace de la grosseur d'une noix.

BLANQUETTE DE POULARDES.

Vous mettez deux poulardes à la broche; quand elles sont cuites et froides, vous enlevez les blancs, et vous les émincez comme il est dit à la blanquette de dindon; vous vous servez du même procédé. (*Voyez* Blanquette de Dindon.)

CROQUETTES DE POULARDES.

Vous mettez deux poulardes à la broche; lorsqu'elles sont cuites et froides, vous enlevez les chairs, vous les coupez en petits dés; vous vous servez du même procédé que pour les croquettes de lapereaux. (*Voyez* Croquettes de Lapereaux.)

HACHIS DE POULARDE A LA TURQUE.

Faites cuire deux poulardes à la broche; quand elles sont froides, vous enlevez les chairs; vous les hachez bien menu; placez-les dans une casserole où vous mettrez quatre cuillerées à dégraisser de béchamel, et une cuillerée de crême: quand elle a jeté quelques bouillons, vous la mettez dans votre hachis, avec un morceau de beurre gros comme un œuf, un peu de sel, un peu de gros poivre, un peu de muscade râpée; tenez-la chaude sans la faire bouillir. Au moment du service, vous la mettrez dans votre plat, et des œufs pochés dessus: entre chaque œuf un filet mignon piqué glacé ou un croûton.

CUISSES DE POULARDE EN CANETON.

Il faut désosser les cuisses sans les déchirer; vous y mettrez un peu de sel et de poivre dans l'intérieur, et un peu de farce: avec une aiguille et du fil, vous cousez les peaux de manière à former un petit ballon; lorsqu'elles seront troussées, fourrez-leur le reste de la patte dans la cuisse, par le petit trou près du bout; vous les ferez cuire entre deux bardes de lard, un quarteron de beurre clarifié, une feuille de laurier, une carotte coupée en tranches, trois ou quatre petits oignons et une petite cuillerée à pot de bouillon; vous les mettrez au feu cuire pendant une heure; vous prendrez les pattes et l'os blanc de la cuisse qui tient après du côté de la patte, près la jointure, coupez en biais, de manière que l'os de la patte fasse le bec; vous nettoyez et coupez l'os blanc à un pouce et demi de la jointure: lorsque les cuisses sont cuites, vous en ôtez le fil, les dressez sur le plat, et vous faites entrer l'os blanc dans le rond de la cuisse, de sorte que cela forme un petit caneton; vous mettez dessous pour sauce une hollandaise verte. (*Voyez* Hollandaise.)

SOUFFLÉ DE PURÉE DE VOLAILLE.

Prenez quatre filets de volaille rôtie, coupez-les en petits dés, hachez-les bien menu; quand ils le seront, mettez-les dans un mortier, joignez-y un morceau de tétine de veau gros comme deux œufs, ou un morceau de beurre, un peu de sel et de gros poivre; pilez le tout ensemble; quand les chairs et la tétine seront bien mêlées, mettez-les dans une casserole; versez par-dessus quatre cuillerées à dégraisser de velouté; faites chauffer le tout ensemble, sans que cela bouille, puis passez-le à l'étamine, sans en perdre; mettez votre purée dans un vase; joignez-y cinq jaunes d'œufs, que vous mêlerez bien avec votre purée; puis fouettez deux blancs comme pour du biscuit, et les mêlez avec votre purée; puis collez des croûtons autour du plat; mettez-y votre soufflé; unissez-le par-dessus, et mettez-le au four, ou sous un four de campagne qui ne soit pas trop chaud; lorsque votre soufflé sera monté, voyez s'il résiste sous le doigt: alors servez-le promptement, de crainte qu'il ne tombe: on peut aussi le mettre dans une casserole d'argent, ou des caisses de papier.

CUISSES DE POULARDES AU SAUTÉ DE CHAMPIGNONS.

Levez dix cuisses de poulardes, que vous désossez jusqu'au joint de l'intérieur de la cuisse; vous les assaisonnez d'un peu de sel, de gros poivre. Prenez de la farce cuite de la grosseur de trois œufs, vous mettez autant de purée de champignons, vous en remplissez l'intérieur de vos cuisses; cousez-les de manière que la farce n'en sorte pas; vous coupez le gros bout du côté de la patte; vous placez des bardes de lard dans le fond d'une casserole, vos cuisses par-dessus; vous les couvrez de bardes, ajoutez une poêle pour les faire cuire. Vous les mettez au feu une heure; il faut qu'elles mijotent toujours. Au moment de servir, vous les égouttez; ôtez le fil qui est après : vous les dressez autour du plat, et vous mettez un sauté de champignons dans le milieu; vous pouvez employer une sauce tomate, une italienne, une espagnole travaillée, des concombres à la crème, de la chicorée à la crème, etc. (*Voyez* l'article que vous préférez.)

FILETS DE POULARDES AU SUPRÊME.

Vous levez les filets de cinq poulardes, vous les parez, vous enlevez la peau nerveuse; mettez ce côté sur la table, et vous glissez la lame de votre couteau entre cette peau et la chair, sans trop mordre sur la viande; vous les arrangez sur votre sautoir; assaisonnez-les de sel et de gros poivre; saupoudrez-les de persil haché bien menu, et qu'il soit lavé après, pour que vos blancs ne prennent ni âcreté, ni une couleur verdâtre. Au moment de servir, vous les mettez sur un feu ardent; laissez-les raidir d'un côté, retournez-les ensuite de l'autre; ne les laissez pas longtemps sur le feu; penchez votre sautoir, et mettez vos filets sur la hauteur pour que le beurre s'en sépare; vous mettez quatre cuillerées à dégraisser de béchamel, une de consommé; quand elle aura jeté trois ou quatre bouillons, vous y ajouterez du persil haché, un morceau de très-bon beurre gros comme la moitié d'un œuf; remuez-le dans votre sauce; vous y tremperez vos filets et les dresserez en couronne sur votre plat, un croûton glacé entre chaque filet. Vous pouvez vous servir de velouté, faute de béchamel. (*Voyez* Béchamel ou Velouté.)

DÉBRIS DE VOLAILLE EN KARI.

Coupez les reins en deux; parez les ailerons et les cuisses : vous vous servez du même procédé que pour le kari de lapin (*voyez* Kari de Lapin); surtout point de safran en feuilles dans ce ragoût.

A LA BOURGEOISE.

Vous mettez sur les fines herbes une cuillerée à bouche de farine, vous remuerez bien l'un avec l'autre, et y mettrez un verre de bouillon, un peu plus si la sauce était trop épaisse; mettez-y un peu de sel, du gros poivre : quand elle aura bouilli dix minutes, versez-la sur les débris de volaille, et faites-les mijoter une demi-heure. Voyez si c'est d'un bon assaisonnement.

CAPILOTADE DE VOLAILLE.

Levez les membres d'une ou d'un reste de volaille, placez-les dans une casserole; vous passerez dans le beurre un peu d'échalottes hachées, du persil et quatre champignons hachés de même; quand votre beurre sera en huile, vous y mettrez quatre cuillerées à dégraisser d'espagnole, deux cuillerées de consommé; faites réduire votre sauce et dégraissez-la; mettez-la sur les membres de volaille, que vous ferez mijoter un bon quart d'heure sur le feu

FILETS DE VOLAILLE PIQUÉS.

Vous levez les filets, avec le bout de l'aileron de trois poulardes, vous les parez et les piquez : assujettissez le bout de l'aileron sous votre filet, pour le faire tomber et lui donner de la grâce; vous beurrez votre casserole; mettez trois cuillerées de gelée à dégraisser; vous rangez vos filets par-dessus, avec un rond de papier beurré Une heure avant de servir, vous les mettez au feu; il faut qu'ils ne bouillent ni trop vite, ni trop doucement. Placez un bon feu sur le couvercle; vous prendrez garde au dessus de vos filets. Au bout de trois quarts d'heure, si votre gelée n'était pas assez réduite, vous rendriez le feu plus ardent, et vous la feriez tomber à glace Au moment de servir, vous tremperez le côté piqué dans votre glace; vous dresserez vos filets sur votre plat; vous mettrez dessous une espagnole travaillée dans laquelle vous ajouterez la glace de vos filets.

PURÉE DE VOLAILLE.

Vous mettrez trois poulardes à la broche; lorsqu'elles seront cuites et froides, vous lèverez les blancs, vous les pilerez bien dans un mortier, vous y mettrez un morceau de tétine de veau cuite de la grosseur d'un œuf, un peu de sel, de gros poivre et de muscade râpée. Vous pilerez de nouveau, pour que le tout se mêle bien ensemble; vous ferez fondre deux cuillerées à dégraisser de gelée blanche, ou bien de consommé, trois cuillerées de béchamel (*voyez* Béchamel) ou du velouté. Les cinq cuillerées mises dans une casserole sur le feu, ajoutez-y vos blancs pilés, que vous délaierez; vous ne les laisserez pas bouillir; passez le tout à l'étamine. Quand votre purée sera dans une casserole, vous la tiendrez chaude au bain-marie. Au moment de servir, vous mettrez dedans des croûtons, comme ils sont décrits à la purée de gibier. (*Voyez* Purée de Gibier.)

CHAPON AU GROS SEL.

Ayez un chapon; après l'avoir vidé, flambé et épluché, troussez lui les pattes en dedans, bridez-le, bardez-le et mettez-le cuire dans la marmite ou dans du consommé : assurez-vous de sa cuisson : si en lui pinçant l'aileron avec les doigts, il ne résiste pas égouttez-le, dressez-le; mettez-lui sur l'estomac une pincée de gros sel, et servez-le avec du jus de bœuf réduit. (F.)

POULARDE A LA FLAMANDE.

Faites poêler une forte poularde ou chapon. (*Voyez* article Poêle.) Égouttez, débridez, dressez sur un grand plat, avec une garniture à la flamande à l'entour (*voyez* Garniture à la flamande), et servez. (F.)

POULARDE EN ENTRÉE DE BROCHE.

Épluchez et videz par la poche une belle poularde, flambez-la légèrement, refaites-lui les pattes, prenez garde d'en rider la peau; supprimez-en le brechet, et prenez garde d'en crever l'amer; maniez dans une casserole, avec une cuillère de bois, un morceau de beurre; assaisonnez-le d'un jus de citron et d'un peu de sel, remplissez-en le corps de votre poularde; retroussez-lui les pattes en dehors, bridez-en les ailes; embrochez-la sur un atelet; frottez-lui l'estomac d'un citron, poudrez-la d'un peu de sel, couvrez-la de tranches de citron, auxquelles vous aurez ôté les pepins et le blanc; enveloppez-la de bardes de lard, de plusieurs feuilles de papier liées sur votre atelet par les deux bouts, posez-la sur broche du côté du dos; faites-la cuire environ une heure; déballez-la, égouttez-la et servez-la avec la sauce que vous jugerez convenable. (F.)

POULARDE A L'ESTRAGON.

Préparez cette poularde comme il est indiqué à l'article Poularde en entrée de broche; vous pouvez la mettre cuire dans une poêle, au lieu de la mettre à la broche, et servez dessous une sauce à l'estragon. (*Voyez* cette sauce.) (F.)

POULARDE SAUCE TOMATE.

Se prépare de même. (*Voyez* Sauce tomate.) (F.)

POULARDE AU BEURRE D'ÉCREVISSES.

Se prépare de même. (*Voyez* Sauce au beurre d'écrevisses.) (F.,

POULARDE A LA CHEVRY.

Se prépare de même que ci-dessus. Vous aurez coupé des oignons en anneaux de différentes grandeurs, et les aurez fait blanchir; placez ces anneaux d'oignons sur un couvercle de casserole; mettez dans le milieu de ces anneaux des épinards blanchis bien verts, et passés au beurre; assaisonnez de sel et muscade; égalisez les épinards avec la lame de votre couteau, au moment de servir: égouttez votre poularde, débridez-la, dressez-la sur un plat, et décorez-la avec ces anneaux d'oignons ainsi préparés: saucez-la d'une ravigote verte, et servez. (*Voyez* Sauce ravigote. (F.)

POULARDE A LA HOLLANDAISE.

Procédez pour cette poularde comme pour celle en entrée de broche, et servez dessous une sauce hollandaise. (*Voyez* cette sauce. (F.)

POULARDE A L'ÉTOUFFADE.

Quand votre poularde est vidée et flambée, piquez-la de gros lardons; assaisonnez-la de sel, poivre et épices; retroussez les pattes en dedans; bridez-la, rentrez le croupion en dedans du corps, et donnez-lui une belle forme; mettez ensuite dans une casserole des bardes de lard, des parures de veau et deux lames de jambon, quelques carottes coupées en tranches, deux oignons deux clous de girofle, un bouquet de persil assaisonné; frottez votre poularde de jus de citron, couvrez-la de bardes de lard, et mettez-la sur votre assaisonnement, avec un rond de papier; mouillez-la d'un verre de vin de Madère et de deux cuillerées à pot de consommé; mettez-la au feu; faites-la mijoter pendant une bonne heure; sa cuisson faite, passez le fond à la serviette; dégraissez-le; faites-le réduire avec trois cuillerées d'espagnole réduite; égouttez votre poularde; débridez-la sur un plat; masquez-la de votre sauce, et servez. (F.)

POULARDE A LA MARENGO.

Videz et flambez une poularde; coupez-la par membres; parez-la comme pour une fricassée; mettez de l'huile dans une casserole; placez-y vos membres assaisonnés de sel, gros poivre, muscade, d'un peu d'ail, de quinze champignons crus; faites frire ainsi votre poularde, jusqu'à ce que chaque membre prenne une couleur bien jaune; sa cuisson faite, égouttez-en l'huile; mettez-y une pincée de persil haché, une cuillerée de sauce tomate, deux cuillerées d'espagnole réduite, et gros comme une noix de glace; faites mijoter le tout ensemble, avec quelques truffes coupées en lames; dressez votre poularde sur un plat; ajoutez-y un jus de citron; saucez et servez. (F.)

POULARDE A LA PROVENÇALE.

Découpez votre poularde comme il est indiqué ci-dessus; ayez une douzaine d'oignons blancs, coupez-les en demi-anneaux; ayez aussi un peu de persil, prenez une casserole, dans laquelle vous ferez un lit de vos oignons et un des membres de votre volaille, et recouvrez le tout avec un autre lit d'oignons et de persil; ajoutez-y un verre d'huile; assaisonnez de sel, gros poivre, muscade, une feuille de laurier et un peu d'ail; mettez-la au feu, et lorsqu'elle sera partie, vous la laisserez cuire doucement; sa cuisson faite, glacez-la, dressez-la en mettant vos oignons au milieu, et un peu d'espagnole pour les saucer, et servez. (F.)

POULARDE A L'ANGLAISE.

Flambez et troussez une poularde comme celle en entrée de broche; mettez de l'eau dans une casserole assez grande pour qu'elle y soit à l'aise; faites-la bouillir; ajoutez une pincée de sel; mettez-y votre poularde; faites qu'elle bouille toujours, sans aller trop vite; sa cuisson achevée, égouttez-la, dressez-la, saucez, et masquez-la avec une sauce à l'anglaise. (*Voyez* cet article.) (F.)

POULARDE PANÉE, GRILLÉE, SAUCE A L'HUILE.

Retirez la poche d'une poularde, flambez-la, fendez-la par le dos; passez les deux pattes en dedans, attachez-les avec une ficelle; aplatissez votre poularde avec le couperet, sans l'abîmer; assaisonnez-la de sel et gros poivre; trempez-la dans de l'huile d'olive et panez-la; une heure avant de servir, mettez-la griller; dressez-la sur un plat; saucez-la avec une sauce à l'huile et des lames de citron épépinées dedans, et servez. (*Voyez* l'huile.) (F.)

POULARDE AU FEU D'ENFER.

Ayez une poularde sortant de la broche; découpez-la par membres, mettez-la mariner avec de l'huile, sel, gros poivre, un peu de poudre à kari et deux jus de citron; placez ces membres sur le gril, et faites griller à feu d'enfer; dressez-les, et servez-les avec une demi-glace ou une aspic claire. (F.)

FILETS DE POULARDES A LA MARÉCHALE.

Levez les filets de trois poulardes; retirez-en les peaux nerveuses avec les six filets mignons; formez-en deux gros, en trempant vos filets dans l'eau fraîche; battez-les avec le manche de votre couteau sur le bord de la table; et collez-en trois ensemble; assaisonnez-les de sel et de poivre; trempez-les dans un peu d'allemande; panez-les à deux fois, et la dernière avec du beurre fondu et trois aunes d'œufs battus ensemble; faites-les griller au moment de servir, et qu'ils soient d'une belle couleur; dressez-les, et servez-les avec une demi-glace. (F.)

FILETS DE POULARDES EN DEMI-DEUIL.

Ayez huit beaux filets de poulardes; retirez-en les peaux nerveuses et filets mignons; parez vos filets et décorez le gros des filets avec des truffes coupées bien minces; vos truffes tiendront sur la chair, sans qu'on fasse d'incision dans les filets; mettez du beurre fondu sur un sautoir; placez-y vos filets du côté des truffes, c'est-à-dire que la décoration soit du côté du fond en sautoir; couvrez-les d'un papier beurré, faites-les sauter. Au moment de servir, dressez-les sur un plat en couronne; vous aurez fait sauter vos filets mignons et émincés bien également; égouttez le beurre de votre sautoir, mettez-y quatre cuillerées de velouté, deux cuillerées de demi-glace de volaille; faites réduire le tout ensemble; passez votre sauce à l'étamine; vannez-la avec un pain de beurre; saucez vos filets avec la moitié de votre sauce; dans l'autre moitié, mettez-y votre émincé; faites-le chauffer sans le laisser bouillir; mettez-le dans le puits de vos filets, et servez. (F.)

FILETS DE POULARDES A LA VÉNITIENNE.

Levez les filets de quatre moyennes poulardes; préparez-les de même que pour le suprême; au lieu de beurre, servez-vous d'huile et d'un scrupule d'ail pilé; sautez vos filets; au moment de servir, dressez-les sur un plat en couronne, avec un croûton en cœur entre chaque filet; égouttez l'huile de votre sautoir; mettez-y quatre cuillerées de velouté et deux de demi-glace de volaille; faites réduire le tout ensemble. Ayez du persil haché et blanchi, manié avec un peu de beurre; mettez-le dans une casserole; passez votre sauce à l'étamine dessus: finissez-la avec un peu de bonne huile et du jus de citron. Saucez et servez. (F.)

FILETS DE POULARDES A LA BÉCHAMEL.

Faites cuire deux poulardes à la broche; laissez-les refroidir; levez-en les blancs, et supprimez-en les peaux et les nerfs; émincez ces blancs également; mettez dans une casserole cinq cuillerées de béchamel et deux de demi-glace de volaille, avec un peu de muscade râpée (*voyez* Sauce béchamel); faites bouillir et délayez bien votre sauce; prenez garde qu'elle ne s'attache: au moment de servir, jetez vos filets dedans, retournez-les légèrement, de crainte de les rompre; dressez-les sur un plat garni d'une bordure; sinon entourez votre entrée de croquettes de volailles, et servez. (F.)

FILETS DE POULARDES A LA SINGARA.

Ayez trois poulardes, levez-en les filets comme il est indiqué à l'article Filets de volailles au suprême. Faites fondre du beurre dans un sautoir, trempez-y vos filets, en les y arrangeant; poudrez-les d'un peu de sel, couvrez-les d'un rond de papier. Prenez une langue de bœuf à l'écarlate, levez-en six morceaux de la grandeur et de l'épaisseur de vos filets, ainsi que de la même forme; mettez-les dans une casserole avec un peu de bouillon; tenez-les chaudement sans les laisser bouillir; sautez vos filets. Leur cuisson faite, égouttez-les, dressez-les sur un plat, et mettez entre chacun d'eux un morceau de langue. Si vous voulez votre entrée plus forte, ajoutez-y six croûtons; saucez votre entrée avec une sauce au suprême, et servez. (F.)

CUISSES DE POULARDES EN BALLOTINE.

Désossez huit cuisses de poulardes, sans en déchirer la peau; coupez les pattes à la première jointure; mettez ces cuisses sur un linge blanc; couvrez les chairs d'un peu de farce cuite, remplissez-les d'un salpicon. (*Voyez* Salpicon.) Cousez les peaux, donnez-leur une forme ronde; renfoncez les pattes dans les cuisses jusqu'à ce qu'elles forment des côtelettes; marquez-les dans une casserole foncée de bardes de lard, frottez-les d'un jus de citron; couvrez-les de lard; mouillez-les avec une poêle. (*Voyez* Poêle.) Faites-les cuire une heure; mettez-les refroidir dans deux couvercles, avec un poids dessus; retirez-en les filets, et parez-les; piquez avec un morceau de bois; mettez sept clous de truffes sur chaque cuisse; mettez-les chauffer dans un sautoir, avec une demi-glace; dressez-les sur un plat en couronne, avec une financière au milieu, ou toute autre garniture ou sauce, et servez. (F.)

CUISSES DE POULARDES AUX TRUFFES

Préparez huit cuisses de poulardes comme les précédentes; masquez-les avec un ragoût de truffes. (*Voyez* Ragoût aux truffes.) (F.)

CUISSES DE POULARDES A LA NIVERNAISE.

Levez les cuisses de quatre poulardes; supprimez la moitié de l'os de la cuisse; parez-les; foncez une casserole de quelques carottes coupées en lames, de deux oignons, d'un bouquet assaisonné de ces aromates et d'une lame de jambon; posez ces cuisses dessus, mouillez-les avec une cuillerée à pot de bouillon; couvrez-les de quelques bardes de lard et d'un rond de papier; faites-les cuire. Une heure suffit pour leur cuisson : égouttez-les, dressez-les; masquez-les d'une nivernaise, et servez. (*Voyez* Nivernaise. (F.)

CUISSES DE POULARDES À LA BAYONNAISE.

Levez les cuisses de quatre poulardes; désossez-les entièrement, néanmoins en leur laissant le bout de l'os adhérent aux pattes. Cela fait, marinez-les avec du jus de citron, du sel, gros poivre, une feuille de laurier, et un peu d'ail. Laissez mariner ces cuisses deux à trois heures. Au moment de servir, égouttez-les, farinez-les; faites-les frire dans du lard râpé; coupez quatre oignons en anneaux, ôtez-en le cœur; faites aussi frire ces oignons; ayez soin qu'ils aient, ainsi que les cuisses, une belle couleur; dressez ces cuisses sur un plat; mettez dessus vos oignons frits, et dessous une sauce poivrade, et servez. (*Voyez* Sauce poivrade.) (F.)

FRITOT DE POULARDE.

Dépecez une poularde comme pour une fricassée; mettez-la dans un vase de terre, avec des tranches d'oignons, persil en branches, sel, gros poivre, et le jus de deux citrons; laissez-la mariner une heure; égouttez-la, mettez-la dans un linge avec une poignée de farine; saucez-la, et posez-la sur un couvercle. Votre friture étant chaude, mettez-y d'abord les cuisses : ainsi du reste. Votre friture cuite et d'une belle couleur, égouttez-la, dressez-la avec six œufs frits arrangés à l'entour. Glacez, et servez avec une sauce poivrade. (*Voyez* Sauce poivrade.) (F.)

ÉMINCÉ DE FILETS DE POULARDES AUX CONCOMBRES.

Prenez l'estomac d'une poularde rôtie et froide, levez-en les chairs, supprimez-en les peaux et les nerfs; émincez ces chairs; faites un ragoût de concombres, avec une allemande bien réduite, un morceau de glace de volaille (*voyez* Allemande et Concombres). Votre ragoût réduit et prêt à servir, mettez-y vos blancs de poularde, sans les laisser bouillir; un peu de sucre, un morceau de beurre gros comme une noix, et servez sur un plat garni de croûtons. (F.)

ÉMINCÉ DE POULARDE AUX TRUFFES.

Ayez l'estomac d'une poularde rôtie et froide, levez-en les chairs, supprimez-en les peaux et les nerfs, émincez ces chairs de la grandeur d'une lame de truffes. Ayez de belles truffes, coupez-les en lames, sautez-les dans une casserole avec un morceau de beurre, et un morceau de glace de volaille de la grosseur d'une noix; mettez-y quatre cuillerées d'allemande; faites-la bouillir; au moment de servir, jetez vos blancs de volaille dedans; remuez-les, et faites-les chauffer, sans les laisser bouillir; dressez-les sur un plat garni de croûtons, ou garnissez-les de croquettes de volaille, et servez. (F.)

EMINCE DE POULARDE AUX CHAMPIGNONS.

Procédez en tout comme il est indiqué ci-dessus. Au lieu d'employer des truffes, employez des champignons : servez de même. (F.)

BÉCHAMEL DE VOLAILLE AU GRATIN.

Ayez des débris de poulardes rôties ou de desserte, émincez-les très-minces, et ayez soin d'en retirer les peaux et les nerfs; mettez dans une casserole six cuillerées de béchamel avec un morceau de glace (*voyez* Béchamel); faites-la bouillir; ayez soin de tourner votre sauce avec une cuillère de bois, pour qu'elle ne s'attache pas. Au moment de servir, jetez votre émincé dedans; maniez-le légèrement; versez-le dans une casserole d'argent; battez un blanc d'œuf, étalez-le sur votre émincé; panez-le avec de la mie de pain et un peu de fromage de Parmesan râpé. Faites tomber des gouttes de beurre fondu dessus, et faites-lui prendre couleur au four de campagne, ou avec une pelle rouge : mettez des croûtons en bouchons à l'entour, et servez. (F.)

COQUILLES DE BLANCS DE VOLAILLE.

Servez-vous du même appareil indiqué ci-dessus, pour remplir vos coquilles pèlerines. Panez-les de même, faites prendre couleur, et servez. (F).

CHAIRS POUR GARNIR LES PETITS PATÉS A LA BÉCHAMEL.

Ayez des blancs de volaille, coupez-les en lames bien minces, et coupez ces lames en petits filets de six lignes de longueur. Coupez des truffes et des champignons de même; mettez quatre cuillerées de béchamel dans une casserole, avec un morceau de glace gros comme une noix; faites-la bouillir; mettez un pain de beurre avec des chairs coupées en filets. Au moment de servir, remplissez vos croustades faites dans des moules à darioles. (*Voyez* article Pâtisserie.) (F.)

CHAIRS POUR GARNITURE DE PETITS PATÉS A LA REINE.

Au lieu de couper vos chairs, truffes et champignons en filets, coupez-les en petits dés; ajoutez-y un peu de langue à l'écarlate coupée de même; mettez quatre cuillerées d'allemande dans une casserole avec un peu de glace; faites-la bouillir, mettez vos chairs dedans, et garnissez de petits vole-au-vent dits à la bouchée. (*Voyez* Vole-au-vent, article Pâtisserie.) (F.)

RISSOLES DE VOLAILLE.

Prenez des rognures de feuilletage (*voyez* article Feuilletage et Pâtisserie); abaissez-les en long de l'épaisseur d'un sou, et plus mince, s'il est possible. Mouillez le bord de votre abaisse avec un doroir trempé dans l'eau; couvrez de farce cuite de volaille, par partie, et d'espace en espace, de la grosseur d'un grain de verjus; repliez cette abaisse sur ces parcelles de farce; donnez-leur la forme de petits chaussons; à cet effet, coupez-les en demi-lune, avec un coupe-pâte goudronné, ou avec votre couteau.

Ayez soin que la jointure de vos pattes soit bien soudée; farinez un couvercle, arrangez vos rissoles dessus; quand vous serez sur le point de servir, faites-les frire : qu'elles prennent une belle couleur; dressez-les avec un bouquet de persil frit, et servez. (F.)

RISSOLES A L'ITALIENNE.

Pour un litre de farine, mettez un tas de sel; quatre jaunes d'œufs, un quarteron de beurre, et un peu d'eau; formez-en une pâte; qu'elle ne soit pas trop ferme; abaissez comme il est indiqué ci-dessus; mettez dedans un peu de farce faite avec un fromage de Neufchâtel, du fromage de Parmesan râpé, un peu de gros poivre, de muscade et deux jaunes d'œufs; du reste, procédez comme il est indiqué à l'article précédent, et servez. (F.)

QUENELLES DE VOLAILLE AU CONSOMMÉ.

Mouillez la farce à quenelles de volaille avec une cuillère à bouche, et qu'elle soit bien lisse; lissez-les avec la lame de votre couteau à l'entour dans de l'eau tiède, et placez-les sur un couvercle beurré; au moment de servir, ayez de l'eau bouillante dans une casserole et un peu de sel; faites couler vos quenelles dedans; faites-les cuire sur le coin du fourneau, sans les laisser trop bouillir; retournez légèrement avec le dos d'une cuillère. Quand elles commenceront à gonfler, égouttez-les sur un linge blanc et mouillé; dressez-les en couronne dans une casserole d'argent, et arrosez vos quenelles avec du consommé de volaille réduit. (*Voyez* Consommé de volaille, article Petite sauce.) (F.)

BOUDIN DE VOLAILLE.

Poudrez de la farine sur une table; mettez-y de la farce à quenelles; mouillez vos boudins de la grosseur convenable, mettez-les sur un couvercle, et faites-les pocher. Aussitôt qu'ils seront cuits, égouttez-les, panez-les à l'anglaise : au moment de servir, faites-les griller, dressez-les sur un plat, et servez avec une demi-glace dessous. (F.)

CROMESQUI DE VOLAILLE.

Prenez du même appareil que pour les croquettes; mouillez-les de même, enveloppez-les de minces bardes de tétine de veau cuite. Au moment de servir, trempez-les dans une pâte à frire, et faites-les frire; dressez-les sur un plat, avec un bouquet de persil frit, et servez. (*Voyez* article Croquettes de volaille.) (F.)

CASSEROLE AU RIZ, A LA REINE.

Garnissez votre casserole au riz de purée de volaille, avec des œufs mollets à l'entour, et des filets mignons décorés de truffes à cheval sur les œufs. (*Voyez* Casserole au riz, article Veau.) (F.)

CASSOLETTES DE RIZ, A LA REINE.

Garnissez-les de purée de volaille, comme il est indiqué à l'article précédent. (F.)

CASSOLETTES AU BEURRE ET AUX CROUSTADES.

Se servent de la même manière que les précédentes. (F.)

TERRINE D'AILERONS DE POULARDES.

Ayez vingt-quatre ailerons de poulardes; désossez-les à moitié; flambez-les et épluchez-les; mettez-les braiser dans une casserole avec une livre de petit lard de poitrine; ayez un cent de marrons, desquels vous ôtez la première peau; mettez-les dans une casserole avec un morceau de beurre gros comme un œuf; sautez-les sur le feu jusqu'à ce qu'ils quittent leur seconde peau: supprimez-la; après, mettez-les dans une casserole avec du consommé pour les faire cuire; lorsqu'ils le seront, prenez tous ceux qui sont défectueux, et pilez-les. Vos ailerons étant cuits, passez au tamis de soie une partie du fond de leur braise, dont vous vous servirez pour mouiller votre purée de marrons, en la passant à l'étamine comme une autre purée: lorsqu'elle le sera, faites-la réduire, et ajoutez-y deux cuillerées d'espagnole; dégraissez-la, égouttez vos ailerons; dressez-les dans une terrine avec votre petit lard coupé en gros dés, ainsi que vos marrons entiers; finissez votre purée avec un pain de beurre: goûtez si elle est d'un bon goût, versez-la dans votre terrine.

Vous pouvez employer, selon la saison, une purée de lentilles, de pois, ou toute autre, en place de marrons. (F.)

AILERONS DE POULARDES A LA PLUCHE VERTE.

Ayez quinze ailerons de poulardes; après les avoir préparés comme il est indiqué ci-dessus, foncez une casserole de quelques tranches de veau et de lames de jambon; ajoutez une douzaine de queues de champignons, une gousse d'ail, une feuille de laurier et une pincée de basilic; arrangez vos ailerons sur ce fond; coupez des carottes en lames et deux oignons, couvrez-en vos ailerons; mouillez-les avec du bouillon ou du consommé; faites-les partir; mettez-les cuire sur la paillasse, avec feu dessus et dessous; leur cuisson faite, passez votre fond dans une casserole à travers un tamis de soie; ajoutez à ce fond deux petits pains de beurre maniés dans la farine; faites lier votre fond en le tournant; laissez-le réduire jusqu'à consistance de sauce, ajoutez-y une pincée de feuilles de persil, que vous aurez fait blanchir; dressez vos ailerons; mettez le jus d'un citron dans votre sauce, avec un peu de gros poivre; goûtez si elle est d'un bon sel; masquez-en vos ailerons, et servez. (F.)

OBSERVATION SUR LES AILERONS EN GÉNÉRAL.

Si vous en avez une grande quantité, vous pouvez les préparer comme une fricassée de poulet, et les dresser dans une casserole au riz de relevé, pour servir de relevé de potage. Quant aux autres manières de préparer les ailerons de poulardes ou de poulets, procédez en tout comme il est indiqué aux articles Ailerons de Dindon. (*Voyez* ces articles.) (F.)

CRÊTES ET ROGNONS DE COQS AU VELOUTÉ.

Préparez et faites cuire dans un blanc des crêtes et rognons. Leur cuisson faite, égouttez-les; mettez dans une casserole du velouté réduit en suffisante quantité, avec un peu de glace de volaille; jetez-y vos crêtes et rognons, faites-les mijoter un demi-quart d'heure; liez votre ragoût, finissez-le avec un pain de beurre et un jus de citron; dressez et servez.

Vous pouvez vous servir d'allemande en place de velouté : ce qui est plus commode et moins sujet à tourner. (F.)

GRAND ASPIC DE CRÊTES ET ROGNONS.

Prenez un moule à aspic, posez-le dans un autre vase rempli de glace pilée; coulez dans ce moule de l'aspic de l'épaisseur d'un travers de doigt; décorez-le d'un dessin à votre fantaisie; à cet effet, servez-vous de truffes, de blancs d'œufs durs, de cornichons, de queues et d'œufs d'écrevisses, et de rognons de coqs; votre décor achevé, coulez légèrement un peu d'aspic; prenez garde de le déranger. Cet aspic pris, remplissez votre moule de crêtes et de rognons de coqs, en laissant un espace de deux travers de doigt à l'entour; remplissez d'aspic cet intervalle, ainsi que le moule, pour que le tout ensemble ne forme qu'un pain. Au moment de servir, trempez votre moule dans de l'eau tiède; renversez-le sur un plat sans ôter le moule : lorsqu'il sera bien placé, enlevez-en le moule avec soin; retirez la gelée qui sera fondue, au moyen d'un chalumeau de paille, ou un macaroni; essuyez votre plat, et servez avec une sauce à fricassée de poulets, que vous aurez fait réduire avec de la gelée; liez-la de quatre jaunes d'œufs; passez-la à l'étamine; ajoutez une douzaine de champignons tournés et cuits dans du beurre et du citron; faites votre sauce à la glace; remplissez le puits de votre aspic avec ce ragoût, et servez.

Vous pouvez vous servir du même procédé pour faire des aspics de blancs de poulardes, de filets de lapereaux, de perdreaux et autres. Vous remplissez les puits de vos moules d'une magnonnaise ou d'une ravigote à la gelée. (F.)

PETIT ASPIC DE CRÊTES, ROGNONS ET ATELETS.

Ayez des moules à darioles ou des moules à atelets, et procédez, pour ces petits aspics, comme il est énoncé ci-dessus pour le grand aspic, soit pour leur dessin, soit pour les remplir convenablement. Faites-en cinq, si ce sont des atelets, et neuf, si ce sont de petits moules. (F.)

FOIES GRAS A LA PÉRIGUEUX.

Ayez sept foies de poulardes qui soient bien gras, ôtez-en l'amer et la partie du foie qui le touche; faites-les dégorger, jetez-les dans l'eau bouillante, retirez-les de suite; mettez-les rafraîchir dans de l'eau fraîche; égouttez-les; piquez-les de clous de truffes; marquez-les dans une casserole foncée de bardes de lard; mouillez-les avec une bonne mirepoix, (*Voyez* Magnonnaise, à l'article Sauce.) Faute de mirepoix, mettez un verre de vin blanc et du consommé, avec un peu de sel, une carotte, un oignon, un bouquet assaisonné d'aromates. Couvrez alors ces foies de bardes de lard et d'un rond de papier beurré; faites partir et cuire. Un quart d'heure suffit, avec feu dessus et dessous; égouttez-les; dressez-les sur le plat, et saucez-les avec une sauce à la Périgueux. (*Voyez* cet article.) Vous pouvez servir entre vos foies des croûtons de pain panées au beurre, avec une belle truffe au milieu.

FOIES GRAS EN MATELOTE.

Préparez six foies gras, ainsi qu'il est indiqué ci-dessus; faites les cuire de même; égouttez-les, dressez-les sur un plat, saucez les d'une bonne financière (*voyez* Financière), et servez. (F.)

FOIES GRAS AU GRATIN.

Prenez un plat d'argent, ou tout autre qui puisse aller au feu mettez dans le fond l'épaisseur d'un travers de doigt de gratin (*Voyez* Gratin, article Farce.) Ayez six ou sept foies gras de poulardes, bien blancs; appropriez-les comme il est dit à l'article précédent; arrangez-les sur votre plat, en laissant un puits au milieu; remplissez tous les intervalles de vos foies, en sorte que le tout ne forme qu'un pain; après avoir uni votre gratin entièrement avec votre couteau, couvrez vos foies de bardes de lard et d'un papier beurré; mettez-les dans le four, ou sous le four de campagne; sa cuisson faite, retirez-les; ôtez-en le papier, débouchez en le puits; saucez-les avec une espagnole réduite, ou une italienne rousse, et servez. (F.)

FOIES GRAS EN CAISSE.

Faites une caisse ronde ou carrée, de la hauteur de deux pouces; huilez-la; étendez dans le fond du gratin de l'épaisseur d'un travers de doigt; ayant préparé six foies gras, mettez-les dans une casserole, avec un morceau de beurre, persil, échalotes, champignons hachés, sel, poivre et épices, le tout en suffisante quantité: passez ainsi ces foies; mettez votre caisse sur le gril; arrangez dans cette caisse vos foies parés de fines herbes; posez-les sur un feu doux; laissez-les cuire; et, leur cuisson faite, dressez votre caisse sur le plat; saucez-la d'une bonne espagnole réduite, dans laquelle vous aurez exprimé le jus d'un citron. dégraissez-la, en cas qu'il y surnage du beurre, et servez. (F.)

ATELETS DE FOIES GRAS.

(*Voyez* l'article Atelets de ris de veau.) Au lieu de ris de veau, vous employez ici des foies gras. (F.)

COTELETTES DE FOIES GRAS.

Faites blanchir des foies gras, en raison de la quantité de coquilles que vous voulez servir. Coupez-les par lames, ainsi que des truffes et des champignons; ajoutez-y persil haché, sel, gros poivre, un peu d'épices, muscade, et un morceau de beurre; mettez le tout dans une casserole, et passez-le sur le feu; mouillez-le avec un peu d'espagnole réduite, et faites réduire votre ragoût à courte sauce; mettez-le dans des coquilles, panez-les; faites-leur prendre une belle couleur au four de campagne, et servez. (F.)

ESCALOPES DE FOIES GRAS.

Faites blanchir huit foies gras, coupez-les en escalopes bien rondes: faites fondre du beurre sur un sautoir; placez-y vos escalopes, des truffes en lames et des champignons tournés, poudrés de sel et gros poivre: faites réduire de l'espagnole avec un demi-verre de vin de Madère, et un morceau de glace gros comme une noix. Au moment de servir, faites sauter vos escalopes des deux côtés; égouttez-les, mettez-les dans votre sauce, dressez-les sur un plat garni de croûtons, et servez. (F.

PAIN DE FOIES GRAS A L'ESPAGNOLE.

Ayez six foies gras, mettez-les dans une casserole avec des champignons hachés, des échalotes, du persil et des parures de truffes; assaisonnez-les de sel, poivre, muscade, deux clous de girofle, un peu d'épices, laurier et thym; passez ainsi vos foies dans un morceau de bon beurre. Quand ils seront un peu raidis, mettez-les refroidir; mettez dedans une livre de tétine de veau cuite; pilez le tout ensemble; joignez-y une panade grosse comme le poing; passez le tout au tamis à quenelles; mettez cette farce dans un vase, ajoutez-y cinq œufs. Beurrez un moule à aspic; mettez au fond de votre moule un rond de papier beurré, bien juste au moule; versez votre farce dans votre moule; enfoncez-la bien, et laissant tomber le moule d'aplomb sur la table, couvrez-le d'un autre papier beurré. Une heure et demie avant de servir, faites cuire au bain-marie, avec beaucoup de feu dessus. Au moment de servir, démoulez-le sur votre plat; glacez-le, saucez-le avec une sauce aux truffes, et servez. (F.)

PAIN DE FOIES GRAS A LA GELÉE.

Préparez votre pain de foies comme il est indiqué ci dessus. Au lieu de mettre de la tétine de veau, mettez-y la même quantité de lard râpé. Quand votre farce sera pilée et passée, vous aurez coupé en dés bien égaux des truffes, des champignons, de la tétine de veau et de la langue à l'écarlate; mêlez le tout dans votre farce; met[illegible]-la dans un moule, et faites-la cuire comme il est indiqué à l'a[illegible]e précédent. Sa cuisson faite, laissez-la refroidir; quand elle [illegible]a, faites chauffer votre moule; dressez votre pain sur un plat, [illegible]ez-le, glacez-le, décorez-le avec de la gelée, et servez. (F.)

DE L'OIE.

L'oie a la chair moins fine et de moins bon goût que le canard, quoique d'un assez bon usage. L'oie sauvage a la chair plus noire, et est plus haute en goût : on ne s'en sert volontiers que pour la broche.

OIE A L'ALLEMANDE.

Ayez soin que votre oie soit bien grasse et de bonne qualité; retroussez-la en poule, posez-la ensuite dans une braisière, avec deux carottes, deux gros oignons, thym, laurier, une gousse d'ail; émincez une livre de couenne de lard bien lavée; mettez une demi-bouteille de bon vinaigre; ajoutez du consommé : afin que votre oie soit couverte tout juste, mettez deux feuilles de papier beurré dessus; deux heures de cuisson doivent suffire : laissez-la refroidir dans son fond, ensuite retirez-la, et faites clarifier votre gelée, qui doit être un peu ombrée. Lorsque votre gelée est raffermie, décorez le tour et le dessus de votre oie; si vous servez ce mets à des Allemands, vous pouvez ajouter des quenelles, et vous procéderez de la manière suivante :

Un verre d'eau, deux onces de beurre; mettez le tout dans une casserole et sur le fourneau. Lorsque votre ébullition a lieu, ajoutez un quarteron de belle farine; ayez bien soin de remuer le tout avec vitesse, afin que votre pâte soit lisse et bien ferme; si elle était trop molle, ajoutez de la farine, cassez deux œufs entiers; ajoutez sel, poivre, muscade, une poignée de raisin de caisse, et autant de Corinthe; travaillez bien le tout. Farinez votre tour à pâte; couchez-les comme des choux, donnez-leur une forme de quenelle allongée; pochez-les dans de l'eau de sel : il ne faut pas que vous les fassiez bouillir; autant que cela soit possible, servez-les à part dans une casserole à légumes. (D)

OIE EN DAUBE.

Votre oie plumée, vidée, flambée et épluchée, vous lui troussez les pattes en dedans; vous la piquez avec des lardons assaisonnés de sel, poivre, des quatre épices; lorsqu'elle est bien lardée, vous mettez des bardes de lard dans le fond d'une braisière, votre oie par-dessus; ajoutez quatre carottes, quatre oignons, trois clous de girofle, un fort bouquet de persil et ciboule, un jarret de veau coupé en plusieurs morceaux; vous la couvrez de bardes de lard; vous mettez un peu de sel, trois cuillerées à pot de bouillon; vous la faites mijoter deux heures, plus longtemps si elle est vieille. Au moment du service, vous l'égouttez et la débridez; passez ensuite au tamis de soie le mouillement dans lequel elle a cuit; vous le faites réduire à moitié : dégraissez et glacez votre oie; versez votre réduction dessous. On peut servir autour de cette oie des oignons glacés, une sauce tomate, des choux ou des navets glacés. (*Voyez* l'article qui vous convient.)

CUISSES D'OIES A LA PURÉE.

Vous levez six cuisses d'oies bien grasses; vous les désossez jusqu'au joint de l'intérieur; vous les assaisonnez de sel, de gro poivre; vous mettez en place de l'os un peu de lard haché; rassemblez ensuite les chairs, et cousez-les, en donnant une belle forme à vos cuisses; mettez dans une casserole des bardes de lard; vous y placez vos cuisses, vous les couvrez de bardes; vous mettez trois carottes, quatre oignons, deux feuilles de laurier, un peu de thym, deux clous de girofle, une cuillerée à pot de bouillon. Vous les faites mijoter pendant deux heures: au moment de servir, vous les égouttez; ôtez le fil qui les contient; vous les dressez sur votre plat, et vous les masquez avec une purée de lentilles, de pois verts, d'oignons, une sauce Robert, sauce tomate, etc. (*Voyez* l'article que vous préférez.)

AIGUILLETTES D'OIES.

Vous mettez trois oies à la broche; quand elles seront cuites, et au moment de servir, vous couperez vos filets en longs morceaux égaux; vous prendrez le jus qu'auront jeté vos oies; vous ferez réduire de l'espagnole jusqu'à ce qu'elle soit très-épaisse, vous y verserez le jus de vos oies; ajoutez un peu de zeste d'orange ou de citron, le jus de l'un ou de l'autre, un peu de gros poivre; vous ferez chauffer votre sauce sans la faire bouillir, et vous la verserez sur les aiguillettes.

OIE A L'ANGLAISE.

Ayez un oison gras dont la graisse soit blanche; pour vous assurer s'il est jeune et tendre, essayez de lui rompre la partie supérieure du bec; si elle se rompt facilement. vous pouvez le prendre; supprimez-en les ailes, videz-le, épluchez-le, flambez-le, refaites-lui les pattes, coupez-en les ongles, hachez-en le foie; épluchez trois gros oignons, coupez-les en petits dés; passez-les dans le beurre, faites-les cuire à blanc; ajoutez une pincée de sauge bien hachée, ainsi que vos foies, du sel et du poivre; mettez cet appareil dans le corps de cette oie; cousez-la, bridez-la les pattes en long; mettez-la à la broche, faites-la cuire; sa cuisson faite, dressez-la sur le plat, et servez-la avec un jus de bœuf ou blond de veau réduit. (F.)

OIE AUX MARRONS.

Ayez une oie, comme il est indiqué ci-dessus; préparez-la de même; hachez son foie; coupez des oignons en petits dés; passez-la dans du lard râpé: préparez cinquante marrons, comme il est indiqué au Potage à la purée de marrons; mettez-les mijoter dans votre farce; assaisonnez de sel, poivre et épices; quand ces marrons sont cuits, ils s'écrasent facilement dans vos doigts: rentrez le croupion de votre oie en dedans, cousez-le, remplissez-le de votre appareil; cousez la poche; mettez votre oie à la broche, donnez-lui cinq quarts d'heure de cuisson et servez. (F.)

OIE A LA PROVIDENCE.

Préparez une oie comme il est indiqué ci-dessus, et procédez comme il est indiqué au Dindon à la Providence. (*Voyez* article Dindon à la Providence.) (F.)

CUISSES ET AILES D'OIES A LA FAÇON DE BAYONNE.

Ayez le nombre d'oies que vous croirez nécessaire de conserver; levez-en les ailes entières, ainsi que les cuisses, de manière à ne rien laisser sur la carcasse; désossez en partie les cuisses avec la main; frottez-les, ainsi que les ailes, de sel fin, dans lequel vous aurez mis une demi-once de salpêtre pilé, pour les membres de cinq oies; rangez toutes vos ailes et vos cuisses dans une terrine; mettez entre elles du laurier, du thym et du basilic; couvrez-les d'un linge blanc; laissez-les vingt-quatre heures dans cet assaisonnement; après, retirez-les, passez-les légèrement dans de l'eau; laissez-les égoutter; vous aurez ôté toute la graisse qui est dans le corps de vos oies, même celle qui est attachée aux intestins; vous l'avez préparé comme le saindoux (*voyez* Saindoux); faites-les cuire à un feu extrêmement modéré; il faut que ce saindoux ne fasse que frémir; vous serez sûr que ces membres seront cuits, lorsque vous pourrez y enfoncer une paille; alors égouttez-les; quand ils seront bien refroidis, vous les arrangerez le plus étroitement possible dans des pots, vous y coulerez votre saindoux aux trois quarts refroidi; laissez le tout ainsi refroidir vingt-quatre heures; après, couvrez les pots bien hermétiquement de papier ou de parchemin; mettez-les dans un endroit frais, sans être humide, et servez-vous-en au besoin. (F.)

OIE A LA CHIPOLATA.

Faites cuire une oie comme il est indiqué à l'article Dindon à la Providence; sa cuisson faite, égouttez-la, dressez-la sur un plat, avec un ragoût à la chipolata à l'entour. (*Voyez* Ragoût Chipolata article Sauce.) (F.)

CUISSES D'OIES A LA LYONNAISE.

Prenez trois ou quatre quartiers d'oies; faites-les chauffer et un peu frire dans leur saindoux; coupez six gros oignons en anneaux, prenez une partie du saindoux dans lequel vous aurez fait chauffer ces cuisses, faites-y frire vos oignons; quand ils seront cuits et d'une belle couleur, égouttez-les, ainsi que vos quartiers d'oie; dressez-les; mettez vos oignons dessus, et servez dessous une bonne poivrade, ou toute autre sauce qu'il vous plaira. (F.)

OIE A LA FLAMANDE.

Videz, flambez, épluchez une oie, préparez-la comme la dinde en daube (*voyez* cet article); marquez-la et faites-la cuire de même; sa cuisson achevée, égouttez-la, dressez-la, et entourez-la d'une garniture à la flamande, et servez. (*Voyez* Garniture à la Flamande.) (F.)

DU POULET.

Les poulets de trois ou quatre mois, quand ils sont gras, conviennent mieux à l'emploi de la cuisine; il faut qu'ils aient la chair blanche et la peau fine, et soient sans défaut. Les poulets à la reine, qui sont de petits poulets, sont rarement gras, parce qu'on ne leur donne pas le temps de prendre de la graisse; mais l'art doit y suppléer. Le poulet court, gras et charnu, est le meilleur pour les entrées.

POULETS POÊLÉS.

Lorsque vos deux poulets sont plumés, vous les flambez légèrement; vous les épluchez et les videz par la poche, pour éviter de leur faire un trou au croupion; ôtez les os de l'estomac; vous mettez dans une casserole un morceau de beurre, du sel, du gros poivre et le jus d'un citron; vous mêlez cet assaisonnement avec votre beurre; vous en remplissez vos poulets; vous leur coupez le cou près des reins: bridez-les avec une aiguille à brider, et de la ficelle que vous passez ainsi d'une cuisse à l'autre, en mettant une patte entre vos ficelles, et en l'assujettissant sur la cuisse, vous faites bomber l'estomac, et vous donnez toute la grace possible à votre poulet; arrangez la peau de la poche pour que le beurre ne sorte pas; mettez des bardes de lard dans une casserole; coupez des tranches de citron bien minces; vous les appliquez sur l'estomac de vos poulets, vous les placez dans votre casserole, vous les couvrez de lard, et vous mettez une poêle par-dessus pour les faire cuire; trois quarts d'heure avant de servir, vous les mettez au feu; ayez soin qu'ils bouillent toujours. Au moment de servir, vous les égouttez et les débridez; cernez-leur le trou près du croupion; dressez-les sur le plat; vous servirez pour sauce un aspic chaud, un velouté lié, une sauce tomate, un sauté de champignons, un ragoût de crêtes et de rognons de coqs, etc. (*Voyez* ce que vous préférez.)

POULET AU RIS.

Lorsque votre poulet sera flambé et vidé, coupez les pattes et troussez les cuisses en dedans; vous désossez l'intérieur de l'estomac de votre poulet sans endommager l'extérieur; mettez dedans un ragoût de crêtes et de rognons de coqs, de champignons, et vous ajouterez une forte liaison dans votre ragoût. Quand il sera froid, vous le mettrez dans votre poulet; vous aurez soin de bien envelopper les extrémités de bardes de lard, pour que votre ragoût ne sorte pas. Quand votre poulet cuira, vous verserez un jus de citron sur son estomac; vous le couvrirez de bardes; vous en mettrez aussi dans le fond de votre casserole, avec quelques tranches de rouelle de veau, deux carottes coupées en tranches, trois oignons, deux clous de girofle, une feuille de laurier, un peu de thym, deux cuillerées à pot de consommé; vous poserez votre poulet sur cet assaisonnement, vous le mettrez au feu: trois quarts d'heure suffisent pour le cuire, s'il est jeune; vous passerez ensuite au tamis de soie le mouillement dans lequel votre poulet a cuit: vous y ajouterez une livre de riz bien épluché et bien lavé; vous mettrez du bon bouillon, en cas qu'il n'y en ait pas assez; vous ferez bouillir votre riz pendant un quart d'heure, vous le laisserez égoutter sur un tamis de crin : beurrez une casserole assez grande pour le contenir ; vous mettrez un rond de pâte dans le milieu, votre riz pardessus : vous placerez votre poulet de manière qu'on ne le voie pas ; vous comblerez votre casserole de riz. Une heure avant de servir, vous lui ferez prendre couleur comme à un gâteau au riz ; vous poserez du feu sur le couvercle. Au moment de servir, vous renverserez votre pain de riz : ôtez-en le rond de pâte, et vous dégarnirez l'intérieur de votre pain, sans endommager les bords ni le fond ; vous verserez une cuillerée à pot de velouté réduit, des champignons, le reste du ragoût de votre poulet, du gros poivre, une liaison de trois œufs, un morceau de beurre fin gros comme un œuf ; vous les mettrez dans l'intérieur de votre pain de riz : assurez-vous si votre sauce est d'un bon sel. (*Voyez* Velouté.)

POULETS A LA MONGLAS.

Vous ferez cuire deux poulets comme ceux dits à la poêle ; vous les laisserez refroidir : enlevez les chairs de l'estomac en formant un trou ovale dans la longueur du poulet ; vous couperez les chairs en petits dés ; vous y mettrez des champignons coupés de même, un morceau de tétine de veau cuite de la grosseur d'un œuf, préparée de même. Vous mettrez le tout dans une casserole ; versez-y quatre cuillerées de béchamel, un peu de gros poivre que vous ferez fondre ; vous les verserez sur votre petit ragoût que vous tiendrez chaud au bain-marie : ensuite faites chauffer vos poulets dans une casserole avec un peu de leur fond. Au moment de servir, vous les égouttez : dressez-les sur votre plat, et mettez ce ragoût dans l'intérieur de vos poulets, prenez garde qu'il ne soit pas trop liquide ; vous mettez une béchamel un peu claire sous vos poulets. En cas que vous n'en ayez pas, servez-vous de velouté lié. (*Voyez* Béchamel ou Velouté.)

POULETS A LA MONTMORENCY.

Prenez deux poulets gras bien blancs et d'égale forme, sans taches ; vous les flambez et les videz ; ôtez les os du bréchet ; vous mettez un bon morceau de beurre dans une casserole, du sel, du gros poivre, un peu de muscade râpée, un jus de citron ; vous mêlerez l'assaisonnement avec votre beurre, vous en remplirez vos deux poulets ; vous les briderez comme pour entrée ; piquez-les de lard fin sur l'estomac ; vous mettrez des bardes dans le fond d'une casserole ; vous y placerez vos deux poulets, des bardes à l'entour, des tranches de veau pour remplir les vides, deux carottes, trois oignons, deux clous de girofle, une feuille de laurier, un bouquet de persil et ciboule, un rond de papier beurré, une cuillerée à pot de grand bouillon ; vous les mettez au feu trois quarts d'heure avant de servir, et du feu aussi sur le couvercle. Au moment de servir, vous les égouttez, les débridez, les glacez et les dressez sur le plat : vous mettrez une sauce espagnole claire dans laquelle vous joindrez un morceau de glace gros comme la moitié d'une noix : on peut servir dessous une aspic, une sauce tomate, un sauté de truffes, un petit ragoût mêlé, un sauté de champignons. (*Voyez* l'article que vous préférez.)

POULETS EN ENTRÉE DE BROCHE.

Vous prenez deux poulets gras bien blancs et d'égale grosseur; vous les flambez et vous les videz par la poche; ôtez l'os du bréchet; mettez dans une casserole un bon morceau de beurre, du sel, du gros poivre, un jus de citron; vous mêlerez de l'assaisonnement avec votre beurre, vous remplirez vos poulets, vous les trousserez et les briderez comme pour entrée; vous arrangerez sur l'estomac de vos poulets des tranches minces de citron; couvrez-les de bardes de lard; vous les embrocherez et les envelopperez de papier beurré; trois quarts d'heure avant de servir, vous les mettrez au feu; prenez garde qu'ils ne prennent couleur. Au moment de servir, vous les ôterez de la broche et vous les débriderez; ôtez le lard et le citron qui pourraient être après, cernez-leur le trou près du croupion; dressez-les sur votre plat, et mettez dessous un aspic chaud, un velouté lié, une sauce tomate, un sauté de champignons au suprême, un beurre d'écrevisses. (*Voyez* l'article que vous préférez.)

POULETS A LA REINE.*

Vous prenez trois petits poulets à la reine, vous les flambez; videz-les par la poche, troussez-les, garnissez-les de beurre, et les faites cuire comme les poulets dits poêlés. Au moment de servir, égouttez-les, débridez-les, et dressez-les sur votre plat avec une sauce hollandaise, et une grosse écrevisse dans chaque poulet. (*Voyez* Sauce hollandaise.) Vous pouvez servir dessous un aspic chaud, une sauce tomate, un beurre d'écrevisses, un ragoût mêlé. (*Voyez* ce que vous préférez.)

FRICASSÉE DE POULET.

Ayez un bon poulet gras, bien en chair; vous le flambez et le dépecez le plus correctement possible, c'est-à-dire que vous levez les membres sans les hacher, ni les écorcher : il faut qu'ils conservent une belle forme; lorsqu'ils seront dépecés, vous couperez le bout de la cuisse du côté de la patte; cassez et ôtez l'os jusqu'au joint, afin que votre cuisse ait une belle forme. Votre poulet dépecé et paré, vous mettez environ un quarteron de beurre tiédir dans une casserole; vous arrangez les cuisses, ensuite les ailes, l'estomac, les reins, et le reste par-dessus; vous mettez votre fricassée sur le feu; faites raidir les membres de votre poulet qui se trouvent dans le fond de votre casserole : quand ils ont passé un instant au feu, vous les sautez; lorsque vous voyez qu'ils sont tous raidis, vous versez une cuillerée à bouche de farine que vous mêlez avec votre poulet et votre beurre; ajoutez-y une cuillerée à pot de bouillon.

A LA BOURGEOISE.

Si vous n'avez pas de bouillon, mouillez votre fricassée avec de l'eau; alors vous y mettrez du sel, du gros poivre, une feuille de laurier, un bouquet de persil et ciboule, des champignons; vous la ferez bouillir en la remuant toujours; vous l'écumerez et vous la ferez aller à grand feu; une heure suffit pour cuire votre fricassée, à moins que votre poulet ne soit dur; quand elle sera aux trois quarts cuite, vous la dégraisserez; vous y mettrez des petits oignons, tous égaux et bien épluchés; dès que votre fricassée est cuite, ôtez le bouquet et la feuille de laurier, vous ferez une liaison de trois jaunes d'œufs; prenez garde qu'elle ne bouille : ajoutez un jus de citron, si vous voulez.

FRICASSÉE DE POULETS A LA CHEVALIÈRE.

Ayez deux poulets gras bien charnus; vous les flambez légèrement; levez les blancs en entier, piquez-les de lard fin, et faites-les cuire à part dans une casserole pour les glacer (*voyez* Filets piqués glacés); vous levez les autres membres le plus correctement possible; cassez les os des cuisses jusqu'au joint, coupez le gros bout du côté de la patte; parez bien les reins, les ailerons; en un mot, que vos morceaux soient proprement coupés: mettez un morceau de beurre tiédir dans une casserole; vous y arrangez les membres de manière qu'ils prennent une belle forme; vous posez votre casserole sur le feu: laissez un instant votre fricassée sans la sauter, pour que vos cuisses prennent une forme qu'elles puissent conserver en cuisant; sautez-les jusqu'à ce qu'elles soient raidies; vous y ajoutez ensuite un peu de farine, que vous mêlez avec vos poulets et votre beurre; mouillez votre fricassée avec du bouillon bien chaud; joignez-y quatre cuillerées à dégraisser de velouté, une feuille de laurier, un bouquet de persil et de ciboule, du gros poivre; vous la ferez aller à grand feu : aux trois quarts cuite, mettez-y vos oignons égaux et bien épluchés; vous dégraissez votre fricassée : quand elle sera cuite, au moment de servir, vous ôterez le bouquet et la feuille de laurier, vous la changerez de casserole : passez la sauce à l'étamine par-dessus; ajoutez une liaison de trois jaunes d'œufs : dressez-la sur votre plat entre vos quatre cuisses; vous mettrez les quatre filets piqués glacés et la garniture dans le milieu.

FRICASSÉE DE POULET A LA MINUTE.

Flambez votre poulet; mettez un morceau de beurre dans une casserole; vous y placez vos membres de poulet, du sel, du poivre, une feuille de laurier, des champignons; mettez votre casserole sur un grand feu; sautez votre poulet; dès que vos membres sont bien atteints, vous mettez un peu de farine que vous mêlez avec votre poulet, un verre de bouillon, ou de l'eau : prenez garde au sel. Si vous vous servez de bouillon, vous le remuerez sur le feu; au premier bouillon, retirez votre fricassée; vous pouvez y mettre une liaison, si vous voulez, et un jus de citron.

SAUTÉ DE FILETS DE POULETS AU SUPRÊME.

Prenez les filets de cinq poulets gras; vous les parez comme il est dit aux filets de poulardes; vous les arrangez dans le sautoir ou sur une tourtière; assaisonnez-les de sel, de gros poivre, de persil haché bien menu et lavé; vous ferez tiédir un bon morceau de beurre que vous verserez dessus: au moment de servir, vous les mettrez sur un feu ardent; lorsqu'ils seront raidis d'un côté, tournez-les de l'autre; retirez-les un instant après; vous les séparez du beurre; vous les dressez en couronne sur un plat, un croûton glacé entre chaque filet; ayez du velouté réduit dans lequel vous tremperez vos filets; avant de les dresser, mettez-y le fond de votre sauté; après en avoir ôté le beurre, jetez-y un morceau de beurre frais gros comme la moitié d'un œuf, que vous ferez fondre dans votre velouté chaud. (*Voyez* Suprême.)

ORLY DE POULETS.

Ayez deux poulets gras, que vous flambez et dépecez comme pour une fricassée; vous mettez vos membres dans un vase; assaisonnez-les de sel, de gros poivre, d'une pincée de feuilles de persil, quelques ciboules rompues, deux feuilles de laurier, le jus de deux citrons; vous épluchez une douzaine de gros oignons d'égale grosseur; vous les coupez par tranches de même épaisseur, de manière à faire des anneaux; vous tâcherez qu'ils soient à peu près d'égale grandeur; par cette raison, vous n'y mettrez point le cœur: une demi-heure avant de servir, vous égoutterez vos membres de poulets, vous les saupoudrerez de farine; remuez-les dans un linge; vous les secouerez; vous les mettrez dans une friture qui ne soit pas trop chaude; lorsqu'ils auront une belle couleur, et que vous les jugerez cuits, vous les égoutterez sur un linge blanc; vous ferez bien chauffer votre friture; saupoudrez de farine vos anneaux d'oignons; vous les remuerez dans un linge, et les mettrez dans la friture très-chaude; quand ils auront une belle couleur, vous les égoutterez sur un linge blanc: vous dresserez vos membres de poulets en buisson sur un plat, vos oignons par-dessus, et un aspic chaud dessous. (*Voyez* Aspic.)

CUISSES DE POULETS AU SOLEIL.

Vous aurez douze cuisses de bons poulets; vous cassez l'os jusqu'au joint de l'intérieur de la cuisse; coupez le gros bout du côté de la patte; vous mettez un bon morceau de beurre tiédir dans une casserole; vous y arrangez les cuisses, pour qu'elles prennent une belle forme; vous y mettez un peu de sel, de gros poivre, une feuille de laurier, un oignon piqué d'un clou de girofle, un bouquet de persil et ciboule; vous les posez sur un feu ardent: sautez-les jusqu'à ce qu'elles soient bien raidies; vous y mettez une cuillerée à bouche de farine, une cuillerée à pot de bouillon chaud, des champignons; vous les ferez bouillir pendant trois quarts d'heure; vous dégraisserez votre ragoût avant le temps expiré : au moment de retirer vos cuisses, il faut que votre sauce soit réduite aux trois quarts; vous ôterez le bouquet, l'oignon et la feuille de laurier; vous mettrez une liaison de trois jaunes d'œufs; votre ragoût lié, vous arrangerez vos cuisses sur un plat, et la sauce par-dessus : quand elles seront froides, vous les barbouillerez bien de leur sauce; vous les tremperez dans de la mie de pain, puis dans des œufs battus et assaisonnés; vous les panerez encore; tâchez qu'elles le soient bien partout : au moment de servir, vous les mettez dans la friture; quand elles ont une belle couleur, vous les égouttez sur un linge blanc; dressez-les en couronne; faites frire une bonne poignée de persil que vous mettez au milieu.

CUISSES DE POULETS A LA PÉRIGUEUX.

Vous préparez douze cuisses de beaux poulets gras, comme celles de poulardes pour bigarrures (*voyez* Bigarrures de poulardes); vous hacherez huit truffes épluchées; râpez une demi-livre de lard que vous mettrez dans une casserole, avec trois cuillerées à bouche de bonne huile; vous y ajouterez vos truffes hachées, un peu des quatre épices, de sel et de gros poivre; vous les passerez un instant au feu; laissez-les refroidir ensuite; vous en farcirez vos cuisses de poulets; vous les coudrez avec une aiguille et du fil, pour que vos truffes n'en sortent pas; et pour leur donner une forme agréable, vous y mettrez une patte que vous ferez entrer par le petit bout de la cuisse; vous mettrez des bardes de lard dans une casserole, vos cuisses par-dessus; couvrez-les de lard et de vos épluchures de truffes; versez une poêle pour les cuire. (*Voyez* Poêle.) Trois quarts d'heure avant de servir, vous mettez vos cuisses au feu, et au moment même, vous les égoutterez : ôtez le fil qui est après, et dressez-les en couronne : servez un sauté de truffes dans le milieu. (*Voyez* Sauté de Truffes.)

ASPIC DE BLANCS DE POULETS.

Sautez huit blancs de poulets (*voyez* Sauté de filets de poulets); vous les assaisonnerez de sel, de gros poivre; vous les laisserez refroidir sur un plat; vous verserez dans une casserole quatre cuillerées à dégraisser de velouté, quatre cuillerées de gelée; vous ferez réduire le tout à la moitié; vous y mettrez une liaison d'un jaune d'œuf, un peu de persil haché et lavé, un morceau de beurre gros comme la moitié d'un œuf, que vous mettrez après que votre sauce sera liée; amalgamez-le bien avec votre sauce : vous la verserez sur vos filets; vous la laisserez bien refroidir; il faut qu'elle soit bien congelée; lorsque vous mettrez vos filets dans l'aspic, vous arrangerez dans le moule de l'aspic de l'épaisseur d'un demi-pouce; vous le mettrez à froid : quand il sera bien congelé, vous le décorerez, et vous y mettrez symétriquement vos filets, dont la forme doit être correcte, et le dessus bien uni, en raison de la sauce qui les a masqués; vous arrangerez par-dessus vos filets un petit ragoût froid de crêtes et rognons, avec les filets mignons que vous aurez mis dans une pareille sauce; ensuite vous ferez fondre de l'aspic de quoi remplir votre moule, et vous le mettrez, quand il sera froid; vous laisserez bien congeler votre aspic. Au moment de servir, vous le renverserez et le détacherez comme il est dit à l'aspic.

POULETS EN MAGNONNAISE

Vous dépècerez le plus correctement possible deux poulets froids qui auront été cuits dans une poêle; vous mettrez les membres dans une casserole, avec huit cuillerées à dégraisser de velouté, quatre de gelée, et deux cuillerées à bouche de vinaigre d'estragon, un peu de gros poivre; vous ferez réduire le tout d'un tiers; dans le cas où votre sauce serait un peu brune, vous y mettriez une liaison d'un œuf: lorsqu'elle sera réduite à son point, vous y ajouterez un peu de persil et d'estragon bien hachés; vous leur ferez ensuite jeter deux bouillons dans votre sauce: voyez si elle est de bon sel, et mettez-la sur vos membres de poulets froids; après, laissez-la refroidir; vous dresserez sur votre plat, et vous verserez sur vos poulets votre sauce, qui sera presque congelée: vous décorerez cette entrée avec de la gelée et des croûtons.

POULET A LA TARTARE.

Vous flambez légèrement votre poulet; vous coupez les pattes, et troussez les cuisses en dedans; vous ôtez la poche de votre poulet et le cou; fendez-le par le dos depuis le cou jusqu'au croupion; vous le videz, l'aplatissez sans le meurtrir; faites tiédir un bon morceau de beurre; vous assaisonnez de sel et de gros poivre votre poulet, et le trempez dans le beurre; qu'il y en ait partout; vous le mettez dans de la mie de pain, et lui en faites prendre le plus possible: trois quarts d'heure avant de servir, vous le posez sur le gril à un feu doux. Au moment de servir, vous le dressez sur le plat, et vous mettez une sauce à la Tartare. (*Voyez* cette sauce.) On peut s'éviter de le paner; vous y mettez un jus clair, une espagnole réduite, une sauce tomate, une sauce piquante. (*Voyez* l'article que vous préférez.)

POULET A LA BROCHE.

Vous videz votre poulet; flambez-le un peu ferme, bridez-le, et piquez-le de lard fin, ou bien vous le bardez; vous attachez les pattes sur la broche: le poulet a besoin d'être bien cuit, mais sans excès.

POULET GRAS AUX TRUFFES.

Vous flamberez votre poulet légèrement; épluchez-le et videz-le par l'estomac; vous arrangerez votre poulet comme la poularde aux truffes; mettez une petite barde de lard entre la peau de la poche et les truffes de crainte que la peau ne vienne à crever; vous attacherez les pattes sur la broche, et vous l'envelopperez de papier huilé.

POULETS A L'ANGLAISE.

(*Voyez* Poulardes à l'anglaise.)

POULETS EN LÉZARD.

Videz et flambez deux beaux poulets; supprimez-en les pattes ainsi que les ailerons, et conservez-en la peau jusqu'à la tête; ouvrez-les par le dos jusqu'au croupion, désossez-les entièrement, étendez-les sur un linge blanc, garnissez-les en dedans d'une farce de volaille cuite; mêlez, avec des truffes, des champignons, de la langue à l'écarlate et de la tétine de veau, le tout coupé en gros dés d'une proportion bien égale; cousez-les, et donnez-leur la forme d'un lézard, en procédant ainsi: de la peau du cou farcie, formez la queue du lézard; des cuisses, faites-en les jambes de derrière, et des deux bouts des ailes, les jambes de devant; de l'estomac, le dos; et, pour en faire la tête, prenez une truffe à laquelle vous donnerez la forme de celle de lézard; foncez une casserole avec des bardes de lard, posez-y vos lézards: ayez soin qu'ils conservent leur forme; poêlez-les comme les poulets en entrée de broche; couvrez-les d'un fort papier et d'un couvercle; faites-les partir; mettez-les cuire avec un peu de feu dessus; la cuisson faite, égouttez-les; mettez-les refroidir entre deux couvercles; parez-les et dressez-les sur un plat; glacez-les, et décorez-les de diverses couleurs avec de petites omelettes coloriées de blanc, de vert, de rouge et de jaune; mettez dessous une magnonnaise verte; terminez votre entrée avec un joli cordon de croûtons de gelée, et servez. (*Voyez* Magnonnaise; *voyez* aussi petites Omelettes, article Sauce.) (F.)

SALADE DE VOLAILLE.

Prenez deux poulets rôtis et froids, ou de desserte; coupez-les par membres; retirez-en les peaux, et parez-les; mettez-les dans un vase de terre; assaisonnez-les de même qu'une salade; dressez-les sur un plat comme une fricassée de poulets; garnissez le bord du plat avec des laitues fraîches coupées par quartiers, et d'œufs durs coupés de même; décorez-les avec des filets d'anchois, des cornichons, câpres et ravigote hachée; saucez-la avec son assaisonnement, et servez. (F.)

MARINADE DE POULETS.

Dépecez deux poulets cuits à la broche, ou volaille de desserte; faites-les mariner une demi-heure avant de servir. (*Voyez* l'article marinade cuite.) Égouttez-les; trempez leurs membres dans une pâte à frire légère, c'est-à-dire dans laquelle vous aurez mis des blancs d'œufs fouettés. Faites frire votre marinade; quand elle sera cuite, et d'une belle couleur, égouttez-la sur un linge blanc; dressez-la, et servez-la avec du persil frit que vous mettrez dessous, ou seulement avec une pincée dessus. (F.)

POULETS A LA PAYSANNE.

Ayez deux poulets, dépecez-les comme pour une fricassée; mettez dans une casserole un morceau de beurre gros comme un œuf, quatre cuillerées d'huile d'olive; passez votre casserole sur un fourneau ardent; faites revenir vos membres de poulets; qu'ils prennent une belle couleur : assaisonnez de sel et gros poivre, ail et laurier. Lorsqu'ils seront à moitié cuits, joignez-y deux carottes coupées en liards, oignons coupés en anneaux, et une pincée de persil en branche; passez le tout ensemble. Quand les racines seront colorées, mouillez votre paysanne avec six cuillerées d'espagnole; remuez-la; couvrez votre fourneau avec de la cendre chaude, et faites-la mijoter doucement environ un quart d'heure; ayez soin qu'elle ne s'attache pas; dressez-la, et servez. (F.)

CÔTELETTES DE POULETS ET DE POULARDES.

Procedez, à l'égard de ces côtelettes, comme pour celles de perdreaux, dont il est parlé à l'article Gibier. (F.)

FRICASSÉE DE POULETS A LA GELÉE.

Préparez et faites cuire deux poulets, comme il est indiqué à l'article Fricassée de poulets. Leur cuisson faite, égouttez vos membres de poulets; faites réduire votre sauce avec quatre cuillerées de gelée; liez-la avec quatre jaunes d'œufs et un pain de beurre; passez-la à l'étamine; parez vos membres, et trempez-les dans votre sauce; laissez-les refroidir; ajoutez dans votre sauce des crêtes et rognons de coqs, des champignons tournés et un jus de citron. Dressez vos membres sur un plat, en commençant par les plus inférieurs; masquez votre fricassée de sa sauce, décorez-la d'un cordon de croûtons de gelée, et servez. (F.)

FRICASSÉE DE POULETS A LA BOURGUIGNONNE.

Dépecez deux poulets comme pour fricassée; mettez dans une casserole un morceau de beurre, faites-le fondre; rangez vos membres dessus; assaisonnez de sel, gros poivre, muscade et bouquet assaisonné; faites-les partir, mettez-les sur le fourneau, feu dessus et dessous. Leur cuisson faite, mouillez-la d'un verre de vin blanc et d'une cuillerée de velouté : faites-les réduire, et liez-les avec quatre jaunes d'œufs; ajoutez-y du persil haché et deux jus de citrons. Dressez sur un plat, et servez. (F.)

POULETS A LA MAUDUIT.

Ayez deux poulets gras; videz-les, flambez-les légèrement; troussez les pattes en dehors; faites ressortir votre estomac, et rentrer vos croupions en dedans; faites revenir l'estomac de vos poulets; piquez-les d'une deuxième; foncez une casserole de bardes de lard, posez vos poulets dessus, avec une carotte coupée en lames, une tranche de jambon, un oignon piqué de clous de girofle, et un bouquet assaisonné. Couvrez les pattes de vos poulets avec des bardes de lard; mouillez-les avec un verre de vin de Madère et une cuillerée à pot de consommé; faites-les cuire avec beaucoup de feu dessus, pour faire prendre couleur et glacer votre lard. Leur cuisson faite, égouttez-les, débridez-les, dressez-les sur un plat; vous aurez retiré le fond de vos poulets, passez-le et dégraissez-le ; faites-le réduire à demi-glace avec trois cuillerées d'espagnole travaillée; saucez vos poulets, et servez. (F.)

FRITOT DE POULETS A LA SAINT-FLORENTIN.

Découpez deux poulets comme il est indiqué à l'article Fricassée de poulets; mettez-les mariner dans un vase de terre avec de l'huile, deux jus de citrons ; assaisonnez de sel, gros poivre, ail, deux oignons coupés en tranches et persil. Un quart d'heure avant de servir, égouttez-les; essuyez-les bien, farinez-les, et faites-les frire dans l'huile d'une belle couleur ; égouttez-les : vous aurez préparé des oignons coupés en anneaux, que vous sauterez dans de l'huile et de la farine; faites frire de même que vos poulets; votre oignon cuit, égouttez-le; dressez vos poulets sur un plat, et votre oignon sur vos poulets. Saucez avec une sauce à l'huile et citrons. (*Voyez* Sauce à l'huile.)

FRICASSÉE DE POULETS A LA BARDOUX.

Découpez deux poulets comme pour fricassée; faites-les dégorger et blanchir; assaisonnez de sel et d'un bouquet assaisonné. Mettez dans une casserole un quarteron de beurre, faites-le fondre; mettez vos poulets dedans, étant bien parés : faites-les revenir; liez-les d'une cuillerée à bouche de farine; mouillez-les avec l'eau dans laquelle vos poulets ont blanchi; faites-les cuire; coupez en gros dés douze gros oignons, auxquels vous aurez retiré le cœur; faites-les blanchir et égoutter; mettez-les dans une casserole avec un morceau de beurre, une cuillerée de consommé, et un peu de sucre; faites-les cuire : dégraissez votre fricassée de poulets à fond; passez votre sauce sur vos oignons; faites réduire le tout ensemble; liez votre sauce avec trois jaunes d'œufs; dressez vos poulets; masquez-les de votre sauce, et servez. (F.)

FRICASSÉE DE POULETS A LA SAINT-LAMBERT.

Préparez vos poulets comme il est indiqué ci-dessus; faites-les cuire dans du consommé de racines (*voyez* Consommé de racines); liez de même votre sauce comme il est indiqué ci-dessus. Vous aurez tourné de petites carottes et des navets en olives; épluchez des petits oignons, que vous ferez cuire dans du consommé de racines : finissez votre fricassée de même que les autres. Quand vos poulets seront dressés sur le plat, mettez vos légumes dans la sauce, masquez-en votre fricassée, et servez. (F.)

MANIÈRE D'ENGRAISSER LA VOLAILLE.

Choisissez de jeunes poulets de deux à trois mois; qu'ils soient bien sains et qu'ils mangent bien : ceux à pattes courtes sont préférables. Mettez les coqs à part des poulettes, dans un local sain et sec; donnez-leur à manger du grain pur pendant quatre jours et de l'eau bien claire. Alors donnez-leur de l'orge moulu avec le son, détrempé avec du lait bien épais, pendant quatre autres jours; les autres huit jours, mettez-les dans des cages en treillages suspendues à deux pieds du plancher, et grillées par devant, afin qu'ils puissent passer leur tête pour manger. Il faut que le local soit fermé de manière à ce que vos poulets ne voient pas le jour, et qu'ils respirent un air frais. Suspendez à la cage des ustensiles en bois, pour y mettre leur manger. Donnez-leur pendant ces huit jours de la farine d'orge ou de blé de Turquie, détrempée avec du lait bien frais. Que leur manger ne soit pas trop épais, et ne leur donnez pas à boire. Changez leur manger trois fois par jour. Au bout de seize à vingt jours, vous pouvez vous servir de vos poulets. Les poulettes deviendront toujours plus grasses que les coqs. Faites attention que votre local soit disposé de manière à ce que, s'il survenait de l'orage, vous puissiez le fermer hermétiquement, en sorte que vos poulets ne puissent voir les éclairs : aussitôt l'orage fini, retirez-leur ce qui leur reste de manger. En prenant toutes ces précautions, vous serez hors du danger que votre volaille tourne ou dépérisse. (F.)

AUTRE MANIÈRE.

Procédez comme il est indiqué à l'article précédent; quand votre volaille aura été dégorgée au grain et à l'eau claire pendant quatre jours, mettez-la en cage; donnez-lui à manger pendant quatre jours de la farine détrempée dans du lait; laissez-la manger seule; après ce temps, vous aurez une pompe qui est disposée à ce sujet· emplissez-la de farine d'orge détrempée avec du lait chaud; ouvrez de la main gauche le bec de votre volaille, mettez le bout de la pompe dans le bec, pompez d'un seul coup, afin de remplir la poche de votre volaille; remettez-la en cage; faites-en de même à toutes sans leur donner à boire. Faites cette opération trois fois le jour, dans les commencements : sur les quatre derniers jours, il suffit de la faire le soir et le matin. En seize à vingt jours vous pouvez avoir de belles volailles; vous pouvez vous servir du même procédé pour les poulardes, les chapons, les pigeons domestiques, les ramiers, les tourterelles et les canards.

Observations. Si vous n'avez point de pompe pour engraisser votre volaille, prenez dans votre bouche de l'appareil, comme il est indiqué ci-dessus, et remplissez-en la poche de votre volaille; mais la personne qui est obligée de remplir cette tâche ne doit boire aucune liqueur forte, ni même de vin.

Les cailles s'engraissent d'elles-mêmes au millet ou au chenevis en ayant soin de les laisser dans un endroit sombre, et que le plancher soit garni d'une paillasse, ainsi que les murs, afin qu'elles ne se tuent pas. (F.)

DU PIGEON.

Le pigeon dont on se sert le plus ordinairement est celui de volière et le biset; le ramier n'est pas commun : on l'emploie quand il est jeune, plus souvent pour broche qu'autrement, parce que sa chair est noire, et que son goût sauvage convient mal pour entrée·

celui à la cuillère, et qu'on nomme à la Gaulier, est de grande ressource pour garniture et pour entrée : on ne se sert du pigeon biset qu'à défaut de celui de volière.

PIGEONS A LA BROCHE.

Vous videz et flambez vos pigeons un peu ferme; vous les épluchez et vous les bridez; mettez-leur sous la barde une feuille de vigne, si vous en avez : une demi-heure suffit pour les cuire

PIGEONS A LA SAINT-LAURENT.

Vous aurez quatre pigeons de volière que vous flambez légèrement; vous troussez les pattes en dedans du corps; vous les fendez par le dos depuis le cou jusqu'au croupion; videz-les, et battez-les sur l'estomac. Que vos pigeons soient plats; vous les assaisonnez de gros poivre, de sel; mettez un morceau de beurre tiédir dans une casserole : vous les trempez dedans, puis dans de la mie de pain; quand ils sont bien panés, une demi-heure avant de servir, vous les mettez du côté de l'estomac, sur le gril, à un feux doux ; vous les retournez à propos ; dressez-les sur le plat, mettez dessous un jus clair ou une sauce à l'échalote; ajoutez un demi-verre de bouillon ou d'eau, du sel, du poivre fin, deux cuillerées à bouche d'échalotes bien hachées, trois cuillerées de bon vinaigre, une cuillerée de chapelure de pain; vous ferez jeter deux ou trois bouillons; versez votre sauce sur vos pigeons; voyez si elle est d'un bon goût.

PIGEONS A LA CRAPAUDINE, A LA BOURGEOISE.

Il faut leur trousser les pattes en dedans, les flamber, les éplucher, couper depuis le bout de l'estomac jusqu'à la poche, sans les séparer : aplatissez les pigeons en leur battant sur le dos; assaisonnez-les, et mettez-les sur le gril; vous mettrez une cuillerée à bouche d'échalotes hachées, trois cuillerées de vinaigre, un demi-verre d'eau, un peu de sel et de poivre ; faites bouillir le tout ensemble; vos pigeons grillés, versez cette sauce dessus.

PIGEONS A LA CASSEROLE.

Vous préparez vos pigeons comme les précédents; vous mettez un bon morceau de beurre dans votre casserole, vous le faites tiédir; vous les assaisonnez de sel, de gros poivre, un peu d'aromates pilés; vous les mettez du côté de l'estomac dans votre casserole; placez-les sur un feu un peu ardent; vous les retournez lorsqu'ils ont resté dix minutes d'un côté; une demi-heure suffit pour les cuire; vous les dressez sur votre plat; ôtez les trois quarts du beurre qui reste dans votre casserole; jetez-y une pincée de farine que vous mêlez avec votre fond, le jus d'un citron, ou deux cuillerées de vinaigre, un demi-verre de bouillon ou d'eau; alors vous ajouteriez du sel; faites jeter deux bouillons à votre sauce, et masquez-en vos pigeons : voyez si elle est d'un bon goût.

PIGEONS EN COMPOTE.

Vous videz, flambez et troussez en dedans les pattes de trois p geons; vous les bridez pour qu'ils conservent une forme plus agréable; jetez un morceau de beurre dans une casserole, faites-le tiédir, et mettez-y une cuillerée à bouche de farine; vous faites un roux; vous coupez des branches de petit lard, que vous faites bien raidir; ensuite vous versez sur vos pigeons une cuillerée et demie à pot de bouillon ou d'eau; vous les remuerez bien jusqu'à ce qu'ils bouillent. Si vous les mouillez avec de l'eau, vous y mettez du sel et un bouquet de persil et de ciboule, une feuille de laurier, du gros poivre, des champignons; vous écumerez votre ragoût: lorsque vos pigeons seront aux trois quarts cuits, vous préparerez de petits oignons bien épluchées et tous de la même grosseur; vous les passerez dans le beurre; dès qu'ils sont bien blonds, égouttez-les, mettez-les dans votre ragoût, que vous dégraissez: avant de servir, vous dressez vos pigeons sur le plat, et vos garnitures par-dessus.

CÔTELETTES DE PIGEON A LA BOURGEOISE.

Coupez le pigeon en deux, depuis le croupion jusqu'au cou, séparez-le de sorte que cela fasse deux morceaux: vous ferez passer la patte en dedans, comme l'on fait pour la crapaudine; vous la ferez passer tout à fait, de sorte qu'elle soit allongée de même qu'un os de côtelette; vous couperez les nerfs de l'intérieur de la patte: assaisonnez vos moitiés de pigeon; trempez-les dans du beurre tiède, et panez-les. On peut les mettre sur le gril sans être panées; lorsqu'elles seront grillées, vous les dresserez en couronne; mettez pour sauce un jus clair ou bien une sauce à l'échalote.

PIGEONS AUX PETITES RACINES.

Vous viderez vos pigeons, vous les flamberez; troussez-les, et bridez-les; vous mettrez des bardes dans une casserole avec vos pigeons, que vous couvrirez aussi de bardes; à l'entour, quelques tranches de veau, deux carottes, trois oignons, deux feuilles de laurier, un clou de girofle, un bouquet de persil et ciboule, un peu de thym, une cuillerée à pot de bouillon; vous les ferez mijoter pendant une heure: au moment du service, vous les égouttez; débridez-les et dressez-les sur votre plat; vous mettez à l'entour un cordon de laitues glacées, et des petites racines dans le milieu. (*Voyez* Laitues et petites Racines pour Entrée.)

CÔTELETTES DE PIGEONS SAUTÉES.

Levez les chairs de l'estomac de vos six pigeons; vous les parez, vous y passez un os que vous prenez dans la pointe de l'aileron du filet; vous les arrangez dans votre sautoir; vous les assaisonnez de sel, de gros poivre, vous les saupoudrez d'un peu d'aromates pilés, faites tiédir un bon morceau de beurre, que vous versez sur vos côtelettes. Au moment de servir, vous les mettez sur un feu ardent; aussitôt qu'elles sont raidies d'un côté, vous les retournez de l'autre; ne les laissez qu'un instant; égouttez-les, et dressez-les en couronne, un croûton glacé entre chacune: vous employez pour sauce une espagnole claire, dans laquelle vous mettez un morceau de glace de la grosseur d'une noix.

PIGEONS EN CHIPOLATA.

Vous faites cuire vos pigeons comme ceux dits aux petites racines; au moment de servir, vous les égouttez et les débridez; dressez-les sur votre plat, et masquez-les d'une chipolata. (*Voyez* Chipolata.)

PIGEONS EN PAPILLOTES.

Quand vous avez vidé et flambé vos pigeons, vous leur coupez les pattes, et leur troussez les cuisses en dedans; vous les coupez par le dos comme un poulet à la tartare, vous les aplatissez, vous les assaisonnez de sel, de gros poivre, d'un peu d'aromates pilés; vous mettez un bon morceau de beurre dans une casserole, un quarteron de lard gras râpé, quatre cuillerées à bouche d'huile; posez votre casserole sur le feu, avec vos pigeons dedans; vous les passerez pendant un bon quart d'heure, vous les placerez sur un plat, vous passerez dans votre beurre trois cuillerées à bouche de champignons hachés bien menu, une cuillerée d'échalotes, autant de persil, le tout bien haché, un peu de sel et d'épices; lorsqu'ils seront revenus dans le beurre, vous les mettrez sur vos pigeons: laissez-les refroidir; vous préparez les carrés de papier que vous huilez; vous renfermez vos pigeons comme il est dit aux articles papillotes; une demi-heure avant de servir, vous mettez vos pigeons sur le gril à un feu doux; et au moment du service, vous dressez sur le plat, avec un jus clair dessous.

PIGEONS A LA CUILLÈRE.

Vous avez six pigeons à la Gautier, que vous flambez légèrement; quand ils sont épluchés et parés, vous mettez dans une casserole un bon morceau de beurre, le jus d'un citron, un peu de sel et de gros poivre; vous faites raidir vos pigeons dans cet assaisonnement, vous les mettez dans une casserole entre des bardes de lard et le beurre dans lequel vous les avez fait raidir; vous y ajoutez de la poêle pour les faire cuire (*voyez* Poêle); un bon quart d'heure avant de servir, vous les mettrez au feu, et au moment de servir vous les égoutterez et les dresserez sur votre plat; vous placerez une écrevisse entre chaque pigeon; vous verserez dessous une sauce hollandaise verte. (*Voyez* Sauce hollandaise.)

PIGEONS GAUTHIER A LA FINANCIÈRE.

Prenez six pigeons que vous préparez et faites cuire comme les précédents: au moment de servir, vous les égoutterez et les dresserez autour du plat; vous mettrez dans le milieu de vos pigeons un ragoût de crêtes et de rognons de coqs, de foies gras et de truffes. (*Voyez* Ragoût mêlé.)

PIGEONS GAUTHIER A L'AURORE.

Flambez légèrement six pigeons à la cuillère; vous mettrez dans une casserole un morceau de beurre, du sel, du gros poivre, un peu de muscade râpée, le jus d'un citron, une feuille de laurier, puis vos pigeons, et vous les poserez sur le feu; quand ils seront bien raidis, vous prendrez une cuillerée à bouche de farine, que vous mêlerez avec votre beurre; vous mettrez une cuillerée à pot de consommé, et vous les ferez bouillir à grand feu; ajoutez des champignons, un oignon piqué d'un clou de girofle : au bout d'un quart d'heure, vous retirerez vos pigeons de la sauce; si elle n'est pas assez réduite, vous la laisserez sur le feu jusqu'à ce qu'il ne reste environ que quatre cuillerées à dégraisser; vous y mettrez une liaison de deux œufs : vous ôterez la feuille de laurier ainsi que l'oignon; vous verserez votre sauce sur vos pigeons; laissez-les refroidir; vous hacherez les champignons que vous mêlerez avec la sauce, vous en farcirez vos petits pigeons; arrosez-les bien de sauce, et vous les mettrez dans la mie de pain, puis dans des œufs battus et assaisonnés; vous les panerez une seconde fois; au moment de servir, faites-les cuire; lorsqu'ils ont une belle couleur, vous les dressez sur votre plat, et dans le milieu du persil frit; dès que vos pigeons sont cuits et froids, vous pouvez les couper en deux, les farcir et les parer de même, puis les faire frire.

ORTOLANS.

Vous les bardez en les embrochant sur de petits atelets d'argent; on les met à un feu ardent : sept ou huit minutes suffisent pour les cuire.

ROUGES-GORGES.

Les rouges-gorges se préparent comme les ortolans : il faut le même temps pour les cuire.

PETITS OISEAUX.

Ils se mettent à la broche comme les mauviettes, ou bien ils se sautent dans le beurre et des fines herbes.

LE RAMIER.

Le ramier est un pigeon sauvage, qui diffère des autres par la couleur et le goût de sa chair; il en diffère aussi en ce qu'il se perche sur les arbres (ce que ne fait point le pigeon domestique); les jeunes se nomment ramereaux, et sont les meilleurs; il est facile de les distinguer à leurs ongles, qu'ils ont plus courts que les vieux; on les mange assez généralement à la broche; néanmoins on peut en employer en entrées: les vieux ne sont propres qu'à mettre à la marmite. (F.)

RAMEREAUX EN MARINADE.

Videz et flambez trois ramereaux, coupez-les en deux ou en quatre; faites-les cuire dans une légère marinade (*voyez* l'article Marinade); un peu avant de servir, égouttez-les sur un linge blanc, trempez-les dans une pâte à frire (*voyez* Pâte à frire); faites-les frire; qu'ils soient d'une belle couleur; égouttez-les, et servez-les comme les autres marinades. (F.)

RAMEREAUX POÊLÉS.

Videz et flambez légèrement trois ou quatre ramereaux; retroussez leurs pattes en dedans; foncez une casserole de bardes de lard, mettez-y une lame de jambon, un bouquet assaisonné, une carotte coupée en lames, deux oignons piqués de deux clous de girofle; mouillez avec un verre de vin blanc et un peu de consommé, posez vos ramereaux sur ce fond, couvrez-les de bardes de lard, faites-les partir; mettez-les sur la paillasse, avec un feu modéré dessus et dessous; faites-les cuire environ trois quarts d'heure: leur cuisson faite, égouttez-les, dressez-les, et servez dessous une sauce poivrade. (*Voyez* Sauce poivrade.) (F.)

RAMEREAUX A L'ÉTOUFFADE

Videz et flambez trois ramereaux; préparez de moyens lardons; assaisonnez-les de sel, de poivre, de persil et échalotes hachées, d'épices et d'aromates pilés: il faut que le basilic y domine; lardez vos ramereaux: marquez-les dans une casserole, comme il est énoncé dans l'article précédent; faites-les bien cuire: leur cuisson achevée, dressez-les sur votre plat, passez leur fond au tamis, saucez-les, et servez-les. (F.)

DES TOURTEREAUX.

Les tourtereaux sont de la famille des pigeons; leur chair est plus estimée que celle de ces derniers, quoique plus sèche; celle des sauvages est d'un meilleur goût que celle des tourtereaux de volière: on distingue le mâle par un collier noir qu'il a au cou: les tourtereaux et les tourterelles s'emploient comme le pigeon, le plus ordinairement à la broche. (F.)

PIGEONS EN ORTOLANS.

Prenez six pigeons à la Gauthier, préparez-les, flambez-les légèrement; bardez-les en cailles, de manière qu'on leur voie à peine les pattes; passez-les dans un atelet, couchez-les sur la broche, faites-les cuire à feu clair (il leur faut très-peu de cuisson), et servez-les. (F.)

PIGEONS A LA MONARQUE.

Ayez six pigeons à la Gauthier, bien égaux, lesquels ne doivent avoir que sept à huit jours; flambez-les très-légèrement; prenez garde d'en raidir les pattes et les peaux; épluchez-les, coupez-leur les ongles; faites fondre, ou plutôt tiédir, trois quarterons de beurre très-fin, ajoutez-y le jus de deux ou trois citrons et un peu de sel; mettez vos pigeons dans ce beurre; faites-les revenir légèrement, sans passer votre casserole sur le charbon, afin de ne point raidir leur peau; retirez du feu votre casserole, foncez-en une autre en totalité de bardes de lard; rangez-y vos pigeons, de manière que les pattes soient au centre de la casserole; arrosez-les de la totalité de votre beurre, mouillez-les avec un bon verre de vin blanc, une cuillerée de consommé et un bouquet assaisonné; couvrez vos pigeons de bardes de lard et d'un rond de papier; un quart d'heure avant de servir, mettez-les partir; faites-les cuire sur la paillasse, avec un peu de feu dessous et de la cendre chaude dessus; leur cuisson faite, égouttez-les, dressez dans une casserole d'argent un ragoût à la Toulouse; posez vos pigeons dessus; entre chacun, mettez une belle crête de coq bien blanche et une belle écrevisse à cheval; sur chaque pigeon, un beau ris de veau posé sur les pattes, avec un cordon de rognons de coqs autour du ris de veau, et servez. (*Voyez* Ragoût à la Toulouse.) (F.)

PIGEONS AUX PETITS POIS.

Prenez trois pigeons de volière, videz-les, retroussez-leur les pattes en dedans, flambez-les légèrement, faites-les dégorger une demi-heure et blanchir, égouttez-les, essuyez-les avec un linge blanc; mettez-les dans une casserole, couverts de bardes de lard et d'un rond de papier; mouillez-les d'une cuillerée de consommé et un bouquet assaisonné; faites-les cuire; leur cuisson faite, égouttez-les, dressez-les sur votre plat, et masquez-les d'un ragoût de petits pois au lard. (*Voyez* Petits Pois au Lard), et servez. (F.)

PIGEONS EN MACÉDOINE.

Préparez quatre pigeons comme il est indiqué ci-dessus : quand ils seront cuits, égouttez-les; coupez-les par la moitié; dressez-les sur votre plat en couronne; masquez-les d'une macédoine. (*Voyez* Macédoines.) (F.)

CHARTREUSE DE PIGEONS.

Coupez avec un coupe-racine des carottes et des navets de la grosseur du doigt; coupez-en d'autres avec un plus petit coupe-racine de la longueur d'un pouce; faites blanchir vos racines dans de l'eau et un peu de sel, égouttez-les, faites-les cuire dans du consommé et un peu de sucre; vous aurez fait blanchir des haricots verts et des petits pois; le tout étant refroidi, égouttez bien tous vos articles sur un linge blanc; coupez vos plus grosses carottes et navets en liards; ayez un moule à charlotte, que vous garnirez de papier blanc et beurré; décorez-en le fond avec vos carottes et vos navets coupés en liards, avec les petits pois et haricots verts; garnissez le tour de ce moule de vos montants, en les entremêlant : garnissez vos racines de laitues ou de choux bien cuits et bien pressés; rangez dans le milieu trois pigeons poêlés, coupés par membres : du restant de vos légumes, formez une petite macédoine que vous mêlerez dans une allemande bien réduite en espagnole, remplissez-en les creux qui se trouvent entre vos morceaux de pigeons, et couvrez le tout de choux ou de laitues; tenez-la chaude au bain-marie : au moment de servir, renversez-la sur votre plat : laissez-la égoutter, retirez-en l'eau qui peut en sortir, avec un chalumeau de paille; retirez-en votre moule, glacez vos racines, et saucez légèrement avec la glace de vos racines, que vous faites réduire avec un peu d'espagnole, et servez. (F.)

PATÉ CHAUD DE PIGEONS.

Procédez en tout comme il est indiqué à l'article Pâté chaud de Cailles. (*Voyez* cet article.) (F.)

CAISSE DE PIGEONS.

Ayez six petits pigeons de desserte, préparez-les de même qu'il est indiqué à l'article Cailles en Caisse. (*Voyez* l'article.) (F.)

ROTI.

« On devient cuisinier, mais on naît rôtisseur » a dit l'illustre Brillat-Savarin. Le rôtisseur doit avoir en quelque sorte un sixième sens qui le guide dans l'accomplissement de son œuvre. Bien rôtir est un art précieux auquel initie seulement une longue pratique, un soin de tous les instants, un tact délicat et un coup d'œil sûr. Nous nous contenterons de donner ici des règles générales, laissant à l'expérience et au goût à tenir compte de la grosseur des pièces, de l'ardeur du foyer, et d'une foule d'autres considérations qu'il lui appartient seul d'apprécier, et d'où dépend entièrement la perfection d'un rôti.

PIÈCES D'ALOYAU.

Vous mettrez des atelets pour contenir votre viande du flanc aux os, près du filet, et vous passerez votre broche du fort au faible du filet; en cas qu'il tourne, vous mettrez un fort atelet sur le dessus de l'aloyau pour le contenir; vous en attacherez solidement les deux bouts à la broche. Pour relevé de potage, on sert une sauce piquante dessous.

POITRINE DE VEAU.

Vous coupez les bouts des os de la poitrine, vous en ôtez les os rouges qui tiennent aux tendrons: vous mettez votre poitrine sur un fort atelet, pour éviter un gros trou de broche; vous assujettissez votre poitrine sur la broche, en attachant les deux bouts de votre atelet sur votre broche; mettez une barde de lard sur votre poitrine, si vous voulez.

MOUTON ENTIER A LA BROCHE.

On prend un petit mouton bien tendre; excepté l'os de l'épine du dos, vous désossez épaules et côtes; vous le remplissez de chair de gigot bien tendre, que vous assaisonnez de sel et gros poivre; vous lui rendez sa forme première. Passez la broche d'une extrémité à l'autre; avec des atelets et de la ficelle vous assujettissez les chairs: tâchez qu'il ait une couleur bien égale : on peut faire cette grosse pièce dans un four.

ROSBIF DE MOUTON.

Vous coupez le mouton à deux côtelettes près de la selle; vous tâchez que ce bout soit coupé bien carrément; vous lui assujettissez les flancs avec des atelets; donnez une belle forme à la selle. Vous ôtez les os du quasi de gigot; battez-les bien. Vous mettez votre rosbif sur la broche; faites-le tenir avec des atelets et une ficelle, que vous passez dans les côtes, et que vous liez à la broche. Pour relevé, vous mettez dessous un jus clair.

QUARTIER DE MOUTON.

Vous le coupez le plus carrément possible à la deuxième côtelette près la selle; vous assujettissez des flancs avec des atelets; ôtez l'os du quasi; vous battez votre gigot; passez-y la broche près du manche jusqu'aux côtes. Avec une aiguille à brider, vous fixez votre bout carré sur la broche. Si vous le servez pour relevé, mettez dessous un jus clair.

AGNEAU ENTIER A LA BROCHE.

Vous ôtez les os des côtes de l'agneau et ceux des épaules; vous laissez seulement l'os de la raie du dos et des cuisses; vous remplissez les flancs avec de la chair de gigot d'agneau. Dès qu'il est bien troussé, vous le piquez de lard fin depuis le cou jusqu'au bout des cuisses; vous faites une petite séparation du commencement des cuisses aux reins; embrochez-le des cuisses au cou; vous l'assujettissez avec des atelets et de la ficelle. On peut aussi le mettre cuire au four; s'il n'est pas piqué, il faut le barder tout du long. Si vous le servez pour relevé, mettez dessous un jus clair.

ROSBIF D'AGNEAU.

Vous coupez la moitié de l'agneau à deux côtelettes près de la selle, et le plus carrément possible; vous assujettissez les flancs avec de petits atelets. Ayez attention que votre pièce ait une belle forme. Vous le piquez jusqu'au bout des deux cuisses; vous laisserez une petite distance des cuisses aux reins. Bouchez votre pièce sur la broche; vous ferez plus de feu du côté des cuisses. Si vous ne piquez pas votre rosbif, vous le barderez; si vous le servez pour relevé, vous mettrez dessous un jus clair.

QUARTIER D'AGNEAU DE DEVANT.

Vous barderez votre quartier d'agneau, vous l'embrocherez avec un gros atelet, et vous le mettrez sur la broche; couvrez-le de papier huilé. Une demi-heure avant de le retirer de la broche, ôtez votre papier; donnez-lui une belle couleur.

QUARTIER D'AGNEAU DE DERRIÈRE.

Vous coupez votre quartier aux deux côtelettes près de la selle, et le plus carrément possible; vous mettez de petits atelets pour tenir les flancs; bardez-le, et passez la broche du bout du manche au bout du filet, sans le piquer. Vous l'assujettissez sur la broche avec une aiguille à brider et de la ficelle. Une heure suffit pour cuire votre quartier.

QUARTIER DE SANGLIER.

Levez la couenne du sanglier; vous le faites mariner pendant cinq ou six jours comme le chevreuil; vous le mettez à la broche, et vous servez une sauce piquante dessous, ou dans une saucière: vous pouvez le servir pour relevé.

QUARTIER DE CHEVREUIL.

Vous le piquez de lard, vous le mettez dans une terrine, avec une bouteille de vinaigre, du sel, du poivre fin, sept ou huit feuilles de laurier, du thym, des tranches d'oignons, du persil en branches, des ciboules entières; vous le laisserez cinq ou six jours, si vous pouvez; embrochez-le comme un quartier de mouton. Vous verserez une sauce piquante dessous, ou bien dans une saucière; vous pouvez le servir pour relevé. (*Voyez* Sauce piquante.)

COCHON DE LAIT.

Lorsque votre cochon est échaudé et troussé, vous l'embrochez par le derrière; faites que la broche lui sorte par la bouche; vous l'arrosez d'huile très-bonne, afin que la peau prenne le croquant qu'on désire. Il faut qu'il soit très-cuit; vous lui mettrez dans le ventre un bouquet de sauge.

LEVRAUT.

Dès qu'il est dépouillé, vous lui cassez les os des cuisses et vous le videz; vous lui aplatissez l'estomac, en le frappant sur le dos près des épaules; faites-le revenir sur la braise; vous le frottez de son sang, le piquez ou le bardez; vous lui passez la broche du cul à la tête; vous hachez le foie à cru; passez-le dans du beurre. Vous mettez une poivrade dedans; passez-la à l'étamine, en la foulant avec votre cuillère de bois; versez cette sauce dans une saucière, ou sous votre levraut.

LAPEREAU.

Vous dépouillez et videz votre lapereau; cassez-lui les os des cuisses, faites-le revenir sur la braise; vous le piquez, ou bien vous le bardez; placez-le à la broche comme le levraut.

DINDON.

Vous le videz, le flambez un peu ferme; épluchez-le; vous lui cassez le bréchet pour lui rompre l'estomac, vous le bardez et vous l'embrochez; attachez-lui les pattes sur la broche. En cas qu'il tourne, vous lui mettrez sur le dos un atelet que vous attacherez à chaque bout sur la broche; il faut qu'il soit bien cuit, sans l'être trop. Si vous le servez pour relevé, vous verserez dessous, ou dans une saucière, une sauce Robert claire.

DINDE AUX TRUFFES.

Il faut s'y prendre quelques jours d'avance, pour que votre dinde soit bonne; vous la flambez légèrement; épluchez-la bien; vous la videz par la poche, vous ôtez le bréchet; lavez et épluchez trois ou quatre livres de truffes, selon que votre dinde est grasse; vous hachez les épluchures bien fin, ou bien vous les pilez; râpez ensuite deux livres de lard que vous mettez dans une casserole, une livre d'huile la meilleure, une livre de beurre fin clarifié, parce qu'autrement il donnerait un goût aigre aux truffes : il vaudrait mieux alors ne pas en mettre; vous y ajouterez vos épluchures de truffes hachées ou pilées, et vos truffes entières aussi, du sel, du gros poivre, des quatre épices, un peu de persil haché bien menu, et de l'échalote bien hachée. Vous mettrez votre casserole sur le feu: lorsque votre ragoût bouillira, vous le laisserez pendant dix minutes; vous remuerez vos truffes de temps en temps, vous les placerez au frais, et quand elles seront congelées dans le corps gras vous les mettrez dans votre dinde. Si le temps le permet, faites-la huit jours d'avance. En la mettant à la broche, vous la briderez et vous la couvrirez d'une barde de lard, vous huilerez du papier, et vous l'envelopperez; assujettissez votre dinde sur la broche de manière qu'elle ne tourne pas, parce que vos truffes tomberaient dans la lèche-frite. Une demi-heure avant de la retirer de la broche, vous ôterez le papier, et vous lui ferez prendre une belle couleur. Si vous la servez pour relevé, vous hacherez deux ou trois truffes que vous passerez dans un peu de beurre, et vous mettrez cinq cuillerées à dégraisser d'espagnole et deux de consommé, un peu des quatre épices et de gros poivre. Quand votre sauce sera un peu réduite et dégraissée, vous la verserez dans une saucière. Pour rôt, on la sert sans sauce.

OIE.

Plumez et videz votre oie; vous la flambez un peu; épluchez-la et bridez-la; vous ne la barderez point; l'oie doit être assez grasse: vous lui passez la broche du cou au croupion. En cas qu'elle tourne, appliquez-lui un atelet sur le dos; vous en attacherez les deux bouts sur la broche, le plus serré possible. Il faut que l'oie soit cuite un peu verte, c'est-à-dire que le jus en soit rouge.

POULARDE.

Videz votre poularde; vous la flambez un peu ferme, vous l'épluchez, la bridez; bardez-la ensuite; vous l'embrochez, et vous attachez les pattes à la broche: trois quarts d'heure suffisent pour la cuire. Il ne faut pas qu'elle soit cuite rouge.

POULARDE AUX TRUFFES.

Vous flamberez légèrement votre poularde, vous la viderez par l'estomac; épluchez-la, et vous en ôterez le bréchet; vous préparerez vos truffes comme celle de la dinde aux truffes (*voyez* Dinde aux Truffes); arrangez votre poularde de même. Il n'y aurait pas de mal de le faire quelques jours d'avance; cela ferait que les chairs de votre volaille prendraient mieux le goût des truffes.

CANETON.

Plumez, videz et flambez le caneton un peu ferme; épluchez-le, ne le bardez pas; vous le troussez; embrochez-le comme les grosses volailles. Il ne faut pas le laisser trop cuire, parce qu'il perdrait de sa qualité. Le sauvage se prépare de même.

POULE DE BRUYÈRE.

Vous plumez, videz et flambez votre poule; vous l'épluchez; faites-la revenir; piquez-la de lard fin, et vous la mettez à la broche comme une poularde; laissez-lui la tête, si vous voulez.

FAISAN.

Vous plumez, videz et flambez un peu ferme le faisan; vous l'épluchez, bridez-le; vous le piquez de lard fin, ou bien bardez-le; vous l'embrochez comme une poularde, et vous le faites cuire de même.

Si vous lui laissez la tête, il faut l'envelopper de papier.

SARCELLE.

Vous la plumez, la videz et la flambez un peu ferme; vous l'épluchez et la bridez; troussez-lui les pattes, et faites-la cuire comme le canard.

PERDREAUX ROUGES OU GRIS.

Vous les plumez; videz et flambez un peu ferme; épluchez-les et bridez-les; vous les piquez, ou bien bardez; mettez-les à la broche comme la volaille; vous attachez les pattes sur la broche. Si vous laissez les têtes aux perdreaux rouges, enveloppez-les de papier.

BÉCASSES.

Vous plumez vos bécasses; flambez-les sans les vider; vous troussez les pattes, vous leur passez le bec d'outre en outre, comme si c'était une brochette; vous les bardez et vous leur passez un atelet du flanc au flanc; assujettissez-les sur la broche; faites griller ensuite une tranche de mie de pain que vous mettez dessous. Quand elles sont à la broche, vous les servez avec le pain. La bécassine et le bécasseau se préparent et se font cuire de même.

GRIVES.

Vous les plumez, les flambez, vous ôtez le gésier, vous les bardez, vous leur passez ensuite un atelet d'outre en outre par le flanc et vous les mettez à la broche;

CAILLES.

Plumez, videz et flambez vos cailles; vous les bridez et les bardez avec une feuille de vigne et une barde, mettez-les sur un atelet comme les grives, et placez-les à la broche.

MAUVIETTES.

Plumez, flambez, troussez les pattes des mauviettes; vous les barderez et vous les mettrez sur un atelet; faites griller un morceau de pain que vous mettez dessous quand elles sont à la broche.

DU POISSON.

DE L'ESTURGEON.

L'esturgeon est le plus grand poisson que l'on pêche dans les rivières, où il vient pour frayer; il remonte presque toujours les grands fleuves, en suivant les bateaux de sel : il n'a ni écailles ni arêtes; son corps est cuirassé d'une peau fort dure, et armé de plaques osseuses en losanges rayonnées et saillantes dans le milieu; il en a deux rangées de même sur les côtés; il y a plusieurs espèces de chairs; celle qui domine ressemble beaucoup au veau; il y en a aussi qui ressemble à celle du bœuf. Les Russes font un grand cas de ses œufs. Les Tartares en font un grand commerce, ils se vendent fort cher en Russie; on en compose un mets qui se nomme *Kavia;* j'indiquerai la manière de le faire. (F.)

ESTURGEON ENTIER AU COURT-BOUILLON.

Ayez un petit esturgeon; videz-le par la gorge et par le fondement, ôtez-en les ouïes; levez les plaques de chaque côté, en faisant glisser votre couteau entre la chair; lavez-le bien; mettez-le égoutter; marquez-le dans une poissonnière avec un bon court-bouillon bien nourri, soit de lard râpé ou de beurre; assaisonnez-le, plus que tout autre poisson, d'aromates et de sel; faites-le cuire avec du feu dessus et dessous, arrosez-le souvent; égouttez-le, et servez-le avec une sauce italienne, dans laquelle vous aurez fait réduire de son court-bouillon; vous finirez votre sauce avec un bon morceau de beurre, et la mettrez dans une saucière. (F.)

ESTURGEON A LA BROCHE.

Préparez un tronçon ou un petit esturgeon; videz-le comme il est indiqué ci-dessus; levez-en la peau et les plaques osseuses; piquez-le comme vous piqueriez un fricandeau; si c'est en maigre, piquez-le avec de l'anguille et des filets d'anchois; faites-le mariner au vin blanc (*voyez* article Marinade). Couche-le sur la broche; arrosez-le souvent, durant sa cuisson, avec cette marinade, que vous aurez passée au tamis; donnez-lui une belle couleur, et servez-le avec une sauce poivrade. (*Voyez* Sauce poivrade.) (F.)

ESTURGEON CUIT AU FOUR.

Retirez la peau et les plaques osseuses d'un petit esturgeon, comme il est indiqué à l'article précédent; fendez-le par le ventre sans le séparer; mettez-le sur un grand plafond; assaisonnez-le de sel, gros poivre et aromates en poudre; arrosez-le d'huile, d'une bouteille de vin blanc et jus de citron; faites-le cuire au four; ayez soin de l'arroser souvent avec sa cuisson, donnez-lui une belle couleur, et glacez-le; dressez-le sur un plat, avec son fond passé dessous; servez-le avec une sauce à l'huile à part. (*Voyez* Sauce à l'huile.) (F.)

CÔTELETTES D'ESTURGEON EN PAPILLOTES.

Levez la peau de votre esturgeon et les plaques osseuses; coupez-le en côtelettes de l'épaisseur d'un doigt; mettez un morceau de beurre dans une casserole, faites-y revenir vos côtelettes; retournez-les quand elles commenceront à blanchir; mettez-les refroidir avec des fines herbes ou durcelle, comme il est indiqué aux côtelettes de veau en papillotes. (*Voyez* cet article.) Si c'est en gras, mettez-y du lard; si c'est en maigre, mettez-y des filets d'anchois pilés. (F.)

ESTURGEON EN FRICANDEAU.

Prenez un morceau d'esturgeon, levez-en la peau et les plaques osseuses; battez-le légèrement avec le plat du couperet; piquez-le de petit lard, si c'est en gras; foncez une casserole de tranches de veau, de lames de jambon, de quelques carottes, oignons et aromates; mouillez-le avec du vin blanc, couvrez-le d'un papier beurré, faites-le cuire comme un fricandeau (si c'est en maigre, piquez-le de filets d'anguille et de filets d'anchois); la cuisson faite et bien glacée, passez-en le fond au tamis de soie; dégraissez-le, et faites-le réduire avec trois cuillerées d'espagnole; dressez votre fricandeau, et mettez votre sauce dessous. (F.)

KAVIA.

Kavia, ou œufs d'esturgeon, tel que les Tartares l'apprêtent pour le vendre en Russie et en Italie.

Prenez les œufs de plusieurs esturgeons; pour cela, il faut que ces œufs soient bien mûrs, qu'on leur voie un petit point blanc; mettez-les dans un baquet d'eau; ôtez-en les fibres, comme vous feriez à une cervelle de veau; prenez un fouet de buis, duquel on se sert pour fouetter les blancs d'œufs; battez vos œufs dans l'eau, afin d'en tirer toutes les fibres, qui s'attacheront à votre fouet; secouez-le chaque fois qu'il y en aura; cela fait, déposez-les sur des tamis à passer la farine; ensuite remettez ces œufs dans de la nouvelle eau; continuez à les fouetter et à les changer d'eau jusqu'à ce qu'il ne leur reste plus de fibres ni limon; enfin, que l'on distingue bien ces œufs; alors vous les laisserez égoutter sur les tamis, et vous les assaisonnerez de sel fin et de poivre; mêlez bien le tout; déposez-les dans une étamine que vous lierez des quatre coins avec de la ficelle, en leur donnant la forme d'une boule; laissez-les égoutter ainsi, et servez-les le lendemain avec des tartines de pain grillé, des échalotes hachées. Si vous voulez les conserver plus longtemps, salez-les davantage. Ces ragoûts ne conviennent qu'aux Russes, aux Italiens, et aux personnes qui ont voyagé dans ces contrées. (F.)

ESTURGEON EN THON.

Si vous habitez un pays où l'esturgeon et le thon soient communs, servez-vous-en pour tirer vos sauces maigres, au lieu de carpe et de tout autre poisson, et procédez en tout comme si c'était du veau que vous employiez; vous en retirerez le même résultat, vos sauces seront bonnes, et surpasseront toutes celles que vous pourriez tirer de tout autre poisson. (F.)

DU THON.

On trouve le thon sur les côtes de Provence, d'Espagne et d'Italie : c'est un gros poisson. A Paris, on le mange presque toujours mariné : on en sert dans l'huile pour hors-d'œuvre.

DU TURBOT.

Le turbot nous vient de l'océan ; il est large et plat ; le meilleur est celui qui est blanc et épais ; il le faut prendre le plus frais possible, et sans tache ; il se sert pour le premier service avec une sauce dans une saucière, et pour le second, sans sauce.

TURBOT EN COURT-BOUILLON.

Après avoir bien lavé votre turbot, vous lui ôterez, sans l'endommager, les ouïes et les boyaux que sa poche contient : vous lui ferez une incision du côté noir sur la raie qui est près de la tête ; vous la découvrirez pour en ôter un morceau de trois joints, pour donner du souple à votre turbot, afin qu'en cuisant, il ne soit pas trop susceptible de se fendre ; avec une aiguille à brider et de la ficelle, vous assujettirez le gros de la tête avec l'os qui tient à la poche ; versez ensuite une chaudronnée d'eau, une livre de sel, vingt feuilles de laurier, une poignée de thym, une grosse poignée de persil en branches, vingt ciboules, dix oignons coupés en tranches : vous ferez bouillir votre court-bouillon pendant un quart d'heure ; vous le passerez au tamis, et vous le laisserez reposer ; lorsqu'il sera bien clair, vous mettrez votre turbot dans un turbotier, vous le frotterez bien de jus de citron, du côté blanc. Si vous n'y mettez pas de citron, vous emploierez deux pintes de lait, et vous verserez le court-bouillon dessus ; posez-le sur le feu ; laissez-le mijoter, sans qu'il bouille, pendant une heure, ou plus, s'il est très-gros ; dix minutes avant de servir, vous le retirerez avec la feuille, et le laisserez égoutter ; arrangez une serviette sur un plat, et glissez votre turbot dessus ; en cas qu'il y ait quelques crevasses, vous les remplirez avec du persil en feuilles ; placez-en aussi à l'entour : ayez soin de le débrider. L'on peut aussi le faire cuire à l'eau de sel.

TURBOT A LA BÉCHAMEL.

Faites cuire le turbot à l'eau de sel : lorsqu'il sera cuit, égouttez-le ; vous lèverez les chairs ; donnez-leur des formes agréables ; dressez-les sur le plat, et saucez-les avec une béchamel : cela se fait ordinairement avec du turbot de desserte. (*Voyez* Béchamel.)

TURBOT A LA CRÊME.

Mettez un quarteron de beurre dans une casserole, une cuillerée à bouche de farine, du sel, du gros poivre, la moitié d'un verre de bon lait ; vous tournerez cette sauce sur le feu. Si elle était trop épaisse, vous y mettriez du lait jusqu'à ce qu'elle soit bien, vous aurez le turbot cuit que vous mettrez en morceaux dans une casserole ; vous verserez la sauce dessus, vous sauterez le tout, et le tiendrez chaud jusqu'à ce que vous serviez.

TURBOT EN CROQUETTES.

Lorsque vous aurez du turbot cuit et froid, vous le couperez en petits dés, vous le mettrez dans une casserole; vous verserez par-dessus de la sauce béchamel, un velouté lié ou une sauce à la crême, la même que celle qui est expliquée ci-dessus à l'article Turbot à la crême : voyez celle que vous préférez. Lorsque le turbot est saucé, vous le remuez; quand il sera froid, avec une cuillère vous en prendrez un morceau gros comme un œuf; vous en ferez vingt-cinq ou trente portions que vous mettrez séparément sur un plafond; puis vous les préparerez comme il est dit aux croquettes de volailles. (*Voyez* Croquettes.)

TURBOT EN SALADE.

Lorsque le turbot est cuit et froid, vous le coupez en petites tranches (*voyez* Salade de sole), et l'arrangez sur le plat, les morceaux les uns sur les autres, de sorte que cela forme un petit buisson; puis vous mettez des cœurs de laitues à l'entour, puis des œufs durs que vous coupez en quatre, ou vous hachez le jaune et puis le blanc; cela vous sert à décorer la salade; câpres, anchois, cornichons, blé de Turquie, tout cela convient pour le goût : vous verserez la sauce de sorte que cela ne dérange pas la symétrie.

TURBOT.

Ébarbez votre turbot tout à l'entour; faites des incisions de deux pouces en deux pouces l'une de l'autre dans la partie la plus épaisse; ces incisions doivent traverser dans toute l'épaisseur du turbot; mettez-le au sel pendant deux heures. Faites-le cuire comme il est dit à l'article Cabillaud; donnez-lui plus de temps pour sa cuisson; servez des pommes de terre à part, et du raifort râpé, et entourez votre poisson de persil. (D.)

SAUCE SURE.

Dix jaunes d'œufs crus, un demi-verre de vinaigre, un demi-verre d'eau froide; faites prendre cette préparation sur un feu modéré : au moment de servir, ajoutez une bonne demi-livre de beurre, un peu de sel et muscade; passez votre sauce à l'étamine. (D.)

TURBOT SAUCE HOLLANDAISE.

Quand le turbot est cuit, mettez-le en morceaux sur le plat, et y versez une sauce hollandaise blanche. (*Voyez* cette sauce.)

TURBOT EN MATELOTE NORMANDE.

Ayez un turbotin, videz-le, lavez-le, laissez-le égoutter, fendez-le par le dos; séparez les chairs de l'arête; mettez entre l'arête et la chair une bonne maître-d'hôtel crue; coupez six gros oignons en petits dés; ayez un plat d'argent de la grandeur de votre turbotin, mettez vos oignons dessus, avec un morceau de beurre : assaisonnez de sel, gros poivre, thym, laurier en poudre, persil haché, et un peu de muscade râpée : mettez votre turbotin dessus vos oignons : poudrez-le de sel; ajoutez-y du citron et un peu de beurre fondu; mouillez d'une demi-bouteille de vin blanc; mettez votre plat sur un petit fourneau couvert d'un four de campagne, à un feu très-doux : durant sa cuisson, arrosez-le souvent, coupez de la croûte de pain en rond comme une pièce de 5 francs : un quart d'heure avant que votre turbot soit cuit, mettez ces croûtons autour de votre turbot; ayez soin qu'il ne s'attache pas au plat; arrosez-le de son beurre, et servez. (F.)

TURBOT AU GRATIN.

S'il vous revient du turbot de desserte, épluchez-le; ôtez-en la peau et les arêtes; faites une béchamel maigre (*voyez* cet article); mettez-y votre turbot, surtout que votre sauce ne soit pas trop longue; faites-le chauffer, sans le laisser bouillir; dressez-le sur votre plat, étendez-le également avec la lame de votre couteau; panez-le avec de la mie de pain, et mêlez-y un peu de fromage de Parmesan; arrosez-le de beurre fondu; garnissez le tour de votre plat de bouchons de mie de pain passés au beurre; faites-lui prendre couleur, soit au four, soit au four de campagne, et servez. (F.)

FILETS DE TURBOTS FRITS.

Levez les filets d'un turbotin, coupez-les en aiguillettes, mettez-les mariner avec un jus de citron, sel, gros poivre, et un peu d'ail. Au moment de servir, égouttez-les sur un linge blanc; farinez-les, et faites-les frire d'une belle couleur; dressez-les sur un plat, servez-les avec une sauce tomate dessous. (F.)

FILETS DE TURBOT A L'ANGLAISE.

Prenez les filets d'un turbotin, levez-en les peaux, coupez-les et parez-les en forme de cœur, assaisonnez-les de sel et gros poivre; trempez vos filets dans du beurre fondu, et panez-les; vous les panerez une seconde fois avec plusieurs jaunes d'œufs battus avec du beurre fondu. Au moment de servir, faites-les griller d'une couleur bien égale : servez-les avec un aspic clair dessous. (*Voyez* Aspic chaud.) (F.)

COQUILLES DE TURBOT.

Préparez votre turbot comme il est indiqué ci-dessus; mettez-le dans des coquilles ou pèlerines; panez, faites-leur prendre couleur de même, et servez. (F.)

MAGNONNAISE DE TURBOTS.

Prenez les filets de turbots de desserte, ôtez-en les peaux, parez-les, coupez-les en rond ou en cœur, mettez-les dans un vase, assaisonnez-les de sel, gros poivre, ravigote hachée, huile et vinaigre à l'estragon; dressez vos filets en couronne sur votre plat, avec un cordon d'œufs durs, décoré de filets d'anchois, de cornichons, de feuilles d'estragon, de truffes, de betteraves et câpres; mettez de jolis croûtons de gelée autour de votre plat, et dans le milieu de vos filets, une magnonnaise ou provençale blanche ou verte. (*Voyez* Sauce magnonnaise.) (F.)

FLOTTE OU FLOTTON.

Ce poisson est encore de la famille des turbots et de la barbue; il est d'une forme beaucoup plus allongée; il a la tête plus petite; il est plus épais de corsage, et il a tant de ressemblance avec le turbot quand il est coupé, qu'on le vend souvent pour ce dernier; il a la chair plus molle. En Flandre, on en fait beaucoup de cas: on le mange aux oignons et au beurre noir, comme je l'ai indiqué à la Morue à la bourguignote. (*Voyez* cet article.) (F.)

BARBUE GRILLÉE, SAUCE A L'HUILE.

Ayez une barbue, videz-la; ratissez-en les écailles; lavez-la, mettez-la égoutter; essuyez-la bien; fendez-la par le dos; mettez-la mariner dans de l'huile avec du sel et du gros poivre; mettez-la griller entière; ayez soin qu'elle ne s'attache ni ne brûle; arrosez-la d'huile; retournez-la; ayez soin que le côté du blanc soit d'une belle couleur. Sa cuisson faite, dressez-la sur votre plat; décorez avec des lames de citron, auxquelles vous aurez retiré le blanc et les pepins; saucez avec une sauce à l'huile. (F.) (*Voyez* Sauce à l'huile.)

TURBOTIN GRILLÉ, SAUCE A L'HUILE.

Procédez en tout comme il est indiqué à l'article précédent. (F

CABILLAUD (1).

Votre poisson nettoyé, coupez-le en dalles de l'épaisseur de trois doigts; mettez-le dans une terrine avec deux grosses poignées de sel blanc et un verre d'eau; sautez le tout ensemble, afin de le faire raffermir (deux heures suffisent); vous aurez un chaudron bien étamé; ayez soin que votre eau ne soit bouillante qu'au moment où vous serez prêt à servir; ajoutez deux fortes poignées de sel blanc; il faut que votre eau soit très-salée; posez vos morceaux sur une grille, et faites-les cuire pendant cinq à sept minutes, toujours à grand feu; ayez un plat à grille; faites glisser vos dalles dessus, et entourez-les de persil; vous aurez préparé de petites pommes de terre tournées en boules; faites-les cuire à la vapeur avec du sel, et servez-les à part; deux sortes de sauces.

Beurre fondu à peine avec une cuillerée d'eau mêlée; sauce au beurre, avec une cuillerée à bouche de moutarde commune. (D).

(1) Chaque poisson qui n'est pas arrangé vivant doit subir quelques heures de sel avant sa cuisson. Dans le cas contraire, cette opération ne peut que lui être nuisible. Tout poisson de mer, en arrivant à Paris, doit naturellement être mort; aussi je ne recommande que le poisson d'eau salée, et non celui d'eau douce, que nous pouvons nous procurer vivant. En suivant ce que je vais décrire, l'on se conformera à la coutume hollandaise, et de plus je décrirai les sauces qui sont appropriées à chaque espèce. Je ne renverrai pas aux articles SAUCES : elles suivront naturellement au bas de chaque article pour plus de facilité.

Je dirai qu'à mon avis je préfère le poisson cuit de cette manière à tout autre, surtout pour relevée de potage; car il a vraiment un goût parfait. Je trouve, d'après l'expérience, que le poisson qui est aromatisé avec carottes, oignons, persil, girofle, vin blanc, etc., n'a plus le goût qu'il doit avoir. (D.)

DU CABILLAUD OU MORUE FRAÎCHE.

Vous viderez votre cabillaud et le laverez; vous ferez une eau bien salée, parce que le poisson n'en prend pas plus qu'il ne faut; quand elle sera claire, vous ficellerez la tête de votre poisson; vous le mettrez dans la poissonnière et l'eau de sel par-dessus; faites-le cuire à très-petit feu. Si vous le servez pour relevé, vous y ajouterez une sauce à la crême; si c'est pour rôt, vous le servirez à sec, sur un plat, où il y a une serviette, et du persil en feuilles à l'entour; vous pouvez le faire cuire dans un court-bouillon, comme le turbot.

CABILLAUD A LA CRÊME.

Videz et nettoyez le cabillaud; ficelez la tête; faites-le cuire à l'eau de sel; quand il est cuit, égouttez-le; ôtez la ficelle, posez-le sur le plat, masquez-le d'une sauce à la crême : s'il est en morceaux, il peut se faire cuire et servir de même.

CABILLAUD AUX HUÎTRES.

Faites cuire le cabillaud comme le précédent; dressez-le de même, et vous le masquerez d'une sauce aux huîtres. (*Voyez* cette sauce.)

CABILLAUD EN DAUPHIN.

Prenez un gros cabillaud; écaillez-le, videz-le par les ouïes, retroussez-lui la queue; à cet effet, passez-lui un atelet dans les deux yeux, et une ficelle au travers de la queue (il faut que les deux bouts se joignent de chaque côté de l'atelet); posez votre cabillaud sur le ventre, et faites qu'il se maintienne; mouillez-le d'une eau de sel bouillante : vous aurez mis votre cabillaud au sel blanc une heure avant de le faire cuire. Sa cuisson faite, égouttez-le et servez-le sur une serviette, avec des pommes de terre au naturel à l'entour, et du beurre fondu à part, ou masqué d'une hollandaise au vinaigre. (*Voy.* Hollandaise au vinaigre.) (F.)

CABILLAUD FARCI.

Prenez un cabillaud frais et gras, videz-le, lavez-le, mettez-le une heure au sel : égouttez-le bien, et mettez-lui dans le corps une farce de merlans, avec quelques anchois pilés; dressez-le sur le plat que vous devez servir (il faut que ce plat soit un peu creux); mouillez votre cabillaud d'une bouteille de vin blanc, de beurre et de persil haché; mettez-le au four, et sa cuisson faite, égouttez-le sans l'ôter de dessus son plat; saucez-le d'une Sainte-Menehould; panez-le avec de la mie de pain et un peu de fromage de Parmesan; arrosez-le de beurre fondu; servez-vous pour cela de plume ou d'une papillote de papier; faites-lui prendre au four une belle couleur; égouttez-le de nouveau; nettoyez le tour de votre plat, et mettez-y une italienne blanche. (*Voy.* Italienne blanche.) (F.)

CABILLAUD A LA HAMBOURGEOISE.

Prenez à cet effet un moyen cabillaud bien charnu; lorsque vous l'aurez nettoyé (en ayant soin de ne pas faire une trop grande ouverture pour lui retirer les intestins), faites-le égoutter et essuyez-le bien en dedans et en dehors. Faites blanchir six douzaines d'huîtres, égouttez-les sur un tamis ou passoire; laissez reposer votre eau que vous aurez eu soin de conserver; faites une béchamel mouillée avec de cette eau et moitié de bonne crème; faites réduire cette sauce jusqu'à ce qu'elle tienne à la cuillère; assaisonnez d'un peu de sel, poivre, muscade; incorporez de suite vos huîtres, laissez-les un peu refroidir; remplissez l'intérieur de votre cabillaud, posez-le ensuite sur un plat ou une plaque bien étamée; ciselez légèrement la surface de votre poisson; prenez six jaunes d'œufs crus, un quarteron de beurre fondu, sel et muscade; battez le tout; prenez un pinceau, enduisez bien toute la surface de votre poisson; semez de la belle mie de pain (cette opération doit se faire vivement); arrosez ensuite avec du beurre fondu toute votre panure (une heure suffit pour sa cuisson, qui doit être à un four un peu chaud). Si c'est sur une plaque que vous avez posé votre poisson, enlevez-le avec deux couvercles de casserole. Pour sa sauce, ayez un gros homard cuit, retirez-en les chairs, pilez les coquillages et ses œufs et intestins; ajoutez six onces de beurre; relevez le tout dans une casserole, exposez-le sur un fourneau, remuez cette préparation avec une cuillère de bois. Quand votre beurre sera bien fondu, versez une cuillerée de bon bouillon; faites bien chauffer; au premier bouillon, versez le tout dans une étamine, tordez fortement sur une terrine préparée à cet effet; laissez monter votre beurre; ensuite enlevez-le avec une cuillère; servez-vous de ce qui reste dans votre terrine pour faire votre sauce, qui doit être une béchamel, en y ajoutant de la bonne crème en quantité égale à votre fond. Vous aurez coupé en dés vos chairs de homard que vous incorporerez au moment, ainsi que votre beurre rouge, dans votre sauce; goûtez si votre sauce est de bon goût; lorsque vous mettrez votre poisson au four, versez sur son plat ou plaque un bon verre de vin blanc. Ce relevé bien soigné fait un bel effet. Vous pouvez également servir a morue fraîche. (D.)

CABILLAUD AUX FINES HERBES.

Préparez un cabillaud comme il est indiqué ci-dessus; quand il aura resté une heure au sel, mettez-le sur le plat que vous devez servir, avec des fines herbes cuites et du beurre (*voyez* Fines herbes ou Durcelle.) Assaisonnez de sel, poivre, muscade et aromates en poudre. Poudrez votre cabillaud de chapelure; mouillez-le d'une bouteille de vin blanc; arrosez-le de beurre fondu; mettez-le cuire au four; arrosez-le souvent avec sa cuisson : sa cuisson faite, servez-le avec deux citrons. (F.)

CABILLAUD A LA HOLLANDAISE.

Prenez un gros cabillaud, videz-le, lavez-le bien dans plusieurs eaux, faites-le égoutter, mettez-le au sel pendant vingt-quatre heures; une heure avant de le servir, mettez-le dans une poissonnière; versez dessus de l'eau bouillante; mettez-le sur le feu jusqu'à ce qu'il écume; retirez-le sur le coin, pour qu'il ne bouille pas, au moment de servir, égouttez-le, dressez-le sur un plat, avec une serviette dessous, des pommes de terre à l'eau de sel à l'entour, et du beurre fondu à part. Servir le plus chaudement possible. (F.)

RAIE.

Coupez votre poisson par morceaux larges comme la main; ciselez légèrement en travers des arêtes; mettez-la au sel pendant une demi-heure, employez l'eau de sel pour sa cuisson; entourez votre poisson de persil. Servez une sauce aux câpres et une à la moutarde; servez des pommes de terre à part. (D.)

RAIE A LA SAUCE BLANCHE.

Vous ferez cuire votre raie dans un court bouillon; vous y mettrez un verre de vinaigre; quand elle est cuite, vous en ôtez le limon ou la peau de dessus des deux côtés; vous la parez et la mettez sur le plat; vous la masquez d'une sauce blanche et de câpres par-dessus, ou bien de cornichons coupés en dés. (*Voyez* Sauce blanche.)

RAIE AU BEURRE NOIR.

Faites cuire votre raie comme la précédente; nettoyez-la et parez-la de même; vous ferez frire du persil en feuilles, que vous mettrez autour de votre raie; vous la masquerez de beurre noir. (*Voyez* Sauce au beurre noir.)

BARBUE.

Vous ôtez les ouïes et les boyaux de votre barbue, vous la lavez; faites-la cuire à l'eau de sel ou au court-bouillon pour entrée; vous la masquez avec une sauce au beurre, ou bien vous la servez à la bonne eau. (*Voyez* Bonne eau.)

CARRELETS.

Nettoyez bien vos carrelets; une heure avant de servir, mettez-les au sel, posez-les sur une grille; cinq minutes suffisent pour leur cuisson à l'eau de sel; même sauce que pour le turbot (*voyez* cet article); entourez de persil, et des pommes de terre à part. (D.)

CARRELETS A LA BONNE EAU.

Vous videz et nettoyez vos carrelets; vous les faites cuire dans une bonne eau, et vous les servez dedans.

CARRELETS GRILLÉS.

Videz et lavez vos carrelets, essuyez-les; vous les huilez; après, vous y ajoutez du sel, du poivre; vous avez des chalumeaux de paille que vous mettez sur le gril, vos carrelets par-dessus, vous les grillez à petit feu; ensuite vous les masquez avec [illegible] italienne maigre. (*Voyez* Italienne.)

PLIES.

Employez le même procédé que pour les carrelets.

Pour sauce, servez une purée d'oseille liquide et une à la crême, avec civette hachée, sel et muscade râpée, pommes de terre à part. (D.)

CARRELETS A LA BONNE FEMME.

Beurrez un plat, mettez-y trois ou quatre carrelets, du sel, du poivre, du persil concassé, un verre de vin blanc, ou de l'eau, un peu de chapelure de pain par-dessus; mettez le plat sur un fourneau, couvrez-le, faites bouillir dix minutes, cela suffit.

ALOSE GRILLÉE.

Videz et lavez votre alose, ôtez-en les écailles; essuyez-la bien, laissez-la égoutter entre deux linges; vous la mettrez sur un plat avec du sel, du poivre, du persil en branches, des ciboules, un verre d'huile; vous la retournez dans son assaisonnement; une heure avant de servir, vous la dresserez sur le plat, et vous la masquerez d'une sauce au beurre noir; semez des câpres par dessus, ou bien servez-la sur une purée d'oseille. (*Voyez* Sauce a beurre, ou Purée d'oseille.)

CARRELET SAUCE AUX CAPRES.

Après avoir nettoyé votre carrelet, vous l'essuierez bien; saupoudrez-le de sel, de poivre; frottez-le avec de l'huile, et mettez-le sur le gril, et sur un feu un peu ardent; retournez-le quand il sera grillé d'un côté; quand il le sera de l'autre, vous le mettrez sur le plat, et le masquerez d'une sauce aux câpres. (*Voyez* cette sauce.)

STOCK-FICHE OU MORUE SÈCHE.

Il faut la battre la veille que vous voulez en faire usage; faites-en des roulades de six pouces de longueur et de quatre d'épaisseur; liez-les à deux liens tels que des bottes d'asperges; laissez-les tremper pendant vingt-quatre heures, en ayant soin de les changer d'eau trois ou quatre fois: une heure avant de servir, mettez-les dans une grande casserole à l'eau froide; faites partir sur un bon feu; aussitôt le premier bouillon, retirez votre casserole, laissez-la sur le coin du fourneau sans bouillir. Au moment de servir, égouttez et servez, avec persil autour et pommes de terre à part.

Deux sortes de sauces.

Première. Hachez deux oignons en dés; faites-les blondiner dans du bon beurre; ajoutez une bonne cuillerée de farine; mouillez avec de bon lait ou de la crême.

Deuxième sauce. Faites fondre du beurre sans être en huile, et servez.

Si vous servez ce poisson à des Allemands, faites cuire six belles carottes à l'eau; hachez huit jaunes d'œufs cuits, deux onces de gingembre en poudre: servez ces trois choses à part. (D.)

VOL-AU-VENT DE STOCK-FICHE.

Si vous avez de la desserte de stock-fiche, épluchez-la comme de la morue; lorsque vous voulez en faire une béchamel, coupez en dés très-fins quatre oignons; passez-les au beurre un peu blanc; singez avec trois cuillerées de fleur de farine; versez une bonne chopine de crême double; donnez à votre sauce assez de consistance pour masquer la cuillère; incorporez votre poisson, et garnissez votre vol-au-vent (en ayant soin d'assaisonner convenablement.) (D.)

STOCK-FICHE AU GRATIN.

Employez le même procédé que pour le vol-au-vent : seulement faites en sorte que votre sauce soit plus ferme; incorporez de même votre poisson assaisonné de sel, poivre, muscade; posez cette préparation sur votre plat; égalisez-la bien avec le couteau; donnez-lui la forme d'une demi-boule; prenez trois jaunes d'œufs crus, la même quantité de beurre fondu; incorporez ces deux articles en les battant avec une fourchette; ayez un pinceau, enduisez la surface de votre poisson, panez-le de suite, retirez-en le surplus de mie qui aura coulé sur le bord de votre plat; prenez des navets ou carottes crus; faites-en des croûtons, appliquez-les à l'entour afin de soutenir votre dôme : une demi-heure au four suffit; enlevez vos racines et remplacez-les par de beaux croûtons frits au beurre; avant de le mettre en cuisson, faites couler un peu de beurre fondu, afin que votre gratin prenne une belle couleur. (D.)

STOCK-FICHE A LA LYONNAISE.

Votre poisson cuit (comme pour le beurre noir), égouttez-le sur un linge blanc; vous aurez préparé six moyens oignons coupés en tranches; détachez-les en anneaux; faites-les frire dans de l'huile; lorsqu'ils seront raffermis, égouttez-les; faites chauffer légèrement un verre de bonne huile d'olive; ajoutez sel, poivre, ail, muscade, deux jus de citron; mêlez le tout ensemble, et saucez; vous aurez tenu vos oignons au chaud; posez-les sur votre poisson au moment de servir. (D.)

STOCK-FICHE AU BEURRE NOIR.

Préparez votre stock-fiche comme il est dit au premier article; égouttez-la sur un linge, afin qu'il n'y reste pas d'eau; posez-la sur votre plat; versez dessus un beurre noir. (*Voyez* Beurre noir.) (D.)

STOCK-FICHE A LA PROVENÇALE.

Employez le même procédé que pour la morue. (*voyez* Morue à la provençale.) (D.)

MORUE A LA MAITRE-D'HOTEL.

Dès que votre morue est dessalée à propos, vous la ratissez et la nettoyez; mettez-la cuire à l'eau pure; vous l'égouttez, ensuite vous mettez dans une casserole un bon morceau de beurre que vous coupez en petits morceaux; vous y ajouterez du gros poivre, un peu de muscade râpée, du persil et de la ciboule haché bien menu;

si vous voulez, vous y mêlez un peu de farine; vous remuez votre assaisonnement ensemble, vous placez votre morue par-dessus, une cuillerée à dégraisser d'eau de morue, si elle n'est pas trop salée. Au moment de servir, vous mettez votre casserole sur le feu, sans la quitter; remuez-la toujours, afin que votre beurre ne tourne pas en huile; lorsque votre morue sera bien mêlée avec votre beurre, et bien chaude si elle est trop liée, vous y mettrez une cuillerée d'eau; vous la dresserez sur votre plat: mettez-y un jus de citron en le servant.

FILETS D'ALOSE SAUTÉS.

Levez les filets d'une alose; vous les couperez de la grandeur d'un écu de six francs, et de l'épaisseur de trois lignes; vous leur donnez une forme ronde; faites clarifier du beurre, et mettez-le sur un sautoir; mettez-y les morceaux d'alose: vous saupoudrez de persil haché bien menu, un peu de ciboule, de poivre et de sel. Au moment de servir, mettez le sautoir sur un feu ardent; sitôt que vous voyez le beurre frémir, retournez les morceaux, laissez-les encore un instant sur le feu; voyez s'ils sont cuits; vous les égoutterez, et les dresserez en couronne sur le plat; vous les saucerez avec une italienne. (*Voyez* cette sauce.)

MORUE A LA PROVENÇALE.

Vous préparerez et ferez cuire votre morue comme la précédente; vous mettrez dans votre casserole un bon morceau de beurre que vous couperez en petits morceaux; ajoutez du gros poivre, de la muscade râpée, du persil et de la ciboule bien hachés, une cuillerée à dégraisser de bonne huile, le zeste de la moitié d'un citron, une gousse d'ail, si vous voulez: remuez le tout ensemble pour mêler l'assaisonnement; vous mettrez votre morue par-dessus: un peu avant de servir, vous la mettez sur le feu; agitez-la toujours, pour que votre beurre ne tourne pas en huile. Au moment du service, dressez-la sur votre plat: en la servant, exprimez dessus un jus de citron.

MORUE A LA BÉCHAMEL.

Vous préparez et vous faites cuire votre morue comme les précédentes; vous l'égouttez et vous ôtez les arêtes; mettez dans une casserole un bon morceau de beurre, une cuillerée à bouche de farine, un peu de sel, du gros poivre, un peu de muscade râpée, du persil haché bien menu, et de la ciboule hachée et lavée; vous mêlerez cet assaisonnement avec votre beurre; vous y ajouterez un verre de crême; mettez votre sauce sur le feu, tournez-la toujours jusqu'à ce qu'elle ait jeté un bouillon; si elle est trop liée, mouillez-la avec de la crême; il faut qu'elle soit épaisse comme de la bouillie; vous la versez sur votre morue, et vous la tenez chaude sans la faire bouillir. Au moment du service, dressez-la en buisson: c'est-à-dire qu'elle forme le dôme sur votre plat.

MORUE FRAICHE.

Votre poisson nettoyé, ciselez chaque filet de six à huit lignes de profondeur et à deux pouces de distance; ramenez la tête à la queue; liez ces deux extrémités; faites-les raffermir au sel, tel que je l'ai indiqué à l'article Cabillaud; employez le même procédé pour la cuisson.

Garnissez de persil; servez des pommes de terre à part.

Sauce. Beurre fondu tiède, et une maitre-d'hôtel chaude. (D.)

BONNE MORUE.

Après avoir fait cuire votre morue comme la précédente, vous la mettrez en petits morceaux, et sans arêtes, dans une casserole, avec un bon morceau de beurre; ajoutez une petite cuillerée à bouche de farine, un peu de sel, du gros poivre, un peu de muscade râpée, un peu de persil haché bien menu et lavé; vous mêlez à votre assaisonnement les trois quarts d'un verre de bonne crême; vous posez votre sauce sur le feu, en la tournant toujours, jusqu'à ce qu'elle jette un bouillon: il faut qu'elle soit plus liée ou plus épaisse que la précédente; vous la verserez sur votre morue, vous la remuerez avec une cuillère de bois, pour qu'elle se mêle avec la sauce; ensuite laissez-la refroidir; vous collerez autour de votre plat un rond correct de mie de pain en croûtons, et vous y placerez votre morue de manière qu'elle fasse un peu le dôme; vous l'unirez avec votre couteau: ensuite prenez de la mie de pain, et, si vous voulez, un peu de parmesan, que vous mettrez sur votre morue: ayez un petit plumeau que vous tremperez dans le beurre tiède, et que vous égoutterez sur votre mie de pain; vous la panez encore une fois, vous y versez des gouttes de beurre. Un quart d'heure avant de servir, vous posez votre plat sur une chevrette, et du feu dessous; placez dessus un four de campagne très-chaud, pour lui faire prendre une belle couleur: lorsque vous servez, vous ôtez vos croûtons qui sont à l'entour; vous retirez aussi le beurre en huile, et vous mettrez des croûtons passés au beurre pour remplacer les autres.

CROQUETTES DE MORUE.

Quand votre morue est cuite, vous la coupez en dés, vous la mettez dans une casserole; ajoutez un morceau de beurre gros comme deux œufs, une petite cuillerée à bouche de farine, un peu de sel, du gros poivre, un peu de muscade râpée, un demi-verre de crême, vous mettez votre sauce sur le feu, vous la tournez jusqu'à ce qu'elle ait jeté le premier bouillon, vous la versez sur votre morue, que vous mêlez bien avec votre sauce, et laissez-la refroidir; ensuite vous la divisez en quinze ou vingt tas, et vous donnez à vos croquettes une forme agréable et unie; vous les panez; vous cassez quatre ou cinq œufs, vous les assaisonnez, vous les battez, et vous trempez vos croquettes dedans; il faut les paner une seconde fois. Un instant avant de servir, vous posez votre friture sur le feu; lorsqu'elle est bien chaude, vous posez vos croquettes dedans, et dès qu'elles ont une belle couleur blonde, vous les retirez; posez-les sur un linge blanc, vous les dressez en pyramide, vous mettez dessus du persil frit.

MORUE A LA BOURGUIGNOTE.

Prenez six gros oignons, coupez-les en anneaux; mettez un morceau de beurre dans une casserole avec vos oignons, faites-les cuire et roussir; leur cuisson achevée, faites un beurre roux, tirez-le à clair; mettez-le sur vos oignons, avec sel, poivre, et fort filet de vinaigre; vous aurez fait cuire votre morue de même qu'il est indiqué pour la morue à la maître-d'hôtel. (*Voyez* cet article.) Égouttez-la, dressez-la sur un plat, saucez-la, avec vos oignons au beurre roux, et servez. (F.)

QUEUES DE MORUE A L'ANGLAISE.

Faites cuire ces queues comme il est indiqué ci-dessus, égouttez-les bien; vous aurez fait une sauce avec la chair de deux citrons; coupez-en dés des filets d'anchois, persil et ciboule hachés, une pincée de gros poivre, une petite pointe d'ail; ayant ajouté à cela un morceau de beurre et autant d'huile, faites chauffer le tout à petit feu; remuez bien cette sauce, mettez-en la moitié dans le fond de votre plat; dressez-y votre morue, garnissez-la de croûtons frits dans le beurre; saucez cette morue avec le reste de votre sauce; panez-la avec de la chapelure de pain; mettez-la mijoter au four environ un bon quart d'heure: nettoyez le bord de votre plat et servez. (F.)

MORUE AU GRATIN.

Servez-vous du procédé indiqué à l'article Bonne Morue; seulement n'y mettez pas de persil haché. (*Voyez* cet article.) (F.)

MORUE AU PARMESAN.

Vous ferez cuire une crête de morue bien dessalée; étant refroidie, retirez les peaux et les arêtes; mêlez votre blanc de morue dans une bonne béchamel maigre et deux cuillerées de fromage de Parme râpé, et gros poivre; faites-la gratiner comme il est indiqué à l'article bonne morue. (F.)

ANGUILLE DE MER.

Vous ferez cuire votre anguille dans l'eau avec du sel, de la racine de persil, ou du persil, et trois ou quatre feuilles de laurier; vous la masquez d'une sauce à la crème, ou d'une sauce brune, dans laquelle vous mettrez un morceau de beurre d'anchois gros comme la moitié d'un œuf, ou d'une sauce aux tomates. (*Voyez* la sauce que vous préférez.)

SAUTÉ D'ANGUILLE DE MER.

Prenez les chairs, sans employer la peau de l'anguille; coupez-les comme il est dit au sauté d'alose; vous les assaisonnerez et ferez le sauté de même; vous les laisserez un peu plus cuire, parce que l'anguille est plus ferme: quand le sauté sera fini, vous le dresserez de même, et vous les saucerez avec un velouté lié, dans lequel vous mettrez un peu de beurre d'anchois. (*Voyez* Velouté.)

À LA BOURGEOISE.

Faites une sauce blanche, dans laquelle vous mettrez une liaison de deux jaunes d'œufs; au moment de la verser, vous y mettrez un anchois haché et mêlé avec du beurre; vous remuerez fortement, pour que l'anchois se mêle avec la sauce, et vous la versez sur ce poisson: on peut faire cuire ce poisson à l'eau de sel: ayez bien soin d'en ôter la peau, parce qu'elle a une odeur détestable, mais la chair est excellente.

ANGUILLE DE MER À LA POULETTE.

Ayez des champignons que vous sauterez dans du beurre; mettez-y une cuillerée à bouche de farine; mouillez avec du bouillon ou de l'eau, un bouquet de persil et ciboule; que la sauce soit un peu longue; vous lèverez les chairs de l'anguille, vous les couperez en gros morceaux carrés, vous les mettrez dans une casserole, vous verserez la sauce dite ci-dessus sur le poisson; vous le ferez bouillir un quart d'heure, plus, si le poisson n'était pas cuit; pour vous en assurer, piquez-le avec le couteau; si cela résiste, vous le laisserez finir de cuire; lorsqu'il le sera assez, vous dresserez le poisson sur le plat, pour éviter qu'il ne se casse; vous mettrez une liaison de quatre œufs (plus ou moins dans votre sauce, selon qu'elle sera grande), et vous la verserez sur votre poisson: voyez qu'elle soit d'un bon sel.

ANGUILLE DE MER, SAUCE AUX ANCHOIS.

Levez la peau de l'anguille le mieux qu'il vous sera possible; vous la ferez cuire à l'eau de sel; lorsqu'elle le sera, mettez-la sur le plat; masquez-la d'une sauce blanche dans laquelle vous mettrez un anchois haché bien menu.

ANGUILLE DE MER, SAUCE HOLLANDAISE.

Otez la peau de l'anguille, faites-la cuire à la bonne eau, c'est-à-dire de l'eau et des feuilles de persil; quand elle sera cuite mettez-la sur le plat, masquez-la avec une sauce hollandaise blanche. (*Voyez* cette sauce.)

SAUMON.

Votre poisson nettoyé, ciselez-le fortement de chaque côté ramenez la tête à la queue; assujettissez les deux extrémités avec de la ficelle; employez de l'eau de sel; il n'est pas nécessaire de le mettre au sel avant sa cuisson; donnez au moins vingt-cinq ou trente minutes d'ébullition; servez de même qu'il est dit aux autres poissons à l'eau de sel; faites une sauce aux anchois telle que je vais la décrire. Prenez douze anchois, passez-les à l'eau froide pour en retirer la saumure, mettez-les dans une casserole avec un grand verre d'eau, faites bouillir pendant cinq minutes; passez cette eau dans un tamis de soie, laissez-la reposer un instant; incorporez une cuillerée et demie de belle farine dans un quarteron de beurre, mouillez votre sauce avec votre eau d'anchois; faites-la prendre sur le fourneau, sans la laisser bouillir; ajoutez un peu de beurre pour la finir; servez des pommes de terre à part. Vous pouvez, à défaut de saumon entier, employer des darnes ou tranches. (D.)

SAUMON AU BLEU.

Vous videz votre saumon sans lui couper le ventre; vous le lavez et l'essuyez bien, vous le mettez dans une poissonnière, avec huit ou dix bouteilles de vin, sept ou huit carottes, des oignons coupés en tranches, quatre clous de girofle, six feuilles de laurier, un peu de thym, du sel, une poignée de persil en branches; il faut que votre poisson soit baigné dans son court-bouillon; faites-le mijoter deux heures; lorsque vous voulez le servir, vous le laissez égoutter; vous mettez une serviette sur votre plat, et le saumon dessus, du persil à l'entour. Si vous le servez pour relevé, vous mettrez dans une casserole un bon morceau de beurre, vous y mêlerez trois cuillerées à bouche de farine: une cuillerée à pot de blond de poisson ou de veau; posez ensuite votre sauce sur le feu, en la tournant jusqu'à ce qu'elle bouille, et à ce moment vous y mettrez du gros poivre, et vous la ferez réduire à moitié; vous la passerez à l'étamine dans une casserole; vous couperez en dés des cornichons, huit ou dix anchois, des câpres, des capucines confites, que vous mettrez dans votre sauce; vous la tiendrez chaude sans la faire bouillir; vous masquerez votre saumon avec cette sauce; l'on peut aussi, au lieu de cornichons, mettre seulement un beurre d'anchois.

SAUMON A LA GÉNOISE.

Vous ferez cuire votre saumon comme le précédent: vous le mouillerez avec du vin rouge foncé; vous y ajouterez l'assaisonnement du précédent, sans trop saler; vous mettrez dans une casserole un bon morceau de beurre, deux cuillerées à dégraisser de farine, que vous mêlerez avec le beurre; vous passerez le court-bouillon au tamis de soie, et vous le joindrez au beurre; vous le mettrez sur le feu, et vous le tournerez jusqu'à ce que votre sauce bouille; vous la ferez réduire à moitié, vous l'écumerez et la dégraisserez, vous la passerez ensuite à l'étamine; tenez-a chaude sans la faire bouillir: au moment de servir votre poisson, vous l'égouttez et le dressez à nu sur le plat; après, masquez-le de votre sauce.

SAUMON A LA SAUCE AUX CAPRES.

Ayez une darne de saumon; vous la marinez avec de l'huile, du persil, de la ciboule, du sel, du gros poivre; si la darne est épaisse, il faut une heure pour la cuire; vous la dressez sur votre plat, vous y ajoutez une sauce au beurre par-dessus, avec des câpres que vous semez sur le saumon.

SAUTÉ DE FILETS DE SAUMON.

Préparez la chair du saumon comme il est dit au Sauté d'alose; vous les dressez de même, et les sauterez avec une italienne ou sauce tomate. (*Voyez* ces sauces.)

FILETS DE SAUMON EN BARIL.

Levez les filets de saumon dans leur entier; ôtez-en les arêtes, coupez le ventre en ligne droite, pour égaliser le filet; vous aurez une farce à quenelles de merlans, vous en coucherez un lit du côté où ne sont pas les arêtes; vous roulerez ce filet en forme de baril; vous unirez bien la farce des deux côtés; vous la saupoudrerez de sel et de poivre; vous beurrerez une feuille de papier, et vous envelopperez le filet de manière à ne pas gâter la forme; vous le mettrez sur une tourtière, vous l'arroserez d'une marinade cuite, et le mettrez au four; vous en ferez autant à l'autre. Si vous voulez servir ces deux filets pour relevé, lorsque le filet sera cuit, vous ôterez le papier; vous prendrez garde de gâter la forme; vous le mettrez sur le plat; vous y mettrez un ragoût de laitances, ou vous le glacerez, et mettrez une sauce piquante dessous.

CROQUETTE DE SAUMON.

Vous faites cuire votre saumon dans une bonne eau ou un court-bouillon; quand il est froid, vous le préparez comme il est dit aux Croquettes de morue; vous faites de même une sauce à la crême. (*Voyez* Croquettes de morue.)

SAUMON EN BONNE MORUE.

Vous faites cuire votre saumon de la même manière que le précédent; vous vous servez du même procédé et de la même sauce que pour celui de bonne morue. (*Voyez* Bonne morue.)

SAUMON A LA MAGNONNAISE.

Quand votre darne de saumon est cuite, vous pouvez la servir entière ou en morceaux; vous les arrangerez sur votre plat, et vous les masquerez avec une magnonnaise froide; ayez soin d'y mettre de la gelée, pour qu'elle se glace; vous décorez le tour du plat avec des croûtons, des câpres, des cornichons. (*Voyez* Magnonnaise.)

SAUMON EN SALADE.

Quand votre saumon est cuit, vous le séparez en morceaux, vous le mettez dans votre sauce à la salade: vous versez dans une casserole quatre cuillerées à bouche de bon vinaigre, deux cuillerées de gelée fondue, dix cuillerées d'huile, du sel, du gros poivre, une ravigote hachée; vous sautez votre saumon dans cette sauce, et vous le dressez sur votre plat; versez votre sauce dessus; vous mettez des cœurs de laitues coupés en quatre, vous décorez votre salade avec des croûtons, des cornichons, des câpres et des anchois.

SAUMON A LA HOLLANDAISE OU A L'ANGLAISE.

Faites cuire une darne de saumon dans de l'eau de sel (*voyez* Eau de sel); la cuisson faite, égouttez-le, garnissez-le de pommes de terre cuites à l'eau, et servez-le avec du beurre fondu à part, ou masquez-le d'une hollandaise au vinaigre. (*Voyez* Hollandaise au vinaigre.) (F.)

SAUMON FUMÉ.

Prenez du saumon fumé, coupez-le par lames; mettez de l'huile sur un plat d'argent; sautez vos filets: leur cuisson faite, égouttez-en l'huile; pressez dessus un jus de citron, et servez. (F.)

SAUMON SALÉ.

Faites dessaler votre saumon, mettez-le dans une casserole avec de l'eau fraîche; faites-le cuire; sitôt qu'il sera près de bouillir, écumez-le, retirez votre casserole du feu, couvrez-la d'un linge blanc: au bout de cinq minutes, égouttez-le, et servez-le en salade, ou de telle autre manière qu'il vous plaira. (F.)

DARNE DE SAUMON AU BEURRE DE MONTPELLIER.

Faites cuire une belle darne de saumon dans un bon court-bouillon (*voyez* Court-bouillon); laissez-la refroidir dans son fond, égouttez-la, retirez-en la peau, glacez-la, dressez-la sur votre plat; décorez-la avec du beurre de Montpellier et de la gelée; faites-y une bordure de croûtons de gelée, et servez. (*Voyez* Beurre de Montpellier, article Sauce.) (F.)

PÂTÉ CHAUD DE SAUMON.

Retirez la peau et l'arête d'un morceau de saumon; piquez-le de filets d'anguilles et de filets d'anchois; passez ces morceaux au beurre avec des fines herbes, comme il est indiqué à l'article Côtelettes d'esturgeon en papillotes; assaisonnez de sel, gros poivre et épices; laissez-les refroidir; mêlez vos fines herbes avec des quenelles de poisson; mettez le tout dans une croûte de pâté, et finissez comme il est indiqué à l'article Pâtisserie; servez, et saucez d'une italienne. (F.)

PÂTÉ FROID, OU TIMBALE DE SAUMON

Procédez de même qu'il est indiqué à l'article précédent: la différence est de n'y pas mettre de sauce. (F.)

ESCALOPES DE SAUMON.

Prenez une livre et demie de saumon cru, levez-en les peaux, coupez-en des escalopes de la grandeur d'un sou; mettez vos escalopes dans un sautoir avec du beurre fondu, assaisonnées de sel, gros poivre, persil haché, et demi-verre de vin blanc: au moment de servir, faites cuire vos escalopes à grand feu; égouttez-en le beurre, ajoutez-y une cuillerée d'allemande, avec un morceau de beurre frais et un jus de citron. Dressez vos escalopes sur un plat garni de croûtons, et servez. (F.)

COQUILLES DE SAUMON.

Servez-vous du même procédé qui est indiqué ci-dessus; remplissez cet appareil de coquilles dites pèlerines; faites prendre couleur au four de campagne. (F.)

GALANTINE DE SAUMON.

Prenez un manchon d'un des plus forts saumons, de la longueur d'un pied et demi à deux pieds; fendez-le par le ventre, retirez-en la forte arête, étendez-le sur un linge blanc, piquez-le de gros lardons d'anchois, de thon mariné, cornichons et truffes; étalez sur toute la superficie des chairs des quenelles de poisson quelconque; reformez votre manchon de saumon dans sa forme naturelle; serrez-le bien dans une serviette; faites-le aller dans un bon court-bouillon; laissez-le refroidir; déballez votre saumon, parez-le, dressez-le sur un plat, glacez-le, garnissez-le de beurre, de croûtons et de gelée. (*Voyez* article Aspic.) (F.)

TRUITE AU COURT-BOUILLON.

Vous videz la truite sans lui ouvrir le ventre; vous la lavez et l'essuyez bien; vous lui ficelez la tête, et vous la mettez dans une poissonnière; vous coupez des oignons en tranches, quatre clous de girofle; ajoutez-y quatre feuilles de laurier, quelques branches de thym, une poignée de persil en branches, du sel, six bouteilles de vin blanc; vous la ferez mijoter pendant une heure (ou plus, si elle est grosse); pour rôt, vous la servez sur une serviette que vous pliez sur un plat; vous arrangerez à l'entour du persil à la génoise; vous la mouillerez avec du vin rouge; mettez un peu de sel, que vous passerez au tamis de soie, afin de pouvoir vous servir de sa cuisson; vous vous servirez du même procédé que pour le saumon à la génoise. (*Voyez* Saumon à la génoise.) On peut faire avec la truite ce que l'on fait avec le saumon.

TRUITE A LA GÉNOISE.

Lorsque votre poisson est vidé et nettoyé, vous lui ficelez la tête et le mettez dans une casserole ovale ou une poissonnière; vous mettrez par-dessus les tranches de deux carottes, quatre oignons en tranches, du persil et ciboule, deux feuilles de laurier, un peu de thym, deux clous de girofle, du sel, du poivre, trois ou quatre bouteilles de vin rouge; vous ferez bouillir votre poisson trois quarts d'heure, vous passerez ce court-bouillon dans un tamis; puis vous aurez un quarteron de beurre, trois cuillerées à bouche de farine, que vous mêlerez avec votre beurre, que vous mettrez dans une casserole; vous verserez le court-bouillon dans lequel ont cuit les truites, vous le remuerez bien, pour que le beurre et la farine se lient; vous ferez réduire à grand feu; quand vous verrez que votre sauce tiendra à votre cuillère, vous la retirerez du feu; vous égoutterez les truites ou votre truite, et la masquerez de cette sauce; voyez avant si elle est d'un bon sel.

AIGUILLETTES DE TRUITE A LA SAINT-FLORENTIN.

Levez les filets de votre truite; vous les couperez un peu plus longs que le doigt, à peu près de la grosseur du doigt; vous les mettrez dans un vase avec du sel, du gros poivre, persil en branches, quatre moyens oignons coupés en tranches, deux feuilles de laurier, un peu de thym, le jus de deux citrons; vous avez soin de remuer les aiguillettes dans cet assaisonnement; quand vous êtes au moment de servir, vous les égouttez sur un linge blanc; vous ferez chauffer la friture; quand elle sera assez chaude, vous mettrez de la farine sur vos aiguillettes; vous les remuerez dans le linge; vous les secouerez et les mettrez dans la friture; quand vous la retirerez de la friture, vous les dresserez sur le plat, et mettrez dessous une sauce piquante.

PETITS PATÉS DE TRUITE.

Quand la truite est cuite, vous préparez les chairs comme il est dit aux Croquettes de turbot; vous allongerez la sauce, pour que cela soit un peu plus liquide; vous aurez des timbales en pâte, et vous mettrez votre petit ragoût dedans. (*Voyez* Croquettes de Turbot.)

SAUTÉ DE FILETS DE TRUITES.

Vous levez les filets des truites, vous les parez; enlevez ensuite la peau du côté de l'écaille; vous couperez vos filets en petites lames de la grandeur d'une pièce de cinq francs au moins; vous parerez vos morceaux : ils doivent être d'égale grandeur et de même épaisseur; arrangez-les dans votre sautoir; vous y sèmerez du persil haché bien fin et lavé, du sel, du gros poivre, de la muscade râpée; vous ferez tiédir un morceau de beurre que vous verserez sur les filets : au moment du service, vous mettez votre sautoir sur un feu ardent; lorsque votre sauté est raidi d'un côté, vous le retournez : ne le laissez qu'un instant au feu; vous le dressez en miroton autour du plat, et vous placez le reste dans le milieu; vous ajoutez une sauce italienne maigre, ou bien grasse. (*Voyez* Italienne.)

TRUITES FARCIES.

Videz et lavez quatre petites truites d'une égale grosseur, mettez-les égoutter; remplissez le corps d'une farce composée de quenelles de carpe, truffes coupées en gros dés et champignons; ficelez les têtes de vos truites, faites-les cuire dans un court-bouillon : leur cuisson terminée, laissez-les refroidir, mettez-les égoutter, panez-les à deux fois à l'œuf, et au moment de servir, faites-les frire d'une belle couleur, dressez-les sur un plat avec une sauce tomate dessous. (*Voyez* ces sauces à leurs articles.) (F.)

TRUITE A LA CHAMBORD.

Lorsque votre truite sera vidée, échaudez-la en la trempant dans l'eau bouillante : retirez bien toutes les peaux, lavez-la bien à plusieurs eaux, laissez-la égoutter; piquez-la avec des gros clous de truffes, en forme de domino; faites cuire votre truite dans une bonne marinade au vin; au moment de servir, égouttez-la, dressez-la sur un grand plat ovale; garnissez-la de quatre ris de veau piqué, quatre pigeons innocents, huit quenelles bigarrées, et huit belles écrevisses, et saucez d'un bon ragoût à la financière. (*Voyez* tous ces détails à leurs articles.) (F.)

TRUITE FRITE.

Suivez le même procédé qui est indiqué à l'article Carpe frite (F.)

SOLE SUR LE PLAT.

Vous videz et vous lavez les soles, vous les essuyez; vous leur faites entrer le tranchant du couteau sur le gros de la raie du dos, du côté noir; faites fondre ensuite du beurre sur un plat; mettez-y du persil, des échalotes bien hachées, du sel, du poivre, un peu de muscade râpée; vous mettrez vos soles sur le plat, des fines herbes par-dessus, du sel, du gros poivre, un peu de muscade râpée; ajoutez un verre de bon vin blanc, vous le masquerez avec de la mie de pain; arrosez de gouttes de beurre: un quart d'heure avant de servir, vous mettrez vos soles au four ou sur un fourneau doux, avec le four de campagne très-chaud pour les couvrir: si vous ne vous servez pas de four, vous mettrez de la chapelure en place de mie de pain.

FILETS DE SOLES SAUTÉS.

Vous levez les quatre filets de vos soles, ainsi que la peau; vous les parez et les arrangez sur votre sautoir; vous les poudrez avec un peu de persil haché et lavé, du sel, du gros poivre; vous ferez tiédir du beurre, et vous le verserez sur vos filets: au moment de servir vous les mettez sur le feu; dès qu'ils sont raidis, retournez-les: quelques minutes suffisent pour qu'ils soient cuits; vous les dressez sur votre plat, et vous y ajouterez une italienne et un jus de citron. (*Voyez* Italienne.) Vous pouvez laisser vos filets entiers, ou les couper en deux ou trois morceaux, alors vous les dresserez en couronne; arrangez des croûtons autour du plat.

FILETS DE SOLES EN MAGNONNAISE.

Vous ferez frire huit ou dix soles; quand elles seront froides, vous les mettrez sur le gril, à un feu très-doux, sans les faire chauffer à fond, pour donner seulement la facilité de lever la peau; vous détacherez les filets de vos soles: dès qu'elles seront tièdes; vous en enlèverez les peaux; ensuite parez et coupez vos filets en carrés longs de deux pouces; vous les dressez correctement dans un moule ou sur votre plat: si c'est dans un moule, vous tremperez vos filets de soles dans votre sauce magnonnaise, et vous les dresserez jusqu'à ce que votre moule soit plein de filets; faites tiédir votre sauce, et remplissez-en votre moule; vous le mettrez à la glace ou au froid, pour que votre sauce se congèle; une heure avant le service, vous la servez sur le plat, et vous la décorez avec des croûtons, des cornichons, des anchois, etc.: si vous dressez vos morceaux sur votre plat, vous versez aussi votre sauce par-dessus, et la décorez.

SOLES EN RIS DE VEAU.

Prenez une belle paire de soles; ratissez les écailles et videz-les; étant bien propres, mettez-les à plat sur la table, enlevez vos filets de manière à ce qu'ils ne se séparent pas sur la grosse arête; piquez de lard le tiers qui est au milieu de vos filets; renversez-les sur le côté où est le lard; posez le volume d'un œuf de quenelle de merlan au milieu de vos filets; enveloppez cette farce avec les deux extrémités non piquées; retournez-les ensuite; passez une ficelle en croix pour leur donner une forme carrée; marquez-les comme des ris de veau, avec carottes, oignons, thym et laurier, vin blanc, et un peu de sel; une demi-heure suffit pour leur cuisson; faites bien glacer votre lard : servez dessous une sauce aux huîtres, avec une addition de beurre d'écrevisses, ou d'anchois. (Cette entrée bien soignée est bonne, et d'un bel effet.) (D.)

SOLES FRITES A L'ALLEMANDE.

Vos soles étant dépouillées et appropriées, enveloppez-les dans un linge, afin d'éponger l'eau, coupez-les par tranches de deux doigts de largeur, assaisonnez-les de sel, poivre, muscade; panez-les avec une omelette où vous aurez mis un peu de beurre fondu; faites-les cuire dans une belle friture, pas trop chaude, car elles deviendraient noires avant d'être cuites; servez sur une serviette, et deux moitiés de citrons. Je préfère cette manière à toute autre, car elle vaut mieux, et est plus facile à distribuer sur table comme plat de rôt. (D.)

SOLES.

Lorsque vos soles sont dépouillées et appropriées, faites de légères incisions dessus et dessous; mettez-les raffermir au sel pendant une demi-heure : faites-les cuire comme les carrelets, faites une maître-d'hôtel à la crème ou au lait seulement : au lieu de persil, mettez-y de la civette hachée. Garnissez de persil : pommes de terre à part. (D.)

SOLES A L'EAU DE SEL.

Mettez une poignée de sel dans l'eau, mettez-la sur le feu; quand elle bouillira, vous y mettrez votre poisson; retirez-le quand vous jugerez qu'il sera cuit, et servez-le avec du persil à l'entour; cette manière convient à tous les poissons de mer.

FILETS DE SOLES EN PAUPIETTES.

Levez les filets de quatre soles, ôtez-en les peaux, et parez-les de manière qu'ils soient bien carrés; assaisonnez de sel et de gros poivre ces filets; étendez-les de leur long, mettez dessus de la farce à quenelles de merlans; vous les roulerez en commençant par la queue; vous leur donnez une forme bien ronde, et les enveloppez dans un papier beurré; vous en faites de même aux autres; vous ficellerez le papier, et les mettrez cuire dans un court-bouillon; lorsqu'ils seront cuits, vous les égoutterez et les dresserez sur le plat; vous leur mettrez une sauce italienne par-dessus.

FILETS DE SOLES EN SALADE.

Vous vous servez de filets comme ceux pour la magnonnaise; vous les laissez entiers, ou bien vous les coupez par morceaux; vous les mettez dans une casserole, puis vous faites un assaisonnement composé de quatre cuillerées à bouche de bon vinaigre, deux cuillerées de gelée fondue, dix cuillerées d'huile, une ravigote hachée, du sel, du gros poivre; vous mêlerez bien le tout, et vous le verserez sur vos filets, que vous sauterez dedans; vous dresserez les morceaux correctement: versez après votre sauce dessus; vous mettrez autour du plat des cœurs de laitues coupés en quatre, et vous décorerez votre salade avec des cornichons. des câpres, des anchois, des croûtons, etc.

SOLES SAUTÉES A LA VIENNET.

Vous coupez la tête et la queue de vos soles, après les avoir vidées et nettoyées; vous les mettez dans votre sautoir; vous les saupoudrez avec un peu de persil haché, et lavé, un peu de ciboules hachées, du sel, du gros poivre, un peu de muscade râpée; vous ferez tiédir un bon morceau de beurre que vous verserez dessus: au moment du service, vous les posez sur un feu ardent; remuez-les, pour qu'elles ne s'attachent pas; dès qu'un côté est cuit, vous les retournez de l'autre; ensuite vous les dressez sur votre plat, et vous les arrosez avec une italienne. (*Voyez* Sauce italienne.)

FILETS DE SOLES EN ASPIC.

Vous préparez vos filets de soles comme ceux dits en Magnonnaise; si vous n'avez pas de gelée de poisson, vous vous servirez d'aspic (*voyez* Aspic); ayez soin que vos morceaux soient égaux: vous mettez de l'aspic fondu dans votre moule, vous le laissez congeler; vous décorez votre gelée avant d'y mettre vos filets, puis vous arrangez vos morceaux bien régulièrement; vous remplissez votre moule d'aspic fondue, mais froide; vous le mettez à la glace ou au froid, pour qu'il prenne. Au moment du service, vous renversez votre moule sur le plat; vous vous servez, pour le détacher, du même procédé que pour l'aspic blanc de volaille.

SOLES EN MATELOTE NORMANDE.

Vous videz et lavez une grosse sole; pour le reste, procédez comme il est indiqué à l'article Turbotin en Matelote normande. (*Voyez* cet article.) (F.)

ORLE DE FILETS DE SOLES.

Levez les peaux de quatre soles, ensuite les filets; parez-les, mettez-les dans un vase de terre mariner, avec deux jus de citrons, sel, gros poivre, un oignon coupé en tranches, et un peu de persil en branches; au bout d'une heure, égouttez vos filets, essuyez-les bien, farinez-les, et faites-les frire d'une belle couleur: égouttez-les; dressez-les sur un plat; saucez d'une sauce tomate ou aspic clair. (*Voyez* Sauce Tomate.) (F.)

FILETS DE SOLES EN TURBANT.

Levez les peaux et les filets de quatre belles soles, parez-les bien égaux; ayez une farce de poisson quelconque, faites un bouchon de pain, posez le bout le plus étroit sur le plat, entourez ce bouchon de bardes de lard, et dressez à l'entour votre farce en talus posez-y vos filets, donnez-leur la forme d'une bande qui enveloppe un turban : si c'est la saison, garnissez le haut de petites truffes que vous aurez tournées de la forme de grosses perles; humectez vos filets avec un peu de beurre fondu et un jus de citron, couvrez le tout de bardes de lard très-minces, et par-dessus, un papier beurré : faites cuire votre turban au four; sa cuisson faite, supprimez-en le bouchon de pain et toutes les bardes de lard; égouttez-le beurre de ce turban, versez dans son puits une bonne italienne, et servez. On peut y mettre un ragoût. (F.)

SOLES FRITES.

Ayez deux soles, videz-les, fendez-les par le dos, trempez-les dans du lait, farinez-les et faites-les frire; égouttez-les, et servez-les avec du persil frit. (F.)

SOLES FRITES.

Vous faites une incision sur le dos des soles, vous les saupoudrez de farine comme tous les autres poissons, et les mettez dans une friture un peu chaude. On peut en ôter la peau, ce qui les rend plus délicates. (F.)

SOLES OU FILETS DE SOLES A LA PROVENÇALE.

Prenez deux belles soles, ou des filets; nettoyez-les bien, fendez-les par le dos, assaisonnez-les de sel, gros poivre, ail, muscade et persil haché; mettez-les sur un plat d'argent, avec de la bonne huile d'olive et un demi-verre de vin blanc; faites-les cuire au four Vous aurez six gros oignons que vous couperez en anneaux, et que vous ferez frire dans de l'huile; lorsqu'ils seront d'une belle couleur, et cuits, égouttez-les, faites-en un cordon autour de vos soles, et servez avec un jus de citron. (F.)

ATELETS DE FILETS DE SOLES.

Vous vous servirez du même procédé indiqué à l'article Atelet de Filets de Merlans. (*Voyez* cet article.) (F.)

SOLES OU FILETS DE SOLES AU GRATIN.

Videz, écaillez et lavez bien une belle sole; fendez-la par le dos, assaisonnez-la de sel, poivre et muscade; mettez-la sur un plat d'argent, avec un morceau de bon beurre, champignons, navets, persil et échalotes; mouillez-la d'un verre de vin blanc; poudrez dessus de la chapelure de pain bien blonde; faites-la cuire au four, ou sous un four de campagne : servez-la avec un jus de citron. (F.)

Pour les filets de soles, levez les filets de plusieurs soles, et servez-vous du même procédé indiqué ci-dessus. (F.)

FILETS DE SOLES HOLLANDAIS.

Prenez huit filets de soles, comme il est indiqué ci-dessus; faites-les cuire à l'eau de sel; égouttez-les, mettez-les sur un plat, avec des pommes de terre à l'eau à l'entour, et du beurre fondu à part. (F.)

FILETS DE SOLES A LA CHEVALIÈRE.

Levez douze beaux filets de soles, ôtez-en les peaux; piquez une rosette sur le milieu de vos filets; sur l'autre côté de chaque filet étalez-y un peu de quenelle de poisson (*voyez* article Quenelle); prenez douze belles écrevisses cuites, retirez-en les petites pattes, et épluchez le bout de la queue; enveloppez chaque écrevisse d'un de vos filets piqués, en observant de laisser le lard de la piquerie sur le dos des écrevisses; faites vos filets dans une marinade au vin: servez, saucé poivrade. (F.)

VOL-AU-VENT, OU GARNITURE DE FILETS DE SOLES.

Levez les filets de plusieurs soles, comme il est indiqué à l'article filets à la Orly; coupez-les en escalopes; faites-les cuire dans un sautoir avec du beurre fondu, un demi-verre de vin blanc, sel et poivre. Si vos soles sont bien fraîches, n'y mettez pas d'aromates. Vos filets étant cuits, égouttez-les, mettez-les dans une bonne béchamel maigre. Servez-vous-en pour un vol-au-vent ou autre garniture. (*Voyez* Béchamel, article Sauce.) (F.)

FILETS DE SOLES A L'ANGLAISE.

Prenez huit filets de soles, comme ci-dessus; panez-les la première fois au beurre, la seconde fois à l'œuf et beurre battus ensemble : faites-les griller au moment de vous en servir; servez-les avec une maître-d'hôtel. (*Voyez* Maître-d'Hôtel.) (F.)

BÉCHAMEL DE FILETS DE SOLES.

(*Voyez* Vol-au-vent de Filets de Soles.) (F.)

LIMANDES SUR LE PLAT.

Vous videz et nettoyez vos limandes, faites fondre sur votre plat un morceau de beurre; vous mettez un peu de muscade râpée; vous arrangez vos limandes sur votre plat; vous ajoutez de l'assaisonnement, vous les arrosez avec un verre de vin blanc ou de l'eau; vous masquez ensuite avec de la chapelure de pain; vous les posez sur le fourneau, un four de campagne par-dessus.

DE L'ÉPERLAN.

L'éperlan est un petit poisson de mer qui se prend dans les rivières. Ceux qui nous viennent à Paris se pêchent du côté de Rouen. Il faut choisir les plus gras sans être crevés : frais, ils doivent être brillants et sentir une odeur de violette ou de concombres.

ÉPERLANS A LA BONNE EAU.

Vous nettoyez vos éperlans, puis avec un pet atelet vous les enfilez par les yeux, au nombre de huit ou dix; vous les mettez dans un vaste plat, quoiqu'un peu creux; vous versez une bonne eau par-dessus; vous rompez des feuilles de persil en quatre ou cinq morceaux; vous prenez un peu de bonne eau, et vous leur faites jeter quelques bouillons; un quart d'heure avant de servir, vous mettez vos éperlans sur le feu : après, vous les ôtez de la bonne eau, et vous les dressez sur le plat; vous versez dessus la bonne eau, dans laquelle y a du persil.

ÉPERLANS POUR RÔT.

Vos éperlans appropriés, séchez-les dans du linge bien propre; cassez trois œufs, moitié moins de beurre tiède; assaisonnez de sel, poivre, muscade; battez bien le tout ensemble; trempez vos poissons un à un, et panez-les dans de la mie de pain bien fine, laissez-les ensuite raffermir : au moment de servir, enfilez-les sur des atelets d'argent; finissez votre opération en les mettant dans une belle friture un peu chaude; servez sur une serviette, et deux moitiés de citron. (D.)

ÉPERLANS FRITS.

Ayez une quantité suffisante d'éperlans; videz-les, écaillez-les; essuyez-les l'un après l'autre; enfilez-les par les yeux avec un atelet d'argent ou brochette; trempez-les dans du lait, farinez-les, faites-les frire; qu'ils soient d'une belle couleur; mettez une serviette sur votre plat, dressez-les dessus, et servez. (F.)

ÉPERLANS.

En nettoyant vos poissons, qui doivent être des plus petits, retirez la tête et la queue; mettez-les dans une passoire bien propre. Au moment de servir, plongez-les dans votre eau de sel bouillante; peu de temps suffit pour leur cuisson. Ce poisson, étant très-petit, se mange tout en entier, sans avoir égard aux arêtes. Servez une sauce au beurre, avec addition de moutarde; garnissez de persil; des pommes de terre à part. (D.)

ÉPERLANS A L'ANGLAISE.

Mettez deux cuillerées d'huile dans une casserole, du sel et du gros poivre, la moitié d'un citron coupé en tranches, dont vous aurez ôté la peau et les pepins; ajoutez-y deux verres de vin blanc, autant d'eau que de vin, faites bouillir cet assaisonnement environ un quart d'heure; mettez-y vos éperlans, après les avoir vidés, écaillés et bien essuyés; faites-les cuire, égouttez-les, saucez-les avec la sauce ci-après indiquée.

Faites blanchir une gousse d'ail, pilez-la avec le dos de votre couteau, mettez-la dans une casserole, avec persil et échalotes hachés, et deux verres de vin de Champagne; faites bouillir votre sauce cinq minutes, ajoutez-y un pain de beurre manié avec de la farine, et un autre sans être manié, du sel, une pincée de gros poivre; faites lier votre sauce : sa cuisson faite, ajoutez-y un jus de citron, goûtez-la, et servez. (F.)

ÉPERLANS AU GRATIN.

(*Voyez* Merlans au gratin, à son article.) (F.)

MAQUEREAUX A LA MAITRE-D'HOTEL.

Trois maquereaux suffisent pour faire une entrée ; vous les videz, et vous leur ôtez les boyaux en fourrant la pointe du couteau dans le trou qu'ils ont au milieu du corps ; vous les essuyez avec un linge mouillé : il faut les fendre du côté du dos depuis la tête jusqu'à la queue ; vous le mettez sur un plat de terre ; joignez-y du sel, du gros poivre, des ciboules, du persil en branches ; vous arrosez les maquereaux avec de l'huile ; une demi-heure avant de servir, vous les mettez sur le gril à un feu très-doux ; vous aurez soin de les retourner : au moment de servir, vous les dressez sur le plat, et leur mettez dans le dos une maître-d'hôtel froide, ou bien vous mettez dans une casserole un morceau de beurre, une cuillerée à bouche de farine, du persil, de la ciboule bien hachée, du sel, du poivre ; vous mêlerez la farine avec l'assaisonnement ; ajoutez-y un demi-verre d'eau, un jus de citron ; mettez votre sauce sur le feu, tournez-la toujours : au premier bouillon, si elle est de bon goût, versez-la sur vos maquereaux.

MAQUEREAUX A L'EAU DE SEL.

Ayez des maquereaux bien frais, videz-les par la tête sans en ôter le foie, essuyez-les bien, fendez-les un peu par le dos, ficelez la tête, mettez du sel dans l'eau ; quand elle bouillira, vous y mettrez les maquereaux ; un bon quart d'heure suffit pour les cuire ; alors retirez-les de l'eau ; vous les égouttez, puis les mettez sur le plat ; masquez-les avec une maître-d'hôtel liée, ou une sauce à la fenouil, une maître-d'hôtel fondue, ou un beurre noir.

SAUTÉ DE FILETS DE MAQUEREAUX.

Levez les filets de vos maquereaux dans leur entier ; vous glisserez votre couteau entre la peau et la chair du maquereau, pour en ôter la peau ; vous parerez vos filets, et vous les mettrez dans un sautoir avec du sel, du gros poivre, du persil, de la ciboule bien hachée ; vous ferez ensuite tiédir un bon morceau de beurre que vous verserez dessus : au moment du service, vous les mettrez sur le feu, vous les remuerez, de crainte qu'ils ne s'attachent ; quand ils sont un peu chauffés d'un côté par quelques bouillons du beurre, vous les retournez soigneusement, pour éviter de les casser ; assurez-vous s'ils sont cuits ; vous les dressez sur le plat ; mettez dans une casserole un bon morceau de beurre, une cuillerée à dégraisser de velouté, trois jaunes d'œufs, le jus de deux citrons, du sel, du gros poivre, une ravigote bien hachée ; tournez toujours votre sauce jusqu'à ce qu'elle soit liée, ne la laissez pas bouillir, parce qu'elle tournerait ; voyez si elle est de bon sel, et versez-la sur vos filets : on peut aussi y mettre une autre sauce, comme italienne, velouté lié, sauce tomate, sauce au beurre, etc.

MAQUEREAUX EN PAPILLOTES.

Prenez trois beaux maquereaux laités, videz-les par les ouïes; faites cuire vos laitances dans une casserole, avec du beurre frais, sel et poivre, et un jus de citron; laissez-les refroidir; maniez avec vos laitances une bonne maître-d'hôtel froide, que vous introduirez dans le ventre de vos maquereaux par les ouïes; emballez chaque maquereau dans une feuille de papier huilée, ficelez-en les deux bouts; faites cuire sur le gril, ou au four: servez-les avec leurs papillotes. (F.)

LAITANCES DE MAQUEREAUX.

Servez-vous du même procédé que pour les laitances de carpes. (*Voyez* cet article.) (F.)

MAQUEREAUX A L'ANGLAISE.

Prenez trois maquereaux de la plus grande fraîcheur, videz-les par l'ouïe, tirez-leur le boyau, ficelez-leur la tête, coupez le petit bout de la queue, et ne leur fendez point le dos; mettez dans une poissonnière une bonne poignée de fenouil vert qui ait sa feuille, et vos maquereaux dessus, mouillez-les d'une légère eau de sel, faites-les cuire à petit feu: leur cuisson faite, tirez votre feuille; égouttez-les, dressez-les sur un plat, saucez-les d'une sauce au fenouil, ou de celle dite aux groseilles à maquereaux. (*Voyez* l'article de ces sauces.) (F.)

MAQUEREAUX A LA FLAMANDE.

Préparez vos maquereaux comme il est indiqué à l'article ci-dessus, sans leur fendre le dos; maniez un morceau de beurre avec échalotes, persil et ciboule hachés, du sel, gros poivre et un jus de citron; remplissez-en le ventre de vos maquereaux; roulez-les chacun dans une feuille de papier beurrée; liez-la fortement par les deux bouts avec de la ficelle; frottez votre papier d'huile; mettez griller vos maquereaux sur un feu doux et égal, environ trois quarts d'heure: leur cuisson faite, ôtez-les du papier, dressez-les sur votre plat; faites tomber sur vos maquereaux le beurre qui peut se trouver dans leur papier, et servez-les avec un jus de citron. (F.)

MAQUEREAUX A L'ITALIENNE.

Ayez quatre maquereaux; videz-les, coupez-leur la tête et la queue; ne les ciselez point; mettez dans une casserole une demi-bouteille de vin blanc, avec quelques tranches d'oignons, zeste de carottes, quelques branches de persil, une demi-feuille de laurier, et du sel en suffisante quantité; faites-les cuire, et, leur cuisson faite, égouttez-les; dressez-les, saucez-les d'une italienne blanche (*voyez* Sauce italienne), et servez. (F.)

MAQUEREAUX AU BEURRE NOIR.

Préparez et faites griller comme ceux à la maître-d'hôtel; leur cuisson faite, dressez-les avec un cordon de persil frit à l'entour, et servez-les avec du beurre noir. (*Voyez* Beurre noir.) (F.)

HARENGS GRILLÉS.

Après avoir vidé et ratissé vos harengs, vous les essuyez bien ; vous mettez du sel, du poivre ; arrosez-les d'huile : un quart d'heure avant de servir, vous les mettez sur le gril, à un feu ardent; ayez soin de les retourner : quand ils sont cuits, vous les dressez sur votre plat, vous faites une sauce au beurre, dans laquelle vous mettez une cuillerée à bouche de moutarde : vous pouvez employer une purée de haricots, ou bien une sauce aux tomates.

MERLANS, SAUCE RAVIGOTE.

Ayez trois beaux merlans sans être déchirés au ventre; nettoyez-les avec précaution; ressuyez-les avec un linge sec et blanc; coupez les nageoires; passez la pointe de votre couteau légèrement le long de l'épine du dos; faites-en autant du côté du ventre : pincez la peau vers la queue, ramenez-la vers les ouïes; faites en sorte de ne pas déchirer les chairs; assaisonnez vos merlans avec sel, poivre et muscade; prenez huit jaunes d'œufs crus, deux onces de beurre tiède, faites chauffer légèrement votre plat où vous aurez mis ces deux articles; battez bien le tout ensemble; panez vivement votre poisson; faites fondre ensuite assez de beurre pour les paner une seconde fois; vous les poserez sur un gril bien propre; faites-les cuire l'espace d'une demi-heure à feu doux; leur couleur doit être celle d'or. Cette entrée est d'un bon goût et plaît à l'œil. (D.)

SAUCE.

Une pincée d'estragon, *idem* de civette, *idem* de cerfeuil; gros poivre; un tiers de verre de vinaigre infusé pendant trois minutes; faites une sauce au beurre; versez votre infusion dedans; laissez un peu refroidir; ajoutez ensuite un vert d'épinard (*voyez* cet article); passez le tout à l'étamine; versez votre sauce sur le plat et non sur les merlans. (D.)

MERLANS A LA BONNE EAU.

Vous videz vos merlans et vous les ratissez; nettoyez-les avec un linge mouillé; vous leur coupez la tête jusqu'au tronc du corps, et la queue un peu en avant; vous les mettez dans une casserole, vous y ajouterez de la racine de persil, ou du persil en feuilles, deux ou trois ciboules entières, une feuille de laurier, du sel et de l'eau; vous les faites mijoter un bon quart d'heure, vous les dressez sur un plat, vous mettez un peu de votre bonne eau dans une casserole; vous rompez plusieurs feuilles de persil, et vous leur faites jeter quelques bouillons dans votre bonne eau; après, vous la versez sur vos merlans.

MERLANS GRILLÉS.

Vous videz et nettoyez vos merlans; vous les ciselez des deux côtés; vous mettez du sel, du gros poivre, de l'huile; une demi-heure avant de servir, vous les posez sur le gril, à un feu un peu ardent; quand ils sont grillés, vous les masquez avec une sauce au beurre, et semez des câpres dessus : vous pouvez aussi y mettre une sauce tomate.

SAUTÉ DE FILETS DE MERLANS.

Vous préparez vos filets comme ceux de maquereaux, et les sautez avec le même assaisonnement; après, vous les dressez sur un plat, vous les masquez avec une sauce italienne. (*Voyez* Sauce italienne.)

PAUPIETTES DE FILETS DE MERLANS.

Vous levez les filets comme pour un sauté, vous les parez de même; du côté de l'intérieur, vous étendez également un peu de farce de poisson, vous roulez votre filet dessus, de manière qu'il forme le baril; vous mettez de cette même farce sur votre plat, et vous arrangez vos filets à l'entour et dans le milieu; couvrez-les ensuite de bardes de lard ou d'un double papier beurré, vous les mettrez au four, ou sur un fourneau, avec un four de campagne par-dessus; une demi-heure suffit pour les cuire; vous les masquez avec une sauce italienne.

QUENELLES DE FILETS DE MERLANS.

Vous vous servez du même procédé que pour faire des quenelles de volailles, à l'exception que vous mettez deux ou trois anchois dans vos chairs de merlans. Les proportions sont les mêmes.

MERLANS FRITS.

Ayez un ou plusieurs merlans; écaillez-les, coupez-en le bout de la queue et les nageoires, videz-les, lavez-les, et remettez-leur les foies dans le corps; ciselez-les des deux côtés, farinez-les, faites-les frire, qu'ils soient fermes et d'une belle couleur; égouttez-les, poudrez-les d'un peu de sel fin; mettez une serviette sur le plat que vous devez servir, dressez-les dessus, et servez. (F.)

MERLANS A LA HOLLANDAISE.

Préparez quatre merlans comme il est indiqué ci-dessus; ficelez-leur la tête, faites-les cuire dans une eau de sel, égouttez-les; dressez-les, et servez-les avec du beurre fondu à part. (F.)

MERLANS AUX FINES HERBES.

Préparez vos merlans comme il est indiqué aux Merlans frits : mettez-les dans un vase creux, dans lequel vous aurez étendu du beurre; poudrez ce beurre de persil et ciboule hachés, un peu de sel, de muscade et de gros poivre; arrangez vos merlans dessus, arrosez-les de beurre fondu, mouillez-les avec du vin blanc; retournez-les lorsque vous les croirez à moitié cuits; leur cuisson faite, versez leur mouillement dans une casserole, sans les ôter de leur plat; ajoutez-y un peu de beurre manié avec de la farine : faites cuire et lier votre sauce, dans laquelle vous exprimerez un jus de citron; saucez vos merlans, et servez-les. (F.)

MERLANS AU GRATIN.

Préparez trois merlans comme il est indiqué ci-dessus; mettez-les sur un plat d'argent, avec des fines herbes cuites ou durcelle (*voyez* Durcelle), et du beurre; assaisonnez de sel, poivre et muscade; poudrez vos merlans de chapelure de pain, arrosez-les de beurre, mouillez-les avec du vin blanc; mettez-les sur un petit fourneau, avec un four de campagne dessus; servez à courte sauce. (F.)

ORLY DE FILETS DE MERLANS.

Prenez six merlans, écaillez-les, videz-les, levez-en les filets, parez-les; faites-les mariner avec du citron, un peu de sel, gros poivre, du persil en branches et de l'oignon coupé en rouelle. Au moment de servir, égouttez vos filets, farinez-les; à cet effet, passez-les dans un linge avec une poignée de farine; ôtez-les et faites-les frire, qu'ils soient fermes et d'une belle couleur; égouttez-les, dressez-les; saucez-les d'une sauce tomate. (*Voyez* sauce tomate.) (F.)

FILETS DE MERLANS AUX TRUFFES.

Levez les filets des six merlans, parez-les, coupez-les en escalopes, c'est-à-dire coupez chaque filet en quatre morceaux; mettez du beurre fondre sur un sautoir, placez vos filets dessus, poudrez-les de sel et gros poivre; versez du beurre fondu dessus, et deux jus de citrons. Au moment de servir, faites sauter vos filets; quand ils seront cuits d'un côté, retournez-les; égouttez-les sur un linge blanc; mettez dans votre sautoir des truffes coupées en lames; faites réduire avec trois cuillerées d'allemande; liez votre sauce avec un morceau de beurre fin; mettez vos filets dans la sauce, mêlez-les légèrement, dressez-les sur un plat garni de croûtons, et servez. (F.)

ATTÉREAUX DE FILETS DE MERLANS.

Levez les filets de huit merlans, comme à l'article précédent; levez-en les peaux sans endommager les chairs; vos filets levés, faites fondre du beurre, mettez-y deux jaunes d'œufs, un peu de sel et de poivre; remuez bien le tout ensemble; trempez vos filets, retirez-les, roulez-les; passez vos atelets en travers, en sorte qu'ils ne puissent se dérouler; mettez quatre filets à chaque atelet, faites fondre légèrement le beurre dans lequel vous avez trempé vos filets, trempez-y vos atelets; mettez sur la table de la mie de pain bien fine, roulez-y légèrement vos filets, afin qu'il n'y reste que ce qu'il faut de mie de pain; mettez-les proprement sur un gril, et, trois quarts d'heure avant de servir, faites-les cuire sur de la cendre rouge; renouvelez souvent cette cendre, sans faire de poussière; retournez-les sur les quatre faces; étant cuits et d'une belle couleur, dressez-les, servez-les avec un aspic clair. (*Voyez* Aspic clair.) (F.)

FILETS DE MERLANS EN TURBAN.

Ayez douze merlans, levez-en les filets et les peaux; parez vos filets d'une égale longueur; pliez-en les chairs qui vous resteront; faites-en une farce à quenelles (*voyez* Quenelles de merlans.) Procédez du reste comme il est indiqué à l'article Filets de soles en turban. (*Voyez* Filets de soles en turban.) (F.)

FILETS DE MERLANS A L'ANGLAISE.

Levez les filets de quatre beaux merlans; parez-les d'égale longueur, assaisonnez-les de sel et poivre, trempez-les dans un peu d'allemande (*voyez* Allemande), panez-les deux fois avec des jaunes d'œufs battus avec du beurre: vous ferez griller vos filets au moment de servir; dressez-les sur un plat avec un aspic clair. (*Voyez* Aspic clair.) (F.)

CONTI DE FILETS DE MERLANS.

Levez et parez huit filets de merlans comme il est indiqué ci-dessus; vous ferez à chaque filet, avec la lame d'un couteau, des incisions obliques, à distance égale, et assez profondes pour y recevoir des demi-cercles de truffes ou de cornichons; faites-les cuire dans un sautoir avec du beurre et du vin blanc, servez-vous-en pour garnir des manchons de poisson. (F.)

PLIES A L'ITALIENNE.

Vous viderez et vous nettoierez vos plies; faites-les cuire dans une bonne eau, ou bien au court-bouillon; vous les dresserez sur votre plat, et vous mettrez dessus une sauce italienne liée, c'est-à-dire vous ajouterez une liaison d'un jaune d'œuf.

PLIES GRILLÉES, SAUCE AUX CÂPRES.

Il faut vider et nettoyer les plies; vous les ciselez, vous mettez du sel, du poivre, de l'huile : une demi-heure avant de servir, vous les posez sur le gril à un feu un peu ardent; quand elles sont cuites, vous les dressez sur le plat, vous les masquez d'une sauce au beurre; semez des câpres dessus. Vous pouvez aussi employer une sauce espagnole, dans laquelle vous mettrez gros comme la moitié d'un œuf de beurre d'anchois, ou une italienne.

GRONDINS A L'ITALIENNE.

Videz et nettoyez les grondins; vous leur ficellerez la tête, vous les mettrez dans une casserole, avec quelques tranches d'oignons, du persil, deux feuilles de laurier, deux clous de girofle, du sel du gros poivre, une ou deux bouteilles de vin blanc. Il faut que votre poisson soit baigné; vous le ferez mijoter un bon quart d'heure; vous l'égouttez et vous le dressez sur le plat, vous mettroz une sauce italienne dessous. Ce poisson a une grosse tête, le corps rouge et effilé.

ROUGET BARBET.

Ce poisson vient rarement frais à Paris; cependant il en arrive quelquefois d'assez bons: la manière de l'accommoder, après l'avoir vidé et écaillé, est de le mariner dans un peu d'huile, de le faire griller, et de le servir avec une sauce au beurre ou sauce à l'huile. (*Voyez* l'article de ces sauces.) (F.)

SAINT-PIERRE, OU POULE DE MER.

C'est un poisson extrêmement plat, et dont la tête est grosse et plate comme le corps; la chair en est fort délicate, et on l'accommode comme le rouget, ou cuit dans une petite eau de sel. (F.)

ÉGLEFIN.

Ce poisson ressemble assez au cabillaud pour sa forme et la blancheur de sa chair; il a, de plus que le cabillaud, une raie le long de chaque côté du corps; il a les yeux plus grands et plus à fleur de tête que le cabillaud, le bec plus pointu; ses écailles sont fines, et sa peau est d'un léger bleu d'ardoise; il s'accommode et se sert généralement comme le cabillaud. (F.)

BAR.

Le bar est un poisson de mer qui ressemble assez à l'églefin, il est plus rouge de corsage; il a l'écaille beaucoup plus large; il y en a de fort gros (ceux-là se servent pour grosse pièce, ou par darnes pour entrées); on le fait cuire au court-bouillon. Quand il est gros, il reçoit généralement les sauces qu'on veut lui donner; les plus petits se servent grillés. (F.)

MULET ET SURMULET.

Ces deux poissons diffèrent peu entre eux; on n'en voit pas d'aussi gros que le bar; leur corps est rond, ainsi que leur tête, qui est un peu camarde; leur chair est fort délicate : on les fait cuire généralement à l'eau de sel, ou grillés. (F.)

LOUBINE.

Ce poisson de mer ressemble assez à la truite; il a les écailles beaucoup plus larges et la chair plus blanche : il se fait cuire à l'eau de sel. (F.)

VIVE.

La vive est un petit poisson de mer, d'un corsage rond, taché de jaune et rayé transversalement; elle est armée, à chaque oreille et sur le dos, d'arêtes piquantes et très-dangereuses, auxquelles on ne saurait trop faire attention. S'il arrivait, en l'apprêtant, qu'on en fût piqué, il faudrait faire saigner long-temps la plaie, et la frotter du foie écrasé de la vive, ou piler un oignon avec du sel, et le délayer avec de l'esprit-de-vin, pour mettre sur la plaie jusqu'à ce qu'elle soit guérie. (F.)

VIVES, SAUCES AUX CAPRES.

Ayez six vives, coupez-en les piquans des ouïes et du dos; videz-es, lavez-les, ciselez-les des deux côtés; mettez-les mariner dans un peu d'huile, avec persil et sel; un quart d'heure avant de servir, mettez-les griller; arrosez-les de leur marinade, faites-les cuire des deux côtés; dressez-les, et servez-les avec une sauce au beurre. (F.

VIVES A LA MAÎTRE-D'HÔTEL.

Préparez et faites griller ces vives comme les précédentes, et servez-les avec une sauce a la maître-d'hôtel. (F.)

VIVES A L'ITALIENNE.

Ayez six vives, videz et préparez-les comme il est indiqué ci-dessus; coupez-leur la tête et la queue : ne ciselez point ; mettez-les dans une casserole avec une demi-bouteille de vin blanc, quelques tranches d'oignons, carottes, persil en branches, une feuille de laurier, et du sel en suffisante quantité ; faites-les cuire, et leur cuisson faite, égouttez-les, dressez-les ; saucez-les d'une italienne blanche. (*Voyez* l'article de cette sauce), et servez. (F.)

VIVES A L'ALLEMANDE.

Préparez six belles vives, comme il est indiqué ci-dessus leur ayant ainsi coupé la tête et les bouts de la queue, lardez-les de filets d'anchois et d'anguilles ; mettez-les dans une casserole avec un morceau de beurre, une demi-bouteille de vin blanc, un peu de basilic, une demi-feuille de laurier, un clou de girofle, persil, oignon et carottes ; faites cuire ainsi vos vives, et leur cuisson faite, passez leur fond au tamis dans une casserole ; ajoutez-y un pain de beurre manié dans un peu de farine ; faites cuire et réduire à consistance de sauce, et au moment de servir, exprimez-y un jus de citron ; égouttez vos vives, dressez-les, saucez-les de cette sauce, et servez. (F.)

BOUILLE A BASSE.

Ayez un merlan, un saint-pierre et un rouget, coupez-les par morceaux ; mettez dans une casserole une gousse d'ail, pilez une pincée de persil haché, avec de bonne huile ; mettez votre casserole un instant sur le feu ; mouillez avec un peu d'eau chaude, et un peu de sel blanc et poivre mettez votre poisson dedans, et faites-le bouillir à grand feu ; ayez des croûtes de pain passées à l'huile, mettez-les sur un plat creux, dressez vos morceaux de poisson dessus, ainsi que la cuisson, et servez. Ce mets se sert comme potage. (F.)

BROCHET.

Employez les mêmes procédés que pour le saumon ; si vous voulez le servir en entier ; vous pouvez également employer le même procédé que pour le cabillaud à l'eau de sel : servez une sauce à l'eau d'anchois, tel qu'il est dit à l'article Saumon : entourez votre poisson de persil. (D.)

BROCHET AU COURT-BOUILLON.

Vous viderez votre brochet sans lui faire d'ouverture, vous ficellerez la tête ; mettez-le dans la poissonnière ; vous verserez le court-bouillon dessus ; vous le ferez mijoter une heure (ou plus, si votre poisson est gros). Si vous le servez pour rôt, vous le laisserez refroidir ; vous arrangerez une serviette sur un plat, vous placerez votre brochet dessus, et du persil à l'entour.

BROCHET, SAUCE A LA PORTUGAISE.

Vous ferez cuire votre poisson dans un court-bouillon ; lorsqu'il sera cuit, vous enlèverez soigneusement les écailles ; vous le mettrez chaud sur votre plat, et vous le masquerez d'une sauce à la portugaise. Vous pouvez aussi employer une sauce au beurre, sauce tomate, sauce indienne ; cela tient au goût.

BROCHETS A L'ALLEMANDE.

Vous videz vos petits brochets, vous les coupez par tronçons, vous les mettez dans une casserole, avec quelques tranches d'oignons, du persil en branches, deux feuilles de laurier, trois ciboules entières, deux clous de girofle, du sel, du gros poivre, une bouteille de vin blanc. Quand votre poisson aura mijoté une demi-heure, vous le retirerez; écaillez-le, vous en ôterez les nageoires; vous mettez vos tronçons dans une casserole, et vous passez du court-bouillon au tamis de soie; vous le versez dessus, et vous les tenez chauds. Au moment de servir, vous les égouttez et les dressez sur votre plat; vous mettrez ensuite un bon morceau de beurre dans une casserole; ajoutez-y une cuillerée de farine; de la muscade râpée, du gros poivre, un demi-verre de court-bouillon; vous mettez votre sauce sur le feu, en la tournant jusqu'à ce qu'elle bouille; vous verserez dans votre sauce une liaison de deux jaunes d'œufs; tournez-la bien, et ne la laissez pas bouillir; vous la passez à l'étamine. Voyez si elle est de bon goût, et masquez-en votre poisson.

SAUTÉ DE FILETS DE BROCHETS.

Vous levez les filets de trois moyens brochets, vous les coupez en carrés un peu longs, et vous les parez; ayez soin qu'ils soient tous de la même grandeur, pour les arranger dans votre sautoir; ajoutez-y du persil et de la ciboule bien hachés; un peu de muscade râpée, du sel, du gros poivre; vous ferez tiédir un bon morceau de beurre que vous verserez sur vos filets. Au moment du service vous les mettrez sur le feu; dès que le beurre bout, vous les retournez. Il ne faut qu'un instant pour les faire cuire; vous poserez votre sautoir en pente, et vos filets sur la hauteur, pour que votre beurre s'en sépare: vous les dressez sur votre plat, et vous mettez une italienne par-dessus.

BROCHET A LA CHAMBORD.

Procédez pour ce brochet comme il est indiqué à l'article Carpes à la Chambord. (F.)

BROCHET A L'ARLEQUINE.

Ayez un gros brochet mortifié; écaillez-le, videz-le par les ouïes; levez-en la peau d'un côté, sans gâter les chairs; de ce côté, piquez-en le quart de filets d'anchois, un autre quart de filets de cornichons, le troisième quart de filets de carottes, et le quatrième de filets de truffes; farcissez-le d'une farce de poisson; mettez-le dans une poissonnière; mouillez-le avec une braise, et observez que les chairs piquées ne trempent pas; mettez-le sur le feu; arrosez-le souvent de son assaisonnement; couvrez-le d'un couvercle de casserole, avec feu dessus: sa cuisson achevée, égouttez-le, mettez dessous une sauce hachée, et servez. (F.)

BROCHET AU RAIFORT.

Videz un brochet, faites-le cuire dans une bonne marinade; étant cuit, égouttez-le, ôtez la peau, dressez-le sur un plat, avec un cordon de raifort râpé : servez à part du beurre fondu.

FILETS DE BROCHET A LA BÉCHAMEL.

Levez les filets d'un brochet de desserte; après lui avoir ôté les peaux, vous coupez vos filets en forme d'escalopes; faites-les chauffer avec un peu d'eau de sel; égouttez votre brochet, mettez-le dans une bonne béchamel maigre : servez-vous-en pour garnir soit vol-au-vent, ou casserole au riz. (*Voyez* Sauce Béchamel.) (F.)

CROQUETTES ET COQUILLES DE BROCHET.

Servez-vous du même procédé que pour le brochet en béchamel. (F.)

BROCHET FRIT.

Fendez-le par le dos comme une carpe, laissez-le au sel pendant deux heures; farinez-le, et faites-le frire. (F.)

GRENADIN DE BROCHET.

Procédez de même qu'il est indiqué à l'article Esturgeon en Fricandeau. (*Voyez* cet article.) (F.)

CÔTELETTES DE BROCHET EN PAPILLOTES.

Apprêtez et levez les chairs d'un brochet, supprimez-en la peau; coupez ces chairs en forme de côtelettes de veau ou de mouton; faites-les cuire dans des fines herbes hachées, de même que pour les côtelettes de veau en papillotes, et procédez en tout comme pour ces côtelettes. (*Voyez* l'article Côtelettes de Veau en Papillotes.) (F.)

SALADE DE BROCHET.

Procédez pour cette salade, comme il est indiqué à la Salade de Volaille. (F.)

CARPE AU BLEU.

Vous viderez votre carpe; faites-y une très-petite ouverture, prenez bien garde d'ôter le limon de votre carpe; vous ficelez la tête; vous la mettrez dans votre poissonnière; vous ferez bouillir une pinte de vin rouge que vous verserez tout bouillant sur votre carpe; vous la ferez baigner entièrement dans le vin; prenez sept ou huit oignons, coupez-les en tranches, quatre carottes, une poignée de persil, six feuilles de laurier, une branche de thym, trois clous de girofle, du sel et du poivre; vous la ferez mijoter une heure (ou plus, si votre carpe est grosse), puis vous la laisserez refroidir vous arrangerez une serviette sur un plat, vous mettrez votre carpe dessus, et du persil à l'entour.

CARPE AU COURT-BOUILLON.

Vous préparez votre carpe comme la précédente; au lieu de vin chaud, faites bouillir du vinaigre que vous verserez dessus : vous ferez un court-bouillon que vous verserez sur votre carpe.

CARPE GRILLÉE, SAUCE AUX CAPRES.

Après avoir vidé et bien écaillé votre carpe, vous la ciselez et vous la mettez sur un plat avec du persil, de la ciboule, du sel, du poivre et de l'huile; trois quarts d'heure avant de servir, vous la posez sur le gril, à un feu un peu ardent; quand elle est grillée, vous la masquez avec une sauce aux câpres.

CARPE A LA CHAMBORD.

Vous videz votre carpe; prenez garde de l'endommager; vous lui remplissez le corps de laitance; levez-lui les écailles, et d'un côté la peau très-superficiellement; vous piquez ce côté de lard fin depuis l'ouïe jusqu'à la queue; vous la mettez dans votre poissonnière, vous la mouillez avec du vin blanc; ajoutez du sel, du poivre, du persil en feuilles, six feuilles de laurier, du thym, des tranches d'oignons, trois clous de girofle; vous couvrez la tête de bardes de lard, et la mettez au four, ou bien vous couvrez votre poissonnière de feuilles d'office; mettez du feu dessus, et la faites mijoter une bonne heure. Au moment de servir, vous l'égouttez et la mettez sur votre plat; dressez à l'entour des quenelles de carpes, ou bien des pigeons à la Gautier, des ris de veau glacés, de petites noix de veau glacées, des écrevisses, des foies gras de volaille, des truffes, des crêtes et des rognons de coqs, etc. Si le mouillage de la carpe n'est pas trop assaisonné, vous le passerez au tamis de soie; vous mettrez dans une casserole deux cuillerées à pot d'espagnole, et deux cuillerées à pot de cuisson de votre carpe: vous ferez réduire votre sauce à moitié; vous mettrez vos petites garnitures dedans, et vous verserez votre sauce autour de la carpe, après l'avoir glacée. (*Voyez* les articles dont vous aurez besoin.)

MATELOTE A LA MARINIÈRE.

Pour faire une bonne matelote, on emploie carpe, anguille, brochet, barbillon; vous écaillez et nettoyez votre poisson; vous le coupez par tronçons; mettez-le dans une casserole ou chaudron, avec de petits oignons passés au beurre, deux feuilles de laurier, un bouquet de persil et ciboule, des champignons, un peu de thym, un peu de quatre épices, du sel et du poivre; vous mettez du vin rouge avec votre poisson, en assez grande quantité pour qu'il baigne dedans; vous placez votre poisson sur un grand feu. Lorsque votre mouillement sera réduit d'un tiers, vous aurez un bon morceau de beurre; vous mettrez une ou deux cuillerées à bouche de farine, que vous mêlerez bien avec votre beurre, et vous le mettrez par petites boules dans votre matelote; vous la remuerez bien, afin que le beurre et la farine lient votre sauce: dressez vos poissons sur votre plat, des croûtes à l'entour, et la sauce par-dessus.

AUTRE MATELOTE.

Vous préparez votre poisson comme il est dit à l'article précédent; vous le mettez dans votre casserole, avec du sel, du poivre, deux feuilles de laurier, du thym, quelques tranches d'oignon, du persil en branches, deux clous de girofle, assez de vin blanc pour que le poisson soit baigné: vous le mettez sur un feu ardent; dès que votre poisson est cuit, vous en passez le bouillon au tamis de soie; changez votre poisson de casserole; parez-le bien : ayez trente ou quarante petits oignons bien épluchés, et de la même grosseur; vous les sauterez dans du beurre, jusqu'à ce qu'ils soient bien blonds; vous les égoutterez sur un tamis, vous ferez un roux à proportion de votre matelote; vous le délaierez avec le vin dans lequel a cuit votre poisson; mettez-y des champignons et de petits oignons : faites réduire votre sauce d'un tiers; vous la dégraissez : voyez si elle est de bon goût. Lorsque vos oignons seront cuits, retirez votre garniture de votre sauce avec une cuillère percée; mettez-la sur votre poisson, et passez dessus votre sauce à l'étamine; vous tiendrez la matelote chaude. Au moment de la servir, vous la dresserez sur votre plat avec des croûtons passés au beurre : garnissez-la d'écrevisses.

MATELOTE VIERGE.

Vous ferez cuire votre poisson avec du vin blanc, comme le dernier; ensuite vous passerez vos petits oignons à blanc dans du beurre; vous y mettrez deux cuillerées à bouche de farine que vous mêlerez avec votre beurre et vos oignons; vous versez le vin dans lequel a cuit votre poisson, et le passez au tamis sur vos oignons; remuez votre sauce jusqu'à ce qu'elle bouille : vous y mettrez des champignons; lorsque votre sauce sera réduite d'un tiers, dégraissez-la, et voyez si elle est d'un bon goût; vous en ôterez avec une cuillère percée les oignons, les champignons, et vous les mettrez sur votre poisson. Si votre sauce est trop longue, faites-la réduire; vous y ajouterez une liaison de cinq jaunes d'œufs (ou plus, si la matelote est forte); ne faites point bouillir votre sauce : quand votre liaison sera dedans, vous la passerez à travers une étamine sur votre poisson. Au moment de servir, vous le dressez sur votre plat, avec des croûtons passés au beurre à l'entour; vous garnirez votre matelote d'écrevisses.

QUENELLES DE CARPE.

Vous levez les chairs de votre carpe, vous les préparez et vous vous servez du même procédé que pour les quenelles de volaille, excepté que vous ajouterez à votre chair de poisson un ou deux anchois.

CARPE A L'ALLEMANDE.

Vous coupez une carpe en morceaux, après l'avoir lavée sans la vider ni ôter les ouïes; vous enlevez seulement le gros boyau; vous mettez vos morceaux dans une casserole ou dans un poêlon, avec du sel, du gros poivre, des quatre épices, des tranches d'oignons, une ou deux bouteilles de bière; il faut que votre poisson baigne dans la sauce; mettez votre casserole sur un grand feu; vous ferez réduire votre sauce assez pour qu'il n'en reste à peu près qu'un verre; servez votre carpe avec son bouillon, sans le lier.

SAUTÉ DE FILETS DE CARPE.

Levez les filets de quatre ou cinq carpes; vous en ôterez la peau; vous les couperez en carrés longs de deux pouces, et larges de neuf lignes; vous les arrangerez sur le sautoir comme il est dit au Sauté de truite ; au moment de servir, vous mettez le sautoir sur un feu un peu ardent; sitôt que le beurre jettera quelques bouillons, vous retournerez les morceaux de l'autre côté, puis vous tâterez avec le doigt s'ils sont cuits; vous les égoutterez, et les dresserez en miroton sur le plat; si vous aviez des carpes laitées, il faudrait les mettre cuire dans du vin blanc, puis les retirer, les égoutter, les mettre dans une espagnole travaillée au vin de Champagne, et vous mettriez ce ragoût dans le milieu de votre sauté.

CARPE FARCIE.

Prenez une belle carpe, levez-en les peaux et les chairs, comme il est indiqué à l'article Quenelles de carpe; supprimez-en la majeure partie de la carcasse, conservez la tête et la queue de la carpe, et laissez environ trois pouces d'arêtes à l'une et a l'autre, selon la grandeur de votre carpe: avec ces chairs et celles de deux autres carpes, faites une farce à quenelles. (*Voyez Quenelles de carpe.*) Prenez un plat de la longueur que vous voulez servir, étendez de cette farce dans le fond, à peu près un doigt et demi d'épaisseur; mettez aux deux extrémités la tête et la queue; faites un salpicon, avec lequel vous remplirez le ventre de votre carpe, ou un ragoût de laitances de carpes, le tout à froid: couvrez ce salpicon de votre farce, donnez à cette farce la forme d'une carpe, même plus grosse et plus longue que celle dont vous avez employé la tête et la queue; faites en sorte que la tête et la queue fassent corps, en les soudant bien avec de la farce, et que le salpicon ne puisse pas pénétrer au-dehors; unissez bien votre farce avec votre couteau trempé dans l'œuf; dorez-la avec deux œufs entiers battus; ayez une cuillère à café, trempez-la dans le reste de votre dorure, et formez par son moyen la pointe de votre carpe; enveloppez la tête et la queue de papier beurré: une heure avant de servir, mettez votre carpe dans un four doux; donnez-lui une belle couleur, ôtez le papier, nettoyez les bords de votre plat; saucez-la soit d'une bonne espagnole réduite, soit d'un ragoût de laitances, de champignons et culs d'artichauts et servez. (F.)

CARPE FRITE.

Prenez une carpe, écaillez-la et lavez-la; fendez-la par le dos, de la tête à la queue; ôtez-en les ouïes, ainsi que la pierre qui se trouve dans la tête; assaisonnez-la de sel, farinez-la et faites-la frire; servez-la avec du persil frit. (F.)

LAITANCES DE CARPES FRITES.

Ayez dix-huit laitances de carpes, supprimez-en les boyaux; mettez ces laitances dégorger dans de l'eau fraîche; changez-les plusieurs fois : lorsqu'elles seront bien blanches, mettez de l'eau dans une casserole, avec un filet de vinaigre et une pincée de sel ; posez-la sur le feu ; et lorsque votre eau bouillira, mettez-y vos laitances ; faites-leur jeter un bouillon, égouttez-les : au moment de servir, trempez-les dans une pâte légère ; faites-les frire d'une belle couleur, égouttez-les ; dressez-les sur votre plat avec du persil frit, et servez. (F.)

CAISSE DE LAITANCES DE CARPES.

Ayez trente laitances de carpes ; supprimez-en les boyaux ; faites-les dégorger et blanchir ; égouttez-les ; mettez un morceau de beurre dans une casserole, avec champignons, persil, échalotes, hachés très-menu, sel, poivre, muscade et épices ; passez ces fines herbes légèrement sur le feu ; prenez garde qu'elles ne roussissent ; ajoutez-y vos laitances, faites-les mijoter un instant dans cet assaisonnement : vous aurez fait une caisse ronde, dans laquelle vous aurez étendu au fond un gratin, soit gras ou maigre ; vous aurez huilé votre caisse ; mettez-la sur le gril ; posez ce gril sur de la cendre chaude ; versez vos laitances dessus votre gratin ; gratinez-les ; faites-leur prendre couleur au four de campagne : au moment de servir, retirez votre caisse, dressez-la et servez-la. Procédez de même pour les laitances de maquereaux et de harengs. (F.)

RAGOUT DE LAITANCES DE CARPES.

(*Voyez* ce ragoût, article Petite sauce.) (F.)

ASPIC DE LAITANCES DE CARPES.

Préparez votre aspic comme il est indiqué à celui de Crêtes et rognons de coqs (article Volaille), et servez-vous, pour la remplir, de laitances de carpes, que vous aurez fait cuire dans un bon assaisonnement. (F.)

CROQUETTES DE LAITANCES DE CARPES.

(*Voyez* Ragoût de laitances de carpes) ; vous vous en servirez pour former des croquettes. (F.)

COQUILLES DE LAITANCES DE CARPES.

(*Voyez* Caisse de laitances.)

Vous pouvez de même garnir, avec des laitances de carpes, des vol-au-vent, ou casserole au riz. (F.)

FRICANDEAU DE CARPES.

Levez les six filets de trois carpes ; ôtez-en les peaux ; piquez-les de lard fin : vous les ferez cuire dans une bonne marinade, de manière qu'ils se trouvent glacés comme un fricandeau : servez-les avec un ragoût de laitances dessous. (F.)

ANGUILLE A LA BROCHE.

Vous mettrez l'anguille sur un fourneau bien ardent : vous la laisserez griller superficiellement, et, avec un torchon, vous ferez couler la peau grillée, en la tirant de la tête à la queue : votre anguille se trouvant dépouillée, et son huile ôtée, vous lui couperez la tête, vous la viderez, et la roulerez comme un cerceau; assujettissez-la avec de petits atelets, ou des brochettes et de la ficelle: vous la mettrez sur une tourtière; vous mettrez un morceau de beurre dans une casserole, des carottes coupées en tranches, des oignons coupés de même, du persil, du laurier, du thym: vous passerez cet assaisonnement. Quand il sera bien revenu, vous le mouillerez avec du vin blanc, du sel, du poivre: laissez-le bouillir une demi-heure; vous le passerez au tamis de soie sur l'anguille, et vous la mettrez au four. Au bout de trois quarts d'heure vous la retirez avec un grand couvercle; vous l'enlevez de dessus la tourtière; mettez-la sur votre plat; vous y mettez une sauce italienne; vous passez des atelets à travers votre anguille, et vous l'assujettissez sur la broche; enveloppez-la de papier huilé. (*Voyez* Sauce italienne, ou Sauce piquante.)

ANGUILLE A LA TARTARE.

Vous dépouillerez votre anguille comme celle à la broche; coupez-la par tronçons de cinq ou six pouces; vous marquez une marinade comme il est dit à la précédente: avant de la mouiller, vous y mettrez un peu de farine, et, lorsque votre sauce sera cuite, vous la passerez à l'étamine sur les morceaux d'anguille, et les ferez cuire: lorsqu'ils seront froids, vous les mettrez dans la mie de pain, puis vous les tremperez dans des œufs assaisonnés et battus; vous les panerez une seconde fois; et, un bon quart d'heure avant de servir, vous mettez vos tronçons sur le gril, à un feu doux, avec un four de campagne bien chaud dessus; ajoutez une sauce à la tartare sur votre plat, et mettez les tronçons dessus.

ROULADE DE FILETS D'ANGUILLE.

Dépouillez une anguille comme il est dit ci-dessus à l'Anguille à la broche; vous lèverez les filets de la tête à la queue; tâchez qu'ils soient bien entiers; assaisonnez-les de sel et de poivre fin; ayez de la farce de carpe, dans laquelle vous ajouterez un anchois bien pilé; étendez cette farce le long du filet, et vous le roulerez de la queue à la tête; vous remplirez les vides, et lui ferez prendre une belle forme; ficelez votre filet pour le contenir dans la cuisson, puis vous en ferez autant aux autres: vous les mettez cuire dans une marinade cuite. (*Voyez* Marinade.) Une demi-heure suffit pour les cuire; alors vous les égouttez, les dressez sur le plat, et mettez un sauté de champignons, ou un ragoût de champignons.

ANGUILLE A LA MAÎTRE-D'HÔTEL.

Dépouillez et appropriez une anguille; coupez-la en tranches et de biais; faites-la cuire à l'eau de sel pendant quatre à cinq minutes; servez une maître-d'hôtel chaude avec une addition de jus de citron, et des pommes de terre à part. (D.)

ANGUILLE AU SOLEIL.

Dépouillez l'anguille comme il est dit à l'Anguille à la broche; vous la couperez en morceaux de huit pouces; vous la ferez cuire dans une marinade cuite. Lorsque vos morceaux le seront assez, vous les mettrez sur un plafond; vous les masquez de marinade; quand ils seront froids, cassez quatre œufs, battez-les bien; mettez du sel, du poivre; vous tremperez les morceaux d'anguille dans les œufs battus; tâchez qu'ils prennent de l'œuf partout, et vous les mettrez dans la mie de pain, puis vous les poserez sur un plafond; voyez qu'ils aient une belle forme : au moment de servir, vous ferez chauffer la friture, et les mettrez dedans; vous les sortirez quand ils auront une belle couleur; égouttez-les sur un linge blanc, puis posez-les sur le plat : versez dessous une sauce piquante (*voyez cette sauce*), ou une sauce tomate.

ANGUILLE A LA POULETTE.

Après avoir dépouillé votre anguille, vous coupez les tronçons de la grandeur de trois pouces, vous les mettrez dans une casserole avec du sel, du gros poivre, deux feuilles de laurier, des branches de persil, de la ciboule, une bouteille de vin blanc; vous mettrez votre anguille sur le feu; quand elle sera cuite, vous parerez les morceaux, et vous les mettrez dans une autre casserole; vous passerez son mouillement au tamis de soie : mettez après un morceau de beurre dans une casserole, vingt petits oignons que vous passez à blanc; ajoutez-y une cuillerée à bouche de farine, que vous mêlez avec votre beurre; vous mettrez votre mouillement avec vos oignons; joignez-y des champignons, un bouquet de persil et ciboule; dès que vos oignons seront cuits, vous les ôterez avec une cuillère percée, et vous les mettrez sur votre anguille : assurez-vous si la sauce est de bon goût, dégraissez-la et laissez-la réduire; si elle est trop longue, vous ferez une liaison de trois jaunes d'œufs; prenez garde qu'elle ne bouille, et passez-la à travers l'étamine sur votre anguille. Au moment de servir, mettez des croûtons passés au beurre dans le fond du plat, dressez dessus votre anguille, couvrez-la de votre garniture, et garnissez-la d'écrevisses.

ANGUILLE PIQUÉE.

Piquez une belle anguille de lard fin, sur la partie du dos; roulez votre anguille, arrêtez-la avec quatre atelets d'argent, mettez-la dans un sautoir; faites-la cuire au four avec une bonne marinade; qu'elle soit bien glacée : servez-la avec une sauce verte ou tomate. (F.)

FRITURE D'ANGUILLE, OU ANGUILLE A L'ANGLAISE.

Levez les filets d'une anguille, désossez-la, coupez vos filets d'égale longueur; mettez-les mariner avec sel, gros poivre et citrons; au moment de servir, égouttez votre anguille, farinez-la, et faites-la frire : dressez-la sur un plat, avec un jus de citron. (F.)

TANCHE A LA POULETTE.

Vous mettez votre tanche une minute dans un chaudron plein d'eau presque bouillante, vous la retirez; avec un couteau vous enlevez son limon et son écaille : coupez-la en morceaux, et faites-la dégorger; vous mettez ensuite du beurre dans une casserole, vous le faites tiédir avec vos morceaux de tanche; vous les sautez dans le beurre; joignez-y une cuillerée à bouche de farine que vous mêlez ensemble; vous mouillez votre ragoût avec une bouteille de vin blanc, du sel, du gros poivre, une feuille de laurier, un bouquet de persil et de ciboule, des petits oignons, des champignons; vous ferez aller votre ragoût un peu vite; dès qu'il sera cuit, vous y mettrez une liaison de trois jaunes d'œufs; vous ôterez la feuille de laurier et le persil; voyez s'il est de bon goût.

TANCHE EN MATELOTE.

(*Voyez* Matelote de Carpe.) (F.)

TANCHE FRITE.

(*Voyez* Carpes frites.) (F.)

BARBILLON SUR LE GRIL.

Après avoir écaillé et vidé votre barbillon, vous le ciselez de même que la carpe, et vous employez la même sauce. (*Voyez* Carpe grillée.)

MOULES AU NATUREL.

Vos moules nettoyées, faites-les cuire à grande eau, et peu de sel; servez-les sans retirer aucune coquille. Pour sauce, faites fondre du beurre, ajoutez un jus de citron, et muscade, un peu de sel; servez le plus chaud possible. (D.)

MOULES CRUES.

Faites en sorte de les avoir bien fraîches; à mesure que vous les ouvrez, trempez-les dans du verjus. (Cette précaution leur retire leur goût d'herbes marines que les huîtres n'ont pas. (D.)

MOULES EN ATELETS.

(*Voyez* Huîtres en atelets.) (D.)

MOULES AU SOLEIL.

(*Voyez* Huîtres, *idem.*) (D.)

MOULES EN MARINADE.

(*Voyez* Huîtres, *idem.*) (Ces trois hors-d'œuvre conviennent beaucoup dans les dîners maigres.) (D.)

MOULES A LA POULETTE.

Après avoir bien ratissé vos moules et les avoir bien lavées, vous les mettez à sec dans une casserole et sur un feu ardent; vous les sautez : à mesure qu'elles s'ouvrent, vous ôtez la coquille, et vous les mettez dans une autre casserole; vous passez l'eau qu'ont produite vos moules au tamis de soie; ensuite vous mettez un bon morceau de beurre dans une casserole, de la ciboule hachée que vous passez dans le beurre; vous mettez votre persil, après vous le passez aussi un peu; vous y joignez une cuillerée à bouche de farine que vous mêlerez avec votre beurre; vous arrosez vos fines herbes avec l'eau des moules, et vous ajoutez un peu de poivre et de muscade râpée : vous ferez jeter quelques bouillons à votre sauce, vous y mettrez une liaison de deux ou trois œufs, selon la quantité de moules, et vous les mettrez dans votre sauce; sautez-les et tenez-les chaudes sans les faire bouillir. Au moment du service, vous y mettez un jus de citron, et vous les dressez sur votre plat.

LAMPROIE.

La lamproie est une espèce d'anguille appelée aussi *sept-œils*, ou *flûte*, parce qu'elle a sept trous de chaque côté; elle est pour l'ordinaire plus grosse que l'anguille; la lamproie de rivière est plus estimée que les autres; choisissez-la grasse, comme l'anguille, et de couleur moins brune. (F.)

MATELOTE DE LAMPROIES.

Prenez deux lamproies; limonez-les dans de l'eau presque bouillante; videz-les, coupez-les par tronçons, mettez le sang à part, supprimez-en la tête et le bout de la queue, comme à l'anguille; prenez une casserole, faites un petit roux; passez-y vos lamproies : mouillez-les avec du vin rouge, ajoutez-y des petits oignons passés au beurre, des champignons, un bouquet assaisonné, et un peu de sel et de poivre; faites-les cuire et dégraisser; au moment de servir, liez votre matelote avec le sang des lamproies; assurez-vous si elles sont d'un bon goût; dressez et servez avec des croûtons et des écrevisses. (F.)

LAMPROIE A LA TARTARE.

Procédez à ce sujet comme il est dit à l'anguille à la tartare, excepté qu'on échaude la lamproie pour la limoner. (F.)

PERCHE.

La perche est un poisson de proie; elle dévore jusqu'à ses enfants. Il faut choisir celle que l'on prend dans les rivières; celle des marais et des étangs est sujette à sentir la bourbe; il faut la choisir grande et grasse. C'est généralement un poisson d'eau douce fort estimé : quoique la chair en soit ferme, elle est d'une facile digestion. Quand elle est d'étang ou de marais, elle est facile à connaître par sa couleur plus rembrunie que celle de la perche de rivière. (F.)

PERCHE A L'EAU DE PERSIL.

Prenez de grosses racines de persil; ratissez-les comme des panais; ayez-en une bonne poignée; faites-les cuire dans une pinte d'eau peu salée. Vos poissons préparés, mouillez-les avec votre eau; n'y mettez pas vos racines; gardes-les pour les mettre au moment sur vos poissons; donnez six à huit minutes d'ébullition. Vous les servirez dans un plat creux : versez leur cuisson dessus; ajoutez vos racines; une sauce au beurre tiède, avec une addition de moutarde commune; servez à part des pommes de terre. (D.)

PERCHES A L'EAU DE SEL.

Prenez autant de belles perches que le besoin l'exige; prenez un linge dans votre main gauche; tenez votre poisson dans cette même main; de la droite, une forte râpe à fromage; faites-la agir à rebours des écailles, de cette manière vous enlevez facilement toute la superficie de vos poissons. Lorsque vous les aurez appropriés, ciselez-les de distance en distance; faites cuire comme il est dit au Cabillaud à l'eau de sel. Vous servirez une sauce sure, telle qu'il est dit à l'article Turbot; garnissez votre poisson de persil et servez des pommes de terre à part. (D.)

PERCHES AU BEURRE.

Videz vos perches, ôtez-en les ouïes, lavez-les, ficelez-en les têtes; mettez-les dans une casserole, avec un oignon coupé en tranches, une carotte, une feuille de laurier, quelques branches de persil, du sel, et mouillez avec de l'eau; faites-les cuire; leur cuisson faite, égouttez-les, levez la peau et les écailles de vos perches, ôtez-en les nageoires, fichez-les au milieu du corps de vos perches, d'espace en espace: tenez-les chaudement dans leur assaisonnement. Lorsque vous voudrez les servir, égouttez-les, dressez-les, et masquez-les avec une sauce au beurre. (*Voyez* Sauce au beurre.) (F.)

PERCHES A LA PLUCHE VERTE.

Procédez à l'égard de ces perches comme il est énoncé pour les précédentes; saucez-les avec une pluche verte. (*Voyez* cette sauce.) (F.)

PERCHES A LA HOLLANDAISE.

Procédez, pour ces perches, comme il est indiqué ci-dessus, et saucez-les avec une sauce hollandaise ou vinaigre. (*Voyez* cette sauce.) (F.)

PERCHES EN MATELOTE

Pour écharder vos perches, il faut avoir une grosse râpe, et frotter vos perches dessus pour en enlever les écailles, ou les échauder; cela fait, videz-les, ôtez-en les ouïes, et lavez-les; coupez-les par tronçons, et procédez comme pour la matelote de carpes. (*Voyez* cette matelote.) (F.)

PERCHES FRITES.

Echardez ou échaudez vos perches; videz-les, ôtez-en les ouïes, lavez-les, ciselez-les des deux côtés, mettez-les mariner avec du sel, un peu d'huile, oignon, persil et jus de citron; égouttez-les; farinez-les, faites-les frire; qu'elles soient fermes et d'une belle couleur, et servez. (F.)

PERCHES AU VIN.

Échardez ou échaudez vos perches; ôtez-en les ouïes, mettez-les dans une casserole, avec moitié vin blanc et moitié bouillon, une feuille de laurier, une gousse d'ail, un bouquet de persil, deux clous de girofle et du sel; faites-les cuire, et leur cuisson achevée, passez le fond au travers d'un tamis; maniez du beurre dans une casserole avec un peu de farine, mouillez-le avec le fond de vos perches, tournez cette sauce jusqu'à ce qu'elle soit liée et cuite; ajoutez-y du gros poivre et un peu de muscade râpée, un morceau de beurre d'anchois gros comme un œuf de pigeon; égouttez vos perches, dressez-les, saucez-les; et servez. (F.)

PERCHES A LA WATERFISCH.

Prenez trois belles perches, videz-les par les ouïes, supprimez-en les œufs, mettez des laitances de carpes en place, ficelez-leur les têtes, mettez-les dans une casserole avec une légère eau de sel, de la racine de persil; coupez en filets du zeste de carottes; coupez de même une pincée de feuilles de persil et une feuille de laurier; faites-les cuire, et leur cuisson faite, levez la peau et les écailles; que vos perches soient bien blanches; ôtez-en les nageoires, et plantez-les de distance en distance sur le corps de vos perches: cela fait, déposez-les dans une autre casserole, passez dessus leur assaisonnement, supprimez-en le laurier, mettez trois cuillerées de velouté dans une casserole, avec un quarteron de beurre, la chair d'un citron coupée en petits dés, sel et gros poivre; ajoutez à cela vos filets de persil et ceux de carotte; faites chauffer le tout, et que votre sauce soit bien liée; égouttez vos perches, dressez-les et masquez-les de votre sauce: si vous n'avez point de velouté, servez-vous de la sauce au beurre, ou simplement de l'eau de la cuisson, et servez. (F.)

PERCHES A LA POLONAISE.

Préparez trois perches comme il est indiqué ci-dessus; quand elles seront cuites et épluchées, ayez une sauce Sainte-Menehould; trempez vos perches dans cette sauce, et panez-les; faites fondre un morceau de beurre, battez-les avec trois jaunes d'œufs, sel et gros poivre; trempez vos perches dedans, et panez-les une seconde fois; posez-les sur un gril un quart d'heure avant de servir, faites-leur prendre une belle couleur des deux côtés, dressez-les sur votre plat, fichez les nageoires de distance en distance sur le corps de vos perches, et servez; saucez d'une sauce tomate (*Voyez* Sauce tomate.) (F.)

TANCHE.

L'on en fait le même emploi que de la perche. (D.)

LOTTE.

La lotte est un poisson beaucoup plus petit que l'anguille; elle se prend dans l'eau douce, qui est son élément; elle est très-estimée pour sa délicatesse; les gourmets font grand cas de son foie; elle est sans écailles, comme l'anguille, et a la tête plus grosse et le ventre plus large ; il y en a peu qui passent quinze pouces de longueur; on ne peut la dépouiller, il faut la limoner. (F.)

GOUJON.

Le goujon est un très-petit poisson d'eau douce, portant des marques sur le dos : vidé et lavé, il fait une excellente friture. (F.)

GOUJONS FRITS.

Employez le même procédé que pour les éperlans frits. (*Voyez* cet article.) (D.)

GOUJONS A L'EAU DE SEL.

Employez le même procédé que pour les éperlans à l'eau de sel. (*Voyez* cet article.) (D.)

HOMARD, LANGOUSTE, CREVETTE ET CHEVRETTE

Le homard est une écrevisse de mer; il y en a d'une grosseur étonnante : on préfère les moyens. Comme ce coquillage nous vient cuit des ports de mer, il est difficile, lorsqu'on n'en a pas une grande habitude, de distinguer les frais d'avec ceux qui ne le sont pas; mais voici comment on en jugera.

Le langouste ne diffère presque en rien du homard; la différence est aux deux grosses pattes, qu'il a beaucoup plus petites.

Pour juger de leur fraicheur : s'ils sont lourds à la main, en raison de leur grosseur, cela indique qu'ils n'ont pas été recuits une seconde ou une troisième fois : prenez la queue par le petit bout; si vous avez de la peine à l'étendre, et qu'elle revienne sur elle-même, c'est une preuve de la fraicheur du homard. Il faut les flairer sur le dos, entre la queue et le corsage, pour s'assurer s'ils n'ont pas mauvaise odeur; s'ils ont toutes les qualités énoncées, vous êtes sûr d'acheter de bons homards.

Il en est de même pour juger des crevettes et des chevrettes. La crevette doit être d'un beau rouge pâle, ne pas être collante au toucher, avoir la queue ferme et une bonne odeur : les plus estimées sont celles qui nous viennent de Rouen.

La chevrette est d'un rouge tirant sur le noir; elle est plus petite et moins estimée que la crevette. (F.)

ÉCREVISSES.

Après avoir bien lavé vos écrevisses, vous les mettez dans une casserole, avec du sel, du poivre, deux feuilles de laurier, des tranches d'oignons, du persil en branches, des ciboules coupées, une bouteille de vin blanc, ou bien de l'eau et du vinaigre; vous les mettrez sur un feu ardent; sautez-les de temps en temps : quand elles auront bouilli un quart d'heure, vous les retirerez du feu, et les laisserez dans leur assaisonnement. Vous les ferez réchauffer quand vous voudrez vous en servir.

ÉCREVISSES A LA CRÈME.

Vous ôterez les petites pattes de vos écrevisses et la coquille de la queue; coupez le bout de la tête et celui des grosses pattes : vous ferez une sauce à la crême, dans laquelle vous râperez un peu de muscade; vous la verserez sur vos écrevisses, que vous ferez un peu mijoter.

ÉCREVISSES EN MATELOTTE.

Prenez la quantité d'écrevisses que vous jugerez convenable pour en faire une matelotte; faites-les cuire au vin; épluchez-les, comme il est dit pour celles à la poulette; mettez-les dans une sauce à matelotte (*voyez* à l'article de cette sauce); dressez vos écrevisses et saucez, mettez à l'entour des croûtons de pain passés au beurre. (F.)

GRENOUILLES.

(*Voyez* article Potage.) (F.)

ESCARGOTS

L'escargot de vignes est le meilleur. Pour les accommoder, il faut mettre de l'eau dans un chaudron, avec une poignée de cendres, lorsqu'elle commencera à bouillir, jetez-y les escargots, laissez-les bouillir un quart d'heure; retirez-les de la coquille, lavez-les à plusieurs eaux, et nettoyez-les le mieux possible; mettez-les bouillir dans une nouvelle eau pendant un quart d'heure; rafraîchissez-les, égouttez-les, passez-les au beurre dans une casserole; accommodez-les, soit en matelotte, à la poulette, ou à la bretonne : l'essentiel est qu'ils soient bien nettoyés. (F.)

CUISSON DES HOMARDS.

Quelquefois sans être près de la mer, on peut avoir des homards vivants. Si vous les avez bien portants, vous pouvez les conserver pendant trois ou quatre jours sans les faire cuire; voici comment : posez-les dans un grand plat bien propre, et au frais; versez-leur une bouteille de bière; lorsqu'ils auront tout bu, versez-en une autre. Voici comme j'ai appris à les faire cuire dans la Hollande : vous ferez une eau de sel, telle que pour le cabillaud; seulement, au lieu de les mettre à l'eau bouillante, mettez-les à l'eau froide; donnez une demi-heure d'ébullition; pendant cette demi-heure, vous tremperez trois ou quatre fois la pelle à feu que vous aurez fait rougir.

Égouttez-les ensuite, humectez un linge avec de la bonne huile; frottez le dessus de vos homards : ce petit travail leur donne un luisant fort joli.

Vous pouvez faire l'emploi du homard tel qu'il est dit à l'article Crevettes. (*Voyez* Crevettes.) (D.)

HOMARD.

Prenez un homard, rompez-en les coquilles; fendez-le sur le dos depuis la tête jusqu'à la queue; ôtez avec une cuillère tout ce qui se trouve dans le corps, pilez-le avec le dos de votre couteau; mettez-le dans un vase de terre, avec une cuillerée à bouche de moutarde, du persil et de l'échalote hachés; mettez-y du sel et gros poivre, et les œufs que souvent on trouve sous la queue; délayez le tout avec de l'huile et du vinaigre, et formez-en une rémolade; cette rémolade faite, goûtez si elle est d'un bon goût, mettez-la dans une saucière, et servez-la à côté de votre homard. (F.)

DES CREVETTES.

Elles se cuisent à peu près de même que les homards, avec cette différence de ne mettre du sel que lorsqu'elles sont égouttées, en ayant soin de bien les sauter afin qu'elles prennent le sel également. (Si vous mettiez du sel en même temps, vous auriez plus de peine à en retirer la chair d'après la coquille.) (D.)

CROUSTADE DE CREVETTES.

Épluchez le quart d'une livre et demie de crevettes; pilez vos épluchures avec un morceau de beurre gros comme un œuf; posez cette purée sur le feu, faites-la chauffer; versez une demi-cuillerée à pot de bouillon; faites faire un bouillon; tordez fortement cette préparation à travers un linge mouillé; enlevez ensuite votre beurre, posez-le dans une casserole; ajoutez deux cuillerées de belle farine; faites-en une béchamel, en ajoutant une chopine de crême et votre fond qui vous a servi à faire votre beurre; faites-la réduire comme pour vol-au-vent à la béchamel de morue (*voyez* cet article) : vous pouvez également en faire une garniture de vol-au-vent. Cette entrée, dans un dîner maigre, fait plaisir, car elle est très-bonne : ayez soin d'assaisonner convenablement. (D.)

CROQUETTE DE CREVETTES.

Lorsque vous avez préparé vos chairs, coupez-les en dés; faites une béchamel bien réduite, incorporez le tout ensemble; assaisonnez d'un peu de sel et de muscade; posez cette préparation sur un couvercle de casserole; lorsqu'elles seront bien raffermies, panez-les comme des croquettes de volailles; faites-les frire de même. (*Voyez* cet article.) (D.)

CREVETTES.

Ayez une livre et demie de crevettes; remplissez le creux de votre plat de quelques herbages qui ne portent pas d'odeur; couvrez-les d'une serviette posée en carré sur votre plat, et de laquelle vous relèverez les quatre coins, pour former un octogone : faites qu'il soit régulier, de manière qu'on ne distingue que le bord de votre plat; mettez une poignée de persil au milieu; dressez vos crevettes à l'entour; formez-en pyramide, et servez. (F.)

HUITRES EN COQUILLES.

Vous faites ouvrir et détacher vos huîtres, et vous les mettez sans coquilles dans une casserole avec leur eau; vous les ferez raidir sans les laisser bouillir; vous préparerez des fines herbes comme pour des côtelettes, des échalotes, persil, champignons lard râpé, huile et beurre, des quatre épices. (*Voyez* Fines Herbes en Papillotes.) Vous mêlerez vos huîtres avec vos fines herbes, et vous les mettrez dans des coquilles bien nettoyées et que vous en remplirez ; vous arrangez de la mie de pain par-dessus ; mettez-les ensuite sur le gril à un feu ardent, un four de campagne par-dessus.

HUITRES EN ATELETS.

Faites ouvrir six douzaines d'huîtres d'une belle grosseur ; blanchissez-les, égouttez-les sur du linge, avec l'eau qu'elles ont rendue, faites une sauce à atelets : assaisonnez de poivre, muscade, un jus de citron et un peu de sel : ayez de beaux champignons tournés et blanchis ; coupez-les en tranches ; incorporez le tout ensemble ; formez vos atelets en piquant alternativement une huître, un champignon ; roulez-les ensuite, afin de leur faire prendre une forme ronde ; cassez quatre ou cinq œufs (blanc et jaune), ajoutez deux onces de beurre tiède ; battez le tout ensemble ; panez de suite vos brochettes et faites-les cuire dans une belle friture bien blonde ; leur couleur doit être celle de l'or. (D.)

HUITRES AU SOLEIL.

Préparez vos huîtres comme il est dit aux Huîtres en atelets (*voyez* cet article) ; seulement que votre sauce soit plus ferme ; incorporez-les dedans ; lorsqu'elles seront froides et raffermies, mettez-les deux à deux ; panez-les dans de l'omelette et un peu de beurre fondu et de sel ; donnez-leur la forme d'une boule aplatie ; faites-les frire comme des croquettes ; dressez de même, avec persil frit au milieu. (D.)

HUITRES EN MARINADE.

Faites blanchir vos huîtres, posez-les entre deux linges bien propres et bien secs l'espace d'une demi-heure ; marinez-les ensuite avec un jus de citron, sel, poivre, muscade ; ayez une belle pâte à frire. (*Voyez* cet article) ; servez-vous d'une belle friture ; prenez garde à vos yeux, car il est dangereux d'être en sécurité auprès de cette opération. (D.)

HUITRES SUR LE GRIL.

Prenez deux douzaines d'huîtres ; séparez les coquilles, mettez-les dans une casserole ; faites-les blanchir dans leur eau ; supprimez cette eau, mettez un morceau de beurre avec vos huîtres, une pincée de persil, d'échalotes hachées, une pincée de gros poivre, sautez-les sans les laisser bouillir ; mettez-les dans leur propre coquille, avec un jus de citron, et panez-les avec de la chapelure : posez-les sur le gril ; sitôt qu'elles bouilliront dans leurs coquilles, retirez-les, et servez-les. (F.)

HUITRES EN RAGOUT.

(*Voyez* l'article Sauce aux Huîtres.) (F.)

HARENGS PECS.

On ne les sert généralement que pour hors-d'œuvre dans les bonnes tables ; dans le carême, on fait griller les harengs pecs, et on les masque soit d'une purée de pois, soit de toute autre purée, ou d'une sauce au beurre. (F.)

HARENGS SECS POUR HORS-D'ŒUVRE.

Prenez six harengs, lavez-les; coupez-leur la tête et le petit bout de la queue; levez-en la peau; supprimez leurs nageoires; mettez-les dessaler dans moitié lait et moitié eau; lorsqu'ils le seront à leur point, égouttez-les; dressez-les sur votre assiette, avec des tranches d'oignons et de pommes de rainette crues; servez un huilier à côté. (F.)

HARENGS SAURETS.

Prenez six de ces harengs, essuyez-les; coupez-leur la tête et le bout de la queue; fendez-leur le dos de la tête à la queue; couvrez-les, mettez-les sur un plat de terre, arrosez-les d'huile: à l'instant de servir mettez-les sur un gril, retournez-les. J'observe qu'on ne doit les laisser qu'un instant sur le feu; cela fait, retirez-les, dressez-les sur une assiette, et servez-les. (F.)

ANCHOIS.

Prenez six anchois, lavez-les bien, levez-en les filets, coupez-les en quatre autres filets; décorez-les sur une assiette avec de la ravigote hachée, des blancs et des jaunes d'œufs durs hachés aussi: arrosez-les d'huile, et servez. (F.)

SARDINES SALÉES.

Se préparent de même que les anchois. (F.)

SARDINES FRAICHES.

Ayez deux douzaines de sardines fraiches, essuyez-les bien; farinez-les, et faites-les frire dans du beurre clarifié; égouttez-les, et servez. (F.)

PRÉPARATION DE LA TORTUE.

Renversez votre tortue sur le dos; se trouvant gênée dans cette position, saisissez le moment où elle allonge le cou; appuyez fortement votre pouce de la main gauche sur la mâchoire inférieure; ayez votre couteau bien affilé; d'un seul coup vous devez en détacher la tête; pendez-le ensuite pendant cinq à six heures; après ce temps, renversez-la encore une seconde fois sur le dos, introduisez la lame d'un fort couteau entre l'écaille du ventre et celle du dos, vous trouverez facilement cette ligne; ayez soin, pendant cette opération, de ne pas crever le fiel, ce qui arriverait si vous introduisiez votre couteau trop avant; retirez ensuite les intestins, gardez le foie seulement; le limon transparent que vous trouverez dedans n'est bon à rien; vous trouverez deux morceaux de chair que je compare avec raison à deux noix de veau, tant au goût qu'à la blancheur; détachez vos membranes et le cou; employez le même procédé pour nettoyer cette sorte d'abattis qu'à l'article Ailerons de dindon en haricots. (Voyez cet article.) (D.)

AUTRE MANIÈRE DE PRÉPARER UNE TORTUE.

Ayez une tortue, pendez-la du côté de la queue; ayez un fer rouge; présentez-le du côté de la queue : aussitôt que la tête paraîtra assez pour la couper, coupez-la avec un grand couteau, et laissez-la saigner pendant douze heures. (F.)

DE LA PATISSERIE.

« La pâtisserie, dit le célèbre Carême, est certainement la partie la plus longue, la plus brillante et la plus difficile de toutes celles qui composent notre grande cuisine nationale. »

Cet art délicieux est presque aussi ancien que le monde; dans la plus haute antiquité, on le voit faire les délices des peuples les plus sensuels de l'Asie; mais c'est seulement depuis vingt-cinq ans qu'il a atteint un degré de perfection si élevé, qu'il semble désormais n'avoir plus de progrès à faire. Nous n'avons donc ici qu'un but facile à atteindre, celui de tenir notre ouvrage au niveau de la science dans cette nouvelle édition; assurés d'avance que nos recettes auront dès ce jour l'avantage de ne pas vieillir.

PATE A DRESSER.

Vous mettez deux litrons de farine sur une table; vous ferez un creux dans le milieu; ajoutez-y une demi-once de sel, trois quarterons de beurre, six jaunes d'œufs, un verre d'eau; vous manierez le beurre avec l'eau, les œufs et le sel. Ayez soin que le beurre soit bien maniable; vous mêlerez votre farine petit à petit, et vous mettrez le tout ensemble. Quand votre pâte sera assemblée, vous la foulerez avec vos poings jusqu'à ce qu'elle soit bien pétrie : s'il n'y avait pas assez de mouillement il faudrait en remettre; lorsque vous aurez bien foulé deux fois votre pâte, c'est assez, parce que, si elle l'était davantage, vous risqueriez de la brûler; surtout en été, la pâte ne serait plus liée, et elle se casserait en la dressant. Si vous voulez en faire une plus grande quantité, il faut, pour six livres de farine, trois livres de beurre, deux onces de sel et dix jaunes d'œufs; que votre pâte soit bien ferme; afin de ne pas vous laisser surprendre, vous mettrez un verre d'eau en plusieurs fois. Si vous employez cette pâte pour des tourtes, vous la ferez plus molle.

PATE BRISÉE.

Vous préparez trois livres de farine sur votre tour à pâte; vous faites un creux dans le milieu, vous y mettez une once de sel fin, deux livres de beurre, six œufs entiers, trois verres d'eau; vous manierez votre beurre avec les œufs, le sel et l'eau : mettez votre farine avec le beurre; vous assemblerez votre pâte sans la fouler, et vous lui donnerez quatre tours, comme il est expliqué au feuilletage. Cette pâte sert à faire des gâteaux de plomb et autres abaisses.

FEUILLETAGE.

Vous mettrez deux litrons de farine sur votre tour à pâte; vous faites un trou dans le milieu, vous employez une demi-once de sel, un morceau de beurre de la grosseur d'un œuf, deux blancs d'œufs, deux verres d'eau : vous assemblerez votre pâte. Il faut qu'elle soit aussi ferme que le beurre; vous la laisserez reposer une demi-heure; vous prendrez ensuite une livre de beurre : s'il était trop ferme, vous le manieriez; vous aplatissez votre pâte à feuilletage, et vous y mettez le beurre : vous rebroussez la pâte sur le beurre, afin qu'il se trouve bien enveloppé : laissez-le reposer un moment; vous lui donnerez deux tours, c'est-à-dire qu'avec un rouleau vous le pèserez sur la pâte, en le promenant toujours jusqu'à ce que votre feuilletage ne soit plus que d'un demi-pouce d'épaisseur partout : vous le pliez en trois, c'est-à-dire que le morceau long est plié une partie jusqu'aux deux tiers, et l'autre tiers par-dessus les deux autres; alors vous le tournez sur son large, et vous l'allongez comme au premier tour : faites de même, et laissez-le reposer; lorsque votre feu est dans le four, vous donnez encore trois tours à votre feuilletage, vous le coupez, et vous lui faites prendre la forme que vous voulez; dès que vos abaisses sont faites, vous y mettez des amandes, des pistaches amalgamées avec du sucre, des confitures, de la frangipane, de la marmelade, etc.; vous prenez des coupe-pâte, ou bien un couteau, pour façonner votre feuilletage; il doit être de huit livres, parce qu'à une livre pour deux litrons, cela fait huit pour le boisseau : on ne peut pas mettre plus de douze livres de beurre dans un boisseau, ou bien il faudrait lui donner sept tours. On peut faire du feuilletage à quatre, six, huit, dix et douze livres; plus il y a de beurre dans un boisseau, plus il faut lui donner de tours. Le but est de bien amalgamer le beurre avec la pâte, ce qui produit le feuilletage économique, qui n'est pas très-bon; quatre tours lui suffisent : celui à six livres, quatre tours et demi; celui à huit, cinq tours; celui à dix livres, six tours; celui à douze livres, sept tours.

PATÉ FROID.

Prenez six livres de pâte à dresser (*voyez* Pâté chaud); vous la dresserez de même, ou bien lorsque votre pâte sera abaissée, vous déciderez la grandeur du fond; vous le couvrirez de bardes de lard, et vous mettrez la farce par-dessus : il faut que le rond soit bien correct; vous placerez ensuite la viande sur votre farce; mettez-y du sel, du poivre, des aromates pilés, un peu de quatre épices; vous couvrirez et remplirez les vides de la viande avec votre farce; vous l'envelopperez de bardes de lard; vous ferez monter votre pâte; donnez-lui une forme agréable en la décorant, couvrez ensuite le pâté avec de la pâte : vous décorez le couvercle et vous le dorez. Il faut que votre four soit bien atteint et un peu chaud; vous y mettrez le pâté; prenez garde qu'il ne prenne trop de couleur. Faites revenir la viande, désossée ou non, sur le feu, dans une casserole, avant de la mettre en pâté ; puis vous y jetterez un bon morceau de beurre : lorsqu'elle sera bien raidie, vous la mettrez refroidir pour faire la farce du pâté. Sur deux livres de viande, vous mettrez trois livres de lard, le tout bien haché ensemble, du sel, du gros poivre, des aromates pilés, un peu de quatre épices.

CROUTE DE PATE CHAUD.

Vous prendrez deux livres de pâte à dresser ; vous la moulerez u l'assemblerez en lui donnant une forme bien ronde, vous l'abaisserez bien également avec le rouleau ; vous prendrez trois pouces de pâte sur le bord, vous repousserez entre vos doigts la pâte sur elle-même ; évitez de faire des plis, et mettez votre pâte à la hauteur que vous jugez nécessaire, et de la grandeur d'un plat d'entrée ; vous le garnirez, si vous voulez, de ce que vous destinez à mettre dedans, soit du lapereau, des mauviettes, etc. Autrement vous remplirez de farine l'intérieur du pâté, vous le couvrirez et décorerez ; dorez-le avec un pinceau de plume et un œuf cassé et battu ; vous le mettez au four chaud. Ayez soin qu'il ne prenne pas trop de couleur : quand il sera cuit, vous le viderez, et vous ôterez la pâte qui se trouve dans l'intérieur ; ajoutez, un ragoût. Si vous voulez faire une croûte à soufflé, servez-vous du même procédé, et mettez votre soufflé dans votre croûte. Si vous voulez faire un flan, vous élèverez moins les bords de votre croûte.

FEUILLETAGE AU SAINDOUX.

Mettez sur le tour un litron de farine, formez-en une fontaine en faisant un trou au milieu ; mettez-y un quart d'once de sel fin, un œuf entier, de l'eau, un quarteron de saindoux, et détrempez cette pâte comme celle de feuilletage ; laissez-la reposer deux heures ; abaissez-la bien mince, et chaque fois dorez votre abaisse avec vos trois quarterons de saindoux à moitié fondu, jusqu'à ce qu'ils soient employés ; laissez-le reposer, donnez-lui quatre tours et demi. Faites avec ce feuilletage tout ce que vous pourriez faire avec le feuilletage au beurre. (F.)

FEUILLETAGE A LA GRAISSE DE BOEUF.

Prenez une demi-livre de graisse de rognon de bœuf, autant de celle de veau, épluchez-la bien, mettez-la dans un mortier, pilez-la, passez-la au tamis à quenelle, maniez-la bien dans de l'eau fraiche, épongez-la dans un linge blanc ; détrempez un litron de farine comme il est indiqué à l'article Feuilletage, et procédez en tout de même, en vous servant de cette graisse en place de beurre. (F.)

FEUILLETAGE A L'HUILE.

Ayez un litron de farine, mettez-le sur le tour, formez-en une fontaine en faisant un trou au milieu ; mettez un tas de sel, un œuf entier, de l'eau et un quarteron d'huile, et détrempez cette pâte comme celle de feuilletage; laissez-la reposer deux heures; abaissez-la bien mince, et chaque fois dorez votre abaisse avec le reste de vos trois quarterons d'huile, jusqu'à ce qu'ils soient employés : servez-vous de ce feuilletage pour toutes vos pâtisseries maigres. (F.)

PETITS PATÉS A LA REINE.

Après avoir donné six tours à votre feuilletage, vous ferez une abaisse de deux lignes, et vous en couperez douze ronds avec un coupe-pâte uni, ou goudronné, si vous l'aimez mieux; vous les dorerez; ensuite vous tremperez dans l'eau bouillante un coupe-pâte rond, beaucoup plus petit que le premier, et le poserez sur les abaisses que vous avez mises sur un plafond, et le ferez entrer aux deux tiers de la pâte, afin que, quand elles seront cuites, vous puissiez en ôter l'intérieur : au moment de servir, vous y mettrez un hachis de volaille. (*Voyez* Hachis de volaille.)

BOUCHÉES A LA PURÉE DE PERDREAUX.

Préparez les abaisses comme il est dit aux petits Pâtés à la reine; ayez soin qu'elles soient moitié plus petites, et la forme de même; au moment de servir, mettez-y la purée de perdreaux. (*Voyez* Purée de perdreaux.)

RISSOLES A LA PURÉE DE PERDREAUX.

Ayez des rognures de feuilletage abaissées, bien fines; coupez votre abaisse en bande longue et large de cinq doigts; avec le pinceau trempé dans l'eau, mouillez cette abaisse; mettez par petits tas de la purée de perdreaux, et vous replierez l'abaisse par-dessus; appuyez bien les bords, pour que la purée ne sorte pas; coupez-les au couteau à la Videlle, ou au coupe-pâté; il faut leur donner la forme d'un demi-cercle : au moment de servir, posez-les dans une friture un peu chaude. Il faut peu de temps pour les frire : dressez-les en buisson sur le plat. (*Voyez* Purée de perdreaux.)

PETITS PATÉS AU JUS.

Ayez un morceau de pâte brisée gros comme le poing (*voyez* Pâte brisée); abaissez-la avec un rouleau; qu'elle soit de l'épaisseur d'une ligne, que vous couperez avec un coupe-pâte rond et peu grand; vous ferez entrer vos abaisses le mieux que vous pourrez dans de petites timbales de cuivre, le plus unies possible; mettez dedans une forte boulette de godiveau, et couvrez-la d'un couvercle à petits pâtés; dorez-les et mettez-les au four. Quand ils sont cuits, vous les sortez du moule; vous coupez le godiveau en plusieurs morceaux, vous y versez une sauce espagnole, ou un jus dans lequel il y aura des champignons coupés en dés : vous ne les saucez qu'au moment de servir.

PETITS PATÉS EN SALPICON.

Préparez sept timbales, comme il est dit aux petits pâtés au jus; remplissez-les de pâte ou farine, afin de faire cuire les timbales seulement; quand elles le seront, retirez-les du four; videz-les; au moment de servir, vous y mettrez votre salpicon. Il est composé de truffes, champignons, foies gras, crêtes et rognons de coqs, le tout coupé en petits dés, et une bonne espagnole travaillée par-dessus : tenez ce ragoût prêt d'avance.

PETITS PATÉS AUX HUITRES.

Préparez les timbales de même que pour le salpicon; quand vos huîtres seront cuites, ôtez-en les bardes qui se trouvent à l'entour. Si elles sont grosses, coupez-les en deux; si elles sont petites, laissez-les entières; mettez-les dans une béchamel; si vous n'en avez pas, mettez un morceau de beurre gros comme deux œufs dans une casserole, une petite cuillerée de farine, du gros poivre; mêlez le tout ensemble; vous y verserez l'eau des huîtres, et la tournerez sur le feu; si elle était trop épaisse, vous y mettriez un peu de la même eau; mettez vos huîtres dedans, et une liaison de deux ou trois œufs.

PETITS PATÉS AU HOMARD.

Préparez vos timbales comme il est dit ci-dessus; prenez deux queues de homards cuits; coupez les chairs en petites blanquettes, mettez-les dans une béchamel, et au moment de servir, dans vos timbales. Si vous n'avez pas de sauce, vous en préparez une comme celle dite aux huîtres, dans laquelle vous mettrez un peu d'essence d'anchois. S'il y a des œufs dans les queues, vous les pilerez; vous y mettrez un petit morceau de beurre, que vous passerez au tamis de crin, et incorporerez ce beurre rouge dans votre sauce, en la remuant bien; voyez si elle est d'un bon sel.

PETITS PATÉS AU NATUREL.

Quand vous aurez donné deux tours au feuilletage, comme il est dit à l'article Feuilletage, vous en couperez un morceau auquel vous donnerez encore deux tours bien fins, c'est-à-dire bien minces; après, vous l'abaisserez pour qu'il n'ait qu'une ligne et demie d'épais; coupez-le avec un coupe-pâte rond, mettez-en une douzaine sur un plafond, et dans chaque rond vous mettrez un morceau de godiveau gros comme la moitié d'une noix, auquel vous aurez ajouté un peu de persil et ciboule hachés bien fin (*voyez* Godiveau); vous les couvrirez d'un rond pareil à celui de dessous, puis les dorerez, c'est-à-dire avec un petit pinceau de plume trempé dans un œuf battu en barbouiller le dessus à l'instant de les mettre au four. Il ne faut faire ces petits pâtés qu'au moment de les mettre au four, et une demi-heure avant de dîner.

PATÉS ANGLAIS A LA BOURGEOISE.

Mettez de la farine sur une table; vous y ferez un trou; mettez du sel, cassez deux œufs, ou n'en mettez pas; versez un verre d'eau, un morceau de beurre; mêlez le tout ensemble. Quand la pâte sera assemblée, vous abaisserez votre pâte à trois reprises; cela fini, coupez-en un morceau que vous aplatirez de l'épaisseur de trois lignes, coupez-en une bande ou plusieurs; vous mouillerez les bords d'un plat creux, et les assujettirez dessus; alors vous aurez un lapin que vous couperez en morceaux, et les mettrez dans le plat; assaisonnez-les de sel, de poivre, de thym, de laurier, persil et ciboules hachés; mettez-y un morceau de beurre ou de bonne graisse; faites un couvercle avec la pâte qui vous reste, mouillez avec le pinceau les bords qui doivent recevoir le couvercle, et posez-le dessus en appuyant sur les bords; dorez-le avec un pinceau et de l'œuf: mettez-le au four, ou envoyez-le au four: une heure suffit pour le cuire. Au lieu de lapin, vous pouvez y mettre des tranches de bœuf ou de veau, etc.

TOURTE A L'ANGLAISE, A LA BOURGEOISE.

Servez-vous du même procédé que celui du pâté à l'anglaise pour le plat et la pâte; vous mettrez dans votre plat, soit cerises, groseilles vertes à maquereaux, prunes, abricots, poires ou pommes que vous couperez en morceaux; vous y mettrez du sucre en poudre, et le couvrirez de votre pâte; vous le dorerez avec un peu de blanc d'œuf, et mettrez par-dessus du sucre concassé: vous le mettrez au four, ou l'enverrez cuire chez le pâtissier.

PETITS PATÉS A LA BÉCHAMEL.

Faites une abaisse de rognures de feuilletage; foncez-en de petits moules à darioles (*voyez* l'article Dariole); remplissez-les de farine ou de pâte, faites-les cuire à four très-chaud. Pour leurs couvercles, ayez un morceau de feuilletage beurré à dix livres, auquel vous aurez donné six tours; mouillez toujours votre feuilletage au dernier tour; pour cela, servez-vous d'un coupe-pâte goudronné un peu plus grand que vos moules; posez vos couvercles sur un plafond; mouillez-les, dorez-les, et posez un petit losange sur le milieu de votre couvercle bien appuyé; dorez-les, faites-les cuire d'une belle couleur; vos croustades cuites, videz-les, grattez-en les bords, dorez-les à l'entour légèrement; mettez-les un instant sécher à la bouche du four; retirez-les; mettez-les sur un plat avec leurs couvercles bien nettoyés; servez-vous-en pour des petits pâtés à la béchamel, au salpicon, à la baraquine, au jus, à la nesle, et de toute autre garniture que vous désirerez. (*Voyez* article Volaille.) (F.)

PETITS PATÉS A L'ESPAGNOLE.

Ayez du feuilletage à cinq tours, coupez-le par bandes de la grosseur d'une plume, roulez ces bandes, foncez-en quinze moules à tartelettes en forme de colimaçon; remplissez-les de quenelle de volaille ou de gibier, dans lequel vous aurez mis des champignons et des truffes hachés; recouvrez-les de même qu'ils ont été foncés, en forme de colimaçon; faites-les cuire à four chaud; leur cuisson faite, levez le couvercle de chacun, retirez un peu de pâte avec une cuillère du dedans de chaque couvercle: cela fait, saucez-les d'une bonne espagnole réduite; dressez-les, et servez. (F.)

VOL-AU-VENT ET PETITS VOL-AU-VENT.

Faites un litron de feuilletage, comme il est indiqué ; beurrez-le à dix livres, donnez-lui cinq tours et demi. Si c'est pour des petits vol-au-vent, donnez-lui six tours; abaissez-le de la grandeur du plat que vous voulez servir, prenez un couvercle de casserole de la grandeur du fond de ce plat, mettez une abaisse bien mince de pâte brisée sur un plafond, mouillez-la, posez votre morceau de feuilletage dessus, appuyez-le avec le rouleau bien également, posez votre couvercle dessus, coupez votre vol-au-vent, dorez-le, cernez-en le couvercle à un pouce et demi du bord; faites avec votre couteau le dessin qu'il vous plaira, tant sur la bande que sur le couvercle; mettez-le cuire au four; sa cuisson faite, levez-en le couvercle, ôtez la mie qui s'y trouve, ainsi que dans le vol-au-vent, et servez-vous-en pour entrées ou pour entremets. Si c'est pour entrées, mettez-y soit un ragoût à la Toulouse, soit des filets de turbot à la crème, ou tel autre ragoût qu'il vous plaira; si c'est pour entremets, mettez-y soit des légumes, soit des compotes, soit des soufflés: procédez de même pour les petits vol-au-vent. (F.)

VOL-AU-VENT DE TURBOT.

[*Voyez* Béchamel de turbot.] (F.)

VOL-AU-VENT DE MORUE.

[*Voyez* Béchamel de morue.] (F.)

VOL-AU-VENT DE SAUMON.

[*Voyez* Béchamel de Saumon.] (F.)

VOL-AU-VENT DE CABILLAUD.

[*Voyez* Béchamel de cabillaud.] (F.)

VOL-AU-VENT A LA FINANCIÈRE.

[*Voyez* Ragoût à la financière.] (F.)

VOL-AU-VENT A LA TOULOUSE.

[*Voyez* Ragoût à la Toulouse.] (F.)

VOL-AU-VENT DE MACARONI.

[*Voyez* Timbale au macaroni.] (F.)

VOL-AU-VENT A LA MACÉDOINE.

[*Voyez* Macédoine de légumes.] (F.)

VOL-AU-VENT A LA NESLE.

[*Voyez* Ragoût à la Nesle.] (F.)

VOL-AU-VENT, PURÉE DE GIBIER.

[*Voyez* Casseroles au riz, garnies de purée de gibier.] (F.)

PATÉ CHAUD A LA CIBOULETTE.

Prenez une livre de pâte à dresser, moulez-la, formez en un pâte de la hauteur de quatre doigts, remplissez-le de farce à la ciboulette (*voyez* Farce à la ciboulette, article Petite sauce); faites une seconde abaisse; formez-en un couvercle, soudez-les, rognez le bord de la pâte, pincez votre pâté, recouvrez-le d'un faux couvercle de feuilletage, que vous découperez et goudronnerez; dorez-le et mettez-le au four. Sa cuisson faite, levez-en le couvercle, dégraissez votre pâté, coupez-en la face en losange, sans la retirer, saucez-le d'une bonne espagnole réduite, ajoutez-y un jus de citron, recouvrez-le de son couvercle, et servez de suite les petits pâtés à la ciboulette : foncez-les dans les moules à dariole, et procédez de même que ci-dessus. (F.)

TOURTE D'ENTRÉE DE GODIVEAU.

Moulez un morceau de pâte brisée, abaissez-la de la grandeur d'un plat d'entrée, mettez votre abaisse sur une tourtière de même grandeur, étendez une pincée de godiveau au milieu de votre abaisse, posez dessus une bonne pincée de champignons, passez et égouttez (*voyez* à ce sujet l'article Sauce), mettez quelques culs d'artichauts coupés en quatre ou six; ayez du godiveau (*voyez* Godiveau); roulez-en des andouillettes de la grosseur que vous le jugerez convenable; mettez-en au-dessus de vos garnitures et tout à l'entour, en sorte que le tout forme un dôme un peu aplati; faites une seconde abaisse un peu plus grande que la première, mouillez le bord de la première, posez la seconde dessus, pour en former le couvercle; soudez les deux ensemble; videz les bords, mouillez votre tourte, mettez un faux couvercle de feuilletage découpé, dorez-la, mettez-la cuire au four; sa cuisson faite, levez-en le couvercle, dressez-la, saucez-la d'une bonne espagnole réduite, et servez-la. Autrement, vous pouvez vider votre tourte dans une casserole, pour faire jeter un bouillon à sa garniture dans l'espagnole que vous aurez soin de dégraisser; dressez votre tourte, remplissez-la de sa garniture, et servez. Employez le même procédé à l'égard des tourtes de différents ragoûts. (F.)

PATÉ DE PIGEONS A L'ANGLAISE.

Ayez trois pigeons, épluchez-les, videz-les, flambez-les, coupez-leur les pattes, le cou et les ailerons; mettez-les dans une casserole avec leurs abatis, tels que foies, gésiers, têtes, ailerons (excepté les pattes); ajoutez-y un bouquet assaisonné de sel, gros poivre, une petite pincée de basilic, petit lard coupé en lames, et un morceau de beurre; mouillez le tout avec un peu de bouillon; faites cuire vos pigeons un peu plus qu'aux trois quarts; retirez-les du feu, laissez-les refroidir, et mettez-les dans un vase creux avec leur assaisonnement, et six jaunes d'œufs que vous aurez fait durcir; couvrez le tout avec un couvercle de pâte, que vous souderez au vase; dorez ce couvercle, et piquez dessus les pattes de vos pigeons; achevez de faire votre pâté, et servez-le tel qu'il est. (F.)

PATÉ DE GIBLETTES PIQUÉ, A L'ANGLAISE.

Ce pâté se fait comme le précédent, sinon qu'au lieu de pigeons, on emploie des abatis d'oies, de dindons ou tous autres. (F.)

PATÉ FROID DE VEAU.

Ayez une noix de veau, battez-la, ôtez-en les nerfs et les peaux piquez-la de lard et de jambon; assaisonnez de sel, de poivre, épices, et d'un peu d'aromates pilés et passés au tamis; faites une farce avec une sous-noix de veau et une fois autant de lard haché bien menu; assaisonnez cette farce de sel, poivre, épices et aromates. Quand cette farce sera bien hachée, pilez-la; ajoutez-y un peu de gelée en la pilant, en sorte qu'elle ne soit ni trop ferme ni trop molle; prenez trois livres de pâte à dresser, moulez-la, abaissez-la en rond; formez le fond de votre pâté; dressez-le en forme de rond sans lui faire de plis; posez sur deux feuilles de papier beurré; formez-lui le pied, mettez dans le fond de votre pâté de votre farce, garnissez le tour de bardes de lard bien minces: coupez votre noix de veau en deux; posez un morceau sur le fond de votre pâté, assaisonnez un peu, étendez de la farce dessus, et posez l'autre morceau : assaisonnez-le de même et garnissez votre pâté de farce tout à l'entour; mettez un morceau de beurre manié de sucre; couvrez-le de bardes de lard; mouillez le bord de votre pâté, et couvrez-le d'une abaisse de la même pâte; soudez-le bien, rognez le bord également; pincez le bord du pâté, pincez-le ou décorez-le; faites un faux couvercle de feuilletage, et faites lui un trou au milieu, appelé cheminée : dorez-le; mettez-le cuire dans un four bien atteint, que vous aurez laissé un peu tomber, et faites-lui prendre une belle couleur : si, durant sa cuisson, il était dans le cas d'en prendre trop, couvrez-le de papier mouillé; laissez-le cuire trois ou quatre heures, retirez-le, sondez-le avec une lardoire de bois; si elle entre facilement, c'est qu'il est cuit; retirez-le et mettez-le refroidir : quand il sera froid, bouchez sa cheminée avec un morceau de pâte : nettoyez-le, et servez-le sur une assiette. (F.)

PATÉ FROID D'ABATS DE PORC FRAIS.

Coupez par tranches un beau foie de cochon, posez les tranches dans une casserole à sauter avec un quarteron de beurre, une poignée de persil et échalotes hachés; faites cuire votre foie à moitié, laissez-le refroidir pendant un quart d'heure; pendant ce temps, coupez en dés autant de lard que vous avez de foies; pilez ces deux articles pour en faire une bonne farce que vous assaisonnerez avec épices, muscade, poivre et sel; joignez-y votre fond qui est resté dans votre casserole; prenez les deux rognons, la cervelle et les deux filets mignons que vous couperez en escalope; assaisonnez légèrement ces trois derniers articles, dressez votre pâté comme il est dit au Pâté froid (*voyez* cet article); enduisez l'intérieur avec de la farce, posez ensuite la cervelle dans le fond; répartissez vos escalopes; ajoutez les rognons, recouvrez-les du reste de votre farce; enveloppez du thym et du laurier dans une barde de lard, et posez ces deux aromates au centre de votre pâté; terminez votre opération comme au Pâté froid : donnez trois heures de cuisson. (D.)

PATÉ EN TIMBALE.

Préparez vos chairs comme il est indiqué à l'article ci-dessus. Prenez une casserole bien étamée, de la grandeur convenable au pâté que vous voulez faire ; ayant décoré le fond de votre casserole avec la même pâte qui est destinée à votre pâté, faites une abaisse à peu près de l'épaisseur d'un demi-travers de doigt, et foncez-en cette casserole : que votre pâte la déborde d'un demi-pouce ; garnissez votre pâte de bardes de lard, et procédez de même qu'il est indiqué à l'article Pâté froid de Veau. Mouillez avec un doroir de plume la pâte qui déborde de votre casserole ; faites une autre abaisse pour en faire le couvercle ; couvrez-en votre chair ; soudez-le, et videz-le avec la pâte qui déborde : faites un trou au milieu ; faites-la cuire au four trois ou quatre heures : assurez-vous de sa cuisson ; laissez-le refroidir dans son moule ; bouchez-le ; faites chauffer légèrement la casserole sur un fourneau ; retournez votre timbale sens dessus dessous, et servez. (F.)

TIMBALE DE PIGEONS A L'ANGLAISE.

Prenez trois beaux pigeons de volière, coupez-les en quatre morceaux ; assaisonnez de sel, poivre, muscade, un peu de thym en feuilles et une feuille de laurier, une bonne pincée d'échalotes et persil hachés ; foncez votre timbale dans un grand moule à charlotte, avec une pâte bien fine, placez dans le fond une livre de filet de bœuf coupé en bifteck mince ; posez vos morceaux de pigeons ; ajoutez des champignons et un quarteron de beurre ; couvrez votre timbale avec un couvercle de pâte ; donnez une heure et demie de cuisson. (Je préfère mettre les pigeons à cru dans la pâte, ils conservent davantage leur essence.) Au moment de servir, renversez votre timbale sur votre plat, faites une petite ouverture à la surface ; coulez dedans quatre cuillerées d'espagnole, et recouvrez votre ouverture. (D.)

PATÉ FROID EN MOULE.

Ayez un moule de fer-blanc disposé à cet effet, posez-le sur un plafond ; faites une abaisse comme il est indiqué ci-dessus, formez-en votre moule ; incrustez-y bien la pâte dans les cannelures ou dessins ; mettez des bardes de lard ; et remplissez-le de farce et de chairs, etc. ; et, pour le finir, suivez en tout le même procédé qui est indiqué au Pâté en Timbale. (F.)

PATÉ DE JAMBON.

Ayez un jambon de Bayonne ; parez-le, désossez-le, supprimez-en le combien ; mettez-le dessaler huit à dix heures ; enveloppez-le dans un linge ; mettez-le cuire dans une marmite à peu près de sa grandeur ; mouillez-le avec de l'eau, une demi-bouteille de vin blanc ; assaisonnez de carottes, oignons, persil, trois clous de girofle, laurier, thym, basilic et un peu d'ail ; faites-le cuire aux trois quarts ; retirez-le, levez-en la couenne, laissez-le refroidir, parez-le de nouveau ; prenez ces parures, hachez-les bien, mêlez-les avec une farce de veau (*voyez* cet article) ; dressez un quatre à cinq livres de pâté, et procédez en tout comme il est indiqué au Pâté de Veau. (F.)

PATÉ DE PERDREAUX.

Prenez trois ou quatre perdreaux gris, videz-les, coupez les pattes et les ailes; retroussez le bout des cuisses en dedans; refaites-les un peu fermes; essuyez-les, épluchez-les et lardez-les de gros lardons; assaisonnez de sel, poivre, épices et aromates pilés: ayez leurs foies, ainsi que les foies de volaille, dont vous aurez retiré les amers; hachez-les, et pilez-les avec de la farce, comme pour le pâté de veau; dressez un pâté de trois livres de pâte; fendez vos perdreaux par le dos, remplissez-les de farce, comme il est indiqué au Pâté de Veau. (*Voyez* cet article.) (F.)

PATÉ DE PERDREAUX ROUGES A LA PÉRIGUEUX.

Ayez quatre perdreaux rouges, et deux livres et demie de truffes, préparez vos perdreaux, comme il est indiqué pour ceux du petit pâté précédent; lavez, brossez, épluchez vos truffes; hachez celles qui sont inférieures; vos foies de perdreaux, ainsi que vos foies de volaille doivent être déjà nettoyés; ajoutez-y deux livres de farce, comme il est indiqué au Pâté de Veau; hachez et pilez vos foies avec les parures de vos truffes, ainsi que votre farce bien assaisonnée; fendez vos perdreaux par le dos, assaisonnez-les; remplissez-les avec cette farce et quelques truffes entières: dressez un pâté de quatre livres de pâte, placez vos perdreaux dedans, avec vos truffes dessus, et recouvertes de bardes de lard: finissez-le comme il est indiqué à l'article Pâté froid de Veau. (*Voyez* cet article. (F.)

PATÉ DE POULARDES ET DE TOUTE AUTRE VOLAILLE, COMME DINDON, POULET, ETC.

Ces pâtés se font tous de la même manière: bref, épluchez, videz, flambez votre volaille, fendez-la par le dos, désossez-la en entier, lardez-en les chairs de lardons assaisonnés comme il est dit pour les autres pâtés; faites-les revenir au four ou sur le fourneau; laissez-les refroidir; faites une farce soit avec du veau ou du porc frais, comme il est indiqué à l'article Pâté froid de Veau, et procédez en tout de même. (*Voyez* l'article Pâté froid de Veau.) (F.)

PATÉ DE PITHIVIERS.

Ayez huit douzaines de mauviettes; après les avoir flambées et épluchées, fendez-les par le dos; ôtez tout ce qu'elles ont dans le corps; séparez de ces intestins le gésier; panez les intestins; hachez-les; ajoutez-y deux livres de farce, comme il est indiqué à l'article Pâté de Veau. Pilez le tout ensemble, et assaisonnez bien; remplissez-en le corps de vos mauviettes; moulez et abaissez deux livres de pâte, soit en rond ou en carré; masquez le fond de votre pâté avec un lit de farce, rangez vos mauviettes dessus, assaisonnez-les à mesure, et enveloppez-les chacune d'une barde de lard bien mince; mettez dessus un morceau de beurre manié; couvrez le tout de bardes de lard et de deux feuilles de laurier; mettez le tout sur une seconde abaisse; dressez votre pâté soit carré ou rond, finissez-le, pincez-le : faites le cuire environ deux heures et demie, laissez-le refroidir, et servez.

Ceux de bécasses, bécassines, bécasseaux, pluviers, vanneaux, et autres petits oiseaux, se font de même. On y ajoute plus ou moins de farce : cela dépend de celui qui les fait. (F.)

PATÉ CHAUD DE MAUVIETTES, CAILLES, PIGEONS, OU TOUT AUTRE GIBIER.

Plumez vingt-quatre mauviettes, coupez-en les pattes et les têtes, fendez-les par le dos, retirez-en le bouton; remplissez vos mauviettes d'une farce composée comme il est indiqué au Gratin de Mauviettes (*voyez* Gratin de Mauviettes; dressez une croûte de pâté comme il est indiqué à l'article Croûte de Pâté chaud (*voyez* cet article); mettez dans le fond de cette croûte du godiveau au gratin, rangez-y vos mauviettes sur deux rangs; garnissez le tour de votre pâté de la même farce; couvrez vos mauviettes de deux bardes de lard; finissez en tout comme il est indiqué ci-dessus, dorez-le à plusieurs fois; faites-le cuire au four, d'une belle couleur : une heure de cuisson suffit. Au moment du service, dressez-le sur un plat; levez-en le couvercle, et saucez-le d'une espagnole réduite.

Vous procéderez de même pour tout autre pâté de gibier, en observant que sept cailles ou sept bécassines suffisent pour un pâté chaud ordinaire. (F.)

PATÉ DE FOIES GRAS DE STRASBOURG.

Préparez une farce avec du porc frais, une livre de maigre contre une livre et demie de gras; hachez et pilez cette farce; ajoutez-y vos parures de foies, ainsi que celles de truffes; assaisonnez votre farce de sel, poivre, épices, aromates pilés et passés; ayez deux beaux foies gras bien nettoyés; dressez un pâté de deux livres et demie de pâte, étroit et haut dans sa forme; garnissez le tour de votre pâté de bardes de lard, et le fond de farce; assaisonnez vos foies, garnissez-les de farce et de truffes, mettez-les dans votre pâté; remplissez votre pâté de farce et de truffes : mettez un morceau de beurre manié dessus; couvrez-le de bardes de lard, et une feuille de laurier sur le lard; finissez-le comme le pâté de veau; et faites cuire : deux heures et demie suffisent pour sa cuisson, et une livre et demie de truffes. (F.)

TERRINE DE NÉRAC.

Ayez quatre perdreaux rouges, retroussez-leur les pattes en dedans, et préparez-les comme il est indiqué à l'article Pâté de Perdreaux à la Périgueux; faites une farce avec des foies de perdreaux et des chairs, et le double de lard pilé; mêlez bien le tout ensemble, assaisonnez de sel, poivre, épices, aromates en poudre, et parures de truffes; nettoyez deux livres de truffes; fendez vos perdreaux par le dos, assaisonnez-les, remplissez-les de farce de truffes; mettez un lit de farce dans le fond de votre terrine, et posez vos perdreaux dessus; remplissez les intervalles de farce et de truffes; couvrez le tout de bardes de lard et de deux feuilles de laurier; mettez le couvercle sur votre terrine, et soudez-le avec de la pâte très-légère; faites-la cuire au four pendant trois heures. (F.)

PATE A BRIOCHE.

Vous prenez le quart de votre farine; par conséquent, si vous faites un quart de brioche, vous ôtez un litron de farine; vous faites un trou assez grand pour contenir votre eau, vous y mettez une once de levure; vous la délayez avec de l'eau chaude : assemblez votre pâte, et mettez-la dans le vase où était l'eau; après l'avoir bien essuyée, vous la placez dans un endroit chaud : aussitôt que vous vous apercevez que votre levain est gonflé de moitié, vous faites un trou dans vos trois autres litrons de farine; vous y mettez une once de sel que vous faites fondre avec un peu d'eau, deux livres de beurre; douze œufs; vous maniez le beurre avec les œufs, et vous assemblez votre pâte; si elle est trop ferme, vous y joindrez encore des œufs : il faut que votre pâte soit un peu molle; lorsqu'elle est à son point, vous la foulez deux fois, et vous y mettez votre levain; vous séparez votre pâte avec vos doigts en la mettant dans les mains; changez-la de place en la coupant deux ou trois fois; vous placez de la farine dans un linge blanc, et vous y mettez votre pâte; vous la couvrez bien; laissez-la revenir dix à douze heures : après, vous la corrompez, c'est-à-dire que vous mettez de la farine sur votre tour à pâte, et vous y joignez la pâte à brioche; vous l'aplatissez et vous la pliez deux ou trois fois; vous l'assemblez; laissez-la reposer une heure ou deux; dès que votre four est presque chaud, vous moulez : comme cela n'est facile qu'au pâtissier, vous mettez de la farine sur votre tour à pâte, vous posez votre pâte avec la main, vous l'aplatissez, vous la pliez et repliez; vous lui donnez une forme ronde, vous pesez dans le milieu, et vous y remettez une autre petite forme ronde de pâte à brioche; ce qui fait la brioche entière, que vous mettez sur un papier beurré; vous pouvez beurrer une casserole ou un moule, et y mettre votre pâte. Donnez une forme quelconque à votre pâte à brioche pour faire différents petits gâteaux.

DARIOLES.

Mettez dans un vase deux cuillerées de farine, trois cuillerées de sucre en poudre, un morceau de bon beurre gros comme la moitié d'un œuf, que vous ferez fondre, la moitié d'une écorce de citron hachée, ou de la fleur d'oranger; vous mêlerez le tout ensemble, en y joignant quatre jaunes d'œufs, que vous mettez les uns après les autres, en mêlant bien le tout ensemble; joignez-y un peu de sel; ensuite vous y mettrez un bon verre de crême; vous verserez cet appareil dans de petites timbales qui auront été préparées comme pour les petits pâtés au jus. (*Voyez* petits Pâtés au jus.)

GATEAUX A LA MANON.

Vous aurez un morceau de feuilletage, auquel vous donnerez un tour de plus; ou bien prenez des rognures de feuilletage; faites une abaisse de la grandeur d'une plaque ou d'un plafond; vous l'étendrez dessus, vous y étalerez de la frangipane ou de la marmelade d'abricots, de la groseille, ou de la marmelade de pomme (*voyez* l'article qui vous convient); vous ferez une autre abaisse bien mince, et vous en couvrirez celle où vous aurez mis des confitures; après, vous la dorerez, et la couperez avec le couteau ou un coupe-pâte, que vous tremperez dans de l'eau bouillante, et la mettrez au four : quand vos manons seront aux trois quarts cuites, vous les saupoudrerez de sucre et les glacerez, c'est-à-dire que le sucre que vous avez mis dessus soit fondu et forme une glace; vous pouvez aussi ne les point dorer au jaune d'œuf: fouettez un blanc d'œuf aux trois quarts, mettez-le sur votre pâte, et étendez-le avec un pinceau; coupez-les après comme il est dit, saupoudrez-les de sucre en grain, et mettez-les à un feu plus doux; il faut qu'ils n'aient qu'une couleur blonde, et que le sucre ne soit pas fondu; puis vous les sortez du plafond et les parez : dressez-les chauds ou froids.

GATEAU A LA POLONAISE.

Ayez du feuilletage à six tours et demi, abaissez-le de quatre lignes, coupez les morceaux carrés, mouillez la surface, et rabattez les quatre coins sur le milieu, mettez-les sur un plafond; ayez un petit moule rond que vous tremperez dans de l'eau bouillante, et posez-le dans le milieu; mettez-les au four; quand ils seront aux trois quarts cuits, vous les saupoudrerez de sucre et les ferez glacer; quand vous les sortez du four, vous videz le milieu pour y mettre la confiture que vous jugez à propos.

PUITS D'AMOUR.

Quand le feuilletage a tous ses tours, faites une abaisse de l'épaisseur de deux lignes, coupez-la avec un moule goudronné, c'est-à-dire un coupe-pâte à feston : posez votre première sur la plaque, puis vous coupez avec un coupe-pâte de la même sorte, mais plus petit, et posez-le sur l'autre avec un plus petit coupe-pâte rond trempé dans l'eau bouillante; vous le posez dessus en l'enfonçant un peu: dorez vos puits, mettez-les au four; aux trois quarts cuits, saupoudrez-les de sucre fin et faites-les glacer, c'est-à-dire que le sucre fonde; alors vous les retirez, les videz, et mettez les confitures que vous jugerez à propos.

ÉCHAUDÉS.

Ayez un quart de farine; vous formez un rond dans le milieu; mettez-y une once de sel, un peu d'eau pour le faire fondre, une livre de beurre; cassez vingt œufs dans le rond de votre farine, maniez le beurre et les œufs; quand cela le sera bien, mêlez votre farine, vos œufs et votre beurre ensemble; foulez bien le tout : si la pâte était trop ferme, vous y mettriez des œufs jusqu'à ce qu'elle fût plus ferme que demi-molle; alors vous en ferez un tas devant vous, et le pousserez avec vos poings, en pesant avec force jusqu'à la fin; vous reprenez la pâte devant vous, et faites de même pendant quatre fois; puis vous ramassez la pâte, que vous mettez dans un linge que vous avez saupoudré de farine, et la laissez reposer dix à douze heures; le temps expiré, vous mettez un chaudron aux trois quarts plein d'eau sur le feu; pendant qu'elle chauffera, vous prendrez votre pâte, vous la couperez en morceaux, puis vous la roulerez de la grosseur que vous jugerez à propos : vous la poserez sur un couvercle de casserole où vous saupoudrerez de la farine, et arrangez des échaudés par-dessus; lorsqu'ils seront tous coupés et arrangés sur les couvercles, vous regarderez si votre eau est chaude : il ne faut pas qu'elle bouille, il faut seulement qu'elle frémisse; alors vous coulez doucement les échaudés dedans; quand ils y auront resté un instant, vous remuerez le chaudron, pour qu'ils montent; ayez toujours soin que l'eau ne bouille pas; avec votre écumoire, vous en retirerez un, vous tâterez s'il est ferme; alors vous aurez un seau d'eau fraîche et les mettrez dedans; vous les laisserez à l'eau froide deux ou trois heures; après ce temps, vous les retirerez et les mettrez égoutter : au bout de deux ou trois heures; plus, s'il est possible; vous les mettrez sur un plafond, et dans un four un peu plus chaud.

ÉCHAUDÉS DE CARÊME.

Mettez sur une table un litre de farine, un quart d'once de sel, huit jaunes d'œufs; détrempez votre farine avec deux onces d'huile d'olive et un peu d'eau tiède; que votre pâte soit un peu ferme; laissez reposer votre pâte une heure, coupez-la par morceaux égaux; faites-la échauder de la même manière qu'il est indiqué à l'article Échaudé (*voyez cet article*); laissez-les dans l'eau fraîche pendant deux heures; égouttez-les, rangez-les sur plusieurs plafonds; dorez-les : faites-les à four chaud. (F.)

PATE A BABA.

Vous faites le levain comme pour votre pâte à brioche, mais dans l'appareil vous mettez pour un quart de livre de raisins en caisse, un quarteron de raisins de Corinthe, une cuillerée à café de safran en poudre; vous faites la même manipulation que pour votre pâte à brioche, mais vous la tenez beaucoup plus molle; quand votre pâte est finie, vous beurrez une grande casserole, et vous mettez votre pâte dedans; placez-la dans un endroit où il fait bien doux, et laissez-la revenir pendant six heures; lorsque votre pâte sera très-gonflée, vous la mettrez dans un four chaud, comme pour la brioche.

PATE ALLEMANDE.

Vous prenez le quart de votre farine pour le levain des trois autres quarts ; vous les mettez dans une terrine avec un tiers de beurre, un sixième de sucre, autant d'amandes coupées en tranches longues, le sixième de raisins de Corinthe, ce qui fait pour trois livres de farine, une livre de beurre, une demi-livre de sucre, etc. Vous salerez votre pâte comme celle à brioche; vous ferez tiédir le beurre : sur un quart de farine, versez dessus un verre de crème, et le reste du mouillement en œufs; vous délaierez le tout ensemble; quand votre pâte sera molle, quoiqu'un peu épaisse, vous y mettrez le levain; vous le mêlerez bien avec la pâte; après cela vous beurrerez une casserole ou un moule, et vous ferez revenir la pâte pendant cinq ou six heures dans un endroit doux, comme pour le baba; dès qu'elle est bien revenue, vous la mettez au four, au même degré de chaleur que pour le baba.

PATE A LA MADELEINE.

Vous mettez dans une casserole une livre de farine, une livre de sucre, une demi-livre de beurre, que vous faites tiédir, un peu de fleur d'oranger, ou un peu d'écorce de citron, que vous hachez bien menu : vous mettez six œufs; mêlez le tout ensemble; vous y joindrez encore des œufs, si votre pâte est trop épaisse, vous beurrerez un moule ou plusieurs petits, et vous l'arrangerez dedans; faites-la cuire dans un four doux.

PATE A LA TURQUE.

Vous pilez bien une demi-livre d'amandes émondées; lorsqu'elles sont bien fines, vous employez une livre de farine, une demi-livre de beurre, trois quarterons de sucre en poudre, une cuillerée à café de safran en poudre; vous pilez le tout ensemble; mettez des œufs à mesure, jusqu'à ce que votre appareil soit mou : vous beurrez un plafond, et vous l'arrangez dessus; vous lui donnez une égale épaisseur, et vous laissez la pâte cuire à un four doux, vous la coupez au couteau ou au coupe-pâte : lorsque vous l'en retirez, vous lui donnez la forme que vous voulez. Vous pouvez, en place d'amandes, y mettre des pistaches.

PATE A POUPLIN.

Vous mettez dans une casserole une chopine d'eau, un demi-quarteron de beurre, une écorce de citron, un peu de sel; posez la casserole sur le feu; lorsque l'appareil sera près de bouillir, vous passerez un litron de farine au tamis de soie, et vous en mettrez dans votre casserole autant que l'eau pourra en boire, quand la pâte sera très-épaisse, vous la ferez cuire, en la remuant toujours avec une cuillère de bois; vous la laisserez refroidir; après, vous casserez un œuf dedans, vous le mêlerez avec la pâte; vous en mettrez jusqu'à ce que votre pâte soit molle; vous beurrerez une grande casserole pour contenir la pâte; vous la mettrez cuire à un four plus chaud que pour le biscuit : il faut que votre pouplin soit un peu sec. Si elle va au quart de la casserole, elle sera pleine quand votre pâte sera cuite; alors vous la retirerez du vase; vous délayez des confitures, et vous en barbouillez l'intérieur.

PATE A CHOUX.

Pour une chopine d'eau dans une casserole, vous mettrez plus d'un quarteron de beurre, une écorce de citron, deux onces de sucre, un peu de sel; dès que l'eau sera près de bouillir, vous y mettrez la farine, et vous travaillerez la pâte comme celle dite à Pouplin; vous la tiendrez un peu plus ferme, afin qu'elle soit plus maniable; vous donnerez à cette pâte la forme que vous voudrez; vous la glacerez, ou bien vous mettrez dessus des amandes ou des pistaches: s'il n'y a rien dessus, vous mettrez des confitures en dedans.

PATE A LA DUCHESSE.

Vous versez une chopine de crème dans une casserole, une cuillerée à bouche de fleur d'oranger, deux onces de sucre, un quarteron de beurre, un peu de sel; lorsque la crème commence à bouillir, vous mettez de la farine comme il est dit à la Pâte de pouplin; vous la travaillez de même, c'est-à-dire, vous y mettrez des œufs petit à petit, en pétrissant toujours la pâte avec une cuillère de bois; vous la tiendrez aussi ferme que celle à choux; donnez-lui la forme que vous voulez, en mettant de la farine sur le tour à pâte, et la roulant pour en faire des petits pains à la duchesse; vous pouvez avec une cuillère les coucher sur un plafond; vous les faites cuire après le feuilletage et vous les glacez.

AROMATES PILÉS.

Mettez à sécher des feuilles de laurier, thym (basilic et coriandre, très-peu), petite sauge, échalote, et très-peu d'ail, genièvre, muscade et girofle : le tout étant bien sec, pilez-le, et passez-le au tamis pour vous en servir au besoin: il faut qu'aucun de ces goûts ne domine. (F.)

PATE D'OFFICE.

Prenez un litron de farine, une demi-livre de sucre en poudre; gros comme une noix de beurre, un peu de sel, un peu de fleur d'oranger et deux œufs entiers, détrempez le tout ensemble; il faut que cette pâte soit très-ferme; assemblez-la, battez-la avec le rouleau: si elle se trouvait trop ferme, mettez-y un peu de blanc d'œuf, et maniez-la : laissez-la reposer : elle ramollira un peu. Cette pâte vous servira pour faire des fonds de rochers, des maisonnettes ou chaumières, et des croquantes découpées : vous aurez toujours le soin de beurrer légèrement les moules ou plafonds sur lesquels vous voudrez faire vos croquantes : faites-les cuire à l'entrée d'un four d'une chaleur douce. (F.)

PATE D'AMANDES.

Prenez une livre d'amandes douces, émondez-les, mettez-les dans de l'eau fraîche, égouttez-les sur un linge blanc, pilez-les, arrosez-les de temps en temps d'une goutte d'eau et jus de citron lorsqu'elles seront bien réduites en pâte, que vous ne sentirez aucun grumeau sous le doigt, mettez une livre de sucre royal; cela fait, retirez du mortier votre pâte, mettez-la dans un poêlon d'office, posez-la sur un feu doux; desséchez-la, ayant soin de la remuer, jusqu'à ce qu'en appuyant le doigt dessus, elle ne s'y attache plus; poudrez du sucre fin sur une feuille de papier, enveloppez-la pour vous en servir au besoin. (F.)

FRANGIPANE.

Vous mettez dans une casserole cinq cuillerées à bouche de farine, que vous délayez avec cinq œufs; vous y versez une chopine de lait, un morceau de beurre gros comme un œuf, un peu de sel; vous mettez votre appareil sur le feu; vous tournerez toujours la frangipane sans la quitter, jusqu'à ce qu'elle ait bouilli dix minutes; prenez garde qu'elle gratine: quand elle sera cuite, vous la laisserez refroidir dans un vase; après cela vous écraserez quelques amandes; sur six, vous en mettrez une amère; vous écraserez quelques macarons; qu'ils soient bien en poudre; vous y joindrez un peu de fleur d'oranger pralinée et en poudre, du sucre râpé en assez grande quantité pour qu'elle soit d'un bon sucre: vous mêlerez le tout avec votre appareil. Lorsque la frangipane sera bien maniée avec une cuillère de bois, si elle est trop épaisse, vous y ajouterez un œuf ou deux; avec votre feuilletage, vous ferez des tourtes, des petits gâteaux de toutes sortes de façons. Si vous voulez que votre frangipane soit aux pistaches, quand elle sera froide, en place d'amandes, vous y mettrez des pistaches. Comme elles ne donneraient pas assez de couleur, vous y mettrez un peu de vert d'épinards: n'employez point de macarons, ni de fleur d'oranger, mais bien trois amandes amères et du sucre.

DES BISCUITS.

PATE A BISCUIT COMMUN.

Vous cassez quinze œufs, vous mettez les blancs dans une terrine et les jaunes dans une autre; avec ces derniers vous employez une livre de sucre en poudre fine, vous ajoutez un peu de fleur d'oranger, ou un peu d'écorce de citron bien hachée, ou tel aromate que vous jugerez convenable; vous battrez bien vos jaunes et votre sucre avec une spatule ou cuillère de bois: lorsque les jaunes seront un peu blanchis, vous battrez les blancs avec un fouet d'osier; dès qu'ils seront fermes, et qu'ils se tiendront debout, vous y joindrez vos jaunes: si c'est pour un gros biscuit, vous mettrez une livre de farine; si c'est pour du petit biscuit, vous n'en emploierez que trois quarterons; vous la mêlerez légèrement avec les jaunes et les blancs; votre pâte bien mêlée, vous l'arrangez dans un moule beurré ou dans vos caisses; vous saupoudrez l'extérieur de sucre en poudre: placez vos biscuits dans un four doux; vous pouvez en coucher à la cuillère et dans de petits moules.

BISCUITS DE SAVOIE.

Prenez douze œufs, douze onces de farine et vingt onces de sucre en poudre; vous cassez vos œufs, et séparez les jaunes des blancs; vous les battez à part, les premiers avec le sucre, et les autres jusqu'à ce qu'ils soient en neige; vous les mêlez ensuite, ainsi que la farine, après l'avoir passée au tamis de soie, et fait sécher à l'étuve; ajoutez-y la râpure d'un citron. Votre mélange étant bien fait, remplissez de votre pâte des moules de fer-blanc ou de cuivre étamé, faits en forme de turban, que vous avez auparavant graissés de beurre frais fondu; en frottant avec un pinceau les parois du moule; vous les glacez avec du sucre et un peu de farine mêlés ensemble, et vous les mettez dans un four médiocrement chaud.

Lorsqu'ils sont suffisamment cuits, vous les retirez du four et les ôtez des moules. Lorsqu'on veut en dresser à la cuillère, on les coupe avec un couteau pendant qu'ils sont chauds.

On rend ces biscuits plus légers en mettant deux onces de farine de moins et deux blancs d'œufs de plus.

BISCUITS D'AMANDES.

Prenez huit onces d'amandes douces, autant d'amandes amères, quinze blancs d'œufs, huit jaunes d'œufs, deux onces de belle farine et deux livres de beau sucre en poudre; versez de l'eau bouillante sur les amandes, et remplacez-la un instant après par de l'eau fraîche; enlevez-en la peau, et les mettez à mesure dans une serviette; pilez-les dans un mortier de marbre, en y ajoutant par deux fois deux blancs d'œufs, outre la dose prescrite, pour que les amandes ne tournent pas à l'huile; quand elles sont entièrement réduites en pâte, battez les blancs d'œufs jusqu'à ce qu'ils soient en neige, et les jaunes à part, avec la moitié du sucre; vous mêlez les jaunes et les blancs, bien battus, avec de la pâte d'amande; mettez le surplus du sucre dans une bassine, et saupoudrez le tout avec de la fleur de farine mise dans un tamis que vous agitez pour la faire tomber; en même temps remuez continuellement le mélange jusqu'à ce qu'ils soient bien incorporés. Vous avez préparé d'avance de petites caisses de papier dans la forme que vous désirez; vous les remplissez avec de la pâte, et les glacez avec du sucre en poudre et de la fleur de farine mêlés ensemble, et mis dans un tamis que vous agitez au-dessus de vos moules. Vous avez soin que votre four soit médiocrement chaud.

On peut aussi en dresser à la cuillère, en ayant soin de les faire chauffer quand on les tire du four; car si on les laissait refroidir, la glace s'enlèverait.

BISCUITS AUX AVELINES.

Prenez huit onces d'avelines, une once d'amandes amères, six blancs d'œufs, trois jaunes, une once de belle farine et huit onces de sucre; pilez les avelines et les amandes amères pelées, ajoutez-y un peu de blanc d'œuf, pour les empêcher de tourner en huile; battez les blancs jusqu'à ce qu'ils soient en neige; mêlez-y les jaunes, que l'on a dû battre séparément, avec la moitié du sucre, et tandis que vous battez ce mélange sans discontinuer, vous le saupoudrez avec la farine et le reste du sucre mêlés ensemble dans un tamis que vous agitez au-dessus. Le mélange étant bien fait, vous versez la pâte dans des caisses de papier, et mettez au four, comme il est indiqué ci-dessus. On donne du parfum aux biscuits, en mettant dans les jaunes d'œufs, lorsqu'on les bat, un peu de râpure de citron.

BISCUITS AUX PISTACHES.

Prenez une livre de belles pistaches, deux onces d'amande douces, seize blancs d'œufs, huit jaunes, deux onces de farine et une livre de sucre; échaudez les pistaches et les amandes, dont vous enlevez la peau; vous les tenez à l'eau fraîche pendant quelques minutes, les mettez égoutter, et les essuyez avec un linge; pilez-les dans un mortier de marbre, en y ajoutant de temps en temps quelques blancs d'œufs, outre la dose indiquée; battez séparément les blancs et les jaunes d'œufs, ceux-ci avec la moitié du sucre, en y mêlant de la râpure de citron; réunissez-les, battez-les sans discontinuer, tandis que vous saupoudrez avec la farine et le reste du sucre, que vous tenez mêlés dans un tamis; mettez ensuite la pâte dans les caisses, glacez-la, et faites cuire comme ci-dessus.

BISCUITS AU CHOCOLAT.

Prenez douze œufs frais, huit onces de farine, deux onces de chocolat râpé et passé au tamis, et une livre et demie de sucre en poudre; battez le tout ensemble dans un mortier pendant quinze minutes; quand la pâte sera bien maniable, dressez-la sur du papier blanc, et faites-la cuire comme les biscuits de Savoie.

Les biscuits à la vanille et à la cannelle se font de la même manière.

BISCUITS AUX MARRONS.

Prenez six onces de marrons cuits et épluchés, un peu de râpure de citron, une livre et demie de sucre en poudre et dix blancs d'œufs; pilez les marrons dans un mortier, et réduisez-les en pâte; battez-les dans une terrine avec des blancs d'œufs, le sucre et la râpure du citron; lorsque le tout forme une pâte, vous en mettez sur la lame d'un couteau, et avec une autre lame vous formez des biscuits dans la forme que vous désirez, et les mettez dans un four dont la chaleur doit être très-douce; vous les en retirez lorsqu'ils ont une belle couleur, et les sortez du papier lorsqu'ils sont refroidis.

BISCUITS AU RIZ.

Prenez la râpure d'un citron, seize blancs d'œufs, six jaunes, huit onces de farine de riz, dix onces de sucre en poudre, deux onces de marmelade de pommes, deux onces de celle d'abricots et deux onces de fleurs d'oranger; pilez dans un mortier les marmelades et la fleur d'oranger; jetez-les ensuite dans les blancs d'œufs fouettés en neige; battez les jaunes avec le sucre, pendant quinze minutes, ensuite, tout cela ensemble; lorsque le mélange est exact, ajoutez-y la farine et la râpure de citron, dressez dans les caisses, et faites cuire et glacer à un feu très-modéré.

BISCUITS AU CITRON ET A L'ORANGE.

Prenez la râpure d'un citron ou celle d'une orange, six œufs frais, quatre onces de farine et douze onces de sucre en poudre, mettez le tout dans un mortier; lorsque vous en avez fait une pâte maniable, vous mettez en caisse, et faites cuire comme les autres biscuits.

BISCUITS A LA CRÈME.

Prenez six onces de farine, deux onces de sucre en poudre, une livre et demie de crème et douze blancs d'œufs; battez les blancs d'œufs avec le sucre et la farine; fouettez la crème et mettez-la sur un tamis; lorsqu'elle est bien égouttée, vous les mêlez dans votre pâte; ensuite vous dressez dans les caisses; glacez, et faites cuire de même que les autres biscuits.

BISCUITS MANQUÉS.

Mettez dans une terrine une demi-livre de sucre, trois quarterons de farine, un quarteron de beurre, un peu de sel, un peu de fleur d'oranger, un quarteron d'amandes pilées, six jaunes d'œufs et deux œufs entiers; battez bien le tout ensemble; fouettez vos six blancs d'œufs; incorporez-les légèrement dans votre appareil; faites une caisse de papier, beurrez-la, versez-y cet appareil, et faites-la cuire au four comme pour le biscuit: durant la cuisson de vos manqués, coupez des amandes en dés ou en filets, mettez-y du sucre en poudre, un tiers de leur volume; mouillez-les avec des blancs d'œufs battus; aux trois quarts de la cuisson de vos manqués, dorez-les, et masquez-les de cet appareil d'amandes; remettez-les au four pour achever leur cuisson, et leur faire prendre une belle couleur; ensuite retirez-les et coupez-les, soit en losange, soit en carré, ou de toute autre manière. (F.)

ZANTE, TARTE, OU GATEAU DE SABLE.

Une livre de beurre, une livre de sucre, une livre de fleur de farine, douze jaunes d'œufs crus; lavez votre beurre dans de l'eau tiède, afin de le ramollir; placez-le dans un mortier bien propre; incorporez votre sucre à l'aide du pilon, travaillez bien cette préparation, ajoutez votre farine et vos jaunes d'œufs peu à peu; écrasez une poignée de fleur d'oranger pralinée, ajoutez-la à votre préparation. Vous ne sauriez trop travailler ce gâteau car de ce travail dépend sa beauté. Fouettez six blancs d'œufs, incorporez-les bien avec votre appareil; beurrez une tourtière, versez votre gâteau dedans; même cuisson que le gâteau manqué, (*Voyez* cet article.) Étant refroidi, en le mettant dans la bouche, il doit tomber en sable. (D.)

DES MASSEPAINS.

MASSEPAINS ORDINAIRES.

Prenez trois livres de beau sucre, trois livres d'amandes douces et une livre d'amandes âmères; pelez les amandes et faites-les bien sécher, pilez-les dans un mortier, et faites-en une pâte très-fine, en jetant dessus de temps en temps un peu de blanc d'œuf; cela fait, clarifiez le sucre et faites-le cuire au petit boulé; retirez ensuite votre bassine de dessus le feu, et versez-y votre pâte d'amandes; vous remettez la bassine sur des cendres chaudes, et remuez sans discontinuer, pour que la pâte ne brûle pas. Vous jugerez que votre pâte est bien faite, lorsqu'en ayant mis un peu sur le dos de la main, vous pouvez l'enlever sans qu'elle s'y attache; alors mettez-la sur une table saupoudrée de sucre; vous l'y laissez refroidir, et l'étendez en abaisses de l'épaisseur d'un petit écu, ensuite vous la découpez en différents dessins avec des emporte-pièce de fer-blanc; mettez-les à mesure sur des feuilles de papier, faites-les cuire à une chaleur douce, après quoi, glacez-les comme les biscuits.

On rend les massepains plus délicats, en y ajoutant quatre grains de cannelle fine et la râpure d'un citron que l'on jette dans la bassine au sucre, retirée du feu dans le moment où l'on y verse la pâte d'amandes.

MASSEPAINS EN PISTACHES.

Prenez une livre et demie de pistaches et autant de sucre, pilez-les dans un mortier, en y ajoutant de temps en temps un peu de blanc d'œuf, et réduisez-les en pâte très-fine; clarifiez le sucre et le faites cuire au petit boulé; retirez ensuite la bassine du feu; vous y mettez la pâte de pistache et remuez le mélange; vous remettez la bassine sur des cendres chaudes, et remuez toujours jusqu'à ce que la pâte ait assez de consistance; vous la posez sur la table saupoudrée de sucre, et lorsqu'elle est refroidie, vous en faites des abaisses, que vous découpez en différents dessins avec des emporte-pièce.

MASSEPAINS AUX FRAISES, AUX FRAMBOISES, AUX CERISES, AUX GROSEILLES, A L'ÉPINE-VINETTE, ETC.

Prenez trois livres d'amandes douces, deux livres et demie de sucre, et une livre du fruit que vous préférez; lorsque vos amandes sont réduites en pâte fine, et mêlées avec le sucre que vous avez fait cuire au petit boulé, vous y ajoutez le jus du fruit que vous avez écrasé et passé au tamis; vous remuez bien le tout, et remettez la bassine sur les cendres chaudes, en continuant de remuer sans interruption; lorsque la pâte est assez faite, vous la laissez refroidir comme pour des massepains, ainsi qu'il a été dit.

MASSEPAINS A LA FLEUR D'ORANGER.

Prenez six onces de marmelade de fleur d'oranger, deux livres d'amandes douces et une livre et demie de sucre; pelez vos amandes, et les pilez jusqu'à ce qu'elles soient en pâte fine; clarifiez le sucre et le faites cuire au petit boulé; joignez-y la pâte d'amandes et la marmelade; remuez bien le mélange jusqu'à la consistance nécessaire, et le laissez refroidir pour en former vos massepains.

DES MERINGUES.

MERINGUES AUX PISTACHES.

Prenez quatre onces de pistaches, six blancs d'œufs et trois onces de sucre en poudre; pelez les pistaches et mettez-les à l'étuve; lorsqu'elles sont bien sèches, pilez-les au mortier jusqu'à ce que la pâte en soit déliée, en y ajoutant de temps en temps un peu de blanc d'œuf; battez vos six blancs en neige, ajoutez le sucre, et mettez un moment le mélange sur des cendres chaudes en le retirant de temps en temps, et remuant toujours; ajoutez ensuite la pâte de pistaches, et lorsque le tout est bien incorporé, vous posez des feuilles de papier sur des plaques de fer-blanc; vous y mettez des cuillerées de la pâte à la distance d'un demi-pouce les unes des autres; vous les saupoudrez de sucre mis dans une poudrette, et les faites cuire à une chaleur très-douce; quand elles seront cuites, vous les levez avec un couteau de dessus le papier, et les mettez à l'étuve sur des tamis pour les entretenir sèches.

MERINGUES FARCIES.

Prenez six blancs d'œufs, trois onces de sucre en poudre fine et la râpure d'un citron; fouettez les blancs d'œufs jusqu'à ce qu'ils soient en neige; ajoutez le sucre et la râpure du citron, et remuez le mélange jusqu'à ce qu'il soit entièrement liquide; mettez de cette pâte sur des feuilles de papier, comme ci-devant; vous formez des meringues, rondes ou ovales, de la grosseur d'une noix, et laissez au milieu un vide; vous les saupoudrez et les faites cuire comme celles ci-dessus; lorsqu'elles sont bien levées et ont pris couleur, vous les retirez du four, pour mettre dans le milieu un fruit, puis vous recouvrez la meringue pleine avec une autre.

DES MACARONS.

MACARONS ORDINAIRES.

Prenez la râpure d'un citron, une livre et demie d'amandes et autant de sucre en poudre; pilez les amandes et faites-les sécher; pilez-les le lendemain dans un mortier, en y ajoutant de temps en temps un peu de blanc d'œuf; quand elles sont en pâte friable, mettez-y le sucre, la râpure d'un citron et quelques blancs d'œufs; vous battez bien le tout ensemble, vous étendez de votre pâte sur une spatule longue et plate, et formez vos macarons de la grosseur d'une petite noix: vous les faites cuire à une chaleur médiocre, comme les biscuits, et les glacez de la même manière.

MACARONS A LA PORTUGAISE.

Prenez cinq onces de farine de pommes de terre, douze blancs d'œufs, un livre d'amandes douces et une livre et un quart de sucre en poudre : vous pelez vos amandes et les pilez au mortier; ensuite vous battez séparément les blancs d'œufs jusqu'à ce qu'ils soient en neige, vous les ajoutez à la pâte, ainsi que le sucre et la farine, vous battez bien le tout, et en faites un mélange exact, que vous mettez dans des moules comme les biscuits de Savoie, ou dans des caisses de papier, comme les biscuits ordinaires, et que vous faites cuire de même.

DES PATES CROQUANTES.

PATE CROQUANTE ORDINAIRE.

Prenez une livre d'amandes et une livre et demie de sucre en poudre; vos amandes pelées, séchées à l'étuve et pilées, vous en faites une pâte friable, y ajoutant, par intervalles, un peu de blanc d'œuf et fleur d'oranger; ensuite vous mettez la pâte dans la bassine, et la faites évaporer sur un feu doux; vous y mettez le sucre par partie, en remuant continuellement. Quand vôtre mélange est bien fait, vous formez de votre pâte un pain que vous posez sur une table; dès qu'elle est refroidie, vous en faites des gâteaux, ou la façonnez avec des emporte-pièce en dessin à volonté, et les mettez ensuite au four.

PATE CROQUANTE A L'ITALIENNE.

Prenez une livre d'amandes et deux onces de fleur d'oranger, le zeste d'un citron et une livre et demie de sucre en poudre; les amandes pelées, vous les mêlez avec la fleur d'oranger et le zeste de citron, en les arrosant de temps en temps de blancs d'œufs; vous clarifiez le sucre et le faites cuire au petit boulé; vous retirez la bassine de dessus le feu, et y jetez la pâte, que vous mêlez; vous remettez ensuite la bassine sur un feu très-doux, ayant soin de remuer la pâte jusqu'à ce qu'elle se détache de la bassine; vous la mettez ensuite dans un plat saupoudré de sucre, et, lorsqu'elle est refroidie, vous en formez des abaisses dont vous faites une tourte ou un gâteau dans la forme que vous voulez, et que vous mettez cuire au four.

DES GAUFRES.

GAUFRES ORDINAIRES.

Prenez quatorze onces de farine et six onces de crème fraîche, une livre de sucre en poudre et quatre gros de fleur d'oranger; battez la farine avec la crème : quand il ne reste plus de grumeaux, jetez-y le sucre, ajoutez-y de la crème, et mettez l'eau de fleur d'oranger, en sorte que votre mélange soit presque aussi clair que du lait; faites chauffer le gaufrier, et le graissez avec un pinceau trempé dans le beurre frais; fondu dans une casserole de terre, mettez une cuillerée et demie de mélange pour former la gaufre, et pressez un peu le fer pour la rendre plus délicate; vous la posez sur du charbon allumé dans un fourneau; et quand la gaufre est cuite d'un côté, vous retournez le fer de l'autre. Pour s'assurer du degré de cuisson, on entr'ouvre tant soit peu le fer; si la gaufre est bien en couleur, on la retire à l'aide d'un couteau que l'on passe dessous, et on la roule sur elle-même à mesure qu'elle se détache; on l'étend toute chaude dans les formes suivant lesquelles on veut l'avoir, et on la met à mesure à l'étuve pour qu'elle s'entretienne bien sèche.

GAUFRES A L'ITALIENNE.

Prenez huit œufs, quatorze onces de sucre en poudre, une livre de farine, six onces de crème, autant de lait, une once de fleur d'oranger et la râpure d'un citron; battez bien les œufs avec le sucre et la farine, et ajoutez la crème, le lait, la fleur d'oranger et la râpure du citron: mélangez ces diverses matières jusqu'à ce qu'il ne reste plus de grumeaux; alors vous faites chauffer le gaufrier, et faites vos gaufres comme les précédentes.

GAUFRES EN CORNETS.

Prenez trois onces de beurre bien frais, trois jaunes d'œufs, une pinte d'eau, douze onces de sucre en poudre, et douze onces de farine; faites fondre le beurre, et jetez dedans le sucre et la farine; vous le retirerez lorsqu'il sera bien chaud; vous ferez ensuite vos gaufres comme il est indiqué plus haut; vous leur donnerez la forme de cornets.

GAUFRES A L'ALLEMANDE.

Émondez une livre d'amandes douces; coupez-les en filets beaucoup plus minces que pour le nougat; vos amandes coupées, mettez-les dans un vase avec trois quarterons de sucre en poudre, et deux pincées de fleur d'oranger pralinée; maniez-les avec des blancs d'œufs; ayez des feuilles d'office, frottez-les de cire vierge et un peu d'huile, mettez votre appareil dessus le plus mince que vous pourrez; mettez-y, si vous voulez, des pistaches hachées dessus· mettez-les au four un peu chaud: à moitié cuites, retirez-les d four: coupez-les par carrés bien égaux; remettez-les au four u instant; retirez-les, et donnez-leur la forme de gaufres, sur un bâton que vous avez disposé pour cela: aussitôt qu'elles seront froides, mettez-les sur un tamis; tenez-les à l'étuve jusqu'au moment de servir: dressez-les, et servez-les. (F.)

GAUFRES AUX AMANDES.

Pilez une livre d'amandes comme il est indiqué à l'article Gâteaux à la Reine: mettez la même quantité de sucre et d'odeur; mettez vos amandes dans un vase; mouillez-les avec assez de blanc d'œufs, en sorte que vous puissiez les étaler avec la lame du couteau sur des feuilles d'office (ainsi préparé comme à l'article précédent), étalez votre appareil le plus mince possible; ayez des amandes hachées bien menu et mêlées avec du sucre; mettez-les sur votre appareil : mettez-les au four comme il est indiqué aux gaufres allemandes, et procédez en tout de même. (F.)

GAUFRES A LA FLAMANDE.

Mettez dans un vase de terre un litron de farine; prenez-en le quart: faites un petit levain avec un quart d'once de levure de bière et un peu d'eau tiède; laissez revenir votre levain dans le fond de votre vase : étant assez revenu, ajoutez-y un quart d'once de sel, une once de sucre, un quarteron de beurre, six œufs ; mêlez bien le tout ensemble ; et finissez de mouiller votre appareil avec de la crème chaude : il faut que cela soit liquide comme la pâte à frire : couvrez votre vase : laissez-la revenir pendant deux heures dans un endroit chaud; au bout d'une heure et demie, ajoutez-y deux petits verres de bonne eau-de-vie ; maniez bien votre appareil pour le corrompre; faites chauffer votre gaufrier, et au moment de servir, vous ferez cuire vos gaufres. Servez avec du sucre en poudre dessus. (F.)

GAUFRES AUX PISTACHES.

Ayez une demi-livre de pâte à brioche ; mouillez-la avec un demi-verre de vin de Madère; incorporez-y trois onces de sucre en poudre, et deux onces de raisin de Corinthe; versez sur un plafond beurré cet appareil; étendez-le de l'épaisseur d'un demi-pouce; faites-le cuire environ un quart d'heure à un four vif; sa cuisson faite, formez vos gaufres en coupant cet appareil de deux pouces carrés; glacez-les au sucre cassé (*voyez* Sucre Cassé, article Office), et masquez-les légèrement avec des pistaches hachées, ou servez-les au naturel. (F.)

CROQUIGNOLES D'OFFICE.

Mettez dans une terrine une demi-livre de farine, une livre de sucre en poudre, une bonne pincée de fleur d'oranger pralinée en poudre, un peu de sel, un morceau de beurre fin gros comme une noix; détrempez votre appareil avec des blancs d'œufs; que votre appareil soit très-ferme; ayez une espèce d'entonnoir; mettez votre pâte dedans; beurrez légèrement quelques plafonds, et couchez dessus vos croquignoles en forme de bouton, en trempant la pointe du couteau dans du blanc d'œuf, et en les coupant à mesure qu'elles sortent de l'entonnoir : mettez-les cuire à four doux. (F.)

CROQUIGNOLES A LA CHARTRES.

Prenez une demi-livre d'amandes douces et quatre d'amères; émondez-les, pilez-les, mouillez-les avec des blancs d'œufs, vos amandes bien pilées, mettez-les sur le tour, avec une demi-livre de sucre en poudre; un litron de farine, un tas de sel, le zeste d'un citron râpé, un morceau de beurre gros comme un œuf; mouillez votre pâte avec des œufs entiers, pétrissez-la, afin qu'elle soit bien ferme; coupez-la par morceaux; roulez-la et recoupez-la par petits morceaux gros comme de petites cerises; roulez-les dans vos mains, pour les arrondir; posez-les sur des plafonds beurrés; appuyez dessus pour qu'elles tiennent au plafond, dorez-les à plusieurs fois; mettez-les cuire au four un peu chaud. (F.)

CROQUIGNOLES COMMUNES.

Les croquignoles communes se font de même que celles à la Chartres; au lieu d'un litron de farine, mettez en trois; terminez-les de même que ci-dessus. (F.)

GÉNOISES.

Mettez dans une terrine six onces de sucre en poudre, mettez cela avec six œufs entiers comme si c'était du biscuit; ajoutez-y un quarteron de farine, autant d'amandes douces pilées, un peu d'eau de fleur d'oranger et un peu de sel, un morceau de beurre gros comme un œuf; battez bien le tout ensemble; beurrez un plafond, mettez votre appareil dessus; étendez-le et donnez-lui l'épaisseur d'une pièce de cinq francs; faites-le cuire à four vif, et qu'il soit d'une belle couleur; sa cuisson faite, coupez et formez-en vos génoises, soit en croissant, soit en rond, soit en losanges; mettez-les sécher à l'étuve et servez-les. (F.)

GÉNOISES DÉCORÉES.

Procédez de même qu'il est indiqué ci-dessus; quand vos génoises sont sèches et coupées bien correctement, décorez-les avec de la glace royale de différentes couleurs (*voyez* article Glace royale); mettez sécher à l'étuve; votre glace étant sèche et vos génoises froides, garnissez-les de gelée de pomme ou de gelée de groseille; dressez-les, et servez-les. (F.)

GÉNOISES GLACÉES A L'ITALIENNE.

Préparez et faites vos génoises comme il est indiqué ci-dessus; lorsqu'elles seront coupées, posez-les sur une feuille de papier blanc; faites clarifier et cuire une demi-livre de sucre au soufflé, votre sucre à sa cuisson; mettez le cul de votre poêlon dans l'eau fraîche; ramassez bien votre sucre; vous aurez en même temps fouetté trois blancs d'œufs; étant bien pris, mêlez-les peu à peu avec votre sucre; ensuite masquez vos génoises avec cette glace; mettez-les sécher à l'étuve un quart d'heure, et servez; vous pouvez en faire de différentes couleurs, en vous servant des couleurs d'office. (*Voyez* article Office.)

GLACE ROYALE.

Vous prenez un blanc d'œuf frais, le mettez dans un vase de terre; vous aurez du sucre blanc en poudre passé au tamis de soie, que vous mêlerez avec le blanc d'œuf, pour faire une glace qui ne soit ni trop liquide ni trop sèche; battez-la bien pour la faire blanchir, ajoutez-y un peu de jus de citron; vous pouvez en faire de différentes couleurs, en vous servant de safran pour le jaune, de carmin pour le rose, ou de rouge vertat (qui se trouve ordinairement chez un fruitier, rue des Cinq-Diamants), de vert d'épinard pour le vert, etc. (F.)

PATE A LA GÉNOISE, OU PATE FROLLE.

Mettez un litron de farine sur le tour, trois quarterons de sucre et une demi-livre de beurre; frottez le zeste de deux ou trois citrons sur une partie du sucre énoncé; écrasez-le avec le rouleau, réduisez-le en poudre; faites-un trou dans votre farine; mettez-y un peu de sel, quatre œufs entiers et quatre jaunes; maniez bien le tout ensemble; formez-en une pâte; fraisez-la deux ou trois fois avec la paume de la main; ramassez-la, rassemblez-la, laissez-la repousser, coupez-la par bandes; roulez-là de la grosseur du petit doigt; coupez-la d'égale longueur, formez-en des espèces d'S ou des fers à cheval, ciselez-les d'un côté et fendez-les d'un bout; arrangez-les sur des plafonds beurrés, dorez-les, faites-les cuire à four un peu plus chaud que pour les biscuits, et servez-les pour petits entremets. (F.)

GATEAUX A LA REINE.

Émondez et pilez une livre d'amandes douces, ajoutez-y une livre de sucre, une bonne pincée de fleurs d'oranger pralinée et quatre blancs d'œufs à mesure; cet appareil bien préparé, modelez vos gâteaux de plusieurs manières; posez-les sur un plafond; faites-les cuire à un four doux; masquez-les comme la génoise glacée à l'italienne, et décorez-les comme vous jugerez à propos. (*Voyez* Génoise glacee à l'Italienne.) (F.)

TARTELETTES A LA CHANTILLY.

Prenez de la pâte d'amandes (*voyez* cet article); maniez-la bien; ajoutez-y un peu de gomme adragant et un peu d'amidon en poudre; couvrez une feuille de papier de sucre en poudre, abaissez votre pâte, et servez-vous de sucre pour la poudrer, en place de farine; lorsque votre pâte sera abaissée d'une feuille de papier, prenez un petit coupe-pâte rond, comme pour de petits pâtés ordinaires; coupez les fonds de vos tartelettes, ainsi que des bandes de la même pâte, de la hauteur d'un demi-pouce et de la même épaisseur; mouillez avec du blanc d'œuf un peu battu les bords de vos fonds; soudez-y des bandes au bord de vos tartelettes; posez une feuille de papier sur une feuille d'office ou un plafond, arrangez-y vos tartelettes sans qu'elles se touchent; laissez sécher à l'étuve ou sur le four, remplissez-les de crème fouettée ou à la Chantilly (*voyez* Crème à la Chantilly, article Office); assaisonnez-la de sucre et d'eau à la fleur d'orange, ou de l'esprit de rose avec un peu de carmin; si vous êtes en été, vous pouvez les couvrir de fraises: servez pour petits entremets. (F.)

BOUCHÉES DES DAMES.

Ayez six œufs, mettez-les dans une terrine avec un quarteron de sucre en poudre, et trois onces de fécule de pommes de terre, un peu de sel, une pincée de fleur d'oranger pralinée; battez le tout comme pour le biscuit; ensuite beurrez un plafond dans lequel vous verserez cet appareil; étendez-le légèrement, mettez-le cuire environ un quart d'heure à un four doux; sa cuisson faite, retirez-le, coupez par parties avec un petit coupe-pâte de la grandeur d'une pièce de cinq francs; glacez ces bouchées, soit au chocolat, soit au blanc (*voyez* à cet effet l'article Glace royale); masquez vos bouchées, faites-les sécher à la bouche du four; dressez-les et servez. (F.)

PETITES GÉNOISES.

Faites avec de la pâte d'amandes, comme il est indiqué ci-dessus, de petites tartelettes de la grandeur d'une pièce de quarante sous : donnez-leur un peu plus de hauteur qu'aux tartelettes à la Chantilly; faites une abaisse avec de la pâte d'amandes, de la grandeur à peu près du plat que vous voulez servir; donnez à cette abaisse une forme ronde ou goudronnée; ajoutez un petit rebord, et faites autant de petites génoises que votre abaisse peut en contenir; mettez-les sécher à l'étuve, comme il est dit aux tartelettes à la Chantilly : quand vous serez au moment de les servir, remplissez-les de trois à quatre espèces de confitures de différentes couleurs; formez-en des quadrilles ou d'autres dessins. (F.)

NOUGAT.

Prenez une livre d'amandes douces; émondez-les, lavez-les, mettez-les égoutter sur un linge blanc, coupez-les en filets; de chaque amande faites-en cinq filets; mettez-les sécher à un four très-doux, en sorte qu'elles prennent une couleur bien jaune et bien égale; mettez trois quarterons de sucre en poudre dans un poêlon d'office; faites-les fondre sur un fourneau, en les remuant avec une cuillère de bois : quand votre sucre sera bien fondu, jetez vos amandes chaudes dedans; retirez votre poêlon du feu, et mêlez bien vos amandes avec votre sucre; vous aurez essuyé et huilé un moule, mettez vos amandes dedans, et montez-les autour du moule avec l'aide d'un citron, que vous appuyez sur vos amandes tâchez de le monter le plus mince possible : démoulez-le, dressez le, et servez. Vous pouvez avec ce même appareil, faire de temples, des maisonnettes ou des chaumières, au goût de la personne qui les fait. (F.)

GATEAU DE COMPIÈGNE.

Passez un quart de belle farine, faites deux fontaines comm pour la pâte à brioche; prenez un peu plus que le quart de votr farine pour faire un levain; mettez-y un peu plus de levure; faites-le revenir : pendant ce temps, mettez dans votre grande fontaine une once de sel, un bon verre d'eau, deux onces de sucre, le zeste de deux citrons hachés, du cédrat confit et coupé en petits dés; faites votre pâte comme il est indiqué à l'article Pâte à Brioche, tenez-la plus molle; et, si elle se trouvait trop ferme, mettez-y de l'eau : vous aurez beurré un moule comme pour le Pouplin (*voyez* cet article); posez-y votre pâte; laissez-la revenir cinq à six heures; mettez votre gâteau à un four bien atteint; faites-le cuire environ deux heures et demie : renversez-le du moule, et servez-le froid, pour grosse pièce. (F.)

BRIOCHE AU FROMAGE.

Faites un quart de pâte à brioche (*voyez* cette Pâte); laissez-la revenir : lorsque vous serez pour la corrompre, mêlez-y une livre ou une livre et demie de fromage de Gruyère coupé en petits dés; séparez votre pâte en deux parties, l'une du quart de la totalité; moulez-les toutes deux; posez la plus forte du côté de la moulure, sur un fort papier beurré; aplatissez-la dans le milieu avec la paume de la main; moulez l'autre petite partie, et ensuite la grosse; soudez-les ensemble, en les rapprochant et en les appuyant l'une sur l'autre, la petite dessus; cassez deux œufs, battez-les comme pour une omelette; dorez-en votre brioche; mettez-la au four bien à temps, laissez-la cuire trois heures environ, retirez-la, ôtez-en le papier : dressez-la sur une serviette; servez-la chaude, comme grosse pièce. (F.)

GATEAU DE PLOMB.

Passez un quart de farine, faites une fontaine, mettez-y une once de sel, deux onces de sucre, une livre et demie de beurre, et douze œufs; détrempez le tout ensemble; fraisez votre pâte trois fois; si elle était trop ferme, mouillez-la avec un peu de lait; rassemblez votre pâte, laissez-la reposer une demi-heure, ajoutez-y une demi-livre de beurre, et donnez-lui quatre tours comme au feuilletage; moulez votre gâteau, abaissez-le très-épais, coupez les bords en losange, dorez-le, mettez-le sur un plafond, rayez-le et piquez-le, faites-le cuire à un four atteint : une heure et demie environ suffit pour sa cuisson. (F.)

GATEAU AU LARD.

Prenez du petit lard, coupez-le en lames, mettez-le dessaler dans de l'eau; vous aurez fait une pâte brisée, dans laquelle vous aurez mis moins de sel qu'on n'en met ordinairement (*voyez* article Pâte brisée); formez-en un gâteau, échiquetez-en les bords, mettez-le sur un plafond, dorez-le, couvrez-le de lames de votre petit lard, que vous aurez égoutté, et desquelles vous aurez ôté les couennes. (F.)

GATEAU AU FROMAGE.

Ayez le quart d'un fromage de Brie, gras et bien affiné, que vous pilerez et passerez au tamis, avec un litron et demi de farine; faites-y un trou, mettez-y trois quarterons de beurre, maniez votre fromage, pilez un peu de fromage de Gruyère râpé, et six œufs entiers; détrempez votre pâte, fraisez-la trois fois; ramassez votre pâte, moulez-la, laissez-la reposer une demi-heure; après, abaissez-la avec un rouleau, faites-en un gâteau de l'épaisseur de trois doigts, échiquetez-le à l'entour avec le taillant de votre couteau; retournez-le, dorez-le, rayez-le; faites-le cuire à un four ordinaire, et servez. (F.)

FONDUS.

Prenez du fromage de Parmesan râpé, mettez-le dans un vase avec du gros poivre et un peu de beurre fondu; mouillez-le avec des jaunes d'œufs, mêlez bien le tout; fouettez vos blancs, qu'ils soient bien pris, mettez une partie dans votre appareil; remuez légèrement avec une cuillère de bois, pour bien incorporer le tout; mettez le reste de vos blancs, et incorporez-les de même; cela fait, dressez vos fondus dans des caisses que vous aurez préparées à cet effet; ne les remplissez qu'à moitié; faites-les cuire à un four chauffé comme pour le biscuit; et servez-les aussitôt qu'ils seront sortis du four. (F.)

PATE A RAMEQUINS.

Mettez dans une casserole un demi-setier d'eau (plus ou moins, suivant la quantité de pâte que vous voulez faire); ajoutez-y trois onces de fromage de Gruyère, un peu de parmesan, autant de beurre, un peu de sel et gros poivre; posez le tout sur le feu; lorsque l'eau bouillira, retirez du feu votre casserole; incorporez dans cette eau de la farine passée au tamis, comme il est indiqué pour la pâte à choux; pour finir, procédez de même avec des œufs entiers; couchez vos ramequins sur des plafonds mouillés; dorez-les, mettez une lame de fromage de Gruyère sur chacun, et faites-les cuire à four doux. (F.)

AUTRE MANIÈRE.

Faites une pâte à choux (*voyez* cet article); lorsqu'elle sera desséchée, mettez-y des œufs ce qu'il en faut pour ne pas rendre vos ramequins trop mous; ajoutez-y une bonne poignée de fromage de Parmesan et de Gruyère ensemble, et un peu de gros poivre, du fromage de Gruyère coupé en petits dés; mêlez bien le tout; couchez vos ramequins sur un plafond de la grosseur que vous le jugerez à propos; dorez-les, et un quart d'heure avant de servir, faites-les cuire à four doux; si c'est pour un buisson, dressez-le sur une serviette. (F.)

TALMOUSES SANS FROMAGE.

Faites une pâte à choux ordinaire (*voyez* Pâte à Choux); mouillez-la avec des œufs, de manière qu'elle ne soit pas trop liquide; ajoutez un peu de frangipane étouffée ou assaisonnée; vous aurez abaissé des rognures de feuilletage, de l'épaisseur d'une pièce de trente sous; coupez-les en rond avec un coupe-pâte de trois pouces et demi; couchez votre appareil sur ces abaisses, et formez-en une espèce de chapeau à trois cornes; dorez légèrement le dessus, mettez-les au four un peu vif; leur cuisson achevée, dressez-les, et servez chaud autant que possible. (F.)

TALMOUSES A LA SAINT-DENIS.

Ayez une livre et demie de fromage à la pie; ajoutez-y un quarteron de fromage de Brie, bien nettoyé; et un peu de sel; maniez le tout avec la main; joignez à cela une poignée de belle farine passée au tamis, maniez le tout de nouveau; mettez-y un quarteron le beurre, que vous aurez fait fondre; remaniez cet appareil avec les œufs; couchez et dressez vos talmouses, comme il est indiqué à l'article ci-dessus; faites-les cuire : servez-les pour buissons et entremets. (F.)

KOUQUES.

Prenez une pinte de crème; faites-la bouillir, mettez dans une casserole seize jaunes d'œufs avec deux zestes de citrons, une demi-once de sel, deux onces de sucre; versez votre crème bouillante sur vos jaunes d'œufs, en remuant avec force; faites prendre cet appareil sur le feu, sans le laisser bouillir; passez-le à l'étamine, et laissez-le refroidir; mettez sur le tour deux litrons de farine, prenez-en le quart pour faire un levain, avec une demi-once de levure de bière, et un peu d'eau tiède; détrempez votre levain un peu mou; mettez-le revenir dans un endroit chaud; détrempez le restant de votre farine avec votre appareil et un quarteron de beurre; fraisez votre pâte à cinq ou six fois; mettez votre levain et fraisez-la encore deux fois; relevez votre pâte dans un linge fariné; attachez-le fortement, et laissez revenir votre pâte dans un endroit chaud; au bout de quatre heures, corrompez-la, coupez vos kouques de la grosseur d'un œuf, moulez-les et donnez-leur la forme d'un œuf; posez-les sur un plafond; laissez revenir une demi-heure; dorez-les, mettez-les cuire au four chaud; leur cuisson faite, fendez-les sur le côté; retirez-en un peu de mie, et mettez en place du beurre manié avec du sel, et servez. (F.)

SOLILEMNES.

Prenez la même pâte que pour les kouques; mettez-la revenir dans un moule beurré; aussitôt que votre moule sera plein, mettez-le au four un peu doux; sa cuisson faite, retirez-les du moule; faites des incisions sur les côtes de votre gâteau; mettez-y du beurre manié avec du sel, remettez-le dans son moule, et servez le plus chaudement possible; démoulez sur un plat au moment de servir. (F.)

BISCOTTES DE BRUXELLES.

Prenez deux litrons de belle farine, mettez-les sur le tour; faites deux fontaines comme à la pâte à brioche; prenez un peu plus du quart de la farine pour faire votre levain; mettez-y un peu plus de levure; tenez votre levain un peu mou; mettez dans votre grande fontaine une demi-once de sel, un peu d'eau, une once de sucre, un quarteron de beurre fin et six œufs; détrempez votre pâte avec de la crème un peu molle; fraisez-la cinq à six fois; mêlez votre levain dedans, fraisez-la encore deux fois; mettez revenir votre pâte dans un linge blanc et fariné; au bout de quatre heures, corrompez-la à plusieurs fois, séparez-la en trois morceaux, moulez chacun de ces morceaux, donnez-leur une forme longue comme un pain mollet; posez-les sur un grand plafond, laissez-les revenir une bonne demi-heure; dorez-les avec du lait; mettez-les cuire comme le biscuit; leur cuisson faite, laissez-les refroidir sur le plafond; le lendemain levez-les, et coupez-les par tranches; mettez-les sécher à four doux, et qu'elles aient une couleur bien jaune; servez-vous-en pour prendre le café à la crême. (F.)

PLUMPOUDINGS.

Ayez deux livres de graisse de rognons de bœuf, ôtez-en les peaux et les nerfs; hachez-la bien menu, avec une livre et demie de farine, et mettez-la dans un grand vase : épepinez une livre et demie de raisins de caisse, épluchez une demi-livre de raisins de Corinthe, et mêlez les raisins avec votre graisse; ajoutez un bon verre de vin de Madère sec, deux petits verres d'eau-de-vie de Cognac, le zeste de la moitié d'un citron haché bien menu; une poignée de cédrats confits, coupés en petits dés; du sel en suffisante quantité, un peu de sucre et huit œufs entiers: mouillez le tout avec du lait; maniez-le avec les mains de manière que le tout soit bien mêlé; formez-en une pâte un peu liquide; faites bouillir de l'eau dans une marmite capable de contenir votre plumpoudings; votre eau bouillant, beurrez et farinez un torchon, posez-le dans une passoire et mettez-y votre appareil; rassemblez les coins de ce torchon, liez-le fortement, sans trop serrer votre pâte; mettez le tout dans votre marmite, qui doit bien bouillir, retirez-la alors au bord de votre fourneau, et conduisez-la comme un pot au feu; observez qu'il ne faut la couvrir qu'à moitié, qu'il ne faut pas qu'elle cesse de bouillir, que pour l'entretenir il faut toujours avoir de l'eau bouillante, et que sans tout cela l'eau pénétrerait dans votre plumpoudings; laissez-le cuire six à sept heures, et retournez-le d'heure en heure; durant sa cuisson, faites la sauce indiquée ci-après: mettez dans une casserole un quarteron de beurre fin, une pincée de farine, une pincée de zeste de citron, une écorce de cédrat hachée, une pincée de sel, deux cuillerées à bouche de sucre en poudre, mouillez le tout avec du vin de Madère; faites-le cuire comme une sauce ordinaire. Au moment de servir, égouttez votre plumpoudings un instant; déliez et ouvrez-en le torchon; posez un plat sur votre plumpoudings, retournez-le, ôtez-en le torchon; parez-le et masquez-le avec votre sauce, et servez.

Observez que vous pouvez également faire cuire votre plumpoudings au four, en le mettant dans une casserole beurrée. (F.)

TOURTE AUX TRUFFES A L'ANGLAISE.

Lavez et brossez deux livres de belles truffes, épluchez-les, mettez dans une casserole, avec six lames de jambon, un peu de zeste de carotte, un oignon coupé en tranches, une feuille de laurier et un peu d'aromate en poudre, sel en suffisante quantité; mouillez-les avec une demi-bouteille de vin de Champagne, et couvrez vos truffes de bardes de lard; faites cuire vos truffes en sorte que le mouillement soit à glace; mettez refroidir; mettez-les dans une tourte avec leur assaisonnement, comme il est indiqué à l'article Tourte de Godiveau (*voyez* Tourte de Godiveau);

procédez en tout et pour tout de même, et servez votre tourte sans l'ouvrir. (F.)

WOUELCHE RABETTE, OU LAPINGALLOIS.

Faites des rôties de pain; qu'elles soient grillées d'une belle couleur; ayez du fromage anglais dit glocester, ôtez-en la croûte, coupez-le en petits dés; mettez-le fondre avec un peu d'eau dans une casserole; ajoutez-y une pincée de gros poivre ou poivre de Cayenne; étendez sur ces rôties ce fromage fondu; glacez-les avec une pelle rouge, en la tenant élevée dessus à une certaine distance, pour leur faire prendre une belle couleur: cela fait, dressez-les sur un plat, et servez-les à côté de la moutarde anglaise. (F.)

TOURTE DE FRANGIPANE.

Prenez un petit plafond de la grandeur que vous jugerez à propos, foncez-le de rognures de feuilletage ou pâte à foncer; donnez à ce morceau de feuilletage cinq tours et demi, en formant une bande allongée, coupée de la largeur d'un pouce et demi; mouillez votre fond, et posez votre bande dessus; appuyez-la bien, et soudez les deux bouts ensemble, de manière que cette bande s'aperçoive le moins possible: mettez dans le milieu de la frangipane d'un pouce d'épaisseur (*voyez* l'article Frangipane); mettez sur votre frangipane un ou plusieurs fleurons de feuilletage découpés; dorez légèrement le bord de votre tourte, et mettez-la cuire à four un peu chaud; sa cuisson presque achevée, poudrez-la de sucre fin, glacez-la, et servez-la chaude ou froide. (F.)

TOURTE A LA MOELLE.

Ayez un quarteron de moelle de bœuf, épluchez-la, ôtez-en les fibres et les os, faites-la blanchir dans un peu d'eau, pendant qu'elle est un peu chaude; écrasez-la, incorporez-la dans votre frangipane: vous procéderez en tout pour cette tourte comme pour celle de frangipane, article précédent, et servez-la chaudement. (F.)

TOURTE AU ROGNON DE VEAU.

Prenez un rognon de veau cuit à la broche, avec une partie de la graisse qui l'enveloppe, hachez-en une portion ou le tout, selon la grandeur de la tourte que vous voulez faire; incorporez ce rognon dans votre frangipane, et procédez comme il est indiqué à l'article Tourte à la Frangipane, article ci-dessus. (F.)

TOURTE A L'ANGLAISE.

Épépinez deux onces de raisin de caisse, une once de raisin de Corinthe; coupez en petits dés un morceau de cédrat confit; mêlez le tout dans votre frangipane, avec un peu de moelle de bœuf fondu et un peu de vin de Madère, et procédez du reste comme il est indiqué à l'article Tourte à la Frangipane. (F.)

TOURTE AUX ÉPINARDS.

Ayez une boule d'épinards blanchis bien verts; passez les au beurre avec un peu de sel et muscade, mêlez-les dans votre frangipane, et terminez comme il est énoncé à l'article Tourte à la frangipane. (F.)

TOURTE DE CONFITURES.

Faites une abaisse de pâte à foncer, de la grandeur dont vous voulez faire votre tourte ; posez cette abaisse sur un plafond ; étendez sur cette abaisse de la confiture, en laissant au bord une distance d'un pouce et demi ; mouillez cette distance, faites des petites bandes roulées ; bandez votre tourte ; faites dessus le dessin qu'il vous plaira, ou une seconde abaisse à laquelle vous ferez un dessin à jour ; couvrez-en votre confiture, et mêlez-y une bande de tourte comme à celle de frangipane ; faites-la cuire, et glacez-la de même. Vous procéderez de même pour tous les fruits confits et marmelades. (F.)

TOURTE DE PÊCHES ET FRUITS NOUVEAUX EN GÉNÉRAL.

Faites une abaisse avec de la pâte à foncer, mettez-la sur un plafond, mouillez-en les bords, mettez-y une bande de tourte comme aux tourtes précédentes ; mettez dans l'intérieur de votre tourte un rond de papier beurré, avec un rond de pâte commune ; piquez-le bien ; dorez le dessus de votre bande ; faites-la cuire et glacer ; retirez le rond de pâte et le papier ; vous aurez fait une compote de pêches, comme il est indiqué à l'article Office (*voyez* Compote de pêches) ; garnissez-en votre caisse ; faites réduire le sirop, et à l'instant de servir, glacez-en vos pêches. Dans toutes les saisons, procédez de cette manière pour vos tourtes de fruits en général, ainsi que pour les tartelettes. (F.)

TARTELETTES AUX CONFITURES.

Abaissez des rognures de feuilletage, formez-en quinze moules à tartelettes ; remplissez-les de confiture, mouillez-en les bords ; faites de petites bandes, roulez-les, et bandez vos tartelettes ; faites dessus le dessin qu'il vous plaira ; mettez vos tartelettes sur un plafond, mouillez-les légèrement ; mettez-les cuire au four chaud ; aux trois quarts cuites, poudrez-les de sucre en poudre, glacez-les, retirez-les de leurs moules ; dressez-les, et servez. (F.)

TARTELETTES AUX FRUITS NOUVEAUX.

Faites une abaisse de pâte à foncer très-mince ; coupez avec un coupe-pâte vos ronds de tartelettes, placez-les sur un plafond mouillé, pas trop près les unes des autres ; ayez un morceau de feuilletage, auquel vous aurez donné cinq tours et demi ; abaissez-le de l'épaisseur d'une pièce de cinq francs ; coupez ce feuilletage avec le coupe-pâte que vous avez employé à couper vos fonds ; avec un autre coupe-pâte plus petit, enlevez-en un morceau à chaque rond, ce qui vous fera une petite bande pour vos tartelettes ; mouillez vos fonds, posez et appuyez vos bandes dessus, dorez-les légèrement ; mettez-les cuire à four chaud, glacez-les, laissez-les refroidir; garnissez-les comme il est indiqué à l'article Tourte de Pêches. (*Voyez* cet article.) (F.)

TARTELETTES A LA FRANGIPANE.

Foncez quinze moules à tartelettes avec des rognures de feuilletage, remplissez-les de frangipane, à laquelle vous aurez ajouté un peu de pâte à choux pralinée; dorez-les, et posez dessus une petite bande de feuilletage tournée en forme de colimaçon; faites-les cuire à four chaud: leur cuisson faite, retirez-les, et glacez-les à blanc. (F.)

BISCUITS NIAUFFES.

Faites un demi-litron de feuilletage; donnez-lui un tour ou deux de plus qu'on ne lui donne ordinairement; formez-en deux abaisses carrées, et de l'épaisseur d'un petit écu; couvrez une plaque d'office d'une de ces abaisses; étalez de la crème pâtissière de l'épaisseur du doigt, dans laquelle vous aurez mis une bonne poignée de pistaches pilées, des amandes amères jointes à une poignée d'amandes douces émondées et un peu de vert d'épinards; ajoutez-y un peu de sucre en poudre, un peu de fleur d'oranger et deux œufs entiers que vous mêlerez bien dans cette crème; étendez-la également sur votre première abaisse; couvrez-la de la seconde; dorez-la, piquez-la, coupez la moitié en formant des carrés de trois pouces de long sur un demi-pouce de large, dorez-la, poudrez dessus du sucre en grains, de la fleur d'oranger pralinée, des amandes coupées en filets, comme pour les gaufres allemandes: faites cuire ces gâteaux à un four égal au biscuit: leur cuisson achevée, retirez-les, divisez-les par carrés, comme ils sont marqués; parez-les, dressez-les, et servez-les pour entremets. (F.)

MIRLITON.

Mettez dans une terrine deux œufs et un quarteron de sucre en poudre; délayez le tout; ayez trois blancs d'œufs, fouettez-les; lorsqu'ils seront pris, incorporez-les dans votre appareil avec une pincée de farine passée au tamis, et un peu de fleur d'oranger et de sel; ayez un morceau de feuilletage à cinq tours et demi, abaissez-le de l'épaisseur d'une pièce de vingt sous, coupez-le avec un coupe-pâte de la grandeur de vos moules à tartelettes, posez-les dans vos moules, et versez dedans votre appareil; faites-les cuire à four très-doux. Leur cuisson achevée, dressez-les et servez-les. (F.)

PETITS GATEAUX D'AMANDES.

Émondez une demi-livre d'amandes, pilez-les au blanc d'œuf, et lorsqu'elles seront bien pilées, ajoutez-y trois quarterons de sucre, une pincée de fleur d'oranger pralinée et environ deux onces de crème pâtissière; ayez du feuilletage ce qu'il en faut pour vos gâteaux; donnez-lui un demi-tour de plus; abaissez-le de l'épaisseur d'une pièce de cinq francs; coupez-les comme des petits pâtés au naturel; mettez-les sur un plafond, mettez sur chacun de votre appareil, mouillez les bords, recouvrez-les dorez-les, piquez-les, mettez-les à un bon four : leur cuisson faite, poudrez-les de sucre à blanc.

GATEAU DE PITHIVIERS.

Ayez des amandes préparées comme à l'article précédent ; ajoutez une demi-livre de sucre en poudre, un peu de zeste de citron haché et un quarteron de beurre fin ; mettez-y à mesure trois œufs entiers ; préparez une tourte comme à l'article Tourte à la Frangipane ; que la bande soit moitié moins large : mettez votre appareil dans cette tourte ; recouvrez-la d'une abaisse de feuilletage à six tours que vous couperez à la même égalité de votre bande ; goudronnez le tour avec le dos de votre couteau, dorez-le, échiquetez-le dessus, mettez-le à un bon four : sa cuisson faite, poudrez de sucre à blanc, et servez. (F.)

GATEAU FOURRÉ.

Préparez-le de même que la caisse du gâteau de Pithiviers ; garnissez-le de frangipane, de marmelade de pomme, de telle autre confiture que vous désirerez, et recouvrez-le de même d'une abaisse de feuilletage : faites-le cuire et glacez au four. (F.)

GATEAU A LA PORTUGAISE.

Ayez une demi-livre d'amandes émondées et pilées ; incorporez-y trois jus d'orange avec leurs zestes hachés ; mettez cet appareil dans une terrine ; ajoutez-y une demi-livre de sucre en poudre, deux onces de fécule et six jaunes d'œufs ; battez-en les blancs, incorporez-les aussi avec votre appareil ; faites une caisse longue ; beurrez-la, mettez-y cet appareil, et faites-la cuire à four doux . sa cuisson faite, coupez en petits carrés ou en losanges ; marquez chaque morceau de glace royale ; mettez-les sécher à l'étuve. (*Voyez* l'article Glace Royale.) (F.)

GATEAU D'AMANDES MASSIF.

Prenez deux livres d'amandes douces, émondez-les, lavez-les, pilez-les, mouillez-les avec quatre blancs d'œufs ; mettez-y deux zestes de citron hachés, deux pincées de fleur d'oranger pralinée, un peu de sel et deux livres de sucre, un quarteron de fécule de pomme de terre et douze œufs entiers ; mêlez bien le tout ensemble ; ayez un moule beurré et garni de papier brouillard beurré de même ; mettez votre appareil dans ce moule ; faites cuire votre gâteau à un four doux : sa cuisson achevée, retirez-le du moule et servez. (F.)

FANCHONNETTES.

Mettez dans une casserole deux onces de farine, trois onces de sucre, du zeste de citron vert, deux jaunes d'œufs, un œuf entier et deux onces d'amandes pilées, une once de beurre et un peu de sel ; délayez le tout avec un demi-setier de lait ; mettez cet appareil sur le feu, et le faites prendre comme une crême ; foncez avec du feuilletage des moules à tartelettes, comme pour les mirlitons, versez-y votre appareil ; mettez sur un plafond à four gai ; aux trois quarts de leur cuisson, retirez-les, meringuez-les (*voyez* Meringues, article Office), poudrez-les de gros sucre, remettez-les au four et faites-leur prendre une belle couleur. (F.)

PETITS ENTREMETS DE FEUILLETAGE GLACÉ.

Ayez un morceau de feuilletage beurré à dix livres le boisseau; donnez-lui cinq tours et demi; faites avec des losanges des nattes, des jalousies, des polonaises, des pucelages, etc., etc. Tous ces petits gâteaux se font cuire à four très-chaud, et se glacent au four. (F.)

PETITS ENTREMETS GRILLÉS AU SUCRE OU AUX AMANDES.

Votre feuilletage beurré à dix livres le boisseau, pour ces entremets, donnez jusqu'à sept tours; dorez-les de préférence avec du blanc d'œuf en ayant soin de laisser fondre le sucre; mettez-les au four après que le biscuit est retiré du four; cinq minutes après que vos gâteaux sont au four, faites un peu de feu clair à la bouche du four, pour faire grainer votre sucre. Leur cuisson achevée, retirez-les. (F.)

POUDING A L'ANGLAISE.

Mettez dans un vase un litron de farine, une demi-livre de raisin de caisse; épépinez-le; épluchez-le, du sel en suffisante quantité, une pincée de citron vert haché, une pincée de cannelle en poudre, trois quarterons de graisse de bœuf hachée bien fin, huit œufs entiers, une cuillerée à bouche d'eau de fleur d'oranger, un petit verre de bonne eau-de-vie et une chopine de crème; délayez bien le tout, et finissez-le en y incorporant un demi-setier de lait: beurrez une casserole avec du beurre clarifié, retournez-la pour la laisser égoutter; mettez-y votre appareil, ayant soin de le remuer de suite; faites cuire votre pouding à un four passablement chaud: sa cuisson achevée, renversez-le, poudrez-le de sucre; glacez-le soit au four, soit avec une pelle rouge, et servez.

Le pouding au riz et au vermicelle se prépare de même que le gâteau au riz à la française (*voyez* Gâteau au Riz); masquez-le d'une sauce ci-après désignée.

Mettez dans une casserole la moitié d'une cuillerée à bouche de farine; délayez avec de la crème un peu de fleur d'oranger, un peu de sel, un peu de sucre, gros comme une noix de beurre; tournez et faites cuire cet appareil; sa cuisson faite, masquez, en sortant du four, votre gâteau au riz, lequel saucé se nomme pouding: le gâteau de vermicelle se fait de même que celui de riz. (F.)

BRÉDE-POUDING, OU GATEAU AU PAIN.

Faites bouillir une chopine de crème avec le zeste d'un citron, un peu de cannelle, un quarteron de sucre et un peu de sel; vous mettez dans une autre casserole une livre de mie de pain tendre; versez la crème bouillante sur votre mie de pain; couvrez-la d'un couvercle, laissez-la tremper pendant une heure; retirez-en la cannelle et le citron, incorporez-y cinq œufs entiers, beurrez un moule, mettez votre appareil dedans; couvrez votre moule d'une serviette beurrée et farinée, liez-la bien serrée sur le bord du moule; mettez cuire votre pouding dans une marmite d'eau bouillante pendant une heure : au moment de servir, égouttez-le, retirez la serviette, renversez votre moule sur un plat, saucez-le d'une sauce comme il est indiqué pour le plumpouding. (*Voyez* cet article.) (F.)

BRÈDE-POUDING AU RAISIN DE CORINTHE.

Nettoyez bien une demi-livre de raisin de Corinthe, en le mettant dans une passoire avec une poignée de farine, et le frottant avec force pour en faire sortir les queues; lavez votre raisin avec de l'eau tiède, égouttez-le; mettez mariner du vin de Madère avec un peu de sucre : mettez ce raisin dans un même appareil que celui indiqué à l'article Pouding au Pain : faites-le cuire de même, et servez-le avec la même sauce. (F.)

AUTRE POUDING AU PAIN.

Faites une trentaine de tartines de pain et de beurre, le plus mince possible; ayez du raisin de Corinthe préparé comme il est indiqué à l'article Brède-Pouding, auquel vous joindrez un jus de citron vert, cannelle et muscade râpée; rangez vos tartines de pain dans un moule beurré sur plusieurs rangs, en observant de mettre du raisin entre chaque lit; préparez un appareil de crème à l'anglaise (*voyez* cet article); versez cet appareil dans un moule, couvrez-le comme il est indiqué à l'article Brède-Pouding; faites-le cuire de même, et servez-le avec la même sauce. (F.)

POUDING AUX FRUITS, A L'ANGLAISE.

Mettez sur une table un litre de farine, avec un peu de sel, un peu d'eau, quatre œufs, une demi-livre de saindoux; détrempez votre pâte un peu ferme, abaissez-la, mettez-la sur une serviette beurrée; mettez sur le milieu de votre pâte cinquante prunes de mirabelle, une demi-livre de cassonade, un peu de cannelle, une écorce de citron; retroussez votre pâte en forme de ballon; liez avec de la ficelle votre serviette le plus serré possible, pour que l'eau ne pénètre pas; mettez bouillir votre pouding dans une marmite d'eau bouillante pendant une heure et demie : au moment de servir, égouttez votre pouding, coupez la ficelle, dégarnissez la serviette de la pâte, renversez-le sur un plat creux; faites attention de ne pas le déchirer en retirant la serviette.

Vous observerez le même procédé pour le pouding aux cerises, aux abricots, aux pêches, aux pommes, aux poires, etc.

GATEAU DE CAROTTES.

Prenez douze grosses carottes, le plus rouges possible, ratissez-les, faites-les cuire dans une marmite avec de l'eau et un peu de sel; leur cuisson faite, mettez-les égoutter; supprimez-en les cœurs; passez vos carottes à l'étamine, mettez-les dans une casserole, et faites-les dessécher sur le feu, comme une pâte à choux; faites une crème pâtissière de la valeur d'un demi-setier de lait, foncez-la un peu en farine; sa cuisson faite, incorporez-y votre purée de carottes, une pincée de fleur d'oranger pralinée et hachée, trois quarterons de sucre en poudre, quatre œufs entiers que vous mettez l'un après l'autre, six jaunes d'œufs dont vous réservez les blancs, et un quarteron de beurre que vous aurez fait fondre; mêlez bien le tout; fouettez vos blancs d'œufs, incorporez-les dans votre appareil; préparez une casserole ou un moule, comme il est indiqué pour le gâteau au riz. Trois quarts d'heure avant de servir, versez votre appareil dans votre moule, mettez-le au four; sa cuisson achevée, renversez votre gâteau sur un plat, et servez. (F.)

GATEAU AUX PISTACHES.

Faites une crème pâtissière, comme il est indiqué ci-dessus; émondez un quarteron de pistaches, autant d'amandes douces; pilez-les ensemble, arrosez-les de temps en temps d'un peu de blanc d'œuf, pour que vos amandes ne tournent pas en huile; ces amandes et ces pistaches bien pilées, retirez-les du mortier; mettez avec votre crème pâtissière un peu de vert d'épinards; procédez comme il est indiqué au gâteau de carottes. (F.)

FLAN DE NOUILLES MERINGUÉES.

Dressez une croûte de pâte comme il est indiqué à l'article Croûte de Pâté chaud (*voyez* cet article) : ayez des nouilles (*voyez* Pâte de Nouilles) en quantité suffisante pour garnir votre flan; pochez-les dans du lait; égouttez-les; mettez-y des jaunes d'œufs, du sucre, de la fleur d'oranger ou un zeste de citron haché, des macarons amers, des massepains bien écrasés; ajoutez-y un morceau de beurre fondu gros comme un œuf et un peu de sel; mêlez le tout; fouettez la moitié des blancs d'œufs que vous aurez employés dans votre appareil; incorporez-y légèrement ces blancs; trois quarts d'heure avant de servir, mettez ces nouilles ainsi préparées dans votre flan, que vous ferez cuire à four doux; lorsqu'elles seront bien montées, fouettez le reste de vos blancs d'œufs, mettez-y du sucre en poudre et un peu de fleur d'oranger pralinée; maniez légèrement vos blancs d'œufs; recouvrez-en votre flan; glacez cette meringue de sucre en grains; votre meringue cuite et d'une belle couleur, servez votre flan. (F.)

FLAN DE SEMOULE.

Faites cuire votre semoule dans du lait; procédez en tout, pour ce flan, comme pour celui des nouilles, indiqué à l'article précédent. (F.)

FLAN SUISSE.

Dressez une croûte de flan, comme il est indiqué à l'article Croûte de Pâté chaud (*voyez* cet article); faites bouillir une chopine de crème, dans laquelle vous mettrez un quarteron de beurre fin; vous ferez une pâte à choux bien fine; au lieu de farine ordinaire, employez celle de fécule de pomme de terre; mettez dans une terrine du fromage de Gruyère râpé, autant de parmesan et fromage de Neufchâtel; maniez le tout ensemble avec un peu de sel et gros poivre, et une demi-livre de beurre fondu, ainsi que votre pâte à choux; délayez le tout avec des jaunes d'œufs crus et donnez à votre pâte un peu plus de consistance qu'à celle du biscuit; prenez la moitié des blancs, des jaunes, qui ont servi à ramollir votre pâte, fouettez-les, et lorsqu'ils seront bien fermes, incorporez-les légèrement dans votre pâte; de suite versez-la dans votre flan; garnissez-le d'un fort papier beurré, qui passe au moins trois pouces au-dessus de votre croûte; ficelez le papier, mettez-le cuire au four moyennement chaud; sa cuisson achevée, dressez-le sur un plat, retirez-en le papier, et servez. (F.)

FLAN DE FRUITS NOUVEAUX

Ayez un moule de fer-blanc, ou de cuivre, de la hauteur d'un pouce et demi; posez ce moule sur un plafond; faites une abaisse avec de la pâte à foncer, formez-en votre moule, incrustez-y bien de la pâte dans toutes ses cannelures; ayez des abricots en suffisante quantité, retirez-en les noyaux, mettez-les dans un vase; sautez-les avec du sucre; rangez-les dans votre flan; mettez-le cuire à four chaud; sa cuisson faite, retirez-le; au moment de servir, masquez-le d'un peu de sirop et d'amandes de vos noyaux émondés et coupés en deux, pour mettre sur vos abricots. Faites de même pour les flans de pêches, de prunes, de cerises et autres. (F.)

FLAN A LA FRANGIPANE.

Foncez votre moule comme il est indiqué ci-dessus, garnissez-le de frangipane; bandez-le en grille de religieuse; faites cuire et glacez-le au four; procédez de même pour la marmelade de pomme et toute autre marmelade. (F.)

POUPLIN A LA REINE.

Faites une pâte à choux (*voyez* article Pâte à Choux), dans laquelle vous mettrez fort peu de beurre, et que vous foncerez en farine; quand elle sera bien desséchée, ramollissez-la avec des œufs; couchez-en de très-petits choux, bien égaux, et autant qu'il en faut pour garnir votre moule; dorez-les, mettez-les cuire au four; qu'ils soient d'une belle couleur et bien ressuyés; huilez le moule dont vous voulez vous servir; faites clarifier et cuire du sucre au cassé (*voyez* Sucre au Cassé, article Office); prenez vos petits choux, les uns après les autres, au bout d'un atelet, en les enfilant par dessous; trempez-les dans votre sucre, et commencez par en mettre un au milieu de votre moule; continuez de les placer à l'entour, jusqu'à ce que vous soyez parvenu jusqu'au bord, en les faisant toucher les uns contre les autres; cela fait, renversez votre moule sens dessus dessous; dressez-le sur une serviette, et servez-le. (F.)

CROQUE-EN-BOUCHE.

Ayez une pâte à choux, comme il est indiqué à l'article précédent;

couchez-la sur un plafond de la grosseur de la moitié d'un œuf; dorez vos choux: trempez le bout du doigt dans la dorure; faites un trou au milieu de chaque chou, pour en former une gimblette; faites-les cuire; leur cuisson faite, glacez-les l'un après l'autre avec du sucre au cassé, comme il est indiqué à l'article précédent; dressez-les, et servez. (F.)

GIMBLETTES PRINTANIÈRES.

Émincez des amandes douces, comme il est indiqué à l'article Gaufres allemandes; frottez-les avec du vert d'épinards et du sucre, mettez-les sécher; ayez des gimblettes, comme il est indiqué ci-dessus; trempez-les dans le sucre au cassé, ensuite dans vos amandes vertes; faites à toutes la même chose; dressez-les et servez. (F.)

GIMBLETTES A LA FLEUR D'ORANGER PRALINÉE.

Ayez de la belle fleur d'oranger pralinée; étalez-la sur une feuille de papier; ayez des gimblettes comme il est indiqué ci-dessus; trempez ces gimblettes, l'une après l'autre, dans du sucre au cassé; et ensuite dans la fleur d'oranger; dressez et servez. (F.)

CHOUX MERINGUÉS.

Ayez de la pâte à choux, comme il est indiqué à l'article Pouplin à la reine; couchez-les sur un plafond de la grosseur ordinaire; faites-les cuire à four assez chaud, leur cuisson faite, coupez-en les bouts; faites un trou dans l'intérieur de vos choux, détachez-les du plafond: au moment de servir remplissez-les de crème à la Chantilly, et mettez une petite meringue sur chaque chou (*Voyez* Crème à la Chantilly, et Meringue), dressez-les et servez.

CHOUX PRALINÉS.

Mettez dans une casserole un demi-setier de crème avec une demi-livre de beurre fin, un peu de sel, un zeste d'orange ou de citron, un quarteron de sucre; posez votre appareil sur le feu, et lorsqu'il sera près de bouillir, retirez-le sur le bord de votre fourneau; mettez-y une poignée de farine passée au tamis; faites-le dessécher jusqu'à ce que votre appareil rende le beurre; laissez-le un peu refroidir; incorporez-y des œufs entiers; que votre crème ne soit pas trop molle; coupez vos choux d'une grosseur convenable; pralinez-les avec des amandes; coupez en filets un peu de fleur d'oranger pralinée, mêlez avec un peu de sucre et de blanc d'œufs; dorez vos choux avec du blanc d'œuf battu, mettez vos amandes dessus; faites-les cuire à four doux; leur cuisson faite, dressez-les, et servez. (F.)

CHOUX A LA CUILLÈRE

Ayez une pâte à choux préparée de même qu'il est indiqué à l'article précédent, ramollissez-la davantage avec des œufs; couchez vos choux sur des feuilles d'office, et avec une cuillère à bouche, comme des biscuits à la cuillère; dorez-les avec du blanc d'œuf; poudrez-les de sucre en grains; faites-les cuire à four doux; leur cuisson faite, dressez-les, et servez. (F.)

GATEAUX DE MILLE FEUILLES.

Faites un quart de feuilletage (voyez cet article); lorsqu'il sera achevé d'être tourné, coupez-le en huit parties, une plus forte du double des autres; abaissez les sept autres de l'épaisseur d'une pièce de 5 francs, posez-les sur des plafonds; prenez la huitième partie, qui doit être plus épaisse que les autres, pour en former le dessus; coupez-les toutes d'égale grandeur avec un couvercle de casserole; dorez-les, piquez-les; décorez ou découpez votre dessus, pour pouvoir le garnir de différentes confitures; faites-les cuire; glacez votre couvercle; leur cuisson faite, laissez-les refroidir; posez sur un plafond la première abaisse; étalez dessus de la gelée de groseilles; posez-en une seconde; étalez-y de la marmelade d'abricots; mouillez vos abaisses, ainsi de suite, en les garnissant de différentes confitures; posez votre couvercle qui fait le dessus, et garnissez-le de différentes confitures; parez votre gâteau d'une forme bien ronde, et garnissez le tour de petites meringues collées avec du sucre au cassé; dressez-le sur une serviette, et servez.

Au lieu de vous servir de confitures, vous pouvez vous servir de crème à la Chantilly, de différentes couleurs. (F.)

SULTANE A LA CHANTILLY.

Mettez une demi-livre de sucre royal dans un petit poêlon, avec un peu d'eau claire et gros comme une noix de miel de Narbonne; faites bouillir votre sucre; écumez-le bien, faites-le cuire au cassé; au moment qu'il a atteint sa cuisson, mettez-y un peu de jus de citron, remuez bien votre sucre; vous avez préparé un moule et l'huilier, ainsi que deux fourchettes d'argent attachées ensemble; trempez le bout de vos fourchettes dans le sucre; filez ce sucre dans le moule; mettez le cul de votre poêlon sur de la cendre chaude, et filez ainsi votre sultane jusqu'à ce qu'elle ait assez de consistance pour que vous puissiez la détacher du moule. Quand elle sera détachée de votre moule, refilez encore du sucre pour lui donner plus de force; vous aurez préparé sur un fond de pâte d'office un socle monté à jour, avec des petits gâteaux décorés de différentes manières; dans le milieu, mettez un fromage à la Chantilly assaisonné de sucre en poudre, de fleur d'oranger; posez votre sultane sur le bord de vos petits gâteaux, et servez. (F.)

PASTILLAGES.

Mettez deux onces de gomme adragant, lavez-la bien; mettez-la tremper pendant vingt-quatre heures dans un vase de terre; mouillez avec de l'eau bien claire; couvrez-la d'une feuille de papier, pour qu'elle ne prenne pas la poussière; étant bien détrempée, passez-la sur un marbre propre, à travers un torchon neuf, à force de bras; le tout étant bien passé, remplissez votre gomme avec de l'amidon en poudre et du sucre royal; pilez et passez au tamis de soie votre gomme remplie, afin qu'elle n'ait pas trop de corps;

mettez-la dans un vase de terre, couverte d'un torchon humide, et qu'il ne touche pas à votre pâte; servez-vous de cette pâte pour faire des temples, des corbeilles, et toute autre chose que vous désirerez. Il faut avoir des planches gravées pour cet effet; quant aux couleurs, vous pouvez employer du safran, du carmin, du bleu de Prusse, du rouge végétal et de la gomme gutte. (F.)

CÔTELETTES EN SURPRISE.

Prenez des rognures de feuilletage, abaissez-les de l'épaisseur d'une pièce de 30 sous; coupez votre abaisse en forme de petit cœur, comme si vous vouliez mettre des côtelettes de mouton en papillotes; mettez dans cette pâte de la marmelade d'abricot; soudez les bords; donnez-leur la forme de côtelettes, posez-les sur un plafond, et faites-les cuire; vous aurez fait un peu de pâte d'office, que vous couperez par petites bandes comme des os de mouton: faites-les cuire, sans leur donner de couleur, à un four doux; lorsque ces côtelettes seront cuites, dorez-les avec un peu de blanc d'œuf battu; écrasez des macarons, qui vous serviront à les paner; faites rougir un atelet, posez-le sur vos côtelettes, comme pour figurer les marques du gril sur lequel elles auraient été posées; ajoutez-y vos os de pâte d'office; dressez ces côtelettes en couronne sur votre plat, et servez. (F.)

PROSITROLES AU CHOCOLAT.

Ayez quinze choux, comme il est indiqué à l'article Choux meringués (*voyez* cet article); au lieu d'y mettre de la crème, mettez-y une demi-livre de chocolat fondu dans de l'eau; mettez un peu de chocolat sur le plat que vous devez servir; posez vos prositroles sur le fond de votre plat, du côté qu'elles ont été remplies; poudrez-les de sucre fin; mettez-les au four; quand elles auront mijoté une demi-heure et qu'elles seront bien glacées, retirez-les, et servez. (F.)

MISS-PAES (PATÉ A L'ANGLAISE).

Prenez une livre de graisse de rognons de bœuf, hachez-la fine; une livre de langue de bœuf à l'écarlate, que vous aurez fait cuire et hachée de même; une livre de pommes de rainette que vous aurez pelées; ôtez les cœurs, et hachez une demi-livre de raisin de caisse, que vous aurez épluché, épépiné, lavé, et cinq quarterons de raisin de Corinthe, lavé, épluché et séché. Après les avoir de nouveau hachés, mettez tous ces ingrédients ensemble dans un vase; ajoutez-y une demi-livre de sucre en poudre, un quart d'once de macis en poudre, autant de muscade, une pincée de poudre de girofle, autant de poudre de cannelle, sel en suffisante quantité, et un demi-setier de bonne eau-de-vie; maniez bien le tout ensemble avec six œufs, en sorte qu'il forme une espèce de pâte; prenez des rognures de feuilletage, abaissez-les, et foncez-en des moules à tartelettes ou des moules un peu plus creux; remplissez-les de cet appareil; ayez un quarteron de cédrat confit, coupé en petits dés, du zeste d'orange et de citron, que vous aurez fait cuire dans du sucre; poudrez-en vos miss-paës; faites-les cuire au four modéré pendant trois quarts d'heure, et servez-les chauds. On sert ces pâtés de préférence le jour de Noël. (F.)

RISSOLES AUX CONFITURES.

Ayez des rognures de feuilletage, abaissez-les bien minces, mouillez votre pâte; mettez dessus, de distance en distance, de la confiture; repliez votre pâte; formez-en un petit chausson; appuyez-en bien les bords, posez-les sur un couvercle de casserole; un instant avant de servir, faites-les frire d'une belle couleur; égouttez, rangez-les sur un plafond, poudrez-les de sucre, faites-les glacer au four de campagne, dressez-les, et servez. (F.)

RISSOLES A LA FRANGIPANE.

Procédez de même qu'à l'article précédent, et garnissez-les de frangipane. (*Voyez* Frangipane.) (F.)

RISSOLES AUX FRUITS NOUVEAUX.

Ayez des fruits à compote; égouttez-les bien et procédez comme il est indiqué ci-dessus. (F.)

GROS SOUFFLÉ AU CAFÉ.

Prenez une demi-livre de café, faites-le brûler dans un poêlon d'office. Quand il sera à son point; mettez-le infuser dans une chopine de lait; mettez dans une casserole trois cuillerées à bouche de fécule de pommes de terre; délayez-les avec votre infusion, faites-les prendre sur le feu; retirez-les; ajoutez trois quarterons de sucre, un quarteron de beurre fin, un peu de sel; maniez le tout ensemble avec dix-huit jaunes d'œufs; que votre appareil soit un peu plus ferme que celui de la pâte à biscuits; fouettez vos blancs d'œufs; quand ils seront bien pris, incorporez-les dans votre appareil, versez-les dans une croûte à soufflé que vous aurez disposée (*voyez* article Croûtes à pâté chaud); vous aurez soin de mettre un fort papier beurré autour de votre croûte, et faites chauffer votre appareil à moitié, afin qu'il ne languisse pas au four; trois quarts d'heure avant de servir, mettez votre soufflé au four. (F.)

OMELETTE SOUFFLÉE EN MOULE.

Cassez six beaux œufs, séparez les blancs des jaunes, mettez dans les jaunes trois cuillerées combles de sucre fin, quatre macarons écrasés, une cuillerée de fécule de pommes de terre, un peu de sel et un peu de fleur d'oranger pralinée en poubre; remuez bien le tout ensemble; beurrez et panez votre moule, comme il est indiqué pour le gâteau au riz (*voyez* cet article); lorsque vous serez prêt à servir les entrées, fouettez vos blancs d'œufs; quand ils seront pris, mêlez-les avec vos jaunes, versez-les dans votre moule, ne le remplissez pas tout-à-fait; mettez votre omelette dans un four doux, comme pour le biscuit; lorsqu'elle sera cuite, retournez-la sur votre plat, et servez-la; elle doit être d'une belle couleur et bien tremblante. (C'est un fort bon entremets, et qui est très-joli.) (F.)

CROQUETTES DE RIZ.

Épluchez, lavez et faites blanchir un quarteron de riz; faites-le crever dans un demi-setier de lait, en le mouillant à mesure; assaisonnez-le de zestes de citrons hachés bien fin, de cinq ou six macarons et massepains écrasés, d'un quarteron de sucre, d'un peu de sel, d'un peu de fleur d'oranger pralinée, et gros de beurre comme un œuf; votre riz étant crevé, liez-le avec quatre jaunes d'œufs, sans le laisser bouillir; versez-le sur un plafond; étendez-le également; laissez-le refroidir; divisez-le en petites parties égales; mettez-les en boules; trempez-les dans une omelette; roulez-les dans de la mie de pain; posez-les sur un couvercle; et, un moment avant de servir, faites-les frire à une friture un peu chaude; lorsque vos croquettes seront atteintes et d'une belle couleur, égouttez-les, poudrez-les de sucre, dressez-les, et servez. (F.)

CRÈME FRITE.

Ayez un demi-setier de lait, faites-le bouillir avec un zeste de citron; délayez deux œufs entiers avec de la farine autant qu'ils en pourront boire; relâchez cet appareil avec quatre œufs; mouillez-le avec votre lait chaud, et supprimez-en le citron; délayez bien cette crème, en sorte qu'il ne s'y forme point de grumeaux; faites-la cuire en la tournant comme une bouillie: au bout d'un quart d'heure de cuisson, ajoutez-y un peu de sel, un quarteron de sucre, gros de beurre comme la moitié d'un œuf, et quelques gouttes de fleur d'oranger; achevez de la faire cuire; ajoutez-y quatre jaunes d'œufs, deux macarons amers et quatre massepains écrasés; versez votre appareil sur un plafond beurré; étendez-la d'un doigt d'épaisseur; laissez-la refroidir; coupez-la en losanges ou en couronnes; trempez-les dans une omelette; panez-les avec de la mie de pain, et finissez comme il est indiqué à l'article précédent. (F.)

BEIGNETS DE CÉLERI.

Prenez une douzaine de beaux pieds de céleri; épluchez-les; coupez les montants à six pouces de la racine, tournez-les sans les détacher du pied; lavez bien votre céleri, faites-le blanchir à peu près un quart d'heure; mettez-le rafraîchir; égouttez-le; faites-en quatre paquets et ficelez-les; foncez une casserole de bardes de lard; rangez-y votre céleri; assaisonnez-le d'un bouquet assaisonné d'un peu de sel, et mouillez-le avec du derrière de marmite; couvrez-le de bardes de lard et d'un rond de papier; faites-les cuire: leur cuisson achevée, égouttez et pressez-les, mettez-les mariner avec du sucre et de l'eau-de-vie; trempez dans une pâte à frire; faites-les frire, égouttez-les, glacez-les, et servez. (F.)

CERISES AUX CROUTONS.

Faites chauffer un pot de confitures de cerises, mettez-les dans une casserole d'argent; décorez le dessus avec des petits croûtons de pain passés au beurre, ensuite dans du sucre en poudre: servez chaud. (F.)

MARMELADE D'ABRICOTS AUX CROUTONS.

Servez-vous du procédé indiqué à l'article ci-dessus. (F.)

DES CRÊMES.

PETITS POTS A LA FLEUR D'ORANGER.

Vous mesurez sept fois un petit pot de crême ou de bon lait; vous y mettez trois onces de sucre, une cuillerée à bouche de fleur d'oranger pralinée; vous faites jeter un bouillon à votre lait; laissez-le refroidir. Si vos pots sont grands, vous mettez sept jaunes d'œufs; s'ils sont petits, cinq suffisent; vous les délayez avec votre lait, et vous passerez la composition à l'étamine; voyez si la crême est de bon goût, et vous la verserez dans vos petits pots; mettez ensuite de l'eau dans une grande casserole, vous la ferez bouillir, et vous placerez les petits pots dedans. Il faut qu'ils ne soient mis dans l'eau bouillante que jusqu'aux trois quarts, afin qu'il n'entre pas d'eau dedans; vous poserez le couvercle de la casserole, et vous mettrez du feu dessus; faites aller tout doucement votre bain-marie. Au bout de dix minutes, voyez si vos petits pots sont pris; alors vous les retirez, vous les essuyez, et les servez froids: vous pouvez donner l'odeur que vous voudrez à ces petits pots, fleur d'oranger, citron, thé, vanille, violette, etc.

PETITS POTS AU CAFÉ VIERGE.

Vous mesurez dix petits pots de crême; vous la faites bouillir; mettez dedans un quarteron de sucre; vous tiendrez votre crême chaude; vous ferez griller deux onces de café; quand il sera blond, vous le mettrez sortant de la poêle dans de la crême; vous poserez aussitôt un couvercle de casserole dessus; vous laisserez refroidir la crême; vous la passerez à travers une passoire, pour en ôter le grain du café; ensuite vous mettrez six jaunes d'œufs dans une casserole, vous les délaierez avec votre crême; vous passerez le tout quatre fois à travers une étamine: faites bouillir de l'eau; vous mettrez votre crême dans des petits pots, et vous les ferez prendre au bain-marie.

PETITS POTS AU CAFÉ NOIR.

Mesurez huit petits pots de café à l'eau; vous y mettrez trois onces de sucre (plus, si les pots sont grands); vous le ferez bouillir, et vous le laisserez refroidir; vous casserez six jaunes d'œufs dans une casserole, vous les délaierez avec du café; vous le passerez quatre fois à travers une étamine; quand l'eau bouillira, vous emplirez vos petits pots, et vous ferez prendre au bain-marie.

PETITS POTS AU CARAMEL.

Vous mettez gros comme la moitié d'un œuf de sucre dans une casserole, un peu d'eau, le dessus d'une écorce de citron; vous ferez bouillir jusqu'à ce que votre caramel soit fait; il faut qu'il ait une couleur un peu brune; vous mesurerez huit petits pots d'eau, vous y mettrez un quarteron de sucre, un peu d'écorce de citron vous ferez bouillir votre appareil, et vous le laisserez refroidir; ensuite vous casserez six jaunes d'œufs; délayez-les avec le tout;

vous le passerez quatre fois à travers l'étamine; quand votre eau bouillira, vous remplirez vos petits pots, et vous les ferez prendre au bain-marie.

PETITS POTS AUX PISTACHES.

Remplissez dix petits pots de crème, que vous verserez dans une casserole; vous la ferez bouillir; mettez-y un quarteron de sucre; lorsque la crème aura bouilli, vous émondez un quarteron de pistaches; vous les pilez bien fin; délayez-les avec votre crème bouillante, et faites-leur jeter un bouillon, puis vous les laisserez refroidir; vous mettrez dans une casserole un œuf entier et quatre jaunes; vous les délaierez avec votre appareil; vous y mettrez une cuillerée à café de vert d'épinards; passez-le cinq ou six fois à l'étamine; quand l'eau bouillira, vous remplirez les petits pots, et vous les ferez prendre au bain-marie.

CRÈME A LA VANILLE RENVERSÉE.

Vous remplirez de crème un moule, ou bien de petits moules; alors vous en ajouterez un peu plus; vous la ferez bouillir; vous y mettrez le sucre et la vanille; quand elle aura jeté quelques bouillons, vous la laisserez refroidir. Si votre moule tient une pinte, vous emploierez douze jaunes d'œufs et trois œufs entiers, que vous délaierez avec la crème; vous la passerez cinq fois à l'étamine; vous beurrerez le moule légèrement, et vous verserez la crème dedans; vous la ferez prendre au bain-marie; il ne faut pas que l'eau bouille beaucoup; ayez soin aussi que le feu que vous placerez sur le couvercle ne soit pas trop ardent; vous mettrez le doigt dans le cœur de la crème, pour vous assurer si elle est prise. Au moment de servir, vous renversez le moule sur le plat, vous mettez sur le feu le reste de la crème; tournez-la comme une sauce blanche; dès que vous apercevez que la crème tient à la cuillère de bois, vous la retirez du feu; tournez-la un instant, et versez-la sur la crème renversée; vous pouvez, par le même procédé, faire toutes les crèmes renversées.

CRÈME AU NATUREL.

Prenez de la crème claire, douce et bien fraîche; mettez-la dans une jatte, sur de la glace, pour la rafraîchir; ajoutez-y du beau sucre en poudre, et la servez.

CRÈME FOUETTÉE.

Mettez dans une terrine de la bonne crème, avec une quantité proportionnée de sucre en poudre, une pincée de gomme adragant en poudre, un peu d'eau de fleur d'oranger; fouettez le tout avec un paquet de brins d'osier sans écorce; quand le mélange est bien renflé, vous le laissez un moment, vous l'enlevez ensuite avec une écumoire, et le dressez en pyramide sur un plat. Vous garnissez le tour de petits filets d'écorce de citron ou d'orange verte confits, et les servez.

CRÈME A L'ITALIENNE.

Mettez dans une terrine une chopine de crème bien fraîche,

deux œufs aussi frais, trois cuillerées de sucre en poudre et un peu d'eau de fleur d'oranger; fouettez bien le tout ensemble; et quand la crème est assez épaisse, vous la dressez sur une assiette creuse, garnie de sucre en poudre; mettez-la ensuite sur la cendre chaude, et posez dessus un couvercle de tourtière, sur lequel vous mettez du feu, que vous renouvellerez jusqu'à ce qu'elle soit bien cuite : laissez-la refroidir, et la servez.

CRÈME DE FRAMBOISES.

Prenez de bonne crème épaisse, que vous fouetterez bien; ajoutez-y suffisante quantité de sucre en poudre et de framboises passées au tamis; dressez votre crème en pyramide, dont vous garnirez le tour d'un cordon de framboises, et la servez.

CRÈME D'AMANDES.

Prenez six onces d'amandes douces, une chopine de bon lait, e cinq onces de sucre; pelez les amandes, et les passez à l'eau fraîche : quand elles sont bien égouttées, pilez-les, jetant dessus de temps en temps un peu d'eau; battez dans le lait deux blancs d'œufs, dans lesquels vous délaierez le sucre; mettez le mélange sur un feu doux, et le faites bouillir; lorsqu'il est réduit aux trois quarts environ, vous y ajoutez la pâte d'amandes. Donnez à cette réunion un bouillon; passez au tamis, en y joignant un peu de fleur d'oranger; laissez refroidir, et servez votre crème, autour de laquelle vous formez des dessins avec des amandes au caramel, que vous disposez, lorsqu'elles sont grillées, sur une assiette graissée légèrement de bonne huile d'olive.

CRÈME DE PISTACHES.

Prenez quatre onces de pistaches, une chopine de lait, et quatre onces de sucre en poudre; échaudez vos pistaches, pelez-les; pilez-les au mortier avec un peu d'écorce de citron, et les passez au tamis de crin : délayez le sucre avec deux jaunes d'œufs dans le lait, et mêlez avec les pistaches; faites bouillir le tout sur un feu modéré, et remuez jusqu'à ce que la crème soit cuite, ayant l'œil à ce que la crème ne s'épaississe pas trop; vous la passez alors au tamis, et lorsqu'elle est refroidie, vous la servez : vous pouvez la garnir d'un rang de pistaches et l'enjoliver à votre fantaisie.

CRÈME DE CHOCOLAT.

Prenez une chopine de crème, trois jaunes d'œufs, deux onces de chocolat et cinq onces de sucre; mêlez ensemble le lait, la crème, le sucre et les jaunes d'œufs; mettez sur le feu, remuez toujours avec la spatule, et faites bouillir le mélange jusqu'à ce qu'il soit réduit d'un quart; alors vous ajouterez le chocolat râpé fin; lorsque vous lui avez donné quelques bouillons, vous passez au tamis, et lorsqu'il est refroidi, vous servez.

CRÈME A LA VANILLE.

Prenez deux gros de vanille, trois jaunes d'œufs, cinq onces de sucre et une chopine de crème; coupez la vanille par petits morceaux; délayez bien les jaunes d'œufs dans le lait; mêlez le tout, et mettez sur un feu modéré, ayant soin de remuer continuellement avec la spatule; lorsque le mélange s'y attache, vous jugez que votre crème est faite; alors vous retirez du feu; laissez refroidir, et servez.

LAIT D'AMANDES.

Prenez six onces d'amandes douces, une pinte de lait, quatre gros d'eau de fleur d'orange et cinq onces de sucre; pelez le amandes et pilez-les en pâte très-fine en jetant de temps en temps quelques gouttes de lait dans le mortier; lorsque votre pâte est friable, vous la jetez dans le lait, et la délayez bien; puis vous passez à travers un linge; mettez sur le feu, et faites bouillir jusqu'à réduction de moitié; vous ne donnez à cette réunion qu'un bouillon; puis, après avoir passé au tamis serré, vous laissez refroidir, et vous servez.

BLANC-MANGER CHAUD.

Vous émonderez une livre d'amandes, dans lesquelles vous en mêlez huit amères; vous les pilerez bien fin, vous les arrangerez dans une casserole; vous remplirez une autre casserole d'autant de crème, avec un quart de plus: vous la ferez bouillir avec du sucre; vous délaierez les amandes avec la crème bouillante; passez le tout à travers une étamine bien fine, en la foulant; un quart d'heure avant de servir vous mettrez l'appareil sur le feu, et vous la tournerez comme une bouillie; faites-la réduire, en continuant de la tourner jusqu'à ce qu'elle se lie, et qu'elle tienne après la cuillère; vous la verserez dans une casserole d'argent pour la servir.

BLANC-MANGER FROID.

Vous pilerez une livre d'amandes émondées; vous en ajouterez huit amères; lorsqu'elles seront pilées bien fin, vous ferez bouillir de la crème dont vous remplirez douze petits pots, six onces de sucre (ou moins, si les vases sont petits); vous délaierez les amandes avec la crème chaude; prenez une serviette fine et vous la passerez à travers, rien qu'en la tordant; vous ferez fondre après un bâton et demi de colle de poisson: après l'avoir bien battue, et mise en petits morceaux dans un demi-setier d'eau, vous la laisserez mijoter deux heures; ensuite vous la passez à l'étamine, et vous la versez avec l'appareil qui sera tiède; vous remplirez les petits pots et vous les mettrez à la glace ou au froid; si vous avez le temps d'attendre, lorsqu'ils seront congelés, vous pourrez les servir.

BLANC-MANGER RENVERSÉ.

Vous préparez le blanc-manger comme celui des petits pots; vous en remplirez le moule que vous voudrez renverser; joignez-y de la colle de poisson à proportion; il en faut au moins dix bâtons, selon la grandeur du moule; vous la mettrez à la glace; laissez-la bien congeler, pour qu'elle puisse se soutenir sortant du moule; vous la ferez à la corne de cerf ou à la gelée de pieds de veau.

CRÈME AU CAFÉ BLANC.

Faites réduire une chopine de crème, brûlez deux onces de café, et jetez-les dans votre crème; laissez-les infuser environ une demi-heure; cela fait, passez votre crème à travers une serviette, pour en supprimer le café; sucrez-la, ajoutez-y trois jaunes d'œufs et deux œufs entiers; mêlez bien le tout ensemble; passez-le au travers d'une étamine, à plusieurs fois; faites chauffer huit petits moules à darioles; essuyez-les bien; remettez-les chauffer; ayez du sucre au grand cassé, versez-le dans vos moules; mettez-les égoutter sur un couvercle de casserole; mettez de l'eau dans une casserole; faites-la bouillir : retirez-la du feu; remplissez vos petits moules, ayez soin de remuer l'appareil; faites-les prendre avec un peu de feu dessous et beaucoup dessus; lorsque vous serez pour servir, renversez vos moules sur le plat; faites chauffer environ une tasse de bon café à l'eau; sucrez-le, saucez-en vos œufs, et servez.

CRÈME AU THÉ.

Faites infuser dans une tasse d'eau une pincée du meilleur thé; faites réduire une chopine de crème à la moitié; ajoutez-y votre infusion de thé, trois jaunes d'œufs et deux entiers, du sucre en suffisante quantité; assurez-vous si votre appareil est d'un bon goût, agitez-les, passez-les à plusieurs fois à travers une étamine; agitez-les de nouveau; remplissez-en huit moules, comme il est indiqué à l'article précédent; faites-les cuire, et retournez-les sur un plat; saucez vos œufs avec une crème liée; prenez pour cela deux ou trois cuillerées de crème, saucez-la; liez-la avec un jaune d'œuf, sans la laisser bouillir: masquez-en votre crème, et servez. (F.)

CRÈME GRILLÉE.

Prenez deux onces d'amandes douces, et quatre amandes amères, faites-les praliner comme il est indiqué à l'article Praline (*voyez* cet article); faites-les refroidir, ajoutez-y une pincée de fleur d'oranger pralinée; pilez le tout ensemble; faites bouillir une pinte de crème, mettez vos amandes infuser dedans une heure; passez cette infusion à travers un tamis; prenez quatre jaune d'œufs et deux œufs entiers; battez-les bien avec votre infusion passez-la plusieurs fois à l'étamine, mettez-la dans des petits pots, faites prendre votre crème au bain-marie : servez-vous du même procédé qui est indiqué aux autres crèmes. (F.)

CRÈME MINIME.

Faites pocher huit œufs frais dans du lait, deux onces de sucre, un peu de sel et un peu de fleur d'oranger pralinée; aussitôt que vos œufs auront de la consistance, égouttez-les, parez-les; ajoutez dans votre lait deux onces de sucre, six jaunes d'œufs, une demi-cuillerée de farine, une cuillerée d'huile d'olive; mêlez bien le tout ensemble; passez le tout à travers une étamine; placez vos huit œufs sur un plat creux; faites prendre votre crème; au moment de bouillir, versez-la sur vos œufs, de manière qu'ils soient bien enveloppés : servez chaud ou froid. (F.)

CRÈME SOUFFLÉE.

Préparez un même appareil que celui indiqué à l'article Crème grillée (*voyez* cet article); faites refroidir cette crème; fouettez six blancs d'œufs comme, il est indiqué à l'article Biscuit; mêlez-les légèrement avec votre crème; faites-la prendre dans un moule beurré, comme il est indiqué à l'article Crème renversée. (F.)

CRÈME A LA RELIGIEUSE.

Mettez dans une casserole une cuillerée de farine sèche et bien blanche, une demi-livre de sucre en poudre, un peu de sel; mettez pour odeur, soit une infusion de vanille, ou citron, ou orange; délayez à mesure huit jaunes d'œufs avec votre farine, ensuite une chopine de lait ou crème bouillante; faites prendre votre crème sur le feu; au moment où elle commencera à bouillir, versez-la dans un plat creux; laissez-la refroidir; prenez quatre jaunes d'œufs durs, mêlez-les avec un peu de sucre et d'odeur que vous aurez mis dans votre crème; passez cet appareil à travers un tamis de crin, formez-en une espèce de mousse, dont vous ferez une bordure autour de votre crème, et servez. (F.)

ŒUFS AU BOUILLON.

Mettez dans une casserole quatre jaunes d'œufs et deux œufs entiers, cinq cuillerées à dégraisser d'excellent consommé; mêlez-les bien, et passez-les à l'étamine; au lieu de glacer vos moules beurrez-les légèrement; remplissez votre appareil, faites-les prendre; servez-les de même, et saucez d'un bon consommé réduit: vous pouvez les faire prendre dans de petits pots. (F.)

ŒUFS AU FUMÉ DE GIBIER.

Procédez pour ces œufs comme il est indiqué à l'article précédent, excepté que vous emploierez, au lieu de consommé, du fumet de gibier. (*Voyez* Fumet de Gibier, article Sauce.) (F.)

ŒUFS EN SURPRISE.

Prenez une douzaine d'œufs; faites à chacun un petit trou aux extrémités: passez par un de ces trous une paille, pour crever le jaune d'œuf; videz vos œufs en soufflant par un bout; mettez vos coquilles dans de l'eau pour les rincer et les approprier; égouttez les, faites-les sécher à l'air; délayez de la farine avec un jaune d'œuf pour boucher un des trous de votre coquille; l'ayant bouché, laissez-les sécher, et ensuite remplissez-en six de crème au chocolat: à cet effet, servez-vous d'un petit entonnoir, remplissez de même vos six autres coquilles avec de la crème, soit au café ou à l'orange; bouchez les autres trous de vos œufs; faites-les cuire à pleine eau chaude, sans la faire bouillir; supprimez la pâte des deux bouts de ces œufs; essuyez-les, et servez-les sous une serviette, pliée, pour entremets. (F.)

DIABLOTINS.

Ayez un pain à la vanille, comme il est indiqué à l'article Crème (*voyez* Crème à la Vanille renversée); cette crème bien cuite, renversez-la, laissez-la refroidir, coupez-la en gros dés; laissez-la bien égoutter; au moment de servir, jetez-les dans la farine, farinez-les bien; mettez-les sur un couvercle de casserole; mettez la friture au feu, faites-la rougir, mettez dedans vos diablotins; quand ils seront un peu noirs, égouttez-les, poudrez-les de sucre, et servez. (F.)

DES GELÉES.

GELÉE D'ORANGES.

Prenez dix oranges, trois citrons; vous zesterez trois oranges le plus légèrement possible, c'est-à-dire qu'avec un couteau vous enlevez par petites portions leur écorce, vous la mettrez dans une casserole; pressez les dix oranges et les trois citrons sur les zestes; vous clarifierez une demi-livre de sucre; vous placerez dessus le jus d'oranges, les zestes et le sucre clarifié, que vous avez mis presque au cassé; vous ferez chauffer avec le sucre le jus d'oranges, que vous passerez au travers d'un linge fin; après cela, vous y mettrez la décoction de trois bâtons de colle de poisson, c'est-à-dire qu'après avoir battu un bâton de colle de poisson, vous les mettez en petite partie dans une casserole avec trois poissons d'eau; faites-la mijoter pendant deux heures, et la passez à travers l'étamine, sans la fouler ni la presser; vous la mêlerez avec l'appareil tiède; amalgamez bien la colle et le jus, et mettez la gelée dans les petits pots; vous la placerez à la glace ou au frais; lorsque la gelée est bien prise, vous la retirez de la glace; sept petits pots suffisent pour un entremets : on peut faire cette gelée à la corne de cerf, aux pieds de veau, mais il faudrait que la gelée de ces deux articles fût en très-petite quantité et très-ferme. Par ce même procédé, vous faites toutes sortes de gelées, telles qu'aux vins de Malaga, Madère, Chypre, Marasquin, etc.

GELÉE D'ORANGES RENVERSÉE.

Vous préparez votre gelée d'oranges comme celle des petits pots, mais en plus grande quantité; il faut plus de colle que pour le blanc-manger; vous la mettrez à la glace pour qu'elle se congèle bien : au moment du service, vous renversez le moule sur le plat; avec un linge bien chaud, vous le frotterez, et la gelée se détachera; en cas qu'il y ait du liquide, vous le humerez avec un chalumeau. Toutes les gelées renversées se préparent d même.

MACARONI.

Mettez dans l'eau bouillante un morceau de beurre, une demi-livre de macaroni, un oignon piqué de deux clous de girofle, un peu de sel; faites-le bouillir trois quarts d'heure, alors vous le tâtez avec les doigts pour voir s'il est flexible; retirez-le du feu; égouttez-le dans une passoire; qu'il n'y reste plus d'eau; mettez-le dans une casserole, avec deux onces de beurre, quatre onces de gruyère râpé, trois onces de parmesan, une pincée de gros poivre, un peu de muscade râpée; sautez le tout ensemble, ajoutez-y deux ou trois cuillerées de crème; quand votre macaroni filera, vous le dresserez sur le plat; avant de le servir, voyez s'il est de bon sel.

MACARONI AU GRATIN.

Posez des croûtons autour du plat, le plus près possible; mettez le macaroni dedans; unissez-le par-dessus, saupoudrez-le de mie de pain, puis de fromage râpé un peu épais; mettez quelques gouttes de beurre dessus, et faites-lui prendre couleur à la pelle rouge.

GELÉE DE GROSEILLES FRAMBOISÉE.

Prenez deux livres de groseilles et une poignée de framboises, écrasez-les, passez-les au travers d'un torchon neuf; à force de bras passez ce jus à plusieurs reprises, dans une petite chausse de feutre de chapeau, jusqu'à ce qu'il soit clair; faites cuire deux onces de colle de poisson, et clarifiez-la avec un peu de sucre clarifié; écumez-la bien; passez-la au tamis de soie, et laissez-la refroidir; faites clarifier trois quarterons de sucre; faites-la cuire au petit perlé; laissez-le aussi refroidir; mêlez votre sucre, colle et jus de fruit, et un jus de citron ensemble; passez de l'huile dans un moule bien nettoyé, laissez-le bien égoutter, mettez votre appareil dedans; frappez-le de glace de salpêtre: au moment démoulez-le, et servez. (F.)

GELÉE DE FRAISES.

Prenez un panier de fraises des champs, épluchez-les, écrasez-les, mettez-les dans de l'eau bouillante sur une serviette tendue; passez votre jus jusqu'à ce qu'il soit clair; mettez les mêmes quantités de colle de poisson et de sucre, comme il est indiqué à l'article précédent, et procédez en tout de même. (F.)

GELÉE DE FLEUR D'ORANGER AU VIN DE CHAMPAGNE.

Prenez une poignée de fleurs d'oranger; épluchez-la; supprimez-en le pistil, et mettez les pétales dans de l'eau fraîche; mettez de l'eau sur le feu, jetez-y vos pétales, et faites-leur jeter un bouillon; retirez-les, égouttez-les, mettez-les dans du sirop dans lequel vous les ferez cuire au petit perlé; leur cuisson achevée, et quand elles seront presque refroidies, ajoutez-y une bouteille de vin de Champagne et autant de colle de poisson, comme il est indiqué ci-dessus, et procédez tout de même. (F.)

GELÉE D'ANANAS.

Prenez un ou deux petits ananas; épluchez-les comme vous pèleriez une pomme; coupez-les par tranches minces; mettez-les dans une casserole, et versez dessus un demi-setier d'eau bouillante; laissez-les infuser une heure; passez cette infusion au travers d'un tamis de soie neuf, ou qui n'aurait servi qu'à passer du sucre; cela fait, préparez votre colle et votre sucre comme il est indiqué à l'article Gelée de Groseilles; ajoutez deux jus de citrons, et procédez en tout, pour la finir, comme il est indiqué ci-dessus. (F.)

GELÉE D'ANANAS DANS L'ANANAS MÊME.

Prenez un bel ananas, coupez-en la couronne à un pouce de sa superficie, et laissez la queue d'un pouce et demi de longueur; creusez-le du côté de la couronne, sans percer ni endommager sa peau ou son écorce; à cet effet, servez-vous d'un couteau à lame d'argent et d'une cuilière de même métal; ôtez-en bien toutes les chairs; faites comme il est indiqué à l'article précédent, et suivez en tout le même procédé pour faire votre gelée; cela fait, remplissez-en votre ananas; faites-le prendre dans de la glace, sans y mêler du sel; faites un gâteau à la Madeleine de l'épaisseur de deux ou trois pouces, ou tout autre gâteau de la grandeur de votre plat d'entremets; laissez-le refroidir : au moment de servir, faites un trou au milieu de ce gâteau, placez-y votre ananas du côté de la queue recouvrez-le de sa couronne, et servez. (F.)

GELÉE DE MARASQUIN.

Faites cuire deux onces de colle de poisson, comme il est indiqué à l'article Gelée de Groseilles, ainsi que trois quarterons de sucre clarifié et cuit de même; votre sucre et votre colle étant presque froids, ajoutez cinq verres de marasquin et un petit verre de kirschwasser; passez le tout au travers d'un tamis de soie, en y ajoutant un verre d'eau filtrée; remplissez votre moule, et faites-la prendre à la glace, comme il est indiqué à l'article Gelée de Groseilles framboisée, et servez. (F.)

GELÉE DE RHUM.

Faites cuire et clarifier la même quantité de colle et de sucre qui est énoncée aux articles précédents, ajoutez-y le jus de deux citrons et la valeur de cinq petits verres de rhum; mélangez le tout avec un verre d'eau filtrée; passez-le au tamis de soie; remplissez votre moule, et faites-le prendre de même que les autres gelées; procédez de même pour les gelées au vin de Madère, au vin de Malaga, de muscat, et généralement pour tous les vins de liqueur; la seule différence est que, si ce sont des vins ou des liqueurs que vous employez, il faut diminuer la quantité de sucre, et les aciduler avec du jus de citron, si vous le croyez nécessaire Vous pouvez faire toutes les gelées qu'il vous plaira, soit en fleurs, soit en fruits, en les faisant infuser comme il est dit à la Gelée d'Ananas, et en suivant les autres procédés énoncés ci-dessus, ce qui m'a toujours très bien réussi. (F.)

GELÉE AU CAFÉ.

Prenez de la liqueur dite café Moka, ou bien mettez un quarteron de café dans un poêlon de terre neuf; faites brûler votre café sur des cendres chaudes; que les grains soient bien enflés et d'un beau blond; mettez infuser pendant une heure; ajoutez deux verres d'eau-de-vie blanche et un jus de citron, et procédez en tout comme il est indiqué aux autres gelées. (F.)

GELÉE RUSSE.

Prenez le même appareil de gelée russe, mettez cet appareil dans une terrine de grès; mettez le cul de cette terrine sur de la glace avec du salpêtre; ajoutez à votre appareil deux jus de citrons et quatre petits verres de kirschwasser; ayez un fouet de buis bien propre, fouettez votre appareil pendant une heure, en sorte qu'il devienne blanc comme des blancs d'œufs; aussitôt qu'elle sera à son point, c'est-à-dire qu'elle commencera à devenir un peu ferme, mettez-la dans un moule, et procédez comme pour les autres gelées. (F.)

GELÉE DE FROMAGE BAVAROIS.

Mettez neuf jaunes d'œufs dans une casserole, avec un peu de sel, une demi-livre de sucre et une bonne pincée de fleur d'oranger pralinée; ayez une chopine de crème que vous aurez fait bouillir; délayez vos jaunes d'œufs avec cette crème; posez-la sur un feu très-doux, et remuez-la sans la quitter, jusqu'à ce que vous la voyiez s'épaissir, et surtout prenez garde qu'elle ne bouille, ce qui ferait tourner les œufs, et elle ne pourrait plus vous servir; passez-la dans une étamine ou un tamis de soie; ayez une once de colle de poisson cuite et réduite, mêlez-la avec votre crème et un fromage à la Chantilly; quand le tout sera bien incorporé, versez votre appareil dans un moule, comme il est indiqué aux articles ci-dessus, et faites prendre votre fromage à la glace, comme les autres gelées. (F.)

GELÉE RUBANÉE.

Préparez un appareil de neuf jaunes d'œufs, comme il est indiqué à l'article précédent; n'y mettez pas d'odeur; votre crème passée à l'étamine, ajoutez-y une once et demie de colle de poisson fondue; séparez votre appareil en quatre portions égales dans des vases de terre; mettez une infusion de chocolat que vous aurez préparée, une autre de fleurs d'oranger, dans la troisième un peu de vert d'épinards avec quelques macarons amers écrasés, et l'autre de blanc-manger; mettez votre moule sur la glace, avec haut comme un travers de doigt de votre infusion; laissez-la prendre aussitôt versez-en dessus d'une autre couleur, ainsi de suite jusqu'à ce que votre moule soit plein: frappez-le de sel sur la glace: au moment de servir, démoulez-le, et servez. (F.)

GELÉE D'ÉPINE-VINETTE.

Faites fondre une once et demie de colle de poisson; passez-la à travers un tamis de soie; prenez deux livres d'épine-vinette égrainée, avec un verre d'eau: faites-lui faire un bouillon sur le feu dans un poêlon d'office; écrasez-en tous les grains; faites-en filtrer le jus; mêlez avec ce jus trois quarterons de sucre clarifié, et votre colle de poisson; mêlez le tout ensemble; mettez cette gelée dans un moule; faites-la prendre à la glace; renversez-la sur un plat au moment de servir. (F.)

CHARLOTTE RUSSE.

Ayez du biscuit de différentes couleurs; coupez-le bien mince décorez-en un moule uni; faites dans l'intérieur du moule plusieurs compartiments; remplissez-les de confitures, comme marmelade d'abricots, pommes, pêches, cerises, groseilles et autres; recouvrez votre charlotte de biscuit; renversez-la sur un plat au moment de servir. (F.)

FROMAGE PLOMBIÈRE.

Prenez neuf œufs bien frais; séparez-en les blancs d'avec les jaunes, et délayez vos jaunes avec une pinte de crème, dans laquelle vous aurez mis infuser deux pincées de fleur d'oranger pralinée, et un quarteron d'amandes douces et quatre amères que vous aurez bien pilées, et jetez dans votre crème bouillante; mettez-y trois quarterons de sucre en poudre; posez-la sur un feu très-doux, et remuez-la sans la quitter, jusqu'à ce que vous la voyiez s'épaissir, et surtout prenez garde qu'elle ne bouille, ce qui ferait tourner les œufs et elle ne pourrait plus vous servir: passez-la dans une étamine ou un tamis de soie; et, lorsqu'elle sera froide, vous la mettrez dans une sarbotière, et la glacerez; travaillez bien votre glace, et, quand elle sera à moitié prise, ajoutez-y un fromage de deux francs à la Chantilly; finissez de glacer votre fromage; au moment de servir, mettez une douzaine de feuilles d'oranger ou de lierre sur un plat d'entremets, dressez votre fromage en rocher sur ces feuilles; mettez de distance en distance des larmes de marmelade d'abricots, et servez. (F.)

DES SOUFFLÉS.

SOUFFLÉ DE PAIN A LA VANILLE.

Vous ferez bouillir une chopine de crème (plus, si le soufflé est fort); vous y mettrez un bâton de vanille et six onces de sucre, auquel vous ferez jeter trois ou quatre bouillons; prenez un pain mollet d'une livre, vous en ôterez la mie, et vous la tremperez dans la crème bien chaude; vous la laisserez jusqu'à ce que l'appareil soit froid; vous mettrez votre mie dans un linge blanc, vous la presserez pour en extraire la crème, que vous verserez dans un mortier avec la vanille: pilez-la bien, et vous y ajouterez un morceau de beurre gros comme deux œufs, deux œufs entiers, et quatre jaunes; quand tout est bien amalgamé, passez-le au travers d'une étamine, si vous voulez, ou à un tamis à quenelles, en foulant avec une cuillère de bois; vous mettrez la purée de pain dans une casserole, vous fouetterez les quatre blancs d'œufs comme pour du biscuit, et vous les mêlerez avec la mie de pain; placez le soufflé dans une casserole d'argent, que vous mettrez à un four doux; vous pouvez la poser aussi sur de la [illegible] rouge, et le four de campagne par-dessus : le soufflé cuit, servez-le tout de suite.

SOUFFLÉ DE PAIN AU CAFÉ VIERGE.

Vous ferez bouillir trois demi-setiers de crème ; vous mettrez six onces de sucre, vous ferez griller quatre onces de café un peu pâle, vous le jetterez en sortant de la poêle dans la crème, vous poserez le couvercle de la casserole dessus ; vous passerez ensuite votre crème à travers une passoire sur la mie de pain ; laissez-la refroidir, et faites le soufflé comme le précédent.

SOUFFLÉ DE FRANGIPANE.

Vous mettrez dans une casserole six cuillerées à bouche d'eau, que vous délaierez avec un œuf entier et quatre jaunes ; vous y ajouterez une chopine de crème, un morceau de beurre de la grosseur d'un œuf ; vous poserez cet appareil sur le feu ; vous le tournerez toujours : quand il sera cuit, vous le laisserez refroidir, et vous y mettrez six cuillerées à bouche de sucre en poudre, deux macarons amers et trois doux, un biscuit desséché ; vous les écraserez bien fin, et vous les mettrez dans l'appareil : ajoutez une cuillerée à bouche de fleur d'oranger pralinée en poudre ; vous mêlerez le tout ensemble ; vous y joindrez quatre jaunes d'œufs, plus, si votre appareil est épais ; vous fouetterez cinq blancs d'œufs comme pour du biscuit ; vous les ajouterez au tout, puis vous mettrez le soufflé dans une casserole d'argent ; faites-le cuire comme les précédents. Pour toutes sortes de soufflés, servez-vous du même procédé que ceux décrits ci-dessus.

SOUFFLÉ DE POMMES DE TERRE.

Faites bouillir une chopine de crème, six onces de sucre, six cuillerées à bouche de fécule de pommes de terre, quatre jaunes d'œufs ; vous délayez cette fécule avec les œufs, la crème, du beurre de la grosseur d'un œuf, un peu d'écorce de citron hachée ; vous mettrez votre appareil sur le feu, et le tournerez jusqu'à ce qu'il ait jeté quelques bouillons ; laissez-le refroidir ; ensuite vous y joignez six jaunes d'œufs que vous mêlez ensemble ; en cas que le soufflé soit trop épais, vous y ajouterez un ou deux œufs entiers ; vous fouetterez quatre blancs d'œufs comme pour des biscuits ; vous les mêlerez légèrement avec le soufflé, que vous arrangerez dans une petite casserole d'argent ; faites cuire votre soufflé comme les autres.

SOUFFLÉ DE MARRONS.

Vous émonderez vos marrons seulement à l'eau, ensuite vous les ferez cuire dans l'eau ; vous y ajouterez l'odeur que vous voudrez ; quand ils seront cuits vous les égoutterez sur un linge blanc ; essuyez-les bien, et mettez-les dans un mortier ; vous les pilerez beaucoup et les passerez au tamis à quenelles ; vous remettrez encore les marrons dans le mortier, avec moitié moins de beurre que de marrons ; vous y ajoutez du sucre en poudre ; après avoir bien pilé le tout ensemble, vous y mettez six jaunes d'œufs (ou plus, selon la quantité de marrons, avec lesquels vous les broierez aussi. Si votre pâte est assez liquide, vous la retirerez du mortier pour la mettre dans une casserole; une bonne demi-heure avant de servir, vous fouetterez les blancs des six œufs; quand ils seront pris comme pour les biscuits, vous les mêlerez légèrement avec l'appareil; versez-le dans une casserole d'argent, et faites cuire soufflé comme les autres.

SOUFFLÉ AU CHOCOLAT.

Mettez dans une casserole deux onces de chocolat, un peu d'eau; faites fondre votre chocolat; ajoutez-y une demi-cuillerée de fécule de pommes de terre, un quarteron de sucre en poudre, quatre jaunes d'œufs; fouettez six blancs d'œufs; mêlez-les dans votre appareil; versez votre soufflé dans une casserole d'argent; faites-le cuire au four ou au four de campagne, glacez avec du sucre, et servez. (F.)

SOUFFLÉ AU RIZ.

Prenez deux onces de riz crevé et cuit comme il est indiqué à l'article Gâteau au Riz; mettez-le dans une casserole, avec sucre, fleur d'oranger, deux macarons amers, quatre jaunes d'œufs, et six blancs d'œufs fouettés; et suivez, pour le faire cuire, le même procédé qui est indiqué aux autres soufflés.

La fécule de pommes de terre est celle qu'il faut préférer pour les soufflés, de quelque odeur qu'ils soient.

DES GATEAUX.

PETITS GATEAUX A LA MADELEINE.

Faites de la pâte à la Madeleine, comme il est dit ci-dessus, beurrez un plafond, et étendez-la dessus jusqu'à ce qu'elle soit mince de trois lignes, mettez-la à un four doux; quand elle sera presque cuite, coupez-la avec le couteau ou le coupe-pâte de la forme que vous voulez lui donner, puis finissez-la de cuire, retirez-la et séparez-la des rognures; dressez vos petits gâteaux comme vous voudrez sur le plat.

TIMBALE DE MACARONI.

Prenez de la pâte brisée, faites une abaisse un peu mince, coupez-la par petites bandes, roulez-les, qu'elles forment une petite corde; arrangez-les dans un moule; beurrez-les l'une après l'autre, que cela forme le colimaçon jusqu'à ce que votre moule soit couvert de pâte, remplissez-le de macaroni (*voyez* Macaroni); quand il sera au comble, vous sèmerez dessus moitié fromage râpé, moitié mie de pain, et vous mettrez votre timbale au four un peu chaud; trois quarts d'heure suffisent; lorsqu'elle aura belle couleur, vous la renverserez sur le plat, et la servirez de suite.

GATEAU AU RIZ.

Vous ferez bouillir une pinte de crème: vous y mettrez une demi-livre de sucre, trois quarterons de riz; quand il sera crevé, vous ferez fondre dedans un quarteron de beurre; vous hacherez le zeste d'une écorce de citron; vous le mettrez dedans. Lorsque le riz sera froid, vous y ajouterez quatre œufs entiers et quatre jaunes, plus, si votre riz est épais; beurrez un moule, et prenez de la mie de pain que vous mettez dedans; vous renverserez le moule, afin qu'il ne reste que la mie, qui doit tenir après; une demi-heure avant de servir, vous mettrez le riz dans le moule, vous le poserez sur la cendre rouge, vous en placerez à l'entour, et vous mettrez un couvercle garni de feu par-dessus. Il ne faut pas que le moule soit plein, de peur que le riz en gonflant ne s'en aille par-dessus; au moment du service, vous renversez le moule sur le plat; ayez soin d'en détacher les bords.

Si vous voulez faire un soufflé, vous fouetterez six blancs d'œufs comme pour les autres soufflés, et vous les mettrez dans le riz, que vous verserez dans une petite casserole d'argent.

GATEAU AU VERMICELLE.

Le gâteau au vermicelle se fait de même que celui au riz; si vous voulez faire un soufflé, vous fouetterez six blancs d'œufs, que vous mêlerez avec le vermicelle; versez-le dans une petite casserole d'argent; vous ne le mettrez au feu que lorsque les entrées seront parties; il faut que l'on attende à table après le soufflé.

PETS DE NONNE.

Vous prenez de la pâte de pain à la duchesse, vous l'étalez sur un couvercle; au moment de servir, vous mettez votre friture sur le feu; lorsqu'elle est un peu chaude, vous trempez dedans le manche d'une cuillère à dégraisser; prenez de cette pâte, arrangez-la de manière qu'elle forme une petite boule que vous mettez dans la friture, et continuez successivement, jusqu'à ce qu'il y en ait une trentaine dans la poêle, si elle est grande; lorsque les pets ont une belle couleur, vous les ôtez de la friture avec une écumoire, et vous les faites égoutter dans une passoire; dressez-les sur votre plat, et saupoudrez du sucre dessus. Vous pourrez faire en friture ce que vous voudrez de cette pâte, en lui donnant la forme qu'il vous plaira; vous aurez soin de mettre toujours du sucre en poudre dessus.

Vous pouvez faire des entremets de feuilletage frit, vous les glacez, ou bien vous les saupoudrez de sucre très-fin.

GATEAU DE NOUILLES, GATEAU DE LAZAGNES; GATEAU DE SEMOULE, GATEAU DE TOMPITAUCA.

(*Voyez* Gâteau au Riz.) (F.)

DES ENTREMETS DE FRUITS.

CHARLOTTE DE POMMES.

Vous ôterez la pelure et le cœur de plusieurs pommes, vous les couperez en petits morceaux; vous y mettrez du sucre à proportion, un peu de cannelle en poudre; lorsqu'elles seront en marmelade, vous les ferez bien réduire, pour qu'il n'y reste pas d'eau; vous les laisserez ensuite refroidir; vous couperez de la mie de pain en tranches très-minces et d'égale épaisseur; vous les tremperez dans du beurre tiède, et vous les arrangerez symétriquement dans un moule; vous y joindrez la marmelade de pommes; laissez un trou dans le milieu pour y mettre de la marmelade d'abricots: couvrez alors la charlotte de mie de pain trempée dans du beurre; vous la mettrez à un four chaud, ou dans la cendre rouge, avec un couvercle de casserole et du feu dessus. Autrement, vous émincerez les pommes, vous les mettrez dans une casserole avec du sucre en poudre, de la cannelle en poudre; vous les poserez un quart d'heure sur le feu; quand elles seront un peu fondues, vous les laisserez égoutter sur un tamis à quenelles, jusqu'à ce qu'elles soient un peu froides; vous mettrez un lit de pommes, un lit de marmelade d'abricots, ainsi de suite, jusqu'à ce que le moule soit plein; vous ferez cuire la charlotte de même, et vous la renverserez sur le plat au moment de servir.

MARMELADES DE POMMES.

Coupez vos pommes par quartiers, ôtez-en la pelure et le cœur, coupez-les en petits morceaux, mettez-les dans l'eau, où vous mettrez un jus de citron pour tenir vos pommes blanches; quand votre quantité sera fixée, prenez les pommes, égouttez-les, mettez-les dans une casserole; si c'est pour conserver, vous mettrez une livre de sucre pour une livre de pommes; si c'est pour employer de suite, une demi-livre suffit; mettez-y de la cannelle en bâton, un jus de citron, c'est ce qui convient le mieux à la pomme; mettez la casserole sur un feu un peu ardent; couvrez-la de son couvercle; quand vos pommes seront fondues, vous les remuerez sans les quitter jusqu'à ce que la marmelade soit assez réduite; vous les déposerez dans un vase pour les petites pâtisseries, et autres choses.

CHARTREUSE DE POMMES.

Enlevez la pelure de plusieurs pommes, mettez de l'eau dans une terrine, avec trois jus de citron; ayez un petit moule de fer-blanc, pour couper vos pommes en petits bâtons; vous les mettrez dans l'eau et le reste des pommes aussi, afin qu'elles ne noircissent pas; vous clarifiez trois quarterons de sucre, dans lequel vous pressez le jus d'un citron; vous y mettrez les petits bâtons; faites-leur jeter un ou deux bouillons: qu'ils soient seulement amollis; vous les retirerez du sucre, vous les égoutterez sur un tamis à quenelles; coupez en petites tranches les débris de pommes, et mettez-les dans le sucre; quand ils sont amollis, vous les retirez, ou bien vous les laissez se réduire en marmelade; vous pouvez les faire égoutter et refroidir sur un tamis; alors vous arrangerez symétriquement les petits bâtons de pommes tout à l'entour d'un moule beurré légèrement; placez-en aussi dans le fond; vous mettrez de la marmelade de pommes par-dessus de la marmelade d'abricots dans l'intérieur; le moule doit être plein, pour qu'il puisse se renverser, et que votre chartreuse se tienne sans que la décoration se défasse; vous pouvez mettre du carmin dans une petite portion de sirop, et une petite partie des bâtons de pommes colorés avec du safran, pour varier les couleurs On peut ajouter à la décoration des cerises en confiture, du verjus, du basilic, de l'écorce de cédrat, etc. Si vous ne vous servez pas du moule, vous mettrez une masse de marmelade sur un plat, vous lui donnerez une forme ronde ou carrée; vous arrangerez avec symétrie des bâtons de pommes et vos fruits confits; vous pouvez faire réduire le sirop; mettez-le sur une assiette; quand il sera congelé, vous pouvez vous en servir pour masquer votre chartreuse.

MIROTON DE POMMES.

Vous ôterez avec un vide-pomme la pelure et le cœur de plusieurs pommes, vous les couperez en tranches de même grandeur et même épaisseur; vous les mettrez dans une terrine avec du sucre en poudre, un demi-setier d'eau-de-vie, un jus de citron un peu de cannelle en poudre; lorsque les pommes auront confit trois ou quatre heures, vous les laisserez égoutter sur un tamis; vous arrangerez ensuite les tranches de pommes en miroton, autour du plat les débris, et de la marmelade d'abricots dans le milieu; puis vous arrangerez plusieurs rangs de miroton, de manière qu'ils forment le dôme : une demi-heure avant de servir, vous mettrez votre plat au four ou sur la cendre rouge, et le four de campagne par-dessus : tâchez qu'il ait bonne couleur. Vous pouvez en faire autant avec des poires.

POMMES AU RIZ.

Vous ôterez, avec un vide-pomme, la pelure et le cœur de plusieurs pommes; vous ferez un sirop allongé, dans lequel vous presserez un jus de citron; vous y mettrez les pommes. Quand elles auront jeté quelques bouillons, vous les sonderez avec une fourchette. Si vous voyez qu'elle y entre facilement, vous les retirerez, et vous les laisserez égoutter sur un tamis de soie; avec quelques autres pommes vous faites un peu de marmelade, ou bien vous vous servez de celle d'abricots; vous en arrangez dans le fond du plat; mettez les pommes par-dessus; vous versez de la marmelade d'abricots dans l'intérieur; vous les masquez de riz préparé comme celui pour le gâteau au riz; vous le faites crever seulement avec de la crème, du sucre, et un peu d'écorce de citron hachée; vous masquerez les pommes, en donnant les formes que vous voudrez à ces mets; vous les décorerez avec du basilic, du cédrat, des cerises, du verjus, etc.

BEIGNETS DE POMMES.

Vous ôterez, avec un vide-pomme, la pelure de plusieurs pommes, ainsi que le cœur; coupez-les en tranches d'égale grandeur et même épaisseur; vous les mettez dans une terrine avec du sucre en poudre, de l'eau-de-vie, de la cannelle en poudre; au moment de servir, vous les égouttez; mettez-les dans une pâte à frire; ensuite vous les posez dans une friture qui ne soit pas trop chaude; quand elles ont une belle couleur, si elles n'étaient pas assez cuites, vous retirez la friture du feu; elle achève de les faire cuire; vous les égouttez; mettez du sucre en poudre dessus, avec une pelle rouge vous les glacez, et les dressez ensuite sur un plat. Les beignets de poires, d'abricots, de pêches, se font de même.

POMMES AU BEURRE.

Ayez une vingtaine de pommes, videz-les avec un vide-pomme; tournez-en neuf ou dix pour leur ôter la peau, comme pour une compote; faites-les cuire aux trois quarts dans un sucre léger; ensuite égouttez-les, faites une marmelade des autres pommes, comme il est indiqué pour la charlotte (*voyez* l'article); incorporez-y d'excellent beurre de la grosseur d'un œuf; étendez sur votre plat une partie de cette marmelade, à laquelle vous aurez ajouté de celle d'abricots; arrangez vos pommes dessus; remplissez de beurre le trou de vos pommes; garnissez les intervalles avec le reste de votre marmelade; glacez-la avec du sucre en poudre; faites-les cuire au four; donnez-leur une belle couleur; leur cuisson faite, bouchez, si vous voulez, avec des cerises ou confitures, le trou qu'a fait à vos pommes l'emporte-pièce, et servez. (F.)

SUÉDOISE DE POMMES.

(*Voyez* Chartreuse de pommes.) (F.)

GATEAU DE POMMES.

Épluchez une douzaine de belles pommes, retirez-en les cœurs; faites-les cuire en marmelade avec un zeste de citron, un peu de cannelle; vos pommes étant cuites, passez-les à l'étamine; mettez-les dans une casserole, avec une cuillerée à bouche de fécule de pommes de terre, une demi-livre de sucre et deux onces de beurre; faites dessécher vos pommes comme de la pâte à choux; vos pommes bien desséchées, laissez-les refroidir; ajoutez-y six œufs entiers; incorporez-les dans vos pommes, versez cet appareil dans un moule préparé comme il est indiqué à l'article Gâteau au Riz (*voyez* cet article); faites-le cuire à four doux : sa cuisson faite renversez-le sur le plat, et servez. (F.)

CROQUETTES DE POMMES.

Préparez et faites cuire vos pommes comme il est indiqué à l'article précédent; moulez-les, et panez-les à l'œuf comme les croquettes de riz; faites-les frire, poudrez-les de sucre, et servez. (F.)

POMMES MERINGUÉES.

Mettez de la marmelade de pommes sur un plat, dressez-la en pyramides; fouettez deux blancs d'œufs; mettez-y deux cuillerées de sucre en poudre, et un peu de zeste de citron haché: decorez vos pommes avec cet appareil de meringues, glacez-les de sucre en grains; faites-leur prendre une belle couleur au four, et servez. (F.)

BEIGNETS DE BLANC-MANGER.

Mettez dans une casserole un quarteron de farine de riz, un peu de sel, et un peu de zeste de citron haché; délayez le tout avec une chopine de crème; faites partir, couvrez votre fourneau, et faites cuire deux heures et demie ou trois heures, ayant soin de tourner de temps en temps votre appareil: sa cuisson presque achevée, ajoutez-y du sucre en suffisante quantité, deux macarons et quatre massepains écrasés, et achevez de le cuire, de manière qu'il soit assez ferme; incorporez-y, l'un après l'autre, trois œufs entiers; faites lier votre pâte, farinez un couvercle, mettez dessus cet appareil, en étalant d'une égale épaisseur; poudrez-le de farine, et laissez-le refroidir; ensuite coupez-le en petits carrés, et formez-en des boules pas plus grosses qu'un grain de verjus; quand vous voudrez les servir, mettez-les dans une passoire; faites chauffer dans une poêle de la friture; mettez cette passoire où sont vos beignets dans cette poêle; ayez soin de remuer votre passoire, et retirez-la sitôt que vos beignets ont une teinte noire, égouttez-les, dressez-les, poudrez-les de sucre en poudre, et servez.

Si vous le voulez, vous pouvez incorporer dans cet appareil de beignets, des blancs de volaille rôtis et hachés très-menu. (F.)

BEIGNETS DE SURPRISE.

Prenez huit petites pommes de rainette; laissez-leur les queues; coupez un quart du côté de la queue, en forme de couvercle; videz-les sans les percer, comme pour en faire un petit pot; à cet effet, servez-vous d'un couteau dont la lame soit arrondie par le bout; pilez vos pommes; mettez-les mariner pendant deux heures dans un verre d'eau-de-vie, avec un zeste de citron et un peu de cannelle; ensuite égouttez-les, remplissez-les de marmelade d'abricots ou de frangipane; délayez un jaune d'œuf avec un peu de farine; remettez sur vos pommes leur couvercle, et collez-les; trempez ces pommes, ainsi préparées, dans une petite pâte à frire, et faites frire: leur cuisson achevée, et quand elles seront d'une belle couleur, glacez-les de sucre en poudre, et servez. (F.)

BEIGNETS D'ABRICOTS.

Ayez quinze abricots qui ne soient pas trop mûrs; coupez-les en deux; ôtez les noyaux de ces abricots; parez-les, mettez-les mariner une heure dans de l'eau-de-vie, un peu de sucre et le zeste d'un citron; un peu avant de servir, égouttez-les; trempez dans une pâte à frire: couchez-les dans votre friture; leur cuisson faite, et lorsqu'ils sont d'une belle couleur, égouttez-les, arrangez-les sur un plafond; poudrez-les de sucre fin; glacez-les soit au four de campagne, soit avec une pelle rouge; dressez-les, et servez. (F.)

BEIGNETS DE PÊCHES.

Ces beignets se font comme ceux d'abricots, excepté qu'on coupe les pêches, selon leur grosseur, par quartiers ou par moitié. (F.)

BEIGNETS D'ORANGES.

Tournez plusieurs oranges, comme pour compote, c'est-à-dire, ôtez-en le zeste et laissez-en le blanc; coupez-les par quartiers; faites-les blanchir environ un quart d'heure; égouttez-les, ôtez les pépins; mettez ces quartiers dans un sirop léger; faites-les mijoter et réduire presque au caramel; retirez-les du feu; laissez-les refroidir, garnissez-les de sirop, trempez-les dans de la pâte à frire, de manière qu'ils soient d'une belle couleur; retirez-les, poudre de sucre fin; glacez-les, et servez. (F.)

BEIGNETS DE CERISES.

Prenez de grands pains à chanter, coupez-les par morceaux assez grands pour pouvoir envelopper une cerise liquide, je veux dire en confiture; égouttez vos cerises sur le fond d'un tamis; avant de vous en servir, enveloppez-les, une par une, dans chaque morceau de pain à chanter, et enveloppez-les une seconde fois, en sens contraire, dans un autre morceau de pain à chanter, que vous aurez légèrement humecté avec de l'eau; soudez-en bien tous les rebords; posez-les sur un tamis sans qu'elles se touchent, laissez-les ainsi sécher; lorsque vous serez près de servir, vous aurez une légère pâte à frire, dans laquelle vous aurez mis de l'eau-de-vie, un peu de vin de Madère, et du beurre fondu en place d'huile: trempez vos cerises dans cette pâte, en ayant soin de bien les égoutter; faites-les frire à une friture moyennement chaude; leur cuisson achevée, et quand vos beignets seront d'une belle couleur, égouttez-les dans une passoire; poudrez-les de sucre fin, et servez. (F.)

OMELETTE A LA CÉLESTINE.

Faites quatre omelettes de trois œufs chacune; qu'elles soient le plus minces possible; glissez-les sur votre table; garnissez-les de frangipane; roulez-les en forme de manchon; rognez-en les extrémités, et posez-les sur votre plat; poudrez-les de sucre en poudre: glacez-les, et servez. (F.)

OMELETTE AUX CONFITURES.

Faites une omelette au naturel, de neuf œufs; lorsqu'elle sera cuite à son point, garnissez-la de confitures; donnez-lui la forme d'un manchon; versez-la sur votre plat; poudrez-la de sucre fin, et avec un atelet que vous aurez fait rougir; formez dessus, en appuyant, un quadrille, et servez. (F.)

OMELETTE SOUFFLÉE.

Cassez six œufs, les jaunes et les blancs à part; mettez dans les jaunes six onces de sucre, un peu de sel et de fleur d'oranger;

mêlez le tout ensemble, comme pour du biscuit. Au moment de servir, fouettez les blancs d'œufs, incorporez légèrement le tout ensemble; mettez dans une poêle un morceau de beurre, faites-le fondre; versez votre omelette; faites-la prendre sur le feu, sautez-la deux fois, versez-la sur un plat d'argent; faites-la cuire au four de campagne; glacez-la de sucre en poudre, et servez-la de suite. Ce mets ne doit pas attendre. (F.)

OMELETTE SOUFFLÉE ORDINAIRE.

Séparez six blancs d'œufs d'avec leurs jaunes; mettez quatre jaunes dans une petite terrine, avec un quarteron de sucre en poudre, une pincée de sel; un peu de fleur d'oranger pralinée en poudre; mêlez le tout ensemble, jusqu'à ce que cet appareil soit blanc et épaissi. Au moment de servir, fouettez les blancs d'œufs comme pour du biscuit; mêlez les jaunes avec les blancs légèrement; mettez une poêle au feu, avec un morceau de beurre; faites-le fondre; versez votre omelette; sautez-la légèrement dans la poêle, versez-la sur un plat d'argent; faites-la cuire sous un four de campagne: cinq à six minutes de cuisson suffisent; glacez-la avec du sucre en poudre; servez-la de suite. Ce mets ne doit pas attendre. (F.)

PANEQUETS.

Mettez dans une terrine deux cuillerées à bouche de farine, trois jaunes d'œufs et deux œufs entiers, un peu de sucre, sel, quelques gouttes de fleur d'oranger, deux macarons écrasés; délayez bien le tout, et achevez de le délayer avec du lait (il faut que cet appareil soit clair); prenez une petite poêle ronde et creuse, chauffez-la, essuyez-la; mettez du beurre dans une petite casserole; faites-le fondre; graissez légèrement votre poêle partout; mettez dans votre poêle une cuillère à dégraisser pleine de votre appareil; tournez-la sur tous les sens, afin de bien étendre votre panequet, lequel doit être mince et égal partout; lorsqu'il sera cuit, renversez-le sur votre plat que vous devez servir; étendez dessus votre panequet, poudrez-le de sucre, et continuez ainsi pour les autres, jusqu'à ce que vous ayez employé votre appareil: glacez et servez.

Vous pouvez former des entremets frits avec de la pâte à brioche, à baba et Madeleine. (*Voyez* ces articles.) (F.)

LEGUMES.

FÉCULE DE POMMES DE TERRE

Ayez un tamis de crin fin; vous lavez bien les pommes de terre; vous les râpez sur votre tamis posé sur une terrine; vous versez de l'eau en grande quantité sur vos pommes de terre râpées; laissez reposer l'eau; une heure après, vous la versez, et vous trouvez la fécule au fond du vase; vous la faites sécher, si vous jugez à propos.

POMMES DE TERRE A L'ANGLAISE.

Vous laverez bien des pommes de terre; vous les ferez cuire dans de l'eau et du sel, et vous les éplucherez: quand elles seront cuites, vous mettrez tiédir un bon morceau de beurre dans une casserole; vous coupez les pommes de terre en tranches, et vous les placez dans le beurre; ajoutez du sel, du gros poivre, un peu de muscade râpée; vous sautez vos tranches de pommes de terre dans le beurre; ne le laissez pas tourner en huile : servez-les sur un plat.

MANIÈRE DE CUIRE LES POMMES DE TERRE.

Vous mettez dans une casserole des pommes de terre et de l'eau pour qu'elles baignent : faites-les bouillir; quand elles sont cuites, jetez l'eau qui est dans la casserole; laissez-y les pommes de terre; mettez un linge et le couvercle dessus; mettez la casserole sur un feu doux; laissez-les une demi-heure, ou plus; elles se ressuient, elles sont meilleures et plus farineuses : elles sont comme si elles étaient cuites à la vapeur.

POMMES DE TERRE A LA MAITRE-D'HÔTEL.

Faites cuire vos pommes de terre dans de l'eau et du sel; vous les coupez en tranches; mettez-les dans une casserole avec un bon morceau de beurre, du persil, de la ciboule hachée, du sel, du gros poivre; vous les posez sur le feu; sautez-les avec du beurre et des fines herbes. Si le beurre tourne en huile, vous verserez dedans une cuillerée d'eau :au moment du service, vous y mettez un jus de citron.

POMMES DE TERRE A LA CRÈME.

Vous mettez un bon morceau de beurre dans une casserole, une cuillerée à bouche de farine, du sel, du gros poivre, un peu de muscade râpée, du persil, de la ciboule bien hachée; vous mêlerez le tout ensemble, vous y mettrez un verre de crême; vous placerez la sauce sur le feu, et vous la tournerez jusqu'à ce qu'elle bouille; coupez les pommes de terre en tranches, et mettez-les dans votre sauce; servez-les bien chaudes.

POMMES DE TERRE A LA LYONNAISE.

Lorsque les pommes de terre sont cuites à l'eau, vous les coupez en tranches, et les mettez dans une casserole; faites une purée claire d'oignons; vous la versez dessus; vous tenez les pommes de terre chaudes sans les faire bouillir; autrement, vous mettez un bon morceau de beurre; vous coupez huit oignons en tranches, et vous les posez sur le feu. Quand ils sont bien blonds, vous y ajoutez une cuillerée à café de farine que vous mêlez bien avec les oignons; joignez-y du sel, du gros poivre, une petite cuillerée à pot de bouillon ou d'eau, et un filet de vinaigre; vous ferez mijoter les oignons pendant un quart d'heure; vous les mettrez ensuite sur les pommes de terre, et les tiendrez chaudes. (*Voyez* Purée d'oignons.)

POMMES DE TERRE A L'ALLEMANDE.

Épluchez douze belles pommes de terre, coupez-les en tranches bien minces; faites-les cuire dans de l'eau et à grand feu; lorsque vous présumez qu'elles sont bonnes à mettre en purée, égouttez-les; ensuite remettez-les dans la même casserole; posez-les de nouveau sur le feu, remuez fortement cette préparation avec une cuillère de bois; ajoutez un quarteron de beurre, sel, poivre, muscade, persil haché; cassez trois œufs entiers dedans; il faut toujours remuer votre purée jusqu'à ce qu'elle devienne solide; laissez-la refroidir; ayez du beurre clarifié dans un grand plat à sauter, couchez vos pommes de terre comme de grosses quenelles, faites-les colorer sur un feu ardent; retournez-les afin qu'elles soient colorées également. (D.)

POMMES DE TERRE A LA PROVENÇALE

Vous mettez un bon morceau de beurre dans une casserole, vous le coupez en plusieurs morceaux; versez dessus trois cuillerées à bouche d'huile, avec le zeste de la moitié d'une écorce de citron, du persil, de la ciboule bien hachée, un peu de muscade râpée, une petite pincée de farine, du sel, du gros poivre; vous épluchez les pommes de terre sortant de l'eau bouillante; vous les couperez en quatre ou en six, si elles sont trop grosses; vous les remuerez sur le feu dans l'assaisonnement, sans les faire bouillir: au moment de servir, vous y mettrez un jus de citron.

POMMES DE TERRE SAUTÉES AU BEURRE.

Vous ôtez la pelure des pommes de terre crues; vous les tournez d'égale grosseur; coupez-les en tranches rondes de la largeur d'un petit écu, épaisses d'une ligne et demie; vous mettrez un bon morceau de beurre dans une casserole; posez-la sur un feu ardent; ajoutez-y des pommes de terre, sautez-les toujours jusqu'à ce qu'elles soient blondes; alors vous les égouttez dans une passoire, vous les saupoudrez de sel fin, et vous les arrangez sur le plat, sans autre assaisonnement.

QUENELLES DE POMMES DE TERRE.

Vous faites cuire des pommes de terre dans la cendre rouge; après, vous ôterez tout ce qui est dur de la pomme; vous n'en prenez que le farineux, vous le mettez dans un mortier: pilez-le bien; vous le passez ensuite à travers un tamis à quenelles; vous en faites un tas, et vous mettez la moitié de beurre, que vous pilez avec les pommes de terre; quand le tout est bien pilé, vous y râpez un peu de muscade; ajoutez du sel, du gros poivre, du persil, de la ciboule bien hachée: vous y mettrez cinq ou six jaunes d'œufs (ou plus, selon la quantité de quenelles); vous fouetterez deux ou trois blancs d'œufs, que vous mêlerez avec l'appareil; vous les pocherez dans un bouillon, comme il est dit aux Quenelles de volailles. (*Voyez* Quenelles de volailles.) Servez-vous ensuite d'une espagnole travaillée: vous égoutterez la quenelle; arrangez-la sur votre plat, et versez-la dessus. Vous pouvez aussi employer une sauce tomate, une portugaise, une béchamel ou un velouté réduit. (*Voyez* l'article que vous choisirez.)

TOPINAMBOURS A L'ESPAGNOLE.

Vous tournez des topinambours, c'est-à-dire que vous enlevez la peau en mordant sur le légume; vous les lavez bien; mettez-les dans une casserole avec un peu de gros poivre, quatre cuillerées à dégraisser d'espagnole, une cuillerée à pot de bouillon; vous les placerez sur le feu; laissez-les bouillir trois quarts d'heure. Si la sauce n'est pas assez réduite, ôtez les topinambours, et faites-la réduire encore; vous dresserez les topinambours sur un plat, ou dans une casserole d'entremets; versez leur sauce dessus. On peut mettre ce légume dans des ragoûts, pour remplacer des pommes de terre, des navets, des oignons, des carottes, etc.

OIGNONS GLACÉS.

Vous avez quinze ou dix-huit oignons, tous de la même grosseur; vous les épluchez avec soin, en observant de ne pas trop couper la tête et la queue; vous beurrez le fond d'une casserole; vous y ajouterez des oignons mis du côté de la tête, du sel, un peu de gros poivre, un verre d'eau, un morceau de sucre gros comme la moitié d'un œuf, autant de beurre, un rond de papier beurré pardessus les oignons; vous les mettrez sur un fourneau un peu ardent; lorsque le mouillement sera à moitié réduit, vous le placerez sur un feu doux. Au moment de servir, vous les ferez tomber à glace; ensuite vous les dresserez sur le plat, et vous y mettrez une sauce espagnole, ou bien vous vous servirez du procédé suivant.

Prenez une cuillerée à café de farine, que vous mêlerez avec la glace de vos oignons; vous y ajouterez un demi-verre de bouillon; vous tournerez la sauce; quand elle sera liée, versez-la sous les oignons; voyez si elle est de bon sel.

NAVETS GLACÉS.

Prenez quinze ou dix-huit gros navets; vous les épluchez et les tournez dans toute leur grosseur; vous leur donnez la forme d'une poire ou autre; mettez un peu de beurre dans une casserole, posez-la sur le feu; vous mettez les navets dedans; vous leur faites prendre couleur; égouttez-les et changez-les de casserole; ajoutez dedans quatre cuillerées à dégraisser de velouté, autant de bouillon, du gros poivre, un morceau de sucre gros comme la moitié d'un œuf, une cuillerée de jus; vous faites mijoter ces navets. Quand ils sont cuits, vous laissez réduire la sauce, vous dressez les navets, et vous versez la sauce dessus, ou bien, lorsque les navets sont roussis dans le beurre, vous y mettez une cuillerée à bouche de farine, du sucre, du bouillon; vous les faites cuire de même; vous les servez avec la sauce.

CAROTTES AU BEURRE.

Vous éplucherez dix ou douze carottes de la même grosseur; vous les couperez en long, d'une ligne et demie d'épaisseur; faites-les blanchir dans de l'eau, avec du sel et un morceau de beurre gros comme une noix; quand elles seront cuites un peu ferme, vous les égoutterez dans une passoire, et vous les mettrez dans une casserole avec un bon morceau de beurre, du sel, du gros poivre, un peu de muscade râpée; vous le sauterez sur le feu; vous verserez une cuillerée à bouche de velouté, ou bien de l'eau seulement; afin que le beurre ne tourne pas en huile, ne les laissez pas bouillir; qu'elles soient très-chaudes seulement: vous pouvez y ajouter de fines herbes.

CÉLERI AU VELOUTÉ.

Vous épluchez, vous lavez, et vous coupez du céleri en petits brins; vous laisserez les feuilles tendres; vous les ferez blanchir à grande eau; lorsque vous verrez qu'il fléchira sous le doigt, vous le rafraîchirez: passez-le bien, comme vous feriez pour de la chicorée; vous le hacherez aussi comme si c'était de la chicorée. Mettez un morceau de beurre dans une casserole, votre céleri, avec un peu de sel, du gros poivre, un peu de muscade râpée; vous verserez dessus trois cuillerées à dégraisser de velouté, autant de bouillon; vous le ferez réduire jusqu'à ce qu'il soit assez épais pour le servir; vous mettrez des croûtons à l'entour. Si vous n'employez pas de velouté, lorsque le céleri sera passé, vous y mettrez une petite cuillerée à bouche de farine, que vous mêlerez avec le céleri; vous la mouillerez avec du bouillon, comme si c'était de la chicorée.

CÉLERI ENTIER A L'ESPAGNOLE.

Vous ôterez la superficie, c'est-à-dire les premières côtes dures; vous parerez la tête, et vous couperez les pieds de sept pouces, tous de la même grandeur et de la même grosseur; vous les ferez blanchir à grande eau, et du sel dedans; quand il aura bouilli vingt minutes, vous le rafraîchirez, et le mettrez égoutter; parez-le de nouveau, et placez-le dans une casserole, avec un peu de gros poivre, du beurre gros comme un œuf, quatre cuillerées à dégraisser d'espagnole, et six de consommé; vous le ferez aller à un feu un peu ardent; laissez-le bouillir une demi-heure; vous le dresserez sur un plat, et la sauce dessous. Autrement, vous pouvez faire un roux léger que vous mouillerez avec du bouillon; vous tournerez votre sauce jusqu'à ce qu'elle bouille; vous la verserez alors sur le céleri, et vous le finirez comme il est marqué ci-dessus.

CÉLERI FRIT.

Préparez le céleri comme il est dit à l'Espagnole; quand il sera lanchi et paré, faites un petit roux blanc, et vous le mouillerez avec lu bouillon; quand cela bouillira, vous le verserez sur le céleri, jue vous avez déposé dans une casserole, et le ferez cuire; vous le tâterez. Quand il sera cuit, vous l'égoutterez et le tremperez dans une pâte à frire (*voyez* cette pâte); vous aurez de la friture chaude, et le mettrez dedans; quand il sera hors de la friture, vous le saupoudrerez de sucre, et avec une pelle rouge vous le glacerez; puis vous le dressez sur votre plat.

CARDONS.

Prenez les côtes les plus tendres et les plus blanches des cardons; il faut qu'en les coupant l'intérieur soit plein et ferme; toutes les côtes doivent être de la même longueur; coupez les bords; faites-les blanchir à grande eau; vous les essayez de temps en temps, pour vous assurer si le limon s'en va; lorsqu'il quitte facilement, vous ôtez de l'eau bouillante du chaudron, et vous en mettez assez de froide pour que vous puissiez y endurer vos mains; alors vous en détachez le limon, et vous mettez les cardons dans l'eau fraîche; vous les parez de nouveau, et vous les égouttez; vous marquez un blanc, et vous le faites cuire aux trois quarts. (*Voyez* Blanc.)

CARDONS AU CONSOMMÉ.

Après avoir fait cuire des cardons au blanc, vous les égouttez, vous les appropriez et les parez : ayez soin qu'ils soient tous de la même grosseur et même grandeur; vous les mettrez dans une casserole; versez dessus assez de consommé pour qu'ils baignent dedans : vous les ferez bouillir à grand feu; laissez le mouillement se réduire aux trois quarts; vous dressez ensuite les cardons sur le plat, et le consommé réduit pour sauce.

CARDONS AU VELOUTÉ.

Après avoir fait cuire des cardons dans un blanc, comme il est dit au premier article, vous les égoutterez et approprierez; parez-les; ils doivent être tous de la même grandeur; vous les mettez dans une casserole, avec un peu de gros poivre, cinq cuillerées à dégraisser de velouté, deux fois autant de consommé; vous les ferez aller à grand feu; dès que la sauce sera réduite à plus que moitié, vous dresserez les cardons sur votre plat, et vous verserez la sauce dessus. Si vous voulez n'employer ni blanc ni sauce, vous ferez seulement blanchir les cardons; vous les limonerez, parerez et mettrez dans une casserole; vous aurez un quarteron de beurre dans un autre vase, et une cuillerée à bouche de farine; faites un roux blanc, c'est-à-dire que vous n'attendrez pas qu'il ait de la couleur; vous le mouillerez avec du bouillon; ayez soin que la sauce soit longue; vous la verserez dessus les cardons; ajoutez un peu de gros poivre, une feuille de laurier, le jus d'un citron; vous les ferez cuire dans leur sauce pendant une bonne heure, à un feu doux; en cas que la sauce ne soit pas assez réduite, vous changeriez les cardons de casserole, ou bien vous les dresseriez sur un plat; vous faites ensuite réduire la sauce à grand feu, vous la dégraissez, et la passez à l'étamine sur les cardons; voyez si elle est de bon goût.

CARDONS A L'ESPAGNOLE.

Vous préparez les cardons comme les précédents; vous y mettrez cinq cuillerées à dégraisser d'espagnole, deux fois autant de consommé : vous les ferez réduire à plus de moitié, et vous les dresserez sur le plat. Si la sauce n'est pas assez réduite, vous la poserez sur un grand feu, et vous la verserez sous les cardons; vous pouvez aussi n'employer qu'un roux; vous le mouillerez comme le précédent; ajoutez-y un peu de jus.

CARDONS A LA BÉCHAMEL.

Vous préparez les cardons comme les précédents; laissez-les achever de cuire dans du consommé; alors vous les mettrez dans une casserole; vous ferez réduire presque à glace le consommé dans lequel ont cuit les cardons; ensuite vous y ajouterez quatre cuillerées à dégraisser de béchamel (*voyez* Béchamel); vous lui ferez jeter quelques bouillons, et vous en saucerez les cardons. Si vous voulez, vous les préparez comme ceux dits au velouté; quand la sauce sera réduite, vous la lierez avec des jaunes d'œufs, du beurre gros comme la moitié d'un œuf, que vous remuerez dans la sauce, puis vous les passerez à l'étamine sur les cardons.

PURÉE DE CARDONS EN CROUSTADES.

Vous faites des croûtons avec la mie d'un gros pain, vous les laisserez d'un pouce et demi; avant de les passer dans le beurre, vous leur ferez une incision sur le bord, ensuite vous les passerez; quand ils seront bien blonds, vous les mettrez égoutter; vous ôterez la mie intérieure des croûtons, et vous la remplacerez avec de la purée, dans laquelle vous ajouterez du beurre gros comme la moitié d'un œuf; vous le mêlerez dans la purée quand elle sera bien chaude. (*Voyez* Purée de cardon.)

SALSIFIS.

Le salsifis est une racine noire; la scorsonère se prépare de même; vous râtissez cette racine pour en ôter la superficie noire; n'y laissez pas de taches; quand ils seront blancs, vous les mettrez à mesure dans un vase où il y aura de l'eau et du vinaigre blanc; vous verserez ensuite beaucoup d'eau dans une casserole; ajoutez du sel, du beurre gros comme un œuf, quatre cuillerées à bouche de vinaigre blanc. Dès que l'eau bout, vous y mettez les salsifis, vous les laisserez bouillir une heure, vous tâterez s'ils sont cuits; ils doivent ne l'être ni trop ni trop peu; vous les égoutterez et les arrangerez dans une sauce blanche ou brune. (*Voyez* Sauce blanche.)

SALSIFIS FRITS.

Lorsque les salsifis sont cuits, vous les laissez égoutter; faites une sauce blanche un peu relevée; vous les sauterez dedans; mettez-les refroidir sur un plat; au moment de servir, vous les trempez dans une pâte à frire; ensuite vous les faites frire; vous pouvez aussi, quand ils sont égouttés, les mettre dans une terrine, avec un peu de sel, du poivre, du vinaigre, et vous les laissez mariner un instant avant de les mettre dans la pâte

ARTICHAUTS.

Prenez trois artichauts de la même grosseur; vous ôterez ce qui est dur et ce qui se trouve au cul; vous parerez les feuilles, c'est-à-dire vous en ôterez les extrémités; après les avoir bien lavés, vous les mettrez dans un chaudron où il y aura de l'eau bouillante et du sel; vous aurez soin qu'ils baignent dans l'eau. Au bout d'une heure, vous vous assurerez s'ils sont cuits; vous les retirerez de l'eau bouillante pour les mettre à l'eau froide; vous en ôterez le foin. Au moment de servir, vous les remettrez dans l'eau bouillante, vous les égoutterez, et vous les poserez sur le plat, avec une sauce blanche ou brune dedans, ou bien mise dans une saucière

ARTICHAUTS AU VELOUTÉ.

Vous parerez le cul des artichauts; s'ils sont gros, vous les couperez en huit; vous parerez les feuilles, vous ôterez le foin; vous mettrez les morceaux dans l'eau, vous les laisserez égoutter, et vous les arrangerez dans une casserole; puis vous y ajouterez du gros poivre, cinq cuillerées à dégraisser de velouté, six de consommé, du beurre gros comme un œuf; une demi-heure avant de servir, vous les mettrez au feu; qu'ils bouillent fort; vous placerez du feu sur le couvercle de la casserole; vous dressez les artichauts sur le plat. Lorsqu'ils seront cuits, si vous n'avez pas de sauce, vous ferez un roux blanc léger, que vous mouillerez avec du bouillon; vous le verserez sur les artichauts.

ARTICHAUTS A L'ESPAGNOLE.

Vous préparez vos artichauts comme les précédents; en place de velouté, vous y mettrez de la sauce espagnole; faites-les cuire de même; au moment de servir, vous dressez les artichauts sur un plat, et vous versez la sauce dessus.

ARTICHAUTS AUX FINES HERBES.

Vous coupez et préparez vos artichauts en morceaux, comme les précédents; vous faites un roux léger, que vous mouillez avec du bouillon, et un peu de jus; vous mettez beaucoup de fines herbes sur les artichauts, du gros poivre, un peu de muscade râpée, et vous versez la sauce dessus; vous les faites cuire comme ceux au velouté.

ARTICHAUTS A LA LYONNAISE.

Si les trois artichauts sont gros, vous les couperez en huit; vous ôterez le dur qui se trouve au cul, le foin et les feuilles, jusqu'à ce qu'il n'en reste que trois ou quatre; vous diminuerez de leur largeur; vous les mettrez dans l'eau à mesure que vous les parerez; vous les laverez bien, laissez-les égoutter; vous mettrez dans le fond de votre casserole une demi-livre de beurre, que vous étalerez bien, et vous placerez le cul de l'artichaut dessus; vous saupoudrez du sel et du poivre sur les artichauts. Une demi-heure avant de servir, vous les mettrez sur un feu un peu ardent, et vous en placerez aussi sur le couvercle; il faut prendre garde qu'ils ne brûlent; lorsqu'ils sont cuits, vous les dressez sur le plat, et vous versez le beurre dessus. Vous pouvez les sauter dans le beurre sur un feu ardent; quand ils seront blonds, vous les servirez

ARTICHAUTS, SAUCE HOLLANDAISE.

Coupez un artichaut en six morceaux, ôtez-en le foin et la partie dure qui se trouve au cul; parez les feuilles; faites bouillir de l'eau, mettez un peu de beurre dedans, et un peu de sel; mettez-y vos morceaux d'artichauts; quand ils sont cuits, égouttez-les, dressez-les sur le plat, masquez-les d'une sauce hollandaise. (*Voyez cette sauce.*)

ARTICHAUTS FRITS.

Vous parerez le cul de deux artichauts, vous les couperez chacun en douze morceaux, vous les mettrez dans l'eau pour les laver; laissez-les égoutter; ensuite vous les poserez dans une terrine ou casserole, avec du sel, du poivre, deux cuillerées à bouche d'huile, un œuf entier, deux jaunes d'œufs, trois cuillerées de vinaigre, huit de farine, un demi-verre de bière; vous mêlerez le tout ensemble, jusqu'à ce que votre farine soit bien délayée; vous pouvez marquer la pâte à part, et vous mettrez les artichauts dedans; vous les remuez pour qu'ils prennent de la pâte partout.

ARTICHAUTS A LA BARIGOULE.

Vous couperez l'extrémité des feuilles; mettez trois artichauts dans l'eau; quand ils seront bien lavés, vous les placerez dans un chaudron où il y aura de l'eau bouillante; laissez-les blanchir pendant vingt minutes; vous les rafraîchirez, et vous en ôterez le foin; laissez-les égoutter; prenez ensuite de la friture bien chaude, vous y mettrez les artichauts du côté des feuilles; quand elles seront bien frites, vous les égoutterez, vous ajouterez dans une casserole un quarteron de lard râpé, autant de beurre et d'huile; vous hacherez bien fin des champignons, que vous passerez dans la casserole; vous y joignez une cuillerée à bouche d'échalottes bien hachées, autant de persil, un peu d'épices, du sel, du gros poivre; vous passez bien les fines herbes; laissez-les refroidir; mettez-les dans l'intérieur des artichauts; vous placerez dans le fond de la casserole des bardes de lard, quelques tranches de veau; vous ficelez vos artichauts, et vous les mettez dedans avec un peu de thym, du laurier et un verre de bouillon; vous les couvrirez de bardes de lard et d'un rond de papier beurré; quand ils bouilliront, vous les mettrez sur un feu doux, et vous placerez beaucoup de braise sur un couvercle; lorsqu'ils auront mijoté trois quarts d'heure, vous ôterez la ficelle et vous les arrangerez sur le plat; vous verserez un peu d'espagnole dedans. Si vous n'avez pas de sauce, vous ferez un roux léger que vous mouillerez avec le fond de vos artichauts, et vous le passerez au tamis de soie.

ARTICHAUTS A LA PROVENÇALE.

Vous préparez trois artichauts, comme ceux à la barigoule; vous coupez douze oignons en quatre, et vous les laissez épais d'une ligne; le morceau doit former le quart de cercle. Vous mettez une demi-livre d'huile dans une casserole; posez-la sur le feu, avec les oignons dedans: quand ils seront bien blonds vous pilerez trois anchois, que vous mêlerez avec du beurre et des oignons; vous mettrez le tout dans les artichauts; vous les ferez cuire dans une casserole, comme il est dit aux Artichauts à la barigoule. Lorsque vous les servirez, vous verserez dedans une sauce à l'espagnole, ou bien vous ferez un roux léger que vous mouillerez avec le fond dans lequel ont cuit les artichauts; vous pouvez les faire cuire seulement sur une barde de lard, feu dessus et dessous.

CONCOMBRES A LA CRÈME.

Vous couperez les concombres en petits carrés; après les avoir épluchés, vous en ôterez les angles, en leur donnant une forme ronde ou ovale: tâchez que les morceaux soient de même grandeur et de même épaisseur. Vous mettrez de l'eau et du sel dans une casserole; quand elle bouillira, jetez-y les concombres; dès qu'ils fléchiront sous le doigt, vous les retirerez de l'eau bouillante pour les mettre dans l'eau froide, et vous les laisserez égoutter sur un linge: vous ferez une sauce à la crème un peu liée (*voyez* Sauce à la Crème), et vous les mettrez dedans; vous les servirez sur un plat ou dans une casserole d'entremets.

CONCOMBRES FARCIS.

Vous ôtez la superficie de trois concombres et vous en détachez l'intérieur avec le manche d'une cuillère à ragoût; lorsqu'ils seront bien vidés, vous les remplirez d'une farce cuite (*voyez* Farce cuite); vous mettrez des bardes de lard dans une casserole, quelques tranches de veau, quelques carottes et oignons, une feuille de laurier, un peu de thym; vous les couvrirez de bardes de lard: arrosez-les avec du bouillon; vous les ferez mijoter une demi-heure; assurez-vous avec le doigt s'ils fléchissent; alors vous les retirerez du feu. Au moment du service, laissez égoutter, et dressez-les sur votre plat; vous y mettrez une sauce espagnole réduite.

CONCOMBRES A L'ESPAGNOLE.

Vous couperez des concombres en quatre dans leur longueur, vous les éplucherez, et vous leur donnerez une forme agréable; vous les ferez blanchir, et les laisserez égoutter sur un linge; arrangez-les ensuite dans une casserole; vous verserez cinq cuillerées à dégraisser d'espagnole travaillée, deux de consommé; vous mettrez les concombres au feu; une demi-heure avant de servir, vous les ferez mijoter, puis vous les dresserez. En cas que la sauce soit trop longue, vous la ferez réduire et vous la verserez dessus.

CHICORÉE AU VELOUTÉ.

Vous ôterez l'extérieur de la chicorée, pour qu'il ne reste que le blanc; vous couperez la tête, et vous mettrez la chicorée partagée en deux dans l'eau pour la laver; vous aurez une chaudronnée d'eau bouillante, dans laquelle vous jetterez une poignée de sel; vous y mettrez la chicorée, et vous l'enfoncerez à chaque instant dans l'eau, afin qu'elle ne noircisse pas; lorsque vous verrez qu'elle se mêle avec l'eau, elle est assez blanchie: tâtez avec les doigts; si elle fléchit, vous l'égoutterez dans une passoire, et vous la mettrez dans l'eau fraîche: quand elle sera bien froide, vous l'égoutterez encore, et vous la presserez dans vos mains pour en extraire l'eau; après cela, vous la hacherez, vous mettrez un bon morceau de beurre dans une casserole, avec la chicorée, un peu de sel, de gros poivre; vous la remuerez beaucoup; et vous verserez dessus cinq cuillerées à dégraisser de velouté, autant de consommé; vous la ferez réduire jusqu'à ce qu'elle soit un peu épaisse; après, vous la dresserez sur le plat, avec des croûtons à l'entour. Si vous voulez faire de la chicorée à la crème ou au bouillon, vous y mettez deux cuillerées à café de farine, et vous mouillez la chicorée avec de la crème ou du bouillon : si vous avez mis trop de mouillement, vous le ferez réduire.

ÉPINARDS AU MAIGRE.

Faites blanchir les épinards comme il est dit à l'anglaise; lorsqu'ils seront blanchis et hachés, vous les mettrez dans une casserole avec environ un quarteron de beurre, du sel, du poivre (plus ou moins, selon la quantité d'épinards); vous les mettez sur le feu; quand le beurre aura un peu frit les épinards, vous y mettrez deux cuillerées à bouche de farine, que vous remuerez bien, puis du lait; remuez-les pour qu'ils se lient bien; voyez s'ils sont d'un bon sel.

ÉPINARDS A L'ANGLAISE.

Vous ferez blanchir de jeunes épinards, parce que les vieux s'accommodent mal à l'anglaise; vous faites bouillir de l'eau dans un chaudron, vous y jetez une poignée de sel. Après avoir bien lavé les épinards, vous les mettez dans le chaudron, vous les enfoncez bien afin qu'ils ne prennent pas le goût de fumée. Quand ils se mêleront avec l'eau, vous tâterez avec les doigts s'ils fléchissent : alors vous les rafraîchirez, de même que la chicorée; ensuite vous les hacherez et vous les mettrez dans une casserole, avec du sel, du gros poivre, un peu de muscade râpée: avec une cuillère de bois, vous les remuerez sur le feu; lorsque les épinards seront bien chauds, vous y mettrez un bon morceau de beurre, vous le mêlerez avec les épinards, sans les poser sur le feu, pour éviter que le beurre tourne en huile; dressez-les sur le plat, avec des croûtons à l'entour.

ÉPINARDS AU VELOUTÉ.

Lorsque les épinards sont blanchis (*voyez* Épinards à l'Anglaise), vous les hachez et vous les mettez dans une casserole avec un bon morceau de beurre : ajoutez du sel, du gros poivre. Vous poserez les épinards sur le feu ; quand ils seront bien passés, vous verserez dessus cinq cuillerées à dégraisser de velouté, autant de consommé. Si les épinards sont clairs, vous les faites réduire, et vous les dressez sur un plat, avec des croûtons à l'entour. Si vous les préférez au bouillon ou à la crème, quand ils sont bien passés, vous y mettez deux cuillerées à café de farine, vous la mêlez avec les épinards, et vous les arrosez avec du bouillon ou de la crème; s'ils étaient trop mouillés, vous feriez réduire.

OSEILLE AU MAIGRE A LA BOURGEOISE.

Lorsque l'oseille est bien épluchée et bien lavée, vous l'égouttez bien, pour qu'il n'y ait pas d'eau; hachez-la et mettez-la fondre dans une casserole; quand elle est bien fondue, s'il y a trop d'eau vous la mettez égoutter dans une passoire; mettez-la ensuite dans une casserole avec un morceau de beurre ; faites que votre beurre puisse frire un peu l'oseille; vous mettrez deux cuillerées à bouche de farine dans un vase ; vous y casserez un œuf; vous délaierez la farine, puis encore un œuf, que vous battrez avec votre farine; vous mettrez aussi un verre de lait; délayez ce lait ensemble, et versez sur l'oseille; tournez-la sur le feu; quand elle aura bouilli un quart d'heure, vous pourrez la mettre sur le plat : voyez si elle est d'un bon sel; vous pouvez y mettre des œufs pochés, des œufs durs, ou un fricandeau, ce qui vous conviendra. (*Voyez* ces articles.)

CHOUX-FLEURS A LA SAUCE BLANCHE.

Vous épluchez les choux-fleurs, vous tenez une casserole sur le feu, avec de l'eau, un peu de sel, un morceau de beurre gros comme la moitié d'un œuf; lorsque l'eau bouillira, vous y mettrez des choux-fleurs; au bout d'un quart d'heure, vous les retirerez s'ils sont cuits, sinon vous les laisserez davantage : il faut les ôter de dessus le feu quand ils sont un peu fermes. Au moment du service, vous les égouttez, et vous les dressez sur un plat ou dans une casserole ; alors vous les renversez sur un plat, et vous les masquez d'une sauce au beurre, blanche ou brune. (*Voyez* celle que vous préférez.)

CHOUX-FLEURS A LA DAMEZAC.

Vous ferez cuire des choux-fleurs un peu ferme; vous les égoutterez ; tenez prête une sauce blanche un peu liée, vous mettrez les choux-fleurs dedans, et vous les sauterez dans la sauce; dressez-les sur le plat. (*Voyez* Sauce blanche.)

CHOUX-FLEURS AU FROMAGE.

Lorsque les choux-fleurs seront cuits, vous les égoutterez, et vous les poserez sur un plat; saupoudrez-les de fromage de Gruyère ou de parmesan râpé ; après, vous les dresserez sur le plat à servir; faites une sauce blanche un peu liée, dans laquelle vous mettrez du fromage râpé ; vous en masquez vos choux-fleurs, et vous les couvrez de votre sauce le plus possible ; alors vous sèmerez du fromage râpé sur les choux-fleurs ; après, mettez dessus de la mie de pain que vous arrosez avec du beurre tiède, au moyen d'un pinceau de plume que vous trempez dedans; vous emploierez moitié mie de pain et moitié fromage râpé, et vous panerez encore une fois vos choux-fleurs; pour que cela forme une croûte, vous les poserez sur un feu doux ; vingt minutes avant de servir, mettez un four de campagne par-dessus; vous leur ferez prendre une belle couleur : au moment du service, vous épongerez le beurre qui sera sur votre plat avec une mie de pain tendre : nettoyez les bords du plat.

CHOUX-FLEURS FRITS.

Vous laisserez cuire les choux-fleurs aux trois quarts; vous ferez une sauce blanche un peu liée, vous sauterez les choux-fleurs dedans, et vous les mettrez refroidir : au moment de servir, vous tremperez les choux-fleurs dans une pâte à frire; vous les mettrez dans une friture un peu chaude; quand ils seront blonds, retirez-les, vous les dresserez après sur votre plat; vous pouvez aussi, quand ils seront cuits et bien égouttés, les mettre dans une terrine, avec du sel, du poivre et du vinaigre; sautez-les dans cet assaisonnement; vous les mettrez dans la pâte à frire, et les ferez frire ensuite.

CHOUX FARCIS.

Vous ferez blanchir deux choux moyens dans de l'eau et du sel; quand ils auront été vingt minutes dans l'eau bouillante, vous les rafraîchirez, et les ferez égoutter; ôtez-en les cœurs; vous hacherez une demi-livre de veau, vous y joindrez une livre de gras de lard, du sel, du gros poivre, un peu de quatre épices, un peu d'aromates pilés; quand le tout sera bien haché, vous y ajouterez sept ou huit jaunes d'œufs, que vous mêlerez bien avec votre farce; vous la mettrez dans l'intérieur de chaque chou, vous les ficellerez bien, vous arrangerez des bardes de lard dans le fond d'une casserole, quelques tranches de veau, un peu de jambon, trois carottes, quatre oignons, un peu de thym, une feuille de laurier, deux clous de girofle; vous mettrez les choux par-dessus, et vous les couvrirez de lard, mouillez-les avec du bouillon du derrière de la marmite; ajoutez un peu de sel et de poivre; vous les ferez mijoter une heure et demie: quand ils seront cuits, vous les égoutterez sur un linge blanc; vous en extrairez le jus en les pressant un peu; après cela vous les déficellerez, et vous leur donnerez une forme agréable: vous pouvez les dresser sur le plat; glacez-les, et mettez une sauce espagnole dessous; si vous n'avez pas de sauce, faites un roux léger que vous mouillerez avec le fond de votre cuisson, et que vous passerez au tamis de soie.

CHOUX A LA CRÈME.

Après avoir lavé des choux, vous les émincerez, et vous les ferez blanchir dans de l'eau où vous mettrez une poignée de sel; lorsque les choux fléchiront sous les doigts, vous les rafraîchirez et vous les presserez comme la chicorée; vous mettrez un bon morceau de beurre dans une casserole; après avoir donné quelques coups de couteau sur les choux, vous les joindrez avec le beurre; ajoutez-y du sel, du gros poivre, un peu de muscade râpée; vous les passerez bien; vous mettrez une cuillerée à bouche de farine, que vous mêlerez avec les choux, et vous les mouillerez avec de la crème; en cas qu'ils soient trop liquides, vous les ferez réduire; vous les préparerez de même, vous les arroserez avec du bouillon, et vous emploierez le même assaisonnement.

LAITUES HACHÉES.

Otez ce qu'il y a de dur aux laitues, lavez-les bien, faites-les blanchir dans une eau de sel; quand elles sont cuites, sortez-les de l'eau chaude, pour les mettre dans l'eau froide; lorsqu'elles seront assez froides, mettez-les dans une passoire, et serrez-les dans vos mains pour en extraire l'eau; vous les hacherez; mettez un quarteron de beurre dans une casserole et vos laitues par dessus, du sel, du poivre, ni trop ni trop peu; quand les laitues sont un peu frites dans le beurre, mettez-y deux cuillerées à bouche de farine (ou plus ou moins selon la quantité); remuez-la bien pour que cela soit bien mêlé; puis vous mettrez du bouillon et laisserez bouillir un quart d'heure; dressez-la sur le plat, et des croûtons à l'entour.

LAITUES A L'ESPAGNOLE.

Vous ôtez les feuilles dures de laitue, vous les lavez, et vous les faites blanchir à grande eau, avec du sel dedans; quand elles auront bouilli vingt minutes, vous les rafraîchirez, et vous les presserez de manière qu'il ne reste pas d'eau; vous mettrez un peu de sel et de gros poivre dans le cœur des laitues; vous les ficellerez, vous arrangerez des bardes de lard dans le fond d'une casserole, avec quelques tranches de veau, deux carottes coupées en tranches, trois oignons, deux clous de girofle, une feuille de laurier; vous mettrez des laitues par-dessus, et vous les couvrirez de lard; mouillez-les avec du bouillon, un peu du derrière de la marmite; vous les ferez mijoter pendant une heure. Lorsque les laitues seront cuites, vous les égoutterez sur un linge blanc, vous les presserez dans le même linge, pour en extraire le mouillement; ensuite vous les parerez, vous les glacerez, et vous les dresserez en couronne, avec des croûtons glacés à peu près de la grandeur des laitues; vous mettrez une sauce espagnole dessous.

ROMAINES HACHÉES.

Préparez les romaines de même que les laitues. (*Voyez* Laitues.)

LAITUES FARCIES.

Vous préparez des laitues comme il est dit pour les choux farcis; vous vous servirez du même procédé pour les blanchir et les faire cuire; vous pouvez les dresser de même et employer la même sauce.

LENTILLES A LA MAITRE-D'HOTEL.

Faites cuire des lentilles; vous les égouttez, vous les mettez dans une casserole avec un bon morceau de beurre, du persil et de la ciboule bien hachés, du sel, du gros poivre; vous sautez le tout ensemble; servez-les bien chaudes.

LENTILLES FRICASSÉES.

Vous faites un roux léger, vous y mettez des fines herbes ou de l'oignon coupé en petits dés, vous les passerez dans le roux que vous mouillerez avec un peu de bouillon ou de l'eau; quand il sera délayé, vous mettrez les lentilles dedans avec du sel, du gros poivre; vous les servirez bien chaudes.

HARICOTS AU JUS.

Les haricots de Soissons sont les meilleurs; faites-les cuire, et vous les égoutterez; après, vous ferez un roux léger que vous mouillerez avec du jus, un peu de sel, du gros poivre; vous sauterez vos haricots dans la sauce; servez-les bien chauds. Vous pouvez les fricasser de même que les lentilles.

HARICOTS BLANCS NOUVEAUX

Vous mettez bouillir de l'eau dans une marmite ou casserole, avec du sel, un morceau de beurre gros comme la moitié d'un œuf; lorsque l'eau bout, vous y mettez vos haricots; dès qu'ils sont cuits, vous les égouttez, vous jetez un bon morceau de beurre dans une casserole, avec les haricots dedans; vous les sautez, et vous y mettez une cuillerée de velouté, un peu de sel, du gros poivre, un peu de muscade râpée; au moment du service, vous y ajouterez une liaison de deux jaunes d'œufs.

HARICOTS A LA PURÉE D'OIGNONS.

Lorsque les haricots sont cuits, vous les égouttez, et vous les mettez dans une casserole avec un morceau de beurre gros comme deux œufs et huit cuillerées à dégraisser de purée d'oignons; vous les sautez sur le feu sans les faire bouillir; vous les servez bien chauds: voyez s'ils sont d'un bon assaisonnement. (*Voyez* Purée d'Oignons blanche ou brune.)

PETITS POIS VERTS AU PETIT BEURRE.

Vous prenez deux litrons de pois, vous mettez un quarteron de beurre dedans, vous l'arrosez d'eau; pétrissez-les ensemble avec vos mains; vous les laisserez égoutter dans une passoire, ensuite vous les mettrez dans une casserole; placez-les sur un feu ardent; vous sauterez les pois; quand ils auront bien senti la chaleur, vous les mouillerez à l'eau bouillante, vous y ajouterez du sel, du gros poivre, la valeur de la moitié d'une noix de sucre, un bouquet de persil et de ciboule; vous ferez réduire votre mouillement jusqu'à ce qu'il n'y en ait presque plus; au moment de servir, lorsque les pois bouillent, vous mettez dedans trois petits pains de beurre, ou un morceau de beurre gros comme deux œufs; vous les sauterez sans les tenir sur le feu jusqu'à ce qu'ils soient bien liés, et vous les dresserez en buisson; voyez s'ils sont d'un bon sel.

PETITS POIS A L'ANGLAISE.

Vous mettez de l'eau dans une grande casserole: trois quarts d'heure avant de servir, quand l'eau bout, vous y ajoutez du sel et vos pois; vous les laisserez bouillir jusqu'au moment de servir; alors vous les égoutterez dans une passoire; vous les mettrez sur le plat avec six petits pains de beurre dessus, ou seulement un quarteron de beurre, sans les mêler avec les pois.

PETITS POIS A LA BOURGEOISE.

Vous ferez un roux blanc léger, vous y mettrez les pois; quand ils seront bien revenus, vous les mouillerez à l'eau bouillante; ajoutez du sel, du poivre, quatre oignons, un bouquet de persil et ciboules, une romaine émincée; vous les laisserez réduire en cuisant; lorsque les pois seront cuits, et au moment de les servir, vous y joindrez une liaison de trois jaunes d'œufs; ne les laissez pas bouillir avec la liaison, de crainte qu'elle ne tourne; assurez-vous s'ils sont de bon sel.

ASPERGES.

C'est l'asperge de Rosni que l'on préfère pour le goût et pour la grosseur; vous lés effeuillez jusqu'au bouquet avec le tranchant près la pointe du couteau; vous en enlevez la superficie depuis le bouquet jusqu'au bout du blanc; ayez soin qu'elles soient toutes de la même longueur; vous les lierez en paquets; vingt minutes avant de servir, vous les mettrez dans une grande eau bouillante; ajoutez-y du sel; vous les tâterez: si elles fléchissent, vous les rafraîchirez, pour qu'elles ne cuisent pas trop et qu'elles ne perdent pas leur vert; si vous les voulez à l'huile, vous les servirez froides en un seul paquet; il faut qu'elles soient régulièrement arrangées sur le plat; si c'est une sauce blanche, vous la mettrez dans une saucière près des asperges. (*Voyez* Sauce au Beurre.)

ASPERGES EN PETITS POIS.

Vous prendrez de petites asperges qui commencent à paraître, vous les couperez toutes de la grosseur d'un pois; vous avez une grande casserole où il y a de l'eau bouillante et du sel; faites blanchir les pointes d'asperges; lorsqu'elles ont jeté vingt bouillons, vous les mettez dans une passoire, vous les placez après dans l'eau froide: une demi-heure avant de servir, vous les laissez égoutter; mettez un morceau de beurre dans une casserole, avec les asperges dedans, du sel, du gros poivre; vous les faites revenir dans le beurre; versez dessus deux cuillerées à dégraisser de velouté, ou bien deux cuillerées à café de farine, du bouillon ou de l'eau, du sel, du gros poivre, un peu de muscade râpée, une cuillerée à café de sucre en poudre, le mouillement ne doit pas être très-long; vous ferez bouillir les asperges; quand elles seront à courte-sauce, vous y mettrez une liaison de trois jaunes d'œufs, et vous les dresserez sur le plat avec des croûtons à l'entour.

FÈVES DE MARAIS.

Si elles sont petites, on ôte la tête; si elles sont grosses, on les dérobe; on les fait blanchir dans l'eau de sel; quand elles le sont assez, c'est-à-dire qu'elles sont mangeables, on les met à l'eau froide pour les tenir vertes; on les égoutte; on met un morceau de beurre dans une casserole, les fèves par-dessus, avec un peu de sariette hachée, du sel, du poivre; on les met sur le feu, et lorsqu'elles sont un peu revenues dans le beurre, on y met une pincée de farine; on les mouille avec un peu de bouillon; quand elles ont jeté quelques bouillons, on y met une liaison de trois jaunes d'œufs (plus, selon la quantité), ou pas du tout. Quand elles sont jeunes on y met un petit morceau de sucre.

HARICOTS A ÉMINCÉ (OU SNÉ BOÔNE).

Il est fâcheux que les jardiniers de France ne cultivent pas cette sorte de haricots; je les trouve préférables aux nôtres; l'on peut en faire le même emploi que de ceux de France. Les Hollandais n'ont qu'une manière de les arranger. Après les avoir émincés, on les met dans une casserole avec du beurre, sel, poivre, muscade, une cuillerée à bouche de sucre, et un demi-verre d'eau; faites cuire pendant deux heures: avant de servir, faites réduire l'eau qu'ils auront rendue, et servez. (D.)

HARICOTS VERTS.

Après avoir épluché et lavé les haricots, vous mettez de l'eau et du sel dans un chaudron, vous la faites bouillir, et vous y jetez les haricots; dès qu'ils ont bouilli un quart d'heure, vous tâtez s'ils fléchissent sous le doigt; laissez-les égoutter dans une passoire, mettez-les dans l'eau froide. Au moment de servir, vous mettez un bon morceau de beurre dans une casserole, vous égouttez les haricots, et vous les mettez dedans, avec du sel, du gros poivre, du persil et de la ciboule hachés; vous les mettez sur un feu ardent, et vous les sautez; quand ils sont bien chauds, vous les servez sur le plat; ajoutez-y un jus de citron, si vous voulez.

HARICOTS VERTS LIÉS.

Vous faites blanchir les haricots verts, vous les laissez refroidir et égoutter, et vous mettez dans une casserole un morceau de beurre gros comme deux œufs, des fines herbes bien hachées, et vous les passerez; dès que le beurre sera un peu chaud, et que les herbes seront un peu frites, vous y mettrez deux cuillerées à café de farine que vous mêlerez avec le beurre; versez dessus un verre de bouillon; un peu de sel, du gros poivre: quand la sauce bouillira, vous mettrez dedans les haricots, et vous les y sauterez. Au moment de servir, vous y ajouterez une liaison de deux jaunes d'œufs. voyez si les haricots sont d'un bon goût. Vous pouvez y mettre un jus de citron.

HARICOTS VERTS AU BEURRE NOIR.

Lorsque les haricots seront blanchis, vous les sortirez de l'eau bouillante; faites-les égoutter dans une passoire; ensuite vous les assaisonnez de sel, de gros poivre; dressez-les sur le plat; vous verserez un beurre noir dessus (*voyez* Beurre noir); vous pouvez, après les avoir bien égouttés, mettre un bon morceau de beurre dans une casserole, et le faire roussir; vous placez les haricots verts dedans, et vous les sautez sur un grand feu: vous les assaisonnez avant de les dresser sur le plat; mettez-y un filet de vinaigre Ces haricots seront bons, mais ils n'auront pas bonne mine

CARDES-POIRÉES AU FROMAGE.

Vous coupez le blancs des cardes-poirées de la grandeur de quatre pouces; vous y joindrez du sel, un morceau de beurre gros comme un œuf; dès que l'eau bouillira, vous y mettrez les cardes-poirées; laissez-les bouillir trois quarts d'heure; si elles fléchissent sous les doigts, elles sont cuites) vous les égoutterez, vous ferez une bonne sauce blanche un peu liée, dans laquelle vous mettrez un peu de fromage de Gruyère ou de parmesan râpé; posez les cardes-poirées dedans; vous les sautez; vous ferez gratiner du fromage dans votre plat; arrangez dessus un lit de cardes-poirées et un lit de fromage râpé, jusqu'à ce que votre plat soit comblé; vous les masquerez avec du fromage râpé; vous tremperez ensuite quelques plumes dans le beurre tiède, et vous l'égoutterez sur le fromage, vous remasquerez les cardes avec de la mie de pain: quand elles seront bien panées, vous égoutterez encore un peu de beurre dessus. Une demi-heure avant de servir, vous poserez le plat sur de la cendre rouge, et un four de campagne bien chaud dessus, pour qu'elles prennent une belle couleur; vous épongerez le beurre qui sera sur les bords de votre plat avec une mie de pain tendre.

AUBERGINES.

Ayez quatre belles aubergines; vous les couperez par la moitié dans leur longueur: vous ne les creuserez pas trop, afin qu'elles aient un peu de chair: vous râperez du lard deux fois gros comme un œuf, autant de beurre; vous mettrez dans une casserole quatre cuillerées à bouche d'huile, deux cuillerées à bouche de champignons bien hachés, une petite poignée d'échalotes et une de persil; vous passerez ces fines herbes avec le beurre, le lard et l'huile: quand vous aurez bien fait revenir le tout, vous y mettrez un peu de sel, du gros poivre, un peu d'épices, et vous les laisserez refroidir; après cela, vous mettrez autant de farce cuite ou de celle à quenelle que vous aurez de fines herbes; vous hacherez trois anchois, et vous les mêlerez avec la farce et les fines herbes; vous mettrez le tout dans vos huit moitiés d'aubergines; vous unirez bien le dessus de votre farce avec de l'œuf, et vous les panerez Une demi-heure avant de servir, vous les mettrez sur une tourtière, dans le four, ou sur un feu un peu chaud, et le four de campagne par-dessus. (*Voyez* Farce à Quenelles.)

MACÉDOINE A LA BÉCHAMEL.

Vous préparez, comme il est dit à la Macédoine aux Entrées, beaucoup de carottes, navets, petits oignons, pois, asperges, haricots blancs, haricots verts, culs d'artichauts, aubergines, choux-fleurs, concombres, petites fèves, etc., en un mot, toutes sortes de racines et de légumes; vous les préparez par portions à peu près égales et à peu près uniformes. Lorsque les légumes seront cuits dans l'assaisonnement qui convient, vous les égoutterez jusqu'à ce qu'ils soient bien à sec; vous mettrez le tout dans une casserole; vous ferez une béchamel un peu réduite et un peu liée; vous la verserez sur votre macédoine; vous la sauterez, pour que la sauce se mêle avec les légumes. Si vous n'avez pas de béchamel, vous ferez réduire du velouté, vous y joindrez une liaison de trois jaunes d'œufs, vous passerez le velouté à travers l'étamine; vous mettrez dessus les légumes un morceau de beurre gros comme un œuf; si vous n'employez pas de velouté, vous clarifierez la cuisson de vos racines, et vous ferez un roux blanc; mouillez avec la cuisson clarifiée; ajoutez dedans une feuille de laurier, des champignons; vous ferez réduire votre sauce, afin qu'elle soit un peu liée; vous ferez une liaison de trois jaunes d'œufs, et vous passerez la sauce à l'étamine sur les légumes, en y ajoutant un morceau de beurre gros comme un œuf; sautez les légumes dans la sauce pour que la macédoine en soit bien arrosée; vous la tiendrez chaude sans la faire bouillir.

CHARTREUSE

Vous préparerez des racines, et vous les ferez cuire comme celles dites pour entrée; vous les dresserez de même, ou bien vous pouvez en changer le dessin; en place de mettre de la viande dans l'intérieur, vous vous servirez de laitues que vous aurez le soin d'égoutter et de bien presser pour en extraire le liquide. Lorsque votre moule sera plein, vous le tiendrez chaud au bain-marie; vous prendrez le mouillement dans lequel vos racines ont cuit, vous y ajouterez du bouillon de racines; quand il bouillira, vous le passerez à travers une serviette bien fine, pour qu'il soit clair; vous le ferez réduire à demi-glace, et vous le verserez sur la chartreuse, que vous aurez mise sur votre plat: en cas que votre demi-glace ne soit pas assez longue, vous y joindrez un peu de glace de viande bien blonde.

MARRONS A L'ESPAGNOLE.

Prenez cinquante marrons (il ne faut pas qu'ils soient de Lyon, parce qu'ils ne sont pas bons pour la cuisine); vous les émonderez à l'eau chaude comme des amandes; ayez bien soin d'ôter toute la seconde peau, afin qu'ils n'aient pas d'âcreté; quand ils seront bien émondés, vous les mettrez dans une casserole avec un demi-quarteron de beurre, quatre cuillerées à dégraisser d'espagnole, deux verres de consommé, une feuille de laurier, un peu de muscade râpée; vous ferez bouillir les marrons pendant une demi-heure; ensuite vous les retirerez de leur sauce pour les mettre dans une autre casserole; laissez réduire la sauce, et passez-la à l'étamine sur les marrons; vous les tiendrez chauds au bain-marie. au moment de servir, vous les dressez sur le plat, et la sauce dessous Vous pouvez les mettre aussi à différentes sauces.

HARICOTS VERTS A L'ANGLAISE.

Lorsque vos haricots seront préparés, blanchis, cuits et d'un beau vert, jetez-les dans une passoire, mettez un morceau de beurre sur votre plat à servir; dressez vos haricots, mettez du persil haché autour de votre plat, en forme de cordon; chauffez ce plat, et servez. (F.)

HARICOTS VERTS A LA BRETONNE.

Coupez en petits dés un ou deux oignons, mettez-les dans une casserole avec un morceau de beurre; posez-les sur un fourneau; passez vos oignons; lorsqu'ils commenceront à roussir, mouillez-les avec de l'espagnole; n'en ayant pas, mettez-y une pincée de farine; faites qu'ils soient d'un beau roux, ainsi que votre farine; mouillez-les avec une cuillerée à pot de jus; assaisonnez-les de sel et gros poivre, faites cuire et réduire cette sauce, mettez-y vos haricots blanchis et cuits, laissez-les mijoter; assurez-vous s'ils sont d'un bon goût; dressez-les et servez. (F.)

HARICOTS VERTS A LA LYONNAISE.

Coupez deux oignons en demi-anneaux; mettez-les dans une poêle avec un peu d'huile; posez cette poêle sur le feu; lorsque votre oignon commencera à roussir, ajoutez-y vos haricots verts blanchis et cuits; faites-les frire avec vos oignons; mettez du persil et de la ciboule hachés; assaisonnez-les de sel et gros poivre, faites-leur faire encore un ou deux tours de poêle; dressez-les, mettez un filet de vinaigre dans la poêle, faites-le chauffer, versez-le sur vos haricots, et servez-les. (F.)

HARICOTS VERTS EN SALADE.

Faites blanchir, cuire, rafraîchir et égoutter vos haricots; mettez-les dans un saladier, garnissez-les de quelques filets d'anchois, de quelques oignons cuits dans la cendre, de betteraves, de la ravigotte hachée; en outre assaisonnez de sel, gros poivre, huile et vinaigre, et servez. (F.)

SALADE DE CONCOMBRES A L'ANGLAISE.

Prenez deux concombres, qu'ils ne soient pas encore à leur maturité, épluchez-les; goûtez si le bout n'est point amer; s'il l'était, jetez le concombre; émincez-les en ronds dans leur entier, et le plus mince possible, et mettez-les dans un compotier, avec sel, poivre, vinaigre, et un oignon haché en rouelles; laissez-les confire ainsi deux ou trois heures; supprimez une partie de leur assaisonnement, et servez-les avec le bœuf. (F.)

CHOUX-RAVES ET CHOUX-NAVETS.

Ces choux sont d'une espèce particulière aux autres; on n'en mange point les feuilles, mais les trognons, qui viennent gros comme les deux poings; on supprime l'écorce, on en forme des navets ou des fausses cardes, comme je l'ai indiqué à l'article Navets; faites blanchir ces choux comme les navets, marquez-les de même; leur cuisson faite, mettez-les soit au velouté, soit à l'espagnole, soit à la sauce au beurre. (F.)

CÉLERI, RAVES ET FENOUIL.

(*Voyez* Choux-Raves.) (F.)

CHOUX DE BRUXELLES.

C'est une espèce de choux gros comme le pouce, et qui, au lieu de venir au bout de la tige, tel que les choux ordinaires, se placent au contraire à chaque œil du montant du chou, ce qui ressemble assez à une botte d'oignons montée sur de la paille; la manière la plus ordinaire jusqu'à présent de les accommoder, est de les éplucher, d'en supprimer les feuilles jaunes et fanées, de les laver, de les faire blanchir et cuire à grande eau, dans laquelle on a mis du sel en raison de leur quantité : leur cuisson faite, on les met dans une casserole avec un bon morceau de beurre, du sel, du gros poivre; on les remue bien, ajoutez-y, pour les lier, une cuillerée de velouté réduit, et servez-les. (F.)

CHOUX BROCOLIS

Cette espèce de choux est différente de la précédente : ce sont les montants des choux qui poussent au printemps sur les trognons ou tiges des choux dont on a coupé les têtes, avant l'hiver, et que le jardinier réserve ordinairement pour en tirer de la graine. On supprime toutes les feuilles de ces choux, hors celles qui sont placées le plus près de la fleur; on les lave, on les fait blanchir et cuire; dressez-les sur le plat comme des asperges, servez-les à l'huile. (F.)

CHOUX ROUGES A LA HOLLANDAISE.

Émincez votre chou comme de la choucroûte; posez-le dans une casserole; épluchez six belles pommes de reinette ou de Châtigny; mettez-les avec votre chou, ajoutez un quarteron de beurre, un peu de sel et poivre, un demi-verre d'eau; faites cuire sur un feu modéré l'espace de trois heures; faites en sorte qu'ils ne gratinent pas, car cela les rendrait détestables; si vous les soignez bien, vous aurez un plat de légumes délicieux : vous aurez soin de passer la cuillère dans le fond de votre casserole, afin de vous assurer qu'ils ne brûlent pas pendant leur cuisson. (D.)

CHOUX ROUGES A L'ALLEMANDE

Emincez votre chou bien fin, marquez-le dans une casserole; versez dessus une cuillerée de bouillon, deux cuillerées à bouche de sucre en poudre, sel, poivre, muscade, peu de chaque; faites cuire cette préparation pendant trois heures, faites en sorte que le liquide soit absorbé par le feu; au moment de servir, ajoutez un quart de verre de vinaigre; goûtez si l'assaisonnement est convenable, et servez. (D.)

ZÉE KOL OU CHOU DE MER.

Ce chou n'est pas très-commun, il ressemble beaucoup au céleri; l'on peut en faire le même emploi pour entremets. (*Voyez* Céleri.) (D.)

CHOUX ROUGES A LA FLAMANDE

Prenez deux de ces choux, coupez-les en quatre; supprimez-en le trognon, émincez-les comme je l'ai indiqué à la chou-croûte à la française; faites-les blanchir, rafraîchissez-les, mettez-les dans une casserole, avec un morceau de beurre, une feuille de laurier, un oignon piqué de deux clous de girofle, du sel et du poivre; faites-les partir; retournez-les bien, pour qu'ils s'incorporent avec le beurre; posez-les sur la paillasse avec un feu léger dessous, couvrez-les de leur couvercle avec de la cendre rouge dessus; laissez-les ainsi mijoter trois ou quatre heures; retournez-les de temps en temps; prenez garde qu'ils ne brûlent; leur cuisson achevée, ôtez-en la feuille de laurier et l'oignon, et finissez avec un petit morceau de beurre; dressez-les et servez. (F.)

CROUTE AUX CHAMPIGNONS.

Tournez et faites cuire des champignons comme il est indiqué à l'article Petite Sauce; mettez-les dans une casserole avec un morceau de beurre, un bouquet de persil et de ciboule; posez votre casserole sur un fourneau; sautez vos champignons; mettez-y une pincée de farine; mouillez-les avec d'excellent bouillon; faites-les partir, laissez-les mijoter et cuire; assaisonnez-les de sel, poivre, et d'un peu de muscade râpée; prenez la croûte du dessus d'un pain mollet râpé ou chapelé, et dont vous aurez ôté la mie; beurrez cette croûte en dedans et en dehors, mettez-la sur un gril propre, et posez ce gril sur une cendre rouge; laissez sécher et griller ainsi cette croûte; au moment de servir, supprimez le bouquet qui est dans vos champignons; liez-les avec des jaunes d'œufs délayés avec de la crème; versez un peu de sauce dans votre croûte, placez-la sur votre plat, la partie bombée en dessus; dressez votre ragoût, et servez. (F.)

CHAMPIGNONS A LA BORDELAISE.

Prenez de gros champignons; préférez les plus épais et les plus fermes, et surtout qu'ils ne soient pas pleureurs (on appelle pleureur le champignon qui est vieux cueilli; coupez-en légèrement le dessus; lavez-les, égouttez-les; ciselez légèrement le dessous en losange; mettez-les dans un plat de terre, arrosez-les d'huile, poudrez-les d'un peu de sel et de gros poivre; laissez-les mariner une ou deux heures; faites-les griller d'un côté, retournez-les de l'autre; leur cuisson achevée, ce dont vous jugerez facilement s'ils sont flexibles sous les doigts, dressez-les sur votre plat à servir saucez avec la sauce énoncée ci-après.

Mettez dans une casserole de l'huile en suffisante quantité pour saucer vos champignons, avec du persil et de la ciboule hachés très-fin, et une pointe d'ail; faites chauffer le tout, saucez-en vos champignons; pressez dessus le jus de deux citrons, ou arrosez-les d'un filet de verjus, ce qui vaudrait mieux. (F.)

CHAMPIGNONS AUX FINES HERBES.

Préparez des grands champignons comme les précédents; laissez-les mariner une heure ou deux dans de l'huile, sel, poivre, et un peu d'ail; hachez les queues et les parures de vos champignons pressez-les dans un linge pour en ôter l'eau; mettez-les dans une casserole, avec de l'huile, du sel, du gros poivre, du persil, de la ciboule hachée et une petite pointe d'ail; passez ces fines herbes un instant sur le feu; posez vos champignons dessus une tourtière; mettez dans chaque une portion de ces fines herbes; poudrez de chapelure de pain; arrosez-les d'un peu d'huile; mettez-les cuire au four, ou sous le four de campagne; leur cuisson faite, dressez-les sur le plat, saucez-les avec l'assaisonnement dans lequel ils ont cuit; exprimez dessus le jus d'un citron, ou arrosez-les d'un filet de verjus, et servez. (F.)

CHAMPIGNONS A LA PROVENÇALE.

Ayez quatre maniveaux de champignons bien fermes; épluchez-les, lavez-les, mettez-les égoutter, coupez-les en deux; mettez-les mariner avec de l'huile, du sel, du gros poivre et une petite pointe d'ail : au moment de servir, mettez de l'huile fine dans une poêle avec vos champignons, sautez-les à grand feu; quand vos champignons seront cuits et d'une belle couleur, ajoutez-y deux pincées de persil haché, une douzaine de croûtons faits avec de la croûte de pain mollet, et un jus de citron; dressez et servez. (F.)

CROUTONS AUX MORILLES.

Épluchez, fendez en deux vos morilles, lavez-les à plusieurs eaux; faites-les bouillir, égouttez-les, mettez-les dans une casserole avec un morceau de beurre et un bouquet de persil et de ciboule; passez-les sur le feu; sautez-les, mettez une pincée de farine, mouillez-les avec un peu de consommé; faites-les cuire et réduire : leur cuisson faite, supprimez-en le bouquet; liez-les avec un jaune d'œuf délayé avec de la crème; ajoutez-y une pincée de sucre en poudre, et servez-les avec une croûte telle que celle indiquée aux champignons. (F.)

MOUSSERONS.

Les mousserons étant de la même famille que les champignons et les morilles; ils se servent comme ces deux espèces. (F.)

TRUFFES AU VIN DE CHAMPAGNE, A LA SERVIETTE.

Prenez dix ou douze belles truffes; mettez-les dans de l'eau légèrement tiède; brossez-les, pour en ôter la terre et le gravier; retirez à mesure, et mettez-les dans de l'eau fraîche; brossez-les de nouveau; faites en sorte qu'il n'y reste rien; lavez-les bien avec une troisième eau; égouttez-les; foncez une casserole de bardes de lard, mettez-y vos truffes; assaisonnez-les de sel, d'une feuille de laurier, d'un bouquet assaisonné, d'un peu de lard râpé et quelques bons fonds, si vous en avez; sinon, mettez-y du bouillon; une ou deux lames de jambon et une demi-bouteille de vin de Champagne; faites-les partir; couvrez-les d'un rond de papier et de leur couvercle; mettez-les sur la paillasse, avec feu dessus et dessous; laissez-les cuire environ une heure; leur cuisson faite, égouttez-les sur un linge blanc, et servez-les sur une serviette pliée à cet effet. (F.)

TRUFFES EN CROUSTADES.

Procédez pour ces truffes comme il est indiqué à l'article Tourte de Truffes à l'anglaise. (*Voyez* article Pâtisserie.) (F.)

TRUFFES A LA CENDRE.

Appropriez une douzaine de truffes, plus ou moins, comme je l'ai indiqué pour celles dites au vin de Champagne; ayez autant de petites bardes de lard que vous a de truffes; coupez des carrés de papier blanc, qui puissent envelopper chacune d'elles; posez ces carrés sur votre table; mettez sur chaque une barde de lard et une truffe dessus; assaisonnez vos truffes de sel, gros poivre et un peu d'aromates pilés; enveloppez-les de bardes de lard, ensuite du carré de papier, et continuez de l'envelopper de même de quatre morceaux de papier, et toujours à l'opposé de la jonction du dernier, afin que cette truffe conserve son assaisonnement; continuez de procéder ainsi pour chaque truffe; une heure avant de servir, trempez légèrement chacune de ces papillotes dans l'eau fraîche, et mettez-les sous une cendre rouge, comme l'on met des marrons; laissez-les cuire; leur cuisson faite, ôtez les deux premières enveloppes; coupez les bouts des papiers qui restent, lesquels pourraient être salis par la cendre, ou brûlés, et servez. (F.)

TRUFFES A L'ESPAGNOLE.

Prenez une poignée de truffes, ou davantage; coupez-les en lames ou en dés; mettez-les dans une casserole sur un feu doux, avec un morceau de beurre; faites-les suer, mouillez-les avec un demi-verre de vin de Champagne, deux cuillerées d'espagnole réduite; faites-les aller sur un feu doux jusqu'à ce qu'elles soient cuites; dégraissez votre sauce, et finissez-la avec un petit morceau de beurre; ayez soin d'y bien incorporer vos truffes; surtout n'y mettez pas de citron, et servez-vous du même procédé pour une croûte aux truffes. (F.)

TRUFFES A L'ITALIENNE.

Émincez des truffes, comme les précédentes, la quantité que vous jugerez nécessaire; faites-les suer dans du beurre, comme il est énoncé précédemment; mettez-y un peu d'échalote et du persil haché; assaisonnez de sel et de poivre; mouillez d'un verre de vin blanc et deux cuillerées d'espagnole réduite; faites bouillir votre sauce, et dégraissez; finissez-la avec un filet d'huile, et servez. (F.)

TRUFFES A LA PIÉMONTAISE.

Émincez vos truffes comme il est indiqué plus haut, mettez-y de l'huile, au lieu de beurre; joignez à cela un peu d'ail écrasé; posez votre casserole sur une cendre chaude, afin que vos truffes ne fassent que frémir; au bout d'un quart d'heure assaisonnez-les de sel fin et d'un peu de gros poivre; forcez-les un peu en jus de citron, et servez. (F.)

TRUFFES A LA PÉRIGUEUX.

Coupez des truffes en petits dés, passez-les dans du beurre, mettez-y deux cuillerées d'espagnole réduite, avec un peu de vin blanc, et finissez-les avec un morceau de beurre. (F.)

TRUFFES A LA SERVIETTE.

Quand les truffes sont bien brossées et bien lavées, on met des bardes de lard dans une casserole, les truffes par-dessus, deux feuilles de laurier, un peu de thym, deux clous de girofle, du sel, du poivre; couvrez-les de lard; mettez dans la casserole une ou deux bouteilles de vin blanc et un morceau de beurre, faites-les cuire une demi-heure, retirez-les du feu, et laissez-les dans leur cuisson : au moment de servir, mettez-les sous une serviette, et servez-les.

SAUTÉ DE TRUFFES.

Quand les truffes sont nettoyées comme les précédentes, il faut les peler; quand elles le sont bien, vous les arrondissez et les coupez en tranches épaisses de deux lignes; faites fondre du beurre sur un sautoir, et les mettez dessus; mettez un peu de sel et de gros poivre; vous mettez le sautoir sur un feu un peu ardent; vous les retournez sitôt que le beurre a jeté quelques bouillons; deux minutes suffisent pour les cuire, égouttez-les, et les mettez dans une sauce espagnole travaillée, dressez-les sur le plat pour entremets: elles peuvent aussi servir pour entrée comme sauce.

POMMES DE TERRE A L'ANGLAISE, DITES MACHED-POTATOES.

Faites cuire des pommes de terre à l'eau; épluchez-les, écrasez-les comme pour en faire une purée; mettez-les dans une casserole, avec un petit morceau de beurre et un peu de sel fin; mouillez-les avec de la crème, desséchez-les comme une pâte à choux; à mesure qu'elles se dessèchent, mouillez-les de nouveau; faites-les cuire ainsi une heure, et laissez-leur prendre la consistance convenable pour pouvoir les dresser en pyramides; faites-leur prendre une belle couleur au four de campagne, et servez. (F.)

PATATES.

La patate est une espèce de pomme de terre; elle tire son origine de Saint-Domingue : quelques curieux commencent à la cultiver dans ce pays. J'ai été à portée de m'en servir, et j'ai déjà fait quelques essais, afin que, si elle vient à se cultiver en France, on puisse en tirer parti; je l'ai trouvée, en général, d'un excellent goût et très-sucrée; elle n'est pas aussi farineuse que la pomme de terre, et elle a au moins autant de suc que la betterave. (F.)

PATATES AU BEURRE.

Ayez des patates, lavez-les; faites-les cuire à la vapeur, ôtez la peau qui les enveloppe, coupez-les en liards; mettez dans une casserole un morceau de beurre et du sel en suffisante quantité; sautez-les, assurez-vous si elles sont d'un bon goût, et servez. (F.)

PATATES EN BEIGNETS.

Prenez des patates, lavez-les, ratissez-les, coupez-les de la longueur que l'on coupe les salsifis; mettez-les mariner une demi-heure dans de l'eau-de-vie, avec une écorce de citron; lorsque vous voudrez vous en servir, égouttez-les, trempez-les dans une légère pâte à frire, faites-les frire de manière qu'elles soient d'une belle couleur; égouttez-les, dressez-les, poudrez-les de sucre en poudre, et servez. (F.)

FRANGIPANE DE PATATES.

Faites cuire des patates à la vapeur; leur cuisson achevée, ôtez-en les peaux; mettez vos patates dans un mortier, pilez-les, lorsqu'elles le seront, retirez-les dans un vase; ajoutez-y quelques œufs entiers, un peu de beurre, un peu de sel, un zeste de citron râpé, quelques macarons amers écrasés, un peu de sucre, et servez-vous-en comme d'une frangipane pour tous les entremets de pâtisserie que vous voudrez. (F.)

HOUBLON.

On se sert au printemps des premières pousses du houblon en place d'asperges; on le fait cuire comme ces dernières, et on le sert de même, soit à la sauce blanche, soit à l'huile. (F.)

MANIÈRE D'ACCOMMODER LE GIROMON

Ayez un giromon, coupez-le en plusieurs morceaux; supprimez-en la peau et le dedans; coupez-le également par petites parties carrées, de la grosseur du pouce; faites-les blanchir et cuire dans de l'eau où vous aurez mis du sel en suffisante quantité; la cuisson achevée, faites-le égoutter dans une passoire; mettez-le dans une casserole avec un morceau de beurre, persil et ciboule hachés, du sel et du poivre; sautez-le, goûtez s'il est d'un bon goût, et servez.

Vous pouvez aussi les accommoder à la crême ou à la béchamel (*Voyez* article Sauce à la béchamel maigre.) (F.)

BONNETS DE TURCS ET ARTICHAUTS DE BARBARIE.

Ils se préparent et se finissent de même que le giromon énoncé ci-dessus. (F.)

TOMATES FARCIES.

Ayez vingt-quatre tomates bien mûres et bien rondes; ôtez-en les queues, coupez-les en deux; retirez-en les graines, le côté de la fleur qui doit être le beau côté, posez-le sur un plafond, sans qu'elles se touchent, et le côté de la queue, pressez-le bien; mettez-les dans une casserole avec un morceau de beurre, deux lames de jambon; assaisonnez de sel, poivre, une feuille de laurier, un peu de thym et d'ail, posez votre casserole sur un feu modéré; remuez vos tomates jusqu'à ce qu'elles soient en purée; durant leur cuisson, mettez un verre de vin blanc et persil en branches; lorsqu'elles seront au degré de purée, passez-les à l'étamine à force de bras; ratissez le dehors de votre étamine avec le dos de votre couteau; mettez cette purée dans une casserole, avec un peu de mie de pain râpée, du fromage de parmesan et un peu de gros poivre; mêlez dans cet appareil un peu d'huile d'olive, remplissez-en vos tomates, et poudrez le dessus de mie de pain avec un peu de fromage de parmesan; arrosez-les de bonne huile; faites-les cuire à four chaud; leur cuisson étant achevée, dressez-les sur un plat; saucez-les de leur assaisonnement, et servez. (F.)

COUCOUDRELLES A L'ESPAGNOLE.

Les coucoudrelles sont de petites citrouilles vertes de la groscœur d'un œuf; ayez-en vingt, tournez-les en forme de cœur un peu allongé; faites-les blanchir, égouttez-les; foncez une casserole de bardes de lard, mettez vos coucoudrelles dedans, recouvrez-les de lard, assaisonnez-les de sel et d'un bouquet assaisonné; mouillez-les avec du consommé; faites-les cuire; leur cuisson achevée, égouttez-les, mettez-les dans de l'espagnole réduite; faites-les mijoter un quart d'heure; dressez-les, et servez. (F.)

DES OEUFS.

OMELETTE AUX TRUFFES.

Vous cassez des œufs; vous les assaisonnez et les battez; vous mettez un morceau de beurre dans une poêle sur un feu clair; dès qu'il sera fondu, vous y joindrez les œufs; vous remuerez l'omelette par secousses pour qu'elle ne s'attache pas; ou bien, avec une fourchette ou une cuillère, vous les soulevez jusqu'à ce que votre omelette soit prise: vous en ôterez, avec une cuillère, le gros de l'intérieur, vous prendrez des truffes sautées dans une espagnole réduite, vous les mettrez dans le vide que vous avez fait à l'omelette; vous la plierez de manière qu'elle ait la forme d'un chausson; vous la posez sur le plat; vous hacherez ensuite bien fin deux truffes; vous les passerez dans un petit morceau de beurre, vous y mettrez quatre cuillerées à dégraisser d'espagnole, et vous verserez votre sauce bien chaude sur l'omelette; si vous ne voulez pas employer de sauce, vous prendrez une cuillerée à café de farine, que vous mêlez avec vos truffes quand elles seront passées, et vous les mouillerez avec du bouillon, du jus, un peu de sel, du gros poivre, très-peu de quatre épices. On peut, par ce même procédé, faire des omelettes aux champignons, à la purée de volaille ou de gibier, etc.

ŒUFS SUR LE GRIL.

Faites une petite caisse de papier, dans laquelle vous mettrez un morceau de beurre gros comme une noix, un peu de persil et ciboule; faites-la chauffer sur le gril; que votre beurre fonde et soit un peu chaud; cassez un œuf, mettez-le dans la caisse, avec sel, poivre, un peu de mie de pain par-dessus; mettez sur un feu doux et un charbon allumé de chaque côté de la caisse, sans qu'ils la touchent; ayez une pelle rouge, et passez-la par-dessus la caisse, pour que l'œuf soit cuit par-dessus; vous pouvez en faire plusieurs.

OMELETTE SOUFFLÉE.

Vous cassez six œufs, vous mettez les blancs et les jaunes à part; ajoutez quatre cuillerées à bouche de sucre en poudre; vous hacherez bien fin la moitié du zeste d'une écorce de citron, que vous mettrez avec les jaunes; vous les mêlerez avec du sucre et le citron; au moment de servir l'entremets, vous fouettez vos blancs d'œuf comme pour des biscuits; vous mêlerez bien les jaunes avec les blancs; vous mettez après cela un quarteron de beurre dans la poêle sur un feu ardent; dès que le beurre est fondu, vous y joignez les œufs; vous remuerez l'omelette, pour que le fond vienne dessus. Quand vous verrez que l'omelette a bu le beurre, vous la verserez en chausson sur un plat beurré, que vous mettez sur un lit de cendres rouges; vous jetterez du sucre en poudre sur l'omelette: posez dessus le four de campagne très-chaud; soignez-le de crainte que votre omelette ne prenne trop de couleur.

ŒUFS A LA NEIGE.

Vous casserez dix œufs, vous séparerez les blancs et les jaunes; vous fouetterez les blancs comme pour des biscuits; quand ils seront bien pris, vous y joindrez deux cuillerées de sucre en poudre et un peu de poudre de fleur d'oranger: versez une pinte de lait dans une casserole, six onces de sucre, un peu de fleur d'oranger ou autre odeur. Quand votre lait bouillira, vous prendrez une cuillerée à bouche de blanc, vous le mettrez dans votre lait; vous faites pocher les blancs, laissez-les égoutter sur un tamis: quand ils sont tous pochés, vous ôtez la moitié du lait, ou seulement le quart, vous délayez les jaunes, et vous les mettez dans le lait; vous les remuez avec une cuillère de bois; dès que vous voyez qu'ils se lient; vous retirez du feu ce mélange, et vous le passez à l'étamine dans une autre casserole; vous dressez après les œufs sur le plat, et vous les masquez avec votre sauce.

ŒUFS FARCIS.

Vous faites durcir dix œufs, vous les coupez par le milieu dans leur longueur; vous ôterez les jaunes, et vous les mettrez dans un mortier pour les piler; vous les passerez ensuite au tamis à quenelles; laissez tremper une mie de pain dans du lait; vous la passerez bien pour en extraire le lait, vous la pilerez et vous la passerez au tamis, ainsi que les œufs; vous ferez piler dans le mortier autant de beurre que vous avez de jaunes pilés; vous mettrez portion égale de mie, de beurre et de jaune d'œuf; vous broyez le tout ensemble. Quand votre farce sera bien pilée, vous y mettrez un peu de ciboule et de persil haché bien menu et lavé, du sel, du gros poivre, un peu de muscade râpée; vous pilez encore la farce, ajoutez-y deux ou trois jaunes d'œufs entiers; conservez la farce maniable, en y mettant l'œuf à mesure: lorsqu'elle est finie, vous la mettez dans un vase; vous en arrangerez épais d'un doigt dans le fond du plat; vous farcirez vos moitiés d'œufs; vous tremperez la lame d'un couteau dans du blanc d'œuf pour unir le dessus; vous mettrez des œufs avec ordre sur la farce qui est sur le plat; vous poserez sur la cendre rouge, et un four de campagne pardessus; lorsqu'ils ont une belle couleur, vous les servez.

ŒUFS EN CROQUETTES.

Vous ferez durcir dix-huit œufs; vous couperez le blanc et le jaune en petits dés, vous les mettrez dans une casserole; faites une sauce à la crême dans laquelle vous mettrez un peu de persil et de ciboule bien hachés et lavés; vous la verserez sur vos œufs; il faut qu'ils soient un peu liés : vous les remuerez dans leur sauce; laissez refroidir votre appareil; vous en prendrez une cuillerée à bouche, et vous la verserez sur un plafond : lorsque les œufs seront bien froids, vous leur donnerez la forme de croquettes; vous les roulerez dans la mie de pain; trempez-les dans de l'œuf battu, et panez-les une seconde fois; au moment du service, vous les mettrez dans une friture bien chaude; quand elles ont une belle couleur, vous les égouttez sur un linge blanc ou dans une passoire, et vous les dressez sur le plat.

ŒUFS A LA CRÈME.

Vous ferez durcir douze œufs, vous les couperez en tranches; vous mettrez dans une casserole un bon morceau de beurre, une cuillerée à bouche de farine, un peu de persil et de ciboule bien hachés, du sel, du gros poivre, un peu de muscade râpée; vous mêlez le tout ensemble; ajoutez-y un verre de crème; tournez la sauce sur le feu; au premier bouillon, versez-la sur vos œufs, sautez-les; lorsqu'ils seront bien chauds, vous les servirez.

ŒUFS AU GRATIN.

Vous préparez des œufs comme ceux à la crème, vous collerez des croûtons autour d'un plat, et verserez vos œufs dedans; vous panerez le dessus, vous passerez quatre jaunes à travers une passoire, vous le masquerez avec; vous les mettrez sur de la cendre rouge, un four de campagne bien chaud par-dessus; quand ils auront une belle couleur, vous les servirez.

ŒUFS A LA TRIPE.

Vous ferez durcir douze œufs, coupez-les en tranches, mettez-les dans une casserole; vous jetez un bon morceau de beurre dans une autre casserole; vous coupez douze oignons en tranches, vous les passerez à blanc dans le beurre; quand ils seront fondus, vous y mettrez une cuillerée à bouche de farine, que vous mêlerez avec les oignons; mettez-y deux verres de crème, du sel, du poivre; faites mijoter vos oignons et laissez-les réduire; vous les versez sur vos œufs, sautez-les et versez bien chaud.

ŒUFS A LA PAUVRE FEMME.

Vous ferez tiédir un peu de beurre sur votre plat; vous casserez dessus douze œufs, et vous les mettrez sur de la cendre chaude; vous couperez de la mie de pain en petits dés, vous la passerez au beurre; quand elle est bien blonde, vous l'égouttez et vous la semez sur vos œufs; mettez un four de campagne chaud par-dessus; lorsque les œufs sont cuits, vous versez dessus une sauce espagnole réduite.

ŒUFS A LA PROVENÇALE.

Mettez un plein verre d'huile dans une petite poêle; vous la mettez au feu; quand l'huile est bien chaude, vous cassez un œuf entier dans un petit vase; mettez-y du sel, du poivre, et servez-le dans l'huile; affaissez avec une cuillère votre blanc qui bouillonne: vous le retournez, et, lorsqu'il a une belle couleur des deux côtés, vous l'égouttez sur un tamis de crin; douze suffisent pour un entremets. Il faut que les œufs soient frais; vous les dressez en couronnes; après les avoir parés, mettez un croûton glacé entre chaque œuf; employez une sauce espagnole réduite, dans laquelle vous mettrez le zeste de la moitié d'un citron, et vous la verserez dessous.

ŒUFS POCHÉS AU JUS.

Mettez de l'eau aux trois quarts d'une moyenne casserole avec du sel et un peu de vinaigre; quand elle bouillira, vous la placerez sur le bord du fourneau, en cassant l'œuf; prenez garde, en ouvrant les coquilles, d'endommager le jaune; vous verserez doucement l'œuf dans l'eau, vous en mettrez quatre; vous les laisserez prendre; tenez toujours l'eau bouillante; vous les retirerez de l'eau avec une cuillère percée, vous posez le doigt dessus; s'ils ont un peu de consistance, vous les mettez à l'eau froide. Pochez-en douze ou quinze pour un entremets; vous les parerez et les changerez d'eau : un instant avant de servir, vous les ferez chauffer; égouttez-les sur un linge blanc et dressez-les sur un plat; mettez un peu de gros poivre sur chaque œuf et du jus dessous.

ŒUFS POCHÉS A L'ESSENCE DE CANARD.

Mettez douze canards à la broche; quand ils seront cuits verts, c'est-à-dire presque cuits, vous les retirerez de la broche; vous ciselez les filets jusqu'aux os, vous prenez le jus et vous l'assaisonnez de sel et de gros poivre; vous ne le faites pas bouillir, et vous le versez sous quinze œufs pochés. (*Voyez* Œufs pochés.)

ŒUFS POCHÉS A LA CHICORÉE.

Arrangez de la chicorée à la crème sur un plat, et des œufs pochés dessus. (*Voyez* Chicorée à la Crème) Vous pouvez mettre sous les œufs pochés des choux à la crème, une purée d'oseille, une purée de champignons, une de cardes, de concombres à la crème, du céleri à la crème et haché, une sauce aux tomates, aux pointes d'asperges, etc.

ŒUFS POCHÉS A L'ASPIC.

Faites tiédir de l'aspic; vous en mettrez dans le fond d'un moule ou de plusieurs petits moules; laissez-les se congeler; vous décorez des œufs pochés avec des truffes, vous les mettez sur la gelée; remplissez ensuite les moules d'aspic fondu, mettez-les sur de la glace, ou seulement au froid. Au moment de servir, détachez l'aspic, et posez-le sur un plat. (*Voyez* Aspic, Œufs pochés.)

ŒUFS BROUILLÉS.

Pour faire un entremets, cassez quinze œufs, dont cinq auxquels vous ôterez les blancs; ensuite vous les passerez à travers une étamine dans une casserole, et vous y ajouterez un quarteron de beurre que vous coupez en petits morceaux, une forte cuillerée à dégraisser de velouté, du sel, du gros poivre, un peu de muscade râpée; vous mettrez vos œufs sur le feu, vous les tournerez avec un fosset de buis jusqu'à ce qu'ils soient pris; vous les versez sur un plat; faites blanchir du verjus en grains, et placez-le alentour, ou bien mettez-y des croûtons passés au beurre. Vous pouvez aussi casser des œufs tout uniment dans une casserole, et y joindre du beurre; posez-les sur le feu, et tournez-les avec une cuillère de bois: quand ils seront pris, dressez-les sur le plat, mettez-y des croûtons à l'entour, si vous voulez.

ŒUFS BROUILLÉS A LA POINTE D'ASPERGE.

Vous couperez des pointes d'asperges et vous les ferez blanchir; vous les mettrez dans les œufs; faites-les prendre; vous les dresserez sur le plat et vous arrangerez des pointes d'asperges à l'entour: vous pouvez y mettre des petits pois, des petits concombres, des choux-fleurs concassés aux autres légumes.

ŒUFS BROUILLÉS AU JAMBON.

Vous préparez les œufs brouillés comme les précédens; coupez un quarteron de jambon en petits dés; finissez d'apprêter les œufs comme de coutume, et mettez des croûtons à l'entour.

DES LÉGUMES CONFITS

CHICORÉE CONSERVÉE POUR L'HIVER.

Vers la fin de septembre, prenez cent têtes de chicorée ou plus, vous en ôtez les côtes dures et vertes qui enveloppent le blanc; ne laissez que ce qu'il y a de bon; vous écourtez la tête sans la couper trop près: ayez un grand chaudron aux trois quarts plein d'eau bouillante, dans laquelle vous mettez deux grosses poignées de sel. Lorsque l'eau bout, vous y mettez votre chicorée bien lavée et égouttée; ayez bien soin de l'enfoncer dans l'eau bouillante, afin qu'elle ne noircisse pas. Après qu'elle aura bouilli pendant dix minutes, vous la retirerez et vous la mettrez dans l'eau froide; quand elle sera bien rafraîchie, retirez-la, et pressez-la dans vos mains pour en extraire l'eau; vous l'arrangerez dans des bocaux ou bien des pots; vous ferez une saumure; quand elle sera froide et claire, vous la verserez sur votre chicorée; vous la couvrirez avec du beurre clarifié; quand il sera congelé, vous fermerez votre pot avec du parchemin ou du papier. Vous pouvez aussi, lorsque les chicorées sont parées, lavées et bien égouttées, en faire un lit dans un pot ou une tinette; vous semez du sel par-dessus, ainsi de suite jusqu'à ce que votre tinette soit pleine; vous les couvrez avec un rond de bois, qui entre dans la tinette, et une pierre par-dessus. Dans l'hiver, vous en mettez dégorger dans l'eau de fontaine pendant deux heures; après, vous la placez dans un chaudron avec de l'eau froide; vous la ferez cuire, vous la tâterez de temps en temps; quand elle fléchira sous les doigts, elle sera cuite.

HARICOTS VERTS CONSERVÉS POUR L'HIVER.

Épluchez les haricots verts, vous les ferez blanchir à grande eau et du sel dedans : quand ils auront bouilli dix minutes, vous les rafraichirez avec beaucoup d'eau; lorsqu'ils sont froids, vous les égouttez, vous les mettez dans des bocaux ou simplement des pots, joignez-y une saumure que vous versez dessus; vous clarifierez du beurre et vous en mettrez un pouce d'épaisseur sur la salaison, dès qu'il sera froid, vous couvrirez les pots avec du papier ou du parchemin. Vous pouvez aussi, quand vos haricots seront épluchés, en mettre dans des pots ou une tinette, un lit de haricots, un lit de sel, ainsi de suite, jusqu'à ce que le vase soit plein; vous mettrez un rond de bois qui entre dans l'intérieur du vase, et vous mettrez une pierre par-dessus pour fouler les haricots. Quand vous voudrez en faire cuire, vous les mettrez dégorger pendant deux heures, et vous les ferez cuire à l'eau froide.

CORNICHONS CONFITS.

Ayez de petits cornichons, ils sont préférés : vous les brossez sans les écorcher; mettez-les dans des pots de grès avec du poivre long, de la passe-pierre, de l'estragon, quelques clous de girofle, des petits oignons; vous aurez du vinaigre dans lequel vous ajoutez du sel : vous le ferez bouillir et vous le verserez ainsi dans le pot où sont les cornichons et votre assaisonnement: le lendemain, faites-le bouillir jusqu'à quatre fois; alors vos cornichons seront verts et bien croquants; vous les couvrirez, quand ils seront froids, avec un parchemin ou du papier.

PETITS POIS CONSERVÉS POUR L'HIVER.

Vous emplirez des bouteilles de petits pois, vous les boucherez bien avec de très-bons bouchons, et vous les ficellerez; vous mettrez les bouteilles dans un grand chaudron avec de l'eau froide, vous les posez sur le feu : lorsque l'eau aura bouilli une demi-heure, vous retirerez le chaudron du feu; laissez refroidir l'eau, et retirez les bouteilles; vous en goudronnez les bouchons et le bout du goulot. Quand vous voudrez vous en servir, vous les ferez cuire à l'eau froide, et vous les emploierez de la même manière que les pois verts.

ARTICHAUTS CONSERVÉS POUR L'HIVER.

Après avoir bien lavé des artichauts, vous les laissez égoutter, vous parez le cul, c'est-à-dire vous en ôtez la queue et vous en coupez la superficie. Ayez un grand chaudron aux trois quarts plein d'eau; vous y mettrez deux poignées de sel. Dès que l'eau bouillira, vous y jetterez une douzaine d'artichauts, vous les laisserez bouillir; un quart d'heure après vous les retirerez et vous les mettrez à l'eau froide : vous les laisserez égoutter pendant cinq ou six heures. Arrangez-les dans un grand pot de grès, ou pot à beurre; vous verserez une saumure par-dessus, assez pour qu'ils baignent dedans; vous y mettrez aussi une livre ou deux d'huile, selon que votre plat est large d'ouverture. Lorsque vous voudrez les faire cuire, vous les mettrez à l'eau froide sur le feu; faites-les bouillir jusqu'à ce qu'ils soient cuits; vous les rafraîchirez et vous en ôterez le foin, vous verserez une sauce dedans ou de toute autre manière. (*Voyez* Artichauts.)

DE L'OFFICE.

CHOIX DU SUCRE.

Le sucre qu'on veut employer doit être choisi parmi le plus beau et le plus blanc : ayez soin de le prendre dur, léger et d'une douceur agréable. On a bien moins de peine pour le clarifier, lorsqu'il est de cette bonne qualité. La cassonade coûte aussi cher que le sucre, par le déchet qu'on y trouve; il faut la mouiller davantage pour la bien clarifier, en raison de ce que la crasse y est en plus grande abondance.

EAU BLANCHE A CLARIFIER.

Cassez trois œufs dans une terrine, battez-les bien, mouillez-les petit à petit, en continuant de les battre; vous y mettrez trois pintes d'eau, et vous vous servirez de cette eau pour clarifier le sucre

POUR CLARIFIER LE SUCRE.

Vous casserez votre sucre en morceaux, selon la quantité, vous y mettrez de l'eau blanche ci-dessus, vous le ferez bouillir; avec une écumoire vous enlèverez l'écume quand il bouillira; vous le mouillerez de temps en temps avec de l'eau blanche, et vous aurez soin, quand il jettera un bouillon, d'enlever l'écume. Après l'avoir mouillé trois ou quatre fois, vous verrez que votre écume sera bien blanche : vous lui donnerez le degré de cuisson que vous jugerez à propos.

CUISSON DE SUCRE A LA NAPPE.

Battez un blanc d'œuf dans une terrine avec un peu d'eau, et, tandis que vous le battrez, versez-y de temps en temps d'autre eau fraîche, jusqu'à la concurrence d'un verre, et cela vous donnera une eau blanche. Délayez ensuite dans une bassine, avec la moitié de cette eau, environ dix livres de sucre concassé, de manière qu'il soit fort épais, et mettez-le sur le feu. Quand il montera, mettez un peu d'eau blanche pour le faire descendre; faites la même chose deux fois de suite, et ne l'écumez que quand il aura monté deux fois; vous continuez, en écumant, de verser de cette eau, jusqu'à ce que l'écume que vous enlevez soit blanche; alors vous y versez un verre d'eau claire pour en tirer la dernière écume; vous ne retirerez votre sucre et il ne sera à la nappe, que lorsqu'en y trempant l'écumoire et la retirant de suite, il s'étend, après un tour de main, le long de l'écumoire; alors vous le passerez à la manche.

Si vous voulez tirer parti de vos écumes, vous les remettez sur le feu, vous mettez un peu d'eau blanche chaque fois qu'elles montent; vous les retirez après la troisième et les laissez reposer un moment. Après avoir jeté dedans un peu d'eau claire et fraîche, vous enlevez l'écume noire qui s'en détache, et passez la liqueur à la manche; mais comme elle n'est pas assez cuite, vous la remettrez sur le feu jusqu'à ce qu'elle soit à la nappe, et vous vous en servez alors pour composer des sirops.

CUISSON AU LISSÉ.

Lorsque vous avez clarifié du sucre et que vous l'avez remis sur le feu pour le faire bouillir, vous connaissez qu'il est au lissé en trempant le bout du doigt dedans; vous l'appliquez ensuite sur le pouce, et, ouvrant aussitôt un peu les doigts, il se fait de l'un à l'autre un petit filet qui se rompt d'abord, et qui reste en goutte sur le doigt. Quand ce filet est presque imperceptible, ce n'est que le petit lissé, et, quand il s'étend davantage avant que de se défaire, c'est le grand lissé.

CUISSON AU PERLÉ.

Lorsque le sucre a bouilli davantage que le précédent, vous réitérez le même essai, et si, en séparant vos deux doigts, le filet qui se fait se maintient de l'un à l'autre, alors il est au perlé. Le grand perlé est lorsque le filet se continue de même, quoiqu'on ouvre davantage les doigts, en dilatant entièrement la main; le bouillon forme aussi des manières de perles rondes et élevées, à quoi on peut encore connaître cette cuisson.

CUISSON AU SOUFFLÉ, OU PETIT BOULÉ.

Vous laissez jeter quelques bouillons au sucre; prenez une écumoire à la main, et secouez-la un peu, comme il est dit ci-dessus, en battant sur le bord de la poêle; soufflez aux trous, en allant et revenant d'un côté à l'autre, et s'il en sort des étincelles ou petites bouteilles, votre sucre est au point que l'on appelle au soufflé.

CUISSON A LA PLUME, OU GRAND BOULÉ.

Après quelques bouillons, vous soufflez à travers une écumoire, ou, lorsqu'en le secouant d'un revers de main, il en part de plus grosses étincelles ou boules qui s'élèvent en haut; alors il est à la plume; ensuite vous le laissez un peu de temps sur le feu, vous le soufflez encore, et vous voyez ces bouteilles plus grosses et en grande quantité, en sorte qu'il y en a plusieurs qui se tiennent ensemble, et qui font comme une filasse volante : c'est ce qu'on appelle à la grande plume, ou extrême boulé.

CUISSON AU CASSÉ.

Pour connaître quand le sucre est cuit au cassé, il faut avoir un pot avec de l'eau fraîche dedans; vous mouillez le bout du doigt dans cette eau et vous le trempez adroitement dans le sucre; vous le plongez aussitôt dans cette eau fraîche, pour empêcher que vous ne vous brûliez. Ayant ainsi le doigt dans l'eau, vous en détachez le sucre avec les autres, et, s'il se casse sans bruit et en s'attachant assez fortement aux dents, il est à la cuisson que l'on appelle au cassé.

CUISSON AU PETIT CASSÉ.

Après avoir procédé comme ci-devant, si le sucre se casse en faisant un petit bruit et tient encore sous la dent, il est alors à la cuisson qu'on appelle petit cassé.

CUISSON AU GRAND CASSÉ.

Si en l'état où est le sucre dans la cuisson précédente, vous le mettiez sous la dent, il s'y attacherait fortement; mais quand il est au grand cassé, il se casse et craque nettement sans s'y attacher nullement. Or, il faut prendre garde de moment en moment quand il est parvenu à cette dernière cuisson, en pratiquant ce qu'on a dit pour savoir quand il est au cassé, et ensuite mettez sous la dent le sucre que vous aurez retiré, pour voir s'il s'y attache encore; dès que vous serez sûr que non, et qu'au contraire il casse et se rompt nettement, ôtez-le aussitôt de dessus le feu; autrement il brûlerait et ne serait plus propre à rien de bon, parce qu'il sentirait toujours le brûlé. A l'égard des autres cuissons, on peut toujours les réduire en les décuisant avec de l'eau, pour s'en servir, comme on le jugera à propos. A l'égard de la cuisson au grand cassé, c'est ordinairement pour le sucre d'orge et pour quelques autres ouvrages que l'on verra dans la suite.

DES FRUITS CONFITS.

ABRICOTS CONFITS.

Prenez des abricots déjà jaunes, sans pourtant qu'ils soient mûrs: faites-leur, avec la pointe d'un couteau, une incision à la tête; puis, poussant le couteau à l'endroit de la queue, vous faites sortir le noyau par le côté opposé, et mettez à mesure vos abricots dans de l'eau fraîche; faites-les ensuite blanchir sur le feu; et, quand l'eau commence à bouillir, vous examinez s'il y en a qui fléchissent sous les doigts; dans ce cas, vous les retirez avec une écumoire, et laissez les autres jusqu'à ce qu'ils soient au même degré, et les mettez tous dans l'eau fraîche; lorsqu'ils sont refroidis, vous les faites égoutter.

Pendant ce temps-là, vous prenez cinq ou six livres de sucre, suivant la quantité de fruits que vous avez; vous le clarifiez et le faites cuire au lissé; vous le retirez du feu dès qu'il bout, et vous y mettez vos abricots; vous remettez le tout sur le feu, et le retirez lorsqu'il a fait quelques bouillons; laissez-le reposer pendant vingt-quatre heures, pour que les abricots prennent sucre. Le lendemain vous retirez les abricots; faites cuire le sucre à la nappe, et le versez bouillant sur les fruits, que vous laissez dans le sucre comme la veille; le troisième jour, vous séparez encore les abricots, et, lorsque le sucre est au perlé, vous retirez la bassine pour y mettre les abricots, auxquels vous donnez ensuite un bouillon; vous les retirez et les laissez dans le sucre; le lendemain vous les égouttez et les mettez sur des ardoises ou des planches de marbre saupoudrées de sucre; vous les faites sécher à l'étuve, et les retournez pour les saupoudrer de sucre entièrement, puis vous les arrangez dans les boîtes.

Vous avez soin, si vos boîtes contiennent plusieurs couches, de mettre entre chacune quelques feuilles de papier blanc.

PÊCHES CONFITES.

Prenez de belles pêches qui aient atteint leur grosseur sans être dans leur parfaite maturité, et qui soient bien fermes; piquez-les avec une grosse épingle, et mettez-les à mesure dans l'eau fraîche; ensuite vous les faites blanchir, et, quand vous vous apercevez qu'elles fléchissent sous le doigt, vous les retirez du feu, et les re mettez dans l'eau fraîche; vous les égouttez lorsqu'elles sont re froidies.

En même temps vous clarifiez du sucre, et le faites cuire au lissé; lorsqu'il est près de bouillir, vous le versez sur vos fruits, et les laissez dedans pendant vingt-quatre heures; le lendemain vous retirez les pêches; mettez le sucre à la petite nappe, et le jetez de nouveau sur les fruits; le troisième jour, vous opérez de même lorsque le sucre est à la nappe; le quatrième, vous faites cuire votre sucre au petit perlé; puis vous y mettrez les fruits auxquels vous donnez un bouillon couvert, et le lendemain vous faites cuire votre sucre au grand perlé, et vous y jetez les fruits; auxquels vous donnerez trois ou quatre bouillons; le lendemain vous les égouttez, et procédez pour le reste comme il a été dit ci-dessus.

REINES-CLAUDES CONFITES.

Prenez des reines-claudes d'une bonne grosseur, bien fermes et d'un beau vert, sans être mûres ni colorées; coupez-leur le bout de la queue, et les piquez dans différents endroits, surtout près de la queue; mettez-les sur le feu dans une bassine remplie d'eau en assez grande quantité pour qu'elles y baignent à l'aise; lorsque l'eau est assez chaude pour ne pas pouvoir tenir le doigt dedans, vous les retirez, et le lendemain vous les remettez dans la même eau, sur un feu médiocre; vous les entretenez chaudes pendant deux ou trois heures sans faire bouillir l'eau; vous jetez dessus une poignée de verjus, de sel ou d'épinards, ayant soin de remuer de temps en temps avec la spatule; vous augmentez le feu lorsque vous vous apercevez qu'elles sont bien reverdies, et lorsque vous les voyez monter au-dessus de l'eau, vous les versez à différentes reprises, pour les bien refroidir, dans de l'eau fraîche que vous renouvelez chaque fois; après cela vous les égouttez.

Vous clarifiez et faites cuire du sucre au petit lissé, vous y mettez vos reines-claudes, et leur donnez sept à huit bouillons; puis, après avoir écumé le mélange, vous le versez dans une terrine, et le laissez en cet état pendant vingt-quatre heures. Les deux jours suivants, vous ôtez vos prunes du sucre, pour lui donner un degré de cuisson différent, et ne les mettez dedans qu'après que l'opération est faite: mais la quatrième et la cinquième, on les réunit au sucre, lorsqu'il a le degré de cuisson convenable, et on leur donne un bouillon couvert; lorsque le sucre est au perlé, vous mettez le mélange deux jours à l'étuve, et vous les égouttez.

MIRABELLES CONFITES.

Prenez de belles mirabelles, bien jaunes, sans être trop mûres; piquez-les, mettez-les d'abord dans de l'eau fraîche, et ensuite dans de l'eau bouillante; lorsqu'elles montent, retirez-les de l'eau bouillante, et mettez-les de nouveau dans de l'eau fraîche. Clarifiez votre sucre, et y ajoutez un peu d'eau; lorsqu'il bout, jetez-y les mirabelles, et donnez au mélange un bouillon couvert: vous les écumez ensuite, et les retirez du feu: le lendemain vous les séparez, les égouttez, et mettez le sucre à la nappe; vous y versez vos fruits, auxquels vous donnez un bouillon couvert; puis vous les retirez; vous continuez à opérer de même que pour les reines-claudes ci-dessus, et vous les égouttez lorsque vous voulez les mettre en boîtes.

POIRES DE BEURRÉ, DE ROUSSELET ET DE BERGAMOTE CONFITES.

Ayez soin que vos poires ne soient pas trop mûres; elles sont bonnes à confire lorsque les pépins sont noirs; mettez-les sur le feu, dans une quantité d'eau suffisante; vous les retirez quand elles sont ramollies, et les mettez dans de l'eau fraîche pour les refroidir; vous les pelez légèrement, leur coupez le bout de la queue, les piquez avec un poinçon ou une épingle assez longue pour atteindre le cœur, et les jetez à mesure dans de l'eau fraîche; après cela, vous les remettez sur le feu, et jetez une poignée d'alun dans l'eau que vous faites bouillir; lorque vos poires sont assez tendres pour que la tête d'une épingle les pénètre facilement, vous les retirez, les mettez refroidir dans de nouvelle eau fraîche, et les égouttez.

Vous clarifiez du sucre et le mettez au petit lissé, ou bien, si vous en avez de cuit à la nappe, vous le retablissez au petit lissé, en mettant de l'eau dedans. Lorsqu'il bout, vous y versez vos poires, et donnez au tout un bouillon couvert; vous l'écumez, le versez dans une terrine, et le laissez vingt-quatre heures. Le lendemain, vous retirez et égouttez les poires, et remettez le sucre au petit lissé, en y ajoutant un peu de sucre clarifié; vous le versez sur les poires, et faites la même chose pendant les trois jours suivants, ayant soin d'augmenter chaque fois le degré de cuisson du sucre, jusqu'à ce qu'il soit au grand perlé; alors vous y joignez les poires, et donnez au mélange un bouillon couvert; après cela vous l'écumez, et le mettez à l'étuve dans une terrine pendant deux jours; puis vous égouttez les poires, et les disposez en coffrets ou en boîtes, suivant votre volonté.

NOIX CONFITES.

Prenez des noix vertes que vous pèlerez assez légèrement pour ne pas découvrir le blanc; mettez-les à mesure dans l'eau fraîche, puis sur le feu, avec d'autre eau; quand elles ont blanchi, vous les retirez du feu, les mettez dans de nouvelle eau fraîche.

Vous clarifiez le sucre et le mettez au lissé; vous le laissez refroidir; retirez vos noix de l'eau, mettez-les dans une terrine, et versez votre sucre dessus; vous faites la même opération trois jours de suite. Il faut observer de ne pas laisser bouillir le sucre, lorsqu'on le met sur le feu à ces trois fois différentes, et d'en retirer auparavant les noix; sans cela vous les feriez noircir. Vous faites cuire pendant cinq jours, de degré en degré, depuis le lissé jusqu'au perlé, toujours séparément des noix, et vous le versez dessus. Lorsque vous l'avez mis à chacune de ses cuissons, et qu'il est refroidi, vous y ajoutez à chaque fois un peu de sucre clarifié, parce que les noix, à mesure qu'elles le prennent, le font un peu diminuer; après la dernière cuisson, vous mettez votre mélange à l'étuve pendant douze heures; ensuite vous égouttez les noix, et les disposez comme bon vous semble.

ORANGES CONFITES.

Prenez de belles oranges dont l'écorce soit épaisse; marquez-leur quatre séparations, sans que les quartiers se détachent; vous les tournez ensuite, et les mettez à mesure dans l'eau fraîche; après, vous les mettez dans l'eau bouillante, où vous les laissez jusqu'à ce que la tête d'une épingle y entre en ne pressant que légèrement, puis vous les mettez dans de l'eau fraîche.

Vous avez du sucre clarifié et cuit au lissé, vous le faites bouillir, et y mettez vos oranges, auxquelles vous donnez quelques bouillons; ensuite vous écumez le mélange et le versez dans une terrine; le lendemain vous égouttez les fruits, donnez quelques bouillons à votre sucre et le versez sur les oranges; le troisième jour, vous égouttez de même, mettez votre sucre à la nappe, et après y avoir jeté un peu de sucre clarifié, vous y réunissez les oranges, auxquelles vous donnez un bouillon couvert; vous opérez de même les deux jours suivants; le dernier jour, lorsque votre sucre est au perlé, vous y mettez vos oranges, auxquelles vous donnez trois ou quatre bouillons; cela fait, vous les mettez deux jours à l'étuve, et les disposez dans les boîtes.

CITRONS CONFITS.

Prenez des citrons qui aient l'écorce fort épaisse; coupez-les par quartiers, et mettez-les sur le feu avec de l'eau pour les blanchir, lorsqu'ils sont assez attendris pour que la tête d'une épingle passe facilement à travers en pressant faiblement, vous les mettez dans de l'eau fraîche; vous prenez du sucre clarifié et cuit au lissé, et le mettez sur le feu; lorsqu'il bout, vous y jetez vos quartiers de citrons, et, après leur avoir donné un bouillon couvert, vous les retirez et les écumez. Le lendemain, vous les retirez et les égouttez, et mettez le sucre à la nappe; vous y jetez les citrons, auxquels vous faites faire trois ou quatre bouillons; vous faites la même chose le troisième et le quatrième jour, ayant soin d'ajouter chaque fois un peu de sucre clarifié, et le cinquième vous faites cuire votre sucre au perlé; vous y mettez vos fruits, auxquels vous donnez un bouillon couvert et les écumez, puis les mettez deux jours à l'étuve, et les écumez.

Si vous ne voulez pas vous en servir de suite, vous les mettez dans des terrines, pour les placer au besoin.

CÉDRATS CONFITS.

(*Voyez* Conserves de Fleur de Citron.) (F.)

ORANGES CONFITES AU SUCRE.

Vous prendrez douze belles oranges que vous tournerez, et qu vous ferez blanchir à grande eau dans une marmite ou poêle d'office; vous attacherez les tournures de vos oranges avec de la ficelle, pour les faire blanchir ensemble; il faut au moins trois ou quatre heures d'ébullition continuée pour qu'elles le soient assez; vous connaîtrez qu'elles seront à leur point, en les piquant avec une épingle; et si l'épingle entre sans résistance, vous les retirerez et les mettrez à l'eau fraîche; vous les couperez en cinq ou six quartiers, en laissant toujours la chair qui tient à l'écorce; vous clarifierez trois livres de sucre, dont vous ôterez la moitié; l'autre moitié servira pour les mettre au sucre; il faut les repasser tous les jours, égoutter les oranges, donner une douzaine de bouillons au sirop, en l'augmentant chaque fois avec le sucre en réserve; il faut au moins douze jours pour qu'elles soient confites à leur point, afin de les conserver toute l'année; l'on peut ne confire que l'écorce, en la levant bien proprement dessus l'orange, et en suivant le même procédé.

Les cédrats, citrons, les bigarades, bergamotes, poncires, chinoises, etc., se confisent de même en entier ou par quartiers; on ne tourne pas le cédrat, ni les poncires; on peut ne pas tourner les oranges, si l'on veut. (F.)

DES CONSERVES.

CONSERVES DE FLEUR D'ORANGER.

Prenez deux livres de beau sucre, et une demi-livre de fleur d'oranger fraîche et épluchée. Faites fondre le sucre dans quantité d'eau suffisante, et écumez-le, puis y jetez la fleur d'oranger. Faites cuire le sucre au petit cassé; ensuite le retirez et remuez vite avec une spatule. Lorsque le mélange commence à boursouffler, vous le versez dans des caisses de papier, ou dans des moules.

CONSERVES DE CERISES.

Prenez deux livres de cerises sans noyaux, quatre onces de groseilles rouges, et trois livres de sucre. Mettez les fruits dans une bassine d'argent, sur un feu doux, tant qu'ils soient réduits à une demi-livre. Pendant ce temps-là vous faites fondre le sucre et le faites cuire au grand cassé; vous jetez les fruits, et remuez jusqu'à ce que le mélange commence à boursouffler; alors vous versez dans des caisses.

CONSERVES DE GROSEILLES.

Prenez deux livres de groseilles rouges égrenées, et trois livres de sucre. Mettez les groseilles sur le feu dans une bassine d'argent, afin que la plus grande partie de l'humidité qu'elles contiennent s'évapore; pressez-les ensuite sur un tamis, pour en extraire la pulpe, que vous remettez dessécher sur le feu, en remuant toujours jusqu'à ce que vous découvriez aisément le fond de la bassine; pendant ce temps-là faites fondre le sucre, et faites-le cuire au cassé; vous le versez sur les groseilles, et remuez assez bien pour les empêcher de s'attacher à la bassine; vous la retirez du feu, en continuant de remuer jusqu'à ce que le mélange se boursouffle : vous le versez alors dans des moules.

CONSERVES DE FRAMBOISES.

Prenez une livre de framboises, quatre onces de cerises et une livre de sucre; mettez vos fruits sur un feu très-doux dans une bassine d'argent, et, après les avoir passés au tamis de crin, prenez-en la pulpe, qui est restée dans le tamis, pour la faire dessécher : lorsqu'ils sont réduits à moitié, vous y versez le sucre cuit au grand cassé, et remuez jusqu'à ce qu'il blanchisse, et vous mettez ensuite le mélange dans des moules.

CONSERVES DE FLEUR DE CITRON.

Prenez deux livres de sucre et six onces de fleur de citron fraîche et épluchée; faites fondre le sucre, et faites-le cuire au petit cassé; jetez-y des fleurs, donnez un bouillon au mélange, et remuez jusqu'à ce que le sucre se boursouffle, ensuite versez le mélange.

CONSERVES DES QUATRE-FRUITS.

Prenez quatre onces de fraises, autant de groseilles, autant de cerises, autant de framboises, et trois livres de sucre. Pressez vos fruits et passez-les dans un tamis un peu serré; vous en mettez le jus dans une bassine sur un feu doux, et remuez jusqu'à ce qu'il soit réduit à moitié; faites fondre le sucre, l'écumez et le faites cuire au cassé; vous le retirez du feu pour y mettre le jus des fruits; en le remettant sur le feu, vous donnez au mélange un bouillon, le retirez du feu, remuant toujours jusqu'à ce que le sucre se boursouffle : alors vous coulez la matière dans des caisses ou moules.

CONSERVES DE VIOLETTES.

Prenez quatre onces de violettes de printemps, et deux livres de sucre; brisez la violette dans un mortier; votre sucre étant au petit cassé, vous le retirez du feu, et y jetez la pulpe de violettes, et vous leur faites prendre corps l'un avec l'autre; quand le sucre commence à boursouffler, vous versez dans les caisses.

CONSERVES DE CHOCOLAT.

Prenez quatre onces de chocolat et deux livres de sucre; faites fondre le chocolat dans une quantité de sucre clarifié suffisante pour qu'il soit bien liquide; puis jetez-le dans votre sucre cuit au petit cassé; remuez bien le mélange, et opérez ensuite comme ci-dessus.

CONSERVES DE CANNELLE.

Prenez quatre gros de cannelle fine et deux livres de sucre; concassez votre cannelle, et la délayez dans un peu de sucre clarifié ou de sirop de guimauve; jetez-la dans le sucre cuit au petit cassé; remuez bien le mélange que vous retirez du feu; et quand le sucre blanchit, versez dans les moules.

CONSERVES AUX PISTACHES.

Prenez six onces de pistaches et deux livres de sucre; versez de l'eau bouillante sur les pistaches; et quand la peau s'enlève aisément, jetez-les sur un tamis, et versez dessus de l'eau froide; vous les pelez, les coupez en morceaux très-minces, et les jetez dans le sucre cuit au petit cassé; vous procédez ensuite comme il est prescrit pour les autres conserves.

CONSERVES D'AMANDES DOUCES GRILLÉES.

Prenez six onces d'amandes douces et deux livres de sucre; pelez et coupez les amandes en petits filets; mettez-les au four sur du papier; lorsqu'elles seront roussies, vous les tirerez du four, et les letterez ensuite dans le sucre cuit au petit cassé: puis vous procéderez comme ci-dessus.

Les conserves d'amandes non grillées se font de la même manière, excepté que les filets ne se mettent point au four.

CONSERVES D'ÉPINE-VINETTE.

Prenez une livre et demie d'épine-vinette bien mûre, une once de graine de fenouil en poudre, et deux livres de sucre; égrenez l'épine-vinette, et la mettez dans un bassin d'argent, où vous jetez un peu d'eau; faites bouillir le mélange jusqu'à ce que l'épine-vinette soit crevée; vous en exprimez le jus à travers un tamis ou un linge; nettoyez bien votre bassin, jetez-y la décoction avec le sucre cuit au cassé; donnez quelques bouillons au mélange, jusqu'à ce que le sucre soit au petit cassé; vous le retirez du feu, le remuez avec la spatule, et procédez pour le surplus comme il a été dit.

CONSERVES DE FRAISES.

Vous éplucherez une poignée de fraises bien fraîches et mûres; vous les passerez en les écrasant sur un tamis de soie avec une cuillère, pour en retirer la chair: pour une cuillerée à bouche de fraises passées au tamis, vous mettez six onces de sucre cuit au fort perlé; vous le retirez du feu; mettez vos fraises dedans, et vous blanchirez votre sucre en le travaillant avec une cuillère d'argent, jusqu'à ce qu'il commence à blanchir et sécher; si la conserve était trop blanche, vous la rougiriez avec un peu de carmin bien mêlé avant avec une goutte de sucre clarifié, et vous le mettriez dedans en travaillant votre conserve; cela lui donnera une belle couleur. (F.)

CONSERVES DE CÉDRAT.

Vous prendrez un cédrat bien sain et odorant, vous le frotterez sur un morceau de sucre, pour en retirer le zeste et le parfum; vous gratterez la partie du sucre qui est imprégnée de cédrat avec le couteau, et y passerez un jus de citron dessus pour le faire fondre; pour un cédrat râpé de la sorte, il faut une livre de sucre cuit au fort perlé; vous mettrez votre cédrat et le citron dedans, et les travaillerez comme les autres conserves.

Observation. Comme l'on n'a pas toujours du cédrat frais, et qu'il n'y a qu'une saison pour en avoir, on peut employer du cédrat confit, que l'on trouve toujours chez les confiseurs; on prend une moitié ou un quartier que l'on pile et que l'on passe à travers un tamis; on mêle ce qui est passé avec du sucre cuit au perlé, en y ajoutant du jus de citron. (F.)

CONSERVES DE ROSES.

Vous ferez cuire une demi-livre de sucre au fort soufflé; vous aurez de la meilleure eau de roses double que vous pourrez trouver; lorsque votre sucre sera cuit, mettez votre eau de roses dedans, et faites recuire votre sucre au fort perlé; pour lui donner de la couleur, vous mettrez un peu de cochenille préparée ou du carmin que vous travaillerez et coulerez dans vos moules. (F.)

CONSERVES DE CAFÉ.

Vous ferez du café très-fort et bien clair; vous aurez une livre de sucre clarifié et cuit au petit cassé; vous le retirez du feu et l'affaiblissez avec une tasse de café, pour le mettre à son point, afin de le travailler, c'est-à-dire qu'il faut toujours que votre conserve soit cuite au fort perlé ou petit soufflé, pour qu'elle puisse prendre et sécher; du reste, dressez-la comme les autres. (F.)

DES GATEAUX.

GATEAU DE FLEURS D'ORANGER SOUFFLÉ.

Prenez une demi-livre de fleur d'oranger fraîche et épluchée, et deux livres de beau sucre; fouettez, dans un vase séparé, un blanc d'œuf avec un peu de sucre passé au tamis fin, jusqu'à ce qu'il forme une pâte semblable à du fromage à la crème; faites fondre ensuite votre sucre dans un poêlon, et l'écumez; lorsqu'il a bouilli un peu, jetez-y la fleur d'oranger, et faites cuire le sucre au petit cassé; retirez-le alors, et mettez-y une demi-cuillerée de l'œuf battu; remuez alors vivement avec une spatule autour des parois du poêlon, et vous vous arrêterez lorsque le sucre sera monté; lorsqu'il est retombé, vous remuez de nouveau jusqu'à ce qu'il monte une seconde fois. Vous versez alors dans des moules ou caisses de papier graissées de bonne huile d'olive, et saupoudrées de sucre mis dans un tamis. Si vous voulez que la pâte ou glace soit plus blanche, ajoutez le jus d'une moitié de citron.

Vous donnez une couleur jaune à vos gâteaux au moyen de deux gros de safran en poudre, et celle de rose avec un peu de carmin liquide ou en poudre; et l'on met l'un ou l'autre, et peu à peu, dans le blanc d'œuf, pendant qu'on le bat.

GATEAU EN CHAMPIGNONS A LA FLEUR D'ORANGER.

Après avoir opéré comme ci-devant, et frotté le moule à champignons de bonne huile d'olive, vous y versez le mélange au moment où le sucre est monté pour la seconde fois; un instant après vous renversez le moule sur un linge blanc, vous le dégraissez, et en séparez les deux parties avec la pointe d'un couteau; vous posez le gâteau sur un tambour à champignons, qui doit être décoré, soit en carton découpé, soit en pastillages.

On colore ces gâteaux comme ceux à la fleur d'oranger.

GATEAU DE FRAMBOISES.

Prenez une demi-livre de framboises qui soient sèches, parce que les fraîches graissent le sucre et l'empêchent de monter, et une livre et quatre onces de sucre. Pour cela, cueillez les framboises avant leur parfaite maturité, séchez-les à l'étuve et les brisez dans un mortier.

Quand votre sucre est écumé et cuit au cassé, vous y jetez vos framboises. Ajoutez au mélange une demi-cuillerée de blanc d'œuf battu en crème; remuez le tout exactement, et, après lui avoir donné un bouillon, versez dans les moules ou caisses.

GATEAU D'ANIS.

Prenez deux onces d'anis en poudre, autant de badiane aussi en poudre, et deux livres de sucre; battez un blanc d'œuf, comme il a été dit ci-dessus, et quand le sucre est cuit au petit cassé, vous y mettez votre anis et la badiane; puis retirez du feu pour y mettre la pâte; remuez jusqu'à ce que le sucre soit monté une seconde fois, et versez dans les caisses.

GATEAU D'ANGÉLIQUE

Prenez quatre onces d'angélique en poudre et deux livres de sucre. Vous faites ce gâteau comme les précédents.

GATEAU SOUFFLÉ A LA ROSE.

Vous prendrez une poignée ou deux de roses effeuillées, suivant la quantité que vous en voulez faire; pour une livre de sucre, une poignée de roses épluchées suffit; vous ferez cuire votre sucre au fort boulé ou petit cassé; vous mettrez votre fleur de roses dans votre sucre; faites recuire votre sucre au cassé; vous aurez préparé une glace royale d'un blanc d'œuf bien frais, en y ajoutant aussi du carmin, pour qu'elle soit d'un beau rose; mêlez cette glace dans votre sucre au cassé, en remuant avec activité; à la seconde fois que votre sucre montera, versez-le dans le moule préparé à cet effet. (F.)

DES COMPOTES.

COMPOTE D'ABRICOTS VERTS.

Pelez légèrement des abricots verts, mettez-les sur le feu dans une bassine avec de l'eau, et les y tenez jusqu'à ce qu'ils soient tendres; vous les retirez alors, et y jetez un peu d'eau; quand ils sont un peu refroidis, remettez-les sur un feu léger sans les faire bouillir. Quand ils seront reverdis, poussez le feu pour qu'ils blanchissent parfaitement, ce dont vous serez sûr lorsque la tête d'une épingle passera facilement au travers. Mettez-les alors dans l'eau fraîche, et, lorsqu'ils seront refroidis, égouttez-les. Vous avez en même temps sur le feu du sucre clarifié; lorsqu'il bout, jetez-y les abricots, auxquels vous donnez à petit feu une vingtaine de bouillons; vous les retirez et les laissez environ deux heures prendre le sucre; après cela vous les remettez sur le feu, et leur donnez une douzaine de bouillons; vous les retirez, les écumez et les laissez refroidir; ensuite vous les égouttez et les remettez dans un compotier: vous remettez le sucre clarifié sur le feu, dans le cas où il ne serait pas assez cuit, et lui donnez le degré de cuisson convenable; vous le retirez ensuite; vous exprimerez au-dessus le jus d'une orange, lui donnerez encore un bouillon, le passerez dans un linge lorsqu'il sera presque froid, et le verserez dans le compotier.

COMPOTE D'AMANDES VERTES.

Elle se fait de même que celle d'abricots verts.

COMPOTE DE FRAMBOISES.

Prenez les plus belles framboises, et qui ne soient pas brisées, en poids double de celui du sucre. Vous épluchez le fruit, et pendant ce temps-là vous clarifiez le sucre, le faites cuire au petit boulé; cela fait, vous retirez la bassine, y jetez les framboises, et mêlez bien le tout en faisant tourner la bassine; vous les laissez un moment, puis les remettez sur le feu pour leur donner un bouillon couvert; vous les retirez ensuite, et, lorsqu'elles sont refroidies, vous les versez dans des compotiers.

COMPOTE DE GROSEILLES.

Prenez du fruit le plus beau, et du sucre en poids proportionné. Égrenez vos groseilles et lavez-les dans de l'eau bien fraiche; égouttez-les ensuite sur un tamis, et ayant, pendant ce temps-là, clarifié le sucre, et l'ayant fait cuire au petit boulé, procédez comme dans l'article ci-dessus.

COMPOTE DE CERISES.

Prenez une livre de belles cerises, coupez-leur la moitié de la queue, et passez-les à l'eau fraiche; mettez une demi-livre de sucre ou environ dans une poêle, avec de l'eau pour le fondre; faites-le bouillir jusqu'à ce qu'il soit presque en sirop, et jetez vos cerises dedans, après les avoir fait égoutter sur un tamis; faites-leur prendre à grand feu une douzaine de bouillons ou environ; ôtez-les ensuite de dessus le feu, écumez-les, et avec une cuillère ou du papier vous en retirez l'écume; vous les laisserez refroidir, et vous les servirez dans un compotier.

COMPOTE D'ABRICOTS.

Dans leur première nouveauté, on les emploie sans les peler; mais, dans la suite, vous les coupez et en ôtez le noyau; passez-les à l'eau sur le feu, comme pour ceux que l'on veut confire; quand ils montent au-dessus, et qu'ils sont mollets, vous les tirez et les faites rafraîchir; ensuite vous les laissez égoutter, puis vous les mettez au petit sucre clarifié, et vous leur laissez jeter trois ou quatre bouillons : ayez soin de les bien écumer. Si le sirop n'est point assez cuit, vous leur donnerez à part quatre ou cinq bouillons, et vous le verserez sur le fruit; lorsque les abricots seront froids, vous les dresserez dans un compotier pour les servir.

AUTRE COMPOTE D'ABRICOTS ENTIERS.

Prenez de beaux abricots bien jaunes et pas trop avancés dans leur maturité, ôtez-leur la queue, et faites-leur, avec la pointe d'un couteau, une incision suffisante pour pouvoir faire sortir les noyaux, et piquez-les avec une épingle de chaque côté de la queue; mettez-les ensuite sur le feu dans la quantité d'eau nécessaire pour les couvrir; lorsqu'elle est près de bouillir, voyez s'ils sont assez ramollis; dans ce cas, jetez-les dans de l'eau fraîche, et s'il en restait quelques-uns qui fussent un peu fermes, vous les laisseriez dans la bassine jusqu'à ce qu'ils fussent aussi tendres que les autres. Réunissez-les alors, et faites égoutter sur une claie : pendant ce temps-là, vous avez bien clarifié, écumé, et suffisamment cuit votre sucre, sur lequel vous versez un peu d'eau; vous le mettez sur le feu s'il n'y est pas, et, lorsqu'il bout, vous le retirez et mettez vos abricots dedans; vous leur donnez quelques bouillons sur un feu doux, et les laissez refroidir; puis vous les égouttez et les mettez dans des compotiers.

Lorsqu'on veut faire une compote avec des abricots bien mûrs, on s'abstient de les faire blanchir; on leur donne sur un feu doux quelques bouillons dans le sucre cuit au petit lissé, et on les pique partout pour que le sucre les pénètre.

COMPOTE DE PRUNES DE REINE-CLAUDE.

Vous piquez des prunes avec divers coups d'épingle, et vous les jetez à mesure dans de l'eau, ensuite vous les faites blanchir sur le feu dans d'autre eau; quand elles sont montées au-dessus, vous les tirez et les mettez promptement rafraîchir. Vous les ferez reverdir en les mettant sur un petit feu et les couvrant; prenez garde qu'elles ne bouillent, parce qu'elles deviendraient en marmelade. Dès qu'elles seront bien vertes, vous les rafraîchirez de nouveau, vous les égoutterez et les mettrez au petit sucre, que vous ferez chauffer et jeter deux bouillons seulement; vous les laisserez ainsi jusqu'au lendemain, ou jusqu'au soir, si vous en avez besoin; alors vous les remettrez dans une poêle, vous les laisserez bouillir jusqu'à ce qu'elles aient bien pris sucre; vous voyez alors qu'elles n'écument plus et qu'elles sont mollettes.

Si vous n'en faites que pour une fois, et que vous ayez trop de sirop, vous lui donnerez à part encore quelques bouillons pour le faire diminuer, puis vous le verserez par-dessus les prunes; vous en pouvez préparer davantage, que vous garderez de la sorte assez de temps.

COMPOTE DE RAINETTES BLANCHES.

Vous aurez six belles pommes de reinette, que vous couperez en deux; après avoir levé la pelure, vous les mettrez dans une terrine où il y a de l'eau et un jus de citron, afin qu'elles conservent leur blancheur. Vous clarifierez une demi-livre de sucre: dès que l'écume est ôtée, vous y mettez les moitiés de pommes; ajoutez un jus de citron dans le sucre; ayez soin de retourner les pommes; quand vous sentirez la fourchette entrer dedans, vous les retirerez du sirop; passez le sirop au tamis de soie, et faites-le réduire; vous le passez encore, ensuite vous le versez sur les pommes: servez-les froides ou chaudes. Si vous voulez les décorer, prenez la pelure d'une pomme de calville rouge, et faites un dessin sur les moitiés.

COMPOTE DE POMMES ENTIÈRES.

Prenez sept belles pommes de reinette; avec un vide-pomme vous en ôterez le cœur et la pelure; vous les mettrez dans de l'eau et un jus de citron; clarifiez une demi-livre de sucre; laissez votre sirop un peu long; jetez-y les pommes; faites-les cuire à petits bouillons; tâtez-les souvent: aussitôt que les dents de la fourchette entreront dedans, retirez-les, et posez-les sur votre compotier: faites réduire votre sirop, et versez-le sous les pommes.

COMPOTE DE MARTIN-SEC.

Ayez quinze poires de martin-sec; creusez un peu la tête, et accourcissez la queue, en dégageant un peu de la poire; clarifiez une demi-livre de sucre; allongez le sirop; vous mettez les poires dedans; faites-les mijoter pendant une bonne demi-heure: quand elles seront presque cuites, laissez-les jeter quelques gros bouillons; retirez-les ensuite de dessus le feu pour les dresser sur le compotier; lorsque le sirop sera assez réduit, vous le verserez sur les poires.

COMPOTE DE POMMES FARCIES A L'ABRICOT.

Prenez dix belles pommes de reinette bien fermes et saines, et avec le vide-pomme, instrument assez semblable à une cuillère à café, mais plus long, vous retirez la plus grande partie de la pulpe de vos pommes, en enfonçant l'instrument de la queue à la tête, en observant cependant que les pommes doivent encore conserver de la consistance; après cela, vous pelez vos pommes, et les mettez à mesure dans l'eau fraîche; vous les égouttez, les posez dans une bassine où est votre sucre avec de l'eau, et mettez le tout sur le feu; quand les pommes sont assez ramollies, vous les retirez avec précaution de la bassine, et les rangez dans les compotiers.

Cela fait, vous prenez de la marmelade d'abricots, que vous introduisez dans chaque pomme : et lorsqu'elles en seront toutes farcies, vous prenez des zestes de citron très-minces, avec lesquels vous formez des ronds qui vous servent à couvrir les trous que vous avez faits avec le vide-pomme. Vous avez dans l'intervalle clarifié votre sucre, et l'avez fait cuire au petit lissé, et, lorsqu'il est assez refroidi, vous le versez sur les pommes dans les compotiers.

COMPOTE DE BON-CHRÉTIEN.

Prenez cinq belles poires de bon-chrétien; coupez-les en deux, ôtez-en le cœur; jetez-les dans l'eau froide; vous les faites blanchir, vous les pelez, et vous les mettez dans de l'eau et du citron pour les conserver blanches; après cela faites-les cuire dans le sirop; ajoutez-y un jus de citron; vous les dressez sur le compotier; faites réduire le sirop, s'il est trop long. Le doyenné, le saint-germain et autres se préparent de même.

COMPOTE DE ROUSSELET.

Faites blanchir quinze poires de rousselet; pour cela vous emploierez le même procédé qu'aux précédentes: vous les pelez et vous coupez un peu la queue; mettez-les dans un sirop un peu long; lorsqu'elles seront cuites, vous les arrangerez dans le compotier; faites réduire le sirop, s'il est nécessaire.

COMPOTE DE CATILLARD.

Ayez cinq poires de catillard, coupez-les par moitié, ôtez-en le cœur et la pelure; vous les mettrez dans une petite marmite de cuivre étamée nouvellement; ajoutez-y une cuillerée à pot de sirop et quatre autres d'eau; faites-les mijoter pendant deux heures, plus, si elles n'étaient pas cuites; lorsqu'elles sont bien à leur degré de cuisson nécessaire, vous les dressez sur un compotier; faites réduire le sirop, s'il est trop long, et servez-le sur vos poires; elles seront rouges naturellement sans rien y mettre; quelques personnes y emploient moitié vin rouge, de l'eau et du sirop.

COMPOTE DE POIRES GRILLÉES.

Si vous avez une compote de poires qui ait déjà servi, vous l'égouttez bien sur un linge blanc; vous mettez cinq cuillerées à bouche de sucre en poudre dans le fond d'une poêle ou d'un poêlon, vous arrangez les poires par-dessus; posez-les sur le feu; dès que le fond de la poêle aura pris une couleur un peu foncée vous la retirerez du feu, et vous mettrez les poires sur un compotier, et du sirop dessous.

COMPOTE DE VERJUS.

Prenez quatre livres de beau verjus et deux livres de sucre; fendez le verjus par le côté pour en extraire les grains, au moyen d'un cure-dent arrondi par le bout, et jetez à mesure les grains dans de l'eau fraîche. Faites bouillir de l'eau dans une bassine d'argent; et jetez-y le verjus; retirez la bassine dès qu'il monte, et.

couvrez-la d'un linge; lorsque le verjus est refroidi, mettez-le mijoter sur un feu très-doux, ayant soin de l'empêcher de bouillir; lorsqu'il est bien reverdi, vous l'égouttez; pendant ce temps-là, vous avez clarifié le sucre et l'avez fait cuire au lissé; alors vous y mettez le verjus, que vous retirez après quelques bouillons, et l'écumez; lorsque le mélange est refroidi, vous le passez et mettez le fruit dans des compotiers. Vous donnez encore quelques bouillons au sucre, vous l'écumez et le versez ensuite sur le verjus.

COMPOTE DE COINGS.

Prenez six coings; vous les coupez en deux, et vous en ôtez les cœurs; faites-les blanchir comme les poires de bon-chrétien; enlevez la pelure, mettez ensuite du sirop clair dans une poêle, avec un jus de citron; laissez achever de cuire les coings; arrangez-les dans le compotier, et versez dessus un sirop un peu épais.

COMPOTE DE PÊCHES.

Prenez six belles pêches, mettez-les dans une bassine ou poêle remplie aux trois quarts d'eau bouillante; donnez-leur cinq ou six bouillons; tâtez si la peau s'en va facilement; dans ce cas, mettez-les un moment dans l'eau fraîche, et pelez-les; ensuite fendez-les en deux, et enlevez le noyau; faites du sirop dans la poêle, et y mettez les moitiés de pêches; donnez-leur ensuite quelques bouillons; vous les retirez, les laissez refroidir, et les mettez dans le compotier : si votre sirop est trop clair, vous lui donnez encore quelques bouillons, le laissez refroidir et le versez sur les pêches.

COMPOTE D'ORANGES.

Prenez de belles oranges, tournez-les avec propreté; coupez-les par quartiers et ôtez les pépins; mettez-les à mesure dans l'eau fraîche, puis faites-les blanchir sur le feu avec une suffisante quantité d'eau. Lorsqu'elles vous paraissent assez tendres, mettez-les encore dans l'eau fraîche : pendant ce temps vous avez préparé du sucre au petit lissé; mettez-y vos oranges, et, après quelques bouillons, vous les retirez et les laissez refroidir; vous mettez une fois la bassine sur le feu, vous donnez quelques bouillons et laissez refroidir. Vous retirez alors vos pêches du sirop, et les mettez dans vos compotiers; vous donnez encore quelques bouillons au sirop, le retirez lorsqu'il vous paraît avoir assez de consistance, et le versez sur vos fruits lorsqu'il est refroidi.

COMPOTE DE MARRONS.

Prenez un cent de marrons, dont vous ôterez la première peau; mettez-les ensuite dans une poêle avec de l'eau, un citron coupé par morceaux et trois poignées de son : faites qu'ils baignent bien; vous les ferez blanchir sans les mener à grand feu; vous connaîtrez qu'ils sont assez blanchis lorsqu'en les piquant avec une épingle elle entre dans le marron sans résistance; vous les retirerez de l'eau avec l'écumoire, vous les pèlerez à mesure, et les jetterez à l'eau claire, dans laquelle vous aurez mis un jus de citron; vous clarifierez une livre et demie de sucre cuit au petit lissé; vous mettrez égoutter vos marrons, et les mettrez au sucre, en y ajoutant un jus de citron et le quart d'un verre d'eau de fleur d'oranger; mettez le tout sur le feu sans le faire bouillir, puis retirez-le; on les égoutte le lendemain pour donner un bouillon au sirop, et l'on peut en servir pour compote en les suivant de cette manière : au quatrième bouillon, vous faites cuire au soufflé le sirop en l'augmentant; vous mettez les marrons dans le sucre ainsi préparé; un instant après vous blanchirez. (F.)

COMPOTE DE MARRONS A L'ITALIENNE.

Prenez cinquante beaux marrons, faites-les griller, et, lorsqu'ils seront cuits, épluchez-les; vous pressez entre vos doigts chaque marron pour l'aplatir, et le mettez à mesure sur une assiette d'argent ou tourtière; cela fait, vous y mettrez à peu près quatre onces de sucre clarifié et bien léger; vous mettrez vos marrons bouillir un peu sur le feu; vous ferez rougir une pelle; après les avoir retirés du feu, vous les poudrez de sucre pour les glacer avec la pelle rouge, en la présentant sur les marrons sans qu'elle les touche; vous les arrangerez dans un compotier; faites le sirop avec un jus de bigarade et la moitié d'un jus de citron dans un peu de sucre clarifié. (F.)

COMPOTE DE PATE DE MARRONS.

Préparez un cent de marrons comme il est indiqué à l'article Compote de Marrons; mettez vos marrons dans un poêlon avec une livre et demie de sucre clarifié; faites-les cuire, et réduisez-les en pâte, avec un peu d'eau de fleur d'oranger; faites dessécher votre pâte comme il est indiqué à l'article Pâte d'Amandes (*voyez* article Pâtisserie); vos marrons desséchés, posez-la sur un tamis; mettez un compotier dessous le tamis, et passez vos marrons dessus, de manière à ce que cela forme une espèce de mousse; essuyez bien votre compotier; mettez un peu de sirop à l'entour, comme il est indiqué à l'article précédent. (F.)

COMPOTE DE TAILLANDINS D'ORANGES.

Après avoir zesté vos oranges, c'est-à-dire avoir ôté tout le blanc qui reste à l'écorce, vous les couperez par petits filets très-minces; vous les ferez blanchir à l'eau jusqu'à ce qu'ils le soient assez et qu'ils puissent s'écraser sous les doigts; vous les mettrez à l'eau fraîche, puis vous les égoutterez et les mettrez faire plusieurs bouillons dans un sucre léger; le lendemain, donnez-leur un second bouillon, et servez-les. (F.)

DES MARMELADES

MARMELADE D'ABRICOTS.

Si vous employez quarante livres d'abricots, faites clarifier trente livres de sucre; quand il sera à la grande nappe, vous y mettrez les abricots coupés en petits morceaux; laissez cuire la marmelade jusqu'à ce qu'elle tombe liée; en en mettant sur une écumoire, ou bien en en plaçant entre les doigts, elle doit être collante; enlevez si vous voulez la peau des abricots, pour que vos confitures soient plus nettes. Lorsque la marmelade aura jeté des bouillons dans le sucre pendant un quart d'heure, vous la passerez dans un tamis de crin, vous la remettrez dans votre poêle et lui donnerez le degré de cuisson qui est expliqué ci-dessus; lorsque les confitures seront dans des pots, vous les laisserez refroidir; vous couperez des ronds de papier de la grandeur de l'intérieur de vos pots, vous les tremperez dans l'eau-de-vie et vous les appliquerez sur les confitures, puis vous les couvrirez d'un papier que vous ficellerez.

La prune de reine-claude se fait de même.

MARMELADE DE PÊCHES.

Prenez quatre livres de sucre et sept livres de pêches bien mûres, vous ôtez les noyaux et mettez les pêches dans une passoire où vous les écrasez ensuite; vous mettez la pulpe sur le feu, et, peu de temps après, vous y jetez votre sucre, que vous avez auparavant clarifié et fait cuire à la plume; vous donnez au mélange quelques bouillons, et mettez la marmelade dans des pots.

MARMELADE DE COINGS.

Prenez des coings bien mûrs et d'un beau jaune; pelez-les et en ôtez le cœur; vous les mettez sur le feu avec une quantité d'eau suffisante, jusqu'à ce qu'ils soient amollis; vous les retirez alors, les laissez égoutter sur un tamis, et vous les écrasez dessus pour en extraire la pulpe; vous pesez cette pulpe, la versez dans une égale quantité de sucre cuit au petit cassé, et remuez ce mélange sur le feu. Lorsqu'en en prenant sur l'écumoire, et en en laissant tomber, il formera une espèce de gelée, vous jugerez que votre marmelade est bien faite, et la mettrez dans des pots.

MARMELADE DE POIRES DE ROUSSELET.

Prenez six livres de poires de rousselet et quatre livres de sucre, mettez les poires de rousselet avec un peu d'eau sur le feu pour les attendrir; vous les pelez ensuite et les coupez par quartiers, pour en extraire les pépins et toutes les parties pierreuses. Il faut à mesure les jeter dans l'eau fraîche, et les mettre après sur le feu; quand elles sont suffisamment tendres, vous les retirez et les versez sur un tamis, les y écrasez et faites passer la pulpe à travers, ayant soin de tenir dessous une terrine pour la recevoir; après cela, vous prenez votre sucre, que vous avez clarifié et fait cuire au petit cassé, et le versez sur votre pulpe de poires; vous mettez le mélange sur le feu et remuez avec la spatule jusqu'à ce qu'il ait acquis une consistance exacte; alors vous retirez du feu, et versez dans des pots

MARMELADE DE FLEURS D'ORANGER.

Prenez une livre de belles fleurs d'oranger et deux livres de sucre; ôtez-en les étamines, et jetez à mesure les fleurs dans une bassine où vous avez une quantité d'eau suffisante ; lorsqu'elles sont toutes dans la bassine, vous exprimez dessus le jus d'un fort citron ou de deux moyens; vous mettez sur le feu ce mélange et le remuez constamment avec la spatule; lorsque la fleur d'oranger fléchit sous le doigt, vous la retirez, la mettez sur un tamis et l'y arrosez avec de l'eau fraîche jusqu'à ce qu'elle soit complétement froide; alors vous la mettez dans un mortier, où vous la pilez, jusqu'à ce qu'elle forme en quelque sorte une pâte; vous versez dessus votre sucre cuit au boulé, et donnez quelques bouillons à ce mélange; pour lors vous le retirez et y incorporez une livre de gelée de pommes, que vous y faites dissoudre en remuant comme il faut. Cela fait, vous retirez votre marmelade et la mettez dans des pots.

MARMELADE DE VIOLETTES.

Prenez trois livres de violettes épluchées et quatre livres de sucre; mettez les violettes dans un mortier, et les y contusez exactement; dans le même temps, vous préparez votre sucre; lorsqu'il est cuit au gros boulé, vous le versez sur les fleurs; délayez le mélange, et y ajoutez une ou deux livres de marmelade de pommes; vous incorporez bien le tout en remuant exactement; vous lui donnez quelques bouillons, retirez du feu et versez la marmelade dans des pots.

MARMELADE DE PRUNES DE REINE-CLAUDE.

Prenez six livres de fruit et quatre livres de sucre; faites en sorte que vos prunes soient bien mûres, ôtez-en les noyaux et mettez-les à mesure dans une terrine, puis les versez dans une passoire, où vous les écrasez avec un pilon de bois au-dessus d'un vase qui en reçoit la pulpe, que vous mettez ensuite sur le feu pour en enlever l'humidité, et la remuez avec la spatule ou l'écumoire. Cela fait, vous ajoutez le sucre clarifié et cuit au petit cassé, et vous lui faites prendre corps avec la marmelade, en remuant avec la spatule jusqu'à ce qu'elle ait pris la consistance de la gelée; vous la retirez et la versez dans des pots.

Lorsque les prunes ne sont point complétement mûres, vous leur donnez quelques bouillons; après en avoir ôté les noyaux, vous les laissez égoutter sur un tamis, puis les versez dans la passoire au-dessus d'une terrine, les écrasez avec un pilon de bois, et procédez ensuite comme pour les prunes bien mûres.

MARMELADE DE MIRABELLES.

Ayez soin que vos prunes soient bien mûres; vous leur ôtez les noyaux, et observez les mêmes procédés que pour les prunes de reine-claude, avec cette seule différence que, si vos mirabelles sont bien mûres, vous n'employez par livre de fruit qu'une égale quantité de sucre, et que, si elles ne le sont pas parfaitement, vous en mettez un tant soit peu davantage.

MARMELADE DES QUATRE FRUITS.

Deux livres de groseille [illegible] deux livres de framboises épluchées, deux livres de fraises et deux livres de cerises, douze livres de sucre en poudre ; cinq minutes d'ébullition suffisent ; emplissez vos pots; couvrez-les avec de la vessie de cochon ; après, faites-leur passer trois ou quatre heures dans une étuve ou dans un four doux, et serrez-les dans un endroit sec. (D.)

MARMELADE DE CERISES.

Prenez en cerises les plus belles, les plus mûres et les plus vermeilles que vous pouvez trouver, le double du poids du sucre. Otez les queues et les noyaux des cerises ; mettez le fruit dans une bassine sur un feu doux, afin d'en faire sortir l'humidité ; ayez soin de remuer avec la spatule, jusqu'à ce qu'il soit réduit à moitié. Lorsque votre sucre est clarifié et cuit au petit cassé, vous y versez le fruit et remuez le mélange jusqu'à ce que vous voyiez le fond de la bassine, car alors vous êtes sûr que votre marmelade est bien cuite ; vous la retirez du feu et la versez dans des pots.

MARMELADE DE FRAMBOISES.

Prenez des framboises en poids double de celui du sucre ; passez les framboises au tamis pour en extraire la pulpe, que vous mettez dans une bassine sur le feu, jusqu'à ce qu'elle soit réduite de moitié, ayant soin de remuer avec la spatule; vous versez vos fruits sur le sucre que vous avez auparavant clarifié et fait cuire au petit boulé, et vous remuez exactement le mélange avec la spatule, afin de l'incorporer comme il faut; ensuite vous le remettez sur le feu, et, lorsque vous lui avez donné quelques bouillons, votre marmelade est faite, et vous la versez dans des pots.

MARMELADE D'ÉPINE-VINETTE.

Prenez trois livres d'épine-vinette, autant de sucre et une livre d'eau; mettez l'eau dans une bassine d'argent ou de cuivre, et y égrenez l'épine-vinette, que vous choisissez bien mûre; vous la mettez sur le feu, lui donnez quelques bouillons et l'écrasez sur un tamis afin d'en extraire la pulpe, que vous remettrez sur un feu doux, jusqu'à ce que l'humidité en soit évaporée. Cela fait, si votre bassine est de cuivre, vous versez la pulpe dans une terrine, pour éviter que l'acide de ce fruit n'agisse sur le cuivre; si, au contraire, votre bassine est d'argent, vous versez sur la pulpe le sucre que vous avez pendant ce temps-là clarifié et cuit au cassé; vous donnez ensuite quelques bouillons au mélange, que vous remuez bien avec la spatule, et versez la marmelade dans des pots. (*Voyez* Marmelade de Verjus, ci-dessous.)

MARMELADE DE VERJUS.

Prenez six livres de verjus et cinq livres de sucre, égrenez le verjus et le mettez dans une bassine sur le feu, avec une quantité d'eau suffisante pour le faire blanchir; quand les grains montent au-dessus de l'eau et se gonflent, ajoutez-y le jus d'un citron; retirez la bassine de dessus le feu, couvrez-la, et la laissez sur les cendres chaudes jusqu'à ce que le verjus soit parfaitement revenu ;

alors vous le mettez dans une terrine où vous le laissez refroidir, ensuite l'écrasez dans un tamis au travers duquel vous faites passer la pulpe, que vous remettez sur un feu doux, pour en faire sortir l'humidité : cela fait, vous versez encore le verjus (si la bassine est en cuivre) dans une terrine; ajoutez-y le sucre, que vous avez clarifié et cuit au cassé, en remuant exactement avec la spatule; vous remettez le tout sur un feu doux, remuez toujours, et l'y tenez jusqu'à ce que vous vous aperceviez que la marmelade s'étend sur la spatule et tombe en gelée; alors vous la versez dans des pots.

Nota. De quelque matière que soit la bassine dans laquelle vous faites la préparation des deux marmelades ci-dessus, il est toujours plus prudent de verser les fruits dans un vase de terre lorsqu'il faut les laisser refroidir.

MARMELADE D'ORANGES.

Vous prendrez quinze oranges, de celles qui sont le plus en écorce, vous en ôterez la peau, comme si vous vouliez en manger le dedans : il n'y a que l'écorce qui puisse servir; vous les faites blanchir; lorsqu'elles le sont assez, vous les mettez à l'eau fraiche, puis vous les faites bien égoutter et vous les pilez fortement, pour les passer ensuite dans un tamis de crin avec la spatule; lorsque le tout sera passé, vous le pèserez; sur une livre, vous mettrez une livre et demie de sucre que vous clarifierez et ferez cuire au fort perlé; puis vous mettrez le tout ensemble au feu, vous lui ferez faire plusieurs bouillons, en remuant toujours avec la spatule, jusqu'à ce que la marmelade soit finie. Pour connaître si elle est à son point, vous en prenez avec le bout du doigt, et, en l'appuyant sur le pouce, lorsque le filet tient, il faut la retirer et la mettre dans des pots.

Toutes les marmelades de fruits jaunes, comme cédrats, citrons, bigarades, bergamotes, poires, chinoises, se font de la même manière que la précédente. (F.)

DES GELÉES.

GELÉE DE CACIS.

Ayez un panier de cacis; pressez votre fruit, pesez-le, ajoutez autant de sucre; faites bouillir ce mélange pendant cinq minutes, et emplissez vos pots. Je recommande cette confiture, surtout pour les maux de gorge : elle est très-rafraîchissante. (D.)

GELÉE DE GROSEILLES FRAMBOISÉES.

Prenez une quantité quelconque de belles groseilles rouges avec un quart de blanches; ajoutez-y le demi-quart de framboises; mettez le tout dans une bassine sur le feu, avec un grand verre d'eau pour les empêcher de s'attacher au fond et de brûler, et remuez-les avec la spatule; lorsqu'elles sont bien crevées et ont fait quelques bouillons, vous les retirez et les passez dans un tamis que vous tenez au-dessus des terrines, et les laissez égoutter pendant trois ou quatre heures; alors vous jetez le marc et passez le jus à la manche; puis après l'avoir mesuré, vous versez dessus une égale quantité de sucre que vous avez clarifié et fait cuire au cassé; vous remettez le mélange sur le feu en remuant bien avec l'écumoire; lorsqu'il monte, vous trempez l'écumoire dans la bassine, ce qui empêche le jus de s'élever au-dessus des bords. Votre gelée sera faite lorsqu'en l'étendant sur l'écumoire, elle formera ce qu'on appelle la nappe; vous la retirez alors du feu et la versez dans des pots. Lorsqu'elle est refroidie, vous découpez du papier blanc dans la dimension de l'ouverture de vos pots, vous le trempez dans de bonne eau-de-vie, l'appliquez sur votre gelée, et recouvrez ensuite vos pots d'un double papier blanc.

GELÉE D'ÉPINE-VINETTE.

Prenez de l'épine-vinette bien mûre, en poids quelconque, égrenez-la; vous prenez en sucre les deux tiers du poids de votre fruit avant d'être égrené; vous le faites cuire au perlé, et y mettez l'épine-vinette; après avoir donné au mélange quelques bouillons, vous le versez dans un tamis de soie au-dessus d'une terrine, et le pressez avec une spatule pour faire sortir le suc de l'épine-vinette; ensuite vous la remettez sur le feu, et, lorsque vous vous apercevez qu'elle forme la nappe, vous la retirez et la versez dans des pots.

GELÉE DE COINGS.

Prenez des coings bien jaunes, et qui n'aient pas cependant atteint leur parfaite maturité; ôtez-leur le duvet qui en couvre la surface, coupez-les par quartiers et enlevez les pépins; mettez-les ensuite dans une bassine sur le feu, avec de l'eau seulement en quantité suffisante pour qu'ils puissent tremper; lorsqu'ils sont bien cuits, vous les mettez dans un tamis au-dessus d'une terrine, et vous les pressez tant soit peu; après cela, vous passez la liqueur à la manche et la mesurez; pendant ce temps-là vous avez clarifié et fait cuire au cassé une égale quantité de sucre; vous le retirez du feu pour y verser la décoction, et vous remuez le mélange avec l'écumoire; ensuite vous le remettez sur le feu, et, lorsqu'il s'étend le long de l'écumoire, et qu'en tombant il forme la nappe, c'est une preuve que votre gelée est faite; vous la retirez du feu, et, lorsqu'elle est refroidie, vous la versez dans des pots.

GELÉE DE POMMES.

Prenez de belles pommes de reinette, coupez-les par quartiers pelez-les et enlevez-leur les pépins avec le cœur : sans cela la couleur de votre gelée ne serait pas aussi brillante; mettez-les dans une bassine sur le feu, avec une quantité d'eau suffisante pour qu'elles puissent y baigner à l'aise; quand vos fruits sont en marmelade, retirez-les de dessus le feu, et versez-les dans un tamis bien proprement nettoyé et placé sur une terrine qui doit recevoir la décoction, que vous passez ensuite dans une manche neuve; après avoir mesuré votre liqueur, vous prenez une égale quantité de sucre clarifié et cuit au cassé, et vous les réunissez, ayant soin de remuer le mélange avec l'écumoire, pour l'empêcher de monter par-dessus les bords de la bassine, ce à quoi il est sujet, et, lorsque votre liqueur forme la nappe, vous la retirez du feu, et la versez dans des pots, que vous ne couvrez que le lendemain.

GELÉE DE ROSES.

Il n'y a de différence entre cette gelée et celle de pommes qu'en ce que celle-ci est colorée avec un peu de teinture de cochenille faite avec de l'eau double de roses, que vous ajoutez à la décoction des pommes; vous les faites d'abord l'une et l'autre de la même manière, mais lorsque votre mélange est cuit à la nappe, vous y ajoutez un demi-verre de roses doubles; et, après lui avoir donné un bouillon, vous le retirez de dessus le feu, et le versez dans des pots.

DES CONFITURES.

CONFITURES DE GROSEILLES.

Prenez de belles groseilles rouges en quantité quelconque, qu'il y en ait un quart de blanches; égrenez-les, pour que le bois de la rafle ne donne pas d'âcreté au jus; mettez-les dans une poêle avec un verre d'eau; quand elles auront jeté quelques bouillons, et que vous vous apercevrez qu'elles sont crevées, vous les mettrez dans un tamis de crin, vous passerez le jus une seconde fois sur le marc, afin qu'il soit bien clair, et vous le foulerez pour en extraire tout le liquide. Si vous avez trente livres de fruit, vous ferez clarifier trente livres de sucre (*voyez* Sucre clarifié); vous le ferez ensuite cuire au cassé (*voyez* Sucre au Cassé); vous verserez le jus sur le sucre: faites-le bouillir un quart d'heure; après l'avoir bien écumé, vous le versez dans des pots.

Vous pouvez aussi mettre le jus de groseilles sur le feu et y ajouter le sucre en pierre; vous laissez bien écumer les confitures; vous en mettez quelques gouttes sur une assiette, et vous voyez, en la penchant, si la confiture se congèle; vous pouvez alors employer seulement trois quarterons de sucre par livre de fruit; mais il faut faire cuire davantage les confitures; et si l'on voulait se servir de cassonade, il faudrait de toute rigueur la clarifier.

CONFITURES DE CERISES.

Vous ôterez les queues et les noyaux de cerises; vous mettrez une livre de sucre pour une livre de cerises, vous les mêlerez: quand le sucre sera à son degré de cuisson, vous aurez bien soin de les écumer; laissez-les un peu refroidir dans votre bassine avant de les mettre dans les pots.

RAISINÉ.

Vous égrenez du raisin et vous mettez les grains dans un chaudron; faites-lui jeter quelques bouillons, en le remuant bien avec une spatule; lorsque les grains seront bien crevés, vous passerez le jus à travers un tamis de crin; vous le verserez de nouveau dans le chaudron: quand il bouillira, vous y mettrez des fruits épluchés et coupés en quartiers. Il faut donner une cuisson à chaque fruit c'est-à-dire les mettre à part ; dès qu'ils auront jeté quelques bouillons, vous les retirerez et vous les laisserez égoutter; ayez soin que les fruits soient cuits fermes; écumez bien votre réduction; faites réduire le jus à un quart, c'est-à-dire que de la totalité il n'en doit rester qu'un quart; vous y mettez vos fruits, vous les remuez bien avec une spatule sans quitter; lorsque vous verrez que le raisiné épaissira, mettez-en un peu sur une assiette : si vous voyez qu'il se congèle, retirez le chaudron de dessus le feu; laissez reposer un instant le raisiné et vous l'arrangerez dans vos pots; vous les placerez dans un four tiède jusqu'au lendemain; vous tremperez un rond de papier dans l'eau-de-vie, et vous les couvrirez d'un autre papier; vous mettrez de la ficelle à l'entour; vous placerez le raisiné dans un endroit sec.

DES FRUITS A L'EAU-DE-VIE.

ABRICOTS A L'EAU-DE-VIE.

Choisissez des abricots qui ne soient pas tout-à-fait mûrs, vous les mettez dans une poêle avec de l'eau froide, vous les posez ensuite sur le feu; dès que l'eau frémira et que les abricots monteront dessus, vous les retirerez soigneusement avec une écumoire, et vous les jetterez dans l'eau froide, à laquelle vous laisserez encore jeter un bouillon; vous les ferez rafraîchir, ensuite vous les mettrez égoutter sur un tamis. Sur douze livres de fruits, vous clarifierez trois livres de sucre; quand il sera cuit au perlé, vous y mettrez les abricots, vous leur ferez jeter cinq ou six bouillons, vous les retirerez du sirop, et les ferez égoutter; quand ils seront froids, vous les mettrez, sans les endommager, dans un bocal; si votre sucre n'est pas assez réduit, vous lui ferez jeter quelques bouillons; dès que vous verrez que le sirop perlera, vous le retirerez du feu et vous en ôterez l'écume; vous y verserez neuf pintes de bonne eau-de-vie à vingt-deux degrés; quand le sirop sera bien lié avec l'eau-de-vie, vous le verserez sur vos abricots, vous mettrez un bouchon de liége sur le bocal, et le couvrirez d'un parchemin mouillé, puis le ficellerez.

On peut aussi faire des pêches à l'eau-de-vie par le même procédé, en ayant soin de leur enlever le duvet avec un linge propre, de les piquer jusqu'au noyau avec une grosse épingle, et de les mettre à mesure dans de l'eau fraîche.

CERISES A L'EAU-DE-VIE.

Prenez des cerises belles, bien saines et pas trop mûres; vous leur coupez la queue à moitié, et vous les mettez dans un bocal avec quelques clous de girofle et un peu de bois de cannelle; vous faites clarifier un quarteron de sucre pour une livre de cerises et une pinte d'eau-de-vie. Lorsque le sucre est au cassé, vous versez dessus de l'eau-de-vie à vingt-deux degrés; vous mêlez le sirop avec l'eau-de-vie: quand il est froid, vous le versez sur les cerises, puis vous bouchez votre bocal avec le même soin que vous avez pris pour les abricots ci-dessus.

REINES-CLAUDE A L'EAU-DE-VIE.

Prenez douze livres de belles reines-claude, suffisamment grosses, sans être colorées, et pas avancées dans leur maturité; pourvu qu'elles soient ce qu'on appelle tournées, elles seront bonnes, et quatre livres de sucre. Coupez-leur la moitié de la queue, et les piquez, puis mettez-les sur le feu, dans de l'eau, en observant qu'il y en ait une assez grande quantité pour qu'elles baignent à l'aise; vous remuez de temps en temps et légèrement avec la spatule, et lorsque l'eau est trop chaude pour pouvoir y tenir le doigt, retirez la bassine du feu, et jetez-y une poignée de sel, ou bien un verre de vinaigre, avec, si vous voulez, une poignée d'épinards; couvrez le tout et laissez-le refroidir pendant vingt-quatre heures.

Le lendemain, vous les remettez pendant deux ou trois heures sur un feu très-doux, en remuant de temps en temps avec la spatule, ayant soin de ne pas briser les fruits, et d'entretenir l'eau assez chaude pour que l'on ait de la peine à tenir le doigt dedans: lorsque les reines-claude sont parfaitement reverdies, vous rendez votre feu plus vif, et vous les retirez quand elles montent sur l'eau, parce que c'est une preuve qu'elles sont suffisamment blanchies; vous pouvez d'ailleurs vous en assurer, en essayant si elles fléchissent sous le doigt; alors vous jetez l'eau chaude, que vous remplacez avec de la froide.

En même temps que vous avez clarifié votre sucre, et après l'avoir fait cuire au petit lissé, vous le versez sur les prunes, que vous laissez reposer vingt-quatre heures, afin qu'elles se pénètrent de sucre. Au bout de ce temps, vous les retirez du sucre et les égouttez; puis vous faites cuire le sucre à la nappe, et donnez un bouillon couvert aux reines-claude.

Le troisième jour, vous faites encore la même opération; vous faites cuire le sucre à la grande nappe: mettez dedans les reines-claude, les y faites frisonner un moment, puis versez le mélange dans des terrines.

Le quatrième jour, vous égouttez vos fruits et les mettez dans des bocaux; vous faites cuire le sucre à la nappe, et quand il est refroidi, vous versez dessus de bonne eau-de-vie à vingt-deux degrés, en quantité égale aux trois quarts de celle du sirop. Vous mêlez bien le tout et le passez à la muscade. Cela fait, vous le versez dans des bocaux, que vous avez soin de tenir bien bouchés.

MIRABELLES A L'EAU-DE-VIE.

Prenez douze livres de belles mirabelles et trois livres de sucre; que vos prunes soient jaunes sans être mûres; piquez-les, et mettez-les d'abord à mesure dans l'eau fraîche, et ensuite sur le feu; faites bouillir l'eau, et quand elles montent, vous les prenez doucement avec l'écumoire, et les jetez sur une terrine qui contient de l'eau fraîche; pendant ce temps, vous avez clarifié le sucre et l'avez fait cuire au petit lissé ; vous les mettez dans le sucre, et vous leur donnez un bouillon. Vous procédez de la même manière les deux jours suivants, et le troisième vous égouttez les prunes sur un tamis, et les mettez dans des bocaux. Après cela, vous remettez votre sucre au feu, où vous le faites cuire à la nappe; et lorsqu'il est refroidi, vous versez de bonne eau-de-vie à vingt-deux degrés, en quantité égale aux trois quarts de celle du sucre; vous mêlez bien le tout en remuant, et le passez à la manche. Cela fait, vous le versez sur les mirabelles, et bouchez bien exactement les bocaux que vous avez remplis.

ORANGES A L'EAU-DE-VIE.

Prenez de belles oranges (celles de Portugal sont les meilleures); tournez-les le plus promptement que vous pourrez; piquez-les dans le milieu, et mettez-les à mesure dans l'eau fraîche; faites-les blanchir ensuite sur le feu, et mettez-les après dans de nouvelle eau fraîche. Vous clarifiez du sucre en quantité convenable, et le faites cuire à la petite nappe; lorsqu'il ne bout plus, et qu'il est cependant encore très-chaud, versez-le sur les oranges, et donnez au tout un bouillon couvert. Vous faites la même opération les deux jours suivants, en commençant chaque fois par faire cuire séparément le sucre à la petite nappe, et y mettant ensuite les oranges, pour donner un bouillon au mélange. Le troisième jour, vous faites égoutter les oranges et les mettez dans des bocaux.

Vous donnez ensuite quelques bouillons à votre sucre, et lorsqu'il est refroidi, vous opérez comme vous avez fait ci-dessus pour les mirabelles.

POIRES DE BEURRÉ D'ANGLETERRE A L'EAU-DE-VIE.

Prenez de bonnes poires de beurré qui ne soient pas trop avancées dans leur maturité. Mettez-les dans une bassine sur le feu, avec une suffisante quantité d'eau fraîche, que vous faites mijoter sur le feu, sans la laisser bouillir. Lorsque vos poires fléchissent aisément sous le doigt, vous les retirez pour les mettre dans l'eau fraîche; vous les pelez bien exatement, et n'y laissez pas la moindre tache; ensuite vous les piquez et les mettez de nouveau sur le feu dans d'autre eau, dans laquelle vous exprimez le jus d'un citron, et que vous faites bouillir à grand feu. Lorsque vos poires sont assez ramollies pour qu'une épingle les traverse sans la moindre résistance, vous les retirez avec l'écumoire, en prenant garde de les briser, et les mettez de nouveau dans l'eau fraîche. Pendant ce temps, vous clarifiez votre sucre, et le faites cuire au lissé; vous le versez bouillant sur vos poires, et vous laissez reposer le mélange pendant vingt-quatre heures. Le lendemain, vous égouttez vos poires et remettez votre sucre sur le feu; lorsqu'il est cuit à la nappe, vous y mettez vos poires, auxquelles vous donnez un bouillon. Le troisième jour, vous faites la même opération, puis vous égouttez vos poires et les disposez dans des bocaux. Vous donnez encore quelques bouillons au sucre, et lorsqu'il est refroidi, vous versez de bonne eau-de-vie à vingt-deux degrés, en quantité égale aux trois quarts de celle du sucre; vous passez le mélange à la manche, le versez sur les poires et bouchez bien les bocaux.

On suit absolument les mêmes procédés lorsque l'on veut faire des poires de rousselet à l'eau-de-vie.

MANIÈRE PARTICULIÈRE DE PRÉPARER A L'EAU-DE-VIE LES PÊCHES, LES ABRICOTS, LES REINES-CLAUDES, LES MIRABELLES ET LES POIRES.

Prenez une quantité quelconque de beaux fruits cueillis avant leur parfaite maturité; essuyez-en le duvet, piquez-les et mettez-les à mesure dans de l'eau fraîche: vous les mettez ensuite sur un feu modéré, quoiqu'il faille que l'eau soit constamment presque bouillante; et lorsque vous sentez qu'ils fléchissent sous les doigts, vous les jetez dans l'eau fraîche. Ayez soin de ne les écraser ni les briser en les mettant dans l'eau fraîche : ceux qui le seraient ne pourraient pas vous servir. Après avoir égoutté cette première eau, vous en versez de nouvelle à deux reprises dans l'espace d'un quart d'heure; après cela vous les égouttez, et les mettez dans des bocaux.

Vous avez pris pendant ce temps-là une livre et demie de sucre pour vingt-cinq pêches, ou la quantité équivalente d'autres fruits. Vous l'avez clarifié et fait cuire à la nappe; vous le mesurez, et, ajoutant une double quantité d'eau-de-vie à vingt-deux degrés, vous mélangez le tout, et le laissez reposer dans un vase vernissé, puis vous le versez dans des bocaux où vos fruits sont préparés.

Si vous voulez que votre opération soit prompte, lorsque vous avez bien remué le sucre et l'eau-de-vie mêlés ensemble, vous passez à la manche et versez dans les bocaux.

CLARIFICATION DU MIEL.

Pour clarifier vingt-cinq livres de miel, mettez six litres d'eau dans une poêle d'office, de la contenance de cinquante livres, avec vos vingt-cinq livres de miel; posez-le sur le feu; lorsqu'il sera fondu, ajoutez-y cinq livres de blanc d'Espagne, que vous aurez pilé bien menu; ajoutez ensuite le zeste de trois citrons; remuez bien le tout ensemble avec une écumoire, afin que le blanc ne s'attache pas au fond; quand vous aurez bien mêlé ces substances, mettez deux livres et demie de charbon à clarifier, et continuez de remuer; cassez six œufs, battez-les bien, et ajoutez-y six litres d'eau. Quand votre miel sera près de bouillir, vous l'arroserez avec cette eau jusqu'à ce qu'il soit comme une éponge; ensuite passez-le à la chausse; une fois passé, remettez-le de nouveau dans cette chausse, et vous renouvelez cette opération jusqu'à ce qu'il en sorte limpide.

Vous devez avoir soin, un jour ou deux, avant d'en clarifier d'autre, de bien nettoyer et dégraisser votre chausse, au moyen de deux à trois œufs et de l'eau, jusqu'à ce qu'elle soit à dix degrés: alors vous vous servirez de cette eau sucrée pour en clarifier d'autre, et vous n'aurez besoin que de mettre six œufs dans un demi-litre d'eau ordinaire pour faire la même opération que ci-dessus. (F.)

PATE D'ABRICOTS.

Prenez la quantité d'abricots que vous jugerez convenable; ôtez-en les noyaux, faites-les fondre sur le feu; passez votre fruit au travers d'un tamis, desséchez votre marmelade, pesez-la, mettez autant de sucre clarifié et cuit au petit boulé que vous avez de fruit; mêlez bien le tout ensemble, remettez sur le feu pour le faire cuire : il faut que cette pâte soit plus cuite que la marmelade; lorsqu'elle sera à son point, dressez-la dans des moules ; mettez ceux-ci à l'étuve, pour sécher votre pâte et vous en servir au besoin. (F.)

PATE DE POMMES.

Procédez de même qu'il est indiqué à l'article precédent; mettez un peu de cannelle et un zeste de citron. (F.)

CONFITURE DE VERJUS.

Vous prendrez du verjus qui ne soit ni trop vert ni trop mûr, c'est-à-dire qu'en le fendant par le côté, on puisse, avec une épingle, en faire sortir les pepins, pour les jeter à mesure dans l'eau fraîche; ensuite mettez-le dans un poêlon, et faites-le blanchir, ayant soin de ne pas lui donner un trop fort bouillon, parce qu'il serait de suite en marmelade; il faut le retirer aussitôt qu'il se présente à la surface de l'eau; vous le laissez refroidir dans cette même eau; et lorsqu'il sera froid, vous le remettrez sur un très-petit feu pour le faire reverdir; après cela vous le mettez dans l'eau fraîche; vous prendrez, selon la quantité de verjus, du sucre que vous aurez clarifié, et fait cuire au petit lissé; vous égoutterez votre verjus sur un tamis; mettez-le avec votre sucre; le lendemain vous l'égoutterez de nouveau et vous ferez cuire le sucre, ensuite vous y remettrez votre verjus; il faudra le repasser tous les jours et finir le cinquième; mais à la dernière façon, lorsque votre sucre est cuit au fort perlé, il faut y ajouter votre verjus et lui donner un seul bouillon; après l'avoir écumé, mettez-le dans vos pots. (F.)

VERJUS PELÉ.

Prenez du verjus un peu plus mûr que celui dont nous venons de parler, mais bien vert; ôtez-en la peau et les pepins, avec une petite brochette bien aiguë; sur deux livres de verjus préparé de cette manière, faites cuire du sucre au boulé; vous y jetterez votre verjus, et lui donnerez une douzaine de bouillons; ensuite retirez-le du feu; écumez-le, et mettez-le en pots. (F.)

PATE DE VERJUS.

Prenez du verjus mûr, égrenez-le, et mettez-le ainsi sur le feu, en le remuan avec une spatule ; ajoutez-y quelques pommes que vous aurez bien pelées et coupées en morceaux ; le tout étant bien fondu, passez-le au travers d'un tamis de crin bien serré, en sorte qu'il ne reste que la peau et les pepins ; vous mettrez cette marmelade dans une poêle d'office sur le feu pour la faire dessécher jusqu'à ce qu'elle ait de la consistance ; vous pèserez votre marmelade, et y mettrez autant de sucre qu'il y aura de fruit ; faites cuire votre sucre au fort soufflé, et mettez-y votre marmelade pour la faire cuire à son point, et en remuant toujours avec la spatule, sans la quitter ; lorsque votre pâte se détache bien du fond de la poêle, c'est qu'elle est finie ; vous la dressez dans des moules de fer-blanc ou des caisses de papier, et vous les mettez à l'étuve, en les poudrant de sucre fin. (F.)

SUCRE AU CANDI EN TERRINE, A LA FLEUR D'ORANGER, OU GROS CANDI.

Vous prendrez quatre livres de sucre, que vous clarifierez ; vous aurez préparé avant une demi-livre de fleur d'oranger, bien blanche, fraîche et épluchée ; vous ferez cuire votre sucre dans une poêle au soufflé ; vous jetterez votre fleur d'oranger dans le sucre, et lui ferez prendre une douzaine de bouillons ; vous passerez le tout au tamis de crin ; remettez dans la poêle le sucre qui est passé, et cuisez-le au soufflé ; après l'avoir écumé et ôté du feu, ajoutez le quart d'un verre de bon esprit de vin, et versez-le dans une terrine ; couvrez-le et mettez-le à l'étuve pendant huit jours, ayant soin d'y conserver une chaleur égale ; après ce temps vous égoutterez votre terrine pour en retirer le sirop, et le candi reste attaché ; vous chaufferez la terrine, et ferez détacher le sucre qui tient après.

Vous pouvez tirer parti de la fleur d'oranger qui a fait votre candi ; vous aurez du sucre en poudre, la quantité qui convient ; vous mettrez votre fleur d'oranger, qui a égoutté, dans le sucre en poudre, en la frottant bien entre les mains pour la sécher ; vous la tamiserez pour en retirer le sucre, la mettrez sécher à l'étuve ; vous aurez ainsi de la fleur d'oranger pralinée très-belle. (F

GROS CANDI A LA ROSE.

Vous suivrez le même procédé pour tous les gros candis, en ajoutant les couleurs qui y sont analogues ; pour celui de rose, c'est l'esprit de rose qui est préférable à l'eau de rose distillée, et surtout que les odeurs soient fortes en fleur et bien aromatisées, en observant que si l'on mettait les odeurs que l'on veut donner à son candi en même temps cuire avec le sucre, elle ne servirait à rien ; l'odeur s'évaporerait en bouillant. Il ne faut les mettre qu'après que le sucre est cuit ; si c'était de l'eau de rose au lieu d'esprit, il faudrait cuire un peu plus le sucre, et y ajouter la couleur, pour la rose, soit de la cochenille préparée, ou du carmin détrempé avec un peu de sucre clarifié, et avoir l'attention de ne pas trop en mettre pour que le candi soit d'un joli rose (F.)

GROS CANDI JAUNE.

C'est toujours la même préparation que pour ceux dont nous venons de parler : vous prendrez pour la couleur une pincée de safran que vous mettrez bouillir dans un demi-verre d'eau, et vous colorerez votre sucre avec cette teinture et un peu d'essence de citron. (F.)

CANDI AUX VIOLETTES.

Prenez une demi-livre de fleurs de violette tout épluchées : vous ferez cuire une livre de sucre clarifié au fort perlé ; lorsqu'il sera à demi froid, vous y mettrez votre fleur, et poserez votre poêlon sur de la cendre chaude pendant deux heures, pour que la fleur jette toute son humidité ; ensuite vous l'égoutterez sur un tamis ; vous retirerez le sucre, vous aurez du sucre en poudre passé au tamis de soie, dans lequel vous mettrez votre fleur et la frotterez bien dans les mains pour la sécher ; vous la poserez sur un tamis ; mettez-la à l'étuve jusqu'au lendemain, pour qu'elle soit bien sèche ; ensuite vous la tamiserez pour en séparer le sucre d'avec la fleur ; vous prendrez trois livres de sucre clarifié, que vous ferez cuire au soufflé ; vous aurez votre moule préparé pour faire votre candi ; lorsque le sucre sera cuit, vous le verserez dans le moule, et garnirez toute la surface de sucre de votre fleur, sans en mettre trop épais, en appuyant dessus avec une fourchette, pour que la fleur prenne bien le sucre, et qu'il soit bien couvert ; mettez votre moule à l'étuve pendant cinq jours, sans chauffer trop fort ; vous l'égoutterez pour en retirer le sirop, et lorsqu'il sera froid, vous le sortirez du moule, en mettant une feuille de papier sur la table ; renversez alors fortement votre moule pour faire tomber votre candi. (F.)

PETIT CANDI DE JASMIN.

Vous épluchez deux poignées de jasmin que vous passerez dans un sucre cuit, comme nous avons dit pour la violette : vous le ferez ensuite sécher dans le sucre en poudre, pour le remettre sécher à l'étuve ; vous mettrez cuire du sucre au soufflé, vous mêlerez votre fleur ; vous finirez comme il est indiqué pour la violette. (F.)

PETIT CANDI DE JONQUILLE.

Servez-vous en tout du procédé désigné à l'article Petit Candi à la violette. [*Voyez* cet article.] (F.)

JONQUILLE ENTIÈRE.

Vous prendrez de la jonquille double, vous en couperez la queue près de la fleur, à un quart de pouce ; vous ferez cuire du sucre, dans lequel vous la jetez pour prendre un seul bouillon avec le sucre ; vous la retirez du feu, et la laissez un quart d'heure jeter son humidité ; vous l'égouttez bien et la jetez dans du sucre en poudre passé au tamis de soie, en maniant le tout légèrement ; il faut avoir l'attention que toutes les feuilles se développent et se chargent également du sucre en secouant et soufflant dessus, pour que la fleur conserve sa forme; vous les arrangez sur un tamis, en les prenant l'une après l'autre, ayant eu soin de garnir le fond de votre papier, et les faites sécher à l'étuve, pour les mettre ensuite dans une boîte, et les tenir toujours dans un endroit sec; on peut mettre aussi ces fleurs au candi, ayant soin d'avoir des petites grilles faites pour les moules, sur lesquelles elles seront posées, et une dessus, pour qu'elles trempent dans le sucre, en mettant un poids de deux livres pour les y maintenir enfoncées.

Cette même manière peut être employée pour toutes les fleurs que l'on veut conserver au sucre, soit pralinées, soit entières; l'on peut par ce moyen se procurer des candis de fleurs pour toutes les saisons, ainsi que des fruits, amandes, pistaches, angéliques et dragées, etc. (F.)

FLEUR D'ORANGER PRALINÉE.

Vous choisirez de la fleur d'oranger bien blanche et bien fraîche; vous l'éplucherez en la jetant à mesure dans l'eau; pour une livre de fleur d'oranger vous mettrez deux livres de sucre clarifié, que vous ferez cuire au soufflé; vous y mettrez votre fleur, que vous manierez fortement dans l'eau, pour qu'elle soit dans sa largeur; après l'avoir pralinée vous la remuerez avec une spatule, jusqu'à ce que votre sucre revienne à la cuisson du soufflé: retirez alors votre poêle du feu, et travaillez votre fleur avec la spatule, jusqu'à ce que le sucre s'en sépare, et qu'il devienne en poudre; vous la mettez bien sécher à l'étuve, et la passez au tamis de crin, pour en retirer votre fleur, que vous trouverez toute l'année pour votre usage en la serrant dans un bocal, ayant bien soin de la tenir toujours dans un endroit sec.

Vous pouvez praliner votre fleur d'oranger au sucre en poudre, en suivant le même procédé que l'on a indiqué pour le gros candi de fleur d'oranger, et observant toujours de le mettre dans l'eau avant de le mettre au sucre, pour qu'elle conserve toute sa forme.

Avec la fleur d'oranger pralinée de l'une ou l'autre manière, l'on fait des petits candis comme ceux dont nous avons parlé aux articles Violette et Jonquille, en suivant les mêmes procédés.

PETIT CANDI D'AMANDES.

Vous prendrez une livre d'amandes douces nouvelles; vous les émonderez; coupez-les très-minces dans leur longueur; vous aurez une livre de sucre clarifié, dans laquelle vous mettrez vos amandes pour les praliner, en vous servant d'une spatule de bois pour les remuer sur le feu, jusqu'à ce que vous voyiez que votre sucre est cuit à pouvoir le sabler, c'est-à-dire à la cuisson du fort soufflé; vous les retirez du feu et les remuez avec la spatule jusqu'à ce que le sucre soit en sable; vous les tamisez, pour en retirer les amandes, que vous couperez en quatre parties, pour les mettre en couleur séparément; la couleur blanche est celle dont elles sont après avoir été pralinées : l'une pour le rose, et l'autre pour le jaune, et la dernière pour le vert. Pour le premier, vous détrempez un peu de carmin avec du sucre clarifié, et mettez vos amandes en couleur dans une assiette ; pour le jaune, avec un peu de teinture de safran ; et pour le vert, avec le vert d'épinards. Vous ferez sécher toutes les amandes en couleur sur un tamis à l'étuve ; lorsqu'elles seront sèches, vous mêlerez le tout ensemble, en y ajoutant celles que vous avez laissées blanches ; vous ferez cuire au soufflé la quantité à peu près de sucre que vos moules peuvent contenir ; vos amandes étant bien sèches, vous en garnissez toute la surface du sucre, sans en mettre trop épais, en les faisant tremper avec une fourchette, et vous les mettez à l'étuve un peu chaude, sans cependant qu'il y ait un très-grand feu ; cinq heures suffisent pour que votre candi soit bien pris ; vous l'égoutterez bien, et deux heures après vous pourrez le retirer du moule. (F.)

PETIT CANDI A LA ROSE.

Vous pralinerez deux poignées de roses effeuillées dans du sucre clarifié, en poussant la cuisson de sucre avec la rose au fort soufflé ; il faut ensuite les retirer du feu, les sabler et les passer au tamis, pour en retirer le sucre, en les frottant avec les mains pour que la fleur s'élargisse ; en outre, mettez-les sécher à l'étuve, et préparez votre moule ; faites cuire votre sucre au soufflé, comme nous l'avons dit ci-dessus pour la fleur d'oranger, la jonquille et la violette, etc. ; on doit ajouter au sucre, avant de le couvrir avec les roses, un peu de carmin délayé avec du sucre clarifié, pour que le candi ait une petite teinte de roses. (F.)

AMANDES PRALINÉES.

Vous prendrez une livre de belles amandes nouvelles, que vous frotterez dans un linge, pour en ôter la poussière ; vous mettrez une livre de sucre dans un poêlon avec vos amandes, un demi-verre d'eau, et un peu de carmin ; mettez au feu jusqu'à ce que vos amandes pétillent fort ; retirez-les du feu, et travaillez-les jusqu'à ce que le sucre soit en sable et bien détaché des amandes ; vous retirerez une partie du sucre, et remettrez les amandes sur le feu, en les remuant légèrement avec la spatule, à mesure qu'elles reprennent le sucre ; faites attention que le feu ne soit pas trop vif ; et lorsqu'elles auront pris le sucre, vous remettrez le reste de celui que vous avez réservé, et continuerez à les griller jusqu'à ce que l'amande ait pris tout le sucre ; vous mettrez une feuille de papier sur un tamis, jetterez vos amandes dessus, et séparerez celles qui tiennent ensemble. (F.)

AVELINES PRALINÉES.

Vous prendrez des avelines les plus belles et les plus nouvelles ; une livre en coque ne vous rendra que six onces de fruits ; vous mettrez six onces de sucre dans un poêlon, et suivrez exactement les mêmes procédés que pour les amandes.

Les pistaches se pralinent de la même manière. (F.)

GRILLAGE D'AMANDES.

Vous prendrez une demi-livre d'amandes douces que vous échauderez et émonderez; vous les couperez en filets dans leur longueur en quatre ou cinq morceaux; vous les pralinerez dans un quarteron et demi de sucre; vous les sablerez lorsqu'elles commenceront à pétiller: remettez-les sur le feu jusqu'à ce que le sucre et les amandes soient bien liés ensemble, et qu'ils fassent masse; vous les mettrez sur une feuille d'office légèrement huilée pour les aplatir, et vous sèmerez dessus du canelas ou de la nonpareille blanche; vous couperez ensuite par morceaux. (F.)

CERISES BLANCHES OU EN CHEMISE.

Vous prendrez de grosses et belles cerises bien mûres, vous en couperez la moitié de la queue; vous prendrez un blanc d'œuf que vous battrez avec une fourchette jusqu'à ce qu'il se mette en neige; vous y tremperez vos cerises, et vous aurez du sucre passé au tamis de soie pour les rouler dedans, afin qu'elles prennent également le sucre; quant à celles qui s'en trouvent trop chargées, l'on souffle dessus pour ôter ce qui est de trop; on les range ensuite sans qu'elles se touchent, sur une feuille de papier que l'on mettra sur un tamis à l'étuve, jusqu'à ce que l'on s'en serve. (F.)

GROSEILLES EN GRAPPES, EN CHEMISE, OU BLANCHIES.

Vous choisissez de belles grappes de groseilles, ayant attention qu'il ne s'y trouve aucun grain écrasé; vous les passerez au sucre, comme nous venons de dire à l'article Cerises, et ensuite à l'étuve.

Les fraises se blanchissent de même, en observant seulement de couper avec des ciseaux les petites feuilles qui tiennent autour de la queue, et de suivre les mêmes procédés que ci-dessus.

L'on peut aussi, dans la saison, blanchir du raisin de la même manière. (F.)

CERISES AU CARAMEL.

Vous prendrez des cerises, et leur laisserez la queue; vous mettrez dans un poêlon du sucre clarifié; votre sucre étant à la cuisson du cassé, vous le retirez du feu et vous y trempez vos cerises, en les tenant par la queue; vous les poserez sur une feuille de cuivre que vous aurez graissée légèrement avec de l'huile; vous couperez alors la moitié de la queue de vos cerises; vous les arrangerez sur votre assiette.

L'on met au caramel toutes sortes de fruits selon leur saison; comme l'on n'a pas toujours des cerises, on se sert l'hiver de celles que l'on conserve à l'eau-de-vie, en les égouttant bien, et les mettant sécher à l'étuve. Vous ferez de même pour tous les autres fruits conservés, comme prunes de mirabelle, prunes de reine-claude, abricots, etc. les oranges, marrons grillés, grenades et le raisin, se préparent de la même manière. (F.)

COCHENILLE PRÉPARÉE.

Vous prendrez une once de cochenille, que vous pilerez dans un petit mortier de fonte, en poudre très-fine; vous pilerez aussi une once de crème de tartre et deux gros d'alun de glace; mettez-les dans un petit poêlon, avec un demi-setier d'eau; lorsqu'elle bouillira, retirez votre poêlon du feu; laissez refroidir et s'éclaircir votre appareil, pour n'en laisser que le marc; vous le mettrez dans une bouteille, pour vous en servir au besoin.

Les personnes qui habitent Paris trouveront, rue des Cinq-Diamants, près la rue des Lombards, un fruitier qui vend du rouge végétal qui remplace en tout le carmin et la cochenille. (F.)

COULEUR JAUNE.

Vous prendrez un morceau de gomme-gutte et mettrez un peu d'eau chaude dans une assiette; vous frotterez en tenant votre gomme au fond de l'assiette, pour en retirer la teinture; lorsque vous verrez que l'eau aura pris assez de couleur, vous pouvez vous en servir pour colorer tout ce que vous voudrez.

Pour le jaune, on peut donner la préférence au safran, en mettant une pincée bouillir dans un peu d'eau; vous en retirez une très-belle couleur, qui peut s'employer pour toute sorte de bonbons et liqueurs. (F.)

COULEUR VERTE.

Vous prendrez deux ou trois fortes poignées d'épinards, que vous éplucherez et laverez bien; il faut les mettre égoutter, et les bien piler dans un mortier, puis les presser dans un torchon neuf pour en extraire tout le jus, que vous mettrez sur le feu en le remuant avec une cuillère de bois; lorsqu'il sera tourné, vous jetterez le tout sur un tamis de soie, pour séparer le vert d'avec l'eau; vous passerez votre vert à travers du tamis; vous le ramasserez et le broierez avec un peu de sucre en poudre, pour vous en servir au besoin.

L'on peut encore faire du vert de cette manière: vous prendrez une pierre de bleu de Prusse que vous fouetterez sur une assiette avec un peu d'eau et un peu de gomme-gutte ou de safran, réduit comme il est indiqué à la couleur jaune; cela vous fera une belle couleur verte, en en mettant autant de l'un que de l'autre. (F.)

COULEUR VIOLETTE.

De la teinture de cochenille mêlée avec du bleu de Prusse, par égale quantité, vous donnera une belle couleur violette, en suivant les procédés dont nous venons de parler à l'article Cochenille. (F.)

BISCUITS À LA CUILLÈRE.

Mettez huit œufs dans une balance, et autant de sucre en poudre dans l'autre; mettez votre sucre dans une terrine, avec un peu de fleur d'oranger, du zeste de citron haché bien fin, et un peu de sel; cassez vos œufs dans une petite bassine, en séparant les blancs d'avec les jaunes, que vous mettrez avec votre sucre; battez-les bien jusqu'à ce qu'ils deviennent bien blancs; vous fouettez ensuite vos blancs d'œufs, et, lorsqu'ils seront bien pris et bien fermes, en sorte qu'ils aient de la peine à quitter le fouet, vous mêlerez les jaunes avec les blancs; cela fait, vous prendrez une quantité de farine égale au poids de cinq œufs, et vous la ferez sécher au four pour en retirer l'humidité: vous mettrez cette farine dans un tamis; et vous la passerez dans votre appareil en maniant légèrement, jusqu'à ce que le tout soit bien mêlé; vous couchez vos biscuits sur des demi-feuilles de papier blanc en long, avec une cuillère à bouche, et les glacerez avec du sucre en poudre bien sec et passé au tamis de soie, vous les mettrez dans un four qui ne soit pas trop chaud, si vous voulez vos biscuits légers.

Toutes les autres qualités de biscuits se préparent de même; si vous y mettez des amandes ou du chocolat, vous y mettrez moins de farine, ainsi que dans les biscuits en caisse. (F.)

BISCUITS SOUFFLÉS A LA FLEUR D'ORANGER

Vous prendrez un blanc d'œuf frais, dont vous séparerez le jaune et le mettrez sur une assiette; vous aurez du sucre en poudre passé au tamis de soie, que vous mêlerez avec le blanc pour faire une glace qui ne soit ni trop liquide, ni trop sèche; lorsqu'elle sera à son point, vous mettrez deux pincées de fleur d'oranger pralinée, que vous y mêlerez. Ce biscuit se met dans de très-petites caisses de papier, c'est-à-dire de la grandeur de la quatrième partie des caisses ordinaires; il ne faut les remplir qu'à moitié, parce qu'ils montent beaucoup au four, et qu'ils retomberaient sur la feuille, ce qui ferait un mauvais effet; il faut les mettre à un four doux, cependant assez chaud pour qu'ils ne retombent pas; vous connaîtrez le degré de leur cuisson en appuyant légèrement la main dessus; s'ils se soutiennent fermes sans baisser, il est temps de les retirer du four. (F.)

PETITS BISCUITS SOUFFLÉS AUX AMANDES.

Vous émonderez une demi-livre d'amandes douces; coupez vos amandes en petits dés; faites-les sécher au four, ou faites-les praliner; faites une glace royale de deux blancs d'œufs bien frais; mêlez vos amandes dedans, avec une pincée de fleur d'oranger pralinée; couchez vos biscuits dans de petites caisses, comme il est indiqué ci-dessus, et procédez de même pour leur cuisson.

Les petits biscuits soufflés aux pistaches, aux avelines et autres amandes, se préparent de même. (F.)

PETITS BISCUITS SOUFFLÉS DE DIFFÉRENTES COULEURS.

L'on peut également, avec la glace royale, faire des petits biscuits à toute sorte d'odeurs et couleurs en petites caisses, comme au citron avec de la râpure, à l'orange de même, au cédrat, au safran, à la rose, à la violette, au chocolat, à la vanille, au café, etc. (F.)

MACARONS D'AMANDES AMÈRES.

Vous prendrez une livre d'amandes amères, que vous mettrez dans un linge blanc pour en retirer la poussière; vous les pilerez dans un mortier de marbre avec trois ou quatre blancs d'œufs; il faut les piler très-fin, et faire attention qu'elles ne tournent pas en huile; étant bien pilées, vous les mettrez dans une terrine, et pèserez trois livres de sucre en poudre, que vous y incorporerez; si votre pâte était trop sèche, vous y ajouteriez des blancs d'œufs; il faut qu'elle ne soit ni trop liquide ni trop sèche; vous dresserez sur des feuilles de papier de la grosseur d'une noix; vous les mettrez cuire à un four très-doux et fermé. (F.)

MACARONS D'AMANDES DOUCES.

Procédez en tout de même que pour le macaron amer, à la différence qu'il ne faut que deux livres de sucre par livre d'amandes. (F.)

MASSEPAINS ROYAUX.

Vous prendrez une livre d'amandes douces, que vous émonderez et mettrez à mesure dans de l'eau fraîche; vous les égoutterez et pilerez dans un mortier de marbre, en les arrosant avec de l'eau et un peu d'eau de fleur d'oranger; il faudra prendre garde de ne pas trop les mouiller en commençant; il faut en mettre peu à peu, à mesure que vous les pilez: lorsqu'elles le seront assez, vous les mettrez dans un poêlon avec une demi-livre de sucre en poudre, sur un fourneau à petit feu pour les dessécher; vous connaîtrez lorsqu'elles le seront assez, en appliquant les doigts sur la pâte; si elle ne s'y attache pas, il faut la retirer, la mettre sur une feuille d'office ou une assiette, que vous poudrez de sucre fin, et la laissez refroidir: lorsque votre pâte sera froide, vous en couperez sur une table plusieurs morceaux que vous roulerez avec la main, de la grosseur du petit doigt, et le plus également que vous pourrez; vous les couperez ensuite pour en former un anneau de la forme d'une gimblette; vous les rangerez sur une grille de fil de fer, qui sera posée sur une terrine; vous pouvez, avec cette même pâte, en étendre sur une table en abaisse, avec un rouleau, et la garnir légèrement de marmelade d'abricots ou autre confiture qui puisse s'étendre dessus; il faut recouvrir l'abaisse avec la même pâte et la couper en losanges ou autre forme que l'on voudra; mettez-la sur le gril pour la glacer avec de la glace royale bien blanche; laissez-les égoutter, rangez-les sur des feuilles de papier, et mettez-les prendre couleur à un four un peu vif. (F.)

BISCUITS MANQUÉS A LA FLEUR D'ORANGER.

Prenez deux blancs d'œufs que vous casserez dans une assiette; vous mettrez quatre cuillerées de sucre en poudre, deux de farine, et une once de fleur d'oranger pralinée, que vous aurez fait sécher et mise en poudre; vous mêlerez le tout ensemble, cela vous fera une pâte un peu liquide; pour les dresser, il faut prendre une cuillère à café à peu près pleine de votre composition, en la mettant sur une feuille de papier blanc, et l'arrondissant avec la cuillère de la largeur d'une pièce de six francs; il faut laisser assez de distance pour qu'ils ne se touchent pas l'un l'autre, et les mettre au four; lorsqu'ils auront pris une belle couleur, vous les retirerez; et quand ils seront froids, vous les lèverez de dessus le papier, et les mouillerez par derrière avec une éponge, pour les mettre à mesure sur un tamis; et les ferez sécher à l'étuve, pour vous en servir au besoin.

Pour les biscuits manqués aux amandes, avelines et pistaches, vous procéderez de même qu'il est indiqué ci-dessus. (F.)

MASSEPAINS SERINGUÉS.

Vous émonderez une livre d'amandes douces, vous les ferez sécher à l'étuve; pilez-les en observant de les mouiller avec des blancs d'œufs à mesure, pour qu'elles ne tournent pas en huile: quatre à cinq blancs d'œufs suffiront; étant bien pilées, vous y mettrez de la râpure de citron, avec une livre et demie de sucre en poudre, que vous pilerez bien ensemble, pour former une pâte maniable que vous mettrez par partie dans une seringue à étoile, et la filerez sur des feuilles de papier poudrées de sucre, pour pouvoir les couper de longueur convenable pour en former des anneaux, que vous arrangerez sur des feuilles d'office couvertes de papier blanc; laissez sécher vos massepains, et mettez-les cuire à four assez chaud. (F.)

TOURONS DE DIFFÉRENTES COULEURS ET ODEURS.

Ayez une glace royale de quatre blancs d'œufs bien frais; tenez cette glace bien ferme; divisez-la en autant de parties que vous avez de couleurs à faire; servez-vous des mêmes odeurs et couleurs qui sont indiquées à la conserve de roses (*voyez* cet article); si votre appareil se ramollissait en y mettant la couleur et l'odeur, vous y ajouteriez un peu de sucre en poudre, afin de pouvoir rouler cette pâte dans vos mains de la grosseur d'une petite noisette; vous la rangerez sur des feuilles d'office couvertes de papier blanc, et la mettrez cuire au four très-doux, pour ne pas altérer les couleurs. (F.)

DENTS DE LOUP.

Vous prendrez deux feuilles de papier, que vous couperez de leur longueur et plisserez en éventail; lorsque les plis seront bien formés, vous les doublerez, pour que les deux feuilles puissent tenir sur une feuille d'office; il est nécessaire de beurrer le papier; écartez-en les distances, afin de pouvoir dresser votre appareil; vous prendrez deux œufs entiers, que vous casserez dans une terrine; vous mettrez quatre cuillerées de sucre en poudre et deux de farine, avec de la râpure de citron; vous mêlerez bien le tout: ajoutez-y la valeur de deux petits pains de beurre fondu, que vous mêlerez bien dans votre appareil; prenez une cuillerée de cette pâte, que vous dresserez sur ces feuilles que vous aurez plissées;

vous la conduirez avec le doigt en travers de la feuille, et y mettrez assez de distance pour qu'ils ne se touchent pas pendant la cuisson; poudrez de petits anis à sucre; mettez-les au four un peu chaud, et les retirez lorsqu'ils auront pris une belle couleur; en les sortant du four, pour en retirer le papier, vous prenez la feuille par les deux bouts, et l'écartez: vous prendrez garde de les casser. (F.)

PETITS PAINS DE TURIN.

Vous mettrez dans une terrine douze cuillerées de farine et six cuillerées de sucre en poudre, deux œufs, la râpure d'un citron, deux onces de beurre fin, et avec une cuillère de bois, vous maniez le tout ensemble pour en faire une pâte maniable et ferme; si deux œufs n'étaient pas suffisants, vous en mettriez un troisième, de même que si votre pâte était trop molle, vous y ajouteriez un pe de farine et de sucre; vous renversez votre pâte sur une table, e la maniez jusqu'à ce que vous puissiez la rouler facilement avec la main, pour en former toutes sortes de petits dessins et nattes, ainsi que des petits pains de la longueur du doigt; vous les arrangerez sur une feuille d'office, les dorerez à plusieurs fois avant de les mettre au four, qui doit être plus chaud que pour le biscuit ordinaire. (F.)

PAINS DE MARRONS.

Vous prendrez un cent de marrons que vous ferez griller de manière qu'ils soient bien cuits sans être brûlés; lorsqu'ils seront épluchés, vous les pilerez avec deux petits pains de beurre, et de la crême double : lorsqu'ils le seront assez, vous les passerez au travers d'un tamis de crin, en prenant garde qu'ils ne soient pas trop mouillés : vous pourrez repiler ce qui ne pourra pas passer au tamis, le mouiller avec deux œufs entiers, et le repasser au tamis; vous pèserez votre pâte; sur une livre, vous mettrez une demi-livre de sucre en poudre, en y ajoutant en peu de vanille en poudre et deux onces de farine; il faut les modeler en forme de marron et les ranger à mesure sur une feuille d'office; beurrez-les bien, dorez à plusieurs fois, et mettez cuire à four très-chaud. (F.)

MERINGUES A L'ITALIENNE.

Pour six blancs d'œufs fouettés, vous ferez cuire une demi-livre de sucre au soufflé; vos blancs étant bien battus, vous les mettrez dans le sucre cuit, en les mêlant bien promptement avec une cuillère de bois, jusqu'à ce que ces blancs soient parfaitement mêlés avec le sucre; vous pouvez leur donner l'odeur et le goût que vous voudrez. Si c'est au marasquin, vous en mêlerez un demi-verre dans la composition; vous les dresserez comme il est dit à l'article Pâtisserie, aux Meringues ordinaires (*voyez* cet article), excepté que vous les ferez beaucoup plus petites; vous les mettrez au four, sur une planche garnie de papier. (F.)

GROS BISCUITS A COUPER.

Pour dix œufs, vous mettrez une livre de sucre en poudre dans une terrine; vous séparerez les blancs d'avec les jaunes que vous mettrez avec le sucre, un peu de zeste de citron, de fleur d'oranger et de sel; vous battrez bien vos jaunes avec le sucre; vous fouetterez vos blancs, et lorsqu'ils seront bien fouettés, vous mêlerez vos jaunes légèrement; vous mettrez douze onces de farine sèche dans un tamis de crin, que vous passerez dessus votre pâte en le maniant légèrement; vous dresserez vos biscuits dans de grandes caisses de papier; dressez-les, glacez-les et les mettez à four doux; il faut au moins une bonne heure pour leur cuisson; vous les retirerez et les laisserez refroidir; vous les couperez en losanges, en carrés, ou de toute autre manière; étant coupés, vous les employez pour faire plusieurs goûts et couleurs, en vous servant de glace royale. Si l'on veut en faire des biscuits à la bigarade, à l'orange et au cédrat, frottez votre fruit sur un morceau de sucre en pain, pour qu'il prenne le zeste; mettez ce parfum dans de la glace royale, et glacez-en vos biscuits; mettez-les sécher à l'étuve ou au four.

Vous pouvez les glacer aussi à la fraise, framboise, groseille; en écrasant les fruits, il faut les passer à travers un tamis de soie; mêlez ces chairs de fruits dans de la glace royale; on peut les glacer aussi au sucre cuit au soufflé, les blanchir comme les conserves moelleuses, tremper le biscuit coupé dans la conserve, et le mettre sur une grille à triage. (F.)

PAIN DE MANHEIM.

Vous mettrez, sur une table bien propre, six cuillerées de farine, trois cuillerées de sucre, une demi-once d'anis vert, un peu de sel; maniez le tout avec deux œufs entiers; faites-en une pâte ferme; vous formerez de cette pâte trois ou quatre bandes de la longueur d'un pied, et un peu plus épaisses que le doigt; vous les mettrez sur une feuille d'office beurrée; dorez-les, faites dans la longueur de vos pains une petite coupure avec la pointe du couteau, et mettez-les dans un four un peu chaud; lorsqu'ils seront cuits, vous les couperez, pour vous en servir lorsque vous le voudrez. (F.)

BISCUIT DE MER.

Pour une demi-livre, vous mettrez une demi-livre de farine, le tout mêlé dans une terrine avec la râpure de citron, un peu de sel et quatre œufs entiers. Vous mêlerez le tout avec une cuillère de bois, vous coucherez cet appareil dans deux grandes caisses; dorez-les, mettez-les dans un four assez chaud: lorsqu'elles seront sorties du four, vous les ôterez des caisses, et les couperez en morceaux de la longueur et de l'épaisseur du petit doigt, et ferez sécher et prendre couleur au four. (F.)

BATONS DE VANILLE.

Vous prendrez de la même pâte d'amande que pour les massepains royaux; vous y incorporerez un quarteron de chocolat en poudre et un de vanille; vous en formerez des bâtons en forme de vanille, les rangerez sur une feuille de papier, et les mettrez à un four très-doux. (F.)

GAUFRES A LA FLAMANDE.

Prenez une livre de farine, mettez-en le quart dans une terrine, prenez gros comme la moitié d'une noix de levure de bière; détrempez cette farine avec de l'eau tiède et la levure, formez-en un petit levain un peu mollet, laissez-le revenir; ajoutez-y le restant de votre farine, un peu de sel et autant de sucre, un demi-verre de bonne eau-de-vie, huit œufs entiers que vous délaierez avec une cuillère de bois, et que vous finirez de ramollir avec un demi-setier de crême double que vous aurez fait bouillir, et aurez mis dans deux onces de beurre fin; il faut que votre pâte ne soit ni trop ferme, ni trop molle, qu'elle puisse s'étendre d'elle-même dans le gaufrier: laissez-la revenir pendant deux heures et demie dans un four chaud, formez-en des gaufres dans un gaufrier à quadrilles; quand elles ont obtenu une belle couleur, glacez-les avec du sucre en poudre, et servez-les le plus chaudement possible. (F.)

POUR GLACER TOUTES SORTES DE FRUITS.

Pour faire glacer les fruits, vous prenez de la glace suffisamment, suivant la quantité que vous en voulez faire; il faut piler la glace en neige et ajouter du salpêtre; alors mêlez le tout ensemble, et mettez-le dans un seau fait au moule de la salbotière, dans laquelle sont les glaces que vous voulez glacer, et que vous remuerez sans cesse à la main, l'espace de dix minutes; ensuite vous les travaillerez et les détacherez de temps à autre avec la houlette; quand elles seront prises, vous dresserez promptement dans des gobelets pour les servir; si vous ne pouvez point les servir, il faut les laisser à la glace et les travailler. Lorsque vous êtes prêts à les servir, si elles sont grenues, il faut y ajouter un peu de sirop et les bien travailler: l'on appelle travailler, les remuer avec la houlette, jusqu'à ce qu'il ne reste plus de grumeaux ou glaçons. Toutes les eaux qui sont destinées pour être glacées doivent être plus fortes de fruits et de sucre que celles qui sont pour boire liquides, parce que la glace diminue beaucoup la force du sucre et du fruit; j'ai marqué les doses pour celles à la glace. Si l'on veut les boire liquides, il faudra les rendre plus légères de fruit et de sucre; à l'égard du sucre, c'est à l'officier de se conformer au goût de ceux qui l'aimeront plus ou moins. (F.)

GLACE DE CERISES.

Prenez deux livres de cerises bien mûres, fraîches et point tournées; vous en ôterez les queues et les noyaux; vous les mettez dans un poêlon avec un quarteron de sucre, pour leur donner un bouillon sur le feu; vous aurez préparé un tamis de crin sur une terrine, pour le jeter dessus; lorsqu'elles auront pris un seul bouillon couvert, vous passerez vos cerises pour qu'il ne reste que les peaux sur le tamis; vous prendrez une poignée de noyaux de cerises, que vous pilerez, et mettrez infuser pendant une heure dans un gobelet d'eau avec deux jus de citrons; vous ajouterez à votre glace une livre de sucre clarifié, cuit au petit lissé, et vous y passerez votre infusion de noyaux; il faut la bien mêler avec une cuillère de bois, et ne la mettre dans la salbotière que quand on est prêt à mettre à la glace. (F.)

GLACE DE FRAISES.

Vous prendrez des fraises fraîchement cueillies, bien mûres et d'un bon parfum; vous les éplucherez et les passerez sur un tamis de crin serré, pour que les grains ne passent pas au travers : pour une livre de chair de fruit passé, vous mettrez une livre de sucre clarifié, cuit au petit lissé, et deux jus de citrons; vous mêlerez bien le tout ensemble, et les laisserez dans la terrine jusqu'au moment où vous voudrez mettre à la glace. (F.)

GLACE DE FRAMBOISES.

Épluchez un beau panier de framboises, que vous écraserez dans une terrine; passez-les dans un tamis serré; pour une livre de chair de fruit, mettez-y une livre de sucre clarifié et cuit au petit lissé, avec deux jus de citrons; travaillez de même que les autres glaces. Si votre décoction se trouvait trop épaisse, vous y mettriez un verre d'eau, en la mêlant bien, et y ajouterez du sucre si c'est nécessaire. (F.)

GLACE DE GROSEILLES.

Prenez deux livres de groseilles, que vous égrènerez en y ajoutant un demi-panier de framboises, également épluchées; passez-les au travers d'un torchon neuf : pour une livre de jus de fruit, mettez-y une livre de sucre cuit au petit lissé, et deux jus de citrons; mettez-les glacer comme les autres; si vos glaces se trouvaient trop grasses, mettez-y un verre d'eau : comme l'on n'a pas toute l'année de la groseille fraîche, vous prendrez des bouteilles de jus de groseilles conservées à cet effet, ou deux pots de gelée de groseilles, suivant la quantité que vous voudrez en faire; faites-la fondre à l'eau chaude, pour qu'elle fonde plus facilement; si vous employez deux pots, vous y mettrez une bonne chopine d'eau, y ajouterez un peu de sucre, et la passez au tamis avec une cuillère de bois; mettez votre décoction dans une salbotière pour la faire prendre à la glace, comme il est indiqué à l'article Glacer. (F.)

GLACE DE FLEURS D'ORANGER A L'EAU.

Vous prendrez deux poignées de fleurs d'oranger tout épluchées, que vous mettrez dans une salbotière avec une livre de sucre; vous mesurerez une pinte d'eau que vous ferez bouillir, et la verserez dans la salbotière sur la fleur et le sucre, et deux jus de citrons, et la boucherez de son couvercle; vous la laisserez infuser pendant deux heures; vous la passerez après ce temps au tamis de soie, et la mettrez ensuite à la glace comme les autres. (F.)

GLACE D'ABRICOTS.

Vous prendrez trente abricots plein-vent bien mûrs; vous les séparerez en deux pour en tirer les noyaux; vous les passerez au tamis de crin; pour une livre de chair de fruit mettez-y une livre de sucre cuit au petit lissé; vous y joindrez une douzaine d'amandes d'abricots bien pilées, que vous mettrez infuser dans un verre d'eau, avec deux jus de citrons; vous les passerez au tamis de soie, et les mêlerez dans votre glace d'abricots. (F.)

GLACE DE PÊCHES.

Prenez des pêches bien mûres suivant la quantité de glace que vous voulez faire; vous les écrasez sur un tamis de crin serré avec une cuillère de bois; pour une livre de chair de fruit, mettez-y une livre de sucre cuit au petit lissé, et deux jus de citrons; mêlez bien le tout ensemble, et faites-les glacer. (F.)

GLACE D'ÉPINE-VINETTE.

Vous prendrez une livre et demie d'épine-vinette, que vous éplucherez pour en séparer les grains d'avec les grappes; vous ferez bouillir ces grains avec une bouteille d'eau et une bonne livre de sucre, pendant un quart-d'heure, et les passerez au tamis de crin bien serré, jusqu'à ce qu'il ne reste que la peau de l'épine-vinette; ajoutez-y deux jus de citrons et un peu de sucre clarifié. Faites glacer cette glace comme les autres. (F.)

GLACE DE POIRES.

L'on peut faire des glaces avec toutes sortes de poires; cependant il y en a qui sont à préférer, comme le beurré, le saint-germain, la crassane et le rousselet; vous prendrez de l'une de ces deux espèces suivant la quantité que vous voudrez en faire; vous les pèlerez et couperez par morceaux; vous mettrez la quantité d'eau nécessaire pour les faire cuire; d'ailleurs les poires étant mûres, il ne faut pas beaucoup d'eau; vous les passerez sur un tamis avec une cuillère de bois; pour une livre de fruit, mettez-y trois quarterons de sucre cuit au petit lissé et deux jus de citrons, et faites les glacer. (F.)

GLACE AU CITRON.

Pour neuf citrons vous prenez une livre de sucre clarifié; mettez-en les deux tiers dans une terrine; vous zesterez deux ou trois citrons dans le sucre, pour donner le parfum à vos glaces; vous couperez vos citrons, que vous presserez sur un tamis où est votre sucre, pour que le pepin ne tombe pas dedans, parce qu'il donnerait de l'amertume à vos glaces; laissez infuser le tout pendant une heure; avant de les passer, vous les goûterez et y remettrez l'autre partie du sucre que vous avez retirée, ayant toujours soin que votre sucre soit à la cuisson du lissé et glacé. (F.)

GLACE D'ORANGES DE PORTUGAL.

Prenez neuf oranges et deux jus de citrons, et procédez en tout comme il est indiqué à la glace de citrons, avec la différence qu'il faut faire cuire votre sucre au perlé. (F.)

GLACE DE BIGARADES.

Vous prendrez une livre et demie de sucre clarifié et cuit au lissé; vous aurez huit bigarades bien juteuses; vous en zesterez deux dans le sucre, et les presserez toutes sur un tamis dans le sucre avec quatre jus de citrons; vous les laisserez infuser une bonne heure; ensuite vous les passerez au tamis de soie, les mettrez dans une salbotière, et les ferez prendre à la glace. (F.)

GLACE DE CRÈME A LA ROSE.

Vous prendrez deux poignées de roses bien fraîchement épluchées; vous aurez une pinte de crème double, que vous ferez bouillir, et, lorsqu'elle aura bouilli, vous mettrez vos roses infuser, et les laisserez deux heures en infusion, ayant soin de boucher le vase dans lequel elles seront; lorsque la crème sera froide, vous la passerez au travers d'un tamis pour en séparer la fleur; vous prendrez neuf œufs bien frais; séparez-en les blancs d'avec les jaunes, et délayez les jaunes avec la crème; mettez-y trois quarterons de sucre en poudre; posez-la sur un feu très-doux, et remuez-la sans la quitter, jusqu'à ce que vous la voyiez s'épaissir, et surtout prenez garde qu'elle ne bouille, ce qui ferait tourner les œufs, et elle ne pourrait plus vous servir; passez-la à l'étamine ou tamis de soie, et, lorsqu'elle sera froide, vous y mettrez un peu de carmin délayé avec du sucre clarifié, afin qu'elle soit d'un beau rose; vous la mettrez dans une salbotière, et faites-la glacer.

GLACE A LA CRÈME A LA FLEUR D'ORANGER.

Pour une pinte de crème double, vous mettrez neuf jaunes d'œufs bien frais, que vous délaierez avec votre crème; mettez-y environ trois quarterons de sucre en poudre avec une poignée de fleurs d'oranger pralinées; vous la ferez cuire aussi à petit feu, en la remuant jusqu'à ce qu'elle soit à son point; la passer à l'étamine, la laisser refroidir, la glacer comme les précédentes. (F.)

CRÈME GRILLÉE A LA FLEUR D'ORANGER.

Vous suivrez absolument le même procédé que ci-dessus, en diminuant la quantité de sucre; réservez-en une partie pour du caramel, afin de donner à votre crème la couleur et le goût de grillé. (F.)

GLACE DE CRÈME AUX PISTACHES.

Pour une pinte de crème double, vous prendrez une demi-livre de pistaches, que vous émonderez et laverez bien; quand elles seront égouttées, pilez-les le plus fin possible, avec un peu de crème et un zeste de citron; les pistaches étant bien pilées, vous les mettrez dans une poêle avec neuf jaunes d'œufs bien frais, trois quarterons de sucre en poudre que vous aurez bien délayés; mouillez-la peu à peu avec votre pinte de crème, et mettez-la cuire doucement; lorsqu'elle sera à son point, vous y ajouterez un peu de vert d'épinards, pour que vos glaces aient un plus beau coup d'œil; vous passerez votre appareil à l'étamine, et, lorsqu'elle sera froide, vous la pourrez mettre glacer. (F.)

GLACE DE CHOCOLAT A LA CRÈME.

Pour une pinte de crème double, vous mettez neuf jaunes d'œufs bien frais, que vous délaierez avec la crème et une demi-livre de sucre en poudre, et la mettrez cuire doucement; lorsqu'elle sera à son point, vous ferez fondre une demi-livre de chocolat dans un verre d'eau; lorsqu'il sera bien fondu, vous le mêlerez avec la crème; passez le tout à l'étamine, et mettez-le glacer. (F.)

GLACE AU CAFÉ A L'ITALIENNE.

Prenez une pinte de crème double, faites-la bouillir dans une casserole, et tenez-la chaude sur un coin du fourneau; vous aurez un quarteron de café, que vous ferez brûler comme on le brûle ordinairement, sans cependant qu'il soit trop noir; vous le mettrez dans votre crème, qui a bouilli; couvrez-la et laissez-la infuser pendant deux heures; prenez neuf œufs frais, séparez-en les blancs d'avec les jaunes, et ne vous servez que des blancs, que vous fouetterez à moitié; vous passerez votre crème au travers d'un tamis, pour séparer le café; mêlez-la bien avec les blancs d'œufs; mettez-y une demi-livre de sucre, et faites-la cuire à petit feu; lorsqu'elle épaissira, vous la retirerez; passez-la à l'étamine; mettez-la glacer. (F.)

GLACE AU CAFÉ A L'EAU.

Vous prendrez quatre onces de café moulu, que vous ferez comme il se fait ordinairement, dans une chopine d'eau, et le laisserez s'éclaircir, ou bien vous le passerez à la chausse pour l'avoir plus promptement; vous aurez neuf jaunes d'œufs, que vous détremperez avec une pinte de crème double; faites prendre votre appareil, passez-le à l'étamine, et faites-le glacer. (F.)

GLACE DE CÉDRATS.

Vous prendrez deux cédrats bien frais, vous les zesterez dans une livre de sucre cuit au lissé; il faut que votre sucre soit encore chaud lorsque vous zesterez vos cédrats, et en les coupant vous y exprimerez leur jus, s'il y en a; mais comme ce fruit n'est ordinairement employé que pour son parfum, qu'il donne très-peu de jus, vous y suppléerez en exprimant dans votre glace le jus de six beaux citrons, et les laisserez infuser pendant deux heures; puis vous les passerez au tamis de soie, et faites glacer vos glaces. (F.)

GLACE AUX AVELINES.

Vous prendrez une livre d'avelines, que vous casserez pour retirer le fruit; vous les pralinerez avec une demi-livre de sucre, les grillerez et les mettrez refroidir; lorsqu'elles seront froides, vous les pilerez et les mettrez dans un poêlon, avec neuf jaunes d'œufs bien frais; délayez le tout avec une pinte de crème double; mettez-la cuire sur le feu, comme les autres glaces à la crème votre crème prise à son point, passez-la à l'étamine, et lorsqu'elle sera froide, faites-la glacer. (F.)

GLACE D'ANANAS.

Mettez dans une terrine une livre de sucre clarifié et cuit au petit lissé; vous aurez un ananas bien frais, que vous râperez et mettrez dans votre sucre infuser pendant trois heures, pour qu'il prenne bien le goût et le parfum de l'ananas : au bout de ce temps, ajoutez-y deux jus de citrons; passez votre appareil à l'étamine, en pressant bien avec une cuillère de bois, pour faire passer le plus qu'il sera possible la chair d'ananas; ajoutez-y un verre d'eau, et mettez-les glacer. (F.)

FROMAGE GLACÉ.

Ce que nous venons d'écrire pour toutes les compositions de glace, soit de fleurs, de fruits ou de crème, ce sont toujours les mêmes préparatifs qu'il faut suivre pour toutes les glaces mouillées en fruits, cannelons et fromages glacés, en observant que pour les fruits que l'on met en moules, comme abricots, pêches, poires, oranges, citrons, cédrats, etc., il faut que ces compositions soient un peu moins grasses que pour les glaces que l'on sert en neige dans des verres, pour pouvoir lorsqu'on les sort des moules, conserver leur forme; lorsque les glaces que vous voulez mettre en moule sont prises, soit fruits, soit fromages, vous aurez de la glace pilée en neige, mêlée avec du salpêtre; alors vous remplirez vos moules et les envelopperez avec du papier, puis vous les mettrez à la glace deux heures avant de vous en servir; quand vous voudrez les retirer, vous aurez dans une terrine ou dans un chaudron de l'eau chaude pour les tremper; il faut les essuyer à l'instant; et les retirer du moule avec la pointe d'un couteau; vous pouvez colorer vos fruits avec un peu de carmin, ou les fruits jaunes, oranges, citrons, avec de la gomme-gutte; pour le vert, on emploie du vert d'épinards. (F.)

DES MOUSSES.

MOUSSE A LA CRÈME.

Prenez une pinte de crème double et bien fraîche, que vous mettrez dans une terrine de grès; mettez-y une demi-livre de sucre en poudre et une pincée de gomme adragant en poudre, ainsi que la fleur d'oranger pralinée, avec trois gouttes d'essence de cédrat; lorsque le sucre sera fondu, vous pilerez six livres de glace que vous mettrez dans une autre terrine avec du salpêtre; il faut poser le cul de la terrine où est la crème dessus la glace, pour la rafraîchir; et pour la faire mousser plus promptement, vous prendrez un fouet à battre les blancs d'œufs, et fouetterez votre crème; à mesure que la crème tournera en mousse, vous l'enlèverez avec une écumoire ou une pèlerine, et la mettrez sur un tamis posé sur une terrine; si votre crème ne moussait pas comme il faut, il faudrait y mettre deux blancs d'œufs pour l'aider; quand vous aurez mis sur le tamis toute celle que vous aurez fouettée, si vous n'en avez pas suffisamment, vous prendrez celle qui a passé au travers du tamis, que vous refouetterez et mettrez avec l'autre; ordinairement les mousses se mettent dans de grands gobelets de vermeil ou d'argent faits exprès; quand on n'en a pas, on en prend de verre, que l'on met dans une cave de fer-blanc faite exprès, où on a eu le soin de faire pratiquer une grille de la forme des gobelets, pour les tenir; l'on met de la glace dessous bien pilée avec du salpêtre; on en met de même sur le couvercle de la cave, qui doit être fait comme le dessus d'un four de campagne; il doit y avoir une espèce d'égouttoir pour égoutter l'eau : cette précaution est pour tenir les mousses fraîches; elles peuvent attendre deux ou trois heures avant de les servir. (F.)

MOUSSE AU CAFÉ.

Faites du café pour quatre onces, qu'il soit le plus fort possible, et passez-le à la chausse ou à l'entonnoir; vous aurez six jaunes d'œufs bien frais, que vous délaierez avec une pinte de crème double et trois quarterons de sucre en poudre; vous y mettez votre café; il n'en faut pas plus de trois tasses, ce qui fait à peu près un demi-setier, mais il le faut très-fort; si vous n'y trouvez pas assez de sucre, vous en ajouterez; vous finirez votre mousse de la même manière que la précédente. (F.)

MOUSSE AU CHOCOLAT.

Faites fondre une demi-livre de chocolat dans un verre d'eau à petit feu; remuez-le avec une cuillère de bois; quand il sera bien fondu et réduit, vous le retirerez du feu pour y ajouter six jaunes d'œufs; vous mêlerez bien le tout ensemble, avec une pinte de crème double et trois quarterons de sucre en poudre; mettez le tout dans une terrine, et lorsqu'elle sera refroidie, vous finirez votre mousse de la même façon que les précédentes. (F.)

MOUSSE AU MARASQUIN.

Vous mettrez dans une pinte de crème double trois quarterons de sucre en poudre, et ajouterez un bon verre de marasquin; le tout étant bien fondu et mêlé, vous fouetterez votre mousse, et la finirez comme les précédentes. (F.)

MANIÈRE DE CONSERVER DES FRUITS EN BOUTEILLES, POUR LES GLACES ET LES LIQUEURS FRAÎCHES, GROSEILLES FRAMBOISÉES.

Prenez deux paniers de groseilles et deux de framboises; pressez ces fruits dans un torchon neuf; le jus que vous en tirerez, mettez-le dans des bouteilles neuves; bouchez ces bouteilles avec de bons bouchons; ficelez-les comme on ficelle le vin de Champagne, arrangez vos bouteilles debout dans une grande bassine : mettez du foin entre chaque bouteille pour qu'elles ne se touchent pas; mettez cette bassine sur le feu, remplissez-la d'eau; quand l'eau sera près de bouillir, retirez la bassine du feu, et laissez-y refroidir vos bouteilles; le tout étant bien froid, rangez vos bouteilles debout à la cave, sans qu'elles se touchent, pour vous en servir au besoin, comme si c'étaient des fruits nouveaux. (F.)

ABRICOTS EN BOUTEILLE.

Vous passerez une certaine quantité d'abricots bien mûrs au tamis de crin; vous mettrez cette chair de fruits dans des bouteilles, et procéderez en tout comme il est indiqué ci-dessus.

Vous pouvez conserver de la même manière toutes les sortes de fruits entiers ou jus de fruits; la seule attention que vous avez à prendre est que les bouteilles soient bien bouchées avec de bons bouchons.

Vous pouvez de même conserver toutes sortes de légumes, comme petits pois, petites fèves, truffes, etc. (F.)

DES SIROPS.

SIROP DE VIOLETTE.

Vous prendrez une demi-livre de fleurs de violette tout épluchées; celle des bois est la meilleure; vous la mettrez dans une terrine ou autre vase pour pouvoir le boucher; vous ferez bouillir trois demi-setiers d'eau, et ne mettrez l'eau dessus votre violette que dix minutes après que vous l'aurez retirée du feu, parce que votre infusion, qui doit être d'un beau violet, serait verte, l'eau étant versée dessus trop bouillante; vous mettrez votre infusion à l'étuve, pour qu'elle se tienne chaude jusqu'au lendemain, que vous en retirerez la fleur, en exprimant bien le tout dans une serviette pour en retirer la teinture; vous la mettrez dans une terrine avec trois livres de sucre en poudre, que vous y ferez fondre; vous remettrez la terrine à l'étuve pendant vingt-quatre heures, en remuant de temps en temps; tenez l'étuve chaude pendant tout ce temps, comme pour le candi; cela vous produira deux bouteilles de sirop; vous aurez attention, avant de le mettre en bouteilles, d'en prendre la cuisson, qui est au fort lissé, pour qu'il se conserve et qu'il ne fermente point: de tous les sirops, c'est le seul qui se fait sans aller au feu. (F.)

SIROP DE CAPILLAIRE.

Vous prendrez une bonne poignée de capillaire du Canada, que l'on trouve ordinairement chez les épiciers-droguistes; vous la ferez bouillir dans une pinte d'eau de rivière environ un quart d'heure; vous retirerez le capillaire en le passant sur un tamis; vous aurez quatre livres de cassonade dans un poêlon; vous verserez votre ébullition de capillaire dans votre cassonade, pour la fondre, et aurez de l'eau battue avec un œuf, jaune et blanc; pour clarifier votre sirop, écumez-le, et versez de temps en temps un peu d'eau blanche jusqu'à ce qu'il ne jette plus d'écume, et qu'il soit parfaitement clair; lorsqu'il sera à sa cuisson, qui est celle du lissé, vous y mettrez en le retirant du feu un demi-verre d'eau de fleur d'oranger, et le passerez à la chausse ou dans une serviette, ensuite vous le mettrez en bouteilles lorsqu'il sera froid. (F.)

SIROP DE LIMONS.

Vous prendrez vingt-quatre beaux citrons, bien juteux; vous en esterez trois dans une terrine, sur laquelle vous poserez un tamis; vous couperez tous vos citrons, et en exprimerez le jus sur le zeste; si votre jus était bien trouble, vous le filtreriez au feutre de chapeau; lorsqu'il sera passé, vous clarifierez quatre livres de sucre que vous ferez cuire au fort boulé; vous le sablerez et le mettrez dans une terrine, vous y verserez votre jus de citron avec un peu d'eau, pour le mettre au degré de cuisson qu'il doit avoir; vous aurez une grande poêle que vous remplirez à peu près à moitié d'eau, mettez-la sur le feu, et posez-y votre terrine au bain-marie, et de temps en temps remuez avec une cuillère de bois, pour faire fondre le sucre; lorsque le tout sera bien fondu, et le sirop bien chaud et clair, vous le retirerez du feu, et le mettrez en bouteilles quand il sera refroidi. (F.)

SIROP D'ORGEAT.

Prenez une livre et demie d'amandes douces et une demi-livre d'amandes amères que vous émonderez; lavez-les bien et pilez-les le plus fin possible, ayant soin de les mouiller avec de l'eau fraîche; vos amandes étant bien pilées, vous ferez chauffer trois chopines d'eau sans être bouillante; vous mettrez votre pâte dans une terrine, et la délaierez peu à peu avec cette eau chaude; vous l'exprimerez ensuite en vous servant d'une serviette ou d'un torchon neuf, que vous tordrez fortement pour en retirer tout le lait d'amandes; vous clarifierez quatre livres et demi de sucre que vous ferez cuire au fort boulé, et lorsqu'il sera à sa cuisson, vous y mettrez votre lait d'amandes, que vous laisserez sur le feu, en le remuant avec l'écumoire jusqu'à ce qu'il monte, c'est-à-dire qu'il faut le retirer du feu au premier bouillon et y ajouter un demi-verre d'eau de fleur d'oranger, le verser ensuite dans une terrine, et lorsqu'il sera froid, le vider dans des bouteilles; vous pouvez y ajouter, en pilant vos amandes, deux onces des quatre semences froides; votre sirop sera encore plus rafraîchissant. (F.)

SIROP DE GUIMAUVE.

Vous prendrez une demi-livre de racines de guimauve que vous ratisserez et laverez bien; vous la couperez par petits morceaux et la mettrez sur le feu dans trois demi-setiers d'eau; lorsqu'elle aura bien bouilli, que l'eau sera gluante, vous la jetterez sur un tamis pour en retirer la décoction; vous mettrez quatre livres de sucre; versez votre décoction de guimauve sur votre sucre; faites clarifier votre sirop comme celui de capillaire; lorsqu'il sera cuit au lissé, passez-le à la chausse; puis vous le mettrez en bouteilles lorsqu'il sera froid. (F.)

SIROP DE VERJUS.

Vous prendrez trois livres de verjus bien vert, que vous égrènerez et pilerez pour en tirer le jus, que vous passerez plusieurs fois à la chausse, jusqu'à ce qu'il soit bien clair; vous clarifierez quatre livres de sucre, que vous ferez cuire au fort soufflé; vous y mettrez une chopine de jus de votre verjus, et lui laisserez prendre un bouillon; la cuisson est toujours la même pour tous les sirops, au fort lissé ou petit perlé; étant refroidi, mettez-le en bouteilles. (F.)

SIROP DE MURES.

Prenez un panier de mûres pour en retirer à peu pres trois demi-setiers de jus; vous les mettrez dans un poêlon sur le feu, avec trois demi-setiers d'eau, pour qu'ils prennent plusieurs bouillons, jusqu'à ce que les trois demi-setiers soient réduits à une chopine; vous jetterez vos mûres sur un tamis pour qu'elles s'égouttent bien; vous clarifierez trois livres de sucre que vous ferez cuire au boulé; lorsque votre sucre sera cuit, vous y jetterez votre jus de mûres; vous lui donnerez un bouillon, et l'écumerez; vous le viderez dans une terrine; laissez-le refroidir, et mettez-le en bouteilles. (F.)

SIROP DE VINAIGRE FRAMBOISÉ.

Vous prendrez quatre paniers de framboises belles et bien mûres, vous les éplucherez et les mettrez dans une terrine; lorsqu'elles seront épluchées, vous verserez dessus trois pintes de bon vinaigre rouge, ou, à défaut de rouge, de bon vinaigre blanc; vous y ajouterez deux livres de groseilles égrenées; vous laisserez le tout infuser pendant huit jours, en les remuant avec une cuillère de bois; au bout de ce temps, vous égoutterez vos framboises sur un tamis pour en tirer tout le vinaigre ainsi que le jus que le fruit a rendu; lorsque le tout sera bien égoutté, vous clarifierez neuf livres de sucre, que vous ferez cuire au fort soufflé; lorsqu'il sera cuit, vous y mettrez votre vinaigre, qui aura passé à la chausse et au premier bouillon; vous aurez soin de le retirer du feu, de le bien écumer, et de le verser dans une terrine, pour qu'il ne séjourne pas du tout dans la poêle, et vous le mettrez en bouteilles quand il sera froid. (F.)

BICHOF.

Versez quatre bouteilles de vin de Bordeaux dans une soupière; faites griller six oranges amères, que vous aurez ciselées légèrement; étant bien chauffées partout, mettez-les dans le vin avec une demi-muscade râpée et trois clous de girofle écrasés; laissez-les infuser pendant vingt-quatre heures, en ayant soin de bien couvrir votre vase; après ce temps, retirez votre fruit; pressez-le légèrement; sucrez cette boisson avec une livre et demie de beau sucre; passez le tout au tamis de soie. Cette boisson est très-bonne, et n'a pas l'inconvénient de porter à la tête. (D.)

AVOCAT BORGNE.

Douze jaunes d'œufs frais et crus, une livre de sucre en poudre une pincée de cannelle en poudre, une demi-muscade râpée, une pinte de crême double et une bouteille de bonne eau-de-vie; ayez un fouet à battre les blancs d'œufs; commencez par mêler le sucre avec les jaunes d'œufs, la cannelle, la muscade; versez l'eau-de-vie peu à peu, ainsi que votre crème; fouettez fortement tout ce mélange pendant dix minutes; passez-le ensuite à travers une étamine bien blanche. Cette boisson est très-recherchée par les dames du Nord. (D.)

SIROP DE GROSEILLES.

Vous écraserez sur un tamis cinq ou six livres de groseilles rouges, deux livres de blanches et deux paniers de framboises; vous mettrez ce jus dans une terrine, à la cave, fermenter pendant huit jours; au bout de ce temps, vous le passerez à la chausse; vous aurez quatre livres de sucre clarifié que vous ferez cuire comme nous venons de le dire à l'article précédent, et vous y mettrez votre jus de groseilles; au premier bouillon vous l'écumerez et le retirerez. L'on fait fermenter la groseille pour l'empêcher de prendre en gelée dans les bouteilles. (F.)

SIROP DE FLEURS D'ORANGER.

Pour trois quarterons de fleur d'oranger bien fraiche et épluchée, vous prendrez quatre livres de sucre clarifié, cuit au perlé; vous y ajouterez votre fleur d'oranger, et lui donnerez un fort bouillon; vous la retirerez du feu; laissez-la infuser dans votre sucre pendant deux heures; après ce temps, vous remettrez votre poêle sur le feu, et lui donnerez une douzaine de bouillons; vous aurez une terrine prête avec un tamis dessus vous y jetterez votre sirop pour en séparer la fleur; vous le remettrez sur le feu pour le finir, et lui donner la cuisson du lissé; mettez-le refroidir dans une terrine, puis en bouteilles; pour tirer parti de votre fleur d'oranger, vous aurez du sucre en poudre, dans lequel vous mettrez votre fleur d'oranger, et la frotterez avec les mains pour la sécher; vous la tamiserez, et la mettrez à l'étuve. (F.)

SIROP DE GRENADES.

Ayez suffisamment de belles grenades bien mûres, et dont les grains soient d'un beau rouge; cinq grenades, si elles sont belles, peuvent vous produire une pinte de sirop; vous les égrènerez, écraserez tous les grains, et les mettrez dans un poêlon sur le feu avec un demi-setier d'eau; ensuite vous les passerez au travers d'un torchon neuf, en le tordant fortement pour en retirer tout le jus; vous ferez clarifier un livre et demie de sucre que vous ferez cuire au soufflé; vous y mettrez votre jus, pour le faire bouillir avec le sucre jusqu'à la cuisson ordinaire des autres sirops; vous verserez votre sirop dans des bouteilles lorsqu'il sera froid. (F.)

SIROP DE VINAIGRE AU MUSCAT.

Vous prendrez une bouteille de pinte de vinaigre blanc; vous prendrez quatre livres de sucre clarifié et cuit au soufflé; mettez-y votre vinaigre, et au premier bouillon vous le retirez du feu; versez-le dans une terrine, laissez-le refroidir, ensuite mettez-le en bouteilles. (F.)

DES RATAFIAS.

RATAFIA DE GRENOBLE OU DE TEISSER.

Prenez quinze pintes de jus de merises, douze de bonne eau-de-vie, six livres de sucre, deux livres de feuilles de cerises, trois gros de cannelle fine et un gros de girofle, ou de chaque en plus grande quantité, pourvu que vous observiez les proportions.

Vous avez à part une suffisante quantité de merises, dont vous supprimez les queues; vous séparez les noyaux que vous concassez, et exprimez le jus à la presse; vous le mêlerez avec votre sucre que vous avez fait fondre, et verserez le tout dans un tonneau; vous y ajoutez l'eau-de-vie, la cannelle, le girofle et les feuilles de cerises, et vous laissez déposer le mélange; lorsqu'il est clair, vous le soutirez et le collez; au bout de dix à douze jours vous pouvez le mettre en bouteilles.

Si vous voulez donner plus de goût à votre liqueur, vous ajoutez aux doses ci-dessus une livre d'amandes de cerises, d'abricots ou de pêches.

RATAFIA DES QUATRE-FRUITS.

Prenez trente livres de cerises, quinze livres de groseilles, huit de framboises et six de cassis.

Otez les queues des cerises, exprimez à la presse le jus de vos fruits réunis, et y mettez par pinte de jus cinq ou six onces de sucre fondu; vous y ajoutez autant de pintes d'eau-de-vie que vous avez de jus de fruits, deux gros de girofle et un gros de macis; lorsque la liqueur est bien reposée et éclaircie, vous la décantez et la mettez en bouteilles.

RATAFIA DE CASSIS.

Prenez six pintes d'eau-de-vie à vingt-deux degrés, une d'eau de rivière, deux livres de cassis, trois de sucre concassé, une livre de merises, six onces de feuilles de cassis et un gros de cannelle ou girofle.

Écrasez les fruits et les feuilles, et concassez la cannelle, puis mettez infuser toutes ces substances dans de l'eau-de-vie pendant un mois; faites fondre le sucre dans l'eau, décantez la liqueur, et lorsque le mélange est fait, vous la filtrez et la mettez en bouteilles

RATAFIA DE GROSEILLES.

Prenez quatre pintes d'eau-de-vie, deux de jus de groseilles, deux livres de sucre concassé, un gros de cannelle aussi concassée et un gros de girofle.

Vous avez égrené vos groseilles avant de les mettre à la presse pour en exprimer le jus; vous avez rectifié l'eau-de-vie, en y ajoutant les aromates; vous réunissez les liqueurs, et les laissez reposer pendant un mois; après ce temps, vous décantez le mélange, y faites fondre le sucre et filtrez le ratafia.

RATAFIA DE FRAMBOISES.

Prenez huit pintes d'eau-de-vie, quatre de jus de framboises, une de jus de cerises, et quatre livres de sucre.

Lorsque vous avez fait fondre le sucre dans le jus des fruits, vous y ajoutez de l'eau-de-vie et laissez reposer le mélange; aussitôt que la liqueur est claire vous la décantez, la filtrez et la mettez en bouteilles.

RATAFIA DE MURES.

Prenez huit pintes d'eau-de-vie, une d'eau de rivière, trois livres et demie de sucre, trois livres de mûres, une demi-livre de groseilles rouges, autant de framboises, et un demi-gros de macis.

Après avoir égrené les groseilles, réunissez tous les fruits, écrasez-les tous ensemble, et mettez-en le jus, ainsi que le macis, infuser dans l'eau-de-vie pendant quinze à dix-huit jours. Alors vous faites fondre le sucre dans la pinte d'eau; vous décantez la liqueur, y mêlez l'eau-de-vie, la filtrez et la mettez en bouteilles.

RATAFIA DE PÊCHES.

Prenez neuf pintes d'eau-de-vie, quatre de jus de pêches, et quatre livres de sucre concassé.

Vous avez choisi vos pêches très-mûres et les plus saines possible; vous en ôtez les noyaux, les mettez dans un linge, et en exprimez le jus à la presse; vous le mettez ensuite avec l'eau-de-vie dans un vase, où vous le laissez reposer cinq à six semaines; alors vous décantez le mélange et y faites fondre le sucre; filtrez le ratafia et le mettez en bouteilles.

RATAFIA DE COINGS.

Prenez six pintes d'eau-de-vie, trois pintes de jus de coings, trois livres de sucre concassé, de la cannelle et du girofle concassé, un gros de chaque.

Mettez vos aromates dans de l'eau-de-vie pendant que vous râpez vos coings; laissez fermenter les râpures pendant vingt-quatre heures; après cela, mettez-les dans un linge serré, et exprimez-en le jus à la presse; ensuite vous mélangez vos liqueurs, et les laissez reposer pendant trois semaines ou un mois. Vous décantez alors le mélange, y faites fondre le sucre, et le filtrez.

On ajoute souvent un peu de coriandre ou de macis aux deux aromates précédents.

RATAFIA DE BROU DE NOIX.

Prenez quatre-vingts noix vertes, quatre pintes d'eau-de-vie, deux livres de sucre, girofle et muscade, un gros de chaque.

Vous choisissez des noix vertes et assez peu avancées pour que l'épingle passe aisément à travers; vous les pilez et les mettez, avec les aromates, infuser dans l'eau-de-vie pendant deux mois. Au bout de ce temps, vous mettez ce mélange sur un tamis de soie pour l'egoutter; vous faites fondre le sucre dans la liqueur, que vous laissez reposer de nouveau pendant trois mois; ce temps écoulé, vous la décantez et la filtrez.

RATAFIA DE GENIÈVRE.

Prenez quatre pintes d'eau-de-vie, deux livres de sucre, une livre d'eau de rivière, douze onces de baies de genièvre; d'anis, de cannelle, de coriandre, de girofle, un gros de chaque; concassez les graines et les aromates, et mettez-les infuser dans l'eau-de-vie pendant trois semaines; après ce temps, vous passez le mélange à travers un tamis: vous y ajoutez le sucre que vous avez fait fondre dans l'eau de rivière, ensuite vous filtrez le ratafia.

RATAFIA DE NOYAUX.

Prenez quatre pintes d'eau-de-vie, deux livres de sucre concassé, une livre d'eau de rivière, une livre et un quart d'amandes d'abricots ou de pêches, un gros de cannelle ou girofle. Vous avez soin que vos amandes soient fraîches; vous leur enlevez la peau, les concassez et les mettez, avec la cannelle, infuser pendant trois ou quatre mois dans un vase de grès; alors vous passez au tamis le mélange, auquel vous ajoutez le sucre que vous avez fait fondre dans votre eau de rivière, ensuite vous filtrez la liqueur.

RATAFIA DE FLEUR D'ORANGER.

Prenez huit pintes d'eau-de-vie, quatre livres de sucre et une livre et demie de fleur d'oranger, la plus blanche possible; vous faites fondre le sucre dans la quantité d'eau nécessaire, et vous y mettez votre fleur d'oranger épluchée; lorsqu'elle a reçu un bouillon, vous retirez le mélange du feu, vous le laissez refroidir, puis le mettez dans un vase de grès, et y versez l'eau-de-vie; tenez le vase hermétiquement fermé, et laissez infuser pendant dix-huit ou vingt jours; après cela, vous filtrez le ratafia.

On peut aussi faire ce ratafia à froid; mais il est bon d'observer à ceux qui seraient tentés d'en faire l'essai qu'il est rare qu'il n'ait pas un goût âcre et assez désagréable.

RATAFIA D'ŒILLETS.

Prenez six pintes d'eau-de-vie, une pinte d'eau de rivière, trois livres de sucre, deux livres de pétales d'œillets rouges, et un gros de girofle; après avoir séparé les onglets de vos pétales d'œillets, c'est-à-dire la partie inférieure et qui n'est pas de la même couleur, vous ne prenez que la partie rouge, que vous faites infuser dans l'eau de-vie pendant deux mois, vous y avez mis votre girofle en même temps; après cela vous passez le mélange à travers un linge blanc, que vous pressez; vous versez dedans le sucre que vous avez fait fondre dans votre eau de rivière; ensuite vous filtrez la liqueur et la mettez en bouteilles.

RATAFIA D'ANGÉLIQUE.

Prenez six pintes d'eau-de-vie, une pinte d'eau de rivière, trois livres de sucre, deux onces de racines d'angélique, autant de graine, du macis et du girofle, un gros de chaque; vous aurez soin que vos racines soient arrachées récemment et qu'elles soient bien nourries; vous les lavez et les essuyez bien; vous les coupez par tranches, que vous mettrez, ainsi que la graine concassée et les aromates, infuser dans l'eau-de-vie pendant une vingtaine de jours après cela vous passez au tamis le mélange, auquel vous ajoutez le sucre fondu dans de l'eau de rivière : ensuite vous filtrez le ratafia.

RATAFIA D'ORANGES DE PORTUGAL.

Vous zesterez douze belles oranges que vous choisirez le plus épaisses de peau possible : vous les mettrez à mesure dans quatre pintes d'eau-de-vie que vous aurez mises dans une cruche; vous ferez fondre deux livres de sucre dans le jus des oranges que vous aurez pressées ; mêlez le tout ensemble ; bouchez bien la cruche, et laissez la liqueur en infusion pendant un mois; après ce temps passez-la et mettez-la dans des bouteilles.

RATAFIA DE CITRONNELLE.

Pour quatre pintes d'eau-de-vie, vous zesterez douze beaux citrons; ajoutez-y deux gros de cannelle concassée et une once de coriandre, avec deux livres de sucre que l'on fera fondre dans une pinte et demie d'eau; laissez le tout infuser pendant un mois; passez ensuite votre liqueur, et mettez-la dans des bouteilles. (F.)

RATAFIA DE RAISIN MUSCAT.

Vous prendrez du raisin muscat bien mûr, vous l'égrènerez ; écrasez-le et passez-le pour en tirer le jus; pour trois pintes de jus vous mettrez trois pintes d'eau-de-vie dans une cruche bien bouchée ; vous ajouterez deux gros de cannelle et deux livres de sucre que vous ferez fondre dans du jus de raisin; laissez infuser le tout pendant quinze jours ; ensuite vous le passerez à la chausse, et le mettrez en bouteilles.

L'on peut faire également cette liqueur avec du muscat noir ; prenez-le toujours bien mûr, ayez soin de le bien éplucher et qu'il ne s'y trouve point de grains gâtés. (F.)

EAU DE FLEUR D'ORANGER.

Vous mettrez dans un alambic dix livres de fleur d'oranger nouvellement cueillie et qui ne soit pas échauffée, avec six pintes d'eau de rivière ; ayez soin de couvrir l'alambic, et d'en bien luter les joints du chapiteau pour qu'il ne s'échappe aucune vapeur de l'intérieur : pour cela vous prendrez de la colle de farine avec quelques bandes de papier que vous collerez à l'entour, et le mettrez sur le fourneau au feu médiocre, c'est-à-dire que le bouillon de l'alambic ne soit pas trop fort, et qu'il ne coule qu'à petits filets ou à gouttes précipitées; vous aurez grand soin de rafraîchir souvent, ou du moins, lorsque l'eau du réfrigérant commencera à être trop chaude, vous la changerez et en mettrez de la fraîche; la qualité de votre eau dépend beaucoup de cette opération : il faut rafraîchir souvent, c'est-à-dire ne pas attendre que l'eau soit bouillante pour en changer ; sur les six pintes d'eau que vous aurez mises sur votre fleur, vous en retirerez trois pintes que vous réserverez pour mettre dans une distillation de la même fleur, en supprimant une pinte d'eau. (F.)

EAU DE FLEUR D'ORANGER DOUBLE.

Vous répéterez la même distillation que celle que nous venons de faire, et en tirerez quatre pintes que vous mettrez sur la même quantité de fleur en remplacement d'eau; ce qui vous donnera de l'eau de fleur d'oranger double, et sur les quatre pintes, vous en retirerez deux et demie; pour l'avoir très-bonne, vous pouvez continuer la distillation, et en retirer à peu près une pinte au plus, que vous pourriez mêler avec votre fleur d'oranger simple, en observant, sur la fin de la distillation, de ne pas faire un trop grand feu, parce que la fleur, restant presque à sec au fond de l'alambic, pourrait brûler, et gâter tout ce que vous auriez fait ou distillé. (F.)

EAU DE ROSES SIMPLE.

La rose simple est la meilleure qualité qu'on puisse employer, soit pour liqueur, soit pour eau de rose: elle a beaucoup plus de qualité et de parfum que celle que l'on nomme vulgairement rose à cent feuilles; vous prendrez la quantité de roses que vous jugerez à propos, suivant ce que vous voudrez en faire; vous dépouillerez vos roses; vous n'en garderez que les feuilles, et prendrez garde qu'elles ne soient pas mouillées et qu'elles aient été cueillies par un temps sec; parce que cela leur ôterait beaucoup de leur parfum; il faut pour la distillation, lorsque vos roses seront épluchées, mettre quatre livres de fleur par pinte d'eau, et les mettre dans une cruche ou un vase quelconque que vous puissiez boucher: vous y ajouterez quelques poignées de sel commun; foulez-les bien dans le vase, et laissez-les pendant trois jours, en les remuant tous les jours avec une cuillère de bois; après ce temps, vous ferez votre distillation à feu nu et garnirez le fond de votre alambic avec de la paille neuve et bien propre, pour éviter que vos fleurs ne brûlent dans le fond de l'alambic, car votre distillation serait perdue; il faut observer de ne remplir votre alambic qu'aux deux tiers, pour laisser un espace aux fleurs, que le bouillon ferait monter trop haut, ce qui nuirait beaucoup à la qualité de ce que vous auriez distillé; pour douze livres de fleurs de rose tout épluchées, vous mettrez six pintes d'eau, et lorsque vous en aurez retiré trois, vous cesserez la distillation; vous pourriez cependant en retirer une quatrième pinte, qui vous servirait pour une seconde distillation en la mettant sur la nouvelle fleur. (F.)

EAU DE ROSES DOUBLE.

Pour faire de l'eau de roses double, vous mettrez dans l'alambic la même quantité de roses que pour la précédente; vous la mouillerez avec de l'eau de roses simple, et la distillerez de même, ayant toujours soin de rafraîchir souvent l'eau du réfrigérant; si l'eau de roses simple que vous y mettrez ne suffisait pas pour mouiller assez votre fleur, vous y ajouteriez une pinte ou deux d'eau, pour que la fleur trouve toujours assez d'humidité dans le fond de l'alambic, et ne puisse pas s'y attacher; il serait même prudent, si votre alambic a un bain-marie, d'user de ce moyen, et conduire votre distillation à feu vif, sans aucune crainte d'accident; il devient alors inutile de garnir le fond de l'alambic, comme je l'ai dit pour l'eau de rose simple, parce que rien ne peut s'attacher ni brûler, par le moyen de la distillation au bain-marie; vous aurez soin de bien luter votre alambic, pour qu'il ne s'échappe pas de vapeur de votre distillation, et vous retirerez la même quantité d'eau de roses double que vous en avez mis de simple, vous aurez par ce moyen de l'eau de roses très-forte en fleur. (F.)

EAU ARDENTE DE ROSE.

Vous aurez trente livres de roses épluchées que vous aurez cueillies avant le lever du soleil: vous les pilerez et les mettrez dans une cruche avec quatre livres de sel commun, et arrangerez vos roses par lits dans la cruche, en mettant du sel entre chaque lit de roses; vous les presserez bien et les boucherez pour qu'elles ne perdent pas leur parfum; vous les laisserez se macérer pendant douze jours, et les distillerez au bain-marie comme les autres, à feu vif; ne vous attendez pas à retirer beaucoup d'esprit ardent de roses; mais ce que la distillation vous rendra vaudra au moins, par la force et le parfum dont elle sera, la même quantité que celle dont on vient de donner la recette; cinq ou six gouttes dans un demi-verre d'eau rendront autant de parfum qu'un demi-verre de l'autre eau de roses distillée à l'eau. (F.)

LIQUEURS DISTILLÉES.

CRÈME DE CÉDRATS DISTILLÉE.

Pour six pintes d'eau-de-vie à vingt-deux degrés, vous prendrez quatre beaux cédrats, bien frais et d'un bon parfum, que vous zesterez et mettrez infuser dans vos six pintes d'eau-de-vie, avec une pinte d'eau, dans une cruche bien bouchée, et la laisserez infuser pendant plusieurs jours; après ce temps, vous ferez votre distillation au bain-marie; si votre eau-de-vie porte vingt-deux degrés, six pintes doivent vous rendre quatre pintes et demi-setier d'esprit; vous ferez fondre trois livres et demie de sucre dans trois pintes et demie d'eau, et y mêlerez votre esprit; passez-le à la chausse ou filtrez-le au papier.

J'observe que, pour faire de bonnes liqueurs, il faut faire le choix des meilleures eaux-de-vie, surtout pour la distillation; il faut toujours préférer l'eau-de-vie de Montpellier à celle de Cognac; elle rend davantage à l'alambic, et fournit plus d'esprit que celle de Cognac.

Comme je vais donner plusieurs recettes des liqueurs distillées et celles le plus en usage, il est bon de prévenir les personnes qui voudront s'occuper de la distillation que, lorsque l'alambic est monté sur le fourneau, les premières gouttes qui en tombent c'est le flegme, qui ne doit pas être mêlé avec l'esprit que doit rendre la distillation. Pour cet effet, mettez un verre sous le bec de votre alambic; retirez-en à peu près le quart du verre, et placez ensuite la bouteille ou matras pour recevoir votre distillation; le flegme n'est bon qu'à jeter, et nuit beaucoup à la qualité de la liqueur lorsqu'on n'a pas cette précaution. (F.)

HUILE DE CÉDRATS.

Vous suivez le même procédé pour l'huile de cédrats que celui employé pour la crème, pour la quantité d'eau-de-vie et de fruits; il n'y a que du sucre de plus à y ajouter. Quand votre distillation sera faite, vous ferez fondre cinq livres de sucre dans quatre pintes d'eau; vous y mêlerez les quatre pintes d'esprit que vous avez retirées, et les passerez à la chausse. (F.)

PARFAIT AMOUR.

C'est absolument le cédrat qui est la base du parfait amour; il n'y a que quelques ingrédients qu'on y ajoute, et la couleur rouge qu'on lui donne, qui le distinguent du cédrat blanc; vous ajouterez donc à la recette que l'on vient de donner de crème de cédrat une demi-once de cannelle fine, quatre onces de coriandre que vous ferez infuser avec vos cédrats, et distillerez de même; vous ferez fondre trois livres de sucre dans trois pintes d'eau; vous ferez votre couleur comme il est indiqué à l'article Cochenille (*voyez* cet article); filtrez votre liqueur et mettez-la en bouteilles. (F.)

LIQUEUR DES QUATRE FRUITS JAUNES.

Pour six pintes d'eau-de-vie, vous aurez deux cédrats, quatre citrons, deux bergamottes et quatre belles oranges de Portugal; vous zesterez tous ces fruits; surtout qu'ils soient bien frais et bien odorants; vous zesterez le plus menu possible pour ne pas mordre sur le blanc du fruit; laissez infuser le tout dans l'eau-de-vie pendant quelques jours; ajoutez une pinte d'eau dans l'infusion; faites distiller votre infusion comme il a été dit; vous ferez fondre trois livres et demie de sucre dans trois pintes et demie d'eau; mélangez l'esprit et passez-le à la chausse. (F.)

CITRONNELLE DE VENISE.

Pour quatre pintes d'eau-de-vie, vous zesterez douze beaux citrons, que vous laisserez infuser à l'ordinaire, et que vous distillerez également; n'oubliez jamais d'ajouter à votre distillation, pour six pintes d'eau-de-vie, une pinte d'eau, et pour quatre pintes, une chopine; il faut deux pintes et demie d'eau pour le sirop, avec deux livres de sucre; du reste, finissez comme il est indiqué ci-dessus. (F.)

FINE ORANGE.

Pour six pintes d'eau-de-vie, vous zesterez douze belles oranges de Portugal, et les laisserez infuser quelques jours; ensuite vous les distillerez, en ajoutant toujours à chaque distillation une pinte d'eau sur six d'eau-de-vie, et pour la quantité d'eau et de sucre pour le mélange, vous vous conformerez à ce que nous avons dit, pour six pintes d'eau-de-vie, trois livres de sucre sur les liqueurs un peu sèches, trois et demie si on les veut un peu plus liquoreuses, et quatre et demie si ce sont des huiles; vous suivrez les procédés indiqués pour la quantité d'eau qui doit faire votre sirop; passez votre liqueur à la chausse. (F.)

CANNELLE FINE.

Pour quatre pintes d'eau-de-vie et une chopine d'eau, vous prendrez deux onces de cannelle fine, que vous mettrez infuser dans votre eau-de-vie; vous y ajouterez le zeste de deux citrons, une once de bois de réglisse battu, et au bout de quelques jours d'infusion vous ferez votre distillation; vous mettrez fondre deux livres de sucre dans deux pintes d'eau, et ferez votre mélange comme il est indiqué aux articles ci-dessus. (F.)

CINNAMOMUM.

Pour six onces d'eau-de-vie, vous prendrez quatre onces de cannelle, deux gros de macis, une once de bois de réglisse battu; vous concasserez bien vos ingrédients avant de les mettre infuser; vous laisserez, comme nous venons de le dire à l'article précédent, s'écouler quelques jours avant de la distiller; vous ferez fondre dans trois pintes et demie d'eau quatre livres de sucre, et ferez votre mélange; vous finirez comme les autres liqueurs; cela vous fera une excellente liqueur que l'on peut appeler huile de cannelle. (F.)

HUILE DE GIROFLE.

Pour six pintes d'eau-de-vie, il faut une once de clous de girofle concassés, et que l'on doit faire infuser dans de l'eau-de-vie pendant plusieurs jours; vous ferez votre distillation comme les précédentes; mettez fondre quatre livres de sucre dans quatre pintes d'eau, et faites votre mélange. (F.)

EAU D'ANIS, OU ANISETTE DE BORDEAUX.

Pour six pintes d'eau-de-vie, vous prendrez huit onces d'anis de Verdun, bien choisi, c'est-à-dire qu'il soit nouveau et vert; vous le criblerez dans un tamis pour en ôter la poussière, et le mettrez infuser dans une cruche avec le zeste de trois citrons et une demi-once de cannelle; au bout de quelques jours d'infusion, vous le distillerez à un feu ordinaire, en ajoutant une pinte d'eau dans l'alambic; vous en retirerez le flegme, comme il est indiqué au premier article; vous ferez fondre trois livres de sucre dans trois pintes d'eau; il est nécessaire de faire le mélange au feu; comme l'anis contient un sel très-âcre et souvent rend la liqueur laiteuse, et par conséquent difficile à éclaircir, il faut faire le mélange à chaud, et pour cela vous supprimerez une chopine d'eau, et mettrez dans cette chopine trois à quatre blancs d'œufs, que vous fouetterez comme pour clarifier du sucre; votre sucre étant bien fondu et chaud, vous mettrez votre esprit d'anis et y mêlerez votre eau blanche; vous la remuerez sur le feu jusqu'à ce que votre liqueur soit chaude sans être bouillante; vous la remettrez dans la cruche bien bouchée, jusqu'au lendemain; filtrez-la.

Si vous voulez faire de l'huile d'anis, pour six pintes d'eau-de-vie, vous augmenterez d'une livre de sucre pour faire votre sirop, et ne changerez rien aux ingrédients qui entrent dans la composition. (F.)

ANIS ÉTOILÉ, OU ANIS DES INDES.

L'on nomme cette liqueur badiane des Indes.

Pour douze pintes d'eau-de-vie, vous prendrez une livre d'anis étoilé, que vous pilerez avant de mettre infuser dans l'eau-de-vie; laissez-la infuser pendant huit jours; vous y ajouterez une pinte et demie d'eau; faites-la distiller comme il est indiqué aux articles précédents; faites fondre, pour faire votre mélange, sept livres et demie de sucre dans sept pintes d'eau; et, votre distillation finie, vous mêlerez votre esprit avec le sucre. Beaucoup de personnes mettent cette liqueur en rouge, et on la nomme huile de badiane, et en blanc, crème de badiane; si vous la mettez en rouge, servez-vous de cochenille : préparez et passez le tout à la chausse. (F.)

EAU CORDIALE.

Pour six pintes d'eau-de-vie et une pinte d'eau, vous mettez le zeste de quinze citrons bien frais et d'un bon parfum; vous ajouterez à votre infusion une demi-once de cannelle fine, quatre onces de coriandre que vous écraserez, et mettrez le tout infuser pendant huit jours; ensuite vous le distillerez; faites fondre trois livres et demie de sucre dans trois pintes et demie d'eau; faites votre mélange, et passez votre liqueur à la chausse. (F.)

CRÈME DE BARBADE.

Pour six pintes d'eau-de-vie et une pinte d'eau, vous prendrez deux beaux cédrats, six citrons et quatre belles oranges; vous zesterez tous ces fruits, et les mettrez infuser dans l'eau-de-vie avec un gros de macis, deux gros de cannelle et douze clous de girofle; vous concasserez tous ces ingrédients, et les laisserez pendant huit jours en infusion; alors vous ferez votre distillation; vous ferez fondre trois livres de sucre dans trois pintes d'eau; faites votre mélange, et passez-le à la chausse. (F.)

CRÈME DE NOYAUX.

Pour six pintes d'eau-de-vie et une pinte d'eau, vous mettrez une demi-livre d'amandes d'abricots que vous couperez par petits morceaux et les mettrez infuser dans l'eau-de-vie pendant huit jours; distillez le tout; pour le mélange, vous y ajouterez une chopine d'eau de fleur d'oranger, trois livres de sucre et trois pintes d'eau : passez le tout à la chausse. (F.)

HUILE DE ROSES.

Pour six pintes d'eau-de-vie, vous prendrez six livres de roses effeuillées, surtout des roses simples; vous les mettrez infuser pendant huit jours dans une cruche avec les six pintes d'eau-de-vie et une pinte d'eau, et ferez votre distillation; pour le mélange, faites fondre quatre livres de sucre dans trois pintes d'eau; pour donner de la couleur, servez-vous de cochenille préparée, mettez-la dans votre liqueur, et passez-la à la chausse (F)

CRÈME DE MOKA.

Pour six pintes d'eau-de-vie, vous prendrez huit onces de café Moka brûlé et moulu à son point, comme pour faire du café ordinaire; prenez garde qu'il ne le soit pas; vous le mettrez infuser pendant huit jours dans l'eau-de-vie, puis le distillerez au bain-marie; ne poussez pas votre distillation à grand feu, parce que le café est sujet à monter, et ce qui est dans l'alambic viendrait avec l'esprit tomber dans le récipient, ce qui vous obligerait à démonter l'alambic, et recommencer votre distillation; n'oubliez pas, comme il est dit plus haut, de mettre un verre pour en retirer le flegme que vous jetterez, faites fondre trois livres et demie de sucre avec trois pintes et demie d'eau; faites votre mélange, et faites-le filtrer à la chausse. (F.)

LIQUEUR D'ANGÉLIQUE.

Pour six pintes d'eau-de-vie et une pinte d'eau, vous prendrez douze onces de racines d'angélique fraîche, que vous laverez et ratisserez bien, et couperez par petits morceaux; si vous ne pouviez pas vous procurer des racines fraîches, vous prendriez six onces de racine d'angélique de Bohême, que l'on trouve en tout temps chez les épiciers-droguistes; coupez-la par morceaux, et mettez-la infuser pendant huit jours dans l'eau-de-vie, en y ajoutant un gros de macis, deux gros de cannelle et douze clous de girofle; après ce temps, vous la distillerez; faites fondre trois livres de sucre dans trois pintes d'eau, pour faire votre mélange comme ci-dessus. (F.)

SCUBAC.

Pour six pintes d'eau-de-vie et une pinte d'eau, vous prendrez une once de safran, que vous mettrez infuser dans une pinte et demie d'eau-de-vie, pour en retirer la teinture; cette eau-de-vie doit être prise sur les six pintes de la recette, il reste par conséquent quatre pintes et demie, que vous mettrez dans une cruche, et y ajouterez le zeste de quatre citrons, deux onces de coriandre, deux gros de cannelle, un gros de macis, et douze clous de girofle, une once d'amandes amères, le tout pilé, et mettez-les infuser dans l'eau-de-vie l'espace de huit jours; ensuite vous ferez votre distillation; avant de mettre votre alambic sur le feu, vous égoutterez votre safran sur un tamis, pour garder votre teinture pour le mélange, et mettrez dans l'alambic, avec les ingrédients le safran qui a égoutté: vous ferez votre distillation comme à l'ordinaire: comme cette liqueur doit être plus onctueuse que les autres liqueurs, vous ferez fondre quatre livres de sucre dans trois pintes et demie d'eau, vous y mettrez l'esprit que vous aurez retiré de votre distillation; vous y mêlerez votre teinture de safran, et passerez le tout à la chausse. (F.)

HUILE DE VÉNUS.

Pour six pintes d'eau-de-vie vous mettrez infuser dedans une demi-once de cannelle, un gros de macis, le zeste de quatre citrons, une demi-once de carmin, une demi-once d'anis, une once de coramure, une demi-once de benjoin, une demi-once de fleurax et une petite poignée de feuilles de noyer; pilez toutes ces drogues; laissez-les infuser pendant huit jours, et faites-les distiller; mettez pour votre mélange quatre livres et demie de sucre dans trois pintes et demie d'eau; pour donner à votre liqueur la couleur de l'huile, vous ferez bouillir une pincée de safran dans un demi-verre d'eau-de-vie pour en retirer la teinture, et vous colorerez votre liqueur; puis vous la passerez à la chausse. (F.)

CRÈME DE CACAO.

Vous prendrez une livre de cacao de Caracas bien choisi, et brûlé à son point, comme on l'emploie pour faire le chocolat; ayez bien soin d'en ôter tous les mauvais grains, parce qu'il s'en trouve souvent qui sont gâtés et moisis, ce qui, au lieu de faire une bonne liqueur, la ferait très-mauvaise; vous pilerez bien votre cacao, et le mettrez infuser dans six pintes d'eau-de-vie; vous y ajouterez une demi-once de vanille coupée; laissez infuser le tout pendant huit jours; ensuite faites votre distillation à l'ordinaire; vous ferez fondre trois livres et demie de sucre dans trois pintes d'eau; vous ferez votre mélange, et passez-le à la chausse. (F.)

CRÈME D'ABSINTHE.

Pour six pintes d'eau-de-vie et une pinte d'eau, vous prendrez une petite poignée d'absinthe fraîche; mais comme dans toutes les saisons on n'en trouve pas toujours de la fraîche, et qu'ordinairement ce n'est que depuis juillet jusqu'en septembre que les plantes aromatiques donnent le plus abondamment, et sont les meilleures à employer, l'on peut cependant se servir des plantes sèches, lorsque l'on n'en a pas d'autres; dans ce cas, pour six pintes d'eau-de-vie, l'on mettrait une once d'absinthe, avec une demi-once de cannelle et deux gros de macis, le tout infusé et distillé, et pour le mélange trois livres et demie de sucre dans trois pintes et demie d'eau; filtrez ensuite votre liqueur. (F.)

CRÈME DE FRAMBOISES.

Pour six pintes d'eau-de-vie et une pinte d'eau, vous aurez des framboises fraîchement cueillies; vous les éplucherez et les laisserez infuser pendant vingt-quatre heures dans l'eau-de-vie : la quantité de framboises est de quatre livres tout épluchées. Faites-les distiller; vous ferez fondre pour le mélange trois livres et demie de sucre dans trois pintes et demie d'eau; faites filtrer votre liqueur. (F.)

CURAÇAO, QUE L'ON NOMME LE PLUS ORDINAIREMENT CUIRASSEAU.

C'est une espèce de bigarade ou orange sauvage que l'on dépouille de son écorce et que l'on fait sécher, en sorte qu'il n'y a que cette peau sèche qui fait la base de cette liqueur; ce sont les épiciers-droguistes qui tiennent et vendent ces écorces. Cette liqueur se fait le plus ordinairement par infusion; vous prendrez une livre de curaçao que vous laverez à plusieurs eaux tièdes; ensuite vous les égoutterez sur un tamis, et les mettrez dans une cruche avec huit pintes d'eau-de-vie et deux pintes d'eau; laissez-les infuser pendant quinze jours, en remuant la cruche de temps en temps, pour accélérer l'infusion. Après ce temps, faites votre distillation; vous égoutterez votre liqueur sur un tamis; et pour le mélange, vous ferez fondre cinq livres et demie de sucre dans trois pintes d'eau; vous mêlerez votre esprit, et ferez filtrer la liqueur. (F.)

LIQUEUR DE MENTHE DISTILLÉE.

Pour six pintes d'eau-de-vie et une pinte d'eau, vous prendrez deux moyennes poignées de menthe fraîchement cueillie, et cultivée dans les jardins; vous les mettrez infuser pendant quelques jours; puis vous les distillerez à l'ordinaire; pour le mélange, mettez trois livres et demie de sucre dans trois pintes et demie d'eau, et vous le filtrerez à la chausse. (F.)

EAU DES SEPT-GRAINES.

Pour six pintes d'eau-de-vie, prenez une once d'anis vert ou de Verdun, une once de fenouil, une once de graines de carottes, une once de carai, une demi-once de graines d'angélique, une once et demie de coriandre, une once d'annette et un gros de macis; pilez tous ces ingrédients, mettez-les infuser pendant huit jours, et faites votre distillation à l'ordinaire; pour votre mélange, vous ferez fondre trois livres et demie de sucre dans trois pintes et demie d'eau; mêlez le tout et faites filtrer. (F.)

CANAPÉS POUR HORS-D'ŒUVRE.

Vous prendrez la mie d'un gros pain, dont vous aurez ôté la croûte; vous la couperez par tranches de l'épaisseur d'un doigt; vous leur donnerez la forme que vous voudrez, soit en cœur, soit en carré ou en losange, etc.; vous leur ferez prendre une belle couleur dans l'huile d'olive, en les faisant frire; égouttez-les; vous les garnirez avec des filets d'anchois, des œufs durs, dont vous séparerez les jaunes d'avec les blancs, et le hacherez séparément; vous hacherez de même des cornichons et des câpres, ainsi que de la fourniture; hachez le tout, assaisonnez de sel, poivre, vinaigre; quand le tout est arrangé sur votre pain, arrosez-le d'un peu d'huile, et servez sur des assiettes à hors-d'œuvre. (F.)

CONCOMBRES MARINÉS.

Épluchez des concombres et coupez-les le plus mince possible; mettez-les dans une terrine; assaisonnez-les avec du sel, gros poivre et vinaigre; vous les laisserez ainsi mariner pendant quelques heures; lorsque vous voudrez les servir, vous les mettrez dans des serviettes pour en exprimer tout le vinaigre et l'eau qu'ils ont rendue; vous les mettrez dans un compotier; arrosez-les avec de l'huile, une pincée de gros poivre et vinaigre, et servez-les pour salade ou hors-d'œuvre. (F.)

CAFÉ A L'EAU.

Vous choisirez du bon café Moka ou Martinique, de la meilleure qualité; vous le ferez brûler à son point; pour qu'il y soit, il faut qu'il ait une belle couleur brune, un peu foncée, mais pas noire; pour le brûler plus également, il faut se servir d'une broche; il y en a de toutes les grandeurs, suivant la quantité que l'on veut en brûler à la fois, et c'est toujours sur le même modèle que celles dont se servent les épiciers pour brûler le café. (F.)

CAFÉ A LA CRÈME ET A L'EAU.

Pour six tasses de café, vous mesurez six tasses et demie d'eau bien pleines, que vous mettrez dans une cafetière; lorsque votre eau bouillira, vous y mettrez un peu de colle de poisson, et mesurerez six cuillerées à bouche combles de café en poudre, que vous mettrez dans votre cafetière, en remuant beaucoup, pour abattre le bouillon; vous le remettrez sur le feu, et lui ferez reprendre son bouillon deux ou trois fois, en le remuant toujours avec une cuillère, puis vous le retirerez et y mettrez une demi-tasse d'eau; alors vous le laisserez éclaircir; l'on peut une demi-heure après le tirer à clair.

Vous employez le même procédé pour le café à la crème que pour celui à l'eau. En augmentant la quantité d'une demi-cuillerée de café en poudre pour chaque tasse d'eau, vous obtiendrez un café très-fort, qui ne diminuera rien à la qualité de votre crème; vous aurez de la crème bouillante. (F.)

CHOCOLAT EN BOISSON.

Vous aurez du bon chocolat de santé ou à la vanille; les tasses sont ordinairement marquées; il y en a de marqué à douze et à seize tasses à la livre. Si c'est pour du chocolat à l'eau, il faut prendre de celui à douze tasses à la livre, et celui de seize est pour la crème; vous mettrez dans une chocolatière la même quantité de tasses d'eau que vous voulez faire de chocolat; lorsqu'elle sera près de bouillir, vous mettrez autant de chocolat marqué par tasses que vous aurez mis de tasses d'eau; vous le ferez fondre en tournant le bâton à chocolat dans vos mains; vous lui ferez prendre quelques bouillons, et le laisserez mijoter quelque temps sur de la cendre chaude. Avant de le servir, vous le remuerez bien avec le bâton en le tournant pour le faire mousser, et vous le verserez dans les tasses. (F.)

NOTICE SUR LES VINS,

PAR M. PIERRHUGUES.

Notre intention n'est point de donner, dans un ouvrage déjà assez volumineux et rempli par son objet spécial, l'historique des vins. Pour donner au CUISINIER ROYAL tout le degré d'intérêt qu'il peut obtenir, nous nous faisons un devoir agréable de jeter ici quelques notes sur l'emploi des différents Vins dans un repas, autant sous le rapport de la santé que sous celui du goût. Nous réclamons l'indulgence pour une esquisse aussi incomplète; mais notre pensée a seulement été de mettre le commun des Amphitryons au courant de l'art de servir les vins à propos, et les convives à portée de les reconnaître; condition dont la réciprocité fait le charme et de celui qui offre le vin, et de ceux qui le reçoivent. M. G..... a bien voulu nous donner les renseignements sur l'ordre dans lequel les vins doivent être servis.

Pour faciliter encore davantage l'étude de ce petit Vocabulaire bachique, nous commencerons par donner la liste alphabétique de la plupart des vins français et étrangers les plus estimés. Nous indiquerons sommairement ensuite l'ordre hiérarchique dans lequel ils doivent être servis à table; et nous aurons, en adoptant la forme de l'alphabet, concilié toutes les opinions sur la préséance du pas entre les dons divers du dieu des vendanges. Les uns tiennent pour le bourgogne, d'autres pour le bordeaux. Tel gourmet assure que le champagne de première qualité, et non mousseux, réunit au bouquet bourguignon la chaleur bordelaise, tandis que l'habitant des rives du Rhône soutient que le premier des vins est celui de l'Hermitage : ils ont tous raison, et le meilleur des vins est tour à tour chacun de ceux que nous venons de nommer, selon qu'il a obtenu, par une chaleur appropriée au climat qui le produit, une perfection de maturité si rare, qu'il y a une plus grande différence entre le vin du même clos de telle année et celui de telle autre, qu'entre le vin de tel crû renommé, et celui de tel autre inconnu. Ainsi, selon qu'on aura bu du sillery, de la romanée, du côte-rôtie, du médoc, du beaugency même, de telle ou telle année mémorable, on aura eu raison de se passionner pour tel ou tel terroir, mais en ayant le bon esprit de ne pas tellement garder un goût exclusif, qu'on ne puisse également faire fête aux autres. J'estime Corneille, j'aime Voltaire, j'adore Racine; mais je lis encore avec plaisir Parny, Boufflers et Bertin; et le comique sublim de Molière ne m'a point dégoûté des jolies pièces de Picard.

Revenons à notre liste alphabétique, mais sûrement incomplète, des vins qu'un galant homme peut, sans prétention à l'érudition gastronomique, faire servir sur sa table.

Aï, Champagne.
Alicante, Espagne.
Anjou.
Arbois, Franche-Comté.
Auxerre.
Avallon, Bourgogne.
Barsac, Bordeaux.
Beaugency, Orléanais.
Beaune, Bourgogne.
Bellay.
Béni-Carlos, Espagne.
Bordeaux.
Bougy, Champagne.
Bruc.
Bucella, Portugal.
Cavello, Portugal.
Cahors, Bordeaux.
Calabre, Italie.
Calon-Ségur.
Canaries (des), Afrique.
Cap de Bonne-Espérance (du).
Carbonnieux, Bordeaux.
Chablis, Champagne.
Chambertin, Bourgogne.
Chambolle.
Champagne rouge.
— Blanc-Tisane.
Chassagne, Bourgogne.
Château-Grillé.
Château-Margaux, Bordeaux.
Château-Neuf du Pape, Avignon.
Chio, Grèce.
Chypre, *idem.*
Clos-Vougeot, Bourgogne.
Constance, Afrique.
Cortone.
Coteaux de Saumur.
Côte-Rôtie, rouge et blanc, Dauphiné.
Côte Saint-Jacques.
Coulange, Auxerre.
Falerne, Italie.
Fley, Bourgogne.
Florence, Italie.
Frontignan, Languedoc.
Grave du Lomon, Bordeaux.
Grenache, Roussillon.
Guighe, Bourgogne.
Hautbrion, Bordeaux.
Hautvillers, Champagne.
Hermitage (l'), Dauphiné.
Iranci, Bourgogne.
Joigny, Auxerre.
Julna.
Jurançon rouge et blanc, Béarn.
Lachainette, Auxerre.
Lacryma-Christi, Italie.
La Ciotat, près de Toulon.
Laffitte-Mouton, Bordeaux.
Laffitte-Ségur, *idem.*
Lagaude.
Lamalgue, Toulon.
La Neithe.
Langon, Bordeaux.
Lunel, Languedoc.
Mâcon, Bourgogne.
Madère, Afrique.
Malaga, Espagne.
Malvoisie de Madère, Afrique.
— de Ténériffe, *idem.*
Médoc, Bordeaux.
Mercurey, Bourgogne.
Meursault, *idem.*
Miès, Provence.
Monte-Fiascone, Italie.
Monte-Pulciano, *idem.*
Montilla, Espagne.
Montrachet, Bourgogne.
Moulin-à-Vent.
Nuits, Bourgogne.
OEil de perdrix, Champagne.
OEras, Portugal.
Orléans.
Pacaret.
Paille, Colmar.
Paphos, Grèce.

Pedro Ximénès, Espagne.
Picoli, Italie.
Pierry, Champagne.
Pomard, Bourgogne.
Porto, Portugal.
Pouilly-Fuissé, Bourgogne.
— Sancerre, *idem.*
Rancio, Espagne.
Reuilly, Champagne.
Richebourg, Bourgogne.
Rivesaltes, Roussillon.
Romanée-Conti, Bourgogne.
Rosées.
Rota, Espagne.
Roussillon.
Samos, Grèce.
Saint-Amour.
Saint-Emilion, Bordeaux.
Saint-Estèphe, *idem.*
Saint-Georges, Bourgogne.
Saint-Georges, Espagne,
Saint-Julien, Bordeaux.
Saint-Julien-du-Sault, Champ.
Saint-Martin.
Saint-Péray.
Sauterne.
Savigny.
Schiras, Perse.
Sercial.
Setuval.
Sillery, côte de Reims.
Syracuse, Sicile.
Stancho, Grèce.
Tavel, Languedoc.
Thorins, Bourgogne.
Tokai, Hongrie.
Tonnerre, Champagne.
Tormilla, Espagne.
Val de Pegnos, Espagne.
Vanvert, Languedoc.
Vermouth.
Verzi-Verzenay, Champagne.
Volnay, Bourgogne.
Vosne, *idem.*
Vougeot, *idem.*
Vouvray blanc, Touraine.
Xérès, Espagne.

Une discussion digne de la plus haute attention, mais que nous ne pouvons qu'effleurer ici, est la question de savoir à quels vins on doit donner la préférence, soit pour le goût, soit pour l'influence sur la santé. Ce dernier article est plus facile à déterminer que l'autre, parce qu'on ne peut asseoir de règles positives pour le goût, dont les sensations sont toujours relatives aux individus. Ainsi, tel gourmet préfère la saveur âpre et mordante de l'austère bordeaux; tel autre, l'aromate délicat et parfumé du champagne; celui-ci, le bouquet généreux du bourgogne; celui-là, l'ardeur spiritueuse des vins de Languedoc. Mais, sans qu'on s'en rende compte à soi-même, ces goûts sont plus fondés qu'on ne pense sur des raisons de santé; et la nature, bonne mère, nous indique, en nous les inspirant, les moyens les plus propres à conserver par eux notre santé. Ainsi, le sanguin sent le besoin d'un vin léger, humectant, tel que le Champagne ou le vin du Rhin; le flegmatique, celui d'un vin spiritueux, ardent, qui s'empare du flegme dont il surabonde : tels sont les vins du Languedoc et du Dauphiné. Le mélancolique veut un vin doux qui le restaure promptement, et répande dans son système nerveux une douce hilarité; et c'est pour lui que furent destinés les vins que produisent l'Italie, l'Espagne, le Roussillon et la Bourgogne; enfin, il faut au bilieux, ordinairement doué d'un grand appétit et absorbé par la contention d'un travail habituel, un vin généreux, mais dont l'esprit soit enchaîné par une abondante partie extractive; un vin austère, agissant à la fois comme astringent sur la fibre, et comme dissolvant sur la bile : or, telle est la propriété du bordeaux. Par je ne sais quelle injustice, malheureusement accréditée en une prévention difficile à déraciner, on accuse les vins de ce terroir d'être froids; c'est la calomnie la plus étrange à la fois et la moins méritée. Toutes choses égales d'ailleurs, et abstraction faite de la convenance respective des vins aux divers tempéraments et aux goûts, le bordeaux seul a le privilége exclusif d'être d'une facile digestion, et de laisser la tête calme, quoique bu à haute dose, et d'être transportable aux plus grandes distances; au lieu que le bourgogne, qui n'émigre que difficilement, exalte facilement la tête, et provoque à la galanterie; de même que le champagne, qu'on ne peut transporter, agite les nerfs, et donne de l'esprit.... à ceux qui en ont. En un mot, le bourgogne est aphrodisiaque; le champagne, capiteux; le roussillon, restaurant; le bordeaux, stomachique.

Je n'ai point compris nominativement, dans cette division les vins du Languedoc, de l'Orléanais, ni même les vins du Rhône, parce qu'ils rentrent dans la division générale que nous venons d'indiquer sommairement, et que nous exposerons, avec l'étendue qu'elle mérite, dans l'ouvrage que nous terminons. Reste maintenant à fixer l'ordre dans lequel les vins doivent être servis, et c'est l'objet précis de cette instruction rapide, et plutôt vinographique que physiologique. L'usage et la mode, ces deux tyrans du monde, ont plus présidé à cet ordre de service qu'un calcul fondé sur les convenances du goût et de la santé. Cependant il est, en général, convenu que le vin rouge précède toujours l'arrivée du vin blanc, à moins que le repas ne soit lui-même précédé d'huîtres, dont il est d'usage de saluer le passage par de triples bordées de chablis, ou, si l'on veut y mettre plus de solennité, par des libations de pouilly ou de montrachet, ou mieux encore de saûterne, de langon, ou de l'hermitage blanc Sans ce motif, le vin rouge a seul les honneurs du début du festin. Depuis quelque temps cependant l'usage a prévalu de faire précéder ou suivre immédiatement la soupe d'un verre de madère sec, ou même de teinture d'absinthe : on peut quelquefois souscrire à cet usage, mais sans tirer à conséquence pour sa naturalisation. Le vin le mieux indiqué pour le premier service est, sans contredit, le vin de Bourgogne des crus les moins distingués, et que, pour cette raison, on a désigné sous le nom de *basse-bourgogne*. Tels sont ceux d'Avallon, Coulange, Tonnerre, Vermanton, Irancy, Chassagne et Mercurey, et en général les vins connus sous le nom de mâcon et d'auxerre. On peut les remplacer à quelques égards par les vins de choix de l'Orléanais, tels que Saint-Denis, Saint-Aï, ou Beaugency. La gradation peut conduire ensuite aux vins de Beaune et de Pomard, et, si l'on veut borner ses courses à la topographie bourguignonne on choisit entre le richebourg généreux, le saint-georges odorant, le léger volnay, le chambertin pourpré, et le délicieux la romanée. Si l'on préfère rompre cette monotone hiérarchie, et ranimer son goût en changeant de saveur et de terroir, la Champagne vous offre son aï pétillant, son cumières parfumé, et son limpide sillery. C'est après ces vins qu'on peut encore déguster à propos ceux d'un haut goût, et que produit le Dauphiné. Ces vins raniment l'appétit blasé, et relèvent la saveur un peu fade des viandes rôties. Parmi eux se recommandent château-grillé, côte-rôtie et l'hermitage. C'est maintenant, c'est lorsque la joie épanouit toutes les figures, et fait encore circuler le rire bruyant parmi les convives, qu'un seul vin a le droit de se montrer, et va produire sur le liquide déjà sablé, et qui commence à s'exhaler en propos hasardés, l'effet que produit la goutte d'eau sur le lait bouillonnant : c'est le bordeaux. Voyez la coupe de la sagesse apaiser graduellement ces vociférations! C'est l'effet du médoc qu'une main discrète versera dans de brillants cristaux qui reflètent l'éclat de cent bougies. Un utile armistice a suspendu l'ardeur des combattants. Les serviteurs empressés desservent, et les pâtisseries sucrées, les crèmes aromatisées, succèdent aux légumes. Languedoc, voilà ton triomphe, que tu partages avec le Roussillon, la Provence et l'Espagne! Quel est ce vin qui coule en rubis dans ce cristal étincelant? Quelle est cette topaze liquide qui invite l'œil à l'admirer, la bouche à la savourer? Rivesaltes, grenache, lunel, malvoisie, frontignan, malaga, xérès, vos noms, unis par la gloire comme par le plaisir, se disputent la préséance, et vos goûts se confondent dans les palais que vous embaumez. Une vapeur bachique s'élève de vos flacons couverts d'une mousse honorable, et vos bouchons vermoulus attestent votre antique origine. Votre alcohol dulcifié corrige les dangers des glaces, qu'on s'obstine à servir à la fin des repas, tandis que le goût et la santé s'accordent à n'en indiquer l'usage que quelques heures après. Mais déjà mon odorat est frappé de l'odeur balsamique de la fève de Moka.... Arrêtez, c'est maintenant qu'il est permis de vider ce flacon qu'agite la Folie, et dont la brillante écume se fait jour à travers le pouce impoli qui essaie vainement de la retenir captive. Le bouchon a frappé le plafond; une mousse argentée coule sur les jolis doigts des bacchantes empressées.... Buveurs, reconnaissez, non ce champagne trop vanté que l'art corrompt pour satisfaire une mode perfide, sacrifiant ainsi un vin excellent au travers d'en faire un mauvais; mais le délicieux arbois, qui joint la douceur du condrieux au petillement de l'impétueux aï.

C'est en ce moment seulement que les gourmets dignes de ce nom peuvent savourer, à très-petits verres, le tokai, s'il leur fut accordé d'en boire de véritable.

« Sunt pauci quos æquus
» Jupiter amavit. »

Tel est, en raccourci, l'ordre didactique dans lequel les tributs de Bacchus doivent être fêtés. Nous n'avons pu les énumérer tous; mais on peut juger, par ceux que nous avons mentionnés honorablement, de la place que doivent tenir leurs analogues, et c'est cette justice exacte et distributive que nous nous chargeons de rendre impartialement dans l'ouvrage que nous annonçons, en nvitant ceux qui croient pouvoir nous donner quelques renseignements utiles pour eux ou pour nous, à les envoyer au plus tôt au Libraire-Éditeur du présent ouvrage.

Terminons par deux réflexions dont la méditation seule vaudrait peut-être un long traité sur les vins. La première, c'est que, malgré tout leur luxe et leurs profondes connaissances en agriculture, et même en chimie, les anciens n'ont, à aucune époque, poussé l'art de la vinification aussi loin que nous. Aristote rapporte que les vins d'Arcadie se séchaient tellement dans les outres, qu'on les enlevait par morceaux, qu'on délayait dans l'eau pour les boire; et certes, cela ne valait pas notre médoc, notre volnay et notre aï sans eau! Galien raconte des vins d'Asie, qu'on les suspendait au coin des cheminées dans de grandes bouteilles jusqu'à ce qu'ils eussent acquis la dureté du sel, et qu'ensuite on les fondait dans l'eau pour la boisson. Pline, liv. 14, chap. 8, en faisant l'éloge des vins qu'on tirait d'Italie, et Athénée, en décrivant les qualités du falerne, ne font point venir l'eau à la bouche, et il paraît qu'à cette époque le meilleur des vins n'était qu'un sirop plus ou moins doux, plus ou moins consistant, et qu'il fallait toujours étendre d'eau. Il n'est point surprenant alors qu'on bût du vin de cent ans, ainsi que l'assure Pétrone (*Falernum opimianum annorum centum*), et même de deux cents ans, ayant la fermeté du miel, selon Pline (*adhùc vina ducentis ferè annis jam in speciem redacta mellis*, liv. 14, chap. 4); et quand on lit dans Martial le besoin où l'on était de rendre fluide par l'eau chaude, puis de passer par la chaux ce cécube si vanté :

« Turbida sollicito transmittere Cæcuba sacco, »

on n'envie plus à ces fiers Romains, auxquels il semble n'avoir manqué que ce genre de luxe et de jouissance, leur falerne, leur sorrento, leur massique, trop bien chantés par Horace. Remarquons, en passant, que la culture des vignes, non moins que la façon du vin, influent autant que le ciel sur sa bonté. Le vin de Crète est aujourd'hui délicieux, et Martial l'appelait *vindemia Cretæ, mulsum pauperis*, lib. 1, cap. 105; Juvénal, *pingue passum Cretæ*, sat. 14, v. 270. Strabon trouvait détestable le vin de Samos, qu'on estime aujourd'hui l'un des meilleurs muscats. Faut-il en conclure que les goûts ou les vignobles ont changé?

Une seconde réflexion, c'est que le vin est d'un tel secours comme moyen diététique, que les plus sages des hommes ont loué son usage, et quelquefois même son abus. Salomon a chanté le vin et ses bienfaits, et tous les poëtes, sur ses traces, ont célébré cette liqueur, dont ils ont cru qu'un dieu seul avait pu faire présent aux hommes. Hippocrate, Dioscoride, Avicène, ont enseigné qu'il était bon de s'enivrer une fois par mois; et si l'on pouvait ne regarder ces déréglements que d'un œil philosophique, peut-être en effet serait-il permis d'affermir sa constitution par quelques excès très-rares dans le boire et le manger. La secte austère des stoïciens jugeait l'ivresse permise, pour relever la triste humanité de l'abattement et des chagrins qui sont les maladies de l'âme, et l'ordonnaient comme on ordonne une médecine, qui n'est aussi qu'une indigestion. Asclépiade érigeait en panacée le vin, et, dans son délire sublime, dans sa confiance aveugle pour cette liqueur, il allait jusqu'à l'ordonner aux frénétiques pour les endormir, aux léthargiques pour les réveiller. Hippocrate a dit : *Famem vini potio solvit.* Enfin, Hoffmann, à la fin de sa *Dissertation sur les vertus du vin du Rhin en médecine*, soutient l'utilité du vin dans plusieurs maladies, et va même jusqu'à conseiller de varier le choix des vins selon la nature de l'affection à traiter. Je m'honore de partager complétement cette opinion, et il y a long-temps que j'ai écrit que le meilleur livre aujourd'hui à publier en médecine serait celui-ci : *De l'art de conserver ou recouvrer sa santé par les aliments.* Cette conclusion est un peu sévère et frugale pour la dernière page d'un ouvrage consacré à publier les secrets de l'art culinaire et les mystères de la gourmandise; mais mon amour pour la vérité et pour l'art que je professe m'a entraîné malgré moi vers ce but, que je ne cherchais pas.

DISTRIBUTION

DES VINS D'UN DINER

A TROIS SERVICES, PAR M. GRIGNON.

AVANT LES POTAGES.
Absinthe.
Vermout.

APRÈS LES POTAGES.
Madère.
Xérès sec.

POUR LES HUITRES.

Arbois.
Chablis.
Pouilly.
Meursault.
Montrachet.
Château-Grillé.

BORDEAUX (blancs). { Barsac. Sauterne. Carbonnieux. Grave. Langon.

Tisane de Champagne, et généralement tous les vins blancs secs.

PREMIER SERVICE.

VINS ROUGES.

BASSE-BOURGOGNE.. { Côte St.-Jacques. Coulanges. La Chainette. Auxerre. Tonnerre.

MACONNAIS........ { Mâcon. Thorins. Moulin-à-Vent.

HAUTE-BOURGOGNE. { Beaune. Mercurey. Chassagne.

BORDEAUX........ { Saint-Estèphe. Saint-Emilion. Petit-Médoc.

VINS BLANCS.

Chablis.
Meursault.
Pouilly.
En général ceux ci-dessus employés pour les huitres.

COUP DU MILIEU.

Madère.
Rhum.

DEUXIÈME SERVICE.

HAUTE-BOURGOGNE. { Pomard. Volnay. Nuits. Vosne. Vougeot. Richebourg. Chambole. Saint-Georges. Corton. Chambertin. Romanée-Conti. Clos-Vougeot.

Pouilly.
Meursault.
Montrachet.
Château-Grillé.
Côte-Rôtie.
Hermitage.
Saint-Péray.
Jurançon.
Rhin.

Suite du deuxième service.

VINS ROUGES.

Bordeaux :
- Saint-Julien.
- Médoc.
- Ségur, Léoville et Larose
- Haut-Brion.
- Margaux.
- Château-Margaux.
- Mouton-Laffitte.
- Laffitte.
- Latour.

Midi et Côtes du Rhône :
- Tavel.
- Roussillon.
- Château-Neuf du Pape.
- Lanerthe.
- Côte-Rôtie.
- Hermitage.
- Jurançon.

Champagne (rouge) :
- Bouzy.
- Versy.
- Versenay.

Porto.

VINS BLANCS.

- Grave.
- Langon.
- Barsac.
- Sauterne.
- Carbonnieux.

TROISIÈME SERVICE.

Bourgogne :
- Volnay mousseux.
- Nuits, *id.*
- Romanée, *id.*

Champagne :
- Champagne mousseux, Aï.
- *Id.* non-mousseux, Aï.
- *Id.* rosé.
- Sillery.

VINS DE LIQUEUR.

France :
- Muscat Frontignan.
- *Id.* Lunel.
- *Id.* Rivesaltes.
- Grenache.
- Vin de paille.

Espagne :
- Malaga.
- Rota.
- Alicante.
- Pacaret sec et doux.
- Xérès sec et doux.

Étrangers :
- Madère.
- Malvoisie de Madère.
- Chypre.
- Malvoisie de Chypre.
- Canaries.
- Sétuval.
- Calabre.

Étrangers :
- Syracuse.
- Lacryma-Christi.
- Constance.
- Cap, rouge et blanc.
- Schiras.
- Carcavello.
- Paphos.
- Picole.
- Rancio.
- Samos.
- Sercial.
- Tokay.

SERVICE

DE TABLE.

MENU DE VINGT COUVERTS, UN DORMANT.

DEUX POTAGES.

Au naturel.
Au riz, purée de racines.

DEUX RELEVÉS.

Pièces de bœuf garnies.
Brochet à l'indienne.

DIX ENTRÉES.

Ris de Veau sautés.
Filets de volaille à la Singara.
Sauté de filets de Perdreaux rouges.
Quenelles au consommé.
Petites bouches.
Côtelettes de Veau piquées, glacées, sauce aux tomates.
Sauté de Côtelettes d'Agneau.
Poulets à la Chevalier.
Sauté de filets de Merlans.
Carpe farcie, sauce italienne.

DEUX PLATS DE RÔTI.

Une Poularde du Mans.
Cinq Bécassines.

DEUX FLANS.

Un gros biscuit.
Un buisson de petits Gâteaux.

HUIT ENTREMETS.

Gelée d'Oranges.
Gelée de Marasquin.
Génoise.
Pets de Nonne.
Chicorée à la crème.
Cardons à l'espagnole.
Choux-fleurs, sauce brune.
Oignons glacés.

Vingt-quatre assiettes de Dessert.

MENU DE QUARANTE COUVERTS, UN DORMANT.

QUATRE POTAGES.

Au Vermicelle, à la purée de racines.
A la Kusel.
Aux Marrons.
Croûtes au pôt gratinées.

QUATRE RELEVÉS.

Pièce de bœuf en surprise.
Saumon à la génoise.
Jambon à la broche.
Dinde aux truffes.

VINGT-QUATRE ENTRÉES.

Poularde en petit deuil.
Sauté de filets de Perdreaux fumés.
Quenelles de volaille au consommé.
Aspic de poisson.
Ris de Veau piqués, glacés, sauce à la glace.
Filets de Lapereaux en gibelote.
Filets de Soles à la magnonnaise.

Petits pâtés au salpicon.
Mauviettes en croustades.
Atelets de palais de Bœuf.
Sauté de filets de Brochets.
Pieds d'Agneau à la poulette.
Pigeon à la Gautier, sauce hollandaise.
Blanquette aux truffes.
Pâté chaud à la financière.
Cailles au gratin.
Vol-au-vent de Turbot à la crème.
Perdreaux à la Périgueux.
Filets de Perdreaux rouges à l'écarlate, à la gelée.
Croquettes.
Filets d'Agneau piqués, glacés, sauce espagnole.
Ailerons de Dindon au soleil.
Chartreuse de tendrons de Veau.
Petites bouches.

QUATRE GROSSES PIÈCES D'ENTREMETS.

Gâteau monté.
Carpe au bleu.
Un Rocher.
Un buisson d'Écrevisses.

HUIT PLATS DE RÔTI.

Deux Poulets de Caux.
Longe de Veau de Pontoise.
Levraut.
Trois Becasses.
Six Pigeons.
Quartier de Pré salé.
Deux Lapereaux.
Un Faisan.

SEIZE ENTREMETS.

Crème à la Vanille renversée.
Gelée de Marasquin.
Petits pains à la Duchesse.
Marrons aux pistaches.
Épinards à l'anglaise.
Asperges, sauce à la portugaise.
Petites Fèves liées.
Haricots verts aux fines herbes.
Petits Pots au Café vierge.
Gelée de Citron renversée.
Croque-en-bouche.
Petite pâtisserie blanche.
Petits pois au beurre.
Choux-fleurs, sauce brune.
Concombres à la crème.
Œufs pochés aux truffes à l'aspic.

MENU DE SOIXANTE COUVERTS.

HUIT POTAGES.

A la Reine.
Au Hameau.
Aux petites racines.
Au lait lié.
Bisque.
Nouilles.
Vermicelle à la Purée de Navets.
Aux Laitues.

HUIT RELEVÉS.

Longe de Veau de Pontoise.
Carpe à la Chambord.
Oie aux racines.
Brochet à l'indienne.
Quartier de Cochon au four.
Turbot, sauce à la portugaise.
Pièces d'aloyau.
Truite à la génoise.

QUARANTE-HUIT ENTRÉES.

Dalle de Saumon à la génoise.
Poularde à la Singara.
Filets de Lapereaux en cartouches.
Petites noix de Veau glacées.
Côtelettes de Cailles.
Croquettes de palais de Bœuf.
Tendrons d'Agneau au soleil.
Filets de sarcelles sautés.
Filets de Brochets aux tomates.
Poulet à l'aspic chaud.
Perdreaux rouges à la Monglas.
Cervelles d'Agneau au Vin de Champagne.
Côtelettes de Mauviettes.
Boudin de Faisan au fumet de gibier.

Bis de Veau à la pointe d'asperges.
Sauté de filets de Carpes aux champignons.
Esturgeon, sauce au vin de Madère.
Pâté chaud de garnitures.
Petit Vol-au-vent garni.
Aspic d'Amourettes.
Horly de Poulet, sauce aspic.
Langues d'Agneau en Papillotes.
Pain de volaille garni.
Sauté de filets de Poularde au suprême.
Noix de Veau aux concombres.
Petits Pâtés de Rognons de volaille à la béchamel.
Fricassée de Poulets froide à la gelée.
Croûtons à la purée de gibier.
Pigeons Gautier au soleil.
Anguille à la broche.
Purée à la turque.
Ailerons de Dindons en haricot vierge.
Quenelles de gibier au fumet réduit.
Croquettes de Morue fraîche.
Filets de Merlans frits, sauce italienne.
Pâté chaud de Lapereau aux champignons.
Bigarrure, sauce à la glace.
Boudin de Poularde pané et grillé.
Foies gras aux truffes.
Côtelettes de Veau à la drue.
Sauté de filets de Perdreaux rouges.
Salmis de Bécassines.
Rouges-Gorges en croustades.
Vol-au-vent de Macédoine.
Casserolée au riz de cuisses de Lapereaux.
Cabillaud à la crême.
Aiguillettes de Canards à la bigarade.
Grives en caisses.

HUIT GROSSES PIÈCES DE RELEVÉ.

Dinde aux Truffes.
Galantine décorée.
Timbale de Macaroni.
Baba.
Jambon.
Rosbif d'Agneau.
Flan au chocolat.
Pouplin.

SEIZE PLATS DE RÔTI.

Poularde du Mans.
Ortolans.
Canard de Rouen.
Éperlans.
Bécassines.
Mauviettes.
Faisans piqués
Cailles.
Deux Poulets piqués.
Deux Rouges-Gorges.
Trois Sarcelles.
Soles.
Grives.
Trois Pigeons.
Trois Perdreaux rouges piqués.
Merlans.

TRENTE-DEUX ENTREMETS.

Gelée d'Oranges renversée.
Gelée de Marasquin renversée.
Crême aux Pistaches renversée.
Crême au Café vierge renversée.
Croque-en-bouche au Café.
Petites pâtisseries blanches montées.
Pucelages garnis.
Cartouches à la frangipane.
Chartreuse de fruits.
Miroton de Poires.
Cardons au velouté.
Choux-fleurs, sauce au beurre.
Petits Pois au petit beurre.
Épinards au consommé.
Concombres en quartier.
Croûtes aux champignons.
Gelée au vin muscat renversée.
Gelée de citron renversée.
Crême aux avelines renversée.
Crême grillée renversée.
Nougat.
Petits choux grillés.
Nœuds d'amour blancs.
Petits Gâteaux turcs.
Pommes au riz décorées.
Charlotte.
Truffes au vin de Champagne.
Céleri à l'espagnole.
Haricots verts liés.
Chicorée à la crême.
Artichauts à la barigoule.
Écrevisses à la crême.

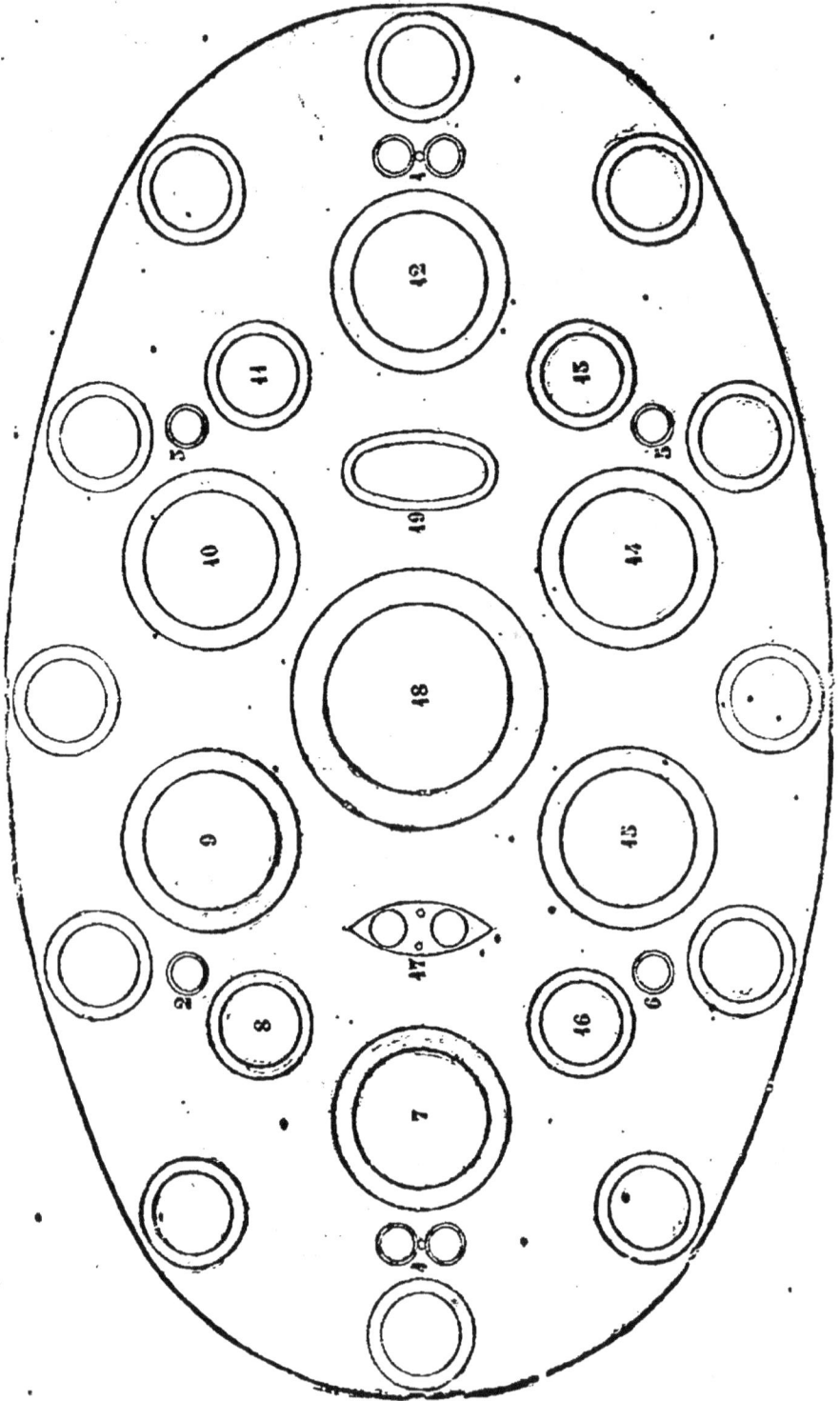

TABLE DE 12 COUVERTS.

MENU DU PREMIER SERVICE.

Relevé de Potage.

18 { **Potage au riz, Purée de carottes.**
Turbot, sauce aux huîtres.

Six Entrées, savoir :

13 **Pâté chaud de cailles.**
14 **Côtelettes de mouton à la Soubise.**
10 **Chartreuse de légumes.**
9 **Poularde au consommé.**
12 **Suprême de volaille aux truffes.**
7 **Sauté de filets de perdreaux.**

Quatre Hors-d'œuvre, savoir :

15 **Beurre.**
11 **Radis.**
16 **Anchois.**
8 **Cornichons.**

—

19 **Saucière.**
17 **Huilier.**
2, 5 **Deux poivrières.**
3, 6 **Deux salières.**
1, 4 **Poivre et sel.**

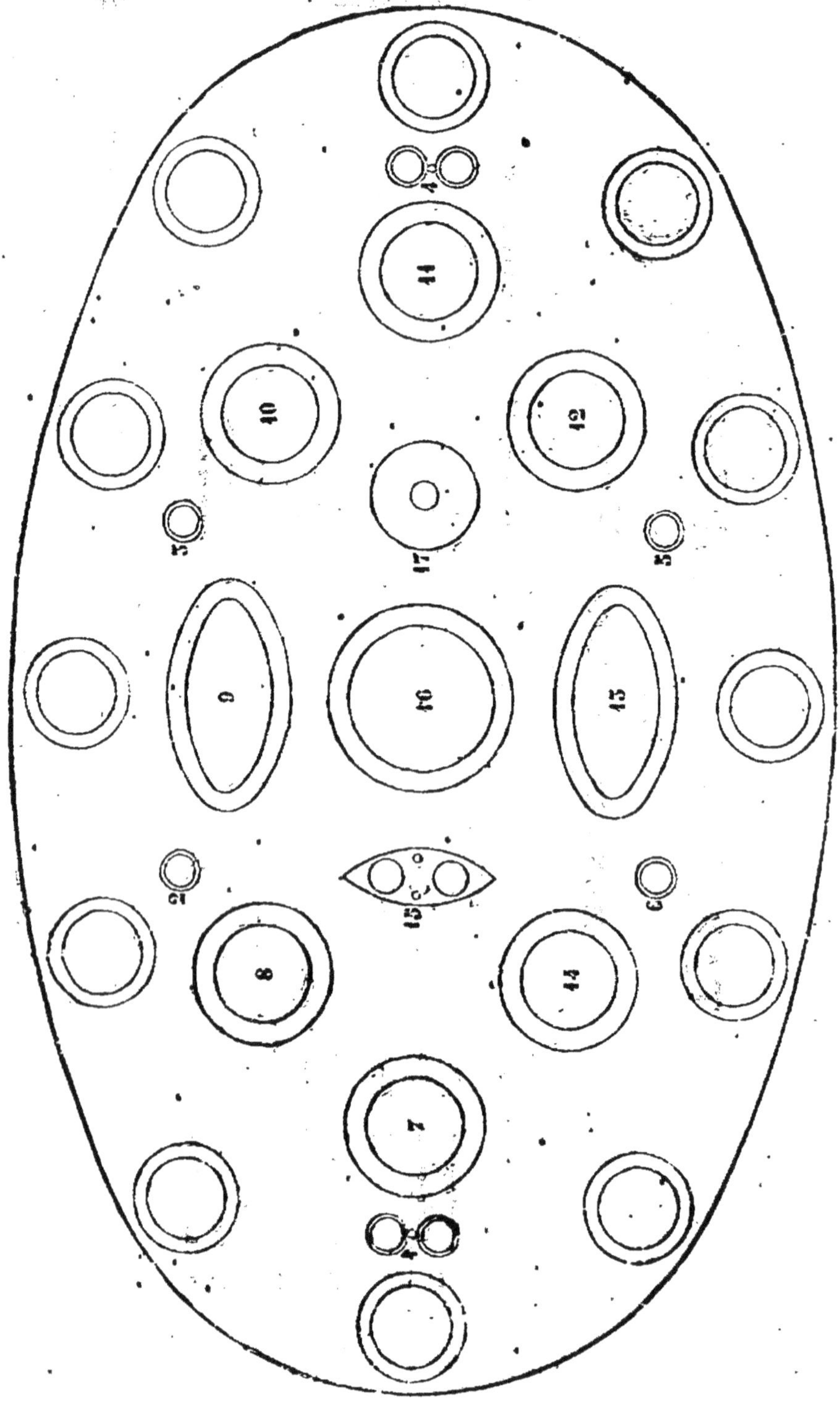

TABLE DE 12 COUVERTS.

MENU DU SECOND SERVICE.

Milieu.

16 Sultane à la Chantilly.

Deux plats de Rôts, savoir :

3 Canard sauvage.
15 Poularde aux truffes.

Six Entremets, savoir :

11 Gelée de marasquin.
7 Fromage bavarois à la vanille.
8 Cardons à la moelle.
14 Épinards au consommé.
10 Navets glacés.
12 Choux-fleurs à la sauce.

—

17 Salade.

—

18 Huilier.
2, 5 Deux poivrières.
3, 6 Deux salières.
1, 4 Deux poivre et sel.

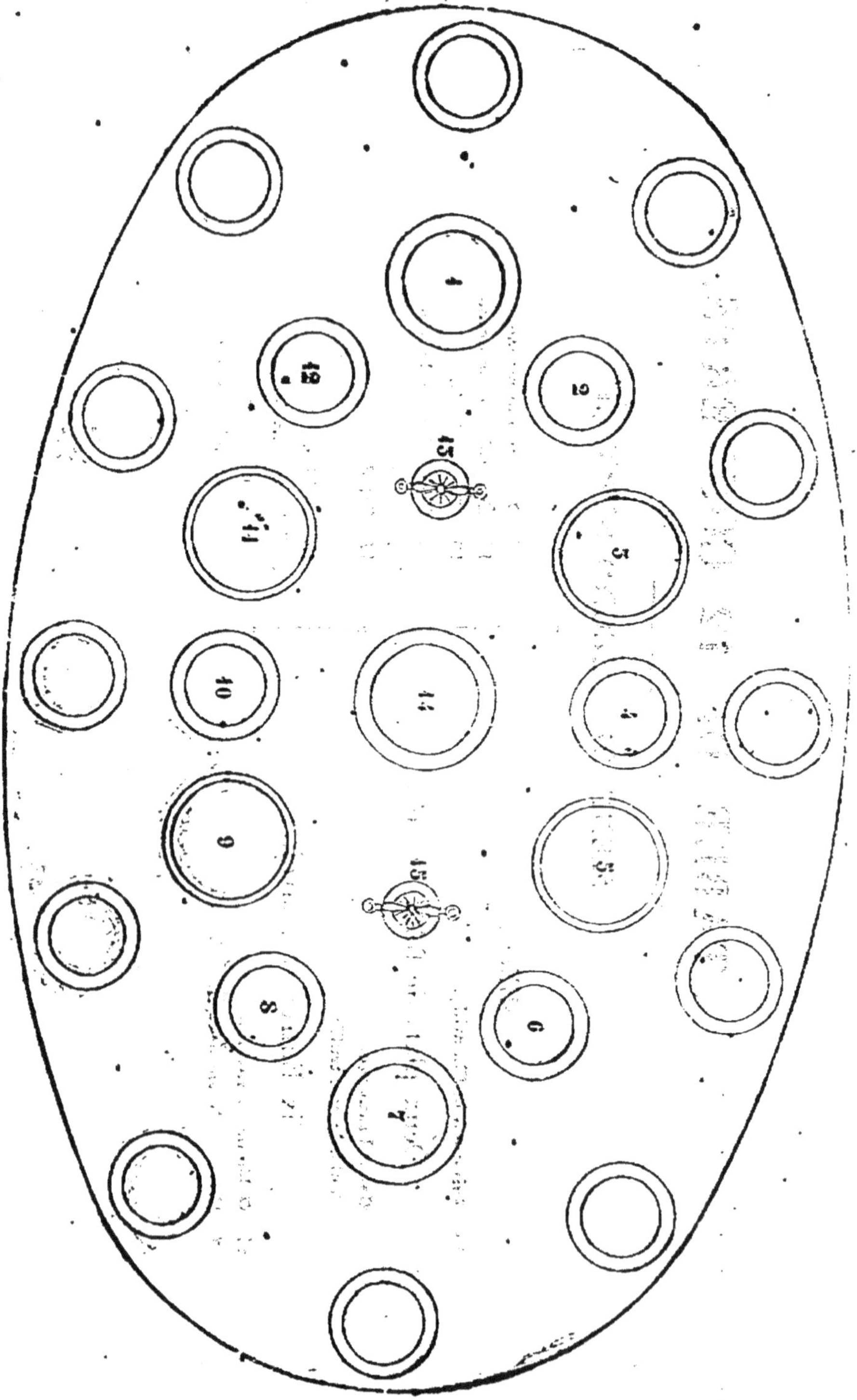

TABLE DE 12 COUVERTS.

MENU DU TROISIÈME SERVICE OU DESSERT.

Milieu.

14 Assiette montée garnie de bonbons et candis.

Deux Tambours, savoir :

7 Un garni de biscuits à la cuillère.
1 Un garni de macarons et massepains.

Quatre Compotes, savoir :

6 Une de fromage à la crème.
9 Une de poires de martin sec.
3 Une de pommes de reinette blanche.
11 Une de marrons au vermicelle.

Quatre Fruits crus, savoir :

5 Oranges.
8 Pommes d'api.
12 Raisins.
2 Poires de Saint-Germain.

—

4 Fromage.

—

10 Sucrier.
13, 15 Deux candélabres.

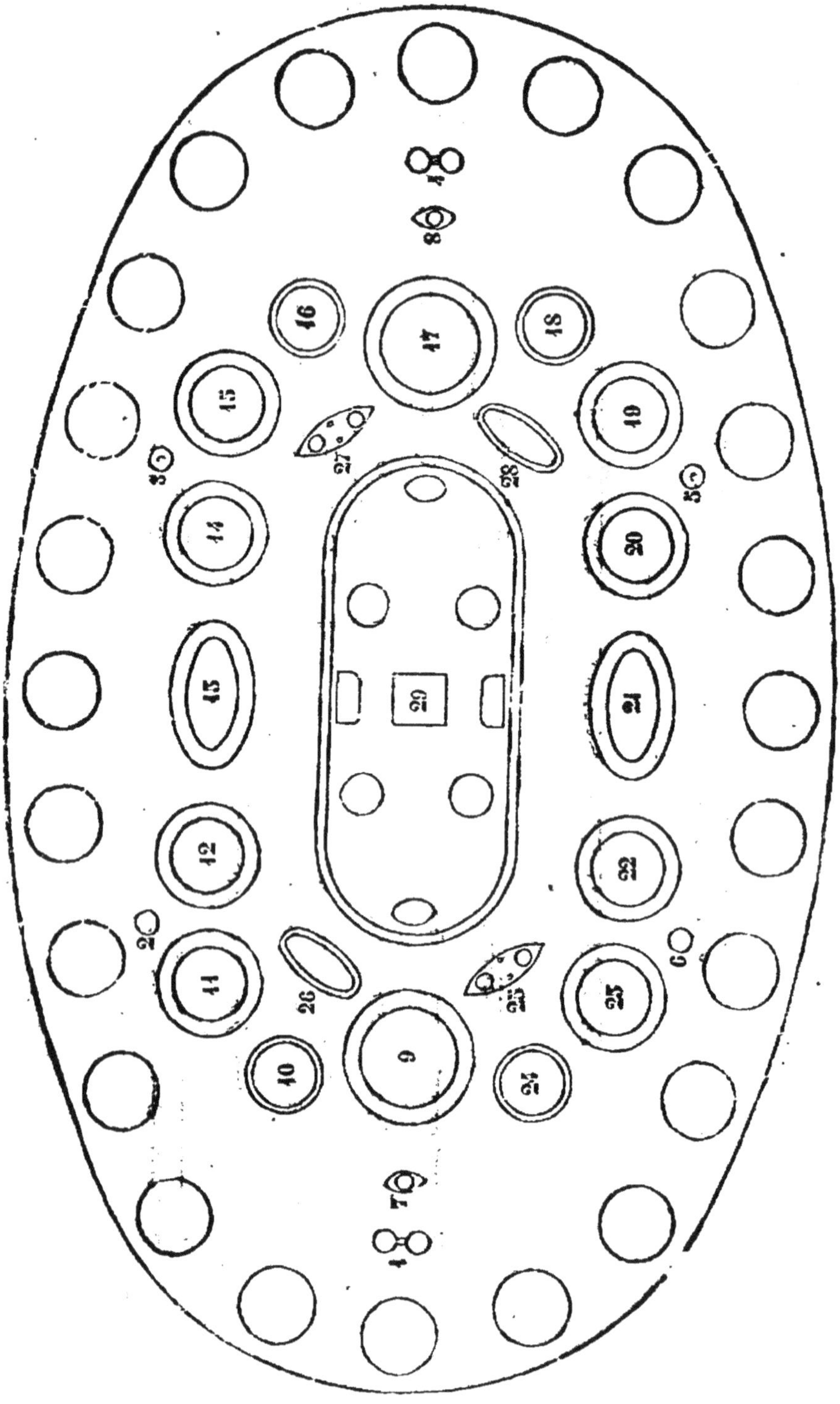

TABLE DE 24 COUVERTS.

MENU DU PREMIER SERVICE.

Milieu.

29 Plateau garni de fleurs.

Quatre Potages, savoir :

Garbure.
Printanier.
Au riz à la purée de pois.
A la reine.

Quatre Relevés de potages, savoir :

43 Saumon à la Génoise.
21 Brochet à la Hollandaise.
41 Poularde à la Flamande.
Aloyau à la broche garni de pommes de terre frites.

Douze Entrées, savoir :

46 Aspic de Filets de lapereaux.
40 Pâté chaud de cailles.
24 Magnonnaise de volaille.
18 Casserole au riz garni de tendrons de veau.
14 Filets de poulardes à la maréchale.
20 Quenelles au consommé.
12 Filets de levrauts piqués.
22 Côtelettes de pigeons.
15 Côtelettes de mouton à la Soubise.
10 Ris de veau piqué, purée d'oseille.
25 Filets de maquereaux panés.
11 Caneton de Rouen, beurre d'écrevisse.

7, 8, 26, 28 Quatre saucières.
23, 27 Deux huiliers.
2, 5 Deux sulières.
3, 6 Deux poivrières.
1, 4 Deux salières et poivrières.

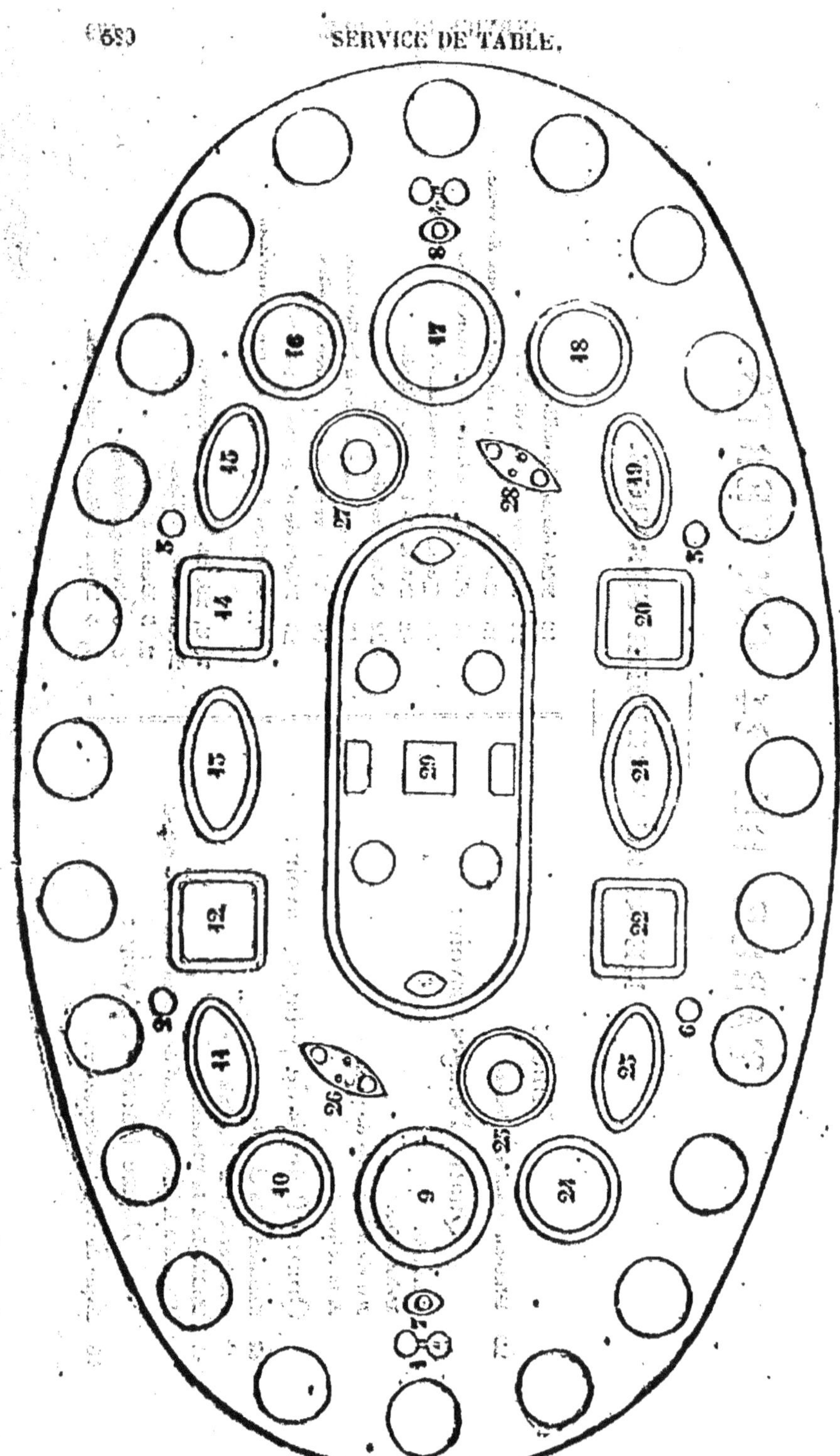
8
17
16
18
15
27
28
19
5
5
14
20
13
29
21
12
22
6
6
11
26
25
23
10
9
24
7

TABLE DE 24 COUVERTS.

MENU DU SECOND SERVICE.

Milieu.

29 Plateau garni de fleurs.

Quatre gros Entremets, savoir :

43 Galantine de volaille.
21 Jambon glacé.
47 Biscuit de Savoie.
9 Brioche.

Quatre plats de Rôts, savoir :

10 Deux faisans dont un piqué.
11 Cailles.
45 Éperlans frits.
23 Soles frites.

Huit Entremets, savoir :

12 Petits pois au sucre.
14 Épinards en croustades.
22 Asperges.
20 Petites fèves de marais.
16 Gelée de citrons.
24 Concombres à la crème.
18 Petits choux grillés.
40 Chartreuse de fruits.

—

25,27 Deux salades

—

7, 8 Deux saucières.
27,28 Deux huiliers.
1, 4 Deux poivrières et salières.
3, 6 Deux poivrières.
2, 5 Deux salières.

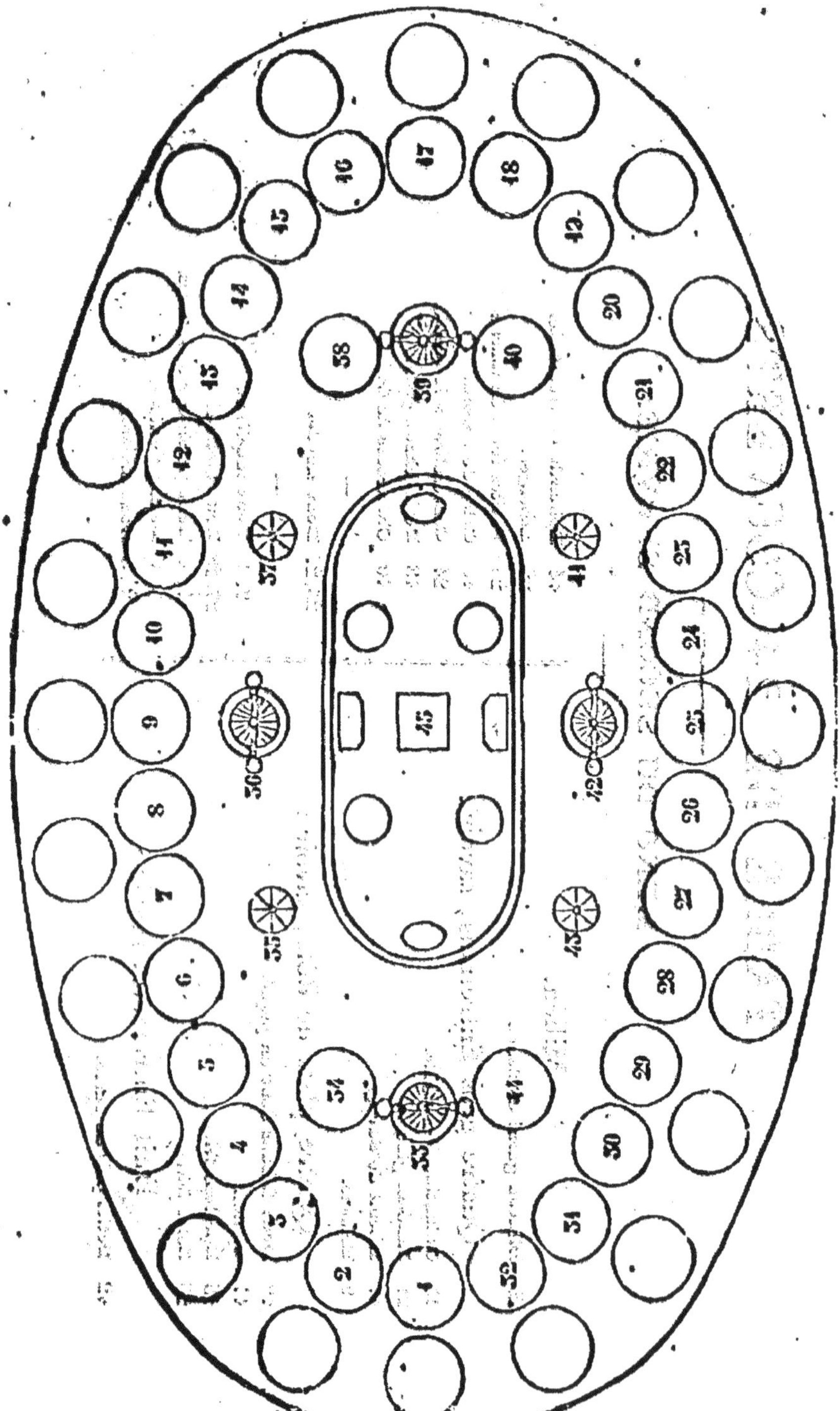

TABLE DE 24 COUVERTS.

MENU DU TROISIÈME SERVICE OU DESSERT.

Milieu.

45 Plateau garni de fleurs.

1, 5, 9, 13, 17, 21, 25, 29
Huit assiettes montées garnies de fruits confits, candis et autres bonbons.

3, 7, 11, 15, 19, 23, 27, 31
Huit tambours garnis de biscuits à la cuillère, massepains, macarons, meringues et autres.

2, 6, 10, 14, 18, 22, 26, 30
Huit compotes de fruits selon la saison.

4, 8, 12, 16, 20, 24, 28, 32
Huit assiettes de fruits selon la saison.

38, 44 Deux assiettes de fromage.

34, 40 Deux sucriers.

33, 36, 39, 42 Quatre candélabres.

35, 37, 41, 43 Quatre flambeaux.

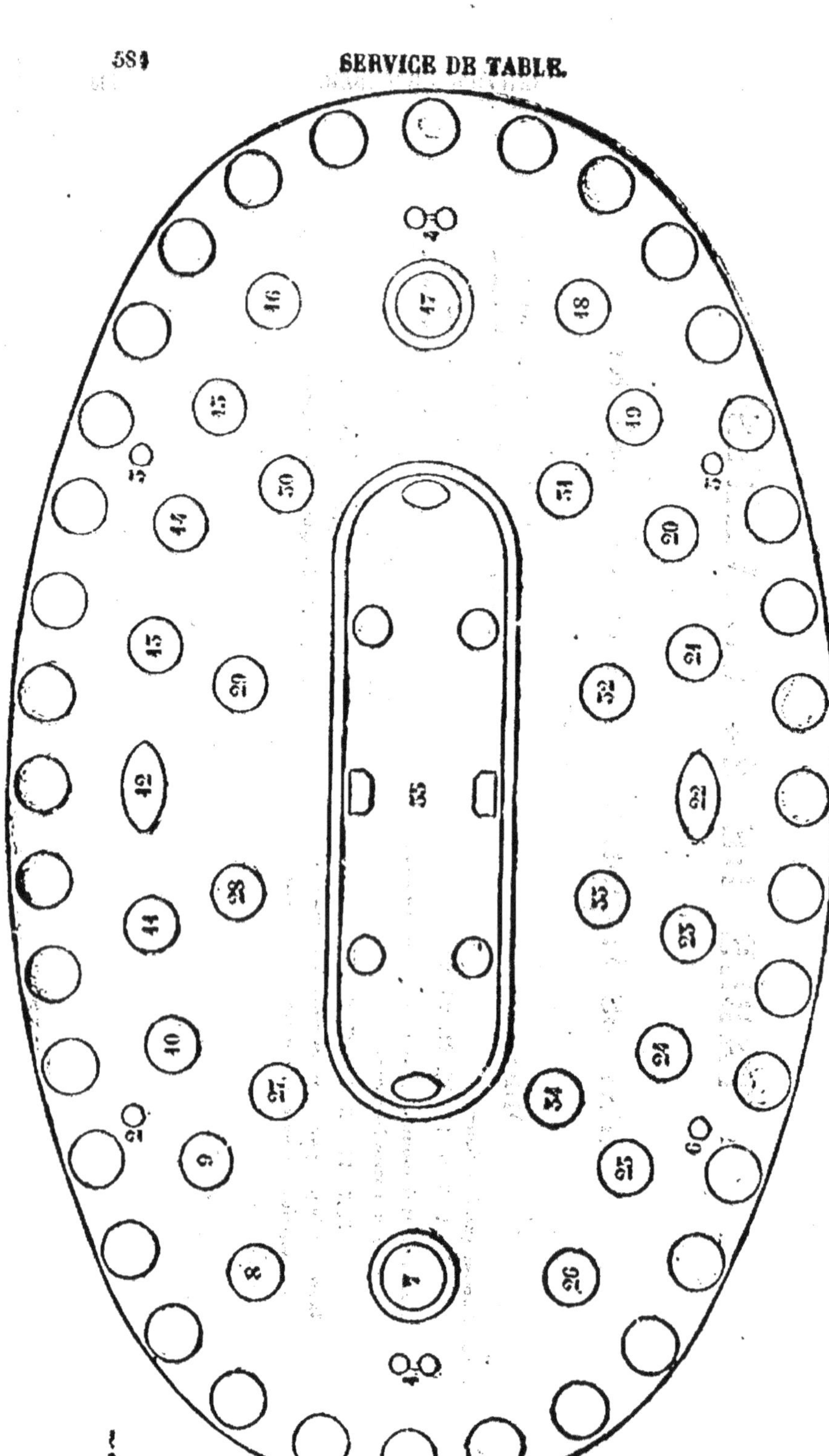

47
46
48
45
49
30
31
44
20
43
29
32
21
42
22
35
28
33
44
23
40
24
27
34
6
25
8
7
26

TABLE DE 36 COUVERTS.

MENU DU PREMIER SERVICE.

Milieu.

53 Plateau garni de fleurs et groupes de figures.

Quatre Potages, savoir :

Bisque d'écrevisses.
Aux choux nouveaux.
Aux pâtes d'Italie, purée de tomates.
A la Condé.

Quatre Relevés de potages, savoir :

7 Turbot sauce au homard.
42 Tête de veau en tortue.
22 Rosbif de mouton à la bretonne.
47 Matelote de carpes et d'anguilles.

Seize Entrées, savoir :

46 Vol-au-vent de laitances de carpes.
26 Casserole au riz à la Polonaise.
8 Quinze petits pâtés à la béchamel.
48 Cassolette au beurre garnie de purée de volaille.
9 Fricassée de poulets à la bellevue.
49 Aspic de filets de soles.
43 Gâteaux de foies gras.
14 Ris de veau piqué à la chicorée.
20 Côtelettes de mouton à la jardinière.
24 Noix de veau piquée aux concombres.
10 Côtelettes d'agneau panées.
11 Filets de volaille aux truffes.
21 Filets de perdreaux au suprême.
25 Filets de lapereaux bigarré de champignons.
15 Filets de faisans à la Sainte-Menehould.

Huit Hors-d'œuvre, savoir :

27, 31 Deux beurres.
30, 34 Deux radis.
29 Anchois.
33 Cornichons.
28 Olives.
32 Canapé.

—

Deux saucières.
Deux huiliers.
1, 4 Deux poivrières et salières.
3, 6 Deux poivrières.
2, 5 Deux salières.

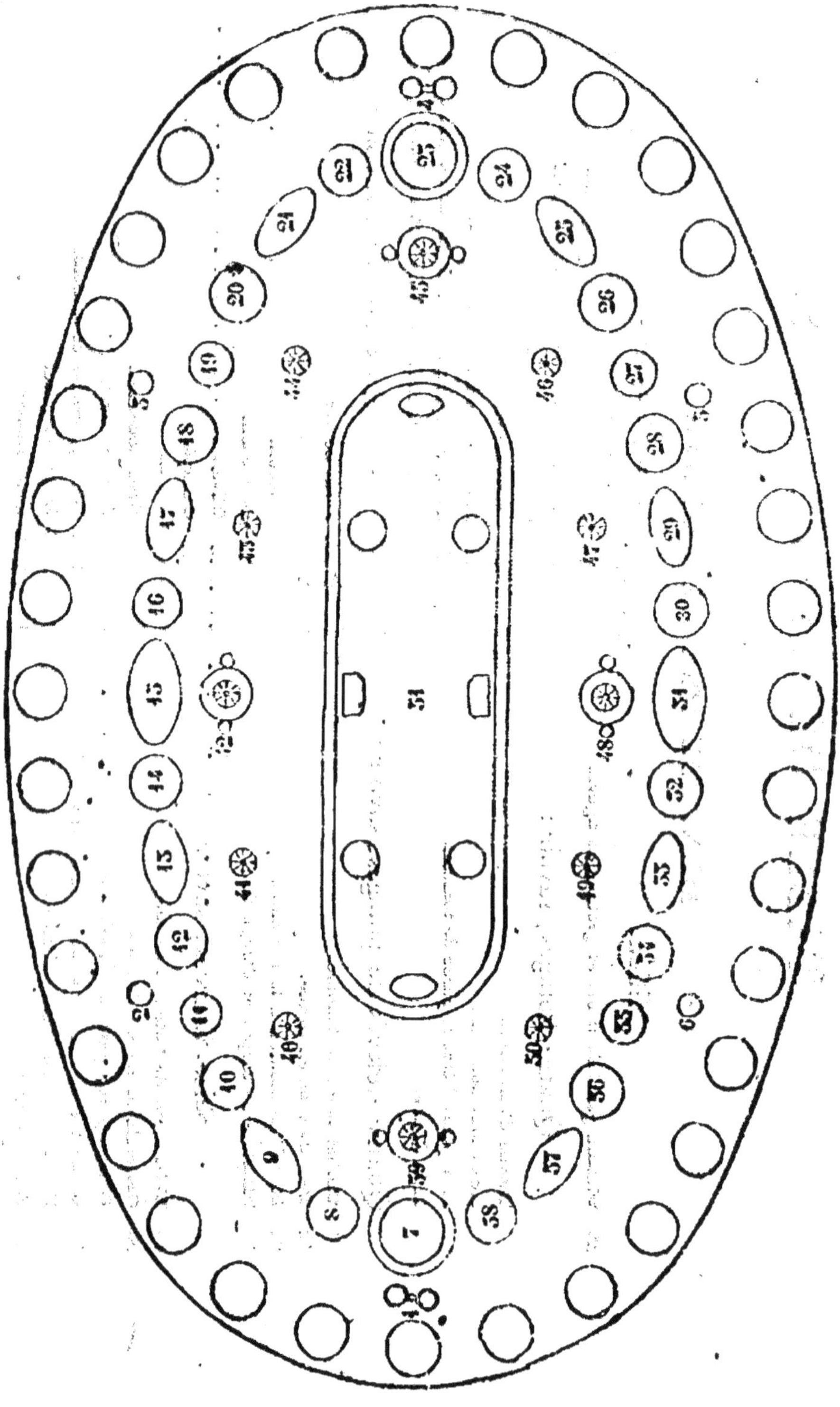

TABLE DE 36 COUVERTS.

MENU DU SECOND SERVICE.

Milieu.

31 Plateau garni de fleurs et groupes de figures.

Quatre gros Entremets, savoir :

45 Cochon de lait en galantine.
51 Carpe du Rhin au blanc.
7 Nougat.
23 Croque-en-bouche.

Huit plats de Rôts, savoir

15 Dindonneau piqué.
29 Deux poulets nouveaux.
17 Merlans frits.
35 Goujons
25 Bécasses.
37 Perdreaux piqués
21 Levraut.
9 Pigeons.

Quatre Salades, savoir :

19, 35 Deux vertes.
27 Une de citrons.
11 Une de concombres.

Seize Entremets, savoir :

46 Gelée d'épine-vinette.
32 Gelée au vin de Madère sec.
14 Crème renversée à la vanille
30 — aux pistaches.
12 Petits pois à la Française.
18 Asperges à la sauce.
34 Haricots verts à l'Anglaise.
28 Petites fèves de marais.
20 Croquettes de riz à la fleur d'oranger.
26 Pains à la duchesse garnis de confiture.
36 Charlotte d'abricots.
8 Choux-fleurs à la sauce.
10 Petits gâteaux turcs.
38 OEufs pochés au jus.
24 Culs d'artichauts à l'Allemande.
22 Concombres farcis.

—

39, 42, 45, 48 Quatre candélabres.
40, 41, 43, 44, 46, 47, 49, 50 Huit flambeaux.
1, 4 Deux poivrières et salières.
3, 6 Deux poivrières.
2, 5 Deux salières.

SERVICE DE TABLE.

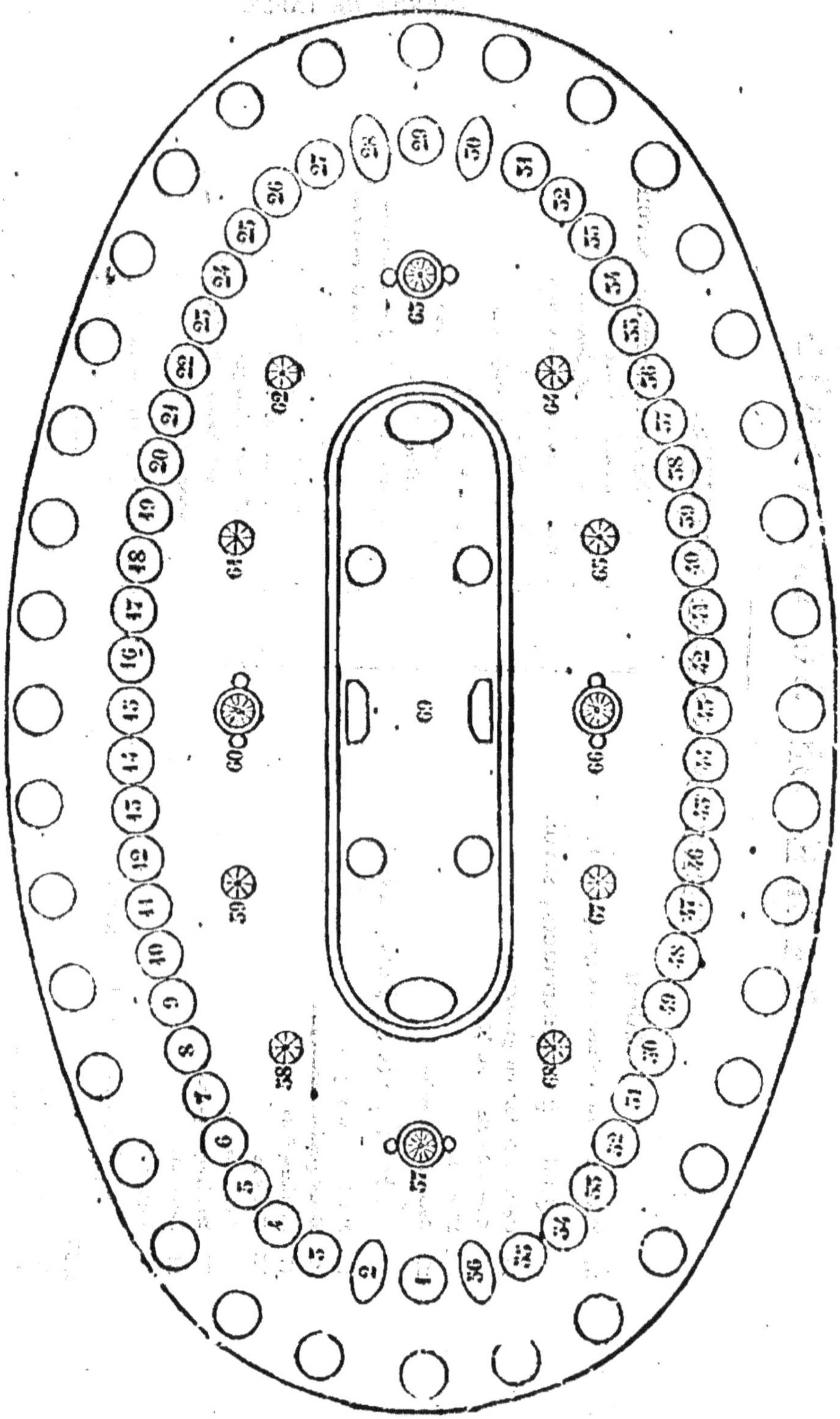

TABLE DE 36 COUVERTS.

MENU DU TROISIÈME SERVICE OU DESSERT.

Milieu.

69 **Plateau garni de fleurs et groupes de figures.**

1, 6, 10, 15, 20, 24, 29, 34, 38, 43, 48, 52,
Douze assiettes montées garnies de fruits secs, de différents bonbons, candis, pastilles de différentes couleurs.

4, 8, 12, 18, 22, 26, 32, 36, 40, 46, 50, 54,
Douze tambours garnis de biscuits à la cuillère et autres, biscuits en caisse, macarons doux et amers, et toutes sortes de petits gâteaux.

Douze Compotes, savoir :

3, 33 **Deux de pommes reinettes blanches.**
9, 37 **Deux de cerises anglaises.**
13, 41 **Deux d'abricots.**
19, 44 **Deux de pêches.**
23, 51 **Deux de fraises.**
27, 55 **Deux d'oranges.**

Douze assiettes de Fruits crus, savoir :

5, 31 **Deux de fraises.**
7, 35 **Deux d'abricots-pêches.**
11, 39 **Deux d'ananas.**
17, 47 **Deux de prunes de reine-claude.**
21, 49 **Deux de cerises.**
25, 53 **Deux de poires de rousselet.**

—

14, 16, 42, 45 **Quatre fromages.**
2, 28, 30, 56 **Quatre sucriers.**
57, 60, 63, 66 **Quatre candélabres.**
58, 59, 61, 62, 64, 65, 67, 68 **Huit flambeaux.**

TABLE ALPHABÉTIQUE

DES MATIÈRES,

Disposée selon l'ordre et avec l'indication des services.

—

ABRÉVIATIONS.

r.	e.	h.	rt.	en.	de.
Relevé de potage.	Entrées.	Hors-d'œuvre.	Plat de rôt.	Entremets.	Dessert.

POTAGES.

AU GRAS.

BOUILLONS.

GRANDES SAUCES.

PETITES SAUCES, ENTRÉES AVEC SAUCES, etc.

DU BŒUF.

DU MOUTON.

DU VEAU.

DE L'AGNEAU

DU COCHON.

VOLAILLE.

DE L'OIE. 323

DU ROTI.

DU POISSON

DE LA PATISSERIE.

39

DES CRÈMES.

DES ENTREMETS DE FRUITS.

DES GELÉES.

DES SOUFFLÉS.

DES LÉGUMES.

DES ŒUFS.

DES LÉGUMES CONFITS.

DE L'OFFICE.

NOTICE SUR LES VINS, PAR M. PIERRHUGUES, 561

DISTRIBUTION DES VINS.

SERVICE DE TABLE.

FIN DE LA TABLE.

LE

CUISINIER NATIONAL.

Nouveaux Articles

PAR BERNARDI.

POTAGES.

POTAGE MAIGRE AUX HERBES A LA PARISIENNE.

Prenez deux bonnes poignées d'oseille, une laitue et une pincée de cerfeuil; épluchez et lavez bien toutes ces herbes; hachez-les grossièrement; mettez-les dans une casserole avec un morceau de beurre frais gros comme la moitié d'un œuf; placez la casserole sur le feu, et quand les herbes auront frit cinq minutes, vous y verserez trois chopines d'eau, plus ou moins, selon la quantité de potage que vous voulez faire; mettez-y du sel et gros poivre. Quand votre potage aura bouilli trois quarts d'heure, vous couperez par filets un peu de croûte du dessus du pain, et la mettrez dans la casserole avec les herbes. Faites-lui donner un bouillon ou deux; pendant ce temps, vous mettrez quatre jaunes d'œufs frais dans une soupière et un quarteron de beurre bien frais. Versez peu à peu votre potage dans la soupière, en remuant avec une cuiller les jaunes d'œufs et le beurre, pour l'empêcher de tourner, et vous servirez bien chaud.

Vous pouvez mettre le pain dans la soupière sans le faire bouillir.

POTAGE MAIGRE A LA TYROLIENNE.

Prenez deux concombres de moyenne grosseur, ôtez-en la peau, fendez-les en long en quatre, ôtez les pepins, et coupez les concombres par dés. Vous les mettrez dans une casserole avec deux onces de beurre. Epluchez, lavez et hachez grossièrement deux poignées d'oseille, une laitue et une poignée de pourpier; mettez ces herbes dans la casserole avec les concombres, posez-la sur le feu, et quand ils auront frit cinq minutes, vous mouillerez le tout avec une chopine et demie d'eau. Ajoutez-y un demi-litre de petits pois verts, sel et poivre, et faites bouillir le tout pendant trois quarts d'heure. Vous couperez de la croûte du dessus du pain par dés, vous la mettrez dans une soupière avec un quarteron de bon beurre, quatre jaunes d'œufs et un verre de crême double, vous verserez le potage dans cette soupière, en ayant soin de remuer avec une cuiller le beurre, les œufs et la crême pour l'empêcher de tourner, et opérer un parfait mélange, et vous servirez.

DES SAUCES.

ESSENCE D'ANCHOIS.

Prenez une douzaine d'anchois, ou plus si vous voulez. Ne les lavez pas; pilez-les dans un mortier de marbre; mettez-y une pincée d'œufs de homard cuits; le tout étant bien pilé, ajoutez à vos anchois et à vos œufs de homard deux verres de Madère sec; mêlez bien le tout ensemble avec le pilon, puis versez ce mélange dans une casserole bien étamée. Ajoutez-y un quart de dragme de poivre de Cayenne, et placez la casserole dans un bain-marie ou sur des cendres chaudes pendant huit ou dix minutes; ne faites pas bouillir, ayez soin de remuer de temps en temps avec une cuiller de bois. Vous passerez cette sauce à travers une étamine ou un tamis de soie; pressez avec le dos de la cuiller pour que rien ne reste sur le tamis, et mettez votre essence d'anchois dans des flacons. Bouchez-les bien et servez-vous-en au besoin; on peut substituer de l'eau, du vinaigre ou du vin blanc au vin de Madère.

SAUCE A LA LIVOURNAISE.

Nettoyez six anchois, ôtez-leur les arêtes; lavez-les, essuyez-les, et pilez-les dans un petit mortier de marbre ou de bois. Quand ils seront réduits en pâte bien fine, vous verserez dans le mortier, par-dessus les anchois, quatre onces de bonne huile d'olive, deux cuillerées à bouche de bon vinaigre, autant de persil haché très-fin, et un peu de gros poivre; broyez le tout avec le pilon et opérez un parfait mélange. Versez votre sauce dans une saucière, et servez-la froide. Si vous voulez la servir chaude, faites-la chauffer dans une casserole en la plaçant dans le bain-marie sans la faire bouillir.

On sert cette sauce avec toutes sortes de grillades, poissons et viandes froides.

(AUTRE) BEURRE DE MONTPELLIER.

Epluchez et faites blanchir à l'eau bouillante, pendant deux minutes, une bonne pincée de ravigote composée de cerfeuil, estragon, pimpernelle, ciboulettes et cresson alénois; passez-la à l'eau fraîche pour la reverdir; passez ces herbes entre vos mains, et mettez-les dans un mortier de marbre avec une pincée de câpres, six cornichons, six jaunes d'œufs-durs, le quart d'une petite gousse d'ail, deux onces de thon mariné à l'huile, six anchois bien nettoyés, et dont vous aurez ôté les arêtes, la queue et les intestins; pilez le tout parfaitement pendant une demi-heure; ajoutez-y une livre de bon beurre de Gournay très-frais, continuez de broyer et versez sur ce mélange, peu à la fois, trois onces de bonne huile d'olive; pressez-y au fur et à mesure le jus d'un demi-citron, deux cuillerées à bouche de vert d'épinards (*voyez* VERT D'ÉPINARDS D'OFFICE); assaisonnez de sel, poivre et muscade; opérez un parfait mélange, et lorsque le beurre aura acquis du corps, passez-le à travers un tamis en le foulant avec une cuiller de bois; mettez votre beurre de Montpellier sur un plat et au frais, et vous vous en servirez au besoin.

PATE A FRIRE A LA FRANÇAISE.

Mettez une quantité quelconque de farine de froment dans une terrine; détrempez-la avec de l'eau de fontaine filtrée, tâchez que votre pâte ne soit ni trop claire ni trop épaisse; elle doit avoir la consistance d'une bouillie. Ajoutez à votre pâte deux cuillerées à bouche d'huile d'olive, autant d'eau-de-vie ou de Madère sec, et au moment de vous en servir, battez deux blancs d'œufs en neige; mêlez-les à votre pâte et servez-vous-en pour votre besoin; ne mettez ni sel ni poivre.

CARAMEL.

Prenez une demi-livre de sucre blanc en poudre, ou de la cassonade de Bourbon; mettez-le dans une casserole, ou, ce qui vaut mieux, dans un poêlon d'office non étamé; placez-le sur un feu doux; ayez soin de remuer le sucre avec une cuiller pour qu'il se caramèle bien partout, laissez brûler le sucre jusqu'à ce qu'il soit brun, sans cependant le laisser carboniser, ce qui arrivera dans l'espace de huit à dix minutes. Alors retirez la casserole ou le poêlon du feu; au bout de deux ou trois minutes, versez dans votre sucre un litre d'eau de fontaine; de cette manière vous n'aurez pas de fumée; placez de nouveau le sucre sur le feu, faites bouillir votre caramel pendant une demi-heure; passez-le ensuite à travers un tamis de soie ou une serviette, et quand le caramel sera froid, mettez-le dans des bouteilles, bouchez-les bien, et servez-vous de ce caramel pour colorer les bouillons, potages, sauces, etc.

Observez qu'il faut faire bien brûler le sucre jusqu'à ce qu'il donne une fumée blanche; alors vous y verserez l'eau, autrement le caramel n'aurait pas assez de couleur, et il faudrait en mettre trop dans les aliments pour les colorer. Il leur communiquerait un goût désagréable.

BŒUF.

PIÈCE D'ALOYAU A LA FLORENCE.

Prenez une pièce d'aloyau pesant de dix-huit à vingt livres, désossez-la entièrement, c'est-à-dire ôtez-en la chaîne des os, sans en détacher le filet mignon; et avec la pointe du couteau vous ôterez une peau dure qui se trouve le long de la surface du filet mignon; recouvrez ce dernier de sa graisse; roulez votre pièce d'aloyau dans sa longueur, de manière que le filet mignon se trouve en dedans, lequel vous aurez saupoudré de sel, de poivre et de quatre-épices, si vous voulez; ficelez votre pièce, tâchez qu'elle ait une belle forme plutôt longue que carrée; vous la placerez dans une braisière avec deux oignons, quatre carottes, deux feuilles de laurier, du thym, une gousse d'ail, et quatre clous de girofle; ajoutez-y les parures de votre viande et un jarret de veau; mouillez le tout avec quatre cuillerées à pot de bon consommé et une bouteille de vin blanc; ne salez pas trop, couvrez la pièce d'aloyau de bardes de bonne graisse de bœuf, à défaut d'un fort papier beurré, et faites partir votre braise sur un grand feu; ensuite couvrez la braisière de son couvercle; mettez beaucoup de feu dessus, peu par-dessous, et faites cuire ainsi pendant cinq heures. Au bout de ce temps, vous ferez un roux blond; mouillez-le avec le fond de votre graisse, que vous aurez préalablement bien dégraissée et passée à travers une étamine; faites réduire cette sauce à consistance, en ayant soin de bien la dégraisser. Au moment de servir, vous y ajouterez plein deux cuillerées à dégraisser de sauce aux tomates et autant de vin de Madère sec. Ne la faites pas bouillir lorsque ces deux derniers y seront.

Cela fait, vous versez la sauce sur le plat qu'on doit servir. Déficelez la pièce d'aloyau, placez-la par-dessus la sauce, garnissez le tour du plat de coquilles ou pèlerines de macaroni à la milanaise ou au gratin (*voyez* cet article), et servez bien chaud, comme relevé du potage. Vous pouvez servir la sauce à part.

PIÈCE D'ALOYAU A L'AMÉRICAINE.

Prenez un aloyau pesant vingt livres, ou plus si vous voulez, mais coupé bien également partout, c'est-à-dire que le filet mignon ne dépasse pas le faux-filet, qui est à l'extérieur. Ne touchez pas à la chaîne des os, de crainte qu'en cuisant la pièce d'aloyau ne perde sa forme; vous parerez le filet mignon, c'est-à-dire qu'avec la pointe du couteau vous ôterez la peau fine qui est à sa surface, sans cependant toucher à la graisse. Ensuite vous aurez du jambon sans être cuit; vous le couperez en gros lardons entrelardés, au nombre de douze à quinze. Assaisonnez-les de quatre-épices, persil et ciboules hachés bien fins; et avec une grosse lardoire, vous larderez le filet mignon et le gros filet extérieur. Il faut larder la viande dans son long, de manière que, quand on la coupe, les lardons se trouvent en travers; vous roulerez le flanc de la pièce en dedans, de la même manière qu'elle est représentée sur la planche 3, figure 2, dans l'*Ecuyer tranchant*; vous couvrirez toute la partie maigre de la viande avec des bardes de bonne graisse de bœuf, épaisses de deux travers de doigts. Ficelez votre aloyau et faites-le cuire à la broche ou au four, pendant quatre heures et demie ou cinq heures.

Quand votre aloyau sera cuit, vous ferez un roux blond; vous le mouillerez avec le jus provenant de la pièce d'aloyau, lequel vous aurez préalablement bien dégraissé et passé à travers une étamine. S'il n'y avait pas assez de jus, vous vous serviriez de consommé. Faites réduire cette sauce jusqu'à ce qu'elle soit un peu épaisse. Dégraissez-la bien, et ajoutez-y deux fois autant de gelée de groseille qu'il y aura de sauce; s'il n'y avait pas assez de sel, vous en mettriez. Faites-lui prendre quelques bouillons; vous y ferez fondre un morceau de beurre bien frais, sans la faire bouillir, et vous verserez cette sauce dans une saucière; vous ôterez la ficelle et les bandes de graisse de la pièce d'aloyau; vous la placerez sur un plat avec un cordon de raiforts râpés et de gingembre confit, et servirez bien chaud, avec la sauce à part, pour relevé de potage.

Il faut que la viande soit mortifiée à point, et cuite un peu verte, c'est-à-dire saignante.

VEAU.

COTELETTES DE VEAU A L'ANGLAISE.

Hachez bien fin une pincée de persil et deux échalottes; mettez-les dans une casserole avec trois onces de beurre frais; posez la casserole sur le feu, et quand les herbes auront fait quelques minutes, versez-les dans une assiette; cassez-y trois œufs frais; mettez-y un peu de sel et de poivre; battez bien le tout ensemble en omelette. Prenez ensuite six côtelettes de veau; parez-les le plus correctement possible; faites fondre du beurre dans un plat à sauter; placez-y vos côtelettes de veau; faites-les sauter sur un feu gaillard pendant quelques minutes. Quand elles seront raidies des deux côtés, vous les retirerez du plat pour les faire refroidir. Vos côtelettes étant froides, vous les trempez une à une dans la susdite omelette, puis dans de la mie de pain. Répétez cette manœuvre une deuxième fois, faites en sorte que vos côtelettes soient bien masquées d'œufs et de mie de pain, vous les placerez sur le gril et les ferez cuire à un feu très-doux.

D'autre part, vous couperez autant de tranches de jambon cru que vous aurez de côtelettes; donnez à chaque tranche de jambon trois lignes d'épaisseur et la grandeur d'une côtelette. Faites sauter le jambon dans la poêle ou dans le plat à sauter. Dressez ensuite vos côtelettes en couronne sur un plat; mettez une tranche de jambon entre chaque côtelette, et vous mettrez au milieu du plat la sauce suivante:

Faites un roux blond; ajoutez-y une cuillerée à café de persil, échalottes et basilic, le tout haché bien fin. Mouillez le roux d'une demi-cuillerée à pot de jus de viande et autant de Madère sec; faites réduire cette sauce: écumez-la; ajoutez-y quelques grains de poivre de Cayenne, très-peu de sel et une demi-cuillerée à dégraisser d'essence d'anchois; passez la sauce à travers une étamine, et au moment de la servir, pressez-y le jus d'un demi-citron. (*Voyez* Essence d'anchois.)

GRENADINS DE NOIX DE VEAU.

Ayez une noix de veau; ôtez la peau et la tétine de la manière indiquée à la noix de veau piquée et glacée (*voyez* cet article). Vous la couperez ensuite, dans son épaisseur, par morceaux épais eux-mêmes de quatre lignes, et ayant huit centimètres de long sur cinq de large. Parez chaque morceau en cœur et piquez la surface d'une seconde, c'est-à-dire de deux rangs de lard fin; vous mettrez dans un plat à glacer ou à sauter des parures de lard, un gros oignon, une carotte émincée, et un bouquet garni. Rangez les grenadins par-dessus; mettez des parures de veau alentour, et mouillez le tout d'une cuilleréé à pot de consommé; tâchez que le mouillement ne touche pas à la piquerie; mettez un papier beurré par-dessus, et faites partir sur un bon feu; vous couvrirez le plat de son couvercle. Mettez du feu dessus; placez-le sur des cendres chaudes, et au bout de trois quarts d'heure, lorsque les grenadins seront d'une couleur dorée, dressez-les en couronne sur un plat. Passez le fond de leur cuisson à travers un tamis; dégraissez-le et faites-le réduire à demi-glace sur un feu gai; versez-le ensuite sur les grenadins de manière à bien les glacer partout; mettez au milieu du plat, soit une macédoine, une jardinière, ou une nivernaise, ou bien des pointes d'asperges en petits pois, et servez-les bien chauds. (*Voyez* ces ragoûts, article PETITES SAUCES.)

NOISETTES DE VEAU GLACÉES.

Ces noisettes se trouvent dans l'épaule de veau, près de l'omoplate. Procurez-vous-en une douzaine et demie; faites-les dégorger dans de l'eau tiède presque froide pendant deux heures: faites-les blanchir; retirez-les à l'eau fraîche; parez-les; retirez toutes les peaux; mettez-les sur un linge; épongez-en bien l'eau; beurrez le fond d'un plat à sauter; placez-y vos noisettes, mouillez-les d'une cuilleréeà pot de bon consommé, d'un petit verre de Madère sec; ajoutez-y une carotte et un oignon coupés par tranches, et un bouquet garni; n'y mettez point de sel, à cause du consommé qui est assaisonné; couvrez le tout d'un papier beurré, et faites partir sur un feu gai. Couvrez le plat de son couvercle; mettez du feu dessus; placez le plat sur des cendres chaudes, et au bout de trois quarts d'heure environ, lorsque la surface de vos noisettes sera d'une couleur dorée, dressez-les en couronne sur un plat. Passez le fond de la cuisson à travers un tamis ou une serviette; dégraissez-le et faites-le réduire à demi-glace sur un grand feu. Ajoutez-y gros comme une noix de glace de volaille, et versez sur vos noisettes, de manière à bien les envelopper de cette glace. Vous pouvez mettre au milieu du plat une garniture quelconque; cela est à votre goût.

NOISETTES DE VEAU A LA FLORENTINE.

Après avoir fait dégorger, blanchir et avoir paré une douzaine et demie de noisettes de veau, de la manière indiquée ci-dessus, vous beurrez le fond d'une casserole. Rangez-y vos noisettes; couvrez-les de bardes de lard; mouillez le tout d'une cuillerée à pot de consommé, d'autant de vin blanc. Ajoutez-y un bouquet garni, quelques carottes et oignons émincés, mais peu de sel et de poivre. Faites partir. Couvrez la casserole de son couvercle, et faites cuire pendant trois quarts d'heure sur un feu modéré. Vos noisettes étant cuites, passez le fond de leur cuisson à travers un tamis ou une serviette; dégraissez-le; mettez-le dans une casserole avec cinq cuillerées à dégraisser de sauce aux tomates et trois de velouté; faites réduire cette sauce à consistance de bouillie un peu épaisse sur un feu ardent; ensuite dressez vos noisettes en couronne sur un plat, versez la sauce au milieu, et servez bien chaud.

FILETS DE VEAU EN OLIVES.

Ayez une noix de veau; après l'avoir parée de la manière enseignée à la noix de veau piquée glacée (*voyez* cet article), vous la couperez dans son épaisseur par filets épais de quatre lignes, et ayant dix centimètres de long sur cinq de large. Aplatissez chaque filet avec la lame du couteau, et coupez les quatre coins de manière que chaque filet cuit ait une forme ovale un peu allongée; étendez tous vos filets sur la table, enduisez leur surface d'œufs battus, coupez autant de bardes minces de lard que vous aurez de filets de veau, en leur donnant la même grandeur et la même forme que ces premiers; mettez une de ces bardes de lard sur chaque filet de veau; enduisez également d'œufs battus la surface du lard; prenez ensuite de la farce à quenelles de volaille (*voyez* cet article); couvrez de cette farce et de trois lignes d'épaisseur la surface des bardes de lard, de sorte que chaque filet de veau soit recouvert de lard et de farce à quenelles; roulez chaque filet de veau de manière que le lard et la farce se trouvent en dedans; trempez-les dans de l'œuf battu et dans de la mie de pain; passez vos filets ainsi roulés dans les brochettes; couchez-les sur la broche et faites-les cuire à un feu clair; ayez soin de les arroser avec du beurre fondu. Vingt-cinq à trente minutes suffisent pour leur cuisson. Débrochez vos olives; dressez-les en couronne ou en buisson sur un plat; mettez au milieu une sauce italienne ou aux tomates, et servez. (*Voyez* l'article des PETITES SAUCES.)

JARRETS DE VEAU AU RIZ A L'IRLANDAISE.

Prenez trois jarrets de veau, ou quatre si vous voulez; fendez-les en long, sans séparer les deux moitiés; ficelez chaque jarret comme s'il n'avait pas été fendu; beurrez le fond d'une casserole, mettez vos jarrets et faites-les suer pendant dix à douze minutes. Couvrez-les de bouillon; si vous n'avez pas de bouillon, mettez de l'eau; ajoutez-y deux carottes, deux oignons, un bouquet garni, très-peu de sel. Si vous avez mouillé avec de l'eau, mettez un peu plus de sel. Cinq quarts d'heure avant de servir, vous faites partir les jarrets sur un feu gai. Ayez soin de bien écumer, diminuez le feu, et faites-les aller à petit bouillon. Demi-heure avant leur cuisson, faites laver une demi-livre de riz Caroline dans de l'eau tiède; égouttez-le; mettez-le dans la casserole avec vos jarrets. S'il n'y avait pas assez de mouillement, vous en mettriez, soit du bouillon ou de l'eau; ajoutez un peu de macis ou de muscade; couvrez la casserole de son couvercle, et achevez de faire cuire à petit bouillon. La cuisson faite, retirez les légumes et le bouquet; ôtez la ficelle des jarrets; dressez-les en couronne sur le plat. Faites fondre un beau morceau de beurre frais dans le riz; versez-le au milieu du plat, et servez avec des tranches de jambon frit dans le beurre, sur une assiette à part; ou bien avec une assiette de végétaux quelconques cuits simplement à l'eau de sel, tels que choux, navets, haricots verts, etc.

MOUTON.

GIGOT A LA FRANÇAISE.

Ayez un gigot de quatre à cinq livres et bien mortifié; désossez-le en entier; ôtez-en toute la peau et la graisse; ôtez aussi les chairs du côté du manche et tous les nerfs; donnez à votre gigot une belle forme arrondie; coupez six à huit gros lardons de lard bien blanc; assaisonnez-les de sel, poivre, persil et ciboules bien hachés; lardez le gigot en travers, et qu'on ne voie pas les lardons. Ensuite piquez la surface (où vous avez ôté la peau) de petits lardons, comme un fricandeau. Vous laisserez un espace tout autour de la surface sans être piqué; vous passerez une ficelle autour du gigot pour qu'il conserve sa forme ronde et bombée; vous mettrez dans une casserole des parures et les morceaux de lard qui vous resteront, deux carottes et deux oignons coupés par tranches, du thym, du laurier et un bouquet garni, et vous placerez votre gigot par-dessus. Mouillez-le de deux cuillerées à pot de consommé; ce mouillement ne doit pas atteindre la surface piquée du gigot. Couvrez la casserole de son couvercle, et faites partir sur un grand feu; au bout de dix minutes, lorsque la viande sera raidie, vous ferez des trous avec la pointe du couteau sur l'espace que vous avez laissé sans piquer autour du gigot. Vous mettrez dans chaque trou un lardon de truffe coupé en forme de clou de girofle. Mettez ensuite les parures de viande et les os du gigot dans la casserole à l'entour du gigot; couvrez-le d'un papier beurré; placez la casserole sur un feu doux; mettez du feu sur le couvercle, et faites aller pendant trois heures. Au moment de servir, vous ôtez la ficelle du gigot. Placez-le sur le plat; dégraissez le fond de sa cuisson; passez-le à travers un tamis; versez-le par-dessus le gigot, et servez. Vous pouvez servir ce gigot sur un ragoût à la financière, à la toulouse ou de chicorée. (*Voyez* l'article des PETITES SAUCES.)

GIGOT DE MOUTON FROID A L'ÉCOSSAISE.

Prenez un gigot bien mortifié; parez-le; ôtez l'os du quasi et coupez le manche très-court. Ficelez-le pour lui conserver sa forme; placez-le dans une casserole avec huit carottes, quatre oignons et un bouquet garni; mouillez le tout avec trois cuillerées à pot de consommé, une bouteille de vin de Madère ou de vin blanc. Vous ferez partir la casserole sur un grand feu; vous la placerez ensuite sur un feu modéré, et vous ferez cuire le gigot à petit bouillon pendant trois heures. Il doit être un peu saignant; ensuite vous ferez refroidir le gigot et les légumes dans sa cuisson, en ayant soin de placer le tout dans une terrine. Une demi-heure avant de servir vous placerez le gigot sur un plat, après avoir ôté la ficelle; vous couperez les carottes en petits bâtons de la grosseur du doigt, et les mettrez autour du gigot. Vous mettrez également autour du gigot un cordon de câpres, de cornichons, de choux-fleurs blanchis, de cerfeuil haché et d'estragon; vous décorerez le gigot de filets d'anchois, d'olives tournées; parsemez-le de raiforts râpés, et servez froid, pour entrée, avec la sauce suivante à part:

Mettez dans une casserole le jus dans lequel le gigot a cuit, et que vous aurez bien dégraissé et passé à travers un tamis. Ajoutez-y deux cuillerées à bouche d'huile d'olive, autant de vinaigre, du sel et du poivre, deux cuillerées à bouche de gingembre confit au vinaigre, haché fin; mêlez bien le tout ensemble sans faire chauffer; versez cette sauce dans une saucière, et servez-la en même temps que le gigot.

ÉPAULE DE MOUTON A L'ITALIENNE.

Prenez une épaule de mouton bien mortifiée (1); désossez-la entièrement, coupez le bout de chair du manche pour la raccourcir; parez-la tout autour en ôtant une partie de la graisse; saupoudrez l'intérieur de sel, de poivre, de quatre-épices et de persil haché; roulez l'épaule en commençant par le bout du côté du genou, jusqu'au paleron; donnez-lui une forme agréable un peu allongée en l'assujettissant avec de la ficelle; faites fondre un demi-quarteron de beurre dans une casserole; placez-y l'épaule ainsi roulée par-dessus, et faites-la revenir sur un feu gai, en ayant soin de la retourner. Quand votre épaule sera bien colorée partout, vous la mouillerez d'une cuillerée à pot de consommé et d'un verre de vin blanc; mettez dans la casserole les parures et les os de l'épaule sans la graisse, deux carottes, deux oignons, un bouquet garni, du sel, du poivre; couvrez la casserole de son couvercle, et faites cuire à petit feu pendant deux heures. Au moment de servir vous passerez le fond de la cuisson de l'épaule à travers un tamis, vous le dégraisserez, le mettrez dans une casserole avec six cuillerées à dégraisser de sauce aux tomates, et le ferez réduire de moitié sur un grand feu. Vous verserez cette sauce sur un plat; vous déficèlerez l'épaule, la placerez par-dessus la sauce, et servirez bien chaud. (*Voyez* SAUCE AUX TOMATES.) Vous pouvez servir l'épaule sur de la chicorée ou des épinards.

(1) Le gigot et l'épaule de mouton, pour qu'ils soient tendres et présentent un manger délicat, doivent être tués de cinq jours en été, et de douze en hiver.

COCHON.

FILET DE PORC FRAIS A LA BOLONAISE.

Prenez un filet de porc frais, que vous couperez depuis la naissance du gigot jusqu'à la première côte; ôtez-en la chaîne des os sans séparer le filet mignon d'avec le gros filet extérieur; ôtez une partie de la graisse de ce dernier, n'en laissez que trois lignes d'épaisseur; roulez le flanc sur le filet mignon, couvrez votre viande de branches de sauge; bridez-la avec de la ficelle; placez-la dans une terrine, couvrez votre filet de vinaigre, ajoutez-y quelques oignons et carottes coupés par tranches, ainsi que le zeste d'un citron et quelques clous de girofle; laissez mariner votre filet pendant deux ou trois jours. Au bout de ce temps, mettez le filet dans une casserole; couvrez-le à moitié du vinaigre dans lequel il a mariné, ajoutez-y deux verres d'eau ou de consommé, deux oignons, deux carottes, un bouquet garni, du sel et du poivre. Couvrez la casserole de son couvercle; faites-la partir sur un bon feu, puis diminuez le feu, et laissez cuire votre viande pendant deux heures et demie; ensuite, ôtez la ficelle et la sauge de votre filet; dressez-le sur un plat, mettez un cordon de raiforts râpés autour du plat, et servez chaud, avec une saucière à part remplie de gelée de groseilles. Autrement marquez une sauce avec le fond de la cuisson, en ayant soin de la tenir un peu claire.

FOIE DE COCHON A LA SIENNOISE.

Prenez un foie de cochon bien sain; coupez-le par morceaux carrés de cinq centimètres de diamètre; saupoudrez-les bien partout de sel et de poivre; roulez chaque morceau dans de la graine de fenouil (1) pour le masquer entièrement; enveloppez-les chacun de crépine; embrochez-les dans des attelets et faites-les cuire à la broche. Quinze à vingt minutes suffisent pour leur cuisson. Débrochez les morceaux de foie qu'on appelle dans le pays *fegatelli*; dressez-les en buisson sur un plat, et servez-les avec des tartines de pain grillées sur un plat à part.

SANGLIER AIGRE-DOUX A LA ROMAINE.

Prenez une épaule d'un jeune sanglier bien mortifiée. Otez-en la couenne, et coupez l'épaule par morceaux. Mettez-les dans une casserole et faites-les revenir sur un feu gai pendant dix à douze minutes; vous y mettrez deux cuillerées à bouche de farine de froment. Mouillez ce ragoût de deux cuillerées à pot de consommé et d'une de vinaigre; ajoutez-y deux cuillerées à bouche de sucre en poudre, du sel, du poivre et un bouquet de persil. Couvrez la casserole de son couvercle et faites-la aller à petits bouillons pendant une heure et demie. Quand le sanglier sera aux

(1) Il y a deux espèces de fenouil, le doux et le fort; c'est la graine de ce dernier qu'on emploie pour le travail de la cuisine. Avant de l'employer, il faut le faire sécher.

trois quarts cuit, vous y mettrez quatre onces de raisin de Corinthe bien épluché, et deux onces de pignons également épluchés. Achevez sa cuisson, dressez les morceaux de sanglier en pyramide sur un plat; dégraissez la sauce. Si elle était trop claire, vous la feriez réduire à grand feu. Vous la verserez ensuite sur votre sanglier. Garnissez le bord du plat avec des croûtons coupés en forme triangulaire et frits dans le beurre; glacez-les et servez. A la place de l'épaule, vous pouvez employez le gros filet.

Avant de faire cuire la viande de sanglier, vous pouvez la faire mariner dans le vinaigre pendant six à huit jours.

Le lièvre aigre-doux se prépare de la même manière.

VOLAILLE.

POULETS EN FRICASSÉE A LA LAURETANE.

Ayez trois jeunes poulets bien en chair et d'égale grosseur; plumez-les, videz-les, et flambez-les légèrement; coupez-leur les ongles et échaudez les pattes. Troussez ces dernières en dedans du corps; bridez vos poulets, et faites-leur bomber l'estomac. Beurrez le fond d'une casserole, et mettez vos poulets dedans. Frottez-leur l'estomac d'un jus de citron; couvrez-les de bardes de lard, ou d'une feuille de papier beurré; mouillez-les de trois cuillerées à pot de consommé; ajoutez-y un bouquet de persil, deux carottes, un oignon, et une feuille de laurier. Couvrez la casserole de son couvercle, et faites-les cuire à feu modéré pendant trois quarts d'heure environ. Ensuite faites fondre deux onces de beurre dans une casserole; ajoutez-y une cuillerée à bouche de farine; faites-la frire sur un petit feu pendant quatre ou cinq minutes; ensuite, passez le fond de la cuisson de vos poulets à travers un tamis; dégraissez-le et mouillez-en ce roux. Faites partir et réduire votre sauce; mettez dedans un ou deux maniveaux de champignons, que vous aurez préalablement bien épluchés et tournés, une vingtaine de petits oignons également épluchés (il vaut mieux faire cuire ces derniers à part en les faisant sauter dans le beurre); quand votre sauce sera réduite et les oignons cuits, ajoutez-y deux onces de beurre frais, une liaison de trois jaunes d'œufs et le jus d'un demi-citron. Agitez votre sauce pour faire fondre le beurre, sans la faire bouillir; goûtez si elle est d'un bon sel; débridez les poulets, que vous aurez gardés au chaud; dressez-les sur le plat; mettez les champignons et les oignons alentour; versez au milieu la sauce, qui doit être courte et bien réduite; mettez au milieu trois belles écrevisses auxquelles vous ôterez les pattes, une sur le croupion de chaque poulet, et servez.

POULETS A LA ROMAINE.

Prenez deux poulets bien blancs et bien en chair, videz-les par la poche et flambez-les légèrement; coupez-leur le cou et les pattes; cassez l'os de l'estomac en dedans et ôtez-le; troussez les cuisses en dedans. Ensuite vous prendrez six ortolans bien épluchés; vous en mettrez trois dans le corps de chaque poulet, en les y introduisant par la poche. Maniez une demi-livre de beurre fin avec le jus d'un citron, et achevez de remplir le corps des poulets avec ce beurre. Assujettissez la peau de la poche; rentrez-leur le croupion en dedans; bridez-les; donnez à vos poulets une forme arrondie et bondée; frottez-leur l'estomac avec du jus de citron; couvrez-les de bandes de lard; enveloppez chaque poulet d'une feuille de papier blanc beurré, et trois quarts d'heure avant de servir vous leur passerez un attelet le long du dos. Pour ne pas abimer les ortolans, couchez-les sur la broche en assujettissant les extrémités des attelets avec de la ficelle. Quand vos poulets sont cuits, vous les débrochez et vous ôtez le papier, le lard et la ficelle. Placez les poulets sur un plat par-dessus une sauce aux tomates, et servez. Pour entrée de broche la sauce tomate doit être un peu relevée. (*Voyez* cet article aux PETITES SAUCES

POULETS MIGNONS.

Prenez trois jeunes poulets dits à la reine; épluchez-les et videz-les par la poche; flambez-les légèrement. Supprimez-en les pattes, les ailes et le cou; cassez l'os de l'estomac en dedans, et ôtez-le. Prenez garde de ne pas endommager les chairs extérieures. Retroussez-leur les cuisses en dedans, de manière qu'on ne les voie pas. Rentrez-leur le croupion en dedans, en le cousant avec de la ficelle. D'autre part vous prendrez quinze à dix-huit foies gras ou demi-gras; vous en ôterez les amers et parerez bien la place où ils ont posé. Faites-les dégorger dans de l'eau fraiche pendant quatre à six heures. Faites blanchir légèrement les foies gras en les mettant dans de l'eau presque bouillante pendant quelques minutes. Parez-les de nouveau pour en ôter toutes les peaux superflues et le cœur. Mettez les foies gras tout entiers dans le corps de vos poulets, en les introduisant par la poche; maniez ensuite trois quarts de beurre frais avec le jus de deux citrons, un peu de sel et de gros poivre, et mettez également ce beurre dans le corps de vos poulets. Bridez les poulets avec de la ficelle; donnez-leur une forme bien ronde; frottez-leur l'estomac avec le jus d'un citron; bardez-les de lard; faites passer un attelet intérieurement du cou au croupion de chaque poulet; enveloppez chaque poulet d'une feuille de papier beurré; couchez vos poulets sur la broche; assujettissez les bouts des attelets avec de la ficelle, et au bout d'une demi-heure de cuisson débrochez vos poulets, ôtez-leur la ficelle et le papier, et servez-les sur une sauce italienne. (*Voyez* GRANDES SAUCES.)

SAUTÉ DE FILETS DE PIGEONS A LA VALLADOLID.

Levez les filets de six pigeons de la même manière que ceux de gélinottes (*voyez* cet article); mais vous laisserez les filets mignons; ôtez l'épiderme et toutes les peaux nerveuses de chaque filet, et parez-les en cœur; beurrez le fond d'un plat à sauter avec trois onces de bon beurre frais; rangez-y les filets, et douze minutes avant de servir, vous les ferez sauter sur un feu gai. Quand ils seront raidis d'un côté, vous les tournerez de l'autre avec la pointe du couteau. Aussitôt cuits, dressez-les en couronne sur un plat; ôtez tout le beurre qui est dans le sautoir, et mettez à la place cinq cuillerées à dégraisser d'espagnole, autant de consommé, et deux de sauce tomate, et faites réduire cette sauce de moitié sur un bon feu.

D'autre part, vous prendrez une demi-livre de bon jambon de Bayonne cuit au vin; parez-le et coupez-le par petits dés. Jetez-le dans la sauce; faites-lui prendre deux ou trois bouillons; versez ce petit ragoût au milieu du plat où sont les filets de pigeons; arrosez ces derniers d'un peu de glace de cuisine, et servez. (*Voyez* SAUCE ESPAGNOLE et aux TOMATES.)

PIGEONS SAUTÉS A LA MINUTE.

Plumez, videz et flambez quatre jeunes pigeons; supprimez-leur le cou et les pattes; coupez chaque pigeon par moitiés longitudinales; divisez chaque moitié en deux parties, en la coupant à travers le corps, de sorte que chaque pigeon soit divisé par quartiers, et que chaque membre retienne une partie du corps; appropriez l'intérieur des quartiers; essuyez-les avec un linge blanc; coupez le bout des ailerons; aplatissez légèrement chaque quartier avec le plat du couperet, et placez-les sur un plat à sauter dans lequel vous aurez fait fondre trois onces de beurre; faites-les sauter sur un feu gai; ayez soin de retourner les quartiers avec la pointe du couteau. Dix ou douze minutes suffisent pour leur cuisson. Vous dressez ensuite les quartiers des pigeons en couronne sur un plat. Mettez une cuillerée à bouche de farine dans le sautoir; quand elle aura frit trois minutes, mouillez-la d'un verre de consommé, auquel vous ajouterez du sel et du gros poivre. Faites bouillir et dégraissez cette sauce; quand elle sera réduite, pressez-y un demi-citron; versez-la sur les pigeons, et servez.

Si les pigeons sont gros, il faut alors les couper par membres de la même manière que pour la fricassée de poulet. (*Voyez* cet article.)

Vous pouvez ajouter à la sauce deux maniveaux de champignons bien épluchés.

OIE A LA BORDELAISE.

Ayez une oie bien tendre; plumez-la soigneusement; supprimez le cou, les ailes et les pattes; videz-la par la poche et flambez-la un peu ferme. Vous hacherez ensuite une vingtaine de champignons, une pincée de persil et de ciboules, une gousse d'ail et le foie de l'oie. Mêlez à ce hachis une demi-livre de beurre frais et un quart de beurre d'anchois. Assaisonnez de sel et de gros poivre; mettez cette farce dans le corps de l'oie; rentrez-lui le croupion dans le corps; cousez-le avec de la ficelle; bridez les cuisses et les moignons des ailes; donnez à votre oie une forme arrondie; embrochez-la et faites-la cuire pendant l'espace de cinquante minutes, ou plus si l'oie est grosse et grasse. Lorsqu'elle sera cuite, débrochez et débridez votre oie; placez-la sur le plat que vous devez servir; garnissez le bord du plat de tranches minces d'un citron dont vous aurez ôté l'écorce jaune et blanche; versez un jus clair sur l'oie et servez chaud. Ayez soin, pendant la cuisson de l'oie, de l'arroser le plus souvent possible avec le beurre qui en découlera.

GIBIER.

CAILLES A LA POLONAISE.

Plumez et flambez huit belles cailles; videz-les par la poche; supprimez les ailerons et le cou, et emplissez le corps des cailles d'un salpicon ainsi composé :

Six onces de jambon avec autant de chair à saucisses; six belles truffes bien épluchées et cuites au vin; dix champignons; six foies gras parés et blanchis. Coupez toutes ces substances par petits dés; mettez-les dans une casserole avec six cuillerées à dégraisser d'allemande; faites chauffer le tout sans faire bouillir; mêlez bien ce salpicon avec une cuiller de bois; faites-y fondre cinq onces de bon beurre, et emplissez le corps de vos cailles. Bridez-leur les pattes en long; couvrez-leur l'estomac d'une feuille de vigne et d'une barde de lard; passez vos cailles dans de petits atelets; couchez-les sur la broche et faites-les cuire. Quand elles seront cuites, vous les débrocherez, les débriderez et les dresserez en couronne sur un plat, les pattes en dedans. Versez une sauce tomate au milieu du plat, et servez très-chaud.

SALMIS DE CAILLES.

Plumez, videz et flambez huit cailles; laissez les ailerons un peu longs; ne supprimez que la tête; bridez les pattes en long; couvrez leur estomac d'une feuille de vigne et d'une barde de lard; embrochez vos cailles dans des atelets, et faites-les cuire à la broche. Lorsqu'elles sont cuites, vous ôtez les bardes de lard, les feuilles de vigne et la ficelle de vos cailles. Vous divisez chaque caille par moitié, en la coupant du cou au croupion. Parez bien toutes vos moitiés, en supprimant les pattes, les ailerons et les cous. Tenez vos cailles bien chaudes, mettez les parures dans une casserole avec une cuillerée à pot de consommé, autant de vin blanc et une échalotte hachée. Faites bouillir le tout pendant une demi-heure. Puis, passez ce fumet à travers une étamine; dégraissez-le, mettez-le dans une casserole, avec six cuillerées à dégraisser d'espagnole travaillée. (*Voyez* ESPAGNOLE.) Faites réduire votre sauce de plus de moitié; ajoutez-y une douzaine de champignons tournés, cinq à six truffes émincées, et, si vous voulez, une cuillerée de gelée. Dix minutes avant de servir, mettez vos cailles dans la sauce; faites-les chauffer sans les faire bouillir. Dressez-les ensuite en couronne, sur un plat, avec un croûton frit au beurre et coupé en cœur entre chaque moitié de caille; versez les champignons et les truffes au milieu du plat; et, avec le reste de la sauce, masquez les cailles et les croûtons. Garnissez le bord du plat d'écrevisses auxquelles vous aurez ôté les pattes, et servez chaud.

A LA BOURGEOISE.

Si vous n'avez pas d'espagnole, vous ferez fondre gros comme un petit œuf de beurre dans une casserole ; ajoutez-y deux petites cuillerées à bouche de farine, quand elle aura frit pendant quatre minutes, mouillez ce roux avec le jus dans lequel vous aurez fait cuire les parures de vos cailles, vous aurez préalablement passé ce jus à travers un tamis. Faites bouillir et réduire votre sauce à consistance d'une bouillie claire ; dégraissez-la ; mettez-y du sel, quelques grains de poivre, et saucez vos cailles, que vous aurez également dressées sur un plat, comme il est dit ci-dessus. Si vous n'avez ni champignons, ni truffes, ni écrevisses, vous n'en mettrez point.

DE LA GÉLINOTTE.

Il y en a deux espèces : la gélinotte de montagne et la gélinotte d'eau. La chair de cette dernière, étant moins délicate, reçoit les mêmes préparations que le canard sauvage. (*Voyez* CANARD SAUVAGE.)

La gélinotte de montagne est un peu plus grosse que la perdrix. Sa chair est plus délicate que cette dernière et d'une saveur exquise. Elle reçoit les mêmes apprêts que la perdrix, le perdreau et le faisan (*voyez* ces articles). La meilleure saison des gélinottes de montagne est depuis le mois de février jusqu'à mars, et ensuite au milieu de l'automne.

SAUTÉ DE FILETS DE GÉLINOTTES AU SUPRÊME.

Levez les filets de six gélinottes, dites de bois, en procédant de cette manière : après les avoir plumées, vidées et flambées, vous supprimez les pattes, le cou et les ailerons. Introduisez ensuite la pointe de votre couteau au bout de l'estomac près la cuisse droite, et conduisez le tranchant le long de l'arête de l'os de l'estomac ; enfoncez la pointe jusqu'à la carcasse, en coupant les chairs jusqu'à la jointure de l'aile, que vous séparerez du corps ; de sorte que votre filet, qui comprend toute la chair de la partie droite de l'estomac et de l'aile, se trouvera entièrement détaché du corps, qui aura la forme d'un cœur. Vous procéderez de même à la gauche. Ces gros filets contiennent les filets mignons, qui sont placés en dedans des chairs qui longent l'arête de l'os de l'estomac et qui sont peu adhérents aux gros filets. Séparez ces filets mignons qui auront la forme d'un croissant ; couchez-les sur la table ; parez-les ; ôtez toutes les peaux nerveuses ; décorez vos filets mignons avec des lames de truffes et de langues à l'écarlate, beurrez le fond d'un plat à sauter. Rangez-y vos filets mignons ; couvrez-les de bardes minces de lard, et mettez un papier beurré par-dessus. Couvrez le plat de son couvercle, et faites cuire sur un feu très-doux ou sur des cendres chaudes. Parez ensuite vos gros filets ; ôtez toutes les peaux nerveuses et les moignons des ailes ; faites fondre du beurre dans un sautoir, placez-y vos gros filets et faites-les sauter sur un feu gai.

D'autre part, vous aurez préalablement ôté un petit bouton qui contient du sauvage, et qui est placé sur le croupion des gélinottes (1). Vous aurez amassé tous les débris de ces dernières, excepté le cou, les pattes et les intestins. Vous les aurez mis dans une casserole avec trois cuillerées à pot de consommé, un verre de Madère sec, un bouquet garni, une carotte et un oignon. Faites cuire le tout pendant une heure. Puis, passez ce fumet à travers une serviette, mettez-le dans une casserole avec huit cuillerées à dégraisser de velouté ; faites réduire cette sauce de plus de moitié sur un bon feu, puis écumez-la. Au moment de servir, ajoutez à votre sauce une demi-cuillerée à café de persil haché très-fin et blanchi, quelques grains de gros poivre, trois onces de bon beurre fin et le jus d'un quart de citron. Si vous voulez, tenez votre sauce chaude sans la faire bouillir. Vos gros filets de gélinottes étant sautés, égouttez-les bien du beurre dans lequel ils ont sauté ; dressez-les en couronne sur un plat ; mettez un croûton frit dans le beurre entre chaque filet, et saucez-les de votre sauce au suprême. Placez les filets mignons decorés par-dessus les gros filets, et servez bien-chaud. Vous pouvez mettre dans le milieu un sauté de truffes.

FILETS DE FAISAN AU SUPRÊME.

Ces filets se préparent absolument de même que les filets de gélinottes, excepté que l'on garde les cuisses pour en faire une entrée, et qu'on ne prend que la carcasse pour en tirer le fumet. On peut aussi en supprimer les croûtons frits dans le beurre, si l'on veut.

ORTOLANS EN CAISSE, A L'ESPAGNOLE.

Faites avec du papier blanc seize petites caisses d'office, de grandeur à pouvoir contenir un ortolan. Enduisez-les bien partout d'huile d'olive, et faites-les sécher à l'étuve. Prenez seize ortolans ; fendez-les par le dos, ôtez-en l'os des reins, et laissez les intestins. Prenez ensuite de la farce froide à gratin, à laquelle vous joindrez gros comme un œuf de beurre d'anchois, gros comme une noisette de beurre de piment, et quelques truffes hachées bien fin. Maniez bien le tout ensemble ; faites-en des petites boules grosses comme des noix, et mettez-en une dans le corps de chaque ortolan, en lui donnant sa forme primitive. Garnissez le fond de vos caisses de cette farce ; placez-les sur un plat ; mettez-le sur des cendres chaudes, avec un four de campagne par-dessus. La farce ayant poché pendant cinq minutes, placez un ortolan dans chaque caisse ; recouvrez-les d'une feuille de papier beurré, et mettez encore le four de campagne très-chaud par-

(1) Ce petit bouton, qui communique au fond de la cuisson un goût sauvage, existe sur le croupion de tous les gibiers à plumes. Il faut avoir la précaution de l'ôter.

dessus. Douze minutes suffisent pour leur cuisson. Dressez ensuite vos caisses sur un plat ; s'il se trouve trop de graisse ou de beurre fondu dans les caisses, vous les égoutterez. Saucez vos caisses d'une espagnole travaillée et bien réduite, dans laquelle vous aurez pressé la moitié d'un citron, et servez. (*Voyez* Gratin, Espagnole.)

GRIVES A L'ITALIENNE.

Prenez une douzaine de grives bien fraîches, tuées du jour si cela se peut. Plumez-les, flamblez-les, et ne les videz pas. Croisez-leur les pattes sur le ventre, trempez-leur le bas-ventre dans de l'œuf battu, pour que les intestins ne se répandent pas en cuisant. Enveloppez chaque grive d'une petite barde mince de lard ; mettez-leur un petit bouquet de sauge entre les pattes; prenez ensuite un ou deux petits pains à café, coupez-en douze tranches rondes de l'épaisseur d'un centimètre. Prenez une brochette et commencez par embrocher une tranche de pain, puis une grive, une seconde tranche de pain, puis une autre grive, et vous continuerez ainsi jusqu'à ce que vous n'ayez plus ni tranches de pain, ni grives. Couchez ensuite votre brochette sur la grande broche en assujettissant les deux extrémités avec de la ficelle, et faites cuire les grives. Pendant la cuisson, ayez soin de les arroser, ainsi que le pain, avec du beurre fondu, et le plus souvent possible. Quand les grives seront cuites, débrochez-les, mettez les tranches de pain symétriquement sur un plat et posez une grive sur chaque tranche. Servez le plus chaudement possible.

MAUVIETTES EN SALMIS.

Prenez deux douzaines de mauviettes. Après les avoir bien plumées, flambées et troussées, couvrez l'estomac de chaque mauviette d'une barde mince de lard, et faites-les cuir[illegible] broche. Quand les mauviettes seront cuites, prenez-en six, ôtez le lard et les gésiers, et mettez les mauviettes dans un mortier de marbre ; donnez-leur cinq à six coups de pilon; mettez ensuite les mauviettes dans une casserole avec une cuillerée à pot de consommé et un bouquet garni ; faites bouillir le tout pendant douze à quinze minutes; passez le fond de cette cuisson à travers une serviette ou un tamis, faites un roux blond, mouillez-le avec cette cuisson et un verre de vin blanc, poivre et très-peu de sel. Faites bouillir votre sauce ; dégraissez-la, et quand elle sera réduite, faites-y fondre gros comme une noix de gelée de volaille avec autant de beurre frais. Otez les bardes de lard à vos dix-huit mauviettes, mettez-les dans la casserole avec la sauce, et faites-les sauter sans faire bouillir. Ensuite, vous dressez vos mauviettes en buisson sur un plat, vous versez la sauce par-dessus, vous garnissez le plat de croûtons coupés en cœur et frits dans le beurre, vous ajoutez quatre écrevisses auxquelles vous ôterez les pattes, et vous servirez très-chaud.

POISSON.

REMARQUES SUR LA MANIÈRE DE CONSERVER LE POISSON D'EAU DE MER ET D'EAU DOUCE.

Le poisson est un aliment peu substantiel, mais très-précieux pour la table; car il n'y a pas de repas où le poisson ne paraisse au premier ou au second service. Le poisson de mer est de meilleur goût et plus sain que celui de rivière. Lorsqu'il est frais et cuit selon la méthode hollandaise, c'est un mets délicieux. A Paris, on ne peut pas toujours suivre cette méthode, à cause de la distance de la mer. Pendant le transport, la marée souffre toujours un peu, surtout dans les grandes chaleurs; on est alors obligé d'en corriger la cuisson avec des aromates, tels que oignons, carottes, persil, thym, laurier, etc.

En Hollande, on fait cuire le poisson simplement à l'eau de sel, et le plus souvent on le fait cuire dans de l'eau de mer.

Les Hollandais, sur cet article, ont un grand avantage sur toutes les villes de l'Europe; leurs rivages abondent en poisson d'un goût plus excellent que partout ailleurs; principalement le cabillaud et le turbot.

Sur les côtes d'Angleterre, on trouve aussi d'excellent poisson, mais les Anglais donnent la préférence aux turbots qui ont été pêchés sur les côtes de Hollande, et qu'on apporte tout vivants dans les marchés de *Londres*, par le moyen de bateaux percés qu'on appelle en français *boutiques* ou *bascules*. Ce poisson est d'une blancheur et d'un goût plus délicat que celui qu'on pêche du côté de *Dover*, de *Dungeness* et de la nouvelle pêche d'*Hartepool*. On ne peut pas l'apporter vivant aux marchés, parce qu'il a été pris aux crochets et avec des amorces, ce qui le fait mourir quelques instants après qu'il a été pêché.

En Hollande et sur les côtes de l'Allemagne, tout le poisson de mer est pêché avec des filets, et, à mesure que les pêcheurs en prennent, ils le mettent dans de grands baquets avec de l'eau de mer en quantité suffisante pour que le poisson puisse y nager à l'aise. On le nourrit avec des crevettes, sardines et anchois frais qu'on coupe par morceaux, et il est ainsi transporté vivant dans les différents marchés.

Tout poisson de mer qui a été pêché avec des filets (1) peut être conservé vivant pendant plusieurs jours. Il faut avoir soin de renouveler sa nourriture plusieurs fois dans la journée. Quand on voyage sur mer, on peut conserver le poisson plus longtemps encore, parce qu'on a l'avantage de pouvoir lui changer l'eau de mer trois ou quatre fois par jour.

Quant au poisson d'eau douce, tel que brochet, carpe, tanche, barbeau et anguille, pour le conserver vivant pendant quelque temps, on le met, aussitôt qu'il a été pêché, dans des baquets

(1) Excepté le maquereau, qui meurt aussitôt qu'il sort de l'eau.

remplis d'eau de la même rivière où on l'a pris. On le nourrit avec des vers de terre, du foie et des petits poissons.

Il y'a encore une autre manière de conserver le poisson d'eau douce, qui consiste à le placer, aussitôt qu'il est pêché, dans un panier dont on a recouvert le fond avec du gazon; on le recouvre ensuite avec de l'herbe fraîchement cueillie qu'on a soin de changer de temps en temps. De cette manière, le poisson se conserve non pas vivant, mais aussi frais que s'il sortait de l'eau.

Dans toutes les villes qui sont éloignées de la mer, le poisson n'arrive jamais vivant. Pour le corriger, on fera bien de suivre la méthode suivante.

Lorsqu'on a acheté du poisson de mer, le plus frais possible, et aussitôt qu'il est arrivé dans la cuisine, on le nettoie et on le lave bien. Après l'avoir bien essuyé avec un linge, on prend une bonne poignée de sel fin et on en frotte le poisson sur toutes les surfaces. Il faut opérer de manière que le sel reste adhérent au poisson; ensuite, on le place dans un endroit frais jusqu'au moment de s'en servir. Cette opération doit avoir lieu trois ou quatre heures au moins avant de le faire cuire.

Quand le poisson de mer est gelé, il faut, aussitôt qu'il arrive à la cuisine, le placer dans une terrine ou baquet rempli d'eau pluviale, y ajouter une bonne poignée de sel gris, et le laisser dans cet état jusqu'à ce qu'il soit entièrement dégelé. Ensuite on le vide, on le nettoie et on le fait cuire.

SAUTÉ DE FILETS DE SOLE A LA VÉNITIENE.

Videz quatre belles soles; ôtez-en la peau des deux côtés; levez quatre filets de chaque sole, en coupant sur le milieu de l'arête, de la tête à la queue. Introduisez la pointe du couteau entre la chair et l'arête, d'un côté comme de l'autre; divisez chaque filet en deux, en le coupant en travers; parez-les carrément, un peu allongés; beurrez ensuite le fond d'un plat à sauter avec quatre onces de bon beurre; versez par dessus deux onces d'huile d'olives; rangez-y les filets de sole; dix minutes avant de les servir faites-les sauter sur un bon feu, en ayant soin de les retourner; lorsqu'ils seront cuits, égouttez bien le beurre et l'huile; dressez les filets en couronne sur un plat, et masquez-les de la sauce qui est indiquée pour les filets de maquereau à la vénitienne (*voy.* cet article). Vous mettrez au milieu un émincé de truffes cuites au vin de Champagne.

SOLE EN MATELOTE NORMANDE.

Videz une belle sole bien fraîche. Coupez la tête en biseau; ôtez la peau des deux côtés, et la queue; lavez-la et épongez-en l'eau. Vous beurrez le fond du plat d'argent que vous devez servir. Hachez fin une échalotte, un peu de persil et trois champignons. Mettez le tout sur le plat, par dessous la sole; saupoudrez-la de sel, et couvrez-la de bon vin blanc de Bordeaux; faites-la cuire sur un bon feu, sans la couvrir, pendant douze à quinze minutes. Egouttez ensuite tout le vin et les assaisonnements qui sont dans le plat; passez ce fond à travers un tamis, et mettez-le dans une casserole avec huit cuillerées à dégraisser de velouté, quatre de bon consommé et deux d'essence de volaille; ajoutez-y quelques grains de mignonnette, et faites réduire de moitié cette sauce sur un bon feu, en ayant soin de l'écumer.

D'autre part, vous ferez ouvrir trois ou quatre douzaines d'huîtres; vous les ferez blanchir dans leur eau; leur couperez les barbes tout autour, les égoutterez et les rangerez sur le plat, autour de la sole. Vous pouvez y joindre, si vous voulez, trois douzaines de moules, également blanchies. Mettez de distance en distance, et tout autour de la sole, quelques champignons tournés et cuits au blanc; quelques bouchons de croûtes de pain coupés en rond, de la grandeur d'un sou et de trois lignes d'épaisseur; puis, vous faites fondre quatre onces de bon beurre, très-frais, dans la sauce ci-dessus, sans la faire bouillir. Versez-la ensuite sur le plat, de manière à masquer la sole et la garniture; mettez le plat sur des cendres chaudes, avec un four de campagne bien chaud par dessus. Aussitôt que la surface sera d'une couleur dorée, vous servirez immédiatement.

Vous pouvez mettre le plat dans le four si vous en avez un.

SOLES FRITES A LA COLBERT.

Videz deux belles soles; coupez-leur la tête en biseau, les barbes et le bout de la queue. Otez-leur la peau du côté noir; laissez celle du côté blanc, mais ratissez-la pour en ôter les écailles. Lavez-les et épongez-en bien l'eau; faites une incision longitudinale sur le milieu de l'arête de chaque sole, du côté où il n'y a pas de peau; introduisez la pointe du couteau un peu avant, pour détacher les chairs de l'arête, afin de donner à cette incision la forme d'une poche. Trempez ensuite les soles dans du lait, égouttez-les; farinez-les et mettez-les dans une friture un peu chaude. Quand elles seront de belle couleur, retirez-les de la friture, et séchez-les bien dans un linge blanc. Vous ôtez lestement l'arête de chaque sole par l'incision que vous avez pratiquée, et à la place vous mettez un beau morceau de beurre frais, manié avec sel, poivre et un jus de citron. Donnez à chaque sole sa forme primitive, comme si rien n'eût été touché à l'intérieur; dressez-les sur un plat, en les couchant sur le côté de l'ouverture, et servez avant que le beurre soit fondu. Si vous les servez pour entrée, vous les saucerez avec une sauce tomate corsée.

ÉPERLANS EN MATELOTE NORMANDE.

Choisissez la quantité d'éperlans qu'il vous faudra, les plus frais et les plus gros qu'il vous sera possible, et dont le ventre ne soit pas endommagé. Ne vous en rapportez pas à l'odorat, car ce poisson répand une odeur de violette quand il commence à se corrompre; lorsqu'il est frais, il doit avoir les chairs fermes au toucher, les yeux brillants, ainsi que les écailles qui doivent être d'une couleur argentine très-vive.

Vous les ratissez légèrement pour en ôter exactement les

écailles. Otez-leur les ouïes et les intestins avec la pointe de votre petit couteau. Vous leur laisserez le foie et la laite dans le corps; ôtez-leur les nageoires et le bout de la queue à l'aide des ciseaux; lavez-les et épongez-en bien l'eau avec un linge blanc. Beurrez un plat d'argent sur lequel vous devez les servir, rangez-y les éperlans, en les posant sur le ventre; serrez-les bien les uns contre les autres, et saupoudrez-les de sel. Faites bouillir dans une casserole deux verres de vin blanc de Bordeaux, et versez-le tout bouillant sur les éperlans; laissez-les ainsi pendant cinq minutes; séparez le vin d'avec les éperlans; mettez-le dans une casserole avec huit cuillerées à dégraisser de velouté, quatre de consommé, deux d'essence de volaille, et un peu de muscade râpée; faites réduire cette sauce de moitié, et opérez, pour le reste, de même que pour la sole en matelote normande. (*Voy.* cet article.)

FILETS DE LIMANDES A L'ANGLAISE.

Levez les filets de cinq ou six limandes de la même manière qu'il est dit aux filets de sole à l'anglaise. Mettez-les dans un plat avec sel, poivre, un oignon émincé et le jus de deux citrons. Arrosez le tout d'un quart d'huile d'olive. Laissez vos filets dans cet assaisonnement pendant une heure ou deux, en ayant soin de les sauter de temps en temps. Une demi-heure avant de servir, égouttez bien vos filets de limande, et pour le reste opérez de même que pour les filets de sole à l'anglaise. (*Voyez* cet article.) Vous pouvez les servir avec une sauce tomate.

ORLY DE FILETS DE LIMANDES.

Ils se préparent de même que le orly de filets de sole. (*Voyez* cet article.) Si les limandes sont petites, vous pouvez leur laisser la peau. Les filets de plies et de carrelets se préparent de même.

TURBOTIN FAIT A LA COLBERT.

Procédez de même que pour les soles à la Colbert. (*Voyez* cet article.)

SAUTÉ DE FILETS DE MAQUEREAU A LA VÉNITIENNE.

Prenez cinq beaux maquereaux laités et bien frais; videz-les par les ouïes; sortez leur laitance par la même voie, en ayant soin de ne pas les briser. Fendez ensuite chaque maquereau par le dos; glissez le tranchant du couteau sur l'arête, afin de séparer les deux moitiés. Otez l'arête, la tête et la queue; étendez chaque moitié de maquereau sur la table, du côté de la peau; glissez le tranchant du couteau entre la chair et la peau, de manière à séparer cette dernière. Il faut faire mordre le couteau à une ligne sous la peau, pour enlever la chair courte et rouge qui, quoique bonne, fait un mauvais effet sur le plat. Vos dix filets étant ainsi levés, coupez-les chacun par moitié et en travers, cela fera vingt filets. Parez-les carrément; beurrez bien le fond d'un plat à sauter avec quatre onces de beurre frais; versez dessus deux onces d'huile d'olive, et placez-y les filets. Dix minutes avant de servir, faites sauter les filets sur un feu vif; quand ils seront raidis d'un côté, vous les retournerez de l'autre avec la pointe du couteau. Lorsqu'ils sont cuits, dressez les filets en couronne sur un plat. Quand vous aurez nettoyé et fait dégorger leurs laitances, faites-lessauter de même que les filets; mêlez-y environ deux maniveaux de champignons tournés et cuits comme il est dit à l'article PETITES SAUCES. (*Voyez* cet article.) Versez ensuite ce ragoût au milieu du plat où sont les filets, et arrosez-les de la sauce suivante:

Mettez dans une casserole six cuillerées à dégraisser de velouté, quatre de consommé et une de sauce tomate. Faites réduire de moitié sur un bon feu. Faites-y fondre quatre onces de beurre très-frais, sans faire bouillir, et masquez les filets de maquereau, ainsi que les laitances et les champignons. Servez bien chaud.

Si les maquereaux sont de moyenne grosseur, vous laisserez les filets entiers.

SAUTÉ DE FILETS DE MAQUEREAUX A LA BOURGEOISE.

Videz trois beaux maquereaux par les ouïes. Fendez-les par le dos de manière à séparer les deux moitiés. Otez l'arête, la tête et la queue. Laissez la peau et chaque moitié dans son entier qu'on appelle filets; parez-les correctement; graissez bien le fond d'un plat à sauter avec trois onces de beurre frais; versez par-dessus quatre cuillerées à bouche d'huile d'olive; rangez-y vos filets du côté de la peau, et faites-les sauter sur un feu vif. Quand ils seront raidis d'un côté, vous les retournerez de l'autre avec la pointe du couteau. Vos filets étant cuits, dressez-les en couronne sur un plat; mettez dans le sautoir un demi-verre de vinaigre, autant de jus de bouillon; une cuillerée à café d'échalottes hachées fin; autant de persil, sel et gros poivre. Faites réduire cette sauce d'un tiers; faites-y fondre deux onces de beurre frais, sans faire bouillir; versez-la sur les filets de maquereaux, et servez bien chaud.

Si vous avez des laitances, faites-les sauter de même que les filets, et mettez-les au milieu du plat. Lorsque les filets seront cuits, vous pouvez en ôter la peau si vous voulez.

ORLY DE FILETS DE MAQUEREAUX.

Levez les filets de cinq maquereaux comme les précédents, mais ne leur ôtez pas la peau et laissez les filets dans leur entier, à moins que les maquereaux ne soient trop gros; vous coupez alors chaque filet longitudinalement et par moitié.

Mettez les filets des maquereaux et leurs laitances dans une terrine, avec sel, gros poivre, thym, laurier, une échalotte hachée, un oignon émincé, deux onces d'huile d'olive et le jus de deux citrons. Laissez-les dans cette marinade pendant deux heures, en ayant soin de les faire sauter de temps à autre. Un quart d'heure avant de servir, égouttez les filets de leur marinade, ainsi que les laitances; épongez-les bien en les pressant légèrement dans un linge; farinez-les et faites-les frire de belle couleur, quand ils le seront, sortez-les de la friture; égouttez-les bien sur un linge blanc; dressez vos filets en pyramide sur un plat, les laitances au milieu; garnissez le plat de persil frit, bien croquant, et servez-les avec sauce tomate à part.

RAITONS FRITS.

Choisissez huit ou dix raitons légèrement mortifiés; videz-les; supprimez-leur la tête et la queue; ôtez-leur la peau des deux côtés, et fendez chaque raiton par moitié, en le coupant longitudinalement; lavez-les et épongez-en parfaitement l'eau; mettez-les dans une terrine et faites-les mariner dans le même assaisonnement que celui des filets de maquereau à la orly. Vous les sortirez ensuite de leur marinade, et les sécherez bien dans un linge blanc. Farinez chaque moitié de raiton, et mettez-les à mesure dans la friture modérément chaude. Quand ils seront de belle couleur, retirez-les sur un linge blanc; égouttez bien la friture, et dressez les raitons en buisson sur un plat, par-dessus une serviette; garnissez-les de persil frit, et servez-les avec des quartiers de citron verts autour du plat.

Vous pouvez paner à l'œuf les raitons, et ensuite les faire faire.

ROUGETS DE LA MÉDITERRANÉE A L'ITALIENNE.

Ecaillez et videz par les ouïes quatre ou six beaux rougets; servez le foie; coupez-leur les nageoires et le bout de la queue; essuyez-les bien avec un linge et remettez le foie dans le corps de chaque rouget. Ensuite vous prendrez des branches bien garnies de feuilles de myrtille, qu'on appelle aussi *cirelle*; il faut qu'elles soient plus longues que les rougets. Enveloppez chaque poisson avec cinq ou six branches de myrtille; assujettissez les deux bouts avec de la ficelle; placez-les sur le gril et faites-les cuire sur un feu clair, pas trop ardent; ayez soin de les retourner et de les arroser avec de la bonne huile d'olive. Les rougets étant cuits, ôtez les branches de myrtille; dressez vos rougets sur un plat; mettez une sauce livournaise dessus, et servez-les. Si c'est pour relevé de potage, servez la sauce à part. (*Voyez* SAUCE A LA LIVOURNAISE.)

ROUGETS DE LA MÉDITERRANÉE EN PAPILLOTTES.

Ils se préparent de même que les maquereaux en papillottes, si ce n'est qu'au lieu de faire cuire les laitances, vous faites cuire les foies des rougets.

SAUTÉ DE FILETS DE ROUGETS.

Ayez cinq ou six beaux rougets bien frais; videz-les, écaillez-les; gardez le foie; ôtez-leur les nageoires et épongez-en bien l'eau. Levez deux filets de chaque rouget; parez chaque filet correctement; mettez-les dans une terrine avec un quart d'huile d'olive; sel, gros poivre, thym, laurier, persil en branche, et un oignon émincé. Laissez-les mariner pendant deux heures, en ayant soin de les sauter de temps en temps dans leur assaisonnement. Dix minutes avant de servir, vous sécherez bien les filets dans un linge blanc, et vous le placerez dans un plat à sauter, dans lequel vous aurez fait fondre du beurre. Faites sauter vos filets. Quand ils seront raidis d'un côté, vous les retournerez de l'autre avec la pointe d'un couteau. Lorsque vos filets seront cuits, dressez-les en couronne sur un plat; mettez les foies blanchis au milieu du plat, avec une douzaine de champignons tournés, et masquez le tout d'une sauce italienne. (*Voyez* GRANDES SAUCES.)

GRONDINS A L'EAU DE SEL.

Ecaillez et videz quatre grondins. Coupez-leur les nageoires et le bout de la queue,; ficelez-leur la tête et mettez-les dans une poissonnière par-dessus la feuille percée; couvrez-les d'eau fraîche; ajoutez-y une bonne poignée de sel, et laissez-les ainsi pendant deux heures. Vingt minutes avant de servir, mettez la poissonnière sur le feu; lorsque vous voyez que l'eau est près de bouillir, ôtez-en l'écume; sortez les grondins; faites-les égoutter; glissez-les sur le plat par-dessus une serviette; entourez-les de persil en branches, et servez-les avec une sauce au beurre ou à la hollandaise, à part. Si les grondins ne sont pas bien frais, vous ajouterez à l'eau de sel un verre de vinaigre et un oignon émincé.

SAUMON A LA ROYALE.

Ecaillez et videz par les ouïes un saumon de moyenne grosseur (1); coupez-lui les nageoires et le bout de la queue; dépouillez-le de sa peau, d'un côté, bien carrément, depuis les nageoires qui sont près de la tête jusqu'à celles qui sont près de la queue. Vous pouvez faire cette opération avec la pointe d'un couteau bien affilé. Piquez tout ce carré de lard fin si c'est en gras, et de petits lardons d'anguille si c'est en maigre. Vous tournerez en clou des truffes et les piquerez autour de la piquerie de lard; emplissez le corps du saumon de farce de poisson, à laquelle vous ajouterez un quarteron de beurre de homard. Ficelez la tête; placez votre saumon dans une braisière, par-dessus une feuille de poissonnière bien beurrée; mouillez-le de deux cuillerées à pot de bouillon gras ou maigre, ou d'une bouteille de bon vin blanc de Bordeaux; ajoutez-y trois carottes, trois oignons, dont un piqué de clous de girofles, thym, laurier, un bouquet garni, un peu d'aromates pilés, très-peu de sel. Couvrez le tout d'un papier blanc beurré. Le mouillement ne doit pas dépasser la moitié du poisson. Couvrez la braisière de son couvercle et faites partir. Placez la brasière sur des cendres chaudes; mettez du feu sur le couvercle, et lorsque la piquerie de votre saumon sera bien glacée, égouttez le poisson de sa cuisson, glissez-le sur le plat, ôtez-lui la ficelle; dégraissez et

(1) Le saumon doit être mortifié d'un jour en été, de deux jours au printemps et en automne, et de trois jours en hiver. Cette règle est aussi applicable au turbot.

passez à travers un tamis le fond de sa cuisson; faites-la réduire à demi-glace; versez-la sur votre poisson de manière à bien glacer la piquerie; mettez alentour un ragoût de laitances de carpes; garnissez le plat d'écrevisses, et servez. (Pour la farce de poisson, *voyez* QUENELLES DE MERLAN.)

PETITES TRUITES A LA MAITRE-D'HÔTEL.

Videz, écaillez et lavez six à huit petites truites; épongez-en bien l'eau; faites deux légères incisions des deux côtés de chaque truite; mettez-les sur un plat; assaisonnez-les de poivre, huile d'olive, jus de citron et un oignon émincé. Laissez-les dans cet assaisonnement pendant une heure ou deux, en les retournant de temps à autre. Un quart d'heure avant de servir, égouttez bien vos truites; graissez-les bien partout d'huile, et faites-les cuire à petit feu sur le gril. Quand elles seront cuites d'un côté, retournez-les de l'autre. Dressez ensuite vos truites sur un plat; par-dessus une maître-d'hôtel froide, et servez immédiatement. (*Voyez* PETITES SAUCES.)

ALOSE AU BLEU.

Videz une belle alose par les ouïes; laissez-lui les écailles; ôtez-lui les nageoires et le bout de la queue avec des ciseaux; lavez-la et mettez-la dans la poissonnière par-dessus la feuille percée; couvrez-la de vin blanc; ajoutez-y deux oignons, deux carottes émincées, thym, laurier, un bouquet de persil, une pincée de sel, et faites partir sur un bon feu. Otez-en l'écume, et lorsque le poisson commencera à bouillir, retirez-le du feu; placez-le sur le coin du fourneau pour le faire mijoter pendant trois quarts d'heure. Au bout de ce temps, égouttez l'alose; glissez-la sur un plat, par-dessus une serviette; entourez-la de persil en branches. Si c'est pour relevé de potage, vous servirez chaud, avec une sauce aux câpres à part; si c'est pour rôt, vous servirez froid sans sauce.

MORUE EN BRANDADE A LA PROVENÇALE.

Prenez une morue salée, bien blanche et transparente; mettez-la tremper pendant deux jours dans de l'eau de fontaine, en ayant soin de changer l'eau deux fois par jour. Quand la morue sera dessalée, coupez-la par morceaux carrés, larges comme la main; mettez-les dans une casserole; couvrez-les d'eau de fontaine; posez la casserole sur le feu, et faites mijoter la morue pendant trois quarts d'heure sans faire bouillir. Ensuite retirez la morue de l'eau; faites-la bien égoutter; ôtez-en soigneusement toute la peau et les arêtes; levez votre morue par feuillets; et mettez-la dans une casserole (1), dans laquelle vous aurez fait fondre deux onces de beurre frais; vous y ajouterez une cuillerée à café de

(1) Les Provençaux pilent la morue dans un mortier de marbre. Quand elle est réduite en pâte, ils la finissent dans une casserole et sur le feu, comme il est indiqué ci-dessus, mais ils n'y mettent point de crème.

persil haché très-fin, et la moitié d'une gousse d'ail que vous écraserez avec le dos de votre couteau. Prenez une cuiller de bois; écrasez la morue en tenant la casserole sur le bord du fourneau; versez peu à peu sur votre morue la valeur d'un demi-verre de crême et six onces de bonne huile d'olive, ou plus si vous avez beaucoup de morue; remuez avec la cuiller de bois sans cesse et avec force, en tenant toujours la casserole près du feu. Quand la morue sera réduite en pâte bien unie, vous ajouterez un peu de gros poivre si vous voulez. Dressez ensuite votre brandade en pyramide sur un plat; garnissez le bord du plat de croûtons frits dans le beurre et de belles écrevisses, et servez bien chaud. Vous pouvez servir votre brandade dans un vol-au-vent.

MORUE A LA GÉNOISE.

Prenez la quantité que vous voudrez de morue; mettez-la tremper dans l'eau fraîche pendant deux jours, en ayant soin de la changer d'eau deux ou trois fois par jour. Au bout de ce temps, quand la morue sera dessalée, vous la couperez par morceaux de deux ou trois pouces carrés. Faites fondre un quarteron de beurre dans une casserole; placez-y les morceaux de morue; faites-la revenir pendant cinq à huit minutes en ayant soin de la retourner. Si vous avez trois livres de morue, épluchez huit ou dix gros oignons; coupez-les par tranches formant des anneaux; prenez douze à quinze tomates; ôtez-en la peau, coupez-les par moitié; pressez les pepins et jetez-les comme inutiles; coupez toutes les tomates par morceaux, et mettez-les dans la casserole avec la morue, ainsi que les oignons; assaisonnez de sel et poivre; couvrez la casserole, et faites cuire votre ragoût pendant quarante minutes; secouez la casserole de temps en temps pour que la morue ne prenne pas au fond; ensuite dressez la morue en couronne sur un plat, et s'il y avait trop de sauce, vous la feriez réduire sur un grand feu. Versez le ragoût d'oignons et de tomates dans le milieu du plat, et servez.

THON FRAIS A L'ITALIENNE.

Prenez deux tranches ou tronçons de thon frais légèrement mortifiés, de cinq ou six centimètres d'épaisseur; appropriez-les; mettez-les sur un plat avec deux gousses d'ail émincées, sel, gros poivre, persil en branches, basilic, thym, laurier, le zeste d'un citron et un demi-verre de bonne huile d'olive. Laissez le thon dans cet assaisonnement pendant deux ou trois heures, en ayant soin de le retourner de temps en temps. Trois quarts d'heure environ avant de servir, égouttez les tranches du thon de leur assaisonnement; épongez-les bien avec un linge blanc; graissez-les bien partout d'huile d'olive ou de beurre frais, et faites-les cuire sur le gril, à un feu un peu étouffé. Quand les tranches de thon seront cuites d'un côté, vous les tournerez de l'autre; pendant que le thon cuira, vous ferez la sauce suivante:

Faites un roux suivant la règle enseignée à l'article des petites sauces; mouillez-le de moitié bouillon et moitié vin blanc; hachez huit à dix champignons, persil, ciboules, deux échalottes, et deux anchois dont vous aurez ôté les arêtes. Mettez le tout dans cette sauce; ajoutez sel et gros poivre; faites réduire votre sauce de manière à la rendre un peu épaisse; dressez les tranches de thon sur un plat, versez la sauce par-dessus, et servez.

Vous pouvez servir ce thon grillé avec une sauce à la livournaise. (*Voyez* cet article.)

THON FRAIS A L'ESPAGNOLE.

Ayez un tronçon de thon frais de quinze à dix-huit centimètres de longueur; ratissez-le bien et ôtez le sang caillé qui se trouve à l'intérieur; lavez-le et essuyez-le bien avec un linge; lardez-le en long avec de gros lardons de langue à l'écarlate et filets d'anchois; ficelez votre tronçon; couvrez le fond d'une casserole de bardes de lard; posez le tronçon de thon par-dessus. (Si c'est en maigre, vous mettrez du beurre à la place de bardes de lard. Mettez trois gros oignons, dont un piqué de clous de girofle, deux grosses carottes, un bouquet garni, une gousse d'ail, thym, laurier, et mouillez le tout de deux bouteilles de vin blanc sec; mettez une feuille de papier beurré sur le thon; couvrez la casserole de son couvercle; faites partir sur un bon feu; étouffez le feu; mettez-en sur le couvercle de la casserole, et faites aller à petits bouillons pendant une heure. Le thon étant cuit, passez le fond de sa cuisson à travers un tamis; dégraissez-le et mettez-le dans une casserole avec huit cuillerées à dégraisser d'espagnole et deux de sauce tomate; faites réduire sur un grand feu. Quand cette sauce aura atteint l'épaisseur d'une bouillie claire, pressez-y la moitié d'un jus de citron ou d'une orange aigre; dressez ensuite le tronçon de thon sur un plat; ôtez la ficelle; versez la sauce par-dessus et tout autour, et servez immédiatement.

Si vous n'avez pas d'espagnole, vous ferez un roux blond, et le mouillerez avec le fond de la cuisson du poisson, que vous aurez dégraissé et passé à travers un tamis; vous y ajouterez quatre tomates, auxquelles vous aurez ôté les pepins, et ensuite vous passerez la sauce à travers une étamine.

DARNE D'ESTURGEON, SAUCE AUX HUITRES.

Prenez une darne d'esturgeon de dix centimètres d'épaisseur environ; coupée du côté de la queue, près du ventre; ôtez-en les plaques osseuses, la peau et le sang qui se trouve dans l'intérieur; lavez-la à plusieurs eaux; placez votre darne dans une casserole; si c'est en gras, vous la recouvrirez de moitié bouillon gras, et moitié vin blanc, deux carottes, deux oignons et un bouquet garni. Couvrez le tout d'un papier beurré, et la casserole de son couvercle. Faites partir sur un bon feu; écumez; diminuez le feu, et faites aller votre darne à petits bouillons pendant cinq quarts d'heure. La cuisson faite, mettez dans une casserole dix cuillerées à dégraisser de sauce allemande, et cinq du fond de la cuisson de l'esturgeon; faites réduire cette sauce d'un tiers; faites-y fondre gros comme un œuf de beurre frais; ajoutez-y quatre douzaines d'huîtres blanchies, et dont vous aurez ôté les barbes qui tiennent la coquille; faites chauffer votre sauce sans la faire bouillir; égouttez la darne d'esturgeon; placez-la sur un plat; masquez-la de la sauce aux huîtres, et servez. Vous pouvez servir la sauce à part, si c'est pour relevé de potage (*voyez* ALLEMANDE). Si c'est en maigre, vous ferez cuire l'esturgeon dans un court bouillon maigre au vin blanc; et au lieu d'allemande, vous vous servirez d'un velouté maigre, ou d'une sauce au beurre.

DARNE D'ESTURGEON A LA GENEVOISE.

Après avoir approprié une darne d'esturgeon comme la précédente, vous la ficelez, vous la mettez dans une poissonnière, et la recouvrez de bon vin de Bordeaux rouge, ou de Mâcon. Ajoutez-y deux oignons, deux carottes, deux feuilles de laurier, thym, un peu de persil en branche, et quelques clous de girofle; faites partir sur un bon feu. Écumez, et laissez mijotter votre poisson pendant une heure et demie. La cuisson étant faite, égouttez votre darne d'esturgeon; dressez-la sur un plat; entourez-la de persil en branche, et servez-la avec une sauce genevoise à part (*voyez* cette sauce). Si c'est pour entrée que vous devez la servir, vous en supprimerez le persil, et masquerez votre darne d'esturgeon de la sauce genevoise.

TARTINES A LA MARINIÈRE.

Prenez un petit pain à café chapelé; coupez-le par tranches rondes de l'épaisseur de trois lignes; beurrez chaque tranche d'un seul côté avec du beurre très-frais; étendez par-dessus une légère couche de cavia de Russie; couvrez le cavia avec des tranches minces de thon mariné à l'huile; mettez sur le thon des jaunes d'œufs durs hachés; ensuite coupez un nombre égal de tartines de pain de la même dimension et de même épaisseur que les précédentes; beurrez-les également d'un seul côté, et étendez du cavia dessus. Mettez ces secondes tartines sur les premières de manière que les ingrédients soient en dedans, et qu'on ne les voie pas; dressez les tartines en pyramide sur un plat, et servez-les comme hors-d'œuvre d'office. On peut aussi les servir dans les bals et les soirées.

CAVIA SAUTÉ A LA VÉNITIENNE.

Prenez du *cavia* en mottes, coupez-le par tranches, de l'épaisseur de trois lignes; mettez deux cuillerées à dégraisser d'huile d'olive dans le sautoir; placez-y les tranches de *cavia*, et faites-les sauter sur un feu gai, en ayant soin de les retourner. Aussitôt que le *cavia* sera devenu blanc, dressez vos tranches en couronne sur un plat; ôtez l'huile du sautoir dans laquelle le cavia aura cuit; mettez-en deux cuillerées de nouvelle (toujours de la bonne huile d'olive); ajoutez-y deux onces de beurre bien frais, ou plus, selon la quantité de *cavia*; faites chauffer le tout sans faire bouillir; assaisonnez cette sauce de très-peu de sel et gros poivre; pressez-y le jus d'un citron; versez-la sur le *cavia*, et servez.

ANCHOIS ET SARDINES FRAICHES FARCIES.

Ce n'est que dans les villes maritimes qu'on peut se procurer ces petits poissons bien frais, sans avoir été salés.

Prenez telle quantité d'anchois que vous voudrez. Otez-leur la tête et les entrailles ; coupez-leur les nageoires et le bout de la queue ; lavez-les et essuyez-les bien avec un linge ; faites fondre deux onces de beurre frais dans un plat d'argent ; fendez les anchois par le dos ; ôtez-leur l'arête ; roulez chaque moitié autour du doigt pour en former un anneau, et placez-les à mesure sur le plat d'argent. Lorsque le fond de celui-ci sera bien garni de moitié d'anchois en forme d'anneau, vous prendrez de la farce de poisson ; vous en ferez de petites boules de la grosseur d'une noisette, et en placerez une au milieu du cercle formé par chaque anchois. Tous les anneaux étant ainsi remplis de farce, arrosez-les de beurre fondu ; placez le plat sur des cendres chaudes ; couvrez-le d'un four de campagne ; faites cuire pendant dix minutes, et servez.

Les sardines fraîches se préparent de même, seulement il faut en ôter les écailles (*Voyez* FARCE DE POISSON.)

MOULES A LA MARINIÈRE.

Prenez telle quantité que vous voudrez de moules. Lavez-les à plusieurs eaux ; ratissez-les bien, une à une, avec le coupant du couteau, et ôtez toutes les filandres qui tiennent à la charnière ; lavez-les encore à deux eaux ; faites-les égoutter dans une passoire, et mettez-les ensuite à sec dans une casserole ; couvrez-la de nouveau, et posez-la sur un feu gaillard. Aussitôt que les moules seront toutes ouvertes, vous retirerez la casserole du feu. Faites fondre quatre onces de beurre dans une autre casserole ; coupez deux oignons par dés, et pressez-les dans le coin d'une serviette ; mettez-les dans la casserole avec le beurre, et posez la casserole sur le feu. Quand les oignons seront frits, d'une couleur blonde, ajoutez-y une petite cuillerée à bouche de farine ; mouillez le tout de la moitié de l'eau provenant des moules, avec deux verres de vin blanc, très-peu de sel et de gros poivre ; faites bouillir et réduire cette sauce ; elle doit être un peu claire. Au moment de servir, ajoutez à votre sauce une demi-cuillerée à bouche de persil haché et le jus d'un citron ; laissez chaque moule dans la moitié de sa coquille et jetez l'autre ; dressez-les sur le plat, versez la sauce par-dessus, et servez. Vous pouvez faire sauter les moules dans la sauce et les verser ensuite sur le plat.

Observez qu'il faut avoir soin de visiter l'intérieur de chaque moule, et ôter un petit crabe qui se tient, quand il y en a, dans les fibres des moules, et qui cause souvent de très-graves indispositions.

AUTRE MANIÈRE.

Après avoir ratissé et lavé les moules comme les précédentes, mettez-les à sec dans une casserole, avec quatre échalottes hachées, ainsi qu'une pincée de persil et de civettes, gros poivre et muscade râpée. Placez le tout sur un feu gaillard. Quand les moules seront toutes ouvertes, égouttez la moitié de l'eau qu'elles ont rendue; ajoutez-y quatre onces de beurre frais, ou plus, selon la quantité de moules que vous aurez; mettez-les encore sur le feu pendant dix minutes; pressez-y le jus d'un citron, et servez.

MANIÈRE D'ENGRAISSER ET AMÉLIORER LES HUITRES FRAICHES.

Prenez la quantité que vous voudrez d'huîtres fraîches de Cancale, d'Ostende ou anglaises. Mettez-les dans une terrine de grès; couvrez-les d'eau de fontaine: mettez-y du sel marin, dans la proportion d'une livre pour huit litres d'eau, ni plus, ni moins; agitez l'eau pendant quelques minutes pour accélérer la dissolution du sel; laissez vos huîtres dans l'eau pendant douze heures; cela suffira pour les épurer de la vase et du sable du parc où les huîtres ont séjourné. Au bout de ce temps, vous changerez l'eau de vos huîtres: vous en mettrez d'autre avec la même quantité de sel que la première; laissez les huîtres dans cette eau l'espace de deux ou trois jours; ensuite, servez-les. Elles seront infiniment meilleures aux heures de la marée montante; vous verrez les huîtres s'ouvrir pour absorber l'eau qui leur sert de nourriture.

Les marchands d'huîtres d'Angleterre, des Pays-Bas et de Hollande mêlent à peu près une livre de farine de seigle ou de froment à la quantité d'eau et de sel dont on vient de parler: cette méthode est nuisible à la santé.

Observation.

Quand on reçoit les huîtres fraîches, soit en barriques, soit en bourriches, et qu'on les entame, on doit surcharger la bourriche ou le baril d'un lourd poids quelconque, afin d'empêcher ces dernières d'ouvrir leur coquille, car aussitôt que l'huître s'ouvre dans la bourriche ou la barrique où elle est placée, elle meurt immédiatement. Il faut aussi les placer dans un endroit frais en été, et tempéré en hiver.

GRENOUILLES A LA POULETTE.

Les grenouilles qui vivent dans des rivières, et qui ont une couleur verte tachetée de noir, sont les seules qu'on puisse manger: on ne mange que les cuisses adhérentes à une partie des reins. Prenez un demi-cent de cuisses de grenouille bien blanches; lavez-les, égouttez-les, et mettez-les dans une casserole avec trois onces de beurre frais, une cuillerée à pot de consommé, un verre de vin blanc, un oignon, poivre et muscade râpée, et un bouquet garni de persil, thym et laurier. Placez la casserole sur le feu. Quand les grenouilles auront cuit pendant dix minutes, retirez le fond de leur cuisson; dégraissez et passez-le à travers un tamis; faites un roux blanc, avec un peu de beurre et une demi-cuillerée à bouche de farine; mouillez-le avec le fond de la cuisson de vos grenouilles; faites bouillir et dégraissez cette sauce sur le coin du fourneau. Quand elle sera réduite et un peu épaisse, mettez les cuisses de grenouilles dedans; faites-les sauter pendant trois à quatre minutes; mettez-y une liaison de trois jaunes d'œufs, deux onces de bon beurre et le jus d'un demi-citron. Lorsque le beurre sera fondu, dressez les grenouilles sur un plat, saucez-les et servez.

GRENOUILLES SAUTÉES AU BEURRE.

Faites fondre dans une casserole six onces de beurre bien frais. Lavez et séchez bien dans un linge blanc quatre douzaines de cuisses de grenouilles; mettez-les dans la casserole avec le beurre, et faites-les sauter sur un feu vif pendant dix à douze minutes; saupoudrez-les de sel et de poivre; mettez-y une pincée de persil haché bien fin; dressez les grenouilles sur le plat, et servez.

FRITURE DE CUISSES DE GRENOUILLES.

Prenez cinq douzaines de cuisses de grenouilles. Lavez-les et séchez-les dans un linge; faites-les mariner pendant une heure dans le même assaisonnement que celui qui est indiqué pour l'orly de filets de maquereau (*voyez* cet article); ensuite égouttez les grenouilles de leur marinade; séchez-les en les pressant légèrement dans un linge blanc; farinez-les; faites-les frire de belle couleur dans une friture modérément chaude, et servez-les avec du persil au milieu.

Vous pouvez paner à l'œuf les grenouilles, pour ensuite les faire frire.

ENTREMETS.

VÉRITABLE PLUM-PUDDING.

Prenez huit onces de graisse de rognon de bœuf, huit onces de raisin de caisse, huit onces de raisin de Corinthe, quatre onces de cédrat confit au sucre, le zeste d'un citron vert, cinq onces de sucre blanc en poudre, une petite cuillerée à café de sel blanc, quatre œufs frais entiers, demi-chopine de lait, deux petits verres de rhum, dix onces de mie de pain rassis émiettée bien fine, la sixième partie d'une noix muscade râpée.

Otez toutes les peaux de la graisse et hachez-la bien fine. Egrenez le raisin de caisse et ôtez-en tous les pepins. Epluchez bien le raisin de Corinthe; lavez-le et faites-le confire pendant deux heures dans du vin de Malaga. Coupez le cédrat par petits dés. Hachez bien fin le zeste de citron. Passez la mie de pain à travers une passoire pour qu'elle soit bien fine; ensuite cassez les œufs dans une terrine, versez le lait par dessus, et battez-le bien avec les œufs. Vous mettrez toutes les substances indiquées ci-dessus dans votre terrine, vous mêlerez bien le tout ensemble avec une cuillère de bois, et vous en formerez une pâte un peu compacte. Cela fait, vous couvrirez la terrine avec un linge blanc, et laisserez reposer cette composition pendant trois quarts d'heure. Au bout de ce temps, beurrez l'intérieur d'un moule en cuivre d'une forme quelconque; remplissez-le de la composition et placez-le dans une casserole dont le bord soit de même hauteur que le moule, mais de deux pouces plus large tout autour du moule. Mettez de l'eau dans la casserole jusqu'aux trois quarts du moule, et placez-la sur le feu pour faire bouillir. Vous entretiendrez l'eau toujours à la même hauteur, et vous aurez soin qu'en bouillant elle ne saute pas dans le pudding. Vous reconnaîtrez que le pudding est cuit quand sa surface sera d'une couleur jaune et ferme au toucher, ce qui n'arrivera qu'au bout de deux heures et demie, ou plus, si le pudding est gros. Vous sortirez le moule du bain-marie et vous ne démoulerez le pudding que dix minutes après. Vous renverserez le moule sur un plat, vous saucerez votre plum-pudding d'un zabayon ou d'une sauce madère, et servirez chaud. On peut faire cuire ce pudding au four; mais il ne sera pas si délicat.

CORNES D'ABONDANCE.

Emondez, coupez par filets et faites sécher à l'étuve une livre d'amandes douces, de la manière indiquée à l'article du Nougat (*voyez* cet article). Mettez dans un poêlon d'office trois cent soixante-quinze grammes de sucre blanc en poudre, posez-le sur le feu, remuez continuellement le sucre avec une cuiller de bois. Aussitôt qu'il sera fondu, jetez-y les amandes; retirez le poêlon du feu et mêlez bien les amandes avec le sucre. Huilez légèrement l'intérieur d'un moule en fer-blanc imitant une corne d'abondance; mettez les amandes dedans et étendez-les à l'aide d'un citron entier que vous appuyez sur les amandes; vous moulez ainsi trois cornets, et vous les dressez ensuite sur un fond d'office en les plaçant l'un contre l'autre avec leur pointe en l'air. Vous les assujettirez avec du sucre cuit au cassé et quelques bandelettes de nougat que vous souderez dans les encoignures des cornets. Vous prendrez ensuite huit oranges, vous les monderez et les diviserez par quartiers, sans écorcher la peau; vous mettrez chaque quartier au bout d'une brochette de bois, et vous les tremperez à mesure dans le sucre cuit au cassé (*voyez* cet article) et vous les égoutterez; vous glacerez de même des cerises fraîches et des grappes de groseilles, si c'est la saison; vous prendrez aussi des fruits confits au sucre, tels que chinois, marrons, amandes, figues, prunes, etc.; vous les tirerez à sec selon la méthode enseignée dans le *Glacier royal*; vous garnirez de ces fruits l'embouchure de chaque cornet, vous les placerez avec baucoup de goût et de symétrie; vous décorerez l'orifice de chaque cornet avec des bonbons de différentes couleurs, des filets d'angélique et de cédrat, et vous garnirez les pointes de plumets de sucre filé à la fourchette (*voyez* manière de filer le sucre, article SULTANE À LA CHANTILLY). Mettez le fond d'office contenant les cornets d'abondance sur un socle en pâte d'office, et servez comme pièce montée soit à l'entremets, soit au dessert.

DES CROQUE-EN-BOUCHE DE FRUITS.

On fait des croque-en-bouche avec des fruits frais, tels que cerises, marrons, amandes, prunes, quartiers d'oranges, et avec toutes sortes de fruits candis, en opérant de la manière suivante:

CROQUE-EN-BOUCHE DE CERISES.

Ayez la quantité de cerises qu'il vous faudra; la Montmorency est la meilleure; coupez-leur la moitié de la queue et passez-les à l'eau fraîche; faites-les bien égoutter et essuyer au soleil ou dans l'étuve. Vous mettrez dans un poêlon d'office trois hectogrammes de sucre blanc en poudre; placez-le sur le feu en le remuant sans cesse avec une cuiller de bois; et, ausitôt que le sucre sera fondu, retirez le poêlon du feu, et mettez-le sur des cendres chaudes. D'autre part, vous aurez huilé légèrement l'intérieur d'un moule; vous tremperez les cerises dans le sucre en les tenant par la queue; vous les ferez égoutter un instant; vous les mettrez à mesure dans le fond du moule et les placerez de manière à ce que les unes touchent aux autres, et la queue tournée en dedans; vous garnirez les parois du moule jusqu'au bord en plaçant les cerises les unes sur les autres, toujours la queue tournée en dedans. Au bout d'un quart d'heure, démoulez le croque-en-bouche; placez-le sur un plat, par dessus une serviette pliée avec goût; garnissez les extrémités supérieures avec des plumets de sucre filé, et servez. (*Voy.* SULTANE A LA CHANTILLY.)

CROQUE-EN-BOUCHE DE QUARTIERS D'ORANGES.

Prenez douze belles oranges, et dépouillez-les de leur écorce. Divisez chaque orange par quartiers; épluchez parfaitement chaque quartier de la peau blanche qui le recouvre, sans écorcher la peau fine qui entoure le jus; mettez chaque quartier d'orange au bout d'une brochette de bois, en ayant soin de ne pas crever les cellules qui renferment le jus, car autrement le sucre fondrait; ensuite vous ferez fondre trois cents grammes de sucre blanc en poudre, et procéderez du reste comme pour le précédent.

CROQUE-EN-BOUCHE DE FRUITS CANDIS.

Il faut retirer les fruits du sucre, les faire égoutter et sécher à l'étuve; ensuite piquer chaque fruit au bout d'un atelet de bois, et opérer pour le reste comme pour les précédents.

CROQUE-EN-BOUCHE DE MARRONS.

Vous ferez griller sur un feu doux, sans les faire colorer, cent cinquante marrons de Lyon. Quand ils seront froids, vous en ôterez toutes les pelures; vous mettrez chaque marron au bout d'un atelet en bois, et procéderez en tout et partout comme ci-dessus.

SUCRE COLORÉ.

Prenez telle quantité que vous voudrez de sucre raffiné en pain, vous le mettrez sur une table, et avec un rouleau vous le concasserez et le réduirez en petits morceaux de la grosseur d'un petit grain de raisin de Corinthe; passez-le à travers une passoire pour le séparer du sucre en poudre; mettez les grains qui sont restés dans la passoire sur une feuille de papier blanc, humectez-les peu à peu avec la couleur que vous voudrez (*Voyez* COULEURS PRÉPARÉES); remuez vos grains de sucre avec précaution. Lorsqu'ils seront colorés également partout, étendez-les sur le papier et faites-les sécher à la bouche du four; ensuite vous mettrez ce sucre dans de petites caisses de papier, vous les placerez dans un endroit garanti de l'humidité.

Vous vous servirez de ce sucre pour décorer les socles d'office et une foule de petits gâteaux.

GATEAU NAPOLITAIN.

Mettez sur une table trois livres de farine; faites au milieu un trou qu'on appelle la fontaine, mettez dedans une livre et demie de beurre frais, six jaunes d'œufs, une livre et demie de sucre blanc en poudre, la râpure d'un limoncello (1) et un verre d'eau de fontaine ou plus, s'il en faut. Détrempez la pâte, fraisez-la à deux tours; abaissez cette pâte de quatre lignes d'épaisseur; coupez-la par ronds, au nombre de dix-huit à vingt, et de la grandeur d'une petite assiette à dessert. Vous pouvez faire ce découpage avec un emporte-pièce de fer-blanc; puis, avec un second emporte-pièce d'un pouce et demi de diamètre, vous enlevez le milieu de chaque rond, afin d'en former des couronnes; vous les placez sur des plaques légèrement huilées et les faites cuire au four modéré. Vos couronnes étant cuites et refroidies, étendez de la gelée de groseilles ou de la marmelade d'abricots sur chaque couronne, et posez-les successivement les unes sur les autres. Cela doit former un gâteau d'environ vingt centimètres de haut sur quinze de diamètre. Masquez-le entièrement d'une glace royale au rhum (*voyez cet article*), décorez-le avec des filets de candi, d'angélique et de moitié de pistaches ou de sucre coloré.

Vous pouvez également masquer de glace royale la surface du gâteau et le glacer tout autour avec de la marmelade, sur laquelle vous collez les bonbons qui doivent le décorer.

TARTE A L'ITALIENNE.

Après avoir fait la pâte comme il est indiqué pour le gâteau napolitain, faites une abaisse de cinq lignes d'épaisseur, coupez-la en rond ou en ovale, placez-la sur une plaque légèrement beurrée; mettez autour de cette abaisse un cordon de la même pâte, d'un pouce de diamètre; collez-le bien sur le bord de l'abaisse en appuyant vos doigts tout autour; dentelez ce cordon en le pinçant

(1) Le limoncello, ou plutôt citron de Naples, est de la grosseur d'une pomme d'api : sa peau est lisse; il est très-juteux et d'un parfum très-délicat; il ne croît que dans la Calabre et dans les jardins de Naples. C'est à ce petit citron que les glaces napolitaines doivent leur vogue; mais il ne faut pas croire pour cela que les Napolitains soient de bons glaciers.

avec vos doigts; mettez au milieu de la tarte une marmelade d'écorce de citrons (*voyez* cet article dans le *Glacier royal*); couvrez avec symétrie la surface de bandelettes de la même pâte; dorez à l'œuf le dessus de votre tarte; faites-la cuire au four modéré, et servez-la chaude.

TIMBALES DE LAZAGNES A L'ITALIENNE.

Faites bouillir de l'eau dans une casserole; ajoutez-y un peu de sel, et mettez dedans une livre et demie de lazagnes. (*Voyez* LAZAGNES, à l'article des POTAGES.) Faites-les cuire pendant vingt à vingt-cinq minutes; faites-les égoutter dans une passoire ou un tamis; prenez ensuite une timbale d'argent, étendez du beurre frais dans le fond; mettez dessus un lit de lazagnes, de l'épaisseur d'un travers de doigt; saupoudrez la surface de sucre et de cannelle en poudre; arrosez avec du beurre fondu, et mettez encore dessus un lit de lazagnes, de l'épaisseur d'un travers de doigt; saupoudrez également la surface de sucre et de cannelle en poudre; arrosez encore avec du beurre fondu, et continuez ainsi jusqu'à ce que la timbale soit pleine. Une demi-heure avant de servir, saupoudrez de sucre et de cannelle la surface de la timbale; arrosez-la de beurre fondu, et placez-la dans un four chaud, ou sous un four de campagne. Au moment de servir, saupoudrez encore la surface des lazagnes de sucre en poudre, arrosez-les de beurre fondu, glacez-les avec une pelle rougie au feu, et servez chaud pour entremets.

CROUTES AU MADÈRE.

Prenez la mie d'un pain de pâte ferme. Coupez-la par rondelles de trois centimètres de diamètre sur cinq de haut. Il en faut douze pour un entremets. Donnez à chaque rondelle une forme agréable, comme petites corbeilles un peu évasées, et ne les creusez qu'à moitié. Faites frire ces petites croustades dans le beurre. Quand elles seront de belle couleur, faites-les égoutter sur un linge propre; coupez des croûtons de mie de pain en losange; donnez à chaque croûton un centimètre d'épaisseur, et faites frire également dans du beurre. Prenez ensuite une tranche de biscuit de Savoie; faites-la sécher à l'étuve, et réduisez-la en poudre bien fine; mettez cette poudre de biscuit dans une casserole, avec trois onces de beurre bien frais; amalgamez le tout ensemble; versez une demi-bouteille de Madère sec dans la casserole, et posez-la sur le feu; faites donner à votre sauce douze à quinze bouillons, et ayez soin de la remuer continuellement. Vous aurez une demi-livre de raisin de caisse, bien épluché, et dont vous aurez préalablement ôté les pepins; trois onces de cerises confites au sucre, autant de cédrat et d'angélique confits et coupés en petits dés. Mettez tous ces fruits dans votre sauce; ajoutez-y six onces de marmelade d'abricots. Faites chauffer le tout sans faire bouillir. Au moment de servir, placez les douze petites croustades dans le plat que vous devez mettre sur la table; emplissez chaque petite croustade de sauce de fruits confits; placez les croûtons sur le bord du plat; saupoudrez le tout de sucre, et, avec une pelle rougie au feu, que vous présenterez à un pouce de distance de la surface des croustades, vous les glacerez, et vous servirez bien chaud.

Après avoir fait frire vos croustades, vous aurez soin de les décorer avec de l'angélique et du cédrat confits, en les découpant avec des emporte-pièce, et vous les collerez sur les coustades avec du sucre cuit au petit cassé.

PATISSERIE.

PATÉ FROID DE ROUGES-GORGES VOLANTS.

Plumez et flambez quatre douzaines de rouges-gorges; supprimez-leur les pattes, les ailes et le cou; fendez-les par le dos; ôtez-leur l'os des reins et de l'estomac; retirez-leur les intestins et jetez les gésiers. Prenez la quantité qu'il vous faudra de farce à quenelles de volaille (*voyez* cet article); pilez-la dans un mortier de marbre avec les intestins des rouges-gorges, quelques foies gras de volaille ou de gibier et une demi-douzaine de truffes cuites au vin blanc; assaisonnez le tout de sel, poivre et quatre-épices, et opérez un parfait mélange. Emplissez de cette farce le corps des rouges-gorges; donnez à chaque petit oiseau sa forme primitive et enveloppez-le d'une barde mince de lard.

D'autre part, vous prenez six à sept livres de pâte à dresser (*voyez* cet article), et vous moulez le pâté de la manière enseignée pour le pâté de veau froid; garnissez le fond et les parois intérieures du pâté de bardes de lard; mettez dans le fond une houcce de farce d'un demi-pouce d'épaisseur; placez une partie des rouges-gorges par-dessus; couvrez-les de beurre manié et de bardes de lard; étendez encore par-dessus une couche de farce semblable à la première, ainsi que de rouges-gorges, de beurre manié et de bandes de lard; assaisonnez le tout de sel, poivre et quatre épices. Il faut que le pâté ne soit rempli de farce et de rouges-gorges que jusqu'aux deux tiers, et que l'autre tiers de la croûte du haut du pâté soit vide; alors, pour empêcher cette dernière de s'affaisser en cuisant, vous couvrez le gibier d'un couvercle de pâte à dresser de trois lignes d'épaisseur; soudez-le bien autour du pâté; faites un trou au milieu de ce couvercle; placez-y un petit tuyau en fer-blanc qui doit surpasser un peu la crête du pâté pour servir de cheminée, afin que la vapeur qui résulte de la cuisson du pâté ait une issue. Garnissez de papier blanc beurré tout l'intérieur de cette partie du pâté qui est restée vide, et remplissez-la avec du son ou de la farine. Couvrez le pâté d'un couvercle de demi-feuilletage, que vous placerez sur la farine; ménagez un trou au milieu pour y faire passer le tuyau de la cheminée; pincez ou décorez le pâté: dorez-le et faites-le cuire comme à l'ordinaire. Quand le pâté est cuit, vous le défournez, et, s'il a rendu du jus, vous le versez dans la cheminée. Laissez refroidir le pâté; cernez le couvercle; ôtez tout le son ou la farine; le papier et le tuyau en fer-blanc qui a servi de cheminée, et au moment de servir, garnissez cette partie vide du pâté d'un fond de pâte cuite d'office et d'une bande de papier blanc; prenez trois ou quatre petits oiseaux vivants, tels que rouges-gorges, chardonnerets, pinsons, etc.; mettez-les dans le pâté, sur le rond de pâte d'office; couvrez le pâté de son couvercle de demi-feuilletage, et soudez le tout autour de la crête avec du sucre cuit au petit cassé, mais laissez le trou de la cheminée ouverte, pour que les oiseaux puissent respirer.

En servant le pâté, vous aurez soin de prévenir la personne qui doit le servir, afin qu'elle enlève artistement le couvercle et que les oiseaux puissent s'envoler librement. Ensuite, elle ôtera le rond de pâte cuite d'office, et la bande de papier qu'on n'avait mis que pour garantir le pâté des ordures que les oiseaux auraient pu y faire.

PATÉ FROID DE THON FRAIS.

Prenez un tronçon de thon frais, de vingt à vingt-cinq centimètres de longueur (s'il était trop frais, vous le laisseriez mortifier pendant vingt-quatre heures): enlevez-en la peau et les arêtes. Prenez une moyenne anguille, videz-la, dépouillez-la de sa peau et ôtez-en l'arête; coupez la moitié de l'anguille par filets, en forme de lardons; assaisonnez ces derniers avec sel, poivre, épices, muscade râpée et persil haché; lardez le tronçon de thon en plaçant les lardons d'anguille en long, et ficelez-le. Cela fait, graissez le fond d'une casserole avec quatre onces de beurre frais; mettez dessus le tronçon de thon; ajoutez-y une gousse d'ail, un oignon émincé, un bouquet de persil, sel, poivre, un peu des quatre-épices et muscade râpée, et un quart de bouteille de vin de Madère sec. Mettez-y les parures du thon, ainsi que l'arête et les parures de l'anguille. Posez la casserole sur un feu gai, et lorsque le mouillement sera réduit en glace, versez dans la casserole une bouteille de bon vin blanc de Bordeaux; ajoutez-y thim et laurier; couvrez la casserole de son couvercle et faites cuire le tout pendant trois quarts d'heure; ensuite égouttez le thon et faites-le refroidir; passez le fond de sa cuisson à travers un tamis, et mettez-le de côté pour vous en servir plus tard; ayez soin de bien le dégraisser.

Maintenant, prenez la chair d'une moyenne carpe et celle de la moitié de l'anguille qui vous reste; ajoutez-y huit ou dix anchois bien dessalés, et dont vous aurez ôté les arêtes; hachez et pilez le tout parfaitement; ajoutez à ces chairs de poisson six onces de beurre frais, deux jaunes d'œufs frais et un œuf entier, sel, poivre, muscade, et un peu de quatre-épices; opérez un mélange parfait, et passez cette farce à travers un tamis à quenelles. Si vous avez des truffes, vous les hacherez et les mêlerez avec cette farce. Vous aurez moulé ou dressé à la main une croûte de pâté, comme il est indiqué au pâté de veau froid (voyez cet article); la croûte étant dressée, couvrez-en le fond et les parois avec cette farce; placez au milieu le tronçon de thon auquel vous aurez ôté la ficelle; emplissez de farce les vides qui se trouvent entre les parois de la croûte et le morceau de thon; si vous avez des truffes, après les avoir bien lavées et épluchées; coupez-les par moitié et piquez-les dans la farce, et recouvrez le tout avec de la farce. Couvrez le pâté d'un couvercle de pâte à dresser, que vous soudez tout autour de la crête; mettez un second couvercle de demi-feuilletage, sans le souder; menagez une petite cheminée au milieu de ce dernier; pincez ou décorez le pâté avec goût, dorez-le à l'œuf, et donnez-lui environ deux heures de cuisson.

La cuisson faite, vous mettrez dans une casserole le fond de la cuisson du thon, que vous avez conservée; vous le ferez réduire de moitié sur un bon feu, et le verserez dans le pâté, par la petite cheminée. Bouchez l'ouverture de cette dernière avec une petite boule de pâte non cuite; laissez refroidir le pâté et servez-le.

PATE A LA NAPOLITAINE.

Prenez six à sept livres de pâte à dresser (*voyez* cet article); formez ou moulez le pâté comme il est dit au pâté de veau froid; donnez-lui seize à dix-huit centimètres d'élévation, sur douze à quatorze de diamètre. Le pâté étant monté, vous mettrez sur le feu une grande casserole d'eau, remplie aux deux tiers. Quand elle bouillira, vous mettrez dedans une pincée de sel, gros comme un œuf de beurre frais, et deux livres et demie de beau macaroni d'Italie. Faites bouillir pendant vingt minutes; faites égoutter le macaroni dans une passoire; mettez-le ensuite dans une casserole avec une livre de bon beurre, demi-livre de fromage romain (1) râpé, et autant de Parmesan, également râpé. Ajoutez-y du gros poivre et très-peu de sel. Posez la casserole sur le feu, et faites sauter le macaroni sans le faire bouillir. Au bout de six ou huit minutes, quand le macaroni sera bien mêlé avec le fromage et le beurre, retirez la casserole du feu. Lorsque le macaroni sera à moitié refroidi, vous en remplirez le pâté; ensuite, faites un couvercle de la même pâte à dresser, soudez-le solidement autour de la crête du pâté; faites un second couvercle de demi-feuilletage; mettez-le sur le premier et ne le soudez pas. Faites au milieu du couvercle un trou qu'on appelle la cheminée; pincez, décorez et dorez votre pâté, et faites-le cuire au four gai pendant deux heures, plus ou moins, selon la grosseur du pâté et la construction du four. Au bout d'une demi-heure, vous regarderez le pâté; si vous voyez qu'il se colore trop, vous l'entourerez d'un fort papier, que vous mouillerez de temps à autre. Votre pâté étant cuit, faites fondre dans une casserole six onces de bon beurre frais. Ne le faites pas bouillir, et versez-le dans la cheminée de votre pâté. Bouchez la cheminée avec un morceau de pâte non cuite. On sert ce pâté, chaud, pour entrée et entremets; et froid, pour l'emporter en voyage.

(1) Il y a plusieurs espèces de fromage romain. Celui qu'on met ordinairement dans le macaroni est fait avec du lait de buffle, et qu'on vend sous la dénomination de *fromage de cheval*. Dans le pays, on peut se procurer du véritable fromage de chevral; il est de meilleur goût que celui de buffle.

LÉGUMES.

POMMES DE TERRE EN CHEMISE.

Prenez des pommes de terre de moyenne grosseur (les jeunes sont les meilleures); lavez-les et brossez-les bien dans l'eau pour en ôter exactement le sable. Mettez les pommes de terre dans une casserole ou une marmite; n'emplissez la casserole ou la marmite de pommes de terre qu'à moitié ou aux deux tiers au plus; mettez dedans une chopine d'eau de fontaine, ou plus, si le vaisseau est grand, afin que l'eau ne couvre que d'un pouce le fond de la casserole ou de la marmite; couvrez le vaisseau de son couvercle, et faites cuire vos pommes de terre sur un feu doux pendant vingt minutes, plus ou moins, selon la grosseur des pommes de terre. Pour mieux vous assurer de la cuisson, vous les piquerez de temps en temps avec une fourchette. Quand elle entrera facilement dans les pommes de terre, c'est une preuve qu'elles sont cuites. Alors vous égoutterez toute l'eau de la casserole ou de la marmite; vous couvrirez vos pommes de terre avec une serviette, et le couvercle par-dessus; vous placerez la casserole sur des cendres chaudes, pour empêcher les pommes de terre de froidir. Au moment de servir, pliez une serviette en chausson; mettez vos pommes de terre dedans, et servez bien chaud, sans éplucher.

Quand on fait cuire des pommes de terre à grand bouillon, elles se fendent et tombent en miettes, avant que l'intérieur ne soit cuit; de même, quand on fait cuire les pommes de terre dans beaucoup d'eau, elles perdent aussi leur saveur.

POMMES DE TERRE NOUVELLES.

Dès le commencement d'avril, on voit des pommes de terre nouvelles à Paris, mais elles sont insipides. Elles commencent à être bonnes et savoureuses vers le mois de juillet, lorsqu'elles ont atteint une grosseur d'environ deux pouces de diamètre. Quand les pommes de terre sont bien jeunes, on les sert ordinairement frites dans le beurre, et alors on procède de la manière suivante :

Prenez la quantité que vous voudrez de pommes de terre nouvelles; essuyez-les une à une, avec un linge de toile grossière, pour leur ôter la peau superficielle. A mesure que vous essuyez les pommes de terre, vous les jetez dans de l'eau fraîche; ensuite vous les égouttez et les essuyez bien avec un linge. Faites fondre du beurre frais dans un plat à sauter, ou une casserole plate; étendez vos pommes de terre entières sur le beurre, et faites-les frire à petit feu; ayez soin de les retourner de temps à autre; il faut que le beurre couvre les pommes de terre d'un tiers au moins. Quand les pommes de terre sont bien jaunes et fermes, retirez-les du beurre où elles ont cuit; mettez-les dans une autre casserole, dans laquelle vous avez fait fondre trois onces de beurre bien frais; faites sauter vos pommes de terre sur le feu, sans faire frire le beurre; dressez-les sur un plat; versez le beurre par-dessus; saupoudrez-les de sel, et servez chaud.

Vous pouvez les servir en garniture pour des pièces de relevé de potage.

POMMES DE TERRE A LA BAYONNAISE.

Prenez telle quantité que vous voudrez de pommes de terre jaunes. Otez-en la peau : lavez-les ; mettez-les dans une casserole ; couvrez-les d'eau, et faites-les cuire à grand feu pendant vingt-cinq minutes. Egouttez l'eau ; passez les pommes de terre à travers une passoire ; mettez cette purée dans une casserole ; assaisonnez-la de sel, poivre et muscade ; ajoutez-y de l'échalotte et du persil, le tout haché bien fin. Coupez du jambon de Bayonne par petits dés ; mettez-le dans la purée ; cassez-y quatre œufs frais au plus, selon la quantité de purée que vous aurez, et, avec une cuiller de bois, vous mélangerez bien le tout ensemble. Faites-y fondre un quarteron de bon beurre ; versez votre purée de pommes de terre dans un plat creux ; saupoudrez la surface de mie de pain, quelques petits morceaux de beurre que vous placerez çà et là, et faites gratiner au four ou sous un four de campagne. Quand elles seront d'une belle couleur dorée, vous les servirez chaudes. Au lieu d'un plat creux, vous pouvez vous servir d'une timbale d'argent.

POMMES DE TERRE A LA HAMBOURGEOISE.

Prenez une douzaine de grosses pommes de terre jaunes ; ôtez-en la peau ; lavez-les et faites-les cuire dans l'eau, comme les précédentes, en y ajoutant un peu de sel. Quand elles seront cuites, égouttez-en l'eau et réduisez-les en purée. Vous prendrez autant d'épinards blanchis à l'eau de sel que vous aurez de purée de pommes de terre ; vous les hacherez bien fins et les mêlerez avec la purée ; assaisonnez le tout de sel et de poivre, et un peu de muscade si vous voulez ; ajoutez-y six onces de beurre bien frais ; opérez un parfait mélange ; versez-le dans un plat creux ; faites-le gratiner au four ou sous un four de campagne, et servez chaud. Vous pouvez mettre ces pommes de terre dans une timbale d'argent.

PETITS POIS VERTS A LA CRÈME.

Ayez un litre de petits pois verts bien tendres ; lavez-les dans de l'eau fraîche et faites-les égoutter. Faites fondre deux onces de bon beurre dans une casserole ; mettez-y les pois ; ajoutez-y un bouquet de persil et de ciboules, et très-peu de sel ; couvrez la casserole de son couvercle, et faites aller les petits pois à petits bouillons. Quand ils seront aux trois quarts cuits, vous y ajouterez un verre de crème ; vous manierez un morceau de beurre gros comme un œuf de pigeon avec un peu de farine ; jetez-le dans vos pois ; agitez-les jusqu'à ce que le beurre soit fondu ; ajoutez-y une cuillerée à bouche de sucre en poudre ; placez la casserole sur un grand feu ; faites-lui donner dix à douze bouillons ; retirez le bouquet ; mettez dans vos pois une liaison de trois jaunes d'œufs, et servez à courte sauce et bien liée.

PETITS POIS AU LARD.

Faites fondre dans une casserole trois onces de beurre frais; mêlez-y une cuillerée et demie de farine, et posez la casserole sur un petit feu. Parez une demi-livre de lard de poitrine; coupez-le en travers, par morceaux de quatre lignes d'épaisseur, et mettez-les dans la casserole. Quand le tout aura frit cinq à six minutes, et que le lard sera légèrement saisi, vous mouillez le tout d'une cuiller à pot de bouillon : tâchez que cette sauce soit un peu longue. Dès qu'elle bouillira, vous y mettrez deux litres de petits pois verts, que vous aurez préalablement épluchés et lavés; ajoutez-y un bouquet de persil et de ciboules, un peu de poivre et pas de sel. Couvrez la casserole de son couvercle; faites cuire à petit feu pendant quarante minutes et retirez le bouquet. S'il y avait trop de sauce, vous la feriez réduire sur un grand feu. Vous servirez ce ragoût pour garniture.

PETITS POIS A LA BRUXELLOISE.

Faites cuire un litre de petits pois verts : égouttez-les et mettez-les dans une casserole, avec quatre onces de beurre bien frais, dont une once maniée avec une petite pincée de farine; sautez-les sur un bon feu, sans les faire bouillir, pendant quatre ou cinq minutes, jusqu'à ce que les pois soient bien chauds; ajoutez-y sel, poivre, et une demi-cuillerée à bouche de persil haché fin; dressez les petits pois en pyramide sur un plat, et servez-les.

PETITES FÈVES DE MARAIS A L'ANGLAISE.

Prenez un litre ou deux de petites fèves de marais. Si elles sont un peu grosses, vous leur ôterez la robe. Faites bouillir une grande casserole d'eau de fontaine; jetez-y une bonne poignée de sel et les fèves; au bout de vingt à vingt-cinq minutes d'ébullition, quand les fèves céderont sous sa pression du doigt et qu'elles seront mangeables, égouttez l'eau et séchez-les en les pressant légèrement dans un linge blanc; mettez-les ensuite dans une casserole, avec deux onces de beurre frais, sel, poivre, sarriette hachée et très-peu de muscade râpée; sautez-les sur un bon feu jusqu'à ce que les fèves soient chaudes et sans les faire bouillir; versez-les sur un plat ou dans une casserole d'argent; mettez un beau morceau de beurre frais au milieu, et servez immédiatement.

ARTICHAUTS A LA ROMAINE.

Prenez douze artichauts violets, bien tendres et pas trop gros; ôtez les feuilles dures et coupez les autres d'un tiers; parez correctement l'extérieur du fond, et frottez-le de jus de citron; lavez les artichauts et faites-les bien égoutter; mettez dans le cœur de chaque artichaut une petite pincée de sarriette lavée et hachée; placez tous les artichauts dans une casserole à petits bords et posez-les sur leur fond; saupoudrez-les de sel; mettez une livre de bonne huile d'olive dans la casserole; couvrez les artichauts d'une feuille de papier huilé, et faites-les cuire au four ou sous un four de campagne; ensuite, dressez les artichauts sur un plat; arrosez-les d'une partie de l'huile dans laquelle ils ont cuit, et servez-les très-chauds.

AUBERGINES EN BIFTECK.

Prenez quatre grosses aubergines; coupez-les dans leur longueur et largeur par tranches de l'épaisseur d'un travers de doigt; faites des entailles en croisé sur les deux surfaces de chaque tranche; placez-les dans une terrine; assaisonnez-les de sel, poivre, vinaigre, et laissez-les mariner ainsi pendant trois heures. Au bout de ce temps, séchez-les dans un linge, et faites cuire vos tranches d'aubergine sur le gril, en ayant soin de les retourner. Vous prendrez un quart de beurre bien frais; vous le manierez avec le jus d'un citron et un peu de persil haché fin; vous mettrez ce beurre dans un plat, et quand les aubergines seront grillées, vous les placerez par-dessus le beurre et les servirez.

HARICOTS VERTS SAUTÉS AU VIN DE CLARETTE.

Epluchez une ou deux livres de haricots verts bien tendres, faites-les blanchir comme ceux dits *à l'anglaise*, et faites-les égoutter. Mettez dans une casserole deux onces de beurre, un peu de persil et de ciboules hachés; posez la casserole sur le feu; faites frire les herbes pendant trois minutes, et mettez les haricots dans la casserole; ajoutez-y trois cuillerées de velouté travaillé ou d'espagnole, un demi-verre de vin de clarette, un peu de sel et très-peu de poivre. Faites sauter les haricots sur un feu ardent; au bout de trois ou quatre minutes, quand la sauce sera réduite et bien épaisse, pressez-y le jus d'un citron. Dressez vos haricots en pyramide sur un plat, et servez.

HARICOTS ROUGES ÉTUVÉS A LA BOURGEOISE.

Epluchez et lavez un litre de haricots rouges; égouttez-les et mettez-les dans une marmite de la contenance de trois litres, emplissez-la d'eau environ aux deux tiers; mettez dedans un oignon piqué de deux clous de girofle, une carotte entière, un bouquet de persil et un peu de sel. Couvrez la marmite de son couvercle, et faites cuire les haricots sur un feu modéré, pendant deux heures. A moitié de leur cuisson, ajoutez-y une bouteille de bon vin de Mâcon, et achevez de les faire cuire. Au moment de les servir, retirez l'oignon, la carotte et le bouquet. Maniez trois onces de bon beurre frais avec une demi-cuillerée à bouche de farine; faites-le fondre dans les haricots en secouant la marmite, et servez-les à courte sauce.

Vous pouvez faire cuire avec les haricots une demi-livre de lard de poitrine; mais, trois quarts d'heure avant que les haricots ne soient cuits, il faudra retirer le lard, et ne point mettre de sel dans les haricots. Lorsque vous mettez le vin, tâchez qu'il n'y ait pas de mouillement; s'il y en avait de trop, vous l'ôteriez.

CARDONS A LA MOELLE.

Ayez des cardons limonés et cuits dans un blanc, comme il est dit *aux cardons au consommé et aux cardons au velouté* (voyez ces articles); mettez-les dans une casserole avec huit cuillerées à dégraisser d'espagnole et six de consommé. Faites bouillir le tout et réduire la sauce de moitié.

D'autre part, vous prendrez une demi-livre de moelle de bœuf; choisissez-la en beaux morceaux et faites-la dégorger dans l'eau fraîche pendant cinq ou six heures. Puis, faites-la blanchir à l'eau bouillante; ne lui faites prendre que deux ou trois bouillons, afin que la moelle ne se fonde que le moins possible. Ensuite, passez la moelle à l'eau fraîche, et faites-la cuire dans du bon consommé ou du bouillon. Etant cuite, dressez les cardons par lits sur un plat ou dans une casserole d'argent; mettez la moelle alentour; faites réduire la sauce un peu épaisse sur un bon feu; versez-la sur les cardons, et servez bien chaud.

Au lieu de sauce espagnole, vous pouvez employer du velouté.

PETITS CHOUX DE BRUXELLES A L'ESPAGNOLE.

Après avoir épluché et blanchi une livre de choux comme il est indiqué plus haut, vous mettrez dans une casserole huit cuillerées à dégraisser de sauce espagnole et autant de consommé. Travaillez et faites réduire cette sauce de plus de moitié sur un bon feu; jetez-y ensuite les choux bien égouttés; sautez-les dans la sauce pendant cinq ou six minutes. Quand ils seront bien chauds, faites-y fondre trois onces de bon beurre frais, sans faire bouillir; dressez-les en pyramide sur un plat ou dans une casserole d'argent, et servez à courte sauce et bien liée.

SEA-KALE OU CHOUX DE MER A L'ANGLAISE.

Pour le détail de cette espèce de choux, voyez l'article intitulé zée-kol, ou choux de mer.

Prenez la quantité que vous voudrez de cette espèce de choux; épluchez et lavez bien les côtes à plusieurs eaux; faites-en de petites bottes semblables aux bottes d'asperges et liez-les avec de la ficelle; faites bouillir de l'eau dans une casserole; jetez-y une bonne poignée de sel et les choux; laissez-les bouillir vingt-cinq minutes, absolument comme les asperges; quand ils fléchiront sous les doigts, égouttez-les, dressez-les sur un plat, par dessus une serviette; ôtez la ficelle, et servez-les avec une sauce au beurre à part, ou du beurre fondu également à part.

ŒUFS.

OEUFS A LA TURQUE.

Prenez quatre onces de pistaches; jetez-les dans de l'eau chaude pour en ôter la peau. Pilez-les dans un mortier de marbre, en y ajoutant de temps à autre un peu de lait, pour empêcher qu'elles ne tournent en huile. Les pistaches étant bien pilées, vous les mettez dans une casserole, avec deux petites cuillerées à bouche de farine de riz, huit jaunes d'œufs frais, dix onces de sucre en poudre, et un petit bâton de cannelle de Ceylan; remuez le tout avec une petite cuiller de bois, et versez sur cette préparation, peu à peu, une pinte de bonne crème; faites cuire sur un feu doux, en remuant sans cesse avec la cuiller de bois. Quand la crème sera épaissie, vous retirerez la cannelle et vous verserez la crème sur le plat que vous devez servir. D'autre part, vous aurez fait pocher douze œufs dans du sirop un peu long; vous les parerez et les placerez en couronne sur votre crême. Semez dessus du sucre coloré, garnissez le bord du plat de massepains ou de macarons, et servez chaud, pour entremets. Si la crème n'était pas assez verte, vous y ajouteriez un peu de vert d'épinards (*voyez* cet article).

OEUFS A LA CONSTANCE.

Faites bouillir de l'eau dans une casserole. Quand elle bouillira, mettez-y douze œufs bien frais; retirez-les au bout de six minutes, afin qu'il n'y ait que les trois quarts du blanc de durci, et que le restant, ainsi que le jaune, soit liquide; vous pratiquerez avec la pointe d'un couteau d'office une ouverture en tabatière, à l'extrémité pointue de chaque œuf, en ciselant la coquille tout autour de la pointe des œufs, et en coupant le blanc durci jusqu'au jaune; soulevez alors ce morceau sans le séparer; ôtez tout le jaune et le blanc qui a dû rester liquide dans l'intérieur des œufs; mettez-y à la place un salpicon ainsi composé:

Coupez par petits dés et d'égale grosseur, des blancs de volaille rôtie, du jambon de Bayonne cuit, et des truffes cuites au vin blanc. Mettez ces trois substances dans une casserole, avec trois cuillerées à dégraisser de velouté réduit: faites chauffer le tout, sans faire bouillir; ajoutez-y trois jaunes d'œufs frais; remplissez-en vos œufs, enduisez de blanc d'œuf cru les parois intérieures de l'ouverture de chaque œuf; bouchez-les avec le morceau d'œuf que vous avez soulevé en forme de couvercle; battez un peu de blanc d'œuf cru avec un peu de farine; enduisez de cette composition des bandelettes de papier blanc; collez-en une autour de l'empreinte de l'ouverture de chaque œuf; mettez vos œufs dans de l'eau bouillante et faites-les cuire pendant dix à douze minutes. Ensuite vous ôterez la coquille de vos œufs; vous les dresserez sur un plat; par-dessus une sauce tomate ou un ragoût de truffes, et les servirez.

Ces œufs, ainsi préparés, doivent être entiers et ne présenter aucune trace d'ouverture. Si on veut les préparer au maigre, on remplacera le salpicon par des pointes d'asperges en petits pois.

OMELETTE AU LARD A L'ITALIENNE.

Prenez une demi-livre de lard de poitrine; faites-le dégorger dans de l'eau fraîche pendant quatre ou cinq heures; ôtez-en la couenne et la partie où la salaison a touché; coupez le petit lard par morceaux de quatre centimètres de long sur trois lignes d'épaisseur : mettez-le dans une casserole avec deux onces de beurre et faites-le sauter sans le faire trop dessécher ; égouttez le petit lard. Cassez et battez huit œufs ; assaisonnez-les de sel et poivre ; faites une omelette comme celle au rognon de veau ; mettez le petit lard au milieu et finissez-la de même. Servez votre omelette sur un lit de sauce tomate.

OMELETTE AU FROMAGE.

Cassez six ou huit œufs sur un plat ; mettez-y du poivre, très-peu de sel, et une once de beurre par petits morceaux ; battez-les avec une fourchette pour bien mêler les jaunes avec les blancs, et les faire en quelque sorte mousser (1). Faites fondre trois onces de bon beurre dans une poêle ; posez-la sur un feu bien flambant ; et, dès qu'il est fondu, versez-y les œufs et remuez-les avec une fourchette ou une cuiller à dégraisser, jusqu'à ce que les œufs commencent à prendre ; secouez alors la poêle par intervalles, pour que l'omelette ne tienne pas au fond. Ayez quatre onces de fromage de Gruyère, coupé en petits dés ; parsemez-le sur l'omelette, et fermez les deux côtés en les pliant sur le centre, avec la fourchette ou la cuiller. Quand l'omelette sera assez cuite et d'une belle couleur, sans être trop desséchée, renversez-la sur un plat long ; rentrez les deux bouts en dedans avec la cuiller, afin que l'omelette soit d'une forme ovale et bombée, et servez immédiatement.

Si vous voulez joindre du Parmesan à votre omelette, il faut le râper et le battre avec les œufs ; quant au fromage de Gruyère, il faut toujours le mettre coupé en petits dés.

OMELETTE AUX ROGNONS DE VEAU.

Prenez deux rognons de veau ; parez-les et émincez-les. Faites fondre deux onces de beurre dans un plat à sauter ; mettez-y les rognons et faites-les sauter sur un feu gai ; assaisonnez-les de sel, poivre, muscade et persil haché fin ; ajoutez-y une demi-cuillerée à bouche de farine ; mouillez le tout d'un demi-verre de vin blanc, autant de bouillon, et tenez la sauce un peu épaisse. Vous pouvez mettre dans les rognons, soit des truffes émincées, soit des champignons. Finissez-les avec gros comme une noix de beurre frais et le quart d'un jus de citron.

Ensuite, cassez huit œufs sur un plat ; assaisonnez-les de sel et poivre ; battez-les avec une fourchette, et mettez-y quelques petits morceaux de beurre. Faites fondre trois onces de beurre dans une poêle ; quand il sera bien chaud, mettez les œufs dedans ; remuez-les avec la fourchette ; et, quand ils seront aux trois quarts pris, versez les rognons au milieu de votre omelette ; pliez-la en

(1) C'est de ce travail que dépend la bonté et la beauté de l'omelette. Si les œufs ne sont pas bien battus et les jaunes bien mêlés aux blancs, l'omelette sera parsemée de taches blanches, et quand on y portera la cuiller, elle se fendra par miettes.

deux, afin que les rognons se trouvent enfermés dedans, et finissez l'omelette comme celle au fromage. Si vous avez une sauce espagnole travaillée, vous la mettrez autour de l'omelette; autrement vous la servirez sans sauce.

BEIGNETS.

BEIGNETS D'ANANAS.

Mondez parfaitement un moyen ananas; coupez-le par tranches rondes de trois lignes d'épaisseur; mettez-les sur un plat, arrosez-les de bon rhum ou d'eau de-vie, et laissez-les ainsi pendant trois quarts d'heure. D'autre part, faites sécher à l'étuve une tranche de biscuit de Savoie; réduisez-la en poudre bien fine, et passez-la à travers un tamis. Ensuite, égouttez bien les tranches d'ananas; enveloppez-les de cette poudre de biscuit; trempez ensuite chaque tranche d'ananas dans une pâte à frire à la française (*Voyez* cet article), et mettez-les ensuite dans de la bonne friture modérément chaude (l'huile est la meilleure). Quand elles seront d'une belle couleur dorée, retirez-les de la friture; égouttez-les sur un linge blanc; épongez-en parfaitement la friture; dressez les beignets en buisson sur un plat, par-dessus une serviette; saupoudrez-les de sucre; glacez-les avec une pelle rouge au feu, et servez-les immédiatement.

BEIGNETS DE RIZ.

Lavez et faites blanchir une demi-livre de riz, et faites-le crever dans du lait. Quand il sera parfaitement crevé, vous le travaillerez avec une cuiller de bois, jusqu'à ce que le riz soit entièrement écrasé, réduit en pâte épaisse et bien unie. Alors, ajoutez-y quatre jaunes d'œufs frais; deux onces de beurre frais et deux cuillerées à bouche d'eau de fleurs d'oranger. Mêlez bien le tout ensemble et faites refroidir. Une demi-heure avant de servir, huilez une demi-feuille de papier blanc; mettez dessus douze ou quinze petites boules de pâte de riz de la grosseur d'un aveline; mettez le papier ainsi rempli dans la friture modérément chaude. Quand les petites boules de pâte s'en détacheront et resteront dans la friture, emplissez-le de nouveau de petites boules de pâte de riz; replongez-le dans la friture; retirez le papier et laissez cuire les beignets. Quand ils seront de belle couleur et bien gonflés, sortez-les de la friture; séchez parfaitement sur un linge blanc; dressez-les en buisson sur un plat, par-dessus une serviette; saupoudrez-les de sucre; glacez-les avec une pelle rougie au feu, et servez-les aussitôt.

Lorsque vous faites crever le riz, il faut ajouter une demi-once de sel blanc.

Vous pouvez mettre les petites boules de pâte dans la friture sans vous servir de papier, mais alors il faut opérer lestement.

BEIGNETS DE FLEURS D'ACACIA.

Choisissez de belles grappes de fleurs d'acacia (qu'on appelle *robinia, faux acacia*), dont la fleur ne soit pas trop épanouie. Faites avec chaque petite grappe une couronne de quatre centimètres de diamètre. Trempez-les dans de la pâte à frire un peu épaisse (*voyez* PATE A FRIRE A LA FRANÇAISE), et mettez-les à mesure dans la friture modérément chaude. Quand les beignets seront d'une couleur jaune dorée, retirez-les de la friture ; faites-les bien égoutter sur un linge ; dressez-les en buisson sur un plat, par-dessus une serviette ; saupoudrez-les de sucre ; glacez-les avec une pelle rougie au feu, et servez.

LÉGUMES CONFITS.

CONSERVES DE TOMATES.

Prenez telle quantité que vous voudrez de tomates mûres et bien rouges ; ôtez les queues ; lavez-les à deux eaux ; faites-les égoutter sur un linge ; coupez chaque tomate par moitié ; pressez-les entre vos mains pour en ôter exactement les pepins, que vous jetterez comme inutiles. Mettez les tomates dans une bassine, avec six ou huit oignons coupés par quartiers, un fort bouquet de persil, six feuilles de laurier, thym et quelques clous de girofle. Placez la bassine sur un bon feu, et remuez le contenu de temps à autre avec une cuiller de bois. Quand les tomates seront reduites de plus de moitié, retirez la bassine du feu ; passez les tomates à travers un tamis, en les pressant bien avec la cuiller, pour en exprimer la pulpe, que vous recevrez dans une terrine placée au-dessous du tamis. Cette opération étant finie, lavez la bassine ; mettez dedans la purée des tomates et deux bouteilles de bon vin blanc ; placez de nouveau la bassine sur un bon feu ; remuez sans cesse le contenu avec la cuiller de bois, jusqu'à ce que la conserve soit cuite. Quand le bouillon fera sauter des parcelles de tomates hors de la bassine, et que la conserve se prendra à la cuiller, vous retirerez la bassine du feu ; vous verserez la conserve dans des pots de faïence ; et, quand elle sera bien refroidie, vous couvrirez la surface de chaque pot avec de la bonne graisse fondue ou de la bonne huile d'olives. Couvrez les pots d'un papier blanc ; ficelez-les, et déposez-les dans un endroit sec. Ne mettez pas de sel dans cette conserve, parce qu'il attire l'humidité, ce qui la ferait fermenter. Vous l'assaisonnerez à mesure que vous vous en servirez.

Vous pouvez aussi mettre cette conserve dans des bouteilles à large goulot au lieu de pots de faïence. Les bouteilles étant refroidies, bouchez-les hermétiquement avec de bons bouchons de liége ; ficelez-les ; placez-les dans une bassine ; enveloppez chaque bouteille de foin ou de torchons, pour les empêcher de se choquer ; couvrez-les d'eau froide ; posez la bassine sur le feu, et, au premier bouillon, retirez-la. Quand l'eau sera entièrement refroidie, retirez les bouteilles et goudronnez les bouchons.

AUTRE MANIÈRE.

Après avoir coupé chaque tomate par moitié, et ôté les pepins comme on vient de l'indiquer pour les précédentes, vous rangez toutes les moitiés de tomates exemptes de meurtrissures, sur des planches, en ayant soin de les poser sur le côté de la peau; saupoudrez de sel fin l'intérieur de chaque moitié, et faites-les bien sécher au soleil. Quand elles seront entièrement desséchées, vous les conserverez dans un endroit sec et à l'abri de la poussière.

CHOUX POMMÉS ROUGES CONFITS AU VINAIGRE.

Prenez telle quantité que vous voudrez de choux rouges pommés; ôtez les premières grosses feuilles et le pied comme inutiles : coupez chaque chou en quatre; ôtez les côtes des grosses feuilles et émincez tous vos choux comme de la choucroûte. Placez-les sur une passoire ou sur un tamis de crin, saupoudrez-les de sel fin, et laissez-les dans cet état pendant vingt-quatre heures, pour leur faire rendre l'eau qu'ils contiennent. Vous passerez ensuite les choux entre vos mains pour en extraire l'eau, et vous les mettrez dans un vase de grès.

D'autre part, vous mettrez dans un vase de grès deux litres de bon vinaigre, demi-once de poivre blanc, autant de gingembre en poudre et de sel blanc, gros comme un œuf de raifort haché bien fin, et un demi-gros de poudre de Cayenne. Agitez le vinaigre avec une cuiller de bois, pour que tous ces ingrédiens se mêlent ensemble; bouchez-le hermétiquement avec un linge, et placez le vase dans un bain-marie, ou sur des cendres chaudes, pendant huit ou dix heures, sans faire bouillir. Ensuite, vous ferez refroidir entièrement le vinaigre; vous le passerez à travers un tamis de soie ou une serviette; versez-le par dessus les choux; bouchez le vase avec un parchemin; et, au bout de quinze jours, vous pouvez employer les choux comme hors-d'œuvre d'office, pour les manger avec les viandes de boucherie bouillies ou rôties.

La quantité de vinaigre ci-dessus suffit pour trois choux rouges. Quand on veut les conserver longtemps, il faut changer le vinaigre au bout des trois premiers mois.

CHOUX-FLEURS CONFITS AU VINAIGRE.

Prenez des choux-fleurs durs d'Angleterre; ôtez-en toutes les feuilles, grosses et petites; coupez le pied sans endommager la fleur que vous conservez dans son entier; mettez les choux-fleurs dans une casserole ou chaudron; couvrez-les d'eau fraîche; placez-les sur un feu ardent et ajoutez-y une poignée de sel. Aussitôt que les choux-fleurs se mettront en ébullition, vous retirerez la casserole du feu. Passez les choux-fleurs à l'eau fraîche; placez-les sur un linge pour les faire bien égoutter; quand ils le seront, vous mettrez les choux-fleurs dans des bocaux de verre et vous les couvrirez d'excellent vinaigre blanc. Vous boucherez les bocaux avec des bouchons de liège et un parchemin mouillé par dessus, puis vous les déposerez dans un endroit tempéré.

Quand on veut les conserver longtemps, il faut renouveler le vinaigre tous les trois mois.

On peut se servir de ces choux-fleurs dans les saisons où l'on ne peut s'en procurer de frais ; alors on les fait tremper dans l'eau fraîche pendant quatre heures, et on les fait cuire comme à l'ordinaire ; on en garnit également les salades.

MANIÈRE DE SALER LA VIANDE DE BOEUF.

A cet effet, on prend ordinairement la pièce ronde. Il faut avoir la précaution d'en ôter les glandes, espèces de tumeurs qui sont au-dessous de la pièce, au milieu de la graisse, et d'autres qui longent le flanc. On doit aussi parer, c'est-à-dire, ôter avec soin les endroits où la viande a été piquée par les crochets du boucher. Sans cette précaution, tout le sel qu'on y mettrait serait superflu ; la viande ne pourrait se conserver.

Pour environ trente livres de viande, vous prendrez deux livres de sel pilé bien fin ; vous en frotterez avec force la viande sur toutes les surfaces, et vous tâcherez de remplir de sel tous les trous occasionnés par les glandes et les crochets du boucher. Ensuite, vous placerez votre viande, ainsi frottée de sel, dans un baquet ; vous mettrez le sel qui vous restera par-dessus, et déposerez le tout dans un endroit tempéré. Vous retournerez la viande et la frotterez fort, avec son même sel, une fois par jour pendant une semaine.

Si vous voulez que la viande soit rouge, vous prendrez deux onces de salpêtre ; vous le mêlerez avec autant de cassonnade grasse, et vous en frotterez toutes les surfaces de votre viande, avant de la frotter de sel commun.

Si vous voulez que votre viande soit tendre, il faut la faire mortifier avant de la saler, car après elle n'acquiert pas cette qualité.

AUTRE MANIÈRE.

Prenez six livres de sel de cuisine, une livre de cassonnade, et quatre onces de salpêtre. Mettez le tout dans une bassine ou une marmite ; versez par-dessus huit litres d'eau de fontaine ; placez la bassine sur le feu, et lorsque la saumure commencera à bouillir, vous l'écumerez bien, et la retirerez du feu pour la faire refroidir. Vous prendrez la même quantité de viande que ci-dessus ; vous en ôterez également les glandes et les endroits où les crochets du boucher auront touché ; vous la mettrez dans un tonneau ou dans un vase de grès ; vous verserez la saumure dessus ; il faut que la viande en soit entièrement recouverte. Vous mettrez une planche sur la viande, avec un poids pardessus ; vous laisserez le tout dans cet état pendant un mois. Au bout de ce temps, vous retirez la saumure de la viande ; vous y ajouterez six livres de sel de cuisine ; vous la placerez sur le feu ; dès que la saumure se mettra en ébullition, vous en ôterez l'écume; et quand elle aura donné dix à douze bouillons, vous la retirerez du feu. Quand la saumure sera froide, vous la verserez de nouveau sur la viande; vous replacerez la planche et le poids par-dessus, et la laisserez ainsi pour vous en servir au bout d'un mois, environ.

Lorsque vous voudrez vous servir de cette viande, vous aurez soin, avant tout, de bien la laver avec de l'eau tiède; et si elle est restée dans le sel ou dans la saumure pendant quelques mois, vous la ferez tremper dans de l'eau tiède, presque froide, l'espace de six à huit heures avant de vous en servir.

Dans les Indes-Occidentales, la méthode pour saler la viande de bœuf est bien simple: on la coupe par tranches de l'épaisseur d'un beef-teak; on trempe ces tranches de viande dans l'eau de mer à plusieurs reprises, puis on les fait sécher entièrement au soleil; on les place ensuite dans un endroit à l'abri de l'humidité, pour s'en servir au besoin. On appelle cette viande ainsi salée: *jerked-beef.*

MANIÈRE DE SALER LE MAQUEREAU, LES HARENGS ET LES SARDINES.

Ayez quatre douzaines de beaux maquereaux bien frais; coupez-les en deux, en les fendant depuis la tête jusqu'à la queue; ôtez-en la tête et les intestins; placez ces moitiés de maquereaux dans une terrine; recouvrez-les d'eau fraîche; ajoutez-y deux bonnes poignées de sel pilé bien fin, et laissez le poisson tremper dans cette eau pendant trois ou quatre heures. Il faut agiter l'eau pour faciliter la fonte du sel. Retirez les maquereaux de l'eau, et essuyez-les avec un linge blanc; ensuite, vous prendrez deux livres de sel blanc, autant de sel gris, trois onces de salpêtre, et trois onces de sucre en pain. Vous pilerez ces quatre substances ensemble dans un mortier de marbre; quand elles seront réduites en poudre bien fine, vous prendrez un petit baril ou un vase de grès; vous mettrez dans le fond une couche de ce mélange de l'épaisseur de deux lignes; vous placerez par-dessus les moitiés de maquereaux, en les posant sur le côté qui a été coupé. La couche de sel étant recouverte de ces moitiés de poissons, vous mettrez par-dessus une autre couche de sel de deux lignes d'épaisseur, puis les moitiés des maquereaux, et vous continuerez ainsi jusqu'à ce que vous n'ayez plus de poisson, et que la dernière couche soit de sel. Vous couvrirez bien le baril avec une planche ronde de la grandeur de son ouverture. Vous l'assujettirez avec des clous, si le vaisseau est en bois; autrement, vous mettrez un poids par-dessus. Au bout de deux ou trois mois, vous pourrez vous servir du poisson pour l'usage que vous voudrez en faire.

Pour les harengs et les sardines, vous procéderez de même, excepté que vous ne les fendrez pas; mais vous en ôterez la tête et les intestins.

TABLE GÉNÉRALE DU MARCHÉ

Indiquant les saisons où la viande de boucherie, la volaille, le gibier, le poisson, les légumes et les fruits paraissent; le temps de leur durée; l'époque à laquelle ils sont à meilleur marché; le temps où les végétaux paraissent hors de saison, et dans quels moments on peut se les procurer.

VIANDE DE BOUCHERIE.

NOMS des ANIMAUX.	ÉPOQUES où la viande est de meilleure qualité.	ÉPOQUES de son infériorité.
Bœuf.	d'octobre à mai.	de mai à septembre.
Veau	de mars à juillet.	de juillet à février.
Mouton	de décembre à juin.	de juin à novembre.
Agneau de lait . .	de mars à juin.	de juin à février.
Agneau engraissé.	de décembre à avril.	d'avril à novembre.
Porc frais	de novembre à mars.	de mars à octobre.
Chevreau	de mars à mai.	de juin à février.

Quoique la viande de boucherie ne soit jamais hors de saison, il y a cependant une époque où elle est d'un meilleur goût et plus saine. Le bœuf, le mouton, l'agneau engraissé et le porc-frais sont préférables, depuis le 1er décembre jusqu'à la fin de février, qu'en toute autre saison.

VOLAILLE.

NOMS des ANIMAUX.	SAISONS.	ÉPOQUES où elle est à meilleur marché.
Poulets de grains . . .	septembre à mai.	décembre.
Poulets à la Reine . .	avril à septembre.	août.
Poulets gras	octobre à mars.	novemb. et décemb.
Poulardes aux œufs .	février à juin.	
Poulardes et Chapons.	toute l'année.	novemb. et décemb.
Canetons de Rouen .	avril à septembre.	août et septembre.
Canards	juillet à février.	novemb. et décemb.
Oies	septembre à février.	novembre.
Dindonneaux	mai à septembre.	novembre.
Dindons	octobre à février.	décembre et janvier.
Coqs vierges	juillet à janvier.	novembre.

Généralement la volaille est plus chère depuis le commencement de mars jusqu'à la fin de juillet; elle est à meilleur marché depuis septembre jusqu'au milieu de février, parce que le temps commence à devenir plus frais, et que la volaille se conserve plus longtemps, ce qui permet aux fermiers et aux marchands de volaille des provinces les plus éloignées, d'en envoyer aux marchés de la capitale.

GIBIER.

NOMS des ANIMAUX.	SAISONS.		ÉPOQUES où ils sont à meilleur marché.
Canards sauvages . . .	septembre	à janvier.	novembre.
Macreuses	octobre	à mars.	décembre.
Sarcelles	octobre	à février.	décembre.
Pluviers	septembre	à mars.	octobre et janvier.
Perdrix	septembre	à mars.	novembre.
Perdreaux	juillet	à janvier.	octobre.
Faisans	octobre	à mars.	décembre.
Faisandeaux	juin	à octobre.	
Bécasses	novembre	à mars.	décembre.
Bécassines	octobre	à mars.	novembre.
Coqs de bruyère	août	à février.	
Gélinottes	septembre	à mars.	
Grives	septembre	à février.	octobre et novemb.
Mauviettes	octobre	à mars.	octobre et novemb.
Bec-figues	septembre	à décembre.	octobre.
Ortolans	juillet	à novembre.	
Cailles et Cailleteaux .	juin	à novembre.	septembre.
Albrans et Tourtereaux	juillet	à octobre.	août et septembre.
Pigeons de volière . .	toute l'année.		août à octobre.
. . . . . Ramiers . . .	mars	à septembre.	juillet et août.
Ramereaux	mai	à septembre.	août.
Poules d'eau	janvier	à avril.	
Lapins domestiques . .	toute l'année.		
Lapins de garenne . . .	février	à juin.	octobre et novemb.
Lapereaux de garenne.	septembre	à février.	octobre et novemb.
Lièvres	toute l'année.		
Levreaux	avril	à septembre.	
Chevreuils	octobre	à mars.	
Faons	juin	à décembre.	octobre.
Sangliers	octobre	à février.	décembre.
Cochon de lait	toute l'année.		
Marcassin	mai	à septembre.	
Cailles vertes, avant la ponte	avril	à août.	

POISSON.

NOMS DES POISSONS de mer et de rivière.	SAISONS.	ÉPOQUES où le POISSON est d'un goût plus délicat.
Turbot	toute l'année.	de février à mai.
Barbue	toute l'année.	*Idem.*
Cabillaud ou Morue fraîche	toute l'année.	septemb., novemb.
Merlue ou Stock-fisch	toute l'année.	octobre, décembre.
Sole	toute l'année.	mars à juillet.
Carrelet	toute l'année.	juin et octobre.
Egrefin	octobre à février.	octobre et novembre
Merlan	avril à février.	octobre à décembre.
Surmulet	mars à septembre,	juillet et août.
Vive . . . . , ...	mai à octobre.	juin et juillet.
Maquereau	avril à novembre.	juin, juillet et octob.
Daurade	juillet à octobre.	septembre.
Rouget	avril à septembre.	juin et juillet.
Limande	toute l'année.	mars.
Raie bouclée . . . , . .	toute l'année.	toute l'année.
Raie blanche	toute l'année.	*Idem.*
Hareng . . . . ,	octobre à décembre.	
Sardine	juin à octobre.	
Anchois	avril à août.	
Thon frais	mai à septembre.	juin.
Esturgeon	mai à novembre.	
Saumon	toute l'année.	janvier et avril.
Truite saumonnée . . .	mars à septembre.	mai, juin.
Alose	mars à septembre.	juillet et août.
Brochet	juillet à mars.	janvier, septembre.
Perche	juin à mars.	août, novembre.
Truite	mars à septembre.	juin.
Lamproie	février à mai.	
Carpe	toute l'année.	juillet, sept. et févr.
Tanche , ...	avril à octobre.	avril et octobre.
Brême	juin à octobre.	août et septembre.
Eperlan	novembre à mai.	avril et novembre.
Goujon	toute l'année.	juin et septembre.
Anguille	toute l'année.	juillet et novembre,
Grenouilles	mars à novembre.	avril, sept. et octob.
Homard et Langouste.	toute l'année.	avril.
Ecrevisses	mars à octobre.	mai et septembre.
Tortue	mars à septembre.	mai.

La saison du poisson de mer varie, le temps du frai étant gouverné par la température des saisons. Chaque poisson ne fraie pas en même temps que les autres, comme le turbot. Il y en a qui fraie plus tôt ou plus tard; de sorte qu'on peut trouver un turbot de meilleur goût dans toute autre saison que dans celle qui lui est propre, et qu'on trouve marqué sur la table ci-dessus. Il en est de même pour tous les poissons de mer et d'eau douce.

Il n'y a pas un comestible, dont le prix soit incertain, comme celui du poisson, attendu que le temps et le vent ne sont pas toujours favorables à toutes les pêches. Souvent les pêcheurs, tout en ayant fait une bonne pêche, sont forcés d'attendre un bon vent pour pouvoir entrer dans le port, et six à huit heures de retard suffisent pour faire hausser le prix dans les marchés des villes qui sont éloignées de la mer.

LÉGUMES.

NOMS des VÉGÉTAUX.	SAISONS.	VÉGÉTAUX venus en serres hors de saison, ou apportés du midi.	ÉPOQUES où ils sont à meilleur marché.
Artichaux	juillet à octobre.	décemb. et février.	septembre.
Artichaux de Barbarie	septembre à juin.		
Asperges	avril à septembre.	déc., janv. et fév.	juin et juillet.
Petits Pois verts	juin à septembre.	janvier et mai.	août.
Haricots verts	juin à octobre.	mars, avril.	août.
Haricots écossés	août à octobre.		septembre.
Fèves de marais	juin à septembre.		août.
Concombres	juillet à novembre.	avril et mars.	août et septembre
Aubergines	juillet à novembre.	mai.	septembre.
Cardons	novembre à mars.		décembre.
Choufleurs	juin à octobre.	déc. jusqu'à mars.	juillet et août.
Choux brocolis	octobre à avril.		février et mars.
Choux rouges pommés	juillet à mars.		août et septembre
Choux blancs pommés	mai à mars.		août, sept. et oct.
Srakale ou chou de mer	avril à juillet.		mai.
Céleri	toute l'année.		novembre.*
Carottes	mai à octobre.		août.
Navets	mai à octobre.		juin et juillet.
Betteraves	toute l'année.		décembre et janv.
Poirée	toute l'année.		août.
Epinards de printemps	mars à septembre.		juin et juillet.
Epinards d'hiver	octobre à février.		novembre.
Oseille	toute l'année.		juin et juillet.
Romaine	avril à octobre.	février et mars.	juin et juillet.
Laitue	avril à octobre.	janvier et février.	juillet et août.
Laitue pommée	mai à septembre.		juillet et août.
Laitue d'hiver	novembre à mars.		décembre.
Cresson	toute l'année.		mai, juin.
Pissenlits	mai à juillet.		juin.
Chicorée	toute l'année.		septembre et oct.
Escarole	juin à février.		septembre.
Mâches	toute l'année.		juin.
Chicorée sauvage, verte.	toute l'année.		mai et juin.
Chicorée sauvage ou Barbe de capucin	novembre à mars.		novembre, déc.
Raves et Radis	avril à octobre.	janv. jusqu'à mars	juin et juillet.
Radis noir	août à mars.		septembre.
Panais	mai à septembre.		juillet.
Salsifis	juillet à mars.		août et septembre
Sorsonère	juillet à septembre.		août.
Persil	toute l'année.		avril et mai.
Cerfeuil	toute l'année.		mai.
Tomates	juillet à septembre.	mai.	août.
Pommes de terre	mai jusqu'aux nouvelles	mars.	juin et juillet.
Topinambour	mars jusqu'aux nouveaux		juin et juillet.
Raifort	oct. jusqu'aux nouveaux		novembre.
Ognons pour garder	septembre à novembre.		octobre et nov.
Ognons pour confire	juillet à août.		juillet.
Ail	juillet à septembre.		août et septembre
Echalottes pour garder	août à septembre.		août.
Cornichons pour confire	mi-juillet jusqu'à août.		vers la fin de juillet
Choux rouges pour confire au vinaigre	août et septembre.		août.
Choucroûte	septembre à novembre.		sept. et octobre.
Choufleurs à confire au vinaigre	juillet à août.		vers la fin de juillet
Estragon	mai à septemrre.		juillet et août.
Basilic	mai à septembre.		juillet et août.
Sariette	juin à septembre.		juillet et août.
Choux de Bruxelles	octobre à mars.	août et septembre.	décembre.
Champignons comestibles de couche	toute l'année.		mai, juin.
Truffes du Périgord	novembre à février.		décembre.
Mousserons et Morilles	avril à mai.		

SERVICE
DE TABLE.

—

MENU D'UN DÉJEUNER [illegible]

[illegible]

MILIEU DE LA TABLE.

1. Un filet mignon de bœuf piqué, sauce Madère.
2. Des huîtres fraîches de Cancale en [illegible]

HUIT HORS-D'ŒUVRE [illegible]

8 | Deux de beurre [illegible] | Un saucisson de [illegible]
| Des olives farcies aux anchois. | Deux de petites raves [illegible]

SIX HORS-D'ŒUVRE DE CUISINE.

6. Des pieds de cochon truffés. 3. [illegible]
4. Des côtelettes de mouton en papillotes. [illegible]
4. [illegible]
2. Reins de lapereau à la tartare. 6. [illegible]

QUATRE ENTRÉES.

2. Noix de veau piquée glacée aux cardons. 4. [illegible]
8. Poulets en entrée de broche. 5. [illegible]

DESSERT.

12. Deux assiettes [illegible] 1. [illegible] de bonbons.
7. Deux fromages à la crème. 2. [illegible]
Quatre assiettes [illegible]

QUATRE COMPOTES.

1. [illegible] d'oranges. 1. [illegible]
2. Une de grenades. 2. Une de [illegible]

12. Quatre petits bateaux garnis de [illegible] 12. Quatre [illegible]
2. Deux [illegible] 2. Deux [illegible]

(1) [illegible]

SERVICE
DE TABLE.

MENU D'UN DÉJEUNER D'HIVER,

SERVI EN AMBIGU (1), POUR UNE TABLE DE SEIZE COUVERTS.

MILIEU DE LA TABLE.

1. Un filet mignon de bœuf piqué, sauce Madère.
h. Des huitres fraiches de Cancale ou anglaises.

HUIT HORS-D'OEUVRE D'OFFICE.

3. { Deux de beurre frais seringué. Des olives farcies aux anchois.
3. { Du saucisson de Lyon. Deux de petites raves et radis.

SIX HORS-D'OEUVRE DE CUISINE.

6. Des pieds de cochon truffés.
4. Des noisettes de mouton en papillotes.
5. Reins de lapereau à la tartare.
5. Rognons de veau sautés au vin de Porto.
4. Des petits pâtés au jus.
6. Des andouillettes de Troyes.

QUATRE ENTRÉES.

7. Noix de veau piquée glacée aux cardons.
8. Poulets en entrée de broche.
8. Salmis de bécasses.
7. Magnonnaise de turbot.

DESSERT.

m. Deux assiettes montées garnies de bonbons.
f. Deux fromages à la crème.
t. Huit tambours garnis de petits fours mêlés.
r. Deux sucriers.
n. Quatre assiettes garnies de fruits confits.

QUATRE COMPOTES.

c. Une d'oranges.
b. Une de grenades,
c. Une de marrons.
b. Une de poires.

n. Quatre petits bateaux garnis de citrons.
s. Deux saucières.
o. Quatre doubles salières.
u. Deux huiliers.

(1) Dans les repas servis en ambigu, on ne sert point d'entremets chauds ou sucrés, ni de légumes, à moins qu'ils ne soient froids. Quand on veut y faire entrer des légumes chauds, on ne doit les servir qu'au moment de les manger, et sans les placer sur des réchauds, afin que la chaleur n'en fasse pas tourner la sauce, ce qui rend les légumes détestables. On en exclut également le rôti, la friture, la volaille et le gibier ; si l'on veut en mettre, il ne faut les servir sur la table qu'au moment de les manger, afin qu'ils n'aient pas le temps de froidir.

MENU D'UN DÉJEUNER DE PRINTEMPS

SERVI EN AMBIGU, POUR UNE TABLE DE VINGT COUVERTS.

MILIEU DE LA TABLE.

1. Un roast-beef à l'anglaise.

HUIT HORS-D'OEUVRE D'OFFICE.

h. { Deux petits bateaux garnis de beurre frais. Deux de thon mariné.

h. { Deux petits bateaux garnis d'olives. Deux de petites raves et radis.

QUATRE GROSSES PIÈCES FROIDES.

3. Galantine de lapereau.
2. Gros manqué.
2. Pâté de foies gras.
3. Saumon au bleu.

HUIT HORS-D'OEUVRE DE CUISINE.

4. Coquilles de cervelles de veau.
6. Langue de bœuf en cartouche.
7. Anguille à la tartare.
5. Pieds d'agneau en marinade.
5. Petits pâtés à la Reine.
7. Croquettes de crevettes.
6. Cavia de Russie, sauté.
4. Rognons de mouton au gratin.

QUATRE ENTRÉES.

8. Canards poêlés, sauce bigarade.
9. Un sauté de filets de maquereau.
9. Un vol-au-vent aux pointes d'asperges.
8. Des cailles à la financière.

QUATRE ENTREMETS FROIDS.

p. Deux d'asperges en branches à l'huile.
r. Une crème à la vanille, renversée.
r. Une gelée au marasquin, renversée.

DESSERT.

m. Quatre assiettes montées garnies de bonbons.
a. Quatre assiettes mêlées de fruits frais.
t. Huit tambours garnis de petit four.
n. Deux assiettes mêlées de fruits candis.

QUATRE COMPOTES.

c. Une de gingembre.
x. Une d'abricots verts.
q. Une d'ananas.
z. Une de fraises.

QUATRE FROMAGES.

g. Un de Roquefort.
f. Deux à la crème.
g. Un de Gruyère.
s. Deux sucriers.
u. Deux huiliers.
e. Deux saucières.
o. Six doubles salières.

MENU D'UN DÉJEUNER D'ÉTÉ.

SERVI EN AMBIGU, POUR UNE TABLE DE TRENTE-SIX COUVERTS.

MILIEU DE LA TABLE.

1. Une tête de veau au naturel.

DEUX BOUTS DE TABLE.

2. Un melon d'Honfleur.	2. Un cantaloup.

SIX GROSSES PIÈCES FROIDES.

3. Un pâté de canards.	4. Un jambon de Bayonne.
5. Une grosse brioche.	5. Un baba.
4. Une galantine de volaille.	3. Des homards.

SEIZE HORS-D'OEUVRE D'OFFICE.

h. { Deux de filets d'anchois. Deux de beurre frais. Deux d'olives. Deux d'huîtres marinées.	h. { Deux de thon mariné. Deux de cornichons. Deux de petites raves et radis. Deux de sardines à l'huile.

HUIT HORS-D'OEUVRE DE CUISINE.

14. Coquilles de gorges d'agneau.	15. Des petits pâtés de truite.
16. Des saucisses de lapereau.	17. Des côtelettes de mouton au naturel.
17. Rognons de mouton au vin de Champagne.	16. Cromesqui de volaille.
15. Des croquettes de gibier.	14. Des fois gras en caisse.

SEIZE ENTRÉES.

8. Magnonnaise de poularde à la gelée.	11. Darnes de saumon au beurre de Montpellier.
9. Poulets à la Reine.	10. Sauté de filets de chevreuil.
7. Vol-au-vent à la Toulouse.	6. Turban de filets de lapereau.
13. Noie de veau piquée et glacée.	12. Filets de brochet à la Béchamel.
12. Sauté de filets de soles.	13. Riz de veau glacé aux pointes d'asperges.
6. Chartreuse de pigeon.	7. Pâté chaud de cailles.
10. Epigrammes d'agneau.	9. Canetons à la jardinière.
11. Esturgeon en fricandeau.	8. Aspic de crêtes et rognons de coq.

DESSERT.

m. Quatre corbeilles garnies de fruits frais.	t. Seize tambours garnis de petit four mêlé.
n. Quatre assiettes de fraises.	a. Quatre assiettes de cerises.
q. Quatre assiettes de fruits candis.	z. Quatre assiettes de pâtes et fruits glacés au caramel.

DOUZE COMPOTES.

x. Quatre d'ananas.	e. Quatre d'oranges.
b. Deux d'abricots.	d. Deux de reine-claude.
f. Deux fromages à la crème.	r. Deux sucriers.

c. Deux fromages glacés.

u. Deux huiliers.	s. Deux saucières.

o. Huit doubles salières.

MENU D'UN DÉJEUNER D'AUTOMNE,

SERVI EN AMBIGU, POUR UNE TABLE DE VINGT-HUIT COUVERTS.

MILIEU DE LA TABLE.

1. Une tête de veau en tortue.

QUATRE GROSSES PIÈCES FROIDES.

9. Une hure de sanglier.
16. Un buisson de truffes au vin de Champagne.
16. Un buisson d'écrevisses.
9. Un pâté de Pithiviers.
h. Des huîtres fraîches.

HUIT HORS-D'OEUVRE D'OFFICE.

4. Quatre de figues vertes.
6. Deux de beurre frais.
17. Un de filets d'anchois.
17. Un de radis.

HUIT HORS-D'OEUVRE DE CUISINE.

2. Pieds de cochon à la Sainte-Menehould.
15. Côtelettes de mouton en crépinettes.
10. Ailerons de dindons à la maréchale.
8. Attereaux de filets de merlans.
8. Orly de filets de soles.
10. Petits pâtés d'une bouchée.
15. Poupiettes de palais de bœuf.
2. Boudins de faisan.

DOUZE ENTRÉES.

3. Carré de mouton en fricandeau.
14. Sauté de filets mignons de bœuf aux tomates.
12. Grives au genièvre.
11. Filets de perdreau à la zingara.
5. Filets de turbot en salade.
7. Vol-au-vent de légumes.
7. Timbale de macaroni à la milanaise.
5. Aspic de homards au beurre de Montpellier.
11. Sauté de filets de volaille au suprême.
12. Mauviettes en compote.
14. Ris de veau glacés garnis de choux de Bruxelles.
3. Epaule d'agneau aux concombres.

DESSERT.

e. Quatre corbeilles garnies de chasselas, poires et grenades.
t. Douze tambours garnis de petit four assorti.

SIX COMPOTES.

c. Deux de poires.
g. Deux de verjus.
b. Une d'épine-vinette.
d. Une de marron.
a. Quatre assiettes de fruits confits.
g. Deux assiettes de fruits glacés au caramel.

f. Quatre fromages à la crème.
s. Deux sucriers.
u. Deux huiliers.
r. Deux saucières.
n. Quatre petits bateaux garnis de citrons.
o. Six doubles salières garnies de sel et gros poivre.

TABLE DES MATIÈRES.

FIN DE LA TABLE DES NOUVEAUX ARTICLES.

Poissy. — Typographie Arbieu.